Ernst Nolte · Geschichtsdenken im 20. Jahrhundert

ERNST NOLTE

GESCHICHTSDENKEN IM 20. JAHRHUNDERT

Von Max Weber bis Hans Jonas

PROPYLÄEN

Die Deutsche Bibliothek – CIP-Einheitsaufnahme

Nolte, Ernst:
Geschichtsdenken im 20. Jahrhundert; von Max Weber bis Hans Jonas / Ernst Nolte. – Berlin; Frankfurt/Main: Propyläen, 1991
ISBN 3-549-05379-7

1. Auflage September 1991
2. Auflage Januar 1992

Satz: Dörlemann-Satz, Lemförde
Druck und Bindung: Wiener Verlag, Himberg bei Wien
Printed in Austria
ISBN 3 549 05379 7

Mein Dank gilt abermals:
Annedore Nolte-Mortier
Dr. Kai-Uwe Merz
Angelika Zimmermann

INHALT

Dritter Kreis: Einzelne Denker

EINLEITUNG: WAS HEISST »GESCHICHTSDENKEN«? FRAGEN, ABGRENZUNGEN, BESTIMMUNGEN

Das Thema »Geschichtsdenken im 20. Jahrhundert« ruft zunächst einmal eine Anzahl von Fragen hervor.

Soll »Geschichtsdenken« so viel heißen wie »Geschichtsphilosophie«? Oder handelt es sich um ein Synonym von »Geschichtstheorie«? Könnte nicht auch »politisches Denken« gemeint sein, zumal im Sinne von »weltpolitischem Denken«? Sollte man, wenn diese Bedeutungen nicht die richtigen sind, vielleicht eher von »Zeitdiagnose« reden, etwa im Sinne des Buchtitels »Diagnosis of Our Time« von Karl Mannheim? Oder müßte der Inhalt des Begriffs noch enger gefaßt werden, nämlich derart, daß die Krise der Gegenwart oder die Möglichkeiten der Zukunft zum Problem gemacht werden, wie es zum Beispiel in Büchern wie »The Crisis of Our Age« von Pitirim Sorokin oder »Die Atombombe und die Zukunft des Menschen« von Karl Jaspers geschieht?

Wollen wir uns vielleicht am Ende mit der »Kulturkritik« beschäftigen oder »Klassenanalyse« im Sinne von Marx betreiben? Wir könnten aber auch jene umfassenden Deutungen im Auge haben, die man gleichwohl nicht »Geschichtsphilosophie« nennen würde, so daß wir uns an Buchtiteln wie »Der Prozeß der Zivilisation« von Norbert Elias oder »Der Sinn der Geschichte« von Nikolaj Berdjajew orientieren würden. Aber würde dann nicht die Gefahr bestehen, daß wir in den Bereich der »Essayistik« gerieten? Es kommt ja sehr häufig vor, daß in Kulturzeitschriften und sogar in Tageszeitungen geschichtliche Themen von hohem Allgemeinheitsgrad in Aufsätzen und Artikeln abgehandelt werden wie etwa im Jahrgang 1956 des »Merkur« unter anderem: »Über die gegenwärtigen Kulturverhältnisse«, »Freud und die Krise unserer Kultur«, »Über die Natur totaler Herrschaft«.

In all dem artikuliert sich indessen zweifellos ein Denken über Geschichte, und es scheint nur natürlich zu sein, daß dabei die Dimension der Gegenwart besonders im Vordergrund steht. Doch in diesem Sinne mag man sogar Stammtischgespräche zum Denken über Geschichte zählen, denn es geht darin oft genug nicht nur um Lokalereignisse oder nationale Politik, sondern um das Elend der Gegenwart im Vergleich zu einer glücklicheren Vergangenheit oder gerade umgekehrt um die Annehmlichkeiten unserer Zeit, die mit der Beengtheit und den Nöten des Lebens der Großeltern in so auffallender Weise kontrastieren. Völlig aus dem Bereich des Geschichtsdenkens auszuschließen wäre dann allerdings gerade die Geschichtsschreibung, sofern sie nicht »Universalgeschichte« sein will, sondern einzelne Epochen, Nationen, Zustände, Persönlichkeiten zum Gegenstand hat. Aber auch in ihr sind vermutlich Kategorien enthalten und Paradigmen vorausgesetzt, die in das Gebiet der Geschichtsphilosophie oder der Geschichtstheorie gehören würden, wenn die betreffenden Historiker es unternähmen, sie explizit herauszuarbeiten.

Aus all dem ist zunächst zu schließen: Menschen denken offenbar als solche und auf höchst mannigfaltige Weise über Geschichte nach, das heißt über eine Ereignismannigfaltigkeit, in der sie selbst Mitwirkende sind. Freilich geschieht das auf ganz unterschiedlichen Ebenen und, wie die Geschichtsforschung und die Ethnologie nachweisen, in verschiedenen Zeitaltern auf durchaus ungleichartige Weise. Aber auch innerhalb der primitivsten Stämme wird von den Vorfahren erzählt und werden Regeln für die Zukunft aufgestellt. Die Vorfahren sind hier jedoch vielleicht Totemtiere oder Götter, und die Zukunft mag als bloße Wiederholung der Gegenwart gefaßt werden. Wenn »Denken über Geschichte« mithin so allgemein gefaßt wird, daß es so viel bedeutet wie »ein Verhältnis zur eigenen Geschichte haben«, so daß es von allem »Problematisieren« weit entfernt und mythisch oder magisch sein kann, dann ist es ein generelles Kennzeichen des Menschen und *nur* des Menschen, denn kein Tier hat ein Verhältnis zur eigenen Geschichte, und eben deshalb hat kein Tier überhaupt »Geschichte«.

Aber wer dürfte sich vermessen, »Geschichtsdenken« in dieser allgemeinsten Bedeutung zum Thema machen zu wollen? Wenn die ersten Fragen ins Unendliche führen, so sind in einem zweiten Schritt Abgrenzungen erforderlich und damit Festlegungen dessen, als was im folgenden »Geschichtsdenken« *nicht* verstanden oder womit es jedenfalls nicht identifiziert werden soll.

Geschichtsphilosophie ist ein »Philosophieren« über Geschichte, das heißt mehr als ein allgemeines Nachdenken oder Vorstellen, wie wir es bisher im Auge hatten. Seitdem es das Philosophieren gibt, versteht es sich als Denken über »das Ganze«, und zwar nicht über das Ganze der Geschichte, sondern über das Ganze der »Welt«. In seinen Anfängen ist es eng mit der Mythologie verknüpft, das heißt mit Erzählungen vom »Anfang und vom Ende der Welt« oder von periodisch eintretenden »Weltbränden«. Aber die Geschichtsphilosophie will nicht in Bildern, sondern in Begriffen denken, und sie macht schon in ihrer Frühzeit jenes Ganze zum Problem, das sich der gewöhnliche Mensch als »Naturganzes« oder als Kosmos vorstellt.

Wenn Parmenides sagt: »Denn dasselbe sind Denken und Sein«, so ist das Sein indessen gerade nicht die vorstellbare Gesamtheit der Naturdinge, die uns als einzelne durch die Wahrnehmung der Sinne zugänglich sind, sondern es ist ein Ganzes, das eher als »Weltgrund« zu verstehen ist und jedenfalls nicht »in« der Zeit und »im« Raume vorfindbar ist. Noch eindeutiger zutreffend ist der Begriff »Weltgrund« für das »Feuer« des Heraklit, das das Weltall durchwaltet und immer wieder in sich zurücknimmt und für die Urmächte »Liebe« und »Streit« des Empedokles, aus deren Ringen die verschiedenen Weltalter hervorgehen. »Jenseits des Seins« liegt für Platon die Idee des Guten, aber auch die gewöhnlichen »Ideen« befinden sich jenseits der in der Erfahrung vorfindlichen Dinge, und zwar als deren unveränderliche Wesenheiten. Von Parmenides bis hin zu Kant ist Philosophie immer ein »Weltdenken« in dem Sinne, daß sie in erster Linie die Übermacht des Nicht-Menschlichen oder der »Natur« im Auge hat, auch wenn sie vom »Weltgrund« oder von »Gott« spricht. Der denkende Mensch ist gleichsam von dem Ungeheuren gebannt, das er nicht selber ist, und deshalb wird die Geschichte nicht zum Thema, sondern nur »die Seele« oder das »Wesen des Menschen«, die diesem »Weltganzen« staunend und verehrend gegenüberstehen und denen allenfalls von den »Mystikern« gesagt wird, sie seien in ihrem tiefsten Grunde, dem »Seelenfünklein«, mit jenem Grunde der Welt im ganzen identisch. Die Geschichte als solche kann daher, wie besonders im indischen Philosophieren deutlich wird, keinerlei Interesse hervorrufen, da sie gänzlich zum Bereich der oberflächlichen Erscheinungen gehört und sich in endlosem Kreislauf vollzieht. Noch als Kant jene »kopernikanische Wendung« vornahm, welche die anschaubare Welt, wenn auch nicht das »Ding an sich«, zu einer Schöpfung des transzendentalen Bewußtseins oder des Menschengeistes machte, ging es ihm ganz primär um die Begründung der Naturwissenschaften, also um das Verhältnis der »Seele« zur »Welt«.

Doch von den Verstrickungen eben dieser Seele in der »Welt«, das heißt den endlichen und sündigen Verhältnissen der Erde, und von ihrem Weg zur Selbstfindung und Erlösung in Gott war schon bei den Neuplatonikern in der Weise die Rede gewesen, daß Stufen der befreienden Erlösung erkennbar wurden, und Augustinus hatte diese Gedanken mit der Vorstellung des Alten Testaments von den Schicksalen des »Gottesvolkes« verbunden, aber auch mit der Anwendung der Vorstellung von den Lebensaltern auf die als Einheit gefaßte Menschheit. Obwohl bei ihm zu keinem

Zeitpunkt die *civitas dei* die *civitas terrena* in sich aufhebt und verklärt, war damit doch ein wesentlicher Schritt zu der Auffassung des mittelalterlichen Abtes Joachim von Floris getan, der die Menschheit durch drei große Zeitperioden hindurchgehen sah, die Reiche des Vaters, des Sohnes und das künftige »Dritte Reich« des Heiligen Geistes, das heißt der mönchischen Spiritualen, mithin, wie man sagen könnte, von der Unterworfenheit unter ein äußeres Gebot zur Freiheit der sich selbst bestimmenden Geistigkeit.

Geschichte, so gefaßt, ist nicht ein Ereignis innerhalb der Welt, dem andere Ereignisse oder Bereiche an die Seite gestellt werden können, sondern sie ist selbst ein »Weltereignis«, ja sie kann sogar die einst so übermächtige Welt gewissermaßen in sich hereinnehmen, sobald das transzendentale *a priori* Kants als ein geschichtliches gefaßt wird, das heißt als eine Folge von Weltentwürfen, welche überhaupt erst »Dinge« und deren Zusammenhang entstehen lassen, welche aber auch untereinander in der Weise verknüpft sind, daß die Menschen aus Zerstreuung und Verlorenheit heraus zu immer größerer Einheit und zu einem immer klareren Bewußtsein dieser Einheit gelangen. Am Ende steht dann, wenn auch zunächst noch als zukünftige, eine von der menschlichen Vernunft für die menschlichen Individuen geformte und beherrschte Welt. Dies ist der Grundansatz der »aufklärerischen« Geschichtsphilosophie, die bei Turgot um 1750 zum Vorschein kommt und mit Condorcet 1794 einen ersten Höhepunkt erreicht. Sie kann eine Entsprechung zu jenem neuplatonischen Aufstieg der Seele darstellen und muß dann zu der Idee einer vollständigen Vergeistigung und Versittlichung der Menschheit gelangen; sie mag aber den Ausgang vom naturgegebenen Individuum so sehr akzentuieren, daß das Benthamsche »größte Glück der größten Zahl« schlicht als möglichst starke und gleichmäßige Befriedigung der Naturtriebe aller Menschen verstanden wird. Dieser aufklärerischen Geschichtsbewegung vom Vereinzelten und Niedrigen zum Einheitlichen und Höheren stand schon seit Hesiod die entgegengesetzte Bewegung von dem ursprünglichen, götternahen und »Goldenen« Zeitalter zum streiterfüllten, widernatürlichen »Eisernen« Zeitalter gegenüber, die als Lehre von der Dekadenz der Menschheit freilich mehr von Dichtern als von Denkern artikuliert wurde, die jedoch auch im Buch Daniel des Alten Testaments erkennbar ist, wo der Traum des Nebukadnezar nach der Deutung des Propheten die Folge der vier Weltreiche zum Inhalt hat.

Aber kann es eine vollständige Vergeistigung oder auch Versittlichung überhaupt geben? Ist sie, im Wortsinn, »menschenmöglich«? Ist auch nur der einfache Begriff der möglichst intensiven und umfangreichen Befriedigung der Naturtriebe, etwa des »Hungers und der Liebe« nach dem

Schillerschen Gedicht, »menschengerecht«? Angenommen, daß diese Triebe tatsächlich »menschenfreundlich« sind, das heißt in Individuen Erfüllung finden können, ohne daß andere Individuen Schaden erleiden – gibt es nicht auch andere Triebe im Menschen, die keine so harmlose Wendung nehmen können, etwa den Destruktionstrieb und den Todestrieb? Woher nehmen einige Menschen das Recht, die Ausrottung von Trieben zu verlangen, die vermutlich ebenso von der Natur stammen und bei anderen Menschen vielleicht besonders ausgeprägt sind? Kann man auf der anderen Seite wirklich von einer »Dekadenz der Menschheit« sprechen, da doch auf jede Dekadenz, die bisher beobachtet wurde, etwa auf den Niedergang des Römischen Reiches, ein neuer Aufstieg erfolgte, wenn auch der Aufstieg eines anderen Volkes oder eines anderen Reiches?

Wenn beide Prozeßformen nicht radikal getrennt, sondern ineinandergedacht werden, ist die Stunde der »Dialektik« gekommen, und die Dialektik ist der Grundzug der anspruchsvollsten und umfassendsten aller Geschichtsphilosophien, derjenigen Hegels. Vom Grundmuster her ist diese ganz aufklärerisch, denn die Geschichte ist für Hegel der »Fortschritt im Bewußtsein der Freiheit« – von der orientalischen Welt, wo nur einer frei ist, hin zur christlich-germanisch-protestantischen Welt der Neuzeit, wo alle wissen, daß sie frei sind, weil Freiheit das Wesen des Menschen als solchen ist. Aber in diesem Fortschrittsprozeß gibt es Platz für zahlreiche Niedergänge und Verkehrungen: von den Dekadenzen und Erstarrungen der Volksgeister, die vom Weltgeist zugunsten eines höheren Volksgeistes fallengelassen werden, bis zum Umschlag von Recht in Unrecht, den jedes auf sich beharrende Einzelne erfahren muß.

So nimmt sich Hegels Geschichtsphilosophie über weite Strecken wie eine »philosophische Geschichtsschreibung« aus, aber sie verliert an keiner Stelle den Grundcharakter aller Geschichtsphilosophie: Sie hat die *ganze* Weltgeschichte im Blick und sucht deren »innere Logik« zu enthüllen. Zu dieser Logik gehört eine Gliederung nach Epochen, die einen Anfang nimmt und auf ein Ende gerichtet ist. Erst von dem Ende, dem »Telos« her, das bei Hegel die Selbsterkenntnis des göttlichen Weltgrundes im Menschengeist ist, erscheint die Geschichte als Sinnzusammenhang, als gegliederte Totalität und in theologischen Termini als »Werk der Vorsehung«. Für den Alltagsverstand ist jede Geschichtsphilosophie notwendigerweise »Metaphysik« oder unbeweisbare Konstruktion.

Geschichtstheorie kann sich die kritische Überprüfung der Konzeptionen der Geschichtsphilosophie vornehmen; in der Regel aber wird sie die Kategorien, die Regeln und die Hauptvoraussetzungen der Geschichtsschreibung untersuchen, und in dieser zweiten Gestalt war ihr Anfang in

Deutschland zugleich ihr Höhepunkt, nämlich Johann Gustav Droysens »Historik«. Die philosophische Dimension wurde ihr nicht zuletzt von Wilhelm Dilthey gegeben, der wie Droysen ein Mann des 19. Jahrhunderts war, dessen letztes Lebensjahrzehnt indessen ins 20. Jahrhundert fällt und der erst in dieser seiner Spätzeit unter dem Titel »Der Aufbau der geschichtlichen Welt in den Geisteswissenschaften« den »Versuch einer Grundlegung für das Studium der Gesellschaft und der Geschichte« zum Abschluß zu bringen suchte, welcher 1883 unter dem Titel »Einleitung in die Geisteswissenschaften« veröffentlicht worden war. Dilthey will zeigen, daß die »metaphysische Stellung des Menschen zur Wirklichkeit« nur einer bestimmten und inzwischen abgelaufenen Periode der Wirklichkeit angehörte, und er äußert sich sehr negativ über die Begriffe der »Geschichtsphilosophie«, über die »Weltlogik«, den »Weltgeist«, den »Plan der Vorsehung«, doch auch über das Paradigma des Organismus. Aber er polemisiert gleichzeitig gegen die positivistischen Feinde der Metaphysik, gegen Comte und John Stuart Mill, deren Antworten die geschichtliche Wirklichkeit verstümmeln. Darüber hinaus schließt er die ganze skeptizistische (bzw. transzendentale) Philosophie der Neuzeit in seine Kritik ein, denn »in den Adern des erkennenden Subjekts, das Locke, Hume und Kant konstruierten, rinnt nicht wirkliches Blut, sondern der verdünnte Saft von Vernunft als bloßer Denktätigkeit«.[1]

Der Mensch als geschichtliches Subjekt steht in einer viel intensiveren Beziehung zur Wirklichkeit, nämlich derjenigen des »Erlebens«, und daher muß ihn die Geschichtswissenschaft in der »Totalität des Gemüts« zu erfassen suchen, von der die Naturwissenschaften und die naturwissenschaftlich orientierte Erkenntnistheorie bloß einen durch Abstraktion gewonnenen Randbezirk zu erfassen vermögen.[2] Die Geisteswissenschaften dagegen begnügen sich nicht mit dem äußerlichen Erklären, sondern ihr Feld ist das Verstehen, in welchem sich Leben dem Leben, Freiheit der Freiheit erschließt. Ermöglicht wird dieses Verstehen, wie Dilthey besonders in dem Fragment gebliebenen zweiten Band hervorhebt, nur durch die »Selbigkeit der Menschennatur«, innerhalb deren das Individuum der Neuzeit zu den Individuen und den Verhältnissen einer fernen Vergangenheit finden kann, indem es die Enge und Subjektivität des eigenen Lebens überwindet.[3] So glaubt er den »metaphysischen Konstruktionen« Hegels eine »Analyse der menschlichen Existenz« entgegensetzen zu können. Diese Existenz, die sich stets ihrer Endlichkeit und Gebrechlichkeit bewußt ist, versteht als selbst geschichtliche die Geschichte, und sie ist, wie schon Fichte wußte, »nicht Substanz, Sein, Gegebenheit, sondern Leben, Tätigkeit, Energie«.[4] So setzt Dilthey als Theoretiker der Geschichte gerade eine

Philosophie des Lebens und der Existenz an die Stelle der geschichtsphilosophischen »Konstruktionen«, und damit bereitet er demjenigen Denken des 20. Jahrhunderts eine Bahn, das weder Geschichtsphilosophie noch bloße Erkenntnistheorie sein will.

Aber auch die ausgeprägteste Erkenntnistheorie der Zeit leistete einen bedeutenden Beitrag zur Geschichtstheorie, ja sie beherrschte die Diskussion gerade zu Beginn des 20. Jahrhunderts. Es handelt sich um die Unterscheidung zweier Wissenschaftstypen aufgrund des Gegensatzes ihrer Methoden, welche die südwestdeutsche Schule des Neukantianismus in Gestalt ihrer bekanntesten Vertreter vornahm, nämlich Wilhelm Windelbands und Heinrich Rickerts. Die Naturwissenschaft ist für sie auf die Erforschung von Gesetzen und Gesetzlichkeiten ausgerichtet, sie ist »nomothetisch«; die Geschichtswissenschaften dagegen wollen das Individuelle und Singuläre erfassen – das Individuelle einer Person, einer Institution, einer Epoche usw. –, sie sind idiographisch. Damit wird nicht gesagt, daß die untersuchten Gegenstände als solche verschieden sind, etwa so, daß Naturdinge in ihrer Allgemeinheit aufgingen und geschichtliche Personen oder Ereignisse rein individuell wären. Es handelt sich vielmehr um einen Unterschied der Betrachtungsweisen: Die generalisierende Methode begnügt sich mit der Feststellung von Gesetzen, und das Individuelle ist für sie ohne Interesse. Der fallende Apfel, an dem Newton das Gesetz der Schwere erkannte, war nur als Exemplar wichtig, nicht als Individuum. Alexander der Große und Napoleon dagegen werden von den Historikern in ihrer Individualität zum Gegenstand gemacht, und was an ihnen allgemein ist, etwa die Feldherrenbegabung, ist bloß ein untergeordnetes Moment. Der entscheidende sachliche Unterschied ist mithin ein subjektiver: Nur mit Rücksicht auf einen Wert kann das Individuelle wesentlich werden, die generalisierende Methode dagegen ist wertfrei.[5] Auch Geisteswissenschaften können generalisierend sein, so die Soziologie, und Rickert führt als Beispiel das Buch von Ferdinand Tönnies »Gemeinschaft und Gesellschaft« an, aber hier wird schon eine Schwierigkeit deutlich, denn Tönnies nimmt offensichtlich in seinen Untersuchungen Wertungen vor, obwohl er keine einzelne Gemeinschaft und keine einzelne Gesellschaft analysiert, und auf der anderen Seite wertet auch Rickert, denn er hält ganz unverkennbar die soziologisch-generalisierende Methode der Sache nach für defizient. Noch eindeutiger kritisiert er die »neue kollektivistische Methode« von Karl Lamprecht, die sich selbst mißverstehe, weil Lamprecht sich in seiner »Deutschen Geschichte« keineswegs damit begnüge, dasjenige zu erforschen, was allen Nationen gemeinsam sei. Daher birgt die einfache Entgegensetzung der »wertbeziehenden individualisierenden geschichtlichen

Methode« und der »wertfreien generalisierenden gesetzeswissenschaftlichen Methode«[6] mancherlei Probleme in sich, und man fragt sich, ob nicht doch eine materiale Geschichtsphilosophie vorliegt, wenn Rickert die Weltgeschichte nach »Epochen der Wertverwirklichung« gliedert und als oberste Werte ganz im Sinne Hegels »Vernunft« und »Freiheit« ansetzt, auf die hin die Weltgeschichte als »Fortschritt« ausgerichtet ist.

Ich zähle nun nur noch einige Fragen auf, mit denen die Geschichtstheorie sich beschäftigt hat und beschäftigt, ohne weiterhin Namen einzelner Denker zu nennen: Was heißt »geschichtlicher Prozeß«, und inwiefern hängt dieser Begriff von den Kategorien »Zweck«, »Wert« und »Sinn« ab? Welches sind die Hauptfaktoren der Geschichte, und wie ist ihr wechselseitiges Verhältnis zu bestimmen: Staaten, Völker, Klassen, Epochen, Kulturen, »die Menschheit«?

Sind geschichtliche Ereignisse grundsätzlich unprognostizierbar, oder könnte ein künftiger Computer sämtliche Daten von Gegebenheiten enthalten, so daß für ihn die Zukunft gemäß der »Laplaceschen Weltformel« ableitbar sein würde und Gott in Gestalt einer Maschine zur Wirklichkeit geworden wäre? Oder sind die Bewegungsgesetze der Geschichte gerade derart, daß sie dem Neuen, dem Schöpferischen, dem Freien Raum lassen? Gehört am Ende die Subjektivität des Historikers mit in diesen Prozeß hinein, und gibt es für ihn eine Möglichkeit, seine »Standortgebundenheit« zu überwinden, um zu einer »unparteilichen« Geschichtsschreibung zu gelangen? Legt er sich nicht schon durch die Wahl seiner Begriffe unwiderruflich fest? Ist er nicht einem »Zirkel des Verstehens« unterworfen? Muß er selbst versuchen, die Selektion, ohne die er nicht arbeiten kann, zugleich in ihrer Einseitigkeit erkennbar zu machen, oder ist »Objektivität«, soweit sie menschenmöglich ist, an die Existenz einer »community of scholars« und damit an die Gesellschaftsform des »Liberalen Systems« gebunden? Darf sich der Historiker erlauben, »kontrafaktische« Überlegungen anzustellen, oder gehört nur die Erzählung von faktischen Ereignissen zu seiner Aufgabe?

Was ist aber überhaupt ein »historisches Faktum« – ist es vorfindbar wie ein Stein, oder entspringt es wie die »Umwelt« im ganzen der Formung einer letztlich unfaßbaren Mannigfaltigkeit durch den Geist? Müßte dann aber nicht auch das andere Individuum aus einer »Formung« hervorgehen? Leben am Ende sogar Ehepaare bloß mit Bildern des Anderen und nicht mit »diesem selbst«? Ist es indessen nicht so, daß ein Mann und zumal ein Dichter jahrelang mit dem »Bild« der fernen Geliebten leben kann, daß aber eine unübersehbare Realität dieses Bild korrigiert oder sogar zerstört, sobald die Geliebte zur ständig anwesenden Ehefrau geworden ist? Entgeht der Historiker auf vergleichbare Weise einem drohenden Solipsismus? Ist für ihn der Relativismus ebenso ein Schreckbild, oder ist Relativität – besser vielleicht Relationalität – der Grundcharakter aller menschlichen Verhältnisse und sogar des Kerns der Individualität? Mindestens Friedrich Meinecke wies eine Gleichsetzung des nach seiner Meinung für das deutsche Denken charakteristischen Historismus mit dem Relativismus sehr nachdrücklich zurück.

Abermals etwas anderes ist das »politische Denken«. Vielleicht könnte man es den konkret-strukturellen und überwiegend gegenwartsbezogenen Teil der Geschichtstheorie nennen. Aber die Lehre von den Staatsformen und von ihrer gesetzmäßigen Aufeinanderfolge innerhalb eines ewigen Kreislaufes war schon ein anerkannter Teil der antiken Philosophie, bevor es eine Geschichtstheorie in dem eben gekennzeichneten Sinn überhaupt gab. Und bringt nicht Platon diese Staatslehre in engste Verbindung mit der Anthropologie, wenn er in der »Politeia« die Norm für den Staat, aber auch die innere Möglichkeit seines Verfalls, aus der Natur der menschlichen Seele ableitet, die sowohl niedriges Begehren wie edles Streben wie vernünftige Einsicht (epithymetikón, thymoeidés und logistikón) umfaßt, welche nach ihrem Rang geordnet sein sollen, aber auch der Verkehrung unterliegen können? Heute wird eine solche hierarchische Ordnung innerhalb des Staates häufig mit negativem Akzent als »Stratifikation« gekennzeichnet, und ein anklagender Ton wird oft vernehmbar, wenn von »gesellschaftlicher Ungleichheit« gesprochen wird, obwohl eine konkrete Egalität aller Individuen in der Regel als ausgeschlossen gilt. Wachsen nicht vielleicht Integration als Egalisierung und Differenzierung als Distanzierung gleichermaßen an? Ist »Entfremdung« ein nur negatives Phänomen, oder ist sie die Voraussetzung von konkreter Freiheit der Individuen und in aller Geschichte unaufhebbar? Nähern sich andererseits in der Gegenwart nicht alle Industriegesellschaften einander sehr stark an, sind sie nicht auf dem Wege zur Konvergenz? Aber auch dieser Konvergenz könnte eine Differenzierung entsprechen, und wer zum Beispiel die Entwicklung der »Vereinten Nationen« seit 1945 verfolgt, könnte versucht sein, von einer »Atomisierung« oder »Balkanisierung« der Welt zu sprechen. Immer noch ist der Begriff »Totalitarismus« auch zur Charakterisierung gegenwärtiger Regime unerläßlich, und Begriffe wie »Sozialimperialismus«, »Bonapartismus«, »Faschismus«, »Parlamentarismus« werden mindestens ebensosehr dem Gebiet des »politischen Denkens« wie demjenigen der »Geschichtstheorie« zugerechnet.

Ganz eindeutig gilt diese Zugehörigkeit für das »weltpolitische Denken«. Es kann in strategischen Überlegungen für die Politik einzelner Staaten bestehen, die vornehmlich in die Zukunft gerichtet sind, aber nicht selten die Darstellung historischer Vorgänge als eine Art Unterbau in sich schließen. Buchtitel wie »Japan unter den Großmächten« oder »Die Rolle der Seemacht in der Geschichte« sind charakteristisch. Aber ein Buch mit dem Titel »Die zukünftigen Möglichkeiten der rumänischen Politik« würde gewiß nicht dem weltpolitischen Denken zugezählt werden; eine gewisse Größe und Bedeutung des Gegenstandes ist unerläßliche Voraussetzung. Sobald die Strategie jedoch einer Ideologie untergeordnet wird, sei es auch nur der Intention nach, handelt es sich um staatliche und meist übernationale Missionsideen und sogenannte »Pan-Bewegungen«, die durchweg so etwas wie eine Geschichtsphilosophie enthalten und daher wohl anders einzuordnen sind.

Eine »Zeitdiagnose« hat in erster Linie die Gegenwart im Auge, aber sie schließt die geschichtlichen Voraussetzungen dieser Gegenwart nicht notwendigerweise aus, obgleich sie in der Regel nur einen bestimmten Strang verfolgt, etwa die Weltfeindschaft des Christentums, die zur Entleerung oder zur Sinnlosigkeit des modernen Daseins geführt habe. Sie ist häufig mit »Kulturkritik« identisch, und als solche ist sie die am unverhülltesten wertende, ja oftmals anklagende Erscheinungsform dessen, was man unter dem allgemeinen Begriff des »Geschichtsdenkens« zusammenfassen kann. Als Kulturkritik ist sie aber auch am meisten einer politischen bzw. ideologischen Charakterisierung und Abwertung durch ihre Gegner ausgesetzt: Nur »Konservative« oder »Reaktionäre«, so scheint es, können über die »Säkularisierung« klagen, der Aufklärung und dem Rationalismus Vorwürfe machen und gar Kehrseiten der Emanzipation entdecken. »Progressive« scheinen dagegen diejenigen zu sein, welche sich auf die Seite der »Modernisierung« stellen und in der Vergangenheit, wie es schon Voltaire tat, einen »Haufen von Verbrechen« und eine Fülle von Unterdrückung und Ungerechtigkeit wahrnehmen.

Aber heute wird schwerlich jemand der herabsetzenden Kennzeichnung als »Philister« oder sogar als »Reaktionär« entgehen, der sich unzweideutig mit dem Fortschrittsoptimismus des 19. Jahrhunderts identifiziert und mit Behagen feststellt, »wie wir's dann zuletzt so herrlich weit gebracht«. Gerade denen, die sich heute mit besonderem Nachdruck als »Progressive« oder »Linke« bezeichnen, ist ja klar, daß der bisherige Fortschritt eine Fülle von Schwierigkeiten und Problemen geschaffen hat, ja daß er die Existenz der Menschheit gefährdet, weil er die natürlichen Lebensbedingungen rücksichtslos verbraucht und zerstört. Bis vor kurzem durfte die »Klassenanalyse« als die der Kulturkritik am meisten entgegengesetzte Erscheinungsform der Zeitdiagnose gelten, gerade weil sie jene Einwände gegen den vulgären Progressivismus in sich aufzunehmen vermochte. Zwar ist »Klassenanalyse« an und für sich ein neutraler Begriff, der als solcher keine bestimmte Stellungnahme oder Wertung einschließt: In allen Gesellschaften und auch Gemeinschaften, die uns bekannt sind, kann man Kasten, Stände und Schichten sowie führende Gruppen und »das Volk« unterscheiden; wenn man die Unterschiede zwischen diesen Gruppierungen vernachlässigt, mag man generell von »Klassen« sprechen, die in einem Verhältnis der Über- und Unterordnung zueinander stehen. Dieses Verhältnis ist jedoch nicht starr, und die Unterschiede der Klassen schließen mannigfaltige Differenzen der Lebensführung, der religiösen Orientierung und der Anteilnahme an der Leitung des Gemeinwesens bzw. des Staates in sich. Dieses wechselhafte Verhältnis und damit etwaige Aufstände und Revolutionen, diese Unterschiede politischer und religiöser Art gilt es ins Auge zu fassen und zu analysieren.

Der Historiker muß also als solcher »Klassenanalyse« treiben, sofern er sich nicht auf einzelne Klassen bzw. Funktionen wie etwa den Adel oder die Führung der Außenpolitik beschränkt. Aber wenn auf betonte Weise von »Klassenanalyse« gesprochen wird, ist die Bedeutung eine andere. Leitend ist hier nämlich der Gesichtspunkt, daß »Klassenhaftigkeit« als solche nicht sein sollte und daß dieses Soll zugleich der Wille der Geschichte ist. Alles Negative der modernen Entwicklung wird daher auf das Schuldkonto der letzten noch herrschenden und ausbeutenden Klasse, nämlich der »Bourgeoisie«, geschrieben, und die »große Lösung«, die zugleich das Ende der »Vorgeschichte« oder der »bisherigen Geschichte« der Menschheit ist, wird in Kürze von der zur großen Majorität der Bevölkerung herangewachsenen Klasse des »Proletariats« ins Werk gesetzt werden, von derjenigen Klasse, die berufen ist, eine »rein positive Modernität« hervorzubringen, welche freilich »auf höherer Stufe« die Wiederherstellung einer fernen und möglicherweise bloß hypothetischen Vergangenheit ist, nämlich der kommunistischen Urgesellschaft ohne Privatbesitz und Herrschaft.

Diese marxistische Version der »normativen Klassenanalyse« ist nicht die einzige, und sie ist ja selbst in einer Auffassung verwurzelt, die sie der »bürgerlichen Ideologie« zu subsumieren pflegt, nämlich der alten und vorwiegend angelsächsischen Vorstellung vom Kampf »der Vielen« gegen »die Wenigen«, der »Beraubten« gegen die »Räuber«, wie sie längst vor Marx etwa James Mill vertreten hatte. Als partikulare bzw. vorläufige Version kann das Ideal des homogenen Nationalstaates genannt werden, und es ist mindestens ebensosehr eine Konsequenz wie ein Gegensatz, wenn von dort der Schritt zur Idee der homogenen Weltgesellschaft getan wird. Aber sind nicht auch Minderheiten »Klassen« in diesem umfassenden

Sinne, und gilt der Kampf gegen Minderheiten nicht als illiberal? Entspricht dem universalen Prozeß der Homogenisierung nicht ein ebenso universaler Prozeß der Differenzierung? Ist es auszuschließen, daß die Identitäten von Nationen, aber auch von größeren und kleineren Regionen nicht etwa verschwinden, sondern sich auf neuartige Weise rekonstituieren? Die marxistische Klassenanalyse dürfte ihre Selbstsicherheit seit 1989 für immer verloren haben, aber auch die siegreiche Ideologie des »Westens« sieht sich in große Schwierigkeiten verwickelt, und sie würde vermutlich gut daran tun, von ihrem Gegner den rationalen Kern der Dialektik zu übernehmen: ein Bewußtsein dieser Paradoxien und Verkehrungen der Geschichte, und darüber hinaus ein Selbstverständnis zu entwickeln, das sich von den Simplismen Jeremy Benthams und auch Woodrow Wilsons löst.

Jetzt sollte es möglich sein, jenen engeren und damit eigentlichen Begriff des Geschichtsdenkens zu bestimmen, den wir suchen. Geschichtsphilosophie stellt sich der Geschichte im ganzen betrachtend gegenüber, und der Geschichtsphilosoph wird als seine wichtigsten Gesprächspartner Augustinus und Joachim von Floris, Turgot und Hegel ansehen. Geschichtstheorie kann als Methodologie der Geschichtsschreibung prinzipiell im Elfenbeinturm akademischer Erörterungen angesiedelt sein. Politisches Denken mag eine vergleichende Deskription von Staatsformen und Regimen sein, die sich am Vorbild der strukturellen Analyse der Botanik orientiert. Wer Zeitdiagnose als Kulturkritik treibt, ist häufig ein Untergangsprophet, und die Klassenanalyse war bisher in der Regel Glücksvorhersage. Aber auch der subtilste Geschichtsphilosoph läßt Motive erkennen, die unmittelbar aus seiner Gegenwart erwachsen: So sah Hegel sich bekanntlich in gewisser Weise als den Philosophen des preußischen Staates, und seine Jugendschriften geben von einer sehr intensiven Auseinandersetzung mit Christentum und Judentum Zeugnis. Wer den Geschichtstheoretiker Droysen genauer ins Auge faßt, der wird schwerlich viel über die Unterscheidung von »Quelle« und »Überrest« sagen, sondern ihm werden ausgeprägte und keineswegs bloß konservative Zukunftssorgen hinsichtlich des Schicksals der »Freiheit« begegnen. Unterhalb der Strukturanalyse des politischen Denkers kommt oft genug eine sehr lebendige Anteilnahme an Zweifelsfragen der Gegenwart zum Vorschein, und der Kulturkritiker müßte Selbstmord begehen, wenn ihn nicht irgendeine und vielleicht ganz versteckte Hoffnung aufrechterhielte.

Man kann sogar das 20. Jahrhundert im ganzen durch die Feststellung charakterisieren, daß auch die optimistischsten Progressivisten nicht frei von Zweifeln und Ängsten waren – von Zweifeln und Ängsten, die sogar auf jene Sozialisten ausstrahlten, welche die Alternative »Sozialismus oder

Barbarei« formulierten. Dem Geschichtsdenken ist daher nicht ein abgegrenztes Gebiet zuzuschreiben, das es als sein eigenes verwaltet, und auch nicht eine spezielle Methode, die von anderen wissenschaftlichen Methoden zu unterscheiden wäre. Es ist vielmehr weiter nichts als eine Tendenz, die in jedem der bisher beschriebenen Fächer hervortreten kann, und diese Tendenz ist zunächst mit negativen Termini zu charakterisieren: Unsicherheit statt Selbstgewißheit, Problematik statt Apodiktizität, Ratlosigkeit statt hilfreicher Doktrin. Wenn das Wort nicht durch allzu häufigen Gebrauch so sehr abgenützt wäre, könnte »Betroffenheit« als Hauptkennzeichen des Geschichtsdenkens genannt werden: Betroffenheit, die aus der Verworrenheit der Gegenwart und der Bedrohlichkeit der Zukunft erwächst.

Geschichtsdenken ist gleichwohl ein Denken, und nicht bloßer Ausdruck von Unvermögen; daher schließt es Distanz in sich und mindestens ein gewisses Minimum von Hinblick auf die Vergangenheit, der aber in aller Regel von dem Versuch einer gleichmäßigen Durchdringung aller weltgeschichtlichen Perioden weit entfernt bleibt und als Kontrast zur Gegenwart häufig nur die Urzeit wählt; Geschichtsdenken wird ferner kaum je eine bloße Ausbreitung von Zweifeln und Fragen sein, sondern Resultate darbieten und insofern über eine Art sekundärer Apodiktizität verfügen. Als Denken wird es sich auch von der Dichtung unterscheiden, zu deren großen Themen ja das Geschick des Menschen in Welt, Geschichte und Gegenwart ebenfalls gehört, aber doch in der Weise der Konkretion in Beispiel und Bild, nicht in begrifflicher Explikation. Als klassischen Ausdruck des Geschichtsdenkens führe ich die zentrale Frage von Alexis de Tocqueville an: »Où allons-nous donc?« Und damit kann eine weitere Bestimmung getroffen werden, die abermals negativ ist: Wer in olympischer Zuversicht oder in dumpfer Verzweiflung den Gang der Weltgeschichte als vorherbestimmt und durchschaubar ansieht, der kann ein bedeutender Geschichtsphilosoph, ein tiefschürfender Geschichtstheoretiker, ein hervorragender politischer Denker, ein bemerkenswerter Kulturkritiker und ein großartiger Klassenanalytiker sein, aber nicht ein Geschichtsdenker.

Diese Bestimmung zeigt, daß wir uns in einem höchst diffusen Gebiet bewegen müssen, das zu Konstruktionen, ja zur Willkür geradezu einlädt. Bevor ich den Plan des Buches entwickle, will ich nun aber in äußerster Kürze die Lehren von drei Denkern des 19. Jahrhunderts umreißen, die auch auf das Geschichtsdenken des 20. Jahrhunderts besonders großen Einfluß geübt haben und die der Geschichtsphilosophie in größerem oder geringerem Ausmaß nahestehen, so gewiß sie bei näherer Betrachtung auch als Geschichtsdenker würden gelten können.

Auguste Comte, 1798 inmitten der Wirren der Französischen Revolutionsepoche in Montpellier geboren, blieb seiner sehr frommen Mutter ein Leben lang zugetan, nahm aber als Student der Mathematik in Paris den Geist des napoleonischen Empire in sich auf und geriet bald unter den Einfluß des Grafen von Saint-Simon, der als »Frühsozialist« gilt, obwohl er seine Zukunftsgesellschaft von den Bankiers leiten lassen wollte, und war für einige Jahre dessen Sekretär. Glaube an die Naturwissenschaft, Zukunftsorientierung, die das »Goldene Zeitalter« am Ende statt am Anfang der Geschichte lokalisierte, Wille zu umfassenden sozialen Reformen und auch die Unterscheidung »kritischer« und »organischer« Epochen der Geschichte waren die Hauptimpulse des Grafen, und Comte ging wie Augustin Thierry ein gutes Stück mit ihm. Nach dem Bruch zwischen beiden tauchte das Wort »positiviste«, das später in der Gestalt des Substantivs »Positivisme« zum Kennzeichen der von Comte begründeten Schule wurde, in seiner ersten selbständigen Schrift auf, dem »Système de politique positive« von 1824. Comte macht sich hier ausdrücklich den Gedanken Saint-Simons zu eigen, daß das Zeitalter der Kritik, das heißt der Aufklärung, nur von transitorischer Art sein kann und von einer neuen und stabileren Epoche abgelöst werden muß, sobald es sein Werk der Zersetzung und Auflösung beendet hat, nämlich von einer Epoche, die viel Ähnlichkeit mit dem Mittelalter haben und alle jene anarchischen Freiheiten der Willkür nicht mehr kennen wird, deren sich der Liberalismus rühmt.

Insofern bejaht Comte das Ziel der »Heiligen Allianz«, aber sein Grundkonzept bleibt gleichwohl aufklärerisch und setzt die Restaurationsperiode in einen Gegensatz zu der »marche générale de la civilisation«. Dieser Gang der Zivilisation hat mittels der kritischen Prinzipien der Aufklärung das »theologisch-militärische System« definitiv zerstört, das Metternich und die Bourbonen vergeblich wiederherzustellen suchten, und eine neue Stabilität der Gesellschaft muß auf neue Prinzipien gegründet werden. Von hier aus entwickelt Comte das berühmte Dreistadiengesetz, das der Sache nach freilich Gemeingut des optimistischen Teils der Aufklärung war: »Jeder Zweig unserer Kenntnisse durchläuft der Reihe nach drei verschiedene theoretische Stadien, nämlich den theologischen oder fiktiven Zustand, den metaphysischen oder abstrakten Zustand und den wissenschaftlichen oder positiven Zustand.«[7] Die Gegenwart ist dabei, den Eintritt in das dritte und »definitive« Stadium zu vollziehen, in das Stadium der wissenschaftlichen Politik. Diese ist eine »soziale Physik«, welche die soziale Organisation auf eine ebenso feste Basis stellt, wie sie die physische Physik für ihre Verfahrensweisen festgelegt hat. Diese Grundgedanken hat Comte in den sechs Bänden seines »Cours de philosophie positive« von 1830 bis 1842 ausgearbeitet, einer wahren Enzyklopädie aller Wissenschaften, innerhalb deren die Soziologie einen prominenten Platz einnimmt.

Der Positivismus ist für Comte eine Lehre der Ordnung und des Fortschritts zugleich; er polemisiert aufs entschiedenste gegen die Rousseausche Utopie einer Rückkehr zum Naturzustand und einer Überwindung der Arbeitsteilung, er charakterisiert die revolutionäre Lehre als »metaphysisch«, aber er weicht kein Jota von der Überzeugung ab, daß der »industrielle Zustand« der endgültige ist, wo das Tatsächliche herrscht und nicht mehr das Chimärische, die Gewißheit gegenüber der Unentschiedenheit endloser Debatten, das Genaue im Gegensatz zum Schwankenden und überall das Relative statt des Absoluten. In seiner Spätzeit hat Comte, am Ende eines überaus subtilen und sonderbaren Liebeserlebnisses, diesen Zustand bis in kleine Details hinein beschrieben und den Beweis geführt, daß mittels so aufklärerischer Begriffe wie Fortschritt, Verwissenschaftlichung, Säkularisierung, Frieden, Veredlung ein totalitäres System freiheitsfeindlicher Regelhaftigkeit errichtet werden kann.

Wie Comte gehört *Karl Marx*, 1818 in Trier geboren, in den Gesamtrahmen der Aufklärung hinein, aber auch er hat nicht wenig von der konservativen und vor allem romantischen Kritik an der Aufklärung bzw. der »Vulgäraufklärung« übernommen. Vom Vater wie von der Mutter her alten Rabbinergeschlechtern entstammend, hatte er, schon als Kind getauft, anscheinend noch weniger Beziehungen zum Judentum als Comte zum Katholizismus, aber die Erwartung eines völlig neuartigen, alles Bisherige zerstörenden, allein auf Rationalität und Wissenschaft gebauten und definitiven Zeitalters trägt bei ihm noch viel stärker die Merkmale des »Messianismus« als bei Comte, wenn er sich auch sorgfältig vor konkreten Beschreibungen hütet, welche den philosophischen Bestimmungen des kommunistischen Endzustandes als »wahrer Auflösung des Streits zwischen Existenz und Wesen, zwischen Freiheit und Notwendigkeit, zwischen Individuum und Gattung« sowie vor allem als »aufgelösten Rätsels der Geschichte« ihren Zauber genommen haben würden.[8] Aus seinen Jugendschriften geht eindeutig hervor, daß er nicht wie Comte die Verwirklichung der Wissenschaft, sondern in kritischem Anschluß an Hegel die Verwirklichung der Philosophie als den Inhalt der Zukunft betrachtet, welche an die Stelle des halben Idealismus Hegels mit seinen unaufhebbaren Trennungen etwa zwischen Staat und »bürgerlicher Gesellschaft« den totalen Idealismus der vollständigen Einheit der Individuen und der Weltgemeinschaft setzt.

Viel stärker als Comte hebt Marx die neue Kraft der Zukunft hervor, das Proletariat als die zur Realität gewordene Entmenschung, die im dialektischen Umschlag das Reich der klassenlosen Menschlichkeit aus sich gebären wird. So schreibt er 1848 unmittelbar vor dem Ausbruch der Revolution, auf eine Vorarbeit von Friedrich Engels gestützt, jenes »Manifest der Kommunistischen Partei«, das wohl das einzige Parteiprogramm ist, welches von dem großen Atem einer Geschichtsphilosophie beherrscht wird. Auch das Kommunistische Manifest entwickelt eine Art von Dreistadiengesetz, aber mit weit größerer Leidenschaft und viel stärkerer Polemik, als Comte sie aufgebracht hatte. »Die Geschichte aller bisherigen Gesellschaft ist die Geschichte von Klassenkämpfen«, so hebt die philosophisch-politische Kampfschrift an, und schon diese Formulierung macht klar, daß es Abschied zu nehmen gilt von allem Bisherigen und daß dieser Abschied nur möglich ist, wenn es ein Vor-Bisheriges gab, einen Abschnitt vor der »Geschichte«, der durch Gemeinschaftlichkeit statt durch gesellschaftliche Konflikte bestimmt war. Der ganze Akzent fällt freilich zunächst auf das Stadium der »Klassengesellschaft«, das sich nach der ständischen Periode des Mittelalters als »Epoche der Bourgeoisie« darstellt.

Dieser Bourgeoisie nun und ihrer revolutionierenden, die Einheit eines Weltmarktes schaffenden Rolle singt Marx ein Loblied, wie es keiner ihrer literarischen Vorkämpfer je getan hatte, aber in jedem Lobeswort ist die Verurteilung, ja Verwerfung spürbar. Die letzte und stärkste Realität nämlich, welche die Bourgeoisie geschaffen hat, das Proletariat, die Masse der besitzlosen, ausgebeuteten, entrechteten Arbeiter, gelangt in der Gegenwart zum Bewußtsein seiner Universalität und seiner Mission, der Herbeiführung einer Gesellschaft, wo der Plan an die Stelle des Marktes tritt, wo die »klassenlose Gesellschaft« die »alte bürgerliche Gesellschaft mit ihren Klassen und Klassengegensätzen« überwindet und wo »die freie Entwicklung eines jeden die Bedingung für die freie Entwicklung aller ist«. Dieser Schritt bedeutet den »Untergang der Bourgeoisie«, wie für Comte der Eintritt in das positive Stadium das Ende der Metaphysik bedeutete, aber Marx spricht ausdrücklich vom »Tod« einer bestimmten Klasse. Dieses Manifest ist also eine Vernichtungsprophetie, und es ist zugleich eine höchst eigenartige Synthese des individualistischen Liberalismus, der radikalen Bejahung des Weges zur Welteinheit und des konservativen Grundpostulats der Einheit des Menschen mit seiner Welt. Die ganze spätere Riesenarbeit von Marx bis hin zum dritten Band des »Kapital« hat an dieser geschichtsphilosophischen Konzeption nichts Wesentliches geändert; sie baute das eine und das andere aus, zum Beispiel die Vorstellung von der Urgemeinschaft, und sie suchte vor allem den Eindruck hervorzurufen, es lasse sich »wissenschaftlich« beweisen, was im »Manifest« noch so offensichtlich Entwurf und Prophetie ist.

Friedrich Nietzsche war nicht Mathematiker wie Comte oder Philosoph wie Marx, sondern klassischer Philologe, und als solchem lag ihm, der 1844 als Sohn und Enkel protestantischer Pfarrer in Mitteldeutschland geboren wurde, ein Gedanke nahe, der Comte und Marx fremd geblieben zu sein scheint, der Gedanke, daß die »Kultur« als das Sich-Bedeutung-Geben des Menschen in Kunst, Religion und Philosophie wesentlich an die bisherige Geschichte geknüpft sein könnte und durch den »Marsch der Zivilisation« gefährdet werde. Für Comte und Marx war es selbstverständlich gewesen, daß das positive Zeitalter bzw. die klassenlose Gesellschaft eine Hochblüte der Kultur in sich schließen würde, aber der junge Nietzsche sieht in der »Geburt der Tragödie« nur Öde, Ermattung und Niedergang aus dem »sokratischen« Rationalismus mit seiner Tendenz zum flachen Utilitarismus und zur Massenemanzipation hervorgehen. Das scheint weiter nichts als die Wiederaufnahme der romantischen Kulturkritik (besser: Zivilisationskritik) zu sein, und in seiner zweiten Phase hat sich Nietzsche, wenngleich nicht ohne ein unübersehbares Widerstreben, das aufklärerische Denken zu eigen gemacht.

In seiner Spätzeit treten die Empfindungen seiner Jugend in radikalisierter Gestalt wieder hervor, und er entwickelt, wenngleich auf fragmentarische Weise, eine Geschichtsphilosophie, in der alles negativ ist, was für Comte und für Marx positiv war: der Moralismus der Juden, »des priesterlichen Volks des ressentiment par excellence«[9]; der Sieg des Christentums, des »Gesamtaufstandes alles Niedergetretenen, Elenden, Mißratenen, Schlechtweggekommenen gegen die ›Rasse‹ «[10]; die Bewegungen der Französischen Revolution, der Demokratisierung, der »Weibs-Emanzipation«, des Sozialismus und des Anarchismus, die allesamt dem Phänomen der »Gesamt-Entartung der Menschheit« zuzurechnen sind. Um die Menschheit vor diesem Abgrund zu bewahren, macht sich Nietzsche in den letzten Monaten seines bewußten Lebens nicht nur zum Vordenker, sondern geradezu zum Propagandisten einer »Partei des Lebens«, deren Kerntruppe aus den Offizieren und den jüdischen Bankiers bestehen soll, und diese Partei soll die »Schwachen«, die »Dekadenten«, die Feinde des »Lebens«, das heißt der Vitalität und der Kultur, vernichten. In seinem letzten Stadium läuft Nietzsches Denken also auf ein Vernichtungspostulat hinaus, welches das genaue Gegenbild zu der Marxschen Vernichtungsprophetie, aber auch zur Comteschen Vorhersage des »positiven«, das heißt wissenschaftlichen, sozialen und eudämonistischen Zeitalters ist, ein Gegenbild jedoch, das sich von dem »konservativen« Widerstreben gegen Aufklärung und Emanzipationen wesentlich unterscheidet, da es beansprucht, eine neue

Ebene erreicht zu haben, die Ebene des »Übermenschen«, der »Ewigen Wiederkunft« und der »Herren der Erde«, welche dem konservativen Denken durchaus fremd gewesen war.

Comte, Marx und Nietzsche stehen in Zustimmung und Widerspruch durchaus in den Spuren der Geschichtsphilosophie, wie sie in der jüdisch-christlichen Tradition angelegt war, wie sie von dem optimistisch-rationalistischen Zweig der Aufklärung entfaltet wurde und wie sie in Hegel ihren Höhepunkt erreichte. Aber man kann sie selbst nicht eigentlich als Geschichtsphilosophen bezeichnen. Was sie über die Weltgeschichte sagen, ist zu skizzenhaft und fragmentarisch, wie gerade ein Blick auf Hegel deutlich macht, und die Probleme und Kämpfe der Gegenwart nehmen sie viel unmittelbarer in Anspruch. Andererseits blicken sie weitaus mehr in die Zukunft, als Hegel es getan hatte, der noch einen festen Stand in der großen, aus der Antike und dem Mittelalter herrührenden Tradition der Ontologie hatte. Bei näherem Hinsehen würde sich zeigen lassen, daß die apodiktischen und zuversichtlichen Aussagen nicht selten eine anfängliche Unsicherheit überdecken sollten, am eindeutigsten bei Nietzsche, dessen Hektik und Getriebenheit ins Auge fallen. Alle drei Denker sind also, wenngleich in sehr unterschiedlichem Ausmaß, jenem Geschichtsdenken in der engeren Bedeutung des Wortes benachbart, das unser Gegenstand sein soll und das wir im 20. Jahrhundert verfolgen wollen.

Jetzt kann daher die Gliederung des Buches skizziert werden. Aber zunächst ist noch einmal zu betonen, daß »Geschichtsdenken« kein fest umrissenes Gebiet darstellt. Einige der Denker, die thematisiert werden sollen, stehen einer systematischen Geschichtsphilosophie nahe, andere scheinen nicht viel mehr als Kulturkritik zu bieten. Nur negative Kriterien sind stichhaltig: Ich schließe in der Regel Essayisten, Dichter und reine Schriftsteller aus, und ich berücksichtige im allgemeinen diejenigen Denker nicht, die *bloß* auf Gegenwart und Zukunft Bezug nehmen. Aber wenn dieses hohe Maß an Unsicherheit und Selektion ein Schwachpunkt ist, so scheint diese Schwäche doch gerade etwas eigentümlich Menschliches in sich zu schließen: Alle geistigen Objektbeziehungen können im Prinzip von Computern übernommen werden: sowohl die Diagnose einer Krankheit, wie die Analyse eines Textes, wie die Hochrechnung partieller Wahlergebnisse. Vielleicht kann ein Computer eines Tages sogar die Perioden der Weltgeschichte nach ihren Hauptmerkmalen bestimmen und mithin eine Art Universalhistorie vorlegen. Aber niemals wird ein Computer imstande sein, sich auf sich selbst zu besinnen, von seiner eigenen Situation oder auch von der Situation der Gegenwart Rechenschaft zu geben, über den Menschen und dessen Geschichte, über Sinn und Sinnlosigkeit nachzudenken.

Eben dies aber tut das Geschichtsdenken sogar in seinen bescheidensten Erscheinungsformen.

Zwar ist die Historiographie des Geschichtsdenkens mit der »Ideologiegeschichte« nicht identisch, aber sie teilt mit ihr, wie mit der Ideengeschichte überhaupt, eine Grundschwierigkeit: eine große Fülle von Namen wäre zu nennen und zahlreiche Denktendenzen sind zu charakterisieren und zu beurteilen; es liegt daher nahe, sich bei jedem Namen und bei den meisten Richtungen mit vier oder fünf Sätzen zu begnügen. Weiterhin steht die enge Verbindung zwischen »Ideengeschichte« und »Realgeschichte« außer Zweifel, und es ist zum Beispiel von vornherein wahrscheinlich, daß alles Geschichtsdenken der Zeit nach 1914 von dem Ereignis des Ersten Weltkriegs mitgeprägt ist. Die Kenntnis dieser »Realgeschichte« wird aber in vielen ideengeschichtlichen Darstellungen einfach vorausgesetzt. Die Gefahren, die sich aus diesen Tatbeständen ergeben, sind kaum zu übersehen: Den einzelnen Denkern wird vom Autor zu wenig Aufmerksamkeit geschenkt, und sein eigenes Verständnis der »Realgeschichte« bleibt unerörtert.

Ich versuche, diesen Schwierigkeiten zu begegnen, indem ich das 20. Jahrhundert, soweit es aus seinem letzten Jahrzehnt überschaubar ist, in vier große Zeitabschnitte einteile: die Periode von der Jahrhundertwende bis zur Peripetie des Ersten Weltkriegs im Jahre 1917; die Periode von 1918 bis 1945, welche die »Epoche des Faschismus« genannt worden ist; die Periode von 1945 bis 1989, die Ära des Kalten Krieges, welche aber je nach dem Überwiegen von Spannung oder Entspannung in zwei Abschnitte zerfällt, die durch kein eindeutiges Datum, sondern durch die Übergangsphase von 1963 bis 1973 voneinander getrennt sind. Jeden der vier Zeitabschnitte betrachte ich unter drei Perspektiven, und was jeweils erfaßt wird, mag man sich als konzentrische Kreise vorstellen: Der erste, jeweils am Anfang zu behandelnde, vom Inhalt der umfassendste, aber in der Darstellung kleinste Bereich ist die Politische Geschichte im Sinne von »Realgeschichte«; der zweite macht Ideologien, Richtungen und gelegentlich »Schulen« zum Thema und nennt also vergleichsweise viele Namen, obwohl auch er die Kurzcharakterisierungen zu vermeiden sucht; im dritten Kreis wende ich mich einzelnen Denkern zu, und zwar so, daß in jedem Kapitel höchstens zwei Autoren einen Platz finden werden. So werden sich hoffentlich Überblick und Genauigkeit vereinen lassen; diese Einheit kann freilich nur durch Knappheit auf der einen und Selektion auf der anderen Seite verwirklicht werden.

In allen vier Hauptteilen findet sich im »Zweiten Kreis« ein Kapitel über »Marxisten und Antimarxisten«, und damit ist bereits zum Ausdruck gebracht, welche Auseinandersetzung in meinen Augen die prägendste und folgenreichste des Jahrhunderts war. Die »einzelnen Denker«, denen ganze Kapitel gewidmet werden, sind Kurt Breysig, Walther Rathenau, Max Weber, Oswald Spengler, Ernst Bloch, Nikolaj Berdjajew, Arnold Toynbee, Martin Heidegger und Raymond Aron. Das bedeutet nicht, daß ich diese neun für die bedeutendsten Geschichtsdenker des Jahrhunderts halte. Max Scheler, Benedetto Croce und Hans Jonas hätten unter anderen ebenfalls zu ausführlicherer Behandlung ausgewählt werden können. Auch die Frage, weshalb Hermann Lübbe und nicht Reinhart Koselleck, John Kenneth Galbraith und nicht Reinhold Niebuhr aufgenommen wurden, läßt sich nicht zwingend beantworten, und die faktischen Begründungen können hier nicht im einzelnen dargelegt werden. Ein »Lehrbuch des Geschichtsdenkens im 20. Jahrhundert« kann niemand schreiben, der sich nicht mit der Aufzählung vieler Namen und mit Kurzcharakterisierungen und Subsumtionen begnügen will. Wenn die Kenntnis des Geschichtsdenkens dazu helfen soll, eine innere Einheit und die Grundimpulse des Jahrhunderts in den Blick zu bekommen, dann genügt eine repräsentative Auswahl von Geschichtsdenkern, und von »Willkür« kann bei der Selektion nur insofern die Rede sein, als eine eigene Fragestellung des Verfassers leitend ist und nicht etwa eine Addition von Kenntnissen erstrebt wird. Diese »Willkür« kann daher mit einer Notwendigkeit zusammenstimmen, die freilich das Gegenteil einer bibliographieartigen Vollständigkeit und auch einer rein logischen Stringenz darstellt.

Wenn sich das Denken nicht den »ewigen Fragen« zuwendet, die in einem Gespräch erörtert werden, welches Jahrhunderte und Jahrtausende zu übergreifen vermag, wenn es sich vielmehr den fundamentalen Problemen der Gegenwart stellt, indem es diese Gegenwart auf irgendeine Weise mit der geschichtlichen Vergangenheit zusammensieht, darf gleichwohl von Philosophie die Rede sein, wenngleich von einer Philosophie besonderer Art, die der Ideologie oft genug nahesteht und ihr doch nicht subsumiert werden darf. Gerade deshalb resultiert aus der Zeiteinteilung eine beträchtliche Schwierigkeit, die ebenso nur zur Kenntnis genommen werden kann wie die unauflösbare Problematik der Selektion. Die Einheit des Lebenswerks einzelner Denker steht nämlich oft genug im Gegensatz dazu, und gerade das »Philosophische« würde geleugnet werden, wenn etwa Nikolaj Berdjajew ausschließlich als Vertreter des Geistes der russischen »Renaissance« vor 1914 oder Raymond Aron als Repräsentant einer Tendenz der Vierten Republik aufgefaßt werden würde. So datieren die frühesten Schriften von Benedetto Croce aus dem letzten Jahrzehnt des 19. Jahrhunderts, und 1914 war er nicht bloß in Italien ein sehr bekannter Mann. Aber in eine bedeutende kulturpolitische Rolle wuchs er erst in den frühen zwanziger

Jahren hinein, und er starb 1952 als nahezu unbeschränkter Herrscher über das intellektuelle Leben der italienischen Republik. Carl Schmitt war ein führender Jurist und politischer Denker der Weimarer Republik, aber er lebte bis in die letzten Jahre des Kalten Krieges. Trotz dieser Umstände soll kein Denker im »Dritten Kreis« mehr als einmal einen Platz finden, und es müssen daher die Zeitgrenzen immer wieder überschritten werden. Das ist möglich, weil eine enzyklopädische Darstellung von Werken und Lebensläufen nicht angestrebt wird, so daß Schwerpunktbildungen möglich sind. Eine Unvollkommenheit ist damit ohne Zweifel gegeben, und sie ist jenen anderen Unvollkommenheiten an die Seite zu stellen. Aber im Vergleich zu dem sicheren Fortschreiten der Fachwissenschaften und auch vor der Folie der höchsten Ansprüche von Geschichtsphilosophen ist alles Geschichtsdenken selbst etwas Unvollkommenes. Was einem unsicheren Gegenstand auf unsicheren Pfaden abgewonnen wird, kann gerade dasjenige sein, was ein »unbestreitbares Forschungsergebnis« nicht zu sein vermag: ein Anstoß nicht bloß zum Weiterforschen, sondern zum Weiterdenken.[11]

Teil I
1900 bis 1917/18

ERSTER KREIS: POLITISCHE GESCHICHTE

Deutschland und Europa von 1900 bis 1914

Der Beginn des 20. Jahrhunderts wurde zum 1. Januar 1900, wie es dem Volksempfinden entsprach – also nicht zum 1. Januar 1901 –, mit zahlreichen Säkularbetrachtungen gefeiert. Kein Land empfand im Rückblick so viel Stolz wie Deutschland: Hundert Jahre zuvor war der bevorstehende Untergang des Heiligen Römischen Reiches deutscher Nation bereits absehbar, Frankreichs Erster Konsul näherte sich dem Höhepunkt seiner Macht, wenig später wurde der Buchhändler Palm von den Franzosen erschossen, weil er eine Schrift herausgebracht hatte, die den Titel trug »Deutschland in seiner tiefsten Erniedrigung«.

Jetzt aber war das von Bismarck gegründete und freilich »kleindeutsche« Reich dabei, Großbritannien an industrieller Kapazität zu überholen; seine Bevölkerung hatte diejenige Frankreichs weit hinter sich gelassen; eine große deutsche Flotte, die von den Revolutionären des Jahres 1848 so sehr ersehnt wurde, war im Entstehen begriffen, und sie würde nach wenigen Jahren nur noch hinter der englischen zurückstehen; das Heer galt allgemein als das beste der Welt; und die deutsche Wissenschaft wurde fast überall, und zumal in den USA, als Vorbild betrachtet. Gewiß hatte auch Italien im vergangenen Jahrhundert seine Einheit gewonnen. Der Aufstieg der Vereinigten Staaten war noch steiler gewesen, denn sie produzierten nun mehr an Nahrungsmitteln und Industriegütern als Deutschland, und ihre Bevölkerung war größer. Aber Amerika schien am Rande der Welt zu liegen, und es gab keinen Grund, Italien zu beneiden, so daß nicht bloß einige verstiegene Alldeutsche in Deutschland »die führende Weltmacht« sahen. Es ist daher nicht verwunderlich, daß ein Grundton der Selbstsicherheit und der Zufriedenheit diese Säkularbetrachtungen durchzog. Der berühmte Altphilologe Ulrich von Wilamowitz-Moellendorff rühmte vor allem das preußische Heer, dessen »wir nimmer entraten (können), damit wir ein Volk von Männern bleiben«, aber nicht minder die Energie des deutschen Kaufmanns und der Industriellen wie Borsig und Krupp, der »Helden im friedlichen Kampf des modernen Lebens«. Er sah darin jedoch keinen Gegensatz zu der sich abzeichnenden Einheit der Welt, deren Führerin und Vorkämpferin die Wissenschaft sei, und für die Innenpolitik postulierte er mit Nachdruck die Fortsetzung der von Kaiser Wilhelm I. und von Bismarck initiierten Politik der sozialen Versöhnung, welche »die Utopien des sozialistischen Zukunftsstaates« als ungeschichtliche Abstraktion aus den Vorstellungen von den antiken Republiken erscheinen läßt.[1]

Auch der Historiker J. Caro unterstreicht das Zusammenwachsen der Welt, aber er sieht in einem »robusten Völkeregoismus« die bewegendste Kraft der Zeit, da doch sogar Amerika, »diese colluvies gentium, mit allen Attributen und allen Ansprüchen eines Nationalstaates« in die Geschichte eingegriffen habe. Daher deutet nichts auf »Menschheitsverbrüderung und ewigen Frieden« hin, obwohl das Motiv der Herrsch- und Gewinnsucht, wie es im Burenkrieg der Engländer noch einmal hervortritt, veraltet ist, aber die wahrhaft modernen Konflikte werden aus der »Nationalitätsfrage« entstehen.[2]

Für den Rektor der Technischen Hochschule in Charlottenburg Riedler bedeutete das 19. Jahrhundert vor allem den Sieg der Naturwissenschaft, aber er kritisiert das Spezialistentum und den Individualismus, die die unerläßliche Aufgabe nicht zu lösen vermögen, die kritische Einzelarbeit durch philosophisches Denken zusammenzufassen. Doch die erstarrte humanistische Ausrichtung des Schulwesens bietet dazu ebensowenig eine Grundlage und bedarf dringend der Reform. Wie auch Wilamowitz spricht er sich negativ über die Rolle des »Maturitätszeugnisses« aus, und für die Zukunft verlangt er nicht nur die entschiedene Fortsetzung der Sozialpolitik, sondern sogar die Einführung der allgemeinen Arbeitspflicht neben der allgemeinen Wehrpflicht. Die Schlußperspektive ist ganz optimistisch und weltpolitisch: »Das Ende des Jahrhunderts findet die romanischen Völker im Niedergange, die germanische Kultur im Begriff, die Welt zu erobern. Es findet Deutschland politisch und wirtschaftlich als führende Macht, mit stahlgepanzerter Faust seine schaffende Arbeit schirmend . . .«[3]

Der Herausgeber der Zeitschrift »Die Natur« nimmt keine so prononcierte Bezugnahme auf Deutschland vor, sondern er beschreibt die großartigen Fortschritte der Naturwissenschaft, ohne eigens zu betonen, daß sie allesamt in Europa stattfinden. In der »großen französischen Revolution« sieht er eine wichtige Ursache für die »neue Phase der Kulturentwicklung«, und am Schluß scheut er sich nicht, »mit berechtigtem Stolz wie Wagner im Faust zu sagen: ›Und wie wir's dann zuletzt so herrlich weit gebracht‹. «[4]

Ebenso »fortschrittlich« denkt Theobald Ziegler in seinem Beitrag für die »Neue Deutsche Rundschau«, die ehemalige »Freie Bühne«. Auch für ihn ist Bismarck der »Schicksalsmensch«, aber hauptsächlich deshalb, weil er nicht wenige der Ideen der Revolution von 1848 durchzusetzen vermochte; aber zu dem »Lärmenden und Brutalen«, das in den neuen »Weltmachtbestrebungen« zum Vorschein kommt, geht er unverkennbar auf Distanz. Auch in Kunst und Wissenschaft sind die Auswirkungen des »neuen Realismus« nicht durchweg positiv; weder eine »tendenziöse sozialistische Literatur«, die mit Vorliebe »das Hinterhaus in seiner Elendigkeit und das Vorderhaus in seiner moralischen Fäulnis und Verkommenheit« schildert, noch die spätromantische Reaktion in der Gestalt Nietzsches finden Zieglers Beifall. Die beherrschende Realität der Zeit ist aber die Tatsache, daß Deutschland ein gewaltiger Industriestaat geworden ist, der sich den Weltmarkt erobert und eine neue »Teilung der Erde« als möglich erscheinen läßt. Eine Gegenkraft ist der »alles nivellierende und die Persönlichkeit bedrohende Sozialismus«, aber erforderlich ist auch der »Kampf deutscher Geistesfreiheit gegen römischen Geisteszwang und jesuitischen Kadavergehorsam«. Ambivalent ist der Umstand, daß »die Welt demokratisch, die öffentliche Meinung mächtig« ist und daß deren Organ, die Presse, »unsere Herrin geworden ist«. So sind die Bekämpfung eines »sich selbst wegwerfenden Byzantinismus« und die »Überwindung des unpersönlichen Massengeistes« erforderlich; es gibt indessen gute Gründe, dem neuen Jahrhundert zwar ohne schwärmenden Optimismus, aber doch »mit gutem Mut und festem Vertrauen« entgegenzugehen.[5]

Ganz und gar kulturkritisch und zugleich innenpolitisch-kämpferisch spricht sich dagegen der Theologe Willibald Beyschlag aus. Er klagt den praktischen Materialismus der Zeit und den Mammonismus an, die in der Sozialdemokratie und bei den Oberen Zehntausend vorherrschen, und er sieht ein entsetzliches Zeichen der Zeit darin, daß »ein Nietzsche« als Fackelträger des Jahrhunderts verherrlicht wird. So sind schwere Gefahren »hinter der glänzenden Außenseite der deutschen Machtherrlichkeit« verborgen. Die schwerste resultiert aus den Plänen »jener weltumspannenden Macht«, der »Todfeindin deutschen Geistes«, die in Rom ihren Sitz hat und die dafür verantwortlich ist, daß es in Deutschland einen Reichstag gibt, »in welchem die Drahtpuppen des römischen Papstes darüber entscheiden, ob Deutschland eine Seemacht werden soll oder nicht«.[6]

So finden sich in diesen Säkularbetrachtungen Fortschrittsbegeisterung und Kulturkritik, Enthusiasmus für die Naturwissenschaften und Trauer ob des Vergehens des Deutschen Idealismus, Zustimmung und Besorgnis ob der neuen Welt- und Flottenpolitik nebeneinander, wie es in einer vielfältig differenzierten Gesellschaft kaum anders zu erwarten ist. Die am meisten bewegenden Ereignisse und Tatbestände der Gegenwart werden in dieser oder jener Beleuchtung sichtbar: der Burenkrieg, die Rivalitäten der Mächte, das Anwachsen der Sozialdemokratie und der entscheidende Einfluß der »Katholikenpartei« des Zentrums, welcher allen Anhängern des »evangelischen Kaisertums« der Hohenzollern als unfaßbare Paradoxie erscheinen mußte.

Aber im ganzen herrschen Optimismus und Zuversicht durchaus vor; die Überzeugung ist unerschüttert, daß Europa oder sogar die germanische Kultur die Welt beherrscht und daß Deutschland eine hervorstechende Rolle zu spielen hat; ein Ausdruck radikaler Feindschaft außen- oder innenpolitischer Art findet sich nur am Rande, und nirgendwo wird die düstere Ahnung einer bevorstehenden Weltkatastrophe erkennbar.

Tatsächlich hatte es seit den großen Kämpfen der napoleonischen Epoche keinen Weltkrieg mehr gegeben. Karl Marx hatte am 1. Januar 1849 in der »Neuen Rheinischen Zeitung« den Weltkrieg des Kontinents gegen Rußland und England proklamiert, aber seine Prophezeiung hatte sich nicht verwirklicht. Der Krieg Frankreichs und Englands gegen Rußland von 1853 bis 1855 war auf die Krim beschränkt; der amerikanische Bürgerkrieg, fürchterlich in seinen Methoden und seinen Opfern, blieb lokalisiert, obwohl eine Zeitlang das Eingreifen Englands drohte; die Einigungskriege in Italien und Deutschland von 1859, 1866 und 1870/71 brachten verhältnismäßig rasch die Entscheidungen und weiteten sich nicht aus. Aber seit der Gründung des Deutschen Reiches war in Europa und insofern der Welt eine neue Situation geschaffen. Die bisherige Pentarchie der Großmächte England, Frankreich, Preußen, Österreich und Rußland war infolge des außerordentlichen Machtgewinns Preußens, der militärischen Niederlagen Frankreichs und Österreichs sowie der Einigung Italiens zu einem System von sechs Mächten geworden, innerhalb deren das Deutschland Bismarcks so etwas wie eine Halbhegemonie ausübte. Durch den Zweibund zwischen dem Deutschen Reich und Österreich-Ungarn hatte sich der alte »Deutsche Bund« bis zu einem gewissen Grade rekonstituiert. 1894 hatte sich dem Bündnis der »Mittelmächte« die Allianz der »Flügelmächte«, nämlich Frankreichs und Rußland gegenübergestellt, die viele Beobachter schon 1871 für eine unvermeidbare Folge des Deutsch-Französischen Krieges erklärt hatten, die aber bis dahin an der Abneigung der Zaren gegen die parlamentarische Republik der Franzosen gescheitert war. Vor allem aber verschoben sich die Gewichte dadurch, daß England und Frankreich im Wettlauf um die Eroberung von Kolonialgebieten bzw. Protektoraten weit erfolgreicher waren als Deutschland, indem sie Ägypten, den größeren Teil Afrikas und Hinterindien gewannen, während Deutschland sich mit relativ kleinen Stücken Afrikas begnügen mußte. Durch seinen Sieg über China trat Japan im Fernen Osten als Macht hervor, und an die Stelle des europäischen Staatensystems mußte nun nach der Meinung zahlreicher Beobachter ein Weltstaatensystem treten. Deutschland und Österreich gerieten dadurch und durch bestimmte Ereignisse auf dem Balkan mehr und mehr in eine Verteidigungsposition; von einer Halbhegemonie des Deutschen Reiches konnte seit dem Abgang Bismarcks im Jahre 1890 schwerlich noch die Rede sein, und daran vermochten die oftmals großsprecherischen Reden des jungen Kaisers Wilhelm II. am wenigsten zu ändern. So läßt sich seit 1898 eine Kette von Kriegen wahrnehmen, die bei dem rückblickenden Betrachter den Eindruck hervorrufen kann, der Weltkrieg sei bloß das letzte und unvermeidbare Glied dieser Kette gewesen.

Im Jahre 1898 führten die Vereinigten Staaten einen Krieg gegen Spanien und entrissen ihm die wichtigste seiner Kolonien, Kuba. Der Krieg war kurz, und in Europa wurde viel über die dekadenten Spanier gespottet, aber auf den Philippinen, deren Abtretung die Amerikaner ebenfalls erzwangen, mußte ein langjähriger und erbitterter Partisanenkrieg geführt werden. Wichtiger war jedoch, daß das Land, das sich als die Zufluchtsstätte aller Unterdrückten betrachtete und dem europäischen Imperialismus auch ideologisch entgegengetreten war, nunmehr weit über seine Grenzen bis nach Ostasien hinausgriff und damit selbst zu einer imperialistischen Macht wurde. Daraus entwickelten sich heftige innenpolitische Auseinandersetzungen, aber die einfache Wahrheit war wohl die, daß die Unterdrückten Europas zuerst einen ganzen Kontinent erobert hatten, indem sie die Ureinwohner zurückdrängten oder ausrotteten, und daß es nicht inkonsequent war, wenn sie die »frontier« nun über den Stillen Ozean hinaus verschoben.

1899 führten die alten Zwistigkeiten zwischen Großbritannien und den Burenstaaten im südlichen Afrika erneut zu einem kriegerischen Konflikt, nicht minder durch den politischen Willen von Cecil Rhodes, dem entschiedensten aller Imperialisten, als infolge der Interessen der Londoner Großfinanz an den neuentdeckten Gold- und Diamantenfeldern. Die brutale Kriegführung der Engländer, die das Burenland mit Feuer und Schwert verwüsteten und beträchtliche Teile der Bevölkerung in Konzentrationslager brachten, erweckte zumal in Deutschland, Frankreich und Rußland große Empörung, aber jeder Progressivist hätte sich eingestehen müssen, daß der industrielle Fortschritt der agrarischen Zurückgebliebenheit konfrontiert war, und die Engländer wählten nach dem hart errungenen Sieg ab 1902 eine Politik der Versöhnung.

1903 trat ein Ereignis ein, das einem Krieg gleichzuachten ist. Der serbische König Alexander Obrenowitsch wurde zusammen mit seiner Frau Draga Maschin von einer Offiziersgruppe ermordet; sein Nachfolger wurde Peter Karageorgewitsch. Das bedeutete den Übergang Serbiens von der österreichischen auf die russische Seite und damit eine große Verschärfung der österreichisch-russischen Rivalität auf dem Balkan. Österreich hatte nun ein neues »Piemont« in seiner Südostflanke, das nicht bloß das von Österreich seit 1878 besetzte Bosnien, sondern auch Kroatien mit sich zu einem Reich der »Südslawen« vereinigen wollte. Für Österreich resultierten daraus Existenzängste, denn mehrere seiner Nationalitäten waren unruhig oder aufsässig, und es galt weithin als »Völkergefängnis«, obwohl es potentiell das sehr progressive Föderationsprinzip verkörperte.

1904 brach aufgrund von Streitigkeiten in der Mandschurei der russisch-japanische Krieg aus, also dem Typus nach ein durch und durch imperialistischer Krieg. Zunächst stellte er hauptsächlich unter Beweis, daß der »reaktionärere« Offizierstyp, nämlich der japanische in seiner Samurai-Tradition, der aggressivere und effizientere war, aber dieser Kolonialkrieg um die Festung Port Arthur nahm einen weltweiten Charakter an, als Zar Nikolaus II. seine baltische Flotte auf die monatelange Fahrt nach Fernost schickte, wo sie in der Seeschlacht von Tsushima von den Japanern vernichtet wurde. Inzwischen war in Rußland die Revolution ausgebrochen. Zu Beginn des Krieges war die Ikone der Heiligen Muttergottes von Kasan durch ganz Rußland herumgefahren worden, und die Bevölkerung hatte sie überall auf den Knien empfangen. Nun jedoch, zumal nach dem Petersburger »Blutsonntag« vom Januar 1905, ertönten aus den Massen Rufe wie »Es lebe Japan«, an vielen Stellen des Landes kam es zu großen Streiks, zur Bildung von Sowjets und, vor allem im Baltikum, zur Niederbrennung von Gutshöfen und zu zahlreichen Anschlägen auf Verwaltungsbeamte und Polizisten. Der Zar schloß durch Vermittlung des amerikanischen Präsidenten Theodore Roosevelt rechtzeitig Frieden, und die loyal gebliebene Armee warf die Revolution nieder. Im Verlauf der Unruhen fanden an mehreren Stellen Pogrome gegen Juden statt, die nach Darstellung der Regierung von der »zarentreuen« Bevölkerung spontan inszeniert worden waren, da insbesondere jüdische Jugendliche bei den Vorgängen eine führende Rolle gespielt hätten. Von nun an hatte Rußland indessen ein Parlament, eine Duma, die freilich kein genuines Gegengewicht zur Regierung war, und der 1911 ermordete Ministerpräsident Stolypin leitete eine Agrarreform ein, welche die Struktur der »obschtschina« zerbrechen und einen individualistisch wirtschaftenden Bauernstand schaffen sollte. Japan aber hatte nun endgültig die Stellung einer Weltmacht errungen.

Dem imperialistischen Konflikt um die Mandschurei zwischen Rußland und Japan entsprach der imperialistische Konflikt um Marokko zwischen Frankreich und Deutschland, dessen Ursache die Absicht Frankreichs war, das formell noch unabhängige Sultanat seinem Kolonialreich einzuverleiben. Deutschland machte seinen Gegenzug im März 1905 mit dem aufsehenerregenden Besuch des Kaisers bei dem Sultan in Tanger, und der einflußreichste Beamte des Auswärtigen Amtes, Friedrich von Holstein, war gewillt, die russische Schwäche auszunutzen und Frankreich eine entscheidende Niederlage zu bereiten, sei es auch im Wege des Präventivkrieges. Die französische Regierung gab jedoch nach, ließ ihren Außenminister Delcassé fallen, und die extreme Rechte in Deutschland griff den Reichskanzler von Bülow und sogar den Kaiser heftig wegen dieser »schwächlichen Friedenspolitik« an. Die Konferenz von Algeciras aber, die Bülow erzwungen hatte, stellte 1906 unter Beweis, daß Deutschland und Österreich allein standen, so daß die Klage über eine »Einkreisung« Deutschlands durch die Allianz Frankreich–Rußland und durch die »Entente cordiale« zwischen Frankreich und England immer lauter wurde. Eine Verständigung zwischen Rußland und England, zwischen »Bär« und »Walfisch«, deren unaufhebbare Feindschaft Deutschland nach Meinung Bülows eine »freie Hand« gab, zeichnete sich immer deutlicher ab.

Das Jahr 1908 brachte den Gegenzug Österreichs, nämlich die formelle Annexion Bosniens und der Herzegowina. Die Erbitterung der Serben war groß, aber sie mußten wegen der noch andauernden Schwäche Rußlands zurückweichen, und diese Niederlage wurde weder in Belgrad noch in St. Petersburg vergessen.

1911 drohte wegen der zweiten Marokkokrise erneut ein Krieg zwischen Deutschland und Frankreich, und der »Panthersprung nach Agadir« erlangte ebenso weltweite Publizität wie sechs Jahre zuvor die Landung des Kaisers in Tanger. Aber der Ausgang zeigte, daß »imperialistische« Streitigkeiten ökonomischer Art durch Verhandlungen und Interessenausgleich beigelegt werden können, da sie wirklich vitale Interessen schwerlich berühren – ausgerechnet im Sommer 1914 gab es dafür einen neuen Beweis, als der Streit zwischen England und Deutschland um die »Bagdadbahn« definitiv beigelegt wurde.

Es war Italien, welches das nächste Glied der aktuell-kriegerischen Kette schuf, nämlich durch einen Angriff gegen die von der Revolution der »Jungtürken« noch erschütterte Türkei zwecks der mit Frankreich abgesprochenen Eroberung Tripolitaniens.

Dieser Krieg ermutigte die »christlichen Balkanstaaten« – Serbien, Bulgarien, Rumänien und Griechenland –, unter russischer Ägide ein Bündnis zu schließen und ihrerseits die Türkei anzugreifen, um die noch unter türkischer Herrschaft stehenden Gebiete, insbesondere Makedonien, zu gewinnen. Es handelte sich also, wenn man will, um einen »nationalen Befreiungskrieg«, aber nach dem Sieg zeigte sich rasch, daß keine Einigkeit über die Verteilung der Beute zu erzielen war. Es bedurfte eines zweiten Krieges, bis der eigentliche Sieger feststand, nämlich Serbien, das sich an Land und Menschen fast auf das Doppelte vergrößerte und das daher seit Mitte 1913 kein »Kleinstaat« mehr war, so daß es sich mithin allen Ernstes jenem Piemont vergleichen konnte, das – freilich mit Hilfe Napoleons III. – 1859 Österreich in ernste Gefahr gebracht hatte. Aber bei der Endregelung konnte Österreich, von Deutschland unterstützt, dennoch einige Ansprüche Serbiens und indirekt auch Rußlands zum Scheitern bringen.

Das war die Situation, in der ein knappes Jahr später nach der Ermordung des österreichischen Thronfolgerpaares in Sarajewo durch serbische Aktivisten der Weltkrieg ausbrach. Gewiß war dieser Mord nur Anlaß, und eine Schuld der serbischen Regierung ließ sich in kurzer Zeit nicht beweisen, aber Österreich wußte den Sympathievorsprung, der ihm zunächst zuteil wurde, nicht zu nutzen und zögerte mehr als vier Wochen, bevor es ein ungemein scharfes Ultimatum nach Belgrad sandte; die russische Regierung, innenpolitisch durch Streiks und die Feindseligkeit der Intelligenzija bedrängt, wollte keinesfalls ein drittes Mal zurückweichen; Deutschland gab Österreich freie Hand zur Abrechnung mit Serbien, auch auf die Gefahr eines Konflikts mit Rußland hin, denn es fürchtete, daß der einzige zuverlässige Verbündete den Großmachtstatus verlieren könnte; Frankreich gab Rußland seinen Willen zu erkennen, gegebenenfalls seine Bündnispflichten zu erfüllen. England suchte zu vermitteln; aber Deutschland setzte sich vor der ganzen Weltmeinung dadurch ins Unrecht, daß es den Angriff führte, der für eine »eingekreiste« Zentralmacht die einzige Möglichkeit einer erfolgreichen Verteidigung zu sein scheint, indem es Rußland und Frankreich den Krieg erklärte und von dem neutralen Belgien verlangte, den Durchmarsch seiner Truppen zu tolerieren. Belgien war indessen nicht so neutral, wie es zu sein schien, da es sich schon seit längerer Zeit durch Deutschland gefährdet glaubte, und England erklärte nun an Deutschland den Krieg, weil es sein elementares Interesse am »Gleichgewicht Europas« so ernsthaft gefährdet sah wie nicht mehr seit den Kriegen Napoleons.

Es konnte jedoch dem Verdacht nicht entgehen, daß die Handels- und Flottenrivalität mit Deutschland der eigentliche Grund seiner Intervention war, und es mußte sich fragen lassen, mit welchem Recht es für seine Seemacht einen Zwei-Mächte-Standard – also die gleiche Stärke wie die der beiden folgenden Seemächte zusammen – beanspruchte, den es Deutschland für dessen Landstreitkräfte niemals zuerkannt haben würde. Hatten nicht hohe Repräsentanten des Staates mehr als einmal die Möglichkeit erwogen, »to Copenhague the German fleet«, das heißt sie ebenso ohne Kriegserklärung zu zerstören wie die dänische Flotte 1807 im Kampf gegen Napoleon?

Auch Englands Position war mithin moralisch schwerlich einwandfrei. Österreich hatte an Serbien Forderungen gerichtet, die mit dessen Souveränität nicht vereinbar waren, Rußland hatte als erste Macht die Generalmobilmachung verkündet. Frankreich hatte offenkundig seinen Willen nicht aufgegeben, Elsaß-Lothringen zurückzugewinnen.

Das stärkste Odium fiel gleichwohl auf Deutschland, das die entscheidenden Kriegserklärungen abgegeben hatte und dessen Pickelhauben Anfang September bis in die Nähe von Paris vorgedrungen waren. Frankreich hatte sich selbst immer für den Mittelpunkt der Zivilisation gehalten und Deutschland als Sitz der Barbarei gefürchtet, und in England verlor sich die Vorstellung von den germanischen und protestantischen Vettern sehr rasch zugunsten derjenigen vom militaristischen und reaktionär-junkerlichen Hunnenstaat, welcher in Belgien unschuldige Zivilisten ermordete, Städte wie Löwen niederbrannte und Kindern die Hände abhackte. Aber aus der Entfernung von fünfundsiebzig Jahren läßt sich kaum etwas anderes sagen, als daß die europäischen Mächte, denen es noch selbstverständlich war, aus ihrer Souveränität heraus ihre Interessen auch durch Kriege verteidigen zu müssen und zu dürfen, in eine Auseinandersetzung »hineinschlitterten«, über deren Charakter sich keine von ihnen Rechenschaft gab. Schon Mitte September war es indessen klar geworden, daß die deutschen Truppen nicht wie 1870/71 in einer Art Blitzkrieg Frankreich niederzwingen würden. Wenig später trat in der Blutmühle des Stellungskrieges der Stahlhelm an die Stelle der Pickelhaube, und es konnte kein Zweifel mehr sein, daß nun in den europaweiten »Stahlgewittern«, die niemand sich auch nur hatte vorstellen können, eine neue Zeit und insofern das 20. Jahrhundert begonnen hatte.

Man hatte sich diese neue Realität vor allem deshalb nicht vorstellen können, weil die Welt zwischen 1900 und 1914 weiterhin erstaunliche Schritte zu jener Einheit gemacht hatte, von der in den Säkularbetrachtungen so nachdrücklich die Rede war, und weil diese »Modernisierung« neue Formen der Konfliktaustragung nahezulegen schien, wie sie in den zwei Haager Friedenskonferenzen von 1899 und 1906 ins Auge gefaßt worden waren. 1901 hatte die erste Autofernfahrt von Paris nach Berlin stattgefunden, und wenig später flogen die Brüder Wright mit ihrem Doppeldecker beinahe hundert Meter, in New York entstanden »Wolkenkratzer«, in Dänemark wurde das Kriegsministerium in »Verteidigungsministerium« umbenannt, und in Finnland zogen die ersten Frauen in das Parlament ein. Forschungsreisende wie Sven Hedin und Amundsen tilgten die letzten »weißen Flecken« auf der Erdkarte, 1909 flog Blériot über den Ärmelkanal, die Anhänger der neuerfundenen Weltsprache »Esperanto« trafen sich zu

Konferenzen und erwarteten zuversichtlich den baldigen Sieg ihrer Sache. Bestrebungen zur Sexualreform griffen um sich, durch Bildtelegraphie und drahtlosen Nachrichtenempfang machte die Telekommunikation außerordentliche Fortschritte; die sozialistische Weltbewegung, an ihrer Spitze die deutsche Sozialdemokratie, faßte auf ihren internationalen Kongressen scharfe Resolutionen gegen die von den »imperialistischen Regierungen« herbeigeführte Kriegsgefahr. Henry Ford begann mit der Massenanfertigung von Automobilen am Fließband, Briefe wurden erstmals mit Luftpost befördert, die Herstellung von Filmen wurde zur Industrie. Aber nicht nur die Entdeckungen der Naturwissenschaft überstürzten sich, sondern in einer neuen Art von Geisteswissenschaft wurde die Psychotechnik und mit dem »Taylorismus« das sogenannte *scientific management* entwickelt.

Freilich gab es bemerkenswerte Kontraste zu diesen imponierenden Tatbeständen der anhebenden, weltweiten Massenzivilisation: Da schritten Kaiser Wilhelm II. und seine sechs Söhne in glänzenden Uniformen die Linie der aufgestellten Regimenter ab, da erhielten alle preußischen Soldaten bei Dienstantritt ein Gesangbuch, da behandelten die befreiten Balkanvölker die türkische Bevölkerung mit nicht geringerer Grausamkeit, als die Türken einst die Bulgaren und die Armenier behandelt hatten. War der Krieg nicht vielleicht durch diese Relikte des Feudalismus und des religiösen oder stammesmäßigen Fanatismus entstanden?

Aber man konnte die Dinge auch ganz anders sehen. Der Krieg ist eine uralte Grundrealität der Menschheit; es gab ihn und auch »Imperialismus« längst, bevor es Marktwirtschaft, Naturwissenschaft und Nationalstaaten gab. War es zu erwarten, daß er durch bloße Einsicht, durch humanistische Ethik, durch Abscheu vor dem Blutvergießen, durch die internationale Arbeitsgemeinschaft der Wissenschaftler ein Ende fand? So viel ist sicher, daß ab August 1914 alle vorhandene Technik und Kultur in den Dienst des Krieges gestellt werden konnten, daß die Flugzeuge zu Kampfinstrumenten und die Automobile zu Tanks wurden, daß Deutschland nach wenigen Monaten hätte kapitulieren müssen, wenn nicht das Haber-Bosch-Verfahren erfunden worden wäre, ja daß der Krieg sich als ein Förderer der Naturwissenschaft und als eine modernisierende Kraft sondergleichen erwies. Spitzten die internationalen Bewegungen nicht die Lage gerade zu, weil sie stark genug waren, Empörung und Haß ob ihres Antipatriotismus hervorzurufen, aber zu schwach, um sich durchzusetzen? Konnte die eigentliche Frage vielleicht erst nach dem Krieg und seinen präzedenzlosen Erfahrungen aufkommen, nämlich ob der Krieg, mindestens der große, unter Einsatz aller technischen Mittel geführte Krieg als Ausfluß der absoluten Souveränität der Staaten zusammen mit eben dieser absoluten Souveränität überwunden werden müsse?

Doch damit habe ich vorgegriffen. Alle diese Fragen gehören offensichtlich in den Bereich des Geschichtsdenkens, und es ist jetzt schon wahrscheinlich, daß das Geschichtsdenken sich nach dem Krieg außerordentlich ausweiten und durch neue Impulse bereichern mußte, vielleicht aber auch in die Richtung eines bloß politischen oder nationalen Denkens abgelenkt werden würde. Zunächst möchte ich jedoch das Geschichtsdenken jener Jahre von 1900 bis 1914 ins Auge fassen, als der Krieg sich vorbereitete, als es aber möglicherweise noch Alternativen gab, durch die er hätte vermieden werden können, etwa jene Sicherung des Weltfriedens durch eine Allianz der germanischen Mächte England, Deutschland und USA, die Großbritanniens Kolonialminister Joseph Chamberlain eine Zeitlang projektierte.

ZWEITER KREIS: IDEOLOGIEN, RICHTUNGEN, SCHULEN

Marxisten und Antimarxisten

Von allen Kräften und Ideen, die eine Überwindung des Krieges intendierten, war schon um 1900 der Marxismus ohne Zweifel die bedeutendste Doktrin und die stärkste Bewegung. Als Marx 1883 starb, hatte sich nur eine ganz geringe Anzahl von Menschen an seinem Grabe versammelt, und keine der entstehenden Arbeiterparteien Europas konnte im genauen Sinne »marxistisch« genannt werden. Um die Jahrhundertwende aber verfügte die Sozialdemokratische Partei Deutschlands schon seit zehn Jahren über ein in seinem Grundsatzteil völlig marxistisches Programm, und von Italien bis zu den USA, von Rußland bis Spanien spielten in den aufkommenden Arbeiterbewegungen Männer eine hervorstechende Rolle, die sich Marxisten nannten. So groß die Abweichungen im einzelnen sein mochten, so teilten doch alle Marxisten die Grundüberzeugung, die der innerste Kern des Marxismus ist, die Überzeugung, daß die bevorstehende »proletarische Revolution« den vollständigen Sieg der internationalen Arbeiterbewegung bedeuten und den völlig neuartigen Weltzustand der in Eintracht und Planwirtschaft lebenden, der individuellen Freiheit unerhörte Möglichkeiten eröffnenden und trotzdem klassenlosen, ja vielleicht sogar nationlosen Menschheit herbeiführen werde.

Diese Überzeugung gehörte in den Bereich des Geschichtsdenkens, denn sie schloß eine bestimmte Vorstellung von der bisherigen Geschichte im ganzen und von der andersartigen Zukunft in sich; Marx hatte die Grundlinien im »Kommunistischen Manifest« entwickelt und in allen, dem Anschein nach, bloß ökonomischen Analysen seiner späteren Lebenszeit festgehalten und vertieft. So läuft ja der erste und für Jahrzehnte allein wirksame Band des »Kapital« nicht zufällig auf das grandiose Zukunftsbild der immer tieferen Verelendung der Arbeiter, der Monopolisierung aller Vorteile dieser Entwicklung durch die wenigen verbleibenden Kapitalmagnaten und der daraus resultierenden »Expropriation der Expropriateurs« hinaus. Der Marxismus ist essentiell eine Untergangsprophetie, eine Vorhersage und – der Absicht nach – eine rationale Ableitung des Endes der »Klassengesellschaft«, des »Kapitalismus« und damit der »Vorgeschichte der Menschheit«, welche bisher allgemein als »die Geschichte« verstanden worden war. Eine umfassendere und umwälzendere Konzeption war nicht vorstellbar, aber sie schien ganz und gar von der Voraussetzung abzuhängen, daß diese Endrevolution in absehbarer Zeit zu erwarten war. Marx und Engels hatten sie ja bereits 1848 kommen sehen, und in einem Akt genuiner, aber eng begrenzter Selbstkritik räumte Engels kurz vor seinem Tod 1895 den Irrtum ein, aber er sagte den definitiven Sieg seiner Partei mit großer Zuversicht für die Zeit der Jahrhundertwende voraus. Eine Verzögerung um ein paar Jahre mochte nochmals akzeptabel sein, aber wer die Revolution in ferne Zeiten verschob oder sie am Ende gar nicht als »Revolution des Proletariats« sah, der konnte kein echter Marxist sein und mußte bekämpft werden.

Das galt zunächst für diejenigen Gruppen und Tendenzen, die man im stolzen Gefühl des uneingeschränkten Rechts dem Begriff »bürgerlich« subsumierte, obwohl sie sich doch ebenfalls dem »Imperialismus« und dem »Militarismus« entgegenstellten. Es war ja keineswegs der Marxismus gewesen, der als erster eine Vorstellung vom »Ewigen Frieden« entwickelt hatte. Schon zu Beginn des 18. Jahrhunderts hatte der Abbé de St. Pierre ein solches Projekt vorgelegt, und Condorcets Buch hatte in der Vision der einen, aufgeklärten, mündigen Menschheit seinen Abschluß gefunden. Richard Cobden war überzeugt, daß die Welt durch den Freihandel zum Frieden gelangen werde, und Herbert Spencer setzte in den Spuren von Comte die friedliche »industrielle Gesellschaft« der militaristischen Feudalgesellschaft entgegen. Zwar begegnete diese Vorstellung vom Fortschritt zur Harmonie gerade um die Jahrhundertwende angesichts des Burenkrieges und der imperialistischen Rivalitäten ernsten und verbreiteten Zweifeln, aber sie war keineswegs kraftlos geworden, und wenn die wesentliche Einsicht, die zu gewinnen war, darin bestand, daß an der uneingeschränkten Souveränität der Staaten nicht mehr festgehalten werden konnte, dann wies sie auf den richtigen Weg voraus. Der Marxismus konnte indessen nicht ein Verbündeter, sondern er mußte ein Gegner, ja ein Feind sein, solange er an der Idee der plötzlichen, zu einem »ganz anderen« Zustand führenden Umwälzung festhielt.

Dem Kern der Lehre wurde jedoch innerhalb der sozialistischen Bewegung selbst zuwidergehandelt und zuwidergedacht, und der orthodoxe Marxismus der Jahre bis 1914 ist, soweit er neue Argumente vorbrachte, vor allem als Gegenbewegung zu verstehen.

Drei Tatbestände waren es vor allem, die ein anderes und emotional weit weniger anrührendes Geschichtsverständnis an die Stelle der Vorstellungen von Marx und Engels und des von ihnen aufgegriffenen Stranges der sozialistischen Tradition zu setzen drohten: In Frankreich trat im Zuge der

Dreyfus-Affäre 1899 erstmals ein Sozialist, Alexandre Millerand, in die »bürgerliche Regierung« Waldeck-Rousseau ein. Damit deutete sich eine politische Entwicklung an, die von der Vorstellung »der« Machtergreifung durch »das« Proletariat wegführte. Eine »bürgerlich-proletarische« Zusammenarbeit war nach allen marxistischen Begriffen unvorstellbar; sie mußte die Bewegung gemäß einer Formulierung von Marx im Sumpf des »parlamentarischen Kretinismus« verkommen lassen.

Zumal in Deutschland wurden in der immer stärker werdenden Gewerkschaftsbewegung Tendenzen bemerkbar, die als »reformistisch« bezeichnet wurden; Tendenzen, die darauf hinausliefen, das unübersehbare Ansteigen der Reallöhne durch Verhandlungen mit den Arbeitgebern und gegebenenfalls auch durch Streikdrohungen zu verstärken, so daß sich die Lebenslage der deutschen Arbeiter derjenigen der in den englischen »Trade Unions« zusammengeschlossenen Facharbeiter annähern würde. Das aber schloß für Marxisten die Gefahr der »Verbürgerlichung des Proletariats« durch Anteilnahme an den »imperialistischen Superprofiten« ein, und es mußte den Sinn eines der Zentralbegriffe des Marxismus verkehren, nämlich des Begriffs des »Klassenkampfes«, der nun nicht mehr Ausrichtung auf einen Endkampf bedeuten würde, sondern Bejahung einer fortlaufenden Reihe von »Tarifauseinandersetzungen«.

Noch schlimmer war, daß die Lehre nun auch ausdrücklich revidiert wurde, und zwar von England aus, wo *Eduard Bernstein*, neben Kautsky der wichtigste »Schüler« von Friedrich Engels, den Einfluß der »Fabier« erfahren hatte. Bernsteins Buch von 1899 »Die Voraussetzungen des Sozialismus und die Aufgaben der Sozialdemokratie« suchte mit einer Fülle statistischer Angaben den Nachweis zu führen, daß Marx' Vorhersagen über das Verschwinden der kleinen und mittleren Betriebe, über die Verelendung der Arbeiter, über den unaufhaltsamen »Fall der Profitrate« unrichtig waren und höchstens eine von Gegentendenzen mitbestimmte Tendenz bezeichneten, so daß Bernstein zu der Aussage gelangte, die Bewegung sei für ihn alles, das Ziel aber nichts. Durch diesen »Revisionismus« wurde tatsächlich der Kern des Marxismus in Zweifel gezogen, und wenn Bernstein sich durchsetzte, dann mußte die Sozialdemokratische Partei aus einer revolutionären Partei zu einer Partei permanenter Sozialreform und dauerhafter Zusammenarbeit mit »bürgerlichen« Parteien oder Gruppen werden. Vielleicht konnte sie dann mithelfen, eine pragmatische Friedenspolitik durchzusetzen, aber der große Atem des Glaubens und der Hoffnung mußte der Partei verlorengehen.

Nach einigem Zögern trat *Karl Kautsky* gegen Bernstein zur Verteidigung der Lehre in die Schranken, als deren anerkanntester Interpret und Fortsetzer er galt.

In seiner Schrift »Der Weg zur Macht« polemisierte er mit Nachdruck gegen alle, die er »Zweifler an der Revolution« nannte, und damit lehnte er die Vorstellung einer »proletarisch-bürgerlichen Blockpolitik« und eines »friedlichen Hineinwachsens in den Sozialismus« ab. Dem allen liege eine Verkennung des unüberbrückbaren »Klassengegensatzes zwischen dem Proletariat und den besitzenden Schichten« und damit der Verzicht auf das Ziel »der politischen Alleinherrschaft des Proletariats«[1] zugrunde. Allerdings vermeidet es Kautsky, sich mit einer linksradikalen Position zu identifizieren, die er als diejenige des »Syndikalismus« ausmacht, und so spricht er als Repräsentant eines »marxistischen Zentrums«, wenn er sagt: »Wir sind weder Männer der Gesetzlichkeit um jeden Preis noch auch Revolutionäre um jeden Preis.«[2] Den Grund für eine vorläufige und taktisch kluge Zurückhaltung sieht er vor allem in der Haltung der »Mittelschichten«, die sich entgegen den ursprünglichen Erwartungen von Engels auf die Seite des Feindes gestellt haben. Aber Kautsky zweifelt nicht daran, daß das Proletariat bald die Kraft erlangt haben wird, »die Kapitalistenklasse politisch und ökonomisch zu expropriieren und damit eine neue Ära der Weltgeschichte zu inaugurieren«.[3]

Der Unterschied der Situation gegenüber 1848 besteht darin, daß der Kampf nicht mehr bloß in Westeuropa geführt wird, sondern auch »an der Newa und den Dardanellen, am Ganges und Hoangho«.[4] Aber war das Subjekt des historischen Endkampfes für Marx und Engels nicht immer das »industrielle Proletariat« gewesen und keineswegs die Masse der Armen und Ausgebeuteten in aller Welt? Will Kautsky die Revolution verschieben, bis Indien und China industrialisiert sind? Offenbar will er es nicht, denn er spricht dann doch wieder von der proletarischen »Elite . . . europäischer Kultur«, welche die Revolution ausfechten wird, »die allem aus Knechtschaft, Ausbeutung, Unwissenheit entstehenden Elend schließlich auf dem ganzen Erdenrund ein Ende bereiten wird«. Der »große Atem« kann diesem Kampf nicht fehlen, und so endet die Schrift mit einer Art weltlicher Seligpreisung: »Glücklich jeder, der berufen ist, an diesem erhabenen Kampfe und herrlichen Siege teilzunehmen.«[5]

Daß Kautsky aber auch daran festhält, in der Revolution ein einmaliges Ereignis, eine Machtergreifung, und nicht eine langandauernde Ereignisreihe zu sehen, macht schon der Titel einer anderen Schrift klar, welcher lautet: »Am Tage nach der sozialen Revolution«. Hier bemüht sich Kautsky, eine der auffallendsten Lücken auszufüllen, die sich im Marxismus finden, nämlich das Fehlen jedes konkreten Organisationsplans für die nachrevolutionäre, die sozialistische Gesellschaft. Marx und Engels hatten sich ja nur auf ganz allgemeine und unbestimmte Weise darüber ausgesprochen. Kautsky sucht zunächst die Befürchtung zu zerstreuen, daß nach der Machtergreifung des revolutionären Proletariats eine unterschiedslose Konfiskation stattfinden werde, und »Reste des Privateigentums«, sogar des Vermögens der Kapitalisten, will er für einige Zeit tolerieren, aber er läßt es dann sehr deutlich werden, daß sein Bild der sozialistischen Gesellschaft auf einer Extrapolation von Tendenzen der kapitalistischen Gesellschaft beruht. So will er die Arbeiter sämtlicher Kleinbetriebe der Textilindustrie in die Großbetriebe »überführen«, und er rechnet aus, daß dann infolge der höheren Produktivität die Löhne verdoppelt werden könnten und die Arbeitszeit auf die Hälfte zu reduzieren wäre. Der Sozialismus wäre also ein potenzierter und zentral geleiteter Kapitalismus, der den Menschen »Sicherheit, Ruhe und Muße« bringt, einen Ausgleich zwischen Stadt und Land schafft, aber neben der Not auch »Übersättigung und Unnatur« beseitigt, so daß ein »neuer Typus des Menschen« entstehen wird, den man als »Übermenschen« bezeichnen mag, jedoch nicht im Sinne Nietzsches als Ausnahme, sondern »als Regel«.[6]

Die Tatsache blieb bestehen, daß sich die Analyse von Marx auf einen Kapitalismus bezogen hatte, der sich durch seine autonome Entwicklung über sich hinaus und zum Sozialismus treibt, der also nur in seiner Entstehungszeit, der Periode der »ursprünglichen Akkumulation«, durch die rücksichtslose Ausbeutung ferner Länder gekennzeichnet war. Die »letzte« Phase, die Marx eine Zeitlang im Bonapartismus sehen wollte, war aber immer noch nicht eingetreten. Die umfassendsten Versuche, eine neue »letzte Phase« zu erfassen und an der Untergangsprophetie ohne Abstriche festzuhalten, wurden in der Zeit von der Jahrhundertwende bis zum Ausbruch des Ersten Weltkriegs von dem Österreicher Rudolf Hilferding und der Polin Rosa Luxemburg gemacht, die beide eine Zeitlang Redakteure am »Vorwärts« waren.

Schon der Untertitel von *Hilferdings* Buch »Das Finanzkapital«, das 1909 erschien, gibt zu erkennen, daß eine Gestalt des Kapitalismus analysiert werden soll, die Marx noch nicht bekannt war. Er lautet: »Eine Studie über die jüngste Entwicklung des Kapitalismus«. Diese jüngste Entwicklung ist eben die Entfaltung des Finanzkapitals, aber nicht des Finanzkapitals in der altbekannten Gestalt des Geld- oder des Händlerkapitals, sondern in der Form der Wechseldurchdringung von Geldmacht und Industriemacht, die notwendigerweise den »Imperialismus«, das heißt das Ausgreifen in die noch-nicht-kapitalistischen Gebiete der Erde erzeugt. Hilferdings Aufmerksamkeit gilt daher in erster Linie der Entfaltung des Bankwesens, der kolossalen Ausweitung der Kreditgewährung, den Aktiengesellschaften, den Börsengeschäften, dem Kapitalexport, den Kartellen und Trusts als

Monopolvereinigungen und den neuen Erscheinungsformen der Wirtschaftskrisen, die dadurch hervorgerufen werden. Über weite Strecken nimmt sich das Werk wie ein Lehrbuch der Geldtheorie aus, und Zitate aus Marx' Analyse des Zirkulationsprozesses sowie die Abwandlungen der Formel »W – G – W« nehmen viel Platz ein.

Die Kompliziertheit dieser Verhältnisse wird gleich zu Anfang in ein negatives Licht gerückt, wo ihr die Einfachheit und Durchsichtigkeit jener Gesellschaftsformationen gegenübergestellt wird, die auf »bewußter Regelung« beruhen, ob es sich dabei um eine selbstwirtschaftende patriarchalische Familie oder um einen kommunistischen Stamm oder um die sozialistische Gesellschaft handelt. Hier entscheiden der Pater familias oder die »Kommissäre« der sozialistischen Gesellschaft darüber, was wann in welchem Umfang produziert wird, da sie die Bedürfnisse und die Hilfsquellen kennen und die Verteilung der Produkte vornehmen. Hier handelt es sich um »Produktions*gemeinschaften*«, wo jeder einzelne sich als notwendiges Glied eines von der Gesamtheit bewußt gesetzten und gewollten Produktionsverhältnisses weiß. Der kapitalistischen *Gesellschaft* dagegen fehlt diese bewußte Organisation, denn sie ist in Atome aufgelöst und setzt sich aus unabhängigen Privateigentümern zusammen, die durch ihre mannigfaltigen Tauschaktionen und durch die Arbeitsteilung ein ungeheures Reich von Zufälligkeiten, Vermittlungen und Fremdheit schaffen, das wie eine zweite Natur allen einzelnen übermächtig gegenübersteht.

Dies war in der Tat auch der Ausgangspunkt von Marx, aber Hilferding macht jenen Endpunkt in der Gegenwart zum Hauptthema, wo die Marktwirtschaft sich in Kartellen und Trusts bis zu der höchsten Stufe der Ordnung, aber auch der Entfremdung vorgetrieben hat, die sie erreichen kann und die durch das Finanzkapital beherrscht wird. Auf dieser Stufe dient nicht mehr der Freihandel, sondern der Schutzzoll den Interessen jener Magnaten am besten, in deren »Taschen« der von der Arbeiterklasse erarbeitete Mehrwert fließt, und dadurch wird der gesamten Konsumentenklasse des Inlands ein hoher Tribut auferlegt;[7] aber Hand in Hand damit geht die Sicherung des Exports durch Exportprämien und die Verlegung eines Teils der Produktion in das (lohngünstigere) Ausland; dadurch wird die »Durchkapitalisierung der Welt« und die »Internationalisierung des Kapitals« in starkem Maße gefördert.[8] Damit drängt das »Verwertungsbedürfnis des Kapitals« die Staaten zur Gewinnung von Kolonialgebieten, und dort macht sich ein »Geist der Bestialität« bemerkbar, der nirgendwo ausgeprägter ist als im belgischen Kongo.[9] So werden bisher geschichtslose Völker »in den kapitalistischen Strudel hineingezogen«, und hier wie an anderen Stellen oszilliert die Ausdrucksweise Hilferdings zwischen moralischer Verneinung und historischer Bejahung. Der Kampf um die Beherrschung des Weltmarktes spielt sich mit besonderer Schärfe zwischen England und dem aus historischen Gründen – »infolge der verhältnismäßigen Kleinheit seines Wirtschaftsgebietes«[10] – benachteiligten Deutschland ab und er hätte längst zum kriegerischen Konflikt geführt, wenn nicht Gegentendenzen wirksam wären, zu denen Hilferding auch die immer noch friedliche Orientierung des traditionellen »Industriekapitals« zählt. Aber wichtiger ist, daß die Expansionstendenzen des Finanzkapitals nun eine naturwissenschaftlich verkleidete Begründung erhalten, nämlich in der Gestalt der »Rassenideologie«, welche das demokratische Gleichheitsideal durch ein »oligarchisches Herrschaftsideal« ersetzt.[11] Die Mittelschichten, die unter dem schärfsten Konkurrenzdruck stehen, sind nicht mehr, wie einst, von antikapitalistischen Impulsen erfüllt, sondern sie sind gerade die schärfsten Gegner der Arbeiterbewegung, weil deren Druck in den zu Filialen des Großkapitals herabgesunkenen Kleinbetrieben am stärksten fühlbar ist.

Im ganzen zeichnen sich Kämpfe sowohl außen- wie innenpolitischer Art von bisher unbekannter Schärfe ab, aber gerade diese Schärfe ist für Hilferding die sicherste Basis der sozialistischen Hoffnung, wenn er es auch offen läßt, ob ein Weltkrieg das »allerletzte« Stadium in der »letzten Phase des Klassenkampfes zwischen Bourgeoisie und Proletariat«[12] bilden muß. Jedenfalls geht die Aussage der letzten Sätze des Buches dahin, daß die Marxsche Prophezeiung sozusagen ein Stückchen weiter nach vorn gerückt wird, daß sie aber als solche und mit ihr der Kern des marxistischen Geschichtsbildes unverändert festgehalten wird: »Das Finanzkapital in seiner Vollendung bedeutet die höchste Stufe ökonomischer und politischer Machtvollkommenheit in der Hand der Kapitaloligarchie. Es vollendet die Diktatur der Kapitalmagnaten. Zugleich macht es die Diktatur der nationalen Kapitalbeherrscher des einen Landes und die Herrschaft des Kapitals innerhalb des Landes immer unvereinbarer mit den Interessen der durch das Finanzkapital ausgebeuteten, aber auch zum Kampf aufgerufenen Volksmassen. In dem gewaltigen Zusammenprall der feindlichen Interessen schlägt schließlich die Diktatur der Kapitalmagnaten um in die Diktatur des Proletariats.«[13]

Rosa Luxemburg, 1871 als Tochter eines wohlhabenden jüdischen Kaufmanns in Zamósz im russischen Polen geboren, besuchte eine höhere Schule, in der die Kinder nicht polnisch sprechen durften, so daß sie schon früh mit genuiner Unterdrückung in Berührung kam; sie war Mitbegründerin der »Sozialdemokratie des Königreichs Polen und Litauens«, wurde durch eine Scheinehe deutsche Staatsbürgerin und spielte sehr bald auch in der deutschen Sozialdemokratie eine wichtige Rolle. Zusammen mit Karl Liebknecht an der Spitze des linken und entschieden-revolutionären Parteiflügels bekämpfte sie unermüdlich den Reformismus, erwies sich als hervorragende Agitatorin, trieb die »Massenstreikdebatte« voran, beteiligte sich 1905 von Warschau aus an der russischen Revolution und geriet immer stärker in Gegensatz zu Karl Kautsky und August Bebel. Sie wurde einige Male zu Gefängnisstrafen verurteilt und galt im Bürgertum als Hauptrepräsentantin des Revolutionarismus und der Demagogie, als »rote Rosa«. 1913 veröffentlichte sie ein umfangreiches und schwieriges Buch, »Die Akkumulation des Kapitals«, und das eigentlich Beunruhigende hätte für die Gegner der Sozialdemokratie in der merkwürdigen Tatsache bestehen sollen, daß diese »Agitatorin« sich als Intellektuelle und Gelehrte von Rang erwies, die über den politischen Alltagskampf weit hinausschaute.

Freilich setzt das Buch gerade an der Stelle an, wo schon die ökonomische Lehre von Marx in ihrem Grundkonzept agitatorisch und demagogisch war, nämlich bei der Formel: $w = c + v + m$, die der algebraische Ausdruck für die These ist, daß der Wert aller Waren sich zusammensetzt aus dem Wert des »konstanten Kapitals«, das heißt aller nicht in Arbeitslohn ausgelegten Kapitalteile wie zum Beispiel Maschinen, die »tot« seien und lediglich ihren Wert auf das Produkt übertrügen, aus dem Wert der »lebendigen Arbeit« und aus dem Mehrwert. Mit dieser Formel ist der Begriff der »Ausbeutung« gegeben, denn der Mehrwert wird ausschließlich von den Arbeitern hervorgebracht und von den Kapitalisten lediglich »angeeignet«. Da Marx in seinen Beispielen fast immer die gleiche Zahl für »v« und für »m« ansetzt, kommt er auf eine »Ausbeutungsrate« von hundert Prozent und erweckt so den Eindruck, daß nach einer Enteignung der Kapitalisten der gesamte Mehrwert nun den Arbeitern zugute kommen könne und daß die Löhne sich sofort verdoppeln ließen. Daß Marx an einer einzelnen Stelle ausdrücklich sagt, der Mehrwert (und insofern die »Ausbeutung«) müsse immer bleiben, und daß er gelegentlich den Begriff des »Gesamtarbeiters« verwendet, der die geistige Leistung der Kombination und Organisation nicht ausschließt, kommt gegenüber der Macht der immer wiederholten Formel nicht zur Geltung und gelangt auf versteckte Weise höchstens in der Bestimmung zum Vorschein, daß es sich bei der wertbildenden Arbeit um »gesellschaftlich notwendige Arbeit« handeln müsse, das heißt, daß die »bloße«, die nicht sachgerecht organisierte Arbeit wertlos sei.

Auch für Rosa Luxemburg besteht das Wesen der kapitalistischen Produktion, das ebenso verwirrend wie verkehrt und gleichwohl die Grundlage alles bisherigen Fortschritts ist, darin, daß sie »eine solche zahlloser

Privatproduzenten ohne jede planmäßige Regelung« ist[14] und daß ihr Zweck nicht in der Herstellung von Gütern, sondern in der Aneignung des Mehrwerts besteht. Eben dieser Zweck führt jedoch etwas grundsätzlich Positives herbei, nämlich die »erweiterte Reproduktion«, also die ständige Steigerung der Produktionsergebnisse. Da der Mehrwert aber den Arbeitern vorenthalten wird, sind sie nicht in der Lage, »ihr eigenes Produkt« zu kaufen und der Konsumtion oder der Erweiterung ihrer Lebensbedürfnisse zuzuführen. Stets wird ihnen nur der Wert ihrer »Arbeitskraft« bezahlt, der in nichts anderem besteht als in dem Wert der für die Fristung des Lebens notwendigen Lebensmittel, einschließlich der Wohnung und der Ernährung einer Familie.

Wo findet die überschüssige Produktenmasse ihren Absatz, da sie offensichtlich von den Kapitalisten nicht aufgegessen oder verschwendet werden kann? Ein Teil könnte unverkäuflich bleiben, und daraus müssen Produktionsstockungen und Krisen resultieren. Tatsächlich war dieses Problem schon vor Marx für nationalökonomische Theoretiker wie Quesnay, Malthus und Sismondi zentral gewesen, und Marx hatte ein Schema entworfen, das die beiden Abteilungen der Produktion von Produktionsmitteln und der Produktion von Konsumtionsmitteln unterschied und die Erfordernisse einer »Balance« unterstrich, die im wirklichen Leben schwerlich zu erwarten war. Aber einige russische Marxisten waren in dieser Richtung weitergegangen und hatten eine »erweiterte kapitalistische Reproduktion« für real möglich erklärt, und zwar für unabsehbare Zeit. Die große praktische Bedeutung dieser subtilen, in der Art mathematischer Formeln ausgeführten Erwägungen lag auf der Hand: Wenn ein steigender Mehrwert auf kapitalistische Weise produziert und abgesetzt werden kann, dann ist diese Produktion selbstgenügsam, dann ist ein Ende aus innerer Notwendigkeit nicht abzusehen und dann ist die Marxsche Untergangsprophetie hinfällig und mit ihr das ganze Marxsche Geschichtsbild.

Rosa Luxemburg stellt dagegen die These auf, daß die Kapitalakkumulation an ihre Ausdehnung auf nichtkapitalistische Bereiche gebunden ist, das heißt, daß der Kapitalismus nur solange existieren kann, als er die ganze und noch weithin nichtkapitalistische Welt auf der Suche nach profitbringenden Anlagemöglichkeiten zu »durchstöbern« vermag.[15] Hilferding hatte das die »Durchkapitalisierung der Welt« genannt und auch in seine »wertfreie« wissenschaftliche Erörterung waren Ausdrücke moralischer Verurteilung eingegangen; Rosa Luxemburg aber spricht vom »Pesthauch der kapitalistischen Zivilisation«[16] und erwähnt mit unverkennbarer Sympathie jene kleinen Gemeinwesen in Indien und Algerien, die von den Engländern und Franzosen durch die Einführung des Privateigentums und die Entfesselung der Gewinnsucht zerstört worden sind. So kann auch sie ihre Gegenwart als die »Schlußperiode in der geschichtlichen Laufbahn des Kapitals« bestimmen[17], und die letzte Seite des Buches ist von demselben Pathos der Untergangsprophetie erfüllt, wie es bei Hilferding zu finden war: »Je gewalttätiger das Kapital vermittelst des Militarismus draußen in der Welt wie bei sich daheim mit der Existenz nichtkapitalistischer Schichten aufräumt und die Existenzbedingungen aller arbeitenden Schichten herabdrückt, um so mehr verwandelt sich die Tagesgeschichte der Kapitalakkumulation auf der Weltbühne in eine fortlaufende Kette politischer und sozialer Katastrophen und Konvulsionen, die zusammen mit den periodischen wirtschaftlichen Katastrophen in Gestalt der Krisen die Fortsetzung der Akkumulation zur Unmöglichkeit, die Rebellion der internationalen Arbeiterklasse gegen die Kapitalsherrschaft zur Notwendigkeit machen werden, selbst ehe sie noch ökonomisch auf ihre natürliche selbstgeschaffene Schranke gestoßen ist.«[18]

Kautsky, Hilferding und Luxemburg waren Vorkämpfer des Marxismus und wollten es sein. Die Lehre hatte eine eigene unübersehbare Mächtigkeit, denn sie hatte Phänomene im Auge, die auch für das Denken von Nicht-Marxisten eine historische Herausforderung darstellen mußten: die staunenswerte Entwicklung der Wirtschaft in ihrer Verknüpfung mit Technik und Wissenschaft, die für jedermann fühlbaren Ungleichmäßigkeiten und Schwankungen dieser Wirtschaft, den Gegensatz zwischen Reichen und Armen innerhalb der Staaten und ansatzweise auch unter den Staaten selbst, den Imperialismus, die Erschütterung alter Traditionen und Lebensweisen usw. Aber darüber hinaus war diese Lehre selbst die Spitze eines schlechthin unübersehbaren Vorgangs der Innenpolitik aller europäischen Länder und insbesondere Deutschlands, nämlich des Aufstiegs der Arbeiterparteien: Die Wählerzahlen der Sozialdemokratischen Partei Deutschlands stiegen unaufhaltsam und erreichten 1912 ein volles Drittel, so daß die Partei zur stärksten Fraktion im Reichstag wurde. Und die Ziele dieser Partei waren von so umwälzender und bedrohlicher Art, daß sie ein hohes Maß an Aufmerksamkeit und Beunruhigung unter den nicht-proletarischen Klassen hervorrufen mußten.

In der Tat gibt es kaum einen »bürgerlichen« Sozialwissenschaftler oder Historiker, der sich nicht auf irgendeine Weise mit dem Marxismus bzw. dem Sozialismus oder dem »Historischen Materialismus« auseinandergesetzt hätte. Das gilt auch für die drei Denker, denen wir uns im »Dritten Kreis« zuwenden wollen, für Kurt Breysig, Walther Rathenau und Max Weber, so daß uns Kritik am Marxismus noch häufig genug begegnen wird. Dennoch wäre es falsch, im Marxismus das zentrale Phänomen der Zeit zu sehen, das alle anderen Denkweisen dadurch auf sich zugeordnet hätte, daß es sie essentiell in »Antimarxismus« und »Philomarxismus« verwandelt hätte. Mit dem Terminus »Antimarxisten« muß man daher sehr vorsichtig umgehen. Antimarxisten, die nichts anderes als Antimarxisten gewesen wären, gab es kaum – der »Reichsverband gegen die Sozialdemokratie« blieb eine marginale Gruppe –, und nach geistigem Rang und wissenschaftlicher Bedeutung blieben die »bürgerlichen« Gelehrten wie Max Weber, Benedetto Croce, Georg Simmel, Emile Durkheim, Vilfredo Pareto den Kautsky, Hilferding, Luxemburg und Plechanow weit überlegen.

Es gab ja keine schroffe Trennung und keine chinesische Mauer zwischen marxistischen und nicht-marxistischen Denkern, und auch die Marxisten waren ihrer sozialen Herkunft nach »bürgerliche Intellektuelle« und überdies keine so geschlossene Einheit, wie Außenstehende häufig annahmen. So war Benedetto Croce ein Schüler von Antonio Labriola, der als schon recht bekannter Philosophieprofessor sich in der Mitte der neunziger Jahre dem Marxismus zugewandt hatte und mit Engels in Briefwechsel getreten war, der aber trotzdem ein entschiedener Nationalist blieb und die Eroberung Tripolitaniens verlangte, weil er der Meinung war, daß nur gleichberechtigte und starke Nationen sich zu einem internationalistischen Bund zusammenschließen könnten. Und Benedetto Croces Kritik am Marxismus war 1900 keineswegs feindselig, denn er suchte den Historischen Materialismus vom metaphysischen Materialismus zu trennen und den historischen Determinismus zu korrigieren. Er wies auf den »idealtypischen« Charakter der Marxschen Analysen hin, und er wollte dem ethischen Moment im Sozialismus seinen Eigenwert zurückgeben, so daß allerdings der Begriff »wissenschaftlicher Sozialismus« unhaltbar wurde. Man sollte daher den Croce von 1900 eher als »Revisionisten« denn als Antimarxisten verstehen.

Georges Sorel nannte sich selbst geraume Zeit einen Marxisten, und er galt im ersten Jahrzehnt des Jahrhunderts als der bedeutendste Theoretiker des revolutionären Syndikalismus, der jedenfalls ein authentischer Teil der Arbeiterbewegung war. Aber wenn Sorel die Marxsche Vorstellung von der Endkatastrophe als »Mythos« bezeichnet und ihr nur den Wert einer unvergleichlichen Kampfparole zuschreibt, wenn er das »Sublime« rühmt und es in der Geschichte bei Kriegern und Mönchen findet, dann enthüllt sich dieser Marxist in gewisser Weise als Antimarxist. Und wie hätten Marx oder Engels jemals einen Satz wie den folgenden schreiben können: »Aber die Quelle des Sublimen vertrocknet: Die religiösen Personen leben von einem Schatten. Wir leben vom Schatten eines Schattens. Wovon wird man nach uns leben?«[19]

Auch *Werner Sombart* bezeichnete sich in seinen Anfängen als einen Marxisten, und der alte Friedrich Engels blickte mit Wohlgefallen auf den jungen Nationalökonomen, der für den Marxismus eine Bresche in die akademische Welt zu schlagen schien. Aber in seinen großen Werken über die Geschichte des Kapitalismus zeichnete Sombart ein sehr viel umfassenderes und farbigeres Bild vom Aufkommen der neuen Produktionsweise, als Marx es getan hatte; in seinem Buch über die »Juden und das Wirtschaftsleben« machte er einen Faktor zum Hauptthema, von dem Marx nie wieder gesprochen hatte, nachdem er in seinem frühen Aufsatz »Zur Judenfrage« die Geschichtslehre des »Kommunistischen Manifests« *ante festum* mit stupenden Formulierungen ergänzt hatte. In der Schrift über »Sozialismus und soziale Bewegung im 19. Jahrhundert« sprach Sombart sich von Auflage zu Auflage immer kritischer über den Marxismus aus, indem er ihn in engen Zusammenhang mit dem älteren Sozialismus stellte und näher an den utopisch-rationalistisch-naturrechtlichen Zweig heranrückte, als einem Marxisten recht sein konnte.

Robert Michels war eine normale akademische Karriere in Deutschland verwehrt geblieben, da er Sozialist sein wollte, aber längst bevor er sich als der Wahlitaliener, der er wurde, dem Faschismus des ehemaligen Sozialisten Mussolini zuwandte, hatte er 1911 in seinem Buch »Zur Soziologie des Parteiwesens in der modernen Demokratie« eine der wichtigsten Hoffnungen der Marxisten in Frage gestellt, nämlich die Hoffnung, daß eine unmittelbare Massenherrschaft möglich sei, die »Diktatur des Proletariats«. Gerade am Beispiel der Arbeiterparteien wies er die unausweichliche Verknüpfung von »Organisation« und »Oligarchie der Führer« auf, so daß jede »Demokratisierung« zugleich »Aristokratisierung« bedeutete und die Erhebung der »Klasse« über den »Staat« hinfällig wurde, weil Klasse nur als »Klassenpartei« wirksam werden könne und die Klassenpartei trotz ihrer hierarchischen Struktur eine viel unvollkommenere Organisationsform ist als der Staat.

Wenn man ein System dieser Antimarxisten entwerfen wollte, die man auch Nichtmarxisten nennen könnte, dann würde man an den entgegengesetzten Enden wohl am besten Georg Simmel und Vilfredo Pareto ansiedeln. Simmel stand als Philosoph in einer Tradition, der wertphilosophisch-neukantianischen, die vom Marxismus ganz unabhängig war; und Pareto hatte sich als Ökonom bereits vor der Jahrhundertwende in einem Wissenschaftsbereich einen großen Namen gemacht, der Marx fremd geblieben war, nämlich im Bereich der mathematischen Wirtschaftswissenschaft. Aber Simmel stieß in seiner großen »Philosophie des Geldes«, die 1900 publiziert wurde, nur am Rande seiner Ausführungen auf Marx, wenn auch gewiß nicht bloß zufällig; für Pareto dagegen war Marx in seiner um die gleiche Zeit (1901–1902) erschienenen Untersuchung »Les systèmes socialistes« der Hauptzielpunkt der Auseinandersetzung.

Georg Simmel, 1858 geboren und lange Zeit Privatdozent in Berlin, mußte als Jude viele Jahre warten, bis er 1914 – nur vier Jahre vor seinem Tod – einen Lehrstuhl in Straßburg erhielt, aber er hatte in Berlin als das Musterbild eines geistreichen Mannes gegolten und eine bedeutende Wirksamkeit entfaltet. Die erste Auflage seiner »Probleme der Geschichtsphilosophie« datiert von 1892, aber sein Geschichtsdenken fand eine umfassendere Artikulation in der »Philosophie des Geldes«.

Hier wird das Geld nicht in erster Linie als nationalökonomischer Tatbestand analysiert, sondern es wird in einen weiten philosophischen Zusammenhang gestellt und mit dem menschlichen Wesen in Beziehung gesetzt, dem es entspringt und das von ihm im Laufe der Geschichte doch stärker geprägt und verändert wird als von irgendeiner anderen Kraft. Der Mensch lebt ja nicht nur in einer Welt des Seins, sondern auch in einer Welt der Werte, die eine autonome Ordnung ist und sich auf den ersten Blick wie eine bloße Präferenzskala der einzelnen Individuen ausnehmen mag. Aber wenn einzelne ihre Güter gegen die Güter von anderen tauschen, wird der Wert übersubjektiv und überindividuell, und der Tausch ist für Simmel offenbar wie für Adam Smith ein Urphänomen menschlicher Existenz, dem keine Daseinsform voranging, die den Tausch nicht gekannt hätte. Das Geld nun ist »das zur Substanz erstarrte Gelten, das Gelten der Dinge ohne die Dinge selber«[20], und damit legt es eine distanzierende und objektivierende Kraft ohnegleichen an den Tag, weil es grundsätzlich alle qualitativ so unterschiedlichen Dinge in einer Ebene der Quantität vergleichbar und meßbar macht. Aber lange Zeit bleibt dieser Charakter von untergeordneter Art, denn noch dem Mittelalter war es unvorstellbar, daß dem Geld eine eigene Produktivkraft zukommen könne, und deshalb galt die Vorstellung als unnatürlich, daß Geld Geld gebäre und daß daher der Zins etwas Berechtigtes und Notwendiges sei. So waren es verachtete und gefürchtete Fremde, welche zu Trägern der Geldwirtschaft wurden, in erster Linie die Juden, und die Volksmassen empfanden gegen die großen Händler einen ganz ähnlichen Haß wie gegen jene Intellektuellen, etwa die Sophisten oder auch Sokrates, welche mit fremdartigen Gedanken den Kosmos der überlieferten Werte und Glaubenshaltungen relativierten.

Geld als Symbol des Quantitätsmomentes, Intellektualität als Abstrahieren und jüdischer Geist als Konzentrat von Fremdheit gehören nach Simmel zusammen und bilden Hauptmerkmale der Modernität. Diese Beschreibungen Simmels haben viel Ähnlichkeit mit den Ausführungen des jungen Marx über die für die Geld- und Konkurrenzwirtschaft charakteristischen Entfremdungen; aber wenn Simmel vom »messende(n), wägende(n), rechnerisch exakte(n) Wesen der Neuzeit«[21] als reinster Ausgestaltung der demokratischen Nivellierung und des Intellektualismus spricht, dann blickt er nicht wie Marx auf einen Umschlag dieses Wesens in sein Gegenteil, wenngleich »auf höherer Stufe«, voraus, sondern er sieht gerade im unaufhaltsamen Fortschreiten dieser »Abstraktion des Lebens« (wie man den Zustand nennen könnte) die Chance der Freiheit und der Besserung auch für die Arbeiter. In direkter Wendung gegen Marx unterstreicht er die in aller Produktion vorausgesetzte und anwesende »Gratisleistung des Geistes«[22], und er kritisiert die Vorstellung des »Arbeitsgeldes«, die – wie der Sozialismus überhaupt – modernen Rationalismus und eine aus archaischen Quellen herrührende Reaktion gegen den Rationalismus zu einer paradoxen und freilich sehr wirkungsreichen Einheit bringt. Das im Geld gegründete System universaler Tauschbeziehungen löst alle Selbstgenügsamkeiten und starren Entgegensetzungen auf, und es ist in hohem Grade unmarxistisch, wenn Simmel den Großkaufmann, der in weltumspannenden Spekulationen amerikanisches Getreide nach Deutschland importiert, den »Diener des ärmsten Proletariers« nennt[23].

Aber Simmel achtet auch immer sehr auf die »Gegentendenzen«, die sich innerhalb des Gesamtprozesses bemerkbar machen, und so ermöglicht das Geld, das die Dinge von den Menschen und die Menschen von den Menschen trennt, auch wieder die Überwindung dieser Trennungen und neuartige Verknüpfungen. Infolgedessen ist die Neuzeit nicht nur durch »wirre Halt- und Ratlosigkeit«[24] gekennzeichnet, sondern auch durch die Möglichkeit einer vertieften Innerlichkeit; das Geld treibt Differenzierung und Egalisierung zugleich voran. Daher ist es die eigentlich revolutionierende Macht, welche die Schnelligkeit, die Buntheit und die Fülle des Lebens vergrößert, und am Schluß lenkt Simmel wieder ganz zur Philosophie zurück, indem er das Geld für das »Symbol der unsagbaren Einheit des Seins« erklärt und sogar »sozusagen actus purus« nennt.[25] In der Neuzeit ist also die allgemeine Relativität zum einzigen Absolutum geworden, und jede Auffassung, nicht zuletzt die sozialistische, erscheint als reaktionär, die das Geld abschaffen und Ruhe, Sicherheit und Durchsichtigkeit wiederherstellen will.

Der Ausgangspunkt *Vilfredo Paretos* scheint Marx viel näher zu sein. Es ist die Unterscheidung von »Residuen« und »Derivationen«, das heißt eines nicht-logischen, irrationalen Unterbaus im Menschen und der rechtfertigenden Begründungen oder Rationalisierungen, die einen fragilen Überbau darstellen. Zu den »Residuen« zählt Pareto sowohl elementare

Gefühle und Interessen wie tiefverwurzelte Vorurteile oder Präferenzen und vor allem gewisse »Instinkte«, etwa diejenigen der Kombination und der Persistenz, das heißt der Beweglichkeit und der Beharrung. Seinen eigenen Standort sieht Pareto in der Wissenschaft, die »experimentell« und »logisch« ist. Von hier aus nimmt er »Demaskierungen« vor, die ganz und gar aufklärerisch sind, etwa die Ableitung der Askese aus dem Geschlechtstrieb als dessen bloß äußerlicher Verdeckung. Aber anders als Marx wendet Pareto diese Demaskierungen gerade auf die modernen Ideologien des Humanitarismus und des Sozialismus an, und er verbindet sie mit den Lehren vom »Kreislauf der Eliten« und von der Dekadenz des Bürgertums in der Moderne.

Was Marx als den selbstlosen Kampf opferwilliger Revolutionäre um die direkte Massenherrschaft in der »klassenlosen Gesellschaft« versteht, das interpretiert Pareto als den Machtkampf einer neuen Elite gegen eine alte, und er sagt voraus, daß diese neue Elite, wenn sie sich durchsetzen sollte, eine härtere Herrschaft ausüben wird als die alte. Offensichtlich stellt sich Pareto selbst auf die Seite der alten, der »bürgerlichen« Elite, und ihr sucht er neue Energie einzuflößen, wenn er ihr das Schicksal der Aristokraten des »Ancien régime« vor Augen stellt, die in ihren Salons humanitäre Reden führten und dadurch ihre eigene Vernichtung vorbereiteten. So läßt Pareto oft genug deutlich werden, daß er sich in einem direkten Kampf gegen den Sozialismus begriffen sieht, so etwa, wenn er die modernen Regierungen kritisiert, welche Zeitungen mit Bildern nackter Frauen beschlagnahmen, aber den Verkauf von Publikationen gestatten, »die Vernichtung, Verbrennung und Ermordung der Bourgeois predigen«.[26]

Es sieht so aus, als ob Pareto dem zeitgenössischen Bürgertum den Rat erteilte, nicht weiterhin die Rolle von Machiavellis »Füchsen« zu spielen und durch falsche Klugheit die Gefahr des Untergangs heraufzubeschwören, sondern aus sich selbst heraus eine jüngere und entschlossenere Elite von »Löwen« hervorgehen zu lassen. Es war wohl konsequent, daß Pareto am Ende seines Lebens mit Mussolinis Faschismus sympathisierte, den er aber nur als einen »konstitutionellen« akzeptieren wollte.

Systematisch hat Pareto seine Grundbegriffe erst in dem »Trattato di Sociologia generale« von 1916 entwickelt, aber sie liegen der unmittelbaren Auseinandersetzung mit dem Sozialismus und mit Marx bereits zugrunde, die er in den »Systèmes socialistes« vornahm. Wie der Titel schon andeutet, macht er den ganzen Sozialismus zum Gegenstand und trifft eine Reihe von Unterscheidungen.

Die »metaphysisch-kommunistischen Systeme« reproduzieren die Lehre von der Erbsünde und wandeln die Legende vom Goldenen Zeitalter in eine Lehre vom »Naturzustand« um; sie sind ohne jeden wissenschaftlichen Wert, und zu ihren Vertretern zählt Pareto den Baron Holbach, Morelly, Linguet, Brissot und sogar Platon. Unter die »metaphysisch-ethischen Systeme« rechnet Pareto auch die Lehren des »naiv-optimistischen Liberalismus«, der aus dem allgemeinen Freihandel ein »irdisches Paradies« hervorgehen sieht und damit die Lebensinteressen großer Staaten gefährdet, zum Beispiel diejenigen Deutschlands. Als »gemischte Systeme« bezeichnet Pareto die Lehren von William Thompson, Robert Owen, Pierre Leroux und anderen, die mit der verfehlten Doktrin vom »Recht auf den vollen Arbeitsertrag« sich auf die Wertlehre Ricardos berufen können. Merkwürdigerweise fallen für Pareto Thomas More, Charles Fourier, Pierre-Joseph Proudhon und andere unter den Begriff der »wissenschaftlichen Systeme«, aber deren Egalitarismus wird ebenso wie ihr Unverständnis für die ökonomische Bedeutung von Zins und Gewinn mit großer Schärfe kritisiert. Allem Anschein nach will Pareto sagen, daß diese Systeme den Anspruch auf Wissenschaftlichkeit erheben, ihn aber allenfalls zu einem Teil erfüllen können.

Das gilt in erster Linie für das Denksystem von Marx, dem Pareto ausdrücklich insoweit Übereinstimmung mit der Realität attestiert, als es sich um die Lehre vom Klassenkampf handelt, eine Lehre, die er aber auf Nationalitätenkämpfe ausweitet und sogleich in seine eigene Konzeption vom »Kreislauf der Eliten« einordnet. Schärfste Kritik erfährt dagegen die Marxsche Arbeitswerttheorie, die auf Abstraktionen und Erschleichungen beruhe, denn »die Arbeit« ist nur einer der wertbestimmenden Faktoren, und die nationalökonomischen Kategorien »Angebot und Nachfrage« sowie »Nützlichkeit« sind in den angeblich objektiven »Wert« durch den Begriff der »sozialen Notwendigkeit« eingeschwärzt. Es ist im wörtlichsten Sinne ein Vor-Urteil, wenn nur dem »variablen Kapital« die Fähigkeit der Wertbildung zugeschrieben wird, denn durch die Wahl der Termini »konstant« und »variabel« ist die Entscheidung schon getroffen, bevor die Untersuchung beginnt, und es läßt sich durchaus behaupten, daß der Arbeiter, der in einem kapitalmäßig vorzüglich ausgestatteten Betrieb einen höheren Lohn erhält, das Kapital ausbeutet.[27]

Die schroffste Gestalt gewinnt die Kritik dort, wo Pareto von der »sozialistischen Inquisition« der Zukunft spricht, die ebenso intolerant sein würde wie einst die katholische, wenn es der sozialistischen Elite gelingen sollte, den definitiven Sieg über die gegenwärtig regierende und dekadente Elite zu erringen.[28] Paretos Ausblick ist daher pessimistisch, da die sozialistische Machtübernahme zwar verhindert werden kann, aber nur auf eine Weise, die er ebenfalls mit Skepsis betrachtet. Von den alten Eliten ist nur noch die deutsche und insbesondere die preußische »voll von Energie [sève] und Kraft«, aber sogar hier sind Kräfte der Auflösung am Werk.[29] Nur Imperialismus und Nationalismus scheinen noch imstande zu sein, »den Sozialismus im Zaume zu halten«. Aber der Nationalismus ist für Pareto, nicht anders als der Sozialismus bzw. der Humanitarismus, »eine Marotte«.[30] So wird die Zukunft der Menschheit ebenso von Instinkten, Machtkämpfen und oberflächlichen Rationalisierungen bestimmt sein, wie ihre Vergangenheit davon geprägt war. Die Vorstellung des Umschlags in eine »ganz andere« Qualität ist selbst ein Kampfmittel und lediglich eine Marotte.

Nationale Globalvisionen

Die Zukunft, die der Sozialismus in seiner um 1900 schon vorwiegend marxistischen Ausrichtung ins Auge faßte, war die Einheit der ganzen Welt. Aber zu einer großen und gutorganisierten Partei war der Marxismus doch nur in Deutschland geworden, und sogar in der Theorie war es zunächst einmal nur West- und Mitteleuropa, das zur Revolution »reif« war – von den USA war nur selten die Rede, da dort keine sozialistische Partei von Bedeutung existierte. In Frankreich und Italien gab es eine Anzahl heterodoxer Strömungen, und von einer geschlossenen Schlagkraft der marxistischen Bewegung konnte dort kaum die Rede sein; in England löste sich eine sozialistische, aber nicht-marxistische Partei nach dem Tode Gladstones nur langsam von der Liberalen Partei los. In Rußland stand für Marxisten allenfalls die »bürgerliche Revolution« auf der Tagesordnung, und Indien sah man zwar in einem Prozeß der Selbstbefreiung begriffen, aber von einer »Diktatur des Proletariats« war es offensichtlich noch weiter entfernt als Rußland. So hatte der Marxismus eine »Globalvision«, und er benannte das Subjekt für deren Verwirklichung, das »industrielle Proletariat«, aber die Realität der Welt blieb weiter hinter der Vision zurück, und die Frage war kaum zu umgehen, ob jenes angebliche Subjekt des welthistorischen Prozesses denn überhaupt einheitlich und handlungsfähig war.

Handlungsfähige Subjekte der geschichtlichen Welt waren die Staaten bzw. Nationen und unter ihnen in erster Linie selbstverständlich die Großmächte oder »Weltmächte«, wie man schon häufig sagte. Weltmächte waren diejenigen Staaten, die über ein ausgedehntes Territorium und über moderne Industrie verfügten: die USA, England und Rußland sowie dem Anspruch nach Frankreich. Weltmächte waren aber wegen ihrer industriellen und militärischen Stärke auch Deutschland und ab 1905 Japan. Spürbar war der Sozialismus allenthalben, spürbar war aber auch jene Dynamik der

Entwicklung, die über jede einzelne Macht hinausgriff und nach einem neuen Aggregatzustand der Welt zu verlangen schien. Konnte es genügen, nur ein selbstgenügsames »Weltstaatensystem« an die Stelle des »europäischen Staatensystems« zu setzen? War die europäische Pentarchie überhaupt selbstgenügsam gewesen; hatte sie sich nicht trotz des Sieges über das napoleonische Frankreich seit 1815 von einer »sechsten Großmacht« bedroht gefühlt, nämlich »der Revolution«? Wenn der Marxismus eine ideelle Globalvision besaß, aber kein handlungsfähiges Subjekt aufzuzeigen vermochte, wohl jedoch als umfassende Drohung in Erscheinung trat, dann lag es nahe, daß die großen Staaten als handlungsfähige Subjekte ihrerseits Globalvisionen entwickelten, und zwar nicht nur, um der Drohung zu begegnen, sondern auch, um jener »Dynamik der Moderne« zu entsprechen.

Tatsächlich sind innerhalb aller Weltmächte solche universalen Konzeptionen hervorgebracht worden, welche die nächste Etappe der Geschichte zu bestimmen suchten und dem eigenen Staat darin eine hervorgehobene, ja beherrschende Rolle zuschrieben. Staat hieß durchweg »Nation«, aber mit unterschiedlicher Akzentuierung. »Nation« bedeutet ja ihrem Begriff nach Partikularität, und diejenige Nation kann am ehesten einen globalen Anspruch erheben, die in sich zugleich mehr als eine bloße Nation ist, also etwa eine Religion, eine Kultur oder einen multinationalen Staat repräsentiert. Tatsächlich gab es auch vor 1914 bereits erste Ansätze zu einem »Panislamismus« und zu einem »Panasiatismus«. Aber hier war ein handlungsfähiges Subjekt noch viel weniger erkennbar als im Marxismus. Anders stand es mit den Amerikanern, den Russen und den Deutschen. Die Amerikaner waren am offenkundigsten eine Nation besonderer Art, da sie sich ohne jede Schwierigkeit als den führenden Teil des Angelsachsentums verstehen und dieses primär als »Kultur« oder als »Rasse« auslegen konnten. Die Russen waren die herrschende Nation eines gigantischen Vielvölkerstaates, und sie konnten ihre nationale Begrenztheit leicht zu einem »Panslawismus« hin überschreiten. Die Deutschen waren am ehesten ein reiner Nationalstaat, und sie mußten – wenn sie dem Marxismus und den Globalvisionen der Amerikaner und der Russen entsprechen wollten –, sich entweder das Ungeheuerliche vornehmen, die ganze Welt diesem ihrem Nationalstaat zu unterwerfen, oder auch sie mußten sich zu den Vorkämpfern einer Kultur oder einer Rasse machen, zu Vorkämpfern »Europas« oder »des Germanentums«.

Im folgenden sollen nur die nationalen Globalvisionen als solche interessieren, weil bloß sie ein »Geschichtsdenken« in sich schließen; die Frage, bis zu welchem Grade sie in der konkreten Politik der Staaten wirksam waren, würde eine andersartige Untersuchung erforderlich machen; nur so viel ist vorauszusetzen und anzudeuten, daß es sich nicht um reine Gedankenspiele in elfenbeinernen Türmen handelte.

Die USA sind an die erste Stelle zu setzen, weil sie um 1900 bereits die stärkste Industriemacht der Welt waren und weil sie von jeher einen universalen Anspruch erhoben hatten. Die Russen besaßen den räumlich größten und potentiell reichsten Staat der Welt, und sie hatten sich früh als »das Dritte Rom« verstehen wollen. Nicht ganz wenige Deutsche behaupteten, daß »am deutschen Wesen einst die Welt genesen« werde, und ohne Zweifel waren sie das Zentralvolk des europäischen Kontinents, der nach wie vor die Mitte der Welt war. Aber noch eine vierte Nation ist zu erwähnen, die nach der vorherrschenden Meinung überhaupt keine Nation war, sondern eine im Absterben begriffene Religion, jedoch eine Religion, die für die Weltgeschichte von besonderer Bedeutung gewesen war, nämlich die Juden.

Die Vereinigten Staaten von Amerika waren während des ganzen 19. Jahrhunderts ein Ideal der europäischen Linken, weil sie »allen Unterdrückten und Verfolgten« Asyl gewähren wollten, keinen Militarismus kannten und im schroffen Unterschied zu den europäischen Monarchien und deren »feudalem Prunk« nur sehr wenig Mittel auf die Staatsverwaltung verwandten. Aber kein Geringerer als Friedrich Engels hatte bereits vor 1848 dem Eroberungskrieg gegen Mexiko Beifall gezollt und den amerikanischen Flotten und Armeen eine große Zukunft vorhergesagt.[1] Der amerikanische Bürgerkrieg war weit härter und blutiger als der Krimkrieg, und das »Asyl der Unterdrückten« unterwarf die Ureinwohner des Kontinents mit größerer Konsequenz und Unerbittlichkeit, als irgendeine europäische Kolonialmacht sie an den Tag legte. Es dauerte nicht lange, bis Autoren wie John Fiske und Josiah Strong den Genius der »angelsächsischen Rasse« rühmten, und die Einwanderungspolitik stellte unter Beweis, wie »weiß und angelsächsisch« diese Nation aus europäischen Nationen auch nach der Befreiung der schwarzen Sklaven noch war und sein wollte. Schon unter dem Präsidenten McKinley griffen die USA über ihre kontinentalen Grenzen hinaus, und Theodore Roosevelt war so sozialdarwinistisch und rassebewußt wie nur möglich. Die Schriften des Admirals Alfred Thayer Mahan über die Rolle der Seemacht in der Weltgeschichte waren das Präludium zum Aufbau einer großen Flotte. 1902 erschien das Buch des Engländers *William Thomas Stead* »The Americanization of the World or the Trend of the Twentieth Century«, das schon in seinem Titel den Vorrang der amerikanischen Globalvision zu erkennen gab, denn Bücher mit Titeln wie »Die Slawisierung der Welt« oder »Die Germanisierung der

Welt« existierten nicht und hätten allenfalls Befremden oder Spott hervorgerufen.

Stead war zwar ein englischer Journalist, der dem Gladstonianer John Morley nahestand, aber er identifizierte sich vollständig mit »dem Aufstieg der Vereinigten Staaten als der größten der Weltmächte«, weil dieser ihm zugleich eine »Anglisierung« und für Großbritannien die einzige Möglichkeit zu sein schien, einen Abstieg auf die Position Hollands oder Belgiens zu vermeiden. Daher übernimmt er vollständig die amerikanische Polemik gegen das »europäische Feudalsystem«, die von den Amerikanern ursprünglich gerade gegen England gerichtet worden war, und so gelangt er zu seinem neuen Subjekt der weltgeschichtlichen Bewegung, der »englischsprechenden Rasse«, deren Mission darin besteht, »den Frieden der Welt zu sichern«.[2] Diese Amerikanisierung beruht vor allem auf der unwiderstehlichen Auswirkung materieller Übermacht, und gleich zu Anfang des Buches stellt Stead statistische Vergleiche zwischen Ausdehnung, Bevölkerungszahlen und Industrieproduktion an, wobei auf der einen Seite »die« Englisch sprechenden Vereinigten Staaten der Welt stehen und auf der anderen »Rußland, Deutschland und Spanien«. Daraus ergibt sich eine beträchtliche Überlegenheit des angelsächsischen Teils der Welt gegenüber einem russisch-deutschen Block. Diese Überlegenheit ist aber kein bloß faktischer Tatbestand; sie ist vielmehr in einer praktischen Energie begründet, die universal ist, so daß Stead behaupten kann, Hamburg und Berlin seien die am meisten amerikanisierten Städte Europas. Allerdings wird diese Energie dann doch wieder auf eine spezifisch amerikanische Gegebenheit zurückgeführt, nämlich darauf, daß in den USA »der ganze ungeteilte Genius des Volkes auf die Jagd nach Reichtum« eingestellt ist.[3]

Hier liegt ein Ansatz zur Selbstkritik vor, und der Leser könnte geneigt sein zu fragen, was wohl aus den englischen Lebensformen innerhalb der »amerikanisierten Welt« werden soll; aber Stead überspielt solche Fragen durch schroffe Polemik gegen Deutschland und Österreich, die als Staaten ein Zentrum des Widerstandes gegen die Amerikanisierung und in ihren Kaiserhöfen die Verkörperung des Feudalismus und der monarchisch-aristokratischen Ideen der alten Welt sind. Gegen die aus dem Puritanismus herrührende Energie der Amerikaner und gegen ihre Idee der Demokratie ist indessen kein Kraut gewachsen; sie sind exportfähige Artikel und werden die Welt revolutionieren. Dazu wird die Unzufriedenheit der Volksmassen beitragen, die sich in Deutschland wegen der Zollpolitik abzeichnet, und so wird auch das Deutsche Reich, das bereits seine Bevölkerung nicht mehr aus eigenen Mitteln versorgen kann, sich der angelsächsischen Weltmission beugen müssen, die zur Zeit noch die Gestalt eines »fieberhaften

Imperialismus« hat, aber letzten Endes dazu führen wird, daß die Angelsachsen den dauerhaften Weltfrieden realisieren und alle ihre Energien »auf das Werk der Verbesserung des Geschicks der verarmten Myriaden von Menschen in Asien verwenden werden«.[4]

Gewiß kann man Steads Schrift als eine Art Propagandawerk abtun, aber jedenfalls artikulierte dieser Engländer den »amerikanischen Glauben« und nahm den Begriff des »amerikanischen Jahrhunderts« der Sache nach vorweg. Den Bereich des Geschichtsdenkens erreicht dieser Glaube am ehesten im Werk der beiden Brüder Henry und Brooks Adams, der Nachkommen des zweiten und des sechsten Präsidenten der Union, von John Adams und John Quincy Adams.

Brooks Adams hatte 1895 ein Buch »The Law of Civilization and Decay« publiziert, das eine Westbewegung der Zivilisationen in Übereinstimmung mit der Veränderung der Handelsstraßen nachzuweisen suchte und in seinem Überblick über Räume und Zeiten von den vorchristlichen Jahrtausenden und von Babylon bis zum Ende des 19. Jahrhunderts und nach New York gelangte. Mit einem Trompetenstoß mochte man 1901 den Titel »America's Economic Supremacy« vergleichen. In diesem Buch wird England von vornherein nur der Rang eines »befestigten Außenpostens der angelsächsischen Rasse« zugeschrieben, der sich leider in einem Prozeß der Dekadenz befindet und für sein Überleben auf Amerika angewiesen ist, denn »die aktiven und wirtschaftlichen Organismen überleben, die langsamen und teuren gehen zugrunde«.[5] Im Prozeß des ökonomischen Überlebenskampfes werden am Ende zwei große konkurrierende Systeme übrig bleiben, und zwar die angelsächsischen Reiche auf der einen Seite und die deutsch-russische Allianz auf der anderen. Die Macht, die ihre Vitalität am besten bewahrt und den großen Konkurrenzkampf um China gewinnt, wird die Welt beherrschen, und es ist für Brooks Adams keineswegs ein Tadel, wenn er feststellt, daß Amerika »sich aus der friedlichsten der Nationen in eine bewaffnete und aggressive Gemeinschaft verwandelt hat«.[6] Der Konflikt muß also ausgefochten werden, aber Brooks Adams hält es im Gegensatz zu Stead nicht für ausgeschlossen, daß der Gegner sich durchsetzen wird, denn die USA sind in der Staatsorganisation zurückgeblieben, die immer noch die einfachen und agrarischen Verhältnisse des Unabhängigkeitskrieges spiegelt. Das bedeutet einen schwerwiegenden Nachteil, und der ökonomische Charakter von Adams' Betrachtungsweise wird überaus deutlich erkennbar, wenn er schreibt: ». . . denn Regierungen sind ganz einfach große konkurrierende Firmen, von denen diejenigen überleben, die im Verhältnis zu ihrer Energie am wirtschaftlichsten organisiert sind und von denen die verschwenderischen und langsamen auf dem Markt unterboten und eliminiert werden.«[7]

Noch schroffer sind die Formulierungen in dem 1903 publizierten Buch »The New Empire«. Adams schließt hier nicht aus, daß die eigenen Vorfahren und die untergegangenen Klassen des europäischen Ancien régime ein glücklicheres Leben geführt haben, aber »die Natur« hat Amerika »in den Strudel [vortex] des schärfsten Kampfes geworfen, den die Welt je gekannt hat. Es ist zum Herzen des ökonomischen Systems des Zeitalters geworden, und es muß seine Überlegenheit durch Geist und durch Gewalt [force] bewahren, oder es muß das Geschick der Eliminierten [discarded] teilen«.[8] Aber wenn es die eigenen konservativen Traditionen überwindet, dann wird es weiter expandieren, über Mexiko, das kaum noch unabhängig ist, und die Philippinen hinaus, und in fünfzig Jahren »werden die Vereinigten Staaten stärker sein als jedes einzelne Reich, wenn nicht sogar alle Reiche zusammen. Die ganze Welt wird ihnen Tribut zahlen«.[9]

Aber unterhalb dieses Triumphalismus kommt doch bei den Urenkeln von John Adams, den hochkultivierten Nachfahren der bei aller demokratischen Überzeugung doch weithin aristokratischen Staatsgründergeneration der Washington, Jefferson und Adams, immer wieder ein Grundzug des Pessimismus zum Vorschein, und sogar Charles Francis, der einzige »Kapitalist« unter ihnen, spricht sich in seiner Autobiographie mit großer Geringschätzung über die »Clique von bloßen Geldjägern und Händlern« aus, unter denen er sein Leben verbringen mußte.[10] Am stärksten ist dieser Pessimismus bei dem ältesten und gedankenreichsten der Brüder, bei *Henry Adams*, der in seiner »Education of Henry Adams« in Amerika ein »ungeheures Flachland von Selbstzufriedenheit« sieht[11] und für den das beherrschende Gesetz der Geschichte nicht die »Verbesserung«, sondern die »Beschleunigung« ist, die zugleich einen Abfall von der im frühen Mittelalter erreichten Kulturhöhe darstellt, so daß der Mensch seinem eigenen durch Arbeitsteilung und Wissenschaft erzeugten Fortschritt immer weniger gewachsen ist und zu Beginn des 20. Jahrhunderts dem Zeitpunkt einer möglichen Selbstzerstörung immer näher rückt. So ist es für Henry Adams kein Trost, daß er für die nächste Etappe der Zukunft die Spaltung der Welt in eine russisch beherrschte östliche und eine amerikanisch beherrschte westliche Hälfte vorhersieht.[12] Nur aus marginalen Andeutungen läßt sich entnehmen, daß er auch der Lehre von Karl Marx, dessen Werke ihm bekannt waren, eine Siegeschance zuschreibt, aber für ihn gab es zwischen diesem Sozialismus und einem »reinen Kapitalismus« keinen nennenswerten Unterschied.[13]

Rußland, dem ja nicht erst von Henry Adams, sondern schon von Tocqueville für die Zukunft die Beherrschung der einen Hälfte der Welt zugesprochen war, befand sich in einer ganz anderen Lage als die USA. Zwar kam in Amerika hier und da eine noch schärfere Selbstkritik zum Vorschein, als Adams sie übte, aber eine so tiefe Verzweiflung an sich selbst, wie sie 1831 in den »Philosophischen Briefen« von Pjotr Tschaadajew hervortrat, hatte es in Amerika nie gegeben. Mit keinem der anderen Völker hätten die Russen Schritt gehalten; auf wüste Barbarei sei in ihrer Geschichte finsterer Aberglaube gefolgt und dann »das erniedrigende Joch der Fremdherrschaft«, deren Geist später auf die eigenen Herrscher übergegangen sei.[14] Aus dem »elenden Byzanz« herkommend, habe Rußland der Welt nichts gegeben und stehe weit hinter dem Westen zurück. Gleichwohl aber nennt Tschaadajew die Russen mit positivem Akzent ein »junges Volk«, ja ein »Ausnahmevolk«, das eines Tages der Welt eine »Botschaft« verkünden werde, und er deutet an, daß diese Botschaft die »Prawda« betreffen werde, die Einheit von Wahrheit und Gerechtigkeit, das »Gottesreich auf Erden«.[15]

So nahmen die beiden großen Richtungen des russischen Selbstverständnisses im 19. Jahrhundert von Tschaadajew ihren Ausgang, sowohl das Westlertum, das nicht müde wurde, die Zurückgebliebenheit Rußlands hervorzuheben und den Westen als Vorbild hinzustellen, wie die Slawophilen, die den Westen ob seiner Glaubenslosigkeit und seiner atomistischen Auflösung kritisierten und Rußland gerade deshalb eine Mission zuschrieben, weil es die Ganzheit des Lebens und die Einheit von Kirche und Staat bewahrt habe. Zu keiner der beiden Richtungen gab es in den USA ein Analogon, aber noch interessanter waren die Zwischenformen, die einen Westler wie Alexander Herzen die Agrarkommune, die Mir, zum Vorbild für den Sozialismus erklären ließen und die einen Teil der Slawophilen zu kirchenfeindlichen »Volkstümlern« machten, welche die entfremdete »Intelligenz« wieder zum »Volk« zurückführen wollten. Auch für Dostojewski war ein tiefes Ressentiment, ja ein Minderwertigkeitsgefühl gegenüber den Westeuropäern bestimmend, »die uns niemals gemocht« und nie für gleichberechtigte Europäer gehalten hätten.[16] Aber gerade deshalb sagt Dostojewski voraus, daß Rußland in naher Zukunft stärker sein werde als alle anderen Mächte, weil die westlichen Staaten durch die revolutionären Bewegungen der unteren Schichten entkräftet und zerrüttet sein würden. Die große Idee, die Rußland auf seine Fahnen schreiben werde, sei die der Vereinigung aller Slawen im Dienst der Allmenschheit, die »dritte Weltidee«, welche die »Allversöhnung der Völker« zum Inhalt habe.[17]

Dieser Messianismus entspricht dem amerikanischen, auch in der Ambivalenz, die den Willen zum »fieberhaften Imperialismus« und – bei Dostojewski – den Anspruch auf Konstantinopel mit dem globalen Anspruch Hand in Hand gehen läßt; aber der russische Messianismus ist unvergleichlich stärker an einer Einheit von Staat und Kirche orientiert, und Dimitrij Mereschkowskij interpretierte 1906 unter dem Eindruck der revolutionären Unruhen die Weltrevolution als den Sieg der zukünftigen Kirche über den Staat, »als Auftakt zum Kommen des Dritten Reiches«.[18] Sogar in einigen Nebenströmungen des Marxismus, der doch die Spitze des Westlertums darzustellen schien, fand die religiös getönte Endzeiterwartung ein Echo, und Anatolij Lunatscharski erklärte 1905 das Proletariat zum kommenden Messias.[19] Leo Tolstoj dehnte das Brüderlichkeitsgefühl auf den ganzen Kosmos aus und näherte sich in dem Empfinden des All-Mitleids dem Buddhismus. Davon schienen die realistischen Überlegungen der hohen Militärs weit entfernt zu sein, die sich »für den unvermeidlichen Kampf mit dem Germanentum« rüsten wollten[20], und nicht minder die Auffassungen jener Hofkreise, als deren Sprecher Konstantin Pobedonoszew gelten konnte, der in seinen Schriften die westliche »Parlamentskomödie« geißelte und nicht ohne Grund die Demokratie zu auflösenden »Nationalitätenkonflikten« führen sah. Im ganzen läßt sich doch sagen, daß das Zarenreich zu Beginn des 20. Jahrhunderts den Amerikanern zugleich näher und ferner war, als eine bloß soziologische Analyse gezeigt haben würde.

Ein charakteristisches Zeugnis russischen Geschichtsdenkens erschien gerade im Jahre 1900, nämlich die »Drei Gespräche« von *Wladimir Solowjew*. Solowjew, Sohn eines der bedeutendsten russischen Historiker, war in seiner Jugend so etwas wie ein Gefährte Dostojewskis gewesen, und noch 1883 hatte er sich ganz im Sinne der orthodoxen Lehre dafür ausgesprochen, daß »eine christliche Politik ... das Kommen des Reiches Gottes für die Menschheit als ganzes, zusammengesetzt aus Völkern, Rassen, Staaten«, vorbereiten müsse.[21] Danach aber näherte er sich sehr stark dem römischen Katholizismus an, und in der »Kurzen Erzählung vom Antichrist«, welche die »Drei Gespräche« abschließt, bildet die Russische Kirche nur noch eine der mithandelnden Mächte.

Von den Gesprächspartnern repräsentiert »der General» die Denkweise der Vergangenheit. Er sucht für den Krieg die »moralisch-religiöse Sanktion« zu retten und berichtet sehr anschaulich von den entsetzlichen Greueltaten der Türken gegen die Armenier, welche ohne das Eingreifen der russischen Armee kein Ende gefunden hätten. Ihm steht »der Politiker« als Verkörperung des Geistes der Gegenwart gegenüber, der die Sache der friedenstiftenden europäischen Zivilisation und des Fortschritts vertritt, aber auch »der Fürst«, der wie Tolstoj eine Lehre vom Nicht-Widerstand gegen das Böse und damit ein Christentum ohne Christus verkündet. Solowjew selbst bringt sich als »Herr Z.« zu Wort, der in eine ferne Zukunft vorausblickt und zwei Arten des Friedens unterscheidet: den guten Frieden, der auf Christi Scheidung des Guten und des Bösen beruht, und den »schlechten, weltlichen Frieden, der auf der Vermischung oder äußerlichen Vereinigung dessen sich gründet, was innerlich miteinander streitet«.[22] Den geschichtlichen Prozeß sieht »Herr Z.«, wie Henry Adams, in einer beängstigenden Beschleunigung begriffen, die auf ein baldiges und katastrophales Ende hindeutet. Dieses »Ende der Geschichte« wird in der Erzählung vom Antichrist beschrieben, die von einem Mönch stamme und von »Herrn Z.« verlesen wird.

Der Erzähler blickt auf das 20. Jahrhundert zurück und sieht darin die Periode »der letzten großen Kriege, Klassenkämpfe und Revolutionen«. Die von Japan ausgehende Bewegung des »Panmongolismus« hat in einem großen Krieg mit Unterstützung einzelner Volksschichten ganz Europa unterworfen, das sich erst nach einem halben Jahrhundert wieder zu befreien vermag. Im 21. Jahrhundert wird der Erdteil dann zu einem Bund mehr oder weniger demokratischer Staaten, und darin gelangt ein Mann zu größtem Ansehen und schließlich zur unbeschränkten Herrschaft, der die ganze Erde zu einem Friedensreich zusammenschließt, welches durch gerechte Verteilung und allgemeines Wohlergehen gekennzeichnet ist. Damit glaubt er, christliche Gedanken zu verwirklichen, aber die Auferstehung Christi und dessen absolute Einmaligkeit erkennt »dieser von Selbstliebe verdüsterte Geist«, der vielen als der »Übermensch« erscheint, nicht an.[23] Eine geheimnisvolle Persönlichkeit namens Apollonius, der »große Magier«, findet zu ihm als »dem endgültigen Erlöser und Richter der Welt«[24], und beide berufen ein Weltkonzil ein, wo sich die vereinigte Menschheit endgültig konstituieren soll. Aber die wahren Christen schließen sich um drei Persönlichkeiten als Repräsentanten der drei großen Kirchen zusammen, den Starez Johannes, den Professor Pauli und den Papst Petrus, und als der Imperator die Aufforderung zurückweist, sich zu Jesus Christus, dem fleischgewordenen, auferstandenen und einstmals wiederkommenden Sohn Gottes zu bekennen, da ruft der Starez aus: »Kinderlein, der Antichrist!« Vom Blitz des Magiers getroffen, sinkt er augenblicklich tot zu Boden. Aber Papst Petrus erhebt ebenfalls Widerspruch, und auch er muß sterben. Doch auf wunderbare Weise werden die beiden Toten wieder ins Leben zurückgerufen, und zusammen mit Professor Pauli zieht das Häuflein der wahren Christen aus dem Konzil aus, und in dunkler Nacht vollzieht sich in der Einsamkeit die Vereinigung der gläubig gebliebenen Kirchen. Dem Weltherrscher aber und dem vom Konzil gewählten Papst Apollonius kann in der Welt niemand widerstehen, bis sich die Juden erheben, deren Feinde erkennen müssen, daß »nicht Berechnung und Mammonsgier« in ihnen lebendig waren, sondern »ihr uralter messianischer Glaube«.[25] Nun verschlingt der Abgrund den Antichrist, den falschen Papst und deren Heerscharen, und der bisherige historische Prozeß hat sein Ende gefunden, um der Verklärung des wahren Gottesreiches Platz zu machen.

So läßt Solowjew eine »Einheitsmenschheit« zugrunde gehen, die ihr Dasein als rationalisierte Welt einem Pseudomessianismus verdankt und mit einer Pseudoreligion verziert. Mindestens in dieser Gestalt war das russische Bild der Zukunft demjenigen der »Amerikanisierung« auf das schroffste entgegengesetzt. Die Vermutung scheint nicht abwegig, daß auch die russischen »Westler« keine bloßen »Amerikanisierer« waren und sein wollten.

Dennoch rücken Amerikaner und Russen wieder zusammen, wenn der Blick auf Deutschland gerichtet und die Frage gestellt wird, ob auch hier Globalvisionen entwickelt und die Idee einer Weltmission der Nation vertreten wurde. So gewiß es unrichtig wäre, die »Alldeutschen« und die ihnen nahestehenden Kreise für die maßgebendste unter den politischen Kräften des Deutschen Reiches zu halten, so muß doch die Aufmerksamkeit zunächst ihnen als den entschiedensten Nationalisten zugewandt werden.

Wie der General in Solowjews »Drei Gesprächen«, so verteidigt auch der General *Friedrich von Bernhardi* in seinem 1913 erschienenen Buch »Deutschland und der nächste Krieg« den Sinn und die Unaufhebbarkeit des Krieges, aber in einem sehr viel härteren Tonfall. Der Krieg ist für Bernhardi nämlich »der größte Kultur- und Machtförderer«, und das deutsche Volk ist das »bedeutendste Kulturvolk, das die Geschichte kennt«.[26] Alle Bestrebungen zur Abschaffung des Krieges sind daher »unsittlich«, und von Bernhardi darf sich in diesem Punkt sogar auf Theodore Roosevelt berufen. Auch der Engländer Lord Rosebery und der Franzose Hanotaux dienen ihm als Kronzeugen für die Notwendigkeit, im Kampf um die Weltmachtstellung nicht hinter den anderen großen Mächten zurückzubleiben. Aber wenn es allein dem deutschen Volk gegeben ist, » ›das was der ganzen Menschheit zugeteilt ist‹ in seinem inneren Selbst zu erleben«[27], so steht es doch auch allein einer Welt von Feinden gegenüber. Dazu zählen nicht nur England, Frankreich und Rußland, sondern nicht zuletzt im Inneren die dem Einfluß der internationalen Sozialdemokratie verfallene Industriearbeiterschaft. Dieser ist das Verständnis für ihr eigenstes

Interesse abhanden gekommen, nämlich für die Notwendigkeit, »für unseren Volkszuwachs Raum und für unsere wachsende Industrie Absatzgebiete zu schaffen«.[28] So ist das deutsche Volk in Gefahr, seiner großen Geschichte untreu zu werden, die es lange Zeit »das Herrenvolk des Weltteils« hatte sein lassen, und die Unumgänglichkeit der Losung zu erkennen, welche »Weltmacht oder Niedergang« lautet.[29] Besonders schlimm ist, daß die Staatsspitze eine schwächliche Politik führt, die die Wehrkraft des Landes nicht ausschöpft, den Bau der U-Boot-Flotte vernachlässigt[30] und nicht geneigt ist, »den notwendigen und unvermeidlichen Krieg« mit derjenigen Entschlossenheit vorzubereiten, für welche die Japaner ein Vorbild sein könnten.[31]

Im gleichen Jahr 1913 erschien ein Buch schon in der vierten Auflage, das ganz ähnliche Auffassungen auf noch schroffere Weise artikulierte. Der Verfasser war *Heinrich Claß*, der Führer des Alldeutschen Verbandes, und er hatte das Pseudonym »Daniel Frymann« gewählt, um darzulegen, was getan werden würde, »Wenn ich der Kaiser wär'«. Der Katalog der Feinde ist noch vollständiger, und die Apotheose des Krieges noch pathetischer. Vier Millionen Wähler haben sich bei den letzten Reichstagswahlen als »staats- und volksfeindlich« erwiesen, das gewaltige Anwachsen der Industrie gefährdet die Gesundheit der Rasse, das profitgierige Großkapital wird nur allzuleicht »gemeinschädlich«.[32] Die vielen Franzosenfreunde unter den Elsässern sollten zur Option für Frankreich gezwungen werden, die Polen in Posen und Westpreußen müssen durch eine großzügige innere Kolonisation zurückgedrängt werden, die dänische Sprache in Nordschleswig muß verschwinden, der Liberalismus begeht eine Todsünde am deutschen Volke, indem er eine »Amerikanisierung« empfiehlt, also jenen »raubtierartigen Betrieb, wie ihn nur ein kultur- und rasseloser Völkermischmasch erzeugen kann«.[33]

England, Frankreich und Rußland sind Feinde, Holland und Belgien weisen eine minderwertige Bevölkerung auf und müssen trotzdem nach dem großen deutschen Angriffskrieg, der die Atmosphäre klären wird, dem Reiche angegliedert werden. Der Habsburgerstaat muß deutschfreundlich sein oder zugrunde gehen, die Freundschaft mit der Türkei ist ein Trugbild, die Italiener sind »treulose und untüchtige Genossen«, Amerika ist ein »nach allen Richtungen unsympathisches Gemeinwesen«.[34] Die südamerikanischen Staaten haben so gut wie keinen »Kulturgehalt und -wert«, und mit aufrichtigem Respekt spricht Claß nur von den Japanern, aber ein »Zusammengehen mit ihnen gegen einen weißen Feind« wird abgelehnt.[35] Mit ganz besonderer Schärfe aber greift Claß die Juden an, das »geborene Volk des Geld- und Zwischenhandels«, die aber trotzdem die wahren

Führer der Sozialdemokratie und daher »Todfeinde« sind.[36] Da indessen selbst der Kaiser ein Gönner dieser »Heimat- und Staatslosen« ist, bedarf es außerordentlicher Maßnahmen und einer tiefgreifenden Verfassungsänderung, weg vom allgemeinen Wahlrecht und hin zu einem antidemokratischen Parlamentarismus, um das »politisch sterbenskranke deutsche Volk« vom Abgrund zurückzureißen.[37]

Eine vollständigere geistige Selbstisolierung, eine tiefere Allfeindschaft ist kaum noch vorstellbar. Trotzdem ist aber auch Claß offensichtlich der Meinung, daß ein »reiner Nationalismus« obsolet ist, und so begnügt er sich nicht damit, das Partikulare nur in der Weise mit dem Universalen zu verbinden, daß er die Stärkung des »edelsten Teiles der Menschheit« für den besten Dienst an der Menschheit erklärt, sondern er postuliert eine »germanische Rassengemeinschaft«, die es dereinst wahrmachen könnte, »daß am deutschen Wesen die unter germanischer Führung stehende Welt genese«.[38] Aber da er nicht einmal andeutet, wo und wann sich dieses »edelste Wesen« in der Geschichte verwirklicht hat und wie die zur Genesung gelangte Welt aussehen soll, hat er nur die unglaubwürdigste aller Globalvisionen entworfen, und die Vermutung drängt sich auf, daß diese aus lauter Negationen bestehende Missionsidee ihre stärkste Wirkungskraft im Ausbau der schroffsten Negation, der gegen die Juden gerichteten, erhalten würde, wenn sie unter besonderen Umständen imstande wäre, unter den Massen Anhänger zu gewinnen.

Die Vermutung, daß die spezifisch deutsche Missionsidee von abwehrender und erst in einem zweiten Akt auch angreifender Art und daher ein Anti-Messianismus ist, kann nicht mit dem Argument zurückgewiesen werden, die beiden Begriffe schlössen sich wechselseitig aus, denn auch Solowjew bekämpfte einen Messianismus, den er den »falschen«, denjenigen des Antichrist nannte. Sie wird bestärkt, wenn wir für einen Augenblick *Houston Stewart Chamberlain* ins Auge fassen.

Chamberlain, gebürtiger Engländer, Schwiegersohn von Cosima Wagner und Briefpartner Kaiser Wilhelms II., war eine weit repräsentativere Persönlichkeit als der General von Bernhardi und der Justizrat Claß. Wenn »Geschichtsphilosophie« schon dadurch konstituiert wird, daß auf mehr als tausend Seiten, mit mehr oder weniger Gelehrsamkeit, zahlreiche Epochen und Kulturen von der Urzeit bis in die Moderne zum Thema gemacht werden, dann muß man die zuerst 1899 erschienenen »Grundlagen des 19. Jahrhunderts« eine Geschichtsphilosophie nennen. Im Kern reduziert sie sich jedoch darauf, daß an alle möglichen Phänomene der Wertbegriff »Germane« bzw. »germanisch« und der Unwertbegriff »Nichtgermane« bzw. »nichtgermanisch« angelegt wird. Damit ist schon eine »rassische«

und eben nicht »deutsch-nationale« Betrachtungsweise und insofern ein Überschreiten des Nationalismus gegeben. Es ist jedoch leicht zu sehen, daß es sich letzten Endes um eine Umformung des gut liberalen Gegensatzes von »germanisch-protestantischer Freiheit« und »römisch-katholischem Despotismus« handelt, und zwar hauptsächlich durch die Einführung schroff abwertender Termini wie »Rassenchaos«.

Der liberale Hintergrund ist auch deutlich sichtbar, wenn Chamberlain die Existenz von »reinhumanisierten Juden« anerkennt, die eben keine Juden mehr sind, und wenn er sich über die »lächerliche« Neigung empört, »den Juden zum allgemeinen Sündenbock für alle Laster unserer Zeit zu machen«.[39] Aber der durchaus aktuelle Hintergrund seiner Kritik an den modernen Juden wird sehr deutlich, wenn er »ihr Talent« angreift, »unmögliche sozialistische und ökonomische Messiasreiche zu planen, unbekümmert, ob sie dabei unsere ganze, mühsam erworbene Zivilisation und Kultur zugrunde richten«.[40] Und die liberale Abweisung der Sündenbocktheorien schlägt in eine Anklage um, wie sie schroffer und mit potentiell schwerwiegenderen Folgen nicht mehr erhoben werden kann: die jüdische Religion bedeute ein »direktes verbrecherisches Attentat auf alle Völker der Erde«.[41]

Schon am Beispiel Chamberlain wird klar, daß der sogenannte Antisemitismus etwas viel Gewichtigeres sein kann als Abneigung gegen die »semitische Rasse«, als Konkurrenzkampf von »Verlierern« gegen eine besonders bewegliche und begabte Gruppe oder als die Geringschätzung fremdartiger Gesichtszüge und sonderbarer Kleidungsstücke. Er hängt hier vielmehr eng mit dem Antimarxismus bzw. Antisozialismus zusammen und ist zugleich die Übernahme der Selbsteinschätzung der Juden, die jedoch ins Negative gekehrt wird, das heißt des Messianismus. Wie wenig es sich dabei um eine spezifisch konservative Denkmöglichkeit handelt, zeigt das Beispiel Eugen Dührings, der der Begründer des »freiheitlichen Sozialismus« war[42], der wohl als erster den Begriff »jüdische Sozialdemokratie« verwendete und seinen Angriff später bis zur Kennzeichnung der Juden als des »Volkes der Ungerechtigkeit par excellence« und bis zur Forderung des »Verschwindenlassens des ganzen fraglichen Typus« forttrieb.[43] Eine solche Intensität der Verneinung mußte ideologisch begründet sein; aber daß die Feindschaft gegen die Juden ganz allgemein sein konnte und insofern eine eigene Art von »Universalismus» hervorzubringen vermochte, läßt das Beispiel Otto Weiningers erkennen, jenes österreichischen Juden, der in seinem Buch über »Geschlecht und Charakter« auf psychopathische Weise einen wichtigen Beitrag zu einem sehr zukunftsvollen Thema gab, nämlich der Geschlechterpsychologie, und der zugleich mit ganz negativer Wertung den »Geist der Modernität« als »jüdisch« charakterisierte.[44]

Es ist daher geboten, auch nach der Globalvision der Juden zu fragen, obwohl es sich im Vergleich zu den Amerikanern, Russen und Deutschen um ein ganz kleines Volk und möglicherweise nicht einmal um ein »Volk« handelt. Aber die Vorfahren dieser Gruppe hatten vor mehr als zweieinhalbtausend Jahren, als es weder Russen noch Deutsche noch gar Amerikaner gab, das Geschichtsdenken begründet, indem die Propheten das bedrängte Volk der zwölf Stämme auf die Hilfe ihres Gottes verwiesen und das Bild von dem künftigen Friedensreich malten, wo Schwerter zu Pflugscharen umgeschmiedet werden würden, wo Löwen neben Lämmern weiden und alle Völker nach Jerusalem pilgern würden. Die Religion dieses Volkes, das zu großen Teilen in den Kämpfen der Großkönige um die Landbrücke zwischen Asien und Afrika vernichtet und zu einem anderen Teil deportiert worden war, wurde nach der endgültigen Zerstörung des Staates und der Zerstreuung des Volkes durch die Römer zur Grundlage des im ganzen Römerreich und dann in der germanischen und slawischen Welt siegreichen Christentums. Und die Nachkommen, längst keine »reine Rasse« mehr und dennoch von »den Völkern« durch strenge Gesetze geschieden, lebten in kleinen Gruppen überall in der bekannten Welt, zählten im zinsfeindlichen Mittelalter zu den Hauptiurhebern der Geldwirtschaft, wurden von den Mächtigen gesucht und verachtet und von den Armen gehaßt und ausgeplündert oder sogar umgebracht und beteten trotzdem durch viele Generationen ihr uraltes Gebet: »Nächstes Jahr in Jerusalem«.

Welche Realität der Weltgeschichte wäre diesem Phänomen vergleichbar? Und als die Aufklärung sich der jüdischen Menschen annahm, aber die jüdische Religion bekämpfte, da verließen die Juden die Ghettos und wurden »emanzipiert«, aber diese Emanzipation bedeutete einen Identitätsverlust, den manche enthusiastisch bejahten und dem viele dumpf oder entschieden widerstrebten, den aber sogar die entschiedensten Liberalen für fragil und unvollendet hielten. So entstand nach der religiösen Verwerfung der »Mörder Christi« der »moderne Antisemitismus«, der sich bald als liberaler gegen die starre Gesetzesreligion, bald als konservativer gegen den revolutionären Aktivismus, bald als sozialistischer gegen den »Mammonsdienst« wandte. Seine Spitze konnte er im »Rassenantisemitismus« finden, und dessen schärfste Ausprägung war hier und da, wie bei Chamberlain und Dühring, der Anti-Messianismus als Antimarxismus.

Die spezifisch jüdische Gegenbewegung war der Zionismus, und die Paradoxie bestand darin, daß auch dieser, in genauer Entsprechung zu der deutschen Globalvision, ein Anti-Messianismus war und dennoch kein bloßer Nationalismus sein wollte.

Der Zionismus war keine Erfindung von *Theodor Herzl*, sondern er war unter den noch völlig »volksmäßigen« Massen Osteuropas schon seit den Pogromen, die 1882 nach der Ermordung des Zaren Alexander II. stattgefunden hatten, als Sehnsucht nach Sicherheit im »Land der Väter« eine lebendige Realität. Für den assimilierten Bildungsbürger aus Wien dagegen, der als Korrespondent der »Neuen Freien Presse« ein Teil dessen war, was viele Österreicher »die jüdische Pressemacht« nannten, war es eine genuine Entdeckung, als er 1896 in seinem Buch »Der Judenstaat« schrieb: »Wir sind ein *Volk. Ein* Volk.«[45] Der Grund war die Erfahrung, daß er durch seine nichtjüdische Umgebung immer wieder auf sein Judentum festgelegt wurde und dann in Paris den Ausbruch antisemitischer Volksleidenschaft miterlebt hatte, als die »Dreyfus-Affäre« ihren Anfang nahm. Für Herzl war der Zionismus also vor allem ein Fluchtphänomen, dessen treibende Kraft »die Judennot« war. Ganz in diesem Sinne sagte sein wichtigster Mitarbeiter, Max Nordau, auf dem vierten Zionistenkongreß 1900 in London, der Antisemitismus, den die führenden »Assimilanten« in Westeuropa als »häßliche, aber vorübergehende Tagesmode« abzutun versuchten, verbreite sich in Wahrheit »über den ganzen Erdball wie ein Waldbrand«, und nur die Kolonisation Palästinas biete einen Weg zur Rettung, einen »Platz unter der Sonne«.[46]

Aber so gewiß die Aktivitäten des hochgeschätzten Feuilletonisten Herzl und des weit bekannten Schriftstellers Nordau dem Zionismus erstmals weltweite Publizität verschafften – insbesondere durch die »Verhandlungen« mit dem türkischen Sultan über einen »Ankauf« Palästinas –, so wenig ging der Zionismus auch für Herzl in dieser Fluchtbewegung auf. Im »Judenstaat« schrieb Herzl ausdrücklich, die Volkspersönlichkeit der Juden könne und wolle nicht untergehen.[47] Tatsächlich hatte ja schon Moses Hess, der einstige »Kommunistenrabbi«, der Friedrich Engels für den Sozialismus gewonnen hatte, 1862 in seinem Buch »Rom und Jerusalem« die Rückkehr der Juden nach Palästina als eine nationale Renaissance, als einen Parallelvorgang zur Einigung Italiens dargestellt. Aber eben diesen Nationalismus, diese zionistische Absicht, die Juden zu einem »Volk wie die anderen Völker« zu machen, betrachteten die assimilierten Juden als einen Verrat an der eigentlichen jüdischen, der in ihrem Sinne messianischen Aufgabe. Ein Wiener Rabbiner, auf den Herzl große Hoffnungen gesetzt hatte, schrieb schon 1897 in einer Gegenschrift, das Judentum müsse sich weiterhin »als anti-nationales Volk Gottes« verstehen, das auf das »Reich Gottes«, das heißt die eine Menschenfamilie vorausweise; ein Nationaljudentum würde Selbstmord und eine Verleugnung des biblischen Auftrags sein, als »Licht der Nationen« zu wirken.[48]

Eben diesen Universalismus griffen die Zionisten ihrerseits mit der größten Schärfe an, da sie der Überzeugung waren, daß der Messianismus von »Assimilanten«, im Gegensatz zu demjenigen des orthodoxen Judentums, das »Volk« nicht zusammenhalten, sondern zerstören würde. Daher schien ihnen das Assimilantentum eine größere Gefahr als selbst der Antisemitismus zu sein, und sie suchten es als ein Phänomen der Dekadenz zu entlarven, als »Luftmenschentum« und »blutleeren Humanitarismus«. Der »nationale Sozialist« Aaron D. Gordon, der ein entsagungsvolles Dasein der »Rückkehr zu Land, Sprache und Arbeit« in Palästina lehrte, schrieb, die Haltlosigkeit des jüdischen Lebens führe nicht nur zum ökonomischen, sondern auch zum geistigen Luftmenschentum. »Wir schreien stets ›Menschheit‹ lauter als alle Menschen, nicht weil wir wirklich ethisch höher stehen als alle, sondern weil ›Menschheit‹ eine Abstraktion ist, ein Luftbegriff ...«[49] Ber Borochow, ebenfalls Sozialist, sah einen engen Zusammenhang zwischen dem Mangel an Bodenständigkeit sowie der Naturferne der Juden und der kapitalistischen Ausbeutung; die Entfremdung vom Boden sei eine »historische Krankheit«.[50] Der junge Martin Buber beschwor immer wieder »das Blut« und »die Tiefe der uralten Eigenart«, er nannte die jüdische Geistigkeit »krankhaft«, die jüdische Bourgeoisie »entartet« und verspottete die anpasserischen Assimilanten als »entseeltes ›Judentum‹ einer mit Monotheismus verbrämten Humanität«.[51]

Aber es genügt nicht, auf den verbindenden »Geist der Zeit«, auf Lebensphilosophie und Rassenlehre hinzuweisen. Vielmehr ist auch bei den zionistischen Denkern eine unmittelbare Bezugnahme auf den Marxismus nicht zu übersehen. So schreibt Herzl: »Wir werden nach unten hin zu Umstürzlern proletarisiert, bilden die Unteroffiziere aller revolutionären Parteien, und gleichzeitig wächst nach oben unsere furchtbare Geldmacht.« Deshalb fürchtet er, daß die soziale Schlacht »jedenfalls auf unserem Rücken« geschlagen werden müßte, »weil wir im kapitalistischen wie im sozialistischen Lager auf den exponiertesten Punkten stehen«.[52]

Sofern der Zionismus eine Bewegung der Abwehr und der Selbstbehauptung gegen eine universale und identitätsgefährdende Tendenz der Weltgeschichte ist, steht er zu jener spezifisch deutschen Reaktion in genauer Parallele, ja er teilt mit ihr sogar den Hauptgegner, der für ihn allerdings natürlich nicht »das Judentum« als unveränderliche Entität, sondern das »moderne Kulturjudentum« ist. Was völlig fehlt, ist die Sehnsucht nach dem Kriege als der Lösung eines gordischen Knotens und der Stolz auf die eigene Waffenmacht.

Dennoch hat der Zionismus eine eigene Missionsidee und eine globale Vision. In seinem Buch »Altneuland« beschreibt Herzl in der Form eines Staatsromans die Verhältnisse in dem künftigen Palästina. Die bettelhaften

Juden von einst sind zu stolzen, freien Menschen geworden, die mit ihren arabischen Nachbarn in schönster Eintracht zusammenleben und die eine Gesellschaft geschaffen haben, die für die ganze Welt zum Vorbild werden kann, nämlich »die mittlere Form zwischen Individualismus und Kollektivismus«, wo der Einzelne »weder zwischen den Mühlsteinen des Kapitalismus vermalmt noch von sozialistischer Gleichmacherei geköpft« wird und wo ein Kriegsheer unnötig ist.[53] Die zionistischen Juden haben sich also nicht in eine abseitige Winkelexistenz zurückgezogen, um ein Volk wie andere Völker zu sein, sondern sie haben den »Dritten Weg« eines National-Sozialismus gefunden, der die Nationen der ganzen Menschheit vor der Zerstörung durch den entindividualisierenden Universalismus auf der einen Seite und den kriegerischen Partikularismus auf der anderen zu retten vermag. Und gerade Martin Buber, der mit so viel Pathos vom »Blutstamm« sprach, formulierte in der Sprache und im Ton der Propheten die alte Missionsidee neu: »Und eben dies ist unser Glaube: daß das wiederhergestellte Zion das Bethaus für alle Völker und die Mitte der neuen Erde wird, die zentrale Stätte des Geistesfeuers, in dem ›das blutbefleckte Kriegskleid verbrannt‹ und ›die Schwerter zu Pflugscharen umgeschmiedet werden‹.«[54]

Das Beharren auf der von vielen Seiten gefährdeten »Volkspersönlichkeit« schloß für Herzl und Buber, für Nordau und Gordon mithin eine Missionsidee, eine Vorstellung vom Sinn der Weltgeschichte und von der Zukunft der Menschheit nicht aus. Deutschland war kein kleiner Staat, wie es das zionistische Palästina sein würde, und es war kein Kontinentalstaat wie die USA und wie Rußland. Konnte aus den Denkansätzen der Bernhardi und Claß, der Chamberlain und Dühring eine vergleichbare Missionsidee hervorgehen, oder würden sie sich in der Abwehr und Negativität erschöpfen? Vermutlich würde die Antwort auch davon abhängen, ob die älteste aller weltlichen Missionsideen, die dem Marxismus vorherging, aber nicht wie dieser zu einer organisierten Bewegung geworden war, in Deutschland ihren größten Feind sehen würde: der Anti-Imperialismus und Anti-Nationalismus, der von den Marxisten meist »bürgerlich« genannt wurde.

Anti-Imperialismus und Anti-Nationalismus

Der Anti-Imperialismus wurde nicht erst von der Aufklärung hervorgebracht, sondern er ist so alt wie das Ausgreifen der Europäer nach fremden Weltteilen, und als sein Begründer mag der Pater Bartolomé de Las Casas gelten, der sowohl in Südamerika selbst wie am Hofe Karls V. für die unterdrückten Indianer eintrat und die Grausamkeit der spanischen Konquistadoren mit scharfen Worten angriff. Aber es bedeutete doch eine qualitative Differenz, als Turgot um die Mitte des 18. Jahrhunderts davon sprach, daß Kolonien dazu bestimmt seien, eines Tages wie reife Früchte vom Ast des Mutterlandes abzufallen, und als diese Prophezeiung ein Vierteljahrhundert später durch den Unabhängigkeitskampf der englischen Kolonien in Nordamerika eine großartige Bestätigung zu erhalten schien. Mit den USA entstand ein Staatswesen, dessen Geburtsurkunde vom antiimperialistischen Geist durchdrungen war, und derselbe Geist prägte um die gleiche Zeit das große Werk von Adam Smith über den »Reichtum der Nationen«, das Grundbuch des wirtschaftlichen Liberalismus und der Idee des Freihandels. Zwar dauerte es nur ein weiteres Vierteljahrhundert, bis Europa von dem Imperium des korsischen Franzosenkaisers verschlungen zu werden schien, und schon vorher waren, zumal in Deutschland, Stimmen hörbar geworden, die den aufgeklärten Kosmopolitismus und Humanitarismus der Sache nach für eine Erscheinungsform des französischen Imperialismus erklärten. Im 19. Jahrhundert nahm die Idee des Freihandels einen neuen Aufschwung und erreichte ihren Höhepunkt im »Manchesterkapitalismus« Richard Cobdens, der keineswegs eine Lehre vom Recht der stärkeren Ellenbogen war, sondern sein Zentrum in der Vorstellung von der künftigen Einen Welt der durch Freihandel zur konkreten Wirklichkeit gewordenen Menschheitsfamilie besaß.

Das *Wort* »Imperialismus« hatte zunächst eine primär innenpolitische Bedeutung und war vom »Empereur« Napoleon I. abgeleitet, bezeichnete also ein System innenpolitischer Despotie und Unterdrückung. Aber in der zweiten Hälfte des 19. Jahrhunderts gewann es von England aus mehr und mehr eine positive Bedeutung, die von einem außenpolitischen Verständnis des »Empire« ausging und für jedermann sichtbar wurde, als Disraeli 1876 die Königin Viktoria veranlaßte, den Titel »Empress of India« anzunehmen. Von den Engländern Dilke und Froude führte dieser positive Begriff bis zu Cecil Rhodes, und er tendierte zugleich zur Verschmelzung mit der Idee vom siegreichen Fortschritt »der Zivilisation«, die jedoch immer häufiger als »westliche Zivilisation« aufgefaßt und mit der Vorstellung von der Mission der Angelsachsen verbunden wurde. Unter dem Einfluß des Darwinismus und des generell vordringenden Realismus der Naturwissenschaften wurden die Angelsachsen aber nun häufig als höhere und zum Siege bestimmte »Rasse« aufgefaßt, und der Rassengedanke faßte auch unter jenen Linksliberalen Fuß, die sich als »scientific radicals« verstanden.[1] Es war nur konsequent, wenn die Gewinnung neuer Gebiete für den eigenen Bevölkerungsüberschuß zum Postulat erhoben wurde.

Die Kritik der freihändlerischen Liberalen, die sich nun immer nachdrücklicher als »Anti-Imperialisten« und als »Internationalisten« bezeichneten, erlahmte jedoch nicht, und sie fand einen prominenten Sprecher unter anderen in Carl Schurz, dem deutschen »Achtundvierziger« und späteren Innenminister der Union, welcher die Amerikaner mit großer Eindringlichkeit an den anti-imperialistischen Geist ihrer Unabhängigkeitserklärung erinnerte. Der amerikanische Krieg gegen Spanien um Kuba und die Philippinen und der englische Krieg gegen die Buren waren für diese Strömung ein wahres Alarmzeichen, und nun wurde sie zum ersten Mal fast so etwas wie eine »Bewegung«, die sich mit der jüngeren und stärkeren Bewegung des Sozialismus verbündete und bis zu einem gewissen Grad amalgamierte. Daher wurde der Krieg in Südafrika nicht etwa als eine Auseinandersetzung zwischen einer jüngeren, dynamischeren, moderneren Gruppe, den Engländern, und einer traditionalistischen, unbeweglichen, agrarischen Gruppe, den Buren, gesehen, sondern auf die Habsucht einer kleinen Anzahl von kapitalistischen und großenteils jüdischen Finanzleuten zurückgeführt. Besonderen Anstoß erregten dabei die »deutschen Namen« dieser Fremden, aber die Polemik der eben erst entstandenen »Independent Labour Party« schreckte auch nicht davor zurück, die Überlegenheit der britischen Zivilisation zu verneinen und eine Mischung der verschiedenen Kulturen zu verlangen.[2] Den Höhepunkt der anti-imperialistischen Kritik bildete 1902 das Erscheinen von *John Atkinson Hobsons* Studie »Imperialismus«.

Hobson stand als Politiker in der Tradition von James Mill, der im Kolonialsystem weiter nichts als »ein riesiges Wohlfahrtssystem für die Oberklassen« gesehen hatte[3], und als Ökonom berief er sich auf Adam Smith. Seine positive Grundüberzeugung läßt sich so zuammenfassen, daß alles, was in England erzeugt wird – bis auf den geringen Teil, der zur Bezahlung lebensnotwendiger Importe bestimmt ist –, in England konsumiert werden könnte, wenn nicht eine kleine Gruppe von reichen Männern für ihr überschüssiges und durchweg »unverdientes« Einkommen profitablere Anlagemöglichkeiten im Ausland suchte. Dadurch wird im Inland Elend erzeugt und im Ausland Streit. Insofern ist Hobson ein »Little Englander«, der die »Durchkapitalisierung der Welt« nicht nur, wie Luxemburg und Hilferding, für verhängnisvoll, jedoch immerhin für die Vorbedingung der großen und endgültigen Lösung der Weltprobleme hält, sondern für unnötig.

Der »internationale Kapitalismus« ist also für ihn im Grunde nichts anderes als eine Verschwörung, und zwar überwiegend eine jüdische Verschwörung: »Diese großen Geschäfte, die Bank- und Makleroperationen betreiben, Wechsel diskontieren, Anleihen unterbringen, Gesellschaften finanzieren, bilden den Hauptnerv des internationalen Kapitalismus. Vereint durch die stärksten Bande der Organisation, stets miteinander in engstem und stärkstem Kontakt, im innersten Herzen der Geschäftshauptstadt eines jeden Staates ansässig und, soweit Europa in Frage steht, vornehmlich in den Händen von Angehörigen einer einzigen und besonderen Rasse, welche viele Jahrhunderte von Finanzerfahrung hinter sich hat, sind sie in einer einzigartigen Lage, um die Politik der Völker zu manipulieren.«[4] Was für die Masse der Menschen eine Ursache von Elend und Leid ist, nämlich der Krieg überhaupt und der Burenkrieg insbesondere, ist für diese Leute eine »Quelle immensen Zuwachsens« ihrer überflüssigen Kapitalien, die sie der produktiven, aber unprofitablen Anlage im Inland entziehen, weil sie die Möglichkeit haben, übermäßig zu sparen, das heißt Kapital zu akkumulieren, indem sie die Masse der Bevölkerung zur Unterkonsumtion zwingen. Diese ökonomische Hauptwurzel des Imperialismus ist nur dadurch zu beseitigen, daß den besitzenden Schichten der »unverdiente Einkommenszuwachs« weggenommen und zur Erhöhung des Lebensstandards der Gesamtbevölkerung verwendet wird. Eine genuine Demokratie würde unzweifelhaft die entsprechenden Maßnahmen ergreifen, und dann würden Militarismus und Kriege unmöglich werden, da jedem Staatsbürger deren Kosten unmittelbar anschaulich und fühlbar werden würden. Hobson scheut sich nicht, für die gegenwärtigen Verhältnisse den Terminus »britischer Despotismus« zu verwenden und die »Pax Britannica« ein »groteskes Ungeheuer der Heuchelei« zu nennen.[5]

Man könnte mithin meinen, daß John Hobson nichts anderes als ein Sozialist gewesen sei, der lediglich weit stärker als seine marxistischen Zeitgenossen an die antisemitischen Traditionen des »Frühsozialismus« angeknüpft habe. Aber nichts weist darauf hin, daß in seinem künftigen »Klein-England« des allgemeinen Volkswohlstandes Privateigentum und Konkurrenz grundsätzlich abgeschafft sein würden, und das Instrument der Ausgleichung, aber nicht der vollständigen Beseitigung der Unterschiede ist ihm offenbar die Wegsteuerung der übergroßen Vermögen. Er bleibt also, marxistisch gesprochen, ein »bürgerlicher Radikaler«. Andererseits überholt er die Marxisten dadurch, daß er viel anschaulicher und nachdrücklicher das drohende Zukunftsbild eines »westlichen Parasitismus« zeichnet, also der Umwandlung des Imperialismus in einen Rentenkapitalismus der westeuropäischen Nationen, die dann von den Erträgen der in der weiten Welt angelegten Kapitalien leben und die Möglichkeit haben würden, ganz Westeuropa nach dem Muster der Fremdenverkehrsorte und vornehmen Wohngebiete in Südengland, der Schweiz und der

Riviera in ein Luxusgebiet umzubilden. Nutznießer würden dann nicht mehr bloß die wenigen Kapitalisten sein, sondern auch große Teile der Arbeiterschaft; aber *dieser* allgemeine Wohlstand würde auf der Ausbeutung der Bevölkerung der rückständigen Weltgebiete beruhen.

In dieser Gestalt übernahm Lenin 1916 weit mehr die Imperialismustheorie Hobsons als diejenige Luxemburgs. Anders als Lenin aber stellt Hobson am Ende seines Buches einen Vergleich mit der Spätzeit der Antike an, wo das Emporkommen einer geldverleihenden Aristokratie zur Entvölkerung des Landes und zum Überhandnehmen des »parasitären Stadtlebens mit seiner verminderten Vitalität und zunehmenden Ehelosigkeit« führte, das letzten Endes die römische Bevölkerung in »Luxus und Müßiggang« verkommen ließ.[6] So verknüpft Hobson sein Bild der Zukunft mit der Analyse einer besonders wichtigen Periode der Vergangenheit und erweist sich mithin als Geschichtsdenker.

Aber es fragt sich, wie diese Hervorhebung der »Vitalität« sich mit dem humanitären Verlangen nach Überwindung der »Instinkte« vereinigen läßt und ob der Imperialismus noch weiterhin als Verschwörung kleiner Gruppen verstanden werden kann, wenn er in den zusammenfassenden Schlußsätzen des Buches mit dem »tierischen Existenzkampf« in Verbindung gebracht wird: »Der Imperialismus ist eine verderbte Form nationalen Lebens, der Nation aufgezwungen von eigensüchtigen Interessenten, die an die Gier nach quantitativem Erwerb und gewaltsamer Unterjochung appellieren, welche in einem Volk aus früheren Jahrhunderten eines tierischen Existenzkampfes weiterlebt. Ihn als Politik zu akzeptieren, kommt einem bewußten Verzicht auf jene Kultivierung der höheren, inneren Qualitäten gleich, die für die Nation wie für den Einzelnen die Vorherrschaft der Vernunft über den brutalen Instinkt darstellt. Er ist die Gewohnheitssünde aller erfolgreichen Staaten, und die Strafe für ihn ist unausweichlich in der Ordnung der Natur.«[7]

Und müßte man nicht vom Begriff einer »vernünftigen Gesellschaft« aus, wie sie Hobson vorschwebt, gerade zu der Konsequenz gelangen, die er selbst gelegentlich andeutet, daß man die »langsame, schmerzliche und ungeregelte Ausscheidung des schlechten Erbstammes«, wie sie sich bisher vollzieht, durch die Einführung einer »rationalen Kontrolle der Elternschaft« verbessert, um »die Fortpflanzung bestimmter, deutlich erkennbarer Formen von Untauglichkeit« zu verhindern?[8] Läge es nicht andererseits nahe, daß auf dem Wege zum Internationalismus zunächst einmal unter der Ägide des Föderationsprinzips Zusammenschlüsse von Staaten stattfinden, »welche durch Gemeinsamkeit von Blut, Sprache und Einrichtungen eng miteinander verwandt« sind, daß also die nächste Phase der Weltgeschichte eine Epoche des Angelsachsentums, des Pangermanismus, Panslawismus und Panlatinismus sein würde?[9] Hobson erwägt diese Idee nicht ohne Sympathie, aber er übersieht auch die darin angelegte Gefahr nicht, daß es sich nur um eine Zusammenlegung der nationalen Ressourcen einschließlich der militärischen handeln könnte. So unterliegt es keinem Zweifel, wo Hobsons Präferenzen zu suchen sind, und dennoch ist es keine bloße Phantasie, wenn man in seinem Denken eine befremdliche Alternative zum »humanistischen« Anti-Imperialismus angelegt sieht, nämlich die Vorstellung des nicht-imperialistischen und dennoch waffenstarrenden Nebeneinanders übernationaler »Lebensräume«, die durch rationale Eugenik der Gefahr der Minderung der Vitalität und damit der Dekadenz und des Untergangs entgegenwirken. Und verabschiedet sich Hobson nicht ebensosehr vom Progressivismus wie von einer westlichen Orientierung, wenn er allen westlichen Völkern den Vorwurf macht, im Gegensatz zu China stehe bei ihnen allen der Soldat höher in der Wertskala des Volkes als der Gelehrte und der Gärtner? Läuft Hobsons Denken nicht letzten Endes keineswegs bloß auf eine anti-kapitalistische oder auch antijüdische, sondern auf eine antiwestliche Perspektive hinaus?[10]

Daß innerhalb des Westens grundsätzliche Kritik am Westen geübt wurde, ist keineswegs selbstverständlich. Als in Japan das Christentum, hereingetragen durch die spanischen und portugiesischen Kaufleute, sich im 17. Jahrhundert ausbreitete und die Grundlagen der politisch-religiösen Einheit des Landes in Gefahr brachte, da rotteten die Schogune den fremden Glauben aus, schlossen ihr Land für zweieinhalb Jahrhunderte hermetisch von jedem Verkehr mit dem Ausland ab und unterbanden dadurch zugleich jede grundsätzliche Kritik an den Verhältnissen. Den gerade umgekehrten Weg schlugen die Japaner aber ein, nachdem das Land durch die Mission des amerikanischen Kapitäns Perry unter Gewaltandrohung wieder zur Hinnahme internationaler Beziehungen gebracht worden war. Obwohl die Verträge, welche die europäischen Mächte und die Amerikaner mit ihnen schlossen, durchaus »ungleich« waren, machten sich die Japaner nach der Revolution der Meiji-Restauration westliche Ideen und Vorstellungen rasch zu eigen, und nachdem die ersten Erfolge eingetreten waren, wurde schwerlich in einem zweiten Lande so zuversichtlich das »Licht der westlichen Zivilisation« gerühmt wie in dem fernöstlichen Kaiserreich. Ein Verzicht auf die nationale Identität erfolgte gleichwohl nicht, und nach wie vor betrachteten sich die Japaner als eine große Familie unter einem gottentsprossenen Oberhaupt.

Ganz anders war die Situation Indiens. Eine der ältesten Kulturen der Welt war hier hilflos dem Zugriff der Engländer ausgesetzt, weil sie über keine staatliche Einheit verfügte, aber das Bewußtsein der staatlichen Machtlosigkeit verband sich bei den durch die Schule der Engländer gegangenen und überwiegend brahmanischen Intellektuellen mit dem Empfinden kultureller Überlegenheit, so daß »der Westen« insgesamt zum Ziel schroffer Kritik werden konnte. Als Dichter und als Denker war in Europa schon vor dem Weltkrieg *Rabindranath Tagore* wohl der bekannteste Inder. 1913 erhielt er den Nobelpreis für Literatur und bahnte damit all jenen den Weg, welche die später sogenannte »Dritte Welt« in das Bewußtsein der Bewohner der Ersten, der europäisch-amerikanischen Welt, hineinbrachten.

In seinem Buch »Sadhana« (»Vollendung«) legte Tagore die Grundlinien des indischen Denkens in einer Weise dar, welche sie den Abendländern nicht allzu fremd erscheinen ließ, obwohl er den Gegensatz zum Westen stark hervorhob. Das indische Denken der Veden und Upanishaden war nach Tagore ein Denken der kosmischen Harmonie, der Übereinstimmung zwischen dem Geist der Menschen und dem Geist der Welt oder der Natur. Das Abendland dagegen nimmt der Natur gegenüber eine Haltung der Unterwerfung, der Trennung und der Gewaltsamkeit ein, die erkennen läßt, daß nicht die offene Natur, sondern die Stadtmauern am Anfang dieses Denkens standen. Eben dadurch schließt sich der Abendländer, als Mensch das allfühlende Wesen und in Berührung mit dem Unendlichen, in trotzigem Ichstolz von der eigentlichen Aufgabe der Seele ab, »durch Vereinigung mit der Welt und ihrem Gott zur Vollendung zu gelangen«. So wird die »avidya«, die Unwissenheit, in ihm mächtig, und er ergreift die Partei des Endlichen gegen das Unendliche in sich selbst; das aber ist als falscher Humanismus, als Selbstbezogenheit, die eigentliche Sünde.[11] Dieses Getrenntsein, dieser Verlust des menschlichen »dharma«, wird von den indischen Weisen als »maya«, als Schein, bezeichnet und dem »satyam«, der Wahrheit, entgegengesetzt.

»Maya« und »satyam« sind also nach Tagore nicht getrennte Seinsregionen, etwa als Erscheinungswelt und Ideenwelt, sondern »maya« ist das Selbst, das sich in seiner Individualität und Endlichkeit verfängt, während »satyam« dasselbe Selbst ist, »wo es sein innerstes Wesen im Universalen und Unendlichen erkennt, im höchsten Selbst, im paramatman«.[12] So bleiben alle im Schein befangen, die sich von ihren Begierden, ihrer Selbstsucht, ihrem Besitztrieb leiten lassen, und dieses unwahre Leben im Schein ist für Tagore das Hauptkennzeichen des Westens, der den befreienden Geist der Entsagung nicht kennt und vom »Machtrausch« erfüllt ist, so daß er mit der Welt des inneren Bewußtseins, der Welt, wo seine Vollendung liegt, nichts zu tun haben will, ja nicht einmal daran glaubt. Das Abendland ist also, wie man sagen könnte, »Anti-Sadhana«, der Vollendung entgegengesetzt, auf welche das Denken Indiens ganz und gar ausgerichtet ist. Das scheinbar unterworfene Land, Indien, ist also der eigentliche Sieger, gerade weil es den »Sieg« im okzidentalen Sinne nicht kennt und nicht kennen will.

Von der Geschichte Indiens und von der Geschichte des Westens ist in dem Buch nicht die Rede, sondern es werden Denk- und Lebenstypen einander gegenübergestellt, die schon in den ältesten Zeiten ausgebildet waren.

Um vieles direkter, politischer und auch geschichtlicher sind Tagores Schriften zum Thema »Nationalismus«.[13] Indien war nach Tagore fünf Jahrtausende ein Land »ohne Politik, ohne Nationalismus«, nur bestrebt, die Welt als beseelt zu erkennen und »alle menschlichen Unterschiede auszulöschen im überströmenden Gottesbewußtsein«. Über dieses Land »brach die Nation des Westens« herein.[14] »Nation« aber ist nichts anderes als »die organisierte Selbstsucht eines ganzen Volkes« und diese schließt beständige Fehden in sich, zum Beispiel den Streit von Kapital und Arbeit. Der Nationalismus gründet sich nicht auf »soziales Zusammenwirken«, sondern er ist »von Anfang an und bis in seinen innersten Kern vom Geist des Kampfes und der Eroberungssucht beherrscht«.[15] Zwar redet der Westen viel von »Freiheit«, aber er opfert seine Freiheit und seine Menschlichkeit täglich dem Götzen Nationalismus und lebt »in einer vergifteten Atmosphäre von Mißtrauen, Gier und Angst«, die sich mehr und mehr über die ganze Welt erstreckt.[16]

Allerdings will Tagore dann doch wieder den Westen nicht »von Anfang an« seiner verzehrenden Selbstsucht ausgeliefert sehen, sondern er nimmt auch in Europa eine Zeit des noch unverkümmerten Menschen wahr, die aber von einem »Zeitalter des Intellekts, der Wissenschaft« abgelöst wurde.[17] Erst damit ist die »systematische Entmenschlichung« eingetreten, die am Ende »ein vollentwickeltes Ungeheuer von erstaunlicher Kraft und überraschendem Appetit« hervorgebracht hat, eben den Nationalismus.[18] Dadurch sind die Menschen zu »Krieg und Geld machenden Drahtpuppen« geworden, und Tagore kann sich und die anderen Inder mit Stolz als »Wir Nationlosen« bezeichnen, die von der »fühllosen Vollkommenheit eines Automaten« noch nicht ihres »Vollmenschentums« beraubt sind und daher alle Hoffnungen auf eine bessere Zukunft der Menschheit verkörpern.[19]

Nicht nur die Inder verkörpern diese Hoffnung, wie Tagore in einer vor Japanern gehaltenen Rede sagt, sondern »der Osten«, der allein imstande ist, der modernen Zivilisation dort Leben einzuhauchen, wo sie Maschine ist.[20] Und wenn Tagore auch freundliche Worte über die »edlen Geister« findet, die in Europa »gegen die wilden Orgien des Militarismus« kämpfen[21], so äußert er sich doch über den aufgeklärten Humanitarismus des Westens kaum weniger negativ, als Solowjew es getan hatte: »Sollen wir unsere Knie vor dem Geist dieser Zivilisation beugen, der Samen von Furcht, Gier und Mißtrauen und salbungsvolle Lügen von seiner Friedensliebe und seinem guten Willen und von der allgemeinen Brüderlichkeit mit breitem Wurf über die ganze Welt sät?«[22] Zwar fehlt es Tagore nicht an Bewußtsein dafür, daß auch gegen die sozialen Verhältnisse Indiens schwere Vorwürfe gerichtet werden können, insbesondere gegen das Kastenwesen, und er gibt es als »heutzutage vernunftwidrigen Anachronismus« vollständig preis.

Aber viel gewichtiger ist die hypothetische Untergangsprophetie, die allein in der westlichen Zivilisation ihre Ursache hat und die sich von der Untergangsprophetie der Marxisten wesentlich unterscheidet, obwohl eine Verwandtschaft sich nicht übersehen läßt: »Wenn dies unbegrenzt weitergeht, wenn die Kriegsrüstungen immer weiter bis ins Phantastische und Sinnlose gesteigert werden, wenn Maschinen und Lagerhäuser mit ihrem Rauch und Schmutz und mit all ihrer Scheußlichkeit diese schöne Erde einhüllen, so wird sie in einem Weltbrand ein selbstmörderisches Ende nehmen.«[23]

Nichts dürfte »natürlicher« sein, als daß der Besiegte sich auf solche Weise über den Sieger zu erheben sucht, aber es ist sicher um vieles bemerkenswerter, daß die Kritik am »mißtönig rollenden Triumphwagen des Fortschritts«[24] mitten im Westen noch weit schroffere und grundsätzlichere Formen angenommen hat als in den unterworfenen Kolonialgebieten. *Ludwig Klages*, zunächst Mitglied des Kreises um Stefan George und dann zusammen mit seinem Freund Alfred Schuler Mittelpunkt der »Kosmiker« in München, hat 1913 eine Anklage gegen »den Fortschrittsmenschen« erhoben, die sich abseitig ausnahm und die doch gegen Ende des Jahrhunderts von großen Gruppen angeeignet war, welche der antijüdisch getönten Kausalerklärung von Klages fernstehen, aber doch nicht ganz selten wie er die Quelle des Unheils in der christlichen Naturfeindschaft und in dem okzidentalen Rationalismus sehen.

Klages' Deskription des »Fortschritts« stimmt mit derjenigen Tagores im Prinzip überein, ist aber weit detaillierter und auch leidenschaftlicher.

Wo der »Fortschrittsmensch« mit seiner Irrlehre des »Kampfes ums Dasein«, die den symbiotischen Charakter des Lebens verkennt, die Herrschaft antrat, »hat er ringsum Mord gesät und Grauen des Todes«.[25] Die in der germanischen Zeit so reiche Tierwelt ist nahezu vollständig ausgerottet, und zahlreiche Vogelarten, ohne welche die Lieder des Volkes und der Dichter nicht zu denken sind, stehen heute vor dem gleichen

Schicksal. Die verödeten Seelen der modernen Menschen werden »vom Klingen und Duften deutscher Landschaft«, wie es noch vor siebzig Jahren alltägliche Wirklichkeit war, nicht mehr angerührt[26]; um ihr Bedürfnis nach wertlosen Zeitungen zu erfüllen, roden die Europäer in tropischen Ländern die Urwälder und begehen dadurch »nackten Frevel«; sie betreiben den Walfischfang auf industrielle Weise und schlachten in wenigen Jahren Hunderttausende dieser größten Säuger der Erde hin; um sich selbst als die sogenannte »Kulturmenschheit« mit Billardkugeln und feinen Kämmen zu versorgen, machen sie ganze Elefantenherden nieder, die Weibchen und Jungen eingeschlossen; die Flußläufe verwandelt man in schnurgerade Kanäle, »Wälder von Schloten steigen an ihren Ufern empor, und die giftigen Abwässer der Fabriken verjauchen das lautere Naß der Erde – kurz, das Antlitz der Festländer verwandelt sich allgemach in *ein* mit Landwirtschaft durchsetztes Chicago«.[27] Eine Verwüstungsorgie ohnegleichen habe die Menschheit ergriffen, die »Zivilisation« trage die Züge entfesselter Mordlust und die Fülle der Erde verdorre vor ihrem giftigen Anhauch.[28]

Aber so leidenschaftlich diese Anklage ist, so kann sich Klages doch auf den Gründungsaufruf des »Bundes für Heimatschutz« berufen, also auf den ersten Anfang der späteren Ökologie-Bewegung, und das positive Gegenbild der Vergangenheit, das er zeichnet – »Hochzeit und Leichenfeier, Rache, Krieg und Untergang, Zecherübermut und Wandersinn, Reiterkeckheit, Kindsgefühl und Mutterlust«[29] – könnte man als »Romantik« für ganz obsolet erklären, wenn nicht ähnliche Wendungen eines anderen Denkers ein halbes Jahrhundert später zu einem der Impulse einer Massen- und Jugendbewegung geworden wären. Aber ganz originell ist Klages, wenn er den Anti-Intellektualismus der Lebensphilosophie in einer Weise verschärft, welche die Ähnlichkeiten mit der marxistischen Kapitalismuskritik als oberflächlich erscheinen läßt. »Der Fortschritt« nämlich, der »die heimliche Herzenswärme der Menschheit aufgetrunken« hat[30], ist nur von den christlichen Völkern in die Welt gebracht worden, und im Christentum müssen die nächsten Ursachen des weltgeschichtlichen Fortschritts zu finden sein. Das Christentum nämlich hat »im Namen der *alleinigen* Gottheit des *Geistes* der nicht auszuzählenden Götter*vielheit* der *Welt* den Krieg erklärt« und hat den Menschen als den »Träger des rechenverständigen Aneignungswillens« von der »Seele der Erde« losgerissen.[31] Letzten Endes ist es aber eine vampyrische, lebensfeindliche Macht, welche die »Weltgeschichte« und mit ihr die Entfremdung des Menschen sowie den Mammonismus hervorbrachte, nämlich *der Geist*, der als Verstand und Wille, als Wachheit, die Mächte des Lebens und der Seele angreift, um in blinder Wut die eigene Mutter, die Erde, zu verheeren, »bis alles Leben und schließlich sie selbst dem Nichts überliefert ist«.[32]

Eine radikalere Gestalt kann die Untergangsprophetie nicht mehr annehmen, und die Selbstkritik, die ein wesentlicher Bestandteil des »Europäischen Liberalen Systems« ist, hat sich hier zur Selbstverwerfung, ja Selbstauslöschung fortgetrieben. Mit Tagores Denken als einer von außen kommenden Kritik läßt sie sich vereinbaren, aber Hobsons Anti-Imperialismus muß sich im Vergleich wie eine philiströse Rezeptur ausnehmen. Der Marxismus kann mit seinem Willen, die Ausbeutung des Menschen gerade durch die Entfesselung der Produktivkräfte, das heißt durch die noch intensivere Ausbeutung der Natur, zu überwinden, leicht als verstärkender Faktor in den verhängnisvollen Gang der Weltgeschichte eingeordnet werden, und Klages ist später tatsächlich in die Richtung einer Identifizierung von »Geist« und »Judaismus« weitergegangen, die ihm Alfred Schuler mit der Verszeile »Ans Herz des Lebens schlich der Marder Juda«[33] gewiesen hatte. Aber eine einzelne Periode der Weltgeschichte oder besser der Welt-Vorgeschichte als Gegenbild zum Verhängnis der Moderne – nämlich die »pelasgische« Urzeit – wurde von ihm erst 1928 in seinem Hauptwerk »Der Geist als Widersacher der Seele« zum Thema; der Anti-Imperialismus und dessen Zuspitzung zur anti-westlichen und anti-christlichen Kulturkritik blieb von einer zusammenhängenden Interpretation der Weltgeschichte weit entfernt.

DRITTER KREIS: EINZELNE DENKER

Kurt Breysig

Den Versuch einer solchen umfassenden Interpretation der Weltgeschichte gemacht zu haben, war die Leistung und das Verdienst von Kurt Breysig. Trotz aller bereits stark hervortretenden Klagen über die Spezialisierung in den Wissenschaften war es um die Jahrhundertwende zwar noch die Regel, daß ein akademischer Historiker Professor »für Geschichte« oder allenfalls »für Neuere Geschichte« war, aber der Historismus mit seiner Bezogenheit auf historische Individualitäten – wenn auch nicht bloß auf einzelne Individuen – hatte eine starke Tendenz zu Monographien, die sich liebevoll in das geschichtliche Detail vertieften. So hatte Friedrich Meinecke gerade seine Biographie des Feldmarschalls von Boyen vorgelegt, die zugleich eine Geschichte der »deutschen Erhebung« war, und 1908 sollte sein Buch über »Weltbürgertum und Nationalstaat« folgen, welches in breiterem Ansatz dieselbe Periode auf geistesgeschichtliche Weise zum zentralen Thema machte. 1894 war der fünfte und letzte Band von Heinrich von Treitschkes »Deutsche Geschichte im 19. Jahrhundert« erschienen. Die Anfänge des Berliner Privatdozenten Kurt Breysig ließen nicht ahnen, daß er schon vor 1914 die deutsche Geschichte auf die europäische und dann sogar auf die außereuropäische Geschichte hin überschreiten und sich auch fernsten Zeiten der Menschheit zuwenden würde.

Breysig, 1866 in Posen geboren und einer Familie des mittleren Bürgertums entstammend, war als Student in Berlin ein begeisterter Hörer Heinrich von Treitschkes und schloß sich dann eng an Gustav von Schmoller an, den Hauptvertreter der historischen Schule der Nationalökonomie. Dort wurde er zum Spezialisten für die preußische Geschichte der Frühen Neuzeit und insbesondere für deren verwaltungsmäßige und finanzpolitische Aspekte. Er schien also zum ausgesprochenen Archivforscher zu werden, und als er 1896 zum beamteten Außerordentlichen Professor ernannt wurde, war die preußische Geschichte in der Bestimmung seiner *venia legendi* besonders hervorgehoben. Aber schon im Wintersemester 1896 las er über »Moderne Social- und Staatstheoretiker von Rousseau bis auf Nietzsche« und im Sommer 1902 über »Vergleichende Staats-, Wirtschafts- und Classengeschichte der führenden Völker

Europas 1150–1789«.[1] Ein starkes Interesse an übergreifenden Fragestellungen und an einer über das Politische hinausgehenden Gesellschaftsgeschichte trat also schon bald nach der Habilitation hervor, und die 1900/01 in zwei Bänden publizierte »Kulturgeschichte der Neuzeit« ist bereits so etwas wie eine vergleichende Sozialgeschichte.

Obwohl er sich von dem lebhaften gesellschaftlichen Verkehr keineswegs ausschloß, den die Gelehrten der Friedrich-Wilhelms-Universität untereinander und mit Vertretern der politischen Führung des Reiches unterhielten, und obwohl er nicht nur von Schmoller, sondern auch von Wilhelm Dilthey und Otto Hintze ermutigt wurde, geriet er doch zu den Ordinarien der Geschichtswissenschaft, insbesondere zu Eduard Meyer, in immer stärkere Distanz, da er sich in dem großen und immer noch fortwirkenden »Methodenstreit« zwischen den Berliner »Individualisten« und den »Kollektivisten« um Karl Lamprecht auf dessen Seite stellte und in der Gegengründung zur »Historischen Zeitschrift«, der »Deutschen Zeitschrift für Geschichtswissenschaft«, mehrere Beiträge veröffentlichte. Vermutlich wurde das Mißtrauen auch dadurch verstärkt, daß Breysig sich von dem »Arbeiterpfarrer« Paul Göhre trauen ließ, daß er mit Nietzsches Schwester Elisabeth Freundschaft schloß und häufig in Maximilian Hardens »Zukunft« Aufsätze oder Vorabdrucke publizierte. Jedenfalls sahen seine Kritiker den Vorwurf, er entferne sich vom »soliden Quellenstudium« und stütze sich auf Werke zweiter Hand, bestätigt, nachdem 1905 seine Bücher über den »Stufenbau der Weltgeschichte« und über den »Heilbringer« erschienen waren.

Als er zwischen 1907 und 1908 den Versuch machte, ein »Seminar für Vergleichende Geschichtsforschung« in Analogie zu Lamprechts Leipziger »Institut für Kultur- und Universalgeschichte« zu errichten, da scheiterte das Projekt trotz der Unterstützung durch den Ministerialdirektor Althoff am Einspruch der übrigen Historiker. Damit war Breysig endgültig zum »Außenseiter« geworden, dessen Bemühen um eine »philosophische Geschichtsschreibung«[2] nicht anerkannt wurde, da es zu sehr auf einem positivistischen und sozialwissenschaftlichen Gesetzesbegriff zu beruhen schien. So blieb er, wie Georg Simmel und übrigens auch Otto Hintze, außerordentlicher Professor mit bescheidenem Gehalt, der sich die Mittel für den Aufbau einer großen Bibliothek durch Beiträge in Zeitschriften und Zeitungen sowie durch Rezensionen verdienen mußte; erst in der Weimarer Zeit wurde er 1923 durch C. H. Becker zum persönlichen Ordinarius mit dem Lehrauftrag für »Gesellschaftslehre und allgemeine Geschichtswissenschaft« ernannt.

Sein Buch von 1905 »Der Stufen-Bau und die Gesetze der Welt-Geschichte«[3] ist der erste Umriß jener philosophischen Weltgeschichte, die man nur zögernd als »Geschichtsphilosophie« bezeichnet, weil die Beschreibung über weite Strecken viel mehr Gewicht hat als die Entwicklung der Begrifflichkeit. So wendet Breysig sich bald den Irokesen zu und verbirgt nicht die Sympathie, die er für urzeitliche Zustände empfindet, wo der Mensch »noch rund, noch ganz« war und wo eine »weitgehende Freiheit, Gleichheit und Brüderlichkeit der Volks-Genossen« existierte.[4] Zunächst aber erörtert er grundsätzlich die verschiedenen Möglichkeiten, die Gesamtgeschichte der Menschheit in ihrer Grundstruktur zu erfassen. Das chronologische Verfahren lehnt er ab, das die Weltgeschichte im ganzen nach Altertum, Mittelalter, Neuzeit oder ähnlichen Zeitbegriffen gliedert, denn hier wird das Verschiedenartigste unter dem bloß oberflächlichen Gesichtspunkt der Gleichzeitigkeit zusammengefaßt.

Ebenso unbefriedigend ist aber die Perspektive der Gleichräumlichkeit, das heißt die Einteilung der Gesamtgeschichte in die Geschichte einzelner Räume wie etwa Mesopotamiens oder Ostasiens. Doch auch das neu aufkommende Prinzip der »Rassengeschichte« ist abzulehnen, da es eine wissenschaftliche Rassenforschung noch nicht gibt und Völker verschiedenartigster Entwicklungsstufen zu einer Rasse gehören können. So gelangt Breysig zu der These, »daß den Inhalt der Welt-Geschichte eine Folge von Zuständen ausmacht, die sich bei allen Völkern und Völker-Teilen in gleichem Nacheinander aufweisen läßt, von der nur die einzelnen Glieder der Menschheit sehr ungleich lange Wegstrecken durchlebt haben«.[5] Das bedeutet die Orientierung an der alten Lebensalter-Vorstellung, aber Kindheit, Jugend und Mannesalter werden nicht als Phasen der Menschheit als solcher zugeschrieben, wie es Augustinus getan hatte, sondern deren einzelnen Teilen und vornehmlich den Völkern. Breysig zieht es jedoch vor, von »Stufen« statt von »Zeiten« zu sprechen, und er beruft sich auf Rankes Nachfolger Karl Wilhelm Nitzsch, der drei Perioden im Entwicklungsgang der alten und der modernen Völker unterschieden hatte: die Periode des Ackerbaus und der Naturalwirtschaft, die Periode des Vordringens der Verkehrs- und Geldwirtschaft und die Abschlußphase der Vorherrschaft der Geldwirtschaft.[6]

Aber im Gegensatz zu Nitzsch orientiert er sich an den politischen Strukturen, obwohl er dem Staat nicht prinzipiell vor anderen Formationen wie Ständen und Klassen einen Vorrang gibt und »staatslose« Zustände ausdrücklich anerkennt. Das bedeutet, daß es nicht *ein* Mittelalter, sondern deren viele gegeben hat und sogar noch gibt und daß das Altertum eines Volkes dem Altertum anderer Völker weitaus ähnlicher ist als der Neuzeit desselben Volkes. Das karolingische Königtum der Germanen steht also auf der gleichen Stufe wie das Pharaonentum des Alten Reiches in Ägypten, und die Zeitdifferenz von vier Jahrtausenden ist neben der Wesensverwandtschaft ohne Belang. Es handelt sich mithin nicht eigentlich um einen Stufenbau »der« Weltgeschichte, sondern um eine Morphologie der Stufen und Entwicklungsphasen der einzelnen Völker oder auch Kulturen innerhalb der Weltgeschichte. In Breysigs Schema folgen einander Urzeit, Altertum, Frühes Mittelalter, Spätes Mittelalter, Neuere Zeit und Neueste Zeit. In Griechenland bzw. Athen umfaßt zum Beispiel das Späte Mittelalter die Jahre von 750 bis 500 v. Chr., in Rom die Zeit von 500 bis 330 und bei den germanisch-romanischen Völkern die Periode von 1150 bis 1494 n. Chr. Damit scheint sich die Weltgeschichte in ein bloßes Nebeneinander von Völkern und Kulturen aufzulösen, deren Einheit lediglich darin besteht, daß stets eine »höhere« Stufe auf eine »niedrigere« folgt. Dies ist der erste Wertgesichtspunkt, der an der Positivität »des Fortschritts« festhält, wenn er ihn auch in einzelne »Fortschrittslinien« auflöst. Dennoch gibt es eine materiale Einheit der Weltgeschichte, aber sie kommt erst dadurch zum Vorschein, daß doch einer »räumlichen« Einheit ein klarer Vorrang zugeschrieben wird, denn die »Europäisierung« der Erde ist für Breysig unaufhaltsam.[7]

Die einzelnen Fortschrittslinien gelangen nicht überall an ihr immanentes Ziel; manche Völker bzw. Kulturen sind bis heute über das Kindheitsstadium nicht hinausgelangt, und andere stecken noch im Mittelalter. Deshalb läßt sich eine klare Wertzuschreibung nicht bloß innerhalb der Phasenfolge, sondern auch im heutigen Nebeneinander der einzelnen Völker und Kulturen vornehmen. Dabei orientiert sich Breysig offenbar am allgemeinen Fortschrittsbegriff: Die Kultur der germanischen Völker ist ihm die höchste, weil entwickeltste, und eben deshalb übt sie die Weltherrschaft aus. Es leuchtet daher nicht ganz ein, wenn Breysig in ausdrücklicher Polemik gegen die aufkommenden Rassentheorien behauptet, »daß überhaupt größten Teils nicht Rassen- sondern Stufenunterschiede für die Ungleichheit zeitlich oder räumlich oder sachlich zueinander gehöriger Tat-Sachen-Gruppen verantwortlich gemacht werden«[8], und er hebt tatsächlich im gleichen Atemzug selbst hervor, »wie große Anlage-Unterschiede der Rassen und Volkstümer aus den Unterschieden der zurückgelegten Weg-Leistungen abzulesen sind«.[9]

Man könnte daher aus Breysigs Ansatz sehr wohl die Alleinlegitimität eines okzidentalen Imperialismus als der höchsten *in* der Weltgeschichte aufzuweisenden Entwicklungsstufe herauslesen, welche bestimmt sei, erstmals eine Einheit *der* Weltgeschichte hervorzubringen. Damit würde sich Breysigs Konzept als eine Version von Comtes »Dreistadiengesetz« erweisen, und auch eine enge Verwandtschaft mit Marx wäre zu konstatieren, der ja seinerseits »Stufen« der Produktionsweise unterschieden hatte, und zwar die Stufen der asiatischen, der antiken, der feudalen und der modern-kapitalistischen Produktionsweise. Und Marx hatte ebenfalls durchaus nicht alle Völker bzw. Kulturen diese Stufen durchlaufen sehen, sondern viele Völker waren für ihn über die erste Stufe noch gar nicht hinausgelangt. In der Sache schrieb Marx der »bürgerlich-kapitalistischen Produktionsweise« nach Hegels Beispiel ein »absolutes Recht« zu, aber er faßte den totalen Sieg des »Kapitalismus« nur deshalb mit großer Gelassenheit ins Auge, weil die noch höhere Stufe des Sozialismus mit Notwendigkeit daraus hervorgehen mußte, welche die besten Seiten der überwundenen Stufen wiederherstellen würde, in erster Linie den der »knechtenden Arbeitsteilung« nicht mehr unterworfenen Vollmenschen.

Auch Breysig ist kein rückhaltloser Lobredner der bisher höchsten Stufe, obwohl er sich mit Stolz einen Germanen und insbesondere einen Deutschen nennt und obwohl er ebenso wie Marx die in der Lebensalter-Vorstellung enthaltene Dekadenzidee mit leichter Hand eskamotiert. Das geht schon aus seinen von Sympathie getragenen Beschreibungen altertümlicher Zustände hervor, aber auch aus der positiven Darstellung etwa des Inka-Staates und nicht zuletzt daraus, daß er ein künftiges Wiederentstehen »staatsloser« Zustände und eine Überwindung der »Sonderfamilie« für möglich und allem Anschein nach für wünschbar hält. Das Schlußkapitel über die »Gesetze der Welt-Geschichte« steht dennoch Comte näher als Marx, und man könnte es als Verfeinerung und Konkretisierung des Comteschen Schemas bezeichnen, obwohl die Detailfreude des Historikers die klaren Linien in nicht weniger als vierundzwanzig Schritten verwischt, die meist durch das Hilfszeitwort »muß« oder »müssen« miteinander verbunden sind.[10] Nur einige wenige davon sollen mit kurzen Worten wiedergegeben werden.

Als Ausgangspunkt wählt Breysig das Bachofen-Morgansche Konzept von der Gruppenehe als gesellschaftlichem Urgebilde, aus der sich die Sonderfamilie entwickeln »muß«.

Aus der Sonderfamilie müssen durch wachsenden Zusammenschluß weitere Blutsverbände hervorgehen, die bloß »staat-ähnlich« sind und die sich durch weitere Zusammenschlüsse zu genuinen Staaten fortbilden.

Erst als 11. »Regel« läßt Breysig bei Herstellung einer starken Königsherrschaft aus dem bestehenden Zustand »fast völliger Klassenlosigkeit« einen Adel entstehen.

Merkwürdig ist bei der 14. und 15. Regel die Einschränkung, daß sich nur »bei genügender Lebenskraft« in den Reichen starker Königsherrschaft eine Gegenbewegung des Adels bilden muß und daß bloß »bei genügender seelischer Kraft« sich gleichzeitig der bisherige Götterglaube in die Verehrung eines einzigen Gottes verwandeln muß.

Die 20. Regel besagt, daß die Volks-Wirtschaft unter der Kaiserherrschaft oder ihr gleich entwickelter Volksherrschaft zu einem bis dahin unerhörten Aufschwung im Handel und Gewerbe fortschreiten »muß«.

Die 21. Regel läßt aus der Steigerung von Handel und Gewerbe die Bildung sehr großer Vermögen bei Wenigen und die Verarmung der Vielen hervorgehen, so daß ein Streben nach neuer Gemeinwirtschaft entstehen muß.

Die 23. und 24. Regel haben schließlich die Entwicklung der Erfahrungswissenschaft und der realistischen Kunst zum Inhalt.

Es handelt sich also nicht wirklich um vierundzwanzig Schritte oder Stadien, sondern in der Tat allenfalls um Regeln, von denen einige nur verschiedene Aspekte derselben Sache betreffen. Von undurchbrechbaren, an allen Orten und zu allen Zeiten gültigen »Gesetzen« kann nicht ernsthaft die Rede sein. Dennoch hat Breysig nicht aufgehört, nach solchen Gesetzen zu suchen.

Nach dem wichtigsten Gesetz sucht Breysig in dem zweiten Buch, das er 1905 veröffentlichte und das den Titel trägt: »Die Entstehung des Gottesgedankens und der Heilbringer«. Hier geht es um die Gesetze, denen das Emporkommen des Gottesgedankens in der Geschichte unterlag, und schon der Titel läßt erkennen, wie weit sich Breysig von der Zunft der Historiker entfernt hatte und weshalb ihm aus deren Reihen Mißtrauen begegnete. Hier äußert er sich nämlich zu Bereichen und Problemen, die als Eigentum der Theologen und der Ethnologen betrachtet wurden. Es finden sich Kapitel über die Irokesen und die Algonkin, die Azteken und die Juden, die Babylonier und die Ägypter, die Inder, die Griechen und die Germanen.

Fast überall muß Breysig sich natürlich auf die Fachliteratur stützen, die auch damals schon kaum noch überschaubar war, mindestens im Gebiet der Forschungen zum Alten Testament. So legt er diesen Versuch, wie er im Vorwort sagt, »nicht ohne Zagen« vor, doch er will natürlich nicht die Detailkenntnisse vermehren, sondern die Fülle der von den Fachwissenschaftlern vorgelegten Tatbestände auf Stufenbildungen und Grundimpulse hin befragen. Aber offensichtlich hat sich seine Hauptthese nicht aus einem langen und mühevollen Studium ergeben, sondern sie hat seine Studien gerade geleitet, die These nämlich, daß die Gottesvorstellung nicht aus der Verehrung von Naturmächten, sondern aus der Erinnerung an große Menschen, an »Heilbringer«, hervorgegangen sei. Bei den Tlinkit und den Irokesen läßt sich verhältnismäßig leicht zeigen, daß Erzählungen von großen Vorfahren in der Sagenwelt der Stämme breiten Raum einnehmen, und wo von Naturkräften bzw. Naturgöttern die Rede ist, erblickt Breysig bloße »Umdeutungen«. Die totemistische Vorstellung von Tieren als Stammesvätern ist für ihn eine Bestätigung seiner Auffassung, und allem Anschein nach ist es für Breysig die Folge eines elementaren Empfindens, wenn er schreibt: »Nicht ein Geist, ein Schatten ist es, an den sich der erste Keim des Gottesgedankens knüpft, sondern ein lebenswarmes Wesen, fast noch ganz Tier, jedoch mit menschlich-übermenschlichen Eigenschaften.«[11]

Größere Schwierigkeiten bereiten der jüdische Jahwe, der nach vielen Forschern ursprünglich ein Vulkangott oder jedenfalls ein Naturdämon war, der griechische Göttervater Zeus, dessen Name ihn als »Himmelsgott« zu erweisen scheint, und nicht minder Apollon, der Sonnengott. Aber überall findet Breysig in den Mythen Hinweise, die auf einen Drachenkampf oder eine Rettungstat weisen, und so glaubt er, überall einen Kern geschichtlicher Realität erkennen zu können, der dann emporgesteigert, vergeistigt, universalisiert wurde, und zwar gutenteils infolge der »sittlich-erzieherischen Zweckgedanken« von Priesterschaften, welche die alten Sagen bearbeiteten.[12] Das gilt insbesondere für das Alte Testament, wo die »menschhaftesten« Vorstellungen nach Breysig die ältesten sein »müssen«. Von dort aus ist der jüdische Glaube dann »stetig den Weg nach der entgegengesetzten Richtung gegangen, dem Ziel der Entirdischung und Vergöttlichung der höchsten Glaubensgestalt«.[13] Anders als bei Klages erscheint diese »Steigerung« und »Vergeistigung« jedoch nicht als etwas Negatives oder gar als Einbruch einer lebensfeindlichen Macht, sondern Breysig erblickt in der Zurückführung des Gottesgedankens auf einen menschlichen, ja vormenschlichen Kern einen Sieg des »Persönlichkeitsgedankens«: »Aber welch hohe Vorstellung ist es, daß nicht aus den Gespensterschatten der Seelen, der Geister, nicht aus den fast noch leeren Schemen abgezogener Naturbegriffe, nein daß aus dem warmen Leben eines wirklichen Menschen der Gott emporstieg. Es ist der größte Sieg, den je der Gedanke der Persönlichkeit in aller Geschichte der Menschheit davongetragen hat.«[14]

So weist Breysig den Gedanken eines »Urmonotheismus« mit aller Entschiedenheit zurück und nicht minder die Idee eines Gebanntseins des Urmenschen durch die Übermacht der Natur und ihrer einzelnen Kräfte. Die Frage ist freilich, ob die »Steigerung«, die »Vergeistigung«, die Breysig konstatiert, unproblematische Tatbestände sind und ob nicht »der Geist« schon im Sinnlichsten anwesend sein muß, wenn eine »Steigerung« und eine »Vergeistigung« möglich sein soll. Für Breysig ist aber die Feststellung das entscheidende, »daß noch jede Gottesgestalt von dem Menschen als sein Ebenbild geschaffen worden ist«[15], und darin wird unüberhörbar die Stimme Ludwig Feuerbachs vernehmlich. Es ist kein Zweifel: Breysig stellt sich gerade hier in die aufklärerische und rationalistische Tradition des Geschichtsdenkens, in die Linie von Comte und Feuerbach.

Es läge daher nahe, ihm zusammen mit Lamprecht eine Vorkämpferrolle für Kosmopolitismus, Humanität und vielleicht sogar für den Sozialismus zuzuschreiben, während die Historisten um Meinecke und von Below auf die Gegenseite des Nationalismus, der Aggressivität und des Klassenkampfes von oben zu stellen wären. Das aber wäre eine grobe Vereinfachung. Lamprecht war ein Mitglied des Alldeutschen Verbandes, nicht anders als Ernst Haeckel, und auch Breysig läßt sich den heute beliebten Schemata nicht ohne weiteres einfügen.

Aus seinen posthum veröffentlichten Aufzeichnungen geht mit großer Klarheit hervor, daß er nicht nur ein enthusiastischer Nietzscheaner war, der im Nietzsche-Archiv 1900 die Trauerrede für den großen Denker hielt und ihn mit Buddha, Zarathustra und Jesus auf eine Stufe stellte, sondern daß er auch ein enges Verhältnis zu Stefan George hatte. Der Dichter besuchte ihn lange Jahre hindurch bei seinen regelmäßigen Aufenthalten in Berlin, seine Schüler Friedrich Wolters und Kurt Hildebrandt waren begeisterte Georgianer, und Breysig selbst fand sich im Hause des Künstlerehepaars Lepsius kaum weniger häufig ein als sie. Ein reiner Rationalist konnte von einer Begegnung mit Stefan George schwerlich in dem Ton berichten, den Breysig wählte: »George sagte nur nach seiner stillen Weise: ›Dann ist der Gott nahe.‹ Ich hatte an jenem Abend die Empfindung von ganz hingegebener Verehrung, und ich spürte die halb-göttliche Wesenheit eines Menschen von so unermeßlicher Gewalt des Seins.«[16] Nicht der Gesetzesbegriff und nicht der Fortschrittsglaube standen im Mittelpunkt von Breysigs Denken, wenn er sich ausdrücklich der Gegenwart zuwandte, sondern die Hervorhebung des schöpferischen Einzelnen und dessen Gefährdung durch die Entwicklung der modernen Massenkultur. In der 1912 erschienenen Aufsatzsammlung »Von Gegenwart und von Zukunft des deutschen Menschen« taucht in den einzelnen Überschriften kein Begriff so häufig auf wie derjenige der »Persönlichkeit«.

Schöpferische Persönlichkeiten sind für ihn »Führer«, und Führer sind nicht nur im politischen, sondern auch im wirtschaftlichen Bereich die unentbehrlichsten von allen Kräften. Deshalb lehnt Breysig die sozialistische Gleichheitsidee mit aller Entschiedenheit ab, und zwar gerade um der vielen »Schwachen« willen, die der Führung durch die »Starken« zu ihrem eigenen Heile bedürfen. Im sozialistischen Genossenschaftsstaat würden nämlich gerade die einfachen Menschen verknechtet werden, und sei es nur durch die Mehrheit, die sie selbst sind. Mehrheiten und Abstimmungen aber bedeuten »Mechanisierungen«, nicht anders als das Überhandnehmen der Großbetriebe und das Anwachsen der staatlichen Bürokratie. Der im Deutschen Reich schon allzu mächtige »Staatssozialismus« ist zur Überwindung des Sozialismus nicht geeignet. Vielmehr müssen sich »die Starken«, »unsere führenden Stände«, von ihrer eigenen Tendenz zum immer Größeren und immer Massenhafteren freimachen und ein richtiges Verständnis von »Besitz« und »Persönlichkeit« zurückgewinnen: Eine Fabrik von tausend Köpfen kann der Unternehmer schöpferisch durchdringen; in einem Riesenwerk von Zehntausend ist er selbst nur ein anonymes Rädchen. Breysig orientiert sich an dem »Gutsherrn alten Schlages«, der jeden seiner Tagelöhner persönlich kannte, aber er will nicht den »alten Patriarchalismus« wiederherstellen, sondern den Gedanken der »Werksgemeinschaft«, des Zusammenwirkens von »Führern« und »Folgern« entwickeln. Deshalb redet er den »Fabrikherrn«, der nur »Hände« beschäftigen, aber keine Menschen wahrnehmen will, folgendermaßen an: »Du sollst nicht mehr nur einen wirtschaftlichen Ehrgeiz haben, sondern auch einen gesellschaftlichen, wenn du willst, einen staatlichen, einen herrscherlichen! Du sollst nicht alle deine Kraft darein setzen, immer neue Hochöfen, immer neue Maschinenhallen zu errichten, sondern daran, Lenker, Führer, Sorger Deiner Helfer, deiner Mitarbeiter, deiner Werksgenossen zu werden.«[17]

Breysig ist sich bewußt, daß diese Forderung in den Ohren vieler Zeitgenossen »reaktionär« klingt, da »die Niederen von heute« nicht gelenkt sein wollten. Dieser Auffassung widerspricht er aber mit großem Nachdruck: Die Arbeiter ordneten sich fast mit Kadavergehorsam ihren sozialistischen Führern unter, und generell existiere im mittleren und schwachen Menschen eine unauslöschbare Freude an der Hingabe, am Gelenktwerden. Daher ist das scheinbar Reaktionäre in Wahrheit zukunftsvoll, und schon die Tatsache, daß die Industrie in einer Auswanderung von der Stadt auf das Land begriffen ist, weist in die Richtung der Re-Onymisierung (wie man es nennen könnte), der Wiedervermenschlichung, der Wiedergesundung. Grundvoraussetzung ist allerdings die »Aufteilung« der allzu riesig und allzu anonym gewordenen Gebilde, aber nicht Aufteilung unter alle oder durch den Staat, sondern »an natürliche oder vom Eigentümer, vom Schöpfer des Werkes, ernannte Erben«.[18] Es ist also eine eigentümliche Art von »Sozialisierung«, die Breysig im Auge hat; man könnte sagen: eine Sozialisierung zugunsten möglichst vieler Kapitalisten, die dennoch gerade deshalb auch allen Arbeitern zugute kommen würde, und nicht bloß in materieller Hinsicht. Jedenfalls sucht er den Ausweg aus den Nöten und Problemen der Gegenwart in einem »Mittleren Weg« zwischen marxistischem Arbeitersozialismus und ungebundenem Großkapitalismus, einem Weg, den man als »Sozialkapitalismus« oder als »nationalen Sozialismus« bezeichnen mag – nicht viel anders, als Theodor Herzl es getan hatte.

Am grundsätzlichsten hat Breysig seine Gegenwartsanalyse und seine Zukunftshoffnung in dem Aufsatz über »Die Mechanisierung der Seele in unserer Zeit« artikuliert, der im Juni 1911 in einer Zeitung veröffentlicht wurde.[19] Hier bezeichnet er es ausdrücklich als seine Absicht, »den Sinn unserer Zeit zu deuten«. Als Zentralbegriff scheint ihm eben der Begriff der »Mechanisierung der Seele« geeignet zu sein, wobei er unter »Seele« die »Gesamtform des Ichs« verstanden wissen will: »Denken, Einbildungskraft und Fühlen in eins gefaßt.« »Mechanisierung der Seele« heißt dann: »Einförmigkeit, Zerspaltenheit, Unterwürfigkeit, Schwäche, Abgestumpftheit, Nüchternheit dessen, was unser freiester Besitz sein soll, unseres Ichs selber.« Die »Uniformisierung« (wie man es nennen könnte) ist nach Breysig der Grundcharakter der Zeit: sie läßt die Heere der Beamten, Richter und Offiziere durch Dienstvorschriften, die nach Paragraphen-Zehntausenden zählen, »gleich gezahnten Rädern einer Maschine« ähnlich werden; sie treibt die Volkswirtschaft, »zu immer ungeheureren Maßen des Großbetriebs überzugehen«, sie macht die Menschen aus Persönlichkeiten zu reinen »Berufsmenschen«, die sich von ihrer Standessitte das Kleinste und Größte des Lebens vorschreiben lassen. Aber die allzu unbestimmte Anklage gegen »die Technik« gehe in die Irre: »Die Maschinen, die uns in Wahrheit quälen und quetschen, das sind die großen Ämter- Staats- und Gewerbemaschinen, in denen der Mensch selbst zum Rad gemacht, von denen er gerädert, abgeschliffen, platt und einförmig gewalzt wird.« Auf diesem Wege wird der Einzelne »immer schwächer, immer stützbedürftiger, immer teilhafter, immer weniger imstande, sich zu einem ganzen in sich ruhenden Rund zu schließen«. In eins damit verschlechtert sich der Geschmack immer mehr: schreiender Prunk und Unform in den Schaufenstern der Goldschmiede, begehrt von »den fürchterlichen Frauen der Reichgewordenen«; Gipsabgüsse, Grammophone; billige Preise für volkstümliche Wissenschaft, Auftragsarbeiten der Schriftsteller. »Überall das gleiche Bild: Mechanisierung des handelnden wie des geistigen Lebens, der Menschen wie der Dinge. Das Leben steht in Gefahr, zum Großbetrieb zu werden, zur Fabrik, zum Warenhaus.«

Man könnte einwenden, Breysig stelle hier höchst verschiedene Dinge nebeneinander: Tendenzen allgemeinster Art, die er ganz ähnlich kritisiere, wie es Adam Müller und Karl Marx längst getan hatten, und Spezifika der

Wilhelminischen Ära, an denen eigens Anstoß zu nehmen des universalen Geschichtskenners nicht würdig sei. Aber der Kulturkritiker Breysig war zugleich der Prophet eines »Dritten Weges«, und er war nicht nur ein liberaler Vorkämpfer der »Persönlichkeit«, sondern nach heutigen Begriffen auch ein Nationalist, der Volkspersönlichkeiten zu erkennen glaubte und ihnen unterschiedliche Ränge zuschrieb. Von dem eigenen Volk, den Deutschen, erwartet er den größten Beitrag zur Lösung der eigentlichen »sozialen Frage«, die heute in der Überwindung der drohenden »Massenwirtschaft und Massenherrschaft« besteht. Die Länder romanischer Zunge sind nämlich, wie man »ohne alle Vorgenommenheit« feststellen könne, nicht mehr auf der Höhe der Zeit, und wenn man sich vor Augen stellt, daß die anderen Germanen, die Angelsachsen, einen viel geringeren Anteil am geistigen Schaffen der Menschheit haben, dann wird man erkennen, »daß Deutschland höheren Anspruch auf Führeramt und Führersendung innerhalb der Menschen hat«. Aber wenn es auch nicht ausgeschlossen ist, »daß unsere Adler noch einst weiter über die Erde fliegen als die Zeichen jenes anderen Roms« (Großbritanniens), so gilt die deutsche Verantwortung nicht nur dem eigenen Volkstum, sondern der Menschheit. »Auch Adel der Völker verpflichtet.«[20]

Kurt Breysig war *nicht* ein Vorkämpfer des Rationalismus und des Internationalismus der Aufklärung gegen den Irrationalismus und Imperialismus einer »Anti-Aufklärung«. Er vereinigte vielmehr, wie fast jeder bedeutende Geschichtsdenker, mehrere der Tendenzen und Richtungen in sich, die in der politischen Auseinandersetzung säuberlich auseinandergelegt sind. Mit seiner häufig wiederholten Kritik an der Rassenlehre und wohl auch durch seine Ehe mit einer Jüdin stand er der »linksbürgerlichen« Richtung nahe , aber seine Hervorhebung des Führertums und seine Idee der künftigen Werksgemeinschaft weist eher auf den Nationalsozialismus voraus, und es konnte einem Betrachter als naheliegende Konsequenz erscheinen, daß Breysig 1935 in Hitlers Führertum eben jenen Dritten Weg zwischen den Extremen der Massenherrschaft und des antisozialen Cäsarismus wahrzunehmen glaubte, für den er schon vor dem Ersten Weltkrieg eingetreten war.[21] Dennoch dürfte ihm vor seinem Tod im Jahre 1940 die Vorahnung nicht fremd gewesen sein, daß seine Frau Gertrud eines Tages in den Osten deportiert werden könnte, den »die deutschen Adler« bereits zu einem Teil erobert hatten. Die Zeit zerrieb diesen Geschichtsdenker, der ihren Sinn zu deuten versucht hatte.

Walther Rathenau

Walther Rathenau wurde von den Spannungen des Zeitalters, das er während seines ganzen Lebens immer wieder aus der Geschichte heraus zu interpretieren versuchte, nicht nur zerrieben, sondern umgebracht. Zwar richtete sich der unbändige Haß, welchen er unter denjenigen hervorrief, die ihn als »gottverfluchte Judensau« umbringen wollten und die ihn am 24. Juni 1922 tatsächlich töteten, nicht in erster Linie gegen den Denker und Schriftsteller, sondern gegen den Minister, der Deutschland dem Bolschewismus ausliefern wolle; aber die historischen Grundtatsachen und die persönliche Situation, die bei Kurt Breysig im Werk nur marginal und im Leben als prospektives Schicksal seiner Frau auftauchten, waren für Rathenau das Zentrum seiner Welterfahrung, und man kann sagen, daß sich von hier aus sein ganzes Lebenswerk verstehen läßt. Die Paradoxie besteht darin, daß er auch unter seinen »Stammesgenossen« (wie er sie nannte) viel Befremden, ja sogar Haß hervorrief und daß er der geistigen Welt, in der seine Mörder lebten, mindestens eine Zeitlang nahestand.

Im Jahre 1897 veröffentlichte der eben dreißigjährige Sohn des Großindustriellen Emil Rathenau, des Gründers und ersten Präsidenten der AEG, in der »Zukunft« Maximilian Hardens unter einem Pseudonym einen Artikel mit dem Titel »Höre, Israel«, den man einem radikalen Antisemiten hätte zuschreiben können, wenn der Verfasser nicht schon in der ersten Zeile »bekannt« hätte, daß er ein Jude sei; ein Jude indessen, der den »philosemitischen Beschützern« nicht länger folgen wolle, welche verkünden, es gebe keine »Judenfrage«. Sie mögen unter wirtschaftlichen Gesichtspunkten recht haben, aber weitaus wichtiger ist »die gesellschaftliche, die Kulturfrage«. Wer ihrer ansichtig werden will, der solle abends in den Vorraum eines Theaters blicken: »Seltsame Vision! Inmitten deutschen Lebens ein abgesondert fremdartiger Menschenstamm, glänzend und auffallend staffiert, von heißblütig beweglichem Gebaren. Auf märkischem Sand eine asiatische Horde ... In engem Zusammenhang unter sich, in strenger Abgeschlossenheit nach außen: so leben sie in einem halb freiwilligen, unsichtbaren Ghetto, kein lebendes Glied des Volkes, sondern ein fremder Organismus in seinem Leibe.«[1]

Zwar unterläßt der Verfasser es nicht, auf die Leiden der Väter und die alte Unterdrückung hinzuweisen, aber er will die »Schuldfrage« nicht aufwerfen. Entscheidend ist die Tatsache, »daß die besten Deutschen einen tiefen Widerwillen gegen jüdisches Wesen und Treiben hegen«, und daraus resultiert ein »Bann«, den zu lösen die Juden allzuwenig bemüht sind. Zwar halten sie sich nicht mehr »für auserwählter als andere Leute«, denn sie sind längst nicht mehr ein »Volk von Kriegern« wie in der Frühzeit des Alten Testaments, sondern »ein Volk von Krämern und Maklern«, aber sie verschanzen sich in ihren Stadtvierteln, und sie verlangen die volle Gleichberechtigung, obwohl sie »Fremde geblieben« sind. Offensichtlich gibt Rathenau den Deutschen gegen die große Masse der Juden recht, und er zählt sich selbst zu jenen Einzelnen, »die es schmerzt und beschämt, Fremde und Halbbürger im Lande zu sein«. Zusammen mit diesen Wenigen erhebt er eine Forderung, die »ein Ereignis ohne geschichtlichen Vorgang« zur Folge haben würde, nämlich »die bewußte Selbsterziehung einer Rasse zur Anpassung an fremde Anforderungen«. Die Massentaufe, die doch Theodor Herzl erst wenige Jahre zuvor als geeigneten Weg zur Lösung der »Judenfrage« betrachtet hatte, schließt er aus, da sie nur einen neuartigen Antisemitismus nach sich ziehen werde; er verlangt vielmehr dasselbe, was Heinrich von Treitschke fünfzehn Jahre zuvor im sogenannten »Berliner Antisemitismusstreit« – nicht anders als Theodor Mommsen – verlangt hatte: daß die Juden ihre den deutschen Landesgenossen verhaßten »Stammeseigenschaften« ablegen und zu »deutsch gearteten und erzogenen Juden« werden.

Der richtige Weg scheint ihm die Bildung eines »jüdischen Patriziertums« zu sein. Anscheinend sieht er sich selbst, den Großbürgersohn, der bei den Gardekürassieren gedient und es immerhin zum Wachtmeister, wenn auch zu seinem Schmerz nicht zum Offizier gebracht hatte, als Vorbild, und zwar als ein Vorbild, das durch die kompromittierende Nähe der noch unerzogenen, nicht genügend assimilierten Stammesgenossen von der Erreichung des eigentlichen Ziels abgehalten wird: ein Deutscher wie die anderen Deutschen zu sein. Ein wahrer Deutscher aber ist ein soldatischer Deutscher, und so kann Rathenau die anderen Juden mit äußerster Geringschätzung folgendermaßen apostrophieren: »Um so mehr habt Ihr zu sorgen, daß inmitten einer militärisch straff erzogenen Rasse Ihr Euch durch verwahrlost schiefes und schlaffes Einhergehen nicht zum Gespött macht.« Offenbar sieht Rathenau in dieser Haltung jedoch nicht eine unveränderbare Rasseneigenschaft, sondern ein Ergebnis der Geschichte, und deshalb ist er nicht ohne Zuversicht, wenn er den Juden den Mittelweg »zwischen wedelnder Unterwürfigkeit und schnöder Arroganz« empfiehlt.

Dieser Aufsatz scheint mithin weiter nichts als die Philippika eines radikalen »Assimilanten« gegen die Masse seiner Stammesgenossen zu sein. Zudem erweckte er so viel Empörung unter den anderen Juden, als Rathenau ihn 1902 in einer ersten Aufsatzsammlung unter dem eigenen Namen veröffentlichte, daß der Verfasser die Restbestände aufzukaufen suchte und den Aufsatz hinfort nie wieder erwähnte. Dennoch ist diese Mahnrede als der Ausgangspunkt seines Geschichtsdenkens anzusehen.

Am Ende spricht er nämlich von einer »Polarität des Seelenzustandes«, und er unterscheidet »Furcht- und Mutstimmungen«. Diesen Ansatz führte er 1904 in einem Aufsatz »Von Schwachheit, Furcht und Zweck« aus.[2] Hier ist die scheinbar partikulare Perspektive ins Universalgeschichtliche ausgeweitet, und aus der Mahnrede für die Gegenwart ist ein Blick in die Tiefen der Vergangenheit geworden.

Rathenau will zu den »Urelementen« des geschichtlichen Lebens vordringen, zu jenen Schichten, »in denen menschliches Wesen auf der Grundfeste der organischen Schöpfung ruht«. Er nennt sie »Grundstimmungen«, und er faßt sie als »die mutvoll oder furchthaft gefärbte Willensstrebung, die Neigung zum Angriff, zum Hervorbrechen, und die Neigung zur Abwehr, zur Flucht«. Diese Stimmungen beherrschen nach Rathenau »von der Geburt bis zum Tode das Leben der Völker, Menschen und Rassen«, und ihre Keimformen lassen sich in tierischen, ja sogar in vegetativen Existenzen erkennen.[3] Man könnte sagen, Rathenau unterscheide hier, ebenso wie Pareto, »Füchse« (ja besser noch »Hasen«) und »Löwen«, aber es ist offenkundig, daß ihm, anders als Pareto, die Juden das Paradigma der »Hasen« sind. Er spricht indessen ganz allgemein von »Furchtmenschen« und gelangt sogleich zu einer anthropologischen Bestimmung, indem er die Grundstimmung der Furcht mit »Zukunft« und »Zweck« verbindet: Der »Furchtmensch« richtet seinen Blick vorschauend in die Zukunft, und deshalb wird er zum »Zweckmenschen«, der dem Starken gegenüber dadurch sein Leben wahrt, daß er es lernt, zu lauern und zu spähen, zu schmeicheln und zu lügen, zu arbeiten und zu schaffen, zu handeln und zu tauschen.

Hier hat die Analogie mit animalischen Realitäten offenbar ein Ende, aber das Bild, das Rathenau fast ohne Verwendung historischer Beispiele vom »Zweckmenschen« zeichnet, ist ebenso unvorteilhaft wie das Bild des Juden in »Höre, Israel«. Der Zweckmensch ist »in Ketten der Angst geschmiedet«, und er kennt deshalb nicht die Ruhe der Seele, »die heiter, frei und selig macht«. Selbst im Genuß gibt er sich nicht dahin, er kann nicht Feste feiern, er frönt dem Schmerz mit Wollust, er ist ein satirischer Zweifler, aber auch lüstern nach Wißbarem und neugierig. Schöpferisches Denken bleibt ihm fremd, da nur der erhärtete Beweis seinem Geist behagt; genuine Freude kann er nicht empfinden, aber er lechzt nach Genüssen; er macht sich vom Urteil anderer abhängig und bettelt um Anerkennung, ja er verlangt das Unvereinbare: Bewunderung und Knechtsdienste zugleich. Nach Sklavenart erfindet er Superlative und Hyperbeln, er ist aufdringlich und ohne Tiefgang. Er versucht, »mit gierigem Arm von Sprosse zu Sprosse zu klettern, und vergißt, daß den Oberen seine Gegenwart verhaßt, den Zurückgebliebenen seine Unteransicht lächerlich ist«. Er ist schadenfroh und mitleidig zugleich, Größe und Verdienst bedrücken ihn, deshalb sieht er die anderen gern auf die eigene Ebene herabsinken, und sein Wunsch ist die Gleichheit aller Menschen. Ein Empfinden für das Geheimnis des Daseins und die Schönheit der Welt hat er nicht, denn er will alles nur besitzen und verwerten. Im Kern seines Wesens bleibt er ein Sklave.[4]

Ganz anders ist der Starke, der Mutige, der Zweckfreie. Seine Werturteile heißen: Mut ist Tugend, Furcht und Arglist sind Laster; und sie sind heute noch das Fundament des »tatsächlichen westeuropäischen Sittenempfindens«, an dem die Einführung christlicher Lehren nichts Wesentliches ändern konnte.

Erst nach diesen langen Beschreibungen kommt Rathenau auf dasjenige zu sprechen, was ihm offenbar von Anfang an vorschwebte: den konkreten Unterschied zwischen Adel und Volk in der abendländischen Geschichte. Den alten Adelsgeschlechtern ist die »hochnäsige Gesichtsbildung« eigentümlich; den gemeinen Naturen dagegen gaben die Künstler von jeher den »Stempel der Affen und Neger«, jene »spitze dünne Nasenmündung, unterhalb der Stirn, die auch den Satyrn zukommt«. Ganz anders sah »jenes wunder- und geheimnisvolle Urvolk des Nordens« aus, dessen letzte Nachkommen jene Adelsgeschlechter sind.[5] Große Kunst freilich haben diese Starken von sich aus nie hervorzubringen vermocht; sie entstand nur dann, »wenn eine Sturzwelle freigesinnter Stämme über die Dämme eines Zweckvolkes hereinbrach und das ruhende Gewässer aufwühlte«. Aber wenn die Blutmischung fortschritt, sank die Kunst wieder von ihrer Höhe herunter, und die Schwachen gaben ihr von neuem allein die Prägung: Dekoration, das Sensationelle, Witz und Esprit traten wieder hervor; Größe, Einfachheit, Ebenmaß schwanden dahin.

Erst auf den letzten zwei Seiten gelangt unter der Überschrift »Historie« die Geschichte unzweideutig von den Rändern ins Zentrum des Blickfeldes, und sie tut es in der Gestalt apodiktischer Aussagen, die schwerlich bloß zufällig an das »Kommunistische Manifest« erinnern und ihm in der Wertung doch entgegengesetzt zu sein scheinen: »Alle Geschichte ist ein Kampf der Klugen gegen die Starken. ... Zähigkeit, schmachvolle Geduld, stets neu sich erzeugende Überzahl auf seiten der Schwachen. Herrscherkraft, Zusammengehörigkeit, Adelsgefühl und Erblichkeit der Tradition war die Rüstung der Starken ... Das Regiment der Starken stürzt, sobald es den Unterdrückten gelungen ist, die Atmosphäre des Geistes mit ihrem Hauch zu erfüllen: so fiel Rom nach dem Aufstieg des Christentums, Frankreich nach dem Zeitalter der Aufklärung. Daher ist es die Aufgabe der Starken, den öffentlichen Geist im Rückstand zu erhalten.«

Und dann erst wird die Gegenwart ausdrücklich zum Thema, deren Bild unzweifelhaft sowohl für die Beschreibung wie für die historische Skizze leitend war: »Heutzutage ist die Welt der Abenteuer und Gefahren, der Kämpfe und Eroberungen, der Tapferkeiten und Herrschgewalten zerronnen. Unsere Welt ist eine Produktions-Vereinigung, eine Werkstatt, ein Mechanismus. [. . .] Die Macht unsrer Zeit ist die Zahl; wir kennen keine Siege, sondern Erfolge. Selbst im Krieg bedeutet Arbeit mehr als Bravouren . . . Daher ist diese Zeit das Goldene Zeitalter des Zweckmenschen.

Die neue Epoche brach an, als der Boden Europas von befreiten Rassen und emanzipierten Hörigen zu wimmeln begann . . . Verkehr, Industrie und Technik brauchten Millionen Hände und verteilten Millionen Glückslose. Da mußte alle Autorität verblassen, und es triumphierte der liberale Gedanke mit dem Wahlspruch: ›Wir können's auch‹ und ›Wir sind nicht schlechter.‹ Und zu derselben Zeit, als der Demos die Legitimität, das Kapital den Feudalismus überwand, um die Wende des neunzehnten Jahrhunderts, das das bürgerliche heißen könnte, war der Sieg der Klugen über die Starken vollendet.«[6]

Wem fallen angesichts dieses Artikels nicht eine ganze Reihe von Denkern und Konzeptionen der europäischen Geistesgeschichte ein? Boulainvilliers und der Hochmut des französischen Schwertadels gegenüber der romanisch-keltischen Unterschicht; Montesquieu und die Vorstellung von der Geburt der Freiheit in den Wäldern Germaniens; Gobineau und die Lehre vom edlen Blut des Nordens, das freilich erst in der Vermischung mit den niederen Rassen die Kunst zu erzeugen vermag; Nietzsche und die Anklage gegen das von Platonismus, Christentum und Moral ins Werk gesetzte Attentat gegen alle geschichtliche Größe und Gesundheit – und auf der anderen Seite der Abbé Siéyès mit der radikalen Umkehrung des »Germanismus« des französischen Adels durch die Forderung nach dem totalen Triumph des »Dritten Standes« mittels der Austreibung der fremden Herrenschicht; Hegels Kapitel über den Sieg des arbeitenden »Knechtes« über den am Ende nur noch genießenden »Herrn« in der »Phänomenologie des Geistes«; Guizots und Thierrys Darstellungen des »Rassenkampfes« zwischen Angelsachsen und Normannen in England; Marx' Doktrin von der Geschichte als der Folge von Klassenkämpfen der Unterdrückten gegen die Unterdrücker und vom schließlichen Sieg des Proletariats in Gestalt der »klassenlosen Gesellschaft«.

Aber sie alle – Gobineau so gut wie Nietzsche, Guizot so gut wie Marx –

ergriffen mit Entschiedenheit Partei und fällten eindeutige Werturteile; Rathenaus Sicht der Dinge ist dagegen von starker Ambivalenz erfüllt: Offensichtlich verehrt und bewundert er die Starken und Mutigen, und dennoch zieht ihn sein Empfinden auf die Seite der Schwachen, der Furcht- und der Zweckmenschen. In dem einen Winkel seines Herzens klatscht er dem Sieg der Zweckmenschen in Gestalt der modernen Industrie Beifall, in dem anderen aber verachtet er ihn zutiefst.

Zeichnet er im Grunde nicht sich selbst: den Industriellen, der den Besitztrieb verurteilt; den Ehrgeizigen, der den Kaiser und den Reichskanzler umwirbt und der sich selbst im geheimen doch über beide stellt; den distanzierten Beobachter, der von großen Taten träumt?

Und sieht er sich nicht selbst vor allem als Juden, obwohl das Wort in dem ganzen Aufsatz nicht ein einziges Mal vorkommt? Springt der Zusammenhang mit »Höre, Israel« nicht geradezu ins Auge? Wie hatte er denn hier die Juden anders beschrieben, denn als die Musterbilder der Furcht- und Zweckmenschen? War nicht dem Sinne nach die Bestimmung der Gegenwart als des liberalen und bürgerlichen Zeitalters letzten Endes die Kennzeichnung der Moderne als »jüdischen« Phänomens, als eines Sieges, über den er stolz war und den er zugleich geringschätzte?

Eine solche Ambivalenz des Empfindens war neuartig, auch wenn sie sicherlich nicht auf Rathenau beschränkt war: Friedrich Julius Stahl, der als Julius Jolson im Ghetto geboren war, hatte sich ganz auf die Seite der preußischen Konservativen gestellt und war sogar deren führender Geist geworden; Otto Weininger unterschied sich in seinen Äußerungen kaum von den zeitgenössischen Antisemiten; Karl Marx, Moses Hess, Gabriel Riesser und viele andere Männer jüdischer Abkunft kämpften auf der Seite des Liberalismus und des Sozialismus; erst Rathenau war sozusagen ein Stahl und ein Marx in einem, und das hätte ihn auch dann vor den Mitlebenden ausgezeichnet, wenn er jeden einzelnen seiner Gedanken von einem Vorgänger übernommen hätte.

Diese Ambivalenz bestimmt in zunächst starkem und dann abnehmendem Maße das eigentliche Geschichtsdenken Rathenaus, wie es in den drei Hauptwerken Gestalt gewinnt: »Zur Kritik der Zeit« 1912, »Zur Mechanik des Geistes« 1913 und »Von kommenden Dingen« 1917.[7]

»Zur Kritik der Zeit« geht von der Anschauung der Gegenwart aus, in der Neues und Altes in starkem Kontrast nebeneinander zu finden sind. Das Neue: das sind die großen Städte der westlichen Welt, die einander in der Entfernung von Kontinenten ähnlicher sind als im Mittelalter Genua und Venedig oder Köln und Nürnberg. Sie sind im Mittelpunkt eines Spinnwebes von Schienen gelagert; ihre Straßenschluchten sind von sichtbaren und unsichtbaren Netzen rollenden Verkehrs durchzogen und unterwühlt; weitere Netze verteilen Feuchtigkeit, Wärme und Kraft; Nahrung und Reizstoffe gleiten auf Schienen und Wasserflächen herbei; verbrauchte Materie entströmt durch Kanäle. Auf dem Lande aber leben noch seßhafte Menschen, die von handgefertigten Werken umgeben sind und im Wechselkreis des Herkommens ihr Leben erfüllen. Und mitten in den Städten halten Dome die Erinnerung daran wach, daß hier einmal Menschen von ganz anderer Art gelebt haben, »Menschen von demutsvollem Stolz, von kluger Treue, von furchtlosem Glauben, von kraftvoller Zartheit«.[8]

Schon die Wortwahl zeigt, daß Rathenau mit dieser Deskription der Gegenwart nicht einen Hymnus auf die Großtaten des Fortschritts oder der Industrialisierung anstimmen will. Aber die Beschreibung läuft auch nicht auf eine Zivilisationskritik hinaus. Vielmehr stellt Rathenau sich die Frage, wie es zu diesen Tatbeständen, das heißt zur zeitgenössischen Zivilisation gekommen sei, und er findet »die letzte Triebkraft, die die Wirtschaftsverschiebung verschuldet« in der Volksvermehrung, der »ungeheuersten, proportional und absolut gewaltigsten Volksvermehrung seit Anbeginn menschenkundiger Zeiten«.[9]

Er schließt sich hier also Malthus und denjenigen an, welche in dem rapiden Ansteigen der Bevölkerungszahlen seit etwa 1750 die Ursache und nicht etwa die Folge der Industrialisierung erblicken. Aber auch für Rathenau ist »Geschichte« die Voraussetzung für die Auswirkungen des biologischen Vorgangs. »Geschichte« ist jedoch nichts Selbstverständliches und überall Vorhandenes. Den »einschichtigen« Völkern wie den Chinesen und Ägyptern spricht Rathenau »Geschichte« ab, denn sie sind durch Abgeschlossenheit und Konservativismus und langsam-stetige technische Entwicklung gekennzeichnet. »Geschichte« hängt vielmehr mit »Schichtung« zusammen: »Eine Geschichte ist nur denjenigen Gemeinwesen beschieden worden, die von einer Oberschicht beherrscht, von einer stammverschiedenen Unterschicht getragen waren.«[10] So taucht der Unterschied von »Löwen« und »Hasen« wieder auf, und Rathenau hätte auch sagen können: Alle Kultur ist aristokratische Kultur oder, in marxistischen Termini, nur Klassengesellschaften können Geschichte haben. Freilich bedeutet Geschichte gerade die Auflösung des schroffen Gegensatzes, und die höchste Höhe der Kultur wird erst erreicht, wenn ein engeres Zusammenwirken der beiden Schichten eintritt. Aber die Symbiose ist nur solange fruchtbar, wie die Ideale der Oberschicht »noch« den Geist der Gesamtheit beherrschen und wie die Unterschicht »noch« so viel Glauben und Respekt hat, daß sie ihre Kunstfertigkeit in den Dienst dieser Ideale stellt.

Dieser höchste Augenblick geht jedoch vorüber; mehr und mehr bestimmen die einstigen Unterschichten das Leben, und um für die »Menschenschwärme« Lebensmöglichkeiten zu schaffen, müssen sie die »Mechanisierung« hervorbringen, die weit mehr bedeutet als bloß die Einführung von Maschinen, sondern die das ganze Dasein flach und maschinenmäßig macht. In diesem Vorgang erblickt Rathenau nun eine »Entgermanisierung«, und damit wird klar, daß ihm nicht Sparta oder der Inkastaat vorschwebt, sondern das neuzeitliche Europa und nicht zuletzt das gegenwärtige Deutschland. In Deutschland ist jene germanische Aristokratie noch mächtig, welche die europäische Kultur einst geschaffen hat: »Wer ein preußisches Regiment defilieren sah und die Gestaltung der Gruppe mit denen der Führer verglich, der hat, wenn anders sein Auge für Betrachtung organischer Wesen geschärft ist, den Gegensatz zweier Rassen erkannt; gleichzeitig aber hat er ein sichtbares Symbol der Gliederung unseres Volkes erblickt.« Und die »Unteren« beschreibt Rathenau noch ganz so, wie er die »Furchtmenschen« geschildert hatte: »runde Schädel, breite Gesichter, aufgestülpte Nasen, kurze, gedrungene Glieder«.[11]

So zumindest haben die Künstler bis in jüngste Zeiten »Bauern, Hörige und Verbrecher« dargestellt; und freilich ist schon seit langem der Prozeß im Gange, der die Niederen erhöht und die Hohen erniedert hat. Sein Endstadium aber sind »ausgebrannte Völker«, und die einzige große Leistung, welche solche Völker noch vollbringen können, ist die Mechanisierung – so wird man Rathenau verstehen dürfen. Aber diese Mechanisierung, das heißt die Gegenwart, beschreibt er nun nicht mit der ungeteilten Abneigung, die Gobineau den in ihrer Nichtigkeit »wie wiederkäuende Büffel in den pontinischen Sümpfen« dahinlebenden Völkern entgegengebracht hatte, sondern eher mit jener widerstrebenden Zustimmung, welche Tocqueville bei der Schilderung der amerikanischen Demokratie die Feder führte.

Mechanisierung bedeutet »Erhöhung der Produktion unter Ersparnis an Arbeit und Material«[12], von innen betrachtet, stellt sie sich als »Kapitalismus« dar. Sie ist das äußerste Resultat der zentraleuropäischen Kultur, die höchste Aufgipfelung eines Geistes der Spezialisierung und der Abstraktion. Eben dadurch wird die ganze Erde zu einer »einzigen, untrennbaren Wirtschaftsgemeinschaft«, innerhalb deren die organischen lebensvollen Produkte des alten Handwerks hinschwinden und durch die irrealen, leblosen und schattenhaften Bestandteile eines ungeheuren Warenstroms ersetzt werden.[13]

»Intellektualisierung« ist der Grundcharakter dieser neuen Gesellschaft, und eben dadurch werden die Menschen immer gleichartiger, aber nicht im Sinne einer »Proletarisierung«, sondern einer »Mittelstandstendenz«, welche »physischen und intellektuellen Ausgleich der Lebensbedingungen und beständig wachsenden Volkswohlstand in sich schließt«.[14] Im geistigen Leben entspricht ihr eine beängstigende Bilderflucht und Zusammenhanglosigkeit der Eindrücke, die von der Massenpresse vermittelt werden. Aber auch der Wissenschaftsgeist ist ein Massengeist, der aus »der Zweckhaftigkeit der einstig Unterdrückten«, der »furchthaften Stämme« entspringt. Noch ist die letzte Konsequenz nicht erreicht, nämlich die Europäisierung des Weltkreises, und doch trägt diese mechanistische Zivilisation, die sich am reinsten und kulturlosesten in den Vereinigten Staaten von Amerika darstellt, »schon heute den Tod im Herzen«.[15] In einem Zustand beständiger Flüssigkeit, wo »alles möglich« und »alles erlaubt« zu sein scheint, können Menschen nicht auf die Dauer als Menschen leben.[16] Insofern stimmt Rathenau mit Marx überein, obwohl er nicht eine »klassenhafte«, sondern eine »rassenmäßige« Interpretation der Weltgeschichte gibt. Aber er erhofft keinen »Umschlag«, keine »Restitution des Menschen«, sondern seine Forderung für die Zukunft beschränkt sich darauf, die Erkenntnis zu gewinnen, »was die Welt den ethischen und geistigen Werten der einstigen Oberschicht verdankt« und damit die »Gefahr der Verarmung« zu begreifen, die aus ihrer Vernichtung erwächst.[17] Den Lösungsvorschlag des Sozialismus weist er mit brüsken Worten zurück: »Mechanistische Mittel werden die mechanistischen Übel nicht heilen.«

Rathenau kann also schwerlich eine andere Zukunft im Auge haben, als diejenige, in der ein geistiges Patriziertum stellvertretend für das Volksganze »die Werte der alten Gesinnungswelt« mit den »Werten der neuen Intellektualwelt« versöhnt.[18] Wie sich dieses Patriziertum zu jenem »jüdischen Patriziertum« verhalten würde, von dem er zehn Jahre zuvor gesprochen hatte, läßt Rathenau im Dunkeln, denn er spricht auch hier so gut wie gar nicht von den Juden, wohl aber unterstreicht er ausdrücklich seine gegnerische Nähe zum Antisemitismus, der »die falsche Schlußfolgerung aus einer höchst wahrhaften Prämisse« sei, weil er den Vorgang der »Entgermanisierung« richtig sieht, aber daraus die unmögliche Forderung einer »Volksentmischung« herleitet.[19]

»Zur Mechanik des Geistes« ist von Rathenau als sein Hauptwerk betrachtet worden, und das ist insoweit begründet, als der Akzent hier auf die positiven Möglichkeiten der Zukunft gelegt wird. Diese werden durch den Begriff der »Seele« gefaßt, und »Seele« versteht Rathenau als den »Inbegriff der höchsten Geisteskräfte«.[20] Die »Kulturkritik« wird deshalb aber nicht etwa aufgegeben, denn der Gegenbegriff heißt »Seelenlosigkeit«, und dadurch charakterisiert Rathenau gerade dasjenige, was vielfach als

»die Moderne« bezeichnet wird: »Habsucht und Götzendienst des flachen Landes, Warenhunger, Blendwerk, Streberei, Üppigkeit, Neugier und Diebeslust der Städte; das sind die Inseln der Seelenlosigkeit in unserem Lande.«[21] Aber »Insel« meint hier offenbar nicht so viel wie »Einsprengsel«; es ist »die Zeit« selbst, welche die »Zwecklosigkeit ihrer Zwecke« und die »Irrealität ihres Handelns« im Innersten spürt. Entgegenzustellen sind dieser gegenwärtigen »Periode des Intellekts« als der »Herrschaft des Materiellen, der Staatsräson, des Friedens, der Gelehrsamkeit und Analyse« die »Perioden der Seele« in der Vergangenheit, die durch »Herrschaft des Glaubens, der Treue, des Krieges, der positiven Ideale« gekennzeichnet waren.[22]

Mithin scheint Rathenau nur den Gegensatz von »Kultur« und »Zivilisation« oder denjenigen zwischen »organischen« und »kritischen« Epochen erneut zu artikulieren. Aber eine Art Umschlag tritt ein, wenn er ein Hinschwinden *aller* Triebkräfte für möglich hält, welche die bisherige Geschichte und die Gegenwart bestimmten, nämlich »Angst und Not, aber auch Tagesfreuden, Eitelkeit und Triumphe, Herrschergelüste und Tatenstolz«, und wenn er auf die Behauptung »mancher«, ohne die lebendige Kraft dieser Motoren könne die menschliche Welt nicht einen Tag bestehen, mit großem Nachdruck antwortet, die Welt verdiene nicht, nur einen Tag zu leben, wenn diese Auffassung das Richtige träfe.[23] Zivilisation, Intellekt, Mechanik des Geistes, Entseelung des Lebens sind keine Endstadien, sondern sie werden vielmehr zur Voraussetzung des kommenden »Reiches der Seele«.

Dieses Reich wird von Rathenau einerseits mit leicht faßlichen Begriffen beschrieben: Jeder versündigt sich, der für sich und seine Nachkommen von den materiellen Gütern der Welt mehr an sich zieht und verwendet, als zu einer mäßigen Lebensführung erforderlich ist; die blinden Kräfte der Mechanisierung führen zu einer »Vergeistigung der Arbeit«, welche die Arbeitsqual der maschinenmäßigen und seelenlosen Teiltätigkeit nicht mehr kennt.[24] Insofern scheint Rathenau sozialistische Gedankengänge zu übernehmen. Aber wo er »die Seele« als solche beschreibt, da sucht er sich in die Spuren der großen Philosophie zu stellen und verfällt doch nur ins Imitative und Pathetische. »Geberin und Empfängerin so vergeisterter, dem Intellektualen entzogener Gestaltung bleibt nur die Seele. Sie kümmert sich nicht mehr um den Reiz der Sinne noch um das Spiel der Täuschung. Alles Erschaffene gilt ihr gleich, denn in allem waltet Gesetz und Liebe. Das Kleine ist ihr groß, das Große klein, und heilig alles, was sein innerstes Wesen, erschaut oder erschauend, offenbart.«[25] Und mit den letzten Sätzen des Buches wendet sich Rathenau scheinbar gegen messianische Vorstellungen, aber er läßt doch überdeutlich erkennen, daß er sich selbst von chiliastischen Hoffnungen leiten läßt: »Die Seele kehrt heim und verlangt nicht nach Paradiesen, nicht nach dem Reich des Königs Messias, nicht nach dem Triumph der Frommen und flammenden Gerichten. Sie verlangt nach neuen Kämpfen und neuen Mühen, nach göttlichen Schmerzen und edleren Freuden, nach wahrerem Leben und reinerer Verklärung. So stehen wir abermals vor den Pforten jenes Reiches, das nicht von dieser Welt ist, und doch von ihr seinen Anfang nimmt, des Reiches, das von seinem Verkünder benannt ist das Königtum des Himmels und das Reich Gottes, und das in diesem armen und weltlichen Buche über uns schwebte als das Reich der Seele.«[26]

Dennoch wird Rathenau nicht ganz und gar zum Propheten. Zwar paßt es zur Gestik des Verkünders, wenn er die Gegenwart mit starken Worten züchtigt, die nicht ganz so stark und glaubwürdig sind wie diejenigen, die Klages im gleichen Jahr verwendete: »Die Hälfte unserer Lebensarbeit für Tand verausgabt, Völkerschaften durch freiwillige Vernichtung vergiftet, Milliarden für durchsichtige Kiesel, bunte Metalle, Vogelfedern und glänzende Lappen geopfert ... Ersatz natürlicher Freuden durch Lärm und Verrenkung in stinkenden Lichtsälen.«[27] Aber ein Prophet könnte nicht ernsthaft »Sorge vor dem Charaktertod der Menschheit« zum Ausdruck bringen und sie dadurch begründen, daß »jene jungfräulich starken Eroberstämme auf unserer allzu genau durchforschten Erde nicht mehr gefunden werden können«.[28]

Die Ambivalenz ist trotz der Predigt vom Reich der Seele so wenig verschwunden wie die rassische Betrachtung der Weltgeschichte.

Beides wirkt auch in dem dritten der großen Bücher fort. »Von kommenden Dingen« ist zwar 1917 erschienen, aber was darin vom Krieg bestimmt ist, kann leicht außer acht gelassen werden. Die Lehre von der rassischen Schichtung der Völker wird gerade hier mit einer Anschaulichkeit formuliert, vor welcher sogar der General von Bernhardi vermutlich zurückgeschreckt wäre. So beschreibt er den Gegensatz der Erscheinung von Offizieren und Mannschaften in der deutschen Kavallerie folgendermaßen: »Ausgezeichneter als die äußere Form der Ausrüstung hebt sich die Gestalt hervor. Schmal erscheint das Haupt, scharf das Profil, weich und blond das Haar. Der Nacken, beim Mann kurz und gedrungen, ist beim Herrn schlank und beweglich, der Rücken lang und schmal, der Körper von stählerner Schlankheit. Vornehm geformt und weiß sind die Hände, der Sitz federnd und leicht, Schenkel und Füße edel und scharf gezeichnet. Im Vergleich mit dieser wahrhaft adligen Erscheinung wirkt der Mann, mit Ausnahme etwa eines Holsteiners oder Friesen, breit, untersetzt, schwer.«[29]

Gleichwohl prägt sich der »Umschlag«, der sich in der »Mechanik des Geistes« andeutete, hier noch viel klarer aus, und jene »Schichtung«, die Rathenau mit so viel kulturkritischer Nostalgie betrachtet hatte, wird hier geradezu zum Feind: »Der Wille zum Volke schließt den Willen zur Schichtung aus«, innerhalb deren »ein Volk durch Jahrhunderte seinem Brudervolk frönt. . .Wer den deutschen Menschen will, kann nicht den proletarisch gebundenen Deutschen wollen.«[30] Wie ein gewöhnlicher Sozialist nennt Rathenau mit negativem Akzent jeden Verbrauch »luxuriös«, der zur Folge hat, daß ein ursprüngliches Bedürfnis unbefriedigt bleiben muß; er attackiert die plutokratische Oligarchie, also seine eigene Klasse, als unsittlich, und es ist symptomatisch, daß er einen der ältesten und fragwürdigsten Topoi sozialistischen Denkens aufgreift, nämlich die Unentgeltlichkeit von Luft und Wasser, die nicht als Gegenbild, sondern als Vorbild angesehen wird.[31] Allerdings bedeutet die Ablehnung der Schichtung nicht zugleich die Ablehnung von Differenzierung, die aber wie bei Saint-Simon den erblichen Charakter verlieren muß, und Rathenau verteidigt den Begriff der »Rente« gegen die populärste aller sozialistischen Forderungen: sie sei nichts anderes als Zwangsrücklage und Produktionssteuer und sie lasse sich lediglich um den Verzehr der Kapitalbesitzer vermindern.[32]

So mag man das Zukunftsbild, das Rathenau entwirft, als dasjenige eines »freiheitlichen Sozialismus« bezeichnen, und die Beschreibungen, die er gibt, zielen zwar immer noch auf ein »Reich der Seele« ab, halten sich aber von der Pathetik und den Unbestimmtheiten des früheren Buches fern: An die Stelle der Habsucht tritt bei den Leitern der Industrie als bewegender Impuls Ehrgeiz und Schaffenslust; das Unternehmen gewinnt ein eigenes Leben, an dem alle Mitarbeiter Anteil nehmen; die Klassengegensätze sind geschwunden, und der Weg zur Selbständigkeit und Verantwortung steht jedem offen.[33]

Nach dem Kriege scheint alle Ambivalenz aus den Äußerungen Rathenaus verschwunden zu sein, die nun nur noch in der Gestalt von Broschüren und Reden an die Öffentlichkeit kamen. Den Feudalismus und den hohlen Prunk der wilhelminischen Epoche sowie die »Verräterei des Großbürgertums« kritisiert er jetzt in keinem anderen Ton mehr, als es die Unabhängigen Sozialdemokraten taten, und aus der Kriegswirtschaft, die er selbst zeitweise als Leiter der Kriegsrohstoffabteilung des Kriegsministeriums in Gang gesetzt und organisiert hatte, leitet er ein Zukunftsbild ab, das man einen »realistischen Sozialismus« und vielleicht auch einen organisierten Kapitalismus nennen könnte. Nun macht er jene Bemerkungen, die ihm so viel Haß eintrugen und von denen diejenige über den Kaiser die bekannteste wurde, die er schon zu Beginn des Krieges getan hatte: Der

Kaiser werde nie als Sieger der Welt durchs Brandenburger Tor ziehen, denn »an diesem Tage hätte die Weltgeschichte ihren Sinn verloren«.[34] Und in diesen letzten Jahren, die ihn am Ende als Reichsaußenminister und (wie viele meinten) als *spiritus rector* des Reichskanzlers Joseph Wirth die höchste Machtposition in Deutschland erringen ließen, kam er auch des öfteren wieder auf das Judentum zu sprechen, das in den drei Hauptwerken kaum erwähnt worden war. Daß ein Trauma unverändert erhalten blieb, läßt sich einem Satz entnehmen, den er in dem Büchlein über die »Neue Wirtschaft« niederschrieb: Die Tatsache, daß die Juden ungeachtet ihrer Kleinheit »die größte Zahl weltbestimmender Genialitäten aller Nationen überhaupt erzeugt« hätten, hindere nicht, daß man ihnen jede Fähigkeit schöpferischer Begabung abspreche.[35]

Als er dem Attentat der Kern und Fischer zum Opfer gefallen war, da schrieb ihm Arnold Zweig in der »Weltbühne« einen von so tödlichem Haß gegen die »Boches« und »dieses Volk« erfüllten Nachruf, daß Rathenau als ein Verräter erscheinen mußte, der sein ganzes Leben im Kampf des guten Volkes gegen das böse auf der falschen Seite gestanden hätte, bis er durch seinen Tod die Sünde sühnte. Und ganz unverhüllter Haß schlug ihm von seiten des ehemaligen Freundes Maximilian Harden entgegen, der in der »Zukunft« im Rahmen eines »Nachrufes« jenen Artikel »Höre, Israel« wieder abdruckte und die Mörder als »dumme Schufte« verhöhnte, weil dieser »Germanenvergotter, Preußenanbeter« sein Judentum verleugnet und im Grunde als der »geistig behendeste Werber für leise Gegenrevolution« auf ihrer Seite gestanden habe.[36] Aber die Ambivalenz, die es möglich machte, daß Rathenau noch im Tod von den entgegengesetzten Seiten so viel Haß begegnete, war die Voraussetzung dafür, daß dieser sozialistische Kapitalist und intellektuelle Verehrer der intuitiven »Seele« zwar schwerlich ein bedeutender, aber doch ein in besonderem Maße interessanter Geschichtsdenker sein konnte.

Max Weber

Max Weber war weder ein »Dilettant« wie Rathenau noch ein gelehrter Außenseiter wie Breysig. Im Alter von eben dreißig Jahren war er Professor für Nationalökonomie in Freiburg, und er galt auch in dieser Wissenschaft immer als »großer Mann«, obwohl er über die nationalökonomischen Fachgrenzen rasch hinausgriff und zum Begründer neuer Fragestellungen und Fächer wurde. Aber so wenig wie Breysig und Rathenau sperrte er sich in den elfenbeinernen Turm des akademischen Lebens ein, und es ist unübersehbar, daß seine ausgedehnten wissenschaftlichen Studien ebenso von einem bestimmten Geschichtsdenken durchdrungen waren wie seine politischen Aktivitäten.

Max Weber war der Sohn eines »politischen« Vaters. Dieser, ebenfalls Max mit Vornamen, war Stadtrat in Berlin, Angehöriger der Nationalliberalen Fraktion im Preußischen Abgeordnetenhaus, zeitweise auch Mitglied des Reichstags – ein einflußreicher Mann, in dessen großem Hause Bennigsen und Miquel, Sybel und Treitschke, Dilthey und Mommsen verkehrten. Es handelte sich also um die Welt des liberalen Groß- und Bildungsbürgertums, das einstmals das Deutsche Reich gegen Bismarck als einen freiheitlichen Staat hatte gründen wollen und das dann den autoritär-monarchischen Staat, den Bismarck ihm aufzwang, dennoch als *sein* Deutschland empfand, wenngleich nicht ohne Kritik und manches Ressentiment. So hatte auch Max Webers Vater im Verfassungskonflikt heftig gegen Bismarck Stellung genommen und war nach der Gründung des Norddeutschen Bundes zu ihm übergegangen, das heißt, er hatte sich den Nationalliberalen angeschlossen. Zu dem Zeitpunkt, als Max Weber die Dinge mit Bewußtsein zu verfolgen begann, hatte sich Bismarck von den Nationalliberalen schon wieder getrennt, und die Abspaltung ihres rechten Flügels war bereits vollzogen, aber dennoch blieben die Nationalliberalen eine Macht und keine bloß oppositionelle. In diesem Nebeneinander von Zustimmung und Kritik, von Nähe und Ferne ist Max Weber aufgewachsen: es machte jene »kritische Identifizierung« mit dem deutschen Nationalstaat möglich, die der Ausgangspunkt seines politischen und geschichtlichen Denkens war.

Während seiner Berliner Studiensemester konnte er sich dem Einfluß Treitschkes so wenig entziehen wie Breysig, aber es war sicherlich nicht im Sinne des Großmeisters der kleindeutschen Geschichtsschreibung, daß er sich bald dem »Verein für Sozialpolitik« anschloß, also den sogenannten Kathedersozialisten. Damit gab er sein Interesse für die »soziale Frage« zu erkennen und trennte sich innerlich vom älteren, politisch-freihändlerischen Liberalismus. Wenig später geriet er auch mit der Christlich-Sozialen Bewegung in Berührung: Die antisemitische Agitation des Hofpredigers und Parteigründers Stoecker lehnte er ab, trat aber in nahe Verbindung mit den jüngeren Christlich-Sozialen um Friedrich Naumann.

Seit einer militärischen Übung in Posen während des Jahres 1888 legte er ein lebhaftes Interesse für die Probleme des deutschen Ostens an den Tag, und ab 1890 beteiligte er sich an der großen Landarbeiterenquete des Vereins für Sozialpolitik. Weber übernahm die ostelbischen Gebiete und sah durch die Ergebnisse seine Vorbehalte gegen den agrarischen Konservativismus sehr gestärkt. Zwar fehlte es ihm nicht an Verständnis für die patriarchalische Wirtschaft des preußischen Adels, aber das Vordringen des Kapitalismus und damit der Geldwirtschaft führte zu zunehmender Proletarisierung der »Inst-Leute«, das heißt der Landarbeiter, die zunächst noch eine Art Bauern waren. Sie folgen nun mehr und mehr dem Zauber der »Freiheit« und ziehen in die westdeutschen Industriebezirke; die Gutsbesitzer aber setzen an ihre Stelle polnische Wanderarbeiter. Daher ist der agrarische Großbetrieb des Ostens zum Feind der deutschen Nationalität geworden. Weber erhebt implizit die Forderung nach Übernahme der politischen Macht durch das Bürgertum, welche eine großangelegte Siedlungspolitik möglich machen und die adlige Führungsschicht ablösen würde, die ihrer Aufgabe nicht mehr gewachsen ist. Trotzdem orientiert er sich aber unverkennbar am Begriff der »Herrenschicht« und des »Herrenmenschen«.

Im Mai 1895 hielt er in Freiburg seine berühmte Antrittsvorlesung über den »Nationalstaat und die Volkswirtschaftspolitik«, die unter den Zuhörern nach glaubwürdigen Berichten »Entsetzen« erregte, weil er seine Erfahrungen, Forschungen und Gedanken mit derartiger Prägnanz und Rücksichtslosigkeit zusammenfaßte, daß die Rede als ein Höhepunkt des liberalen Imperialismus gelten muß.[1]

Schon in den Anfangssätzen ist ein Ton vernehmbar, der damals offenbar nicht viel weniger befremdlich wirkte, als er es heute tun würde: »Was ich beabsichtige, ist zunächst: an einem Beispiel die Rolle zu veranschaulichen, welche die physischen und psychischen Rassendifferenzen zwischen Nationalitäten im ökonomischen Kampf ums Dasein spielen.« Unter diesem Gesichtspunkt beschreibt er die Situation in Westpreußen und beweist unter Anführung statistischer Daten, daß deutsche Tagelöhner aus den (deutschen) Gegenden mit hoher Kultur abziehen, während die polnischen Bauern sich in den Gegenden mit tiefem Kulturstand stark vermehren. Bei den Deutschen sind soziale Gründe ausschlaggebend, nämlich ihr »Selbstbewußtsein« angesichts der Aussichtslosigkeit eines ewigen Knechts-Daseins, bei den Polen aber angeborene oder angezüchtete Rassenqualitäten: »Der polnische Kleinbauer gewinnt an Boden, weil er gewissermaßen das Gras vom Boden frißt, nicht *trotz*, sondern *wegen* seiner tiefstehenden physischen und geistigen Lebensgewohnheiten.« Daraus resultiert eine tiefgreifende Umdeutung des darwinistischen Begriffs des *survival of the fittest*: »Nicht immer – das sehen wir – schlägt, wie die Optimisten unter uns meinen, die Auslese im freien Spiel der Kräfte zugunsten der ökonomisch höher entwickelten oder veranlagten Nationalität aus. Die Menschengeschichte kennt den Sieg von niedriger entwickelten Typen der Menschlichkeit und das Absterben hoher Blüten des Geistes- und Gemütslebens, wenn die menschliche Gemeinschaft, welche deren Träger war, die Anpassungsfähigkeit an ihre Lebensbedingungen verlor, es sei ihrer sozialen Organisation oder ihrer Rassenqualität wegen ...«

Daher verlangt Weber eine politische Gegenwirkung von seiten des Staates, das heißt energische Behauptung der deutschen Interessen, auch auf Kosten der Interessen der Großgrundbesitzer, die zu Feinden der deutschen Nation geworden sind, weil der Kampf der Nationen um wirtschaftliche Lebensmöglichkeiten eine unableitbare und unaufhebbare Urtatsache ist, die aller utopischen Schwärmereien spottet: »... schon der dunkle Ernst des Bevölkerungsproblems hindert uns, Eudämonisten zu sein, Frieden und Menschenglück im Schoße der Zukunft verborgen zu wähnen und zu glauben, daß anders als im harten Kampf des Menschen mit dem Menschen der Ellenbogenraum im irdischen Dasein werde gewonnen werden.« Heute ist daher auch ein Hinausgehen über Bismarck erforderlich geworden, welcher der letzte und größte der Junker war: »Wir müssen begreifen, daß die Einigung Deutschlands ein Jugendstreich war, den die Nation auf ihre alten Tage beging und seiner Kostspieligkeit halber besser unterlassen hätte, wenn sie der Abschluß und nicht der Ausgangspunkt einer deutschen Weltmachtpolitik sein sollte.«[2]

Angesichts so schroffer und »widerhumaner« Formulierungen drängt sich die Rede vom »Vorläufertum« geradezu auf, und es darf nicht unerwähnt bleiben, daß Weber eine Zeitlang Mitglied des Alldeutschen Verbandes war. Aber wir haben gesehen, daß ähnliche Auffassungen und auch der Begriff der »Rasse« den angelsächsischen Imperialisten um die gleiche Zeit durchaus geläufig waren, und wichtiger dürfte die folgende Feststellung sein: Was bloß der Ausdruck eines zunächst defensiven Nationalismus und eines postulatorischen Imperialismus ist, ist von allgemeinen Vorstellungen über den Geschichtsverlauf als solchen durchdrungen. Weber teilt den Fortschrittsoptimismus seiner Zeitgenossen nicht, aber er ist auch nicht ein Theoretiker des unausweichlichen Niedergangs: Dekadenz ist ihm vielmehr eine allgegenwärtige Möglichkeit, die durch politische und geistige Tätigkeit überwunden werden kann. Aber selbst der erfolgreichste Widerstand gegen drohenden Niedergang berechtigt nicht zum Ausblick »auf Frieden und Menschenglück«, weil Weber wie Rathenau in den Spuren von Malthus dem Bevölkerungsproblem eine kardinale Bedeutung zuschreibt. So ist der Ton im ganzen eher pessimistisch als optimistisch, obwohl der Stolz auf den eigenen und erst seit einem Vierteljahrhundert errungenen Nationalstaat noch in der düstersten Wendung spürbar ist.

Zehn Jahre später hat Weber sein Denken so entschieden über den Ausgangspunkt hinausgeführt, daß der Stolz sich nicht mehr in erster Linie auf »Deutschland« bezieht, sondern auf den »Okzident« und daß der dunkle Ton des Pessimismus nur noch die Kehrseite des Stolzes ist. Es handelt sich um die berühmteste und umstrittenste aller Abhandlungen Webers, nämlich um den Aufsatz »Die protestantische Ethik und der Geist des Kapitalismus«, der zuerst im Jahrgang 1904/05 des »Archivs für Sozialwissenschaft und Sozialpolitik« erschienen ist.[3]

Auch hier geht Weber von einem einfachen und empirischen Tatbestand aus: Die Berufsstatistik konfessionell gemischter Länder zeigt, daß das Unternehmertum und die Kapitalbesitzer, aber auch das höhere technische Personal und die oberen Schichten der Arbeiterschaft ganz vorwiegend protestantisch sind. Von den katholischen Abiturienten wendet sich dagegen nur ein vergleichsweise geringer Teil den technischen Studien und den gewerblichen Berufen zu. Zwar war es eine weitverbreitete und beinahe selbstverständliche Überzeugung, daß zwischen Protestantismus und Moderne eine innere Affinität bestehe; Max Weber betont aber im Gegensatz zu seinen Zeitgenossen, daß der Grund nicht eine größere »Weltfreudigkeit« des Protestantismus ist, der in seinen wichtigsten historischen Erscheinungsformen keineswegs weltfreundlich, säkularisiert oder auch nur antiasketisch war, sondern gerade die unerhörte religiöse Intensität der Calvinisten, Pietisten und Methodisten. Daher fragt Weber mit Bezug auf die Engländer unter Anführung eines Satzes von Montesquieu: »Sollte ihre Überlegenheit auf dem Gebiet des Erwerbs – und, was in einen anderen Zusammenhang gehört, ihre Eignung für freiheitliche politische Institutionen – vielleicht mit jenem Frömmigkeitsrekord, den Montesquieu ihnen zuerkennt, zusammenhängen?«[4] Diesen »kapitalistischen Geist« eines von religiösem Ethos geprägten Asketismus des Alltags veranschaulicht Weber durch Zitate aus Schriften von Benjamin Franklin, wo »Zeit« und »Geld« in engsten Zusammenhang gebracht werden und Faulheit sowie Vergnügen als Verstöße gegen ein göttliches Gebot stigmatisiert werden.

Dieser ethisch-methodische Geist ist nach Weber das Hauptkennzeichen des modernen Kapitalismus im Gegensatz zu dem unmethodischen, bloß gewinn- und zugleich genußsüchtigen »Kapitalismus«, den es auch in China, Indien, der Antike und im Mittelalter gegeben hat. Das Hauptpostulat dieser Ethik ist »der Erwerb von Geld und immer mehr Geld, unter strengster Vermeidung alles unbefangenen Genießens ... so rein als Selbstzweck gedacht, daß es als etwas gegenüber dem ›Glück‹ oder dem ›Nutzen‹ des einzelnen Individuums jedenfalls gänzlich Transzendentes und schlechthin Irrationales erscheint«.[5]

Das aber geht ganz und gar gegen den »natürlichen« Menschen, der eben *nicht* leben will, um zu verdienen, sondern dem es genügt, so viel zu verdienen, daß er auf die gewohnte Weise leben kann, und daher reicht zur Erklärung nur ein großer religiöser Affekt aus. Für Calvin war die radikale Unterscheidung von Gott und Mensch maßgebend, und damit wird alle »Kreaturvergötterung« aufs schärfste bekämpft, und die katholischen Reste der sakramentalen Magie werden beseitigt; eben damit aber tritt eine unerhörte innere Vereinsamung des einzelnen Individuums ein. Calvins Lehre bedeutet jedoch nicht einen Anfang; sie ist vielmehr ein Höhepunkt des »großen religionsgeschichtlichen Prozesses der Entzauberung der Welt«, der mit den altjüdischen Propheten begonnen hat.[6]

Nur auf diesem anti-sinnlichen Boden ist jene »innerweltliche Askese« möglich, welche die Voraussetzung der Entwicklung des modernen Kapitalismus ist. Die rastlose Berufsarbeit wird nämlich als das hervorragendste Mittel dargestellt, um die Selbstgewißheit des Erwähltseins zu erlangen. In gewisser Hinsicht ist das unmenschlich: »Der Gott des Calvinismus verlangt von den Seinigen nicht einzelne ›gute Werke‹, sondern eine zum System gesteigerte Werkheiligkeit. Von dem katholischen, echt menschlichen Auf und Ab zwischen Sünde, Reue, Buße, Entlastung, neuer Sünde . . . war keine Rede. [. . .] Nur ein durch konstante Reflexion geleitetes Leben aber konnte als Überwindung des *status naturalis* gelten: Descartes' *cogito ergo sum* wurde in dieser ethischen Umdeutung von den zeitgenössischen Puritanern übernommen.«[7] Darin beruht die »ungeheure weltüberwindende Macht« speziell des Calvinismus. Ein rein diesseitiger Utilitarismus wäre dazu nie imstande. Der moderne Kapitalismus ist nicht antichristlich oder außerchristlich, sondern nachchristlich: »Die christliche Askese, anfangs aus der Welt in die Einsamkeit flüchtend, hatte bereits aus dem Kloster heraus, indem sie der Welt entsagte, die Welt kirchlich beherrscht. Aber dabei hatte sie im ganzen dem weltlichen Alltagsleben seinen natürlichen unbefangenen Charakter gelassen. Jetzt trat sie auf den Markt des Lebens, schlug die Türe des Klosters hinter sich zu und unternahm es, gerade das weltliche Alltagsleben mit ihrer Methodik zu durchtränken, es zu einem rationalen Leben *in* der Welt und doch *nicht von* dieser Welt oder *für* diese Welt umzugestalten.«[8]

Der moderne kapitalistische Rationalismus ist also nur aus »religiöser Wurzel« zu verstehen, aus dem Lavastrom eines ursprünglichen »Charisma«, wie es zuerst in den altjüdischen Propheten lebte. Nichts Großes in der Welt ist ohne große »religiöse« Leidenschaft möglich. Aber dieses jüdisch-christliche Charisma ist anti-magisch und insofern auch anti-charismatisch, und so erstarrt schließlich jener Lavastrom in der Starrheit eines Apparats, der christliche Asket wird zum diesseitigen Wirtschaftsmenschen, der Feind der Kreaturvergötterung zum bloßen Spezialisten. Die

Geschichte des Okzidents ist essentiell ein Prozeß der Rationalisierung und damit der Versachlichung und Entpersönlichung; heute ist der mächtige Kosmos der modernen Wirtschaftsordnung autonom, ein »stahlhartes Gehäuse«[9], welches das Leben und den Menschen zu denaturieren, ja zu töten droht.

Auf den ersten Blick mag sich dieser Aufsatz wie eine Umkehrung des Marxismus ausnehmen: nicht die »materielle Basis«, nicht die »Entfaltung der Produktivkräfte« sind der Grundimpuls der Geschichte, sondern die Lehren der Religionen und das Denken der Philosophen – an die Stelle des »Materialismus« wäre also ein »Spiritualismus« getreten. Max Weber selbst hat diese Auslegung immer zurückgewiesen, und zuallererst muß festgestellt werden, daß die »Entstehung des Kapitalismus« nicht etwa zuerst von Marx als Thema entdeckt worden ist und daß Max Weber sich hier in eine zweihundertjährige Tradition des Nachdenkens hineinstellt.

Für Adam Smith war die Arbeitsteilung die wichtigste Ursache der Entfaltung einer weltweiten Marktwirtschaft, und zu überwinden hatten die Kapitalisten nur die Fesseln der merkantilistischen Wirtschaftsordnung; Religion, Puritanertum oder auch nur »Moral« spielen im »Reichtum der Nationen« keinerlei Rolle. Für die französische Aufklärung stand aber nicht zuletzt der »Priestertrug« dem »Menschenglück« im Wege, und der »Antisemitismus« Voltaires und Holbachs sollte in erster Linie der Befreiung von der christlichen Dogmatik und damit von der Askese dienen.

Für Hegel ist dagegen die Neuzeit nichts anderes als die Realisierung bzw. Säkularisierung des christlich-jüdischen und insbesondere des protestantischen Ansatzes; insbesondere ist die mittelalterliche Askese als Überwindung triebhafter Unmittelbarkeit die unerläßliche Voraussetzung für die erobernde Weltzuwendung des christlichen Abendlandes seit der Reformation.

Bei Marx wird dieser Zusammenhang nicht thematisch, und er ist mit dem Vorrang der »ökonomischen Interessen« anscheinend unvereinbar, aber im Aufsatz über die Judenfrage erscheint das jüdische Weltverhältnis, das im christlichen seine Fortsetzung findet, als die uralte Grundvoraussetzung des Durchbruchs zur kapitalistischen Produktionsweise im 18. Jahrhundert. Und in den »Ökonomisch-philosophischen Manuskripten« ist von der asketischen Natur der Nationalökonomie und damit des Unternehmertums die Rede, die ja doch schwerlich die *Folge* der Produktionsfortschritte sein kann, und noch im »Kapital« finden sich vereinzelte Hinweise auf das Puritanertum der englischen Kapitalisten. In der »Einleitung zur Kritik der Politischen Ökonomie« taucht nicht mehr nur eine archaische Gemeinschaft ohne Tauschverkehr als Gegenbild auf, sondern die griechische Kunst und mit ihr das griechische Leben, denen Marx hier einen paradigmatischen Charakter zuschreibt, welcher in einer bloßen und noch unentwickelten Produktionsweise nicht vorhanden sein kann. Und überall geht Marx von der Annahme aus, daß der »moderne Kapitalismus« im Abendland seinen Ursprung hatte und daß die »asiatische Produktionsweise«, die in großen Teilen der Welt noch immer vorherrscht, davon fundamental verschieden ist.

Bei Nietzsche steht der die Jahrtausende übergreifende Zusammenhang ganz im Zentrum des Denkens, aber mit durchaus negativem Akzent: Die jüdisch-platonisch-christliche »Moral« ist ein Attentat gegen »das Leben«; sie zieht die Schwächung, ja Vernichtung der Vitalität durch die Abstraktion einer seinsrichterlichen Attitüde nach sich und kann nur durch eine ganz außerordentliche Anstrengung überwunden werden.

Max Webers Geschichtsdenken greift also Motive von Hegel, Marx und Nietzsche auf und bildet sie in eigentümlicher Weise weiter: Hegels Begriff der »Verwirklichung«; Marx' negatives Urteil über die »Fachmenschen« und über die Entfremdung, in der sie sich bewegen; Nietzsches Hervorhebung der Unmenschlichkeit oder Unnatürlichkeit der Askese. Im Verhältnis zum Marxismus liegt also nicht so sehr eine Umkehrung als vielmehr eine Herausarbeitung von Denkansätzen vor, die bei Marx vorhanden, aber nicht ausgebildet sind. Mit Entschiedenheit verwirft Weber allerdings das vulgärmarxistische Schema der einseitigen und undialektischen Abhängigkeit des »Bewußtseins« von einem fiktiven, weil bewußtseinslosen »Sein«. Hier liegt eine bedeutende Einsicht vor, die im Marxismus als einer Doktrin nicht vorhanden oder höchstens angedeutet ist, die aber durch den Marxismus als Lebenspraxis gerade unter Beweis gestellt wird: Das Denken »spiegelt« niemals ein gedankenloses gesellschaftliches Sein, sondern es springt voraus, faßt zusammen, abstrahiert, systematisiert, akzentuiert, und nur aus der disharmonischen Einheit von Denken und »Realität« kann mehr als bloße Veränderung hervorgehen, nämlich historische Wandlung. Und »Religionen« sind, solange sie der Erstarrung entgehen, nicht »Lehren«, sondern Artikulationen des Welt- und Selbstverständnisses von Menschengruppen, und aus ihnen rühren weitaus stärkere Impulse her als aus bloßen »Interessen«. Der welterobernden Macht des frühen Christentums kann sich nur die entsprechende Macht anderer Religionen an die Seite stellen, etwa des frühen Islam, und wo immer eine politische Doktrin ihren Anhängern eine vergleichbare Festigkeit der Überzeugung und einen ähnlichen Heroismus der Opferbereitschaft einzuflößen vermag, da teilt sie als »Ideologie« den Grundcharakter der Religionen, wenn auch nicht in inhaltlicher Hinsicht.

Besonders charakteristisch für Weber ist – wie auch für Rathenau, aber auf andere Weise – die Ambivalenz der Stellungnahme. »Entzauberung« wird als »Entmagisierung« im Grunde positiv gefaßt, und doch ist im Begriff der »Entzauberung der Welt« ein negativer Klang nicht zu überhören. Die »Rationalisierung« wird in all ihren verhängnisvollen Folgen eingehend beschrieben, und doch als Spezifikum der okzidentalen Entwicklung nicht ohne Stolz bejaht, und das gleiche gilt für den Kapitalismus; das Problem des Judentums wird ohne allen Antisemitismus zur Darstellung gebracht, aber doch so, daß die Möglichkeit des Antisemitismus verständlich wird. Im ganzen repräsentiert Max Weber die Tendenz zu einer nicht-enthusiastischen und nicht total-kritischen Stellungnahme zu demjenigen Prozeß, der sich im 19. Jahrhundert immer mehr als der eigentliche Gegenstand des Geschichtsdenkens erwiesen hatte.

Hegels Einstellung war bei aller Nüchternheit seiner Darstellung und Argumentation enthusiastisch-bejahend gewesen, und das gleiche trifft trotz der scheinbaren Verwerfung des »Kapitalismus« und der »Vorgeschichte« auf Marx zu; Nietzsche aber war zu einem total-kritischen Urteil gelangt, das die Umkehrung des praktischen Vernichtungspostulats des Marxismus bedeutete. Zwar läßt Max Weber am Schluß seines Aufsatzes die Frage offen, »ob am Ende dieser ungeheuren Entwicklung ganz neue Propheten oder eine mächtige Wiedergeburt alter Gedanken und Ideale stehen werden oder aber ... mechanisierte Versteinerung«[10], der Aufenthaltsort für die »letzten Menschen«, aber im Grunde schlägt er ein Ethos der tapferen Hinnahme des Unausweichlichen vor, das ihn mehr in die Nachbarschaft Tocquevilles als in diejenige von Hegel, Marx und Nietzsche stellt.

Wer auch nur einen flüchtigen Überblick über das gewaltige Gesamtwerk Max Webers geben wollte, der müßte sehr vieles nennen und skizzieren: ganz spezifische Untersuchungen wie diejenigen zur »Psychophysik der industriellen Arbeit« oder die agrarstatistischen und sozialpolitischen Betrachtungen zur Fideikommißfrage in Preußen; er müßte die Schriften zur Politik und Zeitgeschichte nennen, wie »Rußlands Übergang zum Scheinkonstitutionalismus« von 1906, und eine Fülle von Artikeln während des Weltkrieges, die dann im Oktober 1919 mit der Rede über »Politik als Beruf« einen Gipfelpunkt erreichen; er dürfte die Aussagen zur Wissenschaftslehre mit ihrer schroffen Trennung von Wissenschaft und Wertung nicht vernachlässigen und müßte näher auf den Begriff des »Idealtypus« eingehen, aber auch auf die Gedankengänge der zweiten berühmten Rede von 1919: »Wissenschaft als Beruf«. Vor allem müßte er sich jedoch Max Webers hinterlassenem Hauptwerk »Wirtschaft und Gesellschaft« zuwenden. Es ist zugleich eine Lehre von den soziologischen und nationalökonomischen Kategorien, also etwa von der Natur der Verbände und Anstalten, des Marktes und des Geldes, und von den Grundtatsachen des gesellschaftlichen Lebens, also von den Arten der Herrschaft, den Ständen und Klassen, den Städten und den Parteien. Allgemein bekannt geworden ist die Unterscheidung der Typen der Herrschaft, nämlich der rationalen, der traditionalen und der charismatischen Herrschaft. Aber auch vom Leben Max Webers müßte die Rede sein, vielleicht im Anschluß an die von seiner Frau Marianne geschriebene Biographie, nicht zuletzt von seiner Herausgebertätigkeit für das »Archiv für Sozialwissenschaft und Sozialpolitik« und von dem Zirkel junger Denker, die in seinem Heidelberger Haus verkehrten und zu denen Georg von Lukács, Emil Lask, Karl Jaspers und Ernst Bloch zählten.

Aber wer in der Fülle interessanter und wichtiger Aussagen und Tatsachen nicht steckenbleibt, der wird zu der Feststellung kommen müssen, daß in all dieser Fülle immer wieder die Grundzüge von Webers Geschichtsdenken erkennbar werden und daß sie sich dabei nur noch anschaulicher darstellen. Ich wähle als Beispiel zunächst das Kapitel über das antike Judentum in den »Gesammelten Aufsätzen zur Religionsphilosophie« und stelle ihm den Abschnitt über Konfuzianismus und Taoismus aus den »Gesammelten Aufsätzen zur Religionssoziologie« gegenüber.

Es geht Max Weber darum, die Einzigartigkeit des jüdischen Volkes und in eins damit der jüdischen Religion herauszuarbeiten, und die Zentralerscheinung ist für ihn das Prophetentum. Könige gab es überall in der antiken Welt, und überall standen Priester in deren Dienst, aber daß Männer, die nichts besaßen als ihr Charisma – das heißt ihre »außeralltägliche« Wortgewalt und Anziehungskraft für die Massen – ihnen entgegentraten, ihre Lebensweise angriffen und die Rückkehr zu älteren, besseren Zuständen verlangten, und zwar unter Berufung auf den Bund, den der Gott Jahwe mit »seinem Volk« geschlossen habe, das war neuartig, und dadurch kam es schließlich zu dem charakteristischen Tatbestand, daß »das ganze Verhalten des antiken Juden zum Leben . . . durch diese Vorstellung einer künftigen, gottgeleiteten und politischen Sozialreligion bestimmt« (wurde).[11] Die Jahwepropheten werden von Weber ausdrücklich »puritanisch« genannt; sie traten besonders scharf »gegen den sexual-orgiastischen Charakter der Baal-Kulte« auf und verhinderten die Entstehung einer Mythologie, die ja ohne weibliche Gottheiten nicht vorstellbar ist. Damit wurden sie zu Förderern der Rationalität, und im Laufe der Entwicklung machten sie auch die Jahwe-Vorstellung immer subtiler und abstrakter. Weber nennt sie »Intellektuelle«, freilich »begeisterte«, und er sieht in dem Aufeinanderwirken der Propheten und der im Laufe der Königszeit sozial deklassierten und entmilitarisierten Volksschichten das Geheimnis der Entfaltung des Jahwismus. Inmitten der ständigen Existenzgefährdung durch die Nachbarschaft der ägyptischen und mesopotamischen Großkönigreiche macht die Wucht der Prophetie Israel »in einzigartigem Maße zu einem Volk der Erwartung und des Harrens«, das heißt der Geschichte[12], während das Wirkungsfeld der Universalgötter Vorderasiens in erster Linie die Natur gewesen war.

Weber nennt die Propheten »politische Demagogen«, wie sie in Vorderasien und Ägypten ganz unbekannt gewesen seien, und er sieht in ihnen »Titanen des heiligen Fluchens«.[13] »Allen Werten vornehmer Lebensführung« stehen sie feindlich gegenüber, und indem sie das Unheil prophezeien, erwarten sie doch das Heil. »Nirgends sonst«, sagt Weber, »ist eine freie Demagogie von weissagenden Ekstatikern dieser Art überliefert«.[14] Das babylonische Exil bedeutet Bestätigung und Bestärkung zugleich: Deuterojesaja gibt eine »beispiellose Apotheose des Leidens, der Armut, der Erniedrigung, der Häßlichkeit«[15], in eins damit aber auch eine abermalige Sublimierung. Der ursprünglich sehr robuste und selbstbezogene Begriff des »auserwählten Volkes« wird nun in der Weise vertieft, daß das Volk auch um der anderen Völker willen auserwählt sei und ein künftiges, durch Gerechtigkeit bestimmtes Friedensreich für die ganze Erde gründen werde. Dieser große Atem der Hoffnung lebt in der nachexilischen »Gemeinde« weiter, wo freilich mehr und mehr die Kennzeichen eines »bürgerlichen« und praktisch-ethischen Rationalismus hervortreten, der die weitere Geschichte der Juden nach der Zerstreuung bestimmt, so daß sie sich dem Typus »des rituell abgesonderten Gastvolkes« unterordnen lassen, dem der Vorwurf des *odium generis humani* gemacht werden konnte. Aber durch ihr majestätisches Gottesbild, durch die Beseitigung der Götter- und Idolkulte und durch ihre reine und kraftvolle Ethik wirken die Juden dennoch tief auf die heidnische Umgebung. Insofern befreite das junge Christentum die missionierende Wirklichkeit zu ihrer Eigengesetzlichkeit, welche im Judentum dann mehr und mehr zurückging, so daß die vollständige Selbstabschließung die Folge war.[16]

Wenn man einzelne Sätze Webers über die Propheten isoliert, dann lassen sie sich zu gleichzeitigen Äußerungen französischer und italienischer Nationalisten in Parallele setzen, die gerade im alten Israel die Wurzeln der sozialrevolutionären Tendenzen der Gegenwart gesehen hatten, aber im ganzen gibt es keinen Zweifel, daß für Weber die Spannung zwischen Propheten- und Priestertum gerade das Auszeichnende und Zukunftsvolle des antiken Judentums war. Nicht der Rationalismus als solcher war also die große Leistung, sondern die glühende Impulsivität eines Glaubens, der durch diesen Rationalismus hindurchbrechen und ihn überhöhen konnte, ohne ihn im bloßen Irrationalismus untergehen zu lassen.

Eine solche Möglichkeit schreibt Max Weber dem chinesischen Taoismus und Konfuzianismus gerade *nicht* zu. Der Weltreichsfriede läßt hier den »Himmel« als den Hüter der Stetigkeit erscheinen, nicht als »Quelle irrationaler Schicksalperipetien«.[17] Die konfuzianischen Intellektuellen waren zwar ausgeprägte Rationalisten, aber es handelte sich um einen quietistischen Rationalismus der bloßen »Anpassung an die Welt«. Daher fehlt der Erlösungsgedanke völlig, und es existierte keine Spannung religiöser und philosophischer Postulate gegenüber der »Welt«. So war China das paradigmatische Land des Erwerbs, aber es entwickelte keinen »Kapitalismus«, denn es fehlte gerade dasjenige, was die englischen und amerikanischen Puritaner in so reichem Maße besaßen: die Auffassung des Lebens als eines »methodisch unter ein transzendentes Ziel gestellten Ganzen«.[18] So gelangt Weber zu der Aussage: »Nie ist die chinesische Seele durch einen Propheten revolutioniert worden«[19], und auch dadurch wird deutlich, daß seine Grundkonzeption diejenige des durch Revolutionen der »orientalischen Erstarrung« entgehenden und insofern einzigartigen »Okzidents« ist. Diese Einzigartigkeit sollen auch die langen Ausführungen in »Wirtschaft und Gesellschaft« über die okzidentale Stadt erhellen, die sich von den bloßen Menschenanhäufungen orientalischer Städte fundamental unterscheidet.

Die Einzigartigkeit des Abendlandes ist für Weber indessen nicht eine bloße und etwa aus Rassequalitäten ableitbare Eigentümlichkeit. Sie ist vielmehr der Gipfelpunkt eines universalen Prozesses, der vor Jahrtausenden begonnen hat und keineswegs auf den jüdisch-christlichen Kulturkreis beschränkt war, der aber in allen anderen Weltgegenden sozusagen abbrach und erstarrte. Weber nennt ihn manchmal den Prozeß der wirtschaftlichen Verflechtungen zu immer größeren Austauschgemeinschaften, manchmal den Prozeß der »Intellektualisierung«, oft den »Rationalisierungs- und Vergesellschaftungsprozeß«. Nicht selten spricht er auch von »Markterweiterung« und »Bürokratisierung«. Aber so gewiß Teilprozesse dieser Art zu allen Zeiten und überall feststellbar sind, so ist für Weber dessen Ganzheit doch allem Anschein nach daran gebunden, daß der Mensch sich irgendwann und irgendwo der Welt im ganzen gegenüberstellte, über sie hinausgriff und damit »Eigengewicht« erlangte.[20]

Eben dies geschah im jüdisch-christlichen Okzident, und deshalb entfalteten sich nur hier »der Fortschritt« und »der Kapitalismus«. Aber das letztlich Eigenartige ist doch, daß es nicht nur Tragödien innerhalb der

Geschichte gibt, sondern auch eine Tragödie der Geschichte selbst. Jene Erstarrung nämlich, der China schon vor Jahrtausenden anheimfiel, ergreift das moderne Abendland auf viel intensivere und endgültigere Weise: die Erstarrung im stahlharten Gehäuse der rationalisierten und bürokratisierten Welt der Gegenwart und – nach aller Voraussicht – der Zukunft. So ist Max Weber als einer der Geschichtsdenker der »Europäisierung der Erde« zugleich – zunächst als einziger – ein Geschichtsdenker der Endlichkeit der Transzendenz.

Aber wenn Max Weber so sehr auf den Gesamtprozeß der Geschichte ausgerichtet war, dann wird man fragen müssen, weshalb er bis zuletzt ein deutscher Nationalist und ein Anhänger des Machtstaates geblieben ist. Die Antwort kann nur lauten: Für ihn war der nationale Machtstaat eine unüberholbare Stufe in diesem Prozeß, und in diesem verkörperte sich eine Gestalt des Allgemeinen, die unersetzbar war.

Max Weber war kein Nationalist im Sinne von Claß oder von Bernhardi. Er äußerte sich schroff gegen den Antisemitismus, der einem Geist wie Simmel den Weg zum Ordinariat versperrte, er griff mit harten Worten die antimarxistische Ängstlichkeit des Bürgertums an, das einen Mann wie Robert Michels aus dem Lande trieb und mit der Sozialdemokratie die nationale Arbeiteraristokratie der Zukunft von allen Machtpositionen fernhalten wollte. Er sprach sich höchst negativ über die Hohenzollernmonarchie aus, die bloß »die Korporalsform der Macht« kenne. Aber als der Krieg ausgebrochen war, nannte er ihn »bei aller Scheußlichkeit doch groß und wunderbar«.[21] Für ihn ging es in diesem Krieg um die Antwort auf eine für die ganze Welt entscheidende Frage, nämlich auf die Frage, ob es etwa »auf der Westhälfte unseres Planeten gar nichts mehr geben würde als die angelsächsische Konvention und die russische Bürokratie«.[22] Nur der deutsche Machtstaat kann einen Zustand verhindern, den Max Weber offenbar als verhängnisvoll ansieht, als verhängnisvoll nicht bloß für die Macht und die Wohlfahrt der Deutschen, sondern für die »Kultur der Erde«. Also stand der Welt doch nicht notwendigerweise eine gleichmäßige Erstarrung in Bürokratie und Rationalismus bevor: Auch für Max Weber gab es eine »Mission« der Deutschen, auch für ihn war dieser Krieg von den großen Fragen der Kultur nicht zu trennen.

ERSTER KREIS ABERMALS

Der Krieg und die Kriegsliteratur

Jede der nationalen Globalvisionen hätte einen großen Krieg hervorrufen, jeder der Nationalismen hätte kriegerische Auseinandersetzungen mit sich bringen müssen, wenn die Politik einzelner Staatsführungen sich ganz in ihren Dienst gestellt hätte. Aber sogar in Rußland war die Regierung keineswegs »panslawistisch«, und W. T. Steads »Amerikanisierung« hätte sich vielleicht sogar ohne Krieg durch die ganze Welt verbreiten können, wenn er nicht selbst politische Projekte damit verknüpft hätte. An Warnungen durch die Vertreter des Internationalismus und Pazifismus fehlte es zwar nicht, und diese Stimmen waren durchaus nicht einflußlos; schon die Existenz des Friedensnobelpreises und seine Verleihung an einen Vorkämpfer der »Friedensbewegung« wie den Österreicher Alfred Fried waren weithin sichtbare Signale, und die sozialdemokratische Weltbewegung (die freilich faktisch auf Europa beschränkt war) faßte auf ihren Kongressen sogar praktische Maßnahmen wie einen Generalstreik für den Fall eines Kriegsausbruchs ins Auge.

Nur von Solowjew war im prophetischen Rückblick das 20. Jahrhundert als die Zeit eines Weltkriegs beschrieben worden; im ganzen gesehen läßt sich nicht behaupten, daß das Geschichtsdenken der zwei Jahrzehnte vor 1914 von düsteren Ahnungen erfüllt gewesen wäre und einen großen Krieg als unausweichlich betrachtet hätte. Wohl aber hatte es die negativen oder die als negativ empfundenen Kennzeichen der Moderne mit so viel Nachdruck und Klarheit herausgestellt, daß eine Rühmung des Krieges, *sofern* er ausgebrochen war, als der Befreiung von all dem Niederdrückenden und Quälenden des »bloß noch zivilisierten« Alltagsdaseins vorstellbar war.

Man mag sich im Gedankenexperiment auszumalen versuchen, was hätte geschehen können, wenn überall und uneingeschränkt Fortschrittsoptimismus und Fortschrittszuversicht geherrscht hätten: Wäre dann nicht eine ernste Kriegsgefahr, die durch Konflikte zwischen Nationen entstanden wäre, sozusagen von einer Welle allgemeiner Empörung hinweggeschwemmt worden? Aber es fällt schwer, mit »Ja« zu antworten, denn der Begriff des *survival of the fittest* und die Überzeugung, daß »die Zivilisation«

ein unbedingtes Recht gegenüber nicht-zivilisierten Zuständen habe, gehörte so sehr zum Fortschrittsglauben der Zeit, daß jede der streitenden Parteien sich darauf hätte berufen können. Und noch gab es niemanden, der ernsthaft hätte behaupten können, die technischen Mittel des Krieges seien nun von so überwältigender Stärke, daß die physische Existenz der Menschheit dadurch gefährdet werden könne. Noch standen ja Reiterregimenter bereit, um unter wehenden Helmbüschen und mit gezogenen Säbeln den Feind zu attackieren, wie es auf diese oder jene Weise seit Jahrhunderten, ja seit Jahrtausenden der Fall gewesen war. An Panzerwagen und Flugzeuggeschwader dachte noch niemand, und die neuartige Waffe des Unterseeboots wurde von der deutschen Flottenleitung so wenig geschätzt, daß erst wenige Dutzende einsatzfähiger Boote vorhanden waren.

Und doch zeigte sich sehr bald ein qualitativer Unterschied gegenüber allen bisherigen Kriegen, nämlich in der Intensität, mit der die »Schuldfrage« gestellt wurde, und zwar auf allen Seiten, obwohl es doch noch ganz unbestritten war, daß souveräne Staaten das Recht hatten, ihre Interessen durch einen Krieg durchzusetzen und auch durch einen Angriffskrieg.

Die Antworten waren vielfältig, aber eine trat doch fast schon mit dem Ausbruch des Krieges ganz in den Vordergrund, ohne daß es ihr indessen gelungen wäre, allgemeine Überzeugungskraft zu entwickeln, jene Antwort, die den Krieg rasch an sein Ende hätte bringen können, wenn der Fortschrittsoptimismus und die sozialistische Überzeugung schon nicht imstande waren, seinen Ausbruch zu verhindern. Es handelte sich um die These von der alleinigen Kriegsschuld Deutschlands. Es handelte sich aber zugleich auch um deren Schwächen.

Selbst wenn Rußland und Frankreich eindeutig die Urheber des Krieges gewesen wären, hätte Deutschland angreifen müssen. Anders als Rußland und Frankreich war Deutschland von zwei Seiten gefährdet, und gegen die »russische Dampfwalze« war kein Kraut gewachsen, wenn sie zur vollen Entfaltung kam und Frankreich sich noch im Krieg befand. Der deutsche Generalstab hatte bei seinen Planungen also nur zwei Möglichkeiten: Entweder mußte diese Entfaltung verhindert werden, oder Frankreich mußte niedergeworfen sein, bevor die langwierige Mobilmachung Rußlands vollendet war. Im Rückblick läßt sich sagen, daß alles dafür sprach, der »Ostalternative« den Vorzug zu geben und gegen die Franzosen einen Verteidigungskrieg zu führen. Aber Deutschland hatte noch nie gegen Rußland im Felde gestanden, wohl aber gegen Frankreich, und Frankreich war 1914 vergleichsweise sowohl in industrieller wie in bevölkerungsmäßiger Hinsicht schwächer als 1870.

So wählte der Schlieffen-Plan die »West-Alternative«, die den rascheren

Erfolg versprach, und er nahm in der kaum begreiflichen Verblendung einer nur-militärischen Denkweise das Odium der Verletzung der belgischen Neutralität in Kauf, die den Eintritt Englands in den Krieg mit dem höchsten Grade der Wahrscheinlichkeit nach sich ziehen mußte und damit die fast vollständige Blockade Deutschlands sowie den Beginn einer weltweiten Propaganda. Eben diese Situation war schon am 4. August eingetreten. Ein neutraler Beobachter, etwa in Amerika, mochte damals schon sagen, daß »die Mittelmächte« – und das hieß in der Praxis Deutschland – keine Chance haben würden, sich in einem so ungleichen Ringen zu behaupten. Zwar standen die deutschen Truppen Anfang September nach einer Folge großer Siege nicht mehr weit von Paris entfernt, aber durch die erfolgreichen Gegenmaßnahmen des Generals Joffre an der Marne scheiterte das Konzept des Blitzsieges, und nun traten die »Greueltaten« in Belgien, nämlich die Härte der Maßnahmen gegen den völlig unerwarteten Franktireurkrieg eines Teils der belgischen Zivilbevölkerung einschließlich der Niederbrennung der Stadt Löwen, erst recht ins Bewußtsein der Weltöffentlichkeit, und jene Rede des Kaisers von 1900 bot einen überzeugenden Grund, nicht mehr bloß von den »boches«, sondern von den »Hunnen« zu sprechen, die nicht einmal den Frauen Schonung gewährten und sich nicht scheuten, »Kinderhände abzuhacken«.

So schien es bloß defensive Gegenpropaganda zu sein, wenn in Deutschland eine ganz andere Kriegsschuldthese vertreten wurde. Aber in Wahrheit ließen sich gute Gründe für die Auffassung anführen, daß in Deutschland außer ein paar Alldeutschen niemand ein vitales Interesse Frankreichs oder Rußlands in Frage gestellt hatte, am wenigsten der liberale und fast schon pazifistische Reichskanzler Theobald von Bethmann-Hollweg, daß aber Frankreich seine Ansprüche auf Elsaß-Lothringen und Rußland seinen Drang nach Ausdehnung auf dem Balkan mit dem Ziel der Eroberung Konstantinopels nie aufgegeben hatten. In dieser Sicht war Deutschlands Krieg also objektiv ein Verteidigungskrieg, und in eindrucksvollen Formulierungen hatte ihn der Kaiser in den ersten Augusttagen als solchen gekennzeichnet. Aber schon nach einigen Wochen zeichneten sich in Deutschland noch andere, innenpolitische Schuldthesen ab, zu denen es im alliierten Lager kaum Analogien gab. Noch unentfaltet blieb zunächst der Vorwurf gegen die militärische Leitung, den Krieg unzureichend vorbereitet und die Volkskraft nicht entfernt so intensiv ausgenutzt zu haben, wie es etwa Frankreich getan hatte: Ende August hatte das Reich ja buchstäblich am Abgrund gestanden, als zwei russische Armeen in Ostpreußen eingedrungen waren und zwei Armeekorps von der französischen Front nach Osten transportiert werden mußten, die während der Marneschlacht die

Entscheidung hätten bringen können. Und weshalb hatte die Flottenführung unter dem Großadmiral Tirpitz statt der zweitstärksten Schlachtflotte der Welt, die nun untätig in ihre Häfen gebannt war, nicht die größte Unterseebootflotte der Welt geschaffen, die den Kampf für England aussichtslos gemacht haben würde?

So gab es in Deutschland und nur in Deutschland mindestens potentiell Schuldthesen *innerhalb* der führenden Schicht, und sie waren in sich ein Beweis dafür, daß »Deutschland«, das heißt die Gesamtheit seiner führenden Kräfte, *diesen* Krieg nicht gewollt haben konnte. Aber viel sichtbarer wurde schon bald die entgegengesetzte Schuldthese, da sich unter Führung der Alldeutschen eine Kriegszieldiskussion entspann, die in einigen ihrer Wortführer die Dimension der »nationalen Globalvision« erreichte und in der Sache die deutsche Herrschaft über Europa nach Ausschaltung Rußlands und Frankreichs zum Ziel erhob. Das war ein gravierender Verstoß gegen das offizielle Konzept des Verteidigungskrieges, und er mußte heftigen Widerstand vor allem unter den Sozialdemokraten hervorrufen, welche sich am 4. August mit der Zustimmung zur Bewilligung der Kriegskredite in die »nationale Einheitsfront« eingegliedert hatten, aber jedem erobernden Imperialismus nach wie vor ablehnend gegenüberstanden.

Andererseits wurde ein Teil der Sozialdemokraten nicht erst durch die Forderungen »alldeutscher und schwerindustrieller Kreise« zur Abwehr und zum Aufbegehren gebracht, sondern die linken Radikalen um Karl Liebknecht und Rosa Luxemburg verhielten sich vom ersten Augenblick an ablehnend. Als der Krieg im Westen zum Stellungs- und Abnutzungskrieg mit dem Höhepunkt der Blutmühlen des Kampfes um Verdun und der Schlachten an der Somme wurde, während im Osten zwar große Erfolge errungen wurden, aber eine definitive Entscheidung noch ausblieb, da gewann die Propaganda der Linkssozialisten unter vielen Arbeitern und einigen wenigen Soldaten an Einfluß, und so wurde der Weg zu der später gewichtigsten der innenpolitischen Schuldthesen gebahnt: zu dem Vorwurf, daß eine Gruppe von ideologischen Verrätern die kämpfende Front unterhöhlt und damit die Niederlage verursacht habe. Die umfassendste aller Schuldthesen aber, daß der zum Imperialismus gewordene Kapitalismus der wahre Urheber des Unheils sei, blieb für lange Jahre auf kleine Zirkel von Linkssozialisten beschränkt, da sich in so gut wie allen alliierten Ländern die sozialistischen Parteien vorbehaltlos auf die Seite der Regierungen gestellt hatten.

Auf beiden Seiten entsprach den Granaten und Bomben, den Tanks und dem Giftgas an den Fronten eine wahre Sturzflut von bedrucktem Papier, von Artikeln, Broschüren und Büchern in der Heimat, die nicht nur über den Krieg berichteten, sondern die ihn zu erklären und zu rechtfertigen versuchten. Von dieser Kriegsliteratur können in unserem Zusammenhang natürlich nur die anspruchsvollsten und subtilsten Produkte von Interesse sein. Heute werden in der Regel, wie es nach dem übereinstimmenden Ergebnis zweier Kriege und dem zweimaligen Sieg der einen Seite nicht anders sein kann, die deutschen »Ideen von 1914« nur noch spöttisch oder verachtungsvoll zum Thema gemacht, da doch offensichtlich »der Westen« mit seinen humanen Ideen »von 1789«, also der Forderung nach Freiheit, Gleichheit und Brüderlichkeit, das historische Recht ausschließlich auf seiner Seite gehabt habe. In wissenschaftlichem Geiste sollte allerdings gefragt werden, ob die Dinge nicht doch weniger einfach lagen.

Eine Tatsache aber sticht von vornherein ins Auge: die große Einheitlichkeit der alliierten Reaktionen, die fast ausnahmslos auf der Entgegensetzung von »Barbarei« und »Zivilisation«, des militärischen Preußen und der friedfertigen Westmächte beruhten. Das Spektrum der deutschen Reaktionen war dagegen sehr viel breiter. Daher genügt es, von der alliierten Seite einen einzigen Denker als Beispiel anzuführen, während auf der deutschen Seite mehrere Autoren nebeneinandergestellt werden müssen. Dabei bildet das Jahr 1917 eine Scheidelinie. Deutungen des Krieges orientierten sich nicht an einzelnen Schlachtentscheidungen, und noch 1916 konnten in Deutschland und in Frankreich oder England Bücher geschrieben werden, die im Herbst 1914 nicht viel anders ausgesehen haben würden. Um 1917 aber kommen neue Farben in das Bild.

Im Jahr 1915 erschien in Paris eine Broschüre mit dem Titel »La signification de la guerre«. Sie enthielt einige Ansprachen und Reden, die *Henri Bergson* gehalten hatte, der Mitbegründer der »Lebensphilosophie«, welchen man bis dahin wohl eher an die Seite von Nietzsche und Dilthey als an diejenige von Descartes und des naturwissenschaftlichen Rationalismus gestellt hätte. Aber Bergson will sich ausschließlich zum Sprecher all derjenigen machen, »welche die von den Deutschen auf methodische Weise begangenen Verbrechen der allgemeinen Verwünschung weihen: Brandstiftung, Plünderung, Zerstörung von Denkmälern, Massakrierung von Frauen und Kindern, Verstöße gegen alle Kriegsgesetze«.[1] Was mit diesem Krieg geschehen ist, ist nichts anderes als eine »offensive Wiederkehr der Barbarei«, aber darüber hinaus eine Verbindung »aller Mächte des Bösen«, welche einen Angriff gegen die Zivilisation führen.[2] Allerdings bildet nicht Deutschland als solches diese Koalition aller Kräfte des Bösen, denn lange Zeit war Deutschland ein Land der Dichtung, der Kunst und der Metaphysik, in einer Staatsform zusammengefaßt, die sich leicht zu jener »Einheit innerhalb der Mannigfaltigkeit« hätte fortentwickeln können, die das Merkmal organischer Wesen ist. Aber innerhalb Deutschlands, ja eigentlich neben Deutschland, gab es ein Volk, dessen Staat einer Maschine glich und das von einem »elementaren Instinkt zu Raub und Eroberung« geleitet war, nämlich Preußen.

Dieser künstliche Ordnungsstaat wurde von einem skrupel- und seelenlosen »Genie des Bösen«, nämlich Bismarck, an die Spitze Deutschlands gebracht, und indem es Frankreich das Elsaß und einen Teil Lothringens fortnahm, erreichte es sein Ziel, eine Versöhnung unmöglich zu machen und ganz Deutschland zu prussifizieren und zu militarisieren.[3] Dieser Kriegsgeist Preußen-Deutschlands wurde einer großen industriellen Entwicklung eingeimpft, und die Nachfolger Bismarcks gingen noch über ihn hinaus, indem sie nach der Weltherrschaft strebten, und zwar nach einer Weltherrschaft, in der ein auserwähltes Volk, ein Herrenvolk, über Sklavenrassen herrschen würde. Und diese »Raubnation« ist nicht einmal unphilosophisch, denn sie beruft sich auf Hegel, indem sie Kant verleugnet. Bisher hatte die Zivilisation auch den Krieg humanisiert; Deutschland aber zielt auf die vollständige Vernichtung des Feindes ab, es schont nicht einmal die Zivilbevölkerung, weil es alle Konkurrenten seiner Industrie unterwerfen will; es repräsentiert, mit einem Wort, eine »wissenschaftliche«, eine »systematische« Barbarei, eine Barbarei, die sich dadurch verstärkt hat, daß sie die Kräfte der Zivilisation in ihren Dienst gestellt hat.

Damit aber ist Deutschland zum Kämpfer gegen den Sinn der Geschichte geworden. Krisenhaftigkeit infolge der industriellen Entwicklung ist zwar ein allgemeiner Charakterzug der Moderne, aber die große Mehrzahl der Völker strebte dahin, die Krise in der Weise zu überwinden, daß es »mehr Freiheit, mehr Brüderlichkeit, mehr Gerechtigkeit« geben würde.[4] Deutschland jedoch stellte sich an die Spitze des entgegengesetzten Willens, der Kombination aller niedrigen, ja »höllischen« Mächte gegen diese große Arbeit der »Spiritualisierung«. Eben darin ist die Bedeutung des Krieges zu sehen, daß ein zur »Mechanisierung des Geistes« vorherbestimmtes Volk nach der Weltherrschaft greift. So sind heute, in einem weltgeschichtlichen Endkampf [combat suprème] die Kräfte der Sittlichkeit und des Lebens den »Mächten des Todes« konfrontiert, und weil nur das Leben schöpferisch ist, ist ihnen der Sieg gewiß, der das Werk der Johanna von Arc und der Soldaten der Großen Revolution fortsetzen und zum Gipfel führen wird.[5]

Man mag die Frage stellen, ob der große Philosoph hier philosophischer redete als die Artikelschreiber oder ob er nicht eine extreme Ideologisierung und Vereinfachung vornahm. Aber im Kern sprachen sich Emile Boutroux und Emile Durkheim und zahlreiche andere, unter ihnen im noch neutralen Amerika Thorstein Veblen, in ganz ähnlichem Sinne aus, und diese weltweite Übereinstimmung ist jedenfalls ein zentraler Tatbestand, dem sich keine deutsche Stellungnahme ganz entziehen konnte und der möglicherweise eine ebenso extreme und ideologisierte Gegenposition hervorrufen würde.

Ich stelle dem großen französischen Philosophen zunächst einen großen deutschen Philosophen gegenüber.

Max Scheler, nicht viel jünger als Bergson und selbst ein Vertreter der Lebensphilosophie in der Gestalt der »Phänomenologie«, veröffentlichte im selben Jahr 1915 ein umfangreiches Buch, das schon im Titel Bergson recht zu geben schien: »Der Genius des Krieges und der deutsche Krieg«. Aber Scheler rühmt den Krieg nicht deshalb, weil er wirtschaftlichen Gewinn und politische Übermacht verspricht, sondern weil er die Wahrheit der objektiven Wertordnung wieder zur Erscheinung bringt, welche im Alltag verlorenzugehen droht. Der Alltag: das ist der Utilitarismus im Sinne Herbert Spencers, der die Werte des Nutzens und der Technik den höheren Lebenswerten wie der Volksgesundheit und sogar den geistigen Werten überordnet und zu einem »schrankenlosen, volks- und landverwüstenden Industriealismus« führt.[6] Der Krieg ist die edle, die heilende und befruchtende Art der Gewalt, die in Spencers vorgestelltem Friedensreich keineswegs verschwinden, sondern schlimmere und hinterhältigere Formen annehmen würde. Erst im Krieg bilden und entfalten sich die »Liebesgemeinschaften«, nämlich die Völker und Nationen, die gerade keine bloßen Interessengemeinschaften und mithin Gesellschaften sind. Daher ist der Krieg nichts Geistloses oder Untermenschliches, sondern er dient letzten Endes der Vergeistigung der Welt. Sein Telos ist das christliche Gottesreich, aber dieses Gottesreich ist für Scheler wie für Solowjew gerade nicht mit dem utilitaristischen Friedensreich identisch, das so viele Vertreter der »westlichen Zivilisation« im Auge haben. Daher befindet sich derjenige Teil der germanisch-keltisch-slawischen Völker Europas, »in denen der Geist des Edelsinns noch die Herrschaft im Staat besitzt«, gegenwärtig in der Situation der edleren, differenzierten Minorität[7], und Scheler identifiziert den Krieg gegen England mit dem Krieg gegen den Kapitalismus.

So steht die edle, ritterliche »Kultur« Deutschlands und Österreich-Ungarns in der entscheidenden Auseinandersetzung mit der flachen und händlerischen Zivilisation des Westens, und darin entscheidet sich das Schicksal der Menschheit, denn es ist ein ethisches Gebot, daß »der wertvollere Staat« herrschen soll. So stellt Scheler schließlich zwei »Gesichte« der künftigen Weltentwicklung nebeneinander. Einmal sieht er die Erdkugel aufgeteilt in drei große Reiche: ein japanisches unter der Devise »Asien den Asiaten«, ein russisches ohne schöpferische Kultur und ein mehr oder weniger mechanisiertes Amerika, deren Übermacht die Herabdrückung Deutschlands, aber auch Frankreichs und Italiens auf die Stufe eines Spaniens implizieren würde. »Wo ist die Schönheit noch«, so fragt er, »wo die Form, wo der Geist, wo das höhere Leben noch in solcher Welt?«[8] Das zweite Gesicht aber bezieht sich auf ein von Deutschland geführtes Europa, das im Zusammenwirken seiner Nationen »eine Kultur der Freiheit, des Geistes und der Individualität« aufbaut, das den englisch-amerikanischen Kapitalismus aus seinem Blut »wie ein fremdes Gift« ausscheidet und gleichzeitig die ost-westliche Expansionsbewegung in eine west-östliche wieder zurückverwandelt.[9]

Auch dies ist ein Weltkampf, und Scheler entscheidet sich ebenso unbedingt für die Seite Deutschlands und der Kultur, wie Bergson sich für die Sache Frankreichs und der Zivilisation entschieden hatte. Freilich verstanden sie unter »Zivilisation« nicht das gleiche, und auch Scheler wehrte die Einsperrung in ein »verdumpftes, gewolltes, reflektiertes Deutschtum« mit Nachdruck ab.[10] Für ihn war die deutsche Mission »europäisch und eben hierdurch kosmopolitisch«, aber er konnte der Frage nicht entgehen, ob das konkrete Deutschland, das vor 1914 England an industrieller Kapazität überholt hatte und das jetzt unter der Führung des Bürgersohns Ludendorff seine großen Materialschlachten schlug, wirklich dem »Kapitalismus« so fern und der »Ritterlichkeit« und dem »Edelsinn« (negativ ausgedrückt, dem Feudalismus) so nahe war, wie es die Denkvoraussetzungen verlangten, von denen er sich leiten ließ.

Noch sehr viel entschiedener als Max Scheler, der bedeutende Philosoph, hat *Werner Sombart*, der führende Nationalökonom, den Krieg als einen »Glaubenskrieg« und als einen *deutschen* Krieg gegen England verstanden. Schon der Titel seiner Schrift »Händler und Helden« trug ihm freilich viel Kritik und sogar Spott ein, denn das tapfer kämpfende britische Expeditionskorps hatte bereits bewiesen, daß es ein unverächtlicher Gegner war, und der Terminus »Helden« schien zur Unterscheidung eines Massenheeres von einem anderen Massenheer wenig geeignet zu sein. In der Schrift schreckte Sombart vor Formulierungen nicht zurück, die für die feindliche Gegenpropaganda und für die Empörung der Nachgeborenen wie geschaffen waren: »So [wie die Juden im Altertum] sollen auch wir Deutsche in unserer Zeit durch die Welt gehen, stolz, erhobenen Hauptes, in dem sicheren Gefühl, das Gottesvolk zu sein. So wie des Deutschen Vogel, der Aar, hoch über allem Getier dieser Erde schwebt, so soll der Deutsche sich erhaben fühlen über alles Gevölk, das ihn umgibt und das er unter sich in grenzenloser Tiefe erblickt.«[11]

Sombart läßt sich sogar dazu hinreißen, auf die unausgesprochene, aber unvermeidbare Frage, ob eine solche, allen anderen Völkern gegenüber zum Ausdruck gebrachte und vermutlich von Unsicherheit und Angestrengtheit zeugende Verachtung nicht notwendigerweise jene universale »Verwünschung« [exécration] nach sich ziehen muß, von der Bergson gesprochen hatte, mit dem herausforderndsten aller Römerworte zu antworten »Oderint dum metuant«.[12]

Über all diesen anstößigen Formulierungen sollte aber nicht übersehen werden, daß die Schrift auch eine Selbstkritik Sombarts enthält, der sich den Vorwurf macht, noch vor einiger Zeit den englandfreundlichen Kreisen nahegestanden zu haben. Und vor allem artikuliert sich hier die interessante und wichtige Verschiebung der Kritik am Kapitalismus vom marxistischen und »proletarischen« Standpunkt auf einen Kampf der Deutschen gegen England als die führende Macht eben dieses Kapitalismus. England verkörpert nach Sombart eine »Nützlichkeits- und Glücks- und Genußphilosophie« und ist damit dem Deutschen »Idealismus« schroff entgegengesetzt, welcher nichts anderes bedeutet als die Bereitschaft zum Opfer des Lebens für ein Überindividuelles, ein Ganzes: für das Volk, das Vaterland, den Staat. Und so guten Mutes Sombart an einigen Stellen ein »Aufräumen« mit den »verderblichen händlerischen Anschauungen der ›westeuropäischen Zivilisation‹« verlangt, so wenig fehlt ihm doch offenbar das Bewußtsein, daß dieses sein heldisches, idealistisches und militärisches Deutschland gegen eine machtvolle Tendenz der Weltgeschichte ankämpft: die »Verkommerzialisierung der Menschheit« ist weit fortgeschritten; »Kommerzialismus, Mammonismus, Materialismus, Sportismus, Komfortismus« haben auch in Deutschland den Volkskörper bereits »angefault«, und sogar der Sozialismus erliegt der »Gefahr der Versumpfung«, gegen die nur noch ein aussichtsloser Revolutionarismus sich wehrt.[13] Der ständige Ruf nach »Mehr« läßt das Leben als sinnlos erscheinen, und das »Schreckbild der Verameisung« taucht »vor dem geistigen Blicke Weiterschauender« auf.[14]

So ist der Ton der deutschen Verachtung für alles Gevölk und nicht zuletzt für die »Kulturhöhe der USA«[15] mit einem sehr allgemeinen Ton des Kulturpessimismus verknüpft, und es läge eigentlich nahe, daß Sombart von dem deutschen Siegfried spräche, der gegen den hinterhältigen Hagen, den Einbruch einer »Schlammflut des Kommerzialismus«[16], einen heldischen, aber letztlich vergeblichen Kampf führt.

Von solchen Mythologemen und tönenden Sprüchen war *Ernst Troeltsch*, der führende Religionshistoriker der Berliner Universität, weit entfernt, aber auch er, der heute wegen seiner Bejahung der Weimarer Republik, anders als Sombart, mit Hochachtung zitiert wird, war während des Krieges von dem tiefen Unterschied des deutschen Geistes gegenüber dem westeuropäischen fest überzeugt. Man würde in der Gegenwart überhaupt gut daran tun, sich vor Augen zu halten, daß Russen und Inder sich mit großer Selbstverständlichkeit aus dem Gegensatz zum »Westen« heraus verstanden, daß die sozialistische Kritik mit anderen Akzenten weithin in die gleiche Richtung ging und daß man der Überzeugtheit nicht viel Lebenskraft zuzuschreiben brauchte, mit der Japan (noch) vom »Licht der westlichen Zivilisation« zu sprechen pflegte. Hatte Deutschland nicht tatsächlich »Eigenes« aufzuweisen und hatte nicht sogar Karl Marx mit Geringschätzung von denjenigen gesprochen, die in Deutschland weiter nichts als ein »Land der westeuropäischen Zivilisation« sahen?[17] Dieses »Eigene« ist für Troeltsch nicht in erster Linie der Militarismus, sondern der »Geist Kants, Fichtes, Hegels, Schleiermachers«, welcher sowohl der Ergebung in die Gesetzmäßigkeit der Natur wie »der gedankenlosen Genußsucht und abergläubischen Geldvergötterung« entgegengesetzt ist.[18]

Aber Troeltsch stellt die »Ideen von 1914« denjenigen »von 1789« nicht schroff und ausschließend gegenüber, sondern er sieht darin »eine ganz andersartige Formung des auch in ihnen enthaltenen Strebens nach Freiheit und Würde, Gehalt und Lebenstiefe der Person«.[19] So ist zum Beispiel Deutschland zwar undemokratisch in dem Sinne, daß der Parlamentarismus nicht alleinherrschend ist, aber es ist insofern viel demokratischer als England und Frankreich, als Volkserziehung und Sozialpolitik weit besser ausgebildet sind. Und außenpolitisch sind die Westmächte, die sich so friedfertig und humanitär geben, die eigentlichen Eroberermächte, so daß die deutsche Mission gerade darin besteht, den ertötenden Unifizierungstendenzen der »Monopolmächte« entgegenzutreten und die freie Entfaltung derjenigen Völker zu sichern, die von einer Einbeziehung in das russische oder in das angelsächsische Imperium bedroht sind. Deshalb streitet Troeltsch den Gegnern das Recht ab, den Begriff des »Fortschritts« für sich in Anspruch zu nehmen, und er kommt zu dem Ergebnis, »daß wir es sind, die für den wahren und echten Fortschritt der Menschheit kämpfen, der niemand vergewaltigt und jedem Freiheit gibt«.[20]

Ebenso wie Scheler sich gegen ein »verdumpftes Deutschtum« aussprach, stellt sich Troeltsch mit großem Nachdruck den »sogenannten Imperialisten« in Deutschland entgegen, weil sie nicht vom Deutschen Idealismus her denken, sondern »im wesentlichen naturalistisch und biologisch oder im Sinne altgermanisch-heidnischen Heldentums oder römischer Herrschaft und Herrschgewalt, wenn nicht gar im Stile assyrischer Deportationen«.[21] Es gab also sehr schroffe Gegensätze innerhalb der »Ideen von 1914«, und wenn Troeltsch eine neue Synthese der deutschen Wurzelkräfte anstrebte, nämlich »des preußischen Machtwesens, des Kantischen Pflichtgefühls und des deutschidealistischen kosmopolitischen Kulturgehalts«[22], dann mußte er sich wohl die Frage vorlegen, ob nicht gerade eine Diastase eintreten könnte. Und kündigte er nicht selbst diese Diastase an, wenn er auch für die Zukunft der Deutschen nicht etwa eine Rückwendung zu den »humanen, internationalen ... und zugleich freihändlerisch-kapitalistischen« Traditionen vorhersah, sondern ein »hartes, eisernes, die Völker in sich selbst vor allem zusammenschließendes, ihre Kulturunterschiede stark betonendes Zeitalter« prophezeite?[23]

Noch weiter von Schelers »Rittern« und Sombarts »Helden« entfernt und sehr viel realistischer war das Bild von Vergangenheit und Zukunft, das *Friedrich Naumann* 1915 in seinem Buch »Mitteleuropa« zeichnete. Das Gebot der Zukunft ist für ihn der politische Zusammenschluß derjenigen Staaten, »die weder zum englisch-französischen Westbunde gehören noch zum russischen Reiche«, vor allem also des Deutschen Reiches und Österreich-Ungarns.[24] Das bedeutet für Deutschland den Abschied von »den Lehrern unserer eigenen Jugend«, den Treitschke, Sybel und Genossen sowie von dem Bismarck der kleindeutschen Reichsgründung des Jahres 1866 bzw. 1871. Die Schwierigkeit dieses so naheliegenden Einigungsprozesses besteht aber darin, daß die Reichsdeutschen sich von den Österreichern durch ihre größere Modernität unterscheiden, die Naumann aber ohne jeden Enthusiasmus beschreibt: »Wir sind Denker, Verstandesmenschen, Techniker, Organisatoren, erfolgreiche Nüchternheitsmenschen, vollkommene Apparate, wertvolle wollende Maschinenteile.«[25]

Deutschland ist der »Organisationsstaat«, der den Übergang »in den unpersönlichen Kapitalismus zweiter Stufe« bereits vollzogen hat, während die ersten Urheber des Kapitalismus, die Engländer, sich von der ersten und freihändlerisch-anarchischen Stufe noch nicht lösen können. *Deshalb* sind die Deutschen »unbeliebt« – nicht, weil sie noch im Feudalismus stecken und einen Kampf gegen den Fortschritt führen (damit wird bloß ein oberflächlicher Aspekt erfaßt), sondern weil sie den anderen Völkern eine höchst unwillkommene, weil unbequeme Zukunft bereits vorleben.[26] Mit positivem Akzent bezieht sich Naumann auf Fichtes »geschlossenen Handelsstaat«, und er rühmt die Juden, weil sie »geborene Erzieher zur Geschäftlichkeit an sich und damit Vorbereiter und Zurichter der modernen Arbeit« sind.[27]

Aber wenn dieser Geist sogar den Engländern fremd und verhaßt ist, wie soll sich dann eine Einheit zwischen dem reichsdeutschen Arbeitsabsolutismus und der österreichischen Gemächlichkeit herstellen lassen? Für Naumann ist es eine geschichtliche Notwendigkeit, die diese Einheit herstellen muß, denn »ehe die Menschheitsorganisation, die ›Vereinigten Staaten der Erdkugel‹ zustande kommen kann, wird es eine voraussichtlich sehr lange Periode geben, in der Menschheitsgruppen, die über das nationale Maß hinausgehen, um die Führung der Menschheitsgeschichte und um den Ertrag der Menschheitsarbeit ringen«.[28] »Mitteleuropa« ist nichts anderes als die jüngste dieser zukunftsvollen Gruppen, und das durchdringende Element, welches das Verschiedene zusammenzuschließen vermag, ist für Naumann der Liberalismus, weil er allein die Synthese herbeiführen kann, welche auch die Andersartigkeit der kleinen westslawischen Völker respektiert und den Begriff der »Herrschaft« durch denjenigen der »Führung« ersetzt. »Mitteleuropa« muß daher eher einen Staatenbund als einen Bundesstaat bilden, denn einheitlich darf nur die Wirtschaftsverfassung und die militärische Organisation sein. Aber der gemeinsame Wirtschaftsplan soll keine Abschließung von der übrigen Welt implizieren, sondern er soll sich dem entstehenden »Weltwirtschaftsplan« einfügen.[29]

Am eindeutigsten tritt sowohl die innere Mächtigkeit wie die Polyvalenz sozialistischer Konzeptionen in den Weltkriegsschriften von *Paul Lensch* hervor, und gerade sie sind ein Beweis dafür, daß man die »Ideen von 1914« nicht zum Zweck billiger Herabsetzung auf die Auffassungen einiger »Konservativer« einschränken sollte.[30] Die Vorstellungen von Lensch sind nämlich so unkonservativ wie möglich, und dennoch ist eine Nähe zu konservativen Vorstellungen kaum zu übersehen.

Paul Lensch, dem Bürgertum entstammend wie Rosa Luxemburg, gehörte dem orthodox-marxistischen Parteiflügel an, und er spielte darin als Chefredakteur der »Leipziger Volkszeitung« und als Reichstagsabgeordneter sogar eine bedeutende Rolle. Er gehörte zu den wenigen Getreuen, die sich am Abend des 4. August 1914 in der Wohnung von Rosa Luxemburg versammelten, um ihr fassungsloses Erstaunen über den »Verrat« der Fraktion zum Ausdruck zu bringen und um über Gegenmaßnahmen zu beraten. Aber dann war ihm sehr bald klar geworden, daß kein »Verrat« vorlag, sondern ein in der geschichtlichen Entwicklung begründeter Abschied von den abstrakten Ideen der Zweiten Internationale.

Schon 1915 gründete er seine neuen Auffassungen auf den unmarxistisch klingenden Satz, die außerordentliche Entwicklung des Deutschen Reiches in wirtschaftlicher Hinsicht, die Zunahme seiner Bevölkerung, seines Handels, seiner Fabriken, seines Proletariats, seiner Millionäre, seiner Soldaten, seiner Schiffe sei der Faktor, von dem jede Beobachtung ausgehen müsse.[31] Gleichwohl stellt er die Verbindung mit seinen früheren Überzeugungen durch die These her, daß »ein Sieg Deutschlands in diesem Weltkrieg den Sieg des Marxismus in der gesamten Internationale bedeuten« würde, denn in Deutschland lebt »die Kerntruppe« des internationalen

Proletariats, und war es nicht gut marxistisch, die englische Bourgeoisie für »die größte Sklavenhalterin der Welt« zu erklären?[32] Und es war sicher nicht antimarxistisch zu behaupten, daß »die Träume aus der Paulskirche von 1848« mit der bevorstehenden Vereinigung von Deutschland und Österreich zur Wirklichkeit werden würden.[33]

1916 formulierte er dann mit völliger Klarheit, welcher Tatbestand ihn den orthodoxen Marxismus als »weltfremde Utopik« hatte erkennen lassen[34]: »Das Gefühl nationaler Volkssolidarität hatte sich [1914] als unendlich stärker erwiesen als das sozialer Klassensolidarität.«[35] Aber im Rückblick wurde auch erkennbar, daß die Arbeiterbewegung trotz ihrer internationalistischen Ideologie eine gewaltige nationalisierende Kraft gewesen war. Und daraus ergibt sich die Einsicht, daß die so oft beschworene Weltrevolution nichts anderes ist als der Weltkrieg selbst, welcher die Mächte des liberalen und individualistischen Kapitalismus von gestern gegen die »sozialisierte Gesellschaft« der Zukunft zu Felde ziehen läßt, deren Degen Deutschland ist.[36] Lensch war also durch den 4. August zu einem »nationalen Marxisten« geworden, und in seinem 1917 erschienenen Buch »Drei Jahre Weltrevolution« stellte er in der Tat unter Beweis, daß man an marxistischen Kategorien festhalten und doch den Krieg Deutschlands und seiner Verbündeten bejahen konnte.

Ausgangspunkt ist eine originelle Selbstkritik: die deutsche Bourgeoisie sei von den Sozialdemokraten gern als »verlottert« oder »heruntergekommen« gebrandmarkt worden, aber in Wahrheit habe sie sich als »die tüchtigste, erfindungsreichste und arbeitsfreudigste bewährt, welche der Kapitalismus neben der amerikanischen gezeitigt« habe.[37] Der tatsächliche Sozialismus, die Gesellschaftsform der Zukunft, kann also kein antibürgerlicher Zustand sein, sondern als »organisierter Kapitalismus«[38] beruht er auf einer Zusammenarbeit von Bürgertum und Proletariat. Dabei war es gerade die Zurückgebliebenheit auf wirtschaftlichem wie auf demokratischem Gebiet, die Deutschland an die Spitze brachte und seinen sozialen Charakter noch weiter entwickeln wird. England aber ist »im Besitz«, und daher wendet Lensch jetzt das Marxsche Konzept des Klassenkampfes auf den Krieg an: »So legten sich die in ihrer Ökonomie stagnierenden Länder, England als großbürgerlicher, Frankreich als kleinbürgerlicher Rentnerstaat und Rußland als halbbarbarische Eroberermacht wie fette Katzen auf ihr ›Eigentum‹ und ließen das vorwärtstreibende deutsche Element nirgends ankommen ... Das Ergebnis war die Revolution des Weltkrieges mit Deutschland als ihrem Bannerträger.«[39]

Dies ist in der Tat eine erstaunliche Umwertung, die den Marxismus dem Imperialismus dienstbar zu machen scheint. Aber in Wahrheit war die

Vorstellung vom »Völkerklassenkampf« im Werk von Marx selbst angelegt. Und Lensch fordert nicht eine Ablösung der liberal-kapitalistischen Weltherrschaft Englands durch die »sozialkapitalistische« Weltherrschaft Deutschlands, sondern er lenkt in die Bahnen Max Webers und Max Schelers ein, wenn er das deutsche Volk sich »der heraufziehenden Gefahr einer geistigen Uniformierung und Verflachung der Welt« entgegenwerfen läßt[40] und »dem großen Zentralvolk Europas« die Mission zuschreibt, die kleinen Völker Europas und der Welt vor der kulturtötenden Dominanz der Angelsachsen zu retten.[41] So geht er keineswegs von der Forderung ab, den Obrigkeitsstaat in den Volksstaat umzuwandeln, und an der Ablehnung der Eroberungspolitik hält er fest, da der deutsche Sieg schon dann errungen sein würde, wenn Deutschland nicht besiegt wäre.

Allerdings muß Lensch jetzt, 1917, konstatieren, daß die Dialektik von Rückschrittlichkeit und Fortschrittlichkeit auch außerhalb Deutschlands überraschende Wirkungen gezeitigt hat, indem nämlich England mit imponierender Elastizität und Schwungkraft seine veraltete Gesellschaftsordnung reformiert hat. Und hatte er nicht die amerikanische Bourgeoisie für ebenso tüchtig erklärt wie die deutsche? Ferner mußte er schon auf die russische Märzrevolution Bezug nehmen, welche eine »ungeheure Tatsache« sei und bereits jetzt die tiefsten Erschütterungen für das Gefüge Zentraleuropas ausgeübt habe.[42] Wies die Situation von 1917 also nicht doch schon über die Weltrevolution im Sinne des Krieges zwischen dem »altkapitalistischen« England und dem »neukapitalistischen« Deutschland hinaus?

Zunächst aber ist eine Zwischenüberlegung angebracht. An der Kriegsliteratur, die durch eine Festlegung auf »die Ideen von 1914« allzusehr verkürzt wird, waren »alle geistigen Familien« Deutschlands[43], das heißt alle weltanschaulichen Richtungen und alle kulturellen Traditionen beteiligt, von den Sozialisten bis zu den preußischen Konservativen. Wie hätte es auch anders sein sollen? Deutschland besaß eben unzweifelhaft eine eigene Identität, und Frankreich und England wurden nur durch die besonderen Umstände dahin gebracht, die Gemeinsamkeit der »Zivilisation« so sehr zu betonen. In beiden Ländern gab es starke Tendenzen, in dem jeweils anderen nicht nur einen Feind, ja Erbfeind, sondern auch eine vollständig andersartige Lebensform zu sehen, und wenn 1898 im Gefolge der Faschoda-Krise ein Krieg zwischen beiden Mächten ausgebrochen wäre, würden die Franzosen mit Sicherheit ihre Differenz gegenüber den Engländern mit ebenso großem Nachdruck herausgestellt haben, wie es die Schriftsteller und Professoren von 1914 an in Deutschland taten. Das Spektrum war in Deutschland allerdings vermutlich breiter, als es in Frankreich oder in England gewesen wäre; es reichte von einem Verständnis der deutschen Identität, die diese nur als eigenartige Erscheinungsform einer übergeordneten »europäischen Kultur« betrachtete und also einem »Verständigungsfrieden« zugeneigt war, bis zu schroffen Entgegensetzungen und exklusivistischen Auserwähltheitsansprüchen, denen bloß mit einem »Siegfrieden«, ja mit vollständiger Unterwerfung aller Gegner genug getan werden konnte. Der außerordentliche Vorrang des Militärischen stach freilich als besondere Eigentümlichkeit ins Auge und konnte von niemandem geleugnet werden; hier spannte sich der Bogen von einer recht zögernden zu einer überschwenglichen Bejahung. An keiner Stelle aber wurde der Feind konkreter identifiziert denn als Utilitarismus, Händlergeist oder Individualismus. Nirgendwo wurde die »Ausrottung« bestimmter Völker oder gar bestimmter Schichten gefordert.

Aber zwei »geistige Familien« fallen aus diesem Bild heraus, und beide waren zunächst nichts als Absplitterungen von einem größeren Ganzen.

Die Linkssozialisten um Karl Liebknecht und Rosa Luxemburg waren im Herbst 1914 nur ein ganz kleines Häuflein. Aber sie hatten ein Rekrutierungsfeld unter den Reichstagsabgeordneten der Sozialdemokratischen Partei, von denen nicht wenige nur sehr widerstrebend der Bewilligung der Kriegskredite zugestimmt hatten. Sie gewannen unter den Massen um so mehr Anhänger, je härter die Lage für die von der englischen Blockade getroffene und im »Steckrübenwinter« von 1916/17 buchstäblich hungernde Bevölkerung wurde, je herausfordernder die Kriegszielforderungen nicht bloß der Alldeutschen wurden und je höhere Verlustzahlen von den Fronten gemeldet wurden. 1916 hatte Karl Liebknecht den Mut, die Veranstaltung zum 1. Mai als Antikriegsveranstaltung erscheinen zu lassen, so daß er verhaftet wurde; die Spartakusgruppe, in der sich seine und Rosa Luxemburgs Anhänger organisiert hatten, führte in ihren »Spartakusbriefen« eine Sprache, welche mehr und mehr die ganze »Bourgeoisie« als die Kriegsschuldigen anklagte und freilich auch erkennen ließ, wie sehr man vom Verhalten der großen Massen, insbesondere der Massen der Soldaten enttäuscht war.[44] Das Zusammentreffen mit ausländischen Gesinnungsgenossen in den schweizerischen Dörfern Zimmerwald und Kienthal bedeutete Ermutigung, auch wenn man noch nicht wagte, der Forderung des fast unbekannten Führers einer Fraktion der russischen Sozialdemokratie zuzustimmen, der imperialistische Krieg müsse in einen Bürgerkrieg verwandelt werden.

Die Bildung der »Unabhängigen Sozialdemokratischen Partei« im April 1917 markierte den Punkt, wo der antiimperialistische und zugleich antikapitalistische Marxismus sozusagen als Massenerscheinung zu sich zurückkehrte, nachdem er die ungemein bittere Erfahrung eines großen Scheiterns gemacht hatte. Anders als die »Spartakusbriefe« erschienen die Zeitungen der neualten Partei legal, nicht anders als die »Lichtstrahlen« der sehr radikalen Gruppe um Julian Borchardt und die »Arbeiterpolitik« Johann Kniefs in Bremen. Die ersten ernsthaften Massenunruhen gab es unter Mitwirkung führender Parteiangehöriger auf der untätig vor Anker liegenden Schlachtflotte, und zwei Matrosen, Reichpietsch und Köbis, wurden von den Behörden mit dem Tode bestraft.

Die zweite Absplitterung, die mehr und mehr an Einfluß gewann, vornehmlich durch ihre in der Schweiz erscheinenden Publikationen, war diejenige des radikalen und von den Linkssozialisten als »bürgerlich« bezeichneten Pazifismus. Die »Deutsche Friedensgesellschaft« unter Ludwig Quidde hielt sich zurück, da sie den »Kriegsgeist« nicht auf Deutschland beschränkt sah, aber in der Schweiz fand sich eine sehr aktive Gruppe radikaler Geister zusammen, die unter der Ägide des ehemaligen Krupp-Direktors Wilhelm Muehlon ihren Kampf ganz vornehmlich gegen Deutschland als die allein kriegsschuldige Macht richteten und deren Publikationen von der Propaganda der Entente kaum unterscheidbar waren. Mehr als alle anderen trug der junge Ernst Bloch dazu bei, den Krieg ganz in den Spuren Bergsons als ein Ringen der Kräfte des Guten mit den Kräften des Bösen erscheinen zu lassen und damit zu mythologisieren.[45]

Anders als die Linkssozialisten konnten diese »bürgerlichen Pazifisten« ihre Hoffnungen aufs engste mit einem einzelnen und sehr mächtigen Mann verknüpfen, nämlich mit dem Präsidenten der USA Woodrow Wilson. Der ehemalige Geschichtsprofessor aus Princeton hatte seine Wahl einer Spaltung der Republikaner zu verdanken. Anders als sein Gegner Theodore Roosevelt, der den »Fortschritt zum Imperialismus« verkörperte, war er tief in den Traditionen des »amerikanischen Traums« verwurzelt, aber er hatte seinerseits den Schritt zum »Internationalismus« getan und nahm sich vor, »die Welt für die Demokratie sicher zu machen«. So teilte er zwar Jeffersons Vorbehalte gegen das immer noch aristokratische England, aber er unterstützte die von den deutschen U-Booten bedrohte Insel nicht nur aus machtpolitischen Erwägungen, sondern aus ideologischer Überzeugung. Als Beispiel für die Schriften derjenigen, die den Präsidenten gegen die Strömung unbedingten Friedenswillens unterstützten, welche den Mittleren Westen der USA fast vollständig beherrschte, wähle ich die Artikel des ehemaligen Geistlichen *George D. Herron*, die überwiegend in schweizerischen und englischen Periodika erschienen und beträchtlichen Einfluß ausübten.

Vor dem Kriegseintritt der USA führte Herron den Kampf gegen einen

»entmannenden Pazifismus«, den »entarteten Intellektualismus« und eine »matte Modernität« mit nicht geringerer Entschiedenheit als Sombart oder Scheler, wenngleich mit der umgekehrten Stoßrichtung.[46] England gab Ägypten, das seit beinahe zwei Jahrtausenden in Nacht lebte, Ordnung, Hoffnung und verhältnismäßiges Glück; dagegen hat eine germanisierte Türkei unter der Patronage des scheinchristlichen Deutschen Kaisers die armenische Nation ausgerottet und damit ein Verbrechen begangen, das »keine Parallele« hat.[47] Daher ist die »Seele der Welt« in tödlicher Gefahr, und nichts wäre verhängnisvoller als ein Kompromißfriede mit der antichristlichen Macht Deutschlands, die zu Wotan und Thor zurückkehrt und das Prinzip der Gewalt auf ihre Fahnen schreibt, so daß heute eher »eine Auseinandersetzung zwischen Prinzipien als zwischen Nationen« vorliegt. Mithin kann bloß die völlige Vernichtung des preußischen Militarismus den Sieg des vor zwei Jahrtausenden in Jerusalem verkündeten sozialen Prinzips sichern und den Weg »für eine neue, vereinigte Menschheit« freimachen.[48]

Nach dem Kriegseintritt stellt er Wilson mehr und mehr als den Erlöser der Menschheit dar, der der »Orgie des Todes« ein Ende machen und Europa in einen geradezu paradiesischen Weltteil umwandeln wird. Von Haß gegen »Deutschland« ist Wilson weit entfernt, vielmehr will er durch die Vernichtung des Militarismus Deutschland dessen ehemaliges »edles Sein« zurückgeben, so daß möglicherweise jenes »andachtsvolle romantische Leben« wieder erwachen wird, das die Vergangenheit bestimmt hat. Anders als die Sozialisten will der Präsident aber nicht eine gesichtslose Kosmopolis ins Leben rufen, sondern sein Prinzip ist dasjenige der Selbstbestimmung der Völker, die sich in einem zweiten Schritt zur »Weltpolitik« zusammenschließen werden. So ist dieser Krieg tatsächlich »ein Kampf zwischen Licht und Finsternis, ein Krieg zwischen dem guten und dem bösen Prinzip«, und Amerika hat sich selbst »zum kriegerischen Kämpfer für das tausendjährige Friedensreich der Apokalypse« gemacht.[49]

Aber offenbar hat Herron das Empfinden, daß der Krieg gegen das militaristische Preußen und gegen die tyrannischen deutschen Fürsten eine so umfassende Vision nicht zu begründen vermag, und er schreibt Amerika auch eine führende Rolle beim Kampf gegen das Profitmotiv und die anonymen Finanzmächte zu, die freilich zwischen New York und San Francisco hauptsächlich von »Männern deutscher Rasse« gebildet werden.[50]

Es kann also keinen Zweifel geben, daß der Krieg in Amerika ebensosehr ideologisiert wurde wie in Deutschland und daß man an grotesken oder lächerlichen Überschwenglichkeiten nicht weniger anführen könnte, als man sie in der deutschen Literatur zu finden pflegt. Aber die Frage ist, ob nicht der »rationale Kern«, der in allen diesen Überschwenglichkeiten erkennbar ist, im amerikanischen Fall einfacher und überzeugender war als im deutschen. Die Frage war, wie sehr sich die Ideologien in weithin sichtbaren Persönlichkeiten verkörpern und welche Bedeutung sie für die Entscheidung des Krieges gewinnen konnten. Hier war von vornherein der deutsche Nachteil nicht zu übersehen: Der Kaiser war längst zu einer bloßen Galionsfigur geworden, und der Sieger von Tannenberg und Chef der Dritten Obersten Heeresleitung, von Hindenburg, war zwar für die große Mehrheit der Deutschen zur Vaterfigur, ja zum Mythos geworden, aber er wies allzu deutsche und preußische Züge auf, als daß auch nur die deutschen Österreicher von ihm das Heil hätten erwarten können.

Wilson war eine viel »allgemeinere« und insofern eine menschlichere Natur, der »preußische Militarismus« war ein überaus anschaulicher Gegner, und die Weltrepublik in Gestalt eines Bundes der Völker war leicht vorstellbar. Die linkssozialistische Ideologie hatte ihren sichtbarsten und in ganz Europa bekanntesten Vorkämpfer in Karl Liebknecht, aber die »Vernichtung des Kapitalismus« war ein weit abstrakteres Ziel, und die »klassenlose Weltgesellschaft« mußte auf allen Seiten Befürchtungen hervorrufen. Und Liebknecht war ein Gefangener; der »Zauber der Macht« war ihm fern. Um die Mitte des Jahres 1917 schienen viele Zeiger auf den künftigen Sieg Wilsons und damit der »Amerikanisierung der Welt« hinzuweisen.

Aber die endgültige Entscheidung war gleichwohl noch keineswegs gefallen. Zwar war schon erkennbar, daß die hochfliegenden Erwartungen und Vorhersagen der Seekriegsleitung sich nicht realisieren lassen würden und daß der seit Februar verkündete »unbeschränkte U-Boot-Krieg« England nicht zur Kapitulation zwingen würde. Aber Deutschland war längst nicht mehr bloß »Mitteleuropa«. Mit einigen Körnchen Salz könnte gesagt werden (und Herron tat es), daß ein deutsches Weltreich sich von der Ostsee bis an den Euphrat und von den Vogesen bis zum Bug erstreckte, das an Hilfskräften – sofern sie vollständig genutzt werden konnten – nur wenig hinter dem englischen Weltreich zurückstand. Vor allem aber wurde nach dem Scheitern der Kerenski-Offensive im Juli 1917 klar, daß Deutschland den militärischen Sieg über Rußland errungen hatte und daß ein Friedensschluß oder aber die Besetzung weiter Strecken des Riesenreichs in naher Zukunft zu erwarten war. Nicht umsonst, so schien es, hatte man den linkssozialistischen »Defätisten« durch Vermittlung des ehemaligen Linkssozialisten Parvus-Helphand große Geldmittel zukommen lassen und dem Führer der

Bolschewiki, Wladimir Iljitsch Lenin, den Weg zur Reise durch Deutschland freigegeben. Ausgeschlossen schien es nicht zu sein, daß die nächste Periode der Weltgeschichte nicht durch einen Bund zahlreicher nur noch halbsouveräner Nationen unter Führung des einzigen Staates mit ausgeprägt linker Tradition, nämlich der USA, bestimmt sein würde, sondern durch einige wenige und voll souveräne Kontinentalmächte mit dem von Deutschland beherrschten Europa an der Spitze.

Teil II
1917/18 bis 1945

ERSTER KREIS: POLITISCHE GESCHICHTE

Europa und die Welt 1917 bis 1939[1]

Die Entscheidung des Weltkrieges fiel im Jahr 1918. Für einen Augenblick schien während der großen deutschen Frühjahrsoffensive die Situation von Anfang September 1914 wiederhergestellt zu sein: Der Stellungskrieg wurde von neuem zum Bewegungskrieg, die deutschen Truppen drangen abermals in Richtung Paris vor, und diesmal gab es keine Drohung im Osten mehr, denn durch den Separatfrieden von Brest-Litowsk war Rußland aus den Reihen der Gegner ausgeschieden. Aber die Offensiven erreichten ihr Ziel nicht, auch wegen der in immer größeren Zahlen und vollständiger Frische zur Front strömenden Amerikaner, und Anfang Oktober wurde die zivile Führung des Reiches, jetzt unter dem liberalen Prinzen Max von Baden, von dem in Panik geratenen oder nur allzu klug kalkulierenden Ludendorff gezwungen, überstürzt ein Waffenstillstandsangebot herausgehen zu lassen.

Das bedeutete den Sieg für Clemenceau und Lloyd George: Nach den überlieferten Regeln der europäischen Geschichte würden nun die Siegermächte dem Besiegten harte Bedingungen auferlegen, und der Besiegte würde dann den Versuch machen, die drückendsten Bestimmungen zu beseitigen, um allmählich die frühere Position annähernd zurückzugewinnen, sofern ihm ein vernichtender Karthagofriede erspart blieb. Eines bewies ja die Kriegsliteratur auf jeden Fall: daß Deutschland, ob schuldig oder unschuldig, überall als der Hauptfeind betrachtet worden war und sich auch selbst als Zentrum der Auseinandersetzung gesehen hatte. Während der vier Kriegsjahre war das Deutsche Reich die Mitte der Welt gewesen, gegen das und von dem aus alle Kraft- und Energielinien ausstrahlten. Sein »Revisionismus«, der unvermeidbar war, welche Partei auch immer an die Regierung gelangte, mußte zu einer der wichtigsten Gegebenheiten der Nachkriegszeit werden.

Aber bereits 1917 kamen zwei neue Grundtatbestände zur Existenz, die beide dahin tendierten, diese »normale« Fortentwicklung als ein überholbares Relikt der Vergangenheit erscheinen zu lassen und damit unwirksam zu machen.

Der Kriegseintritt der USA bedeutete nicht lediglich das Eingreifen einer weiteren Macht. Wilson stellte sich tatsächlich, wie Herron, Walter Lippmann und andere unermüdlich betont hatten, auf eine prinzipiell andere Ebene, als es Lloyd George und Clemenceau taten, auf die Ebene nicht der Machtpolitik, sondern der Moralpolitik. Wenn die unverantwortlichen Kräfte des militaristischen Obrigkeitsstaates in Deutschland gestürzt seien, dann würde nach seiner Überzeugung eine gerechte Regelung der entsprechenden Probleme möglich sein; die sich selbst bestimmenden, das heißt demokratischen Völker der Welt würden auf das böse Prinzip des bisherigen Staatsrechts verzichten, nämlich auf das Recht der souveränen Kriegführung, und sie würden sich zu einem Völkerbund zusammenschließen, der jedem Volk und jedem Einzelnen die Freiheit der friedlichen Entfaltung garantieren würde. Diese Überzeugung kam in den »Vierzehn Punkten« zum Ausdruck, in denen der Präsident im Januar 1918 die künftige und gerechte Friedensordnung umriß. An konkreten Bestimmungen waren darin freilich nur sehr gravierende Forderungen gegenüber Deutschland enthalten, wie etwa die Rückgabe Elsaß-Lothringens und der Zugang zum Meer für das neu zu schaffende Polen, aber offensichtlich sollten die Deutschen vom Recht der Selbstbestimmung nicht ausgeschlossen werden, und mithin mußte jenes »Großdeutschland« die Folge sein, zu welchem sich die Deutschen Österreichs mit dem Reich vereinigen würden.

Hier lag die nächste und offenkundigste Interferenz mit dem »normalen« Konzept des alliierten Siegfriedens, und die deutsche Regierung wäre sehr töricht gewesen, wenn sie die Chance nicht genutzt und sich in ihrem Waffenstillstandsangebot nicht ausdrücklich auf die Vierzehn Punkte berufen hätte, obwohl sie seit deren Veröffentlichung nahezu neun Monate hatte verstreichen lassen und mit Rußland einen Frieden geschlossen hatte, der in ausgeprägtem Maße ein »Siegfriede« war.

Aber dieses besiegte Rußland war nun längst nicht mehr das Reich des Zaren, und es hatte auf all die berühmten Ansprüche, zum Beispiel diejenigen auf Konstantinopel, nicht etwa nur verzichtet, sondern es verwarf sie als verbrecherisch. Schon die »Februarrevolution« im März 1917 hatte im Namen der Arbeiter- und Soldatenräte einen feierlichen Appell zu einem Friedensschluß »ohne Annexionen und Kontributionen« an die Völker der Welt ergehen lassen, obwohl die »Provisorische Regierung« die Kriegsanstrengungen nun verdoppeln zu können meinte, da die deutschfreundlichen Einflüsse von seiten Rasputins und der Zarin beseitigt seien und Rußland endlich als demokratische Macht mit den anderen demokratischen Mächten in einer Front gegen den preußisch-deutschen Militarismus und Feudalismus stehe.

Im Grunde war diese Revolution – zunächst nichts anderes als ein

Volksauflauf in Petrograd ohne Planung und ohne Führer – eine Antikriegsrevolution gewesen, und der Sozialist Kerenski stand gegen die Sozialisten Lenin und Trotzki auf verlorenem Posten, wenn er den Krieg auch nach dem Scheitern der letzten großen Offensive noch weiterführen wollte. So folgte der »Februarrevolution« im November die »Oktoberrevolution«, die keine spontane Volksbewegung, sondern ein sorgfältig geplanter Putsch der zu immer größerer Stärke und Popularität gelangten Bolschewiki gegen die bevorstehende Bildung einer »allsozialistischen« Sowjetregierung war, welche den Frieden mit Nachdruck, aber doch vermutlich wegen der Alliierten nicht ohne Zögern gesucht haben würde. Die Machtergreifung Lenins schien mithin auf den ersten Blick den Triumph Ludendorffs und jener neuen Machtpolitik zu bedeuten, welche gerade die defätistischen und revolutionären Strömungen im Lande des Gegners zu benutzen wußte, und die Verhandlungen über den Separatfrieden wurden bald darauf eingeleitet.

Mit Lenin siegte jedoch nicht nur die Kriegsmüdigkeit der Massen, sondern auch deren Haß, der nun in der Ermordung zahlreicher Offiziere bis hin zum Oberkommandierenden zum Ausdruck kam, und es siegte vor allem der Marxismus als Lehre vom Klassenkampf und Klassenkrieg, aber auch als Erwartung des Ausgangs der Menschheit aus ihrer Vorgeschichte infolge der »Abschaffung des Privateigentums« und der Beseitigung des Kapitalismus in aller Welt. So wurde von Anfang an die »Vernichtung der Bourgeoisie« als Ziel proklamiert, und bald drangen schreckenerregende Berichte vom Elend der enteigneten, aus ihren Wohnungen getriebenen und zur Zwangsarbeit gezwungenen Bürger in die Welt, denen wenig später Meldungen über »administrative Erschießungen« durch die neugegründete Tscheka unter der Leitung des polnischen Adligen Feliks Dserschinsky folgten. Aber noch beunruhigender war für die führenden Schichten – und zwar gleichermaßen in Deutschland wie im Westen – der Enthusiasmus großer Massen und ihre feste Überzeugung, daß nun überall in der Welt die einfachen Menschen sich gegen die Kriegsverantwortlichen und die Ausbeuter erheben würden.

Das war die Erwartung der »Weltrevolution«, und als nach dem Zusammenbruch Deutschlands im November 1918 die Waffen schwiegen, rief die Führung der neugegründeten »Kommunistischen Internationale« die Massen auch in den Siegermächten zum »bewaffneten Aufstand« nach russischem Muster, das heißt zum Bürgerkrieg auf, und zwar mit einer Kraft der Sprache und einer Glut der Überzeugung, die von keiner anderen Partei aufgebracht wurde. Zwar wurden die großen Hoffnungen so wenig zur Wirklichkeit wie die düsteren Befürchtungen, aber in jedem Land Europas gingen die sozialistischen Parteien nun entweder in ihrer Mehrheit zum Bolschewismus über, oder sie spalteten sich, und die zweite und stärkere Interferenz zur »normalen« Machtpolitik war eingetreten. Für Deutschland bedeutete das, daß sich ganz neuartige Erwartungen und Hoffnungen auf es richteten: Die Bolschewiki hofften, ihren Hauptsitz bald von Moskau nach Berlin verlegen zu können, das die eigentliche Welthauptstadt der Revolution sein würde; die Alliierten aber sahen, wie man 1919 in der »Weltbühne« lesen konnte, in dem Bolschewismus »eine solche Gefahr für die Weltkultur«, daß sie bereit waren, den eben erst besiegten Militarismus der Deutschen als einen wichtigen Verbündeten zu betrachten, um der »Gefahr des Bolschewismus« zu begegnen.[2]

»Gefahr des Bolschewismus« bedeutete aber in erster Linie die Gefahr eines internationalen Bürgerkrieges, in dem »der Kapitalismus« oder »die westliche Zivilisation« oder »das Liberale System« zugrunde gehen könnte. Auch die Anhänger Wilsons mußten sich also gegen diese Intention des Bolschewismus stellen, so sehr sie mit dessen Kriegsgegnerschaft sympathisiert haben mochten. Und andererseits stellten sich sogar in Rußland viele Marxisten und Sozialisten gegen den Bolschewismus, weil sie ihn nicht nur für ein »Gewaltregime«, sondern für eine Verkleidung des alten russischen Imperialismus hielten, der im Bürgerkrieg keineswegs bloß reaktionäre »Weiße«, sondern auch die progressiven Kräfte der auf Unabhängigkeit drängenden Völker des Riesenreichs bekämpfte. Jedenfalls hatte im räumlich größten und potentiell stärksten Staat der Welt eine Ideologie die alleinige Macht ergriffen, welche auf dem Weg des internationalen Bürgerkriegs einen völlig neuartigen Weltzustand durchsetzen wollte. Auch durch diesen zweiten fundamentalen Tatbestand von 1917 wurde die deutsche Situation der Zeit nach 1918 bereits *ante festum* verändert: In Wilsons Völkerbund würde Deutschland keine »revisionistische« Macht sein können, die es nach dem Siegfrieden der Alliierten hätte sein müssen, aber es wäre als neues Großdeutschland ein zufriedengestellter Staat gewesen, den der Verzicht auf einen Teil seiner Souveränität nicht geschmerzt haben würde; der revolutionären und rätselhaften Macht im Osten gegenüber konnte Deutschland zum Verbündeten der »kapitalistischen Westmächte« oder (mit anderer Wertsetzung) zum Vorkämpfer der europäischen oder der »westlichen« Kultur werden. In beiden Fällen indessen würde Deutschland »Teil« und nicht »Zentrum« sein, anders als im Falle des bloßen Besiegtseins, wo sich alle Aufmerksamkeit auf seinen »Revisionismus« konzentriert hätte.

Aber ein vierter Grundtatbestand muß Erwähnung finden. Um Deutschland zu besiegen, hatten Engländer und Franzosen Truppen aus allen Teilen ihrer Weltreiche an die Front gebracht, vor allem Inder und Algerier, Senegalesen und andere »Farbige«. Daraus mußte nach dem Kriege eine außerordentliche Stärkung der auch vorher schon vorhandenen Unabhängigkeitsbewegungen erwachsen. Der die »Gewaltlosigkeit« zur Maxime machende Kampf des Mahatma Gandhi in Indien rief in der westlichen Presse immer wieder Schlagzeilen hervor, meist durch spektakuläre Fastenaktionen, und die »Kongreßbewegung« zwang den Engländern mancherlei Konzessionen ab, nachdem der Versuch der gewaltsamen Niederwerfung schon mit dem Massaker von Amritsar gescheitert war, das im Westen allgemein verurteilt worden war.

China war nach dem Sturz der Mandschu-Dynastie im Jahre 1912 zu einem späten Zeitpunkt, nämlich Ende 1917, noch in den Krieg gegen Deutschland eingetreten, und als die Friedenskonferenz die ehemalige deutsche Kolonie Kiautschou den Japanern als »Mandat« zusprach, erfolgte mit der »Bewegung vom 4. Mai« eine überaus heftige Reaktion nationalen Widerstandes. Sowjetrußland machte die Sache dieser »nationalen Befreiungsbewegung« so gut zu seiner eigenen wie die anderen antikolonialen Bewegungen, die in seinen Augen zwar »bürgerlich-demokratisch«, aber doch fortschrittlich waren. Lenin lobte Sun Yat-sen und dessen Kuomintang, aber die größere Unterstützung erhielt die neugegründete Kommunistische Partei unter Li-Tachao, welche zwar mit der Kuomintang verbündet war, aber ihre organisatorische Selbständigkeit bewahrte. Japan schließlich brauchte um seine Unabhängigkeit nicht mehr zu kämpfen; es wurde indessen der »westlichen Zivilisation« gegenüber nun immer kritischer und suchte die Führungsrolle bei der Emanzipation der asiatischen Völker von der europäischen Kolonialherrschaft zu übernehmen, doch mußte es den Verdacht in Kauf nehmen, bloß seinen eigenen Imperialismus fördern zu wollen. Tatsächlich wurde während der zwanziger Jahre Ostasien zum Herd von Bürgerkriegen und Kriegen: Die Kuomintang kämpfte mit den Waffen gegen die verschiedenen Militärmachthaber im Lande und schließlich gegen die Kommunistische Partei; Japan aber bereitete durch seine stetige Ausdehnung in der Mandschurei den ersten großen Krieg vor, der nach dem Weltkrieg ausbrechen sollte.

Auch dieser vierte Grundtatbestand wirkte in die Richtung, Deutschland die Zentralität zu nehmen. Aber wurde nicht Deutschland ebenfalls von den Westmächten unterdrückt? Konnte es sich nicht an die Spitze dieser nationalen Befreiungsbewegungen stellen, sei es auch nur durch materielle Hilfe und geistige Unterstützung, um die Siegermächte in Bedrängnis zu bringen? Dann hätte es sich jedoch mit Sowjetrußland verbinden und auf die vielversprechende Rolle des Alliierten der Westmächte im Kampf gegen den Bolschewismus verzichten müssen! Eine solche Mittelposition zwischen zwei der grundlegend neuen Tatbestände nahm keine andere Macht ein; es war nicht auszuschließen, daß daraus etwas Überraschendes, vielleicht Alt-Neues hervorgehen würde, das Deutschland die positive Zentralität zurückgeben würde, die es verloren hatte.

Unter der Perspektive dieser vier Grundtatbestände ist die Geschichte der Zwischenkriegszeit vermutlich eher verständlich zu machen als durch eine Erzählung, welche die Ereignisse Jahr für Jahr und Land für Land zu verfolgen sucht.

Der Ausgangspunkt für den deutschen Revisionismus war der Vertrag von Versailles, der in Deutschland durchweg als »Diktat« bezeichnet wurde, da praktisch nur die Annahme oder die Verwerfung des von den »Großen Vier« erarbeiteten bzw. sanktionierten Textes möglich war. Aber schon die Waffenstillstandsbedingungen hatten Deutschland die Möglichkeit des Widerstandes genommen, und die Unterzeichnung fand statt, obwohl der erste Reichsministerpräsident, der Sozialdemokrat Philipp Scheidemann, erklärt hatte, er wolle lieber seine Hand verdorrt sehen, als einen so vernichtenden und überdies ehrenrührigen Vertrag zu akzeptieren.

Die territorialen Verluste waren zwar tragbar, zumal im Vergleich mit den radikalen Verkleinerungen, denen die verbündeten Staaten, vor allem Ungarn und die Türkei, unterzogen wurden, und im großen und ganzen bedeuteten sie nur den Verzicht auf die fremdnationalen oder widerstrebenden Elemente des Bismarckreichs, die Polen, Dänen und Elsässer. Aber die Tatsache, daß Deutschland nun durch einen »polnischen Korridor« in zwei Teile geteilt war, wurde als ein unerhörter Affront empfunden, und man dachte nur selten an den eigenen Anteil bei der Teilung Polens zurück. Objektiv war es schlimmer, daß die Wiedergutmachungsforderungen noch nicht zahlenmäßig fixiert wurden, aber eine dreistellige Milliardensumme zusätzlich zu den sofort fälligen und sehr beträchtlichen Sachlieferungen zu erwarten war. Ein gravierender Verstoß gegen das Prinzip der Selbstbestimmung der Nationen war das »Anschlußverbot« für Österreich. Ehrenrührig war die Forderung, die »Kriegsverbrecher« und die Flotte auszuliefern, und als das Schlimmste von allem wurde der Artikel 231 empfunden, der »Deutschland« mit der ungeteilten Kriegsschuld zu belasten schien.[3]

Man kann die ganze Geschichte der Weimarer Republik unter dem Blickwinkel der Revisionsbemühungen sehen, in denen sich alle deutschen Regierungen grundsätzlich einig waren, die aber auch mehr und mehr Unterstützung im Ausland erhielten, als immer klarer wurde, daß Deutschland die schließlich auf hundertzweiunddreißig Milliarden Goldmark festgesetzte Schuld allenfalls über einen sehr langen Zeitraum würde bezahlen können und daß selbst dann diese außerordentlichen Kaufkraftübertragungen das Gefüge der vielfältig verzahnten Weltwirtschaft weiterhin aufs schwerste in Unordnung bringen würden. Zuerst müßte freilich von der alliierten und insbesondere französischen Forderungspolitik die Rede sein, die Deutschland im Mai 1921 durch das »Londoner Ultimatum« zu einer Art zweiter und noch bedingungsloserer Kapitulation, nämlich zur Einleitung der »Erfüllungspolitik« durch den Zentrumskanzler Joseph Wirth zwang und die trotzdem erst mit der Besetzung des Ruhrgebiets durch französische und belgische Truppen 1923 zu ihrem Höhepunkt gelangte.

Dieser Vorgang war einem zweiten Weltkrieg gleichzuachten, und er endete mit einer zweiten deutschen Niederlage, die den Untergang des Reiches in gigantischer Inflation, Revolutionsversuchen von links und rechts sowie im Separatismus nach sich zu ziehen schien. Aber wie durch ein Wunder gelang es im letzten Augenblick, die Währung zu stabilisieren und die innenpolitische Katastrophe abzuwenden. Von da an wurde eine ebenso zähe wie erfolgreiche Revisionspolitik verfolgt, die über den Dawes- und den Young-Plan, die Rheinlandräumung und schließlich die Verhandlungen in Lausanne die Reparationsansprüche bis auf einen geringen Rest beseitigte, wenn auch nur unter dem Zeichen schwerer innenpolitischer Kämpfe wie etwa der Agitation der Deutschnationalen und der Nationalsozialisten gegen die angebliche »Versklavung« des Volkes durch den Young-Plan und schließlich unter dem Donnergrollen der größten aller bisherigen Weltwirtschaftskrisen.

Und doch ist es sehr die Frage, ob die Revisionspolitik Stresemanns hätte erfolgreich sein können, wenn sie *nur* Revisionspolitik gewesen wäre. Der erste jener neuen Tatbestände von 1917, das Weltfriedenskonzept Wilsons und der Wilsonianer, war freilich schon mit dem Vertrag von Versailles gescheitert, und Wilson starb einen einsamen und verbitterten Tod, nachdem der amerikanische Senat sich geweigert hatte, den Frieden zu ratifizieren und den Beitritt der USA zum Völkerbund zu beschließen. So schien dieser Völkerbund, in dem die stärkste der Mächte fehlte und für die Besiegten einschließlich Rußlands kein Platz war, nur eine Karikatur seiner selbst und ein bloßes Instrument französischer Machtpolitik und französischer Vorherrschaft auf dem europäischen Kontinent zu sein. Und doch blieb neben der unschönen Realität die Idee Wilsons lebendig, vom Überschwang der ersten Hoffnungen befreit: die Idee einer Gemeinschaft höherer Ordnung, innerhalb deren die einzelnen Staaten sich zur Friedenssicherung verpflichteten und damit auf einen Teil ihrer Souveränität Verzicht taten.

Die Aufnahme Deutschlands in den Völkerbund im Jahr 1926, verbunden mit der Zuerkennung eines ständigen Ratssitzes, und darüber hinaus die Bemühungen Stresemanns und Briands, im Rahmen des Völkerbundes zu einer engen Zusammenarbeit zwischen Frankreich und Deutschland, ja schließlich sogar zu einer europäischen Union zu gelangen, würden sogar dann einer anderen Kategorie als der Revisionspolitik angehören, wenn Stresemann nur die Wiederherstellung der deutschen Machtposition und Briand lediglich die Erhaltung der französischen Hegemonie im Sinn gehabt hätten. Freilich war es kein gutes Vorzeichen, daß Frankreich nach dem Tod Stresemanns und dem Machtverlust Briands im Jahre 1931 Brünings Plan einer Zollunion zwischen Deutschland und Österreich zu Fall brachte, die in der Praxis das »Anschlußverbot« des Vertrages von Saint-Germain beseitigt und Österreich jene »Revision« gewährt haben würde, die dem Wunsch der Bevölkerung von 1919 und damit dem Prinzip der Selbstbestimmung der Völker entsprach.

Revisionismus war nämlich nicht bloß eine deutsche Eigentümlichkeit, und er verknüpft sich nicht nur im deutschen Falle mit Wilsonschen Ideen. Es gab einen ungarischen Revisionismus, der freilich erfolglos blieb und zunächst nur darin seinen sichtbaren Ausdruck fand, daß zum Zeichen der Trauer über den Verlust von zwei Dritteln des Staatsgebiets die Fahnen jahrzehntelang auf Halbmast wehten. Es gab sogar den Revisionismus einer Siegermacht, Italiens, das sich in Versailles ungerecht behandelt glaubte, weil nicht alle seine Wünsche erfüllt wurden. Vor allem aber existierte der Revisionismus der Türkei, und er erreichte die frühesten und größten Erfolge, als Kemal Pascha die Expansionspolitik der Mächte zum Scheitern brachte und zwar nicht das Imperium der Vorkriegszeit wiederherstellte, wohl aber einen autoritär geführten Staat schuf, der gegen die islamischen Traditionen vorging und nach dem Sultanat sogar das geistliche Kalifat abschaffte, so daß dieser Revisionismus von Sun Yat-sen als Paradigma einer nationalen Befreiungsbewegung gepriesen werden konnte.

In Deutschland wurde Kemal »Atatürks« Vorgehen von vielen Nationalrevolutionären und Deutschnationalen ebenfalls als Vorbild betrachtet. Auch der vierte Grundtatbestand verschlang sich mit demjenigen des deutschen Revisionismus, obgleich er auf die offizielle Politik keinen Einfluß gewann. Aber selbst diejenigen Männer an den Rändern der Rechten, die einem nationalen Befreiungskampf des unterdrückten Deutschlands nach dem Muster der Türkei das Wort redeten, wollten allenfalls die Grenzen von 1914 zurückgewinnen, nicht anders als die Masse der Deutschnationalen. So weit ging der deutsche Revisionismus in keiner seiner Abwandlungen und Schattierungen, daß er eine Wiederaufnahme des Weltkrieges ins Auge gefaßt hätte. Aber es gab eine Ausnahme, und sogar hier war der neue Weltkrieg nicht Absicht, sondern mögliche Konsequenz. Es hätte diese Ausnahme nicht geben können, wenn nicht der dritte Grundtatbestand vorhanden gewesen wäre, nämlich der Aufruf zum »bewaffneten Aufstand« von seiten der kommunistischen Weltbewegung, deren bolschewistischer Zweig sich 1920 in Rußland endgültig gegen den Widerstand der »Weißen« durchsetzte.

Die deutsche Novemberrevolution von 1918 war noch weit mehr eine Zusammenbruchsrevolution als die Februarrevolution in Rußland. Eben deshalb brauchte sich keine revolutionäre Friedenspartei zu bilden, und landarme Bauern, die sich in den Besitz der adligen Güter zu setzen versuchten, gab es in Deutschland als bedeutende Kraft nicht. Aber zur »Einführung des Sozialismus« schien Deutschland weitaus reifer zu sein als Rußland, und es ist nicht ausgeschlossen, daß die »Rätebewegung« sich durchgesetzt haben würde, wenn nicht die Mehrheitssozialdemokraten das russische Beispiel als abschreckend empfunden und so hingestellt hätten und wenn nicht im schroffen Gegensatz dazu die am 1. Januar 1919 aus dem Spartakusbund hervorgegangene Kommunistische Partei Deutschlands sowie starke Kräfte in der USPD gerade dieses Beispiel als Vorbild und als Anfang der Weltrevolution aufgefaßt hätten. So konnte der »Januaraufstand« in Berlin als Versuch der deutschen Bolschewisten betrachtet werden, die Wahlen zur Nationalversammlung zu verhindern, die ja sogar in Rußland stattgefunden hatten, und im Berliner Märzaufstand mochte man eine Parallele zu jener Auseinanderjagung der Nationalversammlung wahrnehmen, die nur deshalb nicht real wurde, weil das konstituierende Parlament nach Weimar ausgewichen war. Und hatte nicht Karl Radek auf dem Gründungsparteitag der KPD zuversichtlich den Augenblick ins Auge gefaßt, wo deutsche und russische Arbeiter gemeinsam am Rhein gegen die Heere der Alliierten kämpfen würden?

War es verwunderlich, daß die Freiwilligentruppen, die der Reichswehrminister Noske aus den Resten des alten Heeres zusammenstellte, sich durch große Sympathien im Inland und nicht minder bei den Alliierten gestützt fühlten, obwohl jene Vergleiche nicht zwingend waren und obwohl ihre Kampfführung oft genug gegen die Regeln sogar der Bürgerkriegführung verstieß, etwa bei der Tötung wehrloser Gefangener, von denen Rosa Luxemburg und Karl Liebknecht die prominentesten, aber keineswegs die einzigen waren? Das gleiche geschah bei der Niederwerfung der Räterepublik in München: Der Zorn, der Haß, die Erbitterung der Freikorps waren den tatsächlichen Ereignissen trotz des Geiselmordes im Luitpold-Gymnasium nicht proportional, aber trotz allen Überschwangs war das Empfinden richtig, einer Drohung von umfassender und umwälzender Art konfrontiert zu sein, denn Lenin hatte den russischen oder halbrussischen Kommunisten, die an der Spitze dieser Bewegung standen, tatsächlich Ratschläge gegeben, die eine genaue Entsprechung zu dem Vorgehen gegen die »Bourgeois« in Moskau und Petrograd darstellten.

Ein Jahr später, beim Kapp-Putsch, stand die sozialdemokratische Regierung den revoltierenden Truppen und Freikorps feindlich gegenüber, aber schon nach wenigen Tagen mußte sie die Putschisten von gestern zu Hilfe rufen, da sich im Ruhrgebiet eine »Rote Armee« gebildet hatte, die offenbar für die weit größere Gefahr gehalten wurde und die dann nur in schweren Kämpfen auf ganz kriegsmäßige Weise niedergerungen wurde. Wenige Monate später aber war nicht bloß die deutsche Regierung von Panik erfaßt, sondern Angst und Verwirrung waren in den Hauptstädten der Alliierten beinahe noch größer, als die russische Rote Armee in Abwehr eines Angriffs durch den Polen Pilsudski und den Ukrainer Petljura tief nach Polen eindrang und sich bereits Warschau näherte. Es bedurfte des »Wunders an der Weichsel«, daß die Gefahr abgewendet wurde, und für dieses Wunder waren letzten Endes nicht das taktische Geschick Pilsudskis, die Ratschläge des französischen Generals Weygand und auch nicht die taktischen Fehler der russischen Generäle verantwortlich, sondern neben der letzten Offensive der Weißrussen unter dem General Wrangel die von Lenin durchaus nicht erwartete Tatsache, daß die polnischen Bauern und Arbeiter sich von den revolutionären Aufrufen nicht dazu bewegen ließen, gegen die einheimischen »Unterdrücker« auf die Seite der ausländischen »Klassengenossen« zu treten. Aber in Deutschland war der größere Teil der Massenpartei USPD dabei, sich mit den Kommunisten zu vereinigen; in Frankreich war gar die Mehrheit der Sozialistischen Partei im Begriff, sich der Kommunistischen Internationale anzuschließen, und in England sympathisierten starke Kräfte der »Labour Party« unverhüllt mit dem sowjetischen »Befreiungsfeldzug«.

Damals sah Lloyd George ein »bolschewistisches England« vor seinem geistigen Auge, und er zügelte die antikommunistische Entschlossenheit seines Kriegsministers Churchill, der am liebsten seinerseits den entgegengesetzten »Befreiungsfeldzug« in Zusammenarbeit mit der zahlenmäßig gewaltigen russischen Emigration ins Werk gesetzt hätte. Aber die Gefahr ging vorüber, und London und Paris kehrten zur Normalität zurück. In Deutschland dagegen brach im März 1921 ein großer Aufstand im mitteldeutschen Industrierevier aus, der unmittelbar von der Dritten Internationale veranlaßt worden war, um von dem Aufstand in Kronstadt und von anderen Schwierigkeiten Sowjetrußlands abzulenken. 1923 wurde die Revolution von deutschen und sowjetrussischen Kommunisten mit geheimen

Maßnahmen und sehr offenen Aussagen vorbereitet, aber das entschlossene Vorgehen der Reichsregierung führte schon vor dem Ausbruch das Scheitern herbei.

Wer könnte ernsthaft daran zweifeln, daß der Grundtatbestand des bolschewistischen Sieges in Rußland in ganz Europa und namentlich in Deutschland eine Situation schuf, zu der es vor dem Krieg keinerlei Analogie gegeben hatte: nämlich eine Bürgerkriegssituation, in der eine internationale Partei, welche die Verkörperung einer Geschichtsphilosophie war, mit allen Mitteln eine Umwälzung erstrebte, wie sie radikaler nicht mehr gedacht werden konnte? Dieser Grundtatbestand war nicht der einzige, und er mochte zeitweise zurücktreten oder an Kraft verlieren, er mochte sich mit den anderen Grundtatbeständen auf diese oder jene Weise verbinden, etwa in der Gestalt der vagen, aber nicht unbedeutenden Sympathien, die ihm von seiten der überlebenden Wilsonianer zuteil wurden, oder in der weitgehenden Übereinstimmung von Lenin und Sun Yat-sen. Er konnte von einem kräftigen »kapitalistischen System« gleichsam aufgesogen und unschädlich gemacht werden, wie es in Frankreich geschah, wo die Kommunistische Partei, zunächst weit größer als die Reste der sozialistischen Partei (SFIO), kontinuierlich zurückging und zu Beginn der dreißiger Jahre kaum mehr als eine Splittergruppe war.

Aber er konnte auch eine *spezifische* Reaktion hervorrufen, die ebenso neuartig und in der Vorkriegszeit ebenso unbekannt war wie er selbst. Diese kam in dem Augenblick zur Existenz, wo eine feindliche Partei entstand, die sich nicht mehr bloß mit anderen Parteien zur Abwehr verband und als Regierung gegebenenfalls die Polizei und die Armee einsetzte, sondern die sich Lenins Alternative »Wer-wen?« zu eigen machte und den Feind mit bürgerkriegsartigen Mitteln auszuschalten und sogar für die Dauer zu vernichten suchte. Eine solche Gegen-Bürgerkriegspartei, die dem Feind an Militanz und Entschlossenheit gleichkommen wollte und eben deshalb in einen Gegensatz zu den anderen und »zaudernden« Parteien geriet, entstand nicht etwa nur als »Nationalsozialistische Deutsche Arbeiterpartei« in Deutschland, sondern als »Partito Nazionale Fascista« in Italien und ansatzweise in vielen anderen Ländern Europas, wie es dem internationalen Charakter der Herausforderung entsprach.[4]

In Italien gelangte sie mit dem »Marsch auf Rom« der faschistischen Schwarzhemden Ende Oktober 1922 zum Sieg, und es war für die große Partei der sozialistischen »Maximalisten« sowie für die noch kleine Kommunistische Partei ein schlimmes Omen, daß der »Duce« der neuen Partei vor dem Kriege einer der ihren, ja sogar ihr führender Mann gewesen war. Die Hauptschwierigkeit für die Faschisten bestand darin, daß sie auch der

Geschichtslehre der Kommunisten etwas entgegensetzen mußten, wenn sie nicht bloß einen zufälligen und pragmatischen Sieg erringen wollten, und Mussolini, der ehemalige Marxist, schlug den Weg der Kritik des Marxismus ein: der Kapitalismus sei nicht im Absterben, sondern vielmehr noch für lange Jahrzehnte im Aufstieg begriffen; auch die Arbeiter hätten ein Vaterland oder sollten doch ein Vaterland haben. So wollte Mussolini noch nach seiner Machtergreifung den Faschismus als eine »nationale Arbeiterpartei« verstehen, etwa in der Art, wie Lensch die deutsche Sozialdemokratie verstanden wissen wollte, und er dachte nicht an eine Beseitigung der anderen Parteien oder gar an eine Vernichtung des »Systems«, zu dem ja auch die Monarchie gehörte. Aber dieser »konstitutionelle Faschismus« entsprach nicht der innersten Tendenz seiner radikalen Anhänger, und die Ermordung des sozialistischen Abgeordneten Giacomo Matteotti durch einige Squadristen leitete im Sommer 1924 die Entwicklung ein, die im Lauf einiger Jahre zur Vollendung der Einparteiherrschaft und zum »Totalitarismus« führte.

Dem Marsch auf Rom waren während der Jahre 1921 und 1922 Kämpfe vorangegangen, die mit Worten wie »Straßenschlachten« unzureichend beschrieben werden, die vielmehr oft genug regelrechten Bürgerkriegsaktionen glichen, obwohl in aller Regel die Faschisten wegen ihrer besseren Disziplin und stärkeren Bewaffnung sehr im Vorteil waren. Das staunenswerte war die »Passivität und Ohnmacht des Staates«, und man hat daher immer wieder auf eine Konnivenz zwischen Polizei, Militär und »führenden Schichten« mit den Faschisten geschlossen, aber zur Erklärung genügt der Hinweis, daß Italien nach dem Krieg eine Zeitlang von den sozialistischen Massen beherrscht zu sein schien, daß an zahlreichen Hauswänden die Inschrift »Viva Lenin« zu lesen war und daß die großen Parteien des Landes, die Sozialisten, die Christdemokraten (Popolari) und die Liberalen sich im Parlament eher zur Wechsellähmung als zu konstruktiver Tätigkeit versammelten. Der Entstehung einer militanten, primär antisozialistischen und in der Konsequenz auch antiparlamentarischen Bewegung oder Partei ist daher der höchste Grad historischer Notwendigkeit zuzuschreiben, und der Frage, ob Mussolini sich primär als Antikommunisten betrachtete und ob er nicht vielmehr lediglich ein Abenteurer war, kommt keine größere Bedeutung zu.

Ganz anders ist die Frage zu beantworten, ob auch dem *Sieg* dieser neuartigen Partei historische Notwendigkeit zuzuschreiben ist. Die Antwort muß lauten: Wenn die führenden Politiker des Landes – Giovanni Giolitti, Don Luigi Sturzo, Francesco Saverio Nitti – sich darüber im klaren gewesen wären, daß sie in ihrem Gegen- und Miteinander die Repräsentanten nicht bloß des Parlamentarismus, sondern des Liberalen Systems waren und daß der Faschismus mindestens tendenziell in einem radikalen Gegensatz zu diesem System stand, dann würden sie über ihre inneren Konflikte hinweg zu einer temporären Zusammenarbeit gelangt sein und hätten sich selbst und die Sache, für die sie standen, behaupten können. Giolitti war jedoch der gut liberalen Überzeugung, daß die neue Kraft des Faschismus ebenso in das parlamentarische System einbezogen werden müsse, wie der rechte Flügel der Sozialisten um Filippo Turati – beinahe – schon einbezogen war. Aber die maximalistische Mitte des PSI war nicht nur nach Mandaten die stärkste Partei, sondern die aktivsten und unruhigsten Volksmassen folgten ihren Parolen, und diese Parolen waren so einfach und einleuchtend wie möglich: Beseitigung der krisenhaften Zustände mittels der Ersetzung der kapitalistischen Marktwirtschaft durch die sozialistische Planwirtschaft, die jedem Angehörigen der Nation ökonomische Sicherheit und Gleichheit geben würde. Ein solches Programm war aus vielen Gründen utopisch, nicht zuletzt wegen der völligen Abhängigkeit Italiens von ausländischen Lieferungen, aber es besaß eine unerhörte Anziehungskraft. Weil Giolitti und Sturzo die systemgerechte Antwort nicht gaben, setzte sich die systemwidrige, aber als solche nicht von Anfang an erkennbare Antwort durch.

Nichts ist leichter begreiflich, als daß es zwischen Faschisten und »bürgerlichen« Nichtfaschisten eine Anzahl von Affinitäten gegenüber dem gemeinsamen Gegner gab. Von weit größerem Belang ist indessen die Feststellung, daß zahlreiche Arbeiter, insbesondere Landarbeiter, sich dem Faschismus anschlossen, und daß auf der anderen Seite bald ein »bürgerlicher« Antifaschismus zur Existenz kam, für den Benedetto Croce besonders repräsentativ ist, welcher der neuen Bewegung zunächst nicht ohne Sympathie gegenübergestanden hatte. Daher war es ganz verfehlt, in Geldzahlungen von seiten der Agrarier, der Großunternehmer oder auch der Freimaurer die *Ursache* für das Entstehen und den Charakter des Faschismus zu sehen und nicht lediglich einen begünstigenden, nur allzu naheliegenden und eigentlich selbstverständlichen Umstand. Durch diese sehr simple und populäre Interpretation wurde gerade der neuartige, relativ autonome Charakter des Faschismus verkannt und zugleich die Drohung nicht ernst genommen, die der am russischen Bolschewismus orientierte Maximalismus für das System als ganzes bedeutete – man müßte zu demselben Ergebnis gelangen, wenn man »Drohung« nicht negativ, sondern positiv faßt. Wer diesen Sozialismus auf »bloße Rhetorik« reduzierte, mochte den Faschismus für eine kluge Erfindung einiger Großunternehmer halten, aber er mußte dann darüber hinwegsehen, daß in Rußland die

»bloße Rhetorik« die Umwälzung des Systems und die soziale Vernichtung großer Klassen nach sich gezogen hatte.

Gewichtiger ist der Einwand, daß der Faschismus nicht in erster Linie militanter Antibolschewismus, sondern fanatischer Nationalismus und Revisionismus gewesen sei. Tatsächlich hatte der Faschismus in seinen Ursprüngen einem Unternehmen sehr nahe gestanden, das *kat' exochén* revisionistisch war und sich so eng mit den nationalen Befreiungsbewegungen in aller Welt verbunden fühlte, daß Lenin Worte großen Respektes fand. Es handelt sich um die Expedition Gabriele D'Annunzios, der im November 1919 mit einer Anzahl von Freiwilligen die ehemals österreichische und zur Einverleibung in Jugoslawien bestimmte Hafenstadt Fiume besetzte, die alliierten Truppen zum Abzug veranlaßte und ein Jahr lang der Welt ein Schauspiel bot, in dem »linke« und »rechte« Charakterzüge, »Revolution« und »Reaktion« auf das eigenartigste vermischt waren. Vom Stil dieses Unternehmens wurde der Faschismus dauerhaft geprägt, und Mussolini, der sich eine Zeitlang wie ein Untergebener und Propagandist des großen Täter-Dichters verhalten hatte, machte als Ministerpräsident die Revision der Pariser Vorortverträge zum Vorteil Italiens zu einem – zunächst allerdings nicht besonders hervorgehobenen – Ziel seiner Außenpolitik. Aber der Hinweis auf diese Tatsache beweist lediglich, daß der Faschismus kein »reiner« Antibolschewismus war, sondern daß er auch von jenen anderen Grundtatbeständen mitgeprägt war: dem revisionistischen Nationalismus, dem Affekt gegen Völkerbundsideologie und »Humanitarismus« und der Sympathie für nationale Befreiungsbewegungen, welche die herrschende Plutokratie der saturierten und dekadenten Westmächte in Frage stellten.

Die strukturelle Ähnlichkeit in Organisation und Grundimpulsen zwischen dem italienischen Faschismus und der NSDAP Adolf Hitlers in Deutschland springt ins Auge, und wenn die übereinstimmende Meinung der Zeitgenossen ohne Belang wäre, dann würden allein Hitlers Aussagen über seine Ermutigung durch die Erfolge der Faschisten und über seine uneingeschränkte Bewunderung für Mussolini den entscheidenden Beweis erbringen, der in seiner »Subjektivität« weitaus mehr Gewicht hat als alle von außen kommenden Beschreibungen und Analysen. Der italienische Faschismus ist daher der beste Ausgangspunkt für das Verständnis des Nationalsozialismus, auch und gerade in der Verschiedenheit, die ohne Zweifel zu konstatieren ist.

Daß der Antibolschewismus das zentrale Motiv Hitlers war, läßt sich schon durch die Beobachtung wahrscheinlich machen, daß er bis an sein Lebensende keinen Menschen so sehr verehrt hat wie den Dichter Dietrich Eckart und daß dieser Dietrich Eckart überhaupt erst durch die Erfahrung der Münchener Räterepublik zu einem politischen Aktivismus gelangt war. In seiner Zeitschrift »Auf gut deutsch« versuchte er, diese Erfahrungen darzustellen und auszuarbeiten, bald schon mit Hilfe eines emigrierten Balten namens Alfred Rosenberg und in Kontakt mit dem ehemaligen Diplomaten Max Erwin von Scheubner-Richter, der 1919 in Riga von den Bolschewiki ins Gefängnis geworfen und zum Tode verurteilt worden war.

Alle drei Männer nahmen den Bolschewismus so ernst, wie er ernst genommen werden wollte, aber sie partikularisierten und mythologisierten ihn zugleich zu einem Versuch »des jüdischen Weltheilands Lenin und seines Elias Trotzki-Braunstein«, die europäische Kultur zum Zwecke der Errichtung einer jüdischen Weltherrschaft zu zerstören.[5] Fremdartige Teufelsfratzen grinsen in den Karikaturen Otto von Kursells dem Betrachter auf den Seiten von »Auf gut deutsch» entgegen, und wenn Dietrich Eckart zunächst noch ganz spiritualistisch vom »Judentum in uns und außer uns« sprach, so rückte der Feind doch mehr und mehr »außer uns«, und in den frühen Schriften Alfred Rosenbergs ist er ganz und gar zu einer fremden Rasse geworden. Ob es sich nun um bloßen Einfluß oder um ein originäres Empfinden handelt: Jedenfalls spielt außer »Versailles« kein Thema in den frühen Reden Adolf Hitlers eine so große Rolle wie der »Blutsumpf« des Bolschewismus in Rußland und die Drohung der »Ausrottung der nationalen Intelligenz«, die von der deutschen Erscheinungsform der internationalen Bewegung ausgeht. Anders als die Aussagen über Versailles halten sich Äußerungen wie diese durch Hitlers ganzes Leben durch, und sie tauchen in privaten Gesprächen nicht minder häufig auf als in öffentlichen Reden.

Das Empfinden der Gefährdung ist bei Hitler viel ausgeprägter als bei Mussolini, der zwar schon seit 1918 ein ständiges »Duell mit Lenin« ausgefochten hatte, der aber nie das Bewußtsein verlor, einst gleichrangig neben Lenin für dieselbe Sache gekämpft zu haben, und zwar für eine Sache, die viel zu bedeutend war, als daß sie eine »Erfindung der Juden« hätte sein können. Während Mussolini nur insofern ein Geschichtsdenken artikulierte, als er das Versagen der bekanntesten politischen Gestalt des Geschichtsdenkens, des Marxismus, konstatieren zu dürfen glaubte, schlossen Hitlers »Mein Kampf« und schon seine frühen Reden eine Geschichtsauffassung in sich, die den Marxismus nicht so sehr kritisierte als umkehrte. Hitlers extremer Antibolschewismus unterschied sich also von dem militanten Antibolschewismus Mussolinis einmal durch das weit stärkere Empfinden der persönlichen, schichtenmäßigen und nationalen Gefährdung und zum anderen durch die Übermacht der antijüdischen Interpretation. Wenn Hitlers Nationalsozialismus ein Faschismus war, so war er im Vergleich zu dem italienischen Vorbild ein Radikalfaschismus.

Doch wenn bereits der italienische Faschismus kein »reiner« Antibolschewismus war, so galt dasselbe für den Nationalsozialismus in noch stärkerem Maße. »Versailles« kommt in den frühen Reden Hitlers weit häufiger vor als der Bolschewismus, und während der Ruhrbesetzung entwickelte Hitler ein Programm des gewaltsamen Widerstandes, das die Erinnerung an den Verzweiflungskampf der Nibelungen am Hofe Etzels evozierte. Aber in »Mein Kampf« ist daraus ein Programm der Gewinnung von »Lebensraum« im Osten geworden, welches das Programm eines Eroberungskrieges gegen das durch den Bolschewismus ruinierte Rußland ist und erstmals jenes Schwanken zwischen Beängstigung und Überheblichkeit erkennen läßt, das für Hitlers Verhältnis zur Sowjetunion kennzeichnend bleiben sollte. Hitler verwirft also ausdrücklich die allgemeine Tendenz des deutschen Revisionismus, die Wiederherstellung der Grenzen von 1914 zu verlangen, und er postuliert die dauerhafte Gewinnung jenes deutschen Weltreiches im Osten, das 1918 für einige Monate tatsächlich bestanden hatte.

Aber mußte das nicht die Wiederaufnahme dessen bedeuten, was alle anderen Deutschen fürchteten und ausschlossen, die Wiederaufnahme des Allfrontenkampfes des Weltkrieges, des Streites gegen die ganze Welt? Hitler antwortet auf diese Frage mit Nein, denn eine ganz neue Situation hat sich für ihn dadurch ergeben, daß der sowjetische Bolschewismus nicht nur eine präzedenzlose Bedrohung der westlichen Welt ist, sondern daß zumal das englische Weltreich durch jene »nationalen Befreiungsbewegungen« gefährdet ist, die von der Sowjetunion gefördert werden. Angesichts dieser neuartigen Lage würden die Engländer, so meint er, nicht mehr die Gleichgewichtspolitik betreiben, die zum Weltkrieg führte, sondern sie würden Deutschland freie Hand im Osten geben und eben dadurch ihr Empire gegen alle künftigen Gefahren sichern. Daher zwang Hitler alle Tendenzen in seiner eigenen Partei nieder, die einem Bündnis mit den »unterdrückten Nationen der Welt« gegen die englisch-amerikanische Plutokratie das Wort redeten, und da er für die Idee des Völkerbundes und eines Paneuropa nach den Vorstellungen des Grafen Coudenhove-Kalergi nichts als Verachtung empfand, gab er seiner Partei eine Gestalt, welche die klarste und radikalste Stellungnahme zu den vier Grundtatbeständen in sich schloß: Seine Partei war die mit dem höchsten Anspruch auftretende Erscheinungsform des militanten Antibolschewismus; sie bildete die Spitze des deutschen Revisionismus; sie lehnte die Befreiungsbewegungen der »unterdrückten Völker« mit ebenso großer Entschiedenheit ab wie die Völkerbundsidee oder die Vorstellungen einer föderativen Einheit Europas.

Es gab potentielle Widersprüche zwischen diesen Orientierungen: Der revisionistische Nationalismus mochte temporär die Oberhand über den Antibolschewismus gewinnen; die Friedensidee konnte als Vorwand eine Zeitlang in den Vordergrund gerückt werden, die Feindseligkeit gegen den westlichen und plutokratischen Kapitalismus würde vielleicht fortwirken und unter Umständen eine alte Tradition mit einer neuen Erfahrung in der Weise zusammenbringen, daß die bolschewistische Weltgefahr und die »westliche Dekadenz« gleichmäßig auf die Juden als die »Drahtzieher« der Geschichte zurückgeführt werden würden.

Es ist ebenfalls nicht auszuschließen, daß die antibolschewistischen und die revisionistischen Tendenzen radikaler Prägung sich infolge von Führerrivalitäten nie zusammengeschlossen hätten und bloß von den Deutschnationalen und Alldeutschen an die große Öffentlichkeit gebracht worden wären. Daß einer einzigen Persönlichkeit, nämlich Hitler, diese Zusammenfassung gelang, ist ein historischer Zufall, ganz wie es ein historischer Zufall war, daß sich die Balbo, Grandi, De Vecchi und Bianchi dem ehemaligen Sozialistenführer Mussolini unterordnen konnten.

Gleichwohl ist es blanke Torheit, eine so gewaltige, in ihrem Idealtypus so leicht ableitbare und so viele Parallelen zu ausländischen Erscheinungen aufweisende Bewegung wie die nationalsozialistische aus lauter verwerflichen Zufälligkeiten hervorgehen zu lassen.

Gewiß waren es »radikalisierte Kleinbürger«, die der NSDAP bei ihrem ersten und regionalen Aufstieg in Bayern von 1920 bis 1923 und dann in ganz Deutschland ab 1930 die Massenbasis gaben. Aber ihnen standen als Kommunisten »radikalisierte Proletarier« gegenüber, und wenn die marxistischen Intellektuellen, welche die Dritte Internationale und die KPD führten, recht gehabt hätten, hätte es so große Massen einer angeblich hinschwindenden »Zwischenschicht« gar nicht geben dürfen – mindestens nicht »objektiv«, und die subjektiven Faktoren nahm man nicht sonderlich ernst. Gewiß waren es »ökonomische Gründe«, die seit den schwarzen Tagen an der New Yorker Börse im Oktober 1929 wieder eine Krisensituation heraufführten, welche der revolutionären Situation der ersten Nachkriegszeit vergleichbar war. Aber auch hier zog die »Kleinbürgerpartei«, wie in Italien, weit mehr Arbeiter an sich heran, als die »Arbeiterpartei« der KPD Kleinbürger zu gewinnen vermochte. Der wichtigste Grund dafür, daß diese in einer radikalen Situation radikalisierten Massen aus Kleinbürgern und allen anderen Volksschichten dem weniger radikalen Programm den Vorzug vor dem Programm der Kommunisten gaben, das weit radikaler und konsequenter war, bestand darin, daß die ganze Fragwürdigkeit des kommunistischen Programms längst am Beispiel der Sowjetunion augenfällig geworden war und daß dessen Protagonisten, wie Ernst Thälmann, eher Befremden und Abneigung als Vertrauen erweckten.

Das Verhängnis der Kräfte, welche die liberaldemokratische Republik und den Parlamentarismus verteidigten, ist darin zu sehen, daß beträchtliche Teile des Zentrums und fast die ganze Sozialdemokratie diesem System mit großer Skepsis gegenüberstanden, weil sie im »Reich« oder im »Sozialismus« das Ziel ihrer Sehnsucht sahen und nicht in der frustrierenden Vielfalt eines »Parteienstaates«. So waren es in der Tat die Sozialdemokraten, die nach zwei Jahren erstaunlicher Wahlerfolge des Nationalsozialismus die letzte aussichtsreiche Gegenstrategie torpedierten, nämlich die sogenannte »Querfrontkonzeption« des Generals von Schleicher, und dem greisen Reichspräsidenten von Hindenburg ist schwerlich ein Vorwurf daraus zu machen, daß er am 30. Januar 1933 den Widerstand aufgab, den er – aus guten Gründen – ein halbes Jahr dem normalen parlamentarischen Verfahren geleistet hatte, und dem Führer der weitaus stärksten Partei den Auftrag zur Bildung einer Koalitionsregierung gab, nachdem er für Sicherungen gesorgt hatte, die er für unüberwindbar halten durfte.

Aber im Rahmen der europäischen Weltgeschichte bedeutete die »Machtergreifung« Hitlers nichts anderes, als daß nun in einem zweiten europäischen Großstaat eine Partei des faschistischen Typus zum Sieg gelangt war. Das implizierte zunächst, daß der deutsche Revisionismus, das heißt der Widerstand gegen ihn, an die erste Stelle der weltpolitischen Tagesordnung rückte. Es machte wahrscheinlich, daß der Antibolschewismus als internationale Tendenz sowohl diesen Revisionismus wie diesen Widerstand verändern und überformen würde. Es ließ auf jeden Fall erkennen, daß Lenins Bestimmung der Gegenwart als »Epoche der proletarischen Weltrevolution« unrichtig gewesen war, daß Europa vielmehr in eine »Epoche des Faschismus« eingetreten war und daß die Sowjetunion den angeblich »letzten« und entscheidenden historischen Gegensatz, denjenigen zwischen »Sozialismus« und »Kapitalismus«, zu einem vorletzten und untergeordneten machen mußte, wenn sie den Gegenstoß des militanten Antibolschewismus überleben wollte, der von der Sympathie aller anderen antibolschewistischen, das heißt »kapitalistischen« Kräfte getragen wäre.

Die Hoffnung der Kommunisten, daß die Regierung Hitler-Papen-Hugenberg sehr rasch nach der unvermeidbaren Enttäuschung der illusionären Hoffnungen von den Massen ihrer kleinbürgerlichen und proletarischen Wähler hinweggefegt werden würde, erwies sich in kürzester Zeit als trügerisch: Eine Revolution von unten wirkte im Gleichtakt mit den Maßnahmen einer Regierung, in der die acht Konservativen sehr bald hinter die drei bzw. vier Nationalsozialisten und zumal Hitler zurücktraten, und die vollständige Besitzergreifung des Staates und großer Teile der Gesellschaft durch die Nationalsozialistische Partei nahm nicht, wie in Italien, mehr als vier Jahre in Anspruch, sondern weniger als sechs Monate. Trotz aller Grausamkeiten und Quälereien, die sich die SA in ihren »wilden Konzentrationslagern« vornehmlich gegenüber Kommunisten und Sozialdemokraten zuschulden kommen ließ, war eine Gleichsetzung mit dem Ausbruch elementaren Hasses und blutiger Verfolgung, wie sie 1917 und 1918 in Rußland zu konstatieren gewesen waren, nicht legitim, und nicht nur die Nationalsozialisten selbst rühmten die Ordnung und den fast gewaltfreien Charakter der Umwälzung.

Es läßt sich nicht bezweifeln, daß eine Mehrheit der Bevölkerung diese Machtergreifung als Abwendung einer Bedrohung und als Sicherung gegen außenpolitische Gefahren und Demütigungen empfand: Bei den letzten Reichstagswahlen des Jahres 1932 hatten die Kommunisten die Sozialdemokraten an Stärke fast eingeholt, und aus Rußland drangen schreckenerregende Nachrichten über die Millionenopfer von Stalins »Kollektivierung« der Bauernschaft hinüber; so beruhte es in der Hauptsache nicht auf Zwang, daß neunzig Prozent der Bevölkerung mit »Ja« stimmten, als Hitler im November aus Protest gegen die Ungleichbehandlung Deutschlands bei den Abrüstungskonferenzen den Austritt aus dem Völkerbund verkündete und dadurch in die Spur der Japaner trat, die nach der Konstituierung ihres Satellitenstaates Mandschukuo den gleichen Schritt vollzogen hatten. Der militant antimarxistische Charakter der Umwälzung herrschte in den ersten Monaten durchaus vor, und in der rechtsgerichteten Presse Englands und Amerikas waren Töne der Zustimmung nicht zu überhören. Eine mächtige Gegenwirkung resultierte indessen aus dem Antisemitismus des Regimes, und die ausländische »Greuelpropaganda« war nicht bloß sensationalistisch; immerhin konnte die große Boykottaktion gegenüber jüdischen Geschäften vom 1. April als »Gegenaktion« deklariert werden, doch mangelte es den entsprechenden Behauptungen auch dort an der rechten Glaubwürdigkeit, wo sie auf Tatsachen beruhten, denn diese Aktion wurde unter die Leitung von Julius Streicher gestellt, des aktivsten und vulgärsten aller Antisemiten, dessen »Stürmer« auch in den Augen vieler Parteigenossen als Kulturschande galt.

Wenn sich mithin eine ideologische Todfeindschaft von Anfang an nicht nur, wie in Italien, gegen den Marxismus und auf sekundäre Weise gegen das »System« richtete, sondern auch gegen das Judentum, so gelangte der Revisionismus zunächst kaum zum Vorschein, und die zu erwartende Gegenwirkung der anderen Staaten blieb gering. Hitler äußerte sich ganz wie ein Wilsonianer, und seiner »Friedensrede« vom 17. Mai stimmte sogar die

Fraktion der SPD zu. Das Konkordat mit der katholischen Kirche, unterzeichnet im August 1933, war keineswegs die erste oder einzige außenpolitische Stärkung, die Hitler erfuhr, denn schon vorher war der Neutralitätspakt mit der Sowjetunion verlängert und ein »Viermächtepakt« paraphiert worden. Eine Neugruppierung der Staaten nach ideologischen Fronten zeichnete sich gleichwohl seit Anfang 1934 in ersten Anfängen ab: Hitler vollzog einen Schritt, den kein Politiker der Weimarer Republik gewagt haben würde, indem er einen Nichtangriffspakt mit Polen schloß, und zwar mindestens zum Teil aus einer alten antibolschewistischen Sympathie für Pilsudski heraus; die Sowjetunion aber näherte sich den Westmächten und insofern dem »Kapitalismus« an, indem sie in den Völkerbund eintrat und aus einer radikal revisionistischen zu einer antirevisionistischen Macht wurde.

Tendenziell wurde dadurch eine neue internationale Wirklichkeit geschaffen, nämlich ein außenpolitischer »Antifaschismus«, welcher dem innenpolitischen Antifaschismus in Frankreich entsprochen hätte, wo die Kommunisten ein Bündnis mit den Sozialisten und der bürgerlichen Linkspartei der »Radikalsozialisten« schlossen. Aber die konservative Regierung Englands wollte dem deutschen Revisionismus zwar Widerstand leisten, aber nicht den »großen« Widerstand im Zeichen des Antifaschismus und unter Einschluß der Sowjetunion. Dadurch wurde Italien zur wichtigsten Trumpfkarte des außenpolitischen Spiels, denn der Bildung einer Allianz der beiden faschistischen Mächte stand das Problem Österreich im Wege, dessen »Heimholung« in das Reich Hitler auf der ersten Seite von »Mein Kampf« postuliert hatte, während Mussolini die Unabhängigkeit des nördlichen Nachbarn für ein vitales Interesse Italiens hielt.

Als Hitler am 30. Juni 1934 den Konflikt zwischen Reichswehr und SA durch eine in Europa einschließlich der Sowjetunion präzedenzlose Folge standrechtlicher Exekutionen und regelrechter Mordaktionen zugunsten der Reichswehr löste und dafür eine Begründung gab, die nur dann halbwegs haltbar war, wenn Deutschland sich selbst als kriegführendes Land betrachtete, sanken die Beziehungen auf einen Tiefpunkt. Als wenige Wochen später ein nationalsozialistischer Putschversuch in Wien die Ermordung des Bundeskanzlers Dollfuß zur Folge hatte, schickte Mussolini einige Divisionen an die Brennergrenze, und der nationalistische Gegensatz zwischen den beiden Staaten schien mithin weitaus stärker zu sein als die ideologische Affinität der beiden Regime.

Aber Mussolini verlangte für das Zusammengehen mit den Westmächten einen hohen Preis, und er verließ sich auf die bloße Andeutung eines Entgegenkommens, als er nach der Wiedereinführung der allgemeinen

Dienstpflicht durch Hitler zusammen mit England und Frankreich in Stresa eine antirevisionistische Abmachung traf: Er bereitete die Eroberung Äthiopiens vor, um die Schande der Niederlage bei Adua im Jahre 1896 auszutilgen und seinem unter der Last der Krise stöhnenden Volke einen großen Erfolg präsentieren zu können. Diesen Krieg gegen ein anderes Mitglied des Völkerbundes, das letzte großangelegte Kolonialunternehmen einer europäischen Macht, führte er so, wie ihn nur das Oberhaupt eines faschistischen Regimes führen konnte: ohne Behinderung durch eine antiimperialistische öffentliche Meinung, unter wahren Trommelfeuern der Propaganda gegen den »Sklavenstaat« des Negus und mit Einsatz der modernsten Mittel der Kriegführung. Zwar errang er gegen den nur halbherzigen Widerstand des Völkerbundes einen überwältigenden Erfolg, der den machtlosen König Viktor Emanuel zum »Kaiser von Äthiopien« machte, aber die Politik des »kleinen Widerstandes« war nun entscheidend geschwächt, wenngleich von den Westmächten noch nicht völlig aufgegeben.

Hitler nützte seinerseits die Situation, indem er den Locarno-Vertrag unter Berufung auf die Ratifizierung des französisch-sowjetischen Bündnisses kündigte und das entmilitarisierte Rheinland unter dem bänglichen Jubel der Bevölkerung durch den Einmarsch von Truppen wieder der vollen Souveränität des Reiches unterstellte. Den Beginn einer neuen Etappe bedeutete aber am eindeutigsten der Ausbruch des Spanischen Bürgerkrieges, der nicht nur in Deutschland und Italien, sondern auch in England die Erinnerung an die russische Revolution weckte und nicht zuletzt deshalb Beunruhigung hervorrief, weil in Frankreich die antifaschistische »Volksfront« zur Macht gelangt war und von Anfang an ihre Bereitschaft erklärte, das verwandte Regime in Spanien zu unterstützen, welches indessen innerhalb weniger Tage im Sturm der sozialistischen und anarchistischen Massen zu einer bloß formalen Hülse wurde. Hitler und Mussolini entschlossen sich unabhängig voneinander, den fast schon gescheiterten Aufstand eines Teils der Armee zu unterstützen, und nahezu drei Jahre lang wurde nun in Spanien ein ideologisch bestimmter Bürgerkrieg geführt, dem ein unerklärter und bloß tendenziell ideologischer Krieg der Mächte entsprach: Deutschland und Italien griffen mit regelrechten Heeres- und Luftwaffenverbänden ein; die Sowjetunion lieferte Waffen und Berater; Frankreich leistete über die faktisch oder offiziell offene Pyrenäengrenze hinweg vielfältige Unterstützung; aus ganz Europa und sogar aus Amerika kamen, meist von der Dritten Internationale organisiert, Ströme von Freiwilligen zu den »Internationalen Brigaden«, um Spanien zum »Grab des Faschismus« zu machen.

Großbritannien hatte 1935 einen zögernden Schritt zu einer »Politik des kleinen Einvernehmens« mit Deutschland getan und durch ein Flottenabkommen praktisch Deutschlands Verstöße gegen den Versailler Vertrag sanktioniert; nun bemühte es sich verzweifelt, eine Politik der »Nichtintervention« durchzusetzen. Aber weder Deutschland noch Italien, weder Frankreich noch die Sowjetunion ließen sich zu mehr herbei als zu einem sorgfältigeren Verbergen ihrer Interventionen, und wie eine Gewitterwolke hing die Frage über Europa, ob nicht dieser von den Großmächten unterstützte ideologische Bürgerkrieg sich sehr bald zu einem offenen Krieg zwischen diesen Mächten fortentwickeln würde, der seinerseits die Kennzeichen eines ideologischen Bürgerkrieges tragen und insofern vom Ersten Weltkrieg sehr verschieden sein würde. Der triumphale Besuch Mussolinis in Deutschland im September 1937 verstärkte die Befürchtungen, aber die Politik der englischen Konservativen stellte sich der Tendenz zum Krieg entgegen, und in Frankreich stieß die Volksfrontpolitik auf starke innenpolitische Widerstände, die ganz und gar die »bolschewistische Gefahr« in den Mittelpunkt stellten. Als der Minister Halifax den deutschen »Führer und Reichskanzler« im November 1937 auf dem Obersalzberg besuchte, stellte er dem deutschen Staatsoberhaupt, dem er anscheinend auch persönlich viel Sympathie entgegenbrachte, unverhüllt eine Unterstützung der berechtigten deutschen Revisionsforderungen in Aussicht, soweit sie auf friedlichem Wege erstrebt werden würden.

In die Gegenrichtung wies allerdings die Tatsache, daß der amerikanische Präsident Franklin Delano Roosevelt um die gleiche Zeit in seiner »Quarantäne-Rede« in ungewöhnlich scharfer Form gegen die eroberungssüchtigen Diktaturstaaten Stellung nahm, vornehmlich gegen Japan, das inzwischen einen regelrechten Krieg gegen das China der Kuomintang begonnen hatte. Aber auch in England versteifte sich der Widerstandswille der bis dahin überwiegend pazifistischen Arbeiterpartei, und sogar einflußreiche Konservative, vor allem Churchill, wandten sich gegen die Appeasement-Politik des Kabinetts Chamberlain. Andererseits verstärkte die Sowjetunion Stalins durch die Schauprozesse und Todesurteile gegen die bekanntesten Mitkämpfer Lenins, die als »Trotzkisten« den Verwünschungen der Bevölkerung preisgegeben wurden, und zumal durch die NKWD-Greueltaten der »großen Säuberung« mit ihren Millionen von Opfern die tiefe Abneigung, welche die große Mehrheit der englischen Konservativen gegen das Regime der Bolschewiki empfand, und sogar einige der vielen »fellow-travellers« unter den englischen und amerikanischen Intellektuellen wurden schwankend. War nicht das nationalsozialistische Deutschland mit seinen wenigen Konzentrationslagern und höchstens dreißigtausend Häftlingen vergleichsweise ein normaler europäischer Staat?

Das Jahr 1938 war das große Jahr Hitlers und des deutschen Revisionismus, aber das wurde nur deshalb möglich, weil Deutschland ein Ideologiestaat war, der in England und Frankreich weniger gefürchtet wurde als der andere und ältere Ideologiestaat, die Sowjetunion. Dem Anschluß Österreichs im März gingen handfeste Drohungen voraus, aber er wurde durch den fast einhelligen Jubel der Bevölkerung sanktioniert. Die »Zerschlagung der Tschechoslowakei«, die nichts anderes als die Wiederherstellung des Zustands von Ende 1918 war, wurde durch öffentliche Kriegsdrohungen herbeigeführt, aber als sich schließlich Hitler, Mussolini, Chamberlain und Daladier in München zusammenfanden, da schien Hitlers höchstes außenpolitisches Ziel in greifbarer Nähe zu sein: das »große Einvernehmen« der europäischen Mächte, das ihm freie Hand im Osten gegeben haben würde. Tatsächlich war es die letzte Konferenz, in der europäische Mächte unter Ausschluß der USA und der Sowjetunion eine wesentliche weltpolitische Frage entschieden.

Zeichnete sich nicht die Möglichkeit ab, daß das neue Deutschland der achtzig Millionen als antibolschewistische Zentralmacht Europas im Bündnis mit den antibolschewistischen Mächten Italien und Polen unter stillschweigender Billigung Frankreichs und Englands die immer noch sehr starken antibolschewistischen und antistalinistischen Kräfte innerhalb der Sowjetunion so sehr ermutigte, daß ein befreites Rußland »nach Europa zurückgeführt« werden würde? Würden dann nicht womöglich auch die Amerikaner und die Japaner ihren Streit beenden, und würde mithin Wilsons »Eine Welt« am Ende auf paradoxe Weise vielleicht doch noch zur Wirklichkeit werden?

Aber das nationalsozialistische Deutschland war nicht so zivilisiert, wie es sich in den Augen eines flüchtigen Reisenden ausnehmen mochte. Hitlers Revisionismus war nicht derjenige eines nationalen Befreiungskampfes um die Selbstbestimmung abgetrennter oder unterdrückter Volksteile, sondern im Kern der Wille zur Eroberung von »Lebensraum« zwecks Sicherung der absoluten Souveränität einer »Herrenrasse«, die mit den Deutschen nur teilweise identisch war; der faschistische Antibolschewismus war weder in Deutschland noch in Italien ein »reiner« Antibolschewismus, sondern er war mit sehr handfesten und nichtideologischen Realitäten verknüpft, zum Beispiel einem bloß nationalen Überlegenheitsgefühl. (Ähnliches ließ sich freilich über den Bolschewismus sagen, der schon sehr früh von seinen Gegnern als Verkleidung des Willens zur Erhaltung des größten Kolonialreiches der Welt gekennzeichnet worden war.)

Am 9. November wurden in Deutschland – in einer Reaktion auf die Ermordung eines deutschen Diplomaten durch einen jungen Juden in Paris, die auf extreme Weise gegen den Grundsatz der Verhältnismäßigkeit der Mittel verstieß – zahlreiche Synagogen niedergebrannt, mehrere Dutzend Juden ermordet und viele Tausende in die Konzentrationslager eingeliefert. Es war der Gipfel einer Politik der Diskriminierung einer Minderheit, die 1935 mit den »Nürnberger Gesetzen« bereits einen ersten Höhepunkt erreicht hatte und die den zahlreichen deutschen Minderheiten in Europa die moralische Basis entzog. Ziel war und blieb noch für geraume Zeit zwar »nur« die Förderung der Emigration, das heißt die Vertreibung, aber der Aufschrei in der Weltpresse war gleichwohl gewaltig, und mit Recht. Viele Deutsche, freilich nicht die klügsten, fragten sich nun zum erstenmal mit Bangen, ob Deutschland etwa zu einer Entsprechung des zaristischen Rußland mit seinen Pogromen geworden sei.

Mitte März 1939 ließ Hitler seine Truppen in die »Rest-Tschechei« einrücken, und damit wurde ein europäisches Volk in einen Kolonialstatus gezwungen, mit dem verglichen der voremanzipatorische Zustand im Habsburgerreich wie ein Paradies der Freiheit erschien. So wurde der erfolgreiche, aber immer nur vordergründige Kampf für das Selbstbestimmungsrecht durch die Prinzipien der »Geopolitik« ersetzt, die freilich ihre bekanntesten Vertreter in England und den USA gehabt hatten.

Wenn irgendetwas eine »Gegenwirkung« war, so war es die Garantie, die Chamberlain nun den Polen gab, denen Hitler zunächst sehr großzügige und vermutlich aufrichtige Angebote zwecks Herstellung einer dauerhaften Kampfgemeinschaft gegen die Sowjetunion gemacht hatte. Aber sogar sie hatte etwas Überschießendes an sich, weil sie das Schicksal der Welt vom Verhalten eines Staates abhängig machte, der nur allzuviel Neigung verspürte, sich den beiden großen Nachbarn feindlich gegenüberzustellen, aus deren Gebieten er nach dem Kriege gebildet worden war. Wie hätte indessen selbst ein ethnisch einheitliches Polen der Durchmarschforderung zustimmen können, welche die Sowjetunion jetzt in ihren Verhandlungen mit England und Frankreich erhob? Anders aber konnte die Politik des »großen Widerstandes« nicht realisiert werden, die innerhalb eines knappen Jahres an die Stelle der prospektiven »Politik des großen Einvernehmens« getreten war. Gleichwohl hätte Hitler schwerlich wagen dürfen, Polen anzugreifen, wenn er die Kriegserklärung der Westmächte erwarten mußte und im Osten mit der Feindseligkeit einer undurchschaubaren Großmacht zu rechnen hatte. Da vollzog er die erstaunlichste aller seiner Schwenkungen: Er schloß am 23. August mit Stalin jenen »Nichtangriffspakt« ab, der in Wahrheit gemäß seinem »Geheimen Zusatzprotokoll« ein Teilungspakt gegenüber Polen und ein einseitiger Überlassungspakt zuungunsten der baltischen Staaten war. Damit war der Weg zum deutschen –

und wenig später zum sowjetischen – Angriff auf Polen frei; der Zweite Weltkrieg begann als europäischer unter viel günstigeren Auspizien für die militärische Großmacht Deutschland als der Erste Weltkrieg; aber der antibolschewistische Ideologiestaat des Nationalsozialismus hatte seine Glaubwürdigkeit verloren – und der bolschewistische Ideologiestaat freilich nicht minder.

Dennoch war Hitler der eigentliche Verlierer. Es war ihm nicht gelungen, sein und Mussolinis innenpolitisches Siegesrezept auf die Außenpolitik zu übertragen, nämlich mit Hilfe der konservativen Halbfreunde den revolutionären Feind niederzuwerfen. Stalin aber durfte durch sein eigenes Handeln die Vorhersage bestätigt sehen, die er 1925 gemacht hatte: daß in dem letzten Menschheitskrieg die kapitalistischen Mächte zuerst gegeneinander die Waffen ergreifen würden und daß die Sowjetunion erst in der Schlußphase auf den Kampfplatz treten würde, um die Entscheidung für die Weltrevolution herbeizuführen.

Die Nachkriegszeit hatte 1917 schon im Krieg damit begonnen, daß die USA bei ihrem Kriegseintritt ihre fast schon vergessenen ideologischen Wurzeln wieder zur Gegenwart machten und mit einer Art Geschichtsphilosophie der Machtpolitik der europäischen Staaten den Boden zu entziehen schienen. In demselben Jahr war ein jüngerer Ideologiestaat zur Existenz gelangt, der eine viel prononciertere und streitbarere Geschichtsphilosophie verkörpern wollte und der in der Welt ebensoviel Haß wie Enthusiasmus hervorrief.

Nach der Niederlage Deutschlands scheiterte zunächst das Konzept Wilsons, ohne jedoch völlig seine Wirkungsmacht zu verlieren. Lenins Staat scheiterte zur gleichen Zeit in seinen ersten und weit überschießenden Erwartungen, aber die Idee des Sturzes des »Kapitalismus« in einem internationalen Bürgerkrieg, der zugleich ein Krieg der revolutionären Staaten gegen die reaktionären Staaten sein würde, blieb auch in der Stalinschen Ära des »Sozialismus in einem Lande« lebendig, zumal in Deutschland, dessen Kommunistische Partei die zweitstärkste der Dritten Internationale war. Aber zur gleichmäßigen Überraschung von Kommunisten und »Bürgerlichen« trat in Italien das revolutionäre Einparteiregime des antirevolutionären Faschismus ins Dasein, der die Bürgerkriegspartei mit bürgerkriegsmäßigen Mitteln niederwarf und der trotz anfänglicher Abneigung gegen alle Ideologien so etwas wie ein sekundärer und artifizieller Ideologiestaat wurde. Als auch in Deutschland ein Regime des faschistischen Typus zur Macht gelangte, wurde sehr rasch klar, daß es sich um einen Radikalfaschismus handelte und daß hier von Anfang an eine Geschichtsphilosophie vorhanden war – wenngleich nur in der vulgären

Erscheinungsform – die sich schon vor dem Krieg als konservativ-antirevolutionäre Version des »Antisemitismus« dargestellt hatte und die durch die Erfahrung des Bolschewismus eine neue Qualität gewann.

Sehr früh war die »Unreinheit« sichtbar geworden, die jede der feindlichen Geschichtsphilosophien mit sehr unphilosophischen Realitäten verknüpfte und insofern konnte es von früh an als möglich und wahrscheinlich gelten, daß Verkehrungen eintreten würden, von denen der Stalin-Hitler-Pakt dann die überraschendste war. Weit mehr als in der Vorkriegszeit war die Situation also in sich »geschichtsphilosophisch«, und es ist zu fragen, ob diese Situation von den ernsthaften Geschichtsdenkern als Herausforderung aufgefaßt und durchdacht wurde, oder ob sie als zufällig und untergeordnet verstanden wurde, welche die eigentlichen Tendenzen des Zeitalters unberührt ließ und daher für ein Denken auf hohem Niveau keine Rolle zu spielen brauchte.

ZWEITER KREIS: IDEOLOGIEN, RICHTUNGEN, SCHULEN

Marxismus und Antimarxismus

Tatsächlich wäre die Behauptung nicht von vornherein unsinnig, »Modernisierung« und »Technisierung« hätten in der Zwischenkriegszeit weiter ihren Lauf genommen, als ob die politischen Umwälzungen ohne Bedeutung gewesen wären. Neue »Massenmedien« kamen in der ganzen entwikkelten Welt auf; anspruchsvolle Konzerte gelangten durch den Rundfunk bis in jeden Haushalt Europas und Amerikas, aber auch die Reden der Politiker und die Auslassungen der Propagandisten wurden Millionen von Zuhörern unmittelbar gegenwärtig; der Tonfilm verdrängte den Stummfilm; die Maxime »immer schneller, höher und weiter« wurde im Sport ebenso leitend wie in der Technik; nahezu in allen größeren Städten mußten Ampelanlagen zur Regelung des Verkehrs eingerichtet werden; die »Demokratisierung« vollzog sich in den mannigfaltigsten Formen: von den Forderungen schwarzer Schriftsteller nach Gleichberechtigung der »neuen Neger« bis zur Aneignung der bis dahin auf den Adel beschränkten Vornamen wie Bodo und Götz durch Massen von »einfachen Menschen«; die ersten Überfliegungen des Atlantik durch kühne Einzelne wie Charles Lindbergh riefen gewaltige Begeisterung hervor und bahnten den Weg zu weltweiten kommerziellen Flugverbindungen; erstmals wurde in den Schriften von Heinrich Oberth und anderen die »Rakete zu den Planetenräumen« oder die »Eroberung des Weltalls« zum Thema; immer neue wissenschaftliche Fachgebiete wie etwa die »Strahlengenetik« wurden begründet oder ausgebaut; für die Telekommunikation schien es schon in den dreißiger Jahren keine Grenzen auf der Erde mehr zu geben.

Gewiß entfiel der weitaus größte Teil dieser Entdeckungen und Fortschritte nach wie vor auf Europa und die USA; aber es war offenbar, daß alle Regierungen der weniger entwickelten Teile der Welt dahin streben mußten, sich für ihre Länder einen möglichst großen Teil dieser Errungenschaften anzueignen; kein Land versuchte ernsthaft, sich dagegen abzuschließen und seine überkommenen Lebensformen integral zu behaupten; die Klagen der Kulturkritiker und die ersten Versuche, sich von der Zivilisation zurückzuziehen und auf diese oder jene Weise ein »naturnahes« Leben zu führen, blieben auf die fortgeschrittensten Gebiete beschränkt. Unter diesem Gesichtspunkt mußte der Sowjetunion geradezu ein Vorrang zugeschrieben werden, obwohl sie so viele Wissenschaftler bzw. Intellektuelle zu Tode brachte oder in die Emigration trieb, wie es bis dahin noch nie irgendein Staat getan hatte. Sie schien aus der »Modernisierung« geradezu das Hauptziel des Staates zu machen, und sie führte ab 1929 eine gigantische Industrialisierung durch, die sie selbst als »Aufbau des Sozialismus« bezeichnete und die von ihren Gegnern als eine ungeheure Kriegsvorbereitung betrachtet wurde.

Aber sogar dort, wo Progressivisten einen Anschlag gegen ihre Prinzipien erblickten, im nationalsozialistischen Deutschland, konnte von einem Rückstand in der wissenschaftlichen und sozialen Modernisierung schwerlich die Rede sein. Zwar wurden fast alle jüdischen und nicht wenige nichtjüdische Wissenschaftler in die Emigration gezwungen, aber unter quantitativen Gesichtspunkten blieb die Austreibung weit hinter der sowjetischen zurück, und die ethnische Homogenisierung bedeutete für die Deutschen eine unverkennbare Egalisierung, welche die bisherige »Klassengesellschaft« zwar keineswegs beseitigte, aber doch stärker modifizierte, als es in England und den USA der Fall war. In den Naturwissenschaften blieb Deutschland mindestens hinter England und Frankreich nicht zurück: Hier wurde der entscheidende Durchbruch zur Kernspaltung gemacht; hier wurden die ersten Großrechenmaschinen entwickelt; hier wurde erstmals künstlicher Kautschuk erzeugt, und hier standen so moderne Figuren wie die Fliegerinnen Elly Beinhorn und Hanna Reitsch im Mittelpunkt des öffentlichen Interesses. »Volkswagen« und »Volksempfänger« waren jedenfalls Bestandteile einer »Demokratisierung«, die tiefer zu greifen schien als die politische – häufig »formal« genannte – Demokratie; Werner Heisenberg und Pascual Jordan brauchten sich sogar vor Albert Einstein und Enrico Fermi nicht zu verbergen, kein anderes Flugzeug flog im Jahre 1939 so schnell wie das neuentwickelte Jagdflugzeug Messerschmitt 209.

Und dennoch täuscht dieses Bild einer zwar ungleichmäßigen, aber von den politischen Umständen unabhängigen »Modernisierung«. Wie sich die souveränen Gebilde, innerhalb deren und jenseits deren diese Modernisierung und Technisierung sich vollzogen, zueinander stellen und was aus diesem Zueinander entstehen würde, das hing von den Konzeptionen ab, durch die die Staaten sich leiten ließen, von den Zielen, die sie verfolgten, und von den Verfassungen, mittels deren sie ihre Vorstellungen durchzusetzen versuchen würden. Die immerhin denkbare Möglichkeit, daß solche Konzeptionen gar nicht vorhanden gewesen wären und daß die Staaten lediglich als eine Art Mittelgebilde die ökonomischen Aktivitäten und den

Wettbewerb zahlloser Individuen bzw. Unternehmungen regulieren würden, indem sie untereinander Kompromisse aushandelten, war ja schon vor dem Weltkrieg keineswegs verwirklicht, sondern nationale und soziale Globalvisionen, das heißt Ideologien, waren im Spiel der Kräfte wichtige Faktoren.

Jetzt aber, seit 1917, hatte diejenige Konzeption oder Ideologie, die schon vor dem Krieg die größten Wirkungen gezeitigt und die meiste Beunruhigung hervorgerufen hatte, in einem großen Staat die alleinige Macht ergriffen und behauptet. Darin muß der zentrale Tatbestand der Epoche gesehen werden, und ganz besondere Aufmerksamkeit hat dem Mann zu gelten, ohne den diese Machtergreifung einer »Geschichtsphilosophie« nach allem menschlichen Ermessen nicht stattgefunden haben würde, so wenig er der Erfinder oder auch nur der bedeutendste Vertreter des marxistischen Geschichtsdenkens war. Aber daß der scheinbare Zufall von welthistorischer Art war, zeigt schon der Umstand, daß neben Lenin und nur teilweise in kausalem Zusammenhang mit ihm andere Männer an der Spitze von Parteien, Regimen und Staaten hervortraten, die ebenfalls so etwas wie Geschichtsdenker waren oder sein wollten und die sich jedenfalls ihrem Typus nach von jenen Ministerpräsidenten, Reichskanzlern und Königen oder Kaisern auf unverkennbare Weise unterschieden, die zwar bestimmte und meist recht konventionelle Begriffe von der geschichtlichen Entwicklung besaßen, die sich aber in ihrem Handeln von diesen Begriffen nicht bestimmen ließen.

Lenin jedoch war ein Marxist, der nicht nur, wie Kautsky, Hilferding und Luxemburg, die Gegenwart analysierte, sondern der allen anderen Marxisten eine Stellungnahme abzwang und seinen nichtmarxistischen Gegnern die Möglichkeit gab, in einer Radikalität und Ausschließlichkeit Antimarxisten zu sein, wie es vor dem Kriege noch unvorstellbar war. So vermochte er zwar den Marxismus so wenig zu monopolisieren wie Hitler den Antimarxismus, aber nach 1917 konnten weder Marxisten noch Antimarxisten sich einer Stellungnahme zu ihm und seinem Regime bzw. Staate entziehen. Marxismus wie Antimarxismus traten damit aus dem Bereich des bloß Ideologischen und Innenpolitischen heraus; sie wurden tendenziell oder wirklich zu Parteien eines »Weltbürgerkrieges«.

Wenn nun im »Zweiten Kreis« von »Ideologien, Richtungen und Schulen« die Rede sein soll, so ist also zunächst festzuhalten, daß die Ideologien des Marxismus und des Antimarxismus jetzt, anders als in der Vorkriegszeit, machtvolle Faktoren der »Realgeschichte« geworden waren, und deshalb ist eine scharfe Trennung nicht möglich. Aber die Perspektive ist eine andere: Das Gedankliche und das Ideologische treten als solches in den

Vordergrund und damit die Gründer der Parteien, die zugleich die maßgebenden Interpreten der Ideologien waren.

Lenin unterschied sich von allen übrigen Marxisten hauptsächlich dadurch, daß er zugleich mehr und weniger ein Marxist war als sie alle. Selbst Karl Kautsky würde 1913 sicherlich nicht geschrieben haben, wie Lenin es tat, »Die Lehre von Marx ist allmächtig, weil sie richtig ist.«[1] Und andererseits würde Rosa Luxemburg die Art und Weise, wie Lenin 1903 die Rolle der bürgerlichen Intellektuellen hervorhob, ohne welche die Arbeiter kein »sozialistisches Bewußtsein« haben würden, und wie er später seine Partei als »Führerorganisation« von »Berufsrevolutionären« organisierte, sicherlich als »syndikalistische« Überschätzung der Rolle von Minoritäten bezeichnet haben. Gleichwohl stimmten sie alle in der spezifischen Selbstsicherheit überein, die alle Marxisten überzeugt sein ließ, mit der Geschichte im Bunde zu stehen und das Gesicht der Zukunft zu kennen, und auch die Hochschätzung der Bedeutung der Gewalt bildete kein Unterscheidungsmerkmal. Erst recht stimmten sie in der Beurteilung Rußlands lange Zeit überein: Die »halbasiatische« Monarchie der Romanows ist das mächtigste Hindernis, das der Eroberung von einigermaßen menschenwürdigen, den europäischen einigermaßen ähnlichen freien Lebensbedingungen im Wege steht: »Die Geschichte« kann für Rußland noch für lange Zeit nicht dasjenige wollen, was sie in West- und Mitteleuropa auf ihr Programm gesetzt hat, denn noch hat Rußland jene »letzte Phase« längst nicht erreicht, in welcher die Bauernschaft nicht mehr die Mehrheit der Bevölkerung bildet.[2]

Nur gelegentlich macht sich ein abweichender Ton bemerkbar, so etwa, wenn Lenin eine paradoxe Vertauschung der Begriffe vornimmt, indem er »das rückständige Europa« dem »fortgeschrittenen Asien« gegenüberstellt oder den Sieg des Sozialismus in bloß einem Land für möglich erklärt, dessen Proletariat dann »die unterdrückten Klassen der anderen Länder auf seine Seiten ziehen, in ihnen den Aufstand gegen die Kapitalisten entfachen und notfalls sogar mit Waffengewalt gegen die Ausbeuterklassen und deren Staaten vorgehen« würde.[3] Insofern war es nicht Umbruch, sondern Konsequenz, wenn er nach der tiefen Enttäuschung über das Versagen der Zweiten Internationale gegenüber dem Kriegsausbruch als nahezu einziger aller Sozialisten die Umwandlung des »imperialistischen Krieges« in den Bürgerkrieg forderte. Die umfangreiche Schrift, die er im Weltkrieg verfaßte, »Der Imperialismus als höchstes Stadium des Kapitalismus«, greift indessen sehr stark auf Hobson zurück und sieht »die ungeheure Gefahr eines westlichen Parasitismus«[4], nämlich der Ausbeutung der ganzen Welt durch die wenigen fortgeschrittenen Industriestaaten, so daß gerade nicht

»Bürgerkrieg«, sondern vielmehr »Völkerklassenkampf« das Gebot der geschichtlichen Stunde wäre.

Was er faktisch tat, als er im November 1917 angesichts einer bevorstehenden Regierungsbildung durch eine Koalition aller sozialistischen Parteien die Machtergreifung der bolschewistischen Partei durchgesetzt hatte, war jedoch der Abschluß des Separatfriedens mit dem kaiserlichen Deutschland, und das bedeutete eine gravierende Gefährdung dessen, was nach der Meinung so vieler Marxisten und Nichtmarxisten die nächste Etappe der Geschichte sein mußte, nämlich der Sieg der demokratischen Westmächte über die feudalistischen Mittelmächte. Aber Lenin war davon überzeugt, daß dasjenige, was sich nun in Rußland herausbildete, nämlich das Regime der Sowjets der Arbeiter- und Bauerndeputierten, im Vergleich zur parlamentarischen Republik eine höhere Stufe der Demokratie sei, und er zögerte nicht, die bald erfolgende Nationalisierung der Industrie als »Sozialismus« zu bezeichnen. Sie bedeutete ja tatsächlich die »Expropriation der Expropriateurs« und die Vernichtung der Bourgeoisie als Klasse. Es dauerte nicht lange, bis er angesichts mannigfaltiger, auch von den übrigen sozialistischen Parteien herrührender Widerstände ungerührt die physische Vernichtung von Millionen von »Klassenfeinden« verlangte.

Aber konnte er wirklich guten Gewissens die Sowjetherrschaft, also die direkte Massendemokratie, anstreben und die uralte sozialistisch-anarchistische Zielsetzung aufgreifen, daß »*alle* der Reihe nach regieren« und sich mithin daran gewöhnen werden, »daß *keiner* regiert«[5], wo er doch die Wichtigkeit der Partei so sehr hervorgehoben und die »kleinbürgerlichen« Tendenzen der Bevölkerungsmehrheit, nämlich der Bauernschaft, so negativ gekennzeichnet hatte? In der Tat suchte er dasjenige zu vereinbaren, was allem Anschein nach unvereinbar war: Er schloß einen Separatfrieden, als wenn Rußland ohne die kriegsgegnerische Aktivität seiner Partei eindeutig besiegt gewesen wäre; er nannte jene »totale Mobilmachung« Sozialismus, die er selbst oft genug als eine Nachahmung der deutschen Kriegswirtschaft charakterisierte, und er rief sowohl vor wie nach der Niederlage Deutschlands die Massen in aller Welt zum »bewaffneten Aufstand« gegen die kriegsschuldigen Regierungen ihrer Bourgeoisien auf, als wäre Rußland jener fortgeschrittenste aller Staaten, der als erster zum sozialistischen Ziel der Geschichte gelangt wäre.

Aus all dem entstand noch zu Lebzeiten Lenins der erstaunlichste Staat, den es bis dahin in der Weltgeschichte gegeben hatte: mobilisiert und kriegerisch wie kein anderer und doch auf ein »ewiges Friedensreich« ausgerichtet; seinem Selbstverständnis nach Gipfel der Aufklärungsphilosophie und doch nicht bloß für seine Feinde ein Schauplatz schlimmster

Barbarei; Land direkter Massenherrschaft durch die »Räte« und Objekt der vollständigsten Parteiherrschaft; Staat kat'exochén in seiner Abgeschlossenheit durch Grenztruppen und Wachttürme und weltweite Partei durch die Ausstrahlung von altbekannten, aber angeblich erstmals verwirklichten Ideen; Präfiguration der Menschheitszukunft für die einen und Rückfall in die schlimmsten, längst überwunden geglaubten Perioden der Geschichte für die anderen. Der Geschichtsphilosoph, der an der Spitze dieses Staates stand, blieb von der überhistorischen Bedeutung seiner Sache so sehr überzeugt, daß er nach dem definitiven Sieg in aller Welt das Gold zum Bau von Bedürfnisanstalten verwenden wollte[6], und doch ließ er auf geradezu rührende Weise eine Spur jener Ratlosigkeit und Unsicherheit der genuinen Geschichtsdenker erkennen, als er kurz vor dem Ende seines Lebens sagte, zum Begreifen des in Sowjetrußland entstandenen »Staatskapitalismus, der unter dem Kommunismus vorkommt«, habe Marx kein einziges exaktes Zitat hinterlassen, und die Bolschewiki müßten jetzt versuchen, sich selber zu helfen.[7] So hatte die Undurchsichtigkeit der Geschichte auch denjenigen zum Eingeständnis eines Scheiterns, wenngleich nicht einer Vergeblichkeit gezwungen, der wie alle anderen Marxisten schon über die Geschichte als bloße »Vorgeschichte« hinausgelangt zu sein glaubte.

Nichts war weniger verwunderlich, als daß die »orthodoxen Marxisten« von Anfang an eine Identifizierung mit Lenins Unternehmen verweigerten. Im Ausgang von der Marxschen Geschichtslehre mußte ja zu Lenin gesagt werden, er verwechsle die Räume und die Zeiten; er erkläre dasjenige für den Platz eines Letzten, was nur für ein Vorletztes Raum zu bieten vermöge; er verstoße sozusagen gegen die Tagesordnung der Weltgeschichte. Im eben noch zaristisch-feudalistisch-bürokratischen Rußland müsse eine »bürgerliche Revolution« stattfinden, eine ganze Geschichtsperiode lasse sich nicht überspringen, im besten der denkbaren Fälle könnten die Bolschewiki sich die Rolle einer Bourgeoisie zuschreiben; aber es sei schlechterdings ausgeschlossen, daß das Resultat »Sozialismus« heißen dürfe. Es war vor allem der Austromarxist Otto Bauer, der diese Zeitbestimmung der bolschewistischen Revolution vornahm, und bald wurde es in orthodoxen Kreisen üblich, die Bolschewiki »Jakobiner« zu nennen, die freilich von einem falschen Selbstverständnis beherrscht seien.

In den Tagen und Monaten der Auseinandersetzung mit dem Spartakusbund und der neugegründeten KPD, nachdem die Sowjetregierung offiziell zur Bildung einer »Regierung Liebknecht« aufgerufen hatte, waren von seiten der deutschen Mehrheitssozialdemokratie freilich ganz andere Töne zu hören, denn Friedrich Stampfer, der Chefredakteur des »Vorwärts«, bezeichnete das russische Regime als »socialismus asiaticus«, und die Anklagen gegen die Blutherrschaft der Bolschewiki sowie generell gegen das bisher in Europa unbekannte Verfahren, alle Individuen einer Klasse für das Verhalten einzelner Angehöriger dieser Klasse haftbar zu machen, unterschieden sich in ihrer Heftigkeit kaum von denjenigen, die das neugegründete »Generalsekretariat zur Bekämpfung des Bolschewismus« vorbrachte.

Wenn diese Anklagen berechtigt waren, dann ging die Kennzeichnung des bolschewistischen Umsturzes als »bürgerlicher Revolution« in die Irre, dann war ein weltgeschichtlich neuartiges Phänomen entstanden, und dann mußte die politische Auseinandersetzung unvergleichlich schärfer werden, als es die soziologische Nähe zweier »Arbeiterparteien« erwarten ließ. Es war Karl Kautsky, der am entschiedensten in diese Richtung ging, indem er den Bolschewismus einen »tatarischen Sozialismus« nannte. Aber obgleich der »Vorwärts« ein gewisses Verständnis für diejenigen an den Tag legte, die des Glaubens waren, der Spartakismus müsse mit spartakistischen Mitteln bekämpft werden[8], wurde doch von der deutschen Sozialdemokratie der Schritt zur militanten Gegnerschaft nie vollzogen, sondern es wurde allenfalls eine Gleichsetzung von »Linksbolschewisten« und »Rechtsbolschewisten« vorgenommen, welche die orthodoxe Position als eine »mittlere« bestimmte. Sobald die unmittelbare Gefahr vorüber war, zeigte sich sogar, daß dieser orthodoxe Marxismus nicht umhin konnte, die bolschewistische Position in wesentlichen Punkten nicht nur begreiflich, sondern gerechtfertigt zu finden, etwa den Kampf gegen »die Reaktion« oder auch gegen »das Bürgertum«. Und hatte man die »Abschaffung des Privateigentums an Produktionsmitteln« nicht immer als ein Hauptkennzeichen des Sozialismus betrachtet? Hatte nicht gar am Ende »das westliche Proletariat« vor seiner welthistorischen Aufgabe versagt; wies nicht Lenins radikale Revolution eher in jene Zukunft, die man sich immer vorgestellt hatte, als jene kompromißlerische Zusammenarbeit mit »bürgerlichen Kräften«, denen sich die »Orthodoxen« in Übernahme der einstmals »revisionistischen« Häresie schuldig machten?

Die Spannweite des westlichen Marxismus ist in der Tat nicht erfaßt, wenn man bloß den »Voluntarismus« der Bolschewiki und den schwankenden »Determinismus« der Sozialdemokraten einander gegenüberstellt.

Es ist ja sehr merkwürdig, daß derjenige Vertreter des »westlichen Marxismus«, der in der Gegenwart am nachdrücklichsten und mit dem positivsten Akzent diesem Begriff subsumiert wird, ein Denker war, der die Bolschewiki gerade verteidigt und rechtfertigte, nämlich *Georg Lukács*. Diese Tatsache wird deshalb leicht übersehen, weil Lukács in seinem frühen Hauptwerk »Geschichte und Klassenbewußtsein« (1923) gegen Engels und die Konzeption einer »Naturdialektik« polemisierte, da sie das Wesen des Geschichtlichen verdecke, das im dialektischen Sich-Weitertreiben der Beziehung von Subjekt und Objekt bestehe. Diese Beziehung ist jedoch nach Lukács ein Verhältnis kämpferischer Auseinandersetzung und nicht der »Entwicklung« einer Pflanze zu vergleichen; kämpferisch aber sind nur die Bolschewiki im Gegensatz zu der These der »Opportunisten« von einem »Hineinwachsen« in den Sozialismus vorgegangen. Sie allein ließen sich von dem Begriff der Totalität leiten, die nicht durch »objektive« Kontemplation erfaßt wird, sondern nur durch die Aktivität jener Partei, in welcher das Proletariat als das »identische Subjekt-Objekt der Geschichte« zum Bewußtsein seiner selbst und seiner welthistorischen Mission gelangt. Daher trifft der Einwand des »zu früh« nicht, denn der Zeitpunkt der »Entscheidungskämpfe im Krieg der Klassen« läßt sich an keinem Chronometer ablesen.[9]

Wer derartiges versucht, bleibt in der »Verdinglichung« stecken, die mit der Warenstruktur der kapitalistischen Welt gegeben ist und die zum Rechnen, aber nicht zum Handeln einlädt. Immer stärker hat im Lauf der Geschichte diese Verdinglichungsstruktur sich in das Bewußtsein der Menschen eingesenkt[10], und deshalb bedarf es der außerordentlichsten Anstrengung, um den Weg in das »Reich der Freiheit« zu eröffnen. Wie Rathenau und Sombart benutzt Lukács die Begriffe »Mechanisierung« und »Entseelung« zur Kennzeichnung der Moderne[11], aber die Befreiung kann nach ihm nur durch ein Hinausgehen über die Geschichte als solche und im ganzen vollzogen werden, denn wer in der bisherigen Geschichte verharrt, der muß sich wie »alle bürgerlichen Denker und Historiker« vollkommen unfähig zeigen, »weltgeschichtliche Ereignisse der Gegenwart als Weltgeschichte zu begreifen«.[12]

Das weltgeschichtliche Ereignis, durch das die bisherige Geschichte überwunden wird, ist aber nichts anderes als die bolschewistische Revolution. Dieser Revolution und ihrem »offenen Klassenkrieg«[13] blieb Lukács während seines ganzen Lebens treu, obwohl sein Buch dem Bannstrahl der Dritten Internationale verfiel. Er verlor nie den Glauben, daß »Wirtschaft und Gewalt den letzten Akt ihrer geschichtlichen Wirksamkeit zu spielen begonnen« (haben)[14], denn in den kommunistischen Parteien ist jene »Gemeinschaft« endlich zur Wirklichkeit geworden, welche die Zerstückelung des Menschen durch anonyme gesellschaftliche Kräfte und Mächte aufhebt.

Auf andere Weise wich *Antonio Gramsci* vom orthodoxen Bolschewismus ab und blieb doch der Sache Lenins treu ergeben. Ganz wie Lenin in »Was tun?« hebt er die Rolle der »Intellektuellen« hervor, welche den Arbeitern und dem Volk eine Ideologie vermitteln und erst dadurch eine

Übereinstimmung oder Nicht-Übereinstimmung mit der fundamentalen, das heißt ökonomischen Realität hervorbringen. Anders als Lenin faßt Gramsci aber gerade die nichtmarxistischen Intellektuellen in den Blick und vor allem den größten unter ihnen, Benedetto Croce. Auf diesem Wege nämlich überspielt die herrschende Klasse die Interessengegensätze zwischen ihr und der beherrschten Klasse, indem sie ideologische Gemeinsamkeiten schafft. Unerläßliche Voraussetzung der proletarischen Revolution ist daher der Kampf der marxistischen Intellektuellen um die »kulturelle Hegemonie«, und aus der Fülle eines sehr stark an Italien orientierten Geschichtsbewußtseins, das sich über »die Zurückgebliebenheit der italienischen Geschichte im Vergleich zur französischen«[15] im klaren ist, nimmt Gramsci diesen Kampf gegen Croce auf, einen Kampf, der von sehr viel größerem Respekt für den Gegner gekennzeichnet ist, als Marxisten ihn gegenüber »Klassenfeinden« an den Tag zu legen pflegen.

Das Ziel besteht darin, daß der Marxismus »als intellektuelle und moralische Reform auf der nationalen Ebene vollbringt, was der Liberalismus nur für begrenzte Schichten hat vollbringen können«.[16] Damit wird der Marxismus aber in einem Ausmaß auf die Nation bezogen, wenngleich natürlich nur als vorletzte Realität, die Lenin ursprünglich fremd gewesen war und die bei ihm erst während der letzten Lebensjahre in Äußerungen wie derjenigen zum Vorschein gekommen war, es komme darauf an, aus dem verkümmerten Rußland ein reiches Land zu machen.[17]

Lukács und Gramsci waren und blieben führende Mitglieder ihrer Parteien. Von allen Marxisten der Zwischenkriegszeit hielt sich *Max Horkheimer* am weitesten von einer Orthodoxie entfernt, sei es der bolschewistischen, sei es der kautskyanischen. Schon in seiner Jugend unter dem Einfluß Schopenhauers dem Leid der Welt kaum weniger als dem Leid der Menschen in der Geschichte konfrontiert, ließ der jüdische Großbürgersohn, ganz anders als Lukács, schon früh ein lebhaftes Empfinden für die Gefährdung der Juden als Juden erkennen, mit dem sich im Laufe seines Militärdienstes ein tiefer Abscheu vor dem »Pöbel« verband. Als Mitbegründer und ab 1930 Direktor des »Instituts für Sozialforschung« wollte er Marxist sein, aber in den erst 1934 nach der Emigration unter dem Titel »Dämmerung« veröffentlichten Notizen ist die Schopenhauersche Grundeinstellung wieder an vielen Stellen sichtbar, so wenn er schreibt: »Draußen im All wohnt nicht die Güte und Gerechtigkeit. Die Menschheit als ganzes gleicht in der sie umgebenden Nacht dem Mädchen von Lavaur, das nach einem Scheintod erwacht ist und alle Menschen ihrer Heimat erschlagen findet . . . Auch die Menschheit ist ganz allein.«[18] Und es ist die Frage, ob Marx oder Lenin dem »Querschnitt durch den Gesellschaftsbau der Gegenwart« zugestimmt hätten, den er durch das Bild eines Wolkenkratzers vornimmt, in dessen oberstem Stockwerk die Trustmagnaten wohnen, unter ihnen die Großgrundherren und abermals ein Stockwerk tiefer die freien Berufe. Unter dem Kleinbürgertum hat das Proletariat seinen Platz, das sich jedoch ebenfalls über mehrere Stockwerke verteilt und sogar in seinen niedersten Schichten noch von dem »furchtbaren Ausbeutungsapparat« profitiert, der die kolonialen Territorien der Erde zu einem Folterhaus und einem Bezirk des Massenelends macht. Aber erst unter diesen finden jene Wesen einen Platz, die normalerweise von Marxisten nie erwähnt werden: die Tiere mit ihrem »unbeschreiblichen, unausdenklichen Leiden«.[19]

Die Frage ist freilich unumgänglich, ob ein solcher Zustand tatsächlich aus der Geschichte hervorgeht oder ob nicht vielmehr diese Geschichte in einer Natur gegründet ist, die aller menschlichen Verbesserungswünsche spottet. Und es klingt pessimistisch, obwohl tiefe Sympathie unüberhörbar ist, wenn Horkheimer in einer seiner seltenen direkten Bezugnahmen auf den Bolschewismus folgendes sagt: »Wer Augen für die sinnlose, keineswegs durch technische Ohnmacht zu erklärende Ungerechtigkeit der imperialistischen Welt besitzt, wird die Ereignisse in Rußland als den fortgesetzten schmerzlichen Versuch betrachten, diese furchtbare gesellschaftliche Ungerechtigkeit zu überwinden, oder er wird wenigstens klopfenden Herzens fragen, ob dieser Versuch noch andauere. Wenn der Schein dagegen spräche, klammerte er sich an die Hoffnung wie ein Krebskranker an die fragwürdige Nachricht, daß das Mittel gegen seine Krankheit wahrscheinlich gefunden sei.«[20]

So ist im ganzen festzustellen, daß die erste und für lange Zeit einzige Machtergreifung einer marxistischen Partei keineswegs den Übergang des gesamten Marxismus auf die Seite des Siegers nach sich zog. Aber sie hatte auch kaum irgendwo eine schroffe Ablehnung zur Folge, außer in den Momenten unmittelbarer Bedrohung. Zwar äußerten sich nicht wenige Marxisten antibolschewistisch, aber es entstand kein Antibolschewismus, der das ganze Handeln bestimmt hätte. Je nach den Umständen traten vielmehr Abwehr oder Sympathie oder eine meist wohlwollende Interpretation auf den Plan. Sogar in der deutschen Mehrheitssozialdemokratie war nicht einmal dies ganz unstrittig, daß man mit »bürgerlichen« Parteien zusammengehen müsse, wenn man das parlamentarische System behaupten wolle. Selbst hier blieb die Geschichtsauffassung herrschend oder mindestens mächtig, nach der das »demokratische» System bloß ein Vorletztes sei und von der »höheren Stufe« des Sozialismus abgelöst werden müsse. Noch viel weniger als ein Antibolschewismus vermochte also ein Antimarxismus zu entstehen, der etwas anderes gewesen wäre als die Ausweitung der revisionistischen Kritik Bernsteins. Paul Lensch gehörte der Sozialdemokratischen Partei längst nicht mehr an, als er 1926 starb; er war seit einigen Jahren der Chefredakteur der »rechtskonservativen« oder »schwerindustriellen« Deutschen Allgemeinen Zeitung.

Der Marxismus war nach dem Krieg nicht mehr auf Europa beschränkt, und er forderte auch Staatsmänner in Asien zu Stellungnahmen heraus. Von *Sun Yat-sen* war bereits die Rede und ebenfalls von der wechselseitigen Sympathie zwischen ihm und Lenin. Es wäre jedoch falsch, ausschließlich das Telegramm zum Tode Lenins hervorzuheben, das Sun im Januar 1924 – ein Jahr vor seinem eigenen Tod – nach Moskau schickte. Die programmatische Grundlage für die Kuomintang waren vielmehr vor allem die 1924/25 gehaltenen Vorlesungen über »Die drei Volksprinzipien«[21], und daraus ist das Bild eines Denkers zu gewinnen, der weder als Marxist noch als Antimarxist zu charakterisieren ist.

Das erste der drei Prinzipien ist dasjenige des Nationalismus. Es ist für Sun dem in China bisher übermächtigen Familien- und Sippenprinzip entgegengesetzt, und nur aus ihm kann die Umwandlung des chinesischen Daseins aus einer »Fläche lockeren Sandes« in einen Felsen hervorgehen, welcher imstande ist, der durch den Imperialismus der technisch überlegenen Westmächte drohenden Gefahr des Untergangs der »Rasse« zu begegnen. Nostalgisch blickt Sun auf die »altchinesische Moralität und Zivilisation« zurück, die China zum Zentrum der Welt gemacht hatte, aber für die Gegenwart gilt als höchstes Gebot, die eigene Zurückgebliebenheit zu überwinden und sich auch den Versuchungen des »Kosmopolitismus« zu entziehen.

Das zweite Prinzip ist dasjenige der Demokratie. Sun sieht in ihr das bestimmende Geschichtsphänomen der Gegenwart. Aber er weist die abendländischen Schlagworte »Freiheit, Gleichheit, Brüderlichkeit« zurück. Sie sind nämlich aus den besonderen Bedingungen des Okzidents erwachsen und daher keineswegs universal; für China bilden sie vielmehr eine Gefahr, da ihr Individualismus der nationalen Freiheit entgegensteht. Die Chinesen hatten in ihrer Geschichte, anders als die Engländer und Franzosen, als Einzelne zu viel Freiheit; in China kommt es also gerade auf die Überwindung dieser individuellen Freiheit an. Auch das Gleichheitsprinzip müßte sich verhängnisvoll auswirken, denn es verwischt die grundlegende und positive Unterscheidung der Vorauswissenden, der Spätwissenden und der Nichtwissenden, das heißt die Differenz zwischen Leitung und Ausführung. Nichts wäre daher falscher, als den Westen über den technischen Bereich hinaus auch im sozialen Felde nachzuahmen. Ohne eine starke Regierung kann China sich nicht behaupten.

Schließlich ist das dritte Prinzip, dasjenige der Volkswohlfahrt, keineswegs mit dem okzidentalen »Sozialismus« identisch, und an dieser Stelle polemisiert Sun ausdrücklich gegen Marx und dessen Konzeption der Vernichtung der Kapitalisten.

Es ist also schwerlich eine bloße Velleität, wenn Sun an anderer Stelle mit sehr positivem Akzent das Bismarcksche Programm des Staatssozialismus dem marxistisch-sozialistischen Programm entgegensetzt und wenn er das Deutschland Bismarcks und noch Wilhelms II. für die »stärkste Weltmacht« erklärt.[22] Mithin scheint er von einem germanophilen Antimarxismus nicht weit entfernt zu sein. Aber bekanntlich verbündete er sich mit der Kommunistischen Partei Chinas, und erst sein Schüler und Nachfolger Tschiang Kai-schek vollzog den Bruch. Offenbar sah Sun in den marxistischen Intellektuellen Helfer und nicht Feinde.

Das war in Japan ganz anders. Auch hier war zwar der Gedanke weit verbreitet, daß Japan zu den vom Westen unterdrückten oder benachteiligten Nationen gehöre und daß es großer Anstrengungen bedürfe, um in Gegenwart und Zukunft eine gleichberechtigte Stellung zu erlangen. Aber in Japan hatte es nie eine fremdnationale Dynastie wie diejenige der Mandschus in China gegeben, und der marxistische Begriff des Klassenkampfes mußte als ein Verbrechen gegen die Grundtatsache der Familienhaftigkeit der Nation unter dem kaiserlichen Vater erscheinen. Eben dieser Marxismus ergriff jedoch in den zwanziger und dreißiger Jahren die akademische Jugend mit einer Gewalt, welche die Wirkung in China übertraf, und dieser Umstand beunruhigte die führende Schicht weitaus mehr als vereinzelte Unruhen unter den Arbeitern.

Andersartig, aber nicht minder beunruhigend, war der Radikalismus vieler junger Offiziere, welche eine Weltstellung Japans, aber auch entschiedene Reformen zugunsten der verelendeten Kleinbauern verlangten. In dieser Situation kamen mehrere Bewegungen auf, die häufig »faschistisch« genannt wurden und deren bekanntester Denker Kita Ikki war. Aber sie vermochten nur jene antibolschewistische und antimarxistische Tendenz zu verstärken, die sich für die führenden Militärs und Staatsbeamten von selbst verstand, und daher spitzte sich die Lage nicht bis zur realen Möglichkeit einer Machtergreifung zu. So konnte Japan, nach seiner frühen Begeisterung für den Westen und nach einem kurzen liberalen Interludium wieder zum straff geschlossenen Kriegerstaat geworden, den Antibolschewismus im Inneren mit einer Vorkämpferrolle für die Befreiung Ostasiens von der westlichen Vorherrschaft verbinden, die der Bolschewismus als eine seiner antikolonialen Zielsetzungen für sich in Anspruch genommen hatte. Auch hier waren also die Dichotomien wesentlich verändert, auf die der

Marxismus in allen seinen Formen den Anspruch gründete, in der letzten Phase der »Vorgeschichte« der Menschheit zur alleinbestimmenden Kraft zu werden, nämlich die Dichotomie zwischen ausbeutenden Kapitalisten und ausgebeuteten Arbeitern auf der einen Seite und der Gegensatz zwischen unterdrückenden und unterdrückten Nationen auf der anderen.

Wenn Sun Yat-sen nicht ganz selten das Schreckbild des »Untergangs« beschwor und eine eigenartige Mittelposition zwischen Marxismus und Antimarxismus einnahm, so war die Vorstellung eines möglichen Untergangs des Volkes für die Zionisten allbeherrschend, und auch sie waren in ihrer großen Mehrheit weder orthodoxe Marxisten noch entschiedene Antimarxisten. Aber sie standen in einem erbitterten Konkurrenzverhältnis zu den Marxisten, zunächst insbesondere zu den Marxisten des »Bundes« in Rußland, und Ber Borochow hatte die Situation jenes eigentümlichsten aller Proletariate, des ostjüdischen – das im Marxschen Sinne überhaupt kein Proletariat war, weil es nicht in der Großindustrie arbeitete und eher aus Intellektuellen, nämlich Kindern des »Buchvolkes«, bestand – mit bewegenden Worten geschildert: »Revolutionäre Hypertrophie, eingepreßt in eine schmale strategische Basis, erscheint oft in der Form einer Karikatur. Das Bewußtsein von überschüssiger innerer Kraft und die Unmöglichkeit, sie produktiv zu verwerten – das ist die Not des jüdischen Proletariats, die Quelle seiner Leiden ... Der gefesselte Prometheus, der sich mit der ganzen Glut seines ohnmächtigen Zorns auf den Geier stürzen möchte, der an seinem Leben frißt – er ist das Symbol des jüdischen Proletariats.«[23]

Im Jahre 1917 und in der folgenden Zeit mochte mancher Beobachter den Eindruck gewinnen, daß dieser Prometheus nun den Geier tötete und sich die großartigsten Entwicklungsmöglichkeiten sicherte, aber die Trotzki, Swerdlow, Sinowjew, Kamenjew und Lunatscharski waren durchweg »entjudete Juden«[24], und sie standen dem Zionismus mit schroffer Feindseligkeit gegenüber. Millionen von Ostjuden waren schon vor dem Krieg nach Amerika ausgewandert, und auch dort zeigte sich bald, welches Ausmaß von »überschüssiger, innerer Kraft« in jenen Menschen steckte, die als sonderbare Fremdlinge in New York ankamen und deren Kinder bereits dem intellektuellen Leben der USA, insbesondere dem Presse- und Filmwesen, doch auch der Musik und der Medizin und nicht zuletzt der Finanz ihren Stempel aufdrückten. Die weitaus meisten dieser Männer und Frauen gaben indessen jenen Nationalcharakter auf, der in Galizien und in Weißrußland so augenfällig gewesen war.

In Deutschland waren die Zionisten eine unbedeutende Minderheit im Vergleich zu jenen »Assimilanten«, in denen die radikalsten unter ihnen so etwas wie »Volksverräter« sahen. Aber am gleichen Tag, dem 8. November 1917, an dem die englischen Zeitungen die Nachricht von dem bolschewistischen Aufstand in Petrograd verbreiteten, berichteten sie auch von der »Balfour-Deklaration«, mit der sich die Regierung Großbritanniens verpflichtete, »in Palästina« die Errichtung eines »Nationalheimes für das jüdische Volk« zu begünstigen, freilich mit dem Vorbehalt, daß nichts getan werden dürfe, was die bürgerlichen und religiösen Rechte der nichtjüdischen Gemeinschaften in Palästina beeinträchtigen würde. Das war ein grandioser Erfolg, und die zionistischen Unterhändler, an ihrer Spitze Chaim Weizmann, hatten ihn nur deshalb erreicht, weil auch die deutsche Regierung sich sehr zionistenfreundlich gezeigt hatte, um die amerikanischen Juden in ihrer Deutschfreundlichkeit zu bestärken.

Aber wenn jetzt der Weg zur »Kolonisierung« Palästinas endgültig offen zu sein schien, so kamen die Zionisten nun mit einem dritten Gegner in enge Berührung, nämlich mit den orthodoxen Juden in Palästina selbst, die schon bisher der Siedlungstätigkeit jener »biluim« aus Osteuropa mit großer Abneigung zugesehen hatten. Diese jungen Juden hielten sich ja nicht an die religiösen Vorschriften des Judentums, und sie verstießen gegen die klarsten Gebote, indem etwa Männer und Frauen miteinander tanzten. So erklären sich die Verwünschungen, die den Zionisten von seiten der »jüdischsten« der Juden entgegenklangen: »Lieber soll das Land unserer Väter wieder zur Behausung von Schakalen werden als ein Ort des Frevels.«[25] Noch gravierender aber war die Tatsache, daß sich nun innerhalb von wenigen Jahren die Feststellung bewahrheitete, die der Soziologe Ludwig Gumplowicz in der Form einer rhetorischen Frage Herzl gegenüber getroffen hatte: »Sie wollen einen Staat ohne Blutvergießen gründen? Wo haben Sie je derartiges gesehen?«[26]

Es erwies sich nämlich sehr bald, daß die arabische Bevölkerung Palästinas nicht gewillt war, der jüdischen Immigration und den zentralisierten Landkäufen der zionistischen Weltorganisation untätig zuzusehen, und das langsame Fortschreiten der Besiedlung vollzog sich schon in den zwanziger Jahren ganz anders, als Herzl es sich in »Altneuland« vorgestellt hatte: nicht in humaner Kooperation zum Vorteil beider Seiten, sondern in Gestalt jenes geschichtlichen Urgeschehens, das angeblich von der »Zivilisation« bereits überwunden war: als erbitterter Kampf zweier Völker um dasselbe Land. Wer hatte je gegen so viele und so machtvolle Feinde zu kämpfen wie dieses »jüdische Volk«, das nach der Meinung der Nicht-Zionisten gar kein Volk war: gegen die eigenen »Assimilanten«, gegen die eingeborene Bevölkerung Palästinas und über kurz oder lang gegen die Araber insgesamt? Aber die Zionisten gaben den Glauben nicht auf, daß dieses gefährdetste aller Völker zugleich das »volksmäßigste« aller Völker war, und sie legten in ihren Siedlungen tatsächlich den Grund zu einer Gesellschaftsordnung, die sich von der kapitalistischen Marktwirtschaft ebensosehr unterschied wie von der bürokratisch-zentralistischen Planwirtschaft der Sowjetunion: die Ordnung der »Kibbuzim«, jener sich selbst verwaltenden agrarisch-industriellen Gemeinschaften ohne Privatbesitz, die den Frühsozialisten als Lösung aller Probleme vorgeschwebt hatten.

Eben damit schienen sie an die älteste Überlieferung ihres Volkes anzuknüpfen, nach welcher alles Land »des Herrn« ist, und sie schufen damit ein Gegenbild zu jener »Gesellschaft«, die alles Volksmäßige auflöste, indem es die Glieder der Gemeinschaft zu egoistischen Individuen machte und von ihrer Verbindung mit dem Boden löste. Martin Buber formulierte den zionistischen Gedanken mit besonderer Klarheit, als er den Sinn der »thorá« darin sah, dem sozialen Unrecht zu steuern und der Gefährdung der Volksgemeinschaft durch die »fortschreitende soziale Differenzierung« dadurch entgegenzutreten, daß ständig ein »Wiederausgleich des Bodenbesitzes« vorgenommen wird.[27] Aber diese Erneuerung eines uralten Volkscharakters war für Buber kein partikulares Ereignis innerhalb der Geschichte, sondern es hatte große Bedeutung für die Menschheitsgeschichte als solche und im ganzen.

Franz Oppenheimer, bedeutender Soziologe und »freiheitlicher Sozialist«, der sich nicht scheute, Eugen Dühring als seinen »Meister« zu bezeichnen, formulierte die Grundauffassung folgendermaßen: »Denn es ist eine unzureichende und niedere Vorstellung von dem Weltbürgertum der Zukunft, wenn man sich ihre Einheitsgesellschaft vorstellt als eine sprachlich und kulturell völlig ausgeglichene Masse ... Von diesem Standpunkt aus sind Nationalismus und Humanismus nicht unversöhnliche Gegensätze, sondern wohl vereinbar; und es erscheint mir durchaus als wünschenswert, daß eine unzweifelhaft so begabte und eigenartige Nationalität wie die jüdische, die der Welt den unerhört fruchtbaren Gedanken des Monotheismus geschenkt hat, dem Orchester der Nationen erhalten bleibt.«[28]

Auch der Zionismus hatte mithin seine »Geschichtsphilosophie«, nämlich ein Verständnis der Geschichte, die das Älteste mit dem Neuesten verknüpfte und dem Partikularen einen universalen Sinn gab. Aber wie hätte dieses Verständnis »gegen eine Welt von Feinden« ohne Militanz durchgesetzt werden können? Die Militanz des Zionismus war paradoxerweise zu einem beträchtlichen Teil von marxistischen Auffassungen geprägt, und nicht wenige der nach dem Krieg gegründeten Kibbuzim galten als »bolschewistisch«. Militant war aber auch die antimarxistische Gegenbewegung des »Revisionismus«, deren Gründer, Wladimir Jabotinsky, oft als »Faschist« bezeichnet wurde und die in der Tat als erste den Begriff des »Nationalheims« in Palästina durch denjenigen des »jüdischen Staates Palästina« ersetzte, welcher eine jüdische Mehrheit aufweisen sollte, und zwar zu beiden Seiten des Jordans. Nachdem die Engländer 1935 einen Teilungsplan für Palästina vorgelegt hatten, schreckten die Geheimorganisationen des Revisionismus auch vor großangelegten Terroraktionen nicht mehr zurück, und in ihren Reihen fanden sich nicht wenige, die in Mussolini und sogar in Hitler ein Vorbild des nationalistischen und antimarxistischen Vorgehens erblickten. Auch David Ben Gurion, der fast die gesamte Linke in der großen Arbeiterpartei der »Mapai« zu vereinigen verstand und den man nach seinen allgemeinen Auffassungen einen »Nationalmarxisten« nennen könnte, ließ angesichts der fast aussichtslosen Situation eine fanatische Entschlossenheit erkennen, die von keinem Bolschewisten und von keinem Faschisten übertroffen wurde, eine Entschlossenheit, die diesseits aller geschichtsphilosophischen Begründungen *nur* noch die Existenz von »Erez Israel« im Auge hatte. So schreckte er, wenn die Darstellung einer antizionistischen Autorin richtig ist, im Dezember 1938 vor einer geradezu ungeheuerlichen Aussage nicht zurück, als er zu dem Plan Stellung nehmen mußte, jüdische Kinder aus Deutschland nach England zu bringen: »Wenn ich wüßte, daß es möglich wäre, alle Kinder in Deutschland dadurch zu retten, daß sie nach England gebracht würden, und nur die Hälfte von ihnen dadurch, daß sie nach Erez Israel transportiert würden, dann würde ich für die zweite Alternative optieren. Denn wir müssen nicht allein das Leben dieser Kinder in die Waagschale legen, sondern auch die Geschichte des Volkes Israel.«[29]

So gelangt man keineswegs zum höchsten Gipfel fanatischer Entschiedenheit in einem Jahrhundert, in dem reale Konflikte ganz außerordentlich verschärft wurden, weil sie durch Aneignung von »Geschichtsphilosophien« einen ideologischen Charakter erhielten, wenn man sich dem ersten und für lange Zeit bekanntesten Faschisten zuwendet, nämlich *Benito Mussolini.* Kein Mensch konnte behaupten, daß Italien, Mitsieger des Weltkriegs, als Nation dem Untergang konfrontiert war, und die These war gut begründet, daß die »bolschewistische Gefahr« im Oktober 1922 kaum noch bestand, als Mussolini nach dem im Grunde schon gescheiterten »Marsch auf Rom« vom König zum Ministerpräsidenten ernannt wurde. Dennoch ist es von hohem Interesse zu beobachten, wie Mussolini in seiner allmählichen Abwendung vom marxistischen Geschichtsbild nicht nur zur Bejahung des »Kapitalismus« als des eigentlich modernen und noch in der ersten Entfaltung begriffenen Wirtschaftssystems gelangt, sondern mehr und mehr von einem älteren Geschichtsbild gleichsam eingefangen wird, dem Geschichtsbild der »Konservativen« des Hauptteils der »Associazione Nazionalista«, mit der die Faschistische Partei sich 1923 vereinigte.

Männer wie Alfredo Rocco und Enrico Corradini, die von Mussolini zum Justizminister bzw. zum Senator gemacht wurden, ließen sich ja von jener ältesten der neuzeitlichen Geschichtsauffassungen leiten, die schon in der Reformation und dann in der gesamten Naturrechtslehre einen Aufstand der Individuen gegen die im Katholizismus institutionalisierte Vernunft erblickte und die mithin die ganze Moderne als eine Gestalt der »Dekadenz« und des »Abfalls« verwarf, ja die neuerdings unter dem Einfluß von Charles Maurras mit antijüdischem Akzent den Anfang der Revolution in der aufrührerischen Predigt der biblischen Propheten suchte. Damit identifizierte sich Mussolini zwar nie vollständig, weil ihm in Giovanni Gentile ein bedeutender Vertreter des Liberalismus zur Seite blieb, aber seine Kritik an den »allzu berühmten Prinzipien der Französischen Revolution« war doch von großer Schroffheit, und schon zu Anfang der dreißiger Jahre hatte die faschistische Partei nahezu alles eliminiert, was nach verbreiteter Meinung aus der Französischen Revolution hervorgegangen war und in Sowjetrußland abschätzig als »bürgerliche« oder »formale« Demokratie bezeichnet wurde: die Pluralität der Parteien und die Autonomie der »öffentlichen Meinung«.

Um diese Zeit sprach Mussolini schon manchmal von der Zukunft eines »faschistischen Europa«, das mit der marxistischen »klassenlosen Gesellschaft« keinerlei Ähnlichkeit haben würde und doch offenbar ebenfalls als ein »letzter« und jedenfalls stabiler und langdauernder Geschichtszustand gedacht war.[30]

Für *Adolf Hitler* war dagegen der drohende Untergang Deutschlands eine wahre Obsession, obwohl für ein normales Wahrnehmungsvermögen die Lage des deutschen Volkes sogar nach der Niederlage im Weltkrieg unvergleichlich besser war als diejenige des jüdischen. Aber was für Franz Oppenheimer eine »niedere Vorstellung« war, die Auflösung der Nationen in einer sprachlich und kulturell ausgeglichenen Weltgesellschaft, war für Hitler ein beängstigendes Schreckbild, und er glaubte, im Österreich der Habsburger eine Präfiguration dieser Zukunft erlebt zu haben, wo das deutsche Volkstum angeblich vor der »Ausrottung« infolge der von der Dynastie betriebenen Slawisierung stand. Rettung bot, ganz wie für die Zionisten, nur die entschlossene Einwurzelung in das eigene Land, die aber ohne die Eroberung von zusätzlichem »Lebensraum« nicht möglich war, und die Begründung einer »Volksgemeinschaft«, die letzten Endes nicht nur die Deutschen, sondern alle Germanen als eine zur Reinheit gelangte »Rasse« umfassen würde.

Als Ursache der tödlichen Gefährdung nannte Hitler zu unterschiedlichen Zeiten verschiedene Phänomene, zum Beispiel den Verlust des Kampfgeistes durch das Vordringen einer »bürgerlichen« Denkweise, aber letzten Endes kam er doch immer wieder auf »den Juden« als eigentlichen Urheber, ja als »Drahtzieher der Geschicke der Menschheit« zurück, faktisch also auf dasselbe Phänomen, das den Zionisten gerade als die Hauptursache der Existenzgefährdung des jüdischen Volkes galt, nämlich die Assimilation der Juden an ihre »Gastvölker«, welche als »Emanzipation« ausgegeben wurde. Es ist mithin von vornherein ausgeschlossen, Hitler als einen »österreichischen Antisemiten« anzusehen, der sich eine krause Geschichtsphilosophie zurechtgemacht hatte, für die er die Anregung in den allertrübsten Quellen wie den »Ostara-Heften« eines entlaufenen Mönchs gefunden hätte, welcher sich den adligen Namen Lanz zu Liebenfels zugelegt hatte.[31] Von »Antibolschewismus« und »Antimarxismus« müßte dann gar nicht die Rede sein.

Aber diese Auffassung übersieht das entscheidende Mittelglied, und es gibt Gründe für die Annahme, daß das »Mittelglied« nichts Geringeres als der eigentliche Ursprung von Hitlers Ideologie ist.

Zwar behauptet Hitler schon auf den ersten Seiten von »Mein Kampf«, er sei bereits in der Schule in Linz »Nationalist« geworden und er habe »Geschichte ihrem Sinne nach verstehen und begreifen« gelernt.[32] Aber dann läßt er sich weit später bei seinem Aufenthalt in Wien in das vom Vater ererbte »Weltbürgertum« zurückfallen, und es ist ein Vorgang ganz eigentümlicher Art, der ihm »die Schuppen von den Augen fallen läßt«.[33] Als Hilfsarbeiter am Bau lernt er nämlich gleich zu Beginn seiner Wiener Zeit die sozialdemokratische, das heißt marxistische Weltanschauung der Bauarbeiter kennen, welche in der Nation eine »Erfindung der kapitalistischen Klassen« sahen, das Vaterland als ein »Instrument der Bourgeoisie zur Ausbeutung der Arbeiterschaft« betrachteten, die Schule als »Institut zur Züchtung von Sklavenmaterial« und die Moral als »Zeichen dummer Schafsgeduld«.[34] Es ist also kein Zweifel, daß Hitler als junger Mann mit der einfachsten und vulgärsten Version des Marxismus in hautnahe Berührung kam und daß er, der sich nicht scheute, seine »kleinbürgerliche« Herkunft mit positivem Akzent zu erwähnen, diese Berührung als abstoßend und beängstigend erfuhr, zumal er unter Drohungen zum Eintritt in die gewerkschaftliche Organisation gezwungen werden sollte.

Noch größer wurde die Beängstigung, als er wenig später eine Massendemonstration Wiener Arbeiter beobachtete. Jetzt erst überwand er sich, die »Arbeiterzeitung« gründlich zu lesen, und er machte die Entdeckung, daß alle Redakteure Juden waren. Und so randvoll von zügellosen Emotionen »Mein Kampf« von Anfang bis zu Ende ist, so ist doch die Reaktion, von der Hitler in diesem Zusammenhang berichtet, gerade deshalb besonders bemerkenswert, weil sie sehr schlicht und ohne angestrengtes Pathos ist: »Die Namen der Austerlitz, David, Adler, Ellenbogen usw. werden mir ewig in Erinnerung bleiben.«[35] Durch die verwischende und häufig abschweifende Art der Erzählung hat Hitler es den Lesern nicht ganz leicht gemacht, hier die Kernerfahrung wahrzunehmen, von der alles andere einschließlich der Geschichtsauffassung seinen Ausgang nahm oder die mindestens den etwa schon vorhandenen Nationalismus und Antisemitismus auf entscheidende Weise überformte und verstärkte.

Daher ist es durchaus möglich, daß Hitler tatsächlich schon in seiner Wiener Zeit jene Auffassung entwickelte, die er hier ihren Platz finden läßt: »Wird der Sozialdemokratie eine Lehre von besserer Wahrhaftigkeit, aber gleicher Brutalität der Durchführung entgegengestellt, wird diese siegen, wenn auch nach schwerstem Kampfe.«[36] Hitler sah also seine eigentliche Aufgabe darin, einen militanten Antimarxismus als effizientes Kampfmittel gegen die »Pestilenz« zu schaffen, den es bis dahin nicht gab. Der »Antisemitismus« aber war nichts anderes als der Schlüssel, der es ihm ermöglichte, das beängstigende und übermächtige Phänomen geistig in den Griff zu bekommen.

Aller Vermutung nach war Hitler also schon längst ein Antimarxist, bevor er zum Antibolschewisten wurde. Aber der Weg zu einem praktischen Engagement wurde doch erst gangbar, als die deutsche Revolution im November 1918 auch bis zu jenem Lazarett in Pasewalk gelangt war – angeblich unter Führung von »ein paar Judenjungen«[37] –, wo Hitler als temporär Kriegsblinder lag und wo in ihm »der Haß, der Haß gegen die Urheber dieser Tat« jedes andere Empfinden überwuchs. Und es bedurfte noch einer weiteren Stufe, bevor Hitler als Propagandaleiter der winzigen »Deutschen Arbeiterpartei« in München ab Herbst 1919 eine phänomenale Tätigkeit entfalten konnte, nämlich des Ereignisses der Räterepublik in München, das Hitlers Mentor, den Dichter Dietrich Eckart, davon überzeugte, daß der Weltbolschewismus zur Eroberung Deutschlands angesetzt hatte.

Sowohl in »Mein Kampf« wie in den frühen Reden springt dem unvoreingenommenen Leser die Tatsache ins Auge, daß die Erfahrung des russischen und des deutschen Bolschewismus – wie unmittelbar oder vermittelt sie sein mochte – für Hitler die entscheidende Bestätigung und Bekräftigung seines Antimarxismus bedeutete. Hitlers Nationalsozialistische Deutsche Arbeiterpartei war also im Kern ein militanter Antibolschewismus, der sich zugleich als antimarxistisch und antijüdisch verstand, mithin eine genaue Parallele zur Faschistischen Partei Italiens darstellte und doch eine beträchtliche Radikalisierung implizierte. Der Nationalismus dieser Bewegung war zwar originär, wie in Italien, aber er erhielt durch den Antimarxismus erst die spezifische Prägung, und die »Rassentheorie« war auch dann eine bloße Konsequenz, wenn Hitler die Schrift des Grafen Gobineau bereits gekannt haben sollte. Auch dasjenige, was Hitler über geschichtliche Entwicklungen sagt, entspringt diesem Quellgrund: Die Demokratie des heutigen Westens ist der Vorläufer des Marxismus, der ohne sie gar nicht denkbar wäre; das Vordringen der Geldwirtschaft schloß das langsame Ausscheiden des persönlichen Besitzrechtes und die Entfremdung des Besitzes gegenüber dem Arbeitnehmer in sich; byzantinistische Dekadenz trat unter Wilhelm II. hervor. Den Weg zu dieser Dekadenz hatte nicht zuletzt die Toleranzidee der Freimaurer geöffnet, ein oberflächlicher Journalismus griff die Kultur in ihren Grundlagen an, der Internationalismus der Sozialdemokratie untergräbt die Unabhängigkeit der nationalen Wirtschaft.

All das war von Geschichtsdenkern und Kulturkritikern nicht selten gesagt worden, und nicht bloß Rathenau hatte mit negativem Akzent »Modernität« und Judentum zusammengebracht. Aber mit so monomanischer Einseitigkeit hatte wohl noch niemand die mannigfaltigsten geschichtlichen Erscheinungen auf einen »Urheber« zurückgeführt, und auch der radikalste Antibolschewist hatte noch nicht behauptet, daß es »der Jude« gewesen sei, der »in Rußland an dreißig Millionen Menschen in wahrhaft fanatischer Wildheit teilweise unter unmenschlichen Qualen tötete«.[38] Und so läßt sich auch die Parallele zu ernsthaften Erwägungen des Geschichtsdenkens nicht übersehen, wenn Hitler die ungeheuerlichste aller seiner Aussagen macht: »Siegt der Jude mit Hilfe seines marxistischen Glaubensbekenntnisses über die Völker dieser Welt, dann wird seine Krone der Totenkranz der Menschheit sein, dann wird dieser Planet wieder wie einst vor Jahrmillionen menschenleer durch den Äther ziehen.«[39]

Daß »Modernität« nicht notwendigerweise Glück für die Menschen bedeutet, daß sie vielmehr unerhörte Gefahren für die Menschheit mit sich bringt, war eine neuartige Einsicht des Geschichtsdenkens, die nur von einem ungebrochenen Fortschrittsoptimismus als »bloß reaktionär« abgetan werden konnte. Aber noch nie hatte jemand eine neue Erwägung so sehr als apodiktische Behauptung formuliert und so monokausal ihren Grund im Handeln einer kleinen Menschengruppe gesehen. Wenn der Marxismus bei Lenin die höchste Stufe seiner Selbstgewißheit erreicht hatte und doch von Zweifeln nicht ganz frei geblieben war, so erreichte der Antimarxismus in Hitler einen höchsten Punkt von mythologisierender Selbstgewißheit, die offensichtlich von höchst artifizieller Art war. Wenn der Marxismus in Gestalt des Bolschewismus sich im historischen Recht befand, dann war hier die äußerste Gestalt des Unrechts an den Tag gekommen; wenn er jedoch eine Verirrung oder einen Abweg bedeutete, dann hatte das historische Recht im Nationalsozialismus eine Gestalt angenommen, die viel zu sehr von einer ideologischen Anti-Einstellung bestimmt war, als daß sie sich bei einem etwaigen Sieg der bisherigen Geschichte hätte einfügen können. Sie mußte dann die Geschichte ebenso zur bloßen Vorgeschichte ihrer selbst machen, wie es der Marxismus tun wollte.

Man sollte nicht bezweifeln, daß Hitler nicht in erster Linie ein Nationalist, ein Sozialdarwinist und ein »Rassist« war, sondern daß er vor allem ein Antimarxist war und ein Anti-Lenin sein wollte und daß mithin auch der Nationalsozialismus zu denjenigen Richtungen gezählt werden muß, die ein Geschichtsdenken zu artikulieren suchten. Weder der radikale und verwirklichte Marxismus noch der radikale und verwirklichte Antimarxismus waren isolierte Phänomene, sondern sie bildeten die Endglieder einer typologischen Reihe, und es ist wahrscheinlich, daß sie beide sowohl recht wie unrecht hatten, als sie in ideologischem Überschwang und unter nur allzu konkreten Voraussetzungen dasjenige zu realisieren bzw. zu sichern versuchten, was vermutlich eines Tages auf nicht-ideologische und nicht-ausschließende Weise Wirklichkeit werden wird: die Einheit der Menschheit und die Vielheit altneuer Kollektivindividualitäten.

Für und gegen »Weltzivilisation« und »Massenkultur«

Wenn »Modernität« von den zur Herrschaft gelangten Ideologien des Marxismus und des Antimarxismus sowohl erstrebt wie verworfen wurde – je nachdem, ob man »Modernität« als Weltmarktwirtschaft oder als Weltplanwirtschaft, als »Messianismus« oder als »Großraumbildung« verstand –, so gingen die Auseinandersetzungen in Publizistik und Philosophie ebenfalls vornehmlich um den Charakter und den Wert der Zukunft, und von explizitem »Geschichtsdenken« darf immer dann gesprochen werden, wenn zugleich auf die Vergangenheit Bezug genommen wurde. Auch im Bereich der »Richtungen« und der »Schulen«, die manchmal nur von einem Einzelnen repräsentiert sein mochten, war das Resultat selten als eindeutige Bejahung oder Verneinung von »Weltzivilisation« und »Massenkultur« zu kennzeichnen, da dem Gegenstand unterschiedliche Aspekte abzugewinnen waren.

Es ist angebracht, mit Amerika bzw. den angelsächsischen Ländern zu beginnen. Hier schloß gerade die Tradition die Orientierung auf die Zukunft in sich, und diese Tradition war noch ungebrochen.

Die USA zogen sich nach dem Ende der Ära Wilson während der republikanischen Regierungen von 1920 bis 1932 weitgehend aus der Weltpolitik zurück, und es fiel Franklin Delano Roosevelt nicht leicht, in sie zurückzukehren und das Riesengewicht seines Staates von neuem in die weltpolitische Waagschale zu werfen. Zeitweise hatte die Kritik an Wilson und am Kriegseintritt sogar die Oberhand, da sie sich mit dem populären Mißtrauen gegenüber den »Händlern des Todes« verbinden konnte, deren Gewinninteressen angeblich für das Eingreifen Amerikas verantwortlich gewesen waren, und dieser neue Nicht-Interventionismus setzte die Neutralitätsgesetzgebung durch, welche Amerika erneut in die Bahn von George Washingtons Abschiedsbotschaft zurücklenken wollte. Aber nur an den Rändern der »America first«-Bewegung wurden in den dreißiger Jahren Stimmen der Sympathie für die Achsenmächte laut, und der Anti-Imperialismus der Zeit vor dem Kriege verschmolz mit dem einstigen Imperialismus der »Amerikanisierung der Welt« zur Bewegung des »Stop Hitler now«, die des Beistands des Präsidenten sicher sein konnte, obwohl Roosevelt nach 1933 für geraume Zeit von seinen Gegnern mit Hitler in eine Linie gestellt worden war.

Als Repräsentanten des amerikanischen Denkens wähle ich *John Dewey*, der in seinem fast hundertjährigen Leben als Mitbegründer der Philosophie des Pragmatismus und als Erzieher einen außerordentlichen Einfluß ausübte. In zahlreichen Büchern und einer Fülle von Aufsätzen hat er Grundthemen der Philosophie – Erkenntnis, Erfahrung, Wahrheit, Natur – in den Spuren von Hume und Locke so beantwortet, daß er Empirie, Praxis und Situation dem Apriorismus, der Kontemplation und allem »Absolutismus« des Wissens entgegensetzte. Sein eigenes Absolutum bleibt aber »der Mensch«, und die nicht ganz fernliegende Fortentwicklung einer pragmatistischen Situationsphilosophie zu einer Lehre von der Unüberschreitbarkeit historischer oder auch naturhafter Gegebenheiten wird von ihm nicht einmal in Erwägung gezogen. Schon im Ersten Weltkrieg hat er seine Philosophie als die amerikanische der deutschen konfrontiert, und im Zweiten Weltkrieg fügte er ein Kapitel zu seinen Vorlesungen über »German Philosophy and Politics« hinzu, das den Nationalsozialismus mit einbezieht.

Apriorismus und Geschichtsphilosophie erscheinen hier als philosophische Irrwege, an denen nirgendwo so hartnäckig festgehalten wird wie in Deutschland. Kants Lehre von den Kategorien und Anschauungsformen *a priori* ist ein Absolutismus, der dem Absolutismus fixierter Institutionen entspricht; ihm liegt ein Vernunftbegriff zugrunde, der sich als Verweltlichung der »göttlichen Vorsehung« erweist, und deshalb gibt es dagegen keine zulässigen Einwände; sie sind der Diskussion entzogen. Dagegen haben »empirisch begründete Wahrheiten keinen weiten Wirkungsraum (»scope«); sie erzeugen keine so intensive Loyalität sich selbst gegenüber wie Ideen, die angeblich direkt der Vernunft entspringen. Aber sie sind diskutierbar, sie haben eine humane und soziale Qualität, während Wahrheiten der reinen Vernunft auf paradoxe Weise sich schließlich der Beurteilung (»arbitrament«) der Vernunft entziehen«.[1] Eben dieser Anspruch der Philosophen, Sprachrohre einer göttlichen Vernunft zu sein, ist indessen eine bloße Illusion. In Wahrheit haben sie alle »von Natur und Leben und Gesellschaft aus der Perspektive (»in terms«) von kollektiven menschlichen Wünschen und Begehrungen gesprochen, und zwar in deren Bestimmtheit durch Schwierigkeiten und Kämpfe der Gegenwart«.[2]

Aber gerade die Herausstellung der Kämpfe macht er mit besonderem Nachdruck Hegel zum Vorwurf, nämlich daß dessen dialektische Geschichtsphilosophie eine Lehre von Konflikten und Siegen sei und daß sie eine Rechtfertigung des Krieges impliziere. Mit ebensoviel Nachdruck wird jedoch der Vorwurf erhoben, daß für Hegel wie schon für Fichte in diesen Kämpfen eine innere Logik zum Vorschein kommt, die zu einem »Reich Gottes« auf Erden führt. Eben dieser Geschichtsphilosophie, die eine Verherrlichung der bestehenden Macht und nicht eine Auflehnung dagegen impliziere, stellt sich die demokratische und pragmatistische Philosophie Amerikas entgegen. Das Grundprinzip (»working principle«) der Amerikaner besteht nämlich darin, »durch Versuche Tatsachen ausfindig zu machen und den Wert der versuchsweise vorgebrachten Ideen und Theorien durch den Erfolg zu messen, den sie beim Test der praktischen Anwendung zu verzeichnen haben«.[3] Diese Methode von »trial and error« ist ein Hauptkennzeichen der demokratischen Gesellschaft, die in ständig sich ausweitender Diskussion und Kommunikation ihr Leben hat.

Nirgendwo in der Welt sind Demokratie und Kooperation aber ausgeprägter als in Amerika, wo alle rassischen, klassenmäßigen und geographischen Differenzen ständig überwunden werden. Dieser Prozeß impliziert seine eigene Geschichtsphilosophie, welche die deutsche Geschichtsphilosophie der Herrschaft und des Absolutismus überwinden wird: »Eine amerikanische Geschichtsphilosophie muß durchaus (»perforce«) eine Philosophie für die Zukunft [menschlicher Kooperation und Kommunikation] sein, für eine Zukunft, in der die Freiheit und die Fülle menschlicher Brüderlichkeit (»companionship«) das Ziel und das intelligente kooperative Experimentieren die Methode ist.«[4] Damit verwirft Dewey mit aller Entschiedenheit den Nationalismus zugunsten des Internationalismus, und in den »Lectures on China« artikuliert er 1920 seinen Zukunftsglauben mit folgenden Worten: »Ich glaube, daß wir nun endlich auf eine Zeit vorausblicken dürfen, wo ein assoziiertes Leben auf weltweiter Grundlage stattfinden wird, wo die Menschheit in einer Gesellschaft leben wird, die alle nationalen und sprachlichen Grenzen transzendiert.«[5]

Aber könnte man nicht auch sagen, daß Kommunikation und Konflikt miteinander Hand in Hand gehen und daß Amerika kein gutes Paradigma für die Welt ist, sobald der Begriff des »melting-pot« sich nicht als ein empirischer, sondern in gewisser Weise als apriorischer, durch einen vorgreifenden Willen gebildeter Begriff erweist? Und darf man eine Philosophie eine »Situationsphilosophie« nennen, die den Nationalsozialismus wie eine Frucht aus dem Organismus der deutschen Geschichte ableitet, aber die Existenz des Bolschewismus und der damit gegebenen Herausforderung nicht einmal erwähnt? Läuft nicht auch Deweys Philosophie auf ein »Reich Gottes« hinaus, in dem bloß noch »das Gute« existiert, nachdem »das Böse« beseitigt worden ist?

Auf der Ebene der Publizistik und Popularphilosophie übte der Engländer *Herbert George Wells* mit den Millionenauflagen seiner Bücher einen ebenso großen Einfluß aus wie Dewey unter den Philosophen und dem anspruchsvolleren intellektuellen Publikum. Aber da er von der Evolutionstheorie des Darwinismus ausging, kommt bei ihm hinsichtlich der Zukunft eine weit stärkere Ambivalenz zum Vorschein als bei Dewey. Gerade in dem frühesten seiner Werke, der »Zeitmaschine« von 1894, waren die pessimistischen Konsequenzen, die sich aus dem Darwinismus ziehen lassen, besonders anschaulich hervorgetreten, denn jene ferne Zukunft, in welche die Zeitmaschine den Helden hineinträgt, ist eine Zukunft des Verfalls der menschlichen Vitalität infolge der Tendenz zu »immer mehr Wohlleben und Bequemlichkeit, zu einer ausgewogenen Gesellschaft, deren Parole Sicherheit und Dauerhaftigkeit war«.[6]

Die Bewohner dieser »vollkommenen Welt« waren zu einer Art harmloser und unfähiger Blumenkinder geworden, die eines Tages von den kräftig gebliebenen Unterweltbewohnern abgeschlachtet werden würden, denen ihre klugen und starken Vorfahren einst alle notwendigen Arbeiten aufgebürdet hatten. In der immer wieder überarbeiteten und ungeheuer erfolgreichen »Outline of History« hat Wells dann jedoch eine Universalgeschichte geschrieben, die mit der Erdgeschichte beginnt und von den Reptilien und Säugetieren über das Zeitalter des Neandertalers und das Neolithikum zu der sogenannten Weltgeschichte führt, in der Wells über den Europazentrismus und die bloß politische Geschichte hinauszugelangen sucht, so daß weder die Ming-Dynastie noch die Zigeuner, weder Polen noch Irland, weder der Bolschewismus noch die Geldkrise unerwähnt bleiben. Die letzte Perspektive ist hier indessen eine optimistische, nämlich die »schließliche Erringung weltweiter politischer und sozialer Einheit«.[7] Aber Wells ist auch hier nicht gewillt, die künftige »Föderation der ganzen Menschheit«, die »ein genügendes Maß an sozialer Gerechtigkeit« und »eine ungefähre Chancengleichheit« für die meisten Menschen in sich schließen würde[8], als einen »Endzustand« zu betrachten, als ein »Ende der Geschichte«.

Sie wird vielmehr nur »eine neue Phase der menschlichen Geschichte« bedeuten, weil sie neue Kämpfe und neue Anstrengungen hervorrufen, also gerade jenen Abweg in die »vollkommene Gesellschaft« vermeiden wird, der die Darwinsche Selektion als Prinzip der Aufwärtsentwicklung des Lebens in eine Kontraselektion verwandeln würde. Doch als Wells gleich nach dem Ersten Weltkrieg am unmittelbarsten mit den Konflikten der Zeit konfrontiert war, da fühlte er sich von den »tiefen, sich ständig entwickelnden ökonomischen, sozialen und Rassenkonflikten« so überwältigt, daß er eine »Überwachung« empfahl, »eine Überwachung der Kulturfeindlichkeit der Reaktion und der schädlichen nationalistischen Lehren in den Schulen, Universitäten und in der Presse; eine Überwachung der Bibliotheken und Beschaffung gesunder Literatur«.[9]

Aber war die »erzieherische, aufklärende Arbeit«, die Wells von den Intellektuellen als den »uneigennützigen Leuten« erwartete, wirklich ausreichend, um einen Zustand zu überwinden, wo bei den Reichen nur »Habsucht, Gefühllosigkeit und Unfähigkeit« wahrzunehmen sind und bei den Armen »Leid und Neid, die zu rachsüchtiger Empörung führen«? So gelangt Wells zu dem Resultat, daß »die Aussichten der Menschheit außerordentlich trübe sind«, sofern seinen Vorschlägen zur Erziehung der Menschheit zwecks Herstellung einer neuen Weltordnung kein Erfolg beschieden sein sollte.[10] Ist der Erfolg indessen nicht von vornherein ausgeschlossen, wenn seine Voraussetzung die Existenz eines weltweiten »Überwachungsstaates« ist? Und als Wells in Zusammenarbeit mit Julian Huxley 1936 in dem Monumentalwerk »The Science of Life« die Menschheitsgeschichte als eine Episode in der Geschichte des biologischen Lebens erscheinen ließ, da konnte er einen fessellosen Optimismus, der den Tiger durch Züchtung zum Freund des Menschen geworden sah, nur dadurch begründen, daß das Prinzip der Züchtung und der Kontrolle auch auf den Menschen selbst angewendet wurde.

Die letzte Perspektive des Fortschrittstheoretikers ist daher nicht mehr die bloße Elimination von »jazz-dancers and joy-riders« durch freiwillige

Unfruchtbarkeit, sondern die grundsätzliche Änderung eines Zustandes, wo eine »niedrige Bevölkerungsmasse« über die *constructive few* die Oberhand gewinnen kann und wo »eine Menge dumpfer und furchtsamer Leute geboren werden müssen, damit einige wenige begabte und aktive Menschen zur Existenz gelangen«.[11] »Eugenik« ist also das Losungswort der Zukunft. Aber Wells kann am Schluß die Frage nicht unterdrücken, ob »das persönliche Leben in dieser Zukunft der vollständigen Herrschaft des Menschen ebenso glücklich und erregend« sein werde, wie es in der Gegenwart sein kann. Er antwortet bejahend, aber mit sichtlicher Anstrengung, und 1945 ließ er durch einen Buchtitel wissen, daß nach seiner Auffassung »mankind at the end of its tether« angelangt sei.[12]

Wenn sogar prominente Vertreter des angloamerikanischen Fortschrittsglaubens vor Zweifeln nicht gefeit waren oder sich naheliegenden Einwänden ausgesetzt sahen, dann war es in keiner Weise verwunderlich, daß andere Amerikaner jener prätendierten Überwindung von »Rasse, Nationalität und Glauben« nicht zustimmten, die als Postulat zwar schon in der Geburtsurkunde des amerikanischen Staates enthalten war, die aber nur in ganz begrenztem Maße eine Realität darstellte. Es gab in Amerika ja sehr wohl eine »führende Schicht«, die man sogar eine »herrschende Klasse« nennen mochte, und sie bestand so gut wie ausschließlich aus Menschen, die »weiß, angelsächsisch und protestantisch« waren. Sie war also auf prononcierte Weise eine »Rasse«, die voller Verachtung auf eine andere Rasse, nämlich die schwarze, herabschaute; sie berief sich stolz auf ihren englischen Ursprung und hielt sich nicht nur Irländer und Juden, sondern auch Deutsche möglichst fern; sie erblickte in ihrem protestantischen Glauben die erste Voraussetzung ihrer »Selbstregierung« und ihrer Freiheit, und die Katholiken waren für sie Anhänger des despotischen Papismus.

Aber es waren ausschließlich Männer von dieser Art und Herkunft gewesen, die jene humanitären Forderungen in die Verfassung hineingeschrieben hatten, und mindestens bis zum Weltkrieg gehörten so gut wie alle Internationalisten und Anti-Imperialisten dieser Gruppe an. Die Frage ist, ob sie so sehr von der Festigkeit ihrer Vorherrschaft überzeugt waren, daß sie ihre eigene Ideologie als folgenlos betrachteten, oder ob sie ihrer Fähigkeit zur Assimilation und Synthese so gewiß waren, daß sie der unumgänglichen Wandlung ohne Furcht entgegenblickten. Jedenfalls war schon zu Beginn des Jahrhunderts kaum noch zu übersehen, daß die Ideologie beträchtliche Wirkungen zeitigte und daß nicht nur die Zusammensetzung der Bevölkerung, sondern auch die Rolle des »White, Anglosaxon, Protestant establishment« sich änderte. Und nun machten sich Stimmen vernehmbar, die in der amerikanischen Ideologie vom »melting-pot« und von der Überwindung aller partikularen Differenzen innerhalb einer »Nation von Immigranten« einen Angriff gegen die grundlegende Realität der USA erblickten, und zwar einen Angriff, welchem zugleich eine weltgeschichtliche Bedeutung zuzuschreiben war.

Diese neuartige Furcht stellt sich schon in dem Titel eines Buches als Untergangsprophetie dar – aber im Sinne der Vorhersage des eigenen Untergangs –, das der einflußreiche Vorsitzende der New Yorker Zoologischen Gesellschaft, *Madison Grant*, erstmals im Jahr 1916 veröffentlichte: »The Passing of the Great Race« – »Der Untergang der großen Rasse«. Die »große Rasse« ist für Grant in erster Linie offenbar diese WASP-Schicht, aber er greift sofort darüber hinaus, indem er auf die Anfänge der Klassenlehre bei Guizot, Thierry und Mignet zurückgeht und die These aufstellt, daß Klassen im Kern nichts anderes als Rassen seien.

Eben dies sagte Rathenau um die gleiche Zeit im Hinblick auf Deutschland, aber Grant hebt vor allem die gefährliche Schwäche des von der Rasse bestimmten Klassenbewußtseins der weißen und protestantischen Amerikaner hervor, die töricht genug waren, Sätze in ihre Verfassung hineinzuschreiben, welche im Falle ihrer Verwirklichung nichts Geringeres als ein »finis Americae« bedeuten müssen.[13] Einen solchen Untergang hat man ja jetzt (zur Zeit der vierten Auflage von 1923) in verschiedenen Teilen der Welt anschaulich vor Augen: Er erfolgte durch »Hinschlachtung wie in Rußland oder durch Steuerdruck wie in England«.[14] Aber auch auf ihrem eigenen Kontinent können die Amerikaner wahrnehmen, wohin die Vermischung der Rassen führt, zum Beispiel in Mexiko, nämlich zur Unfähigkeit der Selbstregierung und also zum Verlust der Freiheit.

Die ganze Weltgeschichte erteilt die gleiche Lehre: Rom ging unter, weil in seiner Spätzeit die Schranken der Rasse niedergebrochen wurden, und dabei spielte das Christentum als die Religion der Sklaven und Schwachen eine verhängnisvolle Rolle. In der Gegenwart aber wirkt Darwins Prinzip des »Überlebens der Tüchtigsten« unter den Bedingungen der demokratischen Massenzivilisation gerade in die Gegenrichtung, da die Menschen schlechter Rasse sich viel stärker vermehren als die Träger des nordischen Blutes. So sieht Grant die einzige Rettungsmöglichkeit für die amerikanische Kultur in der entschlossenen Abschiednahme von der amerikanischen Ideologie: »Wir Amerikaner müssen uns darüber klar sein, daß die Leitgedanken der Nächstenliebe, die unsere gesellschaftliche Entwicklung im verflossenen Jahrhundert beherrscht haben, und der weichliche Gefühlsüberschwang, der Amerika zur ›Zufluchtsstätte für die Unterdrückten‹ gemacht hat, die Nation dem Rassenverfall zutreibt. Wenn man den Schmelztiegel ohne Aufsicht weiterkochen läßt und wenn wir fortfahren, unserem nationalen Wahlspruch zu folgen und uns geflissentlich blind machen gegen alle ›Unterschiede der Rasse, des Glaubensbekenntnisses oder der Farbe‹, dann wird die Art des einheimischen Amerikaners vom Ansiedlerstammbaum ebenso erlöschen wie die des Atheners aus dem Zeitalter des Perikles und die des Wikingers aus den Tagen Rollos.«[15]

Aber Grant ließ es mit düsteren Vorhersagen nicht bewenden, sondern er folgte Dewey immerhin so weit, daß er die Wahrheit seiner Ideen durch die Praxis unter Beweis stellen wollte, und die restriktive Einwanderungsgesetzgebung vom Mai 1924 war nicht zuletzt auf seine Aktivität zurückzuführen.

Noch weit radikalere Töne wurden aber in einem Buch laut, das 1922 unter dem Titel »The Revolt against Civilization, The Menace of the Under-Man« erschien und von dem sehr fruchtbaren Schriftsteller *Lothrop Stoddard* geschrieben war. Schon im Vorwort wird auf die bolschewistische Revolution Bezug genommen, und auch diese Schrift ist ein Beweis dafür, wie sehr die russische Revolution an vielen Stellen der Welt und sogar in dem anscheinend ungefährdeten Amerika Untergangsängste hervorrief oder mindestens verstärkte. Wie sehr sie für Stoddard der anschauliche Ausgangspunkt war, wird weniger gleich zu Anfang als im Kapitel VI sichtbar, das fast die gleiche Überschrift trägt wie das Buch im ganzen, nämlich »Die Rebellion des Untermenschen«. Eben dies war die bolschewistische Revolution: »Der Eröffnungsschuß der organisierten Rebellion gegen die Zivilisation.«[16] Die »große Ausrottung der Bourgeoisie« in Rußland war zu einem bedeutenden Teil physische Liquidierung, vornehmlich mittels der »differentiellen Nahrungsration«, das heißt durch Verhungernlassen. Das Motiv der Bolschewiki sieht Stoddard manchmal schlicht in ihrer »Minderwertigkeit«, dann aber auch in der »Vision« eines revolutionären Ostens, der den »bourgeoisen« Westen zerstöre. Diese Revolution ist jedoch nichts Neues, sondern es hat in der Geschichte immer wieder »die gleiche Revolte der minderwertigen und degenerierten Elemente gegen zivilisierte Gesellschaften« gegeben, zum Beispiel den Aufstand des Jack Cade im mittelalterlichen England.[17] Neu ist aber seit dem 19. Jahrhundert der Einfluß der Juden mit Karl Marx an der Spitze, und Stoddard zögert nicht, das gegenwärtige Regime Sowjetrußlands »großenteils jüdisch-bolschewistisch« zu nennen.[18]

Der positive Grundbegriff, den er diesem zerstörerischen Prozeß gegenüberstellt, ist der biologische des »Keimplasmas«, das hochwertig oder minderwertig ist und das in Gestalt der höheren Rassen die Zivilisation hervorgebracht hat. Durch wissenschaftliche Untersuchungen ist ja erwiesen, daß *ein* Prozent der Bevölkerung der Vereinigten Staaten ebensoviel an

Genius erzeugt wie der ganze Rest und daß der Intelligenzquotient bei der angelsächsischen Bevölkerung am höchsten, bei den Negern aber am niedrigsten ist. Aber wenn Stoddard am Ende zwei Prinzipien einander als die Hauptantagonisten der Gegenwart gegenüberstellt, nämlich den Bolschewismus als »die Inkarnation der atavistischen Vergangenheit« und die Biologie als »die Hoffnung einer progressiven Zukunft«[19], dann kann er an einer Identifizierung von »Hochwertigkeit«, »führender Schicht« und »Zivilisation« nicht festhalten, denn die Zivilisation bedeutet auch eine Gefährdung der Erbanlagen, durch die sie hervorgebracht wird, weil sie die Fortpflanzungsfähigkeit gerade der Besten herabsetzt, und daher ist die Ersetzung degenerierter Oberschichten durch den Aufstieg der rassisch besten Elemente der Unterschichten überaus wünschenswert.

Das sollte aber nicht dem Zufall des freien Spiels der Kräfte überlassen bleiben, und letzten Endes postuliert Stoddard eine biologische Revolution, deren Ziel »race-building and race-cleansing« ist, so daß unfähige Individuen ebenso wie ungerechte soziale Verhältnisse »eliminiert« werden müssen, freilich, was die Individuen betrifft, nicht etwa durch Tötung, sondern durch das Verbot, Nachkommen zu erzeugen.[20] »Eugenik« ist also das letzte Wort von Stoddard, wie es das letzte Wort von Wells war, der sicherlich den Verdacht innerer Übereinstimmung mit Nachdruck zurückgewiesen haben würde.

In Kontinentaleuropa gab es keine »führende Schicht«, die ihre eigene Stellung durch eine humanitäre Ideologie hätte erweitern und befestigen oder – gemäß den Kritikern aus den eigenen Reihen – untergraben können. Für das Selbstverständnis war vielmehr eine Bildungsschicht entscheidend, in der nahezu alle Traditionen der christlich-abendländischen Geschichte noch lebendig waren, und die Drohung, der sie sich gegenübergestellt sah, war um vieles konkreter und näher, als es in Amerika der Fall war, nämlich die »Vermassung« und »der Sozialismus« im eigenen Lande sowie das bolschewistische Rußland in naher Nachbarschaft.

»Der Sozialismus« war aber nicht einfach etwas Fremdes, sondern er war ebenfalls in der eigenen Tradition begründet, und viele seiner Thesen und Postulate schienen nur allzu zeitgerecht zu sein. Die Massenhaftigkeit der Gegenwart und deren mögliche Ausdehnung in der Zukunft waren daher bedrängende Probleme, und auf die eine oder andere Weise haben alle Kulturkritiker und Geschichtsdenker der Zeit nach dem Weltkrieg dazu Stellung genommen.

Schon im Titel machte *José Ortega y Gasset* die Massen zum Thema eines vielgelesenen Buches, und zwar im Jahr 1929: »Der Aufstand der Massen«. Die Beschreibungen, die er vornimmt, scheinen auf den ersten Blick, wie schon der Titel selbst, die Kennzeichnung zu rechtfertigen, der spanische Philosoph, der ein Mitglied der »Generation von 1898« war und zu den »Europäisierern« gezählt wurde, mache sich in diesem Buch lediglich zum Sprachrohr einer mit dem Adel eng verbundenen Bildungsaristokratie, welche den Verlust ihrer Exklusivität beklage: Die »Masse« ist die Gesamtheit der nicht besonders Qualifizierten, und sie drängt sich in der Gegenwart überall vor; sie füllt die Verkehrsmittel, sie trägt ihre Neugierde in die fernsten Gegenden, sie regiert umweglos in einer »Hyperdemokratie«, sie nützt alle technischen Mittel, aber es fehlt ihr an Verständnis für die Elitenarbeit, auf denen sie beruhen; sie ist in ihrer Selbstzufriedenheit und Trägheit das Gegenteil des genuinen Adels, der gerade gekennzeichnet ist durch ein »gespanntes Leben«, ein Leben, »das immer in Bereitschaft ist, sich selbst zu übertreffen, von dem, was es erreicht hat, fortzuschreiten zu dem, was es sich als Pflicht und Forderung vorsetzt«.[21]

Die Masse ist dagegen das Resultat eines umfassenden Ausgleichs, der nicht nur die verschiedenen Gesellschaftsklassen, sondern sogar die Geschlechter einander ähnlich macht und mithin die kulturschaffenden Spannungen gerade verringert; insofern besteht die Masse aus »neuen Barbaren«, welche in wenigen Jahrzehnten Europa zugrunde richten werden. Aber es ist doch keineswegs nur Bildungshochmut, der Ortega die Feder führt. Als Musterbild des modernen Barbaren gilt ihm ja der Wissenschaftler, der sich in immer kleinere Fachgebiete einkapselt, und die Bildungslosigkeit des Massenmenschen sieht er aufs engste mit der scheinbar entgegengesetzten Gefahr verkoppelt: der »Einmischung des Staates in alles«, der »Absorption jedes spontanen sozialen Antriebs durch den Staat; das heißt die Unterdrückung der historischen Spontaneität, die letzten Endes das Schicksal der Menschheit trägt, nährt und vorwärtstreibt«.[22] Mithin kann er nicht einfach die Einführung neuer Bindungen postulieren, wenn er schreibt, es werde nicht lange dauern, bis von dem ganzen Planeten »ein Schrei zu den Sternen aufsteigen und nach einer Kraft verlangen wird, die gebietet, die ein Tagwerk, eine Pflicht auferlegt«.[23]

Ortega will also den Liberalismus gerade nicht beseitigt sehen, der mit seiner Einräumung von Rechten für die Minorität durch die Majorität »die edelste Losung« ist, welche es auf der Erde gegeben hat, und er verwirft sowohl Bolschewismus wie Faschismus, weil sie nicht wirklich die adlige Maxime des »Dienens« auf zeitgemäße Weise erneuern, sondern weiter nichts als »Rückschritt« darstellen. Der einzige Entschluß, der in eine bessere, den großen Überlieferungen adäquate Zukunft führt, wäre der, »aus den Völkergruppen des Erdteils eine große Nation zu errichten«, und nur dann bestände Aussicht, den »Sieg des Fünfjahresplans« zu verhindern.

Unter »Europa« will Ortega aber »vorzüglich und eigentlich die Dreieinigkeit Frankreich, England, Deutschland« verstanden wissen[24], und die scheinbar bloß kulturkritische und bildungsaristokratische Geringschätzung der Massen und der Massenbewegungen läuft auf das sehr politische und zukunftsorientierte Programm einer Vereinigung Europas im Zeichen eines erneuerten Liberalismus hinaus, das allein sowohl den Bolschewismus wie den Faschismus überwinden könnte.

Von so konkreten politischen Zielsetzungen bleibt *Karl Jaspers* in seiner Schrift über die »Geistige Situation der Zeit« von 1931 weit entfernt, und unpolitisch schien die ganze Richtung zu sein, die als »Existenzphilosophie« bezeichnet wurde und als deren Hauptvertreter Jaspers und Martin Heidegger galten. In unverkennbarer Nähe zu Max Weber ist für Jaspers der »universale Daseinsapparat« – Webers »stählernes Gehäuse« – die Hauptrealität der Gegenwart, aber er ist nur das Komplement der Masse, die geführt sein will, »doch so, daß sie zu führen meint«, die nicht frei sein will, aber für frei gelten möchte.[25] Diese Masse ist »Dasein ohne Existenz, Aberglaube ohne Glaube. Sie kann alles zertreten, hat die Tendenz, keine Selbständigkeit zu dulden und keine Größe, aber die Menschen zu züchten, so daß sie zu Ameisen werden.«[26] Jeder einzelne wird zur bloßen Funktion, er wird von der Geschichte gelöst, eine die Generationen umgreifende und vereinigende Kontinuität existiert nicht mehr. Massendasein bedeutet also geschichtsloses Dasein. Dabei handelt es sich um ein weltweites Phänomen, nämlich eine Nivellierung, die man »mit Grauen erblickt«.

Jaspers' Werturteil ist also demjenigen Deweys genau entgegengesetzt: »Die Rassen mischen sich. Die geschichtlichen Kulturen lösen sich von ihrer Wurzel und stürzen in die technisch wirtschaftliche Welt und in eine leere Intellektualität.«[27] Und auch die von Dewey so positiv hervorgehobene »Diskussion« wird von Jaspers mit einem negativen Stigma versehen. Aber der amerikanische Pragmatismus wird kaum wahrgenommen. Es sind europäische Lehren, die für ihn die charakteristischen Ausformungen des Massengeistes sind, und er setzt diejenigen Richtungen insofern gleich, die sich untereinander als Todfeinde verstanden: »Marxismus, Psychoanalyse und Rassentheorie sind heute die verbreitetsten Verschleierungen des Menschen. Das gradlinig Brutale im Hassen und Preisen, wie es mit dem Massendasein zur Herrschaft gekommen ist, findet darin seinen Ausdruck: im Marxismus die Weise, wie Masse Gemeinschaft will; in der Psychoanalyse, wie sie die bloße Daseinsbefriedigung sucht; in der Rassentheorie, wie sie besser als andere sein will.«[28]

Der Gegensatz zum »Massendasein« ist für Jaspers das »Selbstsein«, und dieses Selbstsein ist eben nicht bloßes »Dasein«, sondern »Existenz«; es sucht nicht gegenständliche Sicherheiten, sondern es ringt um »Existenzerhellung«, es ist nicht eine Gegebenheit, sondern es muß sich im dauernden Niederkämpfen jenes »Aufstands des existentiellen Plebejertums in jedem von uns« stets von neuem gewinnen, aber es weiß sich doch in einer langen Geschichte gegründet: »Nicht erst die letzten Jahrhunderte, sondern alle geschichtliche Zeit seit den jüdischen Propheten und griechischen Philosophen hat das Menschsein als das zutage gebracht, was dann die neuere Zeit Persönlichkeit genannt hat.«[29]

Die Moderne wäre also als das Zeitalter des Kampfes gegen die Persönlichkeit zu bestimmen, und die Persönlichkeit in der Moderne hat als »Selbstsein« auf alle diejenigen Sicherheiten Verzicht geleistet, welche die überlieferte Metaphysik mit ihren dogmatischen Lehren von Gott, der Welt und der Seele gewährte. In diesem Verschwinden bleibt jedoch der Bezug zur »Transzendenz« gewahrt, denn ohne ihn gibt es kein »Selbstsein«. Der »stabile Endzustand« einer Weltzivilisation als »Ideal irdischer Ordnung« ist für Jaspers mithin zwar nicht wie für Solowjew das Reich des »Antichrist«, wohl aber das Ende der menschlichen Freiheit in Gestalt des möglichen Selbstseins. Doch die Prognosen, die diesen Endzustand zu bestimmen suchen, beschreiten Irrwege, weil sie das Unerreichbare zu errechnen suchen. Jaspers setzt indessen nicht einfach mit seinem Lieblingsadjektiv »echte« Kommunikation zwischen Einzelnen an die Stelle der verflachenden »Diskussion« unter Massenmenschen. Ebensowenig wie Ortega nimmt er einen bloßen Rückzug in den Elfenbeinturm eines subtilen und (wie ein Marxist sagen würde) »bürgerlichen« Individualismus vor. So verschwindet die Realität »Deutschland« nicht ebenso in den Tiefen der »Existenz«, wie sie in den Flächen der nivellierten Weltordnung verschwindet, sondern Jaspers bringt sie auf ähnliche Weise mit dem Selbstsein zusammen, wie Ortega seinen scheinbaren Bildungsaristokratismus durch das Projekt einer »Nation Europa« überholt hatte: »Die ergreifenden Berichte, wie im Kriege zuletzt in weichender Front hier und dort Deutsche standhielten, als einzelne sich sahen, in ihrem Sichbehaupten und Sichopfern doch das bewirkten, was kein Befehl vermochte, den vaterländischen Boden tatsächlich auch im letzten Augenblick noch vor Zerstörung zu bewahren und ein Bewußtsein von Unbesiegtheit in die deutsche Erinnerung zu senken, diese Berichte zeigen eine sonst kaum erreichte Wirklichkeit wie ein Symbol der gegenwärtigen Möglichkeit überhaupt. Es ist das erste Menschsein, das vor dem Nichts im Untergang nicht mehr seine Welt, aber für die kommende den Anspruch verwirklichen konnte.«[30]

Die Frage, was *Martin Heidegger* in »Sein und Zeit« eigentlich gewollt hat, kann hier so wenig aufgeworfen werden wie diejenige nach dem Inhalt von Jaspers' dreibändigem Werk über »Existenzphilosophie«. Heidegger selbst hat sich ja immer wieder über Mißverständnisse beklagt, aber gerade diese »Mißverständnisse« sind in unserem Zusammenhang das belangvolle. Ohne sie hätte das Buch sicher nicht die Wirkung gehabt, die es hatte, und ohne sie wäre es von Zeitgenossen und Nachgeborenen nicht als ein überaus bemerkenswertes Symptom der geschichtlichen Situation der Nachkriegszeit und der Weimarer Republik angesehen worden. Schon der Titel mußte ja sehr ins Auge fallen, denn das »Sein« als unzeitlich oder überzeitlich zu denken, war ein Grundbestand der abendländischen Tradition seit Platon, aber wenn es sich um weiter nichts als um eine »Verzeitlichung des Seinsbegriffs« gehandelt hätte, würde Heidegger in die Nachfolge Feuerbachs zu stellen sein, und er hätte höchstens nachgeholt, was für Marxisten selbstverständlich war. Daß Heidegger, anders als Jaspers, das »Dasein« mit »Existenz« in engste Verbindung bringt, und die Existenzanalyse des »seinverstehenden« Wesens als »Fundamentalontologie« bezeichnet, mochte als bloß terminologischer Unterschied betrachtet werden. Daß Heidegger das Erkennen im praktischen »Besorgen« gegründet sein ließ, entsprach dem Ansatz der »Lebensphilosophie«.

Aber größte Aufmerksamkeit erregte die zentrale Stellung, die Heidegger der »Angst« gab, mit der er »eine ausgezeichnete Befindlichkeit des Daseins« zum Thema machen wollte, welche den Menschen »vereinzelt und (so) das Dasein als ›solus ipse‹ erschließt«.[31] Diese Einsamkeit muß der Mensch jedoch immer erst gegen »das Man« und »die Öffentlichkeit« gewinnen: »Die Öffentlichkeit verdunkelt alles und gibt das so Verdeckte als das Bekannte und jedem Zugängliche aus. Das Man ist überall dabei, doch so, daß es sich auch immer schon davongeschlichen hat, wo das Dasein auf Entscheidung drängt.«[32] Nicht bloß auf Theologen machten die von Heidegger entwickelten »Existenzialien« Eindruck, die menschliches Dasein im Unterschied zu den auf das Natursein anwendbaren »Kategorien« charakterisieren sollten: »Geworfenheit«, »Entwurf«, »Verfallenheit«. Eine noch radikalere Formulierung der modernen Verlorenheit und Vereinzelung schien kaum möglich zu sein, als sie mit dem folgenden Satz gegeben war: »Das Vorlaufen [in den Tod] enthüllt dem Dasein die Verlorenheit in das Man-selbst und bringt es vor die Möglichkeit, auf die besorgende Fürsorge primär ungestützt, es selbst zu sein, selbst aber in der leidenschaftlichen, von den Illusionen des Man gelösten und sich ängstigenden *Freiheit zum Tode.*«[33]

Nichts ist also weniger verwunderlich, als daß Heidegger weithin als der Philosoph gesehen wurde, der sich der Atmosphäre der Weimarer Zeit – vielleicht auch nur der »bürgerlichen« Atmosphäre der Weimarer Zeit – am meisten ausgesetzt habe, das heißt der Atmosphäre der Ratlosigkeit, Unsicherheit und Verzweiflung, und daß er deshalb die der Epoche adäquate Philosophie eines todbereiten Existenzialismus und Nihilismus entwickelt habe.

Wenn dieses Verständnis richtig war, dann war Heidegger im Grunde ein bloßer Kulturkritiker und zur gleichen Zeit ein Hauptgegenstand möglicher Kulturkritik. So wurde er in der Tat weithin verstanden, etwa wenn der Jesuitenpater Alfred Delp in seinem Buch »Tragische Existenz« schrieb, Heideggers Denken stelle den Gipfelpunkt des Subjektivismus des neuzeitlichen Menschen dar und aus diesem Nihilismus resultiere ein verwerfliches Verhältnis zu den Dingen, denn dem autonomen Subjekt gelte alles Seiende nur noch als dienliches Mittel seiner eigenen Existenzbehauptung.[33]

Es gab auch 1928 schon gute Gründe, diese Auffassung für unzureichend und inadäquat zu halten. Heidegger ein »Geschichtsdenken« zuzuschreiben, war jedoch tatsächlich unmöglich, denn »die Geschichte« im Sinne von Hegel, Marx oder Dilthey kommt nicht vor, wohl aber widmet Heidegger ein ganzes Kapitel, das fünfte, einer »existenzial-ontologischen« Untersuchung der »Geschichtlichkeit«, und er artikuliert sogar die Absicht, »den Geist des Grafen Yorck zu pflegen, um dem Werke Diltheys zu dienen«.[34] Aber nirgendwo läßt sich ein Analogon zu Diltheys Darstellung von »Weltanschauung und Analyse des Menschen seit Renaissance und Reformation« entdecken, und man dürfte mithin Heidegger allenfalls als einen Geschichtsphilosophen im engsten Sinne bezeichnen, der sich nicht für die Geschichte, sondern ausschließlich für deren Begründung im Menschsein, für die »Geschichtlichkeit«, interessiert.

Und wenn man die inzwischen in großer Zahl veröffentlichten Vorlesungen der späten zwanziger und frühen dreißiger Jahre heranzieht, dann lassen sich zwar zahlreiche »kulturkritische« Aussagen zur »Flächigkeit« des modernen Daseins eruieren, aber so gut wie keine über geschichtliche Epochen, die über die Interpretation bestimmter Abschnitte der Philosophiegeschichte und eigentlich sogar bloß einzelner Philosophen wie Platon und Aristoteles hinausgingen.

Daher ist es wiederum ungemein verständlich, daß die deutsche und namentlich die ausländische Öffentlichkeit nahezu fassungslos auf die Nachricht reagierte, dieser Repräsentant des Weimarer Geistes und tiefgründige Philosoph des »Nichts« sei bald nach der Machtübernahme Hitlers in die Nationalsozialistische Partei eingetreten, habe das Rektorat der Universität Freiburg übernommen und er habe eine Rede über die »Selbstbehauptung der deutschen Universität« gehalten, die ihn als überzeugten Nationalsozialisten auszuweisen schien.

Aber der eine oder andere Leser von »Sein und Zeit« mochte sich daran erinnern, daß Heidegger an einer anscheinend ganz marginalen Stelle, nämlich im § 74, merkwürdige Sätze über das »Geschick« als das »Geschehen der Gemeinschaft, des Volkes« geschrieben und davon gesprochen hatte, daß das Dasein sich seinen Helden wählen müsse, wenn es aus der »vorlaufenden Entschlossenheit« heraus in »Treue zum Wiederholbaren« in eine »kämpfende Nachfolge« eintreten wolle.[35] Und bloß die vertrautesten Freunde wußten, daß Heidegger in privatem Kreise um die Jahreswende 1931/32 gesagt hatte, nur durch eine Diktatur, die »vor Boxheimer Mitteln nicht zurückschrecke«, sei »die schlimmere kommunistische, die ... alle Kultur im abendländischen Sinne überhaupt vernichte«, zu vermeiden[36], oder daß er am 30. März 1933 an eine »halbjüdische« Freundin geschrieben hatte, die Auseinandersetzung mit dem ›Marxismus‹ und dem ›Zentrum‹ müsse versacken, wenn sie nicht heranreife zu einer Auseinandersetzung mit dem Widergeist der kommunistischen Welt und mit dem absterbenden Geist des Christentums.[37] Was für Ortega und für Jaspers galt, traf auch für Heidegger zu: das scheinbar abstrakte und bloß kulturkritische Denken schloß konkrete Stellungnahmen zur zeitgenössischen Politik in sich ein. Gerade bei Heidegger sollte sich bald zeigen, daß die Enttäuschung nicht ausblieb und daß aus dieser Enttäuschung ein genuines Geschichtsdenken erwuchs, das jedoch erst nach 1945 allgemein erkennbar wurde.

Jedenfalls ist zunächst festzustellen, daß die geschehende Geschichte auch so subtile Denker wie Ortega, Jaspers und Heidegger nicht unberührt ließ. Mithin ist es sehr wahrscheinlich, daß kein lupenreines »politisches Denken« und auch keine bloße »politische Propaganda« vorlag, wenn Geister geringeren Ranges sich unmittelbar mit den neuen, eben nicht ausschließlich politischen, Phänomenen auseinandersetzten, die nach dem Krieg ins Dasein getreten waren, mit dem Bolschewismus und dem Faschismus.

Theorien über Bolschewismus, Faschismus und Totalitarismus

Die Ereignisse des Jahres 1917, die Konstituierung eines »Sowjetstaates«, der Bürgerkrieg und das Ausgreifen der Weltpartei der Dritten Internationale nach Mittel- und Westeuropa waren so überraschend und keineswegs bloß für die vielen Hunderttausende russischer Flüchtlinge und Emigranten so verstörend, daß von einer eigentlichen »Theorie« über den Bolschewismus zunächst keine Rede sein konnte. Freilich stellte sich der Bolschewismus selbst als die Konsequenz einer Theorie dar, nämlich der marxistischen, und er erhob den Anspruch, als »Sozialismus« eine höhere Stufe der weltgeschichtlichen Entwicklung zu bilden, so daß nunmehr der »kapitalistische« Westen als »zurückgeblieben« zu gelten hatte. Die Zurückweisung dieses Anspruchs ist der Sinn jener Bestimmungen der sowjetischen Realität als eines »socialismus asiaticus« oder eines »tatarischen Sozialismus«, wie sie von sozialdemokratischen Autoren vorgenommen wurde. Aber auch Karl Kautsky und Otto Bauer konnten nicht leugnen, daß eine der Hauptforderungen ihrer eigenen Partei, nämlich die Abschaffung des Privateigentums an Produktionsmitteln, in Rußland verwirklicht worden war und daß »das Proletariat« in einer Weise zum Subjekt der Geschichte geworden war wie nirgendwo im übrigen Europa.

Zwar ließ sich leicht einwenden, daß »Staatseigentum« noch längst nicht »gesellschaftliches Eigentum« sei und daß die angebliche »Diktatur des Proletariats« in Wahrheit eine »Diktatur über das Proletariat« darstelle, die von Angehörigen der Intelligenz ausgeübt werde, aber die bald aufkommende Rede von den »neuen Zaren« konnte doch das Faktum nicht verdecken, daß etwas Neuartiges zur Existenz gelangt war, das aller Versuche spottete, es mit schon Bekanntem gleichzusetzen.

Einer der frühesten Versuche, die bolschewistische Revolution zum Gegenstand eines Nachdenkens mit längerem Atem zu machen, war das umfangreiche Buch von *Pitirim Alexandrowitsch Sorokin* über die »Soziologie der Revolution«, das 1928 in deutscher Übersetzung erschien. Sorokin hatte die Revolutionszeit als Professor an der Moskauer Universität durchlebt und war eine Zeitlang auf der Seite der Sozialrevolutionäre aktiv gewesen, so daß Lenin selbst ihm einen polemischen Artikel widmete[1]; 1922 wurde er zusammen mit einer Anzahl weiterer Intellektueller ausgewiesen, und schließlich machte er sich in den USA als Soziologe der Harvard-Universität einen sehr bekannten Namen.

Sein Buch ist also aus lebendiger Anschauung heraus geschrieben. Aber es beruht zugleich auf anthropologischen Grundkonzeptionen, die am ehesten Pareto nahestehen. Der Mensch ist als solcher ein Instinktwesen, »voller Angriffs- und Unternehmungslust«, immer geneigt, den Krieg dem Frieden vorzuziehen und den Müßiggang der Arbeit, um sich selbst Vorteile auf Kosten seiner Mitmenschen zu verschaffen.[2] Diese Urimpulse werden nur durch ein Netz von Gewohnheiten und Institutionen gezügelt, und bloß im Rahmen solcher Gewohnheiten und Institutionen ist der Mensch »zivilisiert«. Alle Revolutionen bedeuten einen Abbau dieser zivilisierenden Hemmungen, und das gilt in besonderem Maße von der russischen Revolution. Sie verwandelte den »sozialen Menschen« in den »Tiermenschen«, sie ließ die bisher gehemmten Besitzinstinkte der Massen zu Aktionen der Gleichmacherei und Teilung übergehen, die als »heilige sozialistische Beschlagnahmen« ausgegeben und rasch bis zur Forderung der Vernichtung des Kapitalismus und der Bürgerklassen vorgetrieben wurden.[3]

Die Folge war, daß es bereits 1920 »den Bourgeois nicht mehr gab«, daß aber allgemeine Armut herrschte, von der nur die hohen Funktionäre ausgenommen waren, welche in Luxus-Waggons reisten und im Besitz von Automobilen, Pelzen und Diamanten waren, die sie den Hingerichteten »im Namen des Kommunismus« abgenommen hatten.[4] Indem sie alle Hemmungen als »bürgerliche Vorurteile« zu »demaskieren« suchten, öffneten die Bolschewiki den Weg zu einer »asiatischen Gesetzlosigkeit«, welche sich nur allzu rasch in Zwangsarbeit nicht mehr nur für die Bürger, sondern auch für die Proletarier verwandelte.[5] Völlig präzedenzlos in der Geschichte zivilisierter Staaten waren die »administrativen Erschießungen«, welche die Tscheka vornahm und welche von Sorokin mit 600 000 beziffert werden.[6] Aber nicht die Tatsachen als solche sind für Sorokin das entscheidende, sondern deren ideologische Begründung und Überhöhung: Für die revolutionäre »Mordmoral« wird jeder Gegner zu einem »sang impur« (wie es in der »Marseillaise« heißt), und damit ist es bei weitem »kein Verbrechen«, sein Blut zu vergießen, sondern »eine höchst anerkennenswerte Leistung«.[7]

In weltgeschichtlicher Perspektive ist die russische Revolution also ein Rückfall, aber nicht etwa ein Rückfall in Zarismus oder Feudalismus, sondern in primitive, vorzivilisierte Zustände. Mithin scheint das Selbstverständnis des Bolschewismus von Sorokin integral verneint zu werden, und das negative Urteil erstreckt sich auf die Revolutionen insgesamt: Sie vernichten die »besten« Elemente der Bevölkerung (mit Bezug auf ihre ererbten Eigenschaften) und fördern das Aufkommen der »Minderwertigen«.[8] Das Endergebnis ist nach Sorokin »die äußerste Verwirklichung des Staatsdespotismus«, und bei der Schätzung der Zahl der Revolutionsopfer bleibt Sorokin nicht weit hinter der angeführten Aussage Hitlers zurück: nach Abzug der Kriegstoten und der Emigranten habe das russische Volk die gigantische Zahl von 15 bis 17 Millionen Toten zu beklagen.[9]

Und dennoch gelangt Sorokin bei der Analyse der Ursachen der Revolution zu so negativen Urteilen über die Qualitäten der bis dahin führenden Schicht und über deren Verantwortlichkeit für den Krieg, daß er doch eine innere »Stärke der Oktoberrevolution und der Bolschewiki« konstatieren muß und sich zu einer Aussage veranlaßt sieht, die wie eine Rechtfertigung der Revolution aussieht: »Es kann daher nicht überraschen, daß die Geschichte den Adel vor ihr Gericht gezogen und mit seinem Dasein auf Kosten des Körpers von Rußland ein Ende gemacht hat.«[10] Mithin muß diesem großen »Rückfall in die Primitivität« doch eine weltgeschichtlich positive Rolle zugeschrieben werden, und die Annahme scheint nicht unbegründet zu sein, daß der »Sozialrevolutionär« Sorokin den Bolschewiki nicht so fern steht, wie seine überaus harten Urteile vermuten lassen.

Der österreichische Schriftsteller *René Fülöp-Miller* ließ sich in seinem Buch über »Geist und Gesicht des Bolschewismus« sicherlich nicht von der Absicht leiten, den Bolschewismus zu rechtfertigen, aber er unterstrich in seiner sehr anschaulichen Darstellung die modernen Charakterzüge des Bolschewismus so stark, daß die These des »Rückfalls« fragwürdig werden mußte. Lenin wollte ja nichts anderes als »eine hyper-amerikanische Arbeiterorganisation« im Lande der Oblomows schaffen[11], und große Teile des Volkes folgen ihm in der Begeisterung für »Mechanisierung« und »Automatisierung«, nicht zuletzt die Künstler, die dem »kollektiven Maschinenmenschen« wahre Hymnen singen und einen neuen Stil kreieren, in dem der Einzelne bloß noch als Bestandteil der zur Maschine gewordenen Masse auftritt. Freilich wird dieser »Extremismus der Moderne« (wie man ihn nennen könnte) von den Massen mit einem quasi-religiösen Enthusiasmus ergriffen, der tiefe Wurzeln in der Vergangenheit hat, nämlich in dem fanatischen Streben der russischen Sektierer nach einer »gottgefälligen Weltordnung«, welche die Besitzlosigkeit aller einzelnen voraussetzt.[12]

Die Bolschewiki sind also nicht so sehr mit den Jakobinern als vielmehr mit den Wiedertäufern und den Hussiten zu vergleichen, und keine Behauptung ist falscher als die, in Rußland übten einige Despoten eine eiserne Tyrannei über ein eingeschüchtertes Volk aus. Die wahren Herrscher sind vielmehr die aktiven und begeisterten Massen, die in ihren Umzügen Figuren der westlichen Staatsmänner in Raubtierkäfigen mit sich führen und ihre Aufgabe darin sehen, mit aller klassenmäßig begrenzten Kultur ein Ende zu machen, um dadurch für die ganze Menschheit den Weg in die Zukunft zu bahnen. Und nicht minder falsch ist die Meinung, in diesem Lande übten »Materialisten« die Herrschaft aus. In Wahrheit handelt es sich um »Träumer«, um Vorkämpfer des radikalsten Idealismus, und Trotzki spricht für viele, wenn er glaubt, die Menschheit werde einst alle ihre Instinkte mit Bewußtsein durchleuchten und aus sich selbst einen höheren biologischen Typus machen, so daß der Durchschnitt der Menschheit sich zu dem Niveau eines Aristoteles, Goethe oder Marx erheben werde.[13]

Trotzki hat diesen seinen Glauben an eine strahlende Zukunft der Menschheit auch dann nicht aufgegeben, als er 1929 von Stalin ins Exil getrieben worden war, und er blieb fest davon überzeugt, daß »der Kapitalismus sich als Weltsystem geschichtlich überlebt« habe, ja er schrieb der Sowjetunion auch weiterhin eine führende Rolle im welthistorischen Ringen um den »Sozialismus« zu, denn die Sowjetunion bleibt ein »proletarischer Staat«, sie hat die Dutzende der Völker des zaristischen Rußland lesen und schreiben gelehrt, und sie steigert ihre industrielle Produktion um ein Vielfaches, während der Ausstoß in Deutschland und sogar in den USA zurückgeht.[14] In seinem Buch über »Die verratene Revolution« muß der Mitgründer Sowjetrußlands jedoch eine Reihe von Tatsachen konstatieren, die sich nicht leicht mit seinen unveränderten Überzeugungen hinsichtlich des Gangs der Weltgeschichte vereinbaren lassen, denen er aber mit den Zauberschlüsseln der gewohnten Begrifflichkeit beizukommen versucht.

Stalins Programm des Sozialismus in einem Lande ist eine kleinbürgerliche Utopie, innerhalb der Sowjetunion machen sich »bürgerliche Tendenzen« bemerkbar, die »Bürokratie« übt in ihrer Identität mit den »Kadern« Herrschaft aus und treibt eine neue Ungleichheit voran, die den einen herrschaftliche Wohnungen, Automobile und Sommervillen zuteilt und den anderen ein Leben in Holzbaracken am Rande des Verhungerns. Das bedeutet aber, daß die einen sich die Mehrarbeit der anderen aneignen, und diese Ausbeutung wird durch einen »fürchterlichen Polizeiapparat« gesichert, während die Arbeiter jeden Einfluß auf die Leitung der Betriebe verloren haben. Die Bürokratie hat zwar kein privates Eigentum an den Produktionsmitteln, aber in gewisser Weise »gehört« ihr der Staat.[15] So ist die Oktoberrevolution von der herrschenden Schicht »verraten, aber noch nicht gestürzt«. Der Stalinismus bedeutet zwar eine »thermidorianische Reaktion«, aber Trotzki weist eine Gleichsetzung mit dem »Staatskapitalismus« der faschistischen Staaten dennoch zurück, denn dieser Staatskapitalismus ist »reaktionär«, das Sowjetsystem aber ist trotz der Deformationen, für die Stalin als Verkörperung der Bürokratie verantwortlich ist, »fortschrittlich«.[16]

Es muß eine höchst eigenartige, geschichtlich präzedenzlose Gesellschaft sein, in der »proletarische« und »bürgerliche«, »fortschrittliche« und »reaktionäre«, »thermidorianische« und »revolutionäre« Charakterzüge in so merkwürdiger Mischung vereinigt sind.

Aber auch Sorokin und Fülöp-Miller waren von anderen Ausgangspunkten zu dem Ergebnis gekommen, daß eine »Zwieschlächtigkeit« vorliege, und ein zwieschlächtiges Phänomen kann nicht mit jener Eindeutigkeit und Unerbittlichkeit verurteilt werden, die man erwarten müßte, wenn dieses Phänomen tatsächlich innerhalb weniger Jahre in einem Blutbad ohnegleichen fünfzehn Millionen Menschen zu Tode gebracht hätte. Ein größeres oder geringeres Maß an Sympathie resultiert bei Sorokin aus dem negativen Urteil über den unfähigen und für den Krieg verantwortlichen russischen Adel, bei Fülöp-Miller aus der Einsicht in die genuine Gläubigkeit der Massen, bei Trotzki aus der Überzeugung, daß »der Kapitalismus« geschichtlich überholt sei und sein Recht an die Gesellschaft abgetreten habe, die trotz einiger Deformationen am eindeutigsten auf die bessere Zukunft ausgerichtet ist. Ich führe als weiteres Beispiel eine Deutung an, die eine Zwieschlächtigkeit von ganz anderer Art im Auge hat, eine Deutung, die dem Bolschewismus im Vergleich mit dem Faschismus einen Vorrang zuschreibt, obwohl sie – anders als diejenige Trotzkis – den Bolschewismus als solchen mit großer Entschiedenheit ablehnt.

Es handelt sich um das Buch von *Walter Schubart* über »Europa und die Seele des Ostens«. Auch hier geht es um die Gestalt der Zukunft, und der Autor leitet sie aus einer Folge von »Seelenurtypen« ab, die jeweils mit dem »Geiste der Landschaft« verwachsen und die von Schubart als der »harmonische, heroische, asketische und messianische Mensch« bestimmt werden. In der Gegenwart aber spielt sich ein Weltkampf um die Geburt einer neuen Weltkultur ab, in welcher der »prometheische Mensch« sich mit dem »johanneischen Menschen« konfrontiert sieht. Das sind nur überhöhende Ausdrücke für die »westliche« und insbesondere die deutsche Kultur auf der einen und die »östliche« oder »slawische« Kultur auf der anderen. Die westliche Kultur ist die Kultur der Sachlichkeit, des Bürgertums, der Seelenlosigkeit, des Teilmenschentums. Die slawische Kultur ist dagegen die Kultur der Seele, der unverfälschten Nächstenliebe und der Religiosität.

Zwar ist der Bolschewismus für Schubart ein »westlicher« Import und sogar eine »Geistesseuche«, und für die Entstehung der »westöstlichen Weltkultur« scheint ihm die Emigration von drei Millionen der geistigen Führerschicht Rußlands nach Westen der weitaus wichtigere Tatbestand zu sein[17], aber was er über die »einzigartige Leidensgeschichte und fast religiöse Besessenheit« der gegen den römisch-tatarischen Geist gerichteten »revolutionären Bewegung von Herzen bis Lenin« sagt, spricht eher dafür, daß auch der Bolschewismus die »johanneische Epoche« vorbereitet, während der deutsche Faschismus nach den unmißverständlichen Worten Hitlers den Sinn hat, »Westen und Osten feindlich gegeneinander zu führen«[18] und damit dem Ziel der Geschichte direkt zuwiderzuhandeln. Letzten Endes ist es ein »östliches«, »weibliches«, »brüderliches« Christentum, das Schubart über den Ungeist der westlichen oder prometheischen Kultur mit ihrer Diesseitigkeit, Freudlosigkeit und ihrer sich selbst vernichtenden Technik triumphieren sieht und sehen möchte, aber auch der Bolschewismus bleibt nicht vollständig außerhalb der den Slawen zugewandten Sympathie, und eine radikale Verwerfung trifft nur den Faschismus, welcher die mechanistische Seelenlosigkeit der westlichen und insbesondere der deutschen Kultur auf den Gipfelpunkt bringt. So steht sogar eine Auffassung dem Bolschewismus mit größerer Zustimmung als dem Faschismus gegenüber, die Lenin ohne Zweifel »durch und durch reaktionär« genannt haben würde.

Tatsächlich war das Aufkommen und die schließliche Machtergreifung von Parteien des faschistischen Typus noch überraschender als der Sieg des Bolschewismus in Rußland. Eine »russische Revolution« war seit langem erwartet worden, und schon Karl Marx hatte 1859 mit einem »russischen 1793« eine »Schreckensherrschaft dieser halbasiatischen Leibeigenen« kommen sehen, die »etwas in der Geschichte noch nie Dagewesenes« sein werde.[19]

Die Arbeiterbewegung in Mittel- und Westeuropa war ihrerseits nicht durchweg die »Kulturbewegung« gewesen, die Kautsky und viele andere in ihr sehen wollten, sondern ihre militanten Teile hatten oft genug »Ausrottung« von »Parasiten« und »Ausbeutern« verlangt. Eine starke Beunruhigung keineswegs bloß in den führenden Schichten war die Folge, und als Beispiel können die oben angeführten Äußerungen Adolf Hitlers dienen. Aber der »Reichsverband gegen die Sozialdemokratie« war und blieb ein bloßes Propagandaunternehmen. Daß uniformierte Gruppen einer Partei sozialistische Demonstrationen zersprengten, »Volkshäuser« angriffen, Bürgermeister durch Drohungen zum Verzicht auf das Amt zwangen und daß diese Partei durch ihre Führung obendrein den Anspruch erhob, den Staat zu regieren und dadurch das Vaterland zu retten, war ein präzedenzloser Tatbestand, und er wurde von den Zeitgenossen mit Überraschung, Schrecken oder auch Zustimmung zur Kenntnis genommen. Schon bevor der italienische Faschismus die Macht ergriffen hatte, lag eine beträchtliche Anzahl von Erklärungsversuchen vor, und daraus entfalteten sich allmählich, zumal nach dem Triumph des Nationalsozialismus in Deutschland, jene »Theorien über den Faschismus«, mit denen jede einzelne Richtung und Partei ihren Beitrag zur Deutung des rasch zu weltweiter Bedeutung gelangenden Phänomens zu geben versuchte.

Die Dimension des Geschichtsdenkens erreichten diese Versuche nur dann, wenn sie im Faschismus mehr als einen isolierten und zufälligen Tatbestand sahen und wenn sie ihn nicht bloß als unselbständiges Instrument einer schon vorhandenen Kraft verstanden.

Alle »singularisierenden« Interpretationen sind also im vorliegenden Zusammenhang ohne Interesse, das heißt alle diejenigen Auffassungen, die den italienischen Faschismus für ein lokales Phänomen erklärten, nämlich für ein Resultat der zurückgebliebenen Zustände Italiens.

Anders steht es mit den »heteronomistischen« Interpretationen, die vor allem von Sozialisten und Kommunisten vorgebracht wurden, also von denjenigen Parteien, die zuerst und am meisten der Feindseligkeit der neuen Partei ausgesetzt gewesen waren. Das Bild, das sie vom Verlauf der Geschichte hatten, konnte nur dann unangetastet bleiben, wenn sich an der Vorstellung des »Endkampfes« zwischen zwei »Hauptklassen« nichts änderte. Daher mußte die früheste und beständigste Auslegung von dieser Seite darin bestehen, die faschistische Partei für eine »Klassenmiliz« zu erklären, das heißt für eine Waffe der Bourgeoisie im Kampf gegen die siegreich vordringende Arbeiterbewegung.[20] Mächtig war »die Arbeiterbewegung« aber fast überall, und daher bestand fast überall die Möglichkeit, daß eine faschistische Bürgerkriegsarmee von den Industriellen durch Geldzahlungen ins Leben gerufen wurde; so gut wie alle marxistischen Interpretationen sind daher »generisch«, das heißt, sie fassen »Faschismus« nicht als Namen, sondern als Begriff auf.

Freilich verbargen viele Sozialisten nicht, daß es seit 1914 und insbesondere seit 1917 keine einheitliche Arbeiterbewegung mehr gab und daß die Kommunisten als erste den »bewaffneten Aufstand«, das heißt den Bürgerkrieg, proklamiert hatten. Sie konnten also schwerlich umhin, den Faschisten ein gewisses historisches Recht zuzuerkennen, nämlich soweit sie sich den aus einer historischen Fehleinschätzung hervorgehenden Intentionen der Kommunisten widersetzten. Der »rechte« Kommunist August Thalheimer stellte das Aufeinanderbezogensein der faschistischen und der kommunistischen Parteien sehr klar und noch in ungebrochenem Vertrauen auf die eigene Begrifflichkeit heraus, als er die faschistische Partei für »das konterrevolutionäre Gegenstück zur Kommunistischen Partei Sowjetrußlands« erklärte.[21] Aber der Sozialdemokrat Hermann Heller ließ immerhin eine andere Denkmöglichkeit offen, als er ebenfalls um 1930 schrieb: »Je nach dem Glauben oder Unglauben an die Zukunft der Arbeiterklasse und damit Europas wird man also den faschistischen Korporationsstaat entweder für die reaktionärste oder für die modernste Regierungsform halten.«[22]

Wenn die KPdSU *nicht* auf lupenreine Weise »revolutionär« war, sondern auch nur im Sinne Trotzkis eine »thermidorianische Reaktion« verkörperte, wenn aber die faschistischen Parteien ohne dieses ihr Gegenbild nicht zu begreifen waren, dann konnte der Faschismus kein bloßes Instrument in den Händen von längst bekannten Kräften, nämlich »den Kapitalisten«, sein, sondern er mußte über eine gewisse »Autonomie« verfügen, die ihn auch gegenüber seinem Ursprung, der »kapitalistischen Gesellschaftsordnung«, ein beträchtliches Maß an Selbständigkeit gewinnen ließ. In den frühen zwanziger Jahren verband sich diese »autonomistische« Interpretation bei kommunistischen Autoren wie Clara Zetkin und Karl Radek noch mit einer neuartigen Begründung der Siegeszuversicht: im Faschismus seien auch revolutionäre Kräfte vorhanden, die der »bürgerlichen Gesellschaft« gefährlich werden könnten und die eines Tages zu der Revolution des Proletariats hinzustoßen würden.[23]

Also wäre der Faschismus mindestens der Tendenz nach eine Art Halbkommunismus und keineswegs ein fügsames Instrument in den Händen der herrschenden Unternehmerklasse. Aber der ehemalige Kommunist *Franz Borkenau* ging 1932 in der Hervorhebung der »Autonomie« noch einen Schritt weiter, jedoch einen Schritt in eine andere Richtung: Er schrieb den italienischen Faschisten die Rolle zu, den Widerstand einer überentwickelten und gerade deshalb reaktionären Arbeiterschaft gegen die Notwendigkeiten des wirtschaftlichen Fortschritts mit Gewalt gebrochen zu haben und eben dadurch zu Urhebern eines modernen Kapitalismus in Italien zu werden. Zwar leitete er daraus die Unmöglichkeit einer Machtübernahme der Nationalsozialisten in Deutschland ab, aber der Gedanke lag nicht allzu fern, der Faschismus besitze auch als generische Erscheinung so viel Autonomie, daß er als ein notwendiges und »höheres« Entwicklungsstadium der »kapitalistischen Gesellschaft« angesehen werden müßte.[24] Dann wäre er aber nicht mehr bloß in Analogie zu Bonapartismus, Finanzkapitalismus und Imperialismus die »letzte Karte« im Spiel der Bourgeoisie, und nicht einmal eine »allerletzte«, sondern er wäre eine eigenständige historische Formation und in sich eine Widerlegung der marxistischen Grundkonzeption von den Stadien der Weltgeschichte. Natürlich konnte ein Sozialist dieser Zukunft nur mit tiefstem Pessimismus ins Auge sehen, und *Max Horkheimer* fand 1939 in seinem Aufsatz »Die Juden und Europa« sowohl für die konventionelle und heteronomistische wie für die neuartige und autonomistische Auslegung eindrucksvolle Formulierungen. Einerseits postulierte er, wer nicht vom Kapitalismus reden wolle, solle vom Faschismus schweigen, und andererseits sah er einen für lange Zeit stabilen Weltzustand kommen, da »die Massen« überall prospektiv faschistisch seien und sogar in England und Amerika Hitler »um des Antisemitismus willen« liebten. Mussolini aber formulierte dieselbe Erwartung begreiflicherweise in einem ganz optimistischen Ton: Die Zukunft werde ein »Jahrhundert des Faschismus« sein.[25]

Eine solche Breite und Widersprüchlichkeit der Auslegung war bis dahin noch keinem politischen Phänomen zuteil geworden, und auf den Gegenpolen standen nicht etwa nur Gegner auf der einen und Anhänger auf der anderen Seite. Aber eine besondere Bedeutung gewann eine Interpretation, die nicht mehr bloß den Faschismus bzw. die Beziehung von Faschismus und Kapitalismus ins Auge faßte, sondern das Verhältnis zwischen der »demokratischen Gesellschaft« bzw. dem »westlichen Verfassungsstaat«, dem Kommunismus und dem Faschismus. Wenn man nämlich nicht mit den Marxisten glaubte, daß das »Liberale System« durch den ökonomischen Terminus »Kapitalismus« ausreichend gekennzeichnet sei und wenn man die »revolutionäre Partei« nicht im »historischen Recht« sah, dann mußten Kommunismus und Faschismus eng zusammenrücken, und beide mußten als Regressionen oder defiziente Modi gelten. Diese »Totalitarismustheorie« ist so wenig wie die verschiedenen Faschismustheorien in den Studierzimmern von Geschichtsdenkern entstanden. Ihre ersten Anfänge finden sich in dem Doppelkampf der Sozialdemokraten und der Liberalen, das heißt der »Mitte«, gegen die »Extremismen« der Linken *und* der Rechten, einem Kampf, der schon frühzeitig Ausdrücke wie »Rechtsbolschewisten« und »Linksfaschisten« hervorbrachte.

Die Wertung war fast immer ganz eindeutig, und es war eine eigenartige Ausnahme, als ein ehemaliger Freund Mussolinis, Torquato Nanni, im Jahre 1924 Bolschewismus und Faschismus mit positivem Akzent auf dieselbe Stufe stellte, nämlich als verschiedenartige, aber nicht gegensätzliche Momente der historischen Entwicklung vom Kapitalismus zum Sozialismus.[26] Für Liberale wie den ehemaligen Ministerpräsidenten Francesco Saverio Nitti und den Gründer der katholischen Popolari-Partei Don Sturzo waren 1926 sowohl Faschismus wie Bolschewismus Rückfälle in das überwunden geglaubte Stadium des »Absolutismus«, und beide zeigten sich überzeugt, daß »das Freiheitsprinzip« als der eigentliche Lebensatem der Moderne eines Tages auch in den zurückgebliebenen Randstaaten Europas, in Italien und der Sowjetunion, zur Herrschaft gelangen werde. Als Synonym für »Absolutismus« bot sich auch »Diktatur« und ferner »Totalitarismus« an. Die Termini »totalitär« und »Totalitarismus« waren zuerst von den Faschisten verwendet worden, und zwar in einem positiven Sinne, der »Ganzheit« in Gegensatz zur Teilhaftigkeit des pluralistischen Parteienstaates stellte. Aber die Umwertung, die zuerst in Frankreich von den antifaschistischen Emigranten aus Italien vorgenommen wurde, setzte sich verhältnismäßig rasch durch, vermutlich deshalb, weil die moderne Diktatur und der moderne Absolutismus von den aus der Geschichte bekannten Diktaturen und Absolutismen so offensichtlich verschieden waren.

1939 formulierte der Engländer *Alfred Cobban* den Unterschied folgendermaßen: »Während die Diktatur in der Vergangenheit ein praktisches Aushilfsmittel war, dem theoretische Rechtfertigung fernlag, steckt in der modernen Diktatur hinter der Maschinerie der Parteibürokratie und Geheimpolizei, hinter den politischen Armeen und dem Terrorismus ein wirkliches geistiges Prinzip, das sie mehr sein läßt als eine bloße Regierungstechnik. Die neue totalitäre Diktatur ist nicht deshalb mächtig, weil sie über die Körper der Menschen herrscht, sondern weil sie ihre Seelen kontrolliert. Ihr essentielles Ziel ist . . . die Identifizierung von Kirche und Staat.«[27] Obwohl Cobban ausdrücklich sagt, »Sowjetrußland und Nazideutschland« seien die beiden Staaten, in denen der Totalitarismus bis zum äußersten Punkt getrieben sei, müßte eigentlich eine Unterscheidung erfolgen, da »Kirche und Staat« in der Sowjetunion offensichtlich vollständiger vereint waren als in dem noch von mancherlei pluralistischen Resten gekennzeichneten Deutschland. Aber die Gleichsetzung war ein wichtiger Schritt, denn Nitti hatte Faschismus und Bolschewismus noch in der Weise unterschieden, daß er das eine ein »Weltereignis«, das andere aber ein bloßes Tagesereignis genannt hatte, und Sturzo sprach dem Faschismus insofern die historische Bedeutsamkeit ab, als er die »Bolschewismusfurcht« im Italien des Jahres 1922 für »unaufrichtig« erklärte.[28]

Erst allmählich gewann die Auffassung Raum, daß jedenfalls der deutsche Nationalsozialismus an historischer Bedeutung nicht hinter dem Bolschewismus zurückbleibe, obwohl selbstverständlich von inhaltlicher Identität nicht die Rede sein könne. Die militante und kämpferische Gleichsetzung der beiden feindlichen Phänomene, wie sie die Kommunisten und nicht ganz wenige Sozialisten im Hinblick auf Kapitalismus und Faschismus vornahmen, erfolgte aber erst nach dem Abschluß des Stalin-Hitler-Pakts, und zwar auf paradigmatische Weise schon im Titel des Buches von Franz Borkenau »The totalitarian enemy«. Nach dem Ausbruch des deutsch-sowjetischen Krieges und der Bildung der »Anti-Hitler-Koalition« zwischen der »bolschewistischen« Sowjetunion und den »kapitalistischen« Angloamerikanern wurde die Totalitarismustheorie zwar nicht ebenso zum vollständigen Verschwinden gebracht wie die philofaschistischen Sympathien einiger konservativer bzw. neutralistischer Kreise in England und den USA, aber sie trat in den Hintergrund und lebte erst wieder auf, als sich bald nach dem Ende des Krieges zeigte, daß eine alte Feindschaft durch den gemeinsamen Kampf gegen das nationalsozialistische Deutschland nur überdeckt und keineswegs aus der Welt geschafft war.

Selten wurde in der Geschichte so unübersehbar wie hier, daß geistige Richtungen und Tendenzen sich nicht völlig autonom entwickeln können, daß sie vielmehr in starkem Maße von der »politischen Großwetterlage« abhängig sind, die freilich nicht einfach etwas Geistfremdes ist, sondern von solchen Tendenzen und Richtungen mitbestimmt wird. Die Frage ist, ob und bis zu welchem Grade einzelne Geschichtsdenker bedeutenden Ranges sich einen höheren Grad von Autonomie gegenüber dem politisch-gesellschaftlich-ideologischen Geschehen bewahren können oder ob sie nur auf subtilere und konsistentere Weise dasjenige artikulieren, was eine große Anzahl der Zeitgenossen in Versammlungen und an Stammtischen zum Ausdruck bringen.

DRITTER KREIS: EINZELNE DENKER

Oswald Spengler

Im Frühjahr 1918 erschien ein überaus anspruchsvolles Buch, das alle Kennzeichen einer Geschichtsphilosophie zu tragen schien: Da war vom Schicksal und vom Zufall die Rede, vom Buddhismus und vom Stoizismus, von der Renaissance und vom Barock, doch auch vom »Sinn der Zahlen« und von der »Morphologie der Weltgeschichte«. Aber dieses gelehrte und schwierige Buch war fast über Nacht in aller Munde, innerhalb kurzer Zeit wurde ihm eine Fülle von Rezensionen und Stellungnahmen gewidmet, und es wurde in vielen Zehntausenden von Exemplaren verkauft. Der Titel lautete »Der Untergang des Abendlandes«, und der Verfasser war ein bis dahin völlig unbekannter und noch nicht vierzigjähriger Mann namens Oswald Spengler.

Vermutlich war es dieser Titel, der für den überwältigenden Erfolg zum großen Teil verantwortlich war, denn es war offensichtlich die Niederlage Deutschlands, die von vielen Menschen als der Untergang einer ganzen Welt, eben des »Abendlandes«, aufgefaßt wurde. Aber das »Anspruchsvolle« des Buches bestand nicht nur in den Wissensmassen, die ausgebreitet wurden, sondern in dem apodiktischen Ton, in dem gleich mit dem ersten Satz verkündet wird, zum erstenmal werde in diesem Buch der Versuch gewagt, Geschichte vorauszubestimmen. Der »Untergang des Abendlandes« kann also nicht in derselben Weise das Thema sein, wie es der »Untergang der Antike« in zahlreichen Darstellungen gewesen war, nämlich als ein Ereignis, das sich bereits vollzogen hatte und nun beschrieben werden konnte; er mußte vielmehr als ein Vorgang gesehen werden, der gerade erst in der Entfaltung begriffen ist und dessen Ausgang noch nicht wahrgenommen und akzeptiert ist. Tatsächlich scheint der Verfasser eine zukünftige Einsicht und ein zukünftiges Handeln herbeiführen zu wollen, denn er schreibt: »Wenn unter dem Eindruck dieses Buches sich Menschen der neuen Generation der Technik statt der Lyrik, der Marine statt der Malerei, der Politik statt der Erkenntniskritik zuwenden, so tun sie, was ich wünsche, und man kann ihnen nichts Besseres wünschen.«[1] Mithin konnte es so aussehen, als ob Spengler ein Philosoph der Technik und ein Lobredner des naturwissenschaftlichen Zeitalters sei, der wie Auguste Comte die

Zeitgenossen dazu überreden wollte, das metaphysische Stadium der Menschheit endgültig hinter sich zu lassen und sich dem Positivismus zuzuwenden.

Aber es ist nicht der Comtesche Optimismus, der vernehmbar wird, wenn Spengler von dem »metaphysisch erschöpften Boden des Abendlandes« spricht[2], und erst recht weist er Comtes – und Hegels und Marx' – Konzept der einen Geschichte der Menschheit zurück. Zwar will er den Imperialismus »lehren«, und er beruft sich auf Cecil Rhodes, aber dieser Imperialismus ist für ihn eine unvermeidbare Erscheinungsform der »Zivilisation«. Die Zivilisation beurteilt er jedoch viel negativer, als es Rathenau und Max Weber getan hatten; sie ist ihm »geistiges Greisentum und die steinerne, versteinernde Weltstadt«[3], Welt der »Gehirnmenschen« und der bloß äußeren Expansion, Endzustand, seelenlos. Insofern scheint Spengler der typische Vertreter der Kulturkritik zu sein, der sich aber zu einer heroischen Geste der Bejahung des Verurteilten aufrafft und höchstens insofern den Anspruch auf »Erstmaligkeit« erheben kann.

Das kennzeichnende ist jedoch, daß Spengler nicht von »der« Zivilisation spricht, sondern von »den« Zivilisationen und daß er aus der Erkenntnis anderer Zivilisationen Einsichten in die eigene Zivilisation gewinnen will. Es gibt nämlich so viele »Zivilisationen«, wie es »Kulturen« gibt, und die abendländische Kultur ist ebenso wie die okzidentale Zivilisation nur eine unter vielen. Zivilisationen sind nichts anderes als die Spätzeiten der Kulturen, sie bedeuten deren Erlöschen und Untergang, und die einzelnen Kulturen sind wie Organismen, die entstehen, aufblühen und vergehen. Spengler greift also die alte Lebensalterlehre wieder auf, aber er verbindet sie nicht, wie Augustinus es getan hatte, mit einem Subjekt »Menschheit«, sondern er verknüpft sie mit der Konzeption der »Kulturkreise« und deren stufenmäßiger Entwicklung, nicht viel anders, als Breysig es getan hatte, dem Danilewski und auch Montesquieu vorangegangen waren.

Auch für Spengler gibt es also nicht *ein* Mittelalter, sondern deren viele, die einander »entsprechen«, so daß der Vergleich zur zentralen Methode seiner »Morphologie der Weltgeschichte« wird.[4] Die einzelnen Kulturen sind einander zwar fremd, und nur im Oberflächlichen gibt es Verständigung zwischen einem Araber und einem Abendländer oder einem antiken Griechen und einem Perser, aber es existieren die fundamentalen Entsprechungen, die es möglich machen, die ganze Weltgeschichte sozusagen kartographisch aufzunehmen. So konfrontiert Spengler den Leser schon zu Anfang mit einer Tafel »gleichzeitiger« Epochen in Geistesentwicklung, Kunst und Politik, und hier legt er zunächst das Bild der Jahreszeiten zugrunde: Frühling, Sommer, Herbst und Winter, aber er könnte ebensogut die Lebensalter wählen, also Kindheit, Jugend, Erwachsenenalter und Greisenalter, was der Vorstellung von den Kulturen als Organismen noch besser entsprechen würde.[5] Für die Geistesepochen stellt er die indische, die antike, die arabische und die abendländische Kultur nebeneinander. Der Frühling der indischen Kultur begann um 1500 vor Christus, derjenige der Antike um 1100 vor Christus, die arabische Kultur nahm ihren Anfang um das Jahr 0, die abendländische seit 900 nach Christus. Aber zu diesen ganz verschiedenen Zeiten vollzog sich an diesen verschiedenen Orten dasselbe: Aus dem Geist der jeweiligen Landschaft heraus wurde ein Mythos großen Stils als Ausdruck eines neuen Gottgefühls, als Schöpfung einer »erwachenden, traumschweren Seele« geboren – die Veden in Indien, die olympische Religion in Griechenland, das Urchristentum bei den Arabern, der germanische Katholizismus im Abendland.

Im Sommer reift die Bewußtheit heran, früheste städtisch-bürgerliche und kritische Regungen werden bemerkbar, im Puritanismus erfolgt eine »rationalistisch-mystische Verarmung des Religiösen«, und von diesem Puritanismus gibt es Spuren in den Upanischaden, er ist greifbar bei den Pythagoräern und bei Mohammed, er charakterisiert in der abendländischen Neuzeit die französischen Jansenisten nicht minder als die englischen Calvinisten.

Der Herbst bedeutet den Höhepunkt »strenggeistiger Gestaltungskraft« und zugleich das Hervortreten der großstädtischen Intelligenz: Hier entsprechen einander unter anderen Buddha, die Sophisten, der Sufismus und die französischen Enzyklopädisten.

Im Winter entfaltet sich die weltstädtische Zivilisation, die seelische Gestaltungskraft erlischt, das Leben wird problematisch; die ethisch-praktischen Tendenzen eines irreligiösen und unmetaphysischen Weltstädtertums setzen sich durch, Skepsis greift um sich, als letzter »Kultus« verbreitet sich derjenige der Wissenschaft, des Nutzens, des Glücks; es entsprechen einander die Strömungen der Buddhazeit, der Hellenismus, die epikurischen Sekten der Abbasidenzeit, der Utilitarismus von Bentham und der Szientismus von Comte.

Bei den »gleichzeitigen« Kunstepochen ersetzt Spengler die indische Kultur durch die ägyptische, und hier wird die »Kultur« zugleich in einem engeren Sinn, nämlich als »Kulturepoche« verstanden, der eine »Vorzeit« vorhergeht und die sich in Frühzeit und Spätzeit gliedert, bis sie von der »Zivilisation« abgelöst wird. Als äußerste Pole stehen die »Formensprache von tiefster symbolischer Notwendigkeit« in der Frühzeit der Kultur und die »Weltstadtkunst als Gewohnheit, Luxus, Sport, Nervenreiz« einander gegenüber. Dabei ist die abendländische Entsprechung zur Kunst der 18. Dynastie in Ägypten die Zeit »seit 2000«.

Im Rahmen der »gleichzeitigen« politischen Epochen tritt die chinesische Kultur an die Stelle der arabischen, und die »Spätzeit« wird überall durch den »Sieg des Geldes über die Politik« charakterisiert. In der Zivilisation lösen sich die Volkskörper zu »formlosen Massen« auf, der Cäsarismus bildet sich aus, und schließlich erfolgt ein »geschichtsloses Erstarren« und Ohnmacht auch des imperialen Mechanismus gegenüber der Beutelust junger Völker oder fremder Eroberer. Diese Zeit währte in der Antike von Sulla bis zu Cäsar und weiter von Trajan bis Aurelian; sie steht dem Abendland von 2000 an und weiterhin nach 2200 bevor.

Spengler unternimmt es also tatsächlich, Geschichte über einen Zeitraum von bald drei Jahrhunderten vorherzusagen, aber das Bild der Zukunft entspricht weitgehend demjenigen, was andere Denker schon in der Gegenwart wahrgenommen hatten: Untergang der Seele durch den Angriff des »Geistes«: Klages; Mechanisierung des Geistes: Rathenau; Erstarren des schöpferischen Charisma im »stahlharten Gehäuse« einer bürokratischen Epoche: Max Weber.

Spengler war mithin nicht so originell, wie er glaubte, und da er sich nur auf Goethe und Nietzsche als seine Meister berief, läßt sich nicht mit Bestimmtheit ausmachen, wie weit ihm Denker wie Max Weber, Klages und Rathenau oder gar Kurt Breysig bekannt waren.[6] Dennoch machte sein Buch nicht zufällig auf die Zeitgenossen so großen Eindruck, und es war sicherlich ein Monumentalwerk, insbesondere seit 1922, als die endgültige Fassung erschien, die den zweiten Band »Welthistorische Perspektiven« enthielt. Wer immer sich ernsthaft mit mehreren Kulturen befaßte, mußte auf Spengler Bezug nehmen, auch wenn er die Kulturen gerade nicht wie Spengler als fensterlose Monaden auffaßte; wer immer Universalgeschichte zu schreiben unternahm, konnte nicht ohne eine Auseinandersetzung mit Spengler den Begriff der »Menschheitsgeschichte« zugrundelegen. Das Buch enthält unzweifelhaft eine Fülle von eindringlichen Charakterisierungen aus dem Bereich der ganzen Weltgeschichte, so zum Beispiel die Beschreibung des Weltgefühls der »Höhle« in den »magischen« Religionen der arabischen Kultur[7], aber auch wichtige Begriffsbildungen wie »Pseudomorphose«, mit denen Spengler die nicht zu leugnenden Beziehungen zwischen den einzelnen Kulturen zu fassen versucht. Wichtig ist ebenfalls der lebensphilosophische Ansatz, der die Möglichkeiten der Kausalbetrachtung und generell des Verstandes für das Verstehen von Geschichte herabmindert und die Intuition an deren Stelle setzt, welche allein das »Schicksalhafte« zu erfassen vermag.

Aber als Spenglers eigentliches Thema muß doch »das Abendland« gelten, wie ja schon der Titel anzeigt, und für dieses Abendland verwendet er den glücklichen Begriff der »faustischen Kultur«, die er in erster Linie der antiken Kultur gegenüberstellt. Die faustische Kultur ist die Kultur des Ausgriffs in die Unendlichkeit, während die antike Kultur das Sein im plastischen Körper findet; die faustische Kultur ist zeitbewußt und historisch, während die antike auf das Zeitlose und Naturhafte oder Kosmische ausgerichtet ist. Schon auf den ersten Seiten findet sich ein eindrucksvolles Beispiel jener Kulturvergleiche, die Spenglers Buch auch für denjenigen wertvoll und zu einer Quelle von Anregungen machen, der seinen Biologismus ablehnt und der Untergangsthese keinen Glauben schenkt: Unter den Völkern des Abendlandes waren es die Deutschen, welche die mechanischen *Uhren* erfanden, schauerliche Symbole der rinnenden Zeit, deren Tag und Nacht von zahllosen Türmen über Westeuropa hin hallenden Schläge vielleicht der ungeheuerste Ausdruck sind, dessen ein historisches Weltgefühl überhaupt fähig ist. Nichts davon begegnet uns in den *zeitlosen* antiken Landschaften und Städten. Bis auf Perikles herab hat man die Tageszeit nur an der Schattenlänge abgeschätzt und erst seit Aristoteles erhält »hora« die – babylonische – Bedeutung »Stunde«. Vorher gab es überhaupt keine exakte Einteilung des »Tages«.[8] Und letzten Endes ist es für Spengler doch, wie schon für Max Weber, die okzidentale Kultur, die im Mittelpunkt seines Interesses steht, obwohl er sich selbst gerade deshalb dem Kopernikus vergleicht, weil er der Antike und dem Abendland gegenüber »Indien, Babylon, China, Ägypten, der arabischen und mexikanischen Kultur« gerade keine bevorzugte Stellung eingeräumt habe.[9]

Die »faustische Seele« unterscheidet sich von der antiken, die Spengler im Anschluß an Nietzsche die apollinische Seele nennt, ja bereits dadurch, daß ihre Kultur, wenngleich nur in Gestalt ihrer Zivilisation, sich auf die ganze Welt ausgedehnt hat, und es gab weder in der Antike noch bei den Arabern oder den Azteken jene Maschinentechnik, die ihre Ursache in dem ins Unendliche ausgreifenden Erfindergeist hat: »Der faustische Erfinder und Entdecker ist etwas Einziges. Die Urgewalt seines Wollens, die Leuchtkraft seiner Visionen, die stählerne Energie seines praktischen Nachdenkens müssen jedem, der aus fremden Kulturen herüberblickt, unheimlich und unverständlich sein, aber sie liegen uns allen im Blute. Unsere ganze Kultur hat eine Entdeckerseele. Ent-decken, was man nicht sieht, in die Lichtwelt des inneren Auges ziehen, um sich seiner zu bemächtigen, das war vom ersten Tage an ihre hartnäckigste Leidenschaft. Alle ihre großen Erfindungen sind in der Tiefe langsam gereift . . . sie waren alle schon dem seligen Grübeln frühgotischer Mönche ganz nahegerückt. Wenn irgendwo, so offenbart sich hier der religiöse Ursprung alles technischen Denkens.«[10] Mithin scheint Oswald Spengler ebenso wie Max Weber vor allem ein Geschichtsdenker der okzidentalen Entwicklung zu sein, und zwar dieser Entwicklung als einer nicht bloß partikularen, durch »Entsprechungen« in anderen Kulturen zu relativierenden, und vor allem scheint er mit Weber in der Ambivalenz des Empfindens übereinzustimmen, welches Verzweiflung und Stolz vereinigt.

Aber schon die Lektüre von »Der Untergang des Abendlandes« macht es evident, daß Spengler noch weit weniger als Max Weber ein distanzierter Betrachter war, der in seinem Observatorium daran arbeitet, das »ptolemäische« durch ein »kopernikanisches« Weltbild zu ersetzen. Die Konzeption des Buches war ja nach Spenglers eigener Aussage schon vor dem Ausbruch des Weltkrieges fertig, und zum Zeitpunkt des Erscheinens des ersten Bandes, im Frühling 1918, glaubte er noch fest an einen deutschen Sieg. Er wollte also nicht etwa bloß die junge Generation dazu veranlassen, technische statt schöngeistige Berufe zu wählen, wie das angeführte Zitat vermuten läßt, sondern er wollte die Deutschen dazu ermutigen, zu dem Imperialismus »Ja« zu sagen, der ein Wesenszug der Zivilisation ist, und also in die Fußstapfen von Cecil Rhodes zu treten. Spenglers Buch wollte mithin in der intellektuellen Sphäre dasjenige darstellen, was es im politischen Bereich vermutlich gar nicht gegeben hat, nämlich den deutschen »Griff nach der Weltmacht«. Daher verstand er »Untergang« keineswegs als »Niederlage« oder »Elend«, wie es wohl die meisten seiner Leser taten, sondern als unausweichliche Vollendung, und das Gesamtwerk endet daher mit den Worten: »Ducunt fata volentem, nolentem trahunt.«[11]

Doch offensichtlich resultiert das Nicht-Wollen des deutschen Schicksals nicht bloß aus eigener Schwäche, sondern auch aus konkreten Gegenwirkungen, die es zu überwinden gilt und zu deren Überwindung Spengler aufruft. Eine dieser feindseligen Gegenwirkungen ist der theoretische Sozialismus von Marx, der eines Tages durch den praktischen Sozialismus des Preußentums wieder überwunden werden wird, der ihm vorausging.[12] Gegnerisch sind auch die »greisenhaften Entwürfe« von Nützlichkeitsidealen wie Aufklärung, Humanität und Weltfrieden, obwohl sie ja doch eigentlich jeder Spätzeit aufs beste entsprechen. Aber Spengler macht sich eben nicht zum Lobredner und nicht einmal zum Apologeten der »europäischen Müdigkeit«, die sich in die Schlagworte Weltfriede, Humanität und Verbrüderung aller Menschen kleidet.[13] Offenbar *will* er auch in der Zivilisation Lebensvolles und Zukünftiges von Absterbendem und Überholtem unterscheiden. So setzt er in Rußland Dostojewski als Repräsentanten des kommenden Rußland gegen Tolstoj, der die Religion auf Sozialprobleme heruntergebracht habe und zum Vater des Bolschewismus geworden sei.[14]

Auf ähnliche Weise soll sich offenbar ein gesundes und lebensvolles Deutschland gegen jene »Gehirnmenschen« durchsetzen, zu denen Spengler an einer Stelle nicht zuletzt die »jüdischen Sozialisten« zählt.[15] Deren Kennzeichen, die Verneinung des Eigentums, ist »der doktrinäre Protest des rein geistigen, städtischen, entwurzelten, das Pflanzenhafte verleugnenden Wachseins von Heiligen, Philosophen und Idealisten. Der mönchische Einsiedler wie der wissenschaftliche Sozialist, hieße er Moh-ti, Zenon oder Marx, verwerfen es aus demselben Grunde; die Menschen von Rasse verteidigen es aus demselben Gefühl.«[16] Und so sieht Spengler denn schließlich doch einen Ausweg aus der Dekadenz der Weltgeschichte, die immer stärker das Bewußtsein, den Intellekt, das Geld und die Weltstadt zum Schaden des Lebens in den Vordergrund treten ließ, und dieser Ausweg ist nun merkwürdigerweise inmitten dieser Geschichtslehre eine zeitlose Wahrheit, die dennoch eine auffallende Ähnlichkeit mit der Grundauffassung einer mächtigen Zeitströmung, nämlich des Darwinismus, aufweist: »Die Weltgeschichte ist das Weltgericht: sie hat immer dem stärkeren, volleren, seiner selbst gewisseren Leben Recht gegeben, Recht nämlich auf das Dasein, gleichviel ob es vor dem Wachsein recht war, und sie hat immer die Wahrheit und Gerechtigkeit der Macht, der Rasse geopfert und die Menschen und Völker zum Tode verurteilt, denen die Wahrheit wichtiger war als Taten und Gerechtigkeit wesentlicher als Macht.«[17] So scheint Spengler doch mehr in die Nähe von Vilfredo Pareto als in diejenige Max Webers zu gehören, weil auch er das Bürgertum zum entschlossenen Widerstand gegen den Sozialismus aufruft. Oder müßte Spengler sogar mit von Bernhardi und Claß in eine Reihe gestellt werden, wenn auch als die viel bedeutendere Figur?

Vielleicht hilft ein Blick auf das Leben Oswald Spenglers, um diese Frage einer Entscheidung näherzubringen.

Spengler wurde im Mai 1880 zu Blankenburg im Harz geboren, in der tiefen Provinz und in »kleinbürgerlichen Verhältnissen«, denn sein Vater war Postsekretär. Aber etwas Ungewöhnliches und eben nicht »Kleinbürgerliches« war insofern gegeben, als die Eltern der Mutter Pauline Schauspieler waren, und eine andere der Töchter hatte große Erfolge als Tänzerin gehabt, so daß sie nach ihrem frühen Tod der Schwester, die sie auf vielen ihrer Reisen begleitet hatte, die aber wegen einer körperlichen Behinderung nicht an eine künstlerische Laufbahn denken konnte, ein für die damaligen Verhältnisse sehr beträchtliches Erbteil, nämlich mehr als hunderttausend Mark, hinterlassen konnte. Pauline blieb jedoch eine frustrierte Frau, die sich allein die Verfügung über dieses Geld vorbehielt und die ihren vier Kindern gegenüber, von Oswald abgesehen, wenig mütterliche Gefühle an den Tag legte. Die Familienverhältnisse waren also schwierig, und sie wurden durch die Versetzungen des Vaters nach Soest und dann nach Halle nicht besser. Eine Schwester beging Selbstmord, und Oswald Spengler hat sein eigenes Grundempfinden als dasjenige der »Angst« beschrieben, »Angst vor der Zukunft, Angst vor Verwandten, Angst vor Menschen ... vor Gewitter, vor Krieg«.[18] Eine weitere Abweichung von der Normalität deutschen Kleinbürgertums war die Tatsache, daß sich unter den Urgroßeltern eine getaufte Jüdin befand. Spengler selbst kannte dieses Faktum möglicherweise gar nicht und kümmerte sich jedenfalls nie darum, aber während seiner letzten Lebensjahre wurde es von den Nationalsozialisten unter seinen Feinden gegen ihn ins Feld geführt.

Spengler studierte Mathematik und Naturwissenschaften in Halle und Berlin und war dann kurze Zeit Oberlehrer in Hamburg. Aber als die Mutter 1910 starb, kam er in den Mitgenuß des hinterlassenen Vermögens und schied bald aus dem Schuldienst aus, um sich in München als freier Schriftsteller niederzulassen. Damit stellte er ein ungewöhnliches Selbstvertrauen unter Beweis, und während dieser ersten Münchener Jahre entwikkelte er die Konzeption des »Untergangs des Abendlandes«, nach seiner eigenen Aussage unter dem Eindruck des »Panthersprungs nach Agadir« und des italienischen Angriffs auf die Türkei, das heißt der sich zuspitzenden weltpolitischen Situation. Der Titel wurde ihm dadurch suggeriert, daß er eines Tages das Buch von Otto Seeck über den »Untergang der antiken Welt« in die Hände bekam. Wie wenig sein Begriff des »Untergangs« indessen mit dem einer Katastrophe im Sinne einer Übermächtigung durch fremde Völker zu tun hatte, wird in einem Brief erkennbar, den er kurz nach dem Ausbruch des Weltkrieges an seinen Freund Hans Klöres schrieb: »Was uns bevorsteht, ist leider ebensowenig tröstlich, solange man als Kulturmensch denkt und fühlt. Denn der Schimmer von innerster Kultur, den die Goethezeit entwickelt hat und der seit Sedan, seit der Berliner den neudeutschen Typ repräsentiert, das Beste verloren hat, ist durch den Krieg vollkommen erloschen. In dem Deutschland, das durch technische Intelligenz, Geld und den Blick für Tatsachen seine Weltstellung befestigt hat, wird ein vollkommen seelenloser Amerikanismus [!] zur Herrschaft gelangen, der Kunst, Adel, Kirche, Weltanschauung zu einem Materialismus auflöst, wie er nur im Rom der ersten Kaiserzeit schon einmal vorhanden war.«[19]

Trotz dieses überaus skeptischen Urteils zeigt er sich während des ganzen Krieges, den er als Kriegsdienstuntauglicher mit ausgedehnten

Studien zur Vorbereitung seines Hauptwerks in München verbringt, von dem bevorstehenden Sieg Deutschlands überzeugt, der für ihn die Erringung der Weltherrschaft bedeutet, und noch im Mai 1918 schreibt er an Klöres: »Der ›Krieg nach dem Kriege‹, um das Modewort zu gebrauchen, wird in der Abdankung der romanischen Nationen, dem faktischen deutschen Protektorat über den Kontinent (bis zum Ural!) und einer Anzahl weiterer Wirkungen bestehen, über deren Voraussage heute noch jeder lachen würde.«[20] Um so tiefer treffen ihn Niederlage und Revolution; wie Hitler und viele andere Deutsche bricht er in Tränen aus, und seine Urteile über den »jüdischen Winkelliteraten« Eisner, über die Deserteure, die angeblich die Revolution machten, und dann insbesondere über die Räterepublik sind von äußerster Schärfe. Aber danach wird er rasch zu einer weitbekannten öffentlichen Figur; er korrespondiert mit Tirpitz, Sven Hedin und insbesondere mit Paul Reusch, dem Chef der Gutehoffnungshütte, später auch mit Gregor Straßer, dem Kronprinzen und Mussolini; er nimmt in Kontakt mit Nikolaus Cossmann, dem patriotischen Juden und Herausgeber der »Süddeutschen Monatshefte«, und mit Georg Escherich, dem Führer der »Orgesch«, Anteil an der Politik in Bayern und äußert sich über Hitler und die Hitlerbewegung auf doppeldeutige Weise. Mit Elisabeth Förster-Nietzsche schließt er Freundschaft und steht lange Zeit dem Nietzsche-Archiv nahe, aber im Grunde bleibt er in der Politik ein Einsamer, wie ja auch sein Hauptwerk von »der Wissenschaft« im allgemeinen scharf kritisiert und sogar als Dilettantismus abgetan wird.

Immerhin wird er von einem so anerkannten Historiker wie Eduard Meyer sehr ernst genommen, seine wissenschaftlichen Kontakte gehen weit über Deutschland hinaus, und gegen Ende seines Lebens erhält er Rufe auf historische Lehrstühle in Leipzig und Marburg. Obwohl er das Wort »jüdisch« in privaten Äußerungen nicht selten negativ verwendet und im »Untergang«, wenngleich ohne besonderen Nachdruck, eine Verbindung zwischen den »Gehirnmenschen« und den Juden herstellt, wird ihm von seiten eines so bekannten »jüdischen Literaten« wie Karl Wolfskehl eine geradezu schwärmerische Verehrung zuteil. Den Aufstieg des Nationalsozialismus beobachtet er mit sorgenvoller Zustimmung, und es ist wahrscheinlich, daß er die Meinung eines Hamburger Briefpartners teilte, der ihm im Januar 1932 schrieb, Deutschland steuere entweder auf den Bolschewismus oder den Nationalsozialismus zu und es sei unumgänglich, die zweite Alternative vorzuziehen.[21]

Aber sein letztes Werk, »Jahre der Entscheidung«, das 1933 kurz nach der »Machtergreifung« erschien, übte offene und scharfe Kritik an den grundlosen Feiern und dem leeren Wortprunk der Nationalsozialisten, freilich offenkundig »von rechts«, aber es war nach den Verkaufszahlen ein weiterer Sensationserfolg, und es wurde von entschiedenen Nationalsozialisten als »konterrevolutionär« stigmatisiert und bald mit einem Bann belegt. Zwar bemühte sich Goebbels im Frühjahr 1933, Spengler zu zustimmenden Rundfunkreden zu veranlassen, und Hitler empfing ihn im Juli in Bayreuth zu einer Unterredung, aber im Oktober 1935 schrieb Elisabeth Förster-Nietzsche folgendes an ihn: »Es ist mir mitgeteilt worden, daß Sie sich gegenüber dem Dritten Reich und seinem Führer energisch ablehnend verhalten . . . Nun habe ich ja selbst erlebt, daß Sie sich mit großer Energie gegen unser höchstverehrtes neues Ideal ausgesprochen haben. Aber gerade das ist mir nicht recht begreiflich. Bringt nicht unser innig verehrter Führer für das Dritte Reich die gleichen Ideale und Wertschätzungen, die Sie in ›Preußentum und Sozialismus‹ ausgesprochen haben?«[22] Spengler beantwortete diese Frage nicht, und er starb schon wenige Monate später im Mai 1936. Eine Antwort hätte die Stellungnahme zu einer Beziehung bedeuten müssen, deren tiefe Ambivalenz nicht bloß für Spengler charakteristisch war und für die der Terminus »Tragödie« vielleicht kein zu großes Wort ist.

Zum Abschluß werfe ich einen flüchtigen Blick auf drei von Spenglers kleineren Schriften, die seine Stellung zwischen den Kraftzentren Antimarxismus, Germanozentrismus und Morphologie der Weltgeschichte immerhin um einiges deutlicher machen können.

In »Preußentum und Sozialismus« stellte sich Spengler 1919 ausdrücklich die Aufgabe, »den deutschen Sozialismus von Marx zu befreien«.[23] Er tat das dadurch, daß er den »Sozialismus« vor allem als disziplinierte Staatsordnung und als Verachtung des bloßen Reichseins verstand, so daß er das Preußen Friedrich Wilhelms I. für das Paradigma des Sozialismus erklärte und die Partei Bebels als »Meisterwerk eines echt sozialistischen Tatsachenmenschen« ob ihres militärischen und autoritativen Charakters diesem alten Preußen an die Seite stellen konnte, wie es übrigens schon vor dem Krieg nicht ganz wenige ausländische Sozialisten getan hatten. Marx dagegen gehörte für Spengler mit der »staatslosen Ordnung« Englands zusammen, aus der er seine Begriffe genommen habe, insbesondere seine Zweiklassenlehre, die nur für das englische »Händlervolk« zutraf, welches seine Bauern hatte zugrundegehen lassen und eine staatliche Beamtenschaft nie gekannt hatte. Der preußische Sozialismus faßt dagegen »Eigentum« nicht als private Beute, sondern als »anvertrautes Gut« auf, und daher ist für Spengler der »Zukunftsstaat« keineswegs die erträumte »klassenlose Gesellschaft«, sondern der »Beamtenstaat«.[24] Freilich scheint Spengler die Entwicklung in diese Richtung doch nicht als unabwendbar zu betrachten, denn es besteht »die furchtbare Gefahr einer Versklavung der Welt durch das Händlertum« mit seinen verführerischen Ideen eines Weltstaates und eines Völkerbundes[25], und noch größer ist die Gefahr, die aus dem mißverstandenen Import westlicher Ideen nach Rußland, nämlich dem Bolschewismus, erwächst, dem »der Urhaß der Apokalypse gegen die antike Kultur und etwas von der finsteren Erbitterung der Makkabäerzeit« zugrunde liegt, für den sich aber heute »die geistige Hefe unserer Städte« begeistert, so daß er in Deutschland zu einer »Waffe verrottender Weltstadtseelen« geworden ist.[26]

Seine Anthropologie hat Spengler nirgendwo auf provozierendere Weise entwickelt als in der kleinen Schrift »Der Mensch und die Technik. Beitrag zu einer Philosophie des Lebens«. Wie es scheint, lieferte er sich hier seinen zahlreichen Gegnern selbst ans Messer, indem er Nietzsche durch die These noch übertrumpfte: »Der Mensch ist ein Raubtier.«[27] Daher gleicht der Mensch einem Löwen und nicht einer Kuh (den Stier, jenes uralte Symbol kosmischer Fruchtbarkeit und Stärke, erwähnt Spengler nicht); die Taktik seines Lebens ist die »eines prachtvollen, tapferen, listigen, grausamen Raubtieres. Er lebt angreifend, tötend und vernichtend. Er will Herr sein, seitdem es ihn gibt.«[28] Aber dann läßt Spengler diesen Grundcharakter doch nur in der »Führerarbeit«, in dem »Rudel der Begabten« und in den »erobernden Herrenvölkern« hervortreten.[29] Diese Menschen und diese Völker organisieren jedoch ihresgleichen, und kein Raubtier tat derartiges, und letzten Endes impliziert Organisation »wachsende Künstlichkeit und Durchgeistigung des Lebens«.[30] Damit aber wird der Herr der Welt zum Sklaven der Maschine, und »alles Organische erliegt der um sich greifenden Organisation. Eine künstliche Welt durchsetzt und vergiftet die natürliche.«[31] Das ist indessen kein Resultat der »Arbeit der Menschheit«, sondern das letzte Stadium des faustischen Denkens, das heute in die müde und haltlose Stimmung Roms zur Zeit des Augustus einzutreten beginnt. Die These, der Mensch sei ein Raubtier, ist also offensichtlich falsch und war bloß wie das Anschlagen einer Glocke, das Aufmerksamkeit erregen soll. Der Mensch ist allenfalls das einzige unter allen Raubtieren, das sich durch seine eigene Tat domestiziert und als ein Zwischenstadium so etwas wie »Geist« und »Kultur« hervorbringt.

Aber das Endstadium, die Zivilisation, dem faustischen Denken entwachsen, wird für Spengler dennoch nie etwas Gleichgültiges, das sich nach Belieben ausdehnen mag und dadurch an Wert weder gewinnt noch verliert. Daß auch »Zivilisation« für Spengler etwas Gefährdetes ist, das bewahrt werden *sollte*, und zwar als Eigentum der »weißen Menschheit«, stellt er in den »Jahren der Entscheidung« unzweideutiger heraus als irgendwo sonst. Hier sieht er zwei »Weltrevolutionen« zusammen, die

»innerweiße« von unten, und die farbige von außen, die sich beide als »Emanzipationen« ausgeben und die doch in ihrem Kern zerstörend sind. »Reaktionärer« als Spengler kann man sich, wie es scheint, nicht äußern, und selbst Hitler akzeptierte die »innerweiße Weltrevolution«, auch wenn er sie zu verändern und in Dienst zu nehmen suchte. Als eine amerikanische Zeitung 1936 Spengler die Frage stellte: »Ist Weltfriede möglich?«, da faßte er seine Grundauffassung noch einmal auf ebenso provozierende Weise zusammen wie in »Der Mensch und die Technik«: »Pazifismus heißt, den geborenen Nichtpazifisten die Herrschaft überlassen, unter denen immer auch Weiße sein werden, Abenteurer, Eroberer, Herrenmenschen, die Zulauf finden, sobald sie Erfolg haben ... Der Pazifismus wird ein Ideal bleiben, der Krieg eine Tatsache, und wenn die weißen Völker entschlossen sind, keinen mehr zu führen, werden die farbigen es tun und die Herrscher der Welt sein.«[32]

Der Marxismus bejahte die »farbige« Weltrevolution ebenso wie die weiße. Hatte Spengler also nicht, vom heutigen Blickpunkt gesehen, mit seinem Antimarxismus eindeutig unrecht? Deutschland wurde nach dem Zweiten Weltkrieg von den Siegermächten besetzt, und noch im Jahre 1989 hatte es seine Einheit und die elementare Souveränität nicht zurückerlangt. Ging Spengler mit seinem Germanozentrismus nicht vollständig in die Irre? Heute ist kein Konzept auf allen Seiten weniger umstritten als dasjenige der »Einen Welt«. War Spenglers Geschichtsmorphologie mit ihrer Zerteilung der Menschheit in autarke »Kulturen« nicht ein verzweifelter und vergeblicher Versuch, einen Vorrang aufrechtzuerhalten, der im unaufhaltsamen Hinschwinden begriffen zu sein scheint: den Vorrang des »bürgerlichen« weißen Mannes?

Es spricht sehr viel dafür, diese Fragen mit »Ja« zu beantworten. Aber es könnte sein, daß in den falschen Thesen dennoch Richtiges gesehen oder geahnt war. In ausländischen Zeitungen kann man heute die Frage lesen, »ob nicht Deutschland – wie Japan –« der wahre Sieger des Zweiten Weltkriegs gewesen sei; freilich nicht durch einen abermaligen Waffengang, wie Spengler es sich hätte vorstellen müssen, sondern durch die radikale Umstellung auf friedliche Gesinnung und materielle Produktion. Kein Mensch glaubt heute, daß Indien oder China je imstande sein könnten, einen Krieg gegen Europa oder die USA zu führen, aber wenn eines Tages dasjenige zur Forderung riesiger Massen werden sollte, was heute nur relativ wenigen Einzelnen unter besonderen Bedingungen zuteil wird, nämlich das Eindringen in die Bollwerke der Ungleichheit, dann müßten sich Konflikte von neuartigem und gigantischem Charakter entwickeln. Kaum jemand schreibt heute etwa den Japanern noch eine »Kultur« zu, die für andere Menschen im Kern unverstehbar wäre, da sie doch als Techniker ebenso scharf und erfolgreich denken wie Amerikaner und Deutsche, aber das Problem der »Vielheit« innerhalb der künftigen Menschheitseinheit ist bei weitem nicht gelöst, und die vergleichende Betrachtung verschiedener Kulturen bleibt mindestens für die bisherige Geschichte ein fruchtbares Postulat. Spengler würde also in diesem Betracht als Vorläufer und Anreger gelten dürfen, wenn man über seinen Germanozentrismus und seinen Antimarxismus nur noch lächeln würde.

Aber wird man wirklich eines Tages über den Antimarxismus bzw. den Antibolschewismus Spenglers lachen, weil man vom Recht seines Gegners überzeugt ist? Man kann mit guten Gründen gegen eine Auffassung sein und doch mit der eigenen Auffassung als solcher ebenfalls unrecht haben. Globale Entwürfe können mit partikularen Realitäten verknüpft und dadurch beeinträchtigt sein. Ich stelle dem Antimarxisten Oswald Spengler, der vor allem ein Geschichtsdenker und kein Nationalsozialist war, den Marxisten Ernst Bloch gegenüber, der *auch* ein Geschichtsdenker war, der sich zu seinem Judentum bekannte und der zum Lobredner Stalins wurde, weil er Hitler und das Deutschland der Vergangenheit haßte.

Ernst Bloch

Ernst Blochs erstes Hauptwerk »Geist der Utopie« erschien 1918, also zur gleichen Zeit wie Spenglers »Untergang des Abendlandes«. Es wurde bei weitem nicht so bekannt, doch zu diesem Zeitpunkt hatte Bloch schon mehr geschrieben als Spengler, und zwar von einem radikal entgegengesetzten Standpunkt aus, der politisch zu sein schien, aber zugleich philosophisch war.

Bloch, im Juli 1885 geboren, entstammte ebenfalls kleinbürgerlichen Verhältnissen in der Provinz. Sein Vater war Königlich-bayrischer Eisenbahnverwalter in Ludwigshafen; beide Eltern waren Juden, die ihre Religion nicht praktizierten, also »Assimilanten«. Die Familienverhältnisse scheinen normal und jedenfalls nicht dürftig gewesen zu sein, denn im Jahre 1911 will sich Bloch von seinem Freund Georg von Lukács die sehr beträchtliche Summe von zwanzigtausend Mark leihen und verspricht Rückzahlung aus seinem späteren elterlichen Vermögen.[1] Ein wichtiger Unterschied gegenüber Spengler ist aber die frühe Konfrontation mit der industriellen Welt in der rauchigen Stadt der BASF, eine Konfrontation, die für den jungen Bloch eine rein negative Erfahrung darstellt, so daß er gern und häufig in die Schloßbibliothek von Mannheim entflieht. Das sehr frühe und ausgeprägte Interesse an philosophischen Fragen ist für ihn charakteristisch. Als Dreizehnjähriger schreibt er eine Abhandlung mit dem Titel »Das Weltall im Lichte des Atheismus«, und schon vor dem Abitur tritt er mit Denkern wie Ernst Mach, Eduard von Hartmann und Wilhelm Windelband in Briefwechsel. Ab 1905 studiert er Philosophie in München und Würzburg; in Würzburg promoviert er nach einem Studium von bloß sechs Semestern bei Oswald Külpe mit einer Arbeit über Rickert. Wie Spengler ist er kühn genug, freier Schriftsteller zu werden, wenn auch mit dem Vorblick auf eine künftige Habilitation: Er schließt mit Georg von Lukács Freundschaft, besucht in Berlin das Seminar Georg Simmels und verkehrt in Heidelberg im Hause von Max Weber. Ein früher Aufsatz über Nietzsche erscheint 1906.[2] Aber der junge Philosoph gibt sich in seinen Briefen auch als ausgeprägter »Bürger« zu erkennen.

Als er 1911 seine spätere Frau Else von Stritzky, Bildhauerin und Tochter aus reichem baltischen Hause in Riga, kennenlernt, weiß er über eine Mitgift von »mindestens einer Million« sowie von den später zu erwartenden »drei Millionen« zu berichten; nach der Eheschließung richtet sich das junge Paar höchst komfortabel und geschmackvoll ein, und Bloch will sogar den Export der schwiegerväterlichen Getränkefirma in die Hand nehmen, und zwar in »ganz großem Stil, sicher 100 000 Mark Reingewinn«.[3] Gleichwohl scheint er sich schon zu dieser Zeit als Sozialist betrachtet zu haben, und er kritisiert »das Großbürgerliche« als Musterbild von »Frechheit, Demutlosigkeit, Dummheit und liberaler Minderwertigkeit« mit nicht geringerer Entschiedenheit, als Lukács sie an den Tag legte.[4] Aber noch auffallender als der philosophische und der bürgerliche Grundzug ist der sozialreligiöse Impuls zur Welterlösung, der sich zu dieser Zeit noch eher am Mittelalter und am Neo-Katholizismus Schelers als am Marxismus orientiert und der ihn im Oktober 1911 an Lukács folgendes schreiben läßt: »Alle Menschen . . . werden sich wie an der Hand genommen fühlen, sie werden weinen müssen und erschüttert und in der großen bindenden Idee erlöst sein . . . und das Irren hört auf, alles wird von einer warmen und zuletzt glühenden Klarheit erfüllt; es kommt eine große Leibesgesundheit und eine gesicherte Technik und gebundene Staatsidee und eine große Architektur und Dramatik, und alle können wieder dienen und beten, und alle werden die Stärke meines Glaubens gelehrt und sind bis in die kleinsten Stunden des Alltags eingehüllt und geborgen in der neuen Kindlichkeit und Jugend des Mythos und dem neuen Mittelalter und dem neuen Wiedersehen mit der Ewigkeit. Ich bin der Paraklet, und die Menschen, denen ich gesandt bin, werden in sich den heimkehrenden Gott erleben und verstehen.«[5]

Ganz anders als Spengler lebte Bloch zu dieser Zeit also in einer Atmosphäre von vergangenheitsorientierter und religiöser Zukunftserwartung, welche die »westliche Zivilisation« mit noch größerer Entschiedenheit verwerfen mußte, als Lukács es zu dieser Zeit tat. Aber mit dem Ausbruch des Weltkrieges konzentriert sich die Feindschaft auf Preußen-Deutschland, und man tut Bloch wohl kein Unrecht, wenn man vermutet, daß dabei sehr individuelle Motive beteiligt waren, denn im September 1915 teilt er Lukács mit, auch er sei jetzt ernstlich in Gefahr, denn die Militärbehörden dächten daran, in Kürze seiner Kategorie näherzutreten; er glaube jedoch, daß seine hohe Kurzsichtigkeit und eine ärztlich konstatierte »nervöse Sehstörung« genügen würden, um eine Freistellung zu erreichen.[6]

Zugleich verschlechtert sich seine Lebenslage außerordentlich, da nun die Front zwischen München und Riga lag. Schon jetzt ist das Urteil über die »schmutzigen Hunde« der deutschen Führungsschichten sehr hart, die auch ihn mit dem »gegen die Arbeiter« gerichteten Hindenburg-Programm zur Dienstleistung heranziehen könnten.[7] Aber nach mancherlei Bemühungen gelingt es ihm, vom »Archiv für Sozialwissenschaft und Sozialpolitik« den Auftrag zu erhalten, in der Schweiz über »politische Programme und Utopien« Forschungen anzustellen, und die Militärbehörden legen der Ausreise keine Hindernisse in den Weg. Im »Exil« schloß er sich sofort dem Kreis um den ehemaligen Kruppdirektor Wilhelm Muehlon und die »Freie Zeitung« an, der aus pazifistischen Motiven Auffassungen vertrat und propagierte, die auch nach der Meinung unvoreingenommener Beobachter von der »Ententepropaganda« kaum zu unterscheiden waren. Bloch schrieb eine Fülle von Artikeln, die er später nur zum Teil und nach Veränderungen in die »Gesamtausgabe« aufnahm. Am kennzeichnendsten und umfangreichsten ist das »Vademecum für heutige Demokraten«, das Anfang 1919 in Bern erschien, aber im Frühjahr 1918 geschrieben wurde.[8] Es wurde in die Gesamtausgabe nicht aufgenommen, aber der Ausgangspunkt und die erste Konkretisierung von Blochs Denken werden hier trotz oder auch wegen der kämpferischen Zuspitzung noch klarer als anderswo.

Der Kampf gilt »dem preußischen rein militaristischen« Angriffswillen, der »Substanz der deutschen Verbrecherjahre«, dem »Radikal-Bösen des zentralmächtlichen, rein kreatürlichen widerchristlichen Macht-Materialismus«.[9] Aber die Polemik richtet sich auch gegen »die Zimmerwalder«, das heißt die Linkssozialisten, welche die Kriegsschuld dem »Kapitalismus« zuschreiben und damit die Position der Entente schwächen. Die Entente führt jedoch einen Krieg gegen den Krieg; sie ist sich wehrender Pazifismus, »kämpfende Christenheit, ecclesia militans«.[10] Gerade die »Liebe zum verführten deutschen Volk« schließt die Forderung in sich, daß das deutsche

Volk seine Mitschuld bekennt und die preußischen Junker »beseitigt«, denn Preußen ist »der Erzfeind des Menschen, der Freiheit, der Humanität«[11]. Freilich gibt es nur wenige positive Ansatzpunkte: Süddeutschland war bereits vor dem Krieg im Begriff, »gesichtslos, rasselos, preußisches Vorland« zu werden; nur das bayerische Volk hat noch viel von dem alten und besseren Deutschland bewahrt.[12] Österreich dagegen ist ebenso scharf zu verurteilen wie Preußen, denn es ist »das künstlichste, unsittlichste aller Staatsgebilde der Geschichte« und ebenfalls ein »Erzfeind der Freiheit«.[13]

Im Gegensatz dazu leuchtet aus der Entente »endlich radikal Gutes in die Welt«, zumal weil sich Wilson als Kandidat der Farmer-Demokratie gegen die »zu drei Vierteln preußischen Roosevelttypen« durchgesetzt hat.[14] Daher ist es falsch, den Kampf gegen den Krieg durch den Kampf gegen den Kapitalismus zu komplizieren; das Kapital als solches ist dem Krieg fremd; Urheber des Krieges ist vielmehr »der abstrakte Machtstaat an sich, die Versachlichung, Entpersönlichung, totale Organisierung«.[15] Aber sind das tatsächlich nur Kennzeichen des »preußisch-österreichischen Obrigkeitsstaates« und wohl gar Relikte aus feudalen und theokratischen Zeiten? Handelt es sich nicht vielmehr um Hauptmerkmale der Moderne?

Und Bloch beschreibt in der Tat an anderer Stelle Deutschland als »das Land des unanständigsten, überhitztesten Spätkapitalismus und Materialismus«[16], und er müßte damit eigentlich die Frage hervorrufen, ob nicht gerade die USA eine enge Verwandtschaft mit Preußen-Deutschland aufwiesen. Tatsächlich sagt Bloch von der »totalen Sozialdiktatur des Bolschewismus«, dem er offensichtlich den Friedensschluß von Brest-Litowsk zum Vorwurf macht, sie mute »wie ein neues Preußen« an.[17] Aber er zieht aus solchen Feststellungen nicht die naheliegenden Konsequenzen; er *will* offenbar in der Welt das radikal-Böse wahrnehmen, das er rückhaltlos verwerfen kann – bis zu dem Punkt, daß er von der deutschen Wissenschaft der letzten Jahrzehnte sagt, sie habe »jeder jungen, noch wählerischen Hure als Muster abgebrühter Bereitwilligkeit dienen können«[18]; er *will* in der Welt »den Magnetstrom des menschlichen Willens zum Paradies« entdecken und die »Lehre, wie Menschen Engel werden können« vernehmen.[19] Deshalb sieht er aus Amerika »eine neue Mystik der Brüderlichkeit und Gemeinde« heraufziehen und aus Rußland »Wärme, Tiefe und Christushoffnung«, die den »taumelnden, wertfremden Unfug des bisherigen Weltlebens« zu dem ganz Anderen hin überwinden.[20]

Letzten Endes geht es also nicht nur darum, durch »Reue und Selbstanklage« ein besseres Deutschland wiederherzustellen, sondern Deutschland und (wie man hinzufügen müßte) alle Staaten in der »mystischen Republik eines Verbandes sittlicher Wesen« zum Verschwinden zu bringen.[21] Und ganz am Ende wird dann neben all dem Guten, das aus Amerika, Frankreich und Rußland kommt, auch der »Geist des Judentums« hervorgehoben, die »Ahnung von der übergewaltigen Heimat über dem Notraum dieser Welt«, der »Messianismus«, der wie ein Stern mit der Menschheit mitwandert, bis er am Ende stillesteht und »über allen Völkern und Zeiten leuchtet«.[22]

Diese Schrift Blochs aus seiner ersten Zeit der »Emigration« ist ganz gewiß ein kaum noch zu übertreffender Höhepunkt der Ideologisierung einer politischen Situation, und dennoch ist sie keineswegs bloße »Ententepropaganda«, sondern sie ist ein staunenswertes Zeugnis dessen, was Bloch selbst den »jüdischen Messianismus« nennt, und in den positiven Aussagen dieser Schrift sind zugleich die wesentlichen Grundzüge der Philosophie der Hoffnung und der Utopie enthalten, die Bloch sein ganzes Leben hindurch immer wieder darlegte und variierte. 1918 ist diese Philosophie noch kein Marxismus und sicherlich auch noch keine Geschichtsphilosophie, aber in ihrer sozialreligiösen Zukunftsbezogenheit bildet sie doch bereits den schroffsten nur vorstellbaren Gegensatz zum nostalgischen Rückblick Spenglers auf die für immer vergangene »Kultur«. Auf die Gegensätzlichkeit im politischen Urteil braucht erst gar nicht hingewiesen zu werden. Aber die Frage ist, ob Bloch sich als jüdischen Deutschen empfand, der aus Liebe zu einem älteren und besseren Deutschland mitten im Krieg gegen das gottferne Neu-Deutschland des Militarismus in die Schranken trat, oder ob er ein Nicht-Deutscher, ein Außenstehender sein wollte.

Die Antwort ist leicht. In einem anonym erschienenen Artikel aus dem April 1918 erklärt er ganz unzweideutig, die deutschen Siege seien Niederlagen »des jüdischen Volkes«[23], und er ergreift rückhaltlos die Partei der Zionisten gegen die Assimilanten. In einem Brief an Muehlon erklärt er im Dezember 1918, er werde nun bald nach Deutschland fahren und hoffe, dort bei der intellektuellen Jugend etwas ausrichten zu können, obwohl er »zu einem anderen Volk« gehöre[24], und um die gleiche Zeit reagiert er, ebenfalls in einem Brief an Muehlon, auf eine angeblich antisemitische Äußerung Hugo Balls mit folgenden Worten: »Ball weiß genau, ... daß ich ein durchaus rassebewußter Jude bin und daß ich stolz auf mein altes, geheimnisvolles Volk bin und daß ich mit meinen besten Teilen im jüdischen Blut und der großen religiösen Tradition meines Volkes zu Hause bin.«[25]

Auf Bloch trifft also ebensosehr wie auf Spengler die Frage zu, ob nicht ein Nationalismus sein philosophisches Denken durchdringe und vielleicht beeinträchtige. Zweifellos hätte Bloch geantwortet, sein Bekenntnis zum jüdischen Volk sei gerade *kein* Nationalismus, denn das Wesen des Judentums sei nichts anderes als »der messianistische Sehnsuchtsglaube an eine dereinst in Gott geeinte, gläubig-reine und erlöste Menschheit«.[26] Aber sicherlich hätte auch Spengler sagen können, Deutschland sei für ihn keine »zoologische Größe«, sondern als leistungsfähigste und wertvollste Nation zur Führung der Menschheit berufen. Die Frage ist, welche von beiden Auffassungen zustimmungsfähiger war, und hier zeigt wohl schon das Beispiel Nikolaj Berdjajews, daß die Waage sich zugunsten von Bloch senken dürfte. Aber an durchaus irdische und mehrdeutige Realitäten – an den Zionismus, an Wilsons Amerika, an das Rußland Tolstojs – war Blochs Denken ebenso gebunden wie Spenglers Denken an das Deutschland Bismarcks und Wilhelms II., doch dessen Gehalt und Bedeutung sind davon ebenso ablösbar wie im Falle Spenglers.

Wohl noch nie hatte ein philosophisches Buch so begonnen wie Blochs »Geist der Utopie«: »Ich sehe ihm gern zu. Fremd führt er hinein. Die Wand ist grün, der Spiegel golden, das Fenster schwarz, die Lampe brennt hell. Aber er ist nicht nur einfach warm oder gar so fraglos schön wie die anderen edlen alten Dinge.«

Die Rede ist von einem alten Krug, und so lautet die Überschrift des ersten Kapitels »Ein alter Krug«. Dies ist das erste Kennzeichen von Blochs Buch über die Utopie – also, wie man meinen möchte, über die Zukunft –, daß in ihm viel von der Vergangenheit gesprochen wird und fast stets mit sympathisierender Anteilnahme: von der »guten bodenständigen Handarbeit«, die in der Moderne vollständig verschwunden ist; von den Dingen, die »gewachsen« sind wie dieser Krug, an dem das Volk »seine Lust und tiefere Behaglichkeit« ausgeprägt hat; von der »Werklust« bei der früheren gemächlichen Herstellung in Haus und Werkstatt, jener Werklust, die wiederkommen wird, »wenn erst die kapitalistische Abirrung vorüber ist« und wenn der »feige Massenkram der Fabriken« in der »heraufkommenden Welt von neuem bäuerlicher, frommer, ritterlicher Menschen bloß noch eine ferne Erinnerung ist«.[27]

Die anderen Kapitel handeln unter anderem von Don Quixote, aber auch von Philosophen wie Lask, Simmel und Husserl; der weitaus umfangreichste Teil ist eine »Philosophie der Musik«; den Schluß aber bildet eine Art Anhang mit dem Titel »Karl Marx, der Tod und die Apokalypse«. So liegt nicht die geringste Ähnlichkeit mit den streng gegliederten Untersuchungen etwa Hermann Cohens oder Emil Lasks vor; im Aufbau nimmt sich das Buch impressionistisch und in der Ausdrucksweise expressionistisch aus. Dennoch kreist es beständig um den einen großen Tatbestand:

daß der Mensch kein primär in der Gegenwart lebendes und von vorliegenden Tatsachen ausgefülltes Wesen ist, sondern daß er »schon im Aufmerken oder Meinen deutlich an die Zukunft angespannt und nach vorwärts gerichtet ist«, daß er bestimmt ist durch ein »unbildliches, unnaturhaftes Gerichtetsein auf ein noch nicht daseiendes messianisches Ziel in der Welt«.[28] So lebt der Mensch das »noch nicht«, aber dieses »noch nicht« ist nicht bloß Ausstehendes, sondern es ist zugleich ein »nicht mehr«, so daß er in der Vergangenheit etwas von demjenigen zu ahnen vermag, was ihm in der Zukunft zuteil werden soll, und daher ist für Bloch »das Utopische« nichts bloß Zukünftiges, sondern etwas in aller Geschichte Gegenwärtiges, ein »Hingeborensein auf ein anderes Leben«, gleichsam der Überschuß, der in jeder Epoche vorhanden ist, so daß immerdar »ein Wiedererinnern, ein sich Zurückfinden in die Heimat wirksam ist, aber eben in eine Heimat, in der man noch niemals war und die dennoch Heimat ist«.[29]

Eben deshalb sind jene schönen alten Dinge für Bloch so wichtig, deshalb schreibt er eine Philosophie der Musik als der »innerlich utopischen« Kunst, deshalb deckt er in Don Quixote jenes »vollkommen religiöse Gewissen« auf, »daß dieses, was es gibt, nicht die Wahrheit sein kann, und daß es über der vorliegenden Tatsachenlogik noch eine verschollene und verschüttete Logik geben muß, in der erst Wahrheit wohnt«.[30] Wer sich darüber Rechenschaft gibt, der vollzieht ein »sich in Existenz Verstehen« und er geht »im Dunkel des gelebten Augenblicks« nicht auf, so wenig er es zu vergegenständlichen versucht – hier und in manchen anderen Punkten nimmt Bloch einiges von der Denk- und Ausdrucksweise der »Existenzphilosophie« vorweg. Aber wenn er die »Gottleere dieser Tage« beklagt und die »heutigen Menschen« als »leer, ungläubig, ungediegen, dumpf und gänzlich verlassen« charakterisiert[31], dann will er zugleich der Gefahr begegnen, als Lobredner vergangener Zeiten zu gelten, und hier dürfte ein wichtiger Grund der Bezugnahme auf Karl Marx zu suchen sein. Gegenwärtig ist »die alles Böseste im Menschen preiskrönende Kaufmannsmoral«, ist »angelsächsische Banalität« und »das gottlose Kleinbürgertum deutscher Sozialdemokratie«.[32] Die Zukunft aber ist das »Andere«, wie es einst im Denken von Karl Marx herauskam und wie es sich in der russischen Revolution als »Umbruch der Macht zur Liebe« vollzieht.[33]

Von da aus entwickelt Bloch eine sehr konkrete Utopie, die den Deutschen eine neue globale Mission zuschreibt, nämlich das Haupt, das große Alexandrien des kommenden kontinentaleuropäischen Weltreichs zu werden, so daß nach Reue und Umkehr »die deutschen Bücher endlich leben, Taten werden«, aber so, daß die Deutschen sich mit der anderen »spekulativen Nation«, den Juden, begegnen, »um solchergestalt mit Rußland vereint, diesem dritten Rezipienten des Wartens, des Gottesgebärertums und Messianismus –, die absolute Zeit zu bereiten«.[34]

Wie läßt sich dieser Entwurf einer deutsch-jüdisch-russischen Weltmission aber mit dem marxistischen Begriff der »klassenlosen Gesellschaft« vereinigen? Bloch ist sich ja der Tatsache bewußt, daß mindestens das »vulgärmarxistische« Verständnis nicht weit vom puren Eudämonismus entfernt ist, der als die Befriedigung aller Wünsche doch gerade das Ende alles »Utopischen« im Menschen bedeuten würde. Aber Bloch will seine »Reichszeit« offensichtlich nicht als das »Paradies« der allgemeinen Bedürfnisbefriedigung verstanden wissen. Diesen »Himmel auf Erden« setzt er in Anführungszeichen, wenn er »ohne die Musik« gedacht wird, »die aus diesem mühelos funktionierenden Mechanismus der Ökonomie und des Soziallebens zu ertönen hätte«.[35] Für Bloch ist die marxistische Zukunft der klassenlosen Gesellschaft nur dann wahrhaft »utopisch« und das heißt menschlich, wenn sie die genaueste wirtschaftstheoretische Ordnung und Nüchternheit mit der »politischen Mystik« zu verbinden vermag.

So führt er am Ende einen Begriff ein, der allen normalen Marxisten ein Greuel sein muß, den Begriff der »Kirche«; denn »die große apparatliche Bundesorganisation des Unwesentlichen« (das heißt des Ökonomischen) läßt »das Leid, die Sorge, und die ganze sozial unaufhebbare Problematik der Seele stärker als jemals hervortreten, um sie den großen übermenschlichen, überirdisch eingesetzten Gnadenmitteln der Kirche, der notwendig und *a priori* nach dem Sozialismus gesetzten Kirche zu verbinden«. Und es kann kaum einen Satz geben, der nicht bloß dem Vulgärmarxismus, sondern aller »Soziologie« schroffer entgegengesetzt und tiefer in der philosophischen Tradition des Abendlandes verwurzelt wäre, als denjenigen, welchen Bloch auf diese Aussage folgen läßt: »Denn es gibt letzthin nichts unter allen Dingen zu bedenken als die Seele, das noch verhüllte innere Wesen, das Erste, Letzte und Freieste, einzig Metaphysische und Allerrealste der Welt.«[36]

Wie kann ein Denker, der am Ende seines ersten Hauptwerks mit großem Ernst von der »Seelenwanderung« spricht und der eine »Geschichtsphilosophie der Innerlichkeit« postuliert[37], überhaupt zu politischen Aussagen gelangen, da doch jede Art von Politik und politischer oder sozialer Organisation jene »Musik« unerzeugt läßt, auf die es letzten Endes allein ankommt? Er kann es nur dann, wenn er sich negativ gegen all dasjenige wendet, das dem Ertönen dieser Musik am offensichtlichsten entgegensteht und wenn er dasjenige zu fördern sucht, was jenem rechtfertigenden Überschuß die besten Vorbedingungen zu bieten scheint. Von diesem Ausgangspunkt aus bekämpfte er im Krieg den preußischen Militarismus und unterstützte er die Entente. Von diesem Ausgangspunkt aus schrieb er, auch durch die Notwendigkeiten des Lebensunterhalts gezwungen, während der Weimarer Republik eine große Anzahl von politischen Artikeln, die bis dicht an den Rand einer blanken Identifizierung mit der Kommunistischen Partei gingen und großen Abscheu vor der »dumpfen, gewissenlosen und lichtlosen Republik« an den Tag legten, auch dann noch, als er sich dem Nationalsozialismus konfrontiert sah.[38]

1921 veröffentlichte er sein Buch über »Thomas Münzer als Theologe der Revolution«, und auch hier scheute er das Befremdliche des Ausdrucks nicht, wenn er dem Marxismus das »Unbedingte« erst wieder nahebringen wollte und vom »apokalyptischen Katholizismus« sprach, der »den Weg aus der Welt, Kraft und Grund zum letzten Mythos, zur absoluten Verwandlung« schaffe.[39] Zugleich charakterisierte er sein eigenes Begreifen der Geschichte in ausdrücklicher Polemik gegen Spengler und dessen »zerfallene Bilderfolge«, aber auch gegen das »feste Epos des Fortschritts und der heilsökonomischen Vorsehung« wie im »säkularisierten Augustinismus«, als »harte, gefährdetste Fahrt, ein Leiden, Wandern, Irren, Suchen nach der verborgenen Heimat«.[40] Aber in der Erzählung traten am stärksten die immer wieder zitierten Aufforderungen Münzers zur Vernichtung der Gottlosen hervor, und in der Sache bedeutete das eine Rechtfertigung des Bolschewismus, in dem »der alte gotteskämpferische, der taboritisch-kommunistische-joachimitische Typus des radikalen Täufertums« erkennbar wiederkehre[41], ganz wie er auf die eine oder andere Weise bei den englischen Levellern und den französischen Camisards wiedergekehrt sei.

Mithin war zu erwarten, daß Bloch der Vorhut der Konterrevolution, dem Faschismus und insbesondere dem Nationalsozialismus, die allerschärfste Verneinung entgegensetzen würde, und in der Aufsatzsammlung »Erbschaft dieser Zeit«, die 1935 schon während seiner Exilzeit erschien, aber überwiegend vor 1933 geschrieben war, ist das der Intention nach zweifellos der Fall. Bloch nennt Hitler den »letzten Bravo des Kapitals«[42], und die Rede von den »gleichzeitigen« und den »ungleichzeitigen« Widersprüchen scheint auf den ersten Blick nichts anderes zu bedeuten als eine Umformulierung der orthodox-marxistischen Doktrin, daß nur die beiden »Hauptklassen«, Bourgeoisie und Proletariat, in einem modernen Gegensatz zueinander stehen und daß alle anderen Klassen – auch und gerade, wenn sie antikapitalistische Tendenzen an den Tag legen – »zurückgeblieben« sind. Aber man sollte sich an dasjenige erinnern, was Bloch im »Geist der Utopie« über Bauern und Handwerker gesagt hatte, und sich zugleich gegenwärtig halten, auf welche Weise er »Preußen-Deutschland« während des Krieges angegriffen hatte. Dann zeigt sich, daß jene »Ungleichzeitigkeit« der Bauern, der Jugend und sogar der Kleinbürger keineswegs ein abgestorbenes Relikt ist, sondern daß in ihr das »Utopische« als das metapolitische Wesen des Menschen lebendiger und wirksamer sein kann als in dem bloß modernen, damit aber auch versachlichten und entleerten Hauptgegensatz von Bürgertum und Proletariat.

Eben dieses versteckte Leuchten des Utopischen in den unmodernen Klassen hat der Nationalsozialismus sich angeeignet, und er hat es verstanden, eine urmenschliche Sehnsucht anzusprechen, als er seinen Führer zu einer Erlösergestalt stilisierte und von dem künftigen »Tausendjährigen Reich« sprach. Das alles ist für Bloch zwar »brauner Diebstahl«, aber die Kommunisten haben ihren Feinden diesen Diebstahl leicht gemacht, denn sie sprechen zwar »völlig wahr, aber nur von Sachen«, während die Nationalsozialisten betrügerisch reden, »aber zu Menschen«.[43] Und deshalb polemisierte Bloch 1932 gegen den Nationalsozialismus weit weniger mit Invektiven und Schimpfreden, als er es 1918 gegen das militaristische Preußen-Deutschland getan hatte. Offenbar war das neue Phänomen auch für ihn noch gefährlicher als das alte; aber gerade deshalb – so könnte man sagen –, weil es sich Blochsche Gedanken angeeignet hatte, so die Gedanken der Erlösung, des Reichs und der Gemeinschaft.

Deshalb geht seine praktisch-politische Forderung dahin, die Gegner, das heißt Kleinbürger, Bauern sowie die Jugend, nicht dem Feinde zu überlassen, sondern ein Bündnis mit ihnen zu schließen, nicht mittels leerer Versprechungen, sondern durch Anerkennung des Teilwahren und Halbutopischen, das auf das Ganzwahre und Reinutopische des Kommunismus hingekehrt werden kann. Gerade dafür sieht Bloch das Vorbild in der Sowjetunion: »Wie anders hat Rußland bereits *Zucht* und *Führer, Boden, Heimat* und *Folklore* einmontiert (die urkommunistischen Gentes scheinen hindurch); wie unbetrüglich zeigen sich hier die organischen Kräfte der *Familie,* die organisch-historisch gebliebenen der *Nation* umfunktioniert und in den Dienst einer *Volksgemeinschaft* gestellt, aber einer rechten.«[44]

Es ist kein Zweifel, daß Bloch in Hitler schon »das Tier aus der Tiefe« sah, bevor er 1933 nach Zürich und Prag und dann 1938 in die USA emigrierte, wo er mit der Arbeit an dem »Prinzip Hoffnung« begann. Aber er trat, wie das letzte Zitat zeigt, nicht bloß deshalb rückhaltlos auf die Seite Stalins, weil nur dieser ihm imstande zu sein schien, dem Hauptfeind »den Genickfang zu geben«[45], sondern er bejahte Stalins »Staat der Arbeiter und Bauern« auch innerlich. So ist es nicht allzu verwunderlich, daß er positiv zu den »Moskauer Prozessen« Stellung nahm, als viele seiner Freunde und Bekannten schon mit großer Skepsis auf die Sowjetunion blickten, und in einem Artikel der »Neuen Weltbühne« machte er Ende 1937 den Angeklagten zum Vorwurf, »Mitleid mit den Kulaken« gehabt zu haben.[46]

Bloch, der die Erde zum »Paradies« und die Menschen zu »Engeln« machen wollte, entging der Verwicklung in eine sehr irdische und »teuflische« Realität nicht, ebensowenig wie Spengler und Heidegger. Aber zu keinem Zeitpunkt nahmen Spengler oder Heidegger auf ähnliche Weise positiv zu Schauprozessen und Massenmorden Stellung. Dennoch wäre es unberechtigt, hier eine »Tragödie des Messianismus« oder auch nur »des jüdischen Messianismus« wahrnehmen zu wollen. So prophetische Naturen wie Martin Buber und Jacob Talmon, als Juden ebenso paradigmatisch wie Ernst Bloch, blieben von Sympathien für »Klassenmorde« weit entfernt; Nikolaj Berdjajew, dem wir uns jetzt zuwenden wollen, war als Russe selbst ein Opfer der bolschewistischen Revolution, und dennoch war auch er vom »Messianismus« geprägt.

Nikolaj Berdjajew

Von der Herkunft her konnte es kaum einen größeren Unterschied geben als denjenigen zwischen Nikolaj Alexandrowitsch Berdjajew und Ernst Bloch sowie Oswald Spengler. Dennoch ist Berdjajew weniger als typischer Aristokrat zu sehen denn als paradigmatischer Russe; er hat seinem Volke immer eine »messianische Mission« zugeschrieben wie Bloch dem seinen; auch er parallelisierte das jüdische und das russische Geschick mit positiven Akzenten, auch er war ein Philosoph der Zukunft und des »Reiches Gottes«. Auch er war Opfer einer Revolution und Emigrant, aber er verhielt sich wesentlich anders zu dieser Revolution, als Bloch sich zu derjenigen verhielt, die ihn ins Exil trieb. Von allen russischen Emigranten wurde er im Westen der bekannteste, und sein Leben ist auf unmittelbare Weise von demjenigen mitbestimmt, was für Spengler und Bloch eine große, aber von außen kommende Erfahrung war: dem russischen Denken und der russischen Revolution.

Die Tafel der mütterlichen Ahnen und der Verwandtschaft Berdjajews, der 1874 in Kiew geboren wurde, liest sich wie eine Zusammenstellung von Namen der höchsten Aristokratie in Europa: Da ist ein Choiseul, der während der Französischen Revolution nach Rußland flüchtete, da ist eine Potocki und eine Sapieha, die Mutter ist eine Prinzessin Kudaschew. Die väterliche Familie entstammt dem niederen Adel, hat aber eine Anzahl hoher Offiziere aufzuweisen, der junge Berdjajew verbringt seine Ferien nicht selten im riesigen Palast einer Kusine seiner Mutter, der Gräfin

Branicka, der eine ganze Industriestadt gehört. Aber der Vater ist ein Voltairianer, und die historischen Schriften in seiner Bibliothek öffnen dem Knaben früh die Augen für die »Ungerechtigkeit der Welt«; auch Berdjajew macht die Erfahrung, die so überaus charakteristisch für die russische »Intelligenz«, aber auch für Teile des Adels und des Bürgertums ist: Er empfindet seine privilegierte Position als Sünde, er betrachtet seine ganze Klasse als schuldig, und er fühlt Sympathie für die antiabsolutistischen Bewegungen der Volkstümler und der ersten Marxisten. Wegen seiner Teilnahme an Unruhen wird er als Student für drei Jahre in den russischen Norden, nach Wologda, verbannt, und dort ist er mit jungen Männern zusammen, die später als Bolschewiki oder Sozialrevolutionäre eine bedeutende Rolle spielen sollten, zum Beispiel Anatolij Lunatscharski und Boris Sawinkow.

Er selbst gilt als Marxist, wenngleich als Marxist mit individualistischen Eierschalen, und er schickt einen Artikel über Friedrich Albert Lange an Karl Kautsky, der ihn 1899 in der »Neuen Zeit« veröffentlicht. Das Leben der Verbannten ist indessen recht erträglich: Berdjajew wohnt im ersten Hotel am Platze, und er kann lange Sommerferien in Kiew verbringen, da sich sogar Mitglieder der kaiserlichen Familie für sein Schicksal interessieren; aber daß die berühmte Revolutionärin Katharina Breschkowskaja aus ihrem sibirischen Exil zum Besuch von Freunden nach Wologda kommt, gehört anscheinend zur Routine des Lebens. 1903 hält er sich in Heidelberg auf und hört Vorlesungen Wilhelm Windelbands; in Stuttgart besucht er Peter Struwe, der sich wie er selbst den »kritischen Marxisten« zuzählt und die »Befreiungsunion« leitet, aus der später die »Kadetten«partei hervorgehen sollte.

Ab 1904 lebt er mit seiner Frau, der Tochter eines bekannten Anwalts in Kiew, und deren Schwester in St. Petersburg, und hier ist er einer der Mittelpunkte der sogenannten »kulturellen Renaissance« Rußlands, zu deren Umkreis unter anderen das Ehepaar Mereschkowskij, Andrej Belyi, Wjatscheslaw Iwanow, Sergej Bulgakow, Alexander Blok und einige andere zu zählen sind, die als oberste Spitze der »Intelligenzija« dem geistigen Leben des Landes die Prägung geben, sich aber um die Niederungen der Alltagspolitik und selbst um das große Ereignis der Revolution von 1905 nur wenig kümmern. Im »Turm« von Wjatscheslaw Iwanow versammelt man sich zu nächtelangen Diskussionen, und einige Zeit hat Berdjajew ein enges Verhältnis zu Sinaida Hippius, der Ehefrau von Dmitrij Mereschkowskij, das aber nicht etwa durch Erotik, sondern durch Debatten über Erotik, mystischen Anarchismus, Androgynie und ähnliches gekennzeichnet ist und das zu solchen Szenen führt wie der, daß Sinaida nach einer stürmischen Unterredung den Freund im Morgengrauen verabschiedet und ihm im Treppenhaus nachruft: »Bist du nun für Gottes Existenz oder nicht?«[1]

Berdjajew wendet sich in der Tat mehr und mehr dem Christentum zu, nicht anders als sein Freund Sergej Bulgakow, der später orthodoxer Priester wird, und 1909 veröffentlichen die zwei, nun in Moskau lebend, zusammen mit anderen Autoren den Sammelband »Wechi«, der für die Abwendung eines Teils der Intelligenz vom orthodoxen Marxismus kennzeichnend ist und der von Lenin scharf kritisiert wird. In Moskau lebt Berdjajew im Arbat-Viertel in einer durch Ahnenbilder geschmückten Wohnung, aber er hat hier auch mancherlei Kontakte mit den für Rußland so charakteristischen »Gottsuchern« und ist besonders durch »Akimuschka« beeindruckt, einen jener religiösen Volksmänner, deren bekanntester Repräsentant Rasputin war. Seine Einstellung zur Februarrevolution ist ambivalent: Immer hat er sich zur »Linken« gezählt, und der Kadettenpartei ist er nicht beigetreten, weil sie ihm zu sehr vom verächtlichen Geist der Bourgeoisie erfüllt ist, aber er erkennt sehr bald, daß die Richtung nicht auf größere Freiheit zugeht, sondern auf eine neue und schlimmere Versklavung. Nach der Oktoberrevolution teilt er das Schicksal der Intelligenz und des Bürgertums, und seine Schwägerin schildert den Tag vor seiner Verhaftung folgendermaßen: »Um fünf Uhr morgens mußten wir aufstehen und beim Appell erscheinen. Fünfunddreißig Grad Frost. In einem kalten, finsteren, niedrigen Raum ... versammelte sich eine Schar von ›Bourgeois‹. Jeder wurde bei seiner Nummer aufgerufen. Schlecht gekleidete Menschen, die vor Kälte zitterten: bleiche, gequälte Gesichter, Waffengeklirr, wütendes Brüllen des Kommandierenden ... Nach dem Appell mußten wir in Kolonnen antreten, und nun trieb man uns, von Soldaten umgeben, wie Schwerverbrecher, einige Werst weit auf das Land hinaus, um dort Eis zu ›stechen‹ und die Bahngleise von Schnee zu säubern ... Wir hatten den ganzen Tag nichts gegessen. Nach Abschluß der Arbeit bekam jeder ein Stück Schwarzbrot.« Zu Hause angelangt, zünden die beiden mühselig ein kleines Öfchen an, nachdem Berdjajew einige Möbel zerhackt hatte. Gegen Mitternacht klopfen Tschekisten. Nach längerer Durchsuchung der Wohnung wird Berdjajew verhaftet und in die Lubjanka gebracht.[2]

Offenbar hatte sich gegenüber der Verbannungszeit in Wologda etwas Wesentliches geändert! Immerhin brauchte Berdjajew nicht zu verhungern wie so viele Angehörige der Intelligenz, und er wurde nicht »administrativ erschossen« wie der Lyriker Gumiljow; anscheinend hielten ehemalige Freunde wie Lunatscharski eine schützende Hand über ihn, so daß er aus dem Gefängnis entlassen wurde und sogar zu den zwölf »Unsterblichen« gehörte, welche die doppelte Lebensmittelration erhielten. Er konnte öffentliche Vorträge halten und wurde nicht aus seiner Wohnung herausgesetzt, und dort fanden regelmäßige Diskussionen statt, an denen unter anderen die Schwester Trotzkis teilnahm. Noch war die Herrschaft der Partei nicht wirklich total und eine Zeitlang amtierte Berdjajew sogar als Professor an der Moskauer Universität, obwohl er nie einen akademischen Grad erworben hatte.

Aber im Jahre 1922 wurde er zusammen mit einer Reihe von anderen Professoren und Schriftstellern, unter ihnen Bulgakow und Sorokin, ausgewiesen, und nach einem Zwischenaufenthalt in Berlin, wo die Verbannten von den überaus zahlreichen Russen, die schon früher emigriert waren, mit großem Mißtrauen betrachtet wurden, zog Berdjajew nach Paris, wo er für den Rest seines Lebens – bis März 1948 – in Clamart lebte und eine umfangreiche schriftstellerische Tätigkeit entfaltete, die ihn bald in der ganzen westlichen Welt bekannt machte. Gleichwohl war es für ihn ein glücklicher Umstand, daß die amerikanische »Young Men's Christian Association« ihn zum Leiter ihres Verlages machte, der eine große Anzahl von Schriften der russischen Emigranten veröffentlichte. Allerdings war das Verhältnis Berdjajews zu beträchtlichen Teilen dieser Emigration schlecht, da er immer wieder gegen einen restaurativen Antisowjetismus polemisierte; und als während des Zweiten Weltkrieges eine Anzahl von Emigranten ihre Hoffnungen auf Hitler setzten, brach er mit den Betreffenden alle Beziehungen in schroffer Form ab. Aber unmittelbar vor seinem Tode mußte er noch die große Enttäuschung erleben, daß in der Sowjetunion nicht, wie er gehofft hatte, die Freiheit nach dem Siege Raum gewann, sondern daß Stalin und Schdanow unerbittlich alles beseitigten, was den Kopf zu heben wagte.

Trotz dieses bewegten Lebens ist es auf den ersten Blick zweifelhaft, ob man Berdjajew zu den Geschichtsdenkern zählen darf, denn in seiner Autobiographie schreibt er, die Lektüre von Geschichtswerken sei für ihn eine Qual gewesen: »Die Geschichte stellte sich mir als ein Gefäß dar, bis an den Rand mit Verbrechen und Lüge gefüllt, obwohl ich den Sinn der Geschichte anerkannte und die Philosophie der Geschichte für meine Spezialität hielt.«[3] Von Kind auf habe ihn ein eingeborener Widerwille gegen den Staat und die Staatsgewalt erfüllt, es fehle ihm jedes hierarchische Gefühl und nie habe er Unterordnung ertragen können. Man könnte also geneigt sein zu sagen, Berdjajews Philosophie der Freiheit sei eine Umsetzung jener aristokratischen Verachtung von Einordnung, Regelmäßigkeit und »Bürgerlichkeit«, die seit langem ein so bedeutendes Ingrediens der Zeit- und Kulturkritik war. Aber auch wenn man eine solche soziologische Ableitung für unzulässig hält, stellt sich die Frage, wie eine Philosophie, die sich in erster Linie auf Jakob Böhme und Angelus Silesius beruft, die die menschliche Freiheit als »unerschaffen« bezeichnet und Gott ebensosehr vom Menschen wie den Menschen vom »Anruf« Gottes abhängig macht, überhaupt die Geschichte ernst nehmen kann. Kann es ein Geschichtsdenken geben, das im Grunde die Geschichte verneint und auf ein »Ende der Geschichte« hindenkt?

Aber tat nicht auch Marx ähnliches, vollzog nicht schon Hegel mit dem Begriff des »absoluten Geistes« so etwas wie eine Beendigung der Geschichte durch ihre Verklärung? Und es ist ja merkwürdig, daß Berdjajew sich gerade an dem Punkt weigert, in geschichtlichen Ereignissen das Werk einer Verbrecherbande zu sehen, wo sie für ihn persönlich die härtesten Resultate zeitigten, nämlich in der bolschewistischen Revolution? Ist das Philosophische an der Geschichte gerade das Überschreitenwollen der Geschichte, wie es im Messianismus der Juden, der Russen und sogar der Bolschewiki zum Vorschein kommt? Unter diesem Gesichtspunkt sind einige derjenigen Werke Berdjajews ins Auge zu fassen, die am unzweideutigsten von der Geschichte handeln.

»Das neue Mittelalter«, bald nach Berdjajews Ausweisung veröffentlicht, war das erfolgreichste von allen seinen Büchern. Es handelte vom Übergang aus dem individualistischen Zeitalter des Kapitalismus in eine neue universalistische und ganzheitliche Epoche, von einem Übergang indessen, der mit dem Kommunismus und dem Faschismus durch Phänomene gekennzeichnet ist, welche dem Alten noch tief verhaftet sind und nur auf teilhafte und versteckte Weise das Element des Neuen an sich tragen. In der Kritik sagt Berdjajew nicht viel anderes, als was die antikapitalistische Kulturkritik von Adam Müller über Karl Marx bis zu Ludwig Klages mit unterschiedlicher Akzentuierung gesagt hatte: »Die Welt der neuen Geschichte mit ihrer rationalistischen Bildung, ihrem Individualismus und Humanismus, ihrem Liberalismus und Demokratismus, mit ihren glänzenden Nationalmonarchien und ihrer imperialistischen Politik, mit ihrem ungeheuerlichen industriell-kapitalistischen Wirtschaftssystem, mit ihrer mächtigen Technik und all den äußeren Eroberungen und Erfolgen, mit ihrer unbeherrschten und maßlosen Gier nach dem Leben, mit ihrer Gottlosigkeit und Seelenlosigkeit, mit ihrem wütenden Klassenkampf und ihrem Sozialismus, der die Krone dieser Etappe der neueren Geschichte ist: – das ist die alte zusammenbrechende Welt, zu der es kein Zurück geben darf.«[4]

Aber Berdjajew unterscheidet sich dadurch, daß er im kommunistischen Internationalismus »schon eine Erscheinung des neuen Mittelalters und nicht der alten Neuzeit« sieht und daß er auch im Faschismus mit seiner Abwendung von einem leeren Parlamentarismus etwas Neuartiges und

Positives wahrnimmt.[5] Trotzdem ist der Kommunismus eine unwahre Gestalt der Einigung der Welt, ja er ist sogar eine Satanokratie, ein Reich des Antichrists, weil er zwar eine »sakrale Gesellschaft« will, aber eine Gesellschaft ohne Gott, und der Faschismus ist trotz aller positiven Ansätze bei den Korporationen und Professionen ein verhängnisvoller Cäsarismus. Das russische Volk ist dazu berufen, die Einigung der Welt auf wahrhafte, das heißt christliche Weise herbeizuführen, und zwar gerade deshalb, weil es seiner geistigen Struktur nach ein unpolitisches Volk ist, das »dem Ende der Geschichte, der Verwirklichung des Reiches Gottes« zugewandt ist.[6] Daher wird es nie ein »humanistisches Reich der Mitte« schaffen, sondern entweder das Höchste oder das Niedrigste, denn im russischen Volk hat es von jeher »eine ungewöhnliche, den westlichen Völkern ganz unbekannte Abgekehrtheit gegeben: das Gefühl der Gebundenheit an irdische Dinge, an Eigentum, Familie, Staat, an Rechte, eigene Möbel, an alte Lebensgewohnheiten ist in ihm nie lebendig geworden«.[7]

Gerade jenes Anti-Westliche, was hier in weit klarerer und stärkerer Gestalt erscheint als jemals in Deutschland, ist also für Berdjajew der Grund der Hoffnung, der Hoffnung auf einen Untergang des »Mammonismus« und der Rückkehr der Menschen zum »Urgrund des Seins«, zu Gott, zu jener sakralen Gemeinschaft, für welche die russische Sprache das Wort »sobornostj« besitzt. Aber Gott ist ein Gott der Freiheit und nicht etwa der Geist einer primitiven Gemeinschaft, und deshalb ist der sozialistische Staat, der »glückliche Säuglinge« schaffen will, »die keine Sünde kennen«, indem er nicht nur den Leib, sondern auch die Seele des Menschen beherrschen will, zwar nicht mehr im gleichen Sinne gottlos wie die »bürgerlich-kapitalistische« Ordnung des 19. Jahrhunderts, aber sie macht das soziale Kollektivum zu einem »absolutistischen Tyrannen, der schrecklicher ist als die Tyrannen im alten Assyrien und Persien«.[8] Und so kann Berdjajew nach dieser Skizzierung des Totalitarismus-Konzepts die Alternative Solowjews wieder aufgreifen und nicht bloß ein vorgestelltes Beispiel anführen: »Entweder Einigung und Brüderlichkeit der Menschen in Christo oder Einigung und Genossenschaft der Menschen im Namen des Antichrists.«[9]

Wenig später, 1925, publizierte Berdjajew ein Buch, das schon im Titel geschichtsphilosophisch ist: »Der Sinn der Geschichte. Versuch einer Philosophie des Menschengeschicks«. Es hätte – vor dem Werk Heideggers – »Sein und Zeit« heißen können, denn die Kernthese besteht darin, daß Weltgeschichte in der menschlichen Freiheit als einem irrationalen und unerklärlichen Prinzip gegründet ist, die als solche auch Freiheit zum Bösen sein muß. Dann aber leuchtet ein, »daß es selbst für den Urgrund des Seins die Zeit gibt, daß auch dort irgendein zeitlicher Prozeß stattfindet, daß der zeitliche Prozeß nicht nur eine Form dieser unserer abgeriegelten Wirklichkeit ist, die zu einer Wirklichkeit der Tiefe ... im Gegensatz stehe; nein, sie hat ihre himmlische, ihre göttliche Zeit«.[10] Die Geschichte ist mithin für Gott selbst notwendig, und eben dies ist ja der Hauptgedanke des Christentums, daß Gott Mensch geworden ist, daß also Gott selbst ein »Mitspieler« im Drama der Geschichte ist. Unbegreiflich ist dieses Verständnis der Geschichte freilich all jenen religiösen und metaphysischen Lehren, die »als eigentlich [nur] das Sein der einzigen, absoluten, unbewegten Gottheit anerkennen, die bewegliche vielfältige Welt jedoch – als nur unreal im ontologischen Sinne dieses Wortes«.[11]

Auch in der christlichen Doktrin gibt es, von Parmenides und Aristoteles herkommend, diesen »Akosmismus«, der das Sein und damit Gott als zeitlos versteht; aber die christliche Geschichtsphilosophie brachte das Metaphysische und das Geschichtliche zusammen, indem sie eine Offenbarung Gottes in der Geschichte anerkannte und einen eschatologischen Begriff vom Endziel der Menschheit als solcher und als ganzer entwickelte. Den Weg dazu bahnte neben den Persern vor allem das Judentum, »das Volk der Geschichte«, dessen messianische Idee das dramatische Geschick dieses Volkes bestimmt hat, denn »solch eine leidenschaftliche Erwartung des Anbruchs des Tages – der Seligkeit, des Rechtes Gottes, des Reiches Gottes hat es nirgendwo sonst gegeben«.[12] Aber nur in dieser Hinsicht wies das Judentum auf das Christentum voraus, denn auf der anderen Seite war »dem jüdischen Geiste die Idee der individuellen Freiheit und die Empfindung der individuellen Schuld fremd«.[13]

Diese kollektivistische Denkweise war vermutlich die tiefste Ursache dafür, daß das jüdische Volk in Christus den Messias nicht erkannte, sondern ihn sogar kreuzigte. So blieb dieser Messianismus in das Verlangen nach irdischer Seligkeit für eine bevorzugte Gemeinschaft gebannt, und so wurde der Judaismus zu einem der wichtigsten Quellflüsse für den Sozialismus und insbesondere für das Denken von Karl Marx, »der ein sehr typischer Jude war«.[14] In seiner Autobiographie schreibt Berdjajew, eine ganz scharfe Reaktion negativer Art rufe in ihm der Antisemitismus hervor[15], und einer der ganz wenigen Menschen, denen er in unverbrüchlicher Freundschaft zugetan blieb, war der jüdische Schriftsteller Leo Schestow. Um so bemerkenswerter ist, daß er von dem Antisemitismus sagt, dieser begreife nicht den ganzen religiösen Ernst der jüdischen Frage, der Rassenantisemitismus stecke sich an dem jüdischen Lügengeiste an, wider den er sich erhebe und der nationale Messianismus bedeute ebenso wie der Klassenmessianismus immer eine Form der Rückkehr zum Judentum.[16]

So brach der jüdische Messianismus die Bahn für das richtige Verständnis der Geschichte, aber er verstellte auch gleichzeitig den Weg, indem er sich mit Humanismus und Fortschrittsreligion verband, die heute in Antihumanismus und einen neuen Kollektivismus umzuschlagen beginnen. Kapitalismus und Sozialismus sind daher für Berdjajew gleichermaßen Irrwege, die dem Christentum entgegengesetzt sind: Schon das pragmatisch-utilitaristische Verhältnis zur Religion in der kapitalistischen Welt war eine Quelle der Gottlosigkeit und der geistigen Wüste; der Sozialismus aber – so sagt Berdjajew voraus – wird »nie den Menschen zum Reichtum führen, nie die Gleichheit herstellen, sondern nur eine neue Feindschaft zwischen den Menschen schaffen, eine neue Ungemeinschaft und neue unerhörte Formen der Unterdrückung«.[17] Was aber, so müßte man fragen, ist dann der christliche Sinn der Geschichte und damit der Zeit? Ist es »die neue Erde und der neue Himmel«, die »apokatástasis pánton« des Origenes, die schließliche Verklärung der Welt in Gott? Handelt es sich um die Vollendung eines theogonischen Prozesses? Jedenfalls unterscheidet Berdjajew zwei Arten der Zeit, und über die »schlechte Zeit« dieses unseres Weltäons, die eine zerrissene, in Vergangenheit, Gegenwart und Zukunft zerschlagene ist, äußert er sich als über das »Grundböse« unserer Weltwirklichkeit kaum anders, als es ein Neuplatoniker tun würde, der die Rückkehr der Seele aus Zeit und Finsternis in das ewige Licht Gottes erwartet.[18]

Gibt es also so etwas wie eine »ewige Zeit«, innerhalb derer das Offenbarwerden Gottes jenseits der schlechten Zeit der Weltwirklichkeit geschieht? Berdjajew spricht vom »Gedächtnis« als demjenigen Prinzip, »das einen unablässigen Kampf mit dem todbringenden Prinzip der Zeit führt« und er scheint jede Art von »realistischer Verwirklichung« nur »jenseits der Zeit, jenseits der Schranken der Geschichte« für möglich zu halten, so daß es bloß eine »symbolische Verwirklichung in der Gestalt der Kunst« geben kann.[19] So vollzöge sich also nur in der Kunstgeschichte und wohl auch der Geschichte der Philosophie und der Religionen jene »Antwort« des Menschen auf den Ruf Gottes, der in der sogenannten Weltgeschichte nicht hörbar ist und keine Entgegnung finden kann? Andererseits werden offenbar *nicht* zwei Sphären unterschieden, wenn Berdjajew über die Neuzeit sagt, die Methode des Unterwerfens gewinne Überhand in allem über das intuitiv heilige Eindringen in das Sein.[20]

Von dem Ansatz der Kulturkritik aus gelangt Berdjajew zu der mythologisierenden Vorhersage eines »noch nie dagewesenen Kampfes zwischen dem Guten und dem Bösen, Gottes mit dem Teufel, des Lichtes mit der Finsternis«.[21] Im spekulativen Denken aber, das bewußt auf Schelling zurückgreift, begnügt er sich mit einem Postulat, das schwerlich sehr erhellend wirken kann: »Es muß irgendein innerer Bruch stattfinden, nach welchem die Weltgeschichte sich nicht mehr in der Perspektive des vernichtenden Stromes der Zeit darstellen wird, gleichsam aus der Tiefe des Geistes nach außen hinausgeschleudert, sondern in der Perspektive der Ewigkeit, in der Perspektive der himmlischen Geschichte; sie wird in die Tiefe zurückkehren als ein Moment des ewigen Mysteriums des Geistes.«[22]

1935 erschien ein weiteres Werk Berdjajews, das die Geschichte zum Thema macht, und jetzt ausdrücklich die Geschichte der Gegenwart: »Das Schicksal des Menschen in unserer Zeit«. Er selbst hat dieses Werk weit über das »Neue Mittelalter« gestellt, und jedenfalls nimmt er hier zu zeitgenössischen Phänomenen sehr viel konkreter Stellung, aber so, daß die Unterscheidung zwischen einer irdischen und einer himmlischen Geschichte keineswegs klarer wird. Hier wird von der Philosophie Heideggers gesagt, sie vermöge die ganzheitliche Gestalt des Menschen nicht zu retten und sie werde zu einer Philosophie des Nichts. Der Hitlerismus sei dem Geist der deutschen Kultur untreu; er wolle nicht, daß das deutsche Volk ein Volk der Dichter und Denker sei. Westeuropa werde in Zukunft dem nichtchristlichen Orient nicht mehr als Ausbeuter begegnen dürfen und die weiße Rasse werde in Zukunft nicht mehr die Rolle eines hochmütigen Zivilisators gegenüber den farbigen Rassen spielen können; allerdings würden die Völker des Orients nunmehr selbst zu Materialisten und Nationalisten.[23]

Den russischen Kommunismus und den Faschismus betrachtet Berdjajew als »Weltphänomene«, die durch den Krieg erzeugt seien; doch sei der Faschismus zugleich eine Reaktion auf den Kommunismus und der deutsche Faschismus sei auch »eine Ausgeburt des Unglücks und der Erniedrigung des deutschen Volkes«.[24] Beiden Bewegungen bzw. Regimen gibt Berdjajew insofern recht, als sie sich gegen die formalistische Entartung der Freiheit und die Gleichgültigkeit gegenüber der Gerechtigkeit und der Ungerechtigkeit empört hätten, aber letzten Endes bedeuten sie doch nur eine »Weiterführung und Vertiefung desselben Prozesses der Entpersönlichung und der Entmenschlichung des Menschen, der durch die bürgerliche Lebensordnung und das kapitalistische Wirtschaftssystem ausgelöst wurde«.[25] Er nimmt jedoch auch Unterscheidungen innerhalb des Faschismus vor, und er stellt das italienische Regime weit höher als den Nationalsozialismus, den er (1935!) als »Rassismus« und als einen »Zustand des kollektiven Wahnsinns und der kollektiven Besessenheit« bezeichnet[26], der aber gerade deshalb so gefährlich ist, weil er sich als ein romantischer Naturalismus in den Dienst der tellurischen Mächte zu stellen scheint und sich doch die Methoden der modernen Technik aneignet und »die sowjetischen Mittel und Handgriffe imitiert«.[27]

So legt er gegen seinen Willen Zeugnis vom planetarischen und universalistischen Charakter der Epoche ab, wie es auf unverhüllte und affirmative Weise der Bolschewismus tut. Aber Faschismus und Bolschewismus sind gleichermaßen nur »Übergangsformen, in denen die Elemente der Wahrheit mit denen der ungeheuren Lüge vermengt sind«.[28] Und hier führt Berdjajew nun einen Terminus ein, der das Neue, Wünschenswerte, wahrhaft Befreiende schlagwortartig kennzeichnet; es ist der »religiöse, der personalistische Sozialismus, der das Prinzip der Persönlichkeit mit den Forderungen der Gemeinschaft in Übereinstimmung bringt«.[29] Voraussetzung ist freilich eine »innere Reinigung und Verwandlung des historischen Christentums«, und dann wird sich zeigen, daß einzig und allein dieses Christentum »auf der Seite des Menschen und der Menschlichkeit steht, auf der Seite der sozialen Gerechtigkeit, der Verbrüderung der Menschen und Völker, der Erhellung und der Verklärung der menschlichen Existenz«.[30] Aber hatte der Kommunismus nicht die gleichen Ziele, wenn man von dem unbestimmten Ausdruck »Verklärung« absieht?

Diese Frage hat Berdjajew um die gleiche Zeit in einer seiner bekanntesten Schriften zu beantworten gesucht: »Wahrheit und Lüge des Kommunismus«. Hier erkennt er sehr nachdrücklich die »große soziale Wahrheit« an, die im Kommunismus enthalten sei und die vor allem in der Einsicht bestehe, daß die Zukunft den arbeitenden Massen gehöre, aber auch in der Rückkehr zur Auffassung des Lebens als eines Dienstes. Aber so begreiflich der »Zauber« ist, den die marxistische Mythologie vom »Proletariat« besitzt, so ist nach Berdjajew doch die Lüge des Kommunismus »gewaltiger als alle seine Wahrheiten«.[31] Sie besteht in der Leugnung Gottes, aus der die Verneinung der menschlichen Persönlichkeit notwendig hervorgeht, da Persönlichkeit nur als Gottebenbildlichkeit des Menschen richtig gefaßt werden könne. Daher will Berdjajew dem integralen materialistischen Kommunismus das integrale Christentum entgegenstellen, aber nicht »das rhetorisch unterwühlte Verfallschristentum, sondern ein wiedergeborenes, das seine ewige Wahrheit in den Perspektiven eines ganzheitlichen Lebens, einer ganzheitlichen Kultur und einer ganzheitlichen sozialen Gerechtigkeit zu realisieren vermag«.[32]

In seinen Büchern über Rußland, zumal in »Die russische Idee«, hat Berdjajew die innere Nähe seines eigenen Messianismus und des kommunistischen Messianismus mit oftmals überraschender Deutlichkeit sichtbar werden lassen. Immer wieder erweckt seine Darstellung den Eindruck, daß die ganze russische Geschichte mit innerer Notwendigkeit auf den Bolschewismus zulief, weil die Volksseele den bürgerlichen Kapitalismus, das Reich dieser Welt, die Gier des individuellen Habenwollens ablehnte und auf die

»Gemeinschaft in der Liebe«, die sobornostj, ausgerichtet war. Daher ist das russische Volk dem jüdischen ähnlich, und seine Idee ist als die »Idee der Gemeinschaft und der Brüderlichkeit aller Menschen und Völker« der deutschen Idee als derjenigen »der Herrschaft, der Hegemonie der Macht« entgegengesetzt.[33] In der Praxis freilich waren alle russischen Ideologien »totalitär, theokratisch oder sozialistisch«, und Männer wie Belinski oder Tkatschew postulierten kaltblütig die Vernichtung vieler Millionen von Menschen, um »der Menschheit« damit den Weg zum »Glück« freizumachen.[34] Größe und Verhängnis liegen also im russischen Volk dichter zusammen als irgendwo sonst, und auch der russische Menschheitsgedanke steht, ähnlich wie der jüdische, in inniger Verbindung mit dem eigenen Lande, denn »das russische Volk neigt, seiner ewigen Idee nach, nicht zur Schaffung der diesseitigen, irdischen Statt, sondern sucht die kommende Statt, das Neue Jerusalem; aber das Neue Jerusalem ist nicht von der grenzenlosen russischen Erde getrennt, es ist mit ihr verbunden, und sie geht in es ein«.[35]

Hölderlin sagt bekanntlich, wo Gefahr sei, wachse das Rettende auch. Vielleicht sollte man diese Aussage hier umkehren, ohne ihren Sinn zu zerstören, und formulieren: Wo am entschiedensten Rettung erwartet und erstrebt wird, entstehen große Gefahren. Vielleicht hat Berdjajew auch deshalb das »Reich des Cäsar«, das heißt »den Staat, die Herrschaft, die Macht des Menschen über die Menschen«[36] mit so scharfen Worten bekämpft, weil er die nahe Verwandtschaft zwischen dem Messianismus des Gottmenschentums und dem Messianismus des »Antichrist« kannte und sehr wohl wußte, daß das »Tier aus der Tiefe« nicht als bloßer Staat am mächtigsten ist, sondern als Ideokratie, als Einheit von »Staat und Kirche«.[37] Der christliche Gedanke aber dürfte doch gerade dahin gehen, daß es »Vollkommenheit« und »Erlösung« nicht »in« der Welt geben kann, sondern nur in einem »Jenseits« der Welt. Und so verknüpft denn Berdjajew auch tatsächlich dasjenige, was sein »politisches Programm« zu sein scheint, mit dem Begriff des »Endes der Welt«: »Eine vollkommen neue und tatsächlich bisher nicht dagewesene Welt wäre eine Welt, die von einer personalistischen Revolution erschaffen wurde. Doch eine solche Revolution würde das Ende der Welt bedeuten.«[38] »Ende der Welt« meint hier gewiß nicht dasselbe wie »Ende der Vorgeschichte der Menschheit«. Die Ähnlichkeit ist gleichwohl unübersehbar.

Offensichtlich kann der Mensch über die Weltgeschichte hinausdenken. Aber ebenso offensichtlich bleibt er, wenn er das tut, an irdische Wirklichkeiten gebunden, sei es an Jerusalem in Erez Israel, sei es an die »grenzenlose russische Erde«, oder er muß ein »absolutes« Ende annehmen. Ein politisches Programm läßt sich nur aus dem ersten der beiden Ansätze ableiten. Es wird zugleich das größte und das gefährlichste aller politischen Programme sein. Ernst Bloch und Nikolaj Berdjajew bezeugen das auf unterschiedliche Weise. Aber die radikale Verneinung dieses Programms mag noch erstaunlichere und gefährlichere Folgen hervorrufen. An verschiedenen Stellen des Werks von Oswald Spengler wurde das spürbar. Gleichwohl wäre der Eindruck verfehlt, der freilich aus einigen Äußerungen Berdjajews, Blochs und auch Spenglers herausgelesen werden könnte, es handle sich um einen Kampf zwischen der »russischen«, der »deutschen« und der »jüdischen« Idee. Denker aus allen großen Nationen rangen mit der Frage, ob ein qualitativer Bruch in der gegenwärtigen Weltgeschichte zu erkennen sei und wie er bestimmt werden könne. Ihre Antworten lassen sich nicht nach Nationen und schon gar nicht nach Klassen aufteilen, obgleich Präferenzen erkennbar sein mögen.

Max Scheler und Henri Bergson

Max Scheler und Henri Bergson sind uns als Antagonisten in der Kriegsliteratur begegnet. Aber es wäre in hohem Grade unpassend, ja ungerecht, diese beiden bedeutenden Denker nur in einem Zusammenhang zum Thema zu machen, der für sie zwar keine bloß momentane Verirrung darstellte, aber doch den Blick vom Kern des Werkes abzieht.

Max Scheler war ein »Philosoph des Lebens« in einem ganz besonderen Sinne: Er philosophierte sozusagen in jedem Augenblick seines Lebens, und nahezu alles, was ihm in seinem Leben begegnete, wurde ihm zum Ausgangspunkt des Nachdenkens. Er hat über den Bourgeois geschrieben und über das Ressentiment, über die Frauenbewegung und die Rentenhysterie, über die Aufgabe der deutschen Katholiken und über den kulturellen Wiederaufbau Europas, über »Scham und Schamgefühl« und über »Tod und Fortleben«. Beobachter haben mit Verwunderung davon berichtet, daß in Cafés und auf Empfängen Menschen und Dinge auf ihn inspirierend wirkten, daß er sich auf Speisekarten und Manschetten Notizen machte, die dann oft genug kaum verändert in seine Werke übernommen wurden. Sein Leben war für dasjenige eines Philosophen sehr bewegt, aber sogar die schwierigsten Umstände vermochten es nicht, ihn vom Denken und Arbeiten abzulenken. Als er 1928 gestorben war, widmete ihm Martin Heidegger in seiner letzten Marburger Vorlesung einen bewegten Nachruf, in dem es hieß: »Max Scheler war ... die stärkste philosophische Kraft im heutigen Deutschland, nein, im heutigen Europa und sogar in der gegenwärtigen

Philosophie überhaupt. Entscheidend und kennzeichnend für sein Wesen war die Totalität des Fragens . . . eine wahre Besessenheit durch die Philosophie, der er selbst nicht Herr wurde und der er folgen mußte . . .«[1]

1874 geboren, wurde er nicht einmal sechzig Jahre alt. Sein Vater war Protestant, seine Mutter eine orthodoxe Jüdin, und er wurde zunächst jüdisch erzogen, doch näherte er sich schon während seiner Schulzeit dem Katholizismus. Mit fünfundzwanzig Jahren in Jena bei Rudolf Eucken habilitiert, heiratete er eine zur Hysterie neigende Frau und mußte nach wenigen Jahren die Universität verlassen, weil seine Frau eine angebliche Konkurrentin öffentlich ohrfeigte. Ähnliches stieß ihm nach der Umhabilitierung in München zu, wo eine sozialdemokratische Zeitung nach Denunziationen durch seine nun von ihm getrennt lebende Frau eine seiner Frauenaffären als Beweis für die Dekadenz der Bourgeoisie aufdeckte.

Wenn für Scheler später der »Drang« zu einem der Hauptthemen seiner Philosophie wurde, so wird sich ein Zusammenhang mit seiner Lebensführung schwerlich übersehen lassen. Aber als Privatgelehrter in Göttingen und führendes Mitglied der phänomenologischen Schule um Edmund Husserl führte er trotz ständiger Geldnöte gleichwohl eine sehr glückliche Ehe mit der Tochter Märit des Archäologen Adolf Furtwängler, und sein großes Buch »Der Formalismus in der Ethik und die materiale Wertethik«, das als Band I und II des von Husserl herausgegebenen »Jahrbuchs für Philosophie und phänomenologische Forschung« 1913 und 1916 erschien, machte ihn auch in weiteren Kreisen bekannt. Inzwischen war er zum praktizierenden Katholiken geworden, und er galt bald als der führende Denker unter den katholischen Laien Deutschlands. Mit zwei Worten wäre er wohl am einleuchtendsten als ethischer Personalist und Metaphysiker zu kennzeichnen gewesen, und der Buchtitel »Vom Ewigen im Menschen« (1921) bringt den Gehalt dieser Phase vermutlich am besten zum Ausdruck. 1918 war er, nicht zuletzt auf Betreiben Konrad Adenauers, an die neugegründete Universität Köln berufen worden, und hier vollzog sich seine letzte Wandlung: menschlich durch die Scheidung von seiner auch weiterhin geliebten Frau Märit und die Heirat mit seiner Assistentin Maria Scheu, philosophisch durch die Entfernung vom Katholizismus und die Hinwendung zu einer pantheistischen Lehre vom Drang und vom Geist als den voneinander unabhängigen Hauptattributen des Urseins, einer Lehre, die auf das Postulat einer Verlebendigung des (für sich ohnmächtigen) Geistes und einer Vergeistigung des blinden Lebensdranges hinauslief. Da er mehr und mehr sich auch der »Wissenssoziologie« zugewandt hatte, erhoffte er sich von seiner letzten Berufung, derjenigen nach Frankfurt, eine fruchtbare Zusammenarbeit mit den dortigen

Soziologen, aber der Tod machte diese Hoffnungen und möglicherweise eine abermalige Wandlung zunichte.

Daß der Ethiker und Phänomenologe der Personalität ein Verhältnis zur Geschichte haben konnte und daß seine drei Kriegsschriften nicht bloß journalistische Abwege waren, läßt sich wohl am leichtesten an der Grundlegung jener Ethik zeigen, die er als eine »materiale« in einen schroffen Gegensatz zur »formalen« Ethik Kants stellte. Anders als Kant erklärt er nämlich nicht jede Handlung für gut, die zur Maxime einer allgemeinen Gesetzgebung gemacht werden kann. Es gibt für ihn vielmehr feste Wesensverhältnisse innerhalb einer Hierarchie von Werten, die als solche in der Geschichte nur realisiert, keineswegs aber geschaffen werden. Zur Veranschaulichung kann eine Wendung aus dem Aufsatz »Vorbilder und Führer« dienen: »Ich habe die Grundwerte, die schon Aristoteles als to hedú, to chrésimon, to kalón bestimmte, auf folgende fünf Grundarten zurückgeführt: die Wertsphäre des *Angenehmen* oder der Luxuswerte, des *Nützlichen* oder der Zivilisationswerte; des *Edlen* ... oder der Vitalwerte; der geistigen Werte oder der Kulturwerte; des *Heiligen* oder der *religiösen* Grundwerte. Und ich habe behauptet, daß ›gut‹ sei die Person, die den je folgenden Grundwert dem vorhergehenden vorzuziehen in Gesinnungsbereitschaft ist. Diese Grundwerte sind in aller historischen Entwicklung konstant; sie und ihre Rangordnung sind der Polarstern des Menschen ... Eben diesen Grundwerten entsprechen die fünf genannten Vorbildmodelle: des *Lebenskünstlers*, des *führenden Geistes der Zivilisation*, des *Helden*, des *Genius* und des *Heiligen*.«[2]

Aus diesem im Prinzip überhistorischen und platonisierenden Ansatz ergibt sich sofort eine Geschichtsphilosophie, wenn man sich (wie Scheler es unzweifelhaft tat) die Comtesche Dreistadienlehre vor Augen hält, die hier zwar nicht etwa dem zeitlichen Verlauf nach umgekehrt, wohl aber gleichsam demaskiert wird, denn sie hat ja nichts anderes zum Inhalt als den angeblichen Triumph der Nützlichkeitswerte über die Vitalwerte und die religiösen Werte. Dieser Triumph würde, wenn er sich tatsächlich konstatieren ließe, nach Scheler eine Perversion der Wertordnung implizieren, aber er ist sogar empirisch unzutreffend, denn keine dieser Wertarten stirbt in der Geschichte ab, sondern es gibt nur temporäre Modifikationen und Verschiebungen, die als »die Geschichte der Ideale, Wertsysteme, Normen, Ethosformen« und in ihrer Verkörperung durch Vorbilder die eigentliche »Seele« der gewöhnlich sogenannten »wirklichen Geschichte« sind.[3]

Aber auch Scheler erlag der Versuchung, die Grundwerte mit besonderen Geschichtsepochen, ja Nationen gleichzusetzen, und daraus resultierte seine Interpretation des Ersten Weltkrieges als eines Verteidigungskampfes der deutschen, an den Vitalwerten orientierten Kultur gegen die westliche Zivilisation des Vorrangs der bloßen Nützlichkeitswerte. Längst vor dem Krieg jedoch und noch geraume Zeit nachher war Schelers Kritik am Kapitalismus und an der Bourgeoisie in dieser Konzeption begründet, die sich indessen Marx ebenso entschieden entgegenstellte wie Spencer und einen christlichen Sozialismus oder Solidarismus zu begründen suchte.

Statt den zum Scheitern verurteilten Versuch zu machen, das Denken des frühen und mittleren Scheler in seiner ganzen Vielfalt darzustellen, wähle ich drei kleine Schriften der Spätzeit, in denen das gewandelte Verhältnis zur Geschichte besonders deutlich zum Ausdruck kommt. Scheler ist hier gleichsam vom Monarchisten und Bellizisten des »Genius des Krieges« zum Vernunftrepublikaner und Pazifisten geworden und vom Platoniker der Werthierarchie zum Verkünder eines theogonischen Prozesses, aber man kann nicht sagen, daß er seine ursprünglichen Ansätze bloß verleugnet hätte.

Der Aufsatz »Der Mensch im Weltalter des Ausgleichs« stammt aus dem Jahr 1927. Er beginnt mit einer Polemik gegen den geschichtsphilosophischen Optimismus Spencers sowie dessen Vorstellung von einer biologischen Entwicklung des Menschen hin zum »sozialen Gleichgewicht« einerseits und gegen die Dekadenztheorien von Klages, Spengler und Theodor Lessing andererseits. Aber er sieht sich jetzt der ersten Auffassung doch näher als der zweiten: »Wenn ich auf das Tor des im Anzug begriffenen Weltzeitalters einen Namen zu schreiben hätte, der die umfassende Tendenz dieses Weltalters wiederzugeben hätte, so schiene mir nur ein einziger geeignet – er heißt ›Ausgleich‹. Ausgleich in fast allen charakteristischen spezifischen Naturmerkmalen, physischen wie psychischen, die den menschlichen Gruppen als solchen zukommen . . . und – gleichzeitig – eine mächtige Steigerung der geistigen, individuellen und relativ individuellen, zum Beispiel nationalen Differenzen: Ausgleich der Rassenspannungen, Ausgleich der Mentalitäten, der Selbst-, Welt- und Gottesauffassungen der großen Kulturkreise, vor allem Asiens und Europas. Ausgleich der Spezifitäten der männlichen und weiblichen Geistesart in ihrer Herrschaft über die menschliche Gesellschaft. Ausgleich von Kapitalismus und Sozialismus . . . Ausgleich zwischen den politischen Machtanteilen von sogenannten Kultur-, Halbkultur- und Naturvölkern . . . Relativer Ausgleich von Jugend und Alter im Sinne der Wertung ihrer Geisteshaltungen, Ausgleich von Fachwissenschaft und Menschenbildung, von körperlicher und geistiger Arbeit. Ausgleich zwischen den nationalen ökonomischen Interessensphären und dem Beitrag, den die Nationen geistig und zivilisatorisch für die Gesamtkultur und -zivilisation der Menschheit liefern . . .«[4]

Diese »Tendenz zum Ausgleich bei stetig wachsender Differenzierung des geistigen Individuums Mensch« ist nach Scheler ein »unentrinnbares Schicksal«, und er erteilt allen Bestrebungen eine Absage, die etwa »den heidnischen Menschen«, den »gotischen Menschen« oder den »lateinisch-katholischen Menschen« erneuern wollen. In diesem universalen Vorgang sieht Scheler aber große Gefahren, und er hält es wie Tocqueville für die Aufgabe der Politik, eine Lenkung zum Guten, und das heißt für ihn zur »Wertsteigerung« vorzunehmen. Die Richtung auf den »relativen Allmenschen« formt sich zunächst in Eliten, und alle neuartigen Gesamtbewegungen der Gegenwart sind sämtlich bewußt irrationalistisch und antiintellektuell: sowohl die auf dem Panslawismus und dem Marxismus zugleich beruhende Sowjetrepublik wie der ausgeprägt vitalistische Faschismus zeigen dieses Kennzeichen, aber auch die Jugendbewegung, die Psychoanalyse und der »Untergang des puritanischen Sittenideals« gehören in diesen Zusammenhang.

Diese einseitige Triebrevolte im Menschen ist jedoch nur der legitime Gegenzug gegen die ebenso einseitige Sublimierung in der bisherigen abendländischen Kultur. Scheler hat die Idee der Hierarchie der Werte indessen keineswegs aufgegeben, und er verlangt auch hier mit klaren Worten die »Unterordnung des positiven Leistungs- und Fachwissens« sowie des Bildungswissens unter »das metaphysische Heilswissen«. Dieses Heilswissen hat aber mit dem »derben Dogmenglauben« der Kirchen nichts zu tun. Es wurzelt in der menschlichen Urmöglichkeit der »Ideierung und Verwesentlichung der einzelnen zufälligen Erfahrung«, und es setzt den Menschen daher in den Stand, ein inneres Wissen von der »natura naturans« zu erlangen, ein mithandelndes Wissen von jenem »großen umfassenden Werdeprozeß, aus dem jedes Naturgebilde hervorquillt, aus Geist und Drang der ewigen Substanz«.[5]

Dieses Wissen ist aber nicht kontemplativ, sondern es ist zugleich ein Mithandeln, ein Mitwirken innerhalb des theogonischen Prozesses, in dem nicht etwa Gott als »reiner Geist« zur Existenz gelangt, sondern jener »Allmensch«, der tief in der Dunkelheit der Erde und der Natur wurzelt und zugleich in seinem Selbstbewußtsein am höchsten in die Lichtwelt der Ideen hinaufreicht, in dem sich also Geist und Drang am vollständigsten durchdringen, als der tiefste Ausgleich des am meisten Differenten. Die gedankliche Artikulation dieser nicht so sehr »höheren« als vielmehr vollständigeren und umfassenderen Seinsweise erwartet Scheler von einer »wahrhaft kosmopolitischen Weltphilosophie«, die im Werden sei und die sowohl den einseitigen Naturalismus der Unterklassenideologien wie den ebenso einseitigen Theismus eines weltbeherrschenden Unterwerfungswillens überwinden und die »große unsichtbare Solidarität aller Lebewesen« zu einer Wirklichkeit machen werde, die im »jüdisch-christlichen Menschenbegriff« verlorengegangen war.[6]

Es war sicherlich ein geistesgeschichtliches Ereignis ersten Ranges, daß der Mann, der bis kurz zuvor noch als der führende katholische Denker gegolten hatte, nun ausdrücklich die elementare Grundlage nicht nur des katholischen, sondern auch des protestantischen und des jüdischen Glaubens leugnete, nämlich den in seiner Geistigkeit allmächtigen Gott, und daß er statt dessen ganz wie Marx und Freud ungeistigen und unbewußten Kräften die alleinige Macht zuschrieb. Aber er unterschied sich doch weiterhin auch von den richtig (nämlich letztlich idealistisch) zu verstehenden Marx und Freud dadurch, daß für ihn nur der Geist oder die »Idealfaktoren« der Entwicklung »Wert« besaßen, selbst wenn sie gegenüber dem »Drang« oder den »Realfaktoren« noch ganz ohnmächtig waren. Damit knüpfte er indessen an die machtvolle »pantheistische« Tradition der abendländischen Philosophie an, nicht viel anders, als es um die gleiche Zeit Berdjajew tat, und ich zitiere wenigstens eine Stelle aus der bekanntesten seiner Spätschriften »Die Stellung des Menschen im Kosmos«, um zu zeigen, daß von hier aus eine Geschichtsphilosophie nach dem Muster derjenigen von Schelling und Hegel zu entwickeln gewesen wäre: »Es ist der alte Gedanke Spinozas, Hegels und vieler anderer: das Urseiende wird sich im Menschen seiner selbst inne in demselben Akte, in dem der Mensch sich in ihm gegründet schaut. Wir müssen nur diesen bisher viel zu einseitig intellektualistisch vertretenen Gedanken dahin umgestalten, daß dieses Sich-gegründet-Wissen erst eine Folge ist der aktiven Einsetzung unseres Seinszentrums für die ideale Forderung der Deitas und des Versuches, sie zu vollstrecken und in dieser Vollstreckung den aus dem Urgrund werdenden ›Gott‹ als die steigende Durchdringung von Geist und Drang allererst mitzuerzeugen.«

»Der Ort dieser Selbstverwirklichung, sagen wir jener Selbstvergottung, die das Durch-sich-seiende Sein sucht und um deren Werden willen es die Welt als eine ›Geschichte‹ in Kauf nahm – das eben ist der Mensch, das menschliche Selbst und das menschliche Herz. Sie sind der einzige Ort der Gottwerdung, der uns zugänglich ist – aber ein wahrer Teil dieses transzendenten Prozesses selbst ... Von vornherein also ist nach unserer Anschauung Mensch- und Gottwerdung gegenseitig aufeinander angewiesen. So wenig der Mensch zu seiner Bestimmung gelangen kann, ohne sich als Glied jener beiden Attribute des obersten Seins und dieses Seins [sic!] sich selbst einwohnend zu wissen, so wenig das Ens a se ohne Mitwirkung des Menschen.«[7]

Aber von einer solchen Geschichtsphilosophie, die sich aus diesem

Ansatz ableiten ließe, sind bei Scheler nur Umrisse und Andeutungen zu finden, am zusammenhängendsten im »Weltalter des Ausgleichs«, doch auch in dem Aufsatz »Mensch und Geschichte« und an vielen einzelnen Stellen des Spätwerks. Zu unmittelbaren Problemen der Gegenwart hat er sich am klarsten in dem Vortrag »Die Idee des Friedens und der Pazifismus« geäußert, den er zu Anfang 1927 im Reichswehrministerium und in der Deutschen Hochschule für Politik gehalten hat.

Hier fragt er, ob die Idee des »ewigen Friedens« heute verwirklicht werden kann, das heißt, ob der Pazifismus in der Gegenwart eine sinnvolle Idee ist.

Er bejaht die Frage gleich zu Anfang und weist dann im einzelnen die Argumente des »Bellizismus« zurück, ob sie nun von Treitschke oder von Hegel stammen: der Krieg sei unentbehrlich um des heroischen Ideals willen, zwecks Entfaltung der Kultur, wegen seiner einigenden und zusammenführenden Funktion. Den Gesinnungsmilitarismus, den er in seinem ersten Kriegsbuch so positiv hervorgehoben hatte, erkennt Scheler hier also nicht mehr an, ohne aber in eine moralisierende Polemik zu verfallen, und er gelangt zu der nationalpädagogischen Forderung, jene Ideologien aus dem deutschen Volksleben herauszudrängen, welche den positiven Wert des Ideals des ewigen Friedens in Abrede stellen. In der Weltgeschichte ist die Richtung auf den ewigen Frieden angelegt; es gehört zu den Zielen des »theogenetischen Prozesses«, gleichzeitig den »Gottesfrieden« und den Weltfrieden zu realisieren.[8] Aber für die unmittelbare Gegenwart vermag Scheler ein Ende der Kriege noch nicht zu erkennen, ja er schließt künftige Kriege von bisher unvorstellbarer Größe nicht aus: »Rassenkriege zwischen weißer und gelber, weißer und schwarzer Rasse, Kriege ganzer Kontinente, Klassenkriege, zum Beispiel zwischen östlichem Bolschewismus und westlichem Kapitalismus auf dem Schlachtfeld Deutschland.«[9] Dennoch scheint ihm die Richtung auf den Frieden augenfällig zu sein, und er schließt sich der marxistischen Auffassung an, daß der Weg immer mehr von der Herrschaft über Personen zur Herrschaft über Sachen geht; freilich auch durch bewußte Planung der Selbstproduktion des Menschen mittels Eugenik und Rassenpolitik.[10]

Die Aufzählung der gegenwärtigen Weltspannungen bietet allerdings zu unmittelbarem Optimismus in der Tat wenig Anlaß: an erster Stelle nennt Scheler »die Spannung der gesamten abendländischen bürgerlichen Kultur, besonders Englands, mit dem russischen Bolschewismus«, und nach der Erwähnung der Spannungen zwischen Großbritannien und dessen Dominions, derjenigen zwischen Amerika und Japan sowie zwischen Europa und Amerika kommt er noch einmal auf den Bolschewismus zurück, der alle bisher »unterdrückten« Völker in Asien, Südamerika und Afrika für seine Sache zu gewinnen suche.[11]

Die Analyse der acht sehr verschiedenartigen Pazifismen, die Scheler zum Thema macht, gibt auch nicht viel Anlaß zu Hoffnungen. Den heroisch-individualistischen Pazifismus des Nicht-Widerstandes gegen die Gewalt hält Scheler zwar für überaus achtenswert, aber für wenig wirksam. Der christliche Pazifismus, der etwa den Papst zum politischen »Weltenrichter« machen möchte, ist auch innerlich schwach, da er von mancherlei andersartigen Interessen instrumentalisiert wird. Der ökonomische Pazifismus ist allzu »englisch«, und er verkennt den menschlichen Herrschafts- und Machttrieb als »ewiges [!] Triebrad der Politik«.[12] Der juristische oder Rechtspazifismus huldigt dem Irrglauben der Aufklärung, der Vernunft käme schon als solcher eine aktive Wirksamkeit in der Geschichte zu; der marxistische, sozialistische und kommunistische Pazifismus bildet mit seinem Konzept des »Weltrevolutionskrieges« gerade infolge seiner aufrichtigen Überzeugung, den ewigen Frieden durch die Sozialisierung der Welt verwirklichen zu müssen, sogar eine »große Gefahr für den Frieden«.[13] Der großbürgerliche konservative Pazifismus im Westen entspricht auf paradoxe Weise dem relativ kriegerischen Bolschewismus, denn er entwächst eben der »Todesangst des westlichen und amerikanischen Großbürgertums vor dem Bolschewismus«. Daher sind die Reden vom künftigen »Sieg des Rechts und der Humanität« interessengeleitet und nicht sittlich, obwohl man sie »zum Heile Deutschlands« verwenden kann.[14]

Der »Weltreichspazifismus« ist für Scheler eine ganz überholte Idee, da das englische Empire sich in einer schweren Krise befindet. Schließlich leidet der sogenannte Kulturpazifismus an dem Aberglauben, durch Aufklärung über die schlimmen Folgen des Krieges den ewigen Frieden herbeiführen zu können. Am Schluß verwirft Scheler alle Arten des instrumentalen Pazifismus ebenso wie den Gesinnungsmilitarismus, und er bekennt sich zum Gesinnungspazifismus und Instrumentalmilitarismus, das heißt zu einem Zustand des nationalen Gerüstetseins unter positiver Beförderung aller noch recht schwachen Ansatzpunkte zum Weltfrieden. Von diesem Standpunkt aus verurteilt er mit großer Entschiedenheit den in der deutschen Jugend verbreiteten Revanchegedanken, der die »Forderung der Stunde« verkennt, nämlich »Europa vor einem neuen Kriege zu bewahren«, welcher »die totale Vernichtung der europäischen Kultur, ihre ›Götterdämmerung‹«, bedeuten würde. Aber ebensosehr verwirft er den »das eigene Volk und seine gesamte geistige Tradition ruchlos preisgebenden, oft geradezu dienerhaften Pazifismus«, der ebenfalls unter der Jugend verbreitet sei.[15] Offenbar postuliert Scheler auch hier einen »Ausgleich«, aber konnte der »Ausgleich« tatsächlich schon im Programm der nächsten weltgeschichtlichen Stufe enthalten sein, wenn der Pazifismus in einem großen Lande tatsächlich eine kriegerische Gestalt angenommen hatte und sich als militante Säuberungsideologie darstellte, welche eine militante Gegenideologie hervorrufen mußte?

Henri Bergson, 1859 geboren, gehört trotz des Altersunterschieds von bloß fünfzehn Jahren einer älteren Generation an als Scheler, aber als er dasjenige seiner Bücher veröffentlichte, das als einziges die Weltgeschichte ausdrücklich zum Thema macht: »Les deux sources de la morale et de la religion«, war Scheler schon seit vier Jahren tot. Bergsons Eltern waren beide jüdisch, der Vater ein Pole seiner Staatsangehörigkeit nach, die Mutter eine Engländerin, doch der Sohn wurde rasch zu einem ausgeprägten Franzosen, und er nahm am jüdischen Gemeindeleben keinen Anteil. Sein Leben verlief ganz ohne Brüche und Eskapaden, und seine Laufbahn führte ihn zu den höchsten Ehren. Absolvent der »École Normale Supérieure« zusammen mit Jean Jaurès und Emile Durkheim, wurde er 1900 Professor am Collège de France, 1914 Mitglied der Académie française, und 1927 erhielt er den Nobelpreis für Literatur. Schon sein erstes Buch von 1889 »Essai sur les données immédiates de la conscience«, das 1911 unter dem Titel »Zeit und Freiheit« ins Deutsche übersetzt wurde, hatte ihn zu einem der Begründer der »Lebensphilosophie« werden lassen, und spätestens seit der »Evolution créatrice« von 1907 war der »Bergsonismus« eine etablierte Tendenz. Sein Kriegsbuch war so wenig ein bloßer Zufall wie dasjenige Schelers, und wenn der Deutsche in verschiedenen europäischen Ländern Aufträge im Dienst der Kriegspropaganda übernahm, so führte den Franzosen eine Mission nach Amerika, wo er anscheinend auf die Entscheidungen Wilsons einigen Einfluß ausübte.

Wenn man sich den Kerngehalt seiner Philosophie vor Augen stellen will, tut man gut daran, sich der Paradoxien des Eleaten Zenon zu erinnern, auf die Bergson häufig zu sprechen kommt. Bekanntlich kann nach Zenon Achilleus die Schildkröte nicht einholen, weil in jedem Zeitteil, in dem Achilleus vorankommt, auch die Schildkröte ein wenig vorangekommen ist. Daraus ist zu folgern, daß die verstandesmäßige Zerlegung der Zeit dem wirklichen Geschehen nicht gerecht werden kann. Aber der Verstand vergreift sich nicht nur in philosophischen Gedankenspielen an der Zeit, sondern auch in der Geschichte und im Alltagsleben: Er zerteilt dasjenige, was kontinuierlicher Fluß ist, die »durée«, in diskrete Teile, um die Welt einschließlich des menschlichen Subjekts beherrschbar zu machen. Bergson ist also zunächst ein Philosoph der Subjektivität, welche die Welt und sogar sich selbst aus einem lebendigen Fließen zu einem Konstrukt getrennter

Dinge und Dimensionen macht, indem sie die Zeit nach Analogie des Raumes mißversteht und dadurch sich selbst und die Welt verräumlicht und verdinglicht.

Aber der Zugang zur »durée«, der eigentlichen Zeit, wird durch die Intuition offengehalten, die den Menschen, anders als es die Naturwissenschaften tun, erkennen läßt, daß auch ihn ein »élan vital«, der Lebensimpuls, durchherrscht, der aller Entwicklung zugunde liegt und der diese Entwicklung etwas Schöpferisches sein läßt, das in jedem Augenblick Neues hervorbringt und nicht aus vorhandenen Konstellationen errechnet werden kann. Neben Nietzsche wurde Bergson so zum Haupturheber eines »Irrationalismus«, der sich dem rationalistischen Szientismus der Positivisten entgegenstellte und der sich wie ein Biologismus ausnehmen mochte.

In dem Buch über die beiden Quellen der Moral und der Religion unterscheidet Bergson zwei Arten von Gesellschaften und zwei Arten der moralischen und religiösen Denkweise. Die »geschlossene Gesellschaft« (die »société close«) ist eine Art Naturerzeugnis, wo die moralischen Vorschriften nichts anderes sind als ein Ersatz des Instinktes, der die Tiere zwingt, den Interessen der Art gehorsam zu sein, so daß jede Ameise »von Natur« die Tätigkeiten verrichtet, die in ihrem Ameisenhaufen erforderlich sind. Dem Menschen fehlt ein solcher Naturinstinkt, und an dessen Stelle tritt die Moral und treten die religiösen Vorstellungen, welche diese Moral stützen, so daß jeder einzelne weiß, was er tun soll, um das Leben seiner Gruppe zu erhalten und zu fördern. Nun scheinen die menschlichen Gruppen sich in der Geschichte immer mehr zu erweitern, von der Sippe über den Stamm zur Polis und zur Nation, und man könnte meinen, der Übergang zur »Menschheit« sei nur der letzte von mehreren Schritten und von den übrigen nicht wesentlich verschieden.

Eben das bestreitet Bergson als eine »rein intellektualistische Konzeption der Seele«.[16]

In Wirklichkeit liegt eine qualitative Differenz vor, und der Schritt zur universalen Liebe ist ein Bruch mit der Natur, welcher nur getan werden konnte, weil die Propheten Israels und in ihren Spuren die christliche Religion die »geschlossene Gesellschaft« zu einer »offenen Gesellschaft« gemacht und die »statische Religion« in eine »dynamische Religion« verwandelt haben. Den einfachen Grundgedanken formuliert Bergson folgendermaßen: »Von der geschlossenen Gesellschaft zur offenen Gesellschaft, von der Stadt zur Menschheit wird man niemals auf dem Wege der bloßen Erweiterung gelangen. Sie sind nicht desselben Wesens. Die offene Gesellschaft ist die, welche im Prinzip die gesamte Menschheit umfassen würde.«[17] Es sieht mithin so aus, als wolle Bergson nur die weltgeschichtliche Bedeutung der jüdisch-christlichen Tradition herausstellen und den Nationalismus zugunsten des Kosmopolitismus, einer »religion de l'humanité«, bekämpfen.

Aber wenn Bergson nur den Universalismus gegen den Partikularismus stellen wollte, würde er sich nicht in eine Polemik gegen Aristoteles und die Stoiker einlassen müssen; in Wahrheit geht es ihm jedoch zugleich um die Kritik der Technik, die ja nicht etwa partikularistisch und ohne Bezug zum jüdisch-christlichen Weltverständnis ist, die aber auf jener verräumlichenden Denkweise beruht, welche der Intuition und der »Mystik« des Gefühls der Einheit zwischen menschlicher Seele und dem »élan vital« keinen Platz gewährt.

So äußert sich der Franzose, der den »kriegerischen Instinkt« auf die »geschlossenen Gesellschaften« beschränkt sieht und der Demokratie ein »evangelisches Wesen« zuschreibt, doch zur Technik ganz ähnlich wie die deutschen und russischen Kulturkritiker: »Ohne dem Maschinenwesen die Dienste abstreiten zu wollen, die es den Menschen erwiesen hat, indem es die Mittel zur Befriedigung der realen Bedürfnisse außerordentlich ausweitete, werden wir ihm dennoch vorwerfen, allzusehr künstliche Bedürfnisse ermutigt zu haben, zum Luxus angereizt zu haben, die Städte zum Nachteil des Landes bevorzugt zu haben, schließlich die Distanz zwischen Unternehmer und Arbeiter, zwischen Kapital und Arbeit vergrößert und die Beziehungen zwischen ihnen verändert zu haben.«[18]

Am Ende bleibt kein Zweifel zurück, daß Bergsons letztes großes Werk keineswegs bloß eine subtilere Version seines Kriegsbuches und eine Kampfschrift für die Zivilisation gegen den Nationalismus ist, sondern daß es sich um eine Kritik des Fortschritts und um den Versuch handelt, die Geschichte als theogonischen Prozeß zu begreifen, nicht anders, als Scheler es getan hatte: »Die Menschheit stöhnt halb erdrückt unter der Last der Fortschritte, die sie gemacht hat. Sie weiß nicht mit genügender Sicherheit, daß ihre Zukunft von ihr selbst abhängt. Es liegt an ihr, sich dann zu fragen, ob sie bloß leben will, oder ob sie darüber hinaus die erforderliche Anstrengung aufbringen will, damit sich gerade auf unserem widerstrebenden Planeten die wesentliche Funktion des Universums realisiert, das eine Maschine zur Hervorbringung von Göttern ist.«[19]

Bergsons Schriften waren 1914 auf den Index librorum prohibitorum gesetzt worden, obwohl er Nichtkatholik war, und die Kirche kann in der Tat die Vorstellung eines »Reiches Gottes« diesseits des Jüngsten Gerichts nicht anerkennen, aber noch viel weniger eine Gottwerdung innerhalb der Geschichte. Trotzdem näherte sich Bergson der katholischen Kirche, wie

Scheler es eine Zeitlang getan hatte, immer mehr an, und es scheint, daß er eine Konversion ernsthaft in Erwägung zog. Aber er erlebte noch die Zeit der Judenverfolgung in Deutschland, den Ausbruch des Zweiten Weltkriegs und die Niederlage Frankreichs. Daher wollte er sich von den Verfolgten nicht trennen, und obwohl ihm ein Ausweg ermöglicht worden wäre, bestand er darauf, sich im besetzten Gebiet als Jude registrieren zu lassen. Beim stundenlangen Anstehen im tiefen Winter zog er sich eine Lungenentzündung zu, an der er Anfang Januar 1941 starb. Wie Berdjajew früher und auf andere Weise, wurde Bergson zum Opfer einer jener Ideologien, über welche die Geschichtsdenker auch in ihren subtilsten Anstrengungen nicht immer hinwegzudenken vermochten. Nach dem Deutschen, der vom Lobredner des Krieges zum Gesinnungspazifisten und Vernunftrepublikaner geworden war, und dem Franzosen, der immer ein Kosmopolit sein wollte, sind nun zwei Deutsche ins Auge zu fassen, die eine Gegenposition repräsentieren: Carl Schmitt und Ernst Jünger.

Carl Schmitt und Ernst Jünger

Carl Schmitt ist der erste »geborene« Katholik, der uns begegnet. 1888 in einer Kleinstadt des Sauerlandes, in Plettenberg, geboren und Sohn »kleiner Leute«, war der Kulturkampf die erste geistig-politische Realität, die er kennenlernte, denn drei seiner Großonkel waren katholische Priester, die von der Erinnerung an diese Auseinandersetzungen geprägt blieben, und ähnliches galt für seinen Vater als einen treuen Anhänger der Zentrumspartei. Für kurze Zeit wurde anscheinend erwogen, den sehr begabten Jungen die geistliche Laufbahn einschlagen zu lassen. Auf dem humanistischen Gymnasium in Attendorn kam er durch den Darwinismus, den freidenkerischen Liberalismus und den preußisch-deutschen Nationalismus einiger Lehrer mit Welten in Berührung, die dem Elternhaus fremd waren, aber ernste Glaubenszweifel scheinen ihm fern geblieben zu sein. Wohl aber begriff er zweifellos früh, daß es für jemanden mit seinen Präzedentien schwer sein würde, sich in dem von Liberalismus und Preußentum beherrschten Deutschen Reich durchzusetzen; ehrgeizig, wie er war, wurde der Hinblick auf Stellung und Karriere früh ein bestimmender Grundzug seines Lebens, der indessen nie die Gestalt von beflissener Anpassungsbereitschaft annahm. Das 1907 in Berlin eher zufällig ergriffene Jurastudium faszinierte ihn rasch, und 1910 promovierte er *summa cum laude* in Straßburg. Im Krieg war er zwar ein Freiwilliger, aber wegen eines Unfalls kam er nicht an die Front, sondern leistete bei einer Militärbehörde in München

Dienst, und 1916 konnte er sich an der Universität Straßburg habilitieren. Nach der Niederlage, die auch ihn tief erschütterte, blieb er zunächst in München, und die Ereignisse der Zeit der Räterepublik machten vielleicht einen noch größeren Eindruck auf ihn; seine lebenslange Beschäftigung mit den Problemen des »Ausnahmezustandes« und des »Bürgerkrieges« hat hier in München ihre Wurzeln.

Durch eine Anzahl bedeutender Schriften wie »Politische Romantik«, »Die geistesgeschichtliche Lage des heutigen Parlamentarismus«, »Die Diktatur«, »Verfassungslehre« und andere wurde er rasch bekannt, und nach einigen Jahren als Professor in Bonn folgte er 1928 einem Ruf an die Handelshochschule in Berlin, so daß er in das Zentrum des geistigen und politischen Lebens gelangte. Nicht zuletzt durch die kleine Schrift über den Begriff des Politischen wurde er zu einer sehr umstrittenen, aber von allen Seiten als »brillant« anerkannten Persönlichkeit, und zu Beginn der dreißiger Jahre galt er als der »Kronjurist« des Präsidialsystems, welcher durch seine extensive Auslegung des Artikels 48 das Gewicht des Reichspräsidenten als des »Hüters der Verfassung« gegenüber dem in Selbstlähmung verfallenen Parlament zu stärken suchte. In dem großen Prozeß »Preußen gegen das Reich« vor dem Reichsgerichtshof in Leipzig, wo über die Legalität der Einsetzung eines Reichskommissars in Preußen durch die Regierung von Papen entschieden werden sollte, war er der prominenteste Rechtsvertreter des Reiches.

Aber Carl Schmitt war nicht bloß ein Jurist, sondern von Anfang an ging sein Bestreben dahin, die geistige Situation seiner Gegenwart zu erfassen und sie aus dem Prozeß der neueren Geschichte heraus begreiflich zu machen. Dabei blieb die große Bedeutung seiner katholischen Herkunft noch für geraume Zeit erkennbar. In der »Politischen Romantik« kritisiert er Adam Müller und andere Romantiker gerade nicht, wie es die normalen Liberalen taten, als »Reaktionäre«, sondern als Repräsentanten der individualistischen, in ihre Atome zerfallenden, vom »Bürgertum« bestimmten Gesellschaft der Moderne, die Luthers Begriff des »privaten Priestertums« zum säkularisierten Gipfelpunkt bringt und dadurch jedes genuine Verständnis für den »Wunderbau christlicher Ordnung und Disziplin, dogmatischer Klarheit und präziser Moral« verliert, den die katholische Kirche darstellt.[1]

»Romantik«, so definiert Schmitt, »ist subjektivierter Occasionalismus, das heißt im Romantischen behandelt das romantische Subjekt die Welt als Anlaß und Gelegenheit seiner romantischen Produktivität.«[2] So entsteht für die Romantiker »eine immer neue, aber immer nur occasionelle Welt, eine Welt ohne Substanz und ohne funktionelle Bindung, ohne feste Führung, ohne Konklusion und ohne Definition, ohne Entscheidung, ohne letztes Gericht, unendlich weitergehend, geführt nur von der magischen Hand des Zufalls, the magic hand of chance«[3]. Durch die Kritik an Adam Müller, die sich bis auf Einzelheiten der Lebensführung und des politischen Verhaltens erstreckt, will Schmitt aber gerade die katholischen Denker der Restauration, vor allem de Maistre und Bonald, sowie Burke, aus der häufig hergestellten Verbindung mit der politischen Romantik herauslösen und auf die Gegenseite stellen, jene Gegenseite, von der aus Romantik und Liberalismus als wesensgleich erscheinen. Damit knüpft Schmitt an die älteste der neueren Geschichtsdeutungen an, eben die katholische, welche in Gott den Grund alles historisch-politischen Geschehens sieht, so daß der einzelne Mensch sich nicht vornehmen darf, mit seinem »Machen« und »Konstruieren« das Recht, die Sprache und die Verfassungen der Willkür zu unterwerfen. Daher sind für de Maistre und Bonald, später auch für Donoso Cortés Toleranz, Menschenrechte und individuelle Freiheit gleichbedeutend mit Revolution, Rousseauismus und entfesseltem Subjektivismus, eben das aber ist Romantik.

Schmitt steht mit dieser Auffassung also Charles Maurras nahe, den er auch ausdrücklich erwähnt; »Norm« und »Entscheidung« sind die beiden Begriffe, die er dem Unernst der »bürgerlichen Welt« von »vereinzelten, isolierten und emanzipierten Individuen« entgegenstellt.[4] Wie für Maurras ist »Diskussion« für Schmitt ein negativer Begriff, aber daß die Polemik sich letzten Endes nicht so sehr gegen den »romantischen Anarchismus« von Künstlern oder gegen Diskussionszirkel von Bürgern richtet, wird unübersehbar, wenn Schmitt mit unverkennbarer Zustimmung den Franzosen Ernest Seillière folgendermaßen paraphrasiert: »In der mystischen Religion der sozialistischen Klassenbewegung wird der Proletarier zum einzigen Produzenten wirtschaftlicher Werte; der auserwählten Rasse endlich dient eine mystische Rassenromantik zur Grundlage ihres Anspruchs auf die Weltherrschaft.«[5] Die spielerische und subjektivistische Unernsthaftigkeit der Romantik fördert die Pseudoreligionen des proletarischen Marxismus und der nationalistischen Rassenlehre, aber sie bringt sie nicht hervor, und daher schließt Schmitt sein Buch mit den Worten: »Alles Romantische steht im Dienste anderer, unromantischer Energien, und die Erhabenheit über Definition und Entscheidung verwandelt sich in ein dienstbares Begleiten fremder Kraft und fremder Entscheidung.«[6]

Wie sehr Schmitts Anti-Liberalismus von der katholischen Hochschätzung der Autorität, der Norm, der gottgegründeten und entdeckbaren, aber nicht herstellbaren Wahrheit herkommt, wird auf positive Weise in seiner Schrift »Römischer Katholizismus und politische Form« erkennbar, wo die älteste Wurzel des neuzeitlichen Verhängnisses in der »protestantischen Zerreißung von Natur und Gnade« gesehen wird, aus der alle jene unseligen Dualismen von Natur und Geist, Natur und Verstand, Natur und Maschine und letzten Endes durchtechnisierter Welt und unberührter Natur resultieren[7]. Nur dadurch vermag die instrumentale Rationalität die »allein wesentliche Rationalität des Zweckes« zu verdrängen, so daß heute jede Nachfrage mit derselben Präzision erfüllt wird, ob es sich nun um seidene Blusen oder giftige Gase handelt.[8] Die innere Zwecklosigkeit der instrumentalen Rationalität wird durch ihre Universalisierung keineswegs aufgehoben, und angesichts der großen repräsentativen Gestalten der Geschichte, der Priester, der Soldaten und der Staatsmänner nimmt sich die Vorstellung trüb und niedrig aus, die dem großen Unternehmer und Lenin gemeinsam ist, nämlich die »elektrifizierte Erde«.[9]

Aber entscheidend ist für Schmitt hier nicht die Tatsache, daß die Kirche nicht mehr die herrschende Macht in Europa ist, sondern daß der große Unternehmer ebensowenig die alleinige Macht innehat, so daß es sinnvoll ist, von einer »westeuropäischen Zivilisation« zu sprechen, in welcher die Kirche bloß einen Teilbereich darstellt, und eben diese Zivilisation sieht Schmitt einer tödlichen Gefahr ausgesetzt. Seit dem 19. Jahrhundert gebe es in Europa zwei große Massen, die der westeuropäischen Tradition und ihrer Bildung fremd gegenüberständen, nämlich das klassenkämpferische Industrieproletariat und das von Europa sich abwendende Russentum. »Von der überlieferten westeuropäischen Bildung aus gesehen, sind beide Barbaren, und wo sie eine selbstbewußte Kraft haben, nennen sie sich auch selbst mit Stolz Barbaren. Daß sie auf russischem Boden, in der russischen Räterepublik, zusammentrafen, hat eine tiefe ideengeschichtliche Richtigkeit.«[10] Angesichts dieser Gefahr aller Gefahren ergreift Schmitt rückhaltlos die Partei von »Rom« und »westeuropäischer Zivilisation«, die für ihn offensichtlich nicht mit »Bürgertum« und »Kapitalismus« identisch sind.

Wenn sich Schmitt im gleichen Jahr, 1923, mit der Schrift über die geistesgeschichtliche Lage des Parlamentarismus polemisch gegen eine gerade für Westeuropa so kennzeichnende Institution wendet, dann offenbar deshalb, weil der Parlamentarismus in seinen Augen nicht mehr in der Lage ist, das System zu verteidigen, in dem er seine Wurzeln hat. Heute ist nämlich das »Entweder-Oder der moralischen Entscheidung« unumgänglich geworden, da es an einer anderen Stelle der Welt eine exorbitante Wirklichkeit gewonnen hat, nämlich im »Haßbild des Bourgeois« und in der Vorstellung einer letzten Entscheidungsschlacht, wie sie schon bei Proudhon und Bakunin vorliegt und wie sie auf der Gegenseite Donoso Cortés aufgegriffen hat.[11]

Angesichts dieser Grundtatsache ist der Liberalismus mit seiner Überzeugung, daß die Wahrheit aus der freien Diskussion im Parlament und aus der Pressefreiheit in der Öffentlichkeit entspringt, zu einer überholten, ja gefährlichen Wirklichkeit geworden, und am Ende richtet Schmitt seinen Blick nicht ohne Bewunderung auf das faschistische Italien, wo der nationale Mythos größere Kraft gezeigt habe als der Klassenkampfmythos.[12]

Nichtsdestoweniger ist Schmitts »Verfassungslehre« eine brillante Darstellung und Analyse der Weimarer Reichsverfassung, und durch Zitate daraus läßt sich leicht die Auffassung begründen, daß Schmitt ein Verteidiger Weimars gewesen sei. Aber die zentrale These ist doch offenbar die, daß diese Verfassung eine Grundentscheidung für den bürgerlichen Rechtsstaat und nicht für den proletarischen Klassenstaat getroffen habe.[13] Wenn sie nicht mehr imstande ist, diese ihre Natur gegen die fortwirkende Drohung von Chaos und Bürgerkrieg zu verteidigen, muß sie geändert werden, und in seinem Buch über die »Diktatur« ist der Schlußabschnitt nicht zufällig der »Diktatur des Proletariats« gewidmet. Daher haben die historischen Ausführungen über die Erscheinungsformen der »kommissarischen« und der »souveränen« Diktatur seit dem Beginn der Neuzeit durchaus nicht bloß theoretische Relevanz, sondern die Kennzeichnung der Maßnahmen der Konventskommissare während der Französischen Revolution weist auf die proletarisch-russische Revolution der Gegenwart voraus: »Zahlreiche Revolutionsdekrete erklärten ganze Kategorien von Staatsangehörigen für Feinde des Vaterlandes. Nicht nur Adelige, eidverweigernde Priester und deren Anhänger, Lebensmittelwucherer, Preistreiber, Verbreiter falscher Nachrichten, sondern überhaupt Alle, welche die corruption des citoyens und die subversion des pouvoirs et de l'esprit publique begünstigten, wurden für Feinde des Vaterlandes erklärt und mit dem Tode bestraft.«[14]

Daher scheint es mir außer Zweifel zu stehen, daß die bekannteste und umstrittenste aller Definitionen von Carl Schmitt, nämlich die Bestimmung des Politischen als eines »Freund-Feind-Verhältnisses« in »Der Begriff des Politischen« von 1928, nicht so sehr aus Erinnerungen an den Kulturkampf und auch nicht primär aus der Abneigung gegen jene liberalen »Neutralisierungen« hervorgeht, die dem Leben seine Ernsthaftigkeit nehmen und zum infantilen Reich der »letzten Menschen« führen, sondern daß es sich um einen Gegenbegriff zu der älteren und ursprünglicheren Feinderklärung von Marx und Lenin handelt. Für das »auffälligste und historisch wirksamste Beispiel« des Denkens in Dichotomien erklärt er ja ausdrücklich »die durch Karl Marx formulierte Antithese von Bourgeois und Proletarier, die alle Kämpfe der Weltgeschichte in einem einzigen, letzten Kampf gegen den letzten Feind der Menschheit zu konzentrieren sucht, indem sie die vielen

Bourgeoisien der Erde in eine einzige, die vielen Proletariate ebenfalls in ein einziges zusammenfaßt und auf diese Weise eine gewaltige Freund-Feindgruppierung gewinnt«.[15]

Hier und da wird dieser einfache Tatbestand in der Sekundärliteratur richtig gesehen, so von Hasso Hofmann, der schreibt, mit seiner irrationalen Bürgerkriegslehre trete Carl Schmitt in Konkurrenz zu der marxistischen Klassenkampftheorie, »deren bürgerliches Gegenstück sie ist«.[16] Aber es steht zur Frage, ob der soziologische und einschränkende, meist zugleich auch herabsetzende Begriff des »Bürgerlichen« hier adäquat ist und ob man nicht besser die ideologischen (das heißt den Ideologiecharakter ernst nehmenden) Begriffe des Marxismus und des Antimarxismus verwenden sollte. Dann wäre es nämlich wahrscheinlich, daß Schmitt eine übersoziologische Tatsache im Auge hat und sich weitgehend im Recht befindet, wenn er schreibt: »Wir . . . wissen, daß heute der schrecklichste Krieg nur im Namen des Friedens, die furchtbarste Unterdrückung nur im Namen der Freiheit und die schrecklichste Unmenschlichkeit nur im Namen der Menschheit vollzogen wird.«[17]

Carl Schmitt war also auch als Staatsrechtslehrer keineswegs ein reiner Jurist, sondern alle seine Bemühungen, die Stellung des Reichspräsidenten zu stärken, beruhten auf der Überzeugung, daß nur dadurch eine verhängnisvolle historische Entwicklung abgewendet werden könne, die Entwicklung hin zum Bürgerkrieg und möglicherweise zum Sieg des Sowjetsystems. Erst zu einem relativ späten Zeitpunkt wurde erkennbar, daß noch eine zweite Bürgerkriegspartei in gefährlichem Aufstieg begriffen war, nämlich die Gegen-Bürgerkriegspartei der Nationalsozialisten.

Trotz seiner frühen Sympathie für den italienischen Faschismus hat Schmitt bis 1933 keinen Zweifel daran gelassen, daß er die Reichskanzler Brüning, Papen und Schleicher auch gegen die Nationalsozialisten unterstützte. Offensichtlich hat er den Nationalsozialismus damals aber für ein sekundäres und abgeleitetes Phänomen gehalten, und der Gedanke scheint ihm nie gekommen zu sein, daß die zweite Bürgerkriegspartei gerade wegen der Artifizialität und Angestrengtheit ihrer Gegen-Ideologie für die »westeuropäische Zivilisation« noch gefährlicher sein könnte als die erste, die kommunistische.

Es ist daher schwer zu entscheiden, was das Hauptmotiv war, daß er sich sehr bald nach der Machtergreifung Hitlers mit dem ganzen Gewicht seiner Autorität auf die Seite des neuen Regimes stellte: eine alte und bisher verdeckte Überzeugung oder aber die Furcht vor Nachteilen und Gefährdungen ob seiner Verbindungen mit Papen und Schleicher. Die erste Alternative erscheint als die wahrscheinlichere, wenn er in der bereits 1933 erschienenen Schrift »Staat, Bewegung, Volk« die alte Polemik gegen das bloß formale Verfassungsverständnis Hans Kelsens und anderer Staatsrechtslehrer folgendermaßen fortsetzt und neu formuliert: »Daß man Nationalsozialisten und Kommunisten politisch auf eine Stufe stellte, galt dieser Auffassung als ›Recht‹ zum Unterschied von ›Politik‹; die kommunistische Organisation, also einen gefährlichen Todfeind des deutschen Reiches, von einer nationalen deutschen Bewegung zu unterscheiden, galt dagegen als ein Verstoß gegen die ›Gleichheit vor dem Gesetz‹ und als eine ›politische‹ im Gegensatz zu einer ›rechtlichen‹ oder ›juristischen‹ Bewertung. Hier wurde der staatsfeindliche Kern der liberalen Antithetik von Recht und Politik handgreiflich.«[18]

In ein noch fragwürdigeres Licht rückte seine »Verteidigung der Weimarer Verfassung«, als er 1934 diese Verfassung als den »im Zusammenbruch des preußischen Soldatenstaates für eine kurze Zeit schattenhaft weiterlebenden bürgerlichen Teil aus dem zwiespältigen Staatsgefüge des zusammengebrochenen Reiches« kennzeichnete.[19] Und wenn er schon seit Jahren nicht mehr positiv auf die Lehren und die Organisation der katholischen Kirche Bezug genommen hatte, so vollzog er sogar einen Bruch mit der »westeuropäischen Zivilisation«, als er die Mordaktionen des 30. Juni 1934 rechtfertigte, indem er den berühmt-berüchtigten Artikel »Der Führer schützt das Recht« schrieb.[20] Aber dieser Artikel paßte doch gleichwohl zu seiner alten Lehre vom »Ausnahmezustand«, und zwei Jahre später wurde offenbar, daß die »hobbesische« Furcht vor einer Gefährdung des eigenen Lebens vielleicht doch nicht ganz grundlos gewesen war. In diesem Jahr führte nämlich die SS durch ihr Sprachrohr »Das Schwarze Korps« einen scharfen Angriff gegen ihn, und zwar wegen seiner katholischen, anti-nationalsozialistischen und zentrümlichen Vergangenheit, auf die zuerst in einer Emigrantenzeitschrift nachdrücklich hingewiesen worden war, und zwar von einem ehemaligen Verehrer und Freund, Waldemar Gurian.[21]

Die Protektion durch Göring und Hans Frank bewahrte ihn vor schlimmerem Schaden als dem Verlust einiger Ämter, doch er äußerte sich hinfort nicht mehr zu innenpolitischen Fragen[22] und wurde zum Theoretiker einer raumpolitischen, aber nicht etwa »rassischen« Außenpolitik, die am ehesten an Friedrich Naumann anknüpfte. Als solcher wird er uns noch einmal begegnen. Aber im ganzen wird sein Geschick »tragisch« zu nennen sein, sofern man feststellen darf, daß er mit seinem historischen Urteil insoweit im Recht war, als es sich auf das Unrecht und die Gefährlichkeit der marxistischen Bürgerkriegslehre zumal in ihrer bolschewistischen Verbindung mit russischen Wirklichkeiten bezog. Seine Tragödie bestand dann darin, daß er im Blick auf das entferntere Unrecht das Emporwachsen des näheren Unrechts nicht rechtzeitig wahrnahm.

Carl Schmitt führte sein Freund-Feind-Konzept bis zu dem Punkt, daß er in Krieg und Bürgerkrieg – das heißt in deren immerwährenden Möglichkeit – das eigentliche Wesen des Politischen sah; aber er war kein Frontsoldat. Auch Oswald Spengler war kein Frontsoldat, so wenig wie Ernst Bloch und Nikolaj Berdjajew. Aber Blochs Denken ging zum großen Teil, nicht anders als dasjenige aller Linkssozialisten, aus der »negativen Kriegserfahrung« hervor, die allerdings, wie bei Lenin, als intellektuelle Stellungnahme verstanden werden muß und den Willen zum Bürgerkrieg, ja zu einem konkreten Krieg nicht ausschloß – vorausgesetzt, daß dieser Bürgerkrieg und dieser Krieg der Überwindung »des« Krieges dienen würden. Diese negative Kriegserfahrung konnte jedoch auch den Charakter des unmittelbaren Erlebnisses haben und sich in negativen Darstellungen des Entsetzlichen, Zerstörerischen und Sinnlosen artikulieren, wie es etwa in Erich Maria Remarques Kriegsroman »Im Westen nichts Neues« geschah.

Aber es gab angesichts des Ersten Weltkrieges auch eine »positive Kriegserfahrung«, die in der Begeisterung der Augusttage ganz Europa ergriffen hatte und die nach vier Jahren unvorstellbarer Leiden noch in Hunderttausenden von Männern lebendig war, so daß sie bald auch literarischen Ausdruck fand – teils aus dem Respekt für Vaterlandsliebe und Opferwilligkeit geboren, teils aus der Bejahung einer Lebensführung, die dem Gleichmaß und der Langeweile des Alltagsdaseins entgegengesetzt war. Auch diese Erfahrung konnte einen rein intellektuellen Charakter haben und als Verteidigung des Sinns dieses Krieges und vielleicht des Krieges überhaupt sogar von alten Männern und jungen Invaliden zu Wort gebracht werden, sie konnte aber auch der Teilnahme an den Kämpfen entspringen und ihrerseits in Berichten und Romanen ihren Niederschlag finden wie in denjenigen von Werner Beumelburg und Hans Zöberlein.

Es gab aber nur einen einzigen Mann, der als Frontkämpfer die höchsten Auszeichnungen erhielt, der als Schriftsteller seine Erfahrungen auf der Ebene großer Kunst zur Darstellung brachte und der als Geschichtsdenker die welthistorischen Voraussetzungen und Auswirkungen dieses Krieges zu begreifen suchte, nämlich *Ernst Jünger.*

Jünger, 1895 geboren, stammte aus einer protestantischen Familie, aber aus dieser Wurzel gingen erst nach dem Zweiten Weltkrieg Triebe hervor; viel wichtiger war für den Jungen die frühe und tiefe Abneigung gegen bürgerliche Sekurität und wilhelminisches Alltagsdasein. So entfloh der Achtzehnjährige dem Elternhaus und trat in die französische Fremdenlegion ein, aus der ihn der Vater, ein wohlhabender Apothekenbesitzer, erst nach großen Mühen zurückholte. Daher lag der Verdacht nahe, daß nicht so sehr Vaterlandsliebe als vielmehr Abenteuerdrang das bewegendste der Motive war, die ihn zur Meldung als Kriegsfreiwilliger veranlaßten. Allem Anschein nach wurde es ihm sehr schwer, die militärische Unterordnung und Disziplin zu ertragen, und er kam erst zu sich selbst, als er Offizier geworden war. Als solcher wurde er, vierzehnmal verwundet, zu einem der bekanntesten und erfolgreichsten Stoßtruppführer an der Westfront, und er war einer der insgesamt bloß vierzehn Leutnante und Oberleutnante, die den höchsten Orden, den »Pour le mérite«, erhielten. Schon 1920 erschien als Privatdruck sein erster Kriegsbericht »In Stahlgewittern«, dem bald mehrere andere folgten, darunter 1922 »Der Kampf als inneres Erlebnis« und 1925 »Das Wäldchen 125. Eine Chronik aus den Grabenkämpfen 1918« sowie »Feuer und Blut. Ein kleiner Ausschnitt aus einer großen Schlacht«. Nach einem unabgeschlossenen Studium der Zoologie bei Hans Driesch in Leipzig bewegte er sich in der zweiten Hälfte der zwanziger Jahre im Umkreis der nationalrevolutionären Bewegungen, und 1930 bzw. 1932 stellte er mit der kleinen Schrift »Die totale Mobilmachung« und der großen Studie »Der Arbeiter« unter Beweis, daß er nicht nur ein glänzender Stilist, sondern auch ein Denker war.

Dem Nationalsozialismus stand er zurückhaltend gegenüber, hauptsächlich deshalb, weil ihn die demokratischen und vulgären Züge abstießen, und Buchtitel wie »Blätter und Steine« und »Das abenteuerliche Herz« ließen erkennen, daß er bei weitem nicht bloß ein Kriegsschriftsteller war. Als Ende 1939 die »Marmorklippen« erschienen, wurde dieser Roman von dem tyrannischen Oberförster und dem Geheimorden der »Mauretanier« von vielen als ein Signal des Widerstandes betrachtet, aber als Offizier in Frankreich entging Jünger allen Fährnissen, obwohl er den Generälen nahestand, die sich an dem (in Paris zunächst erfolgreichen) Putschversuch vom 20. Juli beteiligt hatten. Schon vorher hatte sich indessen im ersten Entwurf seiner Schrift »Der Friede« die Wandlung angezeigt, die Jünger in der zweiten Nachkriegszeit zu einem Sprachrohr des tief veränderten Zeitgeistes machte und etwa in dem Titel »Der Weltstaat« anschaulich wird.

Ich werfe einen flüchtigen Blick auf die »Totale Mobilmachung« und gehe dann gleich zum »Arbeiter« über.

Jünger fragt sich, was den letzten Krieg, »unseren Krieg, das größte und wirksamste Ereignis dieser Zeit«[23], von anderen Kriegen unterschieden habe. Die Antwort lautet, daß dieser Krieg den Übergang zu einem Zustand dargestellt habe, der kein bewaffneter Kampf und doch nicht Frieden im überlieferten Sinne sei. Schon im Hindenburgprogramm des Jahres 1916 und auch im Kampf Ludendorffs um die Identität von militärischer und politischer Führung habe sich gezeigt, daß der Waffenkampf zum bloßen Teil eines »gigantischen Arbeitsprozesses« geworden sei, der eine »Rüstung bis ins innerste Mark, bis in den feinsten Lebensnerv« erforderlich gemacht habe.[24] Diesen Tatbestand nennt Jünger »die totale Mobilmachung«, und er sieht sie in die Nachkriegszeit hinein fortgeführt, am klarsten erkennbar in Rußland und Italien, wo wir einem »Angriff« begegnen, dessen Tendenz dahin ziele, »daß es nichts geben solle, was *nicht* die Funktion des Staates ist«.[25] Der bedeutendste Versuch, »die Gesamtanstrengung eines großen Reiches in *einem* Strombett zu vereinigen«, ist der russische Fünfjahresplan[26], und Jünger sieht also dasjenige als positiv, unentrinnbar und zukunftsvoll, was die gleichzeitige liberale Theorie als »Totalitarismus« verdammte. Aber der Fünfjahresplan ist nicht etwa eine Bestätigung der Wahrheit des Marxismus, sondern vielmehr ein Beweis von dessen Oberflächlichkeit, weil dieser nicht erkennt, wie sehr er zur Funktion eines übergeordneten Vorgangs geworden ist, welcher die idyllischen Fortschrittsvorstellungen des 19. Jahrhunderts zerreibt, indem er das menschliche Leben immer abstrakter und damit grausamer macht.

Es ist aber unübersehbar, daß Jünger in den Massenbewegungen der Zeit, zu denen er den Faschismus, den Bolschewismus, den Amerikanismus, den Zionismus und die Bewegungen der farbigen Völker zählt, eine Hoffnung für Deutschland erblickt, das nur deshalb besiegt wurde, weil der zum Untergang verurteilte Zivilisationsbegriff des Westens in Deutschland eine »geheime Armee« und einen »geheimen Generalstab« besaß, zu denen nicht nur Maximilian Harden, sondern auch Walther Rathenau gehörte, der zwar seine technischen Fähigkeiten in den Dienst der Mobilmachung stellte, in seinem Herzen aber deren Gegner blieb, wie sein Ausspruch über die Weltgeschichte zeige, die ihren Sinn verloren hätte, wenn der Kaiser mit seinen Paladinen als Sieger durch das Brandenburger Tor gezogen wäre.[27]

»Der Arbeiter« ist gleichermaßen gegen die »bürgerliche Welt« wie gegen den Marxismus gerichtet. Was dem Bürgertum als Aufstieg und Sieg der Freiheit erscheint, ist für Jünger gerade Unwahrheit und Verfall. Das Buch beginnt mit folgenden Sätzen: »Die Herrschaft des dritten Standes hat in Deutschland nie jenen innersten Kern zu berühren vermocht, der den Reichtum, die Macht und die Fülle eines Lebens bestimmt. Auf über ein Jahrhundert deutscher Geschichte zurückblickend, dürfen wir mit Stolz gestehen, daß wir schlechte Bürger gewesen sind.«[28] Aber die antibürgerliche Bewegung des Marxismus hat zu Unrecht den Proletarier, den Mann des vierten Standes, gegen den Bürger gestellt, denn die verelendeten

Massen, die auf Glück und Wohlfahrt sinnen, sind selbst nichts anderes als eine noch unvollendete Gestalt des Bürgers, sind »Spießer« wie er, könnte man sagen. Der wahre Arbeiter ist nämlich dem Krieger nah verwandt, ja letzten Endes mit ihm identisch, denn er besitzt wie dieser ein Verhältnis zu elementaren Mächten, von deren Existenz sich weder die Bourgeois noch die Proletarier Rechenschaft geben. Bürger streben nach Sicherheit; der Arbeiter aber ähnelt wie der Krieger den Gläubigen, den Künstlern, den Seefahrern, ja den Verbrechern, das heißt allen denjenigen, für die Gefahr und Tod zum Wesen des Lebens gehören, welches sich, sofern es nicht bürgerlich-amputiert ist, »nach Spielen und Abenteuern, nach Haß und Liebe, nach Triumphen und Abstürzen sehnt«.[29] Die verächtlichen Krämer dieser Tage wissen nichts mehr davon, aber schon in den ältesten Mythen der Menschheit tritt die Wahrheit des Menschseins an den Tag, denn »die Götter lieben es, sich in den Elementen zu offenbaren, in glühenden Gestirnen, in Donner und Blitz, im brennenden Busche, den die Flamme nicht versehrt«, und im Jubel der Freiwilligen, der den Weltkrieg begrüßte, kam diese Wahrheit erneut zum Vorschein. Jetzt wächst eine neue weltgeschichtliche »Gestalt« empor, die Jünger ganz platonisch als zeitlose, wenn auch keineswegs zu allen Zeiten in der Realität auffindbare »Idee« faßt.

Sie prägte sich zuerst in der Erscheinung des Weltkriegsoffiziers aus, der gegen Ende des Krieges äußerlich vom Soldaten fast ununterscheidbar wurde und der doch in seinen höchsten Formen, etwa dem Kampfflieger, weit über den »Stand« emporwächst und zum Angehörigen einer »Rasse« wird, der nicht-biologischen Rasse der zu Höchstleistungen Befähigten und Gewillten. Aber er setzt sich damit nicht als privilegierte Elite von den Massen ab, sondern er erhebt nun auch die Wirtschaft in den »Rang einer organischen Konstruktion«. Offenbar sucht Jünger die marxistische Vorstellung vom bevorstehenden »Untergang der bürgerlichen Welt« mit dem »amerikanischen« Konzept des »Aufstiegs der Massen« in der Weise zu verschmelzen, daß beide zu untergeordneten Momenten einer Kriegsvorbereitung werden, die von den Arbeiterkriegern geleitet wird. Die Totalität eines künftigen Krieges wird also auf unzweideutige Weise postuliert, eines Krieges, in dem »jede Stadt, jede Fabrik ein befestigter Platz, jedes Handelsschiff ein Kriegsschiff und jedes Lebensmittel Konterbande« ist.[30]

Jünger glaubt sogar, daß die »Wiederentdeckung der sehr alten Wissenschaft der Entvölkerungspolitik« zum künftigen totalen Krieg gehören wird.[31] Aber es ist das Wesen der Technik selbst, das den Eintritt in die neue »Werkstättenlandschaft« erzwingt; schon der heutige Verkehr hat als ein menschenfressender Moloch die unverkennbarste Ähnlichkeit mit dem

Krieg. Technik ist eben Mobilisierung, wie Kriegswirtschaft Mobilisierung ist, und sie stellt sich in ein feindseliges Verhältnis zu der ganzen bisherigen Geschichte; daher ist sie »die entschiedenste antichristliche Macht, die bisher in Erscheinung getreten ist«.[32]

Auch insofern scheint Jünger dann doch wieder mit Marx übereinzustimmen, und man fragt sich, ob er nicht ebenfalls eine Weltplanwirtschaft im Auge hat, wenn er schreibt: »Jedenfalls ist zu erwarten, daß das Bild der individuellen und sozialen Anarchie, wie es die Werkstättenlandschaft in ihrer ersten Phase darbietet, jenes Bild, in dem Konkurrenz, Profit um jeden Preis und regellose Massenansiedlung die Erde mit ihrem Aussatz bedekken, sehr bald der Geschichte angehören wird.«[33] Aber es ist doch eher der Bolschewismus Lenins, ja Stalins, der Jünger vorschwebt, wenn er sagt: »Je zynischer, spartanischer, preußischer oder bolschewistischer das Leben geführt werden kann, desto besser wird es sein«[34] und wenn er auch hier immer wieder Sowjetrußland als Vorbild hinstellt – aber als eins der Länder, »in denen man wegen Werkssabotage erschossen werden kann wie ein Soldat, der seinen Posten verläßt«.[35] Und deshalb blickt Jünger durchaus nicht auf den ewigen Frieden einer planwirtschaftlich zur Einheit gewordenen Welt voraus, sondern auf einen Zustand, in welchem die Auseinandersetzungen zwischen den großen Lebenseinheiten »weltkriegerischen Charakter« anstreben.[36]

An vielen Stellen wird deutlich, daß Jünger nicht etwa bloß eine Phänomenologie der technischen Welt in ihrer realen und durchaus nicht idyllischen Bewegung auf »das Planetarische« hin geben will, sondern daß ein sehr konkretes Engagement im Sinne eines besser zu führenden deutschen Krieges um die Weltherrschaft gefordert wird. Er zählt sich offensichtlich zu denjenigen, »die mit allen Mitteln, und nicht nur mit denen des Krieges, zur Fortsetzung des Krieges entschlossen sind«[37], und fast unverhüllt verlangt er die Vernichtung all jener Mächte, deren »Wunschbild im Untergang des Reiches besteht«[38], ja er fordert, »daß alle jene Schlupfwinkel ausgebrannt werden, aus denen in den Stunden der höchsten Inanspruchnahme der Verrat wie aus dem Bauche des Trojanischen Pferdes seine Hilfstruppen entläßt«.[39] Auch »das liberale Judentum« zählt er anscheinend zu diesen Kräften, aber nicht im ersten Rang und ohne besondere Betonung, denn er erklärt es nur für einen »Fehler«, daß diese auf Schutz angewiesene Schicht sich an der Zersetzung der alten Ordnung beteiligt habe.[40]

Deutschland soll also eine »Arbeitsmacht« werden wie Rußland und Italien, und Jünger sieht eine »Kriegsteilnehmerbewegung, eine sozialrevolutionäre Partei, eine Armee« im Entstehen begriffen, die sich in eine neue Aristokratie verwandelt und sich in den Besitz der entscheidenden geistigen und technischen Mittel setzt.[41] Mithin richtet sich Jüngers Blick auf die bolschewistische und auf die faschistische Partei, doch nicht in Schrecken und Abwehr, wie durchweg im liberalen Denken, sondern mit innerer Zustimmung. Jüngers »Arbeiter« wäre also so etwas wie eine »positive Totalitarismustheorie«. Aber von dem offiziellen Selbstverständnis beider Typen von Parteien bleibt er weit entfernt: dem »Dienst am Volk« oder der Vorstellung einer »Herrschaft der Massen« oder gar derjenigen eines »Absterbens des Staates«. Er beschreibt das Aufkommen einer kollektivistischen Welt, die sich von der ganzen Vergangenheit ablöst und insofern geschichtsfeindlich ist, und dennoch ist sein tiefster Impuls ohne Zweifel ein individualistisches Verlangen nach einem »wieder«: »Es kommt nicht darauf an, daß wir leben, sondern daß überhaupt auf der Welt wieder die Führung eines Lebens im großen Stile und nach großen Maßstäben möglich ist.«[42]

Man mag sagen, daß Jünger ebenso wie Carl Schmitt ein »Wegbereiter des Nationalsozialismus« war. Man mag hinzufügen, daß er eine antimarxistische Umdeutung des Marxismus vornahm und daß er trotz aller Reden von der »planetarischen Zukunft« nur dem Krieg wieder eine Stätte schaffen wollte, der doch von 1914 bis 1918 seinen Platz als »Glied in Gottes Weltordnung« verloren hatte. Aber wenn man vom Blickpunkt der letzten Jahre des 20. Jahrhunderts feststellen muß, daß dieses Jahrhundert ein Zeitalter weltumfassender Kriege und eines ebenso weltweiten Bürgerkrieges gewesen ist, dann haben Carl Schmitt und Ernst Jünger als Geschichtsdenker ähnliches gesagt wie Lenin und Radek, wenngleich mit andersartiger Zielsetzung, und sie waren als »antibürgerliche Bürger« wenigstens für eine Reihe von Jahrzehnten der Wirklichkeit näher als die »bürgerlichen Bürger«, die nur einen vorübergehenden Stillstand im »Siegeszug der Freiheit« wahrnehmen wollten. Es ist indessen nicht auszuschließen, daß sie »allzu deutsche« Denker waren. Daher wollen wir unsere Aufmerksamkeit jetzt überwiegend nichtdeutschen Philosophen zuwenden und zunächst den beiden Italienern Benedetto Croce und Giovanni Gentile.

Benedetto Croce und Giovanni Gentile

Wenn Carl Schmitt und Ernst Jünger den »Liberalismus« kritisierten, so hatten sie ganz vornehmlich den deutschen Liberalismus vor Augen, der, wie sie meinten, Deutschlands Stellung vor dem Krieg untergraben hatte und nach dem Krieg als Grundlage des »Parteienstaates« den Wiederaufstieg verhinderte. Eine ganz andere Rolle als in Deutschland hatte der Liberalismus in Italien gespielt, und dort verfügte er über einen sehr repräsentativen Vertreter, nämlich Benedetto Croce, aber gerade in Italien wurden auch die »Versuchungen des Liberalismus« besonders anschaulich, und zwar in der Gestalt von Giovanni Gentile, der lange Jahre als »Dioskur« Croces galt und dann in scharfen Gegensatz zu ihm geriet.

Benedetto Croce, 1866 in der Nähe von Neapel geboren, war 1918 bereits ein Mann von über fünfzig Jahren und ein in ganz Europa bekannter Philosoph und Historiker, aber die große Zeit seines öffentlichen Wirkens lag noch vor ihm, und er überlebte das Ende des Zweiten Weltkrieges um mehrere Jahre, bevor er, hochgeehrt und eine der einflußreichsten Persönlichkeiten der Republik, im Jahre 1952 starb. Wenn man sich von soziologischen Begriffen leiten läßt, könnte man seine Herkunft als »feudal« bezeichnen, denn er entstammte einer Familie reicher Grundbesitzer, und noch sein Großvater hatte den bourbonischen Herrschern des »Königreichs beider Sizilien« als hoher Beamter treu gedient. Aber nachdem er bei einem Erdbeben beide Eltern und seine einzige Schwester verloren hatte, lebte er von 1883 bis 1886 im Hause seines Onkels Silvio Spaventa in Rom, eines sehr bekannten Politikers, der am Risorgimento bedeutenden Anteil genommen hatte und eine führende Gestalt der 1876 in der »Parlamentarischen Revolution« entmachteten »Rechten« war. Croce wuchs also in einer Umgebung auf, die derjenigen des jungen Max Weber in etwa vergleichbar war, und er tat über Weber insofern einen Schritt hinaus, als er sich eng an einen Mann anschloß, der bald zur führenden Gestalt des italienischen Marxismus werden sollte, an Antonio Labriola.

Kurze Zeit war er selbst vom Marxismus fasziniert, so daß er einen »Glauben« anstelle des früh verlorenen katholischen Jugendglaubens gewonnen zu haben meinte[1]; aber sehr bald gewann der kritische Geist in ihm wieder die Oberhand, und sein Buch »Materialismo storico ed economia marxistica« war 1900 ein wichtiger Bestandteil der ersten Welle von Marxismus-Kritik und Marxismus-Revision, zu der auch Pareto und Sombart, Michels und Bernstein zu zählen sind. In Hegel suchte Croce 1906 ebenfalls »Lebendes« und »Totes« zu unterscheiden, und bis zum Weltkrieg hatte er ein ganzes philosophisches System aufgebaut, zu dem unter anderem eine »Ästhetik«, eine »Logik« und eine »Philosophie der Praxis« gehörten. Aber die eindringliche Beschäftigung mit der Geschichte Neapels, der er sich schon in seiner Jugendzeit gewidmet hatte, blieb ihm unverloren; wohl kein Geschichtsdenker war so sehr wie Croce zugleich ein Geschichtsschreiber, und als er seinen damals so gut wie vergessenen Landsmann Giambattista Vico entdeckte, war der Weg frei zu einer Geschichtstheorie, die keine

»Geschichtsphilosophie« sein wollte, und zu einer Geschichtsschreibung, die sich mit Nachdruck als »philosophisch« bezeichnete.

Aber Croce, ohne akademisches Amt als unabhängiger Privatgelehrter in seinem neapolitanischen Palazzo lebend, zeichnete sich auch als Literaturkenner und -kritiker aus, zumal seitdem er in Zusammenarbeit mit dem um neun Jahre jüngeren Gentile 1903 die »Critica« gegründet hatte, die für lange Jahrzehnte die bedeutendste Kulturzeitschrift Italiens bleiben sollte. Nach dem Krieg war er für kurze Zeit Kultusminister in der Regierung Giolitti, und nach einer kurzen Periode der Sympathie wandte er sich mit Entschiedenheit gegen das faschistische Regime; sein europäischer Ruf war jedoch gefestigt genug, daß er gleichwohl unbehelligt leben, arbeiten und publizieren konnte, bis er nach 1943 als bedeutendste intellektuelle Figur des »Antifaschismus« für einige Zeit wieder als Minister in das politische Leben zurückkehrte. In erster Linie blieb er jedoch immer ein Geschichtsdenker, und als solcher schrieb er die wichtigsten Bücher dieser seiner Koexistenz mit einem antiliberalen, aber nicht im eigentlichen Sinne radikalen Regime: »Die Geschichte als Gedanke und als Tat«, »Geschichte Europas im neunzehnten Jahrhundert« und »Geschichte Italiens 1871–1915«.

»Die Geschichte als Gedanke und als Tat« ist zugleich eine Geschichtstheorie und eine Theorie der Geschichtsschreibung. Sie handelt von der Geschichte als der Geschichte der Freiheit und damit der menschlichen Tat, und sie wendet sich deshalb gegen eine Geschichtsphilosophie, welche die Freiheit leugnet, indem sie ein Gesetz der Notwendigkeit aufstellt, das wahre Freiheit ausschließt, ob nun Hegel die Weltgeschichte in der germanischen Welt und sogar im preußischen Staat gipfeln läßt oder ob Marx die ökonomische Entwicklung durch bestimmte Stadien hindurch in den vollkommenen Endzustand einmünden sieht. In beiden Fällen geht die wirkliche Freiheit zugunsten einer bloß vorgestellten Freiheit verloren, und die Unrichtigkeit der Deduktionen liegt heute angesichts der Niederlage Preußen-Deutschlands und der Entstehung eines bürokratisch-repressiven Systems in der Sowjetunion am Tage. »Fortschritt« darf daher nicht als ein Vorgang gefaßt werden, der irgendwann über die Gegensätze hinaus gelangt, in deren Ausbildung und Bereicherung er sich vollzieht; als die Wirklichkeit der Freiheit ist er vielmehr ein immer umfassenderer und komplexerer Prozeß, dessen Resultate nicht vorherzusagen sind.

Den vorhandenen Geschichtsphilosophien und philosophischen Deutungen begegnet Croce mit bitterer Ironie, die nicht nur Spengler, sondern auch Hegel trifft: Da setzt der eine den Orient mit dem »unmittelbaren Bewußtsein« gleich und Griechenland mit der »Freiheit des Einzelmenschen«, der nächste aber erblickt im Orient »das Unendliche« und in der griechischen Antike das Endliche, während das Christentum die Synthese des Endlichen und des Unendlichen darstellt. Immer werden empirische Kategorien in spekulative verwandelt, und das ist auch der Fall, wenn die marxistische Deutung die Antike mit dem Begriff der »Sklavenwirtschaft« gleichsetzt, das Mittelalter mit der »Feudalwirtschaft« und die bisherige Moderne mit dem »Kapitalismus«; noch verstiegener ist die Rassenlehre, welche »reine Rassen« erfindet und diese nach »niederen« und »höheren« einteilt. Alle diese Geschichtsphilosophien vermischen Begriff und Einbildung; sie wollen einen »Weltplan« entdecken und erweisen sich damit als Mythologien, als »Theophanien oder als »Kakodämonophanien«.[2]

Nicht Geschichtsphilosophie in diesem Sinne, sondern genuines geschichtliches Denken enthält das Werk Giambattista Vicos, das man also von der deutschen Geschichtsphilosophie der Schelling, Hegel und Marx getrennt halten muß. Historische Erzählung und Deutung müssen aufs engste miteinander verbunden sein, so daß die Philosophie sich unmittelbar als Geschichtsschreibung darstellt und zunächst keinen anderen Begriff an ihren Gegenstand heranträgt als denjenigen, der den Gegenstand überhaupt erst konstituiert, nämlich den Begriff der menschlichen Freiheit, welche »in allen Epochen und allen Teilen der Geschichte ... in wechselnden Formen (wirkt)«.[3] Die Geschichtsschreibung hat die Taten der Freiheit zu verfolgen und damit auch die Schwierigkeiten, in welche diese Freiheit sich verwickelt – ohne einen »Plan« oder eine »Vorsehung« entdecken zu wollen, wohl aber in dem Bewußtsein, daß der in sich geschichtliche Menschengeist nicht nur die Götter schafft, sondern auch die verschiedenen Naturvorstellungen, daß »Natur« mithin der Geschichte untergeordnet ist. Croces Geschichtsdenken ist also ein »Spiritualismus«, der sich von allem »Utopismus« abgrenzt, und zu den Utopien zählt Croce sogar die Vorstellung einer »Abschaffung des Krieges in jeder Form und der Kriegsbedrohung selber«, das endgültige Verschwinden kirchlicher und weltlicher Tyranneien und eine »Lösung der sogenannten ›sozialen Frage‹«.

Insofern scheint der genuine Liberalismus skeptisch und pessimistisch zu sein, aber in Wahrheit verbindet er Optimismus und Pessimismus »in der Einheit des Lebens und der Wirklichkeit« und unterscheidet sich so von dem abstrakten Optimismus des Fortschritts- und Vernunftglaubens des 18. Jahrhunderts.[4] Den »Fortschritt« nimmt er nur »in der Aufnahme des Vorhergehenden in das Folgende« wahr, so daß »höhere Stufen« erreicht werden, die indessen vor Rückfällen und sogar vor Rückfällen in die Barbarei nie sicher sind.[5] Nur dadurch gelangt das Denken zum »konkreten Philosophieren«[6], das den Theorien des Psychologismus, Soziologismus und des sogenannten Historischen Materialismus ebenso fernsteht wie den »gauklerhaften Konstruktionen der Chamberlain, Spengler und ihresgleichen«.[7]

Ein eindrucksvolles Beispiel dieses »konkreten Philosophierens« hat Croce mit seiner »Geschichte Europas im neunzehnten Jahrhundert« gegeben. Offensichtlich bietet sich dieses Zeitalter für Croces Auffassung auf besonders ausgeprägte Weise an, denn es ist kein Zweifel, daß die »Parole der Freiheit« ab 1815 eine außerordentliche Macht zeigte und daß die Geschichte Europas im 19. Jahrhundert tatsächlich so etwas wie eine Kette von Freiheitsbestrebungen und -bewegungen war. Freilich gehören die Tatsachen der Unfreiheit und der Unterdrückung mit dazu, und Croce will diese Geschichte als »stets erneuerte, fortlaufende Tat der Befreiung« verstehen, als »ewige Schlacht«, in der es »keinen Endsieg« geben kann, weil dieser dem »Tode aller Kämpfenden«, das heißt »aller Lebenden gleichkäme«.[8] Aber ist die Gegenmacht, gegen die der Befreiungsprozeß gerichtet ist, einfach das Gegenteil der Freiheit und gar so etwas wie »Natur«? Auf den ersten Blick sieht es so aus, als träte Croce lediglich in die Spur der französischen Aufklärer, denn als Gegner hat er in erster Linie die katholische Kirche und fernerhin Höflinge und »Feudale« im Blick. Croce beurteilt daher den Prozeß der neueren Geschichte gerade umgekehrt wie Carl Schmitt: Seit der Reformation ist der Katholizismus als geistige Macht immer mehr zerfallen und nicht zuletzt deshalb, weil die katholische Geschichtsschreibung in der modernen Entwicklung nur Negatives zu erblicken vermochte. Aber Croce stimmt keineswegs in Voltaires Ruf »Ecrasez l'infâme« ein. Sein Urteil über den liberalen Katholizismus und insbesondere den italienischen »Neoguelfismus« ist sehr positiv; das Ideal der Demokraten dagegen fußt in seinen Augen auf der Vergötterung von Quantität, Mechanik und rechnender Vernunft; der Schrecken vor dem »Schrecken« (das heißt der jakobinischen »Terreur«) war im ganzen 19. Jahrhundert ein grundlegendes soziales Gefühl.[9]

Die unterdrückte Gegenmacht zur Freiheit ist also nicht einfach das Gegenteil der Freiheit, sondern es ist eine fixierte und überholte Gestalt der Freiheit, die dieses ihr Überholtsein nicht wahrhaben will und dennoch immer noch eine Teilwahrheit in sich bergen kann. Die lebendige Freiheit wiederum neigt zum Überschießen, zur verfrühten Vorwegnahme, ja zum utopistischen Verfehlen; der wahre Liberalismus befindet sich also in der Mitte, sowohl in der Geschichte wie in der Geschichtsschreibung. Croce schreckt nicht davor zurück, von einer »Religion der Freiheit« zu sprechen und in allen Dogmen, Mythen und Riten nur Verdinglichungsphänomene zu erblicken. So sind die Helden von Croces Darstellung, die über weite Strecken von einer normalen Geschichtserzählung kaum zu unterscheiden ist, alle jene Freiheitsbewegungen, die sich von dem »starren und abstrakten Radikalismus und Republikanismus« jakobinischer Observanz ferngehalten haben.[10]

Aber er äußert sich auch kritisch über die französischen »Doktrinäre«, die doch die eigentlichen Altliberalen waren, das heißt die Männer um Guizot, weil sie nicht mehr auf die Erweiterung der Freiheit bedacht gewesen seien, sobald sie die Regierung Frankreichs nach der Juli-Revolution von 1830 übernommen hatten. Aber auch »die deutschen Gelehrten«, nicht zuletzt diejenigen der Paulskirche, werden von Croce getadelt, und zwar, weil sie zu sehr in Träumereien befangen blieben und eben dadurch Bismarck den Weg bereiteten. Das meiste Licht fällt auf die italienischen Liberalen, aber weniger auf Mazzini als auf Cavour, und der erfolgreiche Kampf um die Unabhängigkeit, Freiheit und Einheit Italiens ist für Croce »das Meisterwerk des liberal-nationalen Bewußtseins des 19. Jahrhunderts«[11]. Zwischen der italienischen und der deutschen Einigung besteht nur in oberflächlichem Sinn eine Parallele und in Wahrheit vielmehr ein Gegensatz, denn Bismarcks Einigung beruhte auf einem »zweifachen Brudermord des deutschen Volkes«.[12] Aber sogar hier erblickt Croce im Negativen noch etwas Positives: Die Gewaltpolitik Bismarcks machte es den Zeitgenossen bewußt, daß sie das Moment der Gewalt, das der Geschichte innewohnt, allzusehr vergessen hatten.

So unterscheidet Croce auch im Sozialismus Gutes und Schlechtes: Gut und notwendig war und ist diese Bewegung, soweit sie eine Aufstiegsbewegung bisher unterdrückter oder geschichtsloser Klassen ist; schlecht ist sie dagegen, soweit sie der »fehlerhaften Theorie vom Mehrwert« folgt, die Marx im ersten Band »seines gequälten ›Kapitals‹« entwickelt hat, und der Utopie einer Erlösung der Menschheit durch materielle Umwälzungen anhängt.[13] Ohne Umschweife und falsche Scham erklärt Croce in schroffem Gegensatz zu Marx den »Mittelstand« für die zentrale und zukunftsvollste Realität der modernen Gesellschaft, jenen Mittelstand, »der keine ökonomische Klasse darstellt, sondern ... über allen Klassen steht« und die Aufgabe hat, »im Kampf oder auch im Ausgleich der ökonomischen Klassen zu vermitteln«.[14]

So wie der Sozialismus den Liberalismus zu einem Vorstadium machen will, so erklärt Croce den Sozialismus für ein Erzeugnis des Bürgertums, das mit dem »Wirtschaftsbürgertum« keineswegs identisch ist. Daher hat der Liberalismus einen ideellen Sieg über den Sozialismus davongetragen, indem er diesen mehr und mehr liberalisierte. Auch darin zeigt sich, daß »Freiheit nicht nur ein ergon, sondern auch eine energeia« ist, die unablässig handelt und kämpft und selbst dann nicht erstirbt, wenn sie bedrängt ist, ja wenn sie überwältigt zu sein scheint.[15] In dieser Überzeugung kann der Blick auf die Gegenwart Croce nicht irre machen, den er am Schluß vornimmt. Zwar hatte er zuvor schon die Frage aufgeworfen, ob möglicherweise mit dem 20. Jahrhundert eine umfassendere und mächtigere Religion ins Dasein getreten sei als diejenige des Liberalismus, und im Versuch einer Antwort auf diese Frage hatte er »die letzte und höchste Aufgabe einer europäischen Geschichte unseres Zeitraums« gesehen.[16] Aber er vermag weder den »Aktivismus«, den er in der Nachkriegszeit noch stärker wirksam sieht als vor 1914 (das heißt vor allem im Faschismus) noch den Autokratismus des russischen Kommunismus als eine solche neue Religion anzuerkennen, und daher ist er überzeugt, daß »das liberale Ideal wieder in allen lebendig werden wird«.[17]

Noch ein gutes Stück tiefer in das historische Detail hinein geht Croce in der »Geschichte Italiens 1871–1915«. Das Buch ist nicht nur eine Verherrlichung des »Risorgimento«, sondern man könnte es geradezu eine Philosophie des Transformismus nennen. »Transformismus« ist jene meist sehr negativ beurteilte Regierungsmethode von Agostino Depretis, mit der dieser langjährige Ministerpräsident aus den Reihen der Linken seine alten Gegner, nämlich die »Destra storica«, durch Vergabe von Ministerämtern zu sich herüberzuziehen und zu »korrumpieren« suchte. Croce aber erblickt in diesem Vorgang geradezu das Lebensgesetz des Liberalismus, der sich ständig wandeln und neue oder auch alte Kräfte in die Politik hineinziehen muß, und zwar mit dem Ziel, Freiheit und politische Aktivität so allgemein wie möglich zu machen.[18]

Die oft gescholtene Politik Giovanni Giolittis, welche die Sozialisten zu Reformisten zu machen suchte, um sie an der Regierung beteiligen zu können, erscheint in Croces Darstellung also als Paradigma des Liberalismus. Aber es wird auch verständlich, warum Croce dem jungen Faschismus nicht unfreundlich gegenüberstand, denn auch hier schienen ja neue Schichten an die Tore des Staates zu pochen und gleichzeitig ein Gegengewicht zu dem sich erneut radikalisierenden Sozialismus zu bilden. Diesmal freilich gelangte das vermittelnde, zugleich abschwächende und vorantreibende Wesen des Croceschen Liberalismus nicht zum Erfolg, und es war für Croce sicherlich eine harte Erfahrung, daß sein langjähriger Mitarbeiter und Freund, Giovanni Gentile, bei dem Triumph des jüngsten Radikalismus eine hervorstechende Rolle spielte.

Nichts wäre freilich ungerechter, als *Giovanni Gentile* unmittelbar zu einer politischen Bewegung in Beziehung zu setzen, denn seine eigentliche Philosophie, der »aktuale Idealismus«, nimmt sich mindestens auf den ersten Blick wie das genaueste Gegenteil zu aller politischen Rhetorik und

Zwecksetzung aus. Gentiles unmittelbare Nachbarschaft scheint vielmehr Kants These zu sein, das »Ich denke« müsse alle Vorstellungen des Menschen begleiten können, und weiterhin Fichtes Satz, das Ich setze das Nicht-Ich. Es handelt sich um eine Philosophie des Selbstbewußtseins, das heißt des Menschen, der nur im Vollzug seiner Denkakte *ist*, indem er darin seiner selbst gewärtig ist, der die Natur sich gegenüberstellt und darüber nur allzu leicht vergißt, daß Natur sich erst im Denken konstituiert und ins Nichts zerfiele, wenn dem Denken das Unmögliche gelänge, sich selbst, die weltbildende Kraft, aus der Welt herauszubringen.

Mit einer bequemen Formel ausgedrückt: Gentiles Philosophie ist »subjektiver Idealismus«; sie ist der Auffassung des Alltags und der Naturwissenschaft entgegengesetzt, die dem winzigen Subjekt die ungeheure Größe des Objektiven gegenüberstellt, nämlich den Kosmos mit seinen Sternsystemen und Elementarteilchen, aus denen sie den Menschen abzuleiten sucht. Aber von jeher war von Philosophen darauf erwidert worden, daß dieses Allumfassende dennoch etwas Gedachtes ist; daß es dem Menschen trotz eifrigster Suche nicht gelingen kann, jemals etwas zu finden, dem dieses Suchen nicht vorhergegangen wäre; daß der gewaltige Kosmos im Menschen enthalten sein muß, wenn er als solcher faßbar werden soll.

Freilich macht diese idealistische Konzeption die Unterscheidung eines »empirischen« und eines »transzendentalen« Ichs erforderlich, denn wenn es bloß die Vielzahl der vorfindbaren Ichs gäbe, so müßte man zu der Konsequenz gelangen, daß auch alle anderen Menschen nur im Geist des jeweiligen Einzelmenschen Existenz haben, und das wäre der Standpunkt des Solipsismus. Mithin muß Gentile vom »Menschen überhaupt« oder von »der Menschheit« reden, wenn er sagt: »Alles ist im Menschen, auch die Natur, auch Gott selbst.«[19] Indem Gentile vom »Geist« spricht, spricht er also vom »Wesen des Menschen«, aber dieses Wesen bestimmt er gerade aus einem Gegensatz zu allen anderen »Wesen«: »Der Stein ist, weil er bereits dasjenige ist, was er sein kann. Er hat sein Wesen realisiert ... Der Geist entzieht sich dagegen in seiner Aktualität jedem prästabilierten Gesetz, und er kann nicht als ein Wesen definiert werden, das an eine determinierte Natur gebunden ist, in welcher sein Lebensprozeß sich erschöpft und vollendet, ohne daß er seinen eigenen Charakter als geistige Realität verliert und sich mit all den anderen Sachen vermengt, denen er sich vielmehr entgegensetzen muß.«[20]

Gentiles Philosophie wäre also eine Existenzphilosophie *avant la lettre*, die sich allem Essentialismus sowie aller Verdinglichung und Versachlichung des menschlichen Subjekts entgegenstellt. Aber da er den Vorrang des »Aktes« so stark unterstreicht und da geistige Akte sich eben nur im empirischen Ich, in den einzelnen Menschen, vollziehen, klingen viele Aussagen Gentiles in der Tat »solipsistisch«, so etwa, wenn er das Beispiel einer Person anführt, der wir auf dem Bürgersteig begegnen: »Vielleicht fällt zufällig die Aufmerksamkeit auf sie, und sie wird zum inneren Objekt der Synthese, also des Aktes der Aufmerksamkeit; sie kann aber auch im unbestimmten Halbschatten des Unterbewußtseins bleiben.«[21] Ist daraus zu folgern, daß der Andere nur im Akt meiner Aufmerksamkeit konstituiert wird und also existiert? Das wäre zweifellos Solipsismus, und daraus wäre abzuleiten, daß die Vergangenheit nur in dem Akt besteht, der sie vergegenwärtigt und daß also die Geschichte mit der Geschichtsschreibung identisch ist. Aber an anderen Stellen drückt sich Gentile doch eindeutig in dem Sinne aus, daß »Geist« gerade das Gemeinsame aller Menschen ist, das noch nicht Existierende, das ständige Überschreiten, das nicht »im« Raum ist, sondern ein »einräumendes« oder raumschaffendes Vermögen, nicht »in« der Zeit, sondern Zeitigung der Zeit[22] (wie man mit einem Heideggerschen Ausdruck sagen könnte).

In »Genesi e struttura della società« schreibt er: »Aber die Kraft des Geistes, die in allen existiert, löst allmählich die Gegensätze auf, macht aus den Kämpfen den Weg des Friedens, und aus dem Haß entsteht früher oder später die Liebe.«[23] Das wäre also ein Geschichtsverständnis, welches demjenigen von Kants »Idee zu einer allgemeinen Geschichte in weltbürgerlicher Absicht« entsprechen und letzten Endes mit Blochs Forderung zusammenstimmen würde, die Weltgeschichte mit ihren Kämpfen in einer weltumfassenden Gemeinschaft sittlicher Wesen aufgehen zu lassen. So würde sich Gentiles Philosophie zwischen den Polen des Solipsismus und des ethischen Universalismus befinden, und es ist nicht zu sehen, wie sie von einem dieser Pole ein Verhältnis zum faschistischen Nationalismus gewinnen können soll.

Der Blick auf das Leben hilft bei der Entscheidung dieser Frage nur wenig. Gentile wurde 1875 in kleinbürgerlichen, ja sogar beengten Verhältnissen als Sohn eines Apothekers in einem sizilischen Städtchen geboren. Anders als Croce scheint er von seiner sehr religiösen Mutter eine dauerhafte Prägung erfahren zu haben, die aber schon während des Studiums in Pisa im Sinne des Risorgimento und insbesondere Mazzinis eine Umwandlung erfuhr. Epochemachend war für den jungen Studenten die Begegnung mit Croce im Jahre 1897, und zwei Jahre später machte sich der Vierundzwanzigjährige bereits mit einem Buch über die »Philosophie von Marx« einen bekannten Namen. An der Seite von Croce der für den philosophischen Teil zuständige Herausgeber der »Critica«, wurde er fast ebensosehr wie der ältere Freund beinahe zu einem Synonym für die »hohe Kultur« in

Italien, aber nach dem »Marsch auf Rom« trat er ebenso in das erste Kabinett Mussolini ein, wie Croce zwei Jahre zuvor Mitglied der Regierung Giolitti geworden war. Er führte die Schulreform durch, die mit seinem Namen verbunden blieb und von seinen Gegnern »konservativ« genannt wurde. Auch nach seinem Ausscheiden aus dem Amt blieb er Mussolini eng verbunden, leitete das große Werk der Herausgabe der »Enciclopedia Italiana« und schrieb 1928 für Mussolini den philosophischen Teil von dessen »Lehre des Faschismus«. Er verleugnete seinen Liberalismus jedoch nicht und blieb ein Gegengewicht gegen jene Nationalisten wie Alfredo Rocco, die sich ganz wie Carl Schmitt den geschichtsphilosophischen Grundimpuls des anti-reformatorischen und anti-naturrechtlichen Katholizismus zu eigen machten.

Eben hier ist der nächste Grund für Gentiles politisches Engagement zu sehen: eine Philosophie, die Denken und Handeln nicht trennte, die im altruistischen Handeln das Wesen des Menschen sah und die sich am »Risorgimento« orientierte, mußte an dem utilitaristischen Pazifismus Anstoß nehmen, wie ihn Giolitti zu verkörpern schien, und es lag daher nahe, daß sie den Aktivismus der Vorkämpfer des Kriegseintritts bejahte und nach dem Ende des Krieges mit den »Fasci di combattimento« sympathisierte. In der Tat wollte Gentile nicht den ethischen Liberalismus bekämpfen, sondern dessen Herabsinken zum »Demosozialismus«. Das neue Italien war für ihn »das Italien der Frontkämpfer, der Faschisten, der mazzinianisch Glaubenden«.[24] Wie sich die Bejahung *dieses* Krieges aber mit dem grundsätzlichen Antipazifismus Mussolinis und mit dem unbedingten Vorrang des Nationalstaates vereinigen ließ, machte Gentile indessen ebensowenig klar, wie er die Einheit des allein aktvollziehenden Individuums mit dem »transzendentalen«, auf Überschreitung aller Grenzen ausgerichteten Ich der Menschheit klar gemacht hatte – mindestens für die Augen des »gesunden Menschenverstandes«.

Im April 1925 verabschiedeten die in Bologna versammelten faschistischen Intellektuellen unter der Federführung Gentiles ein Manifest, dem Benedetto Croce wenig später eine »Antwort« entgegenstellte. Es handelte sich um den einzigartigen Fall eines politischen Streits zwischen zwei bis vor kurzem eng verbundenen und »spiritualistisch« ausgerichteten Philosophen. Vielleicht ist es keine Überinterpretation zu sagen, daß hier zwei Entwicklungsmöglichkeiten des Liberalismus aufeinandertrafen.[25]

»Demosozialismus« ist für Gentile »der individualistische und utilitaristische Standpunkt«, von dem aus am Krieg nur die Opfer und Leiden wahrgenommen werden, welche die Individuen auf sich nehmen mußten, nicht aber der moralische Wert, der in diesen Leiden und Opfern beschlossen war. Die Entgegensetzung von Individuen und Staat ist ein Ausdruck »der Verderbnis der Geister, die keinerlei höhere Norm für das menschliche Leben akzeptieren wollen«; sie bedeutete in Italien die »Entfesselung der Leidenschaften und niedrigen Instinkte«.

So stand der Faschismus nicht gegen den Liberalismus als solchen auf, sondern nur gegen den »agnostischen und zum Verzicht geneigten Liberalismus«, aber in seinem »religiösen Charakter«, das heißt in seiner intransigenten Hingabe an ein Ideal, ist der Faschismus gerade eine Wiedergeburt des Mazzinianismus. Auch er ist ein Glaube, der sich gegen die vorhandene Realität wendet, »um sie im Schmelztiegel der neuen Energien zu zerschmelzen«, eine Bewegung der Jugend, eine »bewaffnete Macht gegen den Staat, um den neuen Staat zu gründen«. Als Regime ist er »eine Schule der Unterordnung des Partikularen und Geringeren gegenüber dem Universalen und Unsterblichen«, er ist »die Weihe der Traditionen und Einrichtungen, welche in der fließenden Ewigkeit der Überlieferungen die Substanz der Zivilisation sind«. Der Faschismus bedeutet die Überwindung »des alten italienischen Politikertums«; er ist weder antiliberal noch reaktionär, sondern er zerbricht gerade die Kruste, mit welcher der alte Liberalismus die tatsächliche individuelle Aktivität der Bürger umgeben hatte. Er ist kein Rückschritt gegenüber dem konstitutionellen Staat, sondern dessen Fortentwicklung, und als solche eine wahre, nicht mehr bloß formale Demokratie. Damit ist dasjenige, was in den Programmen der Opposition an Wahrem und Fruchtbarem enthalten war, in eine »höhere und komplexere Form« einbezogen, »die mehr der historischen Realität und den Bedürfnissen des menschlichen Geistes entspricht«. Der Faschismus ist für Gentile also die wahrere und höhere Gestalt des Liberalismus.

Über diese Auffassung gießt Croce die ganze Schale seines Zorns und seines Spottes aus. Verwerflich ist der Mißbrauch, der mit dem Wort Religion getrieben wird, denn dadurch wird dem politischen Streit eine Dimension gegeben, die das Vaterland zerstört, weil sie den anderen Parteien den Charakter abspricht, von echten Italienern gebildet zu sein. Eben dadurch wird der innere Kern des Risorgimento verraten, und der einzige genuine Glaube der Moderne wird verleumdet: jener Glaube, »der sich aus Wahrheitsliebe, aus Gerechtigkeitsstreben, aus großmütigem menschlichen und bürgerlichen Sinn, aus Eifer für die intellektuelle und moralische Erziehung, aus Sorge um die Freiheit als die Kraft und Garantie jedes Fortschritts zusammensetzt«. Das faschistische Regime bedeutet also nichts anderes als die Wiederaufnahme der »schlechten Künste der absolutistischen und quietistischen Regierungen«. Nur insofern kann diesem Rückfall in eine schon überwunden geglaubte historische Epoche ein positiver Sinn abgewonnen werden, als die gegenwärtige Periode eine Bewährungsprobe ist, der Italien sich unterziehen muß, »um sein nationales Leben mit neuer Kraft zu erfüllen, um seine politische Erziehung zu vollenden und um auf strengere Weise seine Pflichten als zivilisierte Nation zu empfinden«.

Der rechtsliberale Gentile und der linksliberale Croce beriefen sich also im Grunde auf dieselben Traditionen und dieselben Ideale, und nur ihre Einschätzung der geschehenden Geschichte war gegensätzlich. Bis zum Ende des faschistischen Regimes im August 1943 lebten die beiden ehemaligen Freunde als Repräsentanten feindlicher Denkweisen, jeder in seinem Kreis hoch angesehen, unter einem Regime nebeneinander, das tolerant oder klug genug war, Croce nicht ins Exil zu treiben und die Gegner Gentiles in der faschistischen Partei kein eindeutiges Übergewicht gewinnen zu lassen. Aber seit der Landung der Alliierten auf dem Festland war Italien in zwei Teile geteilt und in keinem der Teile mehr souverän. Croce befand sich im antifaschistischen Süden, Gentile im faschistischen Norden. Am 15. April 1944 lauerten Partisanen dem Philosophen in Absprache mit englischen Stellen in der Nähe seines Wohnsitzes bei Florenz auf und töteten ihn mit mehreren Schüssen.[26]

Soll man von einer »Hinrichtung« oder von einem »Mord« reden? Vermutlich ist der eine Terminus so inadäquat wie der andere. Aber Gentile war nicht der erste Geschichtsdenker, der zum Opfer des Hasses wurde, welcher dem Geschichtsdenken entspringt, wenn es als Ideologie zu einem Teil von nicht mehr bloß politischen, sondern »weltanschaulichen« Kämpfen wird. Daher müssen wir uns zunächst wieder Deutschland zuwenden.

Theodor Lessing und Paul Tillich

Von Theodor Lessing ist heute im allgemeinen bloß noch der eindrucksvolle Titel seines wichtigsten Buches bekannt: »Geschichte als Sinngebung des Sinnlosen«, und schon dieser Titel läßt Lessing als einen Geschichtsdenker erscheinen, der jedenfalls einen typologisch unverwechselbaren Ort einnimmt. Aber er hat unendlich viel geschrieben, und man könnte behaupten, er sei weitaus mehr ein außerordentlich scharfzüngiger Journalist gewesen als ein Philosoph, obwohl er das Fach zwei Jahrzehnte lang als Privatdozent und außerplanmäßiger Professor an der Technischen Hochschule Hannover vertrat. Die viel erörterten »Skandale«, die sich an seinen Namen knüpfen, waren allesamt von literarisch-politischer Art, und schließlich wurde er zum Opfer eines politischen Mordanschlages. Er wurde oft – und wird gelegentlich heute noch – als »jüdischer Antisemit«

hingestellt, aber er selbst sah gerade im Antisemitismus den Grund dafür, daß er in einem so schwierigen Verhältnis zu seiner Umgebung stand, die ihn immer wieder als »Juden« stigmatisierte und zurückwies. Mehr noch als für Rathenau und Bloch war das »Jude-Sein« für Lessing bestimmend, weit mehr als für Carl Schmitt das Katholik-Sein oder gar für Jaspers das Protestant-Sein. Aber er war nicht Jude im Sinne eines Glaubens; ganz entscheidend spielte das Moment der »Herkunft« hinein, das mehr ist als ein bloßer Glaube, den man ablegen kann.

Man wird indessen sagen müssen, daß Theodor Lessing ein überaus belastetes Verhältnis zu seiner Umwelt auch dann gehabt haben würde, wenn er *kein* Jude gewesen wäre. Es waren nämlich höchst unglückliche Familienverhältnisse, in denen er 1872 in Hannover zur Welt kam. Sein Vater, ein ungemein egozentrischer Arzt und Sohn eines Bankiers, hatte die älteste Tochter eines reichen jüdischen Bankiers namens Ahrweiler aus Geldrücksichten geheiratet und versuchte noch nach der Eheschließung, sie gegen die hübschere und jüngere Schwester »einzutauschen«, und der Erstgeborene wußte von früh an, daß er ebenso wie seine Mutter für den Vater, der seinen Hund »Ahrweiler« nannte, ein Haßobjekt war. Das Familienleben war also die erste »Hölle«, in der das Kind leben mußte, und die Schule war die zweite »Hölle«. Wenn er sich im Gegenzug eine eigene Welt zu erbauen vermochte, so lag das vor allem an der Freundschaft mit einem etwas älteren Mitschüler, mit Ludwig Klages, und zusammen mit Klages entwickelte er in der Zeit seines Medizinstudiums die Grundzüge jener »Lebensphilosophie«, die den »Geist« mit negativem Akzent dem »Leben« oder der »Seele« entgegenstellte.

Nach sehr bewegten und lebendigen Studienjahren, in denen er auch mit Stefan George und Alfred Schuler, mit Max Scheler und Edmund Husserl in nahe Berührung kam, nach der Eheschließung mit einem adligen Mädchen, das von seiner Familie wegen ihrer Verbindung mit einem Juden verstoßen wurde, schleuderte ihm Klages schließlich das Wort entgegen, er sei ein »ekelhafter zudringlicher Jude«[1], und Lessing trauerte dem Verlust dieser Freundschaft bis zu seinem Tode nach, obwohl er davon überzeugt war, daß Klages die Grundzüge seiner Philosophie *ihm* verdanke und später im Grunde immer Theodor Lessing gemeint habe, wenn er vom »jüdischen Intellekt« und vom »jüdischen Molochismus« gesprochen habe.

So scheint es auf die Feindseligkeit der Umgebung zurückzuführen zu sein, daß Lessing als Essayist das Wilhelminische und später das Weimarer Deutschland mit spitzer Feder angriff und sich nicht ganz selten zu Generalisierungen wie derjenigen hinreißen ließ, die deutschen Landschaften seien wunderschön, wenn nur die Menschen nicht wären.[2] Aber der erste große

Skandal, den er auslöste, erwuchs aus einer schroffen und ungerechten Kritik an dem jüdischen Schriftsteller Samuel Lublinski, so daß Thomas Mann und andere auf eine Weise replizierten, die geradezu zum Zertreten eines bösartigen Insekts einzuladen schien. In erster Linie für Juden empörend waren Berichte über ostjüdisches Leben in Galizien, deren Tonfall und Ausdrucksweise sich »antisemitisch« ausnahmen. Lessing glaubte indessen, nur eine »Selbstkritik« zu geben, ganz wie ihm die Kritik an den deutschen Verhältnissen die Selbstkritik eines Mannes zu sein schien, der sowohl Jude wie Deutscher war. Aber wenn er das jüdische Dasein ausdrücklich zum Thema macht, wie etwa in seinem Buch »Europa und Asien«, dann unterstreicht er sehr stark den Tatbestand, daß die Juden ihrer ganzen Tradition nach »Fremdlinge« sein *wollen* und daß ihre »Religion« vor allem den Zweck hat, die soziale Gemeinschaft von der Umgebung getrennt zu halten: »Genau wie der Parsismus hat auch das Judentum dafür gesorgt, daß sein Bannkreis nur mühsam durchbrochen werde, indem es den Einzelnen von der Wiege bis zur Bahre mit Lasten bebürdete und mit Zäunen umzog, den 248 Geboten und 365 Verboten der Thora, die auf Schritt und Tritt den Einzelnen an die soziale Gemeinschaft erinnern.« Daher stehe verfügt, daß, wenn ein Jude irgendwo ein Haus baue, immer irgendein Teilchen seines Hauses unvollständig bleiben müsse, »zur Erinnerung daran, daß er überall ein Fremdling und nur im Heiligen Lande zu Hause sei«.[3]

Wenn dem so ist, dann muß eine »Emanzipation« der Juden einen ganz besonderen Charakter haben und oft genug den »jüdischen Selbsthaß« hervorrufen, dem Lessing ein eigenes Buch gewidmet hat. Kurz vor seinem Tode hat er die Frage in einem Artikel über die »Unlösbarkeit der Judenfrage« wiederaufgenommen, und auch hier sind ihm die Juden »Gäste und Fremdlinge«, die zwischen den Kulturen stehen und daher leicht zum universalen »Sündenbock« gemacht werden können, dem zum Beispiel die Deutschen »Frankophilie« und die Franzosen »Germanismus« vorwerfen.

Aber letzten Endes ist gerade daraus die Mission der Juden abzuleiten: »Der Jude ist nichts als der älteste Mensch«; er nimmt vorweg, was morgen alle Menschen lernen müssen, zum Beispiel die Existenz »in polynationalen Staaten der Zukunft«. Auf dem Weg ins Zeitalter des siegreichen Kommunismus »führt der Jude heute das Proletariat«, weil »das Ghettoschicksal der Juden von ehemals heute das Proletarierlos der halben Welt« ist, und die Juden, welche ihrer Aufgabe gewachsen sind, werden im Bewußtsein der »Würde ihres uralten Blutes« den »ältesten und besten Adel der Welt bilden«.[4] Es läßt sich also nicht leugnen, daß Lessing sich gegen Ende seines Lebens, anders als Rathenau und unzweideutiger als Bloch, ganz vornehmlich als Juden und nicht mehr als »Deutschen und Juden« empfand, und es war daher nur konsequent, daß er sich mehr und mehr dem Zionismus näherte, obwohl er nicht aufhörte, sich einen »Sozialisten und Kommunisten« zu nennen.

Die entscheidende Erfahrung war für ihn wohl die Erfahrung des Weltkrieges, und sie war für ihn wie für Bloch – abermals im Gegensatz zu Rathenau – eine ganz und gar negative Erfahrung. Seinem Denkansatz nach mußte er das »Abendland«, ja die »weiße Menschheit« mit ihrem aneignenden Willenswesen und ihrem »Kapitalismus« verantwortlich machen, aber faktisch richteten sich die meisten seiner zahlreichen polemischen Artikel doch gegen die »herrschenden Schichten« Deutschlands einschließlich der Führung der Sozialdemokratie. Nachdem er schon im Haarmann-Prozeß viel lokale Empörung hervorgerufen hatte, weil er die Finger auf die Wunde der Beziehungen des Massenmörders zur Polizei legte und die Versäumnisse der Behörden anprangerte, erwuchs aus seinem Artikel über Hindenburg ein riesiger Skandal, der ihn nach heftigen Studentenprotesten sein Lehramt kostete, obwohl die Hochschul- und Staatsbehörden – aus heutiger Sicht gesehen – sehr energisch für seine Lehrfreiheit eingetreten waren. Heute erscheint dieser Artikel wie eine Prophetie, die sich bald bewahrheitete, denn er schloß mit den Worten: »Ein Philosoph würde mit Hindenburg nun eben nicht den Thronstuhl besteigen. Nur ein repräsentatives Symbol, ein Fragezeichen, ein Zero. Man kann sagen ›Besser ein Zero als ein Nero‹. Leider zeigt die Geschichte, daß hinter einem Zero immer ein künftiger Nero verborgen steht.«[5]

Aber damals mußte eine Darstellung, die den »getreuen Eckart des deutschen Volkes« als Musterbild der Einfältigkeit charakterisierte und mit einem Bernhardinerhund verglich, der zum führungslosen Wolf werden könnte, wenn nicht jemand da wäre, der ihn »apportieren lehrt«, von Millionen Menschen als eine ungeheuerliche Beleidigung des ganzen deutschen Volkes aufgefaßt werden. Als Lessing Ende August 1933 in seinem Exil in Marienbad von gedungenen oder fanatischen Mördern erschossen wurde, fiel er einem Haß zum Opfer, den er selbst weit mehr herausgefordert hatte als Rathenau und der sehr viel unmittelbarere Gründe hatte als zwölf Jahre später das Attentat auf Gentile. Aber er repräsentierte nur *eine* Möglichkeit im deutschen Judentum, und sie war sogar weitgehend in persönlichen Umständen verwurzelt; Männer wie Fritz Haber und Leo Baeck oder gar Vereinigungen wie der »Verband nationaldeutscher Juden« und der »Reichsbund jüdischer Frontsoldaten« waren sehr weit von ihm entfernt. Doch wer in eine Grenzsituation hineingestellt ist und sie auf radikale Weise zu artikulieren sucht, wird eher zum Geschichtsdenker werden als der tüchtige Bürger, der nirgendwo Anstoß erregen möchte.

Schon der Titel »Geschichte als Sinngebung des Sinnlosen« läßt erkennen, daß es für Lessing etwas gibt, was unterhalb der Geschichte liegt und was erst durch den menschlichen Geist, durch seine Wertsetzung und Kategorien, den Charakter der »Geschichte«, das heißt einer kausalen und zielgerichteten Verknüpfung erhält. Dieses Zugrundeliegende, eigentlich Seiende, ist »das Leben«, und ihm steht die Bewußtseinswirklichkeit gegenüber, die auf Zerteilung beruht und Zerteilung praktiziert: »So jagt denn unser funkengleich aufleuchtender Geist dem unhaschbar verfließenden Leben nach, welches selbst durch die zartesten Maschen seines Netzes ihm entschlüpft, bis er das allerzarteste Gespinst einer aus unendlichen Ruhepunkten zusammengesetzt gedachten Bewegung ihm überwirft. Aber auch noch dieser Gedanke ist Mechanik. Die Welt der Geschichte, sofern sie uns als Bewußtseinswirklichkeit gegeben ist, ist nie das Lebendige selbst. Der Geschichtsschreiber mag, so fein und zart, so geduldig und gewissenhaft wie er will, dem Leben nachspüren; nie wird er es erreichen.«[6]

Der menschliche Geist als Formgeber eines Ursprünglichen, als Sinnerzeuger, Wertesetzer: das ist der Kantische Ansatz bei Lessing, der damit an dasjenige anknüpft, was Dilthey und Simmel gesagt hatten: »Erlebnisse als solche sind reine Gegenwart, vollkommen unfaßlich und bewußtseinstranszendent. Dagegen ist die gesamte Welt menschlichen Bewußtseins als Aufweisung von Erlebnissen bereits ein Um- und Verstellen des Erlebens selber, was keineswegs ausschließt, daß in jedem Erlebnis, soweit es bewußt ist, schon der Akt der Bearbeitung oder Gestaltung darinnensteckt.«[7] Geschichte als Geschichtsschreibung hat also nicht die Aufgabe und nicht die Möglichkeit, Vorhandenes zu erkennen; sondern ihre Aufgabe besteht darin, »dem Leben des Menschen einen steigernden und fortzeugenden Sinn zu schaffen, also, wenn man so will, der Wirklichkeit Wahrheit einzulügen«.[8]

Das merkwürdige ist aber, daß Lessing nun gerade in den bekanntesten aller sinngebenden Lehren, in den Entwicklungstheorien von Hegel, Herder, Darwin und Comte, etwas Verhängnisvolles erblickt, nämlich die verführerisch betörende Kulisse der »seelenverödenden Mechanisierung der vom bürgerlich-kapitalistischen Europa verbreiteten Kultur« zu sein.[9]

Lessings Geschichtsphilosophie ist also keine bloße Lebensphilosophie im Sinne der Formulierung allgemeiner Wahrheiten über das Verhältnis von »Leben« und »Bewußtsein«, sondern sie wendet sich kritisch der Gegenwart zu und setzt diese mit einer andersartigen Vergangenheit in Beziehung, ganz ähnlich, wie es Ludwig Klages um die gleiche Zeit tat: »Man hat mit dieser Entwicklungsreligion die halbe Erde unglücklich gemacht. Man hat die friedlichsten, harmlosesten Naturvölker ausgerottet; hat sie zur Beute der modernen Raubstaaterei, der modernen Handels- und Säbelimperien werden lassen, immer im Namen des Fortschritts ... Jede Einsamkeit, jede Landschaft, jede uralte heilige Stätte wurde längst entweiht. [...] Man hat naturentfremdend, naturverwüstend das elementarisch unfaßliche Leben glücklich zu Bewußtseinswirklichkeit und Nutzwelt des Menschen verflüchtigt, so daß das ursprünglichere Seinsgefühl der Vorwelt, ihre Naturkulte und Götter, Sinnenwelten und Urschauer, Ehrfürchte und Heiligungen, ihr weltverlorenes und asketisches Glück uns vielleicht überhaupt nicht mehr zugänglich sind.«[10]

Eine nostalgische Kulturkritik wie diese geht vermutlich mit innerer Notwendigkeit aus einer Philosophie des Lebens hervor. Aber es ist nun ganz eigenartig, daß Lessing dennoch von einem »letzten Ziel« der Geschichte spricht und eine »endgültige folgerichtige Abrechnung mit dem weltbeherrschenden Kapitalismus« unter der Fahne der »alten Revolutionsideale Freiheit, Gleichheit und Brüderlichkeit« verlangt, obwohl er unmittelbar vorher noch behauptet hat, »Revolution, Konfusion, Reaktion« – das sei der »ewige Kreislauf der sogenannten Weltgeschichte«.[11]

Nicht Kant, Simmel und Bergson allein sind für ihn leitend, sondern ebensosehr Marx, der für Lessing anscheinend nicht so sehr der Urheber einer Entwicklungslehre als der Aktivist eines Kampfes für mehr Menschlichkeit ist. Dabei spielt offenbar die Tatsache eine wesentliche Rolle, daß große Teile des Buches »unter den Eindrücken des großen europäischen Krieges« geschrieben wurden und daß die Haltung der deutschen Sozialdemokraten am 4. August 1914 von Lessing schroff verurteilt wird.[12] Manchmal klingen seine Aussagen sogar kaum anders als diejenigen der angelsächsischen Befürworter der »industriellen Gesellschaft«: Mit der Hälfte der im Weltkrieg »verpulverten« Kraft hätte man die Wüste Sahara in einen blühenden Garten verwandeln und den Kaukasus abtragen können; es würde keine elenden, keine hungrigen Menschen mehr auf der Erde geben, wenn diese Kräfte in den Dienst der Vernunft gestellt worden wären.[13]

Aber seine Zuversicht ist nicht groß, obwohl er in einem Ende 1918 verfaßten Abschnitt schreibt, unter der gesamten Geldmacht und Bürgerwelt Europas bestehe eine stillschweigende Übereinkunft, »die junge Weltrevolution in der Wiege zu erdrosseln«, denn er sieht in den Urhebern »nur ein Häuflein ehrwürdiger Schwärmer«.[14] Und so behalten am Ende doch Buddha und Schopenhauer das letzte Wort, denn »Mordhölle« ist, bei Licht betrachtet, nicht erst der Weltkrieg und nicht ausschließlich die naturverwüstende Zivilisation Europas, ja nicht einmal die Geschichte im ganzen, sondern schon die Natur selbst, ganz ohne den Menschen. Letztendlich bedeutet nur »das Jenseits von Tod und Leben« Erlösung, das Nirwana.[15]

Es ist kein Zufall und es geht nicht auf eine suchende Auswahl zurück, wenn im Rahmen des »Geschichtsdenkens« so häufig Juden als Autoren auftauchen und wenn von Nicht-Juden so häufig die jüdische Tradition und Geschichte zum Thema gemacht wird. Juden haben offensichtlich ein besonders enges Verhältnis zum Geschichtsdenken, und die Erklärung ist nicht schwierig.

Das Alte Testament ist in sich ein großes Zeugnis des Geschichtsdenkens, freilich nur insofern, als die überlieferte Stammesgemeinschaft durch innere und äußere Ereignisse gefährdet ist, so daß die Propheten ihre Blicke zugleich in die ferne Vergangenheit richten und dem bedrängten Volk Israel eine Weltmission zuschreiben. Und die Situation, in der sich der zweite Jesaja befand, nämlich die Exilsituation, blieb durch zwei Jahrtausende für alle Juden bestimmend. So traten sie als das »Volk des Buches« den Verhältnissen der Völker, unter denen sie lebten, mit einem eigenartigen »Fremdheits-Blick« entgegen, mit einer Sichtweise, die mit fortschreitender Emanzipation mehr und mehr zu einem »Fremdheits-Blick von innen« wurde. Ausländer beschreiben bekanntlich die Verhältnisse in einem Lande oft anschaulicher und schärfer als die Einheimischen, weil für sie dasjenige, was sie sehen, nicht selbstverständlich und fraglos ist, und einen »Fremdheits-Blick von innen« haben auch Minderheiten, die sich am Rand des nationalen Daseins befinden, etwa die Hugenotten in Frankreich, die Quäker in England und die Katholiken im Deutschland Bismarcks.

Aber so ausgeprägt wie bei den Juden ist der »Fremdheits-Blick von innen« nirgendwo, und deshalb sind sie zum Geschichtsdenken gleichsam berufen, freilich vornehmlich zu einem bestimmten Geschichtsdenken, das sich kritisch gegen die nationalen Eigentümlichkeiten des jeweiligen »Wirtsvolkes« und gegen alle nationalen Eigentümlichkeiten richtet, das also antinationalistisch und kosmopolitisch ist. Dies ist jedoch nichts anderes als die ausgeprägteste Gestalt einer Grundtatsache des »Liberalen Systems«: daß es in ihm, wie die Modifikationen im einzelnen auch sein mögen, keine selbstverständliche Einheit nach Analogie der islamischen »Gemeinde der Gläubigen« gibt, sondern daß verschiedene Konfessionen oder Weltanschauungen im Konflikt miteinander stehen. Überall drängt die schwächere Kraft über die vorhandene Gegebenheit weg und auf einen besseren Zustand in der Zukunft zu – auch dort, wo es keine Juden gibt. Die Juden repräsentieren also nur eine besonders prononcierte Gestalt der Problematik, die das System *ist*.

Ihr »Fremdheits-Blick von innen« kann gleichsam die Vorhut eines weitverbreiteten Änderungswillens sein, und er kann sich im Verlauf dieses Prozesses so abschwächen, daß die ehemals Fremden in einem neuen und vielfältigeren System integriert werden, wie es zum Beispiel in England geschah; er kann aber auch eine so extreme Form annehmen, daß er von Haß getragen wird und seinerseits Haß erzeugt, einen Haß, welcher »kollektivistische Schuldzuschreibungen« vornimmt oder zurückgibt und die auch unter den Juden schon erfolgte Differenzierung nicht wahrhaben will. Die entgegengesetzte Möglichkeit ist die des Selbsthasses, die das Verschwinden der eigenen Identität bejaht. Die bedeutsamste und fragwürdigste Möglichkeit ist vermutlich dort gegeben, wo sich der Haß der Söhne in erster Linie gegen die Väter und erst in einem zweiten und verallgemeinernden Akt gegen »das Bestehende« überhaupt richtet. Benjamin Disraeli, der scharfe Kritiker der »zwei Nationen« in England und spätere Premierminister, ist ein Beispiel jener ersten und glücklichsten Möglichkeit; die radikale Gegenmöglichkeit verkörpert Karl Marx, und sie ist zugleich diejenige, wo »das Jüdische« inmitten eines übergreifenden Prozesses fast unsichtbar wird.

Theodor Lessing aber stellt sich manchmal zu den Weininger und Trebitsch, also den Vertretern des reinen Selbsthasses, und manchmal zu den reinen Kritikern, die nur im eigenen Namen sprechen und gerade deshalb von ihren Gegnern voller Haß als »Juden« identifiziert werden. Aber auch in seinem Fall bleibt »das Allgemeine« erhalten, und er wird nie zum bloß sonderbaren Einzelfall.

Ich stelle daher einen Geschichtsdenker neben ihn, dem von seiner Herkunft her ein »Zugehörigkeits-Blick« hätte zu eigen sein sollen und der doch durch geschichtliche Erfahrungen dazu gelangte, ein Stück von jener Distanz zu seiner Umwelt zu gewinnen, die einem Mann wie Theodor Lessing gleichsam in die Wiege gelegt war, so daß auch an seinem Beispiel augenfällig wird, wie sehr in »dem Jüdischen« zugleich ein allgemeiner Charakterzug der Zeit zum Vorschein kam.

Paul Tillich wurde 1886 als Sohn eines evangelisch-lutherischen Pfarrers in einem kleinen Ort der Mark Brandenburg geboren, und die weithin unversehrte, fast noch mittelalterliche Umwelt der Dörfer und kleinen Städte des preußischen Kernlandes blieb für ihn ein unverlierbares Erbe. Seit 1900 lebte er aber in Berlin, wohin sein Vater als Königlicher Konsistorialrat berufen worden war, und dort wurde ihm die Spannung zwischen der protestantisch-einheitlichen Welt, der er angehörte, und der gegensatzreichen Moderne bewußt, in die er hineinwuchs.

Als Student der Philosophie und Theologie in Berlin und Halle empfindet er ein Analogon zu jenem »sozialen Schuldbewußtsein«, das um die gleiche Zeit in der russischen »Intelligenzija« so mächtig war, und als Hilfsprediger in Moabit sucht er Protestanten, Freidenker und Monisten zu Gesprächen zusammenzubringen. Nach dem Ausbruch des Weltkriegs zählt er wie Max Scheler und Ernst Jünger zu der großen Partei der »positiven Kriegserfahrung«, hauptsächlich wohl deshalb, weil nun erstmals »Gemeinschaft« Wirklichkeit geworden zu sein schien, aber schon bald sieht er den »Abgrund« in den Schrecknissen des Krieges, und ganz besonders macht ihn die Einsicht betroffen, daß »die Arbeiter die Kirche als bedingungslose Verbündete der herrschenden Gruppen« ansahen.[16] So wird er als Feldprediger, der in den vordersten Linien dem Tod auf doppelte Weise ins Auge sehen muß, zwar mit beiden Eisernen Kreuzen ausgezeichnet, aber am Ende hat er durch leidvolle Erfahrung jene Distanz zu den herrschenden Mächten des Kaiserreichs gewonnen, die Theodor Lessing selbstverständlich war, und er bejaht in »ekstatischer Aufbruchstimmung« die Revolution und den Sozialismus, freilich ohne sich parteipolitisch zu engagieren. Vielmehr begründet er mit Eduard Heimann, Adolf Löwe, Günther Dehn und anderen eine Arbeitsgemeinschaft, die von 1920 bis 1927 die »Blätter für religiösen Sozialismus« herausgibt.[17]

Als Professor in Marburg und Dresden erfährt er die Epoche aber auch insofern als »Kairós«, als erfülltes, in der Verknüpfung von Gegenwart und Zukunft Neues hervorbringendes Zeitmoment, als sie für ihn persönlich auch die Befreiung von der puritanischen Moral und von dem orthodoxen Gottesglauben seiner Vorväter bedeutet.[18] Als Nachfolger Schelers ist er seit 1928 in Frankfurt Professor »für Philosophie und Soziologie«, er steht in nahen Beziehungen zum Institut für Sozialforschung, und Theodor W. Adorno habilitiert sich bei ihm mit einer Arbeit über Kierkegaard. So ist er 1933 einer der ersten nicht-jüdischen Professoren, der von den Nationalsozialisten entlassen wird, und er wird auf den Weg der Theologie zurückgezwungen, weil er durch die Vermittlung Reinhold Niebuhrs eingeladen wird, am »Union Theological Seminary« in New York Vorlesungen zu halten. Im Krieg richtet er wie Thomas Mann Rundfunkansprachen an die Deutschen, um die Kriegsanstrengungen der Alliierten zu unterstützen, und nach 1945 gelangt er als einer der wenigen »university professors« der Harvard University und als Träger des Friedenspreises des deutschen Buchhandels auf beiden Seiten des Atlantiks zu höchstem Ansehen. Die dreibändige »Systematische Theologie«, die ab 1951 veröffentlicht wird, bildet als eine »Kultur«- und Geschichtstheologie, welche mit einem Minimum biblischer Belegstellen auskommt, einen genauen Gegensatz zur »Kirchentheologie« Karl Barths. Als er nach weltweiten Reisen im Jahre

1966 stirbt, liegt die kleinstädtisch-orthodox-protestantische Welt seines Geburtsorts Starzeddel bei Guben sehr weit hinter ihm, und man könnte mit einer zugespitzten Wendung sagen, die Geschichte habe ihn, den Sprößling des alten Preußen, gleichsam zu einem Juden gemacht, der wie Theodor Lessing mit einem »Fremdheits-Blick von innen« auf die deutschen Verhältnisse schaute und sie mit großer Entschiedenheit kritisierte.

Das ist nicht bloß eine Metapher. Schon als Tillich 1926 eine »Sinndeutung der Geschichte« unter dem Titel »Das Dämonische« vorlegte, hob er kein weltgeschichtliches Phänomen so sehr hervor wie die jüdische Prophetie, die als erste einen umfassenden Kampf gegen das Dämonische geführt habe. »Dämonisch« sind für Tillich zum Beispiel die »vitalen Urkräfte, die ins Grenzenlose über jede Gestalt hinaustreiben«[19], es ist aber auch das Hervorbrechen des Unbewußten im Menschen, sofern es mit der Qualität des Ekstatischen, Überwältigenden und Schöpferischen verknüpft ist. Eine dämonische Macht ist im persischen Dualismus das selbständige Prinzip des Ahriman, aber dämonischen Charakter können auch Staat und Kirche gewinnen, wenn sie als verselbständigte und endliche Gestalten diejenige Hingabe beanspruchen, die nur dem Göttlichen in seiner Unbedingtheit zukommt. »Das Dämonische« ist also für Tillich nicht etwas rein Negatives, sondern das eigentlich Negative ist ihm eher die Endform der Aufklärung, die mit dem Begriff des Dämonischen zugleich denjenigen der Sünde verlor und eine bloß diesseitige, entdämonisierte Welt in Aussicht nimmt, welcher das Element des Schöpferischen fehlen würde. Aber am Ende wird doch der »Kampf gegen die Dämonien der Zeit« postuliert, und zu diesen modernen Dämonien zählt Tillich den Intellektualismus, den Ästhetizismus, die autonome Wirtschaft, den Kapitalismus, die Idee des souveränen Volkes und den Nationalismus. Der Kampf gegen diese Mächte wird also für Tillich zu demjenigen »religiösen Tun«, das in der Gegenwart unbedingt gefordert ist.

Wenn der Nationalismus »die letzte große Dämonie der Gegenwart« ist[20], und zwar gerade deshalb, weil er sich dem Kapitalismus unterworfen hat, dann lag es nahe, daß Tillich gegen Ende des Jahres 1932 alle Sozialisten zu einem religiösen Kampf gegen die Extremform dieses Nationalismus aufrief, nämlich gegen den deutschen Nationalsozialismus. Aber das Buch, das er in diesem Augenblick veröffentlichte, »Die sozialistische Entscheidung«, begnügt sich gerade nicht damit, lediglich zu einem »Kampfe« aufzurufen.

Tillich kennzeichnet den Nationalismus nämlich als einen »Ursprungsmythos«, als eine Antwort auf die Frage nach dem »Woher« und als Fixierung des Menschen auf diesen Ursprung, der im Boden gesehen werden kann, aber auch im Blut. Das ursprungsmythische Bewußtsein ist nach Tillich die Wurzel alles konservativen und romantischen Denkens in der Politik. Der Ursprungsmythos kennt als Forderung nur diejenige der Angleichung an ein gegebenes Sein; eine unbedingte Forderung dagegen, etwa die Forderung nach Gerechtigkeit für alle Menschen, welcher Herkunft sie auch immer seien, ist ihm fremd. Diese unbedingte Forderung aber zerbricht die Fixierung an das »Woher«; als Frage nach dem »Wozu« verweist sie auf ein »unbedingt Neues«, das in der Welt noch nicht vorhanden ist, sondern allererst verwirklicht werden soll. Diese »Brechung des Ursprungsmythos« ist nach Tillich die Wurzel des liberalen demokratischen und sozialistischen Denkens in der Politik.[21] Das Verlangen nach universaler Gerechtigkeit überwindet also die Eingeschlossenheit in einen bestimmten Raum oder auch in eine bestimmte Erbanlage (»Blut«); der Anfang dieses Verlangens aber ist in der jüdischen Prophetie zu finden, welche Priestertum und sakrales Königtum verwirft, die Raumbindung bekämpft und damit die Zeit über den Raum erhebt und ein »neues Sein« postuliert, das nicht von Ursprünglichem abgeleitet werden kann.

So konnte das jüdische Volk zum »Volk ohne Raum« werden, ohne zugrundezugehen, indem es nämlich zum »Volk der Zeit« und der Überwindung des Nebeneinander und Gegeneinander der Räume wurde. Daher ist der Geist des Judentums »der notwendige und ewige Feind der politischen Romantik«.[22] Tillich scheint also behaupten zu wollen, daß alles demokratische und sozialistische Denken wie schon der Protestantismus im Kern »jüdisch« sei und im Dienst der ursprünglich jüdischen Idee der nicht mehr nationalen, aber absolut gerechten »Kosmopolis« stehe. Tillich würde also genau dasjenige mit positiver Betonung sagen, was Hitler und der Antisemitismus mit negativem Akzent zum Ausdruck brachten. Aber schon der Umstand, daß der »bürgerliche« und kapitalistische Rationalismus der bekannteste Gipfelpunkt dieser kosmopolitischen Denkweise ist, läßt erwarten, daß der religiöse Sozialist Tillich mit dieser Entgegensetzung des Ursprungsmythischen und des Prophetischen nur einen ersten Schritt getan hat, der schon als solcher dadurch relativiert wird, daß Tillich das prophetische Judentum in ständigem Kampf gegen das »heidnisch-nationale Judentum« begriffen sieht.

In der zweiten Hälfte des Buches vollzieht Tillich eine Schwenkung, die eine viel weniger feindselige Einstellung zum »Ursprungsmythischen« zur Folge hat. »Das Proletariat« ist nämlich kein bloßes Resultat und keine simple Fortsetzung der bürgerlich-kapitalistisch-rationalistischen Welt, sondern es rebelliert gegen sie, weil es selbst keineswegs ohne Ursprungsbindung ist, sondern seine konkrete Menschlichkeit durch die völlig verdinglichte Welt der Gegenwart vergewaltigt weiß. Sozialismus und politische Romantik sind mithin durchaus nicht ausschließende Gegensätze, obwohl der Nationalsozialismus als die gegenwärtig wichtigste Partei der politischen Romantik »seine ganze Kraft gegen den Sozialismus richtet« (nicht: gegen die Juden!).[23] Der Marxismus muß aus seiner dogmatischen Enge befreit und zum Beispiel zu der Einsicht gebracht werden, »daß die konkrete Raum-, Bluts- und Kulturgemeinschaft trotz des Klassengegensatzes mächtiger ist als die abstrakte Schicksalsgleichheit mit dem volksfremden Proletariat«.[24] Wenn sich das aber so verhält, dann handelt der orthodoxe Marxismus unrichtig, wenn er »alle vorbürgerlichen Elemente im Bürgertum« als falsches Bewußtsein denunziert.[25]

Tillich kann sich schon auf die »neu gefundene Schrift von Marx über Nationalökonomie und Philosophie« berufen, und mindestens am Rande gelangt er sogar zu der Erkenntnis, daß auch Marx, ebenso wie Rousseau, von einem Ursprungsmythos geleitet wird, nämlich von dem Mythos der Identität von »Endzeit« und »Urzeit«, innerhalb deren die Geschichte weiter nichts als eine Episode ist. So läuft Tillichs Schrift auf eine ähnliche Forderung hinaus, wie sie Bloch gleichzeitig erhob: nämlich eine Verbindung des revolutionären Proletariats mit den revolutionären Gruppen der politischen Romantik anzustreben und dabei auf den Versuch einer bloßen Instrumentalisierung zu verzichten.[26] Wenn der Sozialismus diese Entscheidung trifft, kann er sich selbst »von der Wurzel her und das heißt religiös verstehen«.[27] Damit wendet er sich gleichermaßen gegen den neuen Mythos der Faschisten und gegen die Symbolisierung wissenschaftlicher Begriffe im Bolschewismus. Dieser Sozialismus würde »das Volk und die Machtspannungen der Völker bejahen«, und er würde in den Grenzen der zentralen Planung den »freien Markt« erhalten.[28]

Tillich postuliert also nicht nur einen religiösen, sondern auch einen nationalen Sozialismus, der sich den Ursprungsmythos einverleibt und gerade dadurch dessen Herrschaft verhindert, welche nichts anderes bedeuten kann als »Herrschaft der Gewalt und des Todes«.[29] *Eine* Frage stellt sich Tillich aber *nicht*: ob nicht der kriegerische Nationalismus, der einen »Selbstvernichtungskampf der europäischen Völker«[30] herbeiführen würde, gerade deshalb eine große Siegeschance hat, weil der wirklich vorhandene und einflußreiche Sozialismus in seiner sozialdemokratischen Gestalt die Einverleibung des Nationalen gerade *nicht* mit Entschiedenheit vollzogen hatte und weil die Dritte Internationale zwar einen Staat verherrlichte, aber den »sowjetischen«.

Karl Mannheim und Othmar Spann

Paul Tillich und Karl Mannheim waren ab 1930 in Frankfurt Kollegen und Freunde; wenn Tillich unter Beweis stellte, daß die preußisch-protestantische Tradition auch zum Abstand von den bestehenden Verhältnissen – jenem »Fremdheits-Blick« – gelangen konnte, so läßt sich am Beispiel von Karl Mannheim zeigen, daß die jüdische Abkunft keineswegs mit Notwendigkeit dazu führte, in den Spuren von Lukács und Bloch auf die Seite der revolutionären und marxistischen Linken zu treten. Karl Mannheim wurde vielmehr zu einem Theoretiker des Liberalen Systems und damit zu einem Geschichtsdenker, der die konservativen und christlichen Elemente dieser Gesellschaftsordnung besonders zu würdigen wußte. Das konnte er nur tun, indem er den Absolutheitsanspruch seiner marxistischen Freunde relativierte und die Historisierung, welche der Marxismus dem Kapitalismus gegenüber vornahm, nun auf den Marxismus selbst ausdehnte.

Karl (Karoly) Mannheim war, 1893 geboren, der Sohn eines ungarisch-jüdischen Vaters und einer deutsch-jüdischen Mutter, die dem wohlhabenden Mittelstand angehörten. So wuchs er an einer Schnittstelle von drei Kulturen auf, der ungarischen, die er nie aufgab, der deutschen, von der er sich als Gelehrter auch während des Exils in England nicht trennte, und der jüdischen, die ihm schon deshalb bewußt sein mußte, weil das nationalungarische »Land« vor dem Ersten Weltkrieg heftige Angriffe gegen das »internationale Sodom« Budapest führte und damit in erster Linie die weithin jüdische Intelligenz meinte.[1] Diese Intelligenz fand sich in der »Soziologischen Gesellschaft« und in der »Galilei-Gruppe« zusammen, wo man über Saint-Simon und Comte, über John Stuart Mill und Herbert Spencer diskutierte.

Mannheim geriet früh unter den Einfluß von Georg Lukács, der bis 1918 ganz und gar ein Schöngeist und ein Repräsentant der deutschen idealistischen Kultur war, und von 1913 bis 1915 ging er, wie es sein älterer Freund getan hatte, zum Studium nach Berlin, wo er Georg Simmel, Ernst Cassirer, Ernst Troeltsch und andere Philosophen hörte. Während des Krieges, an dem er wegen seiner schwachen Gesundheit nicht teilnahm, beteiligte er sich eifrig an den sonntäglichen Diskussionen im Hause von Béla Balász, deren Mittelpunkt Lukács war, die aber fast bis zum Kriegsende ihren philosophischen und literarischen Charakter behielten. In einem geistesgeschichtlich höchst bemerkenswerten Akt traten dann aber gleich nach dem Zusammenbruch der Mittelmächte die wichtigsten der Mitglieder in die neugegründete Kommunistische Partei ein, unter ihnen Lukács, Bálász und Fogarasi, und sie nahmen führenden Anteil an der Räterepublik Béla Kuns, die ihnen als erste Ausweitung der russischen Revolution der Beginn des Ausgangs der Menschheit aus der kapitalistischen Sklaverei zu sein schien.

Mannheim folgte seinen Freunden nicht, ließ sich aber von dem Volkskommissar Lukács zum Philosophiedozenten ernennen, so daß das siegreiche Horthy-Regime später auch gegen ihn ein Verfahren einleitete. Auf Einladung von Wilhelm Szilasi flüchtete er nach Freiburg und trat dadurch in einen mindestens indirekten Kontakt zu dem jungen Heidegger; aber seine deutsche Heimat wurde dann bald Heidelberg, wo er sich dem Max Weber-Kreis anschloß, der von Webers Witwe Marianne regiert und von Webers Bruder Alfred gelenkt wurde. An der Heidelberger Universität wurde er 1926 Privatdozent für Soziologie, und wenig später erwarb er die deutsche Staatsbürgerschaft; sein Judentum bereitete ihm offenbar bis 1933 keine nennenswerten Schwierigkeiten. Anfang 1930 wurde er als Professor für Soziologie nach Frankfurt berufen, und schon jetzt galt er als eine der führenden Figuren in der deutschen Soziologie. Nach der Machtergreifung der Nationalsozialisten gehörte er mit Hermann Heller, Paul Tillich und dem Rivalen Max Horkheimer zu den ersten Professoren, die auf Grund des »Gesetzes zur Wiederherstellung des Berufsbeamtentums« in den Wartestand versetzt und später pensioniert wurden. (Da er noch keine zehn Jahre im Dienst war, erhielt er jedoch keine Zahlungen.) So emigrierte er mit seiner Frau Julia nach England, und wie Paul Tillich fand er sich nur mit großer Mühe in der englischen Sprache und in der englischen Umwelt zurecht, obwohl Harold Laski und andere ihm die Wege ebneten.

1935 erschien sein Buch »Mensch und Gesellschaft im Zeitalter des Umbaus« auf Deutsch in Leiden; seitdem publizierte er nur noch in Englisch, so 1940 »Man and Society in an Age of Reconstruction« und 1943 »Diagnosis of Our Time«. Da er ein charismatischer akademischer Lehrer war, setzte er sich nach einer längeren und schwierigen Übergangsphase auch in England durch und wurde 1945 ordentlicher Professor an der Universität London; er starb jedoch bereits im Januar 1947. Seine Bibliothek gelangte nach Israel, und dorthin gingen auch nicht wenige seiner Studenten.[2]

Seine Habilitationsschrift von 1926 war dem Thema des »Konservatismus« gewidmet, und es war schon ungewöhnlich, daß ein Soziologe, der in einem weiteren Sinn doch unzweifelhaft der Linken zuzurechnen war, sich mit viel Verständnis und ohne überhebliches Aburteilen Männern wie Adam Müller, Justus Möser und Friedrich Carl von Savigny zuwandte. In allen seinen Richtungen ist dieser Konservatismus nun freilich für Mannheim ein Schritt auf die Aufklärung hin, da er sich im Gegensatz zum bloßen Traditionalismus auf die Stufe der Reflexion gehoben hat, weil das bloße Beharren im Bestehenden ihm nach dem rationalistischen Angriff der Aufklärer nicht mehr möglich war.

Daher ist er in gewisser Weise selbst eine Gestalt der Aufklärung, des Nachdenkens des Menschen über sich selbst, und dieses Denken unterscheidet sich von demjenigen der Rationalisten dadurch, daß es die Konkretheit und »Seinsgebundenheit« des Denkens unterstreicht, während die gewöhnlichen Aufklärer mit einer abstrakten Begrifflichkeit arbeiten und von dort her eine künftige Gesellschaft zu konstruieren versuchen. So ist der Konservatismus zwar eine Ideologie, weil er von seiner Lebenswelt Abstand gewonnen hat, aber er kennt den Praxischarakter und die Lebens- oder Seinsbezogenheit des Denkens, während der Rationalismus zur Erfindung von Utopien neigt und dadurch zwar die wichtige Funktion des »Hinausdrängens« übernimmt, aber sich selbst eine Absolutheit zuschreibt, die in der Sache nicht gerechtfertigt ist.[3]

Das Verhältnis von »Ideologie und Utopie« hat Mannheim in dem gleichnamigen Buch zum Thema gemacht, das 1929 im Verlag von Friedrich Cohen zu Bonn erschien.

Wie für Saint-Simon und Comte sind der Ausgangspunkt für Mannheim jene Geschichtsperioden, »in denen der inneren Einheit eines Weltbildes eine soziale Stabilität zugrundeliegt und sie garantiert«.[4] Die Auflösung dieser Stabilität (mit den Termini Comtes der Übergang von der »organischen« zur »kritischen« Epoche) hat zahlreiche Ursachen »realer« und »ideeller Art«, nicht zuletzt die Ausweitung einer »vertikalen Mobilität«, aber jedenfalls unterscheidet sich die Neuzeit vom Mittelalter dadurch, »daß das Monopol der kirchlichen Weltinterpretation, das die Priesterschaft innehatte, gebrochen und daß an Stelle einer geschlossenen und durchorganisierten Intellektuellenschicht eine freie Intelligenz entstanden ist«.[5] Diese freie Intelligenz bringt sowohl Ideologien wie Utopien hervor.

Mannheim unterscheidet sich nun von den Marxisten dadurch, daß er die »Seinsgebundenheit« des ideologischen Denkens zum Charakter *alles* sozialen Denkens macht und also von den Marxisten verlangt, daß auch sie die Relativität ihres eigenen Denkens, das heißt dessen Ideologiecharakter, sich eingestehen. Zum zweiten erblickt er nicht einen Verfall, sondern eine positive Entwicklung darin, daß der »abstrakte Träger des Weltbildes« in der Aufklärung, das heißt »der Mensch als solcher« oder »das Bewußtsein überhaupt« zum viel konkreteren, zum raum- und zeitgebundenen Subjekt geworden ist, etwa zum »Volksgeist«, und zwar durch die Arbeit Hegels und der historischen Schule, also des »konservativen Denkens«.[6]

Auch die Marxsche »Klasse«, »das Proletariat« der »fortgeschrittenen Länder«, bedeutete ja eine solche Konkretisierung des historischen Subjekts, aber noch haben die Marxisten den entscheidenden Schritt nicht vollzogen, »nicht nur den gegnerischen, sondern prinzipiell alle, auch den eigenen Standort, als ideologisch zu sehen«.[7] Wenn dieser Schritt getan ist, stehen in der Gesellschaft verschiedene Weltsichten nebeneinander, von denen keine »Absolutheit« beanspruchen darf, sondern die in ihrem Gegen- und Miteinander die historische Entwicklung vorantreiben. Diesem Ganzen der Gesellschaft, das nur aus den Relationen seiner Teile besteht, ist die »Wissenssoziologie« zugeordnet. Diese Wissenschaft »besitzt« nicht das Ganze, wie es der Marxismus beansprucht, sondern sie schließt bloß die »Intention auf das Ganze« in sich, indem sie immer wieder Partikularsichten aufgreift, so daß ihr Erkenntnisziel nicht ein »zeitlos geltender Abschluß, sondern eine für uns mögliche maximale Erweiterung der Sicht« ist.[8]

Ähnlich wie Croce will Mannheim also ein Theoretiker des Liberalen Systems und des in ihm sich vollziehenden Freiheitsprozesses sein. Er bleibt dem Marxismus aber insofern nahe, als er der Utopie, dem über das vorhandene gesellschaftliche Sein hinausstrebenden Wunschbild aufsteigender Klassen, eine besondere Dignität zuschreibt. »Das Sein gebiert Utopien, diese sprengen das Sein in der Richtung auf ein nächstes Sein.«[9] Aber diese utopische Hoffnung ist für Mannheim nicht wie für Bloch das Erzeugnis einer fixierten Klasse, sondern sie stellt sich in verschiedenen Erscheinungsformen dar, die von der »freischwebenden Intelligenz« hervorgebracht werden, welche sich zwischen den sogenannten »Klassen« bewegt und keineswegs bloß deren Kämpfe artikuliert, sondern eigenständige Entwicklungsmöglichkeiten besitzt. So gehen wir heute »einem Stadium entgegen, in dem das Utopische sich durch seine verschiedenen Gestalten völlig (zumindest im Politischen völlig) destruiert«.[10] Damit werden diese auch im Gebiet der Wissenschaft, wie schon in der parlamentarischen Praxis, »immer weniger als sich befehdende Glaubensbekenntnisse, sondern immer mehr als nur konkurrierende Parteien, als nur mögliche Forschungshypothesen« wirksam.[11]

Mannheim nimmt hier also die Begriffe der »Entideologisierung« und des »Utopieverlustes« in der Sache vorweg, und er bezieht zu diesem spezifisch modernen Tatbestand auf ambivalente Weise Stellung. Zweifellos sieht er es als wissenschaftlichen Fortschritt an, daß heute die Forscher »im Anblick des konkreten Reichtums der Denktypen ... beim undifferenzierten Klassenbegriff ... nicht mehr stehen bleiben« können und daß die Soziologie »aus dem Stadium ... blockhafter Feststellungen (hier bürgerliches Denken, dort proletarisches usw.) ... in das abwägende Stadium übergeführt werden« muß.[12] Andererseits ist jedoch ein pessimistischer Ton kaum zu überhören, wenn er es für möglich erklärt, daß »am Ende einer solchen Entwicklung eine völlig rationalisierte Welt steht, wo Irrationales und Entscheidung überhaupt nicht mehr bestehen können«, und wenn er feststellt, in der Gegenwart versinke »die geschichtsphilosophisch-soziale Gliederung des historischen Zeitgeschehens, an der – von der utopischen Sicht getrieben – unsere letzten Jahrhunderte arbeiteten«, von neuem und die qualitativ differenzierte Zeit werde zu einem homogenen Raum, wo lediglich die ein für allemal feststellbaren Typenstrukturen im Sinne Max Webers zum Durchbruch gelangten.[13]

Was also ist dieses »Liberale System« der Neuzeit, das Mannheims eigentliches Thema darstellt: lebendiges Ensemble hochdifferenzierter Klassen und verschiedenartiger, von der »freischwebenden Intelligenz« hervorgebrachter Denkansätze oder unaufhaltsamer »Aufstieg« zur farb- und tiefenlosen Homogenität des Gleichgültigen, das sowohl Ideologie als auch Utopie »hinter sich gelassen hat«? Letzten Endes scheint Mannheim der ersten Alternative den Vorzug zu geben, denn er will in seiner »Noologie« gerade nicht jenen Idealismus bewahren, der durch »Scheu vor Körperlichkeit, Sinnlichkeit, Zeitlichkeit, Dynamik und Gesellschaftlichkeit« gekennzeichnet sei, und an einer Stelle polemisiert er sogar ausdrücklich gegen die Tendenz der Aufklärung, »einen zeit- und rasselosen homo oeconomicus, einen homo politicus etc. auf Grund einiger axiomatischer Eigenschaften zu konstruieren«.[14]

Es sieht mithin so aus, als könnte auch Mannheims Buch den Titel »Sein und Zeit« tragen, der aber die Untertitel »Sein und Raum«, »Sein und Nation«, ja »Sein und Rasse« in sich schließen würde. Neben dem positiven Hinblick auf Vielheit und Konkretheit finden sich jedoch immer wieder Wendungen, die ein »Ende der Geschichte« als möglich hinstellen: »Das Verschwinden der Utopie bringt eine statische Sachlichkeit zustande, in der der Mensch selbst zur Sache wird. Es entstünde die größte Paradoxie, die denkbar ist, daß nämlich der Mensch der rationalsten Sachbeherrschung zum Menschen der Triebe wird, daß der Mensch, der nach einer so langen opfervollen und heroischen Entwicklung die höchste Stufe der Bewußtheit erreicht hat – in der bereits Geschichte nicht blindes Schicksal, sondern eigene Schöpfung wird –, mit dem Aufgehen der verschiedenen Gestalten der Utopie den Willen zur Geschichte und damit den Blick in die Geschichte verliert.«[15] Wäre das menschliche Sein damit nicht gerade zu einem »Sein ohne Zeit« geworden?

Nach der Emigration aus Deutschland ändern sich Mannheims Auffassungen nicht wesentlich, aber in »Mensch und Gesellschaft im Zeitalter des Umbaus« tritt die bleibende Nähe zum Marxismus insofern wieder stärker in den Vordergrund, als eine »Stufe der Planung« ausdrücklich postuliert wird, welche im Gebiet der Selbstbeherrschung und der Gesellschaftsbeherrschung den gleichen Grad der Moralität und der Rationalität erreichen soll wie im Gebiet des Technischen. Der Unterschied wird jedoch augenfällig, wenn er das Planen für ein »noch durchaus innerhalb der Geschichte liegendes Verhalten« erklärt und es ohne jeden Enthusiasmus »möglich« nennt, daß auf die Planung eines Tages bloße Verwaltung als ein geschichtsloses Zeitalter folgen wird.[16] (Wenig später sollte sein Freund Emil Lederer eine ähnliche Herabstimmung bzw. Umwertung marxistischer Begriffe vornehmen, als er ein Buch über die »Drohung der klassenlosen Gesellschaft« schrieb.)

Der Begriff der »Fundamentaldemokratisierung« ist ebenfalls mit der marxistischen Konzeption nicht unvereinbar, aber auch hier stellt Mannheim die Gegentendenzen der Monopolisierung und Spezialisierung sowie die resultierenden Interdependenzen so stark heraus, daß die enthusiastische Betonung verschwindet. Als Fortführung eines marxistischen Denkansatzes kann die Unterscheidung von »substantieller« und »funktioneller« Rationalität bzw. Irrationalität gelten. Dagegen ist die Trennung der »mobilen« Typen der Gesellschaft von den »bodenständigen« mit marxistischen Begriffen kaum zu vereinbaren, da die »mobilen Typen« nicht mit den Kapitalisten und die »bodenständigen« nicht mit den Bauern gleichgesetzt werden, sondern eher mit den Juden und ihren »Wirtsvölkern«.[17] Daraus würde sich immerhin eine Transformation des Marxismus ergeben, wenn das Vordringen des reflexiven Menschentyps zum vollständigen Triumph führen würde. Aber mindestens für die Gegenwart und die vorhersehbare Zukunft schwebt Mannheim doch eher das Bild einer »Wechselmäßigung« vor, wie es in der Tat der Konzeption des Liberalen Systems entspricht: »Der mobile Menschentyp verhindert die geistige Provinzialisierung des Bodenständigen, den Besitz, Heimat und ein im voraus gesichertes Schicksal beständiger, aber auch bequemer machen; dieser zwingt seinerseits den Abstrakten, Überbeweglichen, die konkreten Situationen und Traditionen seiner unmittelbaren Umwelt zu achten und seelisch zu verarbeiten.«[18] Das klingt ganz so, als hätte Mannheim in seinem zweiten Exil vom Verhältnis zwischen Deutschen und Juden innerhalb des Liberalen Systems sprechen und vielleicht sogar auf die verhängnisvolle Möglichkeit des Zerbrechens dieses Verhältnisses infolge eines beiderseitigen oder eines einseitigen »Überschießens« vorausdeuten wollen.

Ich stelle neben Karl Mannheim einen Denker, der heute fast vergessen ist und dem in der Regel allenfalls im Umkreis der »konservativen Revolution« oder gar unter den »Wegbereitern Hitlers« ein Platz zugewiesen wird: *Othmar Spann*, den Theoretiker des »Ständestaates«. Aber auch Spann war ein »Opfer des Nationalsozialismus«: Gleich nach dem Einmarsch der deutschen Truppen in Wien erschien die Gestapo in seinem Haus, um ihn festzunehmen, und er blieb fünf Monate in Haft. Danach war es ihm verboten, an die Universität zurückzukehren; seine Schüler und Freunde wurden ebenfalls verhaftet und verbrachten zum Teil die ganze Kriegszeit in Konzentrationslagern, soweit sie nicht durch Selbstmord endeten. Es ist freilich ebenso wahr, daß Spann zwei Stunden vor seiner Verhaftung im Kreis seiner Familie eine Sektflasche geöffnet und gesagt hatte, dieser Tag sei der schönste seines Lebens. Es läßt sich ferner nicht leugnen, daß er, 1878 in Wien als Sohn eines Kleingewerbetreibenden geboren und nach Teilnahme am Krieg 1919 als ordentlicher Professor für Politische Ökonomie und Gesellschaftslehre an die Universität Wien berufen, bis 1930 den Heimwehren und immer dem italienischen Faschismus nahestand und schon als Verfasser des meistgekauften wissenschaftlichen Buches im deutschen Sprachbereich (der »Haupttheorien der Volkswirtschaftslehre«) großen Einfluß ausübte.

Ebenso unbestreitbar ist, daß auch führende Nationalsozialisten, wie Gottfried Feder, schon 1921 sich auf ihn beriefen und daß seine Schüler bis 1936 in Düsseldorf mit Unterstützung von Fritz Thyssen das »Institut für Ständewesen« beherrschten und eine Zeitschrift »Die braune Wirtschaftspost« herausgaben. Und doch war es wiederum alles andere als Zufall, daß Spann und seine Schule auch vor 1938 in der nationalsozialistischen Literatur oft und heftig angegriffen wurden, so daß die Verhaftung und die Verfolgung als naheliegende Konsequenz erscheinen konnten. Gleichwohl erfolgte nach 1945 keine Wiedergutmachung: Sowohl die Christlich-Sozialen wie die Sozialisten grollten Spann, und er starb 1950, ohne seinen Lehrstuhl wiedererlangt zu haben. Daher ist es nicht unzulässig, eine Linie von der scheinbar totalen Feindseligkeit Lessings gegenüber seiner Umwelt über das größere Verständnis Tillichs für »romantische« Traditionen und Mannheims Ausgang vom »Konservatismus« hin zu Spanns scheinbar vollständigen Affirmation des »völkischen und ständischen« Erbes von Novalis und Adam Müller zu ziehen.

Spanns Denken bedeutet vor allem den Versuch, inmitten der Moderne und in Auseinandersetzung mit allen ihren Tendenzen den Universalismus und den Theozentrismus des christlichen Denkens zu rekonstituieren. So entwickelt Spann ein System, das alle Bereiche umfassen will – Wirtschaftswissenschaft, Naturphilosophie, Politische Theorie, Kategorienlehre und nicht zuletzt Geschichtsphilosophie – und das mit großer Konsequenz das Niedere aus dem Höheren, das Einzelne aus dem Ganzen zu verstehen, ja abzuleiten sucht. So hat Gott den Vorrang vor der Welt, der Staat vor dem

Einzelnen, die geschichtliche Persönlichkeit vor der Masse. Spann selbst gebraucht den Begriff »Universalismus« in einem engeren Sinne, nämlich als Gegensatz zu »Individualismus«, also gleichbedeutend mit »Ganzheitslehre«. Daher kann er leicht als bloßer »Organizist« verstanden werden, der den Einzelnen und die Verbände von Einzelnen als unselbständige Bestandteile eines ganzheitlichen Organismus auffaßt. Von daher kann auch seine Lehre von den »Ständen« gesehen werden, welche nach Analogie der mittelalterlichen »Zünfte« gedacht werden und nicht Interessengruppen, sondern »Berufe« sind, so daß sie sich dem Ganzen des Staates leicht einfügen.

Aber für Spann ist auch der Staat selbst ein »Stand« und keineswegs eine letzte Wirklichkeit, sondern die »Menschheit« ist eine abermals höhere Ganzheit. Über der Menschheit existiert jedoch ein noch höheres Allgemeines, und dieses oberste Allgemeine ist keineswegs eine Abstraktion des menschlichen Geistes, sondern die ursprünglichste Ganzheit – nicht der Kosmos, sondern Gott, welcher durch »Ausgliederung« die Welt schafft und ihr das Gesetz der »Umgliederung« auferlegt – Spann ist also das genaue Gegenteil eines Nominalisten, nämlich ein »Begriffsrealist« und dadurch auch in vollständiger Opposition zu der Vorstellung der Geschichte als einer »Sinngebung des Sinnlosen«, denn Geschichte ist ebenso wie die Naturwelt in sich sinnvoll, weil ganzheitlich. Der letzte Grund aller Ganzheiten ist mithin das Lebendigste und eigentlich Schöpferische: »Denn das höchste Allgemeine ist nicht das Leerste, das Sein, sondern das Vollste, ist Gott – zugleich das umfassendste, allgemeinste, wie das einzigste, urbesondere Wesen.«[19]

Daher kann nichts verkehrter sein als der Ausgang vom menschlichen Individuum, und in allen Werken Spanns ist »der Individualismus« der Hauptfeind. Der von so viel Denkern beklagte »Atomismus« der Moderne ist für ihn eine Folge der Abwendung vom mittelalterlichen Universalismus seitens solcher Denker wie Descartes und Hobbes, und ihnen gegenüber will Spann zeigen, daß »Gemeinschaftlichkeit« bereits im Wesen jedes Individuums enthalten ist, daß der Einzelne zuinnerst auf »den Anderen« bezogen ist, daß »Gezweiung« (wie Spann mit einem eigenartigen Terminus sagt) das Individuum überhaupt erst konstituiert. Freilich ist der radikale Individualismus, für welchen der Einzelne etwas schlechthin Letztes und im Kern Selbstgenügsames ist, das sich erst sekundär mit anderen zu »Gesellschaften« zusammenschließt, ja keineswegs die allein herrschende Lehre, und Spann muß sich deshalb mit anderen Formen des Universalismus auseinandersetzen, zu denen er auch die Milieutheorie und den Marxismus zählt, aber als unechte Formen.

Seine scharfe Polemik gegen Massendemokratie und Marxismus ist deshalb vielfach als der Kern des Spannschen Werkes betrachtet worden, und Kritiker haben behauptet, Spanns »wahrer Staat« bedeute weiter nichts als eine »romantische Flucht in das ständische Ideal einer bourgeoisen Intelligenz, die durch die Geldentwertung ruiniert wurde«.[20] Aber diese so simple und einleuchtende Bestimmung übersieht, daß Spanns Kritik am Marxismus in vielen Punkten Hand und Fuß hat, zum Beispiel in der Kennzeichnung des politisch-demagogischen Charakters der »Mehrwertlehre« und in der Ablehnung der Extrapolation der großbetrieblichen Entwicklung. Es wird sich ferner schwerlich leugnen lassen, daß alle menschlichen Verhältnisse Komplexe von Differenzen und insofern von Ungleichheiten bilden und daß auch innerhalb der Massendemokratie eine Menge von körperschaftlichen Strukturen existieren, die sogar als eine Art Knochengerüst der Gesellschaft gelten können. Aber indem Spann sich immer an konkretgeschichtlichen Strukturen dieser Art orientiert, setzt er sich dem Vorwurf aus, die früheren Beziehungen, etwa von Staat und Kirche, wiederherstellen und für die Dauer fixieren zu wollen und damit feste Hierarchien, die in der Moderne gerade flüssig und flexibel geworden sind.

Im Rahmen unserer Fragestellung bietet Spanns 1932 erschienenes Werk über »Geschichtsphilosophie« das größte Interesse, weil es der erstaunlichste Versuch ist, an die Geschichtsphilosophie Schellings anzuknüpfen und sogar Hegel den Vorwurf zu machen, seine Dialektik erreiche das Ganze nur durch ein Aufsteigen von unten herauf und damit durch eine erst nachträgliche »Synthesis«. Besonderung, Ausgliederung, Konkretion ist nach Spann in der Ganzheit selbst enthalten, die mithin nichts Starres ist, und dieses Allgemeine wird durch die Begriffe des Denkens erfaßt. So wird der Begriff »Baum« unrichtig gedacht, wenn in ihm seine Besonderungen in Laub- und Nadelbäume nicht mitgedacht werden und wenn er nicht selbst als ein Konkretum höherer Art verstanden wird, das seinerseits Teil einer Ganzheit ist. So ist auch die Geschichte die Entfaltung einer Ganzheit, und sie wird nicht auf angemessene Weise begriffen, wenn sie bloß als Kreislauf oder als Wellenbewegung, als Fortschritt oder als Lebensstufenfolge interpretiert wird.

Innerhalb dieser Entfaltung schreibt Spann in der Spur Schellings der »Religions- und Philosophiegeschichte« den höchsten Rang zu, sie ist gleichsam der Kern und die Herzmitte der Geschichte, Schelers Geschichte der Ideale und Wertsetzungen und vielleicht auch Heideggers »Seinsgeschichte« vergleichbar, und der ontologische Vorrang, den Spann dem »Geistigen« zuschreibt, wird auch in der überraschenden These greifbar, die Naturzeit sei »unendlich verdünnte Geisteszeit«; was in einem Menschenleben geschehe, würde für einen Stein, in seine langsame, fast tote, unveränderliche Art übersetzt, Milliarden von Jahren dauern müssen.[21] So kann menschliche Zeit gerade nicht als »Stetigkeit des Jetzt« begriffen werden, sondern ein Überzeitliches ist in ihr anwesend, was in der Gegenwärtigkeit von Vergangenheit und in der Ausrichtung auf die Zukunft zum Vorschein kommt.[22] Der Mensch ist also schöpferisch und frei, und seine Zukunft kann durchaus nicht gemäß der »Laplaceschen Weltformel« aus der Gegenwart errechnet werden. Die höchste und tiefstdringende aller Einsichten ist der »Ursatz der Mystik«, daß die menschliche Seele mit Gottes Wesen verwandt sei[23], und in dieser Aussage stimmt Spann mit der ganzen abendländischen Metaphysik und auch mit dem frühen Bloch überein, aber nicht mit der vorherrschenden Denkweise der Moderne, die er »naturalistisch« nennt.

Diesen modernen Naturalismus sucht er manchmal als in sich potentiell sinnvolle Erscheinung in die Geschichte einzuordnen, so zum Beispiel Individualismus und Liberalismus, in denen er eine »dämonische und zur Zerstörung führende Fehlentfaltung« sieht, die aber insofern doch der Vervollkommnung dienten, als sie starre und unfruchtbare Bindungen beseitigten und dadurch einen neuen frischen Zug ins Leben brachten.[24] Aber schon die Verwendung von Termini wie »Dämonie« und »Unholdentum« macht augenfällig, daß Spann über die gesamte moderne Geschichtsentwicklung mit Ausnahme des Deutschen Idealismus und der Romantik den Stab bricht und insofern Croces These bestätigt, daß das katholische Denken unfähig geworden sei, im 19. Jahrhundert etwas Positives wahrzunehmen: »Früher waren es die Rousseau (der Mensch ist gut, die Zucht des Geistes in der Kultur ist schlecht), die Robespierre, St. Just, Danton, Marat, Proudhon (›Gott ist böse‹, ›Eigentum ist Diebstahl‹), die Locke, Hume, Adam Smith, Ricardo, die sich vordrängten, dann die Marx, Büchner, Moleschott, Darwin, Haeckel, John Stuart Mill und tausend andere, die als moralische Mörder und Frevler die Schlacht gegen Idealismus und Romantik schlugen. Sie suchten sich durch Wissenschaft, Volksbeglückung, Bekämpfung von Mißständen zu decken. Heute stürmen ihre Nachfolger fast ungedeckt vor, nicht zum mindestens die Unholde der Geldgier und gar jene der Sexualität, die sich mit Männern wie Freud an der Spitze zur Führung der Welt anschicken (wie schwach stand der Sexualverbrecher Rousseau gegen Freud da!). Hier wird nur noch notdürftig ›wissenschaftliche Forschung‹ vorgeschoben. Hier ist schon offene Dämonie der Unterwelt am Werke, das Unholdentum losgelassen, der Schöpfergeist mit Stil und Erfolg nachgeäfft.«[25]

Ein schrofferes »Anti-Aufklärertum« scheint es kaum noch geben zu können. Aber man wird zugeben müssen, daß Spanns Antikapitalismus aufrichtig und insofern realistischer als der marxistische ist, als Spann mit seiner »ständischen« Wirtschaft die »Maßlosigkeit« des Kapitalismus beseitigen und größere Armut in Kauf nehmen will. Ebenfalls weist Spann nicht ohne Grund auf eine innere, wenngleich begrenzte Verwandtschaft seiner Vorstellungen mit dem englischen »Gildensozialismus« und dem »Räte«-gedanken hin. Wenn er das Frühere ebenso über das Spätere stellt wie das Höhere über das Niedere und die »Stifter« über die Massen, so scheint er der reaktionärste unter den Reaktionären zu sein, aber in seiner Verurteilung der Entfremdung, Versachlichung und Mechanisierung der Moderne stimmt er mit sozialistischen Auffassungen weitgehend überein, und offensichtlich schwebt auch ihm so etwas wie eine »Wiederherstellung auf höherer Stufe« vor: »Selbst im Bereiche der äußeren Mittel des Lebens, in der Wirtschaft, finden wir, soweit Geschichte und Völkerkunde zurückschließen lassen, vollkommene Zustände am Anfang. Wie es nur heiliges Recht, heiligen Staat gab, so auch nur religiös ausgerichtete Wirtschaft. Darum war sie auch sittlich vollkommener als die heutige, sie war nämlich geordnete, genossenschaftliche, ständische Wirtschaft, eine Welt der fröhlichen Arbeit, die enger mit der Einheit des Lebens verbunden blieb, als dem Menschen von heute begreiflich ist.«[26]

Abschließend wollen wir uns dem Mann zuwenden, den Spann als »Verbrecher« bezeichnete, der ebenfalls in Wien lebte und der auf den ersten Blick das Gegenteil eines Geschichtsdenkers zu sein scheint, nämlich Sigmund Freud. Ich kontrastiere ihn aber mit seinem Gegenpart in der psychoanalytischen Schule, der durch seine Lehre von den »Archetypen« ein direkteres Verhältnis zur Geschichte besaß, mit Carl Gustav Jung. Damit wird der »Dritte Kreis« einzelner und gleichwohl repräsentativer Geschichtsdenker so weit ausgeschritten sein, daß ich zum »Ersten Kreis« zurückkehre und den Zweiten Weltkrieg zum Thema machen kann – nicht in der Weise einer Erzählung von politischen und militärischen Ereignissen, sondern unter der Fragestellung, ob und inwiefern feindliche Versionen der Geschichtsdeutung sich darin gegenüberstanden und ihn zu einem ideologischen »Bürgerkrieg« machten.

Sigmund Freud und Carl Gustav Jung

Viele Begriffe und Vorstellungen, die Sigmund Freud als erster gebraucht oder doch bekannt gemacht hat, sind seit langem fast jedermann geläufig: die »Libido«, der »Ödipuskomplex«, die »anale« und die »orale« Phase der

Kindheitsentwicklung, die »Kastrationsangst«, der »Penisneid«, die Unterscheidung von »Es«, »Ich« und »Über-Ich«. Sie scheinen insgesamt auf der »Couch« des Psychoanalytikers ihren Platz zu haben und jedenfalls der Betrachtung des Familienlebens entnommen zu sein. Da gewinnt das Kleinkind Lust aus und an den eigenen Exkrementen, da ist der junge Sohn von der Furcht erfüllt, der Vater werde ihn kastrieren, da blickt das kleine Mädchen voller Neid auf die reichere Ausstattung des Bruders, da richtet sich das erste sexuelle Begehren des Jungen auf die Mutter, und dem Vater gelten als dem Rivalen Todeswünsche, da stellt sich der Mensch schon in seiner frühesten Kindheit ganz und gar als ein von »Libido« erfülltes Sexualwesen dar, das erst unter großen Mühen und äußeren Zwängen dazu gelangt, gegenüber dem zunächst allmächtigen »Es«, das heißt der Triebwelt, ein »Ich« zu entwickeln, das sich dann ständig der Zensur und den Repressionen des »Über-Ich« ausgesetzt sieht. Mit all dem scheint der Leser in die Praxis eines Nervenarztes einzutreten, der »Neurosen« zu heilen versucht, das heißt jene psychischen Abnormitäten, die ihre Ursache in früheren, meist frühkindlichen Traumata haben: in gravierenden Erfahrungen, welche »verdrängt« werden und eben dadurch »Komplexe« bilden, die der Psychoanalytiker dadurch heilen will, daß er das ins Unbewußte Verdrängte wieder ans Licht holt.

Nichts liegt näher, als die Frage zu stellen: Warum soll der normale Mensch und gar derjenige, der das »Geschichtsdenken« dieses Jahrhunderts kennenzulernen sucht, nicht getrost den Arzt mit seinen Patienten allein lassen und ihm gute Heilungserfolge wünschen, die im Rahmen dieses Konzepts besser sein mögen als auf der Grundlage anderer ärztlicher Auffassungen von psychischen Krankheiten? Er kann es deshalb nicht tun, weil Freud keineswegs eine begrenzte Anzahl von Menschen im Auge hat, denen er Heilung bringen will, sondern auch ihn, den Normalmenschen; weil die Begriffe der Psychoanalyse nicht medizinische Fachausdrücke sind, sondern anthropologische Kategorien sein wollen und weil sie als solche einen ungemein herausfordernden Charakter haben. Nicht der Grieche Ödipus soll vor dreitausend Jahren infolge unglücklicher Zufälle und in unseliger Verblendung seinen Vater erschlagen und seine Mutter geheiratet haben, so daß alle Menschen sich darob entsetzten und sein singuläres Schicksal beklagten, sondern jeder Mensch soll als Kind auf Blutschande und Mord gesonnen haben; jedem Menschen enthüllt der offene Neurotiker nur das eigenste Wesen; jeder Mensch ist bloß auf höchst fragile Weise ein »Ich«, eingeklemmt zwischen dem auf Wunscherfüllungen insbesondere sexueller Art drängenden »Es« und einem tyrannischen, versagenden, strafenden Über-Ich, das heißt der engherzigen Moral religiöser Lehren und der »bürgerlichen Gesellschaft«, die Natürliches als »Perversionen« stigmatisiert.

In die Verteidigung gedrängt, würde der Normalmensch vielleicht die folgende Antwort geben: »Ich erinnere mich gut, daß ich als Kind meiner Mutter immer wieder Heiratsanträge gemacht habe, aber darin steckte nicht die leiseste Spur libidinösen Begehrens; für meinen Vater habe ich allezeit nur Liebe und Zuneigung empfunden, obwohl ich in der Pubertät seinen Meinungen gegenüber zunehmend kritisch wurde; von einer ›Kastrationsangst‹ kann ich trotz eifrigsten Nachdenkens nicht das mindeste in mir entdecken; für den ›Penisneid‹ meiner Schwester gibt es eine sehr einfache Erklärung; Sexualität kann im Menschen gerade deshalb zur Obsession werden, weil er ihr nicht einfach, wie alle Tiere, subsumiert ist, sondern weil er imstande und gezwungen ist, sie zu mäßigen und zu verfeinern, wenn nicht sogar zu überwinden.« Vielleicht aber würde es dem Vertreter des »gesunden Menschenverstandes« bei dieser rationalen Antwort doch ein wenig bange, weil ihn die Ahnung überkäme, daß er »das Irrationale« in sich selbst unterschätzt haben könnte, und so wird er sich vielleicht bloß voller Zorn gegen den Arzt wenden, der die Gesunden von den Kranken her verstehen und anscheinend die Schutzwehren des Gesunden, nämlich die herrschenden Moralvorstellungen, zerstören will.

Eben dies begegnete dem jungen Nervenarzt Sigmund Freud, als er im letzten Jahrzehnt des 19. Jahrhunderts befremdliche Thesen über Hysterie, Hypnose und Neurose entwickelte und nicht zuletzt deshalb bei seinen Kollegen in schlechten Ruf geriet, weil er das Rauschgift Kokain bekannt gemacht und damit angeblich eine neue Geißel auf die Menschheit losgelassen hatte. Aber schon vor dem Ausbruch des Ersten Weltkriegs hatte der medizinische Revolutionär auch viel Zustimmung gefunden, eine »Internationale Psychoanalytische Vereinigung« war begründet worden, und ein Schweizer, nämlich Carl Gustav Jung, hatte die Präsidentschaft übernommen. Die Gegner sprachen von der Entstehung einer fanatischen Sekte, und einige Anhänger erklärten Freud bereits für einen der großen Befreier der Menschheit, der mit Spinoza und Marx auf eine Stufe zu stellen sei.

Aber erst in der Nachkriegszeit zeigte sich, daß Freud auch ein Geschichtsdenker war und sein wollte. Drei seiner Werke gehören unmittelbar in diesen Bereich: »Die Zukunft einer Illusion« von 1927, »Das Unbehagen in der Kultur« von 1930 und »Der Mann Moses und die monotheistische Religion« von 1939. Den entscheidenden Übergang hatte Freud jedoch bereits 1912/13 mit »Totem und Tabu« gemacht, weil dort zum erstenmal ausführlich von einem historischen und zugleich alle weitere Geschichte begründenden Ereignis gesprochen worden war, das freilich als »Urzustand der Gesellschaft« niemals ein Gegenstand der Beobachtung gewesen ist: von der »Urhorde«, über welche ein gewalttätiger Vater unumschränkt herrscht, indem er alle Weibchen für sich beansprucht und die Söhne als potentielle Rivalen vertreibt oder kastriert, und von der Ermordung dieses Vaters durch die Söhne, so daß jene altertümlichen Zustände eintreten, die empirisch nachweisbar sind: die totemistischen Männerbünde, in denen die Söhne sich gegenseitig das Leben sowie den Besitz der Weibchen garantieren, die aber von der Erinnerung an die Ermordung des zugleich gehaßten und geliebten Vaters geprägt bleiben.

Die Totemmahlzeiten, zugleich Gedenken und Sühnung, bedeuten so »den Anfang der sozialen Organisationen, der sittlichen Einschränkungen und der Religion«.[1] Was der Arzt an seinen Neurotikern entdeckt, die Ambivalenz des Vaterkomplexes, nämlich die Schuldgefühle und der »nachträgliche Gehorsam«, ist nichts anderes als die Gegenwart der fernsten und alle Geschichte begründenden Vergangenheit. Die Vatersehnsucht setzt Vatergottheiten ein, aus dem Tabu werden moralische Gebote, die Gruppenehe, das heißt die weitgehende Promiskuität, erfährt immer weitergehende Einschränkungen, bis die Einehe als Normalform der Sexualität etabliert ist. Kultur und Geschichte sind also Mordfolge als Mordsühne, und für Freud hat die Einzelpsyche des Neurotikers ihre Grundlegung in der Gesamtpsyche der Menschheit gewonnen.

In »Die Zukunft einer Illusion« geht Freud von der Tatsache aus, daß sich jede Kultur auf Zwang und Triebverzicht aufbauen muß, weil schrankenlose Wunscherfüllung jedes einzelnen zwar das »Goldene Zeitalter« sein würde, aber nicht geschichtlich und wirklich sein kann, da das »Realitätsprinzip«, das heißt die Zwänge der Außenwelt, Einschränkungen erforderlich macht und da überdies in allen Menschen destruktive Triebe vorhanden sind, denen Freud eine immer größere Rolle zuschrieb, bis er sie schließlich als »Todestrieb« dem »Eros« gleichgewichtig gegenüberstellte.

Die Kultur ist also ein Schutz der Menschen gegen die Natur in ihnen und außer ihnen, und daher bringt sie auch jene Illusion hervor, die man »Religion« nennt und die darin besteht, die Natur zu vermenschlichen und sie gar von einem liebevollen Vater gelenkt sein zu lassen. Aber die religiösen Vorstellungen »unserer heutigen, weißen, christlichen Kultur«[2] sind nicht so kostbar und so wertvoll, wie man glaubt; sie können heute als Wunschträume einer noch kindlichen Menschheit erkannt und durch wissenschaftliche Einsichten ersetzt werden, welche zum Beispiel das Verbot zu morden rational begründen und die Kraft der Menschheit auf das Diesseits richten. An die Stelle des Vatergottes tritt »unser Gott *Logos*«, der zwar nicht ganz allmächtig ist, der aber eines nicht allzufernen Tages den

»Primat des Intellekts« herbeiführen wird und damit eine von der Wissenschaft geprägte Welt, von »unserer Wissenschaft«, die im Gegensatz zur Religion *keine* Illusion ist.[3]

Diese Abhandlung Freuds wäre also ein klassisches, obzwar triviales Zeugnis des Rationalismus und Szientismus in den Spuren von Feuerbach und Heine, und als solche hätte sie kaum viel Empörung hervorgerufen. Wohl aber mußte es in den Augen Othmar Spanns und vieler anderer ein »Verbrechen« sein, wenn Freud die Religion als »allgemein menschliche Zwangsneurose«[4] bezeichnete und sie keineswegs als eine liebenswürdige und für eine Zeitlang nützliche Selbsttäuschung auffaßte, sondern sie abermals aus dem Urverbrechen des Vatermordes ableitete.

Die These der Gegner, daß Freuds Lehre die Hemmungslosigkeit fördern und ein sittliches Chaos herbeiführen werde, fand drei Jahre später im »Unbehagen an der Kultur« auf den ersten Blick keinerlei Bestätigung. Triebverzicht und Zwang sind notwendig, damit Kultur existiere; für das Glücksverlangen des Individuums, das an den »Repressionen« durch die Kultur Anstoß nimmt, ist »im Plan der ›Schöpfung‹«[5] keine Stätte vorgesehen; die »Sublimierung« der Triebe ist unumgänglich; aus den ersten Tabuvorschriften entstand die Welt des Rechts; dadurch wird der urtümliche Aggressionstrieb der Individuen und Gruppen eingeschränkt, wenn auch nicht beseitigt, und die Geschichte wird für Freud zu einem Weltdrama, das sich zwischen kosmischen Kräften abspielt: »Dieser Aggressionstrieb ist der Abkömmling und Hauptvertreter des Todestriebes, den wir neben dem Eros gefunden haben, der sich mit ihm in die Weltherrschaft teilt . . . Die Kulturentwicklung . . . muß uns den Kampf zwischen Eros und Tod, Lebenstrieb und Destruktionstrieb zeigen, wie er sich an der Menschenart vollzieht.«[6]

Kein Geschichtsdenker hat je die Geschichte und die Kultur höher gestellt und »kosmischer« verstanden, und man darf geradezu sagen, diese Abhandlung des Szientisten könne in Analogie zu der Nietzscheschen Jugendschrift den Titel tragen »Die Neugeburt der Mythologie aus dem Geiste der Wissenschaft«. Aber wenn Eros primär »Sexualität« ist, dann steht die Kultur, jedenfalls seit einiger Zeit, sozusagen in dem großen Weltkampf auf der falschen Seite: Das Sexualleben des Kulturmenschen ist »schwer geschädigt«, die »mit der Kultur voranschreitende Sexualverdrängung« macht die Menschheit immer neurotischer, der Mensch ist heute »eine Art Prothesengott« geworden, aber er ist deshalb keineswegs glücklicher[7], ja Freud scheut nicht davor zurück, den urzeitlichen Totemismus mit seinem Verbot der inzestuösen Objektwahl »vielleicht die einschneidendste Verstümmelung« zu nennen.[8] Wäre es also nicht richtig, die Menschen von diesen Verstümmelungen und Schädigungen zu heilen, über die Verbote und die resultierenden Verdrängungen hinauszugelangen und die Sublimierung der Triebe rückgängig zu machen?

Einer bejahenden Antwort stehen apodiktische Aussagen Freuds in derselben Abhandlung entgegen; aber stellt er sich hier nicht zur gleichen Zeit als Platoniker und als Antiplatoniker, als Rationalist und als Irrationalist, als Kulturfreund und als Kulturfeind dar? Und ist dieses Schwanken nicht letzten Endes darauf zurückzuführen, daß zwei Entwicklungsmöglichkeiten vor seinem geistigen Auge auftauchen: die A-Sexualität einer vollständig kultivierten Menschheit, die ihre Triebe nach Analogie der Arbeitsameisen bis zum Absterben »sublimiert« hat, und der Pan-Sexualismus eines durch Abbau der »Repressionen« zur Herrschaft des Lustprinzips in allen Individuen befreiten Menschengeschlechts, das auf »höherer Stufe« zum libidinösen Urkommunismus zurückkehrt und damit doch noch in das »Goldene Zeitalter« eintritt, das der Platoniker Freud verneint und der Anti-Platoniker Freud herbeiführen möchte?

Im »Mann Moses« wendet sich Freud unmittelbar vor dem Ende seines Lebens der konkreten Geschichte eines einzelnen Volkes zu, und zwar der Frühgeschichte seines eigenen Volkes, der Juden. Wenn seine christlichen Gegner ihn für einen Feind der Grundlagen der »weißen und christlichen Kultur« erklärten, so gab er mit dieser Schrift den Juden viel Grund, ihn für einen Feind des Judentums zu halten, und in einem seiner letzten Briefe schrieb er im März 1939 an Max Eitingon, er sei »auf den jüdischen Ansturm« gegen sein Buch vorbereitet.[9]

Tatsächlich nimmt Freud sich nichts Geringeres vor, als den Nachweis zu führen, daß Moses, der Begründer des Volkes Israel, überhaupt kein Jude, sondern ein Ägypter gewesen sei, welcher als ein Anhänger des Königs Echnaton dessen reinen Monotheismus den Juden als den von ihm »auserwählten Volk« habe übermitteln wollen. Nicht nur den großen Stifter, sondern sogar die originäre Entwicklung des Monotheismus spricht Freud also den Juden ab. Eben diesen Moses läßt er aber nun von dem undankbaren Volke ermordet werden, und damit gelangt er durch eine kühne Konstruktion wieder zu dem »Vaterkomplex«. Er muß jedoch zu der zweiten Konstruktion eines »midianitischen Moses« greifen, der die Juden Jahrhunderte später nach Palästina geführt habe, wo allmählich durch die Predigt der Propheten und in Erinnerung an den gemordeten Urvater der bloße Dämon Jahwe zu jenem Himmelsvater ausgebildet wurde, den der erste Moses in der Spur Echnatons verehrt hatte.

Damit wird der jüdische Monotheismus als »Zwangsneurose« begreifbar, freilich auch nur er und nicht der ursprünglichere Gottesglaube Echnatons. Über Paulus entsteht aus dem jüdischen Monotheismus das Christentum, das den Vatermord in den Kreuzestod des Gottessohnes umwandelt und das Bewußtsein der »Schuld« im Begriff der Erbsünde festhält. Und schließlich nimmt Freud hier unmittelbar zu zeitgenössischen Tatbeständen Stellung: den Antisemitismus sieht er im Unbewußten aller Völker verwurzelt, aber auch in der demonstrativen Fremdartigkeit der Juden, und den nationalsozialistischen Antisemitismus unterscheidet er von diesem überzeitlichen Judenhaß dadurch, daß er ihn »im Grunde Christenhaß«[10] sein läßt, ihn also vom christlichen Antisemitismus abtrennt.

Hatte Freud sich mit seinem letzten Werk also zu seinem Judentum bekannt oder aber sich davon getrennt? Unbestreitbar ist jedenfalls, daß seine Abkunft für ihn sehr wichtig war, obwohl ihm an wenigen Dingen so viel gelegen war als daran, den Vorwurf seiner Feinde zurückzuweisen, die Psychoanalyse sei »jüdisch«. Aber wäre es wirklich ein Einwand gegen deren Richtigkeit gewesen, wenn sich Juden infolge ihrer ganz eigenartigen Situation innerhalb der »Gesellschaft« besonders stark für das »Seelenleben« interessiert hätten, wie sie sich ja auch ganz besonders mit jenem »Fremdheitsblick von innen« als Soziologen und Sozialisten der Struktur der Gesellschaft zuwandten?

Freud selbst hat an zunächst ziemlich versteckter Stelle, nämlich in dem Vorwort zur hebräischen Übersetzung von »Totem und Tabu« die Bedeutung seiner »nicht-zugehörigen Zugehörigkeit« (wie man sagen könnte) zum Judentum zu kennzeichnen versucht: »Keiner der Leser dieses Buches wird sich so leicht in die Gefühlslage des Autors versetzen können, der die heilige Sprache nicht versteht, der väterlichen Religion – wie jeder anderen – völlig entfremdet ist, an nationalistischen Idealen nicht teilnehmen kann und doch die Zugehörigkeit zu seinem Volke nie verleugnet hat, seine Eigenart als jüdisch empfindet und sie nicht anders wünscht. Fragt man ihn: Was ist an dir noch jüdisch, wenn du alle diese Gemeinsamkeiten mit deinen Volksgenossen aufgegeben hast?, so würde er antworten: Noch sehr viel, wahrscheinlich die Hauptsache. Aber dieses Wesentliche könnte er gegenwärtig nicht in klare Worte fassen.«[11]

Diese »Hauptsache« ist möglicherweise nicht nur eine Hauptsache für Freud, sondern auch für das Geschichtsdenken. Es kann kein Zufall sein, daß so viele der einzelnen Denker, die zum Thema gemacht worden sind, von »jüdischer Abkunft« waren: Rathenau, Bloch, Bergson, Mannheim, Lessing und jetzt Freud. Und alle waren Denker ersten oder doch beinahe ersten Ranges; die von Antisemiten etwa vorgebrachte Behauptung, jüdische Geschicklichkeit hätte durchschnittliche Persönlichkeiten zu »großen Männern« umgeschaffen, ist als unsinnig zurückzuweisen. Viel wahrscheinlicher ist ja die Auffassung, die Juden seien als »das Volk des Buches« in der für sie so überaus schwierigen Geschichtsphase der »Emanzipation« und der Assimilation zugleich das »Volk des Geschichtsdenkens« oder mindestens einer bestimmten Art des Geschichtsdenkens gewesen und damit habe jene ungeheuerliche Untat der »Judenvernichtung« etwas zu tun, die ein so kennzeichnender und singulärer Tatbestand des Zweiten Weltkriegs war. Aber zunächst müssen wir uns der Frage zuwenden, ob sich bei Freud jene »Hauptsache« näher bestimmen läßt. Sowohl jüdische wie nichtjüdische Autoren haben aus guten Gründen ihre Aufmerksamkeit auf die Kinder- und Jugendzeit von Freud gerichtet, und einige haben den Versuch gemacht, den Begründer der Psychoanalyse ebenso rückhaltlos der Analyse zu unterwerfen, wie er selbst Menschen und geschichtliche Realitäten »demaskierte«.

Sigmund Freud war 1856 in Freiberg in Ostmähren als Sohn eines Mannes geboren, der seinerseits in Ostgalizien zur Welt gekommen war. Seine Mutter war die dritte Frau des Vaters, und die Eltern lebten in Freiberg mit zwei Kindern in einem Zimmer von zehn Quadratmetern. Freud selbst hat erzählt, daß er als der Erstgeborene nach der Geburt des bald verstorbenen Bruders dem Säugling den Tod gewünscht und später starke Schuldempfindungen gehabt habe. In der »ostjüdischen« Enge und Armut war das begreiflich, aber schwerlich zur Verallgemeinerung geeignet.

In seinem Buch »Traumdeutung« erzählt Freud 1900 ferner, er habe sich in seinen Wiener Schülerjahren beim Studium der alten Geschichte unter dem Eindruck des schon recht spürbaren Antisemitismus mit den Karthagern gegen Rom identifiziert, insbesondere mit Hannibal und dessen Vater Hamilkar, und er habe darin eine Parallele zum gegenwärtigen zähen Kampf der Juden gegen die Übermacht der katholischen Kirche gesehen. Um die gleiche Zeit habe ihm sein Vater bei einem Spaziergang zeigen wollen, daß die Verhältnisse doch sehr viel besser geworden seien, und er habe ihm erzählt, in seiner Jugend sei ihm auf einem Trottoir von Freiberg ein Christ begegnet und der habe ihm mit den Worten »Jude, herunter vom Trottoir!« die Pelzmütze vom Kopf geschlagen. Er, Sigmund Freud, habe den Vater daraufhin gefragt, wie er reagiert habe, und der Vater habe geantwortet: »Ich ging auf die Straße und hob meine Mütze auf.«[12] Er habe diese Szene mit jener anderen kontrastiert, wo Hamilkar Barkas seinen Sohn Hannibal am Altar schwören ließ, an den Römern Rache zu nehmen. Ist es abwegig zu vermuten, daß der junge Freud seither den Vater tief verachtete, daß er jenen Todeswunsch auf den Vater übertrug und daß er nie aufhörte, sich als den jüdischen »Hannibal« im Kampf gegen die Konventionen und Unwahrheiten »unserer«, aber in Wahrheit der »christlichen« Kultur zu sehen?

Ein irisch-katholischer Autor hat in einem interessanten Buch auch den ödipalen Wunsch nach dem Besitz der Mutter aus einer spezifisch jüdischen Erfahrung abgeleitet, nämlich dem Begehren der jungen jüdischen Männer nach Übertretung des machtvollsten aller Tabus, des Heiratsverbots gegenüber der nichtjüdischen Frau, der »schicksa«; dieses spezifisch Jüdische habe Freud durch Universalisierung unsichtbar machen wollen.[13]

Der Psychoanalytiker darf sich nicht dagegen wehren, selbst der Analyse unterworfen zu werden, und die Ergebnisse können erhellend sein, selbst wenn eine »antijüdische« Auffassung spürbar sein sollte, die ja nichts anderes wäre als eine Ausdrucksform der Wechselkritik, die das Wesen des »Liberalen Systems« ausmacht, so gern jedes einzelne Glied dieses Systems die Konflikte zu seinen Gunsten etwas einschränken möchte. Und daher muß es auch erlaubt sein, eine Frage zu stellen, die als »heikel« gilt und die doch wie keine andere in den Kern einer zentralen Problematik führt.

Freud war ohne Zweifel nach seiner Lebensführung und in vielen seiner Auffassungen durchaus ein »Bürger« und sogar ein Bürger in einem recht engen Sinne, sah er doch zum Beispiel noch 1933 eine große Gefahr in der Tatsache, daß sich heute »unkultivierte Rassen und zurückgebliebene Schichten der Bevölkerung stärker vermehren als hochkultivierte«.[14] Aber er verfolgte das »große Kulturexperiment in Rußland« mit beträchtlichem, wenn auch distanziertem und skeptischem Interesse, obwohl er im »Unbehagen« die »Ausrottung der russischen Bourgeois« konstatierte.[15] Aber starken und völlig negativen Anteil nahm er nur an der Tatsache, daß im Lande Goethes und Kants »das Gesindel«, die »Antithese des Logos«, stark wurde und schließlich zur Macht gelangte.[16] Tatsächlich brachten die Nationalsozialisten 1938 seine Existenz in Wien an ein Ende, wenn ihm auch durch machtvolle Interventionen – jedenfalls des Pariser Botschafters der USA William Bullitts und vermutlich auch Mussolinis – das Schlimmste erspart blieb, so daß er mit seiner Familie nach England emigrieren und dort wenig später, im September 1939, »in Freiheit sterben« konnte, wie er es gewünscht hatte.

Aber die russische Bourgeoisie war »ausgerottet« worden, bevor in Deutschland Juden auch nur zur Emigration gezwungen wurden; und jene Klassenausrottung war in der europäischen Geschichte bis dahin singulär. Freud empfand also viel weniger Solidarität mit den Bürgern, zu denen er gehörte, als mit den Juden, zu denen er ebenfalls gehörte. Zu fragen ist, ob in dieser unterschiedlichen Haltung eine reale Differenz zum Ausdruck gelangte oder ob man dem Freud von 1933 einen Ethnozentrismus im moralischen Urteil zuschreiben muß, dem möglicherweise ein Ethnozentrismus in den verborgenen Untergründen der wissenschaftlichen Theorie entsprechen würde.

Freud legte lange Jahre größten Wert auf die Beziehung zu dem fast zwei Jahrzehnte jüngeren Schweizer und Pfarrerssohn *Carl Gustav Jung*, und zwar gutenteils gerade deshalb, weil Jung ihm nicht durch »Rassenverwandtschaft« nahe stand.[17] So machte er den kaum Fünfunddreißigjährigen zum ersten Präsidenten der »Internationalen Psychoanalytischen Vereinigung« und wollte ihn feierlich zum »Kronprinzen« küren. Aber Jung, damals Oberarzt an der psychiatrischen Klinik »Burghölzli« in Zürich, empfand bald große Bedenken gegen die zentrale Bedeutung, die Freud dem Sexuellen und den persönlichen Kindheitserfahrungen zuschrieb, und nach seinem endgültigen Bruch mit Freud im Jahre 1913/14 entwickelte er die Konzeption der »Archetypen«, das heißt des Vorrangs des »kollektiven Unbewußten«, das der Menschheit als solcher zugehört, wenngleich in vielfältigen Differenzierungen und Konkretisierungen, eines Unbewußten, das den Freudschen Kindheitserfahrungen und -traumata weit vorausliegt und gleichsam ein unterirdisches Meer ist, aus dem die Mythen und Märchen der Völker hervorgegangen sind und mit dem jedes Individuum um so enger verbunden ist, je weniger die Rationalität als das Tagesbewußtsein in ihm gefestigt ist. Wenn Jung nun die »Selbstwerdung« oder »Individuation« das Ziel der einzelmenschlichen Entwicklung sein läßt, so ist damit nicht die Ausbildung der »rationalen Persönlichkeit« gemeint, die sich von den Kräften des Unbewußten abgetrennt hätte, denn das würde eine Verdorrung und Erstarrung bedeuten, sondern vielmehr eine Integration des Rationalen mit dem Irrationalen, die zum Beispiel im Mann die »Anima« stark sein läßt, das Sehnsuchtsbild der Frau, das er in sich hat, ganz wie die Frau ihren »Animus« besitzt. Weit stärker und früher als Freud hat sich Jung der Welt der urzeitlichen Mythen und Religionen zugewandt, und wenn dort von einer »Geschwisterehe« unter Göttern die Rede ist, etwa von derjenigen zwischen Zeus und Hera, dann sah er darin nicht wie Freud Spiegelungen realer Inzestwünsche, sondern die Wahrnehmung kosmischer Bezüge, und von hier aus schuf er sich auf eigenartige Weise eine verwandelte Form des christlichen Kindheitsglaubens, den er in dessen orthodoxer Gestalt früh verloren hatte.

Ein sehr bemerkenswertes Zeugnis seiner Lehre von den »Archetypen« und von der Hochschätzung der religiös-mythologischen Deutung und Erklärung historischer Ereignisse ist der Artikel über »Wotan«, den er 1936 in der »Neuen Schweizer Rundschau« veröffentlichte und der den deutschen Nationalsozialismus zum Thema hat, freilich nicht *nur* den deutschen Nationalsozialismus, denn gleich zu Anfang wird die allgemeine

Situation der Nachkriegszeit folgendermaßen charakterisiert: »... ein wahrer Hexentanz phantastischer Umstürze, Landkartenveränderungen, Rückgriffe politischer Art auf mittelalterliche und antike Vorbilder, Staaten, welche Völker aufsaugen und mit absolutem Totalitätsanspruch alle früheren theokratischen Versuche in dieser Hinsicht bei weitem übertrumpfen, Christen- und Judenverfolgungen, politische Massenmorde und schließlich noch ein fröhlicher Piratenüberfall auf ein friedliches Halbkulturvolk.«[18] Offenbar hat Jung sowohl den Bolschewismus wie den Nationalsozialismus wie den italienischen Faschismus besonders im Auge, und gegen Ende kommt er ausdrücklich auf alle drei Regime zurück, wenn er sagt, der nationale Gott habe das Christentum auf breiter Front angegriffen, »ob er sich in Rußland Technik und Wissenschaft, in Italien Duce und in Deutschland ›Deutscher Glaube‹ oder ›Deutsches Christentum‹ oder Staat nennt«.[19] Aber die »punkto Geschmack und Intelligenz erbarmungswürdige Gottlosenbewegung« und den »geistigen Tiefstand der ›wissenschaftlichen‹ Reaktion« in Rußland tut er mit wenigen Worten und der Begründung ab, schließlich habe ja auch hier einmal das »19. Jahrhundert mit seiner ›wissenschaftlichen‹ Aufklärung« anbrechen müssen.[20]

Das faszinierende Phänomen ist für Jung offenbar Deutschland, genauer gesagt die Tatsache, daß »in einem eigentlichen Kulturlande ... ein alter Sturm- und Rauschgott«, nämlich Wotan, zu neuer Tätigkeit erwachen konnte. Er sei bereits in der Jugendbewegung mit ihrem unruhigen Wandertrieb lebendig geworden und »1933 wanderte man nicht mehr, sondern man marschierte zu Hunderttausenden«.[21] Aber dieses »Rauschen im Urwald des Unbewußten« hätten bereits vorausahnend Nietzsche, Schuler, Stefan George und Klages aufgefangen, und insbesondere Nietzsche habe dem »Sturm- und Brausegott, dem Entfeßler der Leidenschaften«, welcher eine »Urverwandtschaft« sowohl mit Christus wie mit Dionysos aufweise, in unvergeßlichen Versen eine Stimme verliehen.[22] Gewiß könne man mancherlei ökonomische, politische und psychologische Faktoren anführen, die zur Erklärung des Nationalsozialismus beitrügen, aber die »wohlgemeinte, menschlich-allzumenschliche Vernünftigkeit« ist nach Jung nicht entfernt in der Lage, das Phänomen begreifbar zu machen: »Ich wage sogar die ketzerische Behauptung, daß der alte Wotan mit seinem abgründigen und niemals ausgeschöpften Charakter mehr vom Nationalsozialismus erklärt als alle drei vorgenannten vernünftigen Faktoren zusammen.«[23]

Was in Deutschland zu beobachten ist, ist »Ergriffenheit«, und dem steht der Nichtdeutsche im allgemeinen fremd und verständnislos gegenüber. Er wird allenfalls von »Besessenheit« sprechen und könnte dann in der Beschreibung zu demselben Ergebnis kommen wie Jung selbst: »Deutschland ist ein geistiges Katastrophenland, wo gewisse Naturtatsachen immer nur einen Scheinfrieden mit der Weltherrscherin Vernunft eingehen. Der Widersacher ist ein Wind, der aus Asiens Unendlichkeit und Anfänglichkeit, in breiter Front von Thrazien bis Germanien, nach Europa hineinbläst . . . ein elementarischer Dionysos, der apollinische Ordnung durchbricht.«[24] »Wotan« ist also eine Verkörperung der »triebmäßig-emotionalen« und der »intuitiv-inspirierenden Seite« des Unbewußten. Wie soll Wotan aber ein ausschließlich »deutscher« Archetyp sein, da Jung ihn doch offenbar als einen Vorreiter »Asiens« betrachtet und da er als Beispiel eines lebendigen Gottes, in dessen Hände zu fallen von jeher »furchtbar« war, ausdrücklich auch Jahwe nennt? Erlebt nicht vielmehr in den nationalsozialistischen Deutschen das urälteste Menschheitserbe seine Wiedergeburt?

Es ist nicht zu verkennen, daß diese Interpretation sehr ambivalent ist. Einerseits spricht Jung wie ein schweizerischer »Außenstehender«, der sich vor dem fremdartigen Phänomen sozusagen bekreuzigt. Andererseits sieht der tiefenpsychologische Mythendeuter in ihm die schweizerische und westeuropäische »Vernünftigkeit« anscheinend als eine oberflächliche und flache Gestalt des Menschseins an, und es wäre nicht allzu verwunderlich, wenn er Rilkes Vers von 1914 zitierte »Heil mir, daß ich Ergriffene sehe«.

Tatsächlich hatte Jung 1933 und 1934 nicht bloß bei jüdischen Beobachtern den Eindruck erweckt, er sympathisiere mit dem Nationalsozialismus, ja er unterstütze ihn sogar in seiner Eigenschaft als Präsident der »Internationalen Gesellschaft für ärztliche Psychotherapie«. So unterstrich er im Zentralblatt dieser Vereinigung die »längst bekannten Verschiedenheiten der germanischen und der jüdischen Psychologie«[25], und man konnte mit gutem Grund vermuten, daß er dabei vornehmlich die Psychoanalyse Freuds und seine eigene »analytische Psychologie« im Auge hatte. Und es klang zweifellos ganz positiv, wenn er in diesem Zusammenhang von der »gewaltigen Erscheinung des Nationalsozialismus« sprach, »auf den eine ganze Welt mit erstaunten Augen blickt«.[26]

Aber wenn er dem »arischen Unbewußten« ein höheres Potential als dem jüdischen zuschrieb, dann erblickte er darin »den Vorteil und den Nachteil« einer »dem Barbarischen noch nicht völlig entfremdeten Jugendlichkeit«.[27] Und schon 1918 hatte er eben diese Doppeldeutigkeit der Realität folgendermaßen zu Wort gebracht: »Je mehr die unbedingte Autorität der christlichen Weltanschauung sich verliert, desto vernehmlicher wird sich [bei den Deutschen] die ›blonde Bestie‹ in ihrem unterirdischen Gefängnis umdrehen und uns mit einem Ausbruch mit verheerenden Folgen bedrohen . . . Meines Erachtens besteht nun dieses Problem für den Juden nicht. Er hatte schon die antike Kultur und hat obendrein noch die

Kultur seines Wirtsvolkes erworben ... Er ist domestiziert in höherem Maße, aber in arger Verlegenheit um jenes Etwas im Menschen, das die Erde berührt, das von unten neue Kraft empfängt, um jenes Erdhafte, das der germanische Mensch in gefährlicher Konzentration in sich birgt.«[28]

Man braucht sich nur der Aussagen Aaron David Gordons und anderer Zionisten über die jüdischen »Luftmenschen« zu erinnern, um zu der Feststellung zu gelangen, daß bei Jung kein »Antisemitismus« vorliegt. Seine Geschichtsdeutung läuft vielmehr darauf hinaus, in den Juden als den Vertretern von Zivilisation, Geistigkeit, Modernität und Großstädtertum die Verkörperung einer allgemeinen Tendenz zu sehen und in den Deutschen die Verkörperung des Barbarischen und Irrationalen, aber eben damit auch der Jugendlichkeit und des Schöpferischen. Walther Rathenau hatte eine ganz ähnliche Auffassung vertreten, aber Adolf Hitler war bloß in der Polemik seiner Feinde ein besessener »Teppichbeißer«, nach dem Ausweis seiner Tischgespräche und vieler anderer Äußerungen jedoch ein Enthusiast der Technik und ein aufgeklärter Verächter alles Religiösen und Mythologischen.

Jung war sich dieser Paradoxien anscheinend nicht bewußt. Aber mit bloßer Kriegspropaganda gegen die deutschen »Barbaren« und »Verbrecher« ließ sich seine Auffassung so wenig vereinbaren wie diejenige Rathenaus oder Mannheims und im Grunde sogar diejenige Blochs. Wenn die Spannungen der Zeit zu einem Zweiten Weltkrieg führen würden, dann würde es in diesem Kampf um weit mehr gehen als um Grenzen, Rohstoffe und Machtverteilungen. Fast alle Geschichtsdenker der Zwischenkriegszeit gelangten bis in das Grenzgebiet der Ideologien und damit zu Stellungnahmen innerhalb der politischen Auseinandersetzungen der Zeit, aber als Denker stellten sie doch unter Beweis, daß Ideologien etwas anderes sind als bloß Artikulationen von »falschem Bewußtsein«, sondern Zwischengebiete im Ringen um das geschichtliche Selbstverständnis der Menschen in ihrer jeweiligen Zeit, Zwischengebiete, die nicht nur dem politischen Willen, sondern auch dem philosophischen Denken benachbart sind und deren Grenzen daher überschritten werden können.

ERSTER KREIS ABERMALS

Der Zweite Weltkrieg
und der ambivalente Sieg des »jüdischen Messianismus«

Ich habe das Kapitel des »Ersten Kreises«, zu dem ich nun zurückkehre, »Europa und die Welt 1917 bis 1939«, mit den Worten geschlossen, vor dem Ausbruch des Zweiten Weltkrieges sei die weltpolitische Situation weit mehr als vor 1914 »in sich geschichtsphilosophisch« gewesen, weil in ihr »Ideologie-Staaten« vorhanden gewesen seien, welche schroff entgegengesetzte Geschichtsdeutungen vertreten hätten und doch mit dem Stalin-Hitler-Pakt zur überraschendsten aller Inversionen gelangt seien. Gleichwohl ist jetzt zunächst die Tatsache hervorzuheben, daß man die politischen und militärischen Ereignisse des Zweiten Weltkrieges nahezu vollständig darstellen kann, wenn man diesen Krieg als eine Wirkung des deutschen Revisionismus ansieht. Ein nicht-revisionistisches Deutschland wäre von niemandem angegriffen worden, da niemand ihm gegenüber Gebietsansprüche erhob, von einigen chauvinistischen Kreisen in Polen abgesehen.

Wenn man den unwahrscheinlichen Fall außer Betracht läßt, daß dieses nicht-revisionistische Deutschland in einen von anderen Mächten entfesselten Krieg verwickelt worden wäre, etwa in einen englisch-sowjetischen Konflikt, so ist die Frage der Kriegsschuld im Sinne der Urheberschaft *a priori* zu entscheiden: *Wenn* deutsche Streitkräfte von Anfang an in diesem Krieg aktiv wurden, dann konnte nur eine Forderung des deutschen Revisionismus die Ursache sein, gegen welche die anderen, die nicht-revisionistischen Mächte oder einige von ihnen, sich zur Wehr gesetzt hätten. Kriegsschuld in diesem Sinne mußte aber nicht notwendigerweise Schuld in moralischer Bedeutung sein: Es ist im kontrafaktischen Gedankenexperiment vorstellbar, daß Deutschland 1931 versucht hätte, mit Waffengewalt die frei ausgehandelte Zollunion mit Österreich gegen den französischen Widerstand durchzusetzen, und daß nicht bloß Frankreich, sondern alle Weltkriegsgegner Deutschland den Krieg erklärt hätten: dann wäre Deutschland die Ursache des Zweiten Weltkrieges gewesen, aber die moralische Schuld hätte auf der Seite der Feinde gelegen.

Faktisch begann der Zweite Weltkrieg im September 1939 mit dem Versuch Hitlers, die revisionistische Forderung als berechtigt und den Ausbruch des Krieges als »Schuld der anderen« erscheinen zu lassen, denn seine offiziellen Forderungen gegenüber Polen waren überaus maßvoll und blieben weit hinter den Wünschen sogar der linksdemokratischen Staatsmänner der Weimarer Republik zurück. Aber die Vorgeschichte und die Nachgeschichte sprachen eine andere Sprache, nämlich die Annexion der »Rest-Tschechei« im März 1939 und die Vernichtung der staatlichen Existenz Polens gemäß dem Geheimen Zusatzprotokoll zum sogenannten Stalin-Hitler-Pakt. Der Zweite Weltkrieg begann also mit einer Analogie zu der für Deutschland günstigen Situation des Frühlings von 1918: Das Deutsche Reich befand sich im Krieg mit Frankreich und England, aber im Osten herrschte Ruhe, und es waren sogar weit größere Lieferungen aus Rußland zu erwarten als unter den widrigen Bedingungen des Jahres 1918. Eine positive Änderung lag weiterhin insofern vor, als zwei der ehemaligen Kriegsgegner, nämlich Japan und Italien, nun als Verbündete zu betrachten waren.

Die eigentliche Differenz wurde erst im Juni 1940 sichtbar, als gewissermaßen die Marneschlacht oder die Ludendorff-Offensive nachträglich gewonnen und Frankreich zur Kapitulation gezwungen war, während die Besetzung Dänemarks und Norwegens sowie der ganzen Kanalküste Operationsmöglichkeiten gegen England eröffnete, die den Flotten des Kaisers verschlossen gewesen waren. Nach den Feldzügen gegen Jugoslawien und Griechenland im Frühjahr 1941 war auch die frühere Hegemonie Deutschlands über den Balkan wiederhergestellt, obgleich die Türkei diesmal neutral blieb. Aber da es nicht gelungen war, England im Sommer 1940 durch Versprechungen oder durch die geplante »Operation Seelöwe« zum Frieden zu zwingen, war auch im Sommer 1941 jene scheinbar kleine Grenzzone nicht durchschritten, die Deutschland im Ersten Weltkrieg vom Sieg getrennt hatte.

Die USA hatten sich nämlich unter Führung Roosevelts sehr viel eindeutiger auf die Seite Englands gestellt, als sie es von 1914 bis 1916 getan hatten, und sie führten auf den Weltmeeren beinahe so etwas wie einen unerklärten Krieg gegen Deutschland. Vor allem aber herrschte im Osten nicht deshalb Frieden, weil Rußland besiegt war, sondern eine militärische Großmacht war in der Lage, Deutschland von einem Tag auf den anderen durch Einstellung der Lieferungen entscheidend zu schwächen oder sogar durch einen Überraschungsangriff gegen die rumänischen Ölfelder zu weiterer Kriegführung unfähig zu machen. Unter dem Gesichtspunkt der Machtpolitik wäre in dieser Situation ein Krieg gegen die östliche Macht für jedes zur Weiterführung des Krieges entschlossene Regime in Deutschland unvermeidbar gewesen, sofern nicht neue und unbedingt verläßliche Verträge hätten geschlossen werden können.

Es ist daher töricht, von einem »Überfall« zu sprechen, solange nicht zwingend nachgewiesen ist, daß Stalin zu solchen Verhandlungen bereit war und daß die kolossale Massierung von Truppen im westlichen Grenzgebiet tatsächlich nur Verteidigungszwecken diente. Die deutsche Offensive war weitaus erfolgreicher als 1915/16, und sie führte die deutschen Truppen bis vor die Tore Moskaus. Aber auch sie konnte jenes Grenzgebiet vor dem Triumph nicht durchstoßen, das im Ersten Weltkrieg gegenüber Frankreich unbezwungen geblieben war, und Hitler versäumte es aus Gründen, die machtpolitisch nicht erklärbar sind, mit dem ganzen Gewicht seiner zu diesem Zeitpunkt unermeßlichen Autorität von den verbündeten Japanern die Eröffnung jener »zweiten Front« im Fernen Osten zu verlangen, welche mit hoher Wahrscheinlichkeit zum Sieg geführt haben würde. Statt dessen faßte Japan den selbstmörderischen Entschluß, die USA anzugreifen und damit das größte industrielle Potential der Welt gegen sich und Deutschland zu mobilisieren.

Vom Dezember 1941 an war der Krieg zu einem genuinen Weltkrieg geworden, anders als der Erste, der im Grunde ein europäischer Krieg war und den die Vereinigten Staaten mehr durch das moralische Gewicht ihres Eingreifens als durch tatsächliche Anstrengungen zur Entscheidung gebracht hatten. Jetzt standen die militärischen und industriellen, aber nicht »kontinentalen« Weltmächte Deutschland und Japan, unterstützt von der Großmacht Italien, im Krieg gegen die aktuell-militärische Kontinentalmacht Rußland, die potentiell-militärische Kontinentalmacht USA und gegen das englische Weltreich. In der Mitte des Jahres 1942 waren aber auch Deutschland und Japan zu »Kontinentalmächten« geworden, freilich nicht zu »etablierten«, sondern zu erobernden Kontinentalmächten, die mit der Feindseligkeit der Bevölkerungen in den besetzten Gebieten rechnen mußten und die deren Ressourcen nur in begrenztem Maße auszuschöpfen vermochten. Im Winter 1942/43 senkte sich mit der Kapitulation der deutschen Sechsten Armee in Stalingrad, der Landung der Amerikaner in Nordafrika und den ersten großen Erfolgen der USA im Fernen Osten die Waage endgültig zugunsten der »Alliierten«.

Aber erst um die Jahreswende 1944/45 gelang den Amerikanern und den Russen dasjenige, was ihnen während des Ersten Weltkrieges nicht gelungen war, nämlich der definitive Einbruch in das Reichsgebiet. Am 8. Mai 1945 kapitulierte die deutsche Wehrmacht bedingungslos, und der Oberste Kriegsherr ging nicht, wie der letzte Kaiser, ins Exil, sondern beging Selbstmord. Daß die Japaner ebenfalls kapitulieren würden, stand damit außer Zweifel, aber der faktische Vollzug ließ auf sich warten, bis die ersten »Atombomben« zum Einsatz gelangt waren, so daß die wichtigste Konsequenz des Zweiten Weltkrieges für aller Augen sichtbar wurde, nämlich das Auftauchen von Waffen bzw. technischen Mitteln von unerhörter Zerstörungs- und Wirkungskraft, und ein kluger Beobachter hätte vermutlich vorhersagen können, daß aus der Kombination der deutschen Raketenentwicklung und der amerikanischen Nukleartechnik das eigentlich Neue der Nachkriegszeit entstehen würde.

Aber sogar dann, wenn der Krieg nur in dieser machtpolitischen und militärischen Perspektive gesehen wird, ist ihm ein ideologisches Moment immanent. Schon der deutsche Revisionismus hatte einen anderen Charakter, als ihn die deutsche Selbstbehauptung im Ersten Weltkrieg gehabt hatte. Wenn man von den Träumereien einiger Alldeutscher absieht, war Friedrich Naumanns Konzept eines deutschbestimmten »Mitteleuropa« das Maximum der Veränderungswünsche, und man konnte diesem Maximum ein erhebliches Maß an Vernunft schwerlich absprechen. Aber als im Herbst 1938 das Abkommen von München geschlossen war, da verfaßte Deutschlands bekanntester Geopolitiker, der Lehrer von Rudolf Heß und ehemalige General Karl Haushofer für seine Zeitschrift einen »Geopolitischen Erntedank 1938«, und darin war gewiß auch von den herrlichen Möglichkeiten des neuen Großdeutschen Reiches die Rede, nun »die Großstädte zu entgiften, sie sonnig, weit und grün zu gestalten, mit lichten Hallen, mit Bauten auszustatten, die Europas bedeutendste Köpfe zu wahrem Völkerfrieden einen«, aber weit bemerkenswerter war, daß Haushofer von der »Wiedergutmachung einer geopolitischen Sünde« sprach, und diese Sünde bestand für ihn darin, daß vor anderthalbtausend Jahren die Markomanen die Waldfestung Böhmen verlassen hätten, so daß »ein Fremdvolk« in die Herzkammer Europas nachdrängte.[1] Die Konsequenz konnte nur lauten, daß dieses Fremdvolk, die Tschechen, unterworfen und assimiliert, vielleicht sogar vertrieben werden müßten, um dem Willen der Erde zu entsprechen.

Haushofer rechtfertigte also *ante festum* den Einmarsch in Prag und die Verwandlung des Staates der Tschechen in ein deutsches Protektorat. Als der Krieg ausgebrochen war, gab Carl Schmitt in seiner Schrift »Völkerrechtliche Großraumordnung mit Interventionsverbot für raumfremde Mächte« eine ausführliche Begründung dessen, was in seinen Augen »die nächste Phase« der Weltgeschichte sein mußte, nämlich die Bildung von relativ autarken Großräumen, die um ein »Reich« zentriert und gerade nicht »imperialistisch« sein würden, da nicht ein abstrakter und maßloser Machtwille leitend sein würde, sondern die Faktizität geographischer Bildungen und kultureller Gegebenheiten. Natürlich hatte Schmitt in erster Linie ein von Deutschland beherrschtes Europa im Auge, das die bisherigen

Einmischungen »raumfremder« Mächte, insbesondere der USA und auch Englands als des Mittelpunktes eines weitzerstreuten Weltreiches zurückweisen würde, weil es die universalistisch-moralistischen Begründungen etwa der Völkerbundidee als hinterhältige Machtmittel durchschaut hätte. Damit würde Deutschland, zu einem genuinen »Reich« geworden, nur seine eigene Version der amerikanischen »Monroe-Doktrin« entwickelt haben, und inneneuropäische Kriege würde es hinfort nicht mehr geben.

Auf seine Weise forderte Schmitt in der Tat für Deutschland dasselbe, was Stead und Brooks Adams vor dem Ersten Weltkrieg für die USA verlangt oder vorhergesehen hatten und was die Japaner um die gleiche Zeit als »großostasiatische Wohlstandssphäre« zu verwirklichen suchten. Aber wenn Schmitt auch von der »politisch-weltanschaulichen Idee« sprach, die solche Großräume durchherrschen müsse, gelang es ihm doch nicht, eine Idee zu artikulieren, die auf ähnliche Weise einen missionarischen Charakter besessen hätte wie die Ideen der »Demokratie« und des »Sozialismus« und die daher das tiefeingewurzelte Streben der europäischen Völker nach politischer Selbständigkeit von innen heraus hätte überwinden können. Das gleiche galt für jene Theoretiker, die nicht den Raum, sondern »das Blut« in den Vordergrund stellten und die germanische Rassenverwandtschaft als Seinsgrund des künftigen Europa betrachteten.[2] Es sind ernste Zweifel erlaubt, ob auch nur die »europäischen Freiwilligen« der Waffen-SS sich unter dem Banner der geopolitischen oder der biologischen Idee zusammengefunden haben würden. So gewiß das Niveau von Carl Schmitts Ausführungen weit höher ist als dasjenige der Schriften von Heinrich Claß und Bernhardi, so betraf letzten Endes die Frage doch auch ihn, ob nicht Deutschland nur den Willen zur Ausdehnung und Eroberung statt einer genuinen Missionsidee in das weltpolitische Spiel einzubringen vermochte.

Wirklich bewegend war für die Masse der Deutschen nach wie vor das Empfinden nationaler Genugtuung als Ausgleich der nationalen Demütigung, ein Empfinden, das nach dem Sieg über Frankreich mindestens für Augenblicke so gut wie alle Deutschen vereinte, und zwar von Adolf Hitler bis in die Reihen der Emigranten hinein. Aber soweit der Zweite Weltkrieg ein globaler Machtkampf war, wurde er von deutscher Seite mit einem bemerkenswert geringen Aufwand an Haß geführt, und das wurde nicht nur in den Kämpfen Rommels mit den Engländern um den östlichen Teil Nordafrikas deutlich.

Den Polen und den Tschechen, ja sogar den verbündeten Italienern gegenüber verhielt sich indessen auch die Masse der deutschen Soldaten geringschätzig, von Russen und Ukrainern nicht zu reden, und die Engländer wurden durch Deutschland in tödliche Gefahr gebracht, so daß viele von ihnen die Ahnung ankam, ihr Empire würde verlorengehen, zumal jener »vierte Grundtatbestand«[3], anders als im Ersten Weltkrieg, sich diesmal zu einem erheblichen Teile zugunsten Deutschlands auswirkte. Zwar hatte Deutschland sich keineswegs an die Spitze der »unterdrückten Völker«, das heißt der künftigen »Dritten Welt« gestellt, sondern Hitler war bekanntlich ein aufrichtiger Freund und Bewunderer des imperialen Englands, aber der Zwang der Umstände führte dahin, daß nicht nur die Araber mit Deutschland sympathisierten, sondern daß auch der populärste der anti-englischen Revolutionäre in Indien, Subhas Chandra Bose, auf die deutsche Seite trat. »Haß« empfindet in der Regel der Angegriffene und Bedrängte stärker als der Angreifer, und so finden sich in den Reden Churchills Ausbrüche eines solchen Hasses gegen »Nazis« und Deutsche, daß Hitlers Schimpfreden über den »Säufer Churchill« sich harmlos ausnehmen.

Der Haß der Amerikaner mußte noch eigenartiger, aber kaum weniger gut begründet sein als derjenige der Polen und der Engländer. Man hatte den Ersten Weltkrieg gegen den »preußischen Militarismus« und die »Junker« geführt, und nun schienen diese reaktionären Phänomene in verschlimmerter Form wiederauferstanden zu sein, so daß die Anstrengungen und Opfer vergeblich gewesen waren. Vor allem fehlte es nicht an Empfinden dafür, daß jener zweite Grundtatbestand der Zwischenkriegszeit, die eigene Wilsonsche und demokratische Überzeugung, den Karthagofrieden verhindert und damit die zweite Aggression Deutschlands erst möglich gemacht hatte. Diese tiefe Erbitterung mußte auch extreme Ausdrucksformen finden oder sich darin wiedererkennen. Deshalb ist es angebracht, die Schrift von Theodore N. Kaufman wenigstens zu erwähnen, obwohl vor einiger Zeit in den »Vierteljahrsheften für Zeitgeschichte« von Wolfgang Benz nachgewiesen worden ist, daß die nationalsozialistische Propaganda die Bedeutung des Verfassers weit übertrieb.

Das bemerkenswerte an dieser nur noch selten gelesenen Broschüre ist nicht allein die Tatsache, daß hier mit großem Nachdruck die physische Ausrottung des insgesamt schuldigen deutschen Volkes verlangt wird, freilich durch das »humane« Mittel der Massensterilisation, sondern daß ein solcher Ausbruch tödlichen Hasses gegen eine kriegführende Nation im Jahre 1940 in den offiziell neutralen USA erscheinen konnte. Noch bemerkenswerter ist, daß die Kronzeugen für das Verdammungsurteil fast ausschließlich Treitschke und Nietzsche sind und daß als Opfer der »unutterable German atrocities« die »Österreicher, Tschechen, Polen, Franzosen, Holländer, Norweger und Belgier« und an einer Stelle auch englische

Frauen und Kinder genannt werden, die nach der Versenkung eines Schiffes von den Deutschen durch Abwurf von Brandbomben auf die ölgetränkten Wellen »lebendig geröstet« worden seien.[4] Und so unbedeutend der Verfasser als solcher war, so unverkennbar ist doch eine gewisse innere Verwandtschaft mit jenem späteren Plan eines amerikanischen Ministers, der die Deutschen dadurch harmlos zu machen gedachte, daß er ihr Land vom industriellen auf den agrarischen Zustand zurückbringen und damit Dutzenden von Millionen die Lebensmöglichkeit nehmen wollte.

Daß auch idealistische Engländer Deutschland ein Schicksal zudachten, das schlimm genug gewesen wäre, obwohl keine Massenvernichtung vorgesehen war, stellt das 1942 erschienene Buch von G. D. H. Cole »Europe, Russia, and the Future« unter Beweis. Cole faßt nämlich sehr kühl die Möglichkeit ins Auge, daß Deutschland ebenso wie Osteuropa zum Teil einer vergrößerten UdSSR gemacht wird. Dabei ist für ihn allerdings nicht ein Strafwunsch leitend, sondern die Überzeugung, daß die Sowjetunion, trotz mancher Grausamkeiten Stalins, als sozialistisches Land eine höhere Stufe der geschichtlichen Entwicklung verkörpert als der von restriktiven und monopolistischen Cliquen beherrschte Kapitalismus des Westens. Diese Sympathie hat also sehr wesentlich mit der Tatsache zu tun, daß in Rußland »die alten höheren und mittleren Klassen vollständig verschwunden«, das heißt ausgerottet sind, denn in diesem »clean sweep« erblickt Cole offenbar die Voraussetzung dafür, daß die bisherigen Nationalstaaten endlich ihre Souveränität verlieren und in größeren Gebilden aufgehen, denn die modernen Produktionsformen verlangen eine solche Ausweitung, die etwa ein geeintes Europa neben eine um Indien zentrierte Staatengruppe und ein »chinesisch-japanisches Reich« stellen würde. Insofern scheint Cole ganz ähnlich zu denken wie Carl Schmitt, aber der Begründer des »Gildensozialismus« sieht alle diese Großräume als »Sowjetrepubliken«, und er ist davon überzeugt, daß sie in ihrem Inneren durch Basisdemokratie und »Nachbarschaften« bestimmt sein werden.[5]

Wie mächtig die »sozialistische Denkströmung« im Westen war und wie sonderbar es mithin um die »kapitalistischen Mächte« bestellt war, läßt sogar ein ebenfalls 1942 erschienenes Buch erkennen, das nicht von einem Sozialisten, sondern von einem bedeutenden Nationalökonomen stammt, nämlich Joseph Alois Schumpeters »Kapitalismus, Sozialismus und Demokratie«. Auch Schumpeter schreibt dem Kapitalismus wenig Zukunftsmöglichkeiten zu, und er erklärt es für ausgeschlossen, daß dieses System in fünfzig Jahren noch existieren wird. Die Ursache dafür ist für Schumpeter die Tendenz zur Selbstzerstörung, die teils objektiv begründet ist, teils aber auch in der Existenz jener Linksintellektuellen zu suchen ist, welche die

Massen gegen die antiheroische, bloß rationalistische und deshalb zur Verteidigung unfähige Bourgeoisie führen. Zwar übersieht er die Fähigkeit des Systems zur Integration feindlicher Kräfte nicht, aber auch er hält eine »Russifizierung Kontinentaleuropas« nebst »Austilgung der oberen Schichten« immerhin für möglich[6], nicht anders als Cole, jedoch ohne innere Zustimmung.

Aber 1942 konnten in Amerika und England auch Bücher erscheinen, welche die USA trotz des Kriegsbündnisses mit der Sowjetunion in einem ideologischen Zweifrontenkampf begriffen sahen, nämlich im Kampf gegen die totalitären Systeme, welche auf die Vernichtung eines »Erzfeindes« ausgerichtet sind, ob es sich nun um Feinde der Nation oder um Feinde der Klasse handelt. Ich nenne als Beispiel Sigmund Neumanns »Permanent Revolution« als eine der frühesten Darlegungen der »Totalitarismustheorie« – wie Schumpeters Buch also das Werk eines Emigranten aus Deutschland. Zwar stellt Neumann überwiegend den Nationalsozialismus in den Vordergrund, und vielleicht hätten Cole und die anderen sowjetfreundlichen Intellektuellen zugestimmt, wenn er ihn als »die große Revolte gegen den Westen und alle westlichen Werte« definiert[7], aber an mehreren Stellen wird doch augenfällig, daß Neumann auch die Sowjetunion dem Begriff der totalitären Diktatur subsumiert.

So ist aller Vermutung nach eine Unterstützung der Kriegsanstrengungen beabsichtigt, wenn Neumann gegen Ende schreibt, die Diktatoren griffen die Grundlage der menschlichen Existenz an, nämlich individuelle Verantwortung; deshalb müsse ihnen Widerstand geleistet werden und kein Kompromiß sei möglich.[8] Aber wenn Stalin das Buch gelesen hätte, würde er es zweifellos für eine antikommunistische Attacke erklärt haben, welche die Zukunft des Kriegsbündnisses in zweifelhaftem Licht erscheinen lasse. Und Neumann befand sich so wenig im Elfenbeinturm wie Cole: Harry Truman, der 1944 Vizepräsident der USA wurde, hätte seine Grundauffassungen in Neumanns Buch bestätigt gesehen und Franklin Delano Roosevelt die seinen immerhin partiell in demjenigen von Cole.[9]

Aber so gewiß mit dem deutschen Revisionismus und seiner Ausweitung zum Lebensraumprinzip und zur Rassenlehre in Zustimmung und Widerstand starke Emotionen und ideologische Vorstellungen verknüpft waren, so gewiß war der Zweite Weltkrieg doch nur insoweit ein ideologischer Kampf auf Leben und Tod, als es sich um Bolschewismus und Antibolschewismus und in einem umfassenderen Sinne um Marxismus und Antimarxismus handelte. Wenn die Slawen als minderwertig galten, dann konnte kein einziger Pole auf seiten der Deutschen stehen; aber wenn ein Kampf gegen den Bolschewismus geführt wurde, dann konnten sich zahlreiche Polen den deutschen, genauer gesagt den antibolschewistischen Heeren anschließen. Die Internationalität der anderen Seite stand erst recht außer Zweifel, und während der Weimarer Zeit war es die allgemeine Überzeugung gewesen, daß bei einem Krieg westlicher Mächte gegen die Sowjetunion hinter der Front große Aufstände ausbrechen würden.

Hitler hörte in einem Teil seines Herzens nie auf – um eine Charakterisierung Trotzkis aus dem Jahre 1922 zu verwenden –, sich als den »Ober-Wrangel der Weltbourgeoisie«[10] zu betrachten, positiver ausgedrückt, als den Vorkämpfer der westlichen Welt, freilich nicht des kommerziellen, sondern des imperialen Westens. Man sollte Adolf Hitler die Aufrichtigkeit seines Antibolschewismus und Antimarxismus nicht abstreiten. Es ist nochmals hervorzuheben, daß kaum irgendeine Aussage in seinen Äußerungen, öffentlichen und privaten, von der frühesten bis zur spätesten Zeit so häufig und mit so emotionaler Intensität wiederkehrt wie der Hinweis auf die in Rußland vollzogene und in ganz Europa drohende »Ausrottung der nationalen Intelligenz« durch die Bolschewisten. Nur das eine Jahr des genuinen Ausgleichs mit der Sowjetunion bildet eine Ausnahme, aber die Vermutung ist wohl kaum abwegig, daß schon der »revisionistische Krieg«, wie man ihn nenen könnte, nicht in der bekannten Konstellation ausgebrochen wäre, wenn Hitler nicht geglaubt hätte, England und Frankreich würden sich der Interessen ihrer Weltreiche genügend bewußt sein, um ihm als dem Vorkämpfer des Antibolschewismus nicht zum Vorteil Stalins in den Arm zu fallen.

Spätestens seit dem Besuch Molotows in Berlin im November 1940 wollte Hitler wieder ganz und gar der Antibolschewist sein, der er bis zum August 1939 immer gewesen war. So wurde der Krieg in der Sowjetunion zu einer Art Wiederaufnahme des Bürgerkrieges von 1918–1920, und Hitler war der erste, der sich von den Emotionen dieses Bürgerkrieges abermals ergreifen ließ. Bolschewismus sei »asoziales Verbrechertum« und der Kommunismus bilde eine ungeheure Gefahr für die Zukunft, sagte er am 30. März 1941 in einer Rede vor Generälen: »Der Kommunist ist vorher kein Kamerad und nachher kein Kamerad... Der Kampf muß geführt werden gegen das Gift der Zersetzung ... Kommissare und GPU-Leute sind Verbrecher und müssen als solche behandelt werden.«[11] Aus dieser Einstellung ging der »Kommissarbefehl« mit großer Konsequenz hervor, und auch zahlreiche Generäle gaben zu erkennen, daß die Emotionen der russischen und deutschen »Bürgerkriegszeit« in ihnen nicht viel weniger lebendig waren als in Hitler selbst. Wer hätte in der Tat während dieser Jahre – sei es auf »roter«, sei es auf »weißer« Seite – daran gedacht, den Todfeind als »Kameraden« zu behandeln und die zuerst von den

Bolschewiki aufgebrachte Forderung »Tausend von ihnen für einen von uns« grundsätzlich in Frage zu stellen?

Der ideologische Charakter des Krieges in Rußland ist nicht zu bestreiten. Nur er machte es möglich, daß Freiwillige aus fast allen europäischen Staaten im Verband der deutschen Wehrmacht kämpften, daß sich schließlich eine »russische Befreiungsarmee« unter dem Generalleutnant der Roten Armee Andrej A. Wlassow bildete, daß aber auch Stalin die Angst vor einer Wiederkehr der »Herrschaft der Gutsbesitzer« zu seinen Gunsten mobilisieren konnte. Was so lange ein Hauptkapitel der europäischen Geistesgeschichte gewesen war, die Auseinandersetzung zwischen Marxismus und Antimarxismus, schien sich nun in einer Gigantenschlacht von Millionenheeren materialisiert zu haben.

Es sollte nicht unerlaubt sein, sich im kontrafaktischen Gedankenexperiment vorzustellen, was geschehen wäre, wenn Trotzki mit seiner Prophezeiung recht behalten hätte und wenn tatsächlich unter wohlwollender Neutralität der USA und bei Umwandlung des Krieges der Engländer in einen »phony war« ein »reiner« und also übernationaler Bürgerkrieg in Rußland geführt worden wäre. Es kann kein Zweifel sein, daß das Regime der Bolschewiki gestürzt worden wäre, das die marxistische Idee der sozialen Vernichtung der herrschenden Klassen weitgehend in der Form physischer Liquidierung realisiert hatte, zuletzt 1940 durch die Erschießung von fünfzehntausend polnischen Offizieren bei Katyn und an anderen Stellen, und das die sozialistische Idee der Planwirtschaft als Befehlswirtschaft in die Praxis umgesetzt hatte und daß man dann von einer »Rückkehr Rußlands nach Europa« hätte sprechen dürfen.

Aber dieser »reine« Bürgerkrieg fand nicht statt. Er wurde von dem »revisionistischen Krieg«, der zum Krieg einer Nation, ja einer »Rasse«, um »Lebensraum« emporgesteigert worden war, gleichsam umklammert und seiner Wirkungskraft beraubt. Erich Koch führte in der Ukraine gegenüber einer zunächst wohlgesinnten Bevölkerung eine Politik des »mentalen Genozids«, nämlich der Verachtung und gnadenlosen Ausbeutung, durch. Hitler und Himmler verboten die Unterstützung »dieses Russen«, nämlich Wlassows; schon nach kurzer Zeit konnte keinem Russen und keinem Ukrainer mehr verborgen sein, daß der etwaige Sieg der Nationalsozialisten nicht ein »antimarxistischer« Sieg sein würde, sondern ein »deutscher« Triumph, der Rußland keineswegs »nach Europa« zurückführen würde, sondern die uneingeschränkte Herrschaft »germanischer« Herrenmenschen über ein unterworfenes und ausgesogenes Land bedeuten würde.

Letzten Endes waren also die Gedanken und Vorstellungen von Heinrich Claß und Friedrich von Bernhardi wirkungsstärker als diejenigen von

Michels, Simmel und Pareto, und da fast alle Nationen gegen die eine Nation, welche die Weltherrschaft für sich – genauer gesagt für ihre Metamorphose zur »Rasse« – beanspruchte, ins Feld zogen, war die zerschmetternde Niederlage, die jeden weiteren Revisionismus ausschloß, unvermeidbar. Aber diese Niederlage bedeutete nicht den Sieg des Marxismus, denn der Bolschewismus hatte sich nur deshalb behaupten können, weil er den Kern des marxistischen Credos aufgegeben hatte, wenngleich vermutlich nur temporär, nämlich die schroffe Entgegensetzung von »Sozialismus« und »Kapitalismus«. Ohne die Hilfe der USA würde sich Stalins Sowjetunion auch gegen den bloßen Revisionismus der Deutschen nicht behauptet haben. Trotzdem war dieses paradoxe Bündnis von »Sozialismus« und »Kapitalismus« kein bloßer Prinzipienverrat um des Überlebens willen, sondern es kam darin jene innere Verwandtschaft zum Vorschein, die sich in allen Zweigen des Geschichtsdenkens in dem Gegensatz zwischen dem kosmopolitischen Optimismus sowohl des Amerikanismus wie des Marxismus und dem kulturkritischen Pessimismus vieler europäischer Denker dargestellt hatte.

Die Vorkämpfer der »Welteinheit« triumphierten über diejenigen, welche das Hinschwinden von Vielheit und Eigenart beklagten. Aber die große Paradoxie bestand darin, daß die defensive Kulturkritik nur deshalb zu einer aggressiven und »rassischen« Anstrengung gelangen konnte, weil sie wesentliche Merkmale des Feindes übernommen hatte, und daß die »menschheitlichen« Internationalisten keineswegs eine einträchtige »Familie« waren, wie Roosevelt mit wohlwollendem Blick auf »Uncle Joe« meinte, sondern daß der Antagonismus von Marxismus und Antimarxismus nur versteckt, jedoch nicht überwunden worden war.

Hitler hatte schon in seinen frühesten Zeiten diese innere Zusammengehörigkeit der scheinbar feindlichen Mächte, nämlich des »Marxismus« und des »Kapitalismus« wahrgenommen, aber er erkannte nicht, daß die Zusammengehörigkeit nur ihm und seiner Sache gegenüber gegeben war, nämlich dem Nationalismus und dem übernationalen »Rassismus« gegenüber, die für sich absolute Souveränität beanspruchten. Andererseits glaubte er, so unverkennbar »westlich orientiert« zu sein, daß er dieses Zusammenwirken als Ergebnis einer bösartigen Verschwörung auffaßte und wegen seines Dranges zur Anschaulichkeit und zu eindeutigen Kausalbeziehungen auf »den Juden« zurückführte.

Wir haben festgestellt, daß Menschen jüdischer Abkunft infolge ihrer ganz eigenartigen Situation in der Gesellschaft mit ihrem »Fremdheitsblick von innen« im Rahmen des Geschichtsdenkens tatsächlich eine hervorstechende Rolle spielten und daß sie überwiegend, aber keineswegs ausschließlich, auf der Seite des »menschheitlichen« und nicht des »rassischen« Internationalismus standen. Es kann nicht die Sache dieses Buches sein, angesichts der nationalsozialistischen »Judenvernichtung« das Selbstverständliche erneut zu unterstreichen, nämlich Entsetzen und moralische Verurteilung. Es bedarf auch nicht der Versicherung, daß die »kollektivistische Schuldzuschreibung« verwerflich und überdies die Vorstellung mehr als fragwürdig ist, man könne Ideen dadurch beseitigen, daß man die »biologische Basis« ihrer angeblichen »Träger« vernichtet. Innerhalb meiner Fragestellung kann es sich nur um das Problem handeln, ob in der »antisemitischen Agitation« und in den späteren Vernichtungsmaßnahmen etwas zum Vorschein kam, was auf höherer Ebene ebenfalls im Geschichtsdenken faßbar wird.

Hier gilt es, *zwei* Ebenen zu unterscheiden. Man darf die »Judenvernichtung« nicht von ihrer wichtigsten Prämisse trennen, nämlich der Auseinandersetzung von Marxismus und Antimarxismus. Wenn der Bolschewismus wirklich die Realisierung des Marxismus war und wenn Juden mehr als jede andere Gruppe dessen Urheber waren, wenn schließlich ein konsequenter Antimarxismus ebenso radikal sein wollte wie sein Todfeind, dann mußten die Juden (und nicht etwa ein beliebig auszuwählender »Sündenbock«) die Objekte des radikal-antimarxistischen Gegen-Vernichtungswillens werden. Wenn die »revisionistischen Historiker« mit ihrer Behauptung recht hätten, es habe zwar ausgedehnte Deportationen und den Massentod in typhusverseuchten Ghettos gegeben, aber keine »quasi-industrielle Ausrottung«, so wäre Hitler hinter dem aus den Prämissen deduzierbaren Telos des Nationalsozialismus zurückgeblieben.

Aber mit dieser Feststellung ist die eigentliche Ebene des Geschichtsdenkens noch nicht erreicht. Um dorthin zu gelangen, ist es angebracht, eine Aussage des jüdischen Publizisten Kurt Hiller anzuführen, die über die allzusehr betonten Selbstverständlichkeiten und über die allzusehr verdrängten politisch-ideologischen Zusammenhänge weit hinausführt. Er schreibt 1948 in einem Brief an Erik Reger: »Einem Scharfsinnigen . . . den Scharfsinn anzukreiden . . . – das ist freilich seit längerem die große Mode in Deutschland, wo ›der Geist als Widersacher der Seele‹ angeschwärzt worden ist, solange, bis ›die Seele‹, irrational, existenziell oder chthonisch, sich gegen ihn mit der Gaskammer zu verteidigen entschloß.«[12]

Gewiß handelt es sich um eine zugespitzte Formulierung, aber sie läßt eine positive Beantwortung der Frage unanstößig erscheinen, ob nicht gerade das schrecklichste Ereignis des Zweiten Weltkrieges in einem engen Zusammenhang mit dem Geschichtsdenken steht, ob hier nicht eine bestimmte Geschichtsphilosophie, die in der modernen Geschichte nur »Auflösung« und »Zersetzung« wahrnahm, eine andere Geschichtsphilosophie, diejenige des »jüdischen Messianismus«, gewaltsam aus der Welt zu schaffen versuchte und ob in der scheinbar paradigmatischen Aggression nicht etwas Defensives versteckt war, die Verteidigung der überlieferten »Kultur« oder auch der ursprünglichen Instinkte gegen die »Intellektualisierung«, welche eine völlig veränderte Welt herauffiihrt. In diesem Sinne könnte man in metaphorischer Redeweise tatsächlich sagen, »der Jude« habe den Zweiten Weltkrieg gewonnen und die nationalsozialistische Untat gegenüber weithin hilflosen Menschenmassen sei das vergeblichste und sinnloseste Unterfangen der Weltgeschichte gewesen.

Mit dieser Feststellung darf jedoch das Erzählen, das Fragen, das Nachdenken nicht aufhören. »Der Geist« siegte im Jahr 1945, aber er schuf die Atombombe. Die »Seele«, das heißt die überlieferten Gestalten der »Kultur«, erlitt eine gravierende Niederlage, aber sie verschwand so wenig aus der Welt, wie die Vernunft im Menschen Ängste und Sehnsüchte auszutilgen vermag. »Kapitalismus« und »Sozialismus« mußten ihre nur mühsam verhüllte Feindseligkeit wieder entdecken, sobald der gemeinsame Gegner nicht mehr vorhanden war. Der Zionismus sah sich vor einer tief verstörenden Situation und einer überaus wichtigen und folgenreichen Entscheidung. Es war wahrscheinlich, daß Realitäten abermals weit von Ideen abweichen würden und daß die Geschichte weiterhin überraschende Inversionen hervorbringen würde. Das Jahr 1945 verwandelte das Geschichtsdenken nicht in eine permanente Siegeshymne, sondern es mußte ihm im Gegenteil neue Anstöße geben, sobald an die Stelle des »europäischen Bürgerkrieges« ein Konflikt unter den Siegern trat, der als ideologischer Kampf zwischen zwei »Supermächten« zugleich ein »Weltbürgerkrieg« sein würde.

Teil III
1945/47 bis 1963/73

ERSTER KREIS: POLITISCHE GESCHICHTE

Die Spannungsphase des Kalten Krieges 1945/47 bis 1963/73

Als am 8. Mai 1945 auf dem europäischen Kriegsschauplatz die Waffen schwiegen und die Niederlage der noch weiterkämpfenden Japaner bereits absehbar war, da war die Situation der Welt so sehr verändert wie nie zuvor in der neuzeitlichen Geschichte. Nach den napoleonischen Kriegen durfte man mit guten Gründen von der »Restauration« des Staatensystems und der gesellschaftlichen Verhältnisse sprechen, obwohl schwerwiegende Veränderungen wie etwa die Vernichtung der geistlichen Staaten und der Reichsritterschaft nicht rückgängig gemacht wurden, und schon auf dem Friedenskongreß spielte das besiegte Frankreich wieder eine wichtige Rolle, da nicht ein Staat, sondern ein »Usurpator« als besiegt galt. Der Frankfurter Frieden zwischen dem neuen Deutschen Reich und Frankreich bedeutete 1871 eine einschneidende Veränderung innerhalb des europäischen Mächtesystems, nicht aber einen Gewinn oder einen Verlust für die Welthegemonie dieses Systems als solchen. Nach ihrer Niederlage von 1918 konnten die Deutschen mit Stolz feststellen, daß kein feindlicher Soldat vor dem 9. November deutschen Boden betreten habe, und sogar Friedrich Ebert erklärte die heimkehrenden Truppen für »vom Feinde unbesiegt«. Nach einigen sehr schwierigen Jahren zählte Deutschland zum inneren Kreis der Völkerbundmächte, und sein Großmachtstatus war trotz gewisser Einschränkungen seiner Souveränität unbestritten. Rußland hatte durch die Oktoberrevolution von 1917 eine »andere Qualität« gewonnen, doch es wurde nun nicht mehr zu »Europa« gerechnet und zählte sich auch selbst nicht mehr dazu.

Jetzt aber, 1945, war jeder Quadratkilometer deutschen Bodens von fremden Truppen besetzt, und zwar vornehmlich von amerikanischen und sowjetischen; die Städte lagen zu großen Teilen in Trümmern, »der Führer« konnte und wollte nicht ins Exil gehen wie 1918 der Kaiser, sondern er beging Selbstmord; die Reichsregierung, welche die Nachfolge antrat, existierte nur für wenige Wochen. Aber auch Italien war besiegt, und Frankreich im Grunde trotz aller Siegesparaden kaum minder; England hatte bis zur Erschöpfung gekämpft, und seine Weltmachtrolle war ausgespielt, so wenig ihm diese paradoxe Folge des Sieges gleich klar war. Eine genuine Restauration erfuhren nur die kleinen Staaten und ihre geflüchteten Regierungen wie Norwegen, Belgien und die Niederlande – in schroffem Gegensatz zu demjenigen, was G. D. H. Cole und andere Verächter einzelstaatlicher Souveränitäten angenommen hatten.

Kaum ein Buchtitel war nach 1918 bekannter gewesen als »Der Untergang des Abendlandes«, und viele andere Autoren hatten von der Dekadenz oder der Krise Europas gesprochen, wenn sie über den Gang der Geschichte und die gegenwärtige Situation nachdachten. Alle diese pessimistischen Voraussagen schienen sich nun bewahrheitet zu haben; Europa war nicht mehr die Mitte der Welt, und schon gar nicht mehr war Deutschland die Mitte Europas; diese Situation mußte schon als solche für ein konkretes Geschichtsdenken herausfordernd sein; sogar die Frage nach dem »Wesen der Geschichtlichkeit« würde schwerlich ganz von einer geschichtlichen Situation absehen können, die als Zusammenbruch, ja möglicherweise als definitiver Untergang der bisherigen »Welt« in der ganzen Geschichte kaum ein Präzedens zu haben schien.

Aber dieser Gesichtspunkt war derjenige der Besiegten. Ganz anders hörte sich die Stimme der Sieger an. Für die Amerikaner war alles wahr geworden, was Henry Luce, der Herausgeber der wichtigsten Wochenzeitschriften der USA, »Time«, »Life« und »Fortune«, bereits 1941 in einem Artikel geschrieben hatte, dem er die Überschrift »The American Century« gab: »Wir befinden uns *nicht* in einem Krieg zur Verteidigung des amerikanischen Territoriums. Wir befinden uns in einem Krieg, um die sogenannten demokratischen Prinzipien überall in der Welt zu verteidigen, ja zu fördern, zu ermutigen, anzutreiben ... Man fasse das 20. Jahrhundert ins Auge. Es ist *unser* Jahrhundert. Es ist unser nicht nur in dem Sinne, daß wir zufällig in ihm leben, sondern es ist unser, weil es Amerikas erstes Jahrhundert als beherrschende Macht in der Welt ist.« Die weltweite Vorherrschaft in den trivialen Dingen des Lebens konstatiert Luce bereits für die Gegenwart von 1941: »Amerikanischer Jazz, Filme aus Hollywood, amerikanischer Slang, amerikanische Maschinen und patentierte Produkte sind tatsächlich die einzigen Dinge, die jede Gesellschaft in der Welt, von Hamburg bis Sansibar, allgemein anerkennt.«

Ebenso zukunftsvoll soll nach Luce aber ein Umstand sein, der Amerika in einem subtileren Sinne die Nachfolge Europas antreten läßt: »Wir sind die Erben aller großen Prinzipien der westlichen Zivilisation – vor allem der Gerechtigkeit, der Wahrheitsliebe, des Ideals der Wohltätigkeit.« Diese Ideale sollen praktische Impulse sein: »Es ist für uns an der Zeit, die Energiestation zu werden, von der die Ideale sich auf die ganze Welt ausbreiten und ihr geheimnisvolles Werk vollbringen, das Leben der

Menschheit von der Ebene der Tiere zu derjenigen zu erheben, die der Psalmist ein bißchen niedriger als die der Engel nannte.«[1] Was T. W. Stead und Brooks Adams doch erst für eine weitere Zukunft hatten kommen sehen, das war für Luce 1941 zum Greifen nahe, und 1945 schien es eine evidente Tatsache zu sein: die »Amerikanisierung der Welt«. Was für die Zwischenkriegszeit bereits als der zweite Grundtatbestand der Geschichte der Epoche gelten mußte, der die Auswirkungen des ersten, nämlich des deutschen Revisionismus, mitbestimmte und überformte, um dann allerdings bald an Einfluß zu verlieren, das war nun der stärkste aller Faktoren geworden. Im Rahmen einer Berechnung von Gewinn und Verlust waren die USA die eigentlichen Sieger des Zweiten Weltkrieges; sie hatten den Krieg gegen Japan bei relativ geringen Menschenverlusten allein ausgekämpft und gewonnen; und sie hatten den Krieg in Europa fast ausschließlich durch die ungeheuren Massen an Kriegsmaterial entschieden, die sie an die Sowjetunion lieferten und im Luftraum über Deutschland sowie ab Mitte 1944 auf dem Boden zum Einsatz brachten.

Aber die Hauptlast des Kampfes hatte doch die Sowjetunion getragen, und sie hatte die größten Menschenverluste erlitten. Auch sie und gerade sie hatte Ideale, denen sie eine weltweite Bedeutung zuschrieb, nämlich die Auflösung der Staaten und das Heraustreten aller Menschen aus Unterdrückung und Entfremdung, welche dem Sieg des Weltproletariats folgen würden. Sie hatte nicht aufgehört, sich als einen marxistischen Staat zu verstehen, weil sie den Weg des Leninismus gewählt hatte und nun unter der Führung Stalins stand. Aber die tödliche Gefährdung, welche der Sieg Hitlers im Jahre 1933 und die nationalsozialistische Konzeption eines antibolschewistischen »Kreuzzuges« herbeiführten, hatte die KPdSU und die Dritte Internationale ab 1935 veranlaßt, sich einen Begriff des »Antifaschismus« zu eigen zu machen, den sie bis dahin als »bürgerlich« zu bekämpfen gewohnt war, und das Kriegsbündnis mit Amerika und Großbritannien entsprach in etwa diesem Begriff. So hatte Stalin während des Krieges nichts von demjenigen herausgekehrt, was spezifisch kommunistisch war, ja er hatte die Dritte Internationale aufgelöst und sogar eine Art Aussöhnung mit der Orthodoxen Kirche zuwege gebracht. Nur deshalb konnte Franklin D. Roosevelt von der »Familie« der alliierten Staaten sprechen, und Stalin verhielt sich noch für geraume Zeit so, als wenn er der Führer »der Slawen« wäre, die sich endlich und für die Dauer von der Gefährdung ihrer Unabhängigkeit durch die deutschen Unterdrücker befreit hätten. Mithin war jener dritte Grundtatbestand der Zwischenkriegszeit, die Entstehung und Aktivität eines marxistischen Ideologiestaates, welcher dem deutschen Revisionismus die Möglichkeit einer fundamentalen Veränderung gab, zunächst wie verschwunden, während Amerika sein einstiges Zurücktreten vollständig überwunden hatte.

Dennoch verglichen sich die Außenminister der Sowjetunion und der USA bereits im Jahre 1945 gegenseitig mit Hitler, die USA forderten die Sowjetunion mit drohendem Ton auf, ihre Truppen aus den Nordprovinzen des Iran zurückzuziehen, von Forderungen an die Türkei Abstand zu nehmen und in den osteuropäischen Staaten endlich die freien Wahlen zuzulassen, die Stalin in Jalta versprochen hatte. Die Sowjetunion gab zwar in Iran und gegenüber der Türkei nach, setzte aber in Osteuropa und in ihrer deutschen Besatzungszone um so unnachgiebiger ihre Politik fort, welche auf die Etablierung der Alleinherrschaft der kommunistischen Parteien hinauslief. Schon im Mai 1945 verwendete Winston Churchill den Terminus »Eiserner Vorhang«, um die hermetische Abriegelung des riesigen von den Sowjetarmeen besetzten Raumes zu kennzeichnen.

Seit 1947 kam der Begriff »Kalter Krieg« in Gebrauch. 1948 wagte es die ökonomisch weitaus schwächere Sowjetunion, im Gegenzug zu dem Bestreben der Amerikaner, die »Bizone« und das französische Besatzungsgebiet zu einem Staat zusammenzuschließen, über den westlichen Teil Berlins eine Blockade zu verhängen, um den Abzug der Alliierten aus ihren Sektoren der ehemaligen Reichshauptstadt zu erzwingen. Die amerikanische Regierung zog den Vorschlag von General Lucius D. Clay, den Zugang mit Gewalt zu erzwingen, nicht ernsthaft in Erwägung, sondern wählte den Ausweg einer hastig improvisierten »Luftbrücke«. Der Grund lag offenbar darin, daß sie genau dasjenige fürchtete, was in den zwanziger Jahren immer wieder vorhergesagt und erst von Hitler außer Geltung gesetzt worden war: daß hinter den Fronten große Aufstände der kommunistischen Parteien ausbrechen würden – Maurice Thorez hatte ja während des Ringens um die Annahme oder die Ablehnung des Marshall-Plans fast unverhüllt diese Drohung ausgesprochen. Andererseits hatte 1947 Roosevelts Nachfolger Harry S. Truman in seiner Botschaft an den Kongreß vom 12. März, die später »Truman-Doktrin« genannt wurde, mit großer Schroffheit die Welt der »freien Völker« der Welt des totalitären Despotismus entgegengestellt und damit eine Art von ideologischer Kriegserklärung an die Sowjetunion vorgenommen, die allerdings mit dem ganz defensiven Konzept der »Eindämmung« verknüpft war.

Aber bereits gegen Ende des Jahres 1945 hatte Wjatscheslaw Molotow von der Notwendigkeit gesprochen, »die Wurzeln« und nicht bloß, wie man bis dahin sagte, die »Überreste« des Faschismus zu vernichten, und für jeden Unterrichteten war klar, daß für die Sowjetunion nichts anderes die

»Wurzel« des Faschismus war als der Monopolkapitalismus, dessen vollendetste Erscheinungsform das Wirtschaftssystem der USA war. Trotz allem »antifaschistischen Schein« war die ursprüngliche Ideologie mit ihrer Vernichtungsabsicht und waren die Befürchtungen, die auf der Gegenseite daraus hervorgingen, durchaus lebendig, und es wäre daher völlig falsch, in dem »Kalten Krieg« weiter nichts als die Auswirkung jener machtpolitischen Differenzen zu sehen, die so gut wie unvermeidbar sind, wenn eine Koalition den Gegner besiegt hat, welcher sie überhaupt erst hatte entstehen lassen. »Ihr werdet in Polen so gut vernichtet werden, wie in Rußland die Menschewiki vernichtet worden sind«, rief Edward Ochab 1946 im polnischen Sejm dem Führer der westlich orientierten Bauernpartei, dem damaligen stellvertretenden Ministerpräsidenten und bald darauf zur Flucht gezwungenen Stanislas Mikolajczyk zu.

Als 1948 der amerikanische Stadtkommandant von Berlin, Frank Howley, sich einem französischen General gegenüber mit großer Betroffenheit über die unter den Franzosen und Engländern weit verbreitete Mutlosigkeit äußerte, antwortete dieser: »Für Sie ist es sehr leicht, in Ihrer Opposition gegen die Russen fest und stark zu sein, aber vergessen Sie nicht: Wenn die russischen Armeen, wie jedermann annimmt, Frankreich überrollen und wenn es zwei Jahre dauert, bis Ihr Amerikaner kommt, um uns zu befreien, dann werde ich tot sein, dann wird meine Familie tot sein, und dann wird die ganze französische Bourgeoisie ausgelöscht sein.«[2]

Der »Kalte Krieg« war also ein machtpolitisches Ringen der beiden »Supermächte« USA und Sowjetunion um ihre Position und Rolle in der Welt, aber zugleich eine Auseinandersetzung zwischen zwei ideologischen Mächten, von denen die eine nach ihrer Selbstauffassung die Hoffnungen und Notwendigkeiten des »Weltproletariats« gegenüber dem ausbeuterischen System des faulenden »Weltkapitalismus« repräsentierte, während die andere sich als den »guten Samariter der Welt«[3] sah, der von einer Macht der Unfreiheit und des Despotismus herausgefordert wurde. Insofern war er der wichtigste Grundtatbestand der Zeit nach 1945, die daher mit Recht als »Ära des Kalten Krieges« bezeichnet wird. Er bedeutete die Konfrontation derjenigen neuen Tatbestände, die nach 1918 zuerst hervorgetreten, aber nicht zu einem direkten Zusammenstoß gelangt waren, weil das nationalsozialistische Deutschland sich gewissermaßen dazwischengeschoben hatte, indem es der bolschewistischen Sowjetunion Todfeindschaft ankündigte und auch gegen den Kapitalismus der USA polemisierte. Wenn man also die Geschichte der Zwischenkriegszeit nach ihren Ereignissen weithin so schreiben kann, als wäre sie hauptsächlich von dem deutschen Revisionismus bestimmt gewesen, so läßt sich die machtpolitische und die ideologische Seite des Kalten

Krieges nicht voneinander trennen, aber diese Einheit war nicht bruch- und wandellos, und auch sie wurde von anderen Grundtatbeständen der Ära mitbestimmt und überformt.

Zunächst aber ist festzustellen, daß jener erste Grundtatbestand der Zwischenkriegszeit, nämlich der deutsche Revisionismus in seiner Überformung durch den Antibolschewismus nach 1945 als weltpolitisch entscheidender Impuls vollständig und aller Vermutung nach für immer verschwunden war. Auch im Zweiten Weltkrieg war Deutschland die Mitte der Welt gewesen, von der zwei Jahre lang alle umwälzenden Initiativen ausgegangen waren und die eben dadurch nahezu allen Haß der ganzen Welt auf sich gezogen hatte.

Jetzt war das Land nur noch Objekt und nicht einmal mehr Staat: Objekt der Absichten der Supermächte, von denen die eine in ganz Deutschland und zugleich in Polen ihr eigenes politisches und wirtschaftliches System zur Vorherrschaft bringen wollte, während die andere, nach einem Worte Stalins, entschlossen war, nie wieder aus Deutschland herauszugehen, wobei sie es offenbar von den Umständen abhängig machte, ob sie nur ihre Besatzungszone festhalten oder ganz Deutschland für sich gewinnen würde. Die frühe »Parteistaatlichkeit« der Sowjetischen Besatzungszone, welche von Anfang an gesamtdeutsch orientiert war und es sich zur Aufgabe machte, die »McCloy-Republik in Bonn«, den »westdeutschen Separatstaat«, wieder zu beseitigen, als das schwerfällige Verhandlungsaggregat der drei Westzonen sich 1949 zur »Bundesrepublik Deutschland« vereinigte, war ein machtvolles Instrument für Angriff und Verteidigung, und als im Juni 1950 das kommunistische Nordkorea den Süden des Landes im Handstreich zu überwältigen schien, der von den amerikanischen Truppen geräumt worden war, da fühlte sich Walter Ulbricht stark genug, auch die »Liquidierung der Nester der Kriegsprovokation« in Westdeutschland anzukündigen und den »Spaltern« wie Adenauer und Ernst Reuter mit einem Volksgericht zu drohen.[4]

Daß Westdeutschland von der »großen Angst«, die sich vom 25. Juni bis Ende September erstreckte, dem Zeitpunkt der ersten erfolgreichen Gegenoffensive der Amerikaner in Korea, nicht vollständig gelähmt wurde, ist freilich ein Beweis dafür, daß die Deutschen der westlichen Gebiete nicht mehr bloße Objekte der Weltpolitik waren, sondern zu aktiven Teilnehmern innerhalb des Kalten Krieges wurden, wie es vier Jahre zuvor die Berliner Sozialdemokraten gewesen waren, welche sich der Zwangsvereinigung der kleinen kommunistischen und der großen sozialdemokratischen Partei zur übermächtigen und sehr bald rein kommunistischen Einheitspartei widersetzt hatten.

Aber ein »Revisionismus« konnte sich nur auf die Tatbestände beziehen, die von der Sowjetunion einseitig geschaffen worden waren: die Abtrennung eines Viertels des Reichsgebiets unter Austreibung der Bevölkerung und die Verwandlung ihrer Zone in einen Parteistaat. Weltpolitische Bedeutung hätte dieser Revisionismus nur dann gewinnen können, wenn der Kalte Krieg von der einen oder von der anderen Seite in einen »heißen« Krieg verwandelt worden wäre und wenn eine in Westdeutschland wiederaufgestellte »Hitler-Armee« zum wichtigsten, aber durchaus untergeordneten Kampfgefährten der Amerikaner geworden wäre. Wer bloß in machtpolitischen Kategorien dachte, der sah die Westdeutschen und die Ostdeutschen »in ihrer tiefsten Erniedrigung«, nämlich als Söldner der feindlichen Weltmächte; wer aber den ideologischen Charakter des Weltkonflikts ernst nahm, der mußte den deutschen Kommunisten zugestehen, daß jenes Urmotiv der russischen Revolution, der Kampf für den Frieden, auch in ihnen noch lebendig war, so gewiß sie den Frieden immer nur als »ihren Frieden« zu begreifen vermochten, und er konnte anerkennen, daß die Vorkämpfer des restaurierten Mehrparteienstaates in der Bundesrepublik für Frieden und Freiheit zugleich einzustehen glaubten.

Nach den Regeln der bisherigen Geschichte würde ein so starker machtpolitischer Spannungszustand gewissermaßen »von selbst« zu einem genuinen Krieg führen, und die hinzutretende ideologische Feindschaft erst recht.

Aber das ganz Eigentümliche der Spannung dieses Kalten Krieges bestand darin, daß sie ständig von Tendenzen zur Entspannung oder auch von wirklichen Entspannungen begleitet war. Kaum hatte Walter Lippmann den Terminus 1947 in den öffentlichen Gebrauch gebracht, da erklärte er ihn schon für überholt; 1949 hielten einige Zeitungen nach der Aufhebung der Berliner Blockade den Kalten Krieg für beendet; 1951 sprach sich Winston Churchill nach seiner erneuten Regierungsübernahme für eine Politik der Entspannung und der Koexistenz aus; der Tod Stalins im März 1953 gab solchen Hoffnungen einen gewaltigen Auftrieb; und nach der Genfer Gipfelkonferenz von 1955 glaubte der französische Ministerpräsident Edgar Faure, das Ende des Kalten Krieges konstatieren zu können. Aber das Berlin-Ultimatum Chruschtschows vom November 1958 leitete eine neue Phase stärkster Spannung ein, und 1962 schien in der sogenannten Kuba-Krise, die vermutlich eine Konsequenz der Berlin-Krise war, der große Krieg zwischen den Weltmächten unmittelbar bevorzustehen.

Wenn Chruschtschow vorher und nachher insistent das »Ende des Kalten Krieges« forderte, so mochte man darin gerade ein Kampfmittel innerhalb des Konfliktes sehen, doch gegenüber dem entsprechenden Verlangen von Charles de Gaulle war dieses Urteil offenbar unberechtigt. 1972 ging Richard Nixon nach seinem Moskau-Besuch sogar vom Postulat zur Feststellung über, aber im nächsten Jahr hatte er im Gefolge des ägyptisch-israelischen »Oktoberkrieges« eine Konfrontation zu bewältigen, die an Gefährlichkeit hinter derjenigen von 1962 schwerlich zurückblieb. 1980 äußerte sich der neugewählte Präsident Ronald Reagan mit so offener Feindseligkeit gegen die kommunistische und atheistische Sowjetunion, wie es Harry S. Truman nie getan hatte, und erst am Ende der achtziger Jahre verkündeten die Repräsentanten *beider* Mächte gleichzeitig und auf glaubwürdige Weise das »Ende des Kalten Krieges«, aber erst im Zusammenhang mit Entwicklungen, die wenige Jahre zuvor noch unvorstellbar gewesen wären.

Man darf daher mit Bestimmtheit annehmen, daß die Merkmale einer so langen und so verwirrenden Periode auch für die Geschichtsdenker zum Problem wurden und daß in der Regel keine schroffe Trennung zwischen »Kultur« oder »Ideologie« und politischen Hauptereignissen vorgenommen wurde. Aber wenn als Basis der Darstellung die politische Geschichte umrissen werden soll, dann muß die Gliederung anders sein als hinsichtlich der vorhergehenden Epochen. Die Vorkriegszeit fand zu einem exakt bestimmbaren Zeitpunkt im Juli/August 1914 ein Ende und ging in die Periode des Ersten Weltkrieges über, und das gleiche gilt für die Epoche zwischen den zwei Weltkriegen. In der Ära des Kalten Krieges lösten sich dagegen Spannung und Entspannung nicht zu einem bestimmten Zeitpunkt ab. Stets hielten sich Entspannungstendenzen auch in Perioden stärkster Spannung durch, und auf Zeiten vorwiegender Entspannung folgten immer wieder neue Spannungen. Daher ist eine Übergangszeit anzusetzen, wo Spannung und Entspannung am ehesten im Gleichgewicht waren, während vorher die Spannung überwog und nachher die Entspannung. Als diese Übergangszeit kann man das Jahrzehnt von 1963 bis 1973 betrachten. Sie tritt also bei der Darstellung beider Hauptperioden in Erscheinung, einmal als Ende und einmal als Anfang, und zunächst ist sie vorwiegend auf die Spannungen hin zu analysieren, danach aber auf die gleichzeitig erkennbar werdenden Entspannungstendenzen. Erst mit dem Jahr 1989 gelangt, wie es scheint, ein ganz neuer Zustand zur Existenz, und erst ihm ist eine abschließende Skizze zu widmen.

Wo sind die Ursachen dafür zu suchen, daß der Kalte Krieg auf so charakteristische Weise von den übrigen großen Konflikten des 20. Jahrhunderts verschieden war? Vor 1914 war zwischen Deutschland und England, zwischen Deutschland und Rußland nicht entfernt eine solche Fülle schärfster gegenseitiger Vorwürfe zu hören gewesen, und doch sieht es in vielen Darstellungen so aus, daß ein Verhängnis unerbittlich seinen Lauf nahm und die mannigfaltigen Spannungen in dem großen Krieg ihre Entladung finden ließ. In der Zwischenkriegszeit hatte dagegen eine radikale Feindseligkeit das Verhältnis zwischen der kommunistischen Weltbewegung und den faschistischen Regimen bzw. Parteien bestimmt, und der Stalin-Hitler-Pakt kann als bloße Episode betrachtet werden, die den Ausbruch des Krieges nur verzögerte.

Die Antwort scheint auf der flachen Hand zu liegen. Mit der Explosion der ersten Atombombe über Hiroshima trat eine neuartige Waffe in Erscheinung, die gegenüber allen bisher bekannten Waffen eine qualitative Differenz repräsentierte, nicht allein deshalb, weil sie auf einen Schlag an die hunderttausend Menschen tötete, sondern weil sie auf einer Entdeckung beruhte, welche die innersten und stärksten Kräfte der Natur für den Menschen verfügbar machte. Die Fortentwicklung der »Atomenergie«, die durch Zertrümmerung der kleinsten Bausteine der Materie gewonnen wurde, würde also in einer immer größeren Vernichtungskraft resultieren, einer Vernichtungskraft, die – wie leicht zu erkennen war – schließlich imstande sein würde, die Existenz der Menschheit, ja sogar das Leben auf der Erde auszulöschen.

Das Wort »Vernichtung« erhielt damit einen Sinn, den es nie zuvor gehabt hatte; denn viele Schriftsteller und Politiker hatten in der Zwischenkriegszeit zwar die »Vernichtung Europas« vorhergesagt, falls ein neuer Weltkrieg ausbrechen sollte, doch sie hatten dabei offenbar an verwüstete Städte, zerstörte Kulturdenkmäler und Millionen von getöteten Menschen gedacht, also etwa an den Zustand, der 1945 tatsächlich gegeben war. Jetzt aber wurde eine Grenzlinie von ganz anderer Art erkennbar, ein wahrer Abgrund, der sich zwischen der ganzen bisherigen Geschichte und der Welt der gegenwärtigen Generation auftat, welche sich erstmals als Ganzheit mit der Möglichkeit des Nichtseins konfrontiert sah. Damit erhielt auch der Begriff »Verantwortung« eine neue Bedeutung, und es fehlte gleich nach Kriegsende keineswegs an Bewußtsein dafür, daß jene »neue Welt« heraufkam, von der die Frühsozialisten gesprochen und ein viel zu idyllisches Bild gemalt hatten. So gab es zahlreiche Pläne, welche die Verfügung über die Nuklearwaffe »der Menschheit« übertragen sollten, das heißt den neugegründeten »Vereinten Nationen«, die im Gegensatz zu dem einstigen Völkerbund unter voller Mitwirkung Amerikas und der Sowjetunion eine genuine Weltregierung darstellen würden. Der Baruch-Plan, welcher der Verwirklichung immerhin am nächsten kam, sah indessen erhebliche Kautelen zugunsten des bisherigen Alleinbesitzers der Waffe vor, und die Sowjetunion lehnte es ab, ihre Souveränität einschränken zu lassen.

Aber wenn der anhebende Kalte Krieg die »menschheitliche« Regelung verhinderte, so konnte er vielleicht eine machtpolitische Regelung herbeiführen. Nie zuvor hatte es eine solche technische Überlegenheit einer einzelnen Macht über ihren nach Bevölkerungszahl und »konventioneller« Bewaffnung gleichwertigen Gegner gegeben. Die bloße Drohung mit dem Einsatz der Atombombe mußte, wie es schien, den Konflikt der Mächte und der Ideologien entscheiden und den USA die Möglichkeit geben, jene Verantwortung als alleiniger »Weltpolizist« wahrzunehmen. Es ist des öfteren behauptet worden, Truman habe eine solche Drohung aussprechen wollen, als er bei der Potsdamer Konferenz gegenüber Stalin die bevorstehende Verwendung einer Waffe von bisher unbekannter Zerstörungskraft ankündigte. Aber Stalin vermutete wohl mit Recht, daß die Entwicklungsarbeiten erst gerade zum Abschluß gekommen sein konnten, da ihn die Amerikaner so insistent baten, unter Bruch eines Nichtangriffsvertrages in den Krieg gegen Japan einzugreifen, und er befahl lediglich die Verstärkung der eigenen Bemühungen, indem er gleichzeitig die wesentlichen Voraussetzungen für die Errichtung kommunistischer Regime in Nordkorea und China schuf.

Von Anfang an geriet die neue »menschheitliche« Realität also unter die Botmäßigkeit der überlieferten Konfliktpolitik, und wenn die Existenz der Atombombe der neueste und stärkste der geschichtlichen Grundtatbestände war, so führte sie doch keineswegs automatisch zu einer Politik, welche die bisherigen Merkmale abgelegt hätte. Vielmehr existierte noch für viele Jahre die Möglichkeit, daß die USA ihren Vorsprung ausbauten und die Sowjetunion vor die Wahl stellten, entweder unter dem Schatten riesiger Atomgeschwader zu kapitulieren oder der vollständigen Vernichtung ihrer Städte und Industrieanlagen ins Auge zu sehen. Es mußte keine grundstürzende Änderung dieser Situation bedeuten, als im Jahre 1949 gemeldet wurde, die Sowjetunion habe nun ihre erste eigene Atombombe gezündet, denn das Ungleichgewicht an Vorräten war groß und hätte gewaltig sein können. Dasselbe galt sogar für das relativ rasche Nachziehen der Sowjetunion beim Bau der Wasserstoffbombe.

Ein wahrer Schock war für die USA dagegen der Start des sowjetischen »Sputnik« im Oktober 1957, denn er schien zu beweisen, daß man in der Abschußtechnik zurückgeblieben und daher in hohem Maße verwundbar war. Aber dann machte das Verhalten Chruschtschows auf dem Höhepunkt der »Kuba-Krise« es doch wahrscheinlich, daß die USA auch 1962 einen Atomkrieg gegen die Sowjetunion noch gewonnen haben würden, wenngleich unter großen eigenen Verlusten. Erst unter Nixon gestanden sie der Sowjetunion die »nukleare Parität« ausdrücklich zu, und das Prinzip der »Assured Mutual Destruction« (AMD) ließ den Supermächten nur noch die Wahl, Frieden zu halten oder die wechselseitige Vernichtung ins Werk zu setzen.

Die eigentliche Frage ist also die, wie es dazu kam, daß die offenkundig stärkere Macht darauf verzichtete, während der ersten zwei Jahrzehnte des Kalten Krieges ihre Überlegenheit zu nutzen, um eine endgültige militärische Entscheidung herbeizuführen, das heißt, den neuesten Grundtatbestand zu ihren Gunsten in Dienst zu nehmen.

Da wären nicht zuletzt die unermüdlichen Warnungen von bekannten Naturwissenschaftlern zu nennen, etwa des Nobelpreisträgers Linus Pauling, die ein Bewußtsein dafür weckten, daß selbst ein Sieg im Atomkrieg, ja schon die zunächst mit viel Unbedenklichkeit vorgenommenen Versuchsexplosionen in abgelegenen Gegenden verhängnisvolle Auswirkungen für die ganze Welt haben könnten.

Noch wichtiger aber war, daß das System bewahrt wurde, das der Freiheit der Meinungsäußerung und der Verfolgung unmittelbarer Interessen kaum Zügel anlegt und daher die Entwicklung eines weitgespannten, auf die Führung eines großen Krieges ausgerichteten Staatswillens ausschließt. Jeder derartige Plan wäre von der Presse über kurz oder lang enthüllt worden, und es war charakteristisch, daß die entschiedensten Antikommunisten, die Republikaner, am nachdrücklichsten größere Sparsamkeit bei den Staatsausgaben verlangten. Daher besaß die »Politik der Befreiung«, die Eisenhower und Dulles an die Stelle der »Politik der Eindämmung« zu setzen versprachen, wenig Glaubwürdigkeit, und der ehemalige Außenminister Dean Acheson hatte recht, als er von den Republikanern sagte, sie hätten die Hände auf der Hupe, aber den Fuß auf der Bremse. So übten auch diejenigen weiterhin großen Einfluß aus, welche zu Recht oder zu Unrecht als »Sowjetfreunde« galten, weil sie die Zusammenarbeit während des Krieges für das Paradigma der Zukunft hielten. Diese Linksliberalen blieben der Überzeugung, daß die Systemdifferenz der Supermächte nicht von fundamentaler Art war, weil letzten Endes die Ziele gemeinsam seien.

In der Tat zeichneten die kommunistischen Führer, Chruschtschow so gut wie Walter Ulbricht, ein Bild der Zukunft, dem Adam Smith und Richard Cobden hätten zustimmen können: das Bild einer Welt ohne Grenzen und Staaten und Mangel, einer Welt des Überflusses für jeden Einzelnen. Freilich mußten jene Linksliberalen übersehen, daß Chruschtschow und Ulbricht gerade dasjenige für das entscheidende Hindernis auf dem Weg in die neue Welt erklärten, was ihnen selbst die wichtigste aller Voraussetzungen war, nämlich der »freie Austausch von Waren, Personen und Ideen«, dessen konkrete Gestalt »Kapitalismus« hieß. Und sie konnten sich überdies dem Vorwurf nicht entziehen, daß sie durch geistige Verwandtschaft mit jenen Verrätern wie Klaus Fuchs und Bruno Pontecorvo verbunden waren, die der Sowjetunion Atomgeheimnisse zugänglich gemacht hatten, weil sie mit dem Kommunismus sympathisierten oder mindestens den Kapitalismus für fähig hielten, die nukleare Vernichtung des ideologischen Gegners zu planen.

Aber eben dadurch gaben sie der einzigen Tendenz Auftrieb, die allein möglicherweise imstande gewesen wäre, auf der Grundlage unbedingter Feindschaft die geistigen und materiellen Kräfte der USA ebenso zu mobilisieren, wie es der sowjetische Kommunismus unter wesentlich ungünstigeren Voraussetzungen, jedoch mit unverkennbarem Erfolg tat. Diese Tendenz war mit dem Namen des Senators Joseph McCarthy verknüpft, und sie verdankte ihren ersten Aufschwung den ungenauen und demagogischen, aber doch nicht völlig unbegründeten Behauptungen des Senators über die große Zahl von Sowjetfreunden und Philokommunisten im Außenministerium und in anderen Zweigen der Staatsverwaltung. Wenn McCarthy von einer so starken inneren Leidenschaft und einem so mächtigen Empfinden der Bedrohung angetrieben gewesen wäre wie Adolf Hitler, hätte in Amerika vielleicht eine Bewegung nach dem Muster des deutschen Nationalsozialismus entstehen können, aber das Fehlen dieser Prämisse war nicht in erster Linie auf den Charakter des Mannes, sondern auf die amerikanischen Verhältnisse zurückzuführen, wo es zwar zahllose »Kleinbürger« gab, wo aber eine genuine Revolutionsdrohung unbekannt geblieben war. So gewannen Eisenhower und Dulles, anders als einst Hindenburg und Schleicher, mit leichter Mühe über den feindlichen Freund die Oberhand, und der wichtigste Grundtatbestand der zweiten Nachkriegszeit führte nicht zum Vernichtungskrieg, sondern zu einem Frieden, der mindestens zunächst auf der Drohung wechselseitiger Vernichtung beruhte.

So wurde auch diesmal eine gewissermaßen natürliche Tendenz durch eine neuartige Tatsache verändert und überformt, aber diesmal war das Telos nicht, wie bei der Überformung des deutschen Revisionismus durch den radikalen Antikommunismus, die Sprache der Waffen. Vermutlich trug dazu auch der Umstand bei, daß kriegerische und bürgerkriegsartige Konflikte sich am Rande des »großen Kalten Krieges« der Supermächte abspielten und daß beide Hauptgegner hoffen durften, durch direkte oder indirekte Einflußnahmen Vorteile zu erlangen. Schon in der Zwischenkriegszeit durften ja die Unabhängigkeitsbestrebungen in den europäischen Kolonialgebieten als einer der geschichtlichen Grundtatbestände gelten. Nun aber hatten gerade Deutschland und Japan im Zweiten

Weltkrieg diesen Bewegungen gewaltige Anstöße gegeben, und es war vermutlich nur Hitlers eingewurzelte Anglophilie, die es verhinderte, daß aus der Zusammenarbeit mit dem Araber Mohammed el-Husseini und dem Inder Subhas Chandra Bose ein allgemeiner Aufstand der Araber und Inder gegen die Engländer entstand.

Die Japaner suchten ihrerseits den Indonesier Sukarno zu benutzen und forderten den Vietnamesen Ho Chi Minh zum Widerstand heraus, und in beiden Fällen entstand dadurch eine wesentliche Vorbedingung für die Erschütterung der niederländischen und der französischen Herrschaft. Winston Churchill gewann bei den Kriegskonferenzen den bestimmten Eindruck, daß in der Frage der Kolonien bzw. des »Empire« Roosevelt ebensosehr sein Gegner war wie Stalin. Die Regierung der Labour Party entließ Indien bereits 1947 in die Unabhängigkeit, und es war für den entmachteten Kriegspremier eine bittere Genugtuung, daß die Freiheit auf dem Subkontinent vor allem die Freiheit zur blutigen Austragung der religiösen und rassischen Konflikte bedeutete, welche von der Kolonialmacht gezügelt worden waren. Aber die Hunderttausende von Opfern, welche die Entstehung zweier Staaten, Indiens und Pakistans, markierten, fanden in der Weltpresse weniger Aufmerksamkeit, als 1919 den dreihundert Toten des Massakers von Amritsar zuteil geworden war.

So groß war schon damals die Macht des antikolonialen Empfindens, das den USA und der UdSSR gemeinsam war. Wie hätten die geschwächten europäischen Staaten ihren Kolonialbesitz gegen das uneingestandene Bündnis der Supermächte behaupten können? So ging den Holländern Indonesien verloren, und die Position der Franzosen in Indochina schien hoffnungslos. Aber die Unabhängigkeit Indiens und Indonesiens brachte der Sowjetunion keinen unmittelbaren Gewinn, und so entstand hier keine Nebenfront des Kalten Krieges. Anders stand es mit Vietnam, als 1949 die Truppen der chinesischen Kommunisten nach ihrem Sieg über die Kuomintang an der Nordgrenze des Landes erschienen und Ho Chi Minh Unterstützung gewährten. Jetzt erkannten die Amerikaner, die im »Verlust Chinas« an den sowjetischen Gegner den schwersten Rückschlag in der bisherigen Auseinandersetzung sahen, den »Kolonialkrieg« der Franzosen als einen »Verteidigungskrieg der Freien Welt« an, nicht anders als den Widerstand des Regimes von Syng Man Rhee in Korea. Aber nach der schweren Niederlage der Franzosen in Dien Bien Phu vermochten sie 1954 auch in Vietnam, wie vorher schon in Korea, nur die südliche Hälfte des Landes dem Zugriff der Kommunisten zu entziehen, welche von weiten Kreisen in den USA und in Frankreich für antikoloniale Freiheitskämpfer gehalten wurden.

Doch wenn der Konflikt zwischen den antikolonialistischen USA und den europäischen Kolonialmächten die Fronten des »großen« Kalten Krieges in Verwirrung brachte, so zeigte sich bald, daß es im »kommunistischen Lager« dazu Analogien gab. Josip Broz Tito schien der verläßlichste und militanteste Parteigänger Stalins in Südosteuropa zu sein, denn er ließ nicht nur den Führer des »bürgerlichen« Widerstandes gegen die deutsche Besatzungsmacht, Draža Mihailowitsch, hinrichten, sondern er hielt durch aktive Unterstützung den Bürgerkrieg der griechischen Kommunisten lebendig, welcher die westlich orientierte Regierung in so große Bedrängnis brachte, daß Truman jene Doktrin verkündete, die häufig als der eigentliche Anfang des Kalten Krieges angesehen wird. Und eben dieser Tito wurde im Juni 1948 durch das Kominform feierlich verurteilt und bald darauf der schlimmsten Verbrechen bezichtigt, da er in das Lager des Imperialismus und Faschismus desertiert sei und halb Jugoslawien in ein Gestapo-Gefängnis verwandelt habe. Tito und seine Leute blieben die Antwort nicht schuldig und bezeichneten die Sowjetunion als ein »Ungeheuer«, das sich des Völkermordes schuldig gemacht habe und nicht in den Spuren von Marx, sondern in denjenigen der Zaren wandle.

An Stärke der wechselseitigen Drohungen und Beschimpfungen übertraf dieser »innerkommunistische Kalte Krieg« den »großen« Kalten Krieg der Supermächte bei weitem, und er machte für jedermann offenbar, daß die »kommunistische Weltbewegung« nicht wirklich transnational und daß die marxistische Kritik auch auf sozialistische Realitäten anwendbar war. Wider alle Erwartung vermochte Tito sich gegen Stalin zu behaupten, und erst Chruschtschow beendete 1955 den Konflikt auf eine für die Sowjetunion demütigende Weise. Aber gerade Chruschtschow mußte den Ausbruch eines noch viel schlimmeren »innerkommunistischen Kalten Krieges« erleben, nachdem er auf dem 20. Parteitag in seiner Geheimrede von Stalin und der von Stalin regierten Sowjetunion ein Bild entworfen hatte, das die meisten »asiatischen Despotien« und auch das Dritte Reich der Zeit bis 1939 als wahre Idylle von Rechtsstaatlichkeit und innerem Frieden erscheinen ließ.

Mao Tse-tung ergriff nämlich ab 1961 die Partei Stalins, den er an Unerbittlichkeit des Kampfes gegen jeden Individualismus noch zu übertreffen suchte, und die Sowjetunion wurde als ein verbürgerlichtes Land des Revisionismus unter der Herrschaft von »neuen Zaren« angeklagt. Der »chinesisch-sowjetische Block«, in den fünfziger Jahren das schlimmste Schreckbild für die Amerikaner, hatte sich aufgelöst, und zu einem wesentlichen Teil gerade deshalb, weil China sich mehr und mehr als ein Teil der »Dritten Welt« empfand, der mit der imperialistischen Sowjetunion alte

Rechnungen aus der Zeit der Romanows zu begleichen hatte. Allerdings wurde dadurch auch eine neue Spannung in den Block der neutralen Staaten hineingetragen, als deren Sprecher Jawaharlal Nehru 1955 auf der Konferenz von Bandung erklärt hatte, der Konflikt zwischen der Dritten und der Ersten Welt sei für die Zukunft der Menschheit wichtiger als der Kalte Krieg zwischen den industrialisierten Supermächten. Es schien nicht ausgeschlossen zu sein, daß die Chinesen die Führung dieser Dritten Welt übernehmen würden, und Nehru sah sich zu einem schmerzhaften Umdenken gezwungen, als in den Wochen der Kuba-Krise ein Grenzkonflikt zu einem regelrechten Krieg eskalierte, der chinesische Truppen in kurzer Zeit bis in die Nähe der nordindischen Ebenen vordringen ließ.

Im Vergleich mit diesen Konflikten waren die innerwestlichen Konflikte um die Art und Weise der Beendigung der Kolonialherrschaft harmlos. Es gelang den Franzosen nicht, die Amerikaner davon zu überzeugen, daß eine neue Front des Kalten Krieges entstanden sei, als nun der Kern ihres Kolonialreichs, Algerien, das als überseeische Provinz dem Mutterland zugerechnet wurde, ab 1954 durch den Aufstand der »Front de Libération Nationale« (FLN) in Gefahr geriet. So mußte es einen harten Bürgerkrieg allein ausfechten, in dem seine Armee mit der Minderheit der französischen Siedler, aber auch mit vielen hilfswilligen Algeriern, den »Harkis«, verbündet war, um der oft sehr brutalen Aktivität einer zunächst kleinen Anzahl von Rebellen zu begegnen. Aber die FLN verfügte über Rückzugsgebiete in den unabhängigen arabischen Nachbarstaaten, und sie fand viel Unterstützung unter den französischen Intellektuellen mit Jean-Paul Sartre an der Spitze.

Schon 1957 ließ der Senator John F. Kennedy in einer vielbeachteten Rede erkennen, daß seine Sympathie dem antikolonialen Befreiungskampf galt, der in der Linie des eigenen Unabhängigkeitskampfes liege. Aber gerade derjenige Mann, welcher den Sieg hätte herbeiführen sollen, vollzog am Ende eine ehrenvoll erscheinende Kapitulation, die für fast alle Algerienfranzosen die Flucht und für zahllose »Harkis« den Tod bedeutete, nämlich Charles de Gaulle. Belgien gab sein riesiges Kolonialreich am Kongo auf, ohne einen ernsten Kampf zu führen, und in Auseinandersetzungen der schwarzen Führer Lumumba, Tschombé und Mobutu wurde nicht ohne Einwirkung der Amerikaner über das weitere Schicksal des Landes entschieden. Nur die kleinste und schwächste aller europäischen Kolonialmächte behauptete in der Mitte der sechziger Jahre noch ihren großen Besitz in Angola und Mozambique, aber um diese Zeit gab es in der Weltmeinung schon so gut wie keinen Zweifel mehr, daß die Portugiesen auf verlorenen Posten ständen, da die Zeit des europäischen Kolonialismus endgültig abgelaufen sei.

Um so eigenartiger und paradoxer muß sich der Tatbestand ausnehmen, daß schon bald nach 1945 ein neuer Staat entstand, den man als die Vollendung des letzten europäischen Kolonialunternehmens auf asiatischem Boden kennzeichnen kann, und dieses Faktum war von einer solchen Wichtigkeit, daß man es neben dem Kalten Krieg und der Atombombe als neuen Grundtatbestand der Ära des Kalten Krieges ansehen muß.

Daß die Einpflanzung jüdischer Einwanderer in Palästina zur Gattung der europäischen Siedlungsunternehmen in der nicht-europäischen Welt gehörte, geht schon aus dem ständigen Gebrauch des Wortes »Kolonisierung« durch die frühen Zionisten hervor. Daß hier moderne Europäer ihr Gesetz einer traditionellen und orientalischen Welt aufzwangen, ist von Beobachtern früh bemerkt worden; die Fremdheit völlig unterschiedlicher Lebensformen wurde anschaulich, wenn eine Gruppe von männlichen und weiblichen Angehörigen eines Kibbuz in leichter Arbeitskleidung durch ein arabisches Dorf ging und die mißbilligenden Blicke einer Anzahl langgewandeter Männer auf sich zog, die vor einem Kaffeehaus langsam und bedächtig ihre Wasserpfeifen rauchten. Nicht nur Zeev Jabotinsky und seine Revisionisten betrachteten den »Jischuv« als den Vorposten westlicher Kultur und moderner Lebensformen im zurückgebliebenen und unbeweglichen Orient, denn jeder neue Kibbuz *war* ein Einsprengsel Europas in dem orientalischen Lande, obwohl die Einwanderer ihre polnische oder deutsche Sprache aufgaben und das Hebräische zu ihrer Umgangssprache machten.

Aber ein gewaltiger Unterschied gegenüber allen anderen Siedlungskolonien bestand schon vor 1945 darin, daß hinter diesen Einwanderern nicht, wie etwa in Algerien, ein mächtiges Mutterland stand, das die Herrschaft auch über die eingeborene Bevölkerung ausübte. Freilich kamen die Männer und Frauen der einzelnen »Aliyas« nach 1917 auch nicht, wie etwa Deutsche nach Kanada, als individuelle Personen oder Familien in das Land. Sie durften sich vielmehr auf den Rechtsanspruch berufen, der durch die Balfour-Deklaration und also durch den Willen der Engländer gegeben war, dem jüdischen Volk in Palästina eine »Heimstätte« zu schaffen. So konnten sich die Siedler auf eine eigene staatsähnliche Einrichtung stützen, nämlich die »Jewish Agency for Palestine«, die nicht etwa ein Selbstverwaltungsorgan war, sondern eine von der Mandatsmacht anerkannte und dem Anspruch nach »gesamtjüdische« Behörde, welche die Besiedlung des Landes vorantreiben sollte.

Ihr Präsident war Chaim Weizmann, der Vorsitzende der Zionistischen Weltorganisation, aber seit 1929 zählten auch Nicht-Zionisten zu den

Mitgliedern. Der Landankauf erfolgte zentral über Organe dieser Behörde, und darin bestand ein Analogon zu der gewaltsamen Landnahme durch eine politische Kolonialmacht. Aber direkte Gewalt wurde nicht angewendet, und es war die aufrichtige Überzeugung des größten Teils der Zionisten, daß das Einströmen der Juden auch für die Araber sehr vorteilhaft sein werde, da es Beschäftigung schaffen und Handel und Wandel beleben werde. Die arabischen Einwohner setzten sich jedoch heftig zur Wehr, und bereits 1921 und 1929 kam es zu großen Unruhen, die während der Jahre 1936–39 infolge der unumgänglichen Selbstverteidigung der jüdischen Gemeinschaft einen nahezu bürgerkriegsartigen Charakter annahmen. Die Engländer antworteten mit weitgehenden Einschränkungen der jüdischen Einwanderung, und nach dem Ausbruch des Zweiten Weltkrieges folgte nur ein Teil der Selbstschutzorganisationen der Maxime Weizmanns, sich rückhaltlos an die Seite der Engländer zu stellen, während die Parteimiliz der Revisionisten, der »Irgun Zwai Leumi«, und die besonders radikale Gruppe um den Dichter Abraham Stern mit terroristischen Aktivitäten einen »nationalen Befreiungskrieg« gegen eine Besatzungsmacht zu führen glaubten.

Aber die zionistischen Juden in Palästina unterschieden sich nicht nur dadurch von den Algerienfranzosen, daß sie zur gleichen Zeit Kolonisten und nationale Freiheitskämpfer waren, sondern vor allem durch den hohen sozialen Anspruch, den sie erhoben. Zwar hatte Herzl die Juden durch die Kolonisierung Palästinas gerade zu einem »Volk wie die anderen Völker« machen wollen und dadurch die heftige Kritik sowohl der Orthodoxen wie der weltbürgerlich gesinnten »Assimilanten« auf sich gezogen, aber insbesondere der Arbeiterzionismus, der unter der Führung Ben Gurions mehr und mehr zur stärksten Kraft wurde, begnügte sich keineswegs mit dem Ziel, seine Anhänger den Verfolgungen und Belästigungen durch den Antisemitismus in Polen, Ungarn, Rumänien und Deutschland zu entziehen. Wenn die größte Arbeiterpartei, die Mapai, auch nicht im strengsten Sinne marxistisch war, sondern sich an den Konzeptionen Ber Borochows und Aaron David Gordons orientierte, so hatte sie sich doch das uralte biblische Gebot zu eigen gemacht, ein »Licht der Völker« zu sein.

In der Tat waren ihre landwirtschaftlichen Siedlungen die erste dauerhafte Verwirklichung der Ideen der Frühsozialisten, und sie erfüllten die Postulate, die Marx mit den Frühsozialisten gemeinsam waren und die in der marxistischen Sowjetunion, welche Marx' »produktivistische« und »großindustrielle« Kritik an den Frühsozialisten übernommen hatte, so wenig verwirklicht werden konnten: Aufhebung der Trennung von geistiger und körperlicher Arbeit, Abwesenheit permanenter Leitungsorgane, vollkommene Gleichheit aller Mitglieder, entfremdungslose Gemeinschaftlichkeit. Den arabischen Bewohnern Palästinas blieb diese Art von Idealismus und vergangenheitsorientierter Fortschrittlichkeit ganz fremd. Aber paradoxerweise setzten die halbmarxistischen Kibbuzim, die grundsätzlich humanitär gesinnt blieben, das Prinzip der Ausschließlichkeit jüdischer Arbeit durch, das heißt die völlige Abgeschlossenheit gegenüber der arabischen Bevölkerung, da sie die Entstehung von Lohnarbeit und einer Plantagenwirtschaft verhindern wollten. So war dieses »letzte europäische Kolonialunternehmen auf asiatischem Boden« bereits 1945 fundamental von allen anderen Kolonialunternehmungen verschieden und weitaus interessanter als jedes andere.

Dennoch ist es im höchsten Grade unwahrscheinlich, daß die Vereinten Nationen, in denen auch damals schon arabische und andere asiatisch-afrikanische Staaten eine wichtige Rolle spielten, jemals der Umwandlung des Jischuv in einen Staat und der Teilung Palästinas zugestimmt haben würden, wenn nicht das schlechthin Außerordentliche geschehen wäre: die Vernichtung des ost- und mitteleuropäischen Judentums durch die nationalsozialistische »Endlösung der Judenfrage« und die Mitwirkung beträchtlicher Teile der einheimischen Bevölkerung.

Diese Katastrophe, die gerade von Zionisten häufig genug vorhergesagt worden war, so wenig die konkrete Realisierung schon vorstellbar war, schuf eine völlig neuartige Situation. Hunderttausende von Überlebenden warteten in den Flüchtlingslagern Mitteleuropas auf die Einreiseerlaubnis durch die Engländer, die nur in ganz begrenztem Maße gewährt wurde; Schiff um Schiff suchte auf illegale Weise nach Landungsmöglichkeiten in Palästina; die »Haganah« und der »Irgun« führten einen verzweifelten Kampf gegen die Mandatsmacht und zugleich gegen die Angriffe von seiten der Araber; Massenmorde beider Seiten lösten einander ab und wollten jeweils bloß »Vergeltung« sein; schließlich verkündeten die Engländer, daß sie das Mandat aufgeben und die weitere Entscheidung über das Schicksal des Landes den Vereinten Nationen überlassen würden. Die amerikanischen Juden, die noch während des Krieges recht zurückhaltend gewesen waren, wurden nun fast ausnahmslos zu Zionisten, aber all die gewaltigen Einflußmöglichkeiten, über die sie verfügten – insbesondere die wahlentscheidende Rolle des »Jewish vote«, doch auch die zufällige Beziehung eines jüdischen Geschäftspartners zu dem ehemaligen Wirkwarenhändler Harry S. Truman –, würden wenig geholfen haben, wenn nicht die ganze Welt und insbesondere die USA unter dem Eindruck der Meldungen über die »Endlösung« gestanden hätten.

Insofern wurde Hitler zum Gründer Israels. Und doch bedurfte es noch intensiver Bemühungen der zionistischen Unterhändler, bis die Vollversammlung der UN am 27. November 1947 den Beschluß faßte, Palästina in einen jüdischen und einen arabischen Staat zu teilen. Der jüdische Staat sollte außer dem Wüstengebiet des Negev kaum mehr als die Küstenebene um Tel Aviv und Teile von Galiläa umfassen. Selbst in diesem winzigen Gebiet gab es nur eine knappe Mehrheit der jüdischen Bevölkerung, und ihr Anteil am Landbesitz betrug kaum mehr als fünf Prozent. Ringsum erstreckten sich bis an die Grenzen der Türkei, Persiens und des Atlantischen Ozeans feindliche arabische Gebiete, und unmittelbar nach der Proklamierung des neuen Staates am 14. Mai 1948 rückten die Armeen Ägyptens, Syriens, Iraks und Transjordaniens vor, um dem in ihren Augen illegitimen Gebilde ein Ende zu bereiten. Noch nie in der Weltgeschichte hatte sich ein Staat in einer so schwierigen und scheinbar aussichtslosen Lage befunden. Und dennoch behaupteten sich die zur Armee umgebildeten Parteimilizen in einem heroischen Kampf, der alle Aussagen der Antisemiten über den unsoldatischen, feigen und händlerischen Charakter der Juden Lügen strafte.

Aber es war ein Streit zweier nationaler Befreiungsbewegungen nicht nur um Vorherrschaft, sondern in einem ganz urtümlichen Sinne um den Boden, und die nationalsozialistischen Reden vom »Kampf um den Lebensraum« mußten im Rückblick wie spielerische Vorwände imperialistischer Großmachtpolitik erscheinen. Nach dem Waffenstillstand von 1949 war Israel um sechstausend Quadratkilometer größer, als die Vereinten Nationen vorgesehen hatten, und durch die Konfiskation des Eigentums der zahllosen Flüchtlinge bzw. Vertriebenen war nun auch der Boden überwiegend in israelischem Besitz. Das gleich nach der Staatsgründung verabschiedete »Rückkehrgesetz« gab allen Juden das Recht, nach Israel einzuwandern, und mußte bei allen Arabern die Befürchtung verstärken, dieser Staat werde eines Tages noch weitere Teile arabischen Landes erobern wollen. So mußte der neue Staat, von allen seinen Nachbarn nicht anerkannt, eine höchst gefährdete Existenz führen, aber die Leistungen bei der Eingliederung der Millionenzahl von Einwanderern waren erstaunlich, so gewiß sie ohne die finanzielle Hilfe der amerikanischen Juden und ohne das Wiedergutmachungsabkommen mit der Bundesrepublik Deutschland schwerlich möglich gewesen wären, und Israel wurde bald zur stärksten Militärmacht des Nahen Ostens, während es an seinen Grenzen beständigen Angriffen von palästinensischen Partisanen ausgesetzt war.

Man wird nicht behaupten können, daß die Geschichte der Nachkriegszeit einen wesentlich anderen Verlauf genommen hätte, wenn Tito im Lager der Sowjetunion verblieben wäre oder wenn Frankreich unter de

Gaulle sich nicht weitgehend von der NATO getrennt hätte. Aber Israel wurde, wie Deutschland, eine der Hauptrealitäten im Kalten Krieg. 1956 führte es, um den Partisanenaktionen ein definitives Ende zu machen, gemeinsam mit England und Frankreich einen Krieg gegen Ägypten; daß die USA ihre engsten Verbündeten (und auch Israel) zum Rückzug zwangen und daß die Sowjetunion drohte, England und Frankreich mit Atomraketen anzugreifen, war eine der spektakulärsten Demonstrationen der neuen und eigenartigen Bipolarität der feindlichen und doch in wesentlichen Punkten übereinstimmenden Supermächte. Temporär verschlechterte sich auch die Situation Israels, und erst der Prozeß gegen den aus Argentinien entführten Adolf Eichmann zog die Aufmerksamkeit der Weltpresse wieder auf das außerordentliche Geschick, das dieser kleine Staat verkörperte.

Der Sieg im »Sechstagekrieg« von 1967, der ein klassischer Präventivkrieg war, machte Israel endgültig zur militärischen Vormacht des Nahen Ostens, aber er verstärkte auch abermals den Haß der Palästinenser und der arabischen Staaten, die sich nun noch stärker der Sowjetunion zuwandten. Diese Allianz herauszustellen und den sowjetisch-amerikanischen Konflikt zugleich zu einem arabisch-amerikanischen zu machen, wurde nun notwendigerweise das Hauptziel der israelischen Außenpolitik. So gelangten die Spannungen des Kalten Krieges zu einem neuen und nach der Berlin- und Kuba-Krise zum gefährlichsten Höhepunkt, als der ägyptische Angriff im »Oktoberkrieg« von 1973 Israel an den Rand einer Niederlage brachte, die nur durch riesige Waffenlieferungen der Amerikaner abgewendet werden konnte. Für einige Tage stand die Welt wieder vor dem Abgrund einer nuklearen Konfrontation der Supermächte.

So wurden die Spannungsmomente des Kalten Krieges durch Israel zwar nicht hervorgebracht, aber doch außerordentlich verstärkt. Wenn von den Arabern verlangt werden konnte, endlich die Existenz Israels anzuerkennen, so war andererseits kein Friede vorstellbar, wenn Israel die im Sechstagekrieg besetzten und rein arabischen Gebiete der »Westbank« und des Gaza-Streifens nicht räumte, wie es auch die Vereinten Nationen ausdrücklich verlangten. Allem Anschein nach war die Regierung der Arbeiterpartei zu der entsprechenden Abmachung bereit, und die Verantwortung für die Fortexistenz einer überaus gefährlichen Spannung in der nun immer deutlicher werdenden Phase vorwiegender Entspannung lag bei den arabischen Staaten und den Organisationen der Palästinenser. Aber auch von der israelischen Innenpolitik mußte viel abhängen. Die arabische Propaganda hatte seit langem die Thesen des deutschen Nationalsozialismus und der europäischen Antisemiten zu ihren eigenen gemacht und sah in Israel das

Resultat einer jüdischen Weltverschwörung, die einen Eroberungs- und Unterdrückungsstaat zur Existenz gebracht habe. Man konnte die großen und tragischen Ereignisse, die der Gründung Israels vorhergingen und nachfolgten, nicht einseitiger verstehen und schlimmer mißdeuten.

Die Ironie der Geschichte gelangte gleichwohl zu einem ihrer höchsten Punkte, als von sehr bedeutenden Juden dasjenige als Möglichkeit gekennzeichnet wurde, was die Araber schon für die Wirklichkeit erklärten. Als Menachem Begin, einst der Führer des »Irgun« und nun Chef der »Cheruth«-(»Freiheits-«)partei im Winter 1948/49 die USA besuchte, da veröffentlichten Albert Einstein, Sidney Hook, Hannah Arendt und andere angesehene Vertreter des geistigen Lebens einen Brief, in dem folgendes zu lesen war: »Zu den beunruhigendsten politischen Phänomenen unserer Zeit zählt das Auftreten der ›Freiheitspartei‹ in dem neugeschaffenen Staat Israel ... einer politischen Partei, die in ihrer Organisation, ihren Methoden, ihrer politischen Philosophie und ihrem sozialen Appell der nationalsozialistischen und der faschistischen Partei eng verwandt ist ... Ein schokkierendes Beispiel war ihr Verhalten in dem arabischen Dorf Deir Yassin ... Innerhalb der jüdischen Gemeinschaft hat diese Partei eine Mischung von Ultranationalismus, religiösem Mystizismus und rassischer Überlegenheit gepredigt. [...] Dies ist das unverkennbare Merkmal einer faschistischen Partei, für die der Terrorismus (gegen Juden, Engländer und Araber gleichermaßen) und Lügen Mittel darstellen, während ein ›Führerstaat‹ das Ziel ist.«[5]

Diesseits der Vielfalt der Ereignisse und eng verknüpft mit den »Grundtatbeständen«, die zum Teil neu, zum Teil Fortsetzungen der entsprechenden Phänomene der Zwischenkriegszeit waren, ist die schärfste Spannung des Kalten Krieges, die bis 1963/73 das Feld beherrschte, darin zu sehen, daß die Sowjetunion den amerikanischen Kapitalismus und die weithin amerikanische Totalitarismustheorie das sowjetische Regime mit dem Nationalsozialismus gleichsetzten, wenn auch nicht umstandslos identifizierten, und daß nicht einmal eine wichtige Tendenz innerhalb des jüdischen Staates einer solchen Gleichsetzung entging.

Dadurch wird unter Beweis gestellt, wie stark die Epoche des Faschismus in der Ära des Kalten Krieges nachwirkte, aber es wird auch wahrscheinlich, daß der Nationalsozialismus nicht bloß dasjenige war, was so viele Menschen in der Sowjetunion, in den USA und in Israel in ihm sehen wollten, nämlich ein aus den Wurzeln der deutschen Geschichte oder gar einer ethnischen bzw. rassischen Anlage entwachsenes Verbrecherregime. Diese Gleichsetzungen sind jedoch nicht ihrerseits gleichzusetzen. Was in der Sowjetunion die offizielle Doktrin des Staates war, war in den USA nur eine Tendenz und unter den jüdischen Intellektuellen bloß eine Auffassung, die sich auf eine Teilrealität bezog. So viel war aber sicher: Wenn die Spannungen des Kalten Krieges in ihrer verwirrenden Realität und in den mannigfaltigen Interferenzen jener Grundtatsachen jemals nicht bloß zu einer dauerhaften Entspannung führen, sondern in einem genuinen Frieden enden sollten, dann durften diese Hauptauffassungen nicht nebeneinander fortbestehen, sondern sie mußten durch andere Interpretationen abgelöst werden, die ihrerseits vermutlich erst nach gravierenden Ereignissen die Oberhand gewinnen konnten.

Es ist mit großer Bestimmtheit anzunehmen, daß Geschichtsdenker, die den Namen verdienen, sich ausdrücklich in diesem Spannungsfeld der neueren Geschichte bewegen und darin mitwirken, selbst wenn sie nicht bloß die geläufige Gegenwartsbeschreibung in Zeitungen und Zeitschriften auf eine höhere Ebene heben, sondern auch dann, wenn sie vornehmlich von der antiken Kultur oder von der Religiosität des Mittelalters zu handeln scheinen. Mehr noch als für die einzelnen Denker des »Dritten Kreises« gilt das für die »Ideologien, Richtungen und Schulen«, die zunächst zum Thema werden sollen. Aber jenes Spannungsfeld ist keine unstrittige Gegebenheit. Wer die Interpretationen interpretieren will, muß seine eigenen Perspektiven und Vorentscheidungen offenlegen. Deshalb gehört zwar nicht eine Erzählung der Ereignisse, wohl aber die Analyse von »Grundtatbeständen« der politischen Geschichte als unumgängliche Voraussetzung zu jeder Darstellung des Geschichtsdenkens und zumal des Geschichtsdenkens dieser unserer Gegenwart hinzu.

ZWEITER KREIS: IDEOLOGIEN, RICHTUNGEN, SCHULEN

Rechenschaft über Deutschland

Um die Situation zu kennzeichnen, in der sich Deutschland und die Deutschen nach 1945 befanden, sind Worte wie »Zusammenbruch« und sogar »Katastrophe« unzureichend. So gewiß die Verhältnisse in vielen Regionen unterschiedlich waren, so sahen sich doch alle Deutschen in einen Zustand des Chaos versetzt, in dem die Staatsgewalt verschwunden war und lediglich die fremden Truppen ein Minimum an Ordnung aufrechterhielten, welches nicht ausschloß, daß gewissermaßen jegliches einem jeden jederzeit zustoßen konnte: Fortnahme von Eigentum oder auch Tötung durch die ehemaligen und nun frei umherströmenden »Fremdarbeiter«, Exmittierung durch die Besatzungsmacht, Hungertod infolge des Lebensmittelmangels, ganz abgesehen von der quälenden Ungewißheit über das Schicksal der nächsten Angehörigen. Für die Deutschen in den Ostprovinzen kam der schreckenerregende Ausblick auf die bevorstehende Vertreibung hinzu und für die Frauen in der Sowjetischen Besatzungszone die Furcht vor Vergewaltigung durch ganze Trupps fremdartiger Soldaten.

Und diesen verirrten und verängstigten Menschen sprang mit den ersten Schlagzeilen der von den Besatzungsmächten herausgebrachten Zeitungen eine zerschmetternde Anklage gleichsam ins Gesicht, die sie allesamt an den zahllosen und bis zum Skelett abgemagerten Leichen schuldig sprach, welche von den alliierten Truppen in den Konzentrationslagern wie Buchenwald und Bergen-Belsen vorgefunden worden waren. Wenn hier noch eine innere Abwehr durch die Erinnerung an die Feuerstürme möglich war, die in Würzburg und Dresden viele Zehntausende ohne militärische Notwendigkeit einem qualvollen Tod ausgeliefert hatten, so brach ein solches Aufbegehren vor den Nachrichten zusammen, die von »Gaskammern« und von Millionen getöteter Juden berichteten. Und trotzdem waren zahllose Menschen von einem Empfinden des Befreitseins erfüllt, das meist nicht bloß in dem Aufatmen nach den Schrecknissen der letzten Kriegsmonate bestand.

Das Deutschland von 1933 war ja nicht ein homogenes »Volk« gewesen, sondern eine moderne und vielfältig differenzierte Nation, und sogar auf dem Höhepunkt der Triumphe »Großdeutschlands« war nicht ganz wenig von dem geistigen und sozialen Pluralismus der Vergangenheit übriggeblieben. Zwar war es weit häufiger Abneigung gegen die Radikalität der Nationalsozialistischen Partei als Kritik an ihrem Mangel an Konsequenz gewesen, die den »Widerstand« am Leben erhalten und schließlich zu Aktionen getrieben hatte, aber eine kleine Anzahl von Deutschen empfand eine bedingungslose Übereinstimmung mit der sowjetischen Besatzungsmacht als der Vorhut des »Weltproletariats«, und eine große Anzahl fühlte sich trotz einiger Vorbehalte der Welt der Westalliierten zugehörig. Allen gemeinsam war die machtvolle Empfindung des »Nie wieder!«, und für die Bildungsschichten war es eine unabweisbare Notwendigkeit, sich über die Singularität der Situation Rechenschaft zu geben, die in einer Weise so eindeutig und doch in anderer Hinsicht so rätselhaft war.

Die Frage »Wie konnte es geschehen?« ließ sich nur durch ein Geschichtsdenken beantworten, das freilich oft genug in der Hervorhebung des eigenen »Rechtgehabthabens« bestand. So war es die bloße Wiederholung einer alten Überzeugung, wenn der spätere Kulturminister der DDR, Alexander Abusch, den Nationalsozialismus als »die giftigste Blüte auf dem Boden eines ökonomisch sterbensreifen, politisch skrupellosen, moralisch korrupten Monopolkapitalismus« definierte. Aber auch die Sozialdemokratische Partei der Westzonen verabschiedete auf ihrem ersten Parteitag eine ganz marxistisch klingende Entschließung, in der gesagt wurde, das heutige Deutschland sei nicht mehr in der Lage, eine privatkapitalistische Profitwirtschaft zu ertragen und Ausbeutungsgewinne, Kapitaldividenden und Grundrenten zu zahlen.[1] Die neugegründete Christlich-Demokratische Partei näherte sich der sozialistischen Geschichtsauffassung so weit an, daß sie 1947 verkündete, das kapitalistische Wirtschaftssystem sei den Bedürfnissen der Gesellschaft nicht gerecht geworden.

Aber eine Verwischung der klaren Linien war bereits 1946 in einer Schrift erkennbar, die einen der bekanntesten Vertreter des geistigen und politischen Lebens der Weimarer Republik zum Verfasser hatte und in deren Titel der Schuldvorwurf mit äußerster Schroffheit formuliert war: »Deutsche Daseinsverfehlung« von Ernst Niekisch.[2] Niekisch gründete seine Kritik, die einer Verwerfung gleichkam, zunächst auf die Anführung und Auslegung geschichtlicher Tatbestände: Die Reformation Luthers stellte den Gedanken des Gehorsams in den Mittelpunkt ihrer politischen Aussagen, nicht denjenigen der Freiheit, wie es in England geschah, und so setzte sich das bürgerlich-städtische Interesse nicht gegen den Druck des feudalständischen Gesellschaftskörpers durch wie etwa in den Niederlanden. Das deutsche Bürgertum wagte es auch im »Bauernkrieg« nicht, sich mit den aufständischen Bauern zu verbünden und dadurch den Sieg zu sichern, wie es das französische Bürgertum 1789 und wie es die russische Arbeiterschaft 1917 tat. So konnte sich das preußische und militaristische Gewaltprinzip durchsetzen und 1871 ein »Reich ohne Idee« gründen, das vom »Laster des Pangermanismus« bestimmt wurde und sogar den Krieg überstand, indem die führenden Schichten gegen den milden Frieden von Versailles agitierten und sich in ihrem blinden Antibolschewismus die Verbrecherorganisation der NSDAP heranzogen. Deren »lumpenproletarischer Bandenführer« Hitler wies starke Ähnlichkeiten mit Mussolini auf und war vor allem ein »plagiatrischer Anti-Lenin«. So richtet sich Niekischs Polemik direkt bloß gegen das deutsche Bürgertum, aber er schließt die revisionistische Sozialdemokratie in dieses Urteil ein, und mithin gelangt er doch zu einer radikalen Verwerfung der deutschen Geschichte im ganzen und »des deutschen Volkes« als solchen: »Es ist in der Welt verrufener, als es Vandalen, Hunnen und Mongolen waren ... Es ist Gegenstand einer geschichtlichen Katastrophe, wie sie furchtbarer, namenloser, grenzenloser noch kein großes Volk betroffen hat; nur die Zerstörung Karthagos und Jerusalems bietet sich zum Vergleich an. [...] Der Ertrag der ganzen deutschen Geschichte erweist sich als ein schreckliches Nichts; wo aber das Nichts das letzte Wort ist, da ist das ganze Dasein, das dahin führte, verfehlt.«

Aber hatte Niekisch wirklich das Recht, ein so uneingeschränktes Verdammungsurteil auszusprechen? Durfte er sich selbst ausnehmen, wie es die deutschen Kommunistenführer taten, die zwar nicht die deutsche Arbeiterklasse, wohl aber deren Avantgarde von jedem Vorwurf freisprachen? War nicht gerade *er* der schroffste Gegner des Friedens von Versailles und der Stresemannschen Politik der »europäischen Einigung« gewesen, so daß Hitler ihm nicht »radikal genug« war? Die negativste der vielen negativen Deutungen der deutschen Geschichte befand sich also selbst in geschichtlichem Zwielicht.

Es war ein bemerkenswerter Beweis für die Spannweite der westlichen Gesellschaftsordnung, daß schon im Jahre 1949 eine Gegenrechnung aufgemacht werden konnte, die nicht weniger radikal war; freilich nicht in Deutschland, sondern in den USA, und nicht von seiten eines »Bürgerlichen«, sondern von einer ehemaligen Kommunistin, die lange in der Sowjetunion gelebt und dort während der Säuberungen ihren (jüdischen) Mann verloren hatte: Freda Utleys Buch »The High Cost of Vengeance«, das 1949 auch in deutscher Übersetzung erschien. Es handelte sich freilich um eine politische Kampfschrift ohne Niekischs Ehrgeiz historischer Ableitungen, aber selbst ein Mann wie Hans Grimm, der als Verfasser des Romans »Volk ohne Raum« als Vorläufer des Nationalsozialismus galt und der doch wegen gewisser Widerstandshandlungen, anders als die meisten

»Ehemaligen«, das Ohr einer größeren Öffentlichkeit zu erreichen vermochte, warf keine so herausfordernde Frage auf wie diese Ausländerin: »Waren die deutschen Gaskammern wirklich ein größeres Verbrechen gegen die Menschlichkeit als unsere Angriffe auf nichtmilitärische Ziele wie Dresden, wo wir in einer Nacht mehr als 30 000 Menschen den gräßlichsten Tod brachten, den man sich nur ausmalen kann, indem wir dieses unverteidigte und von Menschen, die vor dem russischen Vormarsch westwärts flohen, vollgestopfte Kulturzentrum mit Phosphorbomben belegten?«

Der schwerste Vorwurf, den Freda Utley den Westalliierten macht, besteht darin, daß sie sich der zunächst kommunistischen und dann nationalsozialistischen Denkweise angeschlossen haben, die ganze Klassen von Menschen ohne die Untersuchung individueller Schuld verurteilt und liquidiert und damit das Erbe des Christentums und des Liberalismus aufgibt: wer das ganze deutsche Volk »wegen der Verbrechen der Nazis« ächte, stelle sich selbst »auf eine Stufe mit den Bolschewiken, die Millionen Menschen wegen des ›Verbrechens‹ ermordeten, zur ›kapitalistischen Rasse‹ zu gehören (zu der die Kommunisten auch die wohlhabenderen Bauern, Kulaken genannt, rechneten) und mit den Nazis, die Millionen Juden und andere ›minderwertige‹ Rassen wie Polen und Russen auslöschten«.[3]

Zwischen diesen beiden Extremen bewegten sich die vielen Versuche, Klarheit über die deutsche Situation und damit über die deutsche Geschichte zu gewinnen. Wenn Ernst Niekisch nicht ohne allgemeine Begriffe wie »bürgerlich« und »Freiheit« auskam und wenn Freda Utley ausdrücklich eine Verbindung zwischen Nationalsozialismus und Bolschewismus herstellte, so verstand es sich für Autoren wie F. A. Kramer, Erich Lüth, Gerhard Tellenbach, Viktor Agartz und Ulrich Noack von selbst, daß sie keine Lokalhistorie trieben, wenn sie von deutscher Geschichte sprachen, sondern daß die deutsche Katastrophe ein Ereignis der Weltgeschichte war, welches diese Qualität auch dann nicht verlor, wenn die Hauptursache gerade als Widerstand gegen die Modernität oder gegen die globale Demokratisierung zu bestimmen war.[4]

Im folgenden beschränke ich mich auf drei Schriften aus der unmittelbaren Nachkriegszeit, die schon durch die Bedeutung ihrer Autoren hervorstechen, Schriften von *Gerhard Ritter*, *Friedrich Meinecke* und *Wilhelm Röpke*. Danach ist mit kurzen Strichen die Weiterentwicklung des Nachdenkens über Deutschland während der fünfziger und der sechziger Jahre zu umreißen, also während der Hauptspannungsphase des Kalten Krieges.

Gerhard Ritter galt als einer der Hauptvertreter der kleindeutschen Geschichtsschreibung, und während des Krieges wurde sein Buch über

»Machtstaat und Utopie« von manchen als ein Beitrag zu dem deutschen Kampf gegen England betrachtet. Aber als überzeugter Protestant stand er der nationalsozialistischen Partei fern, und er wurde sogar im Zusammenhang des 20. Juli 1944 von der Gestapo verhaftet. Die Erschütterung der Nachkriegszeit brachte er in einer Broschüre bereits 1946 zu Wort: »Irgend etwas muß doch wohl in unserem politischen Leben von jeher verfehlt oder wenigstens gefährlich gewesen sein, wenn wir so oft, und jedesmal so gründlich, in Abgründe und Katastrophen hineingeraten sind ...«[5] Von anspruchsvollerem Zuschnitt war dann sein Buch »Europa und die deutsche Frage«, das 1948 erschien und »Betrachtungen über die geschichtliche Eigenart des deutschen Staatsdenkens« anstellte.

Auch hier postuliert Ritter dasjenige, was für die Tradition, der er sich zugehörig fühlt, ein schmerzlicher Schritt sein muß: eine »nüchterne, gründliche, nach beiden Seiten vorurteilslose Revision des herkömmlichen deutschen Geschichtsbildes«. Aber offensichtlich hat er weniger Treitschke und Sybel im Auge als jene anglo-amerikanischen Geschichtsdarstellungen, in denen Titel wie »From Luther to Hitler« eine Grundtendenz artikulieren. Solche Auffassungen weist Ritter mit Entschiedenheit zurück: Das lutherische Bekenntnis kann keinesfalls für den angeblichen oder wirklichen Knechtssinn der Deutschen verantwortlich gemacht werden, und von einer Kontinuität von Friedrich dem Großen bis Adolf Hitler sollte nicht die Rede sein. Die öffentliche Meinung der französischen Aufklärung sah in dem Preußenkönig ja einen Vorkämpfer des Fortschritts gegen das reaktionäre Österreich, und nichts Analoges läßt sich über Hitler sagen. Wohl gibt es tatsächlich einen Gegensatz zwischen deutschem und französischem Staatsdenken, aber er rührt von der Französischen Revolution her, die gerade einen Bruch mit der dem ganzen kontinentalen Europa bis dahin gemeinsamen Staatstheorie vollzog. Nicht mit dieser alteuropäischen Tradition gehörte der nationalsozialistische Staat zusammen, sondern vielmehr mit dem »demokratisch-kollektivistischen Staat« des Rousseauismus, mit den Lehren Darwins vom »Kampf ums Dasein« und mit der marxistischen Ideologie, welche den Klassenkampf proklamierte und eben dadurch das Entstehen der Lehre vom erbarmungslosen Völkerkampf förderte.

Und diejenigen geschichtlichen Voraussetzungen des Nationalsozialismus, die spezifisch deutsch zu sein scheinen, etwa das imperialistische Verlangen nach einem »Platz an der Sonne« und der daraus resultierende Bau der Tirpitzschen »Risikoflotte« werden nur aus der allgemeinen Zeitsituation und aus der »eingekeilten« Lage Deutschlands verständlich. Noch der Ausbruch des Ersten Weltkrieges ist im Kern auf defensive Motive der Reichsregierung zurückzuführen. Sehr scharfe Worte findet Ritter nur gegen die »alldeutschen Phantasten« und deren verhetzende Trivialliteratur, durch die möglicherweise auch der junge Österreicher Adolf Hitler »vergiftet« wurde. Aber erst das moderne »Massenmenschentum« mit seiner Verführbarkeit und seinem bloß ökonomischen Streben nach »besserem Auskommen« gab in der Nachkriegsatmosphäre von Kulturverfall und moralischem Nihilismus dem Demagogen das Material, aus dem er sein kurzlebiges Reich schaffen konnte. Allerdings gesteht Ritter dem Nationalsozialisten Hitler zu, daß er »das ungelöste Problem des 19. Jahrhunderts, die Vereinigung von Nationalismus und Sozialismus« zu lösen schien, aber er brachte nur eine Art von »proletarischem Nationalismus« zustande, der einen schroffen Gegensatz zu der bürgerlichen und liberalen Überlieferung verkörperte. So fordert Ritter die Deutschen zwar »zu rücksichtslos ernster Selbstprüfung und Selbstkritik« auf, aber letzten Endes richtet sich seine Kritik doch vornehmlich gegen das System der »totalitären Diktatur«, das keineswegs spezifisch deutsch ist, sondern als Phänomen der modernen Welt in Deutschland bloß eine besonders ausgeprägte und verhängnisvolle Gestalt erhielt.[6]

Wenn es naheliegt, Gerhard Ritter wegen des abschätzigen Tons, in dem er von den »Massen« und dem »Massenmenschentum« spricht, dem Begriff des »Bildungsbürgertums« zu subsumieren und sein Buch eher als eine Verteidigung denn als Selbstkritik der preußisch-protestantischen Tradition zu kennzeichnen, so kommt das erste Kennzeichen bei *Friedrich Meinecke* noch klarer zum Vorschein, während das zweite erheblich modifiziert ist. Meinecke stand ja nicht primär in der Überlieferung der kleindeutsch-politischen Geschichtsschreibung, sondern er galt als Hauptvertreter der »Geistesgeschichte« und des Historismus, dem nicht selten das Prädikat »feinsinnig« angeheftet wurde. Auch er hatte durch die Nationalsozialisten Nachteile erlitten, die ihm die Herausgeberschaft der »Historischen Zeitschrift« fortnahmen, und er hatte mancherlei Beziehungen zu den Kreisen des 20. Juli. 1945 hatte er das achtzigste Lebensjahr längst überschritten, und 1948 übernahm er die Rolle des ersten Rektors der Freien Universität Berlin. Sein Büchlein über »Die deutsche Katastrophe« erschien 1946.

»Bildungsbürgerlich« ist auch bei ihm die negative Bewertung des »Drängens der Massen nach Macht und Genuß«, die er im Anschluß an Jacob Burckhardt vornimmt, ist die Klage über die »arme Kultur« in ihrer Gefährdung durch die Politik, ist die Berufung auf »Religion und Kultur des deutschen Geistes« und ist vor allem der Vorschlag, zwecks Heilung der schweren Schäden, welche die Herrschaft eines Verbrecherklubs aus Katilinariern in einem »Zeitalter der inneren Fremdherrschaft« hervorgebracht habe, überall in Deutschland »Goethegemeinden« zu gründen, in deren Feierstunden außer Gedichten auch »erlesene deutsche Prosastücke« zum Vortrag gelangen würden.[7] Aber man wird gut daran tun, sich vor Augen zu halten, daß noch in der kommunistischen Propaganda der frühen fünfziger Jahre Begriffe wie »Heimat«, »das deutsche Land« oder »Mutter und Kind« eine große Rolle spielten und daß die Kontinuität zu Vorstellungen und Realitäten, die heute vielfach als »Mutterboden des Nationalsozialismus« angesehen werden, auf allen Seiten selbstverständlich war.

Meineckes Kritik an den Voraussetzungen des Nationalsozialismus innerhalb der deutschen Geschichte ist jedoch härter als diejenige Ritters. Im Preußentum unterscheidet er eine »kulturfähige« und eine »kulturwidrige« Seele, den »deutschen Machtstaatsgedanken« erklärt er als solchen für verhängnisvoll und läßt ihn von seinen Anfängen bei Hegel über »das Menschentum der Bismarckzeit« im Werk Hitlers die größte Steigerung erfahren. Die »Mitverantwortung und Schuld des deutschen Bürgertums« räumt er fast ohne Vorbehalt ein, aber er zählt den Nationalsozialismus gleichwohl zu den nicht vollständig erklärbaren »Durchbrüchen eines satanischen Prinzips« in der Weltgeschichte. Mit einem positiven Akzent bleiben »die Erhebung der Augusttage 1914« und die »nationalsoziale Bewegung Friedrich Naumanns« versehen, und ganz wie Ritter siedelt Meinecke den Nationalsozialismus an einem historischen Ort von überragender Wichtigkeit an, nämlich dem Schnittpunkt der beiden großen Bewegungen des 19. Jahrhunderts, des Sozialismus und des Nationalismus, die beide »ein tiefes geschichtliches Recht« für sich geltend machen können.

Daß dieser Ort nicht wahrhaft besetzt, daß die genuine Synthese nicht vollzogen wurde, ist für Meinecke ein Verfehlen, dem er den Charakter der Tragödie zuschreiben müßte, wenn er sich nicht doch immer wieder mit moralischen Kennzeichnungen wie »Verbrechernaturen« und »größte Schande« begnügte. So tut er das wilhelminische Streben, »Weltmacht werden zu wollen« schlicht als »Abenteuer« ab und bringt den Nationalsozialismus doch aufs engste mit Phänomenen in Verbindung, die sich in ganz Europa als welthistorisch relevant erwiesen: der »ungeheuren Volksvermehrung« als der »dynamischen Grundtatsache der letzten anderthalb Jahrhunderte« und der Aufgipfelung der »sozialistischen Welle« im Sieg des russischen Bolschewismus. Aber weder der angelsächsische Sozialdarwinismus noch der Zusammenhang des Nationalsozialismus mit dem Bolschewismus werden zum Thema; was den zweiten Punkt betrifft, läßt er die Nationalsozialisten »die Kommunistengefahr« furchtbar übertreiben, und schließlich gelangt er zu der These, daß Hitler die westlich-abendländische Demokratie noch verhaßter war als der Bolschewismus.[8]

Besonders eigenartig ist die Unbefangenheit, mit der Meinecke ein außerwissenschaftliches Motiv zu Wort bringt: Wenn »der Dämon Zufall« bei Hitlers Machtergreifung eine große Rolle gespielt habe, so daß auch eine andere Entwicklung möglich gewesen wäre, dann sei »der Anteil des deutschen Volkes an der Schuld, Hitler zur Macht gebracht zu haben, geringer« und daher gelte es, »nach Argumenten sich umzusehen, die diese Auffassung stützen könnten«.

Von einer Unbefangenheit, die wenige Jahre später so gut wie unmöglich wurde, zeugte es auch, daß Meinecke die Juden nicht als bloße Opfer betrachtete, sondern »vielen« von ihnen den Vorwurf machte, zur »allmählichen Entwertung und Diskreditierung der liberalen Gedankenwelt« beigetragen zu haben und nach 1918 »den Becher der ihnen zugefallenen Macht zu rasch und gierig« an den Mund geführt zu haben.[9]

Wilhelm Röpke war einer der allerersten, die sich gleich nach dem Krieg zu der »deutschen Frage« äußerten – er brauchte nicht wie Meinecke und Ritter das Wiedererstehen von Publikationsmöglichkeiten abzuwarten, da er als Emigrant in der Schweiz lebte. Schon als Nationalökonom entstammte er einer anderen geistigen Welt als die beiden Historiker, und er konnte seine Emigration als Beweis dafür anführen, »daß die Nationalsozialisten der große und unauslöschliche Haß« seines Lebens gewesen seien. Tatsächlich hatte er 1920 wie der spätere Bundespräsident Gustav Heinemann als Student jener »Volkskompagnie Marburg« angehört, welche die Regierung gegen den Kapp-Putsch verteidigen wollte und zum Zeugen der Bluttat der rechtsgerichteten Marburger Studentengruppe wurde, die mehrere kommunistische Arbeiter »auf der Flucht« erschoß. Aber Röpke, tief von den Vorzügen einer genuinen und also nicht-monopolistischen Marktwirtschaft überzeugt, wurde deshalb nicht zum Sympathisanten der KPD. Sehr viel nachdrücklicher als Ritter und Meinecke verwendet er den Begriff »Totalitarismus«, und wenn er das Verhältnis des Nationalsozialismus zum Kommunismus mit demjenigen zwischen Teufel und Beelzebub vergleicht, so betont er »die wesentliche Übereinstimmung der Strukturprinzipien« doch mit großem Nachdruck, und er leitet daraus die praktische und sehr politische Folgerung ab, daß niemand, der den Kommunismus verteidige oder auch nur beschönige, das Recht habe, »sich über das deutsche Volk zu entrüsten«.

Insofern richtet sich sein Buch mehr gegen den »Kollektivismus« der Sozialisten als gegen nationale Irrwege des Deutschen Reiches, und er unterstreicht ausdrücklich den Umstand, daß dem deutschen Totalitarismus der russische und der italienische vorausgegangen seien, daß also die Ideen des Nationalsozialismus weitgehend von anderen Regimen entlehnt und mithin keineswegs deutschen Ursprungs gewesen seien.[10] Die »Todeskammern von Auschwitz und Maidanek« führt er mehr auf »bestimmte wissenschaftliche Ideen« als auf vulgäre Irrationalismen zurück, und er scheut nicht davor zurück, gewisse der englischen Labourpartei nahestehende Autoren wie etwa E. H. Carr mit den unmittelbaren Vorläufern des Nationalsozialismus in Parallele zu setzen. Aber dennoch bleibt »Deutschland« für ihn ein historisches Subjekt, das aus dem bloßen Zusammenhang der Zeitgeschichte nicht verstanden werden kann.

Die erste und unermeßliche Tragödie Deutschlands sieht er darin, daß die blühende Städtekultur im späten Mittelalter und zu Beginn der Neuzeit der Schwäche der kaiserlichen Zentralgewalt und der Übermacht der Landesfürsten und Feudalherren fast ganz zum Opfer fiel, und in die geistesgeschichtliche Linie, die unmittelbar auf den Nationalsozialismus zulief, schließt er nicht nur den Turnvater Jahn, sondern auch den »Sturm und Drang« sowie das »Junge Deutschland« und die Junghegelianer ein. Von der Romantik läßt er über Ratzel und Haushofer eine Kausalkette bis zum Hitlerkrieg reichen, und die verhängnisvolle »Kollektivmoral« Fichtes und Hegels ist nach ihm ein Produkt aus Pantheismus, Protestantismus und Romantik. So ist Röpke ebensosehr Anti-Preuße wie Anti-Bolschewist, und es ist nur konsequent, daß ihm Deutschland und Rußland »die beiden gigantischen Weltkrater sind, die alle Länder mit ihrem Magma überschütten«.

Daher laufen seine praktischen Vorschläge für die Gegenwart auf die Forderung hinaus, angesichts der akuten Gefahr des Wiederaufstiegs eines verpreußten Deutschlands im Zeichen des kommunistischen Totalitarismus die föderative Neuordnung Deutschlands »vorderhand« auf das deutsche Hauptland westlich der Elbe zu beschränken. Nur so könne unter dem Schutz der westlichen Alliierten der kommunistische Expansionsdrang abgewehrt und dennoch jene soziale Revolution durchgeführt werden, welche die wirtschaftliche und politische Macht der Großindustrie zu brechen und den lebhaften Wunsch der einzelnen nach Wiederherstellung einer privaten Existenz zu erfüllen vermöge: »Ein kleines Eigentum mit Garten und Ziegenstall, ein ungestörtes Familienleben ohne Schulungskurse, Massenversammlungen, Umzüge und Sammelaktionen, Würde und Sinn der Arbeit, eine wenn auch bescheidene, so doch selbständige Existenz ... ohne durch das Radiogebrüll irgendeines neuen kollektivistischen Führers aufgeschreckt zu werden.«[11]

So nahm der neo-liberale Emigrant Wilhelm Röpke im Jahr 1945 wie kein anderer die künftige Existenz der Bundesrepublik in Gedanken vorweg und artikulierte jene Sehnsüchte von Millionenmassen, für die weder die Marxisten noch die prononcierten Vertreter des »Abendlandgedankens« viel Verständnis hatten.[12]

Aber als der neue Staat vier Jahre später tatsächlich unter den Zeichen des Kalten Krieges entstanden war, da wurde seinen Angehörigen erst allmählich bewußt, daß nicht schon die zweite Niederlage, die bloß formell »provisorische« Abtrennung der Ostgebiete und nicht einmal die Anklage der »Daseinsverfehlung« ihr ganzes Geschick konstituierten, sondern daß die Teilung des Landes hinzutrat, die als solche keine direkte Folge des Krieges war und mithin vermeidbar erscheinen mochte. Die ausgedehnte Diskussion über die »Wiederbewaffnung« bedeutete diesen Durchbruch, und damit wurde der Staat als solcher in den schärfsten Meinungskampf gerückt. Die »Linke« vertrat die »nationalistische« These, daß Wiederbewaffnung und Wiedervereinigung nicht, wie Konrad Adenauer behauptete und wie dem Sinne nach auch Wilhelm Röpke gesagt hatte, im Verhältnis von Prämisse und Konsequenz ständen, sondern daß sie sich definitiv ausschlössen, so daß ein völlig neuer und doch ganz naheliegender Weg eingeschlagen werden müsse, wenn »Deutschland« erhalten werden solle, nämlich der Weg einer waffenlosen oder auch (nach den Vorschlägen der Stalin-Note vom 10. März 1952) bewaffneten Neutralität Deutschlands zwischen den Blöcken.

Die »Rechte« dagegen stellte sich zwar ebenfalls aus den Traditionen des nationalistischen Machtstaatsgedankens heraus, aber sie sah in der Bundesrepublik einen »Spielstaat«, der einem künftigen Ernstfall nicht gewachsen sein werde und der seinen Anspruch, der Kernstaat eines künftigen deutschen Reiches zu sein, nicht erfüllen könne.[13]

Letzten Endes postulierten die einen eine Wiedervereinigung trotz des Kalten Krieges und die anderen eine Wiedervereinigung im Zuge des Kalten Krieges. Die dritte Möglichkeit, die Bundesrepublik als Bollwerk der Freiheit und Grenzmark des Westens definitiv und als solche zu bejahen, da gegen den konzentrierten Willen des totalitären Feindes nur die Verteidigung möglich sei, kam zwar in dem Begriff des »Dammes« (gegen die »rote Flut«) zum Vorschein, wurde aber höchstens an den Rändern des intellektuellen Spektrums implizit zur Forderung erhoben. Großen öffentlichen Widerhall fand der Vorschlag der definitiven Konstituierung der Bundesrepublik als eines dauerhaften Staates erst, als Karl Jaspers 1960 in seiner Schrift »Freiheit und Wiedervereinigung« dafür eintrat.

Jaspers machte sich aber nicht zum Wortführer bloßer Resignation, sondern er bejahte offen und ausdrücklich das Ende des Bismarck-Reiches als eines Irrweges der deutschen Geschichte, und er stellte die Freiheit als Prinzip weit über die Einheit. Freilich hielt er insofern an der Konzeption des möglichen Sieges fest, als er die DDR zu einem zwar neutralen, aber freiheitlichen Staat umgebildet sehen wollte, also die Vorstellung einer »Österreich-Lösung« für die DDR sich zu eigen machte, die auch in den Gedanken Adenauers eine Rolle spielte. Wenn diese Idee des Philosophen zur Leitlinie der Politik geworden wäre, würde Deutschland endgültig einen singulären Sonderweg beschritten haben, denn durch den Kalten Krieg geteilt waren auch Vietnam und Korea, aber keiner dieser Teilstaaten dachte daran, die Teilung zu akzeptieren. Erst bei einem Fortschreiten der »Entspannung« konnte sich zeigen, ob aus der Singularität eine neue Normalität werden würde oder ob Deutschland auf anderen Wegen bestimmte Elemente jener »Rechenschaft über sich selbst« zu einer Praxis fortbilden könnte.

Marxisten, Philomarxisten, Antimarxisten

Wenn Henry Luce das »amerikanische Jahrhundert« hatte kommen sehen, so zeichnete sich für Marxisten bald nach 1945 mit mindestens ebenso großem Recht ein »marxistisches Jahrhundert« ab. 1938 war der einzige marxistische Staat, die Sowjetunion, in München von den großen Entscheidungen über die Zukunft ausgeschlossen worden, 1945 hatte sie den härtesten Krieg siegreich beendet, und es war abzusehen, daß die osteuropäischen Staaten, die von ihren Truppen besetzt waren, bald ebenfalls von marxistischen Parteien regiert werden würden; vor dem Krieg war die französische kommunistische Partei klein und die italienische bloß in der Emigration existent gewesen, jetzt aber waren der PCF und der PCI die stärksten und wegen ihrer Leistungen im Widerstand angesehensten Parteien des Landes; die kleine und gehetzte Kommunistische Partei Chinas war zu einer mächtigen Gruppierung geworden, die sich auf den großen Bürgerkrieg gegen die Kuomintang vorbereitete, und in nahezu allen revolutionären Bewegungen der Welt waren marxistische Begriffe geläufig, selbst wenn kommunistische Parteien sich noch nicht gebildet hatten.

Allerdings erkannten nicht alle Marxisten die siegreiche Sowjetunion als den führenden marxistischen Staat an, ja manche sprachen ihr das Recht ab, sich »marxistisch« zu nennen. Die sozialistischen Parteien in Europa waren zu einem Teil sogar antikommunistisch, wie die Sozialdemokratische Partei Deutschlands. Auch unter den Intellektuellen, die Mitglieder der kommunistischen Parteien waren, gab es mancherlei Meinungsdifferenzen. Aber nicht einmal das mittelalterliche Christentum hatte eine bruchlose Einheit dargestellt. Nicht zuletzt der breite Rand philomarxistischer Einstellungen und Neigungen im intellektuellen Leben Europas und Amerikas gaben von der Anziehungskraft der marxistischen Ideen Zeugnis, und die marxistische Geschichtsauffassung nahm dabei den prominentesten Platz ein. Und es war vermutlich symptomatisch, daß der entschiedene Antikommunismus, der sich in der Totalitarismustheorie verkörperte, eigentlich ein Antisowjetismus war und zu einem beträchtlichen Teil von Marxisten und ehemaligen Marxisten entwickelt wurde.

Als knappe und klare Darlegung der marxistischen Grundgedanken in der zweiten Nachkriegszeit darf das 1948 erschienene Büchlein von *Henri Lefèbvre* »Der Marxismus« gelten.

Für Lefèbvre stehen in der Gegenwart nur drei große Weltanschauungen in Konkurrenz zueinander: die christliche, die individualistisch-liberale und die marxistische. Weder der Nationalsozialismus, der vom frühen Judaismus die Idee des »auserwählten Volkes« und der Rasse übernommen habe, noch der Existenzialismus, der weiter nichts als eine Deformation des klassischen Individualismus sei, sind authentische Weltanschauungen. Der Marxismus ist von dem oberflächlichen Optimismus der Liberalen ebensoweit entfernt wie von dem tiefen Pessimismus der Christen in bezug auf weltliche Verhältnisse. Er erkennt die innere Widersprüchlichkeit aller Dinge und des historischen Prozesses im ganzen, er enthüllt die grundlegende Tatsache, daß die Menschen in ihrer Geschichte mehr und mehr unter die Herrschaft von selbstgeschaffenen Abstraktionen wie Geld und Kapital, von »Fetischen«, geraten sind und daß sie diese Entfremdung nur durch einen revolutionären Kampf gegen das Privateigentum an Produktionsmitteln aufheben können, einen Kampf, der erst dann möglich wird, wenn das Proletariat als geschichtsbestimmende Kraft zur Entfaltung gelangt ist. Indem der Marxismus die »Gesamtbewegung der Geschichte, das in seiner Totalität betrachtete Werden des Menschen« in den Blick nimmt, gelangt er zu einer rationalen Erkenntnis, die in sich umwälzende Praxis ist. Dadurch tritt ein »neuer Mensch« ins Dasein, der die Widersprüche der bisherigen Geschichte in einer höheren Synthese vereinigt, der den Plan an die Stelle des Marktes setzt und den »Teufelskreis der Jagd nach dem Profit« aufhebt. Damit finden die Konflikte ein Ende, die bisher den Inhalt der Geschichte ausmachten, und in einer Weltgesellschaft ohne Klassen sind Vernunft und Moral endgültig zum Sieg gelangt, die in dem durch Knappheit bestimmten Ausbeutungssystem der Vergangenheit nur eine prekäre oder illusionistische Existenz besaßen. Eben dadurch wird der einzelne Mensch von der Parzellierung der Arbeit befreit, der er in der kapitalistischen Produktionsweise unterliegt, und wenn die neue Gesellschaftsordnung in Abhebung von der kapitalistischen Anarchie eine »Diktatur«

genannt werden mag, so handelt es sich »um eine Diktatur der wissenschaftlichen Ökonomie und Soziologie«, mit der die Vernunft die Herrschaft sowohl über die Totalität der Tätigkeiten des Menschen wie auch die größtmögliche Macht über die Natur gewinnt, so daß in Zukunft keinerlei »Verzicht« mehr erforderlich ist.[1]

Man mag sagen, daß Lefèbvre eine szientistische Version des Marxismus vorlegt. Aber das Vollendungsdenken, das der Weltgeschichte einen unmißverständlichen Sinn gibt und dennoch erlaubt, sie in ihrer bisherigen Gestalt rückhaltlos zu verwerfen, und die daraus resultierende Apodiktizität des Urteils dürfte für alle Marxisten kennzeichnend und für alle Nicht-Marxisten abstoßend oder beunruhigend sein.

Die Apodiktizität des negativen Urteils über eine bestimmte Geschichtsperiode ist von wenigen Autoren rückhaltloser an den Tag gelegt worden als von *Georg Lukács* in seinem 1954 erschienenen Buch über »Die Zerstörung der Vernunft«. Lukács sucht zu zeigen, daß die »deutsche irrationalistische Philosophie« mit innerer Notwendigkeit in den Hitlerismus einmündete. Wie für alle Marxisten sind für ihn die Begriffe »bürgerlich« und »proletarisch« die Festungen, von denen aus alle modernen Phänomene bestimmt werden können. Der philosophische Irrationalismus gehört schon früh sehr eng mit der »bürgerlichen Demokratie« zusammen, in der sich alle bürgerlichen Kräfte gegen »die drohende Gefahr einer proletarischen Revolution« zusammenschließen und zu der sich dann auch der reformistische Flügel der Arbeiterbewegung hinzugesellt.

Dem Anfang dieser philosophischen Richtung, nämlich dem Denken des jungen Schelling, gesteht Lukács noch den Gewinn genuiner Einsicht in die dialektische Struktur der Wirklichkeit zu, eine Einsicht freilich, die vor den Konsequenzen, die Hegel und vor allem Marx entwickelt haben, zurückschreckt und Widersprüche, die von bloß »erscheinender« Art sind, wie etwa die Negersklaverei in Afrika, in der Ideenwelt begründet sein läßt, so daß der Weg zu Gobineau nicht weit ist. Schopenhauer und Kierkegaard, Freud und Nietzsche entwickeln den »reaktionären Irrationalismus« dann weiter, der nichts anderes als eine direkte oder indirekte Apologie des Kapitalismus ist. Die Folgerungen, die Nietzsche aus einer Rassentheorie zieht, sind ebenso barbarisch-imperialistisch wie diejenigen Alfred Rosenbergs, aber auch Berührungspunkte mit den Auffassungen Dostojewskis, ja des russischen Machisten Lunatscharski sind nicht zu übersehen. Einen Höhepunkt erreicht die irrationalistische Philosophie bei Heidegger, denn hier ist sie bloß noch eine »Ideologie des Katzenjammers des Individualismus der imperialistischen Periode«. Aber auch die Philosophie von Jaspers machte die deutsche Intelligenz für den Faschismus aufnahmebereit, und bei Baeumler und Krieck greift das bürgerliche Denken in demagogischer Absicht sogar zu antibürgerlicher Polemik. Alfred Rosenbergs »Mythus des 20. Jahrhunderts« steht in den Spuren Mereschkowskijs und ist eine »grob agitatorische Vulgarisierung der letzten Periode der ›Lebensphilosophie‹«.[2]

Zweifellos kann man dieses Buch von Lukács ebenfalls eine »Vulgarisierung« nennen, eine Vulgarisierung der marxistischen Kritik an der Neuzeit, die bei ihm eine verwerfende Zusammenfassung aller nicht-marxistischen, ja sogar antileninistischen Denker nicht bloß Deutschlands zu einer einzigen »massa perditionis« ist. Andere Marxisten würden das Positive und tendenziell-Marxistische stärker hervorheben, das Lukács nur Schelling, aber an einer Stelle sogar Ludwig Klages wegen seiner mystifizierenden Bezugnahme auf die Bachofensche Darstellung des Urkommunismus zugesteht.[3] Aber der apodiktisch-synthetische, auf eine Vollendung vorausblickende Charakter dieses Denkens wäre in allen seinen Erscheinungsformen erkennbar.

Es ist daher auf den ersten Blick schwer zu verstehen, weshalb *Jean-Paul Sartre* zum prononciertesten Vertreter des Philomarxismus werden konnte, da doch der Existenzialismus, als dessen Hauptbegründer er gilt, gerade jede Ähnlichkeit mit einer Religion verneinte, sondern den Einzelnen auf seine Freiheit stellen wollte.[4] Was könnte unmarxistischer sein als eine Philosophie, die sich auf den Begriff des »Nichts« gründet, jenes »Nichts«, das der Mensch in die Welt bringt, indem er sich von allem »Sein« unterscheidet und in »Angst« und »Verlassenheit« seiner eigenen Freiheit anheimgegeben ist, die sich nicht an einem schon vorhandenen »Wesen« ausrichten kann und mittels deren er sich selbst als »eigentlichen« oder »uneigentlichen« Menschen überhaupt erst schafft? Durch diesen idealistischen Ansatz wird indessen nur der Materialismus ausgeschlossen, welcher den Menschen zu einem Resultat der dinglichen Kräfte macht, die doch stets erkannte und interpretierte Kräfte sind. Aber da Freiheit zwar jedes Individuum auf sich selbst stellt, jedoch nichts Individuelles ist, wird sie verfehlt, wenn sie nicht in jedem Individuum von jedem anderen Individuum anerkannt wird. Der Zustand dieser wechselseitigen Anerkennung ist in der gegenwärtigen Gesellschaft nicht gegeben, und er kann nur durch einen revolutionären Prozeß gewonnen werden. Damit ist eine innere Nähe zum Marxismus unübersehbar, die man auf den gemeinsamen Ausgang von Hegels Kapitel über »Herr und Knecht« zurückführen mag.[5]

Allerdings bleibt Sartre zunächst weit davon entfernt, die ganze Geschichte als den revolutionären Prozeß einer »Menschwerdung des Menschen« zu interpretieren, denn eine solche Geschichtsphilosophie würde die Freiheit des Einzelnen in Frage stellen. Im ersten Hauptwerk Sartres, »L'être et le néant«, ist daher von der Geschichte kaum je die Rede, und im zweiten philosophischen Hauptwerk, der »Critique de la raison dialectique«, ist nur eine Lehre von den menschlichen »Gruppen« und »Serien« ausgeführt, während der zweite Band, der die Geschichte als solche und im ganzen behandeln sollte, unvollendet blieb. In den Theaterstücken, durch die Sartre in weit höherem Maße bekannt wurde als durch die philosophischen Abhandlungen, sind tatsächlich Einzelne in Grenzsituationen dargestellt, die durch keine vorgegebene Norm, sondern nur durch unableitbare, in der jeweiligen Freiheit verwurzelte Entschlüsse bestanden werden können. Daher ist es nicht ganz unverständlich, daß Sartre noch 1948 von sowjetischer Seite mit Ausdrücken wie »Hyäne« und »Schakal« bedacht wurde.[6]

Aber schon in der frühesten theoretischen Abhandlung, die Sartre nach dem Kriege schrieb, den »Betrachtungen zur Judenfrage«, war klar zu erkennen, weshalb er sich dem Marxismus nahe fühlen mußte. Diese Abhandlung ist in besonders starkem Maße aus geschichtlichen Erfahrungen erwachsen, den Erfahrungen der »Résistance« und zumal der zahlreichen, nicht etwa bloß von der deutschen Besatzungsmacht durchgeführten Judendeportationen einerseits und der »wundervollen Rolle der Juden in der Résistance«, in der sie noch vor den Kommunisten die Hauptkader stellten, andererseits. Die Juden sind also das Musterbild einer Gruppe, die sich der Nation einfügen will und die doch von anderen Gruppen aus der Nation ausgeschlossen und immer wieder zu »Juden«, das heißt Nichtzugehörigen gemacht wird. Zu Beginn sieht es so aus, als beschuldige Sartre nur die »Antisemiten«, die im Grunde ihrer Seelen Verbrecher und von Angst erfüllt sind, aber von der Angst vor der eigenen Freiheit und dem eigenen Menschsein. Doch in den Beschreibungen und Analysen, die Sartre folgen läßt, wird dann immer deutlicher, daß die Eigenart der Juden nicht ausschließlich von der Mehrheitsgruppe »gemacht« wird und daß »wir« es sind, welche die Juden nicht als Juden und zugleich als Staatsbürger anerkennen wollen. Der Antisemitismus ist daher im Grunde etwas ganz Allgemeines: »Er offenbart die Trennung der Menschen, ihre Isolierung inmitten der Gemeinschaft, die Interessenkonflikte, die Zerstückelung der Leidenschaften.« Mithin ist nicht eine kleine fanatische Sekte zu bekämpfen, sondern die Struktur der Gesellschaft, die Klassenstruktur, welche die uneingeschränkte wechselseitige Anerkennung verhindert. So macht sich auch Sartre die negative Bedeutung des Wortes »bourgeois« zu eigen, und seine Schlußfolgerung lautet: »Der heutige Jude steht mitten im Kampf, woraus folgt, daß die soziale Revolution notwendig ist und die Kraft haben wird, den Antisemitismus aus der Welt zu schaffen. Wir werden die Revolution auch für die Juden machen.«[7]

So behielt Sartre zwar immer seine Vorbehalte gegen die universale Geschichtsdeutung des Marxismus bei, aber in der Analyse der Gegenwart stimmte er mit ihm fast völlig überein, und er benutzte die gleichen Grundbegriffe: Bourgeoisie, Proletariat, Revolution, klassenlose Gesellschaft. Daher war es konsequent, daß er in der »Critique de la raison dialectique« den Marxismus »die unüberschreitbare Philosophie unserer Zeit« nannte.[8] In vielen konkreten Fragen wie etwa dem Krieg in Indochina ging er eine Kampfgemeinschaft mit der kommunistischen Partei als der »Avantgarde des Proletariats« ein, aber er wurde nie ein Mitglied der Partei, und er hörte nicht auf, den »dialektischen Materialismus« zu kritisieren. 1956 brach er nach der Niederwerfung der ungarischen Revolution zum ersten Mal mit der Sowjetunion und der französischen Partei, aber nach 1968 näherte er sich anderen marxistischen – maoistischen – Gruppen, und der Stifter der existenzialistischen Schule, die von Marxisten meist für eine Abart des individualistischen Liberalismus gehalten wurde, blieb bis zu seinem Lebensende ein philomarxistischer »Militant«.

Maurice Merleau-Ponty, Mitbegründer der »Temps Modernes« und für lange Jahre neben Sartre und Simone de Beauvoir ein Hauptautor der Zeitschrift, die als Zentralorgan des Existenzialismus und zugleich des Progressismus galt, war auf ähnliche Weise zum Philokommunisten geworden wie Sartre, nämlich durch die Erfahrung des Zweiten Weltkrieges und der »Résistance«: »Denn auch wir haben einen jener Augenblicke durchlebt, wo die Geschichte im Schwebezustand und die von Nichtigkeit bedrohten Institutionen von dem Menschen fundamentale Entscheidungen verlangen«, – Entscheidungen, die im Bereich des Ungewissen erfolgten und zu gewaltsamen Lösungen führen mußten.

Professor am Collège de France, war Merleau-Ponty weniger ein »Militant« als Sartre, aber in den Nachkriegsjahren eindeutiger ein Marxist und stärker mit der Frage beschäftigt, ob man ein Kommunist sein könne oder nicht. In seiner Schrift »Humanisme et terreur« von 1947 setzte er sich mit Arthur Koestlers Roman »Darkness at Noon« auseinander, der bereits 1939 erschienen war und die Moskauer Prozesse am Beispiel des Altbolschewisten »Rubaschow« (das heißt wohl Bucharins) in einer Weise zum Thema gemacht hatte, welche den frühen Bolschewismus und letztlich auch den Marxismus als verhängnisvolle Illusion erscheinen ließ. Merleau-Ponty begegnet ihm durch die Unterscheidung von »progressiver« und »retrograder« Gewalt, und »progressiv« ist ihm die Gewalt dann, wenn sie die Tendenz hat, sich selbst überflüssig zu machen.

Daher ist die Konzeption der Gewalt im Marxismus ohne jeden Zweifel progressiv, und trotz einiger Vorbehalte wendet er die Bestimmung auch auf den Bolschewismus an, denn er weist die Gleichsetzung von Bolschewismus und Faschismus durch die Totalitarismustheorie mit großer Entschiedenheit zurück: »Der Vergleich ist unaufrichtig. Denn der Faschismus ist gerade eine Nachahmung des Bolschewismus. Einpartei, Propaganda, Staatsjustiz, Staatswahrheit, das hat der Faschismus alles vom Bolschewismus, nur das Wesentliche nicht, nämlich die Theorie des Proletariats.« Die Existenz des Proletariats und weiterhin der unterdrückten Kolonialvölker ist der lebendige Beweis des Versagens und der Unmoral des kapitalistischen Westens, und nur das Denken des Marxismus bietet die Aussicht auf eine Lösung, denn der Marxismus ist nicht *eine* Geschichtsphilosophie unter anderen, sondern er ist *die* Geschichtsphilosophie, welche den Weg zu einer Gesellschaft ohne Krisen, zur Herrschaft des Menschen über die Natur und zur Versöhnung des Menschen mit dem Menschen weist. Zwar ist der Bolschewismus für Merleau-Ponty offenbar nicht die integrale Verwirklichung des Marxismus, und so postuliert er für die westlichen Intellektuellen gegenüber dem Kommunismus eine »praktische Haltung des Verständnisses ohne Identifizierung [adhésion] und von freier Prüfung ohne Herabsetzung«, aber es ist nicht unverständlich, daß sein Buch in der Öffentlichkeit als »Apologie der Moskauer Prozesse« verstanden und heftig angegriffen wurde.[9]

Einige Jahre später aber nahm Merleau-Ponty in den »Aventures de la dialectique« eine weitgehende Überprüfung seiner Position vor, die zugleich einen Bruch mit Sartre bedeutete, denn er gelangte nun dazu, auch den Kern des Marxismus in Frage zu stellen, nämlich die Vorstellung, daß das Proletariat als konkrete historische Erscheinung sich selbst aufheben und damit die Dialektik an ihr Ende bringen könne, so daß eine nachgeschichtliche Existenzphase jeder Kritik entzogen sein würde. In Wahrheit aber vollzieht sich in der Geschichte ein ständiges Ringen zwischen einem Prinzip der Bewegung und einem Prinzip der Trägheit, die eben nicht mit konkreten Phänomenen wie Proletariat und Bourgeoisie gleichgesetzt und dadurch (wie man sagen könnte) verdinglicht werden dürfen. Die praktische Konsequenz aus dieser Einsicht ist für Merleau-Ponty die Forderung nach Überwindung zweier pathologischer Seelenzustände, der »nostalgie du communisme« und der »névrose anticommuniste«, und zwar durch die Konstituierung eines »neuen Liberalismus«, innerhalb dessen eine »neue Linke« die führende Rolle spielen muß.[10]

Eine neue, eine nichtkommunistische Linke forderte auch *Emmanuel Mounier*, der Gründer der Zeitschrift »Esprit«, die in der progressistischen

Öffentlichkeit kaum weniger wichtig war als die »Temps Modernes«. Auch er wollte einen »lebendigen Sozialismus zwischen dem schwerfälligen [lourd] Sowjetstaat und den Schwächen der Sozialdemokratie«.[11] Auch er orientierte sich an der Résistance und beklagte schon sehr viel früher die Enttäuschung der ersten Nachkriegshoffnungen durch eine restaurative Entwicklung, als es Walter Dirks in Deutschland tat, auch er machte der französischen und zumal der amerikanischen Bourgeoisie den Vorwurf, die Kolonialvölker noch schlimmer auszubeuten als das eigene Proletariat. Aber obwohl sein »Personalismus« unverkennbare Ähnlichkeiten mit dem »existenzialistischen Humanismus« von Sartre und Merleau-Ponty aufwies, war sein Ausgangspunkt doch ein ganz anderer, nämlich der schroffe Antimodernismus des katholischen Integralismus, der ihn in den frühen dreißiger Jahren veranlaßt hatte, im Anschluß an Berdjajew ein »neues Mittelalter« zu erwarten und die Dekadenz der Neuzeit auf die hassenswerte Gestalt des gottlosen »Bourgeois« zurückzuführen, nicht anders, als es damals Jacques Maritain tat, der bis zur Verurteilung der Action française durch den Vatikan im Jahre 1926 ein Anhänger von Charles Maurras gewesen war.[12] Man mochte fragen, ob es die innere Stärke des Marxismus war, die auf den Philomarxismus und Progressismus ausstrahlte, oder ob nicht vielmehr ein gemeinsamer Ursprung sowohl den Marxismus wie den Philokommunismus wie die Fortbildungen des christlichen Integralismus erzeugt hatte.

Aber es war sicher nicht der schwächste Beweis für einen intellektuellen Vorrang des Marxismus, daß der entschiedene Antikommunismus, der sich in der Totalitarismuskonzeption ausprägte, zu einem beträchtlichen Teil von ehemaligen Marxisten und unter Verwendung marxistischer Begriffe geschaffen wurde. Nichts ist falscher, als diese Konzeption aus dem »Kalten Krieg« als dessen ideologischen Widerschein abzuleiten. Mit einem Körnchen Salz könnte man vielmehr behaupten, daß der Kalte Krieg aus der Totalitarismuskonzeption hervorgegangen ist. Es ist ja gezeigt worden, zu welchen Fortentwicklungen der Lehre sich westliche Marxisten wie Karl Kautsky und Otto Bauer gleich nach der Machtergreifung der Bolschewiki gezwungen sahen und wie früh eine Gleichsetzung oder mindestens Parallelisierung des bolschewistischen und des faschistischen Regimes von seiten liberaler Denker wie Nitti und Sturzo erfolgte.

Wie wichtig der Stalin-Hitler-Pakt als Knotenpunkt war, läßt sich vielleicht am besten der bereits 1939 erschienenen Schrift von Franz Borkenau »The Totalitarian Enemy« entnehmen. Hier erscheint das Zusammengehen des Hitlerschen Deutschland und des Stalinschen Rußland als die definitive Enthüllung der fundamentalen Wahrheit, daß Rußland und

Deutschland »nicht zwei antagonistische Typen eines sozialen Regimes repräsentieren, sondern denselben Typus«.[13]

Borkenau hält aber am marxistischen Begriff der »Weltrevolution« fest, doch er verändert ihn auf bemerkenswerte Weise, indem er die nationalsozialistische Revolution für gegenwärtig stärker und vitaler erklärt als die russische und den Widerstand der Westmächte, der die konservativen und progressiven Kräfte in eine bisher unbekannte Einheit bringt, als »Gegenrevolution« versteht. Aber diese Gegenrevolution ist für ihn nichts Negatives, und er zeigt an historischen Beispielen, daß noch jede europäische Revolution bisher die Gegenrevolution als unentbehrliches Korrektiv hervorgebracht hat. Doch auch die Revolution behält ihren Sinn, obwohl ihre totalitäre Erscheinungsform »der Feind« ist – in erster Linie das nationalsozialistische Regime, welches durch die vorläufige Schonung von Kapitalisten und Intellektuellen klüger und effizienter ist als das kommunistische Regime, dem es sich indessen immer mehr angleicht. Ein höheres Maß an Planung, Zentralisierung und Kollektivierung ist von der Geschichte selbst gewollt, aber England wird diese Tendenzen im Krieg auf nicht-totalitäre Weise verwirklichen können, weil es sich auf eine alte Tradition des Ausgleichs und des »mittleren Weges« stützen kann.

Ein anderes Buch eines ehemaligen Marxisten, das mit marxistischen Begriffen eine Analyse der Gegenwart vornimmt, welche in den Augen von Sartre und Merleau-Ponty »reaktionär« war, erschien 1941 in New York: *James Burnhams* »The Managerial Revolution«. Für Burnham ist die marxistische These zentral, daß die Gesellschaft von denjenigen beherrscht wird, die über die Produktionsmittel verfügen, und er verallgemeinert die Auffassung seines Lehrers Trotzki, daß sich in der Sowjetunion eine Bürokratenklasse gebildet habe, in der Weise, daß er im nationalsozialistischen Deutschland und auch im Amerika des New Deal den korrespondierenden Vorgang wahrnimmt, der als »Revolution der Manager« zwar die Marxsche Prophezeiung vom Ende des Kapitalismus realisiert, aber die utopische Hoffnung widerlegt, daß die nächste Phase der Geschichte eine klassenlose Gesellschaft sein werde.

Auch Burnham[14] schreibt dem nationalsozialistischen Deutschland einen historischen Vorsprung zu, aber mit weniger negativer Akzentuierung als Borkenau. Es ist merkwürdig, daß sein Buch nach dem Kriege in unveränderter Gestalt eine beträchtliche Wirkung ausübte, obwohl die aus der frühen Kriegszeit stammenden Vorhersagen, etwa hinsichtlich der künftigen »Superstaaten« Deutschland, Amerika und Japan, gründlich in die Irre gingen. Aber die Hauptthese, daß nicht eine klassenlose und herrschaftsfreie Gesellschaft, sondern die technokratische Herrschaft einer neuen Klasse die nächste Phase der Geschichte ausmachen werde, brauchte er nicht zu ändern.

Es ist daher weit eher erstaunlich, daß diejenigen Werke der Totalitarismustheorie, die man am ehesten als »klassisch« und als Produkte des Kalten Krieges ansehen könnte, weil sie den positiven Akzent ganz auf den »westlichen Verfassungsstaat« und den negativen großenteils auf den »totalitären Terror« legen, erst in den Jahren 1951 und 1956 erschienen sind: *Hannah Arendts* »The Origins of Totalitarianism« und »Totalitarian Dictatorship and Autocracy« von Carl J. Friedrich und Zbigniew Brzezinski. Hannah Arendt wird unter den »einzelnen Denkern« erscheinen, und das Buch von Friedrich und Brzezinski ist eine politologische Strukturanalyse des bolschewistischen und des nationalsozialistischen Regimes, die man schwerlich dem Bereich des »geschichtlichen Denkens« zurechnen kann, da sie sich so gut wie ganz auf die Gegenwart der wenigen Jahrzehnte seit 1917 beschränkt und bloß in thesenartiger Form den in der Geschichte vorfindbaren Despotismus von dem modernen Totalitarismus abgrenzt.

Das ist ganz anders in einem der gelehrtesten Bücher der Totalitarismustheorie, dem Werk *Karl August Wittfogels* über »Die Orientalische Despotie«. Wenn Burnham die Manager als die faktischen Besitzer der Produktionsmittel für ein modernes Phänomen erklärt hatte, das er ebenso in den USA wie in Rußland und im nationalsozialistischen Deutschland zu finden glaubte, so sieht Wittfogel, in den zwanziger Jahren Parteikommunist und Mitglied des Horkheimerschen Instituts für Sozialgeschichte, in ihnen die entscheidende Kraft in einem der ältesten und stärksten Gesellschaftssysteme der Welt, dem System der »hydraulischen Gesellschaft«, das sich auch als »Orientalische Despotie« darstellte. Es handelt sich um jenes System intensivster menschlicher Zusammenarbeit, das in Trockengebieten durch die Notwendigkeit der Errichtung gewaltiger Bewässerungsanlagen erzeugt wurde und das die Herrschaft einer manageriellen Bürokratie und eines darüber thronenden »Despoten« oder auch »Gottkönigs« implizierte.

Wittfogel geht in seiner Darstellung verschiedener Kulturen – unter anderem der Maya-Kultur, der Inkas und des ägyptischen Reichs – von dem Marxschen Konzept der »asiatischen Produktionsweise« aus, aber er gibt ihm eine überraschende Wendung. Neben den Regimen der hydraulischen Gesellschaft, die von stärkster Zentralisierung, totaler Macht und einem hohen Maß von Terror sowie von einem absoluten Vorrang der politischen Macht geprägt sind, erscheint die europäische Geschichte mit ihren freiwilligen Assoziationen, mit ihrem Schutz des Privateigentums, mit ihrer Machtverteilung und einer relativ autonomen Wirtschaft als die Ausnahme, als vielzentriges System ausgedehnter individueller Freiheit.

Die bolschewistische Revolution in Rußland bedeutete nun – nach der kurzen »europäischen« Periode der Monate zwischen März und November 1917 – nichts anderes als die Restauration des Systems der managerielen Gesellschaft und der Orientalischen Despotie, mithin durchaus keinen Fortschritt, sondern einen exorbitanten Rückfall. Das Regime des Nationalsozialismus stellt eine »groteske« Mischung altdespotischer und neutotalitärer Züge dar[15], während die USA auch in der Phase des New Deal und des fälschlich so genannten Monopolkapitalismus für Wittfogel keineswegs aus dem Typus des europäischen und freiheitlichen Systems herausfallen. Aber der Marxismus hat auch in seinem innersten Kern diese historische Inversion vorbereitet, indem er den Klassenkampf, der eine Eigenart und ein Luxus polyzentrischer Gesellschaften ist[16], zu einer Gestalt radikalisierte (der Gestalt des Bürgerkrieges, müßte man sagen), welche den Umschlag zum einzentrigen und despotischen System der Sowjetunion nur allzusehr beförderte.

Zu der historischen Variante der Totalitarismustheorie ist auch die monumentale Untersuchung von *Jacob L. Talmon* über die »Ursprünge der totalitären Demokratie« zu zählen. Talmon sucht die Wurzeln des Totalitarismus nicht in außereuropäischen Phänomenen, sondern in einer bedeutenden Tendenz der europäischen Geistesgeschichte selbst, zu der der Marxismus als Teil unter Teilen gehört, letzten Endes in der Theorie von einem »natürlichen Zustand«, aus dem der Mensch herausgefallen sei, seitdem er sich vom »status civilis« der Konflikte um Macht und Eigentum bestimmen lasse.

Die Zentralfigur ist für Talmon Jean-Jacques Rousseau, der mit seiner Forderung der Erkennbarkeit und der Herrschaft eines »Gemeinwillens« die totalitäre Erscheinungsform der Demokratie im Gegensatz zur liberalen Konzeption Montesquieus begründet habe. Der Hinblick auf einen vollkommenen Zustand der Gesellschaft jenseits von Egoismus, Entfremdung, Repräsentation und Teilung in Untergruppen, von Rousseau am Beispiel der direkten Demokratie von Stadtstaaten entwickelt und von seinen Nachfolgern wie den Saint-Simonisten auf die Entwicklung der Weltgeschichte projiziert, stelle sich notwendigerweise als »politischer Messianismus« dar und führe zu den ideologischen Bewegungen des Sozialismus und des Nationalismus, die schon als solche, und erst recht in ihren verschiedenartigen Mischungen, die liberale Demokratie in Gefahr brächten. Diese Gesellschaftsform ist aber für Talmon offensichtlich wie für Hannah Arendt, Carl Friedrich und den späten Wittfogel kein bloßes Faktum, sondern eine Norm, gerade *weil* sie unvollkommen, aber in ihrer Unvollkommenheit offen und die Grundlage individueller Freiheit ist.

Daher sind Verbesserungen möglich und geboten, aber ein Überschritt zu einer »ganz anderen Qualität« ist weder möglich noch wünschenswert, und darin ist in der Tat ein radikaler Gegensatz gegen den Marxismus beschlossen.[17]

»Reaktionäre« und »progressive« Denktendenzen

Wer in Rousseau den Vertreter der klassischen und paradigmatischen Demokratietheorie sieht, muß Talmon für einen »Reaktionär« erklären. Carl Friedrich und Hannah Arendt waren für Marxisten »Reaktionäre«, da sie die vorletzte Phase der historischen Entwicklung, den Verfassungsstaat, das heißt die bürgerliche oder bloß formale Demokratie, zur Norm machten. Aber sowohl für Liberale wie für Marxisten mußten die eigentlichen Reaktionäre die Vorkämpfer jener christlichen oder doch vom Christentum her bestimmten Weltanschauung sein, in der Lefèbvre immerhin die einzige ernstzunehmende Gegnerin des Marxismus sah. Es wird zu zeigen sein, daß sich für jene Version des liberalen Denkens, die als »Modernisierungstheorie« bezeichnet wird, mindestens die sowjetischen Marxisten zwar nicht als »Reaktionäre«, wohl aber als Repräsentanten der »Zurückgebliebenheit« darstellten. Und einige christliche Denker waren zuversichtlich genug, keineswegs bloß die Vergangenheit, sondern auch die Zukunft für sich in Anspruch zu nehmen. Ein so eindeutiger und uneingeschränkt optimistischer Fortschrittsbegriff wie derjenige Comtes wurde nur noch selten verfochten; der Begriff erwies sich vielmehr immer wieder als ambivalent und strittig; daher setze ich die Termini »reaktionäre« und »progressive« in Anführungszeichen.

Die christliche Geschichtsauffassung ist uns bereits einige Male begegnet, so etwa mit positivem Akzent als Nachzeichnung des Weges zum »Reich Gottes« bei Berdjajew und in der negativen Gestalt der Kritik an der modernen »Auflösung« und »Zersetzung« in den frühen Schriften von Carl Schmitt. Nach dem Ende des Zweiten Weltkriegs erlebten christliche Parteien und christliche Denkweisen fast überall in Westeuropa einen großen Aufschwung. Die älteste noch lebendige Überlieferung schien allein einen festen Stand gegenüber den Schrecknissen der jüngsten Vergangenheit und den düsteren Aussichten für die nahe und weitere Zukunft zu bieten. Der Begriff des »Abendlandes« erhielt eine rundum positive Bedeutung, und darin war bereits impliziert, daß die Auseinandersetzung zwischen den Konfessionen nicht wiederaufgenommen wurde, da Katholizismus und Protestantismus als wesentliche Säulen des »Abendlandes«

anerkannt wurden. Durchweg wurde die Zugehörigkeit der jüdischen Tradition ebenfalls als selbstverständlich aufgefaßt. Ob und inwiefern auch die Aufklärung hinzugenommen werden könne, blieb allerdings umstritten, denn es war ja so gut wie ausgeschlossen, das moderne Europa noch guten Gewissens und ohne wesentliche Einschränkung als »christliches Abendland« zu bezeichnen. Allen christlichen Denkern mußte die Kritik am »Anthropozentrismus« und insofern auch am »Humanismus« gemeinsam sein, da eine Abtrennung des Menschen von seinem ontologischen und intelligiblen Grunde, von Gott, zu verhängnisvollen Folgen führen mußte.

Ein österreichischer Kunsthistoriker hat schon im Titel seines Buches diese Grundauffassung mit einer bedeutungsvollen Wendung artikuliert: »Verlust der Mitte« von *Hans Sedlmayr.* Hier wird die Entwicklung der bildenden Kunst als »Symptom und Symbol der Zeit« betrachtet, und es gelingt Sedlmayr tatsächlich, die Kunstgeschichte aus dem Bereich des bloß Ästhetischen herauszuführen. Genuine Kunst ist eben mehr als »bloße Kunst«: nämlich eine Erscheinungsform des Verhältnisses des Menschen zur Welt im ganzen und zu ihrem Grunde, und für Sedlmayr sind »Kirche und Palast« und ist mithin die Architektur der adäquateste Ausdruck dieses Verhältnisses. Die Architektur erfüllt die größte aller Aufgaben, nämlich einer »Gemeinschaft« die »Mitte« anschaulich zu machen, auf welche ihr Dasein bezogen ist. Eben dies leistet die Kunst des 19. und 20. Jahrhunderts nicht mehr, die in ihrem »maßlosen Individualismus« so etwas wie eine Krankheit, ja wie eine »Krankheit zum Tode« ist. Der persönliche Gott und die Symbole der Kirche und des Schlosses werden seit dem Beginn des 19. Jahrhunderts durch »neue Götter« verdrängt: zuerst durch »die Natur« in der Symbolik des Gartens und des »gestirnten Himmels«, dann durch die »Kunst als ästhetischen Selbstwert«, der sich im Museum und im Theater darstellt, und schließlich durch die »Industrie« als den Kult des prometheischen Geistes und seines Produktes, der Maschine. So verliert die Menschenwelt die Einheitlichkeit ihrer Selbstdarstellung, des Stils, und der Mensch wird ortlos, der feste Boden unter seinen Füßen geht verloren.

Eine allgemeine Vermischung der Stile, eine Fixierung von Gegensätzen, eine Aufhebung der Unterschiede von »Oben« und »Unten«, eine Einbuße des »Maßes« gehen damit Hand in Hand, und für die größten Künstler wie Caspar David Friedrich wird die »Verlassenheit des Menschen in einem erkalteten und chaotischen All« zum Hauptthema. Der Mensch beherrscht nun zwar die Natur, aber in der Kunst wird offenbar, welch hohen Preis er dafür zahlt, nämlich die Entfremdung und das Lebloswerden von Natur und Geschichte. Freilich wird im zweiten Teil des Buches deutlich, daß »das

Unheil des 19. und 20. Jahrhunderts« sich bereits in viel früheren Epochen des Abendlandes vorbereitet hat und daß mithin die ganze europäische Geschichte als die Unheilsgeschichte des sich von seiner »Mitte« lösenden Menschen gesehen werden könnte. Dennoch ist Sedlmayrs Prognose nicht pessimistisch, sondern im Schlußkapitel wird ihm gerade Amerika zum Ausgangspunkt einer neuen Hoffnung, nämlich die dort immer stärker vordringende Einsicht, daß die industriell betriebene Großlandwirtschaft ein zerstörerischer Irrweg war, der riesige Flächen zur Wüste gemacht hat. Die modernste der Tendenzen, diejenige der »soil conservation«, versucht nun, wieder zu jener lebendigen und symbiotischen Landschaft zurückzugelangen, welche eine angebliche »Rückständigkeit« in großen Teilen Europas bewahrt hat. Daher erscheint es nicht aussichtslos, daß auch in der Kunst das »Bewußtsein der Kreatürlichkeit« und das Empfinden für das »menschliche Maß« eine Rückkehr erleben, die der eigentliche »Fortschritt« wäre.[1]

Auf andere Weise hat *Romano Guardini* christliche Kritik und christliche Hoffnung schon in einem Buchtitel zum Ausdruck gebracht: »Das Ende der Neuzeit« erschien 1950. Daß die Neuzeit oder die »Moderne« ein immerwährendes Endstadium der Wissenschaftlichkeit und des Positivismus sein werde, war die These von Auguste Comte gewesen, und sie ließ dem Christentum als einer »Theologie« keinerlei geschichtlichen Spielraum. Wenn aber die Neuzeit ein »Ende« haben kann, wird sie relativiert, und es öffnet sich ein neuer Zukunftshorizont. Der antike Mensch war nach Guardini vollständig innerhalb der Welt gefangen, und erst das christliche Mittelalter schuf für den Menschen mit dem Begriff der Absolutheit und der Personalität Gottes Abstand von der Welt und damit eine neue Freiheit, eben diese Welt und sich selbst »durchzugestalten«. Damit wird die Neuzeit als das Zeitalter der Weltbeherrschung durch Wissenschaft und Technik, der Pflege der Persönlichkeit und der Entstehung einer autonomen, aus den Bindungen des Glaubens gelösten Kultur möglich gemacht.

Aber gerade dieser Subjektivismus führt in seiner Radikalisierung über sich selbst hinaus, wenn auch keineswegs in der Form einer Rückwendung zur Vergangenheit, sondern vielmehr in der Weise, daß das menschliche Tun in seinem Willen zur Beherrschung der Welt mittels immer vollkommenerer Apparate sich immer mehr der »Erlebbarkeit« und damit möglicher Verantwortung entzieht. Die große und völlig neue Aufgabe für den Menschen besteht darin, daß er zum Herrn gerade über seine eigene Herrschaft wird und Macht über seine eigene Macht gewinnt. Dieser Weg kann aber nicht beschritten werden, ohne daß die christlichen Tugenden der Bereitschaft zur Verantwortung, der personalen Tapferkeit im Angesicht des heraufdrohenden Chaos und schließlich der Askese eine neue Leuchtkraft gewinnen und Wirkungsmacht entfalten. Guardinis Ausblick richtet sich indessen nicht auf die Wiedergeburt eines »christlichen Zeitalters«, sondern eher auf eine Art von »christlichem Existenzialismus«, der die entchristlichte Welt nicht bekehrt, sondern innerhalb ihrer gerade dadurch wirksam wird, daß er die Säkularisierungen und Vermengungen abweist und dadurch imstande ist, »in der wachsenden Einsamkeit der kommenden Welt – einer Einsamkeit gerade unter den Massen und in den Organisationen – lebendige Person zu bleiben«, das heißt im Einklang seiner geschenkten Freiheit mit der schöpferischen Freiheit Gottes zu existieren.[2]

Karl Löwith, Schüler und Kritiker Heideggers, von »halbjüdischer« Abstammung und protestantischer Herkunft, hat den Hauptteil seines philosophischen und historischen Werks der Darstellung und Deutung der abendländischen Geschichtsphilosophie und einzelner ihrer Phasen gewidmet, und er hat dabei den Begriff der »Säkularisierung« in den Mittelpunkt gestellt. Säkularisierungen der jüdisch-christlichen und eschatologischen Geschichtstheologie sind »die fortschrittlichen und verfallsgeschichtlichen Konstruktionen der Geschichte von Voltaire und Rousseau bis zu Marx und Sorel«, und darin sieht Löwith nicht Realisierungen, Umsetzungen aus illusionistischer Abstraktheit in praktische Wirksamkeit, sondern im Einklang mit den frühesten christlichen Stellungnahmen Verfall und Verirrung: »Das ganze moderne Mühen um immer neue Verbesserungen und Fortschritte wurzelt in dem einen christlichen Fortschritt zum Reich Gottes, von dem das moderne Bewußtsein sich emanzipiert hat und von dem es doch abhängig blieb, wie ein entlaufener Sklave von seinem entfernten Herrn.«

In dieser Perspektive verlieren sowohl Amerikanismus wie Marxismus ihre Ansprüche auf Fortschrittlichkeit und Zukünftigkeit: Die treibende Kraft im Marxismus ist »ein offenkundiger Messianismus«, der weitaus mehr bestimmende Kraft für Marx' Bewußtsein hatte als das »gesellschaftliche Sein« seiner Gegenwart, und der Comtesche Positivismus ist heute von allen führenden Geistern in Europa aufgegeben, aber er herrscht »noch« in den Vereinigten Staaten, die mithin in ihrer Mentalität ebenso »zurückgeblieben« sind wie in ihrer aus dem 18. Jahrhundert stammenden Verfassung. Die letzte Konsequenz ist für Löwith gerade die Zurückweisung der »modernen Überschätzung der Geschichte« und die bewußte Rückwendung zum Gedanken der Konstanz der menschlichen Natur und der Unantastbarkeit einer natürlichen oder göttlichen Weltordnung: »Sich inmitten der Geschichte an ihr orientieren wollen, das wäre so, wie wenn man sich bei einem Schiffbruch an den Wogen festhalten wollte.«[3]

Einen solchen Geschichtsskeptizismus hat keine der Denktendenzen geteilt, die sich selbst mit Nachdruck »fortschrittlich« nannten, und am wenigsten die vor allem in Amerika blühende »Modernisierungstheorie«. Eines ihrer bemerkenswertesten Erzeugnisse war das Büchlein von *Walt Whitman Rostow* über die »Stadien wirtschaftlichen Wachstums«, das in der 1959 publizierten Originalausgabe den Untertitel »A non-communist Manifesto« trug. Ein schrofferer Gegensatz als zu Löwith und namentlich zu Sedlmayr ist kaum vorstellbar. Ein radikaler Ökonomismus schließt die Frage nach der Bedeutung religiöser Glaubenshaltungen, philosophischer Denkweisen und künstlerischer Richtungen zwar nicht grundsätzlich aus, aber er räumt ihnen so gut wie keinen Platz ein. Rostow faßt nur die wirtschaftliche Lage ganzer Gesellschaften ins Auge, und hier unterscheidet er fünf »Wachstumsstadien«: diejenigen der traditionellen Gesellschaft, der Anlaufperiode, der Periode des wirtschaftlichen Aufstiegs, der Entwicklung zum Reifestadium und des Zeitalters des Massenkonsums.

Unter der »traditionellen Gesellschaft« versteht er »die gesamte vornewtonsche Welt«, das heißt jene Geschichtsphase, die in Überresten an vielen Stellen der Welt noch fortlebt und dadurch gekennzeichnet ist, daß die Menschen keine Einsicht in die wissenschaftlich erkennbare Gesetzlichkeit der Außenwelt und damit in deren Manipulierbarkeit gewonnen hatten. Erst wenn Investitionen nicht mehr bloß dem Ersatz verbrauchter Produktionsmittel dienen und wenn nennenswerte Ersparnisse verwendbar werden, beginnt jener Aufstieg, dessen entscheidende Phase von Rostow mit einer technischen Metapher (»take-off«) und dessen Endstadium mit einem biologischen Bild beschrieben wird, nämlich demjenigen der »Reife«. Die Weltgeschichte ist also gewissermaßen ein Wettlauf gesellschaftlicher Gebilde – nicht ein Nebeneinander von Kulturen, in denen sich derselbe Wachstumsprozeß vollzieht wie bei Spengler –; manche sind noch nicht aus den Startlöchern herausgekommen, andere klimmen den Berg hinan, ohne schon Höhenluft zu atmen, nur einige wenige haben den Endpunkt auf dem Gipfel erreicht, das Stadium der »Reife«, das heißt des Massenkonsums.

Das Ziel der Geschichte ist also die »Wohlfahrtsgesellschaft«, die zuerst gegen 1920 von den USA erreicht wurde, dicht gefolgt von Kanada und England, während die UdSSR noch weit hinter Frankreich und Japan zurückliegt. Die unterschiedliche Geschwindigkeit hat allerdings offensichtlich mit der politischen Verfassung und daher möglicherweise mit geistigen Traditionen zu tun, denn es sind die »frei geborenen Länder«, welche die Spitzengruppe bilden und damit die Avantgarde der Geschichte sind. Auch bei Rostow werden mithin die hohen Ansprüche der Sowjetunion und des Marxismus zurückgewiesen; die Sowjetunion ist eine nachholende Gesellschaft, und der Marxismus ist insofern reaktionär, als er aus der »Auflehnung gegen die menschlichen Kosten in der Entwicklung zur Reife« erwuchs. Die Marxisten der Gegenwart bleiben in der Betrachtung einer Frühphase des »Kapitalismus« gefangen, so daß sie die Veränderung der Führungsschicht aus einer Gruppe »ausbeuterischer Textil-, Eisenbahn-, Stahl- und Ölbarone« zu einer Elite aus »tüchtigen Managern einer hoch bürokratisierten und differenzierten Maschine« nicht wahrnehmen. Deutschland wiederum erlag 1914 »den Versuchungen der Macht, statt zu den Vorzügen des Massenkonsumzeitalters überzugehen«, in dem Kriege und Nationalismen keinen Platz mehr haben. Der Nationalsozialismus muß für Rostow also ein Phänomen des Widerstandes gegen die Modernität sein, während das Urteil über den sowjetischen Kommunismus positiver ist: Er ist neben der Meiji-Restauration in Japan und der Türkei Atatürks »als eine besonders unmenschliche Form politischer Organisation« einzuordnen, »die fähig ist, einen Wachstumsprozeß in Gesellschaften einzuleiten und aufrechtzuerhalten, in denen die Anlaufsperiode keine bedeutende unternehmerische Mittelklasse und keine ausreichende politische Übereinstimmung zwischen den Führern der Gesellschaft hervorgebracht hat.« In der Gestalt der Modernisierungstheorie macht also Amerika den weltpolitischen Gegner ebenso zu einem defizienten Modus des Fortschritts, wie die marxistische Theorie den Imperialismus für das letzte Stadium des Kapitalismus vor dem unvermeidbaren Umschlag in den Sozialismus erklärt hatte. Auch hier wird das bevorstehende Ende des Gegners prophezeit, aber es wird als »Hinschwinden« gefaßt und nicht mit der Vorstellung von Revolution und Bürgerkrieg verknüpft.[4]

Man mochte die Theorie von der Wohlfahrtsgesellschaft als dem endlich und zunächst in den USA erreichten Telos der Geschichte für philiströs halten, man mochte ihr die Unterschätzung der auch in dieser Gesellschaft fortdauernden Spannungen, Kämpfe und Ungleichheiten vorwerfen, aber man konnte sie nicht als »reaktionär« bezeichnen, wenn man sich selbst von der Vorstellung der Wohlfahrtsgesellschaft leiten ließ, und das tat jedenfalls der »reale Sozialismus« der Sowjetunion selbst dann, wenn er die Ideen des Idealsozialismus gelegentlich heranzog und hilfsweise verwendete. Wohl aber konnten gravierende Vorwürfe von denjenigen kommen, die mühsam genug der amerikanischen Avantgarde zu folgen versuchten. Hatten die USA und England vielleicht nur deshalb den Weg so rasch zurücklegen können, weil sie den Nachzüglern zu Beginn des Aufstiegs die Lebensmittel fortgenommen hatten? Gab es nicht sogar innerhalb der Vorhut Hilfskräfte, die weitaus mehr gaben, als sie empfingen? Waren die Zurückgebliebenen nicht in Wahrheit unterdrückt, und waren nicht viele von denen, die am Ziel angelangt waren, benachteiligt?

Der Marxismus hatte eine Zentralgruppe aller Unterdrückten und Ausgebeuteten benannt, »das Proletariat«, und von dem Sieg dieser Zentralgruppe hatte er die Aufhebung *aller* Unterdrückung erwartet. Aber nach Rostows These war nun gerade der Kern des Kerns, das »Industrieproletariat«, in der Wohlfahrtsgesellschaft zufriedengestellt, und schon Lenin hatte bekanntlich die »Arbeiteraristokratie« der westlichen Staaten mit sehr kritischen Augen betrachtet. Nichts lag in dieser Situation näher, als daß andere Gruppen sich ihrer Benachteiligung oder Ausbeutung oder Entwürdigung selbständig bewußt wurden und Klage erhoben, an erster Stelle diejenige, welche die Mehrheit der Weltbevölkerung bildete, die Einwohner der europäischen Kolonialgebiete und sämtliche »Opfer des westlichen Imperialismus«, und an zweiter die genaue Hälfte aller Bewohner der Erde, das »zweite Geschlecht«, die Frauen. Die Klage würde vermutlich nicht in Forderungen aufgehen, sondern auch eine Deutung der Geschichte enthalten, die zu der gegenwärtigen Lage geführt hatte, und sie würde in jedem Fall, sofern sie den entsprechenden Impetus auslöst, Geschichte *sein*.

Die Stimme der Kolonialvölker ist uns schon in der Gestalt von Rabindranath Tagore und weiterhin in Männern wie Sun Yat-sen begegnet, und es ist bekannt, daß solche Stimmen in den mächtigen Strömungen des Anti-Imperialismus und des Antikolonialismus im Westen selbst ein sympathisierendes Echo fanden. 1947 würde Tagore in einem unabhängigen Lande gelebt haben, und der Staat von Sun Yat-sens Nachfolgern wurde sogar zu den vier »Weltpolizisten« gezählt, aber Indien gehörte weiterhin zu den »unterentwickelten« Gebieten oder zu der »Dritten Welt«, die sich gegen einen ökonomischen »Neokolonialismus« zu behaupten hatten, und in China zeichnete sich der Bürgerkrieg zwischen der Kuomintang und den Kommunisten ab, der dann nach dem Sieg Mao Tse-tungs für ein gutes Jahrzehnt die für die Amerikaner beunruhigendste aller neuen Wirklichkeiten schuf, den »chinesisch-sowjetischen Block«.

Als geschichtliche Darstellung des Verhältnisses zwischen Europa und Asien aus dem Blickwinkel eines Asiaten nenne ich das Buch von *Kavalam Madhava Panikkar* »Asia and Western Dominance«, erschienen im Jahre 1959 in London. Es ist das Buch eines Historikers und gebildeten Mannes, der über die lange Periode von 1498 bis 1945, die sein Thema ist, also über die Periode von Vasco Da Gama bis zum Ende des Zweiten Weltkrieges, nicht einfach ein Verwerfungsurteil fällt, sondern den großen Anteil hervorhebt, den die Herrschaft der Europäer und auch der Einfluß christlicher sowie liberaler Ideen für das »intellektuelle Erwachen« Asiens und für die

Konstitution unabhängiger Staaten gehabt haben. Aber auch er stellt die These auf, daß es die dem Asienhandel geschuldeten Reichtümer waren, »welche die große industrielle Revolution in England möglich machten«, und auch er weist anklagend auf die ganz und gar »rassistische« Einstellung hin, welche die Engländer in Indien an den Tag legten, wo sie sich bis zum Ersten Weltkrieg ohne den geringsten Selbstzweifel als eine Rasse betrachteten, »welche Gott dazu bestimmt hat, zu regieren und zu unterwerfen«. Aber gerade diese Selbstgewißheit erlaubte auf der anderen Seite eine Liberalität, welche die englischen Universitäten jenen »Eingeborenen« öffnete, die als »Wogs« (Westernized Oriental Gentlemen) zu den Führern der Unabhängigkeitsbewegungen werden sollten.

Die Auswirkungen der englischen Herrschaft waren auch in anderer Hinsicht positiv. So bedeutete die Einführung des Prinzips der Gleichheit vor dem Gesetz einen gewaltigen und dauerhaften Sprung nach vorn, denn bis dahin hatten die Hindu-Gesetze Strafen nach der Kastenzugehörigkeit differenziert, und ein Brahmane konnte zum Beispiel nicht aufgrund des Zeugnisses eines Sudra verurteilt werden; durch die Engländer aber wurde diese Kastenordnung zum Einsturz gebracht, an der die fünf Jahrhunderte moslemischer Herrschaft in Nordindien nicht das Geringste geändert hatten. Allen großen Bevölkerungszentren Asiens fehlte eine »städtisch-bürgerliche« Tradition, heute dagegen wird keines der asiatischen Länder noch durch einen »orientalischen Despotismus« regiert. Erst die Herrschaft des Westens hat genuine »Mittelklassen« entstehen lassen, welche die politische Führung übernehmen und aus eigener Kraft die Modernisierung ihrer Länder vorantreiben konnten.

Daher ist die in Europa oft vorgebrachte Befürchtung gegenstandslos, »daß mit der Eliminierung der europäischen politischen Autorität Asien zu seinen alten Lebensformen zurückkehren wird«; diese Befürchtung »dürfte auf ein oberflächliches Verständnis der Geschichte zurückzuführen sein«. Die Neuerungen, die der Westen eingeführt hat, sind nicht mehr rückgängig zu machen, aber andererseits verzichten die asiatischen Länder keineswegs auf ihre Individualität und auf die Kontinuität ihrer jeweiligen Geschichte, und Panikkars Schlußurteil lautet folgendermaßen: »Die Vergangenheit der großen asiatischen Völker ist mehr und mehr als Teil des allgemeinen Erbes der zivilisierten Menschheit betrachtet worden, und dies mag allmählich zum Zusammenbruch des engen Europäismus führen, der alles für sekundär hielt, was sich außerhalb der westlichen Erfahrung abspielte ... der Einfluß der Kontakte zwischen Asien und Europa ist nicht völlig einseitig, und jetzt mögen die Resultate der Wechseldurchdringung der Kultur noch fruchtbarer sein, da die politische Beherrschung Asiens eine Sache der Vergangenheit ist.« Ohne Zweifel würde Panikkar jenem Aufsatz von Max Scheler über den Menschen im Weltalter des Ausgleichs uneingeschränkt zugestimmt haben, wenn er ihn gekannt hätte.[5]

Aus einer völlig anderen Situation und Einstellung ist um die gleiche Zeit das Buch von *Frantz Fanon* über »Die Verdammten dieser Erde« geschrieben worden, das Buch eines schwarzen Mediziners aus Martinique, der sich in Algerien der FLN anschloß und im Alter von noch nicht vierzig Jahren starb, ohne den Friedensschluß von Evian erlebt zu haben. Daher mußte ihm die distanzierte Blickweise Panikkars fremd sein, und seine tief emotionale Kampfschrift enthält bloß implizit einen Ansatz zum Geschichtsdenken. Aber er artikuliert viel von demjenigen, was als weltgeschichtlicher Kampf Geschichte *ist* und ein bestimmtes Verständnis der Geschichte einschließt.

Der Ausgangspunkt für Fanon ist eine radikale Dichotomie zwischen den »Kolonialherren« und den »Kolonisierten«. Die Kolonialherren haben den Kolonisierten eine »tote Zeit« auferlegt, aus der diese jetzt heraustreten, um »Geschichte zu machen«, indem sie »am Tod des Kolonialherrn arbeiten«; »in Blut und Zorn« schließen sie sich endlich zu einer handlungsfähigen Gemeinschaft zusammen. Sie wissen, daß »der Wohlstand und der Fortschritt Europas mit dem Schweiß und den Leichen der Neger, der Araber, der Inder und der Gelben errichtet worden [sind]«, und sie haben »beschlossen, das nicht mehr zu vergessen«. Aber wenn Fanon mit einer Entschiedenheit und Unerbittlichkeit zur Anwendung von Gewalt aufruft, die an die ersten Jahre der russischen Revolution erinnert, so weicht er doch von der marxistischen Orthodoxie auf ganz gravierende Weise durch die These ab, in den Kolonien sei das Proletariat der vom Kolonialregime am meisten verhätschelte Teil des Volkes. Daher darf sich der Aufstand nicht auf die Arbeiter in den Städten, sondern er muß sich auf die große Mehrzahl des Volkes, auf die Bauern stützen und daneben noch auf das »Lumpenproletariat«, die »Deklassierten«, auf »diese Horde von Ausgehungerten, die aus der Stammes- oder Clangemeinschaft herausgerissen sind«.

Anscheinend hat Fanon jene »Halsabschneider« im Auge, deren hinterhältige Mordtaten die Erbitterung der französischen Bevölkerung und der Armee zur hemmungslosen Wut werden ließen und der Auseinandersetzung einen ungemein grausamen Charakter aufprägten. Fanon will aber die Initiative bei den Franzosen sehen und klagt sie an, Urheber eines »entsetzlichen Ausrottungsunternehmens« geworden zu sein, das längst im Gang gewesen sei, bevor die ersten Überfälle stattfanden.[6] Ein Ausrottungsunternehmen war ja schon die »Fortschrittlichkeit« der Franzosen, die sich über den Schleier und die Unterdrückung der algerischen Frauen entrüsteten und die mit ihrem Verlangen nach »Emanzipation« gerade die Individualität und die Traditionen zerstören wollten, auf die sich diese Individualität gründet.[7] Freilich beschreibt Fanon auch auf eindrucksvolle Weise, wie im Befreiungskampf die Frauen ihre alte Abhängigkeit von der Familie überwinden und wie die alten Strukturen zusammenbrechen, etwa die Unantastbarkeit der Autorität des Vaters.

So argumentiert und handelt Fanon im Hinblick auf »Fortschritt« und »Emanzipation« ähnlich, wie es die Zionisten taten, und der einheimischen »nationalen Bourgeoisie« gegenüber nimmt er in etwa die Stellung ein wie jene gegenüber den »Assimilanten«. Die nationale Bourgeoisie ist kosmopolitisch, sie möchte »reformieren«, indem sie einen »offenen Kampf gegen den alten Granitsockel« führt, »der das nationale Erbe bildet«, einen Kampf, der zu »schwerwiegenden affektiven Verstümmelungen« führt, weil er »Menschen ohne Ufer, ohne Grenzen, ohne Farbe, Heimatlose, Nicht-Verwurzelte, Engel« hervorbringen würde. Aber in der Revolte »leben die alten kriegerischen Traditionen wieder auf«, die kulturelle Selbstentfremdung wird überwunden, der Kontakt mit der »ältesten, extrem vorkolonialen Quelle des Volkes« wird wiederhergestellt. Zwar schließt sich die »nationale Bourgeoisie« dem Befreiungskampf an, aber nur deshalb, um sich an die Stelle der französischen Bourgeoisie zu setzen, und so ist der Ausblick Fanons nicht durchweg optimistisch: Die nationale Bourgeoisie, die aus »Händlern« und nicht aus »Industriekapitänen« besteht, könnte eine »Diktatur des nationalsozialistischen Typs« auf den Weg bringen, alte Stammesfeindschaften könnten wieder aufbrechen, ein afrikanischer Rassismus könnte den europäischen Rassismus ablösen.

Fanon schwächt indessen die Dichotomie zwischen »den« unterdrückten Kolonisierten und »den« bösen Kolonialherren auch insofern ab, als er anerkennt, daß viele Franzosen den algerischen Aufständischen geholfen haben und daß die Dritte Welt nur deshalb »das Sturmzentrum« der Welt sein kann, weil es den Kalten Krieg gibt.[8] Zusammengefaßt stellt sich die Weltgeschichte für Fanon also doch als ein weltweiter Fortschrittsprozeß dar, innerhalb dessen die gewöhnliche *Vorstellung* von Fortschritt und Emanzipation aber gerade eine reaktionäre und mindestens hinderliche Rolle spielt, da sie die spezifischen Bedingungen und Traditionen der um ihre Freiheit *und* um ihre Individualität kämpfenden Völker nicht richtig einschätzen kann und will.

Das Vorwort zu Fanons Buch schrieb Jean-Paul Sartre, und es läßt sich schwerlich übersehen, daß die Feindschaft des Europäers gegen die Europäer gerade deshalb schroffer ist als diejenige des schwarzen Wahlalgeriers, weil er »unsere berühmten Verbrechen, Setif, Hanoi, Madagaskar« als schwere Gewissenslast empfindet und daher mit innerer Zustimmung feststellen kann, daß man in Algerien und Angola die Europäer »öffentlich massakriert«. Diese Gewalt ist für Sartre eben nur der Bumerang, der auf die gewalttätigen Europäer zurückschlägt, und sie rechtfertigt gerade die höchste Hoffnung, nämlich daß »die Gewalt, wie die Lanze des Achill, die Wunden vernarben (kann), die sie geschlagen hat«.[9] Wie Merleau-Ponty unterscheidet er also »progressive Gewalt« und »reaktionäre Gewalt«, und er definiert die erste dadurch, daß sie die universale Gewaltlosigkeit herbeiführen will. Diesem Aufruf zur Gewalt liegt also eine Geschichtsauffassung zugrunde, welche die geschichtliche Gewalt von den Europäern ausgehen läßt, damit sie in der ganzen Welt überwunden werden kann.

Die Grundvoraussetzung dafür ist indessen offensichtlich die, daß die Europäer ihre Gewalt und ihre Überlegenheit nicht geschlossen und unverbrüchlich wollen, sondern ein zwiespältiges, distanzierendes Verhältnis dazu haben – Sartre selbst, der ja nur eine einflußreiche Tendenz besonders entschieden zu Wort brachte, ist dafür das beste Beispiel. Die Forderung nach der »Befreiung der Frau« unterstützte er ebenso nachdrücklich wie diejenige nach der Befreiung der Kolonialvölker, doch die umfassende Darstellung überließ er seiner Lebensgefährtin *Simone de Beauvoir*, die mit ihrem zweibändigen Buch »Le deuxième sexe« über hundert Auflagen erzielte und bekannter wurde als alle Feministinnen vor ihr. Aber wenn die Befreiung »der« Frau ihr Ziel war, so formulierte sie doch jenen »Europäismus der Voraussetzungen« ganz ausdrücklich, ja sie beschränkte sich fast vollständig auf Frankreich (wie es in der Tat von Voltaire an nahezu alle französischen Universalisten getan hatten): »Wir werden diese Entwicklung im Okzident verfolgen. Die Geschichte der Frau im Orient, in Indien, in China ist in der Tat die Geschichte einer langen und unveränderlichen Sklaverei gewesen. Vom Mittelalter bis in die Gegenwart werden wir diese Studie in Frankreich ihr Zentrum haben lassen, dessen Fall von typischer Art ist.«[10] Simone de Beauvoir nahm damit eine Fackel auf, die schon von vielen Läuferinnen und Läufern getragen worden war, wie etwa von Mary Wollstonecraft, der Frau von William Godwin, von John Stuart Mill und von den englischen Suffragetten.

Aber sowohl Mary Wollstonecraft wie John Stuart Mill wären vermutlich vor dem Trompetenstoß der These erschrocken zurückgewichen, mit der Simone de Beauvoir den zweiten Band ihres Werkes beginnen läßt: »Man ist nicht als Frau geboren, man wird zur Frau.« Diese These ist indessen nichts anderes als die konsequente Anwendung von Sartres Axiom, daß der Mensch sich in seiner Freiheit selbst schaffe, daß niemand ein Feigling sei, sondern sich selbst erst zum Feigling mache, indem er eine

Wahl treffe. Daß diese Wahl sich immer wieder auf Tatbestände bezieht, die der Wahl entzogen sind, wird freilich am Beispiel der Frau anschaulicher als an demjenigen des Feiglings, und es würde am Beispiel des Greises ins Auge springen, aber man kann nicht behaupten, daß de Beauvoir die »biologischen Gegebenheiten« übersieht. Sie stellt vielmehr gleich im ersten Kapitel des ersten Bandes in langen Ausführungen, die in ihrem Eingehen auf physiologische Eigentümlichkeiten, wie etwa die geringere Muskelkraft oder die Kennzeichen des Eierstocks, einer medizinischen Abhandlung entnommen zu sein scheinen, die biologische Natur nicht nur der menschlichen Frau, sondern der »weiblichen Wesen« überhaupt heraus, und das Hauptergebnis besteht in der Feststellung, daß das tierische Weibchen in aller Regel und die menschliche Frau in besonderem Maße den Erfordernissen der Fortpflanzung, das heißt der eigenen Sexualität, unterworfen sind.

Dieser Tatbestand wird mit ganz negativen Termini beschrieben. Die Frau wird durch die Empfängnis verletzt [violée]; sie muß etwas Fremdes in sich tragen, »sie erscheint wie von fremden Mächten besetzt: entfremdet«. Die Biologie hindert die Frau, im gleichen Sinne ein Individuum zu sein wie der Mann. Aber die biologischen Gegebenheiten sind nicht das schlechthin Bestimmende, sie sind nicht ein unentrinnbares Schicksal: »Sie genügen nicht, um eine Rangordnung der Geschlechter zu fixieren; sie erklären nicht, warum die Frau ›die Andere‹ ist; sie verdammen sie nicht dazu, für immer in dieser untergeordneten Rolle zu verharren.« Wie könnte es anders sein, wenn die Natur des Menschen als solchen nach Sartre gerade darin besteht, *keine* Natur zu haben, sondern »Transzendenz« zu sein, sich selbst ständig zu übertreffen? Freilich hatte der Mann es seit jeher leichter, seine Transzendenz zu realisieren, und deshalb ist die Frau in der ganzen Geschichte seine Sklavin oder bestenfalls seine Vasallin gewesen. Diese Geschichte der Unterwerfung der Frau und ihrer unvollständigen Befreiung ist das Thema des zweiten Kapitels des ersten Bandes, während das dritte Kapitel unter der Überschrift »Mythes« dem Verhältnis einiger Schriftsteller zum weiblichen Geschlecht gewidmet ist. Der zweite Band dient dagegen fast ausschließlich der Beschreibung konkreter Typen und Situationen, wie etwa des jungen Mädchens, der Ehefrau und der Lesbierin.[11]

Die Geschichte der Frau ist für de Beauvoir die Geschichte des »Patriarchats«, das mit dem Übergang des Nomadentums zur Landwirtschaft seine volle Ausbildung erfährt. Zwar sind für die frühen bäuerlichen Kulturen einige der wichtigsten Götter weiblich, wie etwa die »Mutter Erde«, aber die Erhebung der Geschlechtsqualität in den Himmel gab den konkreten Frauen keine Gleichberechtigung: »Vom Beginn der Menschheit an hat ihr biologisches Privileg den Männern erlaubt, sich allein als souveräne Subjekte zu behaupten . . .; dazu verdammt, die Rolle der ›Anderen‹ zu spielen, war die Frau auch dazu verdammt, nur eine hinfällige Macht zu besitzen: ob Sklavin oder Idol, wählte sie nie selbst ihr Geschick.« Eine besonders verhängnisvolle Rolle für das Geschick der Frau in der Geschichte spielte »das Privateigentum«, denn dadurch wurde die Inanspruchnahme sexueller Freiheit, die es in den kommunitären Frühzeiten gegeben hatte und die für den Mann immer selbstverständlich blieb, zu einem Verbrechen, und es nahm der Frau alle Verfügung über ihren Besitz. Nur in Sparta und in Platons »Staat« gab es so etwas wie Gleichheit der Frauen, und der moderne Sozialismus griff das auf: Er entreißt die Frau der Familie und begünstigt dadurch ihre Befreiung, die für einige Frauen schon in der italienischen Renaissance Wirklichkeit gewesen war und im französischen 18. Jahrhundert von den ersten Feministen gefordert wurde. In der Gegenwart ist die Befreiung der Frau in Skandinavien am weitesten fortgeschritten, während der italienische Faschismus die Tradition der weiblichen Sklaverei wiederherstellte und Hitler den bereits emanzipierten Frauen Deutschlands das »Ideal Napoleons« aufzwang: »Küche, Kirche, Kinder.«

Den erstaunlichsten Sprung nach vorwärts machte die Sowjetunion, aber sie fiel schon in den dreißiger Jahren durch das Verbot der Abtreibung und die Erschwerung der Scheidung weit zurück. In Frankreich und anderen Ländern führen alte Traditionen und das »ökonomische Privileg der Männer« noch immer dahin, daß die Frauen den brennenden Wunsch haben, den Männern zu gefallen, und daraus folgt, »daß die Frau sich nicht insofern kennt und wählt, als sie für sich existiert, sondern als die, welche der Mann definiert«. Es ist also noch ein langer Weg zurückzulegen, bis »das menschliche Paar seine wahre Gestalt findet und Männer und Frauen jenseits ihrer natürlichen Differenzierungen ohne Zweideutigkeit ihre Geschwisterlichkeit bestätigen«.[12]

Gleichheit und Geschwisterlichkeit zwischen Mann und Frau werden nach de Beauvoir den Reiz, die Spannung und den Zauber des Geschlechtsverhältnisses nicht zerstören, aber letzten Endes geht es doch darum, daß die Frau sich ebensosehr von ihrer »animalité« zum »Fürsichsein« und zur »Transzendenz« befreit, wie es der Mann schon seit langem getan hat. Wie wichtig die christliche Tradition und daneben auch die großbürgerliche Herkunft für Simone de Beauvoir dabei waren, geht aus ihrer Selbstcharakterisierung in einem Interview hervor, wo sie von ihrer Kindheit sagt: »Ich dachte mich stets als Seele, und im Bereich der Seelen gibt es diese Probleme in keiner Weise: Gott liebte mich genauso, als wenn ich ein Mann gewesen wäre.«[13]

Aber muß die Orientierung am Vorbild des Mannes und der Wunsch nach Überwindung der »animalité« nicht noch ein gutes Stück weiter führen als bis zur »insémination artificielle«, von der Simone de Beauvoir an einer Stelle erwartet, daß sie es der Menschheit erlauben werde, »de maîtriser la fonction réproductrice«?[14] Wenn sie zu ihren letzten Konsequenzen geführt wird, sieht sich die Konzeption der Befreiung der Frau noch gravierenderen Einwänden ausgesetzt als die Forderung nach Befreiung der Kolonialvölker und der Dritten Welt.

Zwar kann nur eine Lehre von tiefgreifenden und unaufhebbaren Unterschieden der Rassequalitäten den Völkern der Dritten Welt das Recht absprechen, an die Einigungsprozesse der europäischen Nationen auf ihre Weise anzuknüpfen und »Unabhängigkeit« zu erlangen. Aber man braucht sich nur daran zu erinnern, wie große Spannungen und Beängstigungen durch die bis 1914 weit stärkere Volksvermehrung der Deutschen in Frankreich und anderswo hervorgerufen wurden, um zu der Folgerung zu gelangen, daß die »Bevölkerungsexplosion« der Dritten Welt in ihrer Verbindung mit Unabhängigkeit und Gleichberechtigung zu verhängnisvollen Konsequenzen führen muß, wenn der Lebensstandard der USA als Norm gilt – sofern nicht durch die Anwendung wissenschaftlicher Mittel rechtzeitig jene Verlangsamung des Wachstums herbeigeführt wird, die sich in Europa sogar in einen Rückgang zu verwandeln scheint.

Eine »wirkliche« Gleichheit zwischen Mann und Frau ist nur dann gegeben, wenn die »Unterprivilegierung« der Frauen infolge von Schwangerschaft und Gebären »abgeschafft« ist (vorausgesetzt, daß das spezifische Vermögen der Frau als Last und Nachteil aufgefaßt wird). Eine einfache Lösung wäre die Nicht-Ausübung dieser Funktion und mithin die Angleichung der heterosexuellen Beziehungen an die homosexuellen. Diese Lösung ist indessen nicht verallgemeinerungsfähig, denn sie würde das Ende der Menschheit nach sich ziehen.

Die andere radikale Lösungsmöglichkeit wäre an Fortschritte der Wissenschaft geknüpft, die im Augenblick noch kaum vorstellbar sind: Die Subsumtion der Individuen unter eine der beiden Geschlechtsqualitäten müßte aufgehoben werden, indem die Geschlechtsumwandlung zur Regel gemacht würde und jedes Individuum eine gewisse Zeit seines biologisch produktiven Lebensabschnitts als Mann und eine ebenso lange Zeit als Frau verbringen müßte.

Ob in der »sanften« Perspektive der Gleichheit der Nationen und Rassen oder in der »harten« der radikalen Gleichheit der Geschlechter, ob in der Konsequenz der Gedanken von Jean-Paul Sartre oder in den Spuren der Postulate Simone de Beauvoirs: Die *Wissenschaft* erweist sich als die progressivste aller progressiven Tendenzen der Menschheit, als diejenige, ohne deren Fortschritte kein Fortschritt in anderen Bereichen möglich ist.

Längst vor der vollen Ausbildung der experimentellen Naturwissenschaft hatte Francis Bacon die Menschen seiner »Nova Atlantis« Unterseeboote bauen und die Welt durch wissenschaftliche Technik verändern lassen, Fontenelle hatte prophezeit, daß die Menschheit einst bis zum Monde gelangen werde, und später setzte Jules Verne nur in anschauliche Beschreibungen um, was in »wissenschaftlichen Utopien« der frühen Neuzeit bereits vorweggenommen war. In der Zwischenkriegszeit entwickelte Hermann Oberth konkrete Pläne zu einer Weltraumfahrt mit Hilfe mächtiger Raketen, aber es war Einsteins Äquivalenzgleichung von Materie und Energie, die ganz neue Perspektiven eröffnete und in der Entdeckung der Kernspaltung des Urans durch Otto Hahn und F. Strassmann 1938 ihre praktische Bestätigung fand, weil die Wissenschaft und nachfolgend die Technik nun in die Lage versetzt waren, die ungeheuren Kräfte, die im Innersten der materiellen Welt gebunden sind, durch ingeniöse Methoden freizusetzen.

Für viele Wissenschaftler schien damit die Gelegenheit gegeben zu sein, den Menschen wirklich zum Herrn der Erde werden zu lassen, Wüsten in fruchtbare Gefilde zu verwandeln, Eisberge abzuschmelzen, störende Gebirge zu beseitigen und die verfügbare Energie so unerschöpflich und frei zugänglich zu machen wie Wasser und Luft. Damit wird der Existenzkampf unter den Menschen an sein Ende gelangt sein, und was als »sozialistische Utopie« galt, wird Wirklichkeit geworden sein. Aber der Mensch wird sich nicht damit begnügen, sein Leben auf der Erde angenehmer zu gestalten, sondern mittels der Raumfahrt wird er das Gefängnis dieser Erde hinter sich lassen. Er wird nicht nur den Mond erschließen und kolonisieren, sondern er wird eines Tages mit Photonenfahrzeugen der Lichtgeschwindigkeit nahekommen und das Weltall bis in dessen fernste Fernen durcheilen, weil die Insassen mit der Erde auch die Zeit hinter sich gelassen haben. Diese Menschen werden aber von der gegenwärtig lebenden Generation ganz verschieden und im Vergleich »Übermenschen« sein, da sie auch ihre biologische Natur in die Hand bekommen und sich selbst zu einer bisher unbekannten Gattung emporgezüchtet haben. Damit wird der bisherige Mensch überwunden, und schließlich vermag er seiner unvollkommenen, an ein »sensitives Körperchen« geknüpften Intelligenz die Gestalt vollkommener Maschinen zu geben, so daß ein englischer Wissenschaftler im Jahre 1961 schreiben konnte: »Mögen die Tröpfe auf ihrer friedlichen Erde bleiben, der wahre Genius wird nur im Weltraum gedeihen, (in) dem Reich der Maschine, aber nicht des Fleisches und Blutes.«[15] Einer so fortschrittlichen Wissenschaft ist wohl zuzutrauen, daß sie jene Geschlechtsumwandlung möglich macht und den weiblichen Körper von seiner Unterwerfung unter die Animalität der Geschlechtlichkeit befreit. Und diese Wissenschaft darf und muß man die Vollendung, ja in gewisser Hinsicht den Wahrheitsbeweis der abendländischen Metaphysik nennen, welche die »Seele« immer weit über den Körper erhoben und den Geist der Materie entgegengesetzt hatte.

Aber ist der Fortschritt über den Menschen hinaus für den Menschen ein Fortschritt? Zerstört er sich nicht selbst, wenn er seine äußersten Möglichkeiten verwirklicht? Werden Fortschritt und Vernichtung irgendwann identisch? Und läßt sich nicht daraus schließen, daß jeder Fortschritt, auch der harmlose und unumgängliche, ambivalent ist, weil der Mensch ein ambivalentes, ein endlich-unendliches, ein sterbliches und dennoch von Transzendenz bestimmtes Wesen ist?

Die zerstörerische Seite des durch die Atomzertrümmerung möglich gewordenen Fortschrittssprungs wurde für jedermann früher anschaulich als die konstruktive, nämlich durch den ersten Abwurf der Atombombe und durch das atomare Wettrüsten der beiden Supermächte. Einige der Wissenschaftler, welche die Bombe gebaut hatten, gehörten zu den ersten, die inständig warnten, aber die politischen Notwendigkeiten des Kalten Krieges ließen eine unmittelbare Wirkung nicht zu, obwohl die Rede von einer »Selbstvernichtung« der Menschheit längst weit verbreitet und geradezu ein Gemeinplatz war, bevor die reale Möglichkeit wirklich gegeben war. Es bedeutete jedoch abermals einen qualitativen Schritt, als die Einsicht aufkam, daß auch die »friedliche Nutzung der Kernenergie« außerordentliche Gefahren in sich barg und Aufgaben hervorrief, an die man zunächst kaum gedacht hatte und die sich dann als kaum lösbar erwiesen, vor allem die Aufgabe einer sicheren Ablagerung oder Beseitigung der radioaktiv verseuchten Rückstände und jener Abfallprodukte, deren »Halbwertzeit« Millionen von Jahren betragen mochte.

Aber in einem noch viel allgemeineren Sinn erwies sich schon das gegenwärtige Ausmaß der »Herrschaft des Menschen« als Gefährdung der natürlichen Grundlagen der Menschheit, ob es sich nun um die drohende Klimaveränderung oder um den banalen »Wohlstandsmüll« handelte, dessen exponentielles Anwachsen alle bisherigen Anstrengungen zunichte zu machen schien. War am Ende die Menschheit, auch wenn sie aus Klugheit keine Kriege mehr führte und bestrebt war, das Leben jedes Einzelnen so angenehm wie möglich zu machen, so etwas wie der »Tumor der Erde« gerade deshalb, weil sie einst den Begriff der »Gottähnlichkeit« gebildet und in der Neuzeit den Begriff des »Fortschritts« auf ihre Fahne geschrieben hatte?

Schon diese Fragen machen evident, daß wir uns nur scheinbar vom »Geschichtsdenken« entfernt haben, wenn aus kurzen Abhandlungen von Naturwissenschaftlern zitiert worden ist, in denen mit keinem Wort von den Griechen oder den Römern, von der Renaissance oder der Aufklärung die Rede ist und die möglicherweise einige Ähnlichkeit mit den populären Erzählungen der »science fiction« haben oder die Erinnerung an H. G. Wells' »Zeitmaschine« hervorrufen. Aber Aussagen und Projekte von angesehenen Naturwissenschaftlern *sind* Geschichte, auch wenn sie etwas im Auge haben, das im Augenblick noch nicht realisiert werden kann, und sie implizieren stets ein Geschichtsdenken, indem sie mit großer Selbstverständlichkeit die von der Wissenschaft geprägte Gegenwart und die allein von der Wissenschaft bestimmte Zukunft in einen schroffen Gegensatz zu der »bisherigen« Geschichte setzen. Allerdings handelt es sich um einen Grenzfall. Eine Wissenschaft der »Futurologie«, die mehr vorausbestimmen würde als einzelne Vorgänge, würde kein Geschichtsdenken mehr sein.

Schriftsteller, Philosophen und sogar Theologen haben dasjenige ausdrücklich zu beschreiben und zu deuten versucht, was die Naturwissenschaft und die naturwissenschaftliche Technik in der Welt und an der Welt vollbringen.

Robert Jungk hat 1952 den Berichten seines Buches »Die Zukunft hat schon begonnen« eine allgemeine Kennzeichnung dessen vorangestellt, was er in amerikanischen Forschungslaboratorien, Atomfabriken, Luftwaffenstützpunkten und psychologischen Instituten gesehen hat ... Amerika bemühe sich darum, »die Macht über das All zu gewinnen, die vollständige, absolute Herrschaft über das Universum der Natur in allen seinen Erscheinungen«. Dazu gehört nicht bloß die Entfesselung der Atomkraft und die Überwindung der Schallmauer, sondern auch die Umwandlung des menschlichen Körpers in ein Experimentierobjekt: Der Überschallpilot wird in sein Flugzeug installiert »wie ein vorläufig leider noch unersetzlicher Maschinenbestandteil«; junge Amerikaner werden Tag für Tag »geschüttelt, geschlagen, gebeutelt, verbrüht, vereist, erstickt, zerquetscht«, und sie lassen all das freiwillig mit sich geschehen, weil sie sich als Vorhut für die künftige Eroberung des gesamten Luftraums und darüber hinaus des Weltraums betrachten, sie lassen sich sagen, daß der natürliche Mensch ein »Hemmschuh des Fortschritts« und eine »Fehlkonstruktion« sei.

Daher hat man erwogen, »durch biologische Kreuzung eine ganz neue weltraumfeste Menschenrasse zu erzeugen«, und man hat nur deshalb davon Abstand genommen, weil die »Produktionszeit« zu lang sein würde. Aber auch zivile Verfahren beruhen auf dem gleichen Grundsatz einer Unterwerfung der Natur, etwa die industrielle Eiererzeugung in der Landwirtschaft, die ausgeklügelten Methoden der Werbeagenturen und sogar die Steigerung der Effizienz am Arbeitsplatz durch die »humanisierenden« Bemühungen des »social engineering«. Seine Hoffnung aber kann der Nicht-Theologe Jungk nur durch eine theologische Wendung zum Ausdruck bringen: »Erst wenn der krampfhafte Griff nach der Allmacht sich einmal löst, wenn die Hybris zusammenbricht und der Bescheidenheit Platz macht, dann wird Amerika von dem wiederentdeckt werden, den es vertrieben hat: von Gott.«[16]

Auf gedanklich anspruchsvollere Weise hat *Günther Anders,* der Sohn des nach 1933 aus Deutschland vertriebenen Psychologen William Stern, ebenfalls in den frühen fünfziger Jahren die neue historische Situation als diejenige einer »Antiquiertheit des Menschen« zu bestimmen gesucht. Er will nicht danach fragen, was Washington oder Moskau oder die Menschheit »aus der Technik macht«, sondern »was die Technik aus uns gemacht hat«. Zu unrecht wird nämlich das Ensemble der technischen Geräte als ein »Mittel« ausgegeben, das zu guten Zwecken verwendet oder zu schlechten mißbraucht werden könnte, denn das System der Geräte ist heute die menschliche Welt. »Und ›Welt‹ ist etwas anderes als ›Mittel‹. Etwas kategorial Anderes.«

Die Begriffe, mit denen der Mensch einstmals seine Welt und seine Geschichte auslegte, sind unbrauchbar geworden: Es wäre absurd, »ein middleclass-Atombomben-Problem von einem proletarischen zu unterscheiden«. Man muß von einer »wachsenden A-synchronisiertheit des Menschen mit seiner Produktenwelt« sprechen, die Anders »das prometheische Gefälle« nennt: Mehr und mehr erscheint der Mensch, wie er »in seiner fleischlichen Tölpelhaftigkeit« aus den Händen der Natur hervorgegangen ist, aus der Perspektive seiner Geräte gesehen als »konservativ, unprogressiv, antiquiert«. Und dennoch hat er alle diese Geräte, die so viel vollkommener sind als er, hervorgebracht, aber nur deshalb, weil er das Vermögen der Ideenbildung hat, ein »Platoniker« ist, der nun von seinen eigenen Schemata überholt und verknechtet ist. Insofern *sind* wir das Unendliche, und die seit langem ersehnte Omnipotenz ist uns nun zuteil geworden, aber vor allem als »die Macht, einander das Ende zu bereiten«. Unsere Eltern waren »die letzten Menschen«, das heißt die letzte geschichtliche Generation, wir aber sind »die ersten Titanen«, und keine Brücke führt über den Abgrund zwischen dem »Einst« und dem »Jetzt«. Eine Präfiguration dessen, was wir sind, waren ein Jahrzehnt zuvor die Angestellten der Vernichtungslager, die zugleich gute Familienväter waren, denn auch in uns lebt die »entsetzliche Harmlosigkeit des Entsetzlichen«, und auch wir sind in diesem Sinne schizophrene Wesen.[17] Am Ende schlägt Anders' Analyse dann aber in politischen Aktivismus um, der die Atombombe mit allen Mitteln bekämpfen und die Todesgefahr von der Menschheit abwenden will, deren Glieder nur *durch* die Atombombe, als »morituri«, zu einer Einheit geworden sind.[18]

Es war ein katholischer Theologe und Jesuit, der diese Einheit in die umfassendste aller möglichen Perspektiven stellte und daher die Gefahren, die mit ihr verbunden sind, kaum wahrnahm: *Pierre Teilhard de Chardin.* Er bot eine Entwicklungslehre dar, welche die Entfaltung der Materie »zu immer höher organisierten materiellen Formen« gemäß dem Gesetz der »zunehmenden Verflechtung« aufzeigen wollte, so daß er sich auf den ersten Blick wie ein Nachfolger von Herbert Spencer ausnehmen mochte. Aber er macht zum Thema, was Spencer nicht anerkannt haben würde, nämlich die »Innenseite der Materie«, die auch in der »tot« genannten Substanz ansatzweise bereits vorhanden ist und die »in den Tiefen des menschlichen Bewußtseins ans Licht kommt und sich in sich selbst widerspiegelt«. Naturgeschichte *und* Menschengeschichte sind also »ein Einrollungsprozeß, der zu immer mehr Komplexität und Bewußtsein führt«. Dieser Prozeß hat eine Richtung, die auf den »Punkt Omega« weist, eine Richtung, deren nächste Phase nichts anderes als »die Vielheit denkender Individuen« ist, »die sich im Akt eines einzigen gleichgestimmten Bewußtseins sammeln und verstärken«.

Teilhard scheint also ein Prophet der *einen*, in universaler Liebe verbundenen Menschheit zu sein, wie schon so viele vor ihm, und er scheint diese Zukunft ganz im Geist wissenschaftsorientierter Fortschrittlichkeit aufzufassen, wenn er dann auch die Durchschnittsmenschen in erster Linie damit beschäftigt sein läßt, »ein Geheimnis zu enthüllen, eine neue Kraft zu ergründen, die man den Atomen, den Gestirnen oder der organischen Materie entreißt«. Diese Organisation der Forschung soll sich dadurch zu einer »rationellen Organisation der Erde« erweitern. Man mag sich noch an Saint-Simon erinnert fühlen, wenn Teilhard innerhalb der Geschichte dem »geheimnisvollen jüdisch-christlichen Ferment« eine besondere Bedeutung zuschreibt, aber daß er ein genuiner Theologe bleibt, geht daraus hervor, daß er den »Punkt Omega«, das »universale Einigungszentrum«, als präexistent und transzendent auffaßt und sich damit von Schelers und Bergsons Vorstellung der Geschichte als eines »theogonischen Prozesses« distanziert. Aber liegt nicht alle Geschichte in wesenloser Ferne, wenn die Erde »ein einziges Denkatom von siderischem Ausmaß« bildet?[19] Ob göttliche Harmonie oder Selbstzerstörung: in beiden Fällen ist ein Jenseits der Geschichte erreicht.

Es wird sich zeigen, daß den »einzelnen Denkern«, die im »Dritten Kreis« das Thema sein werden, diese »Jenseits«-Vorstellung, das höchste Produkt der wissenschaftlichen Fortschrittlichkeit, keineswegs fremd ist und daß sie sich damit auseinandersetzen oder sich eine bestimmte Version zu eigen machen. Aber der unmittelbare Übergang wäre doch zu hart, und so soll zum Abschluß der Blick auf eine Schule gerichtet werden, die sich betontermaßen als »progressiv« verstand und die gleichwohl die ganze Breite der Geschichte zur Darstellung bringen wollte, die französische Schule der *»Annales«*.

Die beiden Gründerväter, Lucien Fèbvre und Marc Bloch, waren nach dem Ersten Weltkrieg an die Universität Straßburg berufen worden, und ihr stärkstes Motiv bestand darin, angesichts der Schlachtfelder im Westen Frankreichs eine Geschichtsschreibung zu überwinden, die mit ihrer Hervorhebung der »großen Männer« und kriegerischer Unternehmungen nach Fèbvres und Blochs Überzeugungen für das Unheil dieses Krieges mitverantwortlich war. So wollten sie die politische Geschichte durch eine Sozialgeschichte ersetzen oder mindestens ergänzen, unterhalb der oberflächlichen Bewegungsvielfalt einer Ereignisgeschichte wollten sie zu den tieferen Formationen einer »longue durée« vordringen, und an die Stelle einer »histoire-récit« sollte eine »histoire-problème« treten. In letzter Perspektive würde eine »histoire totale« entstehen, wie sie schon Henri Berr mit seiner »Revue de synthèse«, aber auch die deutsche »Vierteljahresschrift für Sozial- und Wirtschaftsgeschichte« und insbesondere Karl Lamprecht erstrebt hatten. Neben den Kräften der Ökonomie und der Massenpolitik sollte nicht zuletzt die Geographie Berücksichtigung finden.

Die Gründung der ersten »Annales« (»Annales d'histoire économique et sociale«) fiel 1929 zeitlich fast mit derjenigen des »Esprit« zusammen, und Fèbvre fühlte sich Mounier stets nahe. In den dreißiger Jahren waren Sympathien für die »Volksfront« die naheliegende Konsequenz, und nachdem Marc Bloch im Krieg von den Deutschen erschossen worden war, war seit der Neubegründung der Zeitschrift unter dem Titel »Annales. Economies, Sociétés, Civilisations« im Jahre 1946 die Verbundenheit mit der Résistance fast ebenso eng wie bei den »Temps Modernes«. Unter der Leitung von Fernand Braudel gleichzeitig als »Sixième Section« der Ecole des Hautes Etudes konstituiert, zog die Schule nun eine beträchtliche Anzahl der begabtesten jüngeren Historiker Frankreichs an sich heran und ging noch entschiedener dazu über, der Geschichte der Massen, der Besiegten, der Frauen, der Kindheit, der nichtwestlichen Zivilisationen und schließlich auch der quantifizierenden Methode ein besonderes Interesse zuzuwenden, und es war nicht immer klar, ob sie modischen Trends folgte oder sie schuf.

Neben großen Erfolgen war freilich auch viel Kritik zu verzeichnen: Die Marxisten machten der Schule zum Vorwurf, daß sie Kommunikationssysteme wichtiger nehme als Produktionskräfte und -verhältnisse; die »konventionellen« Historiker der Sorbonne beanstandeten im Gegenteil die Unterschätzung der »Ereignisse« und der »Persönlichkeiten«. Nicht ganz selten wurde die Schule auch als »fanatische Sekte« angegriffen, die in Universitäten und Verlagen eine bewußte Machtpolitik treibe und entgegen ihrem demokratischen Glaubensbekenntnis das typisch französische System der Unterordnung vieler Mitarbeiter unter einen »patron« aufrechterhalte.[20] Aber niemand konnte bestreiten, daß die Schule bedeutendere Werke hervorbrachte als etwa die englischen Marxisten um »Past and Present« und als die deutsche Sozialgeschichte, die zunächst einen weitaus weniger »weltanschaulichen« Charakter hatte.

Als größtes und eindrucksvollstes dieser Werke wurde fast allgemein das zweibändige Buch von *Fernand Braudel* »La Méditerranée et le monde méditerranéen à l'époque de Philippe II« anerkannt, das die Geschichte eines Großraums, eben der Länder des Mittelmeers in ihrer Verknüpfung mit der geographischen Grundtatsache, auf drei Ebenen darzustellen unternimmt: derjenigen der Beziehungen der Menschen zu ihrer Umwelt, welche sich in Jahrzehnten ganz wenig verändern; derjenigen, die bloß »lentement rhytmée« ist, nämlich der sozialen Geschichte menschlicher Gruppierungen; schließlich derjenigen der Ereignisgeschichte, welche die rasch eintretenden und rasch vergehenden Wellenbewegungen der Oberfläche zu beschreiben versucht.[21]

Das buchhändlerisch erfolgreichste war die Schilderung eines winzigen mittelalterlichen Dorfes durch *Emmanuel Le Roy Ladurie*: »Montaillou. Ein Dorf vor dem Inquisitor«.[22] Aus den in drei Bänden gedruckten Protokollen der Untersuchung des der Inquisition verdächtig gewordenen Dorfes entwickelt der Autor ein höchst anschauliches Bild der Lebenswelt in Südfrankreich zu Beginn des 14. Jahrhunderts, so daß der Leser glaubt, einzelne Personen wie etwa den katharischen Pfarrer des Dorfes gleichsam mit Händen berühren zu können. Aber daß fünfhunderttausend Leser zu einem Buch griffen, das immer wieder lateinische Zitate bringt, ist wohl nur dadurch zu erklären, daß die Bewohner nach der Schilderung Le Roy Laduries ein kaum weniger freizügiges Liebesleben führten als ihre Nachfahren im 20. Jahrhundert und großenteils eine noch stärkere Abneigung gegen die unverständliche Kirchenlehre und die im Luxus lebenden Priester an den Tag legten.

Als Beispiel für die von den »Annales« sehr gepflegte »Mentalitätsgeschichte« soll schließlich die »Geschichte des Todes« von *Philippe Ariès* erwähnt werden, obwohl der Verfasser in einem viel weniger engen Verhältnis zu der Schule stand als etwa Paul Veyne, Ernest Labrousse, Pierre Nora und François Furet, deren Bücher allesamt von Interesse sein müßten, wenn die »Annales« um ihrer selbst willen zum Thema gemacht werden sollten. Mit einer Überfülle von Belegen schildert Ariès die vielfältigen Formen, in denen die Menschen sich zu ihrer eigenen Endlichkeit verhalten haben, aber nichts bewegt den Verfasser mehr als die Erkenntnis der Tatsache, daß im wissenschaftlichen 20. Jahrhundert erstmals in der gesamten Menschheitsgeschichte der Tod »verdrängt« worden ist, daß die kranken und alten Menschen in den Hospitälern sterben, daß sie so unauffällig wie möglich zu Grabe gebracht werden und daß keine lebendige Gemeinschaft mehr den Tod ihrer Angehörigen in Riten und Symbolen sich selbst denkwürdig macht.[23] Wie für Sedlmayr und Guardini, für Sartre und de Beauvoir, für Jungk und Anders, wenngleich unter einem ungewöhnlichen Gesichtspunkt, trennt auch für Ariès ein Abgrund die moderne und fortschrittliche Gegenwart von allen Vergangenheiten, in denen der Mensch je lebte.

DRITTER KREIS: EINZELNE DENKER

Arnold J. Toynbee

Mit Arnold Joseph Toynbee begegnet uns unter den »einzelnen Denkern« zum ersten Male ein Engländer, das heißt ein Vertreter derjenigen Nation, welche durch ihre eigenartigen Revolutionen im 17. Jahrhundert und vor allem durch die Initiierung der »Industriellen Revolution« am meisten dazu beigetragen hatte, die »moderne Welt« heraufzuführen, und die doch gerade deshalb die Schwierigkeiten und Probleme dieser modernen Welt weniger stark zu spüren bekam als Frankreich, Deutschland und Italien. Arnold Toynbee, 1889 geboren, ist immer stark von dem Bewußtsein geprägt gewesen, zu den »Privilegierten« zu gehören, und er hat in seinen Erinnerungen jene »Welt vor 1914« anschaulich geschildert, als er durch fast ganz Europa reisen konnte, ohne einen Paß zu besitzen. Dabei war er nicht etwa ein Angehöriger der Aristokratie, wie Bertrand Russell, der Enkel des ehemaligen Premierministers Lord John Russell, sondern er entstammte der »Mittelklasse«, genauer gesagt dem anglikanischen Bildungsbürgertum, aber auch hier handelte es sich ohne Zweifel um eine herausgehobene, eine »bevorzugte« Schicht. Überdies wies seine Familie berühmte Namen auf, einer seiner Onkel war ein bekannter Dante-Forscher, und ein anderer, ebenfalls Arnold mit Namen, war als Verfasser der »Lectures on the Industrial Revolution« und als Sozialreformer bereits ein berühmter Mann, als er 1883 im Alter von dreißig Jahren starb.

Die Mutter war eine der ersten Frauen, die einen akademischen Grad erworben hatten, und so verstand es sich von selbst, daß Arnold die beste Erziehung erhielt, die es unter dem englischen Himmel gab: Er besuchte die public school des College von Winchester und die Universität Oxford. In Oxford wurde er dann Tutor und Fellow am Balliol College, und am Vorabend des Weltkriegs sah es ganz so aus, als werde er eine normale Gelehrtenlaufbahn als Professor für Griechisch oder für Byzantinistik einschlagen. Aber der Erste Weltkrieg änderte die Situation: Im Gegensatz zu den meisten jungen Deutschen, jedoch in weitgehendem Einklang mit dem vorherrschenden Empfinden in England, erlebte er den Kriegsausbruch nicht etwa als Befreiung oder als enthusiastisch ergriffenen Opfergang, sondern als schweren Schock, der das Jahrhundert des englischen Weltfriedens, das heißt der friedlichen Vorherrschaft Englands, infolge des ruchlosen Überfalls einer weniger zivilisierten Macht an sein Ende brachte.

Wegen der Nachwirkungen einer schweren Krankheit, die er sich bei einer seiner Reisen durch Griechenland und die Türkei zugezogen hatte, wurde er nicht einberufen, und er empfand sich selbst nun um so mehr als einen ohne Verdienst Privilegierten, weil sehr viele der Studienfreunde an den Fronten fielen. Daher trat er in eine Abteilung des Außenministeriums ein und wurde zu einem Kämpfer an der Propagandafront, der Schriften mit Titeln wie den folgenden herausbrachte: »The Belgian Deportations«, »The Destruction of Poland. A Study in German Efficiency« und »The German Terror in France«. Sein lebhaftes Interesse für den Südosten Europas lenkte seine Aufmerksamkeit früh auf die Ausrottungsmaßnahmen der Türken gegenüber den Armeniern, und auch daraus ließen sich schwere Vorwürfe gegen die Deutschen ableiten. So wurde der Gräzist und Byzantinist, der von sich selbst sagte, seine »Welt« sei diejenige der griechischen Antike, früh auf die Zeitgeschichte gestoßen, und die enge Verbindung zwischen gelehrten Studien zu weit entfernten Zeiten und intensiver Beobachtung der Gegenwart blieb das Hauptkennzeichen seiner Arbeit während der vielen Jahrzehnte, die ihm bis zu seinem Tod im Jahre 1975 noch beschieden waren.

1924 trat er in das »Royal Institute for Foreign Affairs« ein, das meist nach seinem Sitz abkürzend als »Chatham House« bezeichnet wurde, und für mehr als zwei Jahrzehnte schrieb er in Zusammenarbeit mit seiner späteren Frau Veronica den Text des jährlichen »Survey of Foreign Affairs«. Dadurch wurde sein Name in der ganzen Welt bekannt, und beträchtliche Aufmerksamkeit war gesichert, als 1934 der erste Band seiner zunächst auf sechs Bände angelegten »Study of History« erschien, die schon bald mit dem Werk Oswald Spenglers verglichen wurde. Aber die große Zeit des Ruhmes und der Wirksamkeit kam für ihn doch erst nach dem Zweiten Weltkrieg, als sich das monumentale Unternehmen mit der Publikation der Bände sieben bis neun im Jahre 1954 der Vollendung näherte. In den fünfziger Jahren galt er in der ganzen westlichen Welt als der führende Universalhistoriker und Geschichtsdenker, und es tat seinem Ruhm kaum Abbruch, daß er, zumal wegen einiger kleinerer Schriften zu aktuellen politischen Fragen, von verschiedenen Seiten heftig angegriffen wurde.

Aber auch die »Study of History« war weit davon entfernt, eine selbstgenügsame und überaus gelehrte Kulturgeschichte zu sein; bei näherem Hinsehen zeigte sich rasch, daß Toynbee ebensosehr ein »politischer Mensch« war wie Spengler. Das geht schon aus der Schilderung der Motive hervor, die ihn dazu getrieben hatten, mit der Arbeit zu beginnen, und die denjenigen Spenglers ganz ähnlich sind: Die Beschäftigung mit der griechischen Antike und die Beobachtung der Gegenwart führten ihn zu der Frage, ob das Schicksal der hellenischen Kultur auch dem neuzeitlichen Abendland bevorstehe. Aber der Ausgangspunkt, die Methode und die Ergebnisse seines Werkes waren von demjenigen Spenglers sehr verschieden.

Die ersten Bände handeln vom »Aufstieg und Verfall der Kulturen«, und die Übereinstimmung mit Spengler springt insofern ins Auge, als auch Toynbee nicht die Nationen, aber ebensowenig die »Rassen«, sondern die Kulturen für die »in sich verstehbaren Sinneinheiten der Geschichte« erklärt[1], so daß für ihn nicht »England« oder »Frankreich« ein adäquater Gegenstand historischer Darstellung ist, sondern die »abendländische Christenheit«, zu der die meisten europäischen Nationen als Bestandteile gehören. Außer der abendländischen existieren heute vier weitere Kulturen: die christlich-orthodoxe Gesellschaft in Rußland und Südosteuropa, die islamische Gesellschaft, die Hindu-Gesellschaft und die fernöstliche Gesellschaft. Neben diesen lebendigen Kulturen gibt es noch »Fossilien«, versteinerte Überbleibsel uralter Völker und Kulturen, wie die Juden und die Parsen, und wenn man alle bedeutenden Kulturen, die sich in der Geschichte aufweisen lassen, namhaft macht, gelangt man zu der Zahl von einundzwanzig, sofern man die christlich-orthodoxe und die fernöstliche Gesellschaft in jeweils zwei unterteilt. Neben den sieben heute noch lebendigen Kulturen wäre also eine doppelt so große Zahl untergegangener Kulturen aufzuzählen, wie etwa die minoische, die hettitische, die babylonische, die sumerische, und die (alt) mexikanische Kultur.

Um diese Fülle von Kulturen zu beschreiben, zu analysieren und zu vergleichen, führt Toynbee einige Begriffspaare bzw. Metaphern ein, die ihn weit mehr von Spengler unterscheiden als bloß die Aufzählung einer größeren Anzahl von Kulturen. Das wichtigste ist dasjenige von »challenge« und »response«, von »Herausforderung« und »Antwort«, mit dem er sich von dem biologistischen Determinismus Spenglers absetzt und klar macht, daß er die Metapher der nach jeweils eigenen inneren Gesetzen in genauer Parallelität aufwachsenden, sich entfaltenden und absterbenden Organismen nicht akzeptiert. Die schöpferischen Fähigkeiten einer Menschengruppe werden erst durch die besonderen Herausforderungen ihrer geographischen oder sozialen Umwelt zur Entfaltung gebracht, und wenn diese Herausforderungen zu gering oder zu mächtig sind, kommt die Kulturbildung nicht zustande. Als solche »Anreize« zählt Toynbee fünf auf: harte Länder, Neuland, Schläge, Druck und Belastungen. Das Optimum für die Entstehung einer Kultur liegt jeweils in der Mitte zwischen einem Maximum und einem Minimum der Herausforderung: Infolge der übermäßigen Härte der umgebenden Natur gelangten die Eskimos über den unmittelbaren Kampf um das Überleben nicht hinaus, und in subtropischen Ländern war die Umwelt oft zu »paradiesisch«, als daß den Menschen eine schöpferische Anstrengung abverlangt worden wäre.

Um die Gemeinsamkeit *aller* Kulturen im Gegensatz zur Lebenswelt der Primitiven zu kennzeichnen, benutzt Toynbee die chinesische Entgegensetzung von »Yin« und »Yang«, des statischen und des dynamischen Prinzips. Aber diese Polarität nimmt Toynbee auch *innerhalb* der Kulturen wahr, und zwar im Zusammenhang mit den Begriffen des »inneren« und des »äußeren« Proletariats. Ein »inneres Proletariat« kommt als abgesonderte Entität dann auf, wenn die schöpferische Minderheit, die das Wachstum einer Kultur herbeigeführt hat, zur herrschenden Klasse entartet ist. Ein »äußeres Proletariat« sind die Barbaren, die auf die jeweils maßgebende Kultur zwar bezogen, aber ihr feindlich gesinnt sind und in dem Augenblick gefährlich werden, wo jene Erstarrung zu verzeichnen ist. Aus der Kombination dieser beiden Kräfte kann dann eine neue Kultur hervorgehen, und es liegt auf der Hand, daß Toynbee der Untergang der antiken Kultur durch den vereinten Ansturm des Christentums und der Germanen vorschwebt.

Dem Wachstum der Kulturen widmet Toynbee verhältnismäßig wenig Raum, und der Hauptakzent liegt auf der Bedeutung großer Einzelmenschen und schöpferischer Minderheiten, aber auch hier wiederholt sich die Eigentümlichkeit der Toynbeeschen Methode, daß nicht etwa einzelne Kulturen so, wie Spengler es tat, ausführlich dargestellt und charakterisiert werden. Vielmehr werden aus den verschiedensten Kulturen Beispiele angeführt, mittels deren bestimmte »Gesetze« anschaulich gemacht werden sollen, die schwerlich etwas anderes als bloße »Regeln« sind, so daß etwa auf ein Unterkapitel über die Osmanen ein Unterkapitel über das antike Sparta folgt und als Beispiele für schöpferische Minderheiten das klassische Athen, das Italien der Renaissance und das England des 18. und 19. Jahrhunderts angeführt werden. So nimmt sich die »Study of History« schon in den ersten Bänden wie eine ungeheure Beispielsammlung aus, die dazu bestimmt ist, die analytischen Gesichtspunkte gleichsam mit Fleisch und Blut auszustatten.

Das gilt besonders für den weit umfangreicheren Teil, dessen Thema der Niedergang und der Verfall der Kulturen ist. Hier finden sich unter der Kapitelüberschrift »Versagen der Selbstbestimmung« direkt hintereinander zum Beispiel »Die Einwirkung des italienischen Verwaltungssystems auf die transalpine Regierungsform«, »Die Einwirkung der Solonischen ökonomischen Revolution auf die Innenpolitik der hellenischen Stadtstaaten« und »Die Einwirkung des Parochialismus auf die abendländische christliche Kirche«. Als Beispiele für den »Militarismus«, den Toynbee wie den Krieg überhaupt sehr negativ beurteilt, werden die assyrischen Könige, Karl der Große und Timur Lenk zusammengestellt, und für die »Spaltung im Sozialkörper«, die ein allgemeines Kennzeichen des Zerfalls von Kulturen ist, dient die Beschreibung der »inneren Proletariate« im Hellenismus, in Japan, in Babylon und Syrien, in Indien, China, Sumer und im Abendland als Anschauungsmaterial.

Wenn man aber bis zum Band sechs den Eindruck haben kann, daß für Toynbee ebenso wie für Spengler die einzelnen Kulturen selbstgenügsame Entitäten sind, auch wenn er sie nicht als Organismen auffaßt, so ändert sich ab Band sieben die Blickweise erheblich. Nun werden nämlich nach der Darstellung der »Universalstaaten«, zu denen sich nicht jede Kultur fortgebildet hat, und der »Universalkirchen«, die von dem »inneren Proletariat« einiger Kulturen hervorgebracht wurden, die »Berührungen zwischen Kulturen im Raum« und die »Berührungen zwischen Kulturen in der Zeit« zu Hauptthemen. Die Universalstaaten sind Symptome sozialen Verfalls und gleichzeitig Versuche, ihn aufzuhalten, aber durchweg vergebliche Versuche. Sehr viel positiver ist Toynbees Urteil über die Universalkirchen, und in diesem Kapitel wird das Ideal sehr deutlich, von dem er sich leiten läßt: der wiederhergestellte Yin-Zustand als ein Friede »straffgespannter Harmonie«[2] in einem künftigen Weltstaat, der im Bewußtsein der inneren Einheit aller Religionen eine Universalkirche höherer Art sein würde. Bevor Toynbee jedoch eine wesentliche Einschränkung vornimmt, werden jene »Berührungen« ausführlich abgehandelt, und dabei stehen die Begegnungen des neuzeitlichen Abendlandes mit Rußland, dem Islam, den Juden und anderen Kulturen ganz im Vordergrund, und die Berührungen in der Zeit werden durchweg als »Renaissancen« gefaßt. Nach einigen allgemeinen Überlegungen zum Verhältnis von »Gesetz und Freiheit in der Geschichte« wird im Schlußkapitel ausdrücklich die Frage nach den »Aussichten der westlichen Zivilisation« gestellt, die ja von Anfang an leitend gewesen war. Toynbee gelangt zu dem Ergebnis, daß diese »unsere« Kultur nicht im gleichen Sinne dem Untergang geweiht ist wie alle anderen Kulturen, sondern daß sie sich über sich hinaus zu einer neuen Weltordnung vortreiben wird, eben zu jener Weltgesellschaft, dem auf höherer Stufe wiederhergestellten Yin-Prinzip.

Aber dieser Zustand ist für ihn keineswegs etwa »der westliche Wohlfahrtsstaat«. Er stellt vielmehr ganz im Gegenteil mit provozierender Bildlichkeit die Frage, ob »ein Zeitalter der Quarantäne im Stall der Circe der

Preis sein könnte, den die Menschheit für den Vorteil bezahlen müßte, von Krieg und Klassenkampf frei geworden zu sein«, nachdem der westliche Mensch seine Seele der »Zauberin Technologie« verkauft habe. Auf den ersten Blick scheint Toynbee eine Rückkehr zur christlichen Religion anzuraten, damit der westliche Mensch jene Selbstvergötzung zu überwinden vermag, die sich in zwei säkularisierten Religionen darstellt, im kommunistischen und auch faschistischen Kult des Leviathan und im verflachten Freiheitsglauben der Liberalen, der nur ein »hingeschwundener Rest eines ursprünglich christlichen Glaubens an die Brüderlichkeit der Menschen« ist.

Damit verbindet sich die Frage, ob Westeuropa in Zukunft auf ähnliche Weise unter einer Pax Americana dahinleben werde wie Griechenland unter der Pax Romana. Aber schließlich wendet sich Toynbee nicht weniger scharf gegen die »Versuchung, sich in den Schoß irgendeiner etablierten Kirche zurückzuziehen, welche eine historische höhere Religion in sich birgt«, und unter einer letzten polemischen Bezugnahme auf Spengler sieht er die »geistige Rettung« für den Menschen darin, daß nach der ökonomischen Sättigung neue religiöse Energien entbunden werden, die dem Menschen in einer Art Synthese der Vorstellungen des Mahayana-Buddhismus und des heiligen Franziskus von Assisi die Bejahung des »Leidens« und der »Erbsünde« möglich machen, so daß er ohne Selbstüberhebung in ein »postmodernes Zeitalter« einzutreten vermag.[3]

Daß Toynbee sehr weitgehend auch von aktuell-politischen Erfahrungen geprägt wurde und zu Phänomenen der Gegenwart auf engagierte Weise Stellung nahm, wird an vielen Stellen seines Hauptwerkes deutlich, und in einigen kleineren Schriften sowie in seinen Erinnerungen tritt dieses Engagement noch unzweideutiger hervor. Der harte Tadel, dem diese Urteile häufig unterzogen wurden, unterschied sich qualitativ von der fachwissenschaftlichen Kritik, welche ihm die Tendenz, alles mit allem zu vergleichen, den unklaren Gesetzesbegriff und manchmal auch die Unfähigkeit vorwarf, die positive Seite des Krieges innerhalb der Geschichte so zu würdigen, wie es doch selbst Proudhon getan hatte.

Im Bolschewismus erblickte Toynbee im dritten Band der »Study« die einzige effektive äußere Herausforderung der abendländischen Gesellschaft seit der Niederlage der Osmanen vor Wien im Jahre 1683. Der Bolschewismus ist der zur Praxis gewordene »marxistische Glaube«, und Lenin übernahm ihn »von dem deutschen Juden Karl Marx«. In der russischen Atmosphäre wurde die Lehre des Historischen Materialismus in einen »emotionalen und intellektuellen Ersatz für das orthodoxe Christentum« verkehrt, »mit Marx als seinem Moses und Lenin als seinem Messias und mit ihren gesammelten Werken als der Bibel dieser neuen atheistischen russischen ecclesia militans«.[4]

Die Annahme dürfte nicht abwegig sein, daß Toynbees Begriff des »inneren Proletariats« als einer universalhistorischen Erscheinung gerade den Marxismus begreifbar machen soll, nämlich als eine von den vielen Religionen, die sich unter den Massen des Volkes verbreiteten, als eine schöpferische Minderheit zur »herrschenden Klasse« entartet war, analog zum buddhistischen Mahayana-Glauben der chinesischen Proletarier vor 2000 Jahren. Der Marxismus ist eine christliche Häresie, in der die jüdischen Charakterzüge der abendländischen Tradition besonders stark hervortreten: »Marx hat die Göttin ›Historische Notwendigkeit‹ anstelle Jahwehs als seine Gottheit und das innere Proletariat der abendländischen Welt anstelle der Judenheit als sein auserwähltes Volk genommen, und sein messianisches Königreich verstand er als eine Diktatur des Proletariats, aber die entscheidenden Züge der jüdischen Apokalypse treten durch diese fadenscheinige Maske hervor.«[5] Allerdings darf über diesem »archaischen Futurismus« der durchaus unjüdische, aus dem Christentum stammende Charakter des ökumenischen Missionsauftrages nicht übersehen werden.

Es ist mithin alles andere als erstaunlich, daß Toynbee von Marxisten als Antimarxist und von sowjetischer Seite als »Kalter Krieger« angegriffen wurde. Aber für Toynbee ist der sowjetische Kommunismus trotz dieser Charakterisierungen doch nicht einfach der »neue Islam«, dem mit aller Kraft Widerstand geleistet werden muß. In dem gewaltigen Unternehmen Stalins, die Landwirtschaft ebenso wie die Industrie und den Transport zu technisieren und zu motorisieren, wiederholt sich auf noch größerer Stufenleiter der Versuch Peters des Großen, Rußland zu verwestlichen. Der Bolschewismus ist also zu einem »nationalistischen Sozialismus« geworden[6], und als solcher ist er nicht so sehr eine Bedrohung der westlichen Welt, sondern ein höchst mühevoller Versuch, mit dem Westen gleichzuziehen. Diese Auffassung mußte nun manches Unbehagen unter den »Kalten Kriegern« auslösen, und in den fünfziger Jahren akzentuierte Toynbee seine Auffassung vom »Westen« so sehr, daß er in einigen Kreisen als ein Verräter und ein Philokommunist galt.

Als Toynbee 1952 die »Reith-Lectures« der BBC hielt, wählte er den Titel: »Die Welt und der Westen«. Ihr Kern ist die These, daß »nicht der Westen von der Welt getroffen (wurde), die Welt war es, die vom Westen getroffen, schwer getroffen wurde«.[7] Die westliche Welt war die revolutionäre Kraft, die alle nicht-westlichen Länder erschüttert und oft genug angegriffen hat. Rußland wurde zum Beispiel von den Polen 1610, von den Franzosen 1812 und von den Deutschen 1941 angegriffen; erst im Jahre

1945 hat es das letzte Stück der riesigen Gebiete »zurückerobert, die ihm seine westlichen Nachbarn im XIII. und XIV. Jahrhundert weggenommen hatten«.[8] Das autokratisch-zentralistische System, das Peter der Große den Russen auferlegte, war eine Reaktion auf den Druck des Westens und seiner permanenten technologischen Revolution, die reformierenden Sultane und zumal Kemal Pascha in der Türkei und die Staatsmänner der Meiji-Revolution in Japan beschritten einen ähnlichen Weg, um mit dem Westen mithalten zu können. Seit 1917 hat nun eine neue Runde im Wettbewerb zwischen Rußland und dem Westen begonnen, und diesmal warf Rußland »einen Glauben in die Waagschale, der ebenso schwer wiegt wie in der römischen Geschichte das Schwert, das Brennus gegen das römische Gold auf die Waage warf«. Dieser kommunistische Glaube ist eine »westliche Ideologie«, aber er diente den Russen »als Waffe für einen anti-westlichen geistigen Krieg«.[9]

Er spricht die innerste Sehnsucht der unterdrückten Bauernschaft in Asien, Afrika und Südamerika an, und der Westen selbst sieht sich von »innerer Zersetzung« bedroht, da der Kommunismus für alle Menschen Anziehungskraft besitzt, weil er der Menschheit die Einheit biete, »die unsere einzige Alternative zur Selbstvernichtung in einem Atomzeitalter ist«.[10] Der Appell des Kommunismus ist mithin weltweit, und er richtet sich nicht zuletzt an die Intellektuellen und Idealisten, die der Grundauffassung zuzustimmen geneigt sind, daß der Westen im wirtschaftlichen und sozialen Leben seinen eigenen christlichen Grundsätzen zuwiderhandelt. Ganz ähnliche Erfahrungen wie Rußland machten der Islam, Indien und der Ferne Osten; überall zerstörte der Westen die einheimischen Überlieferungen und erzwang eine Reaktion, die mit westlichen Mitteln die Selbstbehauptung erstrebt. Man könnte daher sagen, daß diese Auffassung nichts anderes als eine Abwandlung der Imperialismustheorien John Hobsons oder Lenins sei, aber Toynbee bekämpft nicht, wie Hobson und Lenin, den Imperialismus von einem (wirklich oder angeblich) jenseits des Imperialismus liegenden Standpunkt, sondern für ihn liegt das »Jenseits« in der vom Westen eingeschlagenen Richtung, von der er sich nur in der Form einer Selbstkritik distanziert.

Nirgendwo kritisiert Toynbee den »Verrat« des Westens und insbesondere Amerikas an der von ihm selbst in die Welt gebrachten Sache mit so klaren Worten und so großer Entschiedenheit wie in dem Aufsatz »Amerika und die Weltrevolution«.[11] Hier ergreift er die Partei der amerikanischen Revolution gegen sein eigenes Land, das sich der Unabhängigkeit seiner Kolonie in den Weg stellte, als die Zeit für diese Unabhängigkeit reif war. In den Schüssen, welche amerikanische Farmer 1775 auf der Brücke in

Concord gegen die englischen »Rotröcke« abfeuerten, sieht Toynbee das Signal für eine weltweite Revolution, diejenige der Bauernschaft, die »glorreichste Revolution der Weltgeschichte«, weil die Bauernschaft seit Tausenden von Jahren die »Last der Zivilisation« auf ihrem Rücken getragen hat, »ohne einen gerechten Anteil an ihren Segnungen zu erhalten«.[12]

Vom Verlauf dieser Revolution, die nach seiner Auffassung durch die Schüsse in Concord ausgelöst wurde, entwirft Toynbee ein sehr eindrucksvolles Bild: »In diesen vergangenen 168 Jahren umkreiste der Widerhall des Schusses die Erde wie ein russischer Sputnik. Man hörte ihn in Frankreich, noch ehe das 18. Jahrhundert zu Ende war. Man hörte ihn im spanischen Amerika und in Griechenland, als das 19. Jahrhundert noch jung war. 1848 ... hallte er wie ein Donnergrollen im ganzen europäischen Kontinent wider ... Das italienische Risorgimento wurde durch diesen amerikanischen Schuß geweckt. 1871 hörte man ihn in Paris wieder; dieses Mal war die Kommune die Antwort von Paris darauf. Ostwärts ziehend, entzündete der Knall die russische Revolution von 1905, die persische Revolution von 1906 und die türkische Revolution von 1908 ... 1917 hörte Rußland den amerikanischen Schuß zum zweiten Male, und diesmal vernahm es ihn erst richtig ... 1960 weckte er die Bauern von Kuba ... vor dem Ende des Jahres 1960 hatte der Schuß der amerikanischen Farmer den Atlantik zum dritten Mal überquert und ganz Afrika von Sharpeville bis nach Algier aufgeweckt.«[13]

Dieser lange Abschnitt ist sicher eines der bemerkenswertesten Zeugnisse des Revolutionsenthusiasmus, der seit langem ein Hauptkennzeichen der europäischen und amerikanischen Linken gewesen war. Aber in Toynbees Version konnte er den Beifall der Marxisten schwerlich finden, denn er nahm ihnen sozusagen ihre Revolution aus der Hand, machte die Russen zu bloßen Nachahmern und ersetzte das Proletariat durch »die Bauernschaft«. Und Toynbees Anklage richtete sich nicht gegen einen immer gleichen »Kapitalismus«, sondern gegen den »Verrat« Amerikas an seinen eigenen Idealen, denn heute »führt Amerika eine weltweite antirevolutionäre Bewegung an und verteidigt althergebrachte Privilegien. Es symbolisiert das, was Rom einst symbolisierte«. Der Sündenfall Amerikas besteht darin, daß es »aus der erzrevolutionären die erzkonservative Macht geworden ist« und damit den Geist des Christentums als die Antriebskraft seiner Revolution verraten hat, denn jener Widerhall war nichts anderes als »die Stimme Gottes, die nicht nur durch das Christentum spricht, sondern durch alle historisch überlieferten Religionen, die ihre Evangelien der ganzen Welt predigen und die alle zusammengenommen fast die gesamte Menschheit erreicht haben«.[14]

Man konnte aus Toynbees Ausführungen die Folgerung ableiten, die mit dem Amtsantritt John F. Kennedys innerhalb der amerikanischen Regierung an Einfluß gewann, daß Amerika sich seine revolutionären Ursprünge wieder aneignen und mit der Sowjetunion in einen Wettkampf um die »Dritte Welt« eintreten müsse; man konnte aber auch sagen, daß Toynbee ein äußerst einseitiges Bild der Weltentwicklung zeichne, seine eigenen Aussagen über die ausrottungswillige Feindschaft der amerikanischen Kolonisten gegen die Indianer sowie die »konservative« Wendung der russischen Revolution unter Stalin vergesse und den Widerstandswillen der westlichen Welt gegen die Drohung des Totalitarismus untergrabe. Auf diese Weise konnte der Vorwurf umgekehrt und Toynbee als ein »Verräter« hingestellt werden.

Als eine Art Verrat an der »Einheit des Westens« wurde häufig auch die Einstellung Toynbees zum Judentum und insbesondere zum Zionismus betrachtet. Zwar konnte kein Zweifel daran sein, daß er die abendländische Kultur als »gräko-jüdische« definierte und den Nationalsozialismus nicht bloß als eine Extremform des Militarismus mit großem Nachdruck verurteilte, denn er verwarf nicht nur mit starken Worten die »Verdorbenheit« der Nazis, welche »auf präzedenzlose Weise unmenschlich« gewesen seien, sondern er schrieb allen Deutschen ein hohes Maß an Mitschuld zu.[15] Aber es ist unübersehbar, daß Toynbee nicht auf nationalistische Weise nur eine bestimmte Nation mit Schuld beladen will, sondern daß er auch dieses Ereignis in einem größeren Zusammenhang sieht und das Unheil mit der westlichen Zivilisation als solcher in Verbindung bringt: »Was immer das Endurteil der Menschheit über die westliche Zivilisation in dem modernen Kapitel ihrer Geschichte sein mag, so war es bereits in der Mitte des 20. Jahrhunderts der christlichen Ära offenkundig, daß der moderne westliche Mensch sich mit zwei besonderen Merkmalen von dauerhafter Verruchtheit gebrandmarkt hat, indem er zwei Verbrechen beging, die für immer auf seinem Schuldkonto stehen. Das eine dieser Verbrechen war die Verschiffung von Negersklaven zur Arbeit auf den Plantagen der Neuen Welt; das andere war die Ausrottung einer jüdischen Diaspora in dem europäischen Heimatland der westlichen Christenheit.«[16]

England ist mithin keineswegs unschuldig, und als schlimme Missetat betrachtet Toynbee auch die opportunistische Kriegslist der Balfour-Deklaration, welche den von der historischen Tradition des Judentums abgefallenen Zionisten die Gelegenheit gab, den Einwohnern Palästinas ein ähnliches Unrecht zuzufügen, wie die Nationalsozialisten es bis 1939 den Juden zugefügt hatten, »um ihrerseits zum ersten Mal seit 135 vor Chr. Verfolger zu werden«.[17] So stellte Toynbee einen kausalen und moralischen Nexus zwischen Nationalsozialisten und Zionisten her, der heftigen Widerspruch hervorrufen mußte: »Am Tage des letzten Gerichts könnte das schwerste Verbrechen auf dem nationalsozialistischen Schuldkonto nicht darin bestehen, daß sie die Mehrheit der westlichen Juden ausrotteten, sondern daß sie den überlebenden Rest der Juden zum Stolpern veranlaßten ... Dieser Impuls, sich die Schuld eines stärkeren Nachbarn zu eigen zu machen, indem man einem unschuldigen schwächeren Nachbarn eben das Leiden aufzwang, welches das ursprüngliche Opfer von der Hand des stärkeren Nachbarn erfahren hatte, war vielleicht das perverseste unter all den niedrigen Neigungen der menschlichen Natur ...«[18]

An anderen Stellen und in seinen »Erinnerungen« drückt er sich noch schärfer aus.[19] Da Toynbee überdies neben dem Kalten Krieg auch die »jüdische Wählermacht« innerhalb der USA in die Verurteilung einbezog[20], konnte man ihm mit guten Gründen den Vorwurf machen, daß er vom hohen Richtersitz des Moralisten und Anthropologen die ganz besondere Situation der Juden nach dem Jahre 1945 ebensowenig wahrnehme wie die innere Logik des Übergangs der USA von der Revolution zum Konservativismus. Im ganzen gesehen war aber so viel gewiß und besonders bemerkenswert, daß der angesehenste Geschichtsdenker der westlichen Welt im Rahmen des Kalten Krieges das Gewicht seiner großen Autorität schon in den fünfziger Jahren weit mehr auf die Waagschale der »Entspannung« als auf diejenige der »Spannung« legte.

Karl R. Popper und Talcott Parsons

Eine der erstaunlichsten Tatsachen der gesamten Geistesgeschichte der Menschheit ist darin zu sehen, daß die überwiegend jüdischen Flüchtlinge aus dem nationalsozialistischen Deutschland sich in den Ländern, wo sie Zuflucht suchten, vornehmlich in England und den Vereinigten Staaten, trotz oftmals widriger Umstände und bis auf einige beklagenswerte Ausnahmen zu behaupten, ja durchzusetzen vermochten und nach dem Ende des Krieges prominente Plätze im geistigen Leben errangen, sei es in ihren neuen Heimatländern, sei es nach der Rückkehr in Deutschland. Das gleiche galt nicht für die russische Emigration, die zahlenmäßig weit größer war, die sich aber stärker gegen ihre neue Umgebung abschloß und deren stärkere Rückkehrwünsche unerfüllt blieben; Nikolaj Berdjajew und Pitirim Sorokin zählten im Bereich der Wissenschaft zu den bemerkenswerten Ausnahmen. Freilich war der Weg auch für die deutsch-jüdischen und deutschen Emigranten schwer genug, zumal für die Juristen, die ein zweites

Studium anfangen mußten, wenn sie in ihren Berufen bleiben wollten. Und natürlich war er für diejenigen besonders schwer, die noch relativ jung und sogar in Deutschland wenig bekannt waren. Gerade sie brachten dasjenige zuwege, was man das »Emigrationswunder« nennen könnte.

Aber es ist auch nicht zu übersehen, daß zumal in Amerika der Boden für ein neues Wachstum gut vorbereitet war. Die amerikanische Wissenschaft war schon von sich aus dabei, sich europäischen Einflüssen stärker zu öffnen, und sowohl die älteren wie die jüngeren Emigranten, zum Teil auch schon deren Kinder, trugen erheblich dazu bei, den Wandlungsprozeß zu unterstützen und fortzuführen. Aber sie wandelten sich auch selbst und wurden zu einer mächtigen Welle im großen Strom der amerikanischen und weiterhin der »westlichen« Wissenschaft, die nun bald fast überall ihren Einfluß ausübte, am stärksten in Deutschland, das noch während der Weimarer Republik die führende Wissenschaftsnation der Welt gewesen war und nun einem nach Regen durstenden Feld glich. Und wer hätte stärker zum Geschichtsdenken getrieben sein sollen als jene zwei Gruppen, die es vor 1933 nur in Ansätzen oder gar nicht gab: die Amerikaner als die Vertreter der stärksten Supermacht und die deutsch-jüdischen oder auch deutschen Emigranten, die so stark von der Weltgeschichte umgetrieben worden waren? Das allerbemerkenswerteste aber ist, daß diese Emigranten ihren Einfluß nicht etwa durchweg für die »Entspannung« und für die Wiederherstellung der Kriegskoalition geltend machten und daß die Amerikaner zu einem erheblichen Teil ihre neue Stellung nicht uneingeschränkt mit der politisch führenden Rolle ihres Staates in der Welt koordinierten, sondern die Tradition der Selbstkritik beibehielten.

Als ein deutschjüdischer Emigrant, der in der angelsächsischen Welt blieb, aber sehr stark nach Deutschland hineinwirkte, soll zuerst Karl Raimund Popper zum Thema werden, und auf ihn soll Talcott Parsons als ein »europäischer Amerikaner« folgen. Danach ist der Übergang zu einem anderen »europäischen Amerikaner« zu machen, der eine Zeitlang eine wichtige Rolle in der Außenpolitik seines Landes spielte und gleichwohl ein nachdenklicher Historiker war, zu George Kennan, und einen ersten Abschluß soll ein »amerikanischer Amerikaner« bilden, John Kenneth Galbraith. Erst danach sollen zwei Emigranten ihren Platz finden, die in einem prononcierten Sinne nach Deutschland zurückkehrten: Max Horkheimer und Theodor W. Adorno.

Karl Raimund Popper, schon vor vielen Jahren von der britischen Königin zum »Sir« erhoben, ist heute nahezu jedermann als der Hauptvertreter des »kritischen Rationalismus« bekannt, und er gilt mit Recht als Erkenntnistheoretiker und Philosoph der Naturwissenschaften, der auch ein umfangreiches geisteswissenschaftliches Buch geschrieben hat, nämlich »Die offene Gesellschaft und ihre Feinde«. Aber was »Geistesgeschichte« zu sein scheint, ist in Wahrheit eine sehr engagierte und über weite Strecken emotionale Auseinandersetzung, welche alle Kennzeichen des »Geschichtsdenkens« aufweist und unmittelbar auf ganz konkreten geschichtlichen Erfahrungen beruht, die in den erkenntnistheoretischen und wissenschaftslogischen Arbeiten kaum auch nur angedeutet sind.

Karl Popper, 1902 geboren, entstammt dem gebildeten Großbürgertum Wiens. Die Eltern waren jüdischer Herkunft und mit den bekannten Familien Schiff und Schlesinger verwandt, aber sie waren schon vor der Geburt ihrer Kinder zum Protestantismus übergetreten. Der Vater war ein erfolgreicher Rechtsanwalt und zugleich ein Freimaurer mit starker sozialer Hilfsbereitschaft; nach der Aussage seines Sohnes gehörte er dem Gremium an, welches das Obdachlosenasyl betreute, in dem ein junger Maler namens Adolf Hitler einige Zeit Unterschlupf fand.[1] Auch für den Sohn war die große Armut, die er in Wien beobachtete und die in so krassem Gegensatz zum Lebensstil des Elternhauses stand, eine eingreifende Erfahrung. So kam der Junge früh mit sozialistischen Ideen in Berührung, und der Weltkrieg brachte ihn zu der Überzeugung, daß die Sache Deutschlands und Österreichs eine schlechte Sache sei. Für kurze Zeit betrachtete er sich als Marxisten und Kommunisten, als nach dem Zusammenbruch jene Zeit begann, die er im Rückblick als eine »Periode des heißen und kalten Bürgerkrieges« charakterisiert, welche schließlich in den Zweiten Weltkrieg übergegangen sei.[2] Aber dann beobachtete er einen blutigen Zusammenstoß zwischen jungen Arbeitern und der Polizei, der in seinen Augen auf die rücksichtslos-selbstgewisse, die »Verschärfung des Klassenkampfes« zur Maxime erhebende Propaganda der Kommunisten zurückzuführen war, und er wurde nicht nur gegenüber der Taktik der Partei, sondern auch gegenüber der Lehre des Marxismus mißtrauisch und kritisch.

Allem Anschein nach wurde er sich im weiteren Verlauf auch seiner »jüdischen Herkunft« bewußt, und er spricht in seinen Erinnerungen mit bemerkenswerter Objektivität über den Antisemitismus der Wiener Volksmassen, dem eine deutliche Abneigung gegen das Einströmen der »Ostjuden« auf seiten des assimilierten Bürgertums, aber auch der Zionisten und der Orthodoxen entsprochen habe, ja er scheut sich nicht, in dem starken Anteil von jüdischen Intellektuellen an den Linksparteien eine Mitursache des späteren Sieges der Nationalsozialisten zu sehen und die These aufzustellen, daß »der beste Dienst, den ein guter Sozialist von jüdischer Abstammung seiner Partei erweisen konnte, darin bestand, *nicht* den Versuch zu machen, eine Rolle darin zu spielen«.[3] Zunächst aber sah er sich auch selbst der Nachkriegsnot ausgesetzt, da seine Eltern ihr Vermögen verloren; er machte eine Schreinerlehre, studierte auf etwas unregelmäßige Weise Mathematik und Naturwissenschaften, legte sein Lehrerexamen ab, fand aber zunächst keine Stelle und arbeitete vorübergehend als Sozialarbeiter. Aber er erwarb sich durch seine schon aus der frühen Kindheit stammenden philosophischen Interessen beträchtliches Ansehen im Umfeld des »Wiener Kreises« der Logischen Empiristen, und 1934 machte ihn die Veröffentlichung seiner »Logik der Forschung« zu einem bekannten Mann. 1937 folgte er noch rechtzeitig einem Ruf nach Neuseeland, und 1946 siedelte er, nicht zuletzt durch die Initiative Friedrich A. Hayeks, nach London über, wo er dann in kurzer Zeit seinen Weltruf begründete.

Sein erstes sozialwissenschaftliches Werk »The Poverty of Historicism« veröffentlichte er 1944/45 in drei Heften der Zeitschrift »Economica«; bereits 1945 folgten die zwei Bände der »Offenen Gesellschaft«, die 1957 ins Deutsche übersetzt wurden.

»The Poverty of Historicism« läßt schon im Titel die polemische Orientierung an Marx erkennen, denn es handelt sich um eine Anspielung auf Marx' gegen Proudhon gerichtete Schrift von 1847 »La misère de la philosophie«. Was Popper bekämpfen will, ist die Grundauffassung, die das Kennzeichen des Historizismus bildet und die Marx mit vielen anderen Denkern gemeinsam ist: »daß historische Voraussagen deren [der Sozialwissenschaften] Hauptziel bildet und daß sich dieses Ziel dadurch erreichen läßt, daß man die ›Rhythmen‹ oder ›Patterns‹, die ›Gesetze‹ oder ›Trends‹ entdeckt, die der geschichtlichen Entwicklung zugrundeliegen«.[4] Diese Auffassung beruht aber auf einem »Holismus« oder »Kollektivismus«, der die elementarste Tatsache alles Wissenserwerbs überspringt, nämlich daß wir uns durch »Versuch und Irrtum«, durch ständige Korrektur unserer bisherigen Annahmen und Ergebnisse der Wahrheit nähern, die uns nur unter bestimmten Fragestellungen und in abstrakten Aspekten zugänglich ist, wie es Kant gelehrt hatte, dem sich Popper gegenüber dem bloßen Empirismus anschließt.

Diesem theoretischen Verfahren muß das praktische Verhalten entsprechen, und praktische Resultate sind in den Sozialwissenschaften ebenso wie in den Naturwissenschaften nur durch die Methode des »Herumbastelns« zu gewinnen, die sich mit dem »Stückwerk« graduell errungener Einsichten und Verbesserungen begnügt. Daher führt im gesellschaftlichen Bereich lediglich die Arbeit des »Sozialingenieurs« weiter, während die großen Entwürfe der »holistischen Planer« den Individuen als der eigentlichen sozialen Wirklichkeit Zwang antun müssen, indem sie sie durch Schulung und Propaganda zu lenken versuchen. Nur so ist die Gleichartigkeit und

Stimmigkeit zu erlangen, welche auch jene Theoretiker anstreben, die ständig Tatsachen beizubringen trachten, mit denen sie ihre Annahmen verifizieren können, während die wahre wissenschaftliche Methode doch darin besteht, nach abweichenden Tatsachen Ausschau zu halten, dadurch die Theorien zu »falsifizieren« und dann eine entsprechende Veränderung vorzunehmen. Die holistischen Planer dagegen wollen das Widerstreben der Individuen nicht in Rechnung stellen, und eben dadurch machen sie dasjenige unmöglich, was sie erreichen wollen. »Eine holistische Beherrschung des Menschen, die zur Gleichheit nicht der menschlichen Rechte, sondern der menschlichen Seelen führen muß, wäre das Ende des Fortschritts.«[5]

Im ersten Band der »Offenen Gesellschaft« nimmt Popper den Kampf gegen Platon auf, welcher in seinen Augen gleichwohl der größte aller Philosophen ist[6], und daher ist die Auseinandersetzung, welche ihre Grundbegriffe der »geschlossenen« und der »offenen« Gesellschaft dem Buche Bergsons über die »beiden Quellen der Religion und der Moral« entnimmt, von großem Respekt geprägt. Popper erklärt nichts Geringeres für verhängnisvoll als den »Essentialismus«, der Platon und Aristoteles, aber auch den meisten abendländischen Philosophen bis hin zur Phänomenologie Husserls gemeinsam ist. Der Essentialismus schreibt der Philosophie und der Wissenschaft die Aufgabe zu, die »wahre Natur der Dinge«, das heißt eine verborgene Realität oder Essenz aufzudecken, die in Definitionen faßbar wird.[7] Da ein solches »Innere« sich erst in der Geschichte zu entfalten vermag, ist damit der Weg zum Historizismus beschritten, der zur »Anbetung der Geschichte« und gleichzeitig zur »Prophetie« eines noch nicht erreichten Endzustandes führt.

Von Platon wird Geschichte freilich als ein Abweichen vom wahren Wesen, als Dekadenz gefaßt, und maßgebend dafür ist Platons feindselige Einstellung zu der in Athen vordringenden Demokratie. In der Reaktion darauf orientiert er sich an »Sparta«, ja er bringt den »großen Mythos von Sparta« in die Welt, der für seine Konstruktion des »besten Staates« leitend ist. Platons Lösung ist die Konfliktfreiheit eines Kommunismus, der auf die herrschende Klasse beschränkt ist, und darin artikuliert sich nach Popper die Sehnsucht Platons nach der im Zusammenbruch befindlichen »Stammesgemeinschaft«. Daraus entspringt Platons Holismus und sein Verfehlen desjenigen, was dann durch die Vermittlung des großen Demokrit und auch der Stoiker zur »Grundlage unserer abendländischen Zivilisation« geworden ist: »der mit dem Altruismus vereinigte Individualismus«.[8] Platon war also in der Tat ein Reaktionär, der die »geschlossene«, die »magische, stammesgebundene oder kollektivistische« Gesellschaft gegen jene

»große Revolution« zu retten und neu zu begründen versucht, welche von den griechischen Aufklärern ihren Anfang nimmt und zu der »offenen Gesellschaftsordnung« führt.[9]

Dieser Widerstand aber hat sich immer wieder erneuert, da auch die Revolution fortging, ohne daß sie an ein Ende gelangen könnte; er fand seinen Ausdruck unter anderem in den organizistischen Staatstheorien, und das verständliche Empfinden der Last und des Unbehagens wird »in Deutschland gern mit dem Hegelianisch-sentimentalen Namen ›Selbstentfremdung des Menschen‹ belegt«.[10] Damit ist die Verknüpfung auch mit Marx und dem Totalitarismus der Gegenwart vollzogen: Was ursprünglich ein »Traum von Einheit, Schönheit, Vervollkommnung«, was »Ästhetizismus, Holismus und Kollektivismus« ist, führt zu »Inquisition, Geheimpolizei und einem romantisierten Gangstertum«, sobald der praktische Versuch gemacht wird, »zum heroischen Zeitalter der Stammesgemeinschaft zurückzukehren«.[11]

So gehen Bewunderung und Kritik gegenüber Platon bei Popper Hand in Hand, ähnlich wie gegenüber dem Christentum, das ein berechtigter »Protest gegen die jüdische Stammesgebundenheit« mit ihrer Lehre vom auserwählten Volk und mithin der Deutung der Gottheit als Stammesgott war, das jedoch in der Gestalt der Kirche im Anschluß an das »platonisch-aristotelische totalitäre Gedankengut« die Inquisition hervorbrachte.[12] Aber sobald Popper im zweiten Band zum Deutschen Idealismus und zu Hegel, das heißt zur eigentlichen Geschichtsphilosophie als der ausgebildetsten Gestalt des Historizismus gelangt, nehmen seine Ausführungen geradezu den Charakter einer Schimpforgie an: Die Kunst des Wortemachens vereinigte sich im Geiste Hegels mit dem Historizismus und erzeugte dadurch »jene giftgeschwängerte intellektuelle Zeitkrankheit«, die man als »orakelnde Philosophie« bezeichnen muß; es ist eine »eher lächerliche als skandalöse Tatsache, daß Clowns wie ein Fichte und ein Hegel ernst genommen werden«; die »Hegelsche Farce hat genug Unheil angerichtet«; »die Hegelsche Philosophie ist die Renaissance der Ideologie der Horde«; »die Tragikomödie der Entstehung des ›deutschen Idealismus‹, ähnelt trotz der abscheulichen Verbrechen, zu denen sie geführt hat, am ehesten noch einer komischen Oper«.[13]

Man könnte meinen, daß damit schon vorweg das »essentialistische und metaphysische Vorgehen Marxens«[14] verurteilt werden soll, doch Poppers Ton wird gerade in dem Augenblick wieder respektvoll, wo er zu Marx und zum Marxismus kommt. Marx wird wegen seines Eintretens für die arbeitende Klasse zu den »Befreiern der Menschheit« gezählt, und sogar der Sowjetunion wird Anerkennung zuteil, weil sie »kühne und oft erfolgreiche

Experimente im sozialen Auf- und Umbau anstellt«. Aber dieser Respekt hat vermutlich mit der Tatsache zu tun, daß Popper den Marxismus ausdrücklich für die »bis jetzt reinste, am weitesten entwickelte und gefährlichste Form des Historizismus« erklärt, und in erster Linie auf ihn muß sich der von Popper oft wiederholte Satz beziehen: »Der Versuch, den Himmel auf Erden einzurichten, produziert stets die Hölle.«[15] Es wird nicht ganz klar, ob es sich hier um ein direktes oder um ein indirektes Produzieren handelt, denn Popper stellt auch die These auf, daß die Prophezeiung einer möglicherweise gewaltsamen Revolution als »das bei weitem schädlichste Element des Marxismus« mit höchster Wahrscheinlichkeit eben diejenige antidemokratische Reaktion der Bourgeoisie erzeugen wird, welche die Theorie voraussagt, und daß das schließliche Ergebnis Bürgerkrieg, Faschismus und Niederlage sein wird. So findet Popper seine Grundauffassung bestätigt, daß »eine Sozialtechnik vonnöten ist, deren Resultate durch schrittweises soziales Bauen überprüft werden können«.[16]

Wenn das ein »Reformismus« ist, so hat er doch mit dem marxistischen »Reformismus« wenig zu tun. Poppers Reformismus beruht auf einer uneingeschränkten Bejahung »des Westens«, der für ihn offenbar sehr viel mehr ist als bloß »Kapitalismus«. In einem 1958 gehaltenen Vortrag kritisiert er die These Bertrand Russells, daß die Kapitulation dem Atomkrieg vorzuziehen sei, und erweist sich damit als »Kalter Krieger«.[17] Schon in der »Offenen Gesellschaft« hatte er gute Worte für einen »Reaktionär« wie Edmund Burke gefunden[18], und im Nachwort von 1986 zu seiner Autobiographie knüpft er unmittelbar an die Einsichten an, die er als Siebzehnjähriger in Wien gewonnen hatte: »Der Traum einer marxistischen Utopia, der utopische Radikalismus und der Haß gegen den nichtmarxistischen Westen hat zu solchen Dingen geführt wie der Unterstützung von Gewalt und zu der Behauptung, daß die Freiheit, die im Westen gegenwärtig mit dem Industrialismus verknüpft ist, eine versteckte Form des Totalitarismus und deshalb noch schlechter als irgendeine offene Form des Totalitarismus sei. Dies ist die moderne Form einer politischen Doktrin, der ich zuerst 1919 begegnete, die Politik des ›je schlechter, um so besser‹ (für die Chancen des Kommunismus). Mir scheint, daß es nur eine Sache gibt, die wir von den Russen lernen können: sie erzählen ihren Leuten, daß sie in der besten Gesellschaft leben, die es je gab ... Denn unsere Gesellschaft ist nicht nur für Reformen offen, sondern sie strebt danach, sich zu reformieren. Dem allem zum Trotz hat die Propaganda für den Mythus, daß wir in einer häßlichen Welt leben, Erfolg gehabt. Öffnet eure Augen und nehmt wahr, wie schön die Welt ist und wie glücklich wir sind, die wir darin leben.«[19]

Wenn man mithin sagen könnte, Popper verkörpere ein Geschichtsdenken, das sich vor allem gegen die Geschichtsphilosophie richte, so ließe sich im Hinblick auf *Talcott Parsons* behaupten, bei ihm sei eine Gesellschaftstheorie zu finden, die außerhalb des Geschichtsdenkens einzuordnen sei. Diese These läßt sich in der Tat für den Parsons der fünfziger Jahre vertreten, den führenden Repräsentanten der strukturell-funktionalistischen Methode in der Soziologie, den Präsidenten der »American Sociological Association«, den Verfasser des »Social System« von 1951 und der »Essays in Sociological Theory« von 1954.

Dieser Parsons ist ganz und gar ein Systemtheoretiker, der das Funktionieren gesellschaftlicher Strukturen untersucht und der sich dabei immer an der amerikanischen Gesellschaft orientiert. Was könnte amerikanischer sein als das sogenannte AGIL-Schema, mit dem er die wesentlichen Erfordernisse jeder sozialen Struktur zu erfassen sucht? Adaptation: das heißt Anpassung des Systems an die Umwelt in lebensdienlichem Geben und Nehmen mit nachfolgender adäquater Verteilung des Gewonnenen unter die Glieder des Systems; Goal-attainment: das heißt Zweckverwirklichung, von der Setzung der Ziele an bis zu der Verwendung von Energie und Anstrengung zu deren Umsetzung in praktisches Handeln; Integration: das heißt Erhaltung von Kohärenz und Solidarität innerhalb eines Systems, also unter den Individuen und den Subsystemen, so daß eine Zerrüttung vermieden wird; Latency: ein Terminus, der durch die untergeordneten Begriffe »pattern-maintenance« und »tension-management« erläutert wird und also eine allgemeinere Erscheinungsform der Integration darstellt.

Unter Verwendung und Ausgestaltung dieser Begriffe hat Parsons eine Fülle von Unterscheidungen getroffen, die es ermöglichen sollen, die Strukturen sozialer Systeme zu beschreiben und die Funktionen aller Systemglieder zu bestimmen. So wird zum Beispiel das politische System (polity) als »integratives Subsystem« charakterisiert, und die Ökonomie wird als »latent pattern-maintenance and tension-management subsystem« definiert, das sich wiederum funktionell in das »capitalization and investment subsystem«, in das »production subsystem – including distribution and sales« und in das »organizational subsystem: entrepreneurial function« differenziert.[20]

Wenn man die hervorstechende Bedeutung von Begriffen wie »Rolle«, »Muster der Rollenerwartung«, »soziale Wertorientierung«, »instrumentelle« und »expressive« Orientierung, »Leistung« (achievement) und »Zuschreibung« (ascription), »Belohnungssystem«, »adaptive Transformation« hinzunimmt, so wird begreiflich, daß Parsons häufig der Vorwurf gemacht worden ist, er gebe lediglich eine Beschreibung des amerikanischen Gesellschaftssystems, und zwar in »apologetischer« Absicht; »Macht« und »Konflikt« seien für ihn ganz dem »Gleichgewicht« und der »Übereinstimmung« untergeordnet. Was vollständig fehle, sei die Geschichte und zugleich der Ausblick auf die Zukunft. Nicht ohne Grund wurde ihm Schwerverständlichkeit vorgeworfen, und sein großer Rivale Cecil Wright Mills erbot sich sogar, Parsons' Werke »ins Englische zu übersetzen«. Es macht in der Tat keine Mühe, in Parsons' Werken Stellen wie die folgenden zu finden: »In einer Hinsicht besteht ›Motivation‹ in der Orientierung auf die Verbesserung der Gewinn-Verlust-Rechnung des Handelnden. Aber da Handeln ohne kognitive und wertende Komponenten in seiner Orientierung im Bezugsrahmen von Handlung unmöglich ist, wird der Terminus ›Motivation‹ hier so gebraucht werden, daß er alle drei Aspekte einschließt, nicht nur den kathektischen. Aber es ist notwendig, von diesem Aspekt der motivationalen Orientierung innerhalb der Handlungstotalität hinsichtlich der Rolle symbolischer Systeme einen ›wertorientierten Aspekt‹ zu unterscheiden.«[21]

Und doch war dieser so sehr amerikanische Soziologe einer der wichtigsten Vermittler europäischer Denkansätze in den USA, und mit Hilfe des Netzwerks scheinbar bloß gegenwartsbezogener Begriffe ließen sich sehr wohl gehaltvolle Aussagen über die Geschichte machen, wie sich im Spätwerk zeigen sollte.

Talcott Parsons, im gleichen Jahr 1902 geboren wie Karl Popper, war der Sohn eines kongregationalistischen Geistlichen im Staate Colorado, der später Präsident eines kleinen College wurde und der ebenso wie Poppers Vater ein aktiver Sozialreformer war. Als »undergraduate« besuchte der junge Parsons eins der besten Colleges der Ostküste, nämlich Amherst, und schon dadurch gelangte er über den Provinzialismus des mittleren Westens hinaus. Offenbar eröffnete sich ihm aber nicht nur eine allgemein-amerikanische Perspektive, denn im Rückblick schrieb er folgendes über seine Erfahrungen: »Die russische Revolution und das Auftauchen des ersten, von der kommunistischen Partei beherrschten sozialistischen Staates war seit meinen Studententagen für mein Denken fundamental. Die faschistischen Bewegungen affizierten Freundschaften in Deutschland.«[22] Der junge Parsons lebte also keineswegs im Elfenbeinturm amerikanischer Selbstbezogenheit, und nach einem Studienjahr an der »London School of Economics«, wo ihm zumal der Ethnologe Bronislaw Malinowski mit seiner Darstellung des »kinship system« der Primitiven beeinflußte, machte er seine wichtigste Erfahrung 1926 und 1927 in Deutschland, wo er als Stipendiat in Heidelberg studierte und auch die Seminare von Karl Jaspers besuchte.

Aber in erster Linie eröffnete ihm das Werk Max Webers, dessen Geist hier noch ganz lebendig war, neue Perspektiven. Vornehmlich faszinierte ihn Webers berühmter Artikel »Die protestantische Ethik und der Geist des Kapitalismus«, und die Dissertation, mit der er den Dr. phil. erwarb, war der Konzeption des Kapitalismus in der jüngsten deutschen Literatur gewidmet. Als Parsons nach Amerika zurückgekommen war und die Position eines »instructor« an der Harvard Universität erhalten hatte, übersetzte er die »Protestantische Ethik« ins Englische und begann damit seine lebenslangen und erfolgreichen Bemühungen, den Gründervater der deutschen Soziologie in den Vereinigten Staaten bekannt zu machen. 1937 veröffentlichte er sein erstes großes Werk »The Structure of Social Action«, dessen Untertitel lautete: »A Study in Social Theory with Special Reference to a Group of Recent European Writers«. Das Buch ist eine geistesgeschichtliche Untersuchung der »Handlungstheorien« in Europa, und zwar im Ausgang von der positivistischen Theorie, in die Parsons auch Hobbes, Malthus und Marx einschließt. Im zweiten Teil wird die Herausbildung einer »voluntaristischen Handlungstheorie« aus der positivistischen Tradition heraus beschrieben, und hier finden Alfred Marshall, Vilfredo Pareto und Emile Durkheim ihren Platz. Der dritte Teil verfolgt »die Herausbildung einer voluntaristischen Handlungstheorie aus der idealistischen Tradition«, und hier ist Max Weber unter kurzen Bezugnahmen auf Marx, Sombart und Tönnies der Hauptgegenstand.

Die Konsequenz, zu der Parsons für sich selbst gelangt, ist die Hervorhebung der Wertorientierung im Rahmen des menschlichen Handelns, das heißt, er schließt sich dem Voluntarismus an und bekämpft die bisherige Alleinherrschaft der positivistischen und behavioristischen Denktendenz in der amerikanischen Sozialwissenschaft. So mochte man ihn einen »idealistischen Weberianer« nennen, und inmitten der Begriffsbauten der späteren Jahre blieb diese Orientierung doch immer erkennbar. Daß diese Begriffe auch zur Deutung der Weltgeschichte dienlich sein konnten, stellte Parsons aber erst in seinem Spätwerk unter Beweis, vornehmlich den »Societies« und dem »System of Modern Societies« von 1966 bzw. 1971. Hier werden die »primitiven« und die »archaischen« Gesellschaften zum Thema, die »historischen Reiche« einschließlich des römischen, das kulturelle Erbe von Israel und Griechenland, die Entstehung der Nationalstaaten und die »weiteren Differenzierungen im Revolutionszeitalter«. Von dieser Vergangenheit her gesehen, erweist sich das ständige Fortschreiten der Differenzierung als das zentrale Problem der modernen Gesellschaften. Im ganzen gesehen gibt Parsons eine Version von Max Webers Geschichtslehre, eine Version, die ebenfalls um die Frage zentriert ist: Warum erfolgte also der Durchbruch zur Modernisierung nicht in einer der fortgeschrittenen mittleren Zivilisationen des Orients?[23]

Wie Max Weber schreibt Parsons dem jüdischen Prophetismus eine fundamentale Bedeutung zu, aber auch dem Konflikt zwischen dem spirituellen Universalismus der Kirche und dem weltlichen Partikularismus der feudalen Kräfte, die ein Verharren der europäischen Gesellschaft im Traditionalismus verhinderten. Wenn die Differenzierung, die unter den Vorzeichen des »free enterprise system« immer stärker voranschritt, auch unverkennbare Gefahren in sich birgt, so hält Parsons doch an der Überzeugung fest, daß die entgegengesetzte Tendenz der Anpassung und Integration das System im »Gleichgewicht« zu halten vermag und daß die Marxschen Vorhersagen der revolutionären Auflösung infolge einer ständig zunehmenden Verschärfung des Klassenkampfes falsch sind. Aber auch die Vorstellung vom Kommen einer »klassenlosen Gesellschaft« ist unbegründet und weiter nichts als ein Kampfmittel des »Fundamentalismus der Linken« im Widerstand gegen die Fortentwicklung der »lead society« der modernen Welt, der Vereinigten Staaten, die sich zwar auf ein »new pattern of stratification« zu bewegen, aber keineswegs auf ein Verschwinden der Klassenhaftigkeit als solcher, welche von der Differenzierung unabtrennbar ist.[24]

Als einen »Fundamentalismus der Rechten« charakterisiert Parsons dagegen »die faschistischen Bewegungen des 20. Jahrhunderts«[25], denen er bereits 1942 zwei seiner interessantesten Aufsätze gewidmet hatte. In »Democracy and Social Structure in Pre-Nazi Germany« hatte er den Nationalsozialismus folgendermaßen bestimmt: »eine Mobilisierung der äußerst tiefsitzenden romantischen Tendenzen der deutschen Gesellschaft im Dienst einer auf gewalttätige Weise aggressiven politischen Bewegung, welche eine ›fundamentalistische‹ Revolte gegen die ganze Tendenz der Rationalisierung in der westlichen Welt und zur gleichen Zeit gegen ihre tiefsten institutionellen Grundlagen bedeutete«.[26] Das steht nicht notwendigerweise im Widerspruch zu dem Resultat, zu dem er in dem anderen Artikel »Some Sociological Aspects of the Fascist Movements« gelangte: daß der Faschismus »mindestens ebenso tief in der sozialen Struktur und Dynamik unserer Gesellschaft verwurzelt ist, wie es der Sozialismus in einem früheren Stadium war«.[27] Aber was sollte mehr Anlaß zum historischen Nachdenken bieten als eine antimoderne Bewegung, welche die modernsten Tendenzen voraussetzt, nämlich die »anomie«, wie Parsons unter Verwendung eines Durkheimschen Terminus sagt; als eine internationale Bewegung, die sich gegen den Internationalismus richtet; als eine Partei, die auf revolutionäre Weise antirevolutionär und dabei ein geschichtlich »späteres« Phänomen ist als der Sozialismus, der für Parsons ebenfalls eine Reaktion gegen die Moderne darstellen muß?

So war Talcott Parsons ein führender Denker der amerikanischen Gesellschaft, des freien Unternehmertums und der »angelsächsischen Welt«. Aber er wäre schwerlich zu demjenigen geworden, der er wurde, wenn er nicht mit einer anderen Form der Gesellschaft in Berührung gekommen wäre, die zwar in einem weiteren Sinne ebenfalls zum »westlichen Gesellschaftstyp« gehörte, aber viel schwerere Konflikte in sich barg als die amerikanische, nämlich die mitteleuropäische und insbesondere die deutsche Gesellschaft der Zwischenkriegszeit. Vielleicht war es ein symbolischer Vorgang, daß der einstige »Papst« der amerikanischen Sozialwissenschaft, dessen Lehre und Methoden von der erstarkten Kritik am »Kapitalismus« von seiten großer Teile einer jüngeren Generation für »überholt« erklärt worden waren, im Mai 1979 nach einem Vortrag in Heidelberg den Tod in Deutschland fand.

John Kenneth Galbraith und George Kennan

John Kenneth Galbraith scheint mehr als Parsons ein »echter Amerikaner« zu sein: Seine Biographie ist nicht von einer so dramatischen Begegnung mit europäischen Denkern bestimmt, er nahm in viel stärkerem Maße an der amerikanischen Politik teil und trat weitaus mehr als »Reformer« hervor. Man könnte hinzufügen, er sei im Bereich der Wissenschaft eher ein »reiner Nationalökonom« als Parsons ein »reiner Soziologe« war, und er könne keinen Anspruch auf die Qualität des Geschichtsdenkers erheben. Aber er hat nicht nur einige Begriffe geschaffen oder bekannt gemacht, die in der Gegenwartsanalyse sehr gebräuchlich geworden sind, wie etwa »affluent society« und »technostructure«, sondern er hat seine Gegenwartsanalyse auf ein Bild von der Vergangenheit gebaut, das in starkem Maße auf die klassische Tradition der Nationalökonomie Bezug nimmt, und damit läßt er das Geschichtsdenken ebenso von einem wichtigen Grenzgebiet seinen Ausgang nehmen, wie es etwa Hans Sedlmayr mit der Kunst getan hatte.

Auch Galbraith ist kein »rundum echter Amerikaner«, er entstammt vielmehr der Umwelt des »schottischen« und betont kalvinistischen Kanada, wo er 1908 am nördlichen Ufer des Erie-Sees als Sohn eines Bauern in einem winzigen Örtchen geboren wurde. Er erwarb seinen B. S. (Bachelor of Science) an einer landwirtschaftlichen Hochschule in Kanada und ging erst danach zu weiteren Studien in die USA, nämlich nach Berkeley. Noch als er 1934 den »Ph. D. [Dr. phil.] in Economics« erwarb, deutete wenig darauf hin, daß der kanadische Bauernsohn eine große Laufbahn vor sich hätte, aber durch verschiedene Lehrtätigkeiten und eine vielbeachtete Publikation wurde er doch bekannt genug, daß er 1941 eine führende Position im

»Office of Price Administration« erhielt und so aus nächster Nähe mit der amerikanischen Kriegswirtschaft vertraut wurde. 1943 trat er in die Redaktion von »Fortune« ein, wurde also ein Mitarbeiter von Henry Luce, und auch dadurch stellte er seine Vielseitigkeit unter Beweis.

Ab 1949 Professor der Nationalökonomie in Harvard, beschränkte er sich keineswegs auf Lehrtätigkeit und Publikationen, sondern wirkte 1952 sehr aktiv, unter anderem als Redenschreiber, in der Wahlkampagne des demokratischen Präsidentschaftskandidaten Adlai Stevenson mit. Das gleiche Engagement legte er acht Jahre später mit größerem Erfolg für John F. Kennedy an den Tag, und der neue Präsident machte ihn zum Botschafter in Indien. Nach Kennedys Ermordung wirkte er 1968 und 1972 für die demokratischen Präsidentschaftskandidaten Eugene McCarthy und George McGovern, zwar erfolglos hinsichtlich der unmittelbaren Zwecksetzung, aber als führender Vertreter der linksliberalen Selbstkritik der USA konnte auch er sich das Verdienst zuschreiben, zur Beendigung des Vietnam-Krieges beigetragen zu haben. Mit dem zweiten seiner bekannteren Bücher, »The New Industrial State«, trat er 1967 in die Reihen der »Bestsellerautoren« ein, und er blieb bis heute ein Vorkämpfer der linken Opposition, die ein so charakteristischer Teil des politischen und intellektuellen »Establishment« der USA ist. Wie Parsons von den Soziologen, wurde Galbraith von den Ökonomen zum Präsidenten des nationalen Berufsverbandes gewählt (1971) und erreichte damit den höchsten Grad fachlichen Ansehens.

Aber schon »The Affluent Society« hatte ihn 1958 zu einem berühmten Mann gemacht, und es gibt in der Tat wohl nur wenige nationalökonomische Werke, welche die Ökonomie so eng mit einem Gesamtbild des geschichtlich-sozialen Lebens verknüpfen und leicht verständlich sind, ohne oberflächlich zu sein.

Die Hauptunterscheidung, die Galbraith trifft, ist diejenige zwischen der durch Knappheit und Armut bestimmten Vergangenheit und der Überflußgesellschaft der heutigen USA, die nach seiner Auffassung in Bälde auch die Gesellschaftsform mindestens von Westeuropa sein wird. Im Prinzip ist das zwar nur eine Abwandlung der altbekannten Entgegensetzung von »feudaler« und »industrieller« Gesellschaft, wie sie bereits Saint-Simon, Comte, Spencer und viele andere vorgenommen hatten, aber Galbraith kann doch auf eine viel eindrucksvollere Gegenwart verweisen, als es Edward Gladstone hatte tun können, der 1863 von dem »berauschenden Anstieg von Reichtum und Macht« sprach, der in England zu verzeichnen sei und auch höchst positive Auswirkungen auf die Lebensverhältnisse der »arbeitenden Klassen« gehabt habe. Galbraith nimmt aber nicht auf Gladstone Bezug, sondern auf Ricardo, Malthus und Marx, und er sieht in ihnen Theoretiker, für welche die Anschauung der jahrtausendealten »Knappheitswelt« noch so selbstverständlich war, daß sie die ersten Anzeichen des heraufziehenden Wohlstands in der Weise interpretierten, daß kleine Gruppen, nämlich die Kapitalisten bzw. die Großgrundbesitzer, riesige Reichtümer erwerben würden, daß aber die Masse der Arbeiter stets arm bleiben müsse.

Nichts anderes besagt ja die berühmte Definition Ricardos, die Galbraith mit besonderem Nachdruck zitiert: »Die Arbeit hat wie alle anderen Dinge, die gekauft und verkauft werden und die in ihrer Quantität vermehrt oder vermindert werden können, ihren natürlichen Preis und ihren Marktpreis. Der natürliche Preis der Arbeit ist derjenige Preis, der notwendig ist, um die Arbeiter in den Stand zu setzen, zu existieren und sich ohne Vermehrung oder Verminderung fortzupflanzen.«[1] Das heißt doch auf den ersten Blick, daß die Arbeiter immer nur das Existenzminimum erhalten und daß alle Vorteile der erhöhten Produktivität den Kapitalisten bzw. Grundbesitzern zugute kommen müssen. Von daher läßt sich leicht die Lehre von Marx ableiten, daß die in immer größeres Elend versinkenden Arbeiter die Fortschritte der Produktivität, die von den Kapitalisten als Klassenvorteil monopolisiert und eben dadurch beschränkt werden, aus den Fesseln des Systems befreien und damit sich selbst von Arbeitsqual und Unterdrükkung erlösen müssen. Galbraith berücksichtigt dabei die »Malthussche« Grundauffassung der klassischen Nationalökonomie zu wenig, daß Erhöhungen des Reallohns die Arbeiter veranlassen würden, mehr Kinder in die Welt zu setzen und daß mithin jede Verbesserung von einer »Bevölkerungsexplosion« sofort zunichte gemacht werden würde, und er erwähnt bloß am Rande die wichtige Qualifizierung, die Ricardo und Malthus vorgenommen hatten, nämlich daß nicht von einem »natürlichen« oder physischen Existenzminimum die Rede sein dürfe, sondern daß »moralische und historische« Tatbestände mit ins Spiel kämen.

Aber wenn er Malthus und Ricardo schwerlich gerecht wird, so ist ihm doch insoweit zuzustimmen, als die klassische Nationalökonomie tatsächlich in einer Welt aufkam, die in starkem Maße von Mangel, Hunger, Unsicherheit, Krankheit und augenfälliger Ungleichheit bestimmt war und deshalb kein stärkeres Bestreben kennen konnte als dasjenige nach einer Steigerung der Produktion.[2]

Diese nun ist nach Galbraith im gegenwärtigen Amerika in überwältigendem Ausmaß zur Wirklichkeit geworden. Die amerikanische Industrie produziert Güter im Überfluß, und zwar keineswegs nur nützliche und notwendige Güter, sondern innerhalb des Sozialprodukts von dreihundertfünfzig Milliarden Dollar im Jahr eine Unmenge von »Massenluxusgegenständen«, wie man sagen könnte. Dadurch ist der Empörung über die gesellschaftliche Ungleichheit und über die Ausbeutung der Benachteiligten die Dringlichkeit genommen, der gigantische Produktionsausstoß gibt auch den Armen einen unverächtlichen Anteil an jenen Gütern, die nicht mehr unmittelbar lebensnotwendig sind, und deshalb fehlt dem marxistischen Revolutionsaufruf in den USA der Resonanzboden.

Insofern könnte man Galbraith jenen Theoretikern und Politikern zuzählen, die vornehmlich aus dem Vergleich von »Lebensstandards« Zuversicht für die Zukunft der »westlichen« oder der »kapitalistischen« Gesellschaft herleiteten. Galbraith gibt dem Argument aber eine ungewöhnliche Wendung, indem er die negativen Auswirkungen dieses aus den Erfahrungen der Vergangenheit herrührenden Vorrangs der »Produktion« hervorhebt. Die »konventionelle Weisheit« der Nationalökonomen und Politiker bleibt in den Kategorien der Vergangenheit gefangen und übersieht die wahren Probleme der Gegenwart. Man will nämlich nicht wahrhaben, daß der Grenznutzen materieller Güter immer geringer wird, wenn die elementaren Bedürfnisse befriedigt sind, und man ruft künstliche neue Wünsche hervor, um den Vorrang der Produktion weiterhin rechtfertigen zu können. So werden riesige Summen in die Werbung investiert, und dem Publikum wird eingeredet, daß es in jedem Jahr neue und modische Autos, perfektere Farbfernseher und voluminösere Kühlschränke erwerben müsse. Bei all dem handelt es sich um Erzeugnisse der Privatwirtschaft, und Galbraith macht sich demgegenüber zum Anwalt der öffentlichen Wünschbarkeiten, ja Notwendigkeiten, die nicht auf dem Markt gehandelt werden können und durch Steuern finanziert werden müssen, so daß sie von der Gesamtheit der privaten Egoismen als »Lasten« empfunden und abgestempelt werden, der Ausgaben für Erziehung, für Sicherheit und Ordnung, für die Müllbeseitigung, für die Sicherstellung reiner Luft in den Ballungsgebieten.[3]

Insofern müßte der Titel von Galbraiths Buch eigentlich lauten: »Die Mängel der Wohlfahrtsgesellschaft«, und man könnte ihm in Umkehrung der berühmten Wendung Mandevilles den Untertitel »Private Vorteile, öffentliche Laster« geben. Galbraiths Reformvorschläge sind daher sehr einfach und sehr einleuchtend: Einschränkung des privaten Konsums zugunsten höherer Ausgaben für öffentliche Zwecke wie Reinerhaltung der Umwelt und allgemeine Volksbildung sowie wissenschaftliche Forschung. *In abstracto* dürften dagegen kaum Einwände zu erheben sein, aber Galbraith läßt manche Motive erkennen, die Bedenken und Widerspruch erzeugen mußten, und einige seiner technischen Vorschläge wurden der Unvereinbarkeit mit einer Marktwirtschaft bezichtigt. So geht er offensichtlich von der Annahme aus, daß eine Sättigung der materiellen Wünsche eintreten würde, wenn die künstlichen Stimulierungen fortfielen und daß die gegenwärtige Produktion groß genug sei, »um sie, wie Sonnenschein und Wasser, als selbstverständlich zu nehmen«.[4] Damit erklärt er dasjenige für gegeben, was die Frühsozialisten als Postulat aufgestellt hatten, was aber vermutlich auf einer gründlichen Verkennung der menschlichen Wunschstruktur beruht, einer Verkennung, in der die kalvinistische Verurteilung des »Luxus« spürbar sein mag.[5]

Doch Galbraith läßt mit erstaunlicher Unbefangenheit zugleich ein »klassenkämpferisches« Motiv erkennen, nämlich den Wunsch, das hohe Prestige der Geschäftsleute in den USA, das an die Hochschätzung der »Produktion« geknüpft ist, zugunsten der Intellektuellen und Fachleute zu reduzieren. Und schließlich verbirgt er seine Orientierung an der Kriegswirtschaft, ja in gewisser Weise sogar an dem sowjetischen Wirtschaftssystem nicht, wo öffentliche Zwecke unter weitgehender Zurückdrängung des privaten Verbrauchs erreichbar waren bzw. sind. Dem Haupteinwand, daß Produktionseinschränkungen schon deshalb auszuschließen seien, weil Arbeitslosigkeit nicht geduldet werden könne, begegnet er mit dem Vorschlag, die Arbeitslosenunterstützung zu erhöhen, wenn die Arbeitslosigkeit steige, und sie zu senken, wenn die Wirtschaft sich der Vollbeschäftigung nähere (»Cyclically Graduated Compensation«: C.G.C.).[6]

So zog er sehr viel Kritik auf sich, denn das Bild, das er – mehr noch in »The New Industrial State« von 1967 als in »The Affluent Society« – von der amerikanischen Gegenwart und Zukunft entwarf, mußte vielen Amerikanern noch unsympathischer sein als die einstmals so weit verbreitete Lehre der Sozialdarwinisten vom »Überleben der Tüchtigsten«: der Sektor des »Marktsystems« aus kleinen und mittleren Unternehmungen dem »Planungssystem« der wenigen Riesenunternehmen ganz untergeordnet, einem Planungssystem, das von der »Technostruktur« der Manager und Fachleute, einer sich immer mehr ausweitenden »neuen Klasse«, beherrscht wird. Und diese Ökonomie sollte nach Galbraith ihrer Probleme dadurch Herr werden, daß sie den Produktionsüberschuß verschenkte: nicht nur an die Hungernden in der ganzen Welt, sondern sogar an Arbeitsunwillige im eigenen Lande.

So glaubte Galbraith, die Armut eliminieren zu können, zunächst in den USA, aber dann auch in der übrigen Welt, und die größten Bedenken mußten sich gegen seine kaum versteckte Annahme richten, daß die Sowjetunion früher als die USA die Wichtigkeit der Technostruktur und der »neuen Klasse« erkannt hätte, so daß die USA sich mehr auf eine Konvergenz mit der Sowjetunion hinbewegten als diese auf eine Konvergenz mit den USA. Keine Behauptung lag näher als die, daß man die Situation des

Kalten Krieges nicht stärker verkennen und dem Selbstbehauptungskampf der »freien Welt« gegen den Totalitarismus des sowjetischen und überhaupt des kommunistischen Systems kaum auf gefährlichere Weise Eintrag tun konnte.

Es waren nicht nur Ex-Kommunisten und Totalitarismustheoretiker, die sich mit großem Nachdruck gegen so »leichtfertige« Auffassungen von einer bevorstehenden Konvergenz der Systeme wandten, aber vielleicht gibt es nichts Aufschlußreicheres als die Tatsache, daß ein Mann, der wie wenige andere zu den politisch-diplomatischen Urhebern des Kalten Krieges gezählt werden kann, in der Mitte der fünfziger Jahre auf die Seite der Vorkämpfer der »Entspannung« trat. Es handelte sich um *George Frost Kennan*, den theoretischen Begründer der Politik der »Eindämmung«. Auch er war ein »echter Amerikaner« von schottisch-irischer Abstammung, aber seine Beziehungen zu Europa waren weit enger als diejenigen Galbraiths, vielleicht schon deshalb, weil er – 1904 – in Milwaukee geboren war, also der am meisten »deutschen« Großstadt Amerikas, aber auch, weil er als Junge einige Monate lang eine deutsche Schule in Kassel besuchte und sich als junger Angehöriger des diplomatischen Dienstes durch ein Studium der russischen Sprache und Literatur an der Berliner Universität auf die vorgesehene Tätigkeit in der Sowjetunion vorbereitete, als die diplomatischen Beziehungen zwischen Washington und Moskau noch nicht wiederhergestellt waren.

Dann hatte er nach einigen Jahren der Tätigkeit unter den ersten amerikanischen Botschaftern in Moskau, William Bullitt und John Davies, diplomatische Aufgaben in Wien, Prag und Berlin erfüllt. In Deutschland wurde er nach Hitlers Kriegserklärung an Amerika für kurze Zeit interniert, und von 1944 bis 1946 war er Botschaftsrat in Moskau. Von hier aus trug er auf bedeutende Weise zur Umorientierung der amerikanischen Politik bei, und Anfang 1947 wurde er zum Leiter des neuerrichteten Planungsstabes des Außenministeriums ernannt, so daß er in eine der wenigen Schlüsselpositionen der Regierung in Washington gelangte. Aber schon bald wurde ein Dissens zwischen ihm und dem Außenminister Acheson spürbar, und 1949 trat er zurück. 1952 wurde er Botschafter in Moskau, doch schon nach wenigen Wochen wurde er auf Verlangen der Sowjetregierung wieder abberufen, da er in einem Interview die Verhältnisse im Moskau Stalins mit denjenigen in Hitlers Berlin verglichen hatte, und zwar zuungunsten Moskaus. Den langen Rest seines Lebens widmete Kennan, von einer zweijährigen Periode als Botschafter in Belgrad während der Jahre 1961 bis 1963 abgesehen, der gelehrten und publizistischen Arbeit, vorwiegend am Institute for Advanced Study in Princeton, das ihm bereits 1950 zu einem hochgeschätzten Zufluchtsort geworden war.

George Kennan war also ein gebildeter und gelehrter Diplomat, in schroffem Gegensatz zu jenen amerikanischen Botschaftern, die ihre Ämter infolge ihrer Verdienste bei der Geldbeschaffung für die Präsidentschaftskandidaten oder als eigenständige Spender erhalten. So erfüllte er eine Grundbedingung des Geschichtsdenkens, das Vorhandensein von Distanz zu der unmittelbaren Tätigkeit, welche bei Politikern und Diplomaten natürlich besonders aufreibend ist und normalerweise für die Öffentlichkeit bloß Reden und Stellungnahmen sowie nach dem Ende der Dienstzeit allenfalls Memoiren hervorbringt, die häufig in Berichten über Begegnungen mit bekannten Persönlichkeiten sowie in der Darbietung von Anekdoten und Trivialitäten zur politischen Lebensweisheit aufgehen. Bei Kennan kommt diese Distanz schon in seiner tiefen Abneigung gegen die vulgäre Oberflächlichkeit des amerikanischen Alltagslebens, aber auch in seinem Widerwillen gegen die Gehetztheit der überindustrialisierten Moderne zum Vorschein, so daß er sich mit großer Sympathie zu den einfachen und unverdorbenen Russen hingezogen fühlt, die, »anders als unsere rastlosen Städter, noch Zeit (haben), Erde und Himmel anzuschauen, den Wechsel der Jahreszeiten zu bemerken, an einem Sommerabend still auf einer Bank zu sitzen, zu ruhen und zu träumen«.[7]

So ist sein Anspruch, ein Geschichtsdenker zu sein, zwar zuerst aus seinen Analysen der sowjetischen und der amerikanischen Politik herzuleiten und vornehmlich aus jenem berühmten Artikel in der Juli-Nummer 1947 von »Foreign Affairs«, aber auch aus den zwei Bänden seiner gedankenvollen Memoiren und schließlich aus den Werken, die er als Historiker geschrieben hat.

Obwohl der erste Band dieser Memoiren erst 1967 erschienen ist, macht Kennan darin doch auf sehr anschauliche Weise die Stimmung gegenwärtig, aus der heraus er zum Mitbegründer der Eindämmungspolitik wurde.

Während er sich fünf Jahre lang in Berlin sowie in Reval und Riga auf die Tätigkeit in der Sowjetunion vorbereitete, beobachtete er die Ereignisse in diesem Land aus der damals größtmöglichen Nähe und mit gespannter Aufmerksamkeit. Was ihm am stärksten ins Auge fiel, war der ideologische Charakter der sowjetischen Politik, und als dessen Zentrum sah er den Vernichtungswillen an: »(Ich empfand) von Anfang an einen rein intellektuellen Widerwillen gegen den russischen Marxismus. Ich habe nie den gefühlsversteinten Fanatismus begreifen oder in Schutz nehmen können, der bereit war, ganze Volksteile – die ›Bourgeoisie‹ und große Teile der Bauernschaft, insgesamt also die Mehrheit der russischen Gesamtbevölkerung – zum Verlust ihrer Bürgerrechte, zu Schimpf und Schande und zur ›Ausrottung als Klasse‹ nur darum zu verurteilen, weil die ihnen Angehörenden in eine bestimmte gesellschaftliche Stellung hineingeboren waren. Diese brutale Einteilung in Klassen schien mir nichts anderes als die Fortführung der so kurz erst abgeschafften feudalistischen Gesellschaftsordnung mit umgekehrten Vorzeichen.«[8]

Obwohl sich daraus eine ebenso scharfe Verurteilung der nationalsozialistischen Judenpolitik ableiten läßt, hat Kennan dieses Urteil doch offenbar immer als selbstverständlich und genügend verbreitet angesehen; jedenfalls äußert er sich nicht auf hervorstechende Weise dazu und legt für die deutsche Situation im ganzen ein auffallendes Verständnis an den Tag, sowohl für den »gewaltigen moralischen und geistigen Todeskampf der Weimarer Republik«, der ihn vollständig im Bann gehalten habe, wie auch für das Verhalten jener führenden Schichten in Militär und Wirtschaft, die von sowjetischer Seite und von den amerikanischen Anhängern Morgenthaus als »Förderer« und »Wegbereiter« Hitlers angeklagt wurden und zu denen doch nach Kennans Meinung »neunzig Prozent alles dessen« gehörte, »was in Deutschland kraftvoll, fähig und geachtet ist«.[9]

Man mag in diesem Mitleid mit dem russischen und in diesem Verständnis für das deutsche Bürgertum einen Ausdruck von »Klassensolidarität« sehen, aber die wahrhaft bemerkenswerte Tatsache ist doch die, daß dieses Empfinden einer »Klassensolidarität« in den USA offenbar so selten war. Und man muß es eher »Mut zur Wahrheit« als »Antisowjethetze« nennen, wenn Kennan in den Toten von Katyn nicht die Objekte eines zufälligen NKWD-Verbrechens, sondern die Nachfahren der Opfer jener ersten Klassenausrottung der Jahre ab 1917 sieht oder wenn er nach einem Flug über Ostpreußen im Jahre 1945 folgendes feststellt: »Es war völlig unglaubwürdig, wenn die Russen behaupteten, sie könnten und würden dies einstmals blühende Land wieder in die Höhe bringen, vor allem den Teil davon, der jetzt ihnen gehörte und aus dem sie die einheimische Bevölkerung in einer Manier hinausgefegt hatten, die seit den Tagen der asiatischen Horden nicht mehr dagewesen war.«[10]

Der Ausgangspunkt von Kennans Geschichtsdenken läßt sich also folgendermaßen zusammenfassen: »Seit 1917 ist in Rußland ein ideologisches Regime an der Macht, das sich ganz wesentlich von allem unterscheidet, was es bis dahin in der modernen europäischen Geschichte gegeben hat.« Daher ist die Darstellung in den Memoiren völlig glaubwürdig, nach der für ihn die Ratschläge, die er nach Kriegsende der amerikanischen Regierung übermittelte, nicht politischen Klugheitsregeln entwuchsen, sondern aus dem Bewußtsein einer welthistorischen Verantwortung heraus gegeben wurden: es komme alles darauf an, den »empörenden antibritischen und prosowjetischen Vorurteilen« großer Teile der amerikanischen Militärbehörden in Deutschland entgegenzutreten und den Westen Deutschlands zu ökonomischer und politischer Gesundheit zu bringen, ohne sich von dem Vorwurf der »Teilung« Deutschlands behindern zu lassen, denn in Wahrheit sei Deutschland ja bereits durch die Sowjetunion geteilt und jede Einwirkung auf die Verhältnisse in der sowjetisch besetzten Zone oder gar in den Gebieten jenseits von Oder und Neiße sei den Amerikanern verwehrt.[11] Über die Schwierigkeit dieser Aufgabe machte sich Kennan keine Illusionen, denn er besaß ein starkes Empfinden für die verwirrende Tatsache, daß der Kommunismus keineswegs bloß eine Entwicklungsdiktatur unter der Führung Stalins war, sondern daß er auch in den USA zahlreiche Anhänger vornehmlich in den Universitäten besaß. Aus diesen Erfahrungen und Grundüberzeugungen heraus ist der Artikel über die »Quellen des sowjetischen Verhaltens«[12] geschrieben:

Das russische Regime ist durch die Marxsche Ideologie geprägt, aber mit der wesentlichen Abwandlung, daß für eine Übergangszeit die Weltmission »des Proletariats« sich in einem Staate konzentriert, der mithin die Verkörperung der geschichtlichen Wahrheit ist. Von dort rührt die »aggressive Intransigenz«, von der Stalin und seine Leute geleitet werden, von dorther stammen aber auch »die Geheimnistuerei, der Mangel an Offenheit, die Duplizität, das schlaue Mißtrauen, die fundamental unfreundliche Zwecksetzung«. Aber die Überzeugung der Parteiführer, daß sie »die einzigen Besitzer der Wahrheit« sind und die »Logik der Geschichte« repräsentieren, schließt, anders als bei Hitler, taktische Flexibilität und das Antreten temporärer Rückzüge nicht aus. Die Hauptmaxime der amerikanischen Politik gegenüber der Sowjetunion muß daher »diejenige einer langfristigen, geduldigen, aber festen und wachsamen Eindämmung russischer expansiver Tendenzen sein«. An ständig wechselnden geographischen und politischen Punkten muß also dem Ausgreifen »Gegenmacht« entgegengestellt werden, und Kennan ist überzeugt, daß die Folge des ständigen Zurückgewiesenwerdens am Ende Frustration und Uneinigkeit in der Partei sein wird. Dann aber, so sagt er voraus, werde sich zeigen, wie schwach und chaotisch die russische Gesellschaft ohne die eiserne Klammer der Parteidiktatur sei, und »Sowjetrußland könnte über Nacht aus einer der stärksten zu einer der schwächsten und bemitleidenswertesten unter den nationalen Gesellschaften« werden. Grundvoraussetzung ist allerdings, daß das amerikanische Volk der Herausforderung gewachsen ist und »die Verantwortlichkeiten der moralischen und politischen Führerschaft akzeptiert, welche die Geschichte ihm offenkundig zugedacht hat«.[13]

So schien die Ortsbestimmung von Gegenwart und Zukunft, die Kennan vornahm, eindeutig in die Richtung zu weisen, welche dann mit der Gründung der Bundesrepublik Deutschland, der Bildung der Nordatlantischen Verteidigungsorganisation und mit den Loyalitätsüberprüfungen durch die Truman-Regierung eingeschlagen wurde. Aber Kennan ging diesen Weg nicht mit, da er ihm zu sehr auf die Entfaltung militärischer Macht gegründet zu sein schien und die Gefahr einer dauerhaften Spaltung Deutschlands einschloß, die dasjenige verhindern würde, was Kennan als das oberste Ziel ansah, nämlich den Rückzug der sowjetischen Truppen »hinter die Pripjet-Sümpfe«, wohin sie gehörten.[14] So erregte er in Regierungskreisen schon 1948 starkes Befremden, weil er den Rückzug aller Besatzungstruppen in Grenzbezirke eines wiedervereinigten Deutschlands vorschlug, und als er 1957 die »Reith-Lectures« im BBC gehalten hatte, die im Jahr darauf unter dem Titel »Russia, the Atom, and the West« publiziert wurden, stellte man ihn in manchen Kreisen, wie es vorher schon Toynbee begegnet war, als einen Verräter an der Sache des Westens hin. Dabei brachte Kennan auch hier seine feste Überzeugung zum Ausdruck, daß die Sowjetführer von »unversöhnlicher Feindseligkeit« nicht nur gegenüber den westlichen Staatsmännern, sondern auch gegenüber den westlichen Völkern erfüllt seien, aber er kritisierte mit großem Nachdruck »die übersimplifizierte und übermilitarisierte Auffassung des Kalten Krieges«, die sich ausgebreitet habe, und ganz auf einen militärischen Generalangriff durch die Sowjetunion eingestellt sei.[15]

Demgegenüber plädierte er für »größeres Detachement und mehr Zurückhaltung im Urteil«, er empfahl Vertrauen in die Fortentwicklung der neuen gebildeten Klasse in Rußland, welche sich mehr und mehr den kommunistischen Denkschemata entziehe, und er lenkte den Blick auf das neue Spannungszentrum im Nahen Osten sowie auf die ungelösten Probleme, welche die ungehemmte Industrialisierung durch Landschaftszerstörung und Erschöpfung der natürlichen Ressourcen mit sich bringe. Aber er stellte auch erneut seine »europäische« Orientierung unter Beweis, indem er die deutsche Frage als das Zentrum der Weltspannungen bezeichnete und dem Problem des künftigen Schicksals von Mittel- und Osteuropa die größte Bedeutung zumaß. So wurde derjenige, welcher einer der Väter und Hauptinterpreten des Kalten Krieges gewesen war, zu einem Protagonisten der Entspannung, wenngleich keineswegs einer intermediären oder gar kapitulationswilligen Entspannung. Wo immer in seinen großen historischen Werken zur Geschichte Rußlands und der russisch-amerikanischen Beziehungen[16] Grundsatzfragen angeschnitten wurden, und mehr noch in seinen eher publizistischen Stellungnahmen[17], hat er den Kern seiner Konzeption historisch abgeleitet und im Blick auf die Zukunft begründet: die Idee einer politischen und friedlichen Lösung des großen Weltkonflikts, der mit dem Jahre 1917 begonnen oder doch jedenfalls eine völlig neue Gestalt gewonnen hatte.[18]

Parsons, Galbraith und Kennan sind natürlich nicht die einzigen Amerikaner, die in einem weiten und in erster Linie auf Gegenwartsanalyse bezogenen Sinne »Geschichtsdenker« genannt werden dürfen. Aber wenn weitere Repräsentanten aufgezählt werden sollten, würden doch auffallend viele Emigranten bzw. Kinder von Emigranten zu nennen sein, und zwar in einem höheren Maße, als es in einer »Nation von Immigranten« selbstverständlich ist – etwa der deutsche Jude und Außenminister Henry Kissinger, der als Historiker Metternich und dessen Zeitalter unter überraschenden Gesichtspunkten zum Thema machte, oder der Abkömmling ostjüdischer Einwanderer David Riesman, dessen Buch »The Lonely Crowd« ein Beitrag zur amerikanischen Soziologie sein wollte und doch für das Verständnis »der Moderne« unentbehrlich ist. Ganz merkwürdig ist aber, daß der geschichtliche Vorgang, der sich darin artikulierte, nämlich das Zurücktreten der führenden Schicht – der WASPs – im gesamten intellektuellen Bereich keine ernstzunehmenden Reaktionen und Stellungnahmen mehr hervorrief, wie es doch in der Zwischenkriegszeit noch mit den Büchern von Grant und Stoddard der Fall gewesen war.[19]

Vielleicht gibt es in der Weltgeschichte kein zweites Beispiel für eine so lautlose Verdrängung einer »herrschenden Klasse«, und die Erklärung kann nur darin liegen, daß niemand eine Vernichtungsintention verkündete, daß der Anteil an industriellen Positionen nicht in gleichem Maße zurückging, daß in absoluten Zahlen infolge der ungeheuren Ausweitung des Bildungswesens kein Rückgang zu verzeichnen war und daß schließlich die Abkömmlinge von Iren, Deutschen, Italienern und Juden sich ebenso in die geistige Tradition der Vereinigten Staaten einfügten wie der erste irisch-katholische Präsident, John F. Kennedy, in die politische. Wir aber kehren jetzt nach Europa zurück, zunächst nach dem eine Art europäischer Außenstelle gebliebenen New York und dann nach Basel. Sowohl die jüdische Emigrantin Hannah Arendt als auch ihr Lehrer und Freund Karl Jaspers sind ohne ihre Stellungnahmen zum Kalten Krieg nicht zu verstehen, und diese Stellungnahmen waren für eine gute Weile schärfer und entschiedener als diejenigen von George Kennan. Dennoch legten auch sie schließlich das Gewicht ihres großen Ansehens auf die Waagschale der Entspannung.

Hannah Arendt und Karl Jaspers

Hannah Arendt, 1906 in Hannover geboren, war noch nicht zwanzig Jahre alt, als sie in Marburg mit Martin Heidegger durch ein schwärmerisch-leidenschaftliches Verhältnis verbunden war, das für den fast zwanzig Jahre älteren Philosophen eine machtvolle Inspiration bedeutete, obgleich er sich zu einer Trennung von seiner Frau nicht entschließen konnte; einige Zeit später – 1928 – promovierte sie bei Karl Jaspers, der für sie zur hochverehrten Vaterfigur wurde. Um die gleiche Zeit heiratete sie in erster Ehe Günther Anders, der damals noch Günther Stern hieß. Sie war eine Frau von außerordentlicher Schönheit, die durch ihre hohen intellektuellen Gaben und auch durch ihr unverkennbar jüdisches Aussehen offenbar an Anziehungskraft für viele Menschen noch gewann; man fühlt sich ihr gegenüber an ein Wort Nietzsches erinnert, der einmal sagte, die Schönheit der Jüdin sei die höchste.[1] Im späteren Leben gewann die Intellektualität freilich deutlich die Oberhand über den Liebreiz; aber wie hätte Hannah Arendt auf andere Weise zu einer eigenständigen Philosophin und Geschichtsdenkerin werden sollen?

Sowohl die väterliche wie die mütterliche Familie Hannah Arendts waren aus Rußland nach Deutschland eingewandert, doch schon die Großväter waren zu deutschen Bürgern und angesehenen Unternehmern geworden, die sich von der Orthodoxie gelöst hatten. Gleichwohl fehlte Hannah schon in ihrer Kindheit nicht das Bewußtsein, daß sie eine Jüdin war und daß es Antisemiten gab, aber bis 1933 fühlte sie sich ohne jede Einschränkung der deutschen Kultur verbunden, und bis zu ihrem Tod im Jahre 1975 sprach sie bei den zahlreichen Vorträgen, die sie in Amerika zu halten hatte, ein ungemein »deutsches« Englisch. So war die Emigration, die sie zunächst nach Paris führte, für sie besonders hart, und sie wandte sich nun auf sehr betonte Weise ihrer »zweiten Identität« zu, eben der jüdischen. In Paris arbeitete sie für eine zionistische Organisation, und als es ihr 1940 gelungen war, zusammen mit ihrem zweiten Mann, dem Nicht-Juden und heterodoxen Kommunisten Heinrich Blücher, in die USA zu entkommen, forderte sie in ihrer Spalte der deutsch-jüdischen Zeitschrift »Aufbau« unermüdlich die Aufstellung einer eigenen jüdischen Armee. Ihre sehr kritische Einstellung zu den nationalistischen Tendenzen innerhalb des neuen Staates Israel ist bereits erwähnt worden, und gegen Ende der vierziger Jahre war sie in deutschen Zeitschriften, wie etwa der von Karl Jaspers mitherausgegebenen »Wandlung«, sehr viel stärker präsent als in hebräischen Publikationen. 1951 veröffentlichte sie ihr großes Werk über die Ursprünge des Totalitarismus, das 1955 in Deutschland unter dem Titel

»Elemente und Ursprünge totaler Herrschaft« herauskam. Dieses Werk machte sie weltbekannt, und es rechtfertigt Arendts Subsumtion unter die Kategorie des Geschichtsdenkens.

Es ist in seiner Anlage tatsächlich weitaus historischer als das etwa gleichzeitige und im Charakter politologisch-komparative Buch von Carl J. Friedrich und Zbigniew Brzezinski. Sein erster Teil hat die Überschrift »Antisemitismus« und geht bis zu dem Phänomen des »Hofjudentums« zurück. Von der vorherrschenden Meinung weicht Arendt schon dadurch ab, daß sie den internationalen und in starkem Maße von der Linken getragenen Charakter des Antisemitismus hervorhebt und nicht davor zurückschreckt, einen assimilierten Juden wie Benjamin Disraeli zu den wichtigsten Begründern der Rassenlehre und sogar zu den Erfindern der Vorstellung von der jüdischen Weltherrschaft sowie von einem geheimen Bündnis zwischen jüdischen Kapitalisten und Sozialisten zu zählen. Aber am wichtigsten ist ihr doch das neuartige Bündnis zwischen einer Elite und dem »Mob« der aufkommenden Massengesellschaft, wie er sich in der Dreyfus-Affäre vollzog. Ihr widmet Arendt das längste Unterkapitel, denn hier gewann nach ihrer Auffassung jene Schuldzuschreibung erstmals eine praktisch relevante Gestalt, die nicht aus einem genuinen »Klasseninteresse« hervorgeht, sondern aus den Undurchsichtigkeiten und Ratlosigkeiten einer in Zersetzung und Auflösung befindlichen Gesellschaft.

Als den zweiten Quellstrom der künftigen totalitären Herrschaft stellt Arendt den »Imperialismus« neben den Antisemitismus, und hier geht sie bis auf die Anfänge einer »rassischen« Interpretation der Geschichte bei französischen Aristokraten des Ancien régime wie Boulainvilliers zurück, welche im Zeitalter der Nationalstaaten und der Emanzipation der Bourgeoisie ihrerseits mit modernen Phänomenen Verbindungen eingeht, so daß ein Bündnis zwischen Kapital und Mob zustandekommt, das zum »völkischen Nationalismus« und zu den »Pan-Bewegungen« wie etwa dem Panslawismus und dem Alldeutschtum führt. Auch hier kehrt die Darstellung indessen nicht selten zu den Juden zurück, und Arendt gelangt zeitweise in die Nähe der These John A. Hobsons vom hervorstechenden Einfluß jüdischer Kapitalisten in Südafrika, aber sie akzentuiert dann doch sehr stark die Entstehung des »Rassismus« bei den Zurückgebliebenen, den Buren, welche zum Vorbild der Rückverwandlung moderner Nationen in »Rassehorden« werden konnten.

Erst der dritte und letzte Teil trägt die Überschrift »Totalitäre Bewegung und totalitäre Herrschaft«, und hier geht es um die gegenwärtigen Phänomene des Bolschewismus und des Nationalsozialismus, die durchweg parallelisiert werden, obwohl die vorhergehende Darstellung von »Elementen« bzw. »Ursprüngen« nur auf das eine der beiden Regime, nämlich das nationalsozialistische, zulief. Der italienische Faschismus wird als bloß autoritäres Regime von beiden gleichweit entfernt gehalten. Beide Regime sind durch einen Terror gekennzeichnet, der immer größere Massen von Menschen vernichtet, und zwar ohne Ansehen von Schuld oder Unschuld. Betroffen sind nach Arendt in dem einen Fall nicht nur die Kulaken und in dem anderen nicht bloß die Juden, sondern der Bolschewismus vernichtete ebenfalls die Bürger und schließlich sogar die »Trotzkisten«, während der Nationalsozialismus auch die Geisteskranken ausrottete und nach einem etwaigen Sieg sogar allen Deutschen ein Ende bereitet haben würde, die in seinen Augen nicht »erbgesund« waren.

Daher schreibt Arendt: »Es ist offenbar, daß die bolschewistische Propaganda, die aus der Doktrin der ›absterbenden Klassen‹ die Drohung entwickelt hat, daß, wer den Zug der Geschichte verpaßt, eine Art lebendiger Leichnam sei, den Mord ebenso vorbereitet wie die Nazi-Propaganda, die allen einen irreparablen mysteriösen Verlust des Blutes androht, die ihr Leben nicht nach den ›ewigen Gesetzen der Natur‹, also nach arischen Rassegesetzen, einzurichten willens waren. Die Bolschewisten lassen angeblich nur Millionen in Arbeitslagern verrecken, die vorher bereits ›abgestorben‹ waren, während die Nazis nur diejenigen in die Gaskammern schickten, die es nach den ewigen Gesetzen der Natur gar nicht hätte geben dürfen.«[2] Hier wird also zwischen »Klassenmord« und »Rassenmord« keinerlei grundsätzlicher Unterschied gemacht, aber es dürfte evident sein, daß dem Vernichtungswillen in beiden Fällen eine »Geschichtsphilosophie« zugrunde liegen muß, welche darlegt, inwiefern und auf Grund welcher Gesetze des Geschehens bestimmte Gruppen »zum Tode verurteilt« sind. Von einer solchen Geschichtsphilosophie ist jedoch in den beiden vorhergehenden Teilen nicht die Rede, denn aus dem Antisemitismus mag man Vertreibungen und Pogrome hervorgehen lassen und aus dem Imperialismus Unterwerfungsfeldzüge; über eine genuine Geschichtslehre verfügt weder der eine noch der andere.

Von »absterbenden Klassen« hatten dagegen längst vor dem Weltkrieg alle Marxisten in Europa gesprochen, und sie hatten sich dabei letzten Endes, wie Marx selbst, auf Hegel gestützt; wie sollte nicht eine hohe Wahrscheinlichkeit dafür sprechen, daß auch die sehr viel simplere Geschichtslehre des Nationalsozialismus sich erst in der Reaktion auf das Ursprünglichere herausbildete? Eben die wichtigsten aller Elemente, Marxismus und Antimarxismus, fehlen aber in diesem Buch über die totale Herrschaft, und Hannah Arendt hat den Mangel offenkundig empfunden, da sie in späterer Zeit immer wieder die Absicht zu erkennen gab, ein eigenes Buch über den Marxismus zu schreiben. Es ist nur ein dürftiger Ersatz, wenn sie hier und da auch den Stalinismus auf die Vorstellung von der »jüdischen (sprich trotzkistischen) Weltverschwörung« zurückzuführen sucht oder Stalin und Hitler für »Ideologen allerersten Ranges« erklärt[3], und es bedeutet den Überschritt in eine abermals andere Dimension, wenn sie den Terror zum unaufhebbaren Grundwesenszug der totalitären Regime macht, die sich ständig neue Gebiete unterwerfen und immer neue Menschengruppen in stets erweiterten Konzentrationslagern einschließen bzw. vernichten müssen. Arendt sieht hierin nämlich eine Konsequenz der Erfahrung moderner Massen »von ihrer eigenen Überflüssigkeit in einer übervölkerten Welt und der Sinnlosigkeit dieser Welt selbst«.[4] Damit legt sie ein eigenes Geschichtsverständnis an den Tag, das von dem Hegel-Marxschen wesentlich abweicht, und dadurch fördert sie unwillentlich die Auffassung, die sich in den sechziger und siebziger Jahren entwickeln sollte, daß man von Totalitarismus nicht mehr sprechen dürfe, wenn ein Regime aufgehört habe, alljährlich Hunderttausende von Menschen physisch zu liquidieren.

Aber Hannah Arendt hat die Fortentwicklungen des sowjetischen Regimes nie eigens zum Thema gemacht, wohl aber hat sie sich zu Beginn der sechziger Jahre mit großer Ausführlichkeit zu demjenigen Ereignis geäußert, das die Aufmerksamkeit der Welt wie nie zuvor auf die Vernichtung des europäischen Judentums durch die Nationalsozialisten zurücklenkte, nämlich der Prozeß gegen den aus Argentinien entführten Adolf Eichmann vor einem israelischen Gericht in Jerusalem. Der Untertitel, unter dem die Buchausgabe der zunächst für die Zeitschrift »The New Yorker« geschriebenen Prozeßberichte erschien, bringt auf nahezu vollkommene Weise Arendts Intention zum Ausdruck: »Ein Bericht von der Banalität des Bösen«.[5] Der überwältigende Eindruck, den Arendt im Gerichtssaal gewann und der sicherlich durch ihre Auffassung vom unverwechselbaren Wesen des modernen Totalitarismus vorbereitet war, war der, daß in dem schußsicheren Glaskasten nicht ein »Verbrecher« saß, sondern ein Mensch wie jedermann, dem gutmütige Regungen keineswegs fremd gewesen waren, der vermutlich mit Recht sagte, daß er niemals einen Menschen getötet habe, und der doch zu einem der wichtigsten Mitwirkenden an dem größten Massenmord der modernen Geschichte wurde, weil er sich mit dem abstrakten Getriebe eines totalitären Veränderungswillens identifizieren wollte, welcher alles Individuelle und »Menschliche« von vornherein ebenso überspringt, wie es moderne Maschinen und Bürokratien tun.

Diese Hervorhebung des geschichtlich Neuen und Unverwechselbaren veranlaßt Hannah Arendt, den Selbstaussagen Eichmanns sehr viel Glauben zu schenken, und die Unabhängigkeit ihres Urteils stellte sie dadurch unter Beweis, daß sie unverblümt das Verfahren als »Schauprozeß« kennzeichnete, der im Interesse der israelischen Staatspolitik inszeniert sei, und daß sie sich sogar über einige Emotionen der Staatsanwälte lustig machte, welche die »Nürnberger Gesetze« anklagten und darüber die Tatsache vergäßen, daß in Israel die Heirat zwischen Juden und Nicht-Juden gesetzlich verboten sei.[6] Die größte Empörung unter den Juden in aller Welt rief sie jedoch durch ihre These von der Mitschuld der jüdischen »Establishments«, insbesondere der »Judenräte«, hervor, und für geraume Zeit stand sie nun im Mittelpunkt einer weltweiten »Kontroverse«, in der sie nur wenige Fürsprecher und Verteidiger fand.[7] Aber in Wahrheit wollte sie durch alle provozierenden Bemerkungen nur die Einzigartigkeit der »Endlösung« unterstreichen, und daher wäre vor allem der Einwand berechtigt gewesen, sie unterlasse es, die Frage aufzuwerfen, weshalb das mörderische System, in dem Eichmann bloß ein Rädchen war, den Willen zur Vernichtung gerade der Juden an den Tag gelegt habe, welcher bloß aus der Tatsache der modernen Abstraktheit keineswegs hergeleitet werden kann. Wieder kommt das eigentlich Geschichtliche, trotz ausführlicher Schilderung der Deportationen, zu kurz, und erst ganz am Schluß geht Hannah Arendt auf den Inhalt der Ideologie ein. Hier formuliert sie nämlich ihre eigene Begründung des Todesurteils, die sich von derjenigen des Gerichtshofes wesentlich unterscheidet, und die Schlußworte lauten: »So bleibt also nur übrig, daß Sie eine Politik gefördert und mitverwirklicht haben, in der sich der Wille kundtat, die Erde nicht mit dem jüdischen Volk und einer Reihe anderer Volksgruppen zu teilen, als ob Sie und Ihre Vorgesetzten das Recht gehabt hätten zu entscheiden, wer die Erde bewohnen soll und wer nicht. Keinem Angehörigen des Menschengeschlechts kann zugemutet werden, mit denen, die solches wollen und in die Tat umsetzen, die Erde zusammen zu bewohnen. Dies ist der Grund, der einzige Grund, daß Sie sterben müssen.«[8]

Diese Sätze sind nun schwerlich etwas anderes als eine Umformulierung des Grundsatzes, daß »Völkermord« verboten und daß die Mitwirkung daran mit dem Tode zu bestrafen ist. Aber in ihrem Buch über den Totalitarismus hatte Arendt keine wesentliche Unterscheidung zwischen »Völkermord« und »Klassenmord« getroffen, und die »Erbkranken«, die doch kein »Volk« sind, waren für sie ebensosehr Opfer des Nationalsozialismus wie die Juden. Es ist höchst unwahrscheinlich, daß ihr eine Rede bekannt war, die Grigorij Sinowjew, der spätere Vorsitzende der Dritten Internationale, schon im September 1918 gehalten hatte und in der über die Bourgeoisie gesagt wurde: »Wir und sie können nicht auf einem

Planeten leben.«[9] Hannah Arendt unterließ es, die Frage zu stellen, ob und gegebenenfalls wie »Rassenmord« und »Klassenmord« sich essentiell voneinander unterscheiden, und ebensowenig wurde es ihr zum Problem, ob und auf welche Weise das eine und das andere trotz einer etwaigen Verschiedenheit bei den Totalitarismen der Gegenwart miteinander zusammenhingen. Gewiß ist so viel, daß auch bei Hannah Arendt die Solidarität mit ihrem Volk viel stärker war als die Solidarität mit ihrer Klasse.[10]

Mit dem starken Engagement als Jüdin ging bei Hannah Arendt ein Geschichtsdenken sehr allgemeiner und philosophischer Art Hand in Hand, während die »mittlere Ebene«, auf der konkrete historische Erscheinungen sowohl in ihren Übereinstimmungen wie in ihren Unterschiedenheiten zu analysieren sind, bis auf eine Anzahl von Andeutungen oder Skizzen fehlt. So ist es wohl kein Zufall, daß in dem anspruchsvollsten und bedeutendsten ihrer abgeschlossenen Werke, das im Deutschen den Titel »Vita activa oder vom tätigen Leben« erhielt, weder von Juden noch von Deutschen die Rede ist und daß der Erste Weltkrieg gemeint ist, wenn gelegentlich der Terminus »Massenmord« Verwendung findet.[11] Der englische Titel »The Human Condition« ist der adäquatere, und die überaus eindringende und geistreiche Anthropologie läuft am Ende auf die These hinaus, es sei durchaus denkbar, »daß die Neuzeit, die mit einer so unerhörten und unerhört vielversprechenden Aktivierung aller menschlichen Vermögen und Tätigkeiten begonnen hat, schließlich in der tödlichsten, sterilsten Passivität enden wird, die die Geschichte je gekannt hat«.[12]

Den Grund sieht Hannah Arendt darin, daß der Mensch sich im Laufe der abendländischen Geschichte mehr und mehr von seinem Selbstverständnis als eines »handelnden Wesens«, das sich in der politischen Gemeinschaft einen Raum der Öffentlichkeit schafft, in welchem er auf spezifisch menschliche Weise existiert, dazu übergegangen sei, sich selbst als ein »animal laborans« zu betrachten, das sogar sein »Herstellen« dem Prozeß der Bewahrung und Erweiterung der physischen Existenz unterordnet. In eben diesem Prozeß aber wird das menschliche Leben so abstrakt, daß es in Gestalt der Naturwissenschaften dem Menschen die »Erdbezogenheit« als die Grundlage seines Handeln-Könnens fortnimmt, indem sie ihm die Kräfte des Universums erschließt und zur Verfügung stellt. So könnte die menschliche Geschichte hinfort zu einer neuen Art von Naturgeschichte werden und alle Kennzeichen verlieren, durch die sie bisher ausgezeichnet war. Um zu diesen Ergebnissen zu gelangen, nimmt Arendt eine sehr eigenartige Bestimmung der »Vita activa« vor, die »Arbeiten«, »Herstellen« und »Handeln« unterscheidet.

Paradigma des Handelns sind für sie die politischen Aktivitäten der von der »Arbeit« im Dienst der Lebensnotwendigkeit befreiten Männer in den griechischen Poleis, und ihr politisches Ideal für die Gegenwart ist offensichtlich so etwas wie ein Rätesystem, das von den Einschränkungen der Antike frei wäre und die essentielle Pluralität menschlichen Daseins voll zum Vorschein bringen würde. Aber sowohl das Christentum wie der Marxismus haben zu jener »Weltentfremdung« beigetragen, die den Terminus »Säkularisierung« qua »Verweltlichung« unangemessen erscheinen läßt, und so ist das Werk von einem tiefen Pessimismus durchdrungen, der die Geschichte, wie man wohl formulieren könnte, als »falsche Transzendenz« versteht, als die Entweltlichung und Entdinglichung eines Wesens, das sich in seinem Hinausschreiten über die Erde und die eigene Endlichkeit letztlich bloß noch als Funktion eines Naturprozesses versteht.

Karl Jaspers, 1883 in Oldenburg geboren, war fast ein Vierteljahrhundert älter als Hannah Arendt, aber als die Werke erschienen, mit denen er in der zweiten Nachkriegszeit an die »Geistige Situation der Zeit« von 1931 anknüpfte, da war Hannah Arendt schon seit mehreren Jahren als die Verfasserin der »Origins of Totalitarianism« bekannt, so daß es nicht ungerechtfertigt ist, die Schülerin dem Lehrer als Geschichtsdenkerin vorangehen zu lassen. Fraglich ist, ob man auch in Jaspers einen Emigranten erblicken darf. Daß er Anfang 1948 einem Ruf in die Schweiz, nach Basel, folgte, hatte zahlreiche Präzedentien unter deutschen Professoren und konnte als ein normaler Akt akademischen Wechsels betrachtet werden. Aber im Deutschland der Zeit vor der Währungsreform wurde der Vorgang anders gesehen, nämlich als eine Demonstration oder gar als ein Im-Stich-Lassen, nachdem Jaspers zunächst die Rolle des berufenen Sprechers der von allen Seiten bedrängten Deutschen gespielt hatte. Jaspers spürte das Befremden oder den Vorwurf wohl, und in einer seiner autobiographischen Skizzen schrieb er: »Niemand hatte einen Anspruch, daß wir bleiben sollten. Ein Staat und ein Volk, das den Juden angetan hatte, was nie hätte geschehen dürfen, und dies nach der Katastrophe nicht begriff und nicht die Folgerungen zog, hatte jeden Anspruch verloren.«[13]

Jaspers identifizierte sich also vollständig mit seiner jüdischen Frau, um deren Schicksal er seit dem Kriegsausbruch aufs äußerste besorgt gewesen war, wenn sie auch, in »privilegierter Mischehe« lebend, unbehelligt blieb, und er schüttelte, wie sie und Zehntausende ihrer Schicksalsgenossen, den Staub des angeblich reuelosen Täterlandes von seinen Füßen. Insofern wurde er tatsächlich zum Emigranten, wenn auch zu einem Emigranten besonderer Art. Daß diese Qualität für sein politisches und historisches Denken nicht ohne Folgen bleiben würde, war wahrscheinlich.

Es ist nicht sicher, daß man Jaspers überhaupt einen Geschichtsdenker nennen darf, und Golo Mann hat nicht ohne Grund geschrieben, Jaspers' Buch über die »Großen Philosophen« sei »das ungeschichtlichste Lehrbuch der Geschichte der Philosophie, das je geschrieben wurde«.[14] Ähnliches mochte man über Jaspers' Version der Existenzphilosophie im ganzen sagen, die durch Begriffe wie »Selbstsein« und »liebender Streit« geprägt war und die eine abwehrende, »Vermassung« und »Nivellierung« beklagende Gestalt angenommen hatte, als der Philosoph sich 1931 zu aktuellen Fragen der geschichtlichen und politischen Gegenwart geäußert hatte. Zudem war für keinen bedeutenden Philosophen jemals das Verhältnis zu der eigenen Frau so wichtig gewesen wie für Jaspers, und an dieser »existentiellen« Zweierbeziehung war anscheinend auch sein Begriff der »Kommunikation« orientiert.

Wenn sich Jaspers nach dem Krieg der Gegenwart zuwandte, dann konnte es sich nur um Urteile moralischer Art über unmoralische Verhaltensweisen handeln[15], und im Gegenzug zur Perversion seines eigenen »Elitismus« durch die Nationalsozialisten würden Phänomene wie Vermassung und Nivellierung positiver beurteilt werden, sofern sie der Einigung der Welt dienten, die von den Propheten des Alten Testaments verkündet worden war. Sein eigentliches Interesse würde immer der individuellen Freiheit und dem »Selbstsein« gelten, und damit wäre eine erste konkrete Stellungnahme vorgezeichnet, nämlich diejenige für die »freie Welt« und gegen den Totalitarismus.

In der Tat lassen sich seine Bücher, insbesondere dasjenige über die Atombombe, weitgehend unter diesen Gesichtspunkten lesen. Aber es waren sicherlich nicht zuletzt die konkreten Stellungnahmen und die geschichtlichen Analysen, die seine einschlägigen Bücher so einflußreich und verbreitet sein ließen und die ihn sowohl zum geistigen Mentor der Bundesrepublik wie später zu einem der Urheber der »Studentenrevolution« machten. Und neben seiner Identifizierung mit den verfolgten Juden ist hier eine Tatsache hervorzuheben, die bis 1945 unbekannt blieb und die er ebenfalls in seinen autobiographischen Notizen erwähnt: Sein Vater, zunächst »Amtshauptmann« in Butjadingen, dann Bankdirektor und führender Liberaler in Oldenburg, hatte seinem von früh an sehr kränklichen Sohn, der nur dank stärkster Selbstdisziplin eine bemerkenswerte akademische Laufbahn von der Psychiatrie über die Psychologie bis zur ordentlichen Professur für Philosophie in Heidelberg zurücklegen konnte, früh ein starkes Empfinden für die lokale friesische Eigenart vermittelt, und Jaspers zitiert ein altes Wort, wonach »wir«, die Friesen, drei Feinde hatten: »die See, die Normannen und die Deutschen«. So sei in ihm »etwas heimlich

Protestierendes« geblieben, »zunächst gegen alles, was nicht Marsch war, dann gegen Preußen, schließlich gleichsam gegen die Weltgeschichte«. Daher haßte er Bismarck und, wie sich zeigen sollte, auch das Bismarck-Reich.[16]

Im folgenden sind die Bücher, die Jaspers als Geschichtsdenker erscheinen lassen, sehr kurz zu charakterisieren und vornehmlich auf diejenigen Urteile zu befragen, die sich aus dem »Aufruf zum Selbstseins« *nicht* ableiten lassen.

»Vom Ursprung und Ziel der Geschichte« erschien 1949, und es gibt wenige Bücher, deren Titel so irreführend wirken kann. Vom zentralen Ansatz seiner Philosophie her mußte Jaspers ja eine »Geschichtsphilosophie« ablehnen, die beansprucht, ein »Totalwissen« von der Herkunft des Menschen und dem Telos seines geschichtlichen Daseins zu haben. Zum »Ursprung« der Geschichte sagt Jaspers daher nicht mehr, als daß er sich mit großem Nachdruck die monophyletische These zu eigen macht, also eine Ableitung der großen Menschenrassen aus verschiedenen Naturstämmen verneint, und »Ziel« ist ihm nicht ein beschreibbarer Zustand, sondern nichts anderes als die nie vollendbare Einheit der Menschheit, die in der Gegenwart beinahe schon Wirklichkeit geworden ist. Der wichtigste aller Schritte zu dieser Einheit hin wurde nun nach Jaspers nicht etwa schon in den alten Hochkulturen, sondern in der Zeit rund um 500 vor Christus getan, die Jaspers die »Achsenzeit« nennt, die Zeit der Entstehung der Philosophie, eine »Zwischenphase zwischen zwei Zeitaltern von Großreichen, eine Pause für die Freiheit«.[17]

Dieser Durchbruch vollzieht sich nach Jaspers in Persönlichkeiten von unvergleichlicher Größe, in Buddha, Platon, Jeremias, Tschuang-tse, Heraklit, aber durchaus nicht überall in der Welt, sondern innerhalb der »Achsenvölker«, der Chinesen, Inder, Iranier, Juden, Griechen. Damit sucht Jaspers eine eurozentrische Auffassung zu überwinden, und Christus und das Christentum finden hier keinen Platz. Dennoch kehrt er zum Okzidentalismus zurück, wenn er in der modernen Wissenschaft und Technik das schlechthin Einzigartige erblickt, das die Einheit aller Menschen zu realisieren berufen ist und freilich auch »die Verwandlung des gesamten Daseins in eine technisch vollzogene Maschinerie« mit sich bringt.[18]

Das Urteil über Vermassung, Nivellierung, Auflösung und Nihilismus ist ebenso negativ, wie es 1931 gewesen war, aber die »Wiedergewinnung des Menschseins aus dem Massesein« ist möglich, und Jaspers setzt seine Hoffnung ganz auf eine weltweite Föderation, welche von der Gemeinschaft der altfreien Völker wie England, Amerika und der Schweiz ihren Ausgang nimmt und damit die unleugbare Gefahr der Entstehung eines totalitären Weltimperiums und einer totalitären Glaubenswahrheit überwindet.[19] Aber eine endgültige Geschichtswahrheit gibt es nicht: Die Einheit der Geschichte ist selbst nicht mehr Geschichte und kann nur im »transzendierenden Bewußtsein der Existenz« ergriffen werden.[20]

Man kann viele der fünfhundert Seiten von Jaspers' Buch über die Atombombe, das 1958 publiziert wurde, als einen Aufruf zur Gewinnung des rechten Bewußtseins über die ungeheuren Gefahren lesen, welche die Existenz der Atombombe herbeiführt und welche nur durch die Schaffung eines definitiven Friedenszustandes beseitigt werden können. Aber in noch stärkerem Maße ist das Buch ein Appell zur Verteidigung der Freiheit gegen die Drohung des Totalitarismus und eine schroffe Polemik gegen die »Neutralisten«, die dem Leben als solchem einen alles überragenden Wert zuschreiben und daher zur Unterwerfung unter »die Totalitären« bereit sind.[21] Zwar wird auch das Problem, ob die Freiheit in einer totalitär gewordenen Welt weiterexistieren und schließlich sogar eine politische Wiedergeburt erfahren könne, ausführlich erörtert, aber letzten Endes wird doch jede Bereitschaft angeprangert, aus Hoffnung auf Entspannung die Bedrohung geringer einzuschätzen und die Selbstbehauptung der politischen Freiheit zu schwächen.[22]

Ganz konkret und im engeren Sinne politisch wird Jaspers' Urteil, wenn er eine «Verwirrung des Bewußtseins der Abendländer« konstatiert, weil Amerika im Oktober 1956 seinen Verbündeten, England und Frankreich, die »Wiederherstellung des Rechts« am Suezkanal versagte und »Israel, diesem abendländischen Staat«, einen Rückzug aufzwang, obwohl es sich bei dem Vormarsch auf den Suez-Kanal doch um einen »offenbaren Verteidigungsakt« gehandelt habe.[23]

Dieses Urteil hat vermutlich alle diejenigen sehr befremdet, welche die Aktion Gamal Abdel Nassers für eine legitime Wiederherstellung der ägyptischen Souveränität und die Operationen Englands, Frankreichs und Israels für imperialistische Gewaltakte hielten. Aber eine fast einhellige Empörung rief Jaspers unter den Deutschen hervor, als er in einem Fernsehinterview empfahl, auf die Wiedervereinigung zu verzichten, den Untergang des Bismarck-Reichs einschließlich des Verlustes der Ostgebiete zu akzeptieren und die Bemühungen darauf zu konzentrieren, von der Sowjetunion die Gewährung der politischen Freiheit für die Deutschen in der DDR zu verlangen.

Jaspers starb 1969 im Alter von sechsundachtzig Jahren. Aber in seiner letzten Lebenszeit publizierte er zwei Schriften, die von vielen – wie er selbst nicht ganz ohne Stolz, wenngleich ohne Zustimmung – konstatierte, für »einen der schärfsten Angriffe auf die Bundesrepublik durch einen

Deutschen« gehalten wurden[24]: »Wohin treibt die Bundesrepublik?« und »Antwort. Zur Kritik meiner Schrift ›Wohin treibt die Bundesrepublik?‹ « Jetzt schien Jaspers in der Tat ganz und gar zum Politiker geworden zu sein: Er schrieb Artikel, schickte Telegramme an Politiker, führte ein Interview mit Rudolf Augstein, empfing ein zwölf Seiten langes Schreiben von Walter Ulbricht, äußerte sich zu der Verjährungsdebatte, zu den Notstandsgesetzen, zum konstruktiven Mißtrauensvotum, zur NPD, zur »National- und Soldatenzeitung«, ja er schreckte vor dem weltpolitischen Vorschlag nicht zurück, die Herstellung der chinesischen Atombombe durch einen gemeinsamen Angriff der USA und der Sowjetunion auf die Produktionsstätten Chinas zu verhindern (»nach vorheriger Mitteilung, damit die Menschen das Gebiet verlassen«)[25]. Leitend war für ihn offenbar die Annahme, die Bundesrepublik sei dabei, sich »von der Demokratie zur Parteienoligarchie, von der Parteienoligarchie zur Diktatur« zu entwickeln.[26]

Mit einigen dieser Forderungen und Aktivitäten wirkte er nicht unerheblich auf die Zukunft ein, und zwar am meisten da, wo er objektiv mit den marxistischen Kritikern der »westlichen Welt« wie Herbert Marcuse in einer Reihe stand, und sogar sein Bombardierungsvorschlag sollte sich eines Tages verwirklichen, wenn auch nicht in China und nicht von seiten der USA und der Sowjetunion. Aber im ganzen wird festzustellen sein, daß er seine Stimme in einen immer mächtiger werdenden Chor hineingab, der keineswegs bloß die nationalstaatliche, sondern auch die naturrechtliche Basis der bisherigen Politik der Bundesrepublik in Frage stellte und in den folgenden zwei Jahrzehnten weitgehend dominieren sollte. Jaspers wirkte also, seinem eigenen Eindruck entgegen, in der Deutung der geschichtlichen Situation und in der Einwirkung darauf nicht auf der Seite der schwächeren, sondern der stärkeren Seite.

Wenn sein Vorschlag der Österreich-Lösung damals verwirklicht worden wäre, hätte ein zweites »Anschlußverbot« völkerrechtlich fixiert werden müssen, und infolge des unterschiedlichen ökonomischen Niveaus wäre eine Schließung der Grenzen erforderlich gewesen oder die DDR wäre über kurz oder lang »ausgeblutet«. Auch Jaspers konnte keinen Standpunkt jenseits der Undurchsichtigkeit und der Inversionen der Geschichte einnehmen, sofern er mehr als »Kulturkritik« geben wollte, aber an der Aufrichtigkeit seines Wollens, »durch Umkehr einen sittlich-politischen Staat zu gründen«[27], ist kein Zweifel möglich. Er war mit diesem Wollen in der Welt nicht allein, und man darf seine Träger das Salz der Erde nennen, obwohl keinem ein unmittelbarer Erfolg beschieden war.

Max Horkheimer und Theodor W. Adorno

Anders als Hannah Arendt und Karl Jaspers gingen Max Horkheimer und Theodor W. Adorno nicht für die Dauer von Deutschland fort. Sie kehrten verhältnismäßig bald nach dem Kriegsende zurück, und die Zeit großer Wirkung, ja im Falle Adornos sogar die Hervorbringung des eigentlichen Lebenswerks, begann erst zu diesem Zeitpunkt. Und wenn für viele Flüchtlinge aus dem nationalsozialistischen Deutschland die Emigration mindestens zunächst eine sehr harte und bittere Zeit bedeutet hatte, so blieben Horkheimer und Adorno die materiellen Schwierigkeiten erspart.

Horkheimer, Sohn eines Unternehmers, war vorausschauend genug, um als Direktor des Frankfurter Instituts für Sozialforschung die beträchtlichen Mittel, die der Großzügigkeit eines reichen Getreidehändlers zu verdanken waren und der Unterhaltung des Instituts dienten, rechtzeitig von Frankfurt nach Genf bzw. nach Paris zu verlagern, so daß die Arbeit der Institutsangehörigen nahezu ohne Unterbrechung weitergehen konnte. So war er in der Lage, einer Anzahl von intellektuellen Flüchtlingen durch Anstellungen oder Stipendien zu helfen. Mithin blieb der Zusammenhalt des bemerkenswerten Kreises »westlicher Marxisten«, der fast ausschließlich aus Söhnen des deutsch-jüdischen Großbürgertums bestand, im wesentlichen gewahrt, auch als das Institut 1934 nach New York übersiedeln mußte und bei der Columbia University ein Unterkommen fand.

Erst während der Kriegszeit wurde Theodor Adorno ein Vollmitglied, der sich, 1933 aus seiner Privatdozentur in Frankfurt entlassen, bis 1938 von Oxford aus noch regelmäßig monatelang in Deutschland aufhielt. Seitdem Horkheimer und Adorno jedoch 1947 gemeinsam die »Dialektik der Aufklärung« publiziert hatten und wenig später zusammen mit ihrem Institut nach Frankfurt zurückgegangen waren, galten sie als »Dioskuren«, und es ist schwerlich unzulässig, ihnen als den Häuptern der »Frankfurter Schule« eine Art von Vorherrschaft im geistigen Leben der Bundesrepublik während der fünfziger und sechziger Jahre zuzuschreiben. Wenn Golo Mann sowie andere Zeugen im Recht sind, übten sie auch an der Universität Frankfurt einen beherrschenden Einfluß aus; jedenfalls war Horkheimer von 1951 bis 1953 Rector magnificus.

Ob ihre »kritische Theorie« noch »Marxismus« genannt werden dürfe, war auch unter ihren Anhängern eine strittige Frage; nicht ganz selten und nicht völlig zu Unrecht wurden sie sogar dem Umkreis der Totalitarismustheorie zugerechnet, da sie sich den osteuropäischen Regimen gegenüber sehr feindlich zeigten. Daß »Auschwitz« im Zentrum ihres Denkens stand, läßt sich nicht bezweifeln; ihr eigenes Verhältnis zum Judentum bestand aber schwerlich in einer Identifizierung; denn Adorno, 1903 geboren und acht Jahre jünger als Horkheimer, entstammte der Ehe eines jüdischen Großkaufmanns mit einer katholischen Sängerin von italienischer Abkunft, und Horkheimer hatte gegen den entschiedenen Widerstand seines Elternhauses eine christliche Frau geheiratet. Sie waren also weder Orthodoxe noch Zionisten, sondern ganz und gar Angehörige des deutsch-jüdischen Bildungsbürgertums.

Ihr gemeinsames Werk »Dialektik der Aufklärung« hat den Untertitel »Philosophische Fragmente«; es kann gleichwohl als die zusammenhängendste Entwicklung ihres Geschichtsdenkens gelten, das weit mehr Zivilisationskritik als Geschichtsphilosophie ist. Wenn man es auf eine kurze Formel bringen will, mag man sagen, daß die Aufklärung hier einer aufklärerischen Kritik unterzogen, das heißt, daß »das Destruktive des Fortschritts« enthüllt wird. In der aus »Los Angeles, Mai 1944« datierten Vorrede heißt es, das Buch zeige, »wie die Unterwerfung alles Natürlichen unter das selbstherrliche Subjekt zuletzt gerade in der Herrschaft des blind Objektiven, Natürlichen gipfelt«. Die Gegenwart kann nämlich nur so charakterisiert werden, daß »die vollends aufgeklärte Erde im Zeichen triumphalen Unheils« strahlt.[1]

Dieses Unheil aber hat weit zurückreichende Wurzeln. Bacon gehört mit seiner Idee, daß Wissen so viel wie Macht sei, zu den Vorvätern. Die neuzeitliche Wissenschaft hat auf »Sinn« Verzicht getan. Aber schon in der klassischen Antike zeichnete sich das Unheil ab. Ein langer »Exkurs« ist Odysseus gewidmet, der den aufgeklärten Verstand verkörpert und dem die Vorstellung des Tausches von Äquivalenten geläufig ist. Parmenides machte sich zum Vorkämpfer der Abstraktion der »Einheit«, die alles Vielfältige und Besondere entwertet. Aber auch die jüdische Religion ist ganz auf eine Überwältigung der Natur und die Etablierung der Herrschaft des Menschen ausgerichtet. Die Stoiker und Kirchenväter postulieren geradezu die Verbrechen, die der Mensch ständig an den Tieren begeht. All das scheint aber letztlich in der biologischen Natur des Menschen begründet zu sein. Die species Mensch habe sich seit ihrem Aufstieg den anderen Arten des Lebens »als die entwicklungsgeschichtlich höchste und daher furchtbarste Vernichtung« gezeigt, und die Mischung aus Gier und zunehmender Abstraktheit hat in der Gegenwart ihre höchste Aufgipfelung erfahren.[2]

Die Kulturkonsumenten von heute sind in ihrer Vorstellungskraft und Spontaneität verkümmert: »Ewig grinsen die gleichen Babies aus den Magazinen, ewig stampft die Jazzmaschine.« Was fortschreitet, ist eine barbarische Beziehungslosigkeit. Die Sprache geht in der bloßen Mitteilung auf, aus substantiellen Bedeutungsträgern werden die Worte mehr und mehr zu qualitätslosen Zeichen. Zumal in Amerika sind »die intimsten Reaktionen der Menschen ihnen selbst gegenüber so vollkommen verdinglicht, daß die Idee des ihnen Eigentümlichen nur in äußerster Abstraktheit noch fortbesteht: personality bedeutet ihnen kaum mehr etwas anderes als blendend weiße Zähne und Freiheit von Achselschweiß und Emotionen«.[3]

Insofern scheinen Horkheimer und Adorno eine äußerst pessimistische Geschichtsbetrachtung zu verkörpern, die nicht viel anders als diejenige von Ludwig Klages das Verhängnis einer abstrakten und aufklärerischen Vernunft schon in frühesten Zeiten beginnen läßt, ja es sogar in der biologischen Natur des Menschen begründet sieht und die im negativen Urteil über die Abstraktheit und Verkehrtheit des modernen Lebens die Kritik der Romantik im Geiste eines hochkultivierten und »europäischen« Bildungsbürgertums fortführt, das nicht zuletzt von starker Abneigung gegen den »Amerikanismus« erfüllt ist.

Aber diese Bildungsbürger verwenden in ihren Analysen ständig die Begriffe »bürgerlich« und »Bürger« in einem negativen Sinne, der offensichtlich vom Marxismus geprägt ist, und der ihnen erlaubt, mit ebensoviel Zorn wie Marx gegen die Warenwirtschaft, die Herrschaft der Schwerindustrie, die Klassengesellschaft und die Privilegierten zu polemisieren, ganz als ob auch sie den Kapitalismus mit der Industriellen Revolution beginnen ließen und den Umschlag in die klassenlose Gesellschaft des Sozialismus für bevorstehend hielten. Die »Versachlichung des Menschen in Fabrik und Büro« beruht auf der »bürgerlichen Arbeitsteilung«, die französische Aufklärung war »bürgerlich«, ein Dichter wie Rudolf Borchardt ist ein Esoteriker der Schwerindustrie im Dienst einer repressiven Ideologie; die »Widervernunft des totalitären Kapitalismus« hat eine »falsche Gesellschaft« hervorgebracht, die »entfesselte Marktwirtschaft« bedeutet die Herrschaft privater Gruppen und damit eine »falsche Allgemeinheit«, die durch den »Ausschluß der Unterklasse« erzeugt wird; »die Herrschenden« werden dichotomisch »den Unterworfenen« entgegengestellt, und ganz wie schon im frühesten Frühsozialismus werden die Arbeiter als »die eigentlichen Ernährer« und die Wirtschaftsführer als »die Ernährten« bezeichnet, ja hin und wieder stehen sich, wie bei Gottfried Feder, die »Schaffenden« und die »Raffenden« gegenüber.[4]

Die Herzen von Horkheimer und Adorno hängen offenbar an den schlichten und wohltuenden Entgegensetzungen der Gerechten und der Ungerechten, der Guten und der Bösen, der Herren und der Knechte, der Ausbeuter und der Ausgebeuteten, die Marx mit den Frühsozialisten gemeinsam waren und die den Realitäten einer modernen und überaus differenzierten Gesellschaft so wenig entsprechen. Ihr analysierender Verstand dagegen sucht ein Unheil bis zu dessen ersten Wurzeln zu verfolgen, und sie gehen noch ein Stück über Marx hinaus, der in seinem Artikel zur Judenfrage das »Bürgerliche« ebenfalls schon im Charakter des jüdisch-christlichen Weltverhältnisses angelegt gesehen hatte, aber später nur in gelegentlichen Andeutungen auf diesen vieltausendjährigen Unheilsbogen zurückgekommen war.

Sie können das deshalb tun, weil sie gleichzeitig von Freud beeinflußt sind und dessen Begriff von repressiver Herrschaft übernehmen, ohne Freuds Auffassung zu teilen, daß diese Repression zwar wandelbar, aber im Interesse der Kultur unumgänglich ist. Die »bürgerliche Kälte« hat mit dem »Liebesverbot« zu tun, das in der Welt der Konkurrenzgesellschaft herrscht; in der »patriarchalen Welt« verrät die Ehefrau die Lust »an die feste Ordnung von Leben und Besitz«; im Exkurs über de Sade wird die Utopie als »wahre Allgemeinheit« dadurch gekennzeichnet, daß sie »den physischen Genuß für alle freigibt«; unter dem Druck des Über-Ichs projiziert das Ich die vom Es ausgehenden Aggressionsgelüste als böse Intentionen in die Außenwelt, und der Haß treibt zur Kastrationslust als allgemeinem Zerstörungsdrang.[5]

Daher ist die Verknüpfung mit den »Juden« und mit den »Faschisten« leicht zu vollziehen, die immer wieder im Text auftauchen und sich oft genug wie das eigentliche Thema ausnehmen. Die Aussagen über die Juden sind allerdings ambivalent. Die Juden sind das eigentliche Haßobjekt für alle Faschisten, und sie ziehen heute praktisch wie theoretisch den Vernichtungswillen auf sich, den die falsche gesellschaftliche Ordnung aus sich produziert. Sie werden vom absolut Bösen als das absolut Böse gebrandmarkt, und daher findet der Ruf, »sie wie Ungeziefer zu vertilgen«, keineswegs nur in Deutschland, sondern »im Herzen aller prospektiven Faschisten aller Länder« Widerhall. »So sind sie in der Tat das auserwählte Volk«, und sie werden von Horkheimer und Adorno der ganzen »gentilen Zivilisation« gegenübergestellt. Aber sie sind in Wahrheit nichts Vereinzeltes, denn das Bild, das sich ihre Feinde von ihnen machen, wird von den Beherrschten, welche durch die Herrschenden auf sie gehetzt werden, insgeheim ersehnt: »Glück ohne Macht, Lohn ohne Arbeit, Heimat ohne Grenzstein, Religion ohne Mythos.« Daher ist eine Überwindung der Herrschaft real möglich, und die Judenfrage würde sich in der Tat »als Wendepunkt der Geschichte« erweisen, da diese Überwindung nichts anderes wäre als »der Schritt aus der antisemitischen Gesellschaft ... zur menschlichen«. Aber die Paradoxie besteht darin, daß die »bürgerliche« und »antisemitische« Gesellschaft zu einem wesentlichen Teil von den Juden geschaffen wurde: sie waren ja »die ersten Bürger«, »die Kolonisatoren des Fortschritts«, denn sie halfen als Kaufleute, römische Zivilisation im gentilen Europa zu verbreiten, und sie waren »im Einklang mit ihrer patriarchalen Religion die Vertreter städtischer, bürgerlicher, schließlich industrieller Verhältnisse«.[6]

Eine vergleichbare innere Widersprüchlichkeit gestehen Horkheimer und Adorno den Faschisten nicht zu. Anscheinend nehmen sie auch keine Differenzierung vor, denn sie stellen Hitler, Mussolini, Goebbels und den amerikanischen Geistlichen Coughlin zusammen, ohne auf etwaige Unterschiede hinzuweisen. Der Faschismus ist für sie das »absolute Böse«, aber er ist aufs engste mit dem Kapitalismus verbunden, ja es ist sogar »der unbedingte Realismus der zivilisierten Menschheit, der im Faschismus kulminiert«. Zwar mag man Hannah Arendt zu hören glauben, wenn es heißt: »Die Verwaltung totalitärer Staaten, die unzeitgemäße Volksteile der Ausrottung zuführt, ist bloß der Nachrichter längst gefällter ökonomischer Verdikte«, aber da vorher von den »Zyklonfabriken« die Rede ist, kann der »Gulag« nicht mitgemeint sein. Der Antibolschewismus der Faschisten wird vielmehr als bloßes Hirngespinst abgetan, nämlich als »Hirngespinst von der Verschwörung lüsterner jüdischer Bankiers, die den Bolschewismus finanzieren«, oder aber als »Kreuzzug« gesehen, der die Zerschlagung der Gewerkschaften und die »Erledigung der Juden« in sich schließe.[7]

So ist die »Dialektik der Aufklärung« das Produkt eines Denkens, das die eigenen Voraussetzungen in Frage stellt und gleichwohl an der Vollendungsvorstellung einer definitiven, »wahren«, »gerechten« Gesellschaft festhält, obwohl es wesentliche Prämissen des Marxismus aufgegeben hat, nämlich den Glauben an das »Weltproletariat« und an die bevorstehende Revolution. Die Utopie hat sich gleichsam von ihrer »wissenschaftlichen Basis« gelöst, und das Resultat ist einerseits eine Art von freischwebender Empörung und andererseits mindestens tendenziell ein überaus pessimistisches Verständnis der Geschichte im ganzen.

Einige Formulierungen könnten auch bei Ludwig Klages stehen, andere bei Martin Heidegger. In den Ausführungen über »Mensch und Tier« ist der Schopenhauerianismus Max Horkheimers zu erkennen, und im Abschnitt über »Kulturindustrie, Aufklärung als Massenbetrug« hat offenbar der Kulturkritiker Adorno die meisten Formulierungen vorgenommen. Aber so fragmentarisch und unsystematisch das Buch ist, so einheitlich ist es doch in seiner Verknüpfung von tiefsinniger Reflexion in gepflegter, wenngleich oft preziöser und manchmal hermetischer Sprache und starker, vor Schimpfreden nicht zurückschreckender Emotionalität. Als zusammenfassende Charakterisierung dessen, was in der gesamten Geschichte unterdrückt war und in Zukunft eine Gesellschaft des Glücks bestimmen soll, wäre am ehesten wohl der Begriff des »hedonistischen Anarchismus« geeignet, und Horkheimer und Adorno müßten als Anti-Platoniker verstanden werden, die den »Logozentrismus«[8] bekämpfen und eben dadurch bessere Aufklärer sein wollen, als die »bloß bürgerlichen« Aufklärer zu sein vermochten. Die Frage freilich, ob die umfassend genug verstandene Bürgerlichkeit nicht bloß bis zu Odysseus zurückreiche, sondern sich von der Gegenwart aus ebensoweit in die Zukunft erstrecken könnte, wird nirgendwo gestellt.

Von den Werken, die Horkheimer und Adorno nach 1949 veröffentlichten bzw. schrieben, ist keines ausdrücklich dem Geschichtsdenken gewidmet; sie bestehen überwiegend aus Studien und Aufsätzen zu einer Fülle von Themen, aber sie nehmen doch häufig Bezug auf die Thematik der »Dialektik der Aufklärung« und geben die Möglichkeit, die allgemeine Bestimmung des »hedonistischen Anarchismus« zu überprüfen. In all dem weisen sie auf eine Auseinanderentwicklung der beiden Denker hin.

Horkheimers Buch »Zur Kritik der instrumentellen Vernunft«, 1967 in Frankfurt publiziert, läßt schon im Titel die Intention erkennen, die auch der »Dialektik der Aufklärung« zugrunde lag: die als Mittel eingesetzte, formale und subjektivistische Vernunft zugunsten der objektiven, sich selbst, das heißt »Vernünftigkeit«, als Zweck setzenden Vernunft zu kritisieren. Das Buch besteht indessen aus zwei verschiedenartigen Teilen: einer Übersetzung der 1947 auf englisch erschienenen Schrift »Eclipse of Reason« und einer Sammlung von Aufsätzen und Vorträgen, die nach der Rückkehr in Deutschland verfaßt wurden. Das Buch von 1947 ist im ähnlichen Sinne eine »Geschichtsphilosophie« wie die gleichzeitige »Dialektik der Aufklärung«; sein gedanklicher Kern wird wohl in dem folgenden Gedankengang am eindeutigsten faßbar:

Heute wird in Entsprechung zu den säkularisierten Erscheinungsformen der Fichteschen Transzendentalphilosophie die Natur als »das Objekt totaler Ausbeutung« gefaßt, »die kein von der Vernunft gesetztes Ziel und daher keine Schranke kennt«. Dieser grenzenlose Imperialismus des Menschen, zu dem es bei keiner Tierart eine Parallele gibt, ist »niemals befriedigt«. Aber er ist für Horkheimer keine anthropologische Konstante oder gar die zeitübergreifende Auszeichnung des Menschen. Die »Gier des Menschen, seine Macht in zwei Unendlichkeiten hinein auszudehnen, den Mikrokosmos und das Universum«, geht nach Horkheimer »nicht unmittelbar aus seiner eigenen Natur hervor, sondern aus der Struktur der Gesellschaft«. Die »Unersättlichkeit der Gattung« ist auf den Kriegszustand unter den Menschen zurückzuführen, aber diese Unersättlichkeit erweist sich als unvernünftig, da die Unterdrückung der Wünsche, welche die Zivilisation den Individuen aufzwingt, angesichts der hochentwickelten Produktivkräfte nicht länger erforderlich ist, so daß die Schaffung einer nicht mehr in Klassen und Nationen zerspaltenen und nicht mehr durch Mangel bestimmten Gesellschaft, eben der »objektiv vernünftigen«, »richtigen«, »gerechten« Gesellschaft in den Bereich der Möglichkeit, ja der Notwendigkeit tritt.

Diese »vernünftige Gesellschaft« würde nach Horkheimer auch ein vernünftiges, nicht auf das Überwältigenwollen abzielendes Verhältnis zur Natur entwickeln, und zwar sowohl zu der äußeren wie der inneren Natur. Die nicht-instrumentelle Vernunft würde also einen viel wesentlicheren Frieden hervorbringen als das bloße Aufhören des Kriegszustandes zwischen den Völkern. Sie wäre die große »Versöhnung«, die nach Adorno und Horkheimer der Grundgedanke der jüdischen Religion ist[9], die Versöhnung zwischen den Menschen und vor allem zwischen den Menschen und »Gott«, das heißt der Natur; man könnte wohl auch sagen, sie wäre das Paradies, in dem der Mensch sich nicht mehr den anderen Lebewesen gegenüberstellt, sondern insofern ein Lebewesen wie sie sein will, als zwar seine Vernunft die Stelle des Instinktes einnimmt, aber wie der Instinkt weder Versagung noch Opfer noch Imperialismus kennt.[10] Man könnte ebenfalls sagen: die bisherige Geschichte des Menschen hätte sich als die Episode der Transzendenz erwiesen (welche freilich nicht in der bisherigen Gesellschaft begründet sein konnte, sondern umgekehrt die Gesellschaften erst zu demjenigen machte, was sie waren) und die objektive Vernunft wäre die auf höherer Stufe wiedergewonnene »Immanenz«, die Zusammenstimmung mit der Natur und also mit Gott.

Eine Auffassung wie diese läßt sich aus Kants »Idee zu einer allgemeinen Geschichte in weltbürgerlicher Absicht« ebensogut ableiten wie aus Marx' Ökonomisch-philosophischen Manuskripten, doch vielleicht ist es eine Überinterpretation, sie auch Horkheimer ohne Vorbehalt zuzuschreiben. Sein »Schopenhauerianismus« steht nämlich der Vorstellung vom harmonischen Endzustand im Wege, und je älter Horkheimer wurde, um so mehr trat sein ursprünglicher Pessimismus wieder hervor, aber auch der Mut zur Abweichung, welcher seine progressistischen Freunde und Anhänger befremdete, so daß ihm nicht selten der Vorwurf des »Konservatismus« gemacht wurde. Es wurde ihm nun mehr und mehr wahrscheinlich, daß *kein* Übergang zu der vernünftigen, richtigen und gerechten Gesellschaft bevorstand. Im Interesse des reibungslosen »Funktionierens« der Gesellschaft wird auch im Westen der Freiheitsspielraum der Individuen mehr und mehr eingeschränkt, der Konformismus einer »verwalteten Welt« verstümmelt die Individuen weiterhin, und es bedarf großer Anstrengung der Einzelnen, wenn sie auch nur das Erbe des liberalen 19. Jahrhunderts einigermaßen bewahren wollen. Was die unmittelbare Gegenwart angeht, so entfernt sich Horkheimer von den bloßen Schimpfreden über die »Barbarei des Nationalsozialismus«. »Das Dritte Reich«, schreibt er in seinem Brief an den S. Fischer Verlag von 1965, »war historisch keine Ungereimtheit, vielmehr Signal des Totalitären, das auch diesseits des Eisernen Vorhangs mehr und mehr als zeitgemäß erscheint«; deshalb schlage sein früherer Glaube an fortschrittliche Aktivität »in Angst vor neuem Unheil, vor der Herrschaft allumfassender Verwaltung um«.[11]

In einem seiner spätesten Gespräche schreckt er zu Anfang der siebziger Jahre nicht mehr davor zurück, die Möglichkeit einzuräumen, daß die Zustände in Rußland vor und nach 1933 »denen in Deutschland sehr nahe kamen, wenn nicht mindestens so schlimm oder noch schlimmer waren«. Und seine Kritik dehnt er nun ganz explizit auch auf Marx aus. Marx war insofern »ein krasser Idealist«, als er sich vorstellte, die Periode nach der bürgerlichen Gesellschaft werde das »Reich der Freiheit« darstellen. Er sehe nicht, daß die Aufhebung der Spannungen in der Gesellschaft zur Folge haben muß, »daß das, was wir bisher Geist nannten, einschläft«. Er wollte nicht wahrhaben, daß es einen Gegensatz zwischen Freiheit und Gerechtigkeit gibt: Je gerechter eine Gesellschaft ist, um so unfreier und »verwalteter« werden die Individuen sein. So beruft sich Horkheimer kurz vor seinem Tod im Jahre 1973 gegen Marx auf Schopenhauer, der sagte, »daß es zum wirklich Guten in dieser realen Welt nie kommen wird«. Damit nimmt er von dem »Vollendungsdenken« Abschied, das ihm mit Adorno gemeinsam war, und vom marxistischen Impuls bleibt nur die Forderung zurück, »die Solidarität der Menschen zu schaffen, die dem Tode gegenüberstehen, und gemeinsam daran zu arbeiten, die Endlichkeit in gewisser Weise wenigstens zu verbessern«.[12]

Adorno blieb von den Hoffnungen und den Emotionen der früheren Periode bis zu seinem Tod im Jahre 1969 stärker geprägt. Anders als Horkheimer schrieb er in seiner Spätzeit noch ein großes Buch, die »Negative Dialektik«, und darin darf man die philosophische Begründung dessen sehen, was in der »Dialektik der Aufklärung« auf weniger systematische und anschaulichere Weise gesagt worden war. In der »positiven Dialektik« zwingt sich der Gedanke der Wirklichkeit auf, er bringt sie unter sich als das letztlich Identische und wird damit dem Nicht-Identischen, das heißt der irreduziblen Mannigfaltigkeit der Natur und der Individuen, nicht gerecht. Also müßte Adorno den Anspruch erheben, »das Besondere« anders denken zu können, als die überlieferte »positive« Dialektik unter Einschluß der Marxschen es tut, aber inmitten sehr anspruchsvoller und schwieriger

Wendungen schimmert doch immer der Kern sehr einfacher marxistischer Überzeugungen durch: »Bürgerliche ratio« und »bürgerliches Denken« neutralisieren die Emanzipation und bekräftigen die falsche Ordnung; in der Gegenwart sind die Menschen den herrschenden Produktionsverhältnissen, das heißt ihrem eigenen, aber unerkannten Funktionszusammenhang unterworfen; eine künftige Produktion für die Lebendigen »anstatt für den Profit« würde zugleich den Mangel beseitigen und Restitution von Unmittelbarkeit bewirken.[13]

Stärker als Marx hebt Adorno jedoch die Wichtigkeit des Somatischen und des Glücks der sinnlichen Erfüllung hervor, und daraus resultiert sein Hauptpostulat, von dem man paradoxerweise allerdings sagen müßte, daß es wie nichts anderes den Sieg des Identischen über das Nicht-Identische bedeuten würde, nämlich die »Abschaffung des Leidens«, die »Negation des physischen Leidens noch des letzten der Mitglieder der Gesellschaft« und in eins damit »der inwendigen Reflexionsformen jenes Leidens«.[14]

Daraus ließe sich im Umkehrschluß folgern, daß das Glück keines Individuums legitim sei, solange auch nur ein einziges Individuum in der ganzen Welt leide, und darin käme der »akosmistische« Charakter von Adornos Denken anschaulich zum Ausdruck. Und wo Adorno das wirklich Besondere in Worte und Postulate zu kleiden sucht, gelangt der unterschwellige Fanatismus zum Vorschein, der sich inmitten allen Tiefsinns nicht ganz selten wahrnehmen läßt: So bemerkt er zum Auschwitz-Prozeß: »Hätte man die Chargierten der Folter samt ihren Auftraggebern und deren hochmögenden Gönnern sogleich erschossen, so wäre es moralischer gewesen, als einigen von ihnen den Prozeß zu machen.«[15] Damit rechtfertigt der Philosoph praktisch die Forderung, die Stalin in Teheran erhoben und Churchill empört zurückgewiesen hatte, nämlich eine beträchtliche Anzahl von Hitlers Offizieren und Technikern summarisch zu erschießen, da in ihnen die Kraft der Heere Hitlers verkörpert sei. Adorno betont zwar das Moment der »Schuld« stärker, aber er verstößt nicht weniger schroff als Stalin gegen das rechtsstaatliche Prinzip, daß selbst die schlimmsten Verbrecher Anspruch auf ein geordnetes Verfahren haben, und er macht sich nicht bewußt, daß der implizit erhobene Anspruch, die »hochmögenden Gönner« zu kennen und zu bestimmen, aufs genaueste den Thesen Lenins und Hitlers von der »Schuld« der Kapitalisten und der Juden entspricht.

Die bekanntesten der übrigen Publikationen Adornos aus der Nachkriegszeit sind Zusammenstellungen von Aphorismen wie die »Minima Moralia« oder von ganzen Abhandlungen wie die »Prismen« und die »Parva Aesthetica«; eigene Untergruppen bilden die musiktheoretischen

Schriften, ferner soziologisch-empirische, wenn auch durchaus nicht neutrale Untersuchungen wie diejenigen über Schuldgefühle und Verdrängung in der westdeutschen Gesellschaft, und nicht zuletzt der »Jargon der Eigentlichkeit«, die Auseinandersetzung mit Heidegger und tendenziell mit den in Deutschland verbliebenen Intellektuellen. Ich greife einige Aussagen heraus, die hinsichtlich des Geschichtsdenkens Adornos ergänzend und erhellend wirken können.

Die Hauptthese des Aufsatzes »Was bedeutet: Aufarbeitung der Vergangenheit?« lautet, die Tatsache, daß der Faschismus nachlebe und daß die Aufarbeitung der Vergangenheit mißlungen sei, rühre daher, »daß die objektiven gesellschaftlichen Voraussetzungen fortbestehen, die den Faschismus zeitigten«. Allerdings stellt er ebenfalls fest, in der Gegenwart seien »Junkerkaste wie radikale Arbeiterbewegung verschwunden« und ein homogen bürgerlicher Zustand sei hergestellt.[16] Mithin kann nur die Abschaffung »des Kapitalismus« und das heißt der Marktwirtschaft gemeint sein, und auch hier zeigt sich, wie zentral der Marxismus für Adorno geblieben ist. So macht er zwar den Versuch, die Singularität von Auschwitz gerade durch den Vergleich herauszustellen, aber in dem Aufsatz »Erziehung nach Auschwitz« zieht er nur den Genozid an den Armeniern und in etwa auch den Abwurf der Atombombe heran, und als wichtige Voraussetzung der »nationalsozialistischen Gewalttat« nennt er »das Böse von Gebräuchen wie die Rauhnächte und das Haberfeldtreiben«. So will er die Forderung, »daß Auschwitz nicht noch einmal sei«, als »allererste« an die Erziehung richten, und als eins der geeigneten Mittel zieht er in Erwägung, »daß etwa mobile Erziehungsgruppen und -kolonnen von Freiwilligen gebildet werden«, die aufs Land fahren und in Diskussionen, Kursen und zusätzlichem Unterricht versuchen, »die bedrohlichsten Lücken auszufüllen«.[17] Offenbar bleibt ihm der Gedanke fern, daß ein so »totalitärer« Erziehungsversuch das genaue Gegenteil des guten Zwecks herbeiführen müßte, solange ein Minimum von Andersartigkeit, von »Nicht-Identischem«, wie man sagen könnte, oder auch von »offener Gesellschaft« fortexistiert.

So stellt Adorno ein klassisches Beispiel für jene »Amputation der modernen Geschichte« dar, die sogar evidente Zusammenhänge ausblendet und unfähig ist, den Anteil der eigenen Denkweise an den Konflikten und Verkehrungen der Gegenwart anzuerkennen, an jenen verhängnisvollen Gleichsetzungen, die noch verhängnisvollere Gleichsetzungen nach sich zogen. Es war wohl ein Symptom dieser Inkonsistenz, daß er zwar mit seiner antiautoritären Kritik an Entfremdung, Geldwirtschaft und repressiver Weltgeschichte eine machtvolle Wirkung ausübte, daß ihm seine eigene

Autorität aber im Geiste vollständiger Selbstgewißheit immer selbstverständlich blieb. So wurde er bekanntlich zum Gegenstand der Aggressionen und des Spottes seiner eigenen Schüler, und die Gerichtsverhandlung gegen die Studenten, die sein Institut besetzt hatten und auf sein Geheiß von der Polizei entfernt wurden, war im Jahre 1969 das unmittelbare Vorspiel seines Todes. Auch dieser Geschichtsdenker wurde zum Opfer der Geschichte, die er nicht bloß reflektiert, sondern zu seinem Teil mitheraufgeführt hatte. Aber wenn man ihn schon von dem späten Horkheimer getrennt halten muß, so erst recht von einem anderen und betont jüdischen Emigranten, der viel tiefer in ein streiterfülltes Geschehen hineingeriet und ein viel stärkeres Bewußtsein für geschichtliche Inversionen und geschichtliche Tragik besaß, von Martin Buber.

Martin Buber und Christopher Dawson

Martin Buber, 1878 geboren, war schon um die Jahrhundertwende unter den Zionisten eine hervorstechende Erscheinung, denn er zählte zu den führenden Figuren der »demokratischen Opposition« und redigierte eine Zeitlang das zionistische Zentralorgan »Die Welt«. In seinen »Reden über das Judentum« und ähnlichen Publikationen erwies er sich als einer der eindringlichsten Interpreten der jüdischen Überlieferung, und zwar wohl gerade deshalb, weil er sich den Vorstellungen und Ideen der nichtjüdischen Umwelt und insbesondere der Lebensphilosophie weit öffnete. In der Zeit zwischen den Kriegen wurde er in ganz Deutschland bekannt, denn seine Philosophie des dialogischen Prinzips sprach keineswegs bloß Juden an, und die Bibelübersetzung, die er zusammen mit Franz Rosenzweig vornahm, erweckte auch unter Christen großes Interesse. Zu seinen Lehrveranstaltungen im Jüdischen Lehrhaus und an der Universität Frankfurt drängten sich die Menschen, und nach 1933 gehörte er zu denjenigen, die das noch bis 1938 sehr reiche und vielfältige Gemeindeleben der in Deutschland verbleibenden Juden am stärksten bestimmten.

Im März 1938 siedelte er nach Palästina über und übernahm eine Professur an der Hebräischen Universität in Jerusalem. Aber erst nach dem Ende des Zweiten Weltkrieges wurden seine Bücher auch ins Englische übersetzt, und er wurde zu einem weltbekannten Mann. Sein Beispiel macht deutlich, daß man Denker und Autoren nicht allzu eng mit »Epochen« verknüpfen darf; zwar gibt es niemanden, der das ganze 20. Jahrhundert denkend begleitet hätte, aber Buber, der 1965 starb, nahm immerhin während zwei Dritteln des Jahrhunderts lebhaften und wirksamen Anteil an den Geschehnissen seiner Zeit, mithin längere Zeit als irgendein anderer der »einzelnen Denker«.

Buber war in einem weit ausgeprägteren Sinne ein Jude als etwa Horkheimer oder gar Adorno. Zwar war er in Wien geboren, aber er wuchs in Lemberg auf, im Hause seines Großvaters Salomon Buber, der ein wohlhabender Bankier und gleichwohl ein bedeutender Schriftgelehrter war, und schon hier kam Buber sowohl mit der Welt der Haskala, der jüdischen Aufklärung, in Berührung als auch, wenngleich zunächst am Rande, mit dem Chassidismus, jener eigenartigen Reaktion auf die Aufklärung, der er später einige seiner berühmtesten Bücher widmete. Trotzdem darf er nicht als »orthodoxer Jude« bezeichnet werden, denn er heiratete eine Nichtjüdin, und die Ehe mit der Süddeutschen Paula Winkler bedeutete ihm auch philosophisch kaum weniger, als Karl Jaspers die Ehe mit der Jüdin Gertrud Mayer bedeutete; er hielt sich nicht an die rituellen Gebote, und der Umgang, den er während der zwanziger Jahre in seinem Hause in Heppenheim pflegte, ist ebensosehr durch das Wort »jugendbewegt« zu charakterisieren wie durch das Epitheton »jüdisch«. Im Alter wurde er dann so sehr zum Paradigma eines jüdischen Propheten und Weisen, daß er von dem im engeren Sinne »Jüdischen« so weit entfernt war wie auf dem anderen Ende der Skala Hannah Arendt und Theodor Adorno.

Ein Geschichtsdenker mußte er schon deshalb sein, weil er zugleich ein Philosoph und ein Zionist war; denn der Zionismus war eine Bewegung, die in ausgeprägtem Maße geschichtlich war, selbst wenn sie in der simpelsten ihrer Versionen nur bemüht sein wollte, aus den Juden »ein Volk wie jedes andere« zu machen, das heißt, die zweitausendjährige Geschichte der Diaspora an ein Ende zu bringen. Aber sogar diese negative Einstellung implizierte ein Verhältnis zur Geschichte, und ein Philosoph mußte dasjenige artikulieren, was der bloße Aktivist nur in schlichte Formeln faßte. Martin Buber war indessen gerade nicht der Auffassung, daß die Juden einen Irrweg beschritten hätten, weil sie sich weiterhin als das auserwählte Volk Gottes verstanden, das auch in der Zerstreuung den uralten Geboten treu bleiben müsse.

Man braucht nur sein Buch »Der Glaube der Propheten« zu lesen, um zu wissen, weshalb Neid und widerwillige Bewunderung ein so starkes Ingrediens jeder Art von »Antisemitismus« sind, welcher mehr als eine Abwandlung des »Hepp-Hepp«-Geschreis sein will. Was könnte ein Deutscher oder ein Franzose diesem Geschichtsbewußtsein entgegensetzen, für das die Kriegszüge, die Dichtungen, die Leiden, die Prophezeiungen eines vorderasiatischen Volkes in der ersten Hälfte des Jahrtausends vor Christus lebendige Gegenwart sind, die mit einem »wir« erfaßt werden kann? Was ist das Rolandlied, was ist das Nibelungenepos im Vergleich? – wie künstlich und unwahrhaftig nimmt sich die Beziehung aus, welche die Zeitgenossen des 20. Jahrhunderts zu diesen alten Sagen glauben herstellen zu können! Die Anziehungskraft der Kulte des Baal, der Kampf der Propheten um die Gerechtigkeit – all das wird von Buber so dargestellt, als hätte er es mit den Händen berührt, und das meiste davon war ja auch jedem Kind vertraut, das eine christliche Schule besucht hatte. Und Buber hebt im Gegensatz zu jenen jüdischen Nietzscheanern wie Micha Josef Berdyczewski und Saul Tschernichowski, die den Volksgott und die kriegerischen Heroen des alten Israel priesen, den Vorrang der universalistischen Predigt der späten Propheten und besonders des zweiten Jesaja hervor, so daß die Geschichte des Judentums erst in dem Augenblick ihre weltgeschichtliche Größe gewinnt, wo die Staaten zerschlagen werden und das fortbestehende Volk sich in Leid und Sündenbewußtsein der Idee der Erlösung der ganzen Menschheit zuwendet. So entfaltet sich die Theologie der Weltgeschichte, deren Kern jener Messianismus ist, welcher am Ende der Zeiten die Völker (die »goyim«) zum großen Versöhnungsfest nach Jerusalem ziehen läßt, damit sie die Schwerter in Pflugscharen umschmieden und die Löwen neben den Lämmern weiden lassen.

Sehr viele Zionisten erblickten in diesem menschheitlichen Messianismus weiter nichts als die ideologische Kompensation für den Verlust der Staatlichkeit und die gefährliche Grundlegung für jenen Humanitarismus der »Assimilanten«, welcher die Umwandlung des Volkes in eine bloße Konfession begleite und ein Präludium des endgültigen Selbstverlustes sei. Eben deshalb wollten sie das jüdische Volk rekonstituieren und zu einem Volk wie die anderen Völker machen. Buber bejahte die Rückkehr nach Palästina und hielt trotzdem an der messianischen Mission fest. Das konnte er nur deshalb tun, weil er im Gegensatz zu Herzl, zu den zionistischen Marxisten und auch zu Aaron David Gordon die Siedlung in Palästina nicht bloß als Wiedergewinnung jenes »gesunden« Verhältnisses zur Natur und zur Erde betrachtete, das die anderen Völker nie oder nicht so sehr verloren hatten, und auch nicht als Schaffung der Voraussetzungen für den Klassenkampf als den Normalfall gesellschaftlicher Beziehungen, sondern weil er in den »Kibbuzim« eine für die ganze Welt vorbildliche Form des Zusammenlebens der Menschen wahrnahm. So konnte das zionistische Palästina das »Licht der Völker« sein, denn in ihm sollte sich nicht eine »völkische« und also partikulare Lebensform entfalten, sondern es sollte jener Sozialismus verwirklicht werden, den Moses Hess »mosaisch« genannt hatte, der aber auch von nichtjüdischen Denkern umrissen worden war. In einem seiner bekanntesten Bücher, den »Pfaden in Utopia« von 1950, hat Buber es unternommen, diesen zionistischen und mosaischen Sozialismus als den eigentlich menschlichen zu erweisen und ihn als den »föderalistischen« von dem »zentralistischen« Sozialismus der Marxisten abzugrenzen. Die moderne Gesellschaft ist »im wesentlichen amorph, ungegliedert, strukturarm«, durch abstrakte Beziehungen bestimmt, welche die Menschen nur noch als Berufskollegen, Sportfreunde oder Vergnügungsreisende in oberflächlichen Kontakt treten lassen, und der zentralistische Sozialismus ändert an dieser Massenhaftigkeit nichts Wesentliches, ja er verschlimmert sie durch umfassende und verknechtende Organisation.

Bubers Hauptthese lautet demgegenüber: »Wirkliches Miteinanderleben von Mensch zu Mensch kann nur da gedeihen, wo die Menschen die wirklichen Dinge ihres gemeinsamen Lebens miteinander erfahren, beraten, verwalten, wo wirkliche Nachbarschaften, wirkliche Werkgilden bestehen.«[1] Buber greift also ganz ausdrücklich auf die Frühsozialisten zurück, die von den Marxisten als »Utopisten« in einen »vorwissenschaftlichen« Bereich verbannt worden waren, auf Fouriers Vorstellung der »Phalansteren«, auf Proudhons Begriff des »Mutualismus«, auf Kropotkins Rühmung der mittelalterlichen Lebenseinheit, und er zitiert die folgende Aussage von Gustav Landauer: »Das sozialistische Dorf, mit Werkstätten und Dorffabriken, mit Wiesen und Äckern, mit Großvieh und Kleinvieh und Federvieh – ihr Großstadtproletarier, gewöhnt euch an den Gedanken, so fremd und seltsam er euch im Anfang auch anmuten mag, daß das der einzige Anfang eines Wirklichkeitssozialismus ist, der übriggeblieben ist.«[2] Nach Buber ist es nun »das hebräische Genossenschaftsdorf in Palästina«, welches den anschaulichen Beweis liefert, daß die Ideen Fouriers und Proudhons, Kropotkins und Landauers eben nicht bloß erdachte Utopien waren, sondern zur Realität werden können. Und diese Realität des gemeinsamen Arbeitens, der Abwesenheit von Herrschaft, aber nicht von Leitung, des gemeinsamen Beratens und Entscheidens ist die eigentlich menschliche Lebensform, ist die Wiedergewinnung von Ganzheit und Konkretheit der Existenz, ist die Neugründung dessen, was »das Große und Heilige an dieser mosaischen Gesellschaftsordnung« war, sie bedeutet die »Herstellung echter Beziehungen zwischen Mensch und Mensch« und die »Wiedergeburt der Völker aus dem Geist der Gemeinde«.

In Palästina erfüllt sich also nichts Geringeres als »die Urhoffnung aller Geschichte«, welche »auf eine echte, somit durchaus gemeinschaftshaltige Gemeinschaft des Menschengeschlechts« zielt. Es wäre »eine planetengroße Lüge«, wenn diese Einheit der Menschheit nicht »aus wirklichem Gemeinschaftsleben zusammenwohnender oder zusammenwerkender kleiner und größerer Gruppen« bestände. Möglich ist diese Lüge freilich, nämlich als

»Resorption der amorphen Gesellschaft durch den allmächtigen Staat«, und diesen Pol des künftigen Sozialismus sieht Buber in »Moskau« verkörpert. Den anderen, den besseren, den menschlichen Pol bezeichnet er mit dem Namen »Jerusalem«.[3] Zwischen Moskau und Jerusalem muß die Menschheit sich also entscheiden, wenn sie eine Zukunft haben und (wie man Buber vermutlich ergänzen darf) nicht zum Opfer der permanenten Krisen der abstrakten »Gesellschaftlichkeit« werden will, die bisher die Moderne bestimmt hat.

Die philosophische Begründung für seine Konzeption der sozialistischen Gemeinschaft hat Buber in den Büchern gegeben, die er der »Ich-Du-Beziehung« oder dem »dialogischen Prinzip« gewidmet hat. Die Kernaussage hatte er bereits in der Schrift »Ich und Du« von 1923 gemacht: »Die Welt als Erfahrung gehört dem Grundwort ›Ich-Es‹ zu. Das Grundwort ›Ich-Du‹ stiftet die Welt der Beziehung.«[4] Jeder Mensch lebt in der vergegenständlichenden Relation zu den Dingen und auch zu anderen Menschen, und die Gesamtheit dieser Relationen nennt Buber die »Es-Welt«. Aus ihr erwächst die Wissenschaft, aber auch die Politik. Sie könnte jedoch nicht existieren, wenn der Mensch nicht »Du« sagen könnte – zu anderen Personen und vielleicht auch zu Tieren, ja möglicherweise zu Pflanzen. In dieser Beziehung erfaßt er nicht auf abstrakte Weise einen Gegenstand, sondern er wird eines Gegenübers als einer Ganzheit inne. Die ursprünglichste der Ich-Du-Beziehungen ist aber diejenige zwischen dem Menschen und Gott, und Buber kennzeichnet die Moderne als die Zeit der »Gottesfinsternis«, da diese ursprünglichste und ganzheitlichste aller Beziehungen heute von den meisten Menschen nicht mehr erfahren wird.

In Auseinandersetzung mit Heidegger bestreitet er, daß Nietzsche mit seinem Wort vom »Tod Gottes« nur »die Beseitigung der an sich seienden übersinnlichen Welt durch den Menschen« meint. Der lebendige Gott des Judentums und des Christentums ist nicht bloßer Bestandteil einer »übersinnlichen Welt«, die in Wahrheit der »Es-Welt« zugehört, der Zweiheit von Subjekt und Objekt. Die Religion dagegen gründet in der »Zweiheit von Ich und Du«. Die übersinnliche Welt oder auch das Sein kann vom Menschen nicht als »Du« angerufen werden; eben dieses Anrufen und Angerufenwerden ist aber das Wesen der religiösen Beziehung. Doch auch die personale Beziehung zwischen Mensch und Mensch geht letzten Endes verloren, wenn kein Du zu Gott mehr gesagt werden kann, und anscheinend läßt Buber die »Gottesfinsternis« in der abendländischen Metaphysik verwurzelt sein, die auf ihrem Gipfelpunkt das Gute »jenseits des Seins« und damit jenseits des Lebens und der Du-Beziehung ansiedelte. Die zweite große Möglichkeit war dagegen das jüdische Verhältnis zum »Herrn des Himmels und der Erde«, vor dessen Angesicht das auserwählte Volk ein »heiliges Volk« sein will, das eben dadurch den messianischen Auftrag erhält, dem Reich Gottes auf Erden zu dienen, obwohl das Ich der Ich-Es-Relation der Herr der Stunde ist, jenes »alles habende, alles machende, mit allem zurechtkommende Ich, das unfähig ist, Du zu sprechen, unfähig, einem Wesen wahrhaft zu begegnen«.[5]

So mußte es Buber als außerordentliche Herausforderung seines ganzen Denkens und Empfindens betrachten, daß viele Zionisten überhaupt nicht die Absicht hatten, die arabischen Bewohner Palästinas auch nur wirklich wahrzunehmen und daß schon bald der Gedanke aufkam, man müsse mit Gewaltanwendung einen Staat gründen und dadurch endlich den Lebensraum gewinnen, der den Juden in der Diaspora verweigert werde. Buber hat sich daher schon sehr bald nach der Verkündung der Balfour-Deklaration mit großem Nachdruck gegen den »Judenstaat mit Kanonen, Flaggen, Orden« ausgesprochen, den Stefan Zweig in einem Brief an Buber als »gefährlich« bezeichnet hatte. Zwar täuschte auch er sich zunächst über die Stärke des Widerstandes der einfachen Araber und sah in den »Effendis« die Ursache für die Schwierigkeiten, und in einem berühmten Brief an Gandhi sprach er 1939 sogar vom Recht eines »nach Erde hungernden Volkes auf ein freies Stück Erde«. Aber er zog dort eine absolute Grenze, »wo man bodenständige Menschen zwangsweise aus ihrer Heimat zu verschicken plant«[6], und er schloß sich 1942 der von dem Rektor der Hebräischen Universität Judah L. Magnes begründeten Gruppe »Ichud« an, die mit großer Entschiedenheit und ohne Furcht vor Unpopularität für die Errichtung eines binationalen Staates in Palästina eintrat, wo Juden und Araber in Freundschaft und zu wechselseitigem Vorteil zusammenleben würden. Nur so konnte nach seiner Auffassung der prophetische Auftrag erfüllt werden, daß von dem neuen Gemeinwesen »Ströme der sozialen und politischen Gerechtigkeit in die Welt gehen« sollten. Aber schon das Biltmore-Programm von 1942, mit dem sich die Zionisten auf die Schaffung eines mehrheitlich jüdischen Staates in Palästina geeinigt hatten, mußte Buber als ein Programm der Ungerechtigkeit betrachten.

Auf den jüdischen Terror von Irgun und Stern-Bande reagierte er mit großer Schärfe: »In Australien sind aus Verbrechern Menschen von sozialem Verantwortungsgefühl geworden, in Zion sind aus Menschen, die unter heiliger Fahne herkamen, Verbrecher geworden. Und wir tragen an diesem Verbrechen mit.« Als nach dem Teilungsbeschluß der Vereinten Nationen faktisch der Bürgerkrieg ausgebrochen war, schrak Buber nicht davor zurück, die vorwaltende Richtung im Zionismus »als einen der krassen Nationalismen unserer Zeit« zu kennzeichnen, der den Namen

Zion entweihe, und 1948 rief er viel Empörung hervor, als er nicht den angreifenden arabischen Armeen die Schuld gab, sondern feststellte: »Die Wahrheit ist, daß wir den Angriff ›friedlich‹ begonnen haben, als wir in das Land eindrangen.«[7] Damit wollte er zwar nicht das Recht der Juden auf friedliche Siedlung bestreiten, aber nach der Greueltat von Deir Yassin und der Ermordung des UN-Vermittlers Folke Bernadotte formulierte er Sätze, die seine Rede von Zion als dem »Licht der Völker« in ihr Gegenteil zu wenden schienen: »Wer es wagt, im Namen seines Volkes zu morden, tötet die Keime der Zukunft eben dieses Volkes. Ja er tötet noch mehr als diese Keime, je mehr sein Volk, das Volk rings um ihn, ihn dadurch bestätigt, daß es ihm nicht widerspricht.« Wenig später mußte er sogar eine »verbreitete Freude über das Entfallen der arabischen Bevölkerung«, das heißt über die massenhaften Vertreibungen konstatieren.[8] Trotzdem emigrierte Martin Buber nicht, und anscheinend gewannen seine Hoffnungen sogar neue Stärke, aber noch als sechsundachtzigjähriger sprach er sich für eine Föderation von Juden und Arabern in Palästina aus.

Die Unabhängigkeit seines Denkens legte er auch dadurch an den Tag, daß er zum Mißfallen vieler seiner Landsleute schon 1953 den Friedenspreis des deutschen Buchhandels in Empfang nahm, daß er sich in seiner Annahmerede für eine Versöhnung zwischen den Juden und all den Deutschen aussprach, die nicht zu den »mehreren Tausenden« von direkten oder indirekten Tätern zählten[9], und daß er nicht aufhörte, Martin Heidegger und sogar Carl Schmitt in seinen Schriften mit Respekt, wenngleich nicht ohne starke Kritik, zu erwähnen. Und in seinem Buch »Das Problem des Menschen« stellte er Juden und Deutsche auf eine Weise nebeneinander, welche die Ebene kollektiver Anklage und kollektiver Apologie weit auf ein neuartiges Verständnis hin überstieg. Dort charakterisierte er nämlich Edmund Husserl, diesen »Juden deutscher Kultur«, folgendermaßen: Er war »der Sohn eines Volkes, das am schwersten und verhängnisvollsten von allen Völkern den ersten jener beiden Faktoren, den fortschreitenden Zerfall der alten organischen Formen menschlichen Zusammenlebens erfuhr, und der Zögling und vermeintliche Adoptivsohn eines Volkes, das am schwersten und verhängnisvollsten von allen Völkern den zweiten der beiden Faktoren, das Zurückbleiben des Menschen hinter seinen Werken, erfuhr«.[10]

Wenn Buber hoffte, die Welt aus dem jüdischen Erbe heraus erneuern zu können, so sah *Christopher Dawson* jenseits der verweltlichten Gegenwart ein wiedergeborenes Christentum als bestimmende oder doch mitbestimmende Kraft der Weltgeschichte, er ist also ein Repräsentant der Orientierung am »Abendland«, welche nach 1945 in allen Ländern Europas, die nicht von sowjetischen Truppen besetzt wurden, großen Einfluß ausübte. Dawson entstammte derselben englischen Umwelt wie Arnold Toynbee, er war im gleichen Jahr 1889 geboren, er wurde ebenfalls in Winchester und in Oxford erzogen, und er lehrte an verschiedenen englischen Universitäten, bevor er nach dem Zweiten Weltkrieg Professor für Römisch-Katholische Studien in Harvard wurde. Als er 1970 gestorben war, schrieb Toynbee eine rühmende Einleitung zu dem 1972 aus dem Nachlaß herausgegebenen Werk »The Gods of Revolution«. Aber so gewiß viele Seiten des Toynbeeschen Werkes auf den Leser wie eine christliche Predigt wirken, so wenig darf Toynbee doch zu den Vorkämpfern der sogenannten Abendlandideologie gezählt werden, denn seine Religion hatte große Ähnlichkeit mit dem Deismus der Aufklärung, und sein Bild von der Zukunft war nicht abendländisch, sondern kosmopolitisch.

Dawson dagegen war Katholik, und er scheute sich nicht, immer wieder zustimmend Ausprüche der Päpste zu zitieren. Wie Sedlmayr und Guardini artikulierte er eine weitverbreitete Stimmung, als 1945 sein Buch »Gericht über die Völker« in einem Schweizer Verlag erschien. Geschrieben war es während des Krieges, und die englische Originalausgabe war bereits 1943 herausgekommen, aber wie für die Bücher von Burnham und Koestler schuf erst das Kriegsende die Vorbedingungen für ausgedehnte Wirkung.

Es waren nicht nur die Besiegten, sondern angesichts der Atombombe auch die Sieger, die einen Wahrheitskern in Dawsons Auffassung erkennen mochten, die Menschheit könne sich nicht durch eigene Anstrengungen retten. Wenn sie sich selbst überlassen sei, gehe sie unter, und je größer ihre Macht und ihre materiellen Hilfsquellen seien, desto vollständiger sei ihr Zusammenbruch.[11] Den geschichtlichen Ursprung des exzessiven Willens zur Macht, der auch der Wille zur Vernichtung sei und letzten Endes zum Willen zur Selbstvernichtung werde, sieht Dawson wie so viele katholische Denker vor ihm in der »Verweltlichung«, die wesentlich vom Liberalismus herbeigeführt wurde. Daher ist seine Einstellung zur »bürgerlichen Zivilisation« und zu deren protestantisch-puritanischen Anfängen sehr kritisch, und er rechtfertigt die Verurteilung des Liberalismus durch Papst Pius IX. mit der Begründung, der Papst habe »im Liberalismus eine Verneinung des göttlichen Gesetzes der Unterordnung der menschlichen Gesellschaft und eine Bejahung des neuen unbeschränkten Machtprinzips erkannt, das weiterreichend als jedes königliche Vorrecht war«.[12]

Aber wenn er der Marxschen Auffassung insoweit zustimmt, daß das kapitalistische Bürgertum im Begriff sei, »sich den Boden unter den Füßen abzugraben und sich seine eigenen Totengräber heranzuziehen«[13], so weigert er sich gerade strikt, den Begriff des Abendlandes mit demjenigen der kapitalistischen Zivilisation zu identifizieren. Zwar verwendet auch er den Begriff der »westlichen Zivilisation«, aber diese geht keineswegs in der Gestalt auf, welche die Vereinigten Staaten als die einzige reine und selbstgenügsame »bürgerliche« Welt darbieten. Die spirituelle und soziale Komplexität Europas ist noch auf genuine Weise mit jenen mittelalterlichen Wurzeln verbunden, deren Fortwirken die bürgerliche Zivilisation bisher vor dem Absturz bewahrt hat und deren Erneuerung die einzige Hoffnung für die Zukunft bildet. Der Liberalismus hat als solcher nämlich nicht die innere Kraft, der atheistischen Quasi-Religion des Bolschewismus zu widerstehen, die er vielmehr in gewisser Weise selbst hervorbringt, weil er die Ideale der Gerechtigkeit, der Freiheit und der Vernunft »von ihrem Urgrunde im christlichen Glauben und Leben« ablöst. So mögen die säkularisierten Ideale zwar für einige Zeit einen »hohen revolutionären Idealismus« erzeugen, aber sie gehen dann »in einen Zustand organisierter Unmenschlichkeit« über, »die die Ausrottung von Klassen, die Umsiedlung von Bevölkerungsteilen und die Vernichtung ganzer Völker in ebenso grausamer Weise plant wie die alten Assyrer oder die mittelalterlichen Tataren«.[14]

Offensichtlich hat Dawson hier in erster Linie den Bolschewismus im Auge, aber er stellt die bedenkenswerte These auf, das neue Übel, das sich von Rußland aus westwärts ausgedehnt habe, sei nicht länger notwendigerweise mit dem Kommunismus verbunden; es verbreite sich vielmehr »durch Widerstand schneller als durch Nachahmung«, sobald »alle Mittel zur Bekämpfung des Bösen« als erlaubt gälten, und für den Nationalsozialismus trifft daher nicht minder als für den Bolschewismus die Einsicht zu, daß das neue Barbarentum noch schlimmer als dasjenige der Vergangenheit sei, »weil es nicht aus der natürlichen Grausamkeit einer primitiven kriegerischen Gemeinschaft erwächst, sondern aus der verderbten Wissenschaft einer korrupten Zivilisation«.[15]

So steht Dawson zwar der Totalitarismustheorie nahe, aber der »westliche Verfassungsstaat« oder die »pluralistische Demokratie« sind für ihn nicht gleichermaßen feste Orientierungspunkte, denn eine irreligiöse Kultur ist für ihn ebenfalls eine Erscheinungsform des Unheils. Nur diese verweltlichte Kultur ist nach seiner Auffassung in der Gegenwart zusammengebrochen, nicht aber die überlieferte christliche Kultur. Deren theologische Grundlegung muß zurückgewonnen werden, denn »dem Verlust des Gottesglaubens folgt der Verlust der allgemeinen sittlichen Grundsätze und schließlich der Verlust der allgemeinen Bindungen von Mensch zu Mensch«.[16] Freiheit allein kann die Welt nicht retten, denn sie muß im Glauben an Gott begründet sein, wenn sie mehr als ein Synonym für individuellen oder auch kollektiven Egoismus sein soll.

Zwar verbirgt Dawson sich nicht, daß das Kommen einer christlichen Ordnung sich angesichts der unermeßlichen Schwierigkeiten wie eine Utopie ausnehmen mag, aber er gibt »die Hoffnung auf den endlichen Sieg« nicht auf[17], und er schreibt den Christen in der gegenwärtigen Krise eine hervorstechende Sendung und Verantwortung zu. Als nächstes Ziel schwebt ihm die Schaffung »einer europäischen Union« vor.[18] Mindestens in dieser Hinsicht entwickelte er einen zukunftsvollen Gedanken, und die Frage dürfte nicht ganz aus der Luft gegriffen sein, ob in der Konsequenz dieser betont christlichen Konzeption sich in den fünfziger Jahren ebenso ein »Fundamentalismus« hätte entwickeln können, wie es später in der islamischen Welt geschah. Im Rückblick ist diese Frage zu verneinen, und es ist sicherlich merkwürdig, daß die entsprechenden Tendenzen weit eher in den nach Dawson »rein bürgerlichen« USA aufkamen.

Aber man würde Dawson großes Unrecht tun, wenn man in ihm einen Mann sehen wollte, der nach der Katastrophe von 1945 als Rettung einen christlichen Fundamentalismus predigte. Längst vor dem Ausbruch des Zweiten Weltkrieges hatte er in umfang- und kenntnisreichen Werken die »Gestaltung des Abendlandes« verfolgt und jene »Wurzeln« bestimmt: »das politische Vermächtnis des Römischen Reiches, die religiöse Überlieferung der katholischen Kirche, die geistige Tradition der klassischen Bildung und das völkische Erbgut der Barbaren«.[19] Dabei führt ihm keineswegs der Drang zur unterschiedslosen Verherrlichung auch nur der Päpste die Feder, und er verschweigt nicht, daß es im Frühmittelalter eine Frau gegeben hatte, die »die Geliebte, Mutter und Mörderin von Päpsten« gewesen war.[20] Das islamische Mittelalter sieht er eher mit freundlichen als mit feindlichen Augen, und in der Gegenwart lehnt er einen »wirklichkeitsfremden Internationalismus« ebenso entschieden ab wie die Übersteigerung des nationalen Gefühls, welche die Reaktion darauf sei.[21]

Allerdings mußte er nach dem Krieg dem »totalitären Nationalstaat« zwar nicht einen Vorrang an Ursprünglichkeit, wohl aber an Schrecklichkeit zuschreiben, weil dieser »eben jenes Volk zu vernichten (suchte), das den heidnischen Götzendienst abgelehnt hatte und dessen geschichtliche Mission es war, die Einheit und höchste Macht Gottes zu verkünden«.[22] Aber Dawson konnte dieses Urteil gleichsam »von außen« fällen, vom Blickpunkt jener »glücklichen Insel« aus, welche seit bald tausend Jahren keine feindlichen Truppen auf ihrem Boden gesehen hatte und bloß 1848 einen Augenblick revolutionärer Bedrohung gekannt hatte, so daß sie bis 1914 immer in sicherer Distanz zu den kriegerischen Auseinandersetzungen und sozialen Kämpfen des Kontinents verblieb und sogar die Weltkriegsepoche relativ unbeschädigt überstand, obwohl der Verlust der Weltmachtstellung die Folge war.

Um so drängender wird die Frage, ob es nach 1945 auch ernstzunehmende Geschichtsdenker gab, die nicht wie Toynbee, Dawson und Parsons zu den Beobachtern und nicht wie Horkheimer, Adorno und Buber zu den Opfern zählten, denen man vielmehr Nachbarschaft, ja womöglich sogar Zugehörigkeit zu den »Tätern« nachsagen konnte. Daher muß sich der Blick zum Schluß dieses Kapitels noch einmal auf deutsche Denker richten, auf Deutsche, die während des Dritten Reiches in Deutschland blieben und mindestens temporär eine positive Beziehung zu dem nationalsozialistischen Regime gehabt hatten. Der Gedanke, daß auch »Stalinisten« auf ihre Weise »Täter« gewesen wären und als selbständige Geschichtsdenker hervortreten könnten, war vor dem Erscheinen von Solschenizyns »Archipel Gulag« unvollziehbar; innerhalb der Sowjetunion existierte nur die marxistisch-leninistische Selbstgewißheit, und außerhalb ihrer Grenzen gab es zwischen fanatischen Verteidigern und entschiedenen Kritikern keine Zwischenposition. Hans Freyer, Arnold Gehlen und Martin Heidegger aber waren in eine solche Zwischenposition hineingezwungen, weil sie an ihren früheren Auffassungen nicht festhalten konnten und doch keinen Grund sahen, sich das Gegenteil dieser Auffassungen zu eigen zu machen.

Hans Freyer und Arnold Gehlen

Hans Freyer, 1887 in Leipzig geboren, behielt sein ganzes Leben hindurch etwas Genialisch-Außenseiterisches an sich, obwohl er im normalen Alter von fünfunddreißig Jahren seinen ersten Ruf an die Universität Kiel erhielt und wenig später der erste deutsche Ordinarius für Soziologie in Leipzig wurde. Aber er bejahte gerade dasjenige nicht, was in der Regel das eigentliche Untersuchungsobjekt der Soziologie ist, »die Gesellschaft«, sondern in sehr bildhafter und expressionistischer Sprache suchte er dasjenige zu begründen und in seiner künftigen Gestalt vorherzusagen, was nach seiner Auffassung menschlicher und zukunftsvoller ist als die bloße Gesellschaft: den Staat; vielleicht könnte man ihn einen »Ernst Bloch von rechts« nennen.

Folgendermaßen beginnt seine Schrift »Prometheus. Ideen zur Philosophie der Kultur«, die 1923 bei Eugen Diederichs in Jena erschien: »Wenn über zerstampfte Fluren und über die Trümmerstätten menschlicher Wohnungen hinweg der Krieg geht, Heere ineinander verkrampft sind wie kämpfende Panther und unvermerkt im Getümmel, kaum daß es den Kalk rötet, das Blut der Söhne verrinnt, hält Zeus über den Parteien die Waage des Jahrhunderts, wägt die Gewichte der Staaten und, von keiner Heldenschönheit, von keinem Thermopylenmut bestochen, teilt er, ein harter, politischer Gott, dorthin wo mehr Macht ist, den Sieg und die Zukunft zu ... Was Müttern Wahnsinn, was dem friedlichen Bürger der Kontrast alles Regelrechten und Erwünschten ist: die Schlacht – leuchtete in der Lebensgeschichte des Staats als der wesenhafte, der hochzeitliche, der festliche Moment; und verflucht oder heilig gesprochen, wem die Erde gehöre, hat niemals der Pflug, der sie kultivierte, sondern immer das Schwert entschieden, das Grenzen und Zehnte schuf.«[1]

Aber was ein Heldendenkmal in Worten und eine romantische Preisung des Krieges zu sein scheint, steht für Freyer doch offenbar in einer Gefährdung, denn wenige Zeilen später spricht er von der Entscheidung, vor die »wir« gestellt seien, nämlich ob wir unsere Menschlichkeit bejahen und unsere Vernunft »den bisher gültigen Gesetzen des Geistes und seiner Geschichte gläubig unterordnen« oder ob wir »eine rationale Zukunft ohne Vergangenheit riskieren« wollen.[2] Es ist gerade »die Gesellschaft«, genauer gesagt die industrielle Gesellschaft, die eine solche Zukunft ohne Vergangenheit anbietet. Mithin könnte Freyer die Auffassung Proudhons abwandeln wollen, der sein Buch »La guerre et la paix« 1861 mit den provozierenden Worten begonnen hatte: »Salut à la guerre!«, dem fortschrittsfördernden, unentbehrlichen, Ethos und Opfermut erzeugenden Element der bisherigen Geschichte, das aber nun an das Ende seiner Bahn gelangt sei und von der friedlichen Welt des Sozialismus abgelöst werden müsse. Schon der Ton verrät indessen, daß Freyer eine andere Entscheidung getroffen hat, und am Ende entwirft er das Bild eines neuen »männlichen Bundes«, dessen Mitglieder von »Menschheitserlösung« und dem Griff nach der absoluten Wahrheit nichts wissen wollen, sondern sich »an die herrliche Enge (die weit genug ist)« halten, »auf vorgegebenem Raum aus dem Geist eines vorgegebenen Volkstums ein endliches Gebilde auf Zeit zu gestalten«.[3]

Acht Jahre später hat Freyer dann mit seiner Schrift »Revolution von rechts« der jungkonservativen Bewegung ein wichtiges Stichwort gegeben und den Versuch gemacht, diejenigen, die von ihren Gegnern auf der Linken als »reaktionär« verschrien wurden, gerade als die Wegbereiter der Zukunft zu erweisen. Er tut das, indem er den Zielen und Intentionen der Gegner zwar geschichtliches Recht und geschichtliche Bedeutung zuspricht, aber diese Ziele und Intentionen doch zu vorgestrigen und überholten herabsetzt, so daß die »Revolution von links«, die das ganze 19. Jahrhundert beherrscht hat, von einer neuartigen »Revolution von rechts« bezwungen, wenn auch nicht vernichtet werden kann. »Vorgestrig« ist nach Freyer das Schema von Bourgeoisie und Proletariat, von Klassenkampf und Wirtschaftsfrieden, von Fortschritt und Reaktion, von Interessen und Verteilungsproblemen. All das gehört zum System der »industriellen Gesellschaft« und hat insofern sein Recht und seine Notwendigkeit, aber diese Gesellschaft beruht auf lauter Abstraktionen, wenngleich sehr realen Abstraktionen, und sie vergißt den Menschen, der sich nicht auf Handgriffe und Arbeitsquanten reduzieren läßt. Was die ersten Opfer der lebendigen Abstraktion, welche die industrielle Gesellschaft *ist,* erstrebten, ihre Emanzipation zur Menschlichkeit mittels der universalen Revolution, ist auf unerwartete Weise gerade durch das scheinbare Gegenteil der Revolution auf den Weg gebracht worden, nämlich durch die Sozialpolitik, und das bedeutete nichts anderes als die Selbstüberschreitung der industriellen Gesellschaft »zum Staat«.

Freyer nimmt also die Gedankengänge von Reformisten wie Paul Lensch, August Winnig und Johannes Plenge auf, und er faßt »Volk« als die Gesamtheit der in ihrem Staat zu einem vollständigen, nicht mehr bloß abstrakten Leben emanzipierten Menschen. Mit dieser »revolutionären Besitzergreifung« geschieht mehr als die Austragung eines Interessenkonfliktes, es wird vielmehr »der Staat aus seiner jahrhundertelangen Verstrickung in gesellschaftliche Interessen emanzipiert«. Diese Wandlung herbeizuführen, ist die Aufgabe der »Revolution von rechts«, die von Menschen getragen wird, die »durch ihr gesellschaftliches Interesse nicht mehr definiert sind«, und die damit der Ideenwelt des 19. Jahrhunderts den Abschied gegeben haben, um im 20. Jahrhundert ihren Platz zu gewinnen.[4]

Offensichtlich will Freyer dasjenige, was von dem liberalen und von dem sozialistischen Internationalismus für überholt erklärt wurde – Staatlichkeit, Nationalität, Volksindividualität – als das Konkrete und Kommende erweisen, während die Begriffe der Gegner als Schematisierungen und Extrapolationen eines untergeordneten Prozesses entlarvt werden sollen. Es liegt auf der Hand, daß dadurch auch Begriffe wie »volkhaft« oder »Volkskanzler« gerechtfertigt wurden, und es läßt sich nicht leugnen, daß Freyer insofern ein »Wegbereiter des Nationalsozialismus« war. Aber war er ein Wegbereiter des »ganzen« Nationalsozialismus oder nur der Vorkämpfer eines Aspekts, der in den Nationalsozialismus einging? Weder in der zuerst genannten noch in der zweiten Schrift taucht zum Beispiel das Wort »Jude« auf. Auf das »heilige Deutschland« berief sich Claus von Stauffenberg, bevor er unter den Kugeln des Exekutionskommandos starb. Ihren eigenen Staat zu erstreben, wurde schon in der Zwischenkriegszeit zum obersten Wunschziel für viele Millionen von Menschen, und Josef Pilsudski triumphierte nicht zufällig über Rosa Luxemburg, welche die Selbständigkeit Polens aus »übergeordneten ökonomischen Gesichtspunkten« verneint hatte.

So konnte Freyer den Nationalsozialismus weder ganz bejahen noch ganz verneinen, und man mochte es als eine Art innere Emigration, man mochte es aber auch als Dienst für die deutsche Propaganda ansehen, daß er von 1938 bis 1944 als Leiter des deutschen Kulturinstituts in Budapest amtierte. Nach dem Ende des Krieges mußte er in Westdeutschland zunächst als Mitarbeiter eines Verlages tätig sein, bevor er an die Universität Münster berufen und dort 1955 emeritiert wurde.

Im Jahre 1955 hat Hans Freyer in seiner »Theorie des gegenwärtigen Zeitalters« versucht, die geschichtliche Situation abermals zu bestimmen und sich indirekt über sein früheres Denken Rechenschaft zu geben, nachdem die Wirklichkeiten, denen er Zukünftigkeit hatte vindizieren wollen, »Staat«, »Volk« und »Revolution von rechts«, durch die Geschichte selbst als hinfällig erwiesen zu sein schienen. Ohne Umschweife gesteht er die Niederlage ein: »Die universale Situation ist da, oder sie ist doch unaufhaltsam im Kommen.« Es ist nichts anderes als die »industrielle Gesellschaft«, die von der Technik unabtrennbar ist, und in der Technik hat das gegenwärtige Zeitalter »seine ›Wahrheit‹, etwa wie andere Zeitalter in der Religion ihre Wahrheit hatten«.[5] Um diesen Weltzustand im ganzen zu charakterisieren, gebraucht Freyer den Begriff »sekundäres System«, der freilich als der »radikalste und gewagteste Fall« dieses Typus spezifiziert werden muß[6], denn »künstlich« und insofern »sekundär« ist schlechthin alle menschliche Kultur. Aber der »Zivilisationsapparat« der Gegenwart unterscheidet sich gleichwohl qualitativ von allen bisher bekannten Strukturen und Institutionen, weil er alle Menschen zu radikaler Anpassung zwingt und mithin in starke »Entfremdung« stürzt. Marx hat diese Entfremdung gesehen, welche »die Heimat zum Aufenthaltsort und zur Dialektfärbung, die Neigungen zum Hobby, den Beruf zum job« macht[7], aber der Umschlag, den er vorhersagt, wäre nicht wirklich ein Umschlag, denn wenn die Verwaltung der Sachen an die Stelle der Herrschaft über Menschen treten soll, so vergaß er hinzuzufügen, daß hier auch die Menschen wie Sachen verwaltet und insofern »versachlicht« werden.[8]

So konstatiert Freyer zwar den Triumph des Phänomens, das er als Gegner betrachtet hatte, und er nennt weder den Staat noch das Volk als mögliche Alternative. Aber er gibt seine kritische Einstellung gleichwohl nicht auf, und sie richtet sich zunächst gegen die Ideologen, welche in der industriellen Gesellschaft gerade die unverzichtbare Vorbedingung einer »Erlösung der Menschheit« sehen, also vor allem die marxistischen »Chiliasten«, die der realen Geschichte feindlicher sind als ein Jenseitsgläubiger gegenüber der »Welt« und die die einfache Wahrheit nicht wahrhaben wollen, »daß eine sozialistische Ordnung Kommandogewalten und Verwaltungsintensitäten« von präzedenzloser Größe schafft.[9] Freyers Kritik richtet sich aber kaum weniger gegen die vorfindbaren Realitäten dieser Weltzivilisation, welche eine allgemeine »Flächigkeit« erzeugen, die Sprache zu einem Zeichensystem für sachliche Mitteilungen erniedrigen und mit Instinktsicherheit und Improvisationsfähigkeit die Vitalität und die Glücksmöglichkeit der Menschen radikal amputiert haben.[10] Insofern ist der Ausblick Freyers ganz pessimistisch. Er will aber auch realistisch sein, und deshalb weist er mit großem Nachdruck darauf hin, daß die Ausbreitung der industriellen Zivilisation »an alle Vorgegebenheiten der natürlichen und der geschichtlichen Erde gebunden« ist, so daß sich ein Bild größter Vielfalt, ja Zerrissenheit ergibt, das durch die Rede von der »Einen Welt« bloß zugedeckt und verborgen wird.[11]

Aber wenn Freyer den Begriff der »posthistorischen Welt« aufnimmt, so hält er doch das Postulat der Angleichung aller Verhältnisse für ebenso irreal und verkehrt wie etwa die Vorstellung, durch rationale Organisation einer Klinik könnten jemals die unterschiedlichen und doch in sich ganzheitlichen Verantwortungsräume von Ärzten und Schwestern überflüssig gemacht werden.[12] So hält er zwar nicht an seinem Jugendgedanken fest, daß der Staat eines Volkes die industrielle Gesellschaft in seinen Dienst nehmen kann, wohl aber bleibt er der Überzeugung, daß der »Pluralismus der geschichtlichen Welt« nicht nur ein Tatbestand, sondern ein Grundwert ist, der die Menschen vor der zerstörerischen Uniformität einer bloß auf Komfort eingestellten Existenz oder auch des »universellen Konzentrationslagers« zu bewahren vermag.[13] Vom »bolschewistischen Generalangriff« auf die bürgerliche Gesellschaft, der gescheitert sei[14], ist kaum ausführlicher die Rede als vom Nationalsozialismus, vom jüdischen Messianismus und von der christlichen Eschatologie. Auch der Kalte Krieg wird nur am Rande erwähnt. Gerade das Gegenwärtigste der Gegenwart kommt in dieser »Theorie des gegenwärtigen Zeitalters« kaum vor.

Das gleiche gilt für die »Weltgeschichte Europas«, die Freyer bereits während des Krieges geschrieben hatte und die vielleicht seine größte und jedenfalls seine umfangreichste Leistung ist. Sie will eine »denkende Betrachtung der Geschichte« sein, also keine Geschichtsphilosophie und ebensowenig eine Geschichtserzählung.[15] Sie beginnt überraschenderweise mit dem alten Ägypten, genauer gesagt mit dem Angriff der »Seevölker« gegen Ägypten, der ein Teil der indogermanischen Wanderungen war. Aber auch das alte Indien und das alte China werden einbezogen, und Europa erscheint als der Weltteil, in dem sich die vielfältigsten Einflüsse bündeln, so daß sich in ihm eine Weltgeschichte vorbereiten kann, die bis vor kurzem sein Werk war und die heute über es hinausschreitet. Methodische Überlegungen, die den Ereignischarakter aller Geschichte unterstreichen, wechseln mit Darstellungen von großer Kraft und Anschaulichkeit, welche die Geschichte »von oben« und gerade nicht »von unten« zu erfassen suchen, nicht als »Haufen von Verbrechen«, sondern als das Werk »hoher Kulturen« und schöpferischer Menschen.

So weint Freyer nicht an den Gräbern der Besiegten und Unterdrückten, sondern er erzählt von jenen, welche geschichtliche Größe verkörperten. Dabei nehmen sowohl das Judentum wie insbesondere das Christentum prominente Plätze ein, doch auch Orphiker und Mysterienkulte fallen aus der großen Vernunft des Geschichtsganges nicht heraus, so unbestreitbar für Freyer der Vorrang des Lichtprinzips und der Männlichkeit ist. Aber gerade deshalb erscheint die »Vernunft« der Aufklärung als ein defizienter Modus, da sie rationale und paradoxe Gegenpositionen »gegen die geschichtlichen Wirklichkeiten« konstruiert: »ein(en) Staat, in dem alle frei und gleich sind, eine ewige Friedensordnung zwischen den politischen Mächten, eine Religion ohne Glauben«.[16] Besonders verhängnisvoll war nach Freyer – ganz wie für Talmon – die Rolle Rousseaus und seine These von der Rückkehr zur Natur: »Damit wäre ja mit einem Schlag alles, was auf Leistung, Zucht und erworbenem Erbe beruht, als Zivilisation gebrandmarkt, also als Nicht-Natur, also als böse Fessel, also als zerstörenswert. Welche Chancen für die, denen sowohl die Zivilisation wie die Natur Hekuba ist und denen es nur aufs Zerstören ankommt.«[17]

Die Neuzeit beginnt bei Freyer erst im sechsten Sechstel des Buches. So ist es nicht verwunderlich, daß der »Epoche der Weltkriege« nur das letzte Unterkapitel im Umfang von kaum mehr als zehn Seiten gewidmet wird, daß die Worte »Bolschewismus« und »Sowjetunion« nicht vorkommen und daß vom Nationalsozialismus nur gesagt wird, er habe das deutsche Volk »in einen stählernen Griff« genommen und wie andere totale Staaten »alle Massenparolen, ... besonders die antisemitische« eingesetzt.[18] So wird die Frage nicht aufgeworfen, ob sich im 20. Jahrhundert eine politische Kraft ausdrücklich in die Fußstapfen von Rousseau und Robespierre gestellt habe und ob eine andere politische Kraft der drohenden Auflösung mit großer Kraft entgegengetreten sei, vielleicht in Gestalt einer »Revolution von rechts« und am Ende mit tragischer Verkehrung.

Es ist keine rückhaltlos positive Aussage, wenn Freyer feststellt, die Epoche der Weltkriege sei vielleicht der Transformator, in dem die Weltgeschichte Europas auf eine Weltgeschichte der ganzen Erde umgeschaltet werde, und ein ganz persönliches Empfinden gelangt erst zu unzweideutigem Ausdruck, wenn Freyer schreibt, auch das stumpfeste Gewissen müsse sich verkrampfen »im Ausblick auf eine Welt, in der das Abendland

Fellachentum oder Museum, an sich selbst irre oder rettungslos überspielt wäre«.[19] Nicht mehr auf Staat und Volk, sondern auf eine neue Einheit Europas richtet sich am Ende Freyers Hoffnung, eine Hoffnung, die zwar nicht bloß defensiv ist, sondern neue Kräfte »neue Wahrzeichen« hervorbringen läßt[20], die aber offensichtlich alle Gedanken an Schlachten und Kriege hinter sich gelassen hat.

Arnold Gehlen, 1904 in Leipzig geboren und also fast zwanzig Jahre jünger als Freyer, war 1933 Assistent Freyers am Soziologischen Institut der Universität Leipzig, nachdem er vornehmlich bei Hans Driesch und Max Scheler studiert hatte, also bei einem biologisch ausgerichteten Philosophen und bei einem Mann, der sich in seiner Spätzeit mehr und mehr als Anthropologe verstand. 1934 wurde er Nachfolger von Driesch in Leipzig, von dort ging er zunächst nach Königsberg und dann nach Wien. Der Hauptteil seiner Laufbahn fiel also in die Zeit des Dritten Reiches, und in den letzten Monaten des Krieges wurde er als Offizier schwer verwundet. Bereits 1940 hatte er sich aber durch sein Buch »Der Mensch« einen großen Namen gemacht, und noch heute verbinden die meisten halbwegs gebildeten Menschen den Namen Gehlen mit dem Begriff des »Mängelwesens«, der als der Kern seiner Anthropologie gilt.

Aber der Begriff »Mängelwesen« hebt bloß den negativen Aspekt der Einzigartigkeit des menschlichen Daseins hervor, welche für Gehlen so evident ist wie nur je für einen Idealisten, dem die weithin biologische Begrifflichkeit Gehlens fremd wäre. Die erste Bestimmung, die Gehlen gibt, ist die, daß der Mensch sein Wesen deuten und von daher »sich selbst und anderen gegenüber tätig und stellungnehmend sich verhalten« muß.[21] Das würde er nicht können und das würde er nicht brauchen, wenn er wie alle Tiere eine feste Instinktausstattung besäße, die ihn aufs beste einer spezifischen »Umwelt« angepaßt sein ließe. Die aber hat er nicht, und deshalb ist für ihn sein bloßes Dasein schon Aufgabe und Leistung, die er bewältigen muß, wenn er leben will. Wenn er sich auf seine wenigen Instinkte verließe, würde er längst zugrunde gegangen sein; er muß sein Leben sozusagen in die eigene Hand nehmen, er muß sich eine künstliche Umwelt schaffen, da er in der bloß natürlichen nicht leben könnte. Mithin ist er sogar unter primitivsten Verhältnissen ein »Kulturwesen«, seine Natur ist plastisch, und deshalb ist er ein »handelndes«, das heißt ein stellungnehmendes, nicht festgestelltes, verfügendes, auch über sich selbst verfügendes Wesen.[22]

So vermag er zu lernen, und nicht bloß in der Weise, wie auch Tiere lernen können, sondern seine denkende und praktische Tätigkeit kann vom Dienst instinktiver Antriebe entlastet werden und damit einen überschießenden Charakter gewinnen. Durch Askese schafft er sich Distanz zu seinen eigenen unmittelbaren Antrieben, und so baut er zunächst eine Wahrnehmungswelt und dann eine Wissenschaft auf, mit denen er sich einer »Welt« gegenüberstellt. Er kann das jedoch nur deshalb tun, weil er von Anfang an »weltoffen« ist, nicht bloß wie jedes Tier einer begrenzten Anzahl auslösender Reize zugewandt, sondern von Welteinwirkungen gleichsam überschüttet, die er in Wahrnehmung und Sprache verarbeitet, so daß er zweckbewußt und vorausschauend, aber auch der Vergangenheit sich erinnernd, zu arbeiten und zu denken vermag. Er ist das unspezialisierte Wesen, und nur von den hochspezialisierten Tieren her gesehen erscheint er als »Mängelwesen«.

Der Mensch ist also nicht ein Lebewesen, das zusätzlich mit der Qualität »Geist« oder »Intelligenz« ausgestattet ist, sondern seine »unfestgelegte« Menschlichkeit durchdringt und bestimmt ihn bis in die Tiefen seines quasiinstinktiven Verhaltens. Aber gerade wegen des Reiz- und Antriebsüberschusses, der ihn kennzeichnet, muß er ein Analogon zu der tierischen Instinktausstattung ausbilden, damit er sich nicht in immer neuen Situationen immer von neuem entscheiden muß, sondern damit ihm feste Wege gebahnt sind, die ihn vor dem Überwältigtwerden durch die Welteindrücke und durch die eigenen Triebregungen schützen, so daß er weiß, was er tun und wie er sich verhalten soll. Dieses künstliche Gehäuse, in dem das weltoffene »Mängelwesen« Festigkeit und Sicherheit gewinnt, sind die »Institutionen«, jene Einrichtungen wie Familie, Staat und Moralgebote, die das Individuum vorfindet und deren Zucht es sich unterwirft, damit es auf menschliche Weise frei sein kann. Aus den bloßen Zweckmäßigkeitserwägungen des »instrumentellen Bewußtseins« erwachsen dauerhafte und stabile Institutionen allerdings noch nicht, sondern es bedarf dazu des Beitrags »ideativer Akte«, wie sie in Philosophie und Religion als ein Wissen um Ganzheiten vorliegen.

So könnte man Gehlens Anthropologie, die sich auf Konrad Lorenz, Max Scheler, Herder und sogar Aristoteles berufen kann und doch ein unverwechselbares Gepräge trägt, eine Theorie der Geschichtlichkeit des Menschen nennen. Von der konkreten Geschichte kann in ihr eigentlich so wenig gehandelt werden wie in Heideggers »Sein und Zeit«, denn es soll ja die Möglichkeit *jedes* geschichtlichen Verhaltens begreifbar gemacht werden. Aber die Hervorhebung der Institutionen legt insofern den Grund zu konkreten Stellungnahmen, als Auflösung und Gefährdung von Institutionen und damit des in ihnen verkörperten Lebenswillens menschlicher Gruppen mit einem negativen Akzent versehen werden, obwohl doch ohne Auflösungen dieser Art jene »Änderung der Bewußtseinsstrukturen selber« schwerlich stattfinden könnte, die aufgewiesen zu haben Gehlen ausdrücklich als sein Verdienst in Anspruch nimmt. So schreibt er schon im Unterkapitel »Antriebsüberschuß und Führung«, man dürfe mit dem konstitutionellen und allgemein menschlichen Antriebsüberschuß nicht die Desintegration verwechseln, die eintrete, wenn Institutionen zersetzt würden; der moderne Begriff eines frei flottierenden, sozusagen ungebundenen »libidinösen« Triebüberschusses habe als soziologischen Hintergrund den Institutionenzerfall des Großstadtmilieus.[23] Wenig später heißt es, ein Blick auf die Geschichte zeige, wie schwierig die Hauptleistung einer Gruppe sei, »sich im Dasein zu erhalten«: »Wo sind die Carthager oder die Burgunder, einst mächtige Völker?«[24] Und in der ersten Auflage finden sich die Sätze, Weltanschauungen seien »die Zuchtbilder«, in denen eine Gemeinschaft sich im Dasein erhalte, und im gegenwärtigen Deutschland sei im Sinne des Nationalsozialismus die »Durchsetzung germanischer Charakterwerte«, insbesondere der Tapferkeit, gesichert.[25]

Es ist unwahrscheinlich, daß es sich hier um eine jener Formeln handelte, mit denen Philosophen und Wissenschaftler in allen Ideologiestaaten ihre Konformität unter Beweis stellen müssen. Der Nationalsozialismus bedeutete für Gehlen 1940 und 1941 offenbar ein zeitgerechtes Institutionengefüge. An dieser Auffassung konnte er nach 1945 natürlich nicht festhalten. Aber der Vorrang der Institutionen stand für Gehlen auch jetzt fest, die Kritik an der »Herrschaft« als solcher blieb für ihn ein Phänomen der bloßen Zersetzung von Disziplin und Zucht als unverzichtbarer Wesensmerkmale des Menschen; große Teile des Werkes, das er – ab 1947 Professor der Soziologie in Speyer und schließlich in Aachen – nach dem Krieg verfaßte, scheinen gegen Horkheimer und Adorno geschrieben zu sein, obwohl in seiner nun ganz unverhüllt hervortretenden »Kulturkritik« mancherlei Übereinstimmungen mit der »Frankfurter Schule« zu erkennen waren. Das bedeutendste dieser späteren Werke war »Urmensch und Spätkultur«, das zuerst 1956 erschien.

Auch hier sind es für ihn »die grundlegenden stationären Institutionen«, wie die Ehe und Familie, die Arbeitsteilung, der sich selbst kontinuierlich reproduzierende Vorrat (Ackerbau usw.), »welche die Sicherheit der Hintergrunderfüllung für den einzelnen garantieren«.[26] Solche Institutionen gibt es überall, und sie verstehen sich in ihren konkreten Gestalten trotzdem nicht von selbst, zumal dann nicht, wenn sie nicht nur der Lebensfristung, sondern auch einer anspruchsvollen Lebensdeutung dienen: »Das Wunderwerk eines hochdifferenzierten und zugleich unnachgiebigen Ethos ist . . . im Anfang stets das Zuchtresultat kleiner und übersehbarer Gemeinschaften, es verliert auch diese Anfangsbedingungen nie ganz. Man kann breite Massen mit Gesinnungen überfordern.«[27] Eben deshalb sind diese

»Wunderwerke«, in denen Gehlen offenbar die Gipfelpunkte der menschlichen Existenz sieht, ständig gefährdet, da sie sich durch ihre hohen Forderungen in Gegensatz zu dem »natürlichen Trieb zur Entropie, zur Abspulung des Spannungspotentials und zum Schlaraffenland« setzen, zu einem Trieb, der sich schon in archaischen Utopien von einem harmonischen, das heißt spannungslosen Paradies artikulierte und der heute gerade von denen gefördert wird, welche die Daseinsbedingungen einer Gruppe durch reformideologische Kritik verunsichern.[28]

Was Gehlens Gegner seine »antiaufklärerische Tendenz« nannten, liegt ganz auf der Linie von Nietzsches Verachtung der »letzten Menschen«, aber sie konnte sich auch auf Kant berufen: Der »von den Aufklärern erstrebte konfliktfreie Mensch« sei nichts anderes als »der Mensch der verkleinerten Maßstäbe, der wahrscheinliche Mensch im Sinne der Entropie, der Mensch im Stile Louis-Philippes, von dem Tocqueville sagte: habgierig und sanft.«[29] Nach Gehlen bedeutet der so sehr gepriesene Fortschritt als Vermehrung des zivilisatorischen Massenluxus vermutlich nichts anderes als die »Freisetzung einer fürchterlichen Natürlichkeit, denn die Schwäche der menschlichen Natur, die durch strenge Formen nicht vor sich selbst geschützt ist, ist von einer mörderischen Art«.[30] Die »Spätkultur« kann also die Wiederauflösung jener »künstlichen Natur« bedeuten, die der Urmensch zuerst geschaffen hat und die im »bepflanzten Garten«, in »Inzesttabu, Exogamie und Totemismus« einen frühen Ausdruck fand.[31] Die Zerstörung der »kunstvoll formalisierten Systeme sich gegenseitig stabilisierender Affekte« schafft »tatlose Problematiker und fanatische Idealisten«, zu denen auch Fichte im Gefolge der Französischen Revolution zu zählen ist, sie bedeutet in der Erscheinungsform der »Konsumgesellschaft« zugleich eine Verweiblichung.[32]

So ist Gehlens Ausblick auf die Zukunft sehr düster: Der fessellose Raubbau am Anorganischen auf der einen und die »Stillegung der körperlichen Anstrengung« für große Teile der Bevölkerung auf der anderen Seite sowie die Ablösung der nationalen Kämpfe durch die Konflikte von Weltanschauungen, ja durch Rassengegensätze, aber auch »der Ansturm der Idealisten, der Intellektuellen, der von den überwertigen Ideen Benommenen auf die Macht« lassen die Vermutung begründet erscheinen, daß gerade die Herstellung eines »ewigen Friedens«, der internationale Atomkriege ebenso undenkbar machen würde wie Bürgerkriege im Inneren der Staaten, auch vitale, nach Lösung schreiende Konflikte unlösbar machen und »eine neue, noch nicht dagewesene Form ganz tiefer Unfreiheit« in der kommenden »Posthistoire« herbeiführen könnte.[33]

In seinem Spätwerk »Moral und Hypermoral« hat Gehlen seine Kulturkritik am schroffsten zu Wort gebracht und zugleich mit bemerkenswerter Unumwundenheit zur Nachkriegssituation Deutschlands Stellung genommen. Dem Untertitel zufolge will er eine »pluralistische Ethik« entwickeln, und er unterscheidet daher vier eigenständige Arten »letztgültiger sozialer Regulationen«: das aus der Gegenseitigkeit entwickelte Ethos, die Ethik des Wohlbefindens und des Glücks, das familienbezogene ethische Verhalten samt seiner Erweiterungen einschließlich des Humanitarismus und das Ethos der Institutionen einschließlich des Staates.[34] Aber es zeigt sich bald, daß die zweite und die dritte Ethosform eng miteinander verbunden sind und daß sie auch die erste in ihren Bereich ziehen können, so daß als genuiner Gegensatz nur die vierte Ethosform übrig bleibt.

So ist die Dichotomie des Titels zutreffender: das Ethos des Staates, der Autorität, der Disziplin wird der »Hypermoral« eines eudämonistischen Humanitarismus entgegengesetzt, die Gehlen als eine bloße Erweiterung der Familienmoral auffaßt und schon insofern als irreal kennzeichnet. Als Hauptvertreter dieser Erscheinung macht er in der Antike Kyniker und Stoiker aus, und damit wird zum mindesten wahrscheinlich, daß auch die modernen Intellektuellen, welche die Realitäten durch eine »reine Ethik« überwältigen wollen, eine Dekadenzerscheinung darstellen. Sie wollen die Gewalt abschaffen und setzen doch gerade durch ihre Radikalisierung der Moral eine Fülle von Aggressionen frei. Sie erklären den Dienst an den Institutionen für Entfremdung, und sie bemerken gar nicht, daß eben diese Entfremdung die Grundvoraussetzung genuiner Freiheit ist. Sie vertreten eine Politik der »Menschlichkeit«, mit der sie den Staatstugenden die Wurzeln abgraben möchten, »dem Behauptungswillen, der Treue zur eigenen Gründung, der wachsamen Sorgfalt und dem Willen, Grenze und Identität zu behaupten – mit einem Wort: dem Patriotismus«.[35]

Nun liegt es nahe, den Einwand zu machen, Sippenethos und Staatsethos seien nicht wirklich Gegensätze, sondern das zweite sei eine Erweiterung des ersten und der Gegensatz liege zwischen diesen beiden partikularen Ethosformen und jener universalen Ethik, die Gehlen als »Hypermoral« und »Humanitarismus« angreife, wie es ja schon Bergson gesehen habe, auf den Gehlen sich nicht selten berufe.[36] Im übrigen sei die Sippe nicht minder eine Institution als der Staat, und eine künftige Weltgemeinschaft vernünftig miteinander kommunizierender Menschen werde auf ihre Weise ebenfalls eine Institution sein und keineswegs die Einzelnen ihren entfesselten Naturtrieben überlassen. Aber Gehlen hat diesen Einwand sehr wohl gesehen, und er begegnet ihm mit einer Denkfigur, die vom Marxismus besonders häufig benutzt wurde, nämlich – dem Sinne nach – mit der Frage: »Wem nützt die humanitäre Ethik, die das Menschenrecht aus jedem Bezug zu Rasse, Farbe,

Intelligenz und sogar Moral herauslösen will«?[37] Seine Antwort lautet: »Der Alleinherrschaft dieses Ethos sehen wir solange mit Besorgnis entgegen, als es keine Weltgesellschaft in einem Weltstaat gibt und es daher noch offenbleibt, welcher Kontinent einmal seine Eigeninteressen als die der Menschheit ausgeben wird.«[38]

Offensichtlich ist Gehlen von der Furcht erfüllt, daß niedrigstehende, etwa asiatische oder afrikanische Menschenmassen eines Tages mit Hilfe jener Intellektuellen sogar die Reste jenes »Wunderwerks« eines auf staatliche und kulturelle Selbstbehauptung ausgerichteten Ethos zerstören könnten. Diese Zerstörung scheint ihm in der Bundesrepublik Deutschland besonders weit fortgeschritten zu sein, und er gelangt zu der eigenartigen Aussage, was man den Deutschen nicht verzeihe, sei »die mechanische Massentötung von Wehrlosen im letzten Krieg«, aber tiefer gesehen sei das wohl auch ein »geistiger Mordversuch gewesen, etwas wie eine kollektive Entwürdigung«.[39]

Man wird dieser Aussage den Vorwurf der Unklarheit und Undurchdachtheit nicht ersparen können. Gehlen konnte sich ja schwerlich darüber täuschen, daß die westliche »Freiheit« sich in den Niederlanden und in Schweden, in Italien und sogar in den USA ähnlich auswirkte wie in der Bundesrepublik. Und daher scheut er an anderer Stelle vor der großen Paradoxie nicht zurück, die Sowjetunion Stalins gerade wegen ihrer Niederzwingung der zuerst so verbreiteten »freiheitlichen« oder anarchistischen Tendenzen zu rühmen: wenn der Aufstand des libertären Nihilismus noch lange dauere, dann werde die Sowjetregierung sich »als die letzte Ordnungsmacht plausibel machen« und es sei ein Ereignis ersten Ranges gewesen, als sie im August 1968 – also durch die Besetzung der Tschechoslowakei und die Niederwerfung des »Prager Frühlings« – diese Art Freiheit auf drastische Weise abgelehnt habe.[40]

So war Arnold Gehlen der einzige unter den »einzelnen Denkern«, der die *beiden* totalitären Regime des 20. Jahrhunderts bejahte, wenn auch zu verschiedenen Zeiten. Der Grund war in beiden Fällen seine Hochschätzung von »Disziplin« und »Zucht«, die für ihn mit der Existenz genuiner Institutionen und damit der realen Menschlichkeit des weltoffenen »Mängelwesens« Mensch identisch waren. Als er im Jahre 1976 starb, zeichnete sich bloß in ersten Ansätzen die Tatsache ab, daß auch die »letzte Ordnungsmacht« einem präzedenzlosen Ansturm »freiheitlicher« oder »nihilistischer« oder »zersetzender« Ideen und Tendenzen erliegen würde. Aber vielleicht war damit die Frage, was Institutionen, was Grenzen, was Identitäten sind und bedeuten, nur neu gestellt und nicht etwa aus der Welt geschafft.

Martin Heidegger

Es ist gezeigt worden, daß Martin Heidegger als der Verfasser von »Sein und Zeit« nicht ein »Geschichtsdenker« genannt werden kann, sondern daß er nicht zu Unrecht als »Existenzialontologe der Geschichtlichkeit« verstanden wurde, der als Transzendentalphilosoph nach den »Bedingungen der Möglichkeit von Geschichte« fragt. Diese Bedingungen findet er im »Seinsverständnis des Daseins«, das einen »Weltentwurf« und damit geschichtliches Geschehen möglich macht. Aber ganz im Vordergrund des öffentlichen Interesses standen Begriffe wie »Verlorenheit an das Man« und »Vorlaufen in den Tod«, die Heidegger nach einer verbreiteten Interpretation als einen Wortführer des Lebensgefühls der Weimarer Epoche oder sogar der Moderne überhaupt auszuweisen schienen. Kaum je wurde wahrgenommen, daß Heidegger an wenig auffälliger Stelle, im § 74, von dem »Geschick« als dem »Geschehen der Gemeinschaft, des Volkes« und von der Notwendigkeit gesprochen hatte, daß das Dasein sich seinen Helden wählen müsse, wenn es wahrhaft geschichtlich, das heißt im unverstellten Bezug zu den Zeitdimensionen der Zukunft und der Vergangenheit existieren wolle.[1] So wurde es überall als große und verblüffende Überraschung empfunden, daß der »Philosoph des Nichts« das Rektorat der Universität Freiburg übernommen hatte und in die Nationalsozialistische Partei eingetreten war.

Die Enttäuschung blieb für Heidegger nicht aus, aber ihr Grund war schwerlich ein Erschrecken über die Radikalität des Nationalsozialismus, dessen antisemitischen Aspekt er kaum wahrgenommen zu haben scheint, sondern eher die Erfahrung, daß das Regime zu eng mit den »alten Kräften« verbunden blieb und Heideggers Erwartungen einer durchgreifenden Erneuerung des Lebens und vor allem der Universität nicht erfüllte. Nach seinem Rücktritt vom Rektorat im Frühjahr 1934 verstärkte sich in den sehr wenigen Publikationen und in den nachträglich veröffentlichten Vorlesungen die Tendenz, einerseits das weltgeschichtliche Geschehen in enger Anlehnung an die Dichtung Hölderlins auf sehr subtile und scheinbar ganz überpolitische Weise zu deuten und andererseits zur Gegenwart in einer Weise Stellung zu nehmen, die eine immer größer werdende Distanz zum Nationalsozialismus erkennen ließ.

So ist es eine Aussage über die Geschichtlichkeit des Menschen, wenn Heidegger in dem Vortrag »Hölderlin und das Wesen der Dichtung« sagt: »Nur wo Sprache ist, da ist Welt, das heißt: der stets sich wandelnde Umkreis von Entscheidung und Werk, von Tat und Verantwortung, aber auch von Willkür und Lärm, Verfall und Verwirrung. Nur wo Welt waltet, da ist Geschichte.«[2] Die hervorstechende, ja begründende Weise dieses Waltens ist für Heidegger jedoch nicht etwa die Politik und auch nicht die Ökonomie, sondern die Dichtung, welche für ihn nichts Geringeres ist als »worthafte Stiftung des Seins«.[3] Aber offensichtlich erfolgt eine solche Stiftung im endlosen Gerede der Gegenwart gerade nicht, sondern sie gehört für Heidegger mit Wirklichkeiten wie »Gemeinschaft« oder »Volk«, wie »Denkern, Dichtern und Staatsschöpfern« zusammen, und daher bestimmt er die Gegenwart unter Übernahme einer berühmten Wendung Hölderlins als »dürftige Zeit«, in welcher die Götter entflohen sind und ein kommender Gott noch nicht erschienen ist.[4] Deshalb befinden sich Dichter und Denker heute in der »höchsten Vereinzelung«, denn für den auflösenden Liberalismus und seine Bemühungen um »Förderung der Kultur« empfindet Heidegger nur Geringschätzung.

Dennoch verwendet er in der Vorlesung des Sommersemesters 1935 »Einführung in die Metaphysik« die erste Person Plural, das »wir«, auf höchst bemerkenswerte Weise: »Wir liegen in der Zange. Unser Volk erfährt als in der Mitte stehend den schärfsten Zangendruck, das nachbarreichste Volk und so das gefährdetste Volk und in all dem das metaphysische Volk.«[5] Und Deutschland ist für ihn offensichtlich der Kern und die Mitte Europas, das als ganzes gefährdet ist: »Dieses Europa, in heilloser Verblendung immer auf dem Sprunge, sich selbst zu erdolchen, liegt heute in der großen Zange zwischen Rußland auf der einen und Amerika auf der anderen Seite. Rußland und Amerika sind beide, metaphysisch gesehen, dasselbe; dieselbe trostlose Raserei der entfesselten Technik und der bodenlosen Organisation des Normalmenschen.«[6]

Was Heidegger im Auge hat, ist offenbar das Vordringen der »Weltzivilisation«, und bis zum Ende seines Lebens geht sein denkerisches Bemühen dahin, die Gefahren aufzuzeigen, die diese »Weltzivilisation« für das Wesen des Menschen, aber auch für »die Erde«, das heißt für die vom Menschen mehr und mehr ausgebeutete, zur bloßen »Gegenständlichkeit« heruntergebrachte Natur bedeutet. Um diese Zeit verbirgt Heidegger weder sich noch seinen Zuhörern, daß er im »Nationalsozialismus« den einzigen Weg der Selbstbehauptung Deutschlands und Europas gegen die zerstörerischen und verflachenden Tendenzen der Weltzivilisation sieht, und die von dem jungen Habermas 1953 mit einem wahren Entsetzensschrei angeprangerte Aussage über die »innere Wahrheit und Größe dieser Bewegung«, welche mit der eilfertig herumgebotenen »Philosophie des Nationalsozialismus« nicht das Geringste zu tun habe, kann wohl nur in diesem Zusammenhang verstanden werden.[7] Es sollte indessen ins Auge stechen, daß hier *zwei* »Nationalsozialismen« unterschieden werden und daß Heidegger schon jetzt den Nationalsozialismus von Alfred Baeumler und Ernst Krieck, ja möglicherweise auch denjenigen Adolf Hitlers in die Nähe der unheilvollen Erscheinungen des Amerikanismus und des Bolschewismus rückt, während der andere, bessere, aber auch radikalere Nationalsozialismus derjenige ist, den er selbst mit seiner Rektoratsrede zu Wort bringen wollte.

Während der folgenden Jahre hat Heidegger seine Orientierung an der griechischen Polis und ihrer götternahen Gemeinschaftlichkeit am eindrucksvollsten in den Vorträgen über den »Ursprung des Kunstwerks« formuliert, eine Orientierung, in der noch immer »der Staatsmann« neben dem Dichter und dem Denker einen Platz hat, die aber den Akzent nicht etwa auf Volksversammlungen und Demokratie legt, sondern vor allem auf das »Sich-ins-Werk-Setzen der Wahrheit des Seienden«, wie es in dem als Beispiel gewählten Gemälde van Goghs geschieht. Aber bei der Kennzeichnung der Gegenwart wird immer eindeutiger der Nationalsozialismus dem Amerikanismus und dem Bolschewismus als ein Phänomen des modernen Subjektivismus und des daraus resultierenden, von Nietzsche am entschiedensten zu Wort gebrachten »Willens zum Willen« an die Seite gestellt. Allerdings finden sich bis tief in die Jahre des Krieges hinein Aussagen, welche eine sehr konkrete Feindschaft gegen die beiden künftigen »Supermächte« und eine innere, wenngleich distanzierte Anteilnahme an dem als »Verteidigung« verstandenen Krieg des Deutschen Reiches erkennen lassen. Mindestens ebenso bemerkenswert ist aber, daß Heidegger in einer seiner Kriegsvorlesungen eine nicht weniger schroffe Ablehnung des »›römisch‹ bestimmten Wesens der Wahrheit« artikuliert, in die auch der alttestamentliche Gott als der »Befehlende«, das Imperiale der römischen Kurie und letzten Endes die ganze abendländische Metaphysik hineingezogen werden, welche allesamt dazu bestimmt seien, »am anfänglichen Wesen des Griechentums elend zu zerbrechen«.[8]

Auf die faßlichste und beinahe schon auf triviale Art und Weise hat Heidegger die »Historisierung des transzendentalen *a priori*« und damit in der Sache die Skizzierung einer »Geschichte des Seins«, das heißt jener seinsverstehenden Weltentwürfe, die sich als ein Geschehen des Seins selbst gewissermaßen durch den Menschen hindurch vollziehen, 1937 in dem Vortrag »Die Zeit des Weltbildes« vorgenommen. Hier bestimmt er das Wesen der Neuzeit durch die folgenden Grundkennzeichen: Wissenschaft, Maschinentechnik, Ästhetisierung der Kunst, Auslegung des menschlichen Tuns als »Kultur«, Entgötterung. Wissenschaft bedeutet vor allem Vergegenständlichung, Einspannung in einen vorgegebenen Bezugsrahmen, innerhalb dessen das Seiende beherrschbar gemacht wird. Spezialisierung und »Betrieb« gehören notwendigerweise zur modernen Wissenschaft. An dieser Stelle schreckt Heidegger vor der Beschreibung konkreter Vorgänge nicht zurück: »Der Gelehrte verschwindet. Er wird abgelöst durch den Forscher, der in Forschungsunternehmungen steht. Diese und nicht die Pflege einer Gelehrsamkeit geben seiner Arbeit die scharfe Luft. Der Forscher braucht zu Hause keine Bibliothek mehr. Er ist überdies ständig unterwegs. Er verhandelt auf Tagungen und unterrichtet sich auf Kongressen. Er bindet sich an Aufträge von Verlegern. Diese bestimmen jetzt mit, welche Bücher geschrieben werden müssen.«[9]

Sätze wie diese hätten auch von einem Wissenschaftsjournalisten und von jedem beliebigen Kulturkritiker geschrieben werden können. Aber das entscheidende ist, daß all dieses Forschen sich nach Heidegger nur innerhalb einer Perspektive vollziehen kann, die vom philosophischen Denken – in der Neuzeit vor allem von Descartes – entworfen wurde und die festlegt, was als Wahrheit verstanden und was von vornherein als unwahr oder unwichtig ausgeschieden werden soll. Der neuzeitliche Wahrheitsbegriff ist aber nicht »richtiger« als derjenige der Antike oder des Mittelalters, sondern er ist lediglich »anders«.

Im Mittelalter wird das Sein des Seienden gerade nicht in der »Vorgestelltheit des Seienden« gefunden, und daher gibt es in ihm auch kein »Weltbild«. Hier wird das Seiende vielmehr als das *ens creatum* verstanden, als »das vom persönlichen Schöpfergott als der obersten Ursache Geschaffene«.[10] Daher wird jedem Seienden ein eigener Rang zuerkannt, welcher dem Verfügungsbereich des Menschen entzogen ist.

Das griechische Seinsverständnis ist von der neuzeitlichen Auslegung noch weiter entfernt. Der berühmte Satz des Parmenides von der Einheit des *Seins* und des Denkens besagt, daß das Vernehmen des Seienden, weil vom Sein selbst gefordert, zu eben diesem Sein gehört, und mithin ist der Mensch »der vom Seienden Angeschaute, von dem Sichöffnenden auf das Anwesen bei ihm Versammelte«.[11] Der Mensch ist also nicht der Herrschende, Angreifende, alles auf sich Beziehende, sondern er ist der Vernehmende, Aufmerksame, Hörende, er ist jene »Lichtung« inmitten des Alls des Seienden, in welches dieses Seiende hereinsteht und als es selbst vernehmbar, das heißt aber für Heidegger überhaupt erst im eigentlichen Sinne »seiend« wird, während es »zuvor«, das heißt außerhalb des Bezugs zum Menschen, »seinlos« war.

Heidegger, so könnte man sagen, folgt Kant, dem Deutschen Idealismus und Husserl in der Annahme eines »transzendentalen *a priori*«, nämlich der Vorgängigkeit eines »Weltentwurfs«, der allein so etwas wie »Erfahrung« oder »Erscheinen« möglich macht, aber er nimmt eine Historisierung, »Entwissenschaftlichung« und, wenn man will, »Enthumanisierung« dieses

Weltentwurfs vor, so daß das wissenschaftliche Erkennen jeden Wahrheitsvorrang vor der Dichtung und auch dem Mythos verliert. Mithin wird der Mensch nicht als selbstherrliches Subjekt, sondern als »persona« gefaßt, in der und durch die hindurch das Sein selbst ein »Geschehen« zu sein vermag, das seine eigene Wahrheit im Sinne einer verbergenden Offenbarkeit stiftet. Man könnte sagen, hier sei der Subjektivismus so weit getrieben, daß er sich gegen sich selbst wende bzw. zu seinem eigenen Grunde gelange. Aber von »Mystik« oder ähnlichem kann keine Rede sein, sondern die Konsequenz ist eher eine neuartige Zuwendung zum Einfachen und scheinbar Gewöhnlichen, denn schon 1935 sagt Heidegger in einer zu wenig beachteten Wendung, im Dichten des Dichters und im Denken des Denkers werde immer so viel Weltraum ausgespart, »daß darin ein jeglich Ding, ein Baum, ein Berg, ein Haus, ein Vogelruf die Gleichgültigkeit und Gewöhnlichkeit ganz verliert«.[12] Eben diese Fähigkeit, das Sein des Seienden ursprünglich zu erfahren, hat der neuzeitliche Mensch in der Überfülle seiner wissenschaftlichen Kenntnisse verloren, und er vermag die Welt nur deshalb zu erobern, weil er sie zuvor verflacht und gewissermaßen getötet hat.

Aber Heidegger redet nicht einer Rückkehr zu den Vorsokratikern das Wort, und er geht vom gleichberechtigten Nebeneinander der großen Weltentwürfe wieder ab, indem er die neuzeitliche Wissenschaft in der abendländischen und insbesondere platonischen Metaphysik verwurzelt sein läßt, so daß die »Seinsgeschichte« sich als ein Geschehen kontinuierlicher Verdüsterung darstellt. Es wäre simplistisch, diese Vorstellung Heideggers von der »Weltnacht« mit soziologischen Kategorien zu fassen oder sie auf die Enttäuschung durch den Hitlerschen Nationalsozialismus zurückzuführen. Es wäre weit eher angemessen, Motive Nietzsches, Bergsons, ja auch Spenglers, Jüngers, Horkheimers und Adornos zum Vergleich heranzuziehen. Aber es ist unbestreitbar, daß das Kriegsende für Heidegger in weit höherem Maße auch persönliche Düsternis mit sich brachte als für irgendeinen anderen der »einzelnen Denker«.

In der amerikanischen und der englischen Zone wäre Heidegger als ehemaliger Rektor einer Universität zur nationalsozialistischen Zeit dem »automatic arrest« zugeführt worden; in der französischen Zone blieb ihm das erspart, als er im Sommer 1945 nach Freiburg zurückkehrte; aber er fand sein Haus beschlagnahmt und sich selbst einer peinlichen Untersuchung durch die Universitätsbehörden unterzogen; nach einigem Hin und Her, innerhalb dessen ein Schreiben von Karl Jaspers eine große und negative Rolle spielte, wurde er mit einem Lehrverbot belegt, also praktisch von der Universität entfernt, wenn er auch ein Ruhegehalt bekam. Aber gerade in dieser Zeit war von ihm in Frankreich häufiger die Rede als je zuvor, natürlich im Zusammenhang mit Sartre und dem Existenzialismus, und in Frankreich fand er einflußreiche Freunde, so daß er in gewisser Weise dorthin zu emigrieren vermochte. Zu Beginn der fünfziger Jahre kehrte er als Emeritus an die Universität zurück, ohne jedoch seine Lehrtätigkeit in vollem Umfang wieder aufzunehmen, und innerhalb großer Vortragsveranstaltungen, wie etwa in der von der Bayerischen Akademie der Schönen Künste veranstalteten Reihe »Die Künste im technischen Zeitalter«, trat er in stärkerem Maße an die große Öffentlichkeit, als es vor 1933 der Fall gewesen war, aber er blieb doch auch immer der Gegenstand scharfer, wenngleich zunächst noch recht respektvoller Angriffe wegen seiner Haltung zum nationalsozialistischen Regime.

Er machte jetzt öffentlich zahlreiche Aussagen über die Geschichte und über die Gegenwart, wie er sie vor 1945 fast nur in seinen Lehrveranstaltungen gemacht hatte, und so erfüllte er die Kriterien des »Geschichtsdenkens«, obwohl er selbst vermutlich nicht bereit gewesen wäre, sich unter diesen Begriff subsumieren zu lassen. Da die betreffenden Aussagen in dem gewaltigen Spätwerk weit verstreut sind, wähle ich drei kleine Schriften aus, um einen Eindruck von Heideggers Geschichtsdenken zu vermitteln, danach nehme ich einige Ergänzungen vor, und dann versuche ich, den Geschichtsdenker Heidegger im ganzen zu charakterisieren, indem ich sein Leben und die Welt seines Lebens in die Betrachtung einbeziehe.

1947, also in der dunkelsten Zeit von Heideggers Leben, erschien in Bern ein Brief »Über den ›Humanismus‹«, der an Jean Beaufret in Paris gerichtet war. Auch er handelt, wie »Sein und Zeit«, vom Seinsverständnis des Menschen. Aber dieses Verständnis ist hier vom Begriff des »Entwurfs« ganz gelöst und weit enger mit der »Sprache« zusammengebracht, die ihrerseits nicht als »Erzeugnis« des Menschen, sondern als Geschenk des Seins aufgefaßt wird. So formuliert Heidegger gleich zu Anfang sehr eindrucksvolle Sätze, die in ihrem Stil an Sprüche der Vorsokratiker erinnern: »Die Sprache ist das Haus des Seins. In ihrer Behausung wohnt der Mensch. Die Denkenden und Dichtenden sind die Wächter dieser Behausung.«[13] Unser alltäglicher Umgang mit der Sprache ist also inadäquat, denn wir benutzen sie als ein bloßes Instrument der Herrschaft über das Seiende. Damit wird sie zu einer Weise der technischen Vergegenständlichung, in welcher der Mensch alle Dinge auf sich als das Subjekt bezieht. Offensichtlich spricht Heidegger hier von der Neuzeit, und er unterscheidet sie, wie er es in der »Zeit des Weltbildes« getan hatte, vom Mittelalter und von der Antike. Aber in einem allgemeineren Sinne gehören alle diese Epochen insofern zusammen, als sie in der »Metaphysik« wurzeln, und diese »stellt zwar das Seiende in seinem Sein vor und denkt so das Sein des

Seienden. Aber sie denkt nicht den Unterschied beider«.[14] Sie verfehlt also dasjenige, was Heidegger die »Ek-sistenz« nennt, das »Stehen in der Lichtung des Seins«[15], das heißt mit geläufigeren Begriffen ausgedrückt und vielleicht verflacht: seine Weltoffenheit oder Transzendentalität.

Insofern ist der »Brief über den Humanismus« nichts anderes als die Abwehr eines subjektivistischen und in der Tat naheliegenden Mißverständnisses von »Sein und Zeit«. Aber die Veränderung in die Richtung eines »religiösen« Verhältnisses zum Sein ist doch unübersehbar, wenn der Mensch als »Hirt des Seins« gekennzeichnet und eben nicht mehr, wie 1929, der »Platzhalter des Nichts« genannt wird, obwohl dasselbe gemeint sein dürfte. Und daher will Heidegger »Geschichte« anders verstanden wissen, als sie von der Historie im Sinne eines »nachträglichen Vergegenwärtigens im Sinne des vergangenen Vergehens« verstanden wird.[16] Anfänglicher gedacht, gibt es vielmehr »die Geschichte des Seins, in die das Denken als Andenken dieser Geschichte, von ihr selbst ereignet, gehört«.[17] Die Seinsgeschichte liegt also aller gewöhnlich sogenannten Geschichte voraus, weil sie – in traditioneller Ausdrucksweise – die Folge jener von der Philosophie vollzogenen »Weltentwürfe« ist, die das praktische oder verehrende oder forschende Umgehen mit den Dingen und ihren Zusammenhängen erst möglich machen.

Heideggers »Kehre« bestand offenbar darin, daß er die geschichtlichen Weisen des Seinsverständnisses nicht vom Menschen her als dessen Erzeugnisse, sondern vom Sein her als dessen Geschenke oder Übereignungen zu verstehen sucht. Das Sein »gibt sich«, aber in eins damit versagt es sich. Mithin scheint es sich doch, wie in »Sein und Zeit«, um zeitübergreifende Aussagen über die »Geschichtlichkeit des Menschen« als solche zu handeln. Aber das kennzeichnende und paradoxe ist, daß Heidegger von einer »Seinsvergessenheit« des Menschen in der Neuzeit spricht, die zugleich »Heimatlosigkeit« und »Flucht der Götter« bedeutet. Und in diesem Zusammenhang kommt er auf Marx und den Marxismus zu sprechen: »Die Heimatlosigkeit wird ein Weltschicksal ... Was Marx in einem wesentlichen und bedeutenden Sinne von Hegel her als die Entfremdung des Menschen erkannt hat, reicht mit seinen Wurzeln in die Heimatlosigkeit des modernen Menschen zurück ... Weil Marx, indem er die Entfremdung erfährt, in eine wesentliche Dimension der Geschichte hineinreicht, deshalb ist die marxistische Anschauung von der Geschichte aller übrigen Historie überlegen.«[18]

Dies ist eine überaus eigenartige Aussage. Man könnte behaupten, Heidegger schätze auf einmal die aktuelle und modische Erscheinung des Marxismus ebenso hoch ein, wie er 1933 die aktuelle und modische Erscheinung des Nationalsozialismus hochgeschätzt habe. Er fordert in der Tat ein »produktives Gespräch mit dem Marxismus«. Aber offensichtlich reiht er ihn doch auch in die »übrige Historie« ein, und auch auf den Marxismus trifft zu, was Heidegger im Ton eines Propheten über die Gegenwart sagt: »Überall kreist der Mensch, ausgestoßen aus der Wahrheit des Seins, um sich selbst als das animal rationale.«[19] So wird auch hier klar, daß Heidegger alles dasjenige mit einem negativen Akzent versieht, was das katholische Denken von jeher als Verhängnis und Verfall betrachtet hatte: die Selbstbezogenheit des Menschen, seine Verlorenheit an die Dinge, den Herrschaftsanspruch über die Natur, die Vergegenständlichung alles Seienden durch die Wissenschaft, den Willen zur Macht; aber all das will er nicht durch eine Rückkehr zu Thomas von Aquin überwinden, der selbst als »Metaphysiker« schon auf diese Neuzeit vorausweist, sondern durch ein »anfänglicheres Denken«, welches die »Wahrheit des Seins« zu denken vermag.

Doch auch die Technik ist für Heidegger kein bloßes Mittel, sondern eine Weise der Unverborgenheit des Seienden und insofern der Wahrheit des Seins. Eben dies ist die Hauptaussage in dem Münchener Vortrag von 1953 »Die Frage nach der Technik«. Das griechische Wort »techne«, so sagt Heidegger ausdrücklich, bedeutet eine Weise des »aletheuein«; Technik setzt also das Geschehen von Wahrheit, von »Unverborgenheit« schon voraus, ganz wie, in der Sprache der Phänomenologie ausgedrückt, die Richtigkeit der prädizierenden Satzaussage das vorprädikative Offenbarsein des Seienden als eines solchen, sein »Vorliegen«, bereits voraussetzt. Die Technik aber nimmt das Seiende von vornherein so in den Blick, daß sie die Natur herausfordert und ihr nachstellt. Jenen »herausfordernden Anspruch, der den Menschen dahin versammelt, das Sichentbergende als Bestand zu bestellen«, nennt Heidegger »das Ge-stell«.[20] Das technische und neuzeitliche Sich-Verhalten zum Seienden ist auch für die aufkommende Naturwissenschaft bestimmend, obwohl sie, »historisch gerechnet«, früher ist, aber »geschichtlich gedacht« handelt es sich um das Spätere.[21] Wieder unterscheidet Heidegger also das »historische Rechnen«, dem er alle Geschichtsschreibung subsumiert, von dem »geschichtlichen Denken«. Wenn nur noch die vergegenständlichende und nachstellende Weise des Entbergens waltet, dann sinkt Gott im Lichte der Kausalität zu einer bloßen Ursache herab, und er verliert »alles Heilige und Hohe, das Geheimnisvolle seiner Ferne«; der Mensch aber gerät an den äußersten Rand des Absturzes, und doch spreizt er sich in dieser Bedrohung »in die Gestalt des Herrn der Erde« auf.[22] So fragt Heidegger nach »dem Rettenden«, aber er will es gerade nicht in einem Rückgang hinter die Technik suchen, sondern, so scheint es, in einer denkenden Zuwendung zur Kunst.[23]

Wie sehr Heidegger sich am Vergangenen und vergehend-Gegenwärtigen orientiert, wird wohl nirgendwo so klar wie in den Vorträgen »Bauen, Wohnen, Denken« und »Das Ding« aus den frühen fünfziger Jahren. Hier ist die Rede vom »Geviert«, der »ursprünglichen Einheit«, in der »Erde und Himmel, die Göttlichen und die Sterblichen« zusammengehören, und dieses »Geviert« wird durch den »Schwarzwaldhof« anschaulich gemacht, der sich an die Erde schmiegt und zum Süden hin öffnet, der im Herrgottswinkel den Unsterblichen anwesend sein läßt und einen Platz für Kindheit und Sarg vorsieht, so daß den sterblichen Menschen das Gepräge ihres Ganges durch die Zeit stets gegenwärtig ist.[24] So erscheint alles Moderne als fremdartig und als Absturz in eine ausgedehnte Oberflächlichkeit, »ein zügelloses und zugleich gewandtes Reden, Schreiben und Senden von Gesprochenem rast um den Erdball«, die Menschen machen »die Nacht zum Tag und zur gehetzten Unrast«, »heute ist alles Anwesende gleich nah und gleich fern. Das Abstandlose herrscht. Alles Verkürzen und Beseitigen der Entfernungen bringt jedoch keine Nähe«.[25]

So scheint Heidegger als Geschichtsdenker nichts anderes als ein sehr »deutscher«, ein katholisch-antikatholischer Kulturkritiker und Gegner der Moderne zu sein, der mit Gehlen und Freyer, aber in gewisser Weise auch mit Horkheimer und Adorno zusammengehört, während er von Popper und gar Galbraith unendlich weit entfernt ist. Aber ich zitiere noch zwei Sätze, die ganz in diese Richtung zu weisen scheinen und die doch diese allzu einfache Definition fragwürdig machen: »Der Mensch ist auf dem Sprunge, sich auf das Ganze der Erde und ihrer Atmosphäre zu stürzen, das verborgene Walten der Natur in der Form von Kräften an sich zu reißen und den Geschichtsgang dem Planen und Ordnen einer Erdregierung zu unterwerfen. Derselbe aufständige Mensch ist außerstande, einfach zu sagen, was *ist,* zu sagen, *was* dies *ist,* daß ein Ding *ist.*«[26]

»Weil jedoch das heutige Denken immer entschiedener und ausschließlicher zum Rechnen wird, setzt es alle nur bestellbaren Kräfte und ›Interessen‹ daran, zu errechnen, wie sich der Mensch demnächst im weltlosen kosmischen Raum einrichten könnte. Dieses Denken ist im Begriff, die Erde als Erde preiszugeben.«[27]

Es wäre vermessen, Heidegger auch nur als Geschichtsdenker auf knappem Raum erschöpfend darzustellen.[28] Bisher ist bloß dasjenige hervorgehoben worden, was zu dem Urteil führen kann, Martin Heidegger, 1889 als Sohn eines Mesners in Meßkirch geboren und der kleinen Stadt sein Leben hindurch in einer Weise verbunden, wie noch nie ein bedeutender Philosoph seiner Heimat verbunden war, habe als Zeitgenosse immer an dem Wunsch festgehalten, den er als Zwanzigjähriger in einer Gedenkrede auf seinen Landsmann Abraham a Sancta Clara formuliert hatte: »Daß unsere Zeit der Außenkultur und Schnellebigkeit doch mehr rückwärtsblickend vorwärtsschaute!«[29] Aber dieser Kulturkritiker erkannte als Philosoph die Gefahr einer Zerstörung der »Menschenwelt« durch das Hinausgreifen des Menschen in die »Weltlosigkeit« einer bloß noch beherrschten und ausgenützten Natur weit früher als zu dem Zeitpunkt, da der erste Mensch auf dem Mond landete und sich fast überall neue Bewegungen bildeten, welche sich den »Umweltschutz« zur besonderen Aufgabe machten, weil sie nicht bloß in einem Nuklearkrieg, sondern schon in der »friedlichen Nutzung der Kernenergie« und in der Erwärmung der Atmosphäre infolge der »vorläufig modernsten« technischen Entwicklungen eine tödliche Gefahr für die Fortexistenz der Menschheit erblickten. Man darf sagen, daß Heidegger seit 1945 der eigentliche Philosoph des »Umweltschutzes« gewesen ist, jener Philosoph, der triviale und naheliegende Befürchtungen in eine Dimension hob, welche tatsächlich einen neuen Anfang in der Geschichte bedeuten könnte.

Ich stelle eine These auf, die hier nicht im einzelnen begründet werden kann: Heidegger wollte jene »religiösen« Empfindungen, die in Gestalt der Kirchen und Schlösser Oberschwabens auf die »Gotteswelt« bezogen sind, für die »Menschenwelt« neugewinnen, welche vom Menschen selbst in Gefahr gebracht wird, da er nicht mehr weiß, daß diese seine »Menschenwelt« nicht die Existenz einer durch Intelligenz ausgezeichneten Tierart bedeutet, sondern die vermutlich einzige Stätte der Offenbarkeit des Seins selbst. Mit anderen Worten: Die säkularisierte Welt wird von Heidegger wieder »sakralisiert«, aber nicht durch einen Rückgang zu Mythen und überlieferten Gottesvorstellungen, sondern durch die Zuwendung zum Einfachen: zur eigenen Sterblichkeit und zur Dinghaftigkeit der Dinge in ihrer ursprünglichen Fülle und Bedeutsamkeit. Oder in abermals anderer Wendung: Der Mensch ist für Heidegger der Hüter des Seins in seiner jeweiligen Sprache, um des Seins willen, und nicht der Herr des Seienden zu gegenwärtigem Vorteil und künftigem Untergang. Heidegger nimmt also die genaue Gegenposition zu dem Progressivismus jener Naturwissenschaftler ein, die im Menschen eine »Fehlkonstruktion« sehen und demnächst auf der Erde bloß die »Tröpfe« zurücklassen wollen.[30]

Aber man könnte am Schluß einwenden, alle diese Aussagen des späten Heidegger, ob nun bloße Kulturkritik oder tiefsinnige Philosophie, dienten der Ablenkung von seinem Versagen und von seiner Schuld, die in der Jahreszahl 1933 beschlossen seien, und noch weit schlimmer als das falsche Pathos der Rektoratsrede sei das Schweigen, mit dem er nach 1945 der nationalsozialistischen »Endlösung der Judenfrage« begegnet sei. Das ist der Kern der Vorwürfe, die etwa Herbert Marcuse mit tiefer Emotion gegen Heidegger gerichtet hat. Nun ist zunächst festzustellen, daß Heidegger immer in dem Sinne ein »Naturphilosoph« gewesen ist, als das Verhältnis des Menschen zur »Welt«, zur »Lichtung«, zum »Sein« im Vordergrund gestanden hat, so gewiß Welt, Lichtung und Sein für ihn nicht »objektive«, dem Menschen gegenüberstehende Entitäten waren. Aber die Menschenwelt als Welt der Menschen in ihren vielfältigen Beziehungen, das heißt die Welt der »Geschichte« in der gewöhnlichen Bedeutung, war für ihn nie ein autonomes und gewichtiges Thema. Dennoch ist er an den großen politischen Phänomenen seiner Zeit nicht achtlos vorübergegangen.

Wie sich aus Andeutungen entnehmen läßt, war der Bolschewismus für ihn eine genuine Erfahrung, und für den Nationalsozialismus engagierte er sich für eine Weile, weil er anscheinend glaubte, die geistige Führung übernehmen zu können. Wer den Bolschewismus bzw. Kommunismus der Jahre bis 1933 für die »Welle der Zukunft« hielt oder wer ganz im Gegenteil in ihm eine unbedeutende Erscheinung sah, der mußte in Heideggers Engagement einen unverzeihlichen Sündenfall erblicken. Marcuse befand sich auf dem ersten Weg und Karl Jaspers auf dem zweiten. Aber weder der Marxist noch der Liberale waren im Recht, wie heute auch dem Blindesten klar sein dürfte, und Heideggers Verhalten muß zwar als schwerwiegender Irrtum, darf indessen nicht als moralischer Sündenfall gelten. Auch hier muß ich mich mit einer These begnügen: Marcuse glaubte wie Bloch an eine »große Lösung«, und er sah über alle Schrecken hinweg, die der Leninsche Versuch dieser großen Lösung bereits mit sich gebracht hatte; Heidegger hielt die »kleine Lösung« eines nationalen Sozialismus für gut und unvermeidbar, und die künftigen Schrecken mußten ihm 1933 ebenso verborgen sein, wie sie Marcuse und Bloch verborgen waren. Aber das 1976 veröffentlichte »Spiegel«-Gespräch von 1966 stellte mit seiner bloßen Apologetik unter Beweis, wie wenig Heidegger imstande war, sich im Rückblick der Offenheit der Situation und der Ernsthaftigkeit seiner eigenen Intentionen zu erinnern.[31]

Heidegger war vor allem ein tiefgründiger Denker auf dem Boden der Husserlschen Phänomenologie; er entwickelte daraus eine »Kulturkritik«, die dem qualitativen Wandel der Geschichte zur Nukleartechnik, zur Weltraumfahrt und zur »Weltzivilisation« negativ gegenüberstand und ihm doch gewachsen sein wollte, und er war für eine kurze Weile ein politischer »Militanter«, wie Sartre es sein ganzes denkerisches Leben hindurch war. Wer nicht wenigstens versucht, alle drei Ebenen wahrzunehmen, der muß sich als Positivist wie Carnap über leeren Tiefsinn erregen oder als Progressivist der kulturkritischen Negativität widersetzen oder als Moralist den größeren Teil des geschichtlichen Zusammenhangs ausblenden. Heidegger ist als »Geschichtsdenker« vornehmlich auf der zweiten Ebene wahrzunehmen. Im Hinblick auf die fundamentale zeitgenössische Realität des Kalten Krieges scheute er sich zwar 1947 bzw. 1950 nicht, gegen Marcuses Vorwürfe auf die gleichwichtige Schuld »eines der Alliierten« hinzuweisen und Jaspers durch den Satz zu beunruhigen, Stalin gewinne jeden Tag ohne Schwertstreich eine Schlacht[32], aber im ganzen dürfte sich sein Einfluß dennoch mehr zugunsten der »Entspannung« ausgewirkt haben. In dieser Hinsicht läßt sich von Heidegger ähnliches sagen wie von Toynbee (bei aller sonstigen und abgründigen Verschiedenheit zwischen ihnen), und auch deshalb ist die Behauptung gerechtfertigt, daß inmitten der stärksten Spannungsphase des Kalten Krieges die »einzelnen Denker« eher im Sinne der »Entspannung« als der »Spannung« dachten.

Teil IV

1963/73 bis 1990

ERSTER KREIS: POLITISCHE GESCHICHTE

Die fragile Etablierung der »Koexistenz«

Unmittelbar nach der großen Konfrontation der beiden Supermächte im Rahmen der Berlin-Kuba-Krise zogen zwei bedeutende Zeichen der Entspannung die hoffnungsvolle Aufmerksamkeit der geängstigten Weltbevölkerung auf sich: Die »Friedensrede« des amerikanischen Präsidenten Kennedy in der »American University« zu Washington im Juni 1963, in welcher der Wunsch, den Kalten Krieg zu beenden, mit großem Nachdruck formuliert wurde, und die Unterzeichnung des Atomteststopabkommens im August. Zehn Jahre später aber standen die beiden Supermächte im Gefolge des Yom Kippur-Krieges abermals am Rande einer atomaren Katastrophe, und erst danach wurde der akute »Alarmzustand« mehr und mehr zu einer bloßen Erinnerung, so hartnäckig auch von beiden Seiten der »Rüstungswettlauf« weiterbetrieben und so sorgfältig nach Schwächen des Gegners Ausschau gehalten wurde. Mithin befanden sich während dieses Übergangsjahrzehnts Spannung und Entspannung in einem ungefähren Gleichgewicht, und als Paradigmata konnten zwei der »geteilten Länder« gelten, nämlich Vietnam und Deutschland.

In Korea hatten die Amerikaner 1950 die klare militärische Aggression des kommunistischen Nordteils erfolgreich abgewehrt, obwohl sie bei dem Versuch, einen vollständigen Sieg zu erringen, mit dem wichtigsten Verbündeten des Hauptfeindes, mit der Volksrepublik China, in eine bewaffnete Auseinandersetzung geraten waren und sich schließlich aus dem Norden wieder zurückziehen mußten; kaum jemand hatte bestritten, daß hier ein »Verteidigungskampf der Freien Welt« gegen eine »Aggression des Weltkommunismus« geführt worden war. In Indochina dagegen war die ehemalige Kolonialmacht, Frankreich, an den ersten Kämpfen beteiligt, und die Teilung des Landes war durch die Beschlüsse der Genfer Indochinakonferenz von 1954 zustandegekommen; sie sollte bloß provisorisch sein und in naher Zukunft durch »freie Wahlen« beendet werden. Aber das antikommunistische Regime in Saigon wußte sehr genau, daß es »freie Wahlen« im kommunistischen Norden nicht geben könne, und es war sich vermutlich auch darüber im klaren, daß der antijapanische und antifranzösische Freiheitskämpfer Ho Tschi Minh in Hanoi größeres Ansehen besaß als der ebenfalls antijapanische und antifranzösische Freiheitskämpfer Ngo Dinh Diem in Saigon. So schien Ngo die Wahlen zu »hintertreiben«, und die von Hanoi unterstützte Aufstandsbewegung der »Nationalen Befreiungsfront« gewann an Kraft, obwohl sie für geraume Zeit nicht eigentlich einen Bürgerkrieg zu führen vermochte, sondern nur in großem Maßstabe systematische Ermordungen von »Kollaborateuren«, das heißt Regierungsbeamten, ins Werk setzen konnte.

Die Amerikaner erhöhten indessen noch unter Kennedy die Zahl ihrer »Berater« beträchtlich, aber aus Ungeduld ließen sie den Sturz und die Ermordung von Ngo Dinh Diem zu, und nun mußten sie unter Kennedys Nachfolger Lyndon B. Johnson mehr und mehr Truppen nach Vietnam schicken, um einem Verbündeten beizustehen, der ein »Militärregime« darstellte und offensichtlich weniger motiviert war als die kommunistischen Aufständischen im Süden und deren Helfer im Norden. Gleichwohl führten die Amerikaner unzweifelhaft einen Verteidigungskrieg für ein Land, dessen Bevölkerung mindestens zu einem großen Teil gute Gründe hatte, eine Machtübernahme der Kommunisten zu fürchten. Aber sie wollten in diesem Bürgerkrieg den Sieg erringen und die Einmischung des nordvietnamesischen Regimes lediglich durch Bombenangriffe auf Nachschubwege unterbinden. Dadurch riefen sie den Eindruck hervor, daß sie im Süden eine mehr und mehr zum Widerstand getriebene Landbevölkerung unterdrückten und obendrein im Norden einen völkerrechtswidrigen Angriffskrieg gegen einen anderen Staat führten.

Mithin war die Situation von der koreanischen sehr verschieden, denn die Behauptung schien nicht unbegründet zu sein, in Wahrheit kämpfe in Vietnam ein ganzes Volk der Dritten Welt gegen den »Imperialismus«. Und daher konnte, anders als in Korea, jener westliche »Revolutionsenthusiasmus« ins Spiel kommen, den unter vielen anderen Arnold Toynbee artikuliert hatte.[1] Daß hier ein »Stellvertreterkrieg« zwischen den Hauptantagonisten des Kalten Krieges geführt wurde, weil Nordvietnam über die Landesgrenzen von China und über den Hafen Haiphong von der Sowjetunion versorgt wurde, geriet so gut wie vollständig aus dem Blick, und sehr bald verschwand in der amerikanischen Öffentlichkeit und im übrigen Westen auch das Bewußtsein, daß in Südvietnam das eigene System der individuellen Freiheit verteidigt wurde, das sich freilich unter den spezifischen Bedingungen leicht als ein System der Korruption und des Egoismus darstellen ließ.

So zeigte sich in Vietnam auf höchst augenfällige Weise eine »politische Systemunterlegenheit« der Amerikaner und des Westens insgesamt: In Nordvietnam, in China und in der Sowjetunion wurde nicht der geringste

Zweifel an der Auffassung geduldet, daß in Indochina ein »gerechter Befreiungskrieg« gegen den Imperialismus geführt werde, und in den USA, in Frankreich, in der Bundesrepublik Deutschland und nicht zuletzt in Skandinavien wuchs die Sympathie für Ho Tschi Minh und seine Sache gerade deshalb so stark an, weil die ökonomische Überlegenheit der Amerikaner ganz unverkennbar war. Gründe von weniger idealistischer Art traten hinzu, in erster Linie die tiefe Abneigung großer Teile der akademischen Jugend in den USA gegen die Wehrpflicht, welche zu einem Hauptmotiv der Studentenbewegung wurde, aber auch die Berichterstattung der Medien, die erstmals den amerikanischen Durchschnittsbürgern ein anschauliches Bild von den Schrecknissen eines Krieges vermittelte.

Eben diese Medien stellten den großen Abwehrerfolg gegen die sogenannte Tet-Offensive des Vietcong vom Frühjahr 1968 als eine schwere Niederlage der Amerikaner hin, und als Lyndon Johnson im Sommer 1968 den Verzicht auf seine Wiederwahl bekanntgab, zweifelte fast niemand mehr daran, daß die Entschlossenheit und Zähigkeit der vietnamesischen Kommunisten über die im System verwurzelte Willensschwäche der amerikanischen Regierung triumphieren würde. Zwar dauerte es noch nahezu fünf schwierige Jahre, bis der neue Präsident Richard Nixon und sein Sicherheitsberater Henry Kissinger die langwierigen Verhandlungen zu einem erträglichen Abschluß brachten, welcher dem südvietnamesischen Regime eine Chance des Überlebens zu sichern schien, aber es bedeutete schon keine merkliche Störung der Entspannung mehr, als 1975 ein militärischer Großangriff des Nordens Südvietnam überwältigte, denn die Amerikaner rührten keinen Finger.

Viel wichtiger war, daß die beiden Supermächte ständig miteinander verhandelten, während sie den Stellvertreterkrieg in Indochina gegeneinander führten, und daß die gebeutelten USA es schließlich sogar als einen Erfolg betrachteten, als sie 1972 durch ihre Unterschrift unter das SALT-Abkommen der Sowjetunion die nukleare Parität und damit den Status einer gleichberechtigten Weltmacht einräumten. Unter machtpolitischen Gesichtspunkten war damit eine Art von Kondominium der beiden Supermächte über den Rest der Welt hergestellt. Aber wenn die Sowjetunion sich trotz ihres Konflikts mit dem maoistischen China als führende Kraft des sozialistischen Lagers betrachtete, welchem aufgrund des wichtigsten Geschichtsgesetzes der Sieg im Weltmaßstab sicher sei, dann war die vertragliche Fixierung dieser Entspannung ein gewaltiger Schritt auf dem Weg zum Triumph, und die drohende Gewitterwolke des Oktobers 1973 zog rasch vorüber.

Einen noch größeren Erfolg bedeutete für die Sowjetunion die Entspannung, die in Deutschland zur gleichen Zeit zustande kam.[2] Weit eindrucksvoller als in Indochina hatte sich ja in der Mitte Europas gezeigt, welches Gewicht der ökonomischen Überlegenheit zukam, ob sie nun systembedingt war oder auf zufälligen Umständen beruhte. Zwar war der deutsche Revisionismus als Grundtatbestand verschwunden, denn die Deutschen der Bundesrepublik akzeptieren in ihrer großen Mehrheit rückhaltlos das Hauptergebnis des Krieges, welches sie zu einem der Verbündeten der Amerikaner gemacht hatte, aber eine vollständige Resignation war gleichwohl nicht zu konstatieren, denn die Bundesregierung in Bonn weigerte sich hartnäckig, die Existenz der DDR als völkerrechtlich legitim anzuerkennen. So vermochte sie es bis zum Ende der sechziger Jahre zu verhindern, daß irgendein Staat der westlichen Welt oder des Blocks der Neutralen die DDR diplomatisch anerkannte, weil niemand die politischen und ökonomischen Beziehungen mit dem Wirtschaftsriesen, zu dem die Bundesrepublik herangewachsen war, aufs Spiel setzen wollte.

Auf der anderen Seite erwies sich aber die sogenannte »Hallsteindoktrin« mehr und mehr als ein Hindernis für die Bewegungsfreiheit des Staates, und überdies war es schon seit dem Amtsantritt Kennedys unübersehbar, daß die Amerikaner nur allzugern von der Last frei werden wollten, welche ihnen durch die vertragliche Verpflichtung zur Unterstützung der »Wiedervereinigungspolitik« der Bundesrepublik auferlegt wurde. In Deutschland trug die Reaktion auf den amerikanischen »Vietnamkrieg« nur relativ wenig zur Stärkung der Entspannungsbereitschaft in den Medien und unter der Bevölkerung bei, so gewiß sie auch hier zu einem Ingrediens der Studentenbewegung wurde. Wirksamer war die Bestätigung, die alle früheren Gegner der Wiederbewaffnung und der Westbindung für ihre These wahrzunehmen glaubten, daß das Bündnis mit dem Westen und die Wiedervereinigung unvereinbar seien; wichtiger war auch die Stärkung des Empfindens, daß eine angemessene »Bewältigung« der nationalsozialistischen Vergangenheit infolge der »Restauration« versäumt worden sei und daß die Nicht-Anerkennung der Oder-Neiße-Grenze nicht länger fortgesetzt werden könne und dürfe.

Die Neigung zu einer »neuen Ostpolitik« war schon während der Kanzlerschaft von Ludwig Erhard und dann unter der Regierung der Großen Koalition klar erkennbar, und mit der Aufnahme diplomatischer Beziehungen zu einigen osteuropäischen Ländern wurde ein bedeutender Schritt getan. Die Entwicklung überstürzte sich aber und nahm Züge von weltanschaulicher Überzeugung an, als 1969 nach einem knappen und beinahe zufälligen Wahlsieg die Regierung der »sozialliberalen Koalition« von Willy Brandt gebildet wurde. Jetzt wurde erstmals offiziell von den

»zwei Staaten« gesprochen, die sich in Deutschland gebildet hätten und die freilich »füreinander nicht Ausland« seien. In einem Vertrag mit Polen wurde nach der vorherrschenden Meinung die Oder-Neiße-Grenze anerkannt, im »Moskauer Vertrag« mit der Sowjetunion machte sich die Bundesregierung, wie es schien, das sowjetische Verständnis von »Normalität« und »Grenze« zu eigen, und der Grundlagenvertrag implizierte die Anerkennung der DDR als eines souveränen und selbständigen Staates, nachdem zuvor ein Abkommen zwischen den vier Alliierten über Berlin abgeschlossen worden war, das der ummauerten Teilstadt das Existenzrecht sicherte.

Wenig später wurden die Bundesrepublik und die DDR gleichzeitig in die »Vereinten Nationen« aufgenommen, zahlreiche Staaten, unter ihnen die Westmächte, nahmen diplomatische Beziehungen mit der DDR auf, und es sprach sehr viel dafür, daß die führenden Politiker der DDR recht hatten, als sie voller Zuversicht verkündeten, es gebe nunmehr nicht bloß zwei deutsche Staaten, sondern zwei deutsche Nationen, eine kapitalistische und eine sozialistische; eine »deutsche Frage« existiere nicht mehr; im Bruderbund mit der Sowjetunion als dem »Pionier der Menschheit« schreite die DDR innerhalb des beschleunigten revolutionären Weltprozesses auf den globalen Sieg des Kommunismus zu. Daher war es für Erich Honecker selbstverständlich, daß es zu einer »ideologischen Koexistenz« nicht kommen werde, denn »unser Feindbild« stimme genau, und nichts sei für die Menschheit wichtiger, als die kapitalistische Ordnung und ihr »menschenfeindliches Wesen« für immer zu beseitigen.[3]

Dieser Höhepunkt der Entspannung war in der Tat ein Triumph der kommunistischen Ideologie und der darin verwurzelten politischen Überlegenheit: Nie zuvor im 20. Jahrhundert hatte sich ein durch Teilung entstandener Staat dazu bewegen lassen, die legitime Existenz des anderen Bruchstücks des einstigen Ganzen anzuerkennen. Es gab gute Gründe für die Annahme, daß die Einschränkungen der Anerkennung, auf denen die Bundesregierung bestanden hatte – nämlich das Festhalten an einer einheitlichen deutschen Staatsbürgerschaft und die daraus resultierende »Obhutspflicht für alle Deutschen« – sich als formale und halbherzige Vorbehalte erweisen würden, nicht anders als der »Brief zur deutschen Einheit«, der den Rechtsanspruch auf Wiedervereinigung aufrechterhielt.

So standen vor dem Beginn der eigentlichen Periode der Entspannung im Jahre 1974 schwere Niederlagen der »Kalten Krieger« in den USA, in der Bundesrepublik und im Westen überhaupt, und ein kaum noch bestrittener Triumph des Begriffs der »Friedlichen Koexistenz«, der von den Kommunisten ganz ebenso verstanden wurde, wie jene Kalten Krieger den großen

Konflikt verstanden hatten, nämlich als Kampf mit allen friedlichen Mitteln bis zum definitiven Sieg des eigenen Systems. Und gerade in diesem Augenblick beschleunigte sich der »revolutionäre Weltprozeß« abermals, zu dem das Weltsystem des Sozialismus eine so enge und ursprüngliche Beziehung besaß: 1974 stürzte eine Revolution, innerhalb deren die Kommunisten mehr und mehr hervortraten, das Regime Salazars in Portugal, und in den ehemaligen Kolonien Angola und Mozambique ergriffen »marxistisch-leninistische« Parteien die Macht; eine ähnliche Entwicklung nahmen Äthiopien und wenig später Rhodesien. In Kambodscha gelangte das Regime der »Roten Khmer« zur Macht, dessen entsetzlichen Genozid an vielen Hunderttausenden von Landsleuten man im Westen durch den Begriff »Steinzeitkommunismus« zu kennzeichnen pflegte, obwohl sein Haß gegen die Städte und gegen alle Ungleichheit eher auf Babeuf und bestimmte Formen des Frühsozialismus zurückwies.

Auch diese Umwälzungen kamen in den Genuß der Sympathien, die den »antikolonialen Revolutionen« im Westen entgegengebracht wurden, und Henry Kissinger konnte als Außenminister angesichts der Erregung um den innenpolitischen »Watergate«-Skandal nicht daran denken, die Machtbalance durch die Unterstützung nichtmarxistischer Befreiungsbewegungen wiederherzustellen. Der baptistische Laienprediger Jimmy Carter war ab 1987 der schwächste amerikanische Präsident seit Menschengedenken, und wenn seine Kampagne für die »Menschenrechte« einer aufrichtigen Überzeugung entsprang und nicht als bloß taktische Gegenoffensive charakterisiert werden kann, so brachte sie zunächst nur den paradoxen Ertrag, daß sie Anfang 1979 zum Sturz des persischen Schahs beitrug und dadurch jene »islamische Revolution« des Ayatollah Chomeini möglich machte, welcher Amerika als der »große Satan« galt.

Aber auch vor Carter hatte der Westen die »Menschenrechte« schon ins Spiel gebracht, und einige jener fundamentalen Prinzipien, die von den Kommunisten stets als »bürgerlich« charakterisiert worden waren, wie etwa das Recht auf Gewissensfreiheit und auf Auswanderung, waren auf der Abschlußsitzung der »Konferenz für Sicherheit und Zusammenarbeit in Europa« 1975 in Helsinki auch von den Staaten des Warschauer Paktes anerkannt worden. Aber diese Anerkennung schien bloß die verbale Gegenleistung zu den viel konkreteren Abmachungen des »ersten Korbes« zu sein, nach denen die Vertragspartner sich gegenseitig ihren Besitzstand und die Unverletzlichkeit der Grenzen garantierten, so daß die wichtigste aller Forderungen der Sowjetunion erfüllt und die »Versklavung Osteuropas« besiegelt zu sein schien.

Ein noch unheilvolleres Vorzeichen für die Zukunft der »freien Welt«

schien ein Vorgang zu sein, der nur indirekt mit dem in der Entspannung fortdauernden Konflikt der beiden Supermächte zusammenhing, nämlich die außerordentliche Erhöhung der Ölpreise durch die arabischen Länder nach dem Yom Kippur-Krieg und abermals 1978, ein Vorgang, der die »Industrienationen« aufs schwerste erschütterte und doch keineswegs der »Dritten Welt« zugute kam, sondern überwiegend den »Scheichs« in ihren altertümlichen »Feudalstaaten«. Die unmittelbare Ursache war die arabisch-israelische Auseinandersetzung, aber die arabischen Regierungen würden ihr herausforderndes Vorgehen nicht gewagt haben, wenn sie nicht auf die Unterstützung durch die Sowjetunion hätten zählen können. So wurden nach mehr als zwei Jahrzehnten die Befürchtungen bestätigt, die den ersten amerikanischen Verteidigungsminister, James Forrestal, bis zu seinem Tod umgetrieben hatten.

In eben diesem Augenblick wurde auch die moralische Grundlage, auf der das besondere Verhältnis der USA zu Israel ruhte, ins Wanken gebracht. Im Mai 1977 siegte nämlich der neugebildete Likud-Block, dessen Kern die Cheruth-Partei war, in den israelischen Knesset-Wahlen, und Menachem Begin wurde Ministerpräsident. Damit war der Mann, über den Albert Einstein und Hannah Arendt ein so hartes Urteil gefällt hatten[4], nicht mehr nur ein Parteiführer, sondern er repräsentierte den Staat, und er ließ gleich erkennen, daß er seine Überzeugungen nicht geändert hatte. Wenn die Regierungen der Arbeiterpartei sich geweigert hatten, den Resolutionen der Vereinten Nationen zu entsprechen, welche den Rückzug »aus besetzten Gebieten« verlangten, so handelte es sich um eine legitime Vorsichtsmaßnahme, die hinfällig werden mußte, sobald die arabischen Staaten das Existenzrecht Israels anerkennen würden; Begin aber verkündete nun öffentlich und mit großem Nachdruck, daß »Judäa und Samaria« integrale Teile Israels seien und für immer bleiben würden.

Mit diesem grundsätzlichen Anspruch rückte all dasjenige in eine neue Dimension, was bis dahin den Beobachtern als unumgängliche Abwehrmaßnahmen erscheinen konnte: das auf englische Verordnungen der Kriegszeit gestützte Ausnahmeregime gegenüber der palästinensischen Bevölkerung, welches das Sprengen der Häuser von politischen Straftätern erlaubte; die rechtliche Diskriminierung aller Nichtjuden, selbst wenn sie in der israelischen Armee gedient hatten; das Prinzip der kollektiven Verantwortlichkeit von ganzen Familien; die Bemühungen, durch ein harsches Gefängnisregiment und Mordanschläge im Ausland die Führungsschicht der Palästinenser auszuschalten; die Postulierung einer Relation von 50:1 bei Vergeltungsmaßnahmen gegen arabische Terroranschläge; der unverkennbare Herrenstandpunkt gegenüber der palästinensischen Bevölkerung; die Hervorhebung ethnischer oder sogar rassischer Kennzeichen, die den Oberrabbiner von Jerusalem sagen ließ, der österreichische Bundeskanzler Kreisky handle zwar antijüdisch, aber er bleibe immer ein Jude, so daß Kreisky mit einigem Recht antworten konnte, der Rabbiner teile offenbar die Auffassungen Hitlers.[5]

In der Tat mußte der jüdische Staat, wenn er ein »Groß-Israel« vom Mittelmeer bis zum Jordan und vom Litani-Fluß bis zum Roten Meer sein wollte, die arabische Bevölkerung entweder austreiben oder mindestens durch das Vorschieben wehrbauernhafter Siedlungen dauerhaft unterdrükken; er mußte also dem nationalsozialistischen Staat der Jahre bis zum Ausbruch des Zweiten Weltkrieges immer ähnlicher werden. Und dadurch wurde bewiesen, daß nicht ethnische Qualitäten, sondern Willensziele das Verhalten einer Gruppe von Menschen bestimmen: Wenn Israel ein »rein-jüdisches Groß-Israel« sein wollte, würde seine innere und äußere Politik sich nicht wesentlich von derjenigen unterscheiden, die Hitler getrieben hatte, um ein »rein deutsches Großdeutschland« ins Dasein zu bringen.

Und dadurch wurde gleichzeitig unter Beweis gestellt, daß Aaron David Gordon recht gehabt hatte, als er den Humanitarismus der assimilierten Juden für ein bloßes Gedankengebilde außerhalb der überprüfbaren Realität erklärt hatte[6]: Es zeigte sich, daß Juden in schwieriger Lage und mit außerordentlichem Vorsatz nicht anders handelten, als Deutsche und Italiener in schwieriger Lage und mit außerordentlichem Vorsatz gehandelt hatten. Und wenn trotzdem der Unterschied zwischen der nationalsozialistischen »Endlösung der Judenfrage« und der von Begin und Schamir postulierten »Endlösung der Palästinenserfrage« selbst dann fundamental blieb, wenn man bloß die unmittelbaren Intentionen in Betracht zog, so wurde doch die richtige Aussage über den »Holocaust« unmoralisch, sobald sie der Rechtfertigung der Likud-Ideologie und der Likud-Politik dienen sollte. Nur Fanatiker konnten die Richtigkeit einer Feststellung von Bertrand Russell bestreiten, die er unter ausdrücklicher Bezugnahme auf Israel 1970 kurz vor seinem Tod getroffen hatte: »Die Schrecken der Vergangenheit zu beschwören, um diejenigen der Gegenwart zu rechtfertigen, ist grobe Heuchelei.«[7]

Aber es stellte eine der erstaunlichsten Inversionen der Geschichte dar, daß ausgerechnet derjenige Mann, der das moralische Fundament des Staates Israel und der amerikanisch-israelischen Beziehungen so schwer erschütterte, den anscheinend bedeutendsten Schritt zum Frieden mit den Arabern zu tun vermochte, nämlich durch den Abschluß eines Abkommens mit Ägypten, das Israel einen Botschafter in Kairo und dem Präsidenten Sadat die Rückgabe der Sinai-Halbinsel einbrachte. Begin wich jedoch kein Jota von seinen grundsätzlichen Auffassungen ab, und der arabische

Haß wurde eher verstärkt als gemindert, so daß Sadat wenig später einem Attentat zum Opfer fiel.

So brachte die Entspannung der siebziger Jahre dem Westen schwere Rückschläge territorialer, juristischer und moralischer Art, aber es wäre dennoch falsch, die zuversichtlichen Aussagen, die von Moskau und Berlin herübertönten, zum Nennwert zu nehmen. Ob der Protagonist der Auseinandersetzung nun »die kommunistische Weltbewegung« oder »die Supermacht Sowjetunion« war, in jedem Fall hatte auch »der Osten« Grund genug, an der Geradlinigkeit der Geschichte zu zweifeln.

Der chinesisch-sowjetische Konflikt kam an kein Ende, als nach dem Tode Mao Tse-tungs die »Viererbande« der extremen Maoisten gestürzt wurde; der zweite innerkommunistische Kalte Krieg nahm vielmehr die Gestalt eines heißen Krieges an, als die Volksrepublik China 1979 Vietnam, das mit der Sowjetunion verbündet war, mit einer »Strafexpedition« überzog. Vietnam hatte seinerseits einen innerkommunistischen heißen Krieg gegen die im Bürgerkrieg siegreichen Roten Khmer in Kambodscha geführt, und es hatte dafür Begründungen gegeben, die sowohl an Marx' Polemik gegen Bakunin wie auch an Bakunins Polemik gegen Marx erinnerten.

Wenn mithin in Ostasien von einer »Einheit der kommunistischen Weltbewegung« keineswegs mehr die Rede sein konnte, so traten auch an der Westgrenze der Sowjetunion Entwicklungen ein, die wenige Jahre zuvor kaum vorstellbar gewesen wären. In Polen hatte die Kommunistische Partei von jeher der katholischen Kirche gewisse Konzessionen machen müssen, und 1980 sah sich das Regime gezwungen, nach großen Streiks in Danzig und anderswo erstmals eine unabhängige Gewerkschaft zuzulassen, die »Solidarnósč« unter der Führung des Werftarbeiters Lech Walesa, welche innerhalb weniger Monate einen Zustrom von an die zehn Millionen Mitglieder verzeichnen konnte. Der erstaunliche neue Tatbestand wurde auch dadurch nicht vollständig aus der Welt geschafft, daß der General Jaruzelski im Dezember 1981 diese Volksbewegung mit einem Staatsstreich von außerordentlicher Brutalität niederwarf, um eine militärische Intervention der Sowjetunion zu vermeiden.

Eine Grundtatsache blieb jedenfalls unverändert, und nicht bloß in Polen: daß die Ökonomie weit hinter den Erwartungen zurückblieb und daß die zuversichtlichen Prophezeiungen Chruschtschows allenfalls noch Gegenstand von bitterem Spott sein konnten. Die Frage war, ob die nun evident gewordene ökonomische Systemunterlegenheit eines Tages die politische Überlegenheit der einheitlichen und raschen Willensbildung beeinträchtigen oder sogar zerstören würde.

Eine militärische Intervention der Sowjetunion war im Dezember 1979 in Afghanistan erfolgt, und sie ähnelte dem amerikanischen Eingreifen in Südvietnam auch insofern, als ein führender Staatsmann zu den ersten Opfern zählte. Und auch Afghanistan hatte eine lange Grenze mit einer den Interventen feindlich gesinnten Macht, nämlich mit Pakistan, über die amerikanischer Nachschub zu den islamischen Widerstandskämpfern gelangen konnte. Es war nicht auszuschließen, daß Afghanistan zum Vietnam der Sowjetunion werden würde.

Zunächst aber trug das Eingreifen in Afghanistan wesentlich dazu bei, daß im Herbst 1980 mit dem ehemaligen Schauspieler Ronald Reagan ein amerikanischer Präsident gewählt wurde, welcher nicht davor zurückschreckte, eine Sprache zu führen, die weitaus schärfer war als diejenige Harry Trumans während der Anfänge des Kalten Krieges. So bezeichnete er die Sowjetunion als das »Reich des Bösen«, dem er Amerika als das »strahlende Land auf dem Berge« entgegensetzte, und er nannte Kuba und Nicaragua »Sowjet-Satelliten« im weltweiten Ost-West-Konflikt, die von »marxistisch-leninistischen Cliquen« beherrscht würden. Zugleich setzte er ein Rüstungsprogramm in Gang, das in einem Jahr weit größere Summen in Anspruch nahm, als Hitler bis 1939 verwendet hatte, wenn es auch allem Anschein nach die sowjetische Proportion im Verhältnis zum Gesamthaushalt nicht erreichte. Keinen geringen Anteil an diesen Summen hatte Reagans Lieblingsprojekt der »Strategischen Verteidigungsinitiative« (SDI), das heißt der Raketenabwehr im Weltraum, die von der Sowjetunion sofort als Vorbereitung eines »Weltraumkrieges« heftig angeklagt wurde. Zugleich warfen die Nachfolger Breschnews, Andropow und Tschernenko, der NATO vor, mit ihrem »Doppelbeschluß«, der noch aus der Zeit Carters stammte, einen »Enthauptungsschlag« mittels der Aufstellung von Pershing II-Raketen ins Werk setzen zu wollen. In Wirklichkeit war dieser Beschluß ein Gegenzug gegen die Aufstellung der SS-20 Raketen, die der Sowjetunion eine gewaltige Überlegenheit im Bereich der Mittelstreckenraketen verschafft hatten.

Die sowjetischen Behauptungen fanden im Westen einen starken Widerhall, und es bildete sich zumal in Deutschland eine riesige »Friedensbewegung«, die viele Hunderttausende von Menschen zu Demonstrationen auf die Straße zu bringen vermochte. Der sozialdemokratische Bundeskanzler Helmut Schmidt, der einer der Hauptinitiatoren des Doppelbeschlusses gewesen war, wurde Ende 1982 gestürzt, nicht zuletzt deshalb, weil seine eigene Partei ihm das Vertrauen entzogen hatte. Daher schien der Kalte Krieg, der so oft totgesagt worden war, in den Jahren 1982 und 1983 zu einem neuen Höhepunkt gelangt zu sein, so daß der erste Grundtatbestand der Zeit nach 1945 allein die Szene beherrschte.

Die einfache Wahrheit, daß das westliche System mit der Selbständigkeit seiner öffentlichen Meinung einen kühl kalkulierten Regierungsentschluß zur Führung eines »Enthauptungsschlages« oder eines »Kriegs der Sterne« verhindern würde, wurde weithin übersehen, und die entgegengesetzte Befürchtung konnte weit bessere Gründe anführen: die Befürchtung nämlich, daß die Sowjetunion endgültig das politische Übergewicht in Europa erlangen werde, wenn die SS-20 Raketen infolge der Aktivität der »Friedensbewegung« ohne Antwort bleiben würden. Sobald die Bundesrepublik sich selbst »finnlandisiert« habe, so warnten insbesondere amerikanische Kommentatoren, würde das Atlantische Bündnis seines Hauptpfeilers in Europa beraubt und aktionsunfähig geworden sein. Aber die neue »bürgerliche« Regierung setzte gegen erbitterten Widerstand die »Nachrüstung« durch, und es zeigte sich bald, daß die Sowjetunion ihre Drohung, alle Verhandlungen abzubrechen, nicht wahr machte und daß die befürchtete »Eiszeit« als neue und besonders gefährliche Phase des Kalten Krieges nicht anbrach.

Im März 1985 wurde auf Vorschlag des Außenministers Gromyko das Politbüromitglied Michail Gorbatschow zum neuen Generalsekretär der KPdSU gewählt.[8] Es dauerte nicht lange, bis sein Programm der »Perestroika« und der damit verbundenen »Glasnost« gerade im Westen große Aufmerksamkeit hervorrief. Manche Zeichen wiesen darauf hin, daß es sich nicht bloß um eine Neuaufnahme des Chruschtschowschen Programms der »Entstalinisierung« der Ideologie und einer Flexibilisierung der Wirtschaft handelte. Die Aufhebung der Verbannung des berühmtesten aller Dissidenten, Andrej Sacharows, hatte größere Bedeutung als die Veröffentlichung von Ilja Ehrenburgs »Tauwetter« 1956 und von Solschenizyns »Ein Tag im Leben des Iwan Denissowitsch« 1961 gehabt hatte, denn sie löste Hunderten von Journalisten die Zunge, und die Anklagen gegen Stalin nahmen Züge einer Systemkritik an. Für die Betriebe der Wirtschaft wurde nicht mehr bloß größere Selbständigkeit verlangt, sondern man machte die »Neue Ökonomische Politik« der frühen zwanziger Jahre, die für Lenin bloß eine »Atempause« gewesen war, zu einem dauerhaften Ideal.

Während es in Deutschland 1986 in der intellektuellen Öffentlichkeit noch größte Empörung erregte, als in einem Zeitungsartikel eine Beziehung zwischen dem »Gulag« und »Auschwitz« hergestellt wurde, konnte zwei Jahre später in Moskau eine Versammlung in Anwesenheit Sacharows stattfinden, bei der die Teilnehmer an der Stirnwand des großen Saales ein Bild von Stalin vor sich hatten, der auf einer Schädelpyramide stand, während an seiner Seite ein kleinerer Hitler auf einer anderen und kleineren Schädelpyramide zu sehen war. Aber selbst darin und ebenfalls in den ersten Gipfeltreffen zwischen Reagan und Gorbatschow mochte man ein vertrautes Muster erkennen: den taktischen Rückzug nach einem mißglückten Vormarsch, die Klage über das »Feindbild« des Gegners in eins mit dem Festhalten an dem eigenen und ursprünglicheren Feindbild, das zeitweilige Lockern der Zügel zwecks Vorbereitung der Machtkonzentration auf den führenden Mann. Erst recht konnte das spektakulärste Ereignis der Gipfeldiplomatie in diesem Zusammenhang gesehen werden, der amerikanisch-sowjetische Entschluß, alle Mittelstreckenraketen in Europa abzubauen.

Nur die sich seit 1988 häufenden Nachrichten über Nationalitätenkonflikte und Selbständigkeitsbestrebungen in einzelnen Unionsrepubliken sowie über die permanente Verschlechterung der wirtschaftlichen Lage gaben Anlaß zu der Vermutung, daß Gorbatschow das Heft nicht mehr fest in der Hand habe, und eine qualitative Differenz gegenüber allem Vorhergehenden mochte man darin erblicken, daß Gorbatschow für seine Partei ausdrücklich auf den »Alleinbesitz der Wahrheit« Verzicht tat. Aber noch im Herbst 1988 brachte die NATO ernste Sorgen zum Ausdruck: es sei Gorbatschow gelungen, immer größere Kreise in der westlichen Öffentlichkeit davon zu überzeugen, daß Sicherheit nur durch Abrüstung und Entnuklearisierung zu erreichen sei, und das bedeute eine ausgeprägte Herausforderung für das Bündnis – offensichtlich wurde dabei als selbstverständlich vorausgesetzt, daß Gorbatschow eben dadurch den bisherigen Besitzstand der Sowjetunion und seine diktatorische Macht sichern wolle.

In der Tat konnte man auch Ende 1988 noch der Auffassung sein, die Sowjetunion und die DDR hätten aus der Entspannung der letzten Jahre die größeren Vorteile gezogen, da sie an ihren Positionen festgehalten, ja diese sogar noch ausgebaut hätten. Im Mai 1985 verlangten Gorbatschow und Honecker einmütig die volle Anerkennung der politischen und territorialen Realitäten, wie sie sich im Ergebnis des Zweiten Weltkriegs und der Nachkriegsentwicklung herausgebildet hätten; einige Monate später forderte der Warschauer Pakt »Wachsamkeit gegen die Weltherrschaftspläne imperialistischer Kreise«; im Juli 1987 erklärte Gorbatschow bloß diejenige Auffassung für akzeptabel, die in Deutschland zwei Staaten mit unterschiedlicher gesellschaftspolitischer Ordnung wahrnehme, im September 1987 besuchte Honecker erstmals die Bundesrepublik und wurde ganz wie ein normales Staatsoberhaupt empfangen, im Januar 1988 konnte Andrej Gromyko als sowjetisches Staatsoberhaupt beim Besuch des polnischen Ministerpräsidenten noch mit positiver Akzentuierung erklären, Stalin habe in Potsdam wie ein Löwe dafür gekämpft, daß Polen ein sozialistischer Staat und kein Anhängsel des westlichen Blocks werde; auch im Oktober

1988 postulierten die Außenminister des Warschauer Paktes die »Achtung der bestehenden territorialen und politischen Realitäten«, und wenig später besuchte eine offizielle Delegation des europäischen Parlaments die Volkskammer der DDR.

Niemand sagte zu dieser Zeit voraus, welche umwälzenden Ereignisse die bevorstehenden Jahre 1989 und 1990 bringen würden. Und der Blick auf die Tendenzen des Geschichtsdenkens sowie auf die einzelnen Denker wird zeigen, daß man auf der »höheren Ebene« der Philosophen und Soziologen hinsichtlich der Zukunft nicht klüger war als die Journalisten und Politiker, daß sich aber gerade auf dieser Ebene Erkenntnisse über dasjenige gewinnen lassen, worum es im Kalten Krieg und weiterhin in den großen Konflikten des Jahrhunderts eigentlich ging und was an Folgerungen daraus abzuleiten ist.

ZWEITER KREIS: IDEOLOGIEN, RICHTUNGEN, SCHULEN

Koexistenztheorien und »Studentenbewegung«

Wenn irgend etwas für »Entspannung« kennzeichnend ist, so scheint es der Begriff der »Koexistenz« zu sein. Aber dieser Begriff kann einen bloßen Zustand bezeichnen, und er zielt dann lediglich auf das faktische Nebeneinander zweier Machtgebilde, die nicht in einen Krieg verwickelt sind. Inhaltsvoll wird er erst dann, wenn ein Hinblick auf Dauer vorliegt oder wenn diese Dauer sogar postuliert wird. Dann müssen Voraussetzungen und Merkmale dieser Dauer benannt werden, und aus der bloßen Feststellung wird mindestens in Ansätzen eine Theorie. Von der Notwendigkeit, eine »Koexistenz mit den Diktaturen« ins Auge zu fassen, hatten vor 1939 einige der »Appeaser« unter Bezugnahme auf Deutschland und Italien gesprochen, während ihre Gegner überzeugt waren, daß infolge der aggressiven Natur der faschistischen Regime ein Krieg in aller Bälde unvermeidbar sein werde.

Nach 1945 gab es im Westen nur einige wenige Autoren, meist ehemalige Kommunisten wie etwa James Burnham, die einen Krieg oder doch wenigstens ein offensives Vorgehen gegen den ideologischen Feind postulierten und einen vollständigen Sieg über den Kommunismus vorhersahen; in der Sowjetunion und in den kommunistischen Staaten waren überhaupt keine Stimmen vernehmbar, welche von einem großen Krieg die Entscheidung des Konflikts erwarteten; vielmehr wurde von Moskau aus eine gewaltige »Friedensbewegung« ins Leben gerufen, die auch im Westen viele Hunderttausende an Unterschriften für ihre Manifeste sammelte. Allerdings war mit der Anklage gegen die aggressiven Absichten der »Kriegsbrandstifter« immer die Überzeugung verbunden, daß eines nicht allzu fernen Tages der vollständige Sieg dem eigenen System gehören werde, und damit war die Gesamtsituation viel komplizierter, als sie nach 1933 im Verhältnis zwischen den »westlichen Demokratien« und dem nationalsozialistischen Deutschland vorgelegen hatte.

Die Grundlinien des sowjetischen Verständnisses von Koexistenz der Systeme hatte Lenin bereits vor der Oktoberrevolution skizziert, und zwar im Jahre 1915: infolge der Ungleichmäßigkeit der ökonomischen und politischen Entwicklung des Kapitalismus sei es möglich, daß der Sozialismus zunächst nur in einem Land siegen werde. Das siegreiche Proletariat dieses Landes werde sich nach der sozialistischen Organisation der Produktion dem kapitalistischen Rest der Welt entgegenstellen und überall »den Aufstand gegen die Kapitalisten entfachen und im Notfall sogar mit Waffengewalt gegen die Ausbeuterklassen und ihre Staaten vorgehen«, freilich gerade nicht in einem einzigen Angriff, sondern »in einem mehr oder weniger langwierigen und hartnäckigen Kampf gegen die rückständigen Staaten«.[1] Die Überzeugungen, die dieser Konzeption zugrunde lagen, sind von keinem Leninisten jemals aufgegeben worden: der Sozialismus als Abschaffung des Privateigentums an Produktionsmitteln und der Souveränität der Einzelstaaten sei das universale Telos der Geschichte der Menschheit, aber der Sieg der Arbeiterklasse jedes Landes müsse von der in der Sowjetunion herrschenden Partei, der Führerin des Weltproletariats, auf jede nur denkbare Weise mit Ausnahme der Entfesselung eines großen Krieges unterstützt werden, vornehmlich durch die Förderung von Bürgerkriegen der ausgebeuteten Mehrheit gegen die ausbeutende Minderheit.

Zu taktischer Flexibilität war innerhalb dieser Konzeption viel Raum, und es gab keinen Grund für die Annahme, Stalins Wille zum »Aufbau des Sozialismus in einem Lande« bedeute eine Abweichung von den Vorstellungen Lenins und impliziere einen Verzicht auf die Idee der »Weltrevolution«. Daß der kommunistische Glaube auch nach vierzig Jahren unverändert und sehr lebendig war, stellte Nikita Chruschtschow zu Beginn der sechziger Jahre unter Beweis, indem er die »friedliche Koexistenz« als »eine Form intensiven ökonomischen, politischen und ideologischen Kampfes des Proletariats gegen die aggressiven Kräfte des Imperialismus in der internationalen Arena« definierte.

Aber *alle* sowjetischen Äußerungen waren von der Gewißheit bestimmt, daß der Kampf zwischen Sozialismus und Kapitalismus die Grundwirklichkeit der Epoche sei, daß der Sozialismus ständig angreife und daß der Kapitalismus in einem »Kampf auf Leben und Tod« eine Niederlage nach der anderen erleide, daß »die Revolution« das historische Recht vollständig auf ihrer Seite habe und daß Widerstand von seiten der »herrschenden Klassen« illegitim, mithin ein »entschlossener Bürgerkrieg« gerechtfertigt sei.[2] Die sowjetische Theorie der Koexistenz impliziert also die Erwartung einer Konvergenz der Systeme, aber diejenige einer »sowjetischen Konvergenz«, das heißt den Triumph des eigenen Systems, der zwar große Anstrengungen bei der Hilfe für revolutionäre und das heißt bürgerkriegsmäßige Bewegungen im Gebiet des Klassenfeindes erforderlich macht, aber in der Hauptsache doch durch die immanente Entwicklung des Kapitalismus hin zum Sozialismus garantiert wird.

Eine entgegengesetzte Theorie der Koexistenz, welche auf die Vorstellung einer »amerikanischen Konvergenz« hinausläuft, wurde von Walt Whitman Rostow entwickelt, wie gezeigt worden ist.[3] Im Wettlauf der verschiedenen Gesellschaften hin zum Wohlfahrtsstaat nehmen die USA die Spitzenposition ein, und die Sowjetunion befindet sich noch in einer schwierigen Übergangsphase, die sie aber eines Tages nicht anders als Indien oder Brasilien hinter sich bringen wird, um sich ganz im Endstadium des »Massenkonsums« einzurichten, dessen Vorbild Amerika ist. Diese Auffassung ist um vieles materialistischer oder »ökonomistischer« als die sowjetische, denn sie nimmt politische Kämpfe kaum in den Blick, und sie konnte ja in der Tat nicht im gleichen Sinne eine Förderung der »kapitalistischen« Kräfte in der Sowjetunion ins Auge fassen, wie Chruschtschow die Unterstützung der »sozialistischen« Tendenzen im Westen für selbstverständlich hielt.

Offenbar liegt hier ein fundamentaler Systemunterschied vor, der in der freien Existenz oder in der Nicht-Existenz einer radikalen Opposition faßbar wird. Dieser politische Unterschied hat aber für Rostow im Vergleich zu der ökonomischen Differenz nur geringes Gewicht, und so teilt er die Sorge anderer Theoretiker nicht, daß das ökonomisch schwächere System infolge seiner politischen Überlegenheit die Oberhand gewinnen könnte. Und es war ja eigenartig genug, daß im Westen einflußreiche Denker wie etwa Toynbee und Galbraith sich der Vorstellung von einer »sowjetischen Konvergenz« immerhin näherten, während in der Sowjetunion oder auch in der Volksrepublik China und in Kuba nicht der leiseste Zweifel am künftigen »Weltsieg des Sozialismus« artikuliert wurde.

Im engeren Sinne kann von »Konvergenz« allerdings nur dann gesprochen werden, wenn eine intermediäre Konvergenz gemeint ist, eine Fortentwicklung der beiden Systeme zu einem Zustand, der eine Synthese der scheinbar entgegengesetzten Charakterzüge darstellt. Diesen idealtypischen Ort hat auf besonders nachdrückliche Weise *Pitirim Alexandrowitsch Sorokin* eingenommen, der uns als Emigrant aus Rußland und scharfer Kritiker der Revolution bereits begegnet ist[4] und der es in den dreißiger Jahren als Vorsitzender der damals noch kleinen soziologischen Abteilung der Harvard Universität zu hohem Ansehen brachte.

Schon 1944 machte er sich in seinem Buch »Russia and the United States« zum Wortführer einer dauerhaften Zusammenarbeit der Kriegsverbündeten, die nicht nur pragmatischen Zwecken dienen solle, sondern der Herausbildung einer »neuen und edleren Gesellschaftsordnung«, zu der Rußland einen wesentlichen Beitrag leisten könne.[5] Dabei wurde Sorokin offenbar schon von der Idee geleitet, daß die kapitalistische Zivilisation des

Westens von sinnlichem (»sensate«), mithin materialistischem Charakter sei und durch eine höhere Kultur abgelöst werden müsse, die auch der ideellen (»ideational«) Natur des Menschen gerecht werde und daher die Moral sowie familienartige Beziehungen der Menschen ins Zentrum stelle. Allerdings beruhten die Hoffnungen Sorokins keineswegs, wie diejenigen von zahlreichen »Fellow travellers« in den USA, auf einer positiven oder gar enthusiastischen Einschätzung der bolschewistischen Revolution und ihrer Folgen, sondern sein Urteil war im Jahre 1964 ebenso hart, wie es 1927 gewesen war: »Diese supertotalitäre Politik wurde durch die blutigsten und unmenschlichsten Zwangsmaßnahmen – durch Massenhinrichtungen von Millionen von ›Konterrevolutionären‹, durch Inhaftierung von noch weit zahlreicheren Oppositionellen durchgesetzt. In der ganzen Menschheitsgeschichte hat es nicht viele Fälle eines so tyrannischen, so supertotalitären, auf so unmenschliche Weise autokratischen Regimes gegeben.«[6]

Aber Sorokin leitet daraus nicht die Folgerung ab, daß die Sympathisanten eines solchen Regimes zum Schweigen gebracht werden müßten, sondern er verwirft den amerikanischen Antikommunismus und die Führung des Kalten Krieges durch die amerikanische Regierung mit fast ebenso großer Entschiedenheit. Seine Hoffnungen gründet er auf das »Tauwetter« nach dem Tod Stalins, auf die Entlassung zahlreicher Häftlinge aus den Arbeitslagern, auf die angebliche Herstellung der Autonomie der verschiedenen Konfessionen, auf das Verschwinden der »törichten« Reden über den Gegensatz zwischen »bürgerlicher« und »proletarischer« Wissenschaft und ein wenig auch auf die Tatsache, daß seine eigenen Werke nach langem Verbot seit kurzem wieder nach Rußland geliefert werden dürfen, wenngleich nur in kleinen Mengen.[7] So sind sich die beiden Länder bereits jetzt sehr ähnlich geworden, in Familienstruktur, Parteisystemen, ja sogar in der »korporativen Ökonomie«. Dies bedeute, »daß beide Typen, exemplifiziert durch die Vereinigten Staaten und Sowjetrußland, mehr und mehr zu einem mittleren Typus konvergieren, der sowohl vom Kommunismus wie vom Kapitalismus verschieden ist«.[8] Am Ende wird sich dieser Typus zur Einheit eines »neuen integralen Systems von Kultur, Gesellschaft und Persönlichkeiten« entwickeln, in welchem der »unnötige und unselige Kalte Krieg«[9] nur noch eine ferne Erinnerung ist.

Die Überzeugung, daß der Kalte Krieg eine »unnötige und unselige« Realität sei, war zu Beginn der sechziger Jahre im Westen bereits weit verbreitet, und sie machte sich auch im Vordringen der Historikerschule des »Revisionismus« bemerkbar, welche der »etablierten Schule« eine andere Auffassung des Kalten Krieges entgegensetzte, die in den Vereinigten Staaten und nicht länger in der Sowjetunion den wichtigsten Urheber des Weltkonflikts sah, in der Regel nicht so sehr aus Philokommunismus als aus Sympathie für die Revolutionen der Dritten Welt, die vom amerikanischen Kapitalismus bekämpft und bloß von der Sowjetunion unterstützt würden. Aber in den Bereich der großen Öffentlichkeit gelangte diese Veränderung des Klimas erst, als die Auffassungen der relativ wenigen Publizisten und Professoren in Amerika und in Deutschland, in Frankreich und in Italien von großen Teilen der akademischen Jugend aufgenommen und zu der »Studentenbewegung« fortgebildet wurden, welche auf ihrem Höhepunkt für einen Augenblick den Eindruck hervorrief, der Sohn eines deutschen Emigranten, Daniel Cohn-Bendit, sei an der Spitze einer unwiderstehlichen Massenbewegung dabei, keinen geringeren Staatsmann zu stürzen als Charles de Gaulle.

Nun leuchtet es nicht auf den ersten Blick ein, die »Studentenbewegung« mit der »Koexistenz« und der »Entspannung« in Verbindung zu bringen. Sie hatte auch universitätsinterne Ursachen und wies erhebliche nationale Verschiedenheiten auf.[10]

So erwuchs das »Free Speech Movement« in Berkeley zum guten Teil dem Aufbegehren gegen die schleichende Umwandlung der Universität in eine »Wissensfabrik« oder eine »multiversity«, und das nächste Verlangen ging dahin, alle Einschränkungen für die »freie Rede« und das heißt praktisch für politische Propaganda auf dem Universitätsgelände aufzuheben. Dabei ging es jedoch nicht um die Tagespolitik der amerikanischen Parteien, sondern in der Hauptsache um den Kampf für die »Bürgerrechte« der Schwarzen, der auch von vielen Studenten im tiefen Süden der USA geführt worden war. Aber nicht minder sollte die Empörung über die Untersuchungen des Kongreßkomitees für »unamerikanische Aktivitäten« (HUAC) zu Wort gebracht werden, und damit ist der Bezug zum Kalten Krieg bereits hergestellt, denn man konnte in der Arbeit dieses Komitees ein Fortwirken des McCarthyismus sehen. Das »Free Speech Movement« trieb sich jedoch rasch zum »Dirty Speech Movement« fort, und der Widerstand gegen den Geist des Kalten Krieges universalisierte sich zur Ablehnung des gesellschaftlichen Systems im ganzen, das angeblich für das Elend im eigenen Land und für die Spannungen in der Welt verantwortlich war.

An der Columbia University in New York hatten die Unruhen zwei Jahre später einen noch lokaleren Ausgangspunkt, nämlich die Planung eines Universitätsgebäudes im Morningside Park in der Nähe von Harlem, aber sehr rasch kam die Realität des Vietnam-Krieges ins Spiel, die für die Studenten besonders fühlbar wurde, als der Verdacht entstand, die Universität arbeite mit den Militärbehörden zusammen, indem sie »Ranglisten« übermittle und damit die schlechteren Studenten zur Einberufung freigebe.

Sit-ins, Protestdemonstrationen und Besetzungen einzelner Universitätsgebäude bestimmten nun für einige Zeit das Bild, und in den »befreiten Gebieten« gaben Inschriften wie »Alles gehört allen« zu erkennen, daß der Geist der Ewigen Linken in seiner befeuernden Simplizität auch im Hauptland des Kapitalismus und des Privateigentums lebendig war.

An der Freien Universität Berlin entzündete sich die Kritik einer jüngeren Generation an der Welt ihrer Eltern vor allem an den KZ-Prozessen der frühen sechziger Jahre, die zu beweisen schienen, daß eine »Bewältigung« der nationalsozialistischen Vergangenheit nicht stattgefunden habe und daß die ältere Generation durch hartnäckiges Schweigen ihre Schuld vor sich selbst und ihren Kindern verbergen wolle. Auch hier richtete sich nur der erste Angriff gegen die Universität, ihre in Deutschland besonders autoritäre Struktur, gegen ihren Charakter als »Elfenbeinturm«, gegen das »Fachidiotentum« der Ordinarien und die Atomisierung der Universität in lauter kleine Institute.

Die Macht der Verallgemeinerung wirkte sich auch hier sehr rasch aus, und sie kam etwa in der Wendung zum Ausdruck, der Protest der Studenten richte sich »gegen Ungerechtigkeit und Unterdrückung in der ganzen Welt«.[11] Freilich hätte eine so edle und abstrakte Intention schwerlich gravierende Auswirkungen gehabt, wenn nicht auch hier der Vietnamkrieg ins Spiel gekommen wäre und wenn nicht die Verzweiflung der »alten« Sozialisten um Wolfgang Abendroth angesichts des Abschieds der SPD vom Marxismus und von der Opposition gegen die Westintegration in die »neue« Kampfbereitschaft des »Sozialistischen Deutschen Studentenbundes« und schließlich des »Marxistischen Studentenbundes Spartakus« übergegangen wäre. Zwar gelang es nicht, die Verabschiedung der »Notstandsgesetze« zu verhindern, aber die Forderung nach Anerkennung der Oder-Neiße-Grenze und nach Aufnahme offizieller Beziehungen zur DDR wurde bald die Grundlinie der »neuen Ostpolitik« der Regierung Brandt–Scheel.

Die französische Studentenbewegung stand zunächst unter dem Einfluß der deutschen und wurde von ähnlichen Motiven bestimmt: dem Aufbegehren einer jungen und nach soziologischen Begriffen »bürgerlichen« Generation gegen das als monoton und repressiv empfundene »bürgerliche« Leben. Mehr noch als in Amerika und in Deutschland machte sich der Einfluß der Anfänge der »sexuellen Revolution« bemerkbar, wie sich etwa in der Erstürmung der Wohnheime der Studentinnen durch ihre männlichen Kommilitonen zeigte, welche die Einrichtung gemischter Wohnheime erzwang. Aber Daniel Cohn-Bendit sah die Studenten, die große Teile der Sorbonne und des Quartier latin besetzt hatten, als einen Teil der nichtstalinistischen internationalen Arbeiterbewegung, die das kapitalistische Regime stürzen wolle. Immerhin schien Ende Mai der Sturz des gaullistischen Regimes unmittelbar bevorzustehen, als die Kommunistische Partei ihr anfängliches Zögern überwunden hatte, und Charles de Gaulle, seit einigen Jahren der entschiedenste Vorkämpfer der Entspannung unter den westlichen Staatsmännern, mußte die Sprache des schroffsten Kalten Krieges und das heißt der Anklage gegen die kommunistischen Landesverräter sprechen, um die gigantische Massendemonstration seiner Anhänger in Gang zu setzen, welche den Machtkampf zu seinen Gunsten entschied und doch den Rücktritt des folgenden Jahres nicht verhinderte.

Wer sich imstande glaubte, den ersten Staatspräsidenten der Vierten Republik von 1958 und »Befreier Frankreichs« von 1944 zu stürzen, der war ohne Zweifel von einem starken Gefühl erfüllt, am Geschehen der Geschichte beteiligt zu sein, und das galt erst recht für diejenigen, die – wie die Bolschewiki im Jahre 1917 – am Vorabend des Zusammenbruchs des Kapitalismus und des weltweiten Sieges des Sozialismus zu stehen glaubten. Aber ein Geschichtsdenken, das den Namen verdiente, resultierte aus den Massenaktionen der Studenten und aus der noch so virtuosen Handhabung marxistischer oder auch nur trotzkistischer oder maoistischer Begriffe und Formeln nicht. Wohl aber berief sich die Studentenbewegung, zumal in Deutschland, auf einen Philosophen, der eine sehr eigenartige Version des Marxismus entwickelt hatte und denjenigen Überblick besaß, den junge Menschen noch nicht haben können.

Es handelte sich um *Herbert Marcuse*, der bis in die sechziger Jahre hinein allenfalls als eine der Nebenfiguren des alten »Institutes für Sozialforschung« galt, zumal er in Amerika geblieben war und dort an kleineren Universitäten lehrte. Bald nach dem Erscheinen seines Buches »Der eindimensionale Mensch« im Jahre 1964 wuchs sein Bekanntheitsgrad rapide an, zeitweise weit über denjenigen von Horkheimer und Adorno hinaus, sein Auftreten an der Freien Universität Berlin fiel mit dem ersten Höhepunkt der Studentenbewegung zusammen, seine Schriften »Versuch über die Befreiung« und »Repressive Toleranz« griffen bewußt und zielgerichtet in die aktuelle Auseinandersetzung ein, und als er 1979 im Alter von einundachtzig Jahren in Starnberg starb, erinnerten sich die Aktivisten der längst in Stalinisten und Anti-Stalinisten, Maoisten und Hodscha-Anhänger zerfallenen Bewegung seiner häufig genug mit Trauer als des »Vaters der Studentenbewegung«.

Auch Herbert Marcuse entstammte dem jüdischen Großbürgertum, und auch er erhielt seine ersten politischen Impulse aus der inneren Trennung vom Elternhaus und aus der »negativen Kriegserfahrung«. Aber er unterschied sich von seinen Kollegen und Gesinnungsgenossen am »Institut für Sozialforschung« dadurch, daß er lange und intensiv bei Martin Heidegger studierte und zum »Heideggermarxisten« wurde. Überdies war er einer der ersten, die sich in den frühen dreißiger Jahren von den eben entdeckten Marxschen Jugendschriften stark beeinflussen ließen. Sein Buch »Hegels Ontologie und die Theorie der Geschichtlichkeit« war 1932 ganz von der Heideggerschen Fragestellung bestimmt, wie schon aus der Einbeziehung Diltheys ersichtlich ist. Daß er sich gleichwohl primär als Marxisten verstand, wurde dann sehr bald nach seiner Emigration durch den Artikel »Der Kampf gegen den Liberalismus in der totalitären Staatsauffassung« augenfällig, der den Begriff »totalitär« nur auf den Nationalsozialismus anwandte und diesen als eine Konsequenz des Liberalismus interpretierte.

1941 knüpfte er in seinem Buch »Reason and Revolution. Hegel and the Rise of Social Theory« an die Studien von 1932 an, und am Schluß setzte er sich eingehend mit Giovanni Gentile und Alfred Rosenberg auseinander, um den Nachweis zu führen, daß der italienische Faschismus sich zu Unrecht auf Hegel berufe und daß der deutsche Nationalsozialismus von entschiedener und konsequenter Feindschaft gegen Hegel erfüllt sei. Fünfzehn Jahre später erwies sich Marcuse mit »Eros and Civilization« als ein Vertreter des Freudomarxismus, und hier war seine Polemik gegen die Vorkämpfer des »linken« und des »rechten« Flügels der Schule gerichtet, nämlich gegen Wilhelm Reich und Erich Fromm. Wie er einst von Heideggers Theorie der Geschichtlichkeit ausgegangen war, so bezog er sich nun in erster Linie auf Freuds Lehre von der Geschichte als dem kulturbildenden Prozeß der Triebunterdrückung. Aus diesem Buch sowie aus »Der eindimensionale Mensch« und dem »Versuch über die Befreiung« lassen sich die Grundzüge von Marcuses Geschichtsdenken entwickeln, das zur gleichen Zeit Einsicht und Aufruf sein will.

Die Einsicht richtet sich zunächst gegen Freud, dessen Entgegensetzung von Lustprinzip und Realitätsprinzip, aber auch von »Eros« und »Thanatos« er doch voll übernimmt. Geschichte ist bis heute nichts anderes als die Umformung des Lustprinzips in das Realitätsprinzip gewesen, das heißt die Unterjochung der menschlichen Triebe infolge der Notwendigkeit, die Existenz der menschlichen Gruppen in einer feindlichen Umwelt des Mangels und der Knappheit zu erhalten. Trieb aber ist vor allem sexuelle Libido, und deren Drang nach unmittelbarer und vielseitiger Erfüllung wird durch den Zwang der Umstände auf mühevolle Arbeit umgelenkt und mithin unterdrückt. Der Kampf gegen die »Sinnlichkeit« gilt seit Platon als der Hauptcharakter der »Vernunft«, und so wird das Weltverhältnis des

Menschen mehr und mehr zu einem Herrschaftsverhältnis, dem auch die eigene Triebnatur, der Eros, unterworfen wird. Der unterdrückte Eros rächt sich jedoch, indem er die Aggressionstriebe freisetzt und verstärkt, so daß die vom »Leistungsprinzip« geprägte Gesellschaft der Moderne eine Gesellschaft voller innerer Feindseligkeit ist. Nur in der Gestalt einer machtlosen Phantasie und als »pervers« stigmatisierter Wünsche macht sich das Lustprinzip noch bemerkbar.

Aber Marcuse setzt sich Freud nun auf ähnliche Weise entgegen, wie sich Marx hundertzwanzig Jahre früher Adam Smith und David Ricardo entgegengesetzt hatte. Freud hielt das »Unbehagen in der Kultur«, die Unterdrükkung des »Es« durch das »Über-Ich«, für die elementare Grundlage aller Kultur und allen geschichtlichen Lebens, ganz wie Smith und Ricardo die »societas civilis«, die Zivilisation mit ihrer Arbeitsteilung und gesellschaftlichen Schichtung, für »ewig« gehalten hatten. Marcuse setzt die Freudsche »Kultur« ebenso zu einer transitorischen Geschichtsepoche herunter, wie Marx die »bürgerliche Gesellschaft« als bloße Phase »historisiert« hatte, so daß eine nicht-bürgerliche und endgültige »kommunistische Gesellschaft« an ihre Stelle treten kann. In der Gegenwart sind nämlich nach Marcuse gerade durch das Leistungsprinzip und die hohe Produktivität der Ökonomie die Voraussetzungen dafür vorhanden, daß Herrschaft als Privilegienanspruch herrschender Klassen abgeschafft werden kann, wenn auch die Notwendigkeit »rationaler Machtausübung« bestehen bleibt. Damit eröffnet sich die Möglichkeit, daß inmitten des Fortschritts der technischen Vernunft eine Regression zu der »archaischen Erbschaft« der Menschheit erfolgt, die erst der wahre und eigentliche Fortschritt wäre, nämlich die Regression zum Vorrang des Lustprinzips, zur libidinösen Arbeit jenseits von Knappheit, ja zu einem Dasein, das auch von Krankheit und Tod frei wäre.

So sieht Marcuse die Geschichte als einen Repressionsprozeß zwischen zwei nicht-repressiven Polen an: zwischen dem primitiven Beginn der Geschichte, wo innerhalb matriarchalischer Verhältnisse die knappen Güter gleichmäßig und also ohne Nachteil und ohne Privileg für irgendjemanden verteilt wären, und der Phase einer »voll entwickelten, industrialisierten Kultur nach der Überwindung der Lebensnot«. Auch hier braucht es Privilegien und Triebunterdrückung nicht zu geben; und was für Freud notwendig auseinanderfiel, wäre fest miteinander verbunden, nämlich Kultur und Libido, so daß die befreiten Menschen auch der Unterordnung der Sexualität unter die Fortpflanzung, wie die überlieferte Moral sie postuliert, ledig wären, nicht minder aber der Einschränkung der Libido auf die Genitalorgane. Vielmehr würde die Gesamtpersönlichkeit »erotisiert« und die Arbeit in lustvolles Spiel verwandelt sein, und damit würde »eine neue

Grunderfahrung des Daseins die menschliche Existenz in ihrer Gänze verwandeln«.[12]

Diese Konzeption steht offenbar Charles Fourier weit näher als Marx, und Marcuse hätte allenfalls als Wegbereiter der »sexuellen Revolution« gelten können, wenn er bloß das Buch über »Eros and Civilization« veröffentlicht hätte. Eindrucksvoller und folgenreicher war aber die ausführliche und konkrete Kritik der Gegenwart, die er in »Der eindimensionale Mensch« vorlegte und die zugleich einen Abschied von einer der wichtigsten Marxschen Konzeptionen darstellt. Obwohl Marcuse hier und da den Rückweg zur orthodoxen Auffassung offenzuhalten sucht, läßt dieser Abschied sich in dem einen Satz zusammenfassen, daß das Industrieproletariat heute keine revolutionäre Klasse mehr ist. Nicht nur in den USA herrscht ein »betrügerisches Einverständnis von Kapital und organisierter Arbeiterschaft«, im ganzen Westen ist eine »komfortable, reibungslose, vernünftige, demokratische Unfreiheit« zu finden. So ist die Gesellschaft »eindimensional« geworden, sie tilgt »Erinnerung, Zeit, Gedächtnis«, das heißt alles dasjenige, was einen Protest gegen diese Eindimensionalität und gegen die Erhaltung des Bestehenden, das heißt Transzendenz, in sich schließen würde. So finden die Menschen dieser kapitalistischen Gesellschaft »ihre Seele in ihrem Auto«, und für sie zählt nur noch der Warenwert, nicht mehr der Wahrheitswert.

Was »Zweidimensionalität« ist, macht Marcuse aber nun nicht an Beispielen aus dem »primitiven Beginn der Geschichte« klar, sondern durch eine Schilderung der vortechnischen Kultur, die »mit ihrem Formen- und Sittenkodex, mit dem Stil und Vokabular ihrer Literatur und Philosophie . . . den Rhythmus und Inhalt eines Universums« ausdrückte, »in dem Täler und Wälder, Dörfer und Schenken, Edelleute und Leibeigene, Salons und Höfe zur erfahrenen Wirklichkeit gehörten«. Das nimmt sich beinahe wie eine Replik von Heideggers »Feldweg« aus, und ganz wie Heidegger will Marcuse in dieser vortechnischen Welt einige entscheidende Elemente einer nachtechnischen Kultur entdecken, in welcher der sensible Mensch offenbar nicht mehr wie heute gezwungen sein soll, den »Zügellosigkeiten der Bürger« ausgesetzt zu sein, »deren Vergnügungs- und Erbauungsmedien einen zwingen, ihre Töne, ihren Anblick und ihre Gerüche über sich ergehen zu lassen«.

So klingen einzelne Sätze von Marcuse ganz so, als wären sie von George Kennan oder einem anderen »konservativen Kulturkritiker« formuliert worden, und andere Sätze lassen sich wiederum zwanglos so verstehen, als solle mit ihnen der Pornographie oder dem »Ausleben« das Wort geredet werden. Aber der stärkste Impuls Marcuses ist vermutlich der Revolutionsenthusiasmus, den er doch durch die Absage an das Marxsche Konzept gerade erstickt zu haben scheint. So bleibt ihm nur der Blick auf das »Substrat der Geächteten und Außenseiter: der Ausgebeuteten und Verfolgten anderer Rassen und anderer Farben, der Arbeitslosen und Arbeitsunfähigen«. Zwar schreibt er ihnen nur die Möglichkeit der »Großen Weigerung« zu, aber er will darin gleichwohl »den Beginn des Endes einer Periode« sehen.[13]

Diese Schlußperspektive ist offenbar noch aus der Anschauung der amerikanischen Verhältnisse gewonnen, aber im Jahre 1969 sind im »Versuch über die Befreiung« die europäischen Studenten einbezogen, und Marcuses Sprache ist sehr viel militanter geworden. Jetzt läßt er die Opposition, auf die er seine Hoffnungen setzt, sich »in der diffusen Rebellion unter den Jugendlichen und der Intelligenz sowie im täglichen Kampf der verfolgten Minoritäten« manifestieren. Jetzt rühmt er den »erotischen Furor in den Protestsongs, die Sinnlichkeit langer Haare, des von fügsamer Sauberkeit unbefleckten Körpers«, jetzt hält er die Möglichkeit für gegeben, daß von den »Ghettos« aus »der Kampf gegen Ziele von lebenswichtiger ökonomischer und politischer Bedeutung geführt werden kann«; jetzt klingt es wie eine Aufforderung, wenn er den Gedanken zur Erwägung stellt, »daß ohne Barrikaden und Verbrennungen von Autos die herrschenden Mächte noch sicherer und stärker« wären. Nun leitet er aus der Gewalttätigkeit, die innerhalb der Gesellschaft zum Beispiel als »legale Aggression auf den Autobahnen« zum Vorschein gelangt, die Folgerung ab, die bestehende Gesellschaft sei »unrechtmäßig und ungesetzlich«. So wird es fraglich, ob »Auschwitz« für ihn die herausgehobene Stellung behalten kann, die ihn fragen läßt, ob es möglich sei, »nach Auschwitz noch Gedichte zu schreiben«; denn der »scheußlichste Massenmord in der heutigen Welt« ist für ihn »das Massaker an Hunderttausenden von ›Kommunisten‹ in Indonesien«. Letzten Endes kann es sich auch im Falle von Auschwitz und des Blutbades in Indonesien nur um Oberflächenerscheinungen in jener Welt der Triebunterdrückung und der Aggression handeln, welche die bisherige Geschichte und insbesondere die Geschichte des Kapitalismus *ist.*

Aber die Erwartung der umwälzenden Revolution hin zum »ganz Anderen« der nicht mehr in antagonistische Klassen und Nationen »aufgespaltenen Gesellschaft« ist bei Marcuse doch viel schwächer als bei Marx, so sehr er sich dadurch von Freud unterscheidet: Ohne das Proletariat und »gegen den Willen der großen Mehrheit des Volkes« können Intellektuelle, Studenten und Minoritäten keine umwälzende, sondern allenfalls eine lähmende und zerstörende Kraft sein. Deshalb mußte trotz aller Ansätze zur Militanz der Pessimismus der »großen Weigerung« das letzte Wort der Geschichtsauffassung von Herbert Marcuse sein.[14]

So hat die Studentenbewegung unzweifelhaft viele geschichtliche Tendenzen verstärkt, die ohne sie langsamer in das allgemeine Bewußtsein getreten wären, etwa die »positive Diskriminierung« von Schwarzen und Chicanos in Amerika, die Quotenregelung für Frauen, das Selbstvertrauen von Homosexuellen und so weiter, aber ihr einziges Dauerresultat war doch die Zerstörung des fundamentalen »Fakultätenprinzips« in den europäischen Universitäten, welche die Hochschulen aus lehrenden und autonomen Wissenschaftlerkorporationen zu außengeleiteten und innerlich fragilen Betrieben intellektueller Massenproduktion machte. Wenn selbst Marcuse die Studenten davor warnte, ihre billigen Siege über die liberalste Institution der gegenwärtigen Gesellschaft als positive Revolution zu glorifizieren, dann war es naheliegend, die Vorgänge mit negativem Akzent in eine historische Entwicklung einzuordnen.

In der Hitze der alltäglichen Auseinandersetzungen ist das nicht allzu häufig geschehen, und als Beispiel bietet sich am ehesten das umfangreiche Buch von *Helmut Schelsky* von 1974 an: »Die Arbeit tun die anderen. Klassenkampf und Priesterherrschaft der Intellektuellen«. Der Grundgedanke ist sehr einfach: In der modernen Gesellschaft hat sich eine »neue Klasse« von professionellen »Sinnvermittlern« herausgebildet, die den alten Anspruch der Priesterschaften der Weltreligionen aufgreift, im Besitz eines »Heilswissens« zu sein, und die dadurch über die produktiven Klassen einschließlich der Techniker die Herrschaft erlangt. Als Verkünder einer »Sozialreligion« stellen sie gerade jene von Max Weber beschriebene »Rationalisierung der Herrschaft« in Frage, indem sie die »Rationalisierung« selbst zum Glaubensinhalt machen und damit der eigentlichen Intention der Aufklärung zuwiderhandeln. Mit ihrer Utopie der künftigen »Familienhaftigkeit« der geeinten Menschheit vollziehen sie eine »Reprimitivisierung«, die natürlich bei jungen Menschen viel Gehör findet. So folgt der »heilspolitischen Volks- und Rassengemeinschaftsreligion des Nationalsozialismus« nach der nur kurzen Phase der »skeptischen Generation« eine neue »Geschichtssinngebung«, die gerade das Hauptresultat der Geschichte durch ihre »Leistungsdiffamierung« in Gefahr bringt.[15]

So versucht Schelsky, dem Gegner dessen Waffen zu entwinden, nämlich den Klassenbegriff und die Berufung auf »Aufklärung« und »Emanzipation«. Er mußte auch deshalb als Gegenpart zu Marcuse erscheinen, weil er bei Gehlen und Freyer studiert und seine erste Hochschulkarriere in der Zeit des Nationalsozialismus gemacht hatte. Aber es war leicht zu sehen, daß er, selbst ein bedeutender Intellektueller, sich nicht eigentlich gegen »die

Intellektuellen« wandte, sondern gegen die Anarchisten und Halbmarxisten der »linken Intelligenz«, denen er Rudolf Augstein und Heinrich Böll ebenso zuzählte wie Jürgen Habermas. Der Gegensatz zwischen Marcuse und Schelsky kann daher als Abwandlung eines älteren und umfassenderen Gegensatzes betrachtet werden, desjenigen zwischen Marxisten und Antimarxisten.

Marxisten und Antimarxisten

Im ganzen schien das Jahr 1968 kaum weniger ein Höhepunkt in der Geschichte des Marxismus zu sein als das Jahr 1918. Über Nacht hatte sich nahezu die gesamte akademische Jugend in Frankreich und in der Bundesrepublik Deutschland, in Italien und sogar in den USA den Gedankengängen des Marxismus geöffnet; überall war vom »Kampf gegen den Imperialismus«, von der »Profitmaximierung« und von der »Repression« durch »das System« die Rede, fast überall bezeichneten sich die Führer der Bewegung nachdrücklich als Marxisten und mindestens als Sozialisten. Aber wenn bereits 1918 längst nicht alle Marxisten sich mit dem eben zur Existenz gelangten »marxistischen Staat« identifizierten, so wußte jetzt angesichts des Bruchs zwischen den sowjetischen und den chinesischen Kommunisten und angesichts der eigenen Wege der regierenden marxistischen Parteien Jugoslawiens und Albaniens niemand, was »Marxismus« eigentlich sei, denn die Sowjetunion hatte die Definitionskompetenz, die sie außerhalb des Bereichs der Sozialdemokratie so lange besessen hatte, verloren. »Revisionisten« und »Maoisten«, Anhänger Enver Hodschas und Josip Titos bekämpften einander erbittert, die Stimme der Trotzkisten gewann an Gewicht.

In Italien wiederum schritt die Kommunistische Partei auf dem Weg weiter, den Togliatti ihr gewiesen hatte und der zum »Eurokommunismus« führte; es sah so aus, daß Europas Sozialisten definitiv im Begriff waren, nach dem Muster der deutschen Sozialdemokraten dem Marxismus auch offiziell den Abschied zu geben. Insofern gab es auf dem Höhepunkt marxistischer Emotionen und marxistischen Begriffsgebrauchs keinen »Marxismus« mehr, sondern nur viele Marxisten, die geneigt waren, sich gegenseitig für Anti-Marxisten zu erklären. Von »Geschichtsdenken« konnte in den oftmals kleinlichen und höchst emotionalen Auseinandersetzungen nur selten die Rede sein, obwohl es sich immer um Konflikte handelte, die der Auslegung der einflußreichsten Erscheinungsform des Geschichtsdenkens galten. Am Beispiel von drei Autoren bzw. Werken läßt sich indessen anschaulich machen, daß Marxisten nach wie vor die Fähigkeit unter Beweis stellten, die

Geschichte im ganzen zu thematisieren bzw. das Marxsche Verständnis der Geschichte auf kritische Weise zu den gewandelten Umständen in Beziehung zu setzen.

Ernest Mandel, als deutsch-jüdischer Emigrant in Brüssel lebend und führender Funktionär der trotzkistischen »Vierten Internationale«, hat in seinem Buch »Marxistische Wirtschaftstheorie«, ständig auf Marx-Zitate gestützt, ein Bild der gesamten Weltgeschichte von der »Neolithischen Revolution» bis zur Gegenwart entworfen, in dem die »großen Männer« und die Staaten kaum auch nur erwähnt werden, wo die Kapitelüberschriften vielmehr unter anderem lauten: »Der Handel«, »Das Geld«, »Die periodischen Wirtschaftskrisen«, »Der Imperialismus«, »Die Sowjetwirtschaft«, »Die sozialistische Wirtschaft«. In dem späteren und ebenfalls umfangreichen Buch »Der Spätkapitalismus« hat er die Analyse der Gegenwart mit mehr Details durchgeführt, und hier hält er sich ebenfalls sehr eng an Zitate von Marx, etwa an die vereinzelten Bemerkungen über die »Aktiengesellschaften«. Die Totalität des Spätkapitalismus beruht auf »verallgemeinerter Warenproduktion, das heißt auf dem durch das Privateigentum – das heißt eine in viele autonome Zentren der Verfügungsgewalt über die Produktionsmittel zersplitterte und deshalb private Arbeitsorganisation – geschaffenen Konkurrenzzwang zur ständigen Akkumulation des Kapitals und also der ständigen Erweiterung der Arbeitsproduktivität«.[1] Auch der »Spätkapitalismus« ist also eine Konkurrenzwirtschaft, und aus dieser Konkurrenz erwachsen um so gravierendere Krisen, als die handelnden Einheiten, das heißt die Firmen, größer und »monopolistischer« werden. Krisenhaft und auf »Ausbeutung der lebendigen Arbeit« beruhend würde ein solches System auch dann sein, wenn die einzelnen Betriebe im Besitz der Arbeiter wären, aber weiterhin auf die Erzielung von Profiten ausgerichtet blieben.

Wie alle Sozialisten stößt sich Mandel also vor allem an der Existenz von Profit, Zins und Rente als angeblich »den Arbeitern« geraubtem Mehrwert, das heißt an dem Tatbestand, daß disponierende und schöpferische Tätigkeit nach einem anderen Prinzip bezahlt (und bei Mißerfolg bestraft) wird als die ausführende Arbeit. Dieses Organisationsprinzip, das schon Marx in der Regel bloß unter dem Aspekt der Ausbeutung, hin und wieder allerdings unter jenem »der Einsicht« und »des Willens« wahrnahm, muß auch nach Mandel durch ein anderes Organisationsprinzip ersetzt werden, durch die weltweite »demokratisch-zentralisierte Planung der assoziierten Produzenten«. Nur wenn Markt, Geld, Wert, Klassen, Staat und gesellschaftliche Arbeitsteilung abgestorben sind, wird es eine krisenfeste Wirtschaft des Überflusses geben. Die Ansätze zur Überwindung der spätkapitalistischen

Konkurrenzwirtschaft sind in den fortgeschrittenen Ländern heute überall zu erkennen: Die gewaltig erhöhte Produktivität der Arbeit hat schon unter dem jetzigen System großen und freilich schlecht verteilten Reichtum geschaffen, aber die veralteten Produktionsverhältnisse lassen eine wahrhaft rationelle Fortentwicklung der Produktivkräfte nicht zu, so daß dieser Widerspruch bald zu Explosionen führen muß; seit langem wird die Arbeit jedes Individuums mehr und mehr »vergesellschaftet«, obwohl die Aneignung immer noch individuell bleibt; die alten Unterschiede zwischen »materieller« und »geistiger« Arbeit verwischen sich, so daß kein zureichender Grund für die unterschiedliche Entlohnung und für die Hierarchie bei der Arbeitsteilung mehr vorhanden ist; nicht-marktmäßige Realitäten wie etwa der kostenlose Gesundheitsdienst sind im Vordringen begriffen; die mehr und mehr intellektuell hochqualifizierten Arbeiter begehren zunehmend gegen ihren Untertanenstatus in den Betrieben und gegen die ertötende Arbeitsteilung auf. Mithin ist der Sozialismus als die Weltplanwirtschaft der assoziierten Produzenten bereits in Reichweite, welcher jedem Einzelnen die volle Entfaltung seiner schöpferischen Fähigkeiten garantieren und damit die »Geburt eines neuen Menschen« herbeiführen wird. Dadurch wird die an ihr Ziel gelangte Geschichte wieder zu ihren Anfängen zurückkehren, aber auf weitaus höherer Stufe, denn ursprünglich war der Mensch »homo ludens« und »homo faber« zugleich, und dieser Einklang des in der bisherigen Weltgeschichte Getrennten wird ihm am Ende wieder zuteil: »Vom Zwang der Routinearbeit befreit und zurückgekehrt in den Schoß der Gemeinschaft wird der sozialistische Mensch zum *homo faber* und zum *homo ludens* zugleich«, zu einem Menschen, der gleichzeitig »Mediziner und Architekt, Maschinenkonstrukteur und Kernphysiker« zu sein vermag.[2]

So wird bei Mandel die Einheit des Utopischen und des radikal-Reaktionären besonders anschaulich, die für den Marxismus ebenso kennzeichnend ist wie für andere Formen des Sozialismus und die letzten Endes auf der Vorstellung beruht, alle Individuen könnten gleichermaßen Individualinteressen und Gattungsinteressen zur Deckung bringen, so daß es gegensätzliche Individual- und Gruppeninteressen – und also auch die »Zerspaltung« der Menschheit in Klassen und Staaten – nicht mehr geben würde. Aber zweifellos sind viele Beobachtungen Mandels richtig, etwa über die wachsende Verflechtung und Wechselabhängigkeiten aller menschlichen Tätigkeiten, doch sie sind nicht spezifisch marxistisch, und sie könnten mit dem altbekannten liberaldemokratischen Postulat einer »Weltregierung« in Einklang gebracht werden. Die Folgerung müßte indessen sein, daß alle jene Keime der Zukunft, wie etwa der »kostenlose Gesundheitsdienst«, sorgfältig ausgeweitet werden sollten und keinesfalls durch solche Begriffe des 19. Jahrhunderts wie »Klassenkampf«, »die Arbeiterklasse« oder gar »Bürgerkrieg« in Gefahr gebracht werden dürften.

Aber Mandel will nicht etwa in erster Linie die ursprüngliche Marxsche Konzeption wiederaufgreifen, daß »der Kapitalismus« sich unaufhaltsam auf den Sozialismus zubewegt, sondern er will ein aktiver Kämpfer und Agitator für die Weltrevolution sein. Als solcher nimmt er überall da »Sozialismus« und »Arbeiterstaaten« wahr, wo ein erfolgreicher Umsturz ins Werk gesetzt wurde und eine »marxistisch-leninistische Partei« zur Macht gelangt ist: in der Sowjetunion, in China, in Jugoslawien, in Vietnam, in Kuba und in Nordkorea. Freilich identifiziert er sich mit keinem dieser Regime, die in seinen Augen durchweg »deformiert« sind, und auch über Mao Tse-tung hat er viel Kritisches zu sagen. Es liegt ja auf der flachen Hand, wie weit diese bürokratisch, wenn nicht gar autokratisch regierten Staaten von einer genuinen »Rätedemokratie« entfernt sind.

Mandel verfolgt mit ungeteilter Sympathie den »internationalen Klassenkrieg«, wie er sich seit 1917 entfaltet hat, und der Begriff der Einparteiherrschaft wird ihm so wenig fragwürdig, daß er für seine eigene Richtung ein Exklusivrecht auf den Charakter der »marxistisch-leninistischen Partei« in Anspruch nimmt. Und wenn er die chinesische Kulturrevolution analysiert, dann konstatiert er als Voraussetzung umfassende gesellschaftliche Differenzierungsprozesse, neue Spannungen zwischen reichen und armen Bauern, große Privilegien der herrschenden Bürokratie, neues Heranreifen wirtschaftlicher Forderungen im Proletariat, Verwendung des landwirtschaftlichen Mehrprodukts für industrielle Investitionen durch die Bürokratie usw.[3] Der ganze marxistische Begriffsapparat läßt sich also offenbar auf die sozialistischen Systeme vorzüglich anwenden, und auch dadurch wird es zweifelhaft, ob er nicht mindestens abgewandelt werden muß, wenn er den »Kapitalismus« zu erfassen sucht, der sich seit dem Erscheinen des »Kapital« immerhin ein ganzes Jahrhundert fortentwickelt hatte.

Die Amerikaner *Paul Baran* und *Paul Sweezy* standen als Herausgeber der »Monthly Review« im Zentrum des amerikanischen Marxismus, aber sie scheinen Mandel im Blick zu haben, wenn sie in ihrem Buch über den »Monopolkapitalismus« sagen, Marxisten hätten sich allzuoft damit begnügt, vertraute Formulierungen zu wiederholen, »als habe sich seit Marx und Engels oder wenigstens seit Lenin nichts wirklich ereignet«. Daher hätten sie nichts Wesentliches zum Verständnis der »Überflußgesellschaft« beigetragen, und der Grund müsse wohl in dem Irrtum von Marx gesehen werden, der den Untergang des Kapitalismus vorausgesagt habe, »lange bevor dieser alle seine Möglichkeiten entfaltet hatte«. Diese neuen Möglichkeiten, die dem Kapitalismus das unerwartet lange Überleben erlaubten, sehen Baran und Sweezy in der Entstehung der Monopole, das heißt der Mammutkonzerne, die spezifische Methoden erfunden hätten, um das ungeheure »Surplus« zu verwerten, das von der kapitalistischen Wirtschaft geschaffen werde. Dazu zählen die gewaltigen Ausgaben für die Werbung und die häufigen Modelländerungen etwa der Automobilindustrie, dazu zählt aber auch das Drängen auf immer größere Staatsausgaben. Diese werden überwiegend für Rüstungsgüter verwendet und schaffen damit einem Teil der Industrie Absatzchancen, die sie im nichtstaatlichen Bereich nicht haben könnten. Eben dadurch verwischen sich jedoch die klaren Linien, die Marx zwischen »produktiver« und »unproduktiver Arbeit«, zwischen Ausbeutern und Ausgebeuteten gezogen hatte. Werbekosten werden zu den Produktionskosten gerechnet, und ohne sie würde es in der Tat einen beträchtlichen Teil der Produktion und damit der dort beschäftigten »produktiven« Arbeiter nicht geben.

Aber Baran und Sweezy beurteilen diese Entwicklung noch weit negativer als Galbraith und mit stark kulturkritischen Tönen, die nicht selten an Europäer wie Adorno und Freyer erinnern: Friedliche Gemeinden werden von Gestank und Getöse vergewaltigt; der Wahnsinn des amerikanischen Monopolkapitalismus erzeugt »ein starkes, erstickendes Gefühl der Leere und Sinnlosigkeit des Lebens«; die »bürgerliche Ideologie« ist keine »Weltanschauung« mehr, die im bestehenden Chaos eine Ordnung und im Leben einen Sinn suchte; ihre einzige Sorge ist die Erhaltung des Status quo, »sprich der ›freien Welt‹ mit allen ihren handgreiflichen Mängeln, Unsinnigkeiten und ihrer Irrationalität«. Vor allem aber läßt der Drang des Monopolkapitals nach Staatsaufträgen und Rüstungsprofiten den objektiv möglichen Aufbau eines »welfare state« nicht zu, und so ist der »warfare state« zur Existenz gelangt.

Baran und Sweezy haben also ganz vornehmlich die amerikanische Innenpolitik im Auge, und daraus erklären sie die Spannungen des Kalten Krieges, denn nach ihrer Überzeugung gibt es in sozialistischen Gesellschaften »keine Klasse oder Gruppe, die – wie die großen Kapitalisten der imperialistischen Länder – andere Nationen und Völker zu ihrem eigenen Vorteil zu unterjochen sucht«.[4] Hier würde Mandel unter Hinweis auf die egoistischen Interessen der sowjetischen oder auch chinesischen Bürokratie vermutlich widersprochen haben, und es ist sicherlich höchst eigenartig, wie gerade die exklusive Orientierung an der amerikanischen Gegenwart zu einem »Antiamerikanismus« führt, der sicher als »staatsgefährlich« angegriffen worden wäre, wenn ihm mehr als marginale Bedeutung zugekommen wäre.

So verkörpern Baran und Sweezy eher eine potentiell bedeutende Geschichtstendenz als eine eigenständige Version des marxistischen Geschichtsdenkens. Aber auch ihnen liegt die Vorstellung ebenso fern wie Mandel, daß der »Sozialismus«, den sie in der Gegenwart wahrnehmen, im Kalten Krieg ein »vorkapitalistisches« System mobilisierender Kräfteanspannung oder aber im Rahmen der Entspannung ein System der Selbstausbeutung sein könnte, wo viel Arbeit geleistet wird, aber nicht genug an »gesellschaftlich notwendiger«, das heißt auf dem Weltmarkt aufgrund rationellen Kapitaleinsatzes konkurrenzfähiger Arbeit. Jedenfalls drängt sich sowohl gegenüber Mandel wie gegenüber Baran und Sweezy die Frage auf, ob das eigentliche Motiv dieser Marxisten nicht letzten Endes die Abwehr der modernen Komplexität und Undurchsichtigkeit und das Verlangen nach dem globalen Egalitarismus ist, mithin ein Utopismus von denkbar trivialer Art.

Wenn man nach dem gegenteiligen Pol der Subtilität und Schwierigkeit im zeitgenössischen Marxismus Ausschau hält, fällt der Blick am ehesten auf *Louis Althusser*, der vom militanten Katholizismus herkam, sich unter dem Eindruck der Nachkriegssituation dem Kommunismus zuwandte und von der Mitte der sechziger Jahre an – vor allem durch seine Bücher »Pour Marx« und »Lire le Capital« – zum führenden Vertreter der marxistischen Philosophie in Frankreich wurde, bis er, wohl in einem Anfall geistiger Umnachtung, seine Frau tötete und den Rest seines Lebens in einer Irrenanstalt verbrachte.

Wie könnte man den folgenden Satz aus »Pour Marx« anders denn als »subtil« bezeichnen: »Diese Reflexion der Existenzbedingungen des Widerspruchs in ihrem Innern, diese Reflexion der gegliederten Struktur mit Dominante, die die Einheit des komplexen Ganzen im Innern jedes Widerspruchs bildet, das ist der tiefste Zug der marxistischen Dialektik, den ich oben unter dem Begriff der ›Überdeterminierung‹ zu fassen gesucht habe.« Indessen handelt es sich, bei Licht betrachtet, einfach darum, von einem simplistischen Verständnis des Marxschen »Hauptwiderspruchs« zwischen Produktivkräften und Produktionsverhältnissen, zwischen »Basis« und »Überbau« fortzukommen und dadurch die russische Oktoberrevolution verstehbar zu machen, für die eben politische und nicht ökonomische Gründe entscheidend waren. Und darüber hinaus geht es um die Rechtfertigung des Begriffs des »Klassenkampfes«: »Wie könnte man theoretisch die Gültigkeit der fundamentalen marxistischen Lehre aufrechterhalten, daß der ›Klassenkampf der Motor der Geschichte‹ ist, das heißt theoretisch aufrechterhalten, daß es durch den politischen Kampf möglich ist, die ›existierende Einheit zu zerspalten‹, wenn wir bestimmt wissen, daß nicht die Politik, sondern die Ökonomie in letzter Instanz determinierend ist?« Und auch die überraschende und scheinbar tiefgreifende Marx-Kritik Althussers, der das Marxsche Gesamtwerk in die noch »ideologischen« Jugendschriften der Zeit bis 1845 und die »wissenschaftlichen« Werke der Reifezeit zerteilt, dient einem unmittelbar politischen Zweck, nämlich »der gegenwärtigen ›humanistischen‹ ideologischen Brandung und den anderen Anstürmen der bürgerlichen Ideologie im Marxismus zu widerstehen«. Von daher erklärt sich die These, daß man von einem »theoretischen Anti-Humanismus von Marx« sprechen müsse und daß insbesondere der Entfremdungsbegriff »vormarxistisch« sei. Damit wollte Althusser der Gefahr begegnen, die er in der Annäherung zwischen einem »christlichen« und einem »marxistischen« Humanismus wahrnahm, das heißt in einer den klassenkämpferischen Kern des Marxismus auflösenden Verwischung der Unterschiede zwischen »kleinbürgerlicher« und »proletarischer« Ideologie.[5]

Entschiedene Antimarxisten nahmen dieselbe Gefahr wahr, wenngleich mit entgegengesetzter Wertung, und sie unterstrichen daher die Unvereinbarkeit zwischen dem Marxismus und der nichtmarxistischen Welt des Lebens und Denkens mit besonderem Nachdruck. Zu Beginn der siebziger Jahre erhielten sie eine unerhoffte und sehr folgenreiche Hilfe durch einen Schriftsteller, der schon bald weithin als der größte russische Autor seit Tolstoj galt und den Nobelpreis für Literatur erhielt, durch *Alexander Solschenizyn.* Sein Name war bereits 1961 durch die von Chruschtschow protegierte Veröffentlichung des Romans »Ein Tag im Leben des Iwan Denissowitsch« eng mit dem zweiten »Tauwetter« verbunden gewesen, aber im Zeichen der »Restalinisierung« unter Breschnew geriet Solschenizyn mehr und mehr in Schwierigkeiten. Im Januar 1974 erschien bei der YMCA-Press in Paris der erste Band seines »Archipel Gulag«, und für das sowjetische Regime war das Grund genug, unter heftigen Anklagen gegen jene Kreise im Westen, die durch die Förderung solcher Publikationen die internationale Entspannung verhindern wollten, den Schriftsteller in den Westen auszuweisen, und zwar zunächst nach Deutschland, wo er bei Heinrich Böll Aufnahme fand. Bald war der »Archipel Gulag« jedoch in jedermanns Munde, und zumal in Frankreich gewann das Buch einen größeren Einfluß als wohl je ein Buch zuvor, denn es trug wesentlich zum Niedergang der einst so mächtigen Kommunistischen Partei unter den Wählern und zu einem entscheidenden Ansehensverlust des Marxismus unter den Intellektuellen bei.

Dieses Buch über das System der »Arbeitsbesserungslager« in der Sowjetunion unterschied sich schon dadurch von den vielen Erlebnisberichten über die nationalsozialistischen und die weit weniger zahlreichen über die sowjetischen Lager, daß die Wirklichkeit von den Augen eines großen

Schriftstellers wahrgenommen und von seiner sprachlichen Kraft geformt wurde, eines Schriftstellers, der alle Anlagen zum Historiker besaß und von Anfang an sein eigenes Schicksal als Teil eines allgemeinen Unheils gesehen hatte, das er durch Befragungen von Leidensgenossen und durch geschichtliche Studien zu bekräftigen und zu dokumentieren suchte. Vor allem aber war Solschenizyn selbst ein genuines Opfer, das vor allem der Hoffnungslosigkeit ausgesetzt gewesen war, welche sich aus dem Vorblick auf eine endlose Dauer ergibt.

Dadurch unterschied er sich von jenen Autoren, die wie Ernst Jünger Kriegsteilnehmer oder wie Jean-Paul Sartre Kriegsgefangene gewesen waren, aber auch von einem Mann wie Elie Wiesel, der erst nachträglich aus Kindheitserinnerungen ein anschauliches Bild der »Endlösung der Judenfrage« zu zeichnen versuchte.[6] Zum überwältigenden Eindruck des Genuinen trugen nicht zuletzt die unübersehbaren Mängel formaler Art bei, denn der »Archipel Gulag« wurde unter schwierigsten Bedingungen und in permanenter Furcht vor der Entdeckung durch die Geheimpolizei geschrieben, so daß Solschenizyn 1967 im »Nachwort« feststellen konnte, gerade der »hektische, unfertige Charakter des Buches« sei wohl »ein sicheres Zeichen unserer verfolgten Literatur«.[7]

Der Einwand liegt nahe, Solschenizyn sei bei aller literarischen Bedeutung kein Geschichtsdenker. Aber der »Archipel Gulag« ist weit mehr als ein bloßer Bericht, denn er schließt eine Interpretation der sowjetischen, ja der russischen Geschichte in sich, und er setzt diese Geschichte, wenngleich nur in Andeutungen, in einen Bezug zur Geschichte des 20. Jahrhunderts im ganzen. Und wie sollte man dem Mann den Rang eines Geschichtsdenkers absprechen, der später das vielbändige Monumentalwerk des »Roten Rades« konzipierte, das – wenn überhaupt – nur mit Tolstojs »Krieg und Frieden« verglichen werden kann?

Zunächst aber ist der »Archipel Gulag« in der Tat ein Bericht, und zwar ein Bericht über Vorgänge, zu denen sich in der ganzen vorhergehenden Weltgeschichte keine Analogien finden lassen. Das Präzedenzlose wurde ja schon im quantitativen Bereich deutlich: Wo wären je fünfzig bis sechzig Millionen Menschen innerhalb weniger Jahrzehnte durch ein Lagersystem hindurchgegangen, in dem die Sterblichkeit in gar nicht seltenen Extremfällen achtzig Prozent erreichte? Wo wären je fünfzehn Millionen Bauern, die Solschenizyn für das »Rückgrat der russischen Nation« erklärt, über Nacht entwurzelt und in die Tundra deportiert worden, wo ein großer Teil zugrunde ging? Aber noch kennzeichnender war die qualitative Differenz. Unfaßliche Entsetzlichkeiten ließen sich allenfalls auf die »besonderen Bedingungen« zurückführen, etwa daß Deportierte 1937/38 an der Kolyma, im tiefsten und kältesten Sibirien, in Zelte eingewiesen wurden, die an drei Seiten von Stapeln erstarrter Leichen eingefaßt wurden, aber wo in aller Weltgeschichte hätte folgendes berichtet werden können: »Ein Schneider wußte in der Eile nicht, wo die Nadel verwahren, er steckte sie in die Zeitung an der Wand und traf genau in Kaganowitschs Auge. Der Kunde sah's. § 58, zehn Jahre, Terror.« In welchem Lande der Welt war eine Entsprechung zu jenem § 58 des sowjetischen Strafgesetzbuches zu finden, der es möglich machte, einen Menschen zu acht Jahren Zwangsarbeit zu verurteilen, weil er im Kreise der Familie die deutsche Technik gerühmt und damit »die internationale Bourgeoisie unterstützt« hatte? Wo gab es je das Verfahren, bei einer Typhusepidemie auf den Solowkji Inseln nach der Meldung eines ersten Krankheitsfalls in einer Zelle den ganzen Raum zuzusperren und zu warten, bis alle tot waren?[8]

Beschrieb Solschenizyn die »Verbrechen des Stalinismus« oder vielleicht die »asiatischen« Relikte des russischen Despotismus? Für ihn unterlag es keinem Zweifel, daß der Terror als Staatszweck »mit den Schüssen der Aurora« angefangen hatte, das heißt mit der bolschewistischen Revolution als solcher, die schon nach wenigen Wochen eine große Partei für »vogelfrei« erklärt hatte, die in Lenins Mund die Millionenmasse der Kulaken als »Ungeziefer« bezeichnete, deren Lieblingswort »liquidieren« hieß, die die Vernichtung ganzer Klassen proklamierte und keineswegs nur in Selbstverteidigung gegen einen Angriff, die 1921 das ganze Tambower Gouvernement mit Konzentrationslagern überzog, in denen auf bloßen Verdacht hin die Familienmitglieder von präsumtiven Aufständischen gesperrt wurden, die durch den Mund ihres obersten Anklägers noch zu Lenins Zeit erklären ließ, die russische Intelligenz habe ihre Zeit überlebt.[9] Die letzte Ursache all des Grauenvollen ist nach Solschenizyn also die eifervolle Praxis einer Reinigungsideologie, die zwar an bestimmte Grausamkeiten des Zarenregimes anknüpfen konnte, die aber der Praxis eine ideologische Rechtfertigung widerfahren ließ, welche daraus etwas quantitativ wie qualitativ Neues und Präzedenzloses machte.

Diese Reinigungsideologie ist für Solschenizyn indessen *kein* Produkt des russischen Bodens und der russischen Geschichte. Letzen Endes entspringt sie dem Begriff des »Klassenfeindes«, denn wie hätte es sonst geschehen können, daß ein Priestersohn seinen Vater ermordete und nur eine leichte Strafe erhielt, weil er erklärte, er habe den Mord aus Klassenhaß begangen? Was wird geschehen, wenn »Klassen«-Grausamkeit besungen und gerühmt wird? Lag es nicht in der Konsequenz einer Doktrin, daß in den baltischen Staaten (wie um die gleiche Zeit in Ostpolen) die Offiziere verhaftet, deportiert und großenteils getötet wurden, die doch nichts anderes waren als »schlechthin der Ernst, die Verantwortlichkeit, die Energie der Nation«? Man wußte ja genau, daß man ein Volk aller Widerstandskraft berauben kann, wenn man alle jene vernichtet, die den Widerstand anführen oder durch Gedanken, Reden und Bücher Unruhe stiften könnten.[10] In letzter Instanz ist für Solschenizyn also der Marxismus der Urheber des Grauens, freilich der Marxismus in einer russischen Umwelt.

Dieses ideologische Regime und seine Konsequenzen setzt Solschenizyn nun in Nebenbemerkungen und in einer Schlußaussage zu Realitäten in Vergleich, die ihm vorausgingen und die ihm nachfolgten, zur Realität des russischen Zarismus und zu derjenigen des deutschen Nationalsozialismus. Die Unterdrückungsmaßnahmen des Zarismus erweisen sich als vergleichsweise mild, ja hilflos, und bloß den Gaskammern des Nationalsozialismus ist dasselbe Gewicht zuzuschreiben. Aber Solschenizyn verbirgt nicht, daß er die Zeitdifferenz für wesentlich und Hitler für einen Nachahmer hält, ja sogar, daß ihm der industrielle und schnelle Tod weniger schlimm zu sein scheint als das qualvolle »Sterben auf Raten« vor Hunger und Kälte.

So will er offensichtlich eine weltgeschichtliche Singularität bestimmen, wenn er zusammenfassend schreibt: »Die Menschen ... wußten 1941 bereits, was noch niemand in der Welt wußte: daß es auf dem ganzen Planeten und in der ganzen Geschichte kein bösartigeres, blutrünstigeres und gleichzeitig raffinierteres Regime gibt als das bolschewistische, welches sich selbst sowjetisches nennt; daß ihm weder an Vernichtungseifer noch an Beharrungsvermögen noch an radikaler Zielsetzung noch an durch und durch ›unifizierter Totalität‹ irgendein anderes irdisches Regime gleichkommt, nicht einmal das schülermäßige Hitlerregime, welches damals dem gesamten Westen den Blick trübte.«[11]

Vor der Wucht einer solchen Anklage mußte Mandels Kritik an den bürokratischen »Deformationen« eines grundsätzlich guten »Arbeiterstaates« sich als völlig inadäquat ausnehmen, und das optimistische Urteil von Baran und Sweezy mußte als handgreifliche Irreführung erscheinen. Selbst die richtige These fiel kaum ins Gewicht, daß Solschenizyn nur die »Schattenseiten« des Regimes wahrgenommen habe und über die großen Leistungen im Bereich der Industrialisierung und des Bildungswesens hinweggegangen sei, denn diese »großen Leistungen« waren von einer ganzen Literatur seit Jahrzehnten auf mindestens ebenso einseitige Weise herausgestellt worden. Gravierende Vorwürfe konnten gegen Solschenizyn nur insoweit erhoben werden, als der Anschein entstehen mußte, er lasse im grellen Licht, das er auf das Sowjetsystem werfe, die Untaten des Nationalsozialismus allzusehr im Schatten verschwimmen.

Und in der Tat bot Solschenizyn selbst die Handhabe, einen wesentlichen Unterschied der beiden Regime erkennbar zu machen, indem er von der staunenswerten Lebenskraft des kommunistischen Glaubens unter vielen Lagerhäftlingen erzählte und davon zu berichten wußte, daß auch die Parteispitzen und die obersten Chefs des NKWD schließlich den Weg in die Lager angetreten hätten und dabei zum großen Teil umgekommen seien. Wo hätte man je davon gelesen, daß eine größere Anzahl von Nationalsozialisten in die deutschen Konzentrationslager eingeliefert worden wäre und sich dort allen Widrigkeiten zum Trotz ihren Glauben bewahrt hätte? Ist es nicht eine Singularität ganz besonderer und unvergleichlicher Art, wenn ein mächtiges Regime die Schwächsten der Schwachen, nämlich die Geisteskranken, töten läßt, auch und gerade dann, wenn diese Tötung so schmerzlos und »human« vorgenommen worden wäre wie nur möglich? Müßte man nicht, um die »Endlösung der Judenfrage« im Rahmen des Möglichen verstehbar zu machen, noch ganz andere Begriffe verwenden als denjenigen der »Säuberungsideologie«? Vermutlich würde Solschenizyn antworten, der kommunistische Glaube sei in der Tat genuin und in der Geschichte tief verwurzelt gewesen, während die nationalsozialistische Ideologie einen neuartigen Eklektizismus verkörpert habe; auf keinen Fall aber dürfe die ältere und ursprünglichere Wirklichkeit zugunsten der späteren und abgeleiteten dem Blick entzogen werden.

Wie grundsätzlich und tiefgreifend die Kritik war, die von Intellektuellen inmitten des Sowjetregimes und trotz aller unüberwindbar scheinenden Schwierigkeiten geübt wurde, läßt sich nicht nur an vielen »Samisdat«-Publikationen zeigen, sondern auch an Hand eines Buches des hochangesehenen Mathematikers *Igor Schafarewitsch* über den »Todestrieb in der Geschichte«, das 1977 in Paris veröffentlicht wurde.[12] Diesen Todestrieb sieht Schafarewitsch nicht nur im Bolschewismus und nicht primär im Marxismus am Werke, sondern in nahezu allen »Erscheinungsformen des Sozialismus«. Die verfolgt er durch die ganze Geschichte, vom alten Mesopotamien bis zum Reich der Inka und von den Karpokratianern und Mazdaisten bis zu den Taboriten, den Levellern und den Babouvisten, von Platon über Thomas More und Meslier bis zu Netschajew und Marx. Überall findet er dasselbe: das Streben nach Lösung aller Probleme durch Aufhebung des Privateigentums und der individuellen Freiheit, das Postulat der Zerstörung der Familie, die radikale Nivellierung. Bei allen Unterschieden im einzelnen sind dies die Grundzüge, und sie resultieren aus dem Wunsch, die Vielfalt und Struktur menschlicher Gesellschaften nicht bloß umzuwandeln, sondern grundsätzlich aufzuheben und damit die lebendige Bewegtheit durch die Starrheit des Aufgehens im Identischen zu zerstören. Alle Subtilitäten des Marxismus können die Grundkennzeichen nicht ins

Dunkel hüllen, die ihn mit einer uralten und verhängnisvollen Tendenz der Weltgeschichte verbinden. So wurde in Moskau eine schroffere und umfassendere Kritik am Marxismus zu Wort gebracht als irgendwo sonst in der Welt.

Eine unmittelbare Wirkung konnte die antimarxistische Kritik und konnte insbesondere Solschenizyn natürlich nur im Westen entfalten. In Deutschland erschienen Vorabdrucke aus dem »Archipel Gulag« im »Spiegel«, aber die Aufmerksamkeit der gewaltigen Mehrheit der Intellektuellen blieb weiterhin vollständig auf den Nationalsozialismus gerichtet, nicht anders als in Israel. In den USA, wo Solschenizyn schließlich seinen Wohnsitz nahm, fand er zwar viel Zustimmung, nicht zuletzt deshalb, weil die »Totalitarismustheorie« nie so sehr an den Rand gedrängt worden war wie in der Bundesrepublik, aber bald wurde eine Kampagne gegen ihn in Gang gesetzt, die ihm »russischen Chauvinismus« und sogar versteckten Antisemitismus vorwarf, weil er nicht selten angedeutet hatte, daß der Bolschewismus im Kern »unrussisch« sei.

In Frankreich dagegen zog der »Archipel Gulag« die spektakuläre Folge des Auftretens der »neuen Philosophen« nach sich, welche mindestens in Ansätzen eine sehr eigenartige Version der »Geschichtsphilosophie« vertraten. Sowohl *André Glucksmann* als auch *Bernard-Henri Lévy* waren nämlich »Achtundsechziger«, und sie wollten ihren Kampf gegen die Herrschaft und das Machtprinzip nicht aufgeben, als sie zu der Einsicht gelangten, Faschismus und Stalinismus seien ein teuflisches Paar und man müsse jetzt mit dem Marxismus ebenso brechen wie 1968 mit dem Leninismus. Sie ordneten jetzt vielmehr nach dem Leninismus und dem Stalinismus auch den Marxismus in die Reihe jener Machtkonzentrationen ein, die von der europäischen Geschichte ihren Ausgang nehmen. So können sie den Marxismus mit dem Kapitalismus, dem Imperialismus und dem Faschismus, ja mit dem »Fortschritt« selbst einer einzigen »massa perditionis« zuzählen, wie es ja katholische Geschichtsdenker seit langem getan hatten, die aber nun ebenfalls der Unheilslinie subsumiert werden. So wird Marx als »Bourgeois« demaskiert, und der Kapitalismus gilt als »das höchste Stadium des Platonismus«.

Es ist gleichwohl unübersehbar, daß »Auschwitz« für sie zentral bleibt, aber sie setzen ihm nun den »Gulag« gleich und lassen beides in der europäischen Geschichte verwurzelt sein: »Das sowjetische Lager ist marxistisch, es ist genauso marxistisch, wie Auschwitz nationalsozialistisch war.«[13] Glucksmann legt Marx gleichsam vor die Tür der »deutschen Meisterdenker« Kant, Fichte und Hegel, aber er nimmt auch Amerikaner und Franzosen von schweren Vorwürfen nicht aus: »In Buchenwald und Auschwitz haben die Deutschen tatsächlich europäisch gehandelt, sie haben eine europäische (sogar eine westliche, moderne, revolutionäre) Art gezeigt, ›Endlösungen‹ zu erzwingen, eine Art, die auch die Franzosen in Poulo Condor im besetzten Vietnam und dann die Amerikaner zeigten und die es seit einem halben Jahrhundert auch in der sowjetischen Kolyma gibt.«

Wenn man in Wendungen wie diesen eine Version des anarchistischen Gesamtangriffs auf jede gesellschaftliche Realität sehen darf, dem sich wie schon bei Bakunin auch der Marxismus nicht zu entziehen vermag, so lassen sich bei den »neuen Philosophen« doch manche Einsichten und Thesen finden, die von jedem Geschichtsdenker erwogen werden sollten. So schreibt Glucksmann: »Marx hat den Haß auf die Juden zum Haß auf das Geld verlagert. Die Nazis haben diese Verschiebung wieder zurückverlagert.«[14] Und Lévy scheint die These von Adornos »Negativer Dialektik« aufzugreifen und doch zugleich Adornos Lieblingshoffnung zu verwerfen, wenn er behauptet: »Die klassenlose Gesellschaft ist der sozialistische Ausdruck des totalitären Traums vom Anbrechen des Einen, des Homogenen, des Universalen.«[15]

So zogen anarchistische Antimarxisten sogar die Vorstellung der homogenen Welteinheit in Zweifel, die Mandel ebenso teuer war wie Lenin. Sie waren nicht die einzigen, welche »die Differenz« gerade deshalb hervorhoben, weil Raketen in Minuten und Worte in Sekunden die Distanzen der klein gewordenen Erde zu überwinden vermochten.

Die »Postmoderne« und die »Grenzen des Wachstums«

Wer sich der Literatur der »Postmoderne« nähert, muß sich zunächst an eine eigentümliche Sprache gewöhnen, und er muß sich vor Augen halten, daß die Termini »poststrukturell« und »postindustriell« in naher Beziehung zum Begriffsinhalt von »postmodern« stehen, ja manchmal davon ununterscheidbar sind. Die Vorsilbe »Post-« bringt, wie sich versteht, ein enges Verhältnis zu dem folgenden Bestandteil der Wörter zum Ausdruck, also zu Modernismus, Strukturalismus und Industrialismus. Vom Strukturalismus rühren einige der wichtigsten Begriffe und Interessengebiete her, so von der Linguistik des Genfer Sprachforschers Ferdinand de Saussure Begriffe wie »Code«[1], »Signifikant« und »Signifikat«, »Phonem« und »Graphem«, oder von dem Ethnologen Claude Lévi-Strauss, der sogar die Struktur von Mythen mit Hilfe kleinster Einheiten, von »Mythemen«, explizieren wollte. Von Ludwig Wittgenstein stammt der Terminus »Sprachspiele«, der häufig durch den Terminus »Diskurse«

wiedergegeben wird, so daß vom »philosophischen«, vom »literaturhistorischen« und vom »naturwissenschaftlichen Diskurs« die Rede sein kann.

Nach verbreiteter Ansicht war der Strukturalismus geschichtsfeindlich, denn er war nicht an dem Zeitverlauf interessiert, sondern an den zeitübergreifenden Bauplänen der Paradigmen, das heißt den »Strukturen«. Daß man auch eine Geschichtslehre wie diejenige von Marx strukturalistisch interpretieren kann, stellte Louis Althusser unter Beweis. Aber stärker als Marx wirkten Nietzsche, Freud und Heidegger auf die postmodernen und poststrukturalistischen Philosophen ein, und die Infragestellung metaphysischer Begriffe wie »Subjekt« und »Substanz« sowie »der Metaphysik« im ganzen wurde von Denkern wie Michel Foucault, Jacques Derrida, Jean-François Lyotard und Gianni Vattimo fortgesetzt.

Schon durch das »Post-« war die Zeit ja wieder eingeführt, doch die Paradoxie bestand darin, daß auch die »Posthistoire« zu der Begriffsfamilie gehört und daß der Hauptcharakter des »Nachgeschichtlichen« mithin gerade die Abwesenheit der geschichtlichen Bewegtheit ist. Der Begriff »postindustriell« schließt ebenfalls einen »Abschied von der bisherigen Gesellschaft«[2] in sich, und da die Postmoderne eben keine Anti-Moderne sein will, sondern sich in einem »Jenseits der Moderne« angesiedelt sieht, läßt sich dieser Richtung zwanglos eine andere zur Seite stellen, welche die Moderne primär als hemmungslose Dynamik verstand und insofern zu überwinden suchte, als sie die »Grenzen des Wachstums« aufzuweisen unternahm und einen Gleichgewichtszustand jenseits dieser Moderne postulierte.

Ins Blickfeld der Öffentlichkeit trat die Richtung der Postmoderne zuerst als ein neuer »Sturm und Drang« in Literatur und Kunst, vor allem der Architektur, welcher sich gegen den modernen Klassizismus wandte, auch wenn dieser funktionalistisch sein wollte, und einen »elitären Avantgardismus« angriff. Statt dessen setzte man auf Massenkunst, auf Science fiction und Pornographie, auf Pop-Art und Volksrhythmen, auf Mythos und Leidenschaft, auf Sentimentalität und Phantasie, wie vor allem der Amerikaner Leslie Fiedler dargelegt hat. Das implizierte Feindschaft gegen den okzidentalen Rationalismus und Szientismus, nicht selten gegen »das Universale« als terroristischen Machtanspruch; und der europäische, hin und wieder auch als »jüdisch-christlich« charakterisierte und mit »Auschwitz« in Verbindung gebrachte »Logozentrismus« wurde zu einem bevorzugten Angriffsobjekt, das man mit »Phallokratie« in eins setzte, um eine positive Anknüpfung an den Feminismus und an die Kämpfe unterdrückter Minderheiten vorzunehmen.

Damit war die ganze bisherige Geschichte auf ähnliche Weise als »Patriarchat« gleichsam in Klammern gesetzt, wie es schon bei Simone de Beauvoir der Fall war, und die Parallele zum Marxismus wird evident, der ja auch nach dem langen Weltalter der Klassengesellschaften die »eigentliche Geschichte«, welche man ebensogut Nachgeschichte nennen kann, mit der klassenlosen Gesellschaft hatte beginnen lassen. Aber der Gegensatz zum Marxismus war ebenso ausgeprägt, denn für die Nachgeschichte als Triumph der Postmoderne sollten Vielfalt, Pluralismus, Differenzen bestimmend sein, und nicht die Anteilnahme am Geschick der Arbeiterklasse war maßgebend, sondern das Interesse für die Opfer der modernen Repressionen: die Homosexuellen, die Schwarzen, die Randgruppen aller Art.

Insofern kann auch die Postmoderne als eine Auswirkung der »achtundsechziger« Bewegung oder doch als Parallele dazu gesehen werden, und wie sehr das Bedürfnis nach »weißer« oder »europäischer« Selbstkritik leitend war, erhellen ebenfalls die Ausführungen Fiedlers, der die Geschichte der Amerikaner mit dem Völkermord an den Indianern beginnen und – vorläufig – mit dem »Völkermord« in Vietnam enden ließ.[3] Daher waren diejenigen sicher im Unrecht, die in den mancherlei abschätzigen Wendungen über die »Altaufklärung« Grund genug sahen, hier »Konservatismus« zu finden. »Konservativ« durfte man allenfalls diejenigen nennen, die in der Postmoderne und der Posthistoire nicht eine Befreiung sahen, sei es auch eine Befreiung von der allzu rationalistischen Aufklärung, sondern ein Erlöschen oder Erstarren oder ein Versinken in Gleichgültigkeit, wie es etwa Arnold Gehlen tat, der als einer der ersten den Terminus »posthistoire« in den frühen fünfziger Jahren verwendete, und wie es vor Gehlen der Amerikaner Roderick Seidenberg 1950 in seinem Buch »Posthistoric Man« getan hatte.[4]

Ich werfe zunächst einen flüchtigen Blick auf drei Denker, einen Italiener und zwei Franzosen, die zwar nicht in erster Linie als Geschichtsdenker zu betrachten sind, die aber doch auch für die Geschichtsauffassung der Postmoderne repräsentativ sind.

Gianni Vattimo, Philosophieprofessor in Turin, hat ein Büchlein geschrieben, das den Titel trägt: »Das Ende der Moderne«. Mehr noch als Derrida und viel mehr als Lyotard ist Vattimo ein »Heideggerianer«, und was er von Heidegger übernimmt, ist vor allem die These vom Ende der Metaphysik, die eine Lehre vom Vorrang der Subjektivität und von der Erkennbarkeit eines Weltgrundes war. Heidegger hat gezeigt, daß das Sein *nicht* als »Grund« verstanden werden darf, daß es sich dem Menschen vielmehr nur als »Zeit« gibt, »als epochales und schicksalhaftes Geschehen«. Jedes Verhältnis der Begründung ergibt sich innerhalb einer bestimmten Epoche des Seins, und diese Epochen sind vom Sein geöffnet, aber eben nicht begründet. So ist heute der Verzicht auf das metaphysische Konzept des Seins als Stabilität, Stärke, Energie geboten, das in der Gegenwart die Gestalt des technischen Willens zur Weltbeherrschung angenommen hat, und den Ausweg bietet nach Vattimo eine »schwache Ontologie«, welche »ein *schwaches*, untergehendes Sein« im Auge hat, »das sich im Entschwinden entfaltet, jenes unscheinbare irrelevante ›Gering‹«, von dem Heidegger in seinem Vortrag über »Das Ding« spricht.

Damit tut der Mensch Verzicht auf den Begriff des selbstherrlichen »Subjekts«, aber was als Schwäche erscheint, entspricht einer Gesellschaft, »die sich immer mehr in einen höchst sensiblen Kommunikationsorganismus verwandelt«.

Für Vattimo zieht Heidegger also, auf Nietzsche gestützt, die Konsequenzen des modernen Historismus und Relativismus; Postmoderne ist nicht ein Gegensatz zur Moderne, sondern die Radikalisierung der die Moderne konstituierenden Tendenzen. Der Heidegger des »Feldwegs« verschwindet mithin ebensosehr wie derjenige der Rektoratsrede; das »Ende der Moderne« ist in Wahrheit der Höhepunkt der Moderne, auf dem sie ihre eigene Relativität erkennt und ihr künftiges Hinschwinden akzeptiert.[5]

Jacques Derrida hat die »religiösen« Züge in Heideggers Denken noch nachdrücklicher getilgt als Vattimo. Seine kleine Schrift über die »différance« ist ein erstaunliches Stück Spekulation, das etwas zu fassen sucht, was »älter« ist als das Heideggersche Sein, »jene Bewegung, durch die sich die Sprache oder jeder Code, jedes Verweisungssystem im allgemeinen ›historisch‹ als Gewebe von Differenzen konstituiert« – die Urdifferenzierung, wie man in geläufiger Sprache sagen mag. Aber hinter und in dieser Bewegung ist nach Derrida kein »unaussprechliches Wesen« zu entdecken wie etwa »Gott« oder auch »das Sein«. Sehr viel faßbarer als diese positive »Bestimmung«, die eine Unbestimmtheit sein will, ist die negative Wendung Derridas, welche die abendländische Philosophie »als aktive Indifferenz der Differenz gegenüber, als System von a-diaphoristischer Reduktion oder Repression« im Visier hat.[6] Das Wort »Repression« macht besonders deutlich, worum es Derrida geht: um den Kampf gegen den vergewaltigenden und herrschaftlichen »Logozentrismus«, um die Kritik an hierarchischen Ordnungen wie »Seele und Körper«, um das Eintreten für die unterdrückten Diskurse der Randgruppen und nicht zuletzt um die Zurückweisung des Vorranges des Mannes gegenüber der Frau.

Eben dies meint der Begriff der »Dekonstruktion«, den Derrida im Anschluß an Heideggers »Destruktion« entwickelt und der ebenfalls in der poststrukturalistischen Literaturwissenschaft eine zentrale Rolle spielt. Auch Derrida will also vor allem Anti-Platoniker sein und ein Zeitalter mitheraufführen, in dem jene schöpferischen Abseitigkeiten oder Randständigkeiten zum Zuge kommen können, die durch den logozentrischen »Code« des »philosophischen Diskurses« im Okzident unterdrückt wurden. Heidegger wird von dieser »dekonstruktivistischen Kritik« nicht ausgenommen: So sucht Derrida am Beispiel von Heideggers Verwendung des Wortes »Geist« in sehr detaillierten und kenntnisreichen Ausführungen zu zeigen, daß zwischen »Sein und Zeit« und der Rektoratsrede bis hin zu den Hölderlin-Aufsätzen sich eine »Interpretationsstrategie« erkennen läßt, die politisch und »deutsch« ist und die erst in dem Trakl-Aufsatz eine sonderbare Wendung nimmt.[7]

Daß mit der Kritik an der abendländischen Philosophie in erster Linie die Geschichtsphilosophie gemeint ist, wird bei *Jean-François Lyotard* besonders deutlich. Nicht weniger ein »Linker« als Derrida, geraume Zeit Mitglied der Gruppe »Socialisme ou barbarie«, hat er den Begriff »meta- récit« gebildet, um dasjenige zu bezeichnen, was ihm nicht mehr glaubwürdig zu sein schien: die großen Geschichtsdeutungen, welche die Weltgeschichte einem universalen Gesetz unterwerfen und eben damit jenem Einzelnen, Besonderen, Partikularen nicht gerecht werden, welches für ihn das eigentlich Wirkliche ist und dessen Eigenart er in seinem großen Buch »Le différend« herauszuarbeiten sucht. Lyotard hat sich nicht gescheut, auch die Philosophie der Emanzipation und damit die Aufklärung diesen Meta-Erzählungen zuzurechnen, so daß er in Deutschland nicht selten als »Gegenaufklärer« angegriffen wurde.

Aber trotz aller Subtilität seiner Kritik an Legitimationsmodellen, konsistenten Systemen, universalen Diskursen usw. geschieht ihm doch schwerlich ein Unrecht, wenn man auch seine Philosophie für eine Philosophie der Randgruppen und Minderheiten hält und also eher für eine charakteristische Modifikation der Marxschen »Meta-Erzählung« von der Emanzipation der »universalen Randgruppe«, nämlich des »Proletariats«, als für die Begründung eines genuinen »Pluralismus«. Zumal in seiner kleinen Schrift »Das Patchwork der Minderheiten. Für eine herrenlose Politik« wird augenfällig, daß in der Lehre von den Minderheiten gerade dann ein eigentümlicher »Imperialismus« enthalten sein kann, wenn auch bei Minderheiten, zu denen Lyotard »die Frauen« rechnet, fixe Grenzen auf dasjenige hin überschritten werden sollten, was Freud die »polymorph-perverse« Ausrichtung nannte[8], denn »Normalität« und »Mehrheit«, die es ja als empirische Tatsache unzweifelhaft gibt, werden dadurch ihrerseits an den Rand gestellt und zu einer Rechtfertigung gezwungen, die nur allzuleicht gewalttätige Züge annehmen könnte.

Die Lyotardsche Synthese von Freud, Marx, Nietzsche und Heidegger dürfte wohl nicht nur von den orthodoxen Schülern dieser Denker verworfen werden, sondern könnte von der unphilosophischen Majorität als anarchistische Preisung eines gesellschaftlichen Zustands angesehen werden, in dem als einzige Allgemeinheit die Kakophonie der unterschiedlichsten Auffassungen und Interessen übriggeblieben ist.

Im Hinblick auf Daniel Bell wäre die verwunderte Frage, ob Tiefsinn oder Effekthascherei vorliegt, ganz unangebracht, und wenn Derrida und Lyotard nur selten auf Zeiten zurückblicken, die vor der Moderne liegen, so sind bei dem Amerikaner die Gesellschaftsformationen, die der »nachindustriellen« vorhergehen, immer in Umrissen präsent, auch wenn nicht ausdrücklich von ihnen gehandelt wird.

Daniel Bell, 1919 an der Lower East Side New Yorks als Sohn russisch-jüdischer Emigranten geboren und nach dem Tod des Vaters von einer Mutter erzogen, die nur Jiddisch sprach, ist ein Musterbild des »jüdischen Intellektuellen«, der aus einfachsten Verhältnissen heraus seinen Weg bis zum angesehenen Professor einer Elite-Universität macht und dabei Zwischenstationen durchläuft, die sozusagen »natürlich« sind und viel Licht auf die Parallelfälle der bolschewistischen Intellektuellen in Rußland und der marxistischen Söhne des Großbürgertums in Deutschland werfen. Wo anders hätte der begabte Junge, der Daniel Bolotsky hieß und irgendwann anfing, sich Daniel Bell zu nennen, eine aktive und gleichberechtigte Tätigkeit ausüben können als in der »Young People's Socialist League«, welcher er sich 1932 anschloß; wo hätte er seine Auffassungen freier darlegen können als in dem marxistischen »New Leader«, dessen Redaktionsmitglied er 1940 wurde, nachdem er am City College und an der Columbia Universität Soziologie studiert hatte?

So griff er während des Krieges »big business« mit scharfer Feder an, nicht anders, als Trotzki und Sinowjew vierzig Jahre früher den Kapitalismus angegriffen hatten, aber wie die übrigen Redakteure war auch er von Anfang an Antifaschist und Antikommunist zugleich, weil er Stalin für ein Verhängnis hielt. 1945 trennte er sich nach dem Fortgang vom »New Leader« auch vom »Vulgärmarxismus«, und unter dem Eindruck der Meldungen über die »Endlösung« wandte er sich in stärkerem Maße der Reflexion über sein Judentum zu. So wurde ihm bewußt, daß »Entfremdung« das Hauptkennzeichen des jüdischen Intellektuellen sei, der nicht aufhören könne, »ein ewiger Fremder in einem fernen Land« zu sein.[9] Aber er verbarg sich nicht, daß er in der stalinistischen Sowjetunion nicht einmal ein »Fremder« sein könnte und daß das Fremdsein – jener »Fremdheitsblick von innen«, wie ihn Walther Rathenau und Theodor Lessing in Deutschland gehabt hatten – ihn zur intellektuellen Auseinandersetzung prädestinierte.

So wurde er wie Sidney Hook, Melvin Lasky und Richard Löwenthal ein führendes Mitglied im »Kongreß für Kulturelle Freiheit«, der in der Sowjetunion als der Generalstab des Westens im Kalten Krieg der Geister betrachtet wurde. Nach einem Jahrzehnt in der Redaktion von »Fortune« war er ab 1960 Professor der Soziologie an der Columbia University, und im gleichen Jahr erschien sein Buch »The End of Ideology«, das in erster Linie den Marxismus im Auge hatte und den Übergang zu einem nachmarxistischen Zeitalter jenseits der Ideologien proklamierte. 1973 wurde »The Coming of Post-Industrial Society« publiziert, das »a Venture in Social Forecasting« sein wollte und mithin mehr als die Beschreibung eines gegenwärtigen Zustandes.

Bell will hier – bis zu einem gewissen Grade in den Spuren von Rostow und Galbraith – die Kennzeichen einer neuen Gesellschaftsformation entwickeln, die sich von den vorhergehenden Stadien fundamental unterscheidet und die er unter Übernahme eines von David Riesman geprägten Terminus »postindustriell« nennt. Sie ist bisher nur in den USA weitgehend ausgebildet, aber sie ist für ihn die Zukunft der Welt im ganzen, obwohl die »industrielle« Welt sogar in Amerika noch mächtig fortexistiert und in großen Teilen der Erde der »vorindustrielle Zustand« noch nicht überschritten ist. Jede dieser Gesellschaftsformationen ist um ein »axiales Prinzip« zentriert, und dieses Prinzip war in der vorindustriellen Gesellschaft der Traditionalismus, die Begrenzung von Boden und Ressourcen; in der industriellen Gesellschaft war es das Wirtschaftswachstum bei privater oder staatlicher Kontrolle der Investitionsentscheidungen; in der nachindustriellen Gesellschaft aber ist dieses Prinzip die »Zentralität und Kodifikation des theoretischen Wissens«.[10]

Dieser Unterscheidung entsprechen weitere Differenzen: Die führenden wirtschaftlichen Sektoren sind im ersten Fall die Primärproduktion in Landwirtschaft und Bergbau, im zweiten die Fertigproduktion, im dritten die tertiären, quartären und quintären Produktionsformen der Dienstleistungen aller Art wie Verkehr, Banken und Forschung; die wichtigsten Berufsgruppen sind Bauern und ungelernte Arbeiter, angelernte Arbeiter und Ingenieure, schließlich technische und wissenschaftliche Berufe; Grundlage der Technologie sind in der vorindustriellen Gesellschaft die Rohstoffe, in der industriellen Gesellschaft ist es Energie und in der postindustriellen Gesellschaft »Information«. Korrespondierende Reihungen sind die folgenden: Spiel gegen die Natur – Spiel gegen die technisierte Natur – Spiel zwischen Personen (Entwurfsprinzip); Erfahrung – Experiment – abstrakte Theorie und Systemanalyse (Methodologie); Vergangenheitsorientierung – Vorausberechnungen – zukunftsorientierte Voraussage (Zeitperspektive).

Mit etwas anderen Worten und abkürzend könnte man sagen: Die nachindustrielle Gesellschaft ist die computerisierte Dienstleistungsgesellschaft, in welcher die Klasse, die als »Industriearbeiterschaft« in der industriellen Gesellschaft nahezu die Majorität bildete, zu einer kleinen Minderheit herabsinkt. Natürlich ist sich Bell darüber im klaren, daß es sich durchweg um idealtypische Bestimmungen handelt und daß die älteren Produktionsweisen nicht etwa verschwinden, sondern lediglich zurücktreten, denn auch in den USA gibt es nach wie vor eine Primärproduktion von gewaltigem Umfang. Manche konkreten Zuordnungen sind inzwischen schlicht unrichtig oder mindestens zweifelhaft geworden, so wenn Bell unter geographischen Gesichtspunkten nur die USA, nicht aber Westeuropa und Japan zur »nachindustriellen Gesellschaft« gehören läßt und wenn er »Regierung« unter die »quintären« Produktionen subsumiert, als wenn ihm Wittfogels »hydraulische Gesellschaft« ganz unbekannt wäre. Aber das grob verkürzende Schema wird auf den vierhundert Seiten des Buches auf vielfältige Weise ergänzt und erläutert, so daß eine Fülle wertvoller Feststellungen und Beobachtungen gültig oder doch anregend bleibt, selbst wenn man der zentralen These nicht zustimmt, das theoretische Wissen sei die »Achse« der nachindustriellen Gesellschaft und damit trete die Universität bzw. das Forschungsinstitut gewissermaßen an die Stelle der Fabrik.

So viel ist auf jeden Fall richtig, daß alle Lehren von der »Industriegesellschaft« und vom »Kapitalismus« im 19. Jahrhundert entstanden sind und einer gründlichen Überprüfung bedürfen. Dem Marxismus ist ja in der nachindustriellen Gesellschaft geradezu die Seele verlorengegangen, nämlich »das Proletariat«, vom »revolutionären Proletariat« zu schweigen. Andererseits sieht sich Bell aber zu der Feststellung gezwungen, daß die Intellektuellen dem Kapitalismus immer feindlicher gegenüberstehen, und insofern scheint er mit Marcuse übereinzustimmen, indem er der neuen Gesellschaft eine neue revolutionäre Klasse zuordnet. Eine abermals andere Denkmöglichkeit kommt ins Spiel, wenn Bell im Anschluß an Georges Gurvitch und in etwa auch an Talcott Parsons die Erwägung anstellt, ob nicht der Faschismus als das modernste der totalitären Regime angesehen werden müsse, nämlich als die logische Konsequenz der Technokratie.[11]

Wie weit er sich von den Präferenzen seiner Jugendzeit entfernt hat, sticht ins Auge, wenn er den (gerade unter den französischen Denkern der Postmoderne so verbreiteten) Anti-Elitismus verächtlich als »Populismus« bezeichnet und in *jeder* Gesellschaft »drei fundamentale Hierarchiesphären« wahrnimmt, »Reichtum, Macht und Status«[12], die in der postindustriellen Gesellschaft keineswegs inexistent, wohl aber in ihren wechselseitigen Beziehungen undurchschaubarer geworden sind. Eine philosophische Dimension erreicht Bell in der Schlußzusammenfassung, und man mag sich an Heidegger oder an Vattimo und Derrida erinnert fühlen, wenn er schreibt: »Während des größten Teils der Menschheitsgeschichte war die Wirklichkeit Natur, und dementsprechend suchten die Menschen in Poesie und Vorstellung eine Beziehung zwischen dem Selbst und der natürlichen Welt herzustellen. Danach war die Wirklichkeit Technik, von Menschenhand geschaffene, aber unabhängig vom Menschen existierende Gerätschaften und Gegenstände, die Wirklichkeit war eine verdinglichte Welt. Und heute ist unsere Wirklichkeit in erster Linie die soziale Welt, also weder Natur noch Gegenstände, sondern Menschen, wie wir sie im wechselseitigen Bewußtsein unser selbst und der anderen erfahren.«[13]

Damit versinken auch für Bell »die Zwänge der Vergangenheit«, aber Lyotard und Derrida würden schwerlich seiner Behauptung zustimmen, daß der »mörderische Aggressions- und Destruktionstrieb« des Menschen ebensowenig verschwinden werde wie sein Bedürfnis nach Ordnung in Kunst und Leben. Und daraus leitet Bell, der die Neuartigkeit der nachindustriellen Gesellschaft so sehr betont hatte, doch noch eine Rechtfertigung der uralten Maxime von der Geschichte als der Lehrerin des Lebens ab, indem er die Jagd nach dem »Hier-und-jetzt-Paradies auf Erden« als »moderne Hybris« kennzeichnet, von der man zu der Weisheit der klassischen Antike zurückkommen müsse, die in »Utopia« kein zu realisierendes Ziel, wohl aber ein Ideal und einen Maßstab gesehen habe, an dem man Menschen und Wirklichkeit messen könne.[14]

So ist das Postulat der »Mäßigung« Bells letztes Wort, und unter diesem Gesichtspunkt kann man seinem Buch eine andere Untersuchung an die Seite stellen, die zu einem der Ausgangspunkte für eine machtvolle Tendenz in der ganzen westlichen Welt wurde, obwohl das »postmoderne« und »postindustrielle« Stadium der Geschichte, das hier nicht nur ins Auge gefaßt, sondern postuliert wird, wenig Ähnlichkeit mit dem Zukunftsbild von Bell oder auch von Vattimo hat. Es handelt sich um den Bericht des *»Club of Rome«* zur Lage der Menschheit, der 1972 unter dem Titel »Die Grenzen des Wachstums« veröffentlicht wurde.[15]

Der einfache Grundgedanke ist der, daß fünf große Trends mit weltweiter Wirkung ein exponentielles Wachstum aufweisen, das heißt, sich nach dem Muster einer auf Zinseszins angelegten Geldsumme ständig beschleunigen: Industrialisierung, Bevölkerungswachstum, Unterernährung, Ausbeutung der Rohstoffreserven, Zerstörung des Lebensraums. Für jeden dieser Trends werden eindrucksvolle Zahlen und Statistiken vorgelegt: Die Verdoppelungszeit der Weltbevölkerung beträgt im Augenblick dreiunddreißig Jahre, die Rohstoffreserven an Aluminium reichen bei einem Anhalten der gegenwärtigen Verbrauchssteigerung noch einunddreißig Jahre und sie wären nach fünfundfünfzig Jahren erschöpft, wenn ihr Volumen durch Neuentdeckungen auf das Fünffache anwüchse; die Umweltverschmutzung nimmt in einem Ausmaß zu, das schon in wenigen Jahrzehnten unerträglich sein wird. Die Verfasser gehen über Gegenargumente keineswegs leichtfertig hinweg, und sie sind sich über die Fragwürdigkeit von Extrapolationen im klaren, aber der Kern der Sache scheint ihnen doch allen Zweifeln entzogen zu sein: daß die Erde ein begrenztes System ist und daß exponentielles Wachstum ins Unendliche zielt, daß also ein »Sturmlauf gegen die irdischen Grenzen«[16] notwendigerweise in totaler Erschöpfung und im Untergang sein Ende finden muß, wenn er nicht rechtzeitig abgebrochen wird.

Der Menschheit bleibt also gar nichts anderes übrig, als im Interesse ihres Überlebens einen Gleichgewichtszustand anzustreben, indem alle jene exponentiellen Wachstumsvorgänge angehalten werden. Da jedoch der überwiegende Teil der Menschheit in größtem Elend lebt und eine dauerhafte Perpetuierung des großen Abstands zwischen den reichen und den armen Ländern weder politisch möglich noch moralisch vertretbar ist, muß der zweite Schritt eine außerordentliche Umverteilung der Ressourcen und Reichtümer sein, so daß auf der ganzen Erde ähnliche Lebensbedingungen hergestellt werden. Damit läuft die Untersuchung, die an dem kollektiven Egoismus der fortgeschrittenen Nationen harte Kritik übt, auf das Postulat eines Weltsozialismus hinaus, welches an der Marxschen Vorstellung des »nachkapitalistischen« Charakters des Sozialismus festhält, nicht aber an den Ideen der schrankenlosen Produktivität, der Aufhebung der Arbeitsteilung, des Verschwindens des Mangels und der Abwesenheit von Institutionen. Mithin wird nur der egalitäre Grundimpuls des Sozialismus bewahrt, aber seine romantischen und idealistischen Momente werden aufgegeben.

Bekanntlich war dieser Bericht des Club of Rome ein wichtiger Anstoß für die politischen Bewegungen, die sich unter der grünen Farbe der Hoffnung in vielen Ländern der Welt bildeten. Aber zum »Geschichtsdenken« scheint die Publikation keine Beziehung zu haben, sondern allenfalls zu dem jüngsten seiner Teilgebiete, der Futurologie. Nur von einem einzigen modernen Philosophen wird ein Zitat angeführt, nämlich von John Stuart Mill[17], und man erinnert sich, daß Mill einer der ganz wenigen Nationalökonomen war, für die der Begriff der »Stagnation« nicht ein Schreckbild war. Aber Mill war ein Anhänger von Malthus und ein Schüler Ricardos, und der Kern von Malthus' Lehre hatte in der Behauptung bestanden, daß die Bevölkerungsvermehrung in »geometrischer« Proportion vor sich gehe, während die Zunahme der Ernteerträge nur auf »arithmetische« Weise erfolge, so daß ein ständiger Druck der Bevölkerung auf die Ressourcen resultiere.

Die ganze »klassische Nationalökonomie« ist nichts anderes als eine Ausformung dieser Grunddoktrin, und sie führt zu der Konsequenz, daß das Elend der Industrialisierung letzten Endes auf die biologische Natur des Menschen zurückgehe und daher bloß durch sexuelle Enthaltsamkeit oder ein Analogon aufhebbar sei. Die Lehre von Marx und schon diejenige Sismondis kann als Gegenbehauptung aus dem Geiste Rousseaus verstanden werden: nicht die Natur verursache das menschliche Elend, sondern der mangelhafte bzw. obsolet gewordene Zustand der Gesellschaft, und die wahre Unendlichkeit sei in der menschlichen Produktivkraft beschlossen, für welche die kapitalistische Produktionsweise eine Hemmung darstelle. Marx ließ an verschiedenen Stellen erkennen, daß er in Malthus seinen Hauptgegner sah, obwohl er sich meist mit spöttischen Reden über den »Pfaffen« begnügte, der nicht wahrhaben wolle, daß auch Pflanzen und Tiere sich in »geometrischer« Proportion, das heißt exponentiell vermehren. Aber dieser Tatbestand war Malthus keineswegs unbekannt, und er hatte nicht in der biologischen Kraft des Menschen allein die Ursache für die unheilvolle Entwicklung der Geschichte gesehen, sondern in der Kombination der Zeugungskraft mit dem Verstand, der die »Sperren« zu beseitigen vermag, welche die potentiell unendliche Vermehrung von Pflanzen und Tieren rasch mit der Knappheit der Ressourcen in Übereinstimmung bringen. Nur der Verstand hat indessen die Möglichkeit, die Gefahr, die er hervorrief, auch wieder zu überwinden, nämlich durch das Maßhalten, den »prudential check«.

Indem der Bericht des Club of Rome die Marxsche Lösung der unendlichen Steigerung der Produktion hin zu einer globalen Gesellschaft des Überflusses verwirft und die Endlichkeit der Erde in Erinnerung bringt, ist er in der Tat malthusianisch und antimarxistisch, obwohl er den planetarischen Egalitarismus zur Forderung erhebt. Insofern ist er doch mit dem Geschichtsdenken verknüpft und darf einen Platz in der Darstellung beanspruchen. Schließlich wurde ja Heidegger in freilich inadäquater Ausdrucksweise der »früheste Philosoph des Umweltschutzes« genannt, und seine Kennzeichnung des Menschen als des »Hirten des Seins« läßt sich jedenfalls eher mit einer Geschichtsphase des »Gleichgewichts« als mit einer Epoche des unbegrenzten Wachstums in Übereinstimmung bringen. Es ist zu vermuten, daß auch der eine oder andere der »einzelnen Denker« dieser Problematik seine Aufmerksamkeit zugewandt hat.

DRITTER KREIS: EINZELNE DENKER

Raymond Aron

Wie kein anderer bedeutender Denker hat Raymond Aron fünf Jahrzehnte hindurch das Geschehen der Zeit interpretiert, ja nahezu Woche für Woche kommentiert, denn seit 1940 war er ein Journalist, wenngleich auf der obersten und angesehensten Ebene; aber wie kaum ein zweiter hat er auch immer wieder versucht, auf philosophische Weise Geschichte zu schreiben oder doch zu deuten, und er tat das alles auf der Grundlage einer umfassenden Vertrautheit mit der Philosophie und der Soziologie, vornehmlich des 19. und 20. Jahrhunderts. Kein anderer Denker hat so umfangreiche Memoiren geschrieben, ein Monumentalwerk von mehr als siebenhundert Seiten, das auch den Titel: »Ein halbes Jahrhundert Zeitgeschichte« tragen könnte, freilich Zeitgeschichte nicht in der Erzählung spektakulärer Ereignisse, sondern als deren Spiegelung und Verarbeitung in einem intellektuellen Brennpunkt, der Welt des literarischen und wissenschaftlichen Paris und damit Frankreichs, ja in gewissen Grenzen Europas.

In Paris wurde Raymond Aron 1905 in einer Familie »des mittleren Bürgertums des französischen Judentums« geboren, die aber dem vermögenden Großbürgertum weit näher stand als dem bescheidenen Kleinbürgertum, hier besuchte er eins der großen Gymnasien, das Lycée Condorcet, und hier gelangte der Junge, dessen Begabung früh erkennbar wurde, in die École Normale Supérieure, die berühmteste Pflanzstätte der französischen Intelligenz. Seinen Jahrgangskameraden Jean-Paul Sartre und Paul Nizan blieb er lange Zeit freundschaftlich verbunden, den Philosophen Brunschvicg und Alain gegenüber betrachtete er sich als Schüler. Aber nach der Agrégation ging er von Paris und Frankreich fort, nämlich als Assistent zu dem Romanisten Leo Spitzer in Köln, und danach für zwei Jahre als Stipendiat nach Berlin.

So wurde ihm Deutschland zum »Geschick«, und seine Zuneigung zu den Deutschen, nicht bloß zur deutschen Philosophie, überlebte sogar die Machtergreifung Hitlers. So offensichtlich er durch die Brutalität des Regimes beunruhigt und abgestoßen wurde, so moderat blieb doch sein Urteil in den Artikeln, die er damals für verschiedene Zeitschriften schrieb, und er scheute sich nicht zu erzählen, daß Spitzer, selbst Jude, ihm zu einem dieser

Artikel seine Glückwünsche ausgesprochen und hinzugefügt habe, er habe noch stärker die Tatsache unterstreichen sollen, daß der Nationalsozialismus eine »neue Zivilisation« herbeiführe. Aber Aron war zusammen mit seinem Freund Golo Mann dabei, als am 10. Mai 1933 die Bücherverbrennung ein düsteres Zeichen für die Zukunft setzte; dennoch konnte er sich auch im Rückblick nicht entschließen, in seinen nationalsozialistischen Kommilitonen die »Monster« zu sehen, die man später in ihnen erblicken wollte.[1]

Nach Frankreich zurückgekehrt, schrieb er sein erstes Buch über die deutsche Soziologie der Gegenwart, und 1938 wurde die »Thèse« veröffentlicht, mit der er das »Doctorat d'Etat« erwarb: »La philosophie critique de l'histoire. Essai sur une théorie allemande de l'histoire«, welche die Geschichtstheorien von Dilthey, Rickert, Simmel und Max Weber zum Thema hat. Auch die gleichzeitig publizierte »Introduction à la philosophie de l'histoire. Essai sur les limites de l'objectivité historique« war zum großen Teil eine Verarbeitung der deutschen Geschichtsphilosophie, zu der er auch die Lehre von Marx zählte, welche ihn sein ganzes Leben hindurch zugleich anzog und abstieß. Daß er den Marxismus als singuläre Herausforderung verstand, war aber sicherlich auch der Tatsache geschuldet, daß er um die gleiche Zeit ebenso wie Maurice Merleau-Ponty, Jacques Lacan und Gaston Fessard an den Vorlesungen von Alexandre Kojève über Hegels »Phänomenologie des Geistes« teilnahm, die später in Frankreich geradezu legendär wurden.

Kojève hatte hier im Ausgang von dem Kapitel über Herr und Knecht den künftigen Zustand eines »universalen und homogenen« Reiches, in dem jeder Mensch den anderen als Menschen anerkennen würde, für das Ziel und zugleich das bevorstehende Ende der Geschichte erklärt, und er, der »weißrussische« Emigrant jüdischer Abkunft, hatte sich als »überzeugten Stalinisten« bezeichnet, weil nach seiner Auffassung Stalin die von Napoleon verfehlte Gründung dieses Weltstaates vornehmen werde. Wie hätte Aron diese These nicht als Herausforderung empfinden sollen? Als eine erste Bestätigung seiner inneren Abwehr sah er den Abschluß des Stalin-Hitler-Paktes an, und nach der Niederlage Frankreichs schloß er sich, nach London entkommen, den »freien Franzosen« des Generals de Gaulle an, deren wichtigste Zeitschrift »La France libre« er redigierte, so daß er von jetzt an in Artikeln, die nicht durchweg das Wohlgefallen des Generals fanden, die Weltereignisse kommentierte.

Nach dem Siege wieder in Paris, kehrte er nicht an die Universität Bordeaux zurück, wo er 1939 »maître de conférences« gewesen war, sondern wurde im Hauptberuf Journalist, genauer gesagt, ab 1947 einer der Leitartikler des »Figaro« und damit eine auch für die praktische Politik wichtige, aber in diese praktische Politik kaum direkt verwickelte Persönlichkeit. In schroffem Gegensatz zu Sartre trat er für die Einigung Europas und für die Versöhnung mit Deutschland ein, indem er zugleich den Kampf gegen die Kommunisten und gegen den »Gauchisme« des Hauptteils der französischen Intellektuellen aufnahm. So wurde er zu einem der angesehensten »Kalten Krieger« im Bereich der Publizistik, aber sein Buch »Les guerres en chaîne« von 1951 wollte gleichwohl keine Parteischrift sein, sondern eine »philosophische Interpretation« der ersten Hälfte des 20. Jahrhunderts im Stil von Auguste Comte und Augustin Cournot.[2]

Schärfer polemisch war 1957 »L'Opium des Intellectuels«, ein Buch über die Verführbarkeit der Intellektuellen durch die einfachen Sinnangebote der marxistischen Ideologie, das ihn zum Gegenstand besonders heftiger Kontroversen werden ließ. In die Vergangenheit zurück griffen die »Achtzehn Vorlesungen über die industrielle Gesellschaft«, die er an der Sorbonne hielt, wohin er 1955 zurückgekehrt war, ohne seine Tätigkeit am »Figaro« aufzugeben. Früher als Daniel Bell sprach er hier vom »Ende des ideologischen Zeitalters«, und er meinte damit in erster Linie das präsumtive Ende des marxistischen Glaubens. Aber noch sein Buch von 1969 über die »imaginären Marxismen« Sartres, Merleau-Pontys und Althussers gehört in den Kontext der Auseinandersetzungen des Kalten Krieges und ebenso das »Plädoyer für das dekadente Europa«, das 1977 herauskam, in dem Jahr einer schweren Erkrankung, von der er sich bis zu seinem Tod im Jahre 1983 nicht wieder ganz erholte.

Im Rückblick der Memoiren hat er sein Engagement als Teilnahme an einem großen Krieg von besonderer Art gesehen, zu dem Staatenkriege und ideologische Konflikte als Teilphänomene gehörten. »Die Prophezeiung Nietzsches – im 20. Jahrhundert werden große Kriege um die Weltherrschaft im Namen von rivalisierenden Philosophien geführt werden – findet vor unseren Augen seit mehr als einem halben Jahrhundert ihre Bestätigung.«[3] Es gab für ihn keinen Zweifel, wo der politische Hauptimpuls dieses blutigen Jahrhunderts zu suchen war. An wenigen Stellen seines Werkes hat er mit so starker Emotion gesprochen wie bei der abschließenden Auseinandersetzung mit Jean-Paul Sartre in den Memoiren: »Niemals ist es dem Philosophen der Freiheit gelungen, niemals hat er sich bereit gefunden, den Kommunismus so zu sehen, wie er ist. Er hat den sowjetischen Totalitarismus, die Krebsgeschwulst des Jahrhunderts, nie diagnostiziert, er hat ihn nie als solchen verurteilt. Er reservierte seine schlimmsten Invektiven für diejenigen, die seine Verirrung nicht teilten.«[4] Die Faschismen, die er als solche nie ausführlich zum Thema gemacht hat, waren für ihn bloße Reaktionen auf diesen verhängnisvollen Hauptanstoß des Jahrhunderts, wie er schon 1948 in »Le grand schisme« schrieb: »Gegen die Drohung des kommunistischen Totalitarismus haben die Faschisten keine andere Lösung gefunden als die eines antikommunistischen Totalitarismus. Dem Mythos der proletarischen Befreiung haben sie den Mythos der nationalen Größe entgegengesetzt.«[5] Da aber dieser faschistische Gegenmythos nach der Kriegsniederlage keine Kraft mehr besitzt, ist die ursprünglichere Herausforderung jetzt wieder die einzige.

So sind die Geschichtsphilosophie und in deren Rahmen besonders der Marxismus sowie der Kalte Krieg die großen und durchgehenden Themen in dem gewaltigen Lebenswerk Raymond Arons. Es ist nicht möglich, auf knappem Raum mehr als einen flüchtigen Überblick anhand einiger ausgewählter Bücher zu geben, doch soll der Akzent auf die Zeit nach 1960 gesetzt werden.

Die »Philosophie critique de l'histoire« und die »Introduction à la philosophie de l'histoire« sind eindringliche Untersuchungen zu Fragen der »Geschichtstheorie«, wie zum Beispiel den Problemen des Erklärens und des Verstehens, der historischen Objektivität, der Objektivierung und des Zugangs zum Unmittelbaren, des Verhältnisses von Naturgeschichte und menschlicher Geschichte, von Kausalität und Zufall, der Frage des Determinismus und des Relativismus, einmal vornehmlich im Rahmen der Darstellung von Dilthey, Rickert, Simmel und Weber, und beim anderen Mal auf systematische Weise. Die Auseinandersetzungen der Zukunft deuten sich aber klar genug an, wenn Aron etwa über Simmel sagt, ihm würde die Wiedergewinnung des integralen Menschen, wie Marx sie anstrebte, als Utopie erschienen sein und an die Stelle des Marxschen Willens zur Aufhebung der Entfremdung trete bei ihm die Hinnahme eines schicksalhaften Prozesses der Objektivierung.[6]

»Les guerres en chaîne« macht sich eine schon vorhandene Definition des Kalten Krieges zu eigen: »Der Kalte Krieg ist ein begrenzter Krieg, und die Begrenzung bezieht sich nicht auf die Ziele, sondern auf die Mittel, welche die Kriegführenden verwenden. Vom Westen gesehen, ist er das direkte und unvermeidliche Resultat der Aktionen, die der Kreml und die ihm hörigen Parteien durch die ganze Welt hindurch führen: Propaganda, Spionage und Sabotage, Agitation und Massenbewegung sowie Bürgerkriege sind die vier typischen Formen, die im allgemeinen miteinander kombiniert sind.« Diese Definition ist, wie Aron sagt, »klassisch«, aber sie ist unzureichend, weil die Auseinandersetzung zugleich ein unerbittlicher Machtkampf zwischen den beiden Supermächten ist, so daß sich oftmals ein Bild von verwirrender Komplexität bietet. Aber in der einen wie in der anderen Hinsicht ist in

Europa der entscheidende Streitpunkt (enjeu) Deutschland, und Aron gehörte zu den ersten, welche die Teilung Deutschlands für unausweichlich erklärten und voraussagten, diese Teilung werde so lange dauern wie der Kalte Krieg selbst, vermutlich lange Jahre.[7]

Die Siegeschance für den Westen besteht nicht zuletzt darin, daß die dem 19. Jahrhundert entstammenden Mythen, aus denen der Marxismus und die Sowjetunion ihre Kraft ziehen, zum Beispiel diejenigen vom Proletariat als universeller Klasse und von der befreienden Revolution der ungeheuren Mehrzahl, ihre Überzeugungskraft mehr und mehr verlieren, da sie allzusehr von der erkennbaren Realität abweichen. Nach seiner ersten Phase als Theorie und Praxis des Bürgerkrieges ist der sowjetische Kommunismus jetzt so klar als totalitäre Tyrannis erkennbar, daß niemand sich verbergen kann, was in Westeuropa geschehen würde, wenn es von der Roten Armee besetzt werden würde: die führenden Schichten würden physisch ausgerottet, große Teile der Bevölkerung würden deportiert. Längst wissen alle Arbeiter angesichts der sowjetischen Bürokratie, daß ihnen ein Phantom vorgegaukelt wird, wenn die Kommunisten ihnen versprechen, sie würden zu einer »herrschenden Klasse« werden.[8] Aber noch immer arbeiten die Kommunisten mit der Zauberformel des »Sozialismus«, noch immer kämpfen sie gegen »Klassenfeinde« und »Ketzer«, und deshalb kann es erst dann einen wahren Frieden geben, wenn der exorbitante Anspruch auf den Alleinbesitz der Wahrheit aufgegeben wird.

Freilich mußte Aron sich eingestehen, daß jene unglaubwürdig gewordenen Mythen auf viele westliche Intellektuelle nach wie vor faszinierend wirkten. So muß er sich im »Opium für Intellektuelle« bemühen, die eigenartige Tatsache verstehbar zu machen, daß »die Romantik des Krieges im Schmutz Flanderns zugrunde gegangen (ist), aber die Romantik des Bürgerkrieges die Zellen des Lubjanka-Gefängnisses überlebt hat«. Er tut es dadurch, daß er die philokommunistische Linke keineswegs für eine bösartige Verschwörung erklärt, die bekämpft und vernichtet werden müsse, sondern für die Vertreterin von Forderungen, die wie diejenige nach größerer Gleichheit nicht unberechtigt sind, die aber der Tendenz zum Überschwang und im Endstadium zur Versteinerung unterliegen. Auf die Sehnsucht nach einer großen Idee und nach der Sicherheit, die sie gewährt, stützt sich der Kommunismus als »Religion der Intellektuellen«, und der liberale Widerstand gegen diese Verweltlichung der Theologie muß sich auf etwas gründen, was im Vergleich sehr schwach zu sein scheint, nämlich auf den Zweifel: »Wenn aber die Toleranz nur aus dem Zweifel geboren wird, dann lehre man den Zweifel an Vorbildern und Utopien, man lehre, die Propheten des Heils und die Verkünder von Katastrophen in ihre Schranken zu weisen.«[9]

Die »Achtzehn Vorlesungen über die industrielle Gesellschaft« sind eine großangelegte Auseinandersetzung sowohl mit dem Marxismus wie mit dem Sowjetsystem. So stimmt Aron gegen Marx der Meinung Tocquevilles zu, daß die industrielle Gesellschaft in ihrer Verknüpfung mit der Demokratie die Mittelschichten nicht vermindert, sondern in starkem Maß vermehrt; er beruft sich auf Montesquieu bei der Zurückweisung der Marxschen Hauptthese, daß man unter den vielfältigen Faktoren und Bewegungskräften der Geschichte eine einzelne herausheben könne, die »in letzter Instanz« entscheidend sei; in Frankreich und anderswo läßt sich die Tatsache konstatieren, daß die industrielle Entwicklung hinter der sozialen zurückgeblieben ist; der so häufig verworfene »Profit« ist nicht ein kapitalistischer Mißbrauch, sondern in komplexen Gesellschaften die einzige Möglichkeit, die Produktion von den Wünschen der Konsumenten lenken zu lassen; der Marxismus ist nichts anderes als eine Extrapolierung von Phänomenen, die zur Frühphase der industriellen Gesellschaft gehören; die sowjetische Gesellschaft verbindet ebenso wie die amerikanische eine egalitäre Ideologie mit hierarchischen Realstrukturen, aber die Gegensätzlichkeit ist in ihrem Fall die weit ausgeprägtere.

An der Stelle von Ideologie und abstrakter Soziologie möchte Aron daher die Geschichte als die Königin der Wissenschaften sehen, aber das würde voraussetzen, daß die Historiker an erster Stelle Wirtschaftswissenschaftler wären, und überdies Soziologen und ein wenig sogar Philosophen.[10] Man wird annehmen dürfen, daß Aron damit für seine Person einen hohen Anspruch erhob.

Beinahe als konventioneller Historiker zeigt er sich in seinem Buch über die »République Impériale« von 1973, das die Geschichte der Vereinigten Staaten in der Zeit von 1945 bis 1972 verfolgt, und also eine Fortsetzung der »Guerres en chaîne« darstellt. Aber viel stärker als 1951 sieht Aron nun die amerikanische Politik von einem gravierenden Widerspruch bestimmt, dem Widerspruch zwischen den idealistischen und universalistischen Überzeugungen der Gründerväter, aus denen der Kreuzzugsgeist der beiden Weltkriege sich nährte, und dem imperialen Realismus des letzten Vierteljahrhunderts. Daraus ist jenes »schlechte Gewissen« entstanden, das um so stärker hervortritt, je mehr der Kalte Krieg von der Entspannung abgelöst wird. Aber Aron glaubt nicht, daß die Entspannung ein genuiner Gegensatz zum Kalten Krieg ist. Und darum empfindet er offensichtlich ein gerütteltes Maß an Skepsis gegenüber einem Staat, »der in der Avantgarde der Geschichte« zu stehen meint und der doch »die geschwätzigste Führungsschicht und die vorwitzigste Presse der Welt« aufweist. Die Kernfrage bleibt in der neuen Situation »die Entschlossenheit«, und die hat für Aron in Moskau trotz des Verlustes der Faszinationskraft der Ideologie einen gefestigteren Platz als in Washington.[11]

Seine Befürchtungen und seine Hoffnungen, seine Zweifel und seine Zuversicht hat Aron am unverhülltesten in einem seiner letzten Werke zu Wort gebracht, dem »Plädoyer für das dekadente Europa«. Der Titel ist nicht ironisch gemeint, wie man auf den ersten Blick glauben könnte, denn schließlich ist von Rußland aus schon vor mehr als hundert Jahren der »dekadente Westen« angeprangert worden, zu einer Zeit also, da Europa vor seinem erstaunlichsten Aufstieg stand. Aber Aron sieht tatsächlich viele Zeichen des Niedergangs und allem zuvor den »Verlust des Selbstvertrauens der Europäer«. Dieser Verlust ist indessen zur Hauptsache gerade darin begründet, daß die Ideologie, die als Staatsideologie der Sowjetunion in ihrer Synthese mit der imperialen Macht des Vielvölkerstaates für sie die eigentliche Bedrohung ist, mitten unter ihnen selbst existiert, nicht bloß als Waffe einer Partei, sondern als Erbin eines wichtigen Teils ihrer eigenen Tradition, denn »die Philosophie der Aufklärung und des Liberalismus führen in manchen Fällen von selbst, wenn nicht notwendigerweise, zum Sozialismus und sogar zum Marxismus, wie die Flüsse ins Meer«.[12]

Das scheinen sonderbare Worte im Munde eines Liberalen zu sein, doch nichts weist darauf hin, daß Aron die »westliche Selbstkritik« *nicht* für erforderlich hielte, die einen so wesentlichen Teil des sozialistischen und marxistischen Denkens bildet. Aber in ihrer marxistischen Gestalt als Kritik an der »Entfremdung«, die den Bedürfnissen europäischer Intellektueller so sehr entgegenkommt, entstammt sie der spiritualistischen oder religiösen Reaktion auf die produktivistische Gesellschaft, das heißt der Romantik, und sie verdeckt diesen Ursprung gerade durch die Übernahme einiger Konzepte des Produktivismus. Die Marxsche Vereinigung des Unvereinbaren, der Rousseauschen Romantik einer Rückkehr zur Natur und des Saint-Simonschen Glaubens an die befreiende Kraft der Ökonomie, ist für zahlreiche Intellektuelle von unwiderstehlicher Anziehungskraft, und Aron glaubt, im Anschluß an eine Wendung Solschenizyns sogar von einer »marxistischen Besessenheit« der Europäer sprechen zu dürfen.[13]

Kein Mißerfolg der Planwirtschaft in der Sowjetunion, kein noch so augenfälliger Zusammenhang von Ideologie und Massenverbrechen sind daher für sich allein im Stande, ein Glaubensbedürfnis zu unterbinden, das die Lösung aller Schwierigkeiten und die Heraufkunft einer »anderen Welt« in greifbarer Nähe sehen will. Aber es würde weder den krisenhaften Fortschritt der Moderne noch den Marxismus noch die Sowjetunion geben, wenn nicht die europäische Zivilisation von ihren mittelalterlichen Wurzeln her jene schöpferische Kraft besessen hätte, die gerade in der ständigen Infragestellung der gegebenen Verhältnisse zum Vorschein kam, so daß eine Erstarrung und Versteinerung verhindert wurden. So wurde, wie man es mit einem Bild ausdrücken könnte, eine der Früchte eines einzigartigen Baums zur Gefahr für sein Dasein, weil sie übermäßig wuchs. Das Entscheidende läßt sich mit dieser Metapher jedoch nicht fassen, denn der »Baum« trug verschiedenartige Früchte, und er wird von einem jüngeren »Baum« bedrängt, der aus dem Samen jener Frucht erwachsen ist und bloß eben diese Frucht trägt. Nur aus dieser umfassenden Perspektive können die »anderen« Europäer ihr Selbstvertrauen zurückgewinnen: »Die Herrschaftssysteme des Westens müssen ihre Liberalität mit Instabilität bezahlen und die Komplexität ihrer Organisation mit Krisen. Wir wünschen uns gewiß nicht die glänzende Fassade bürokratischer Despotien, und wir würden die Freiheit um ihrer selbst willen retten.« Man könnte denselben Gedanken vermutlich auch folgendermaßen formulieren: Die westliche Freiheit muß immer auch die Freiheit der Marxisten sein, aber die Herrschaft des Marxismus bedeutet die Unterdrückung aller Nichtmarxisten und damit die Abtötung derjenigen Kultur, die auch den Marxismus möglich machte.

Und so hält es Aron immerhin für möglich, daß die angebliche Dekadenz Europas, nämlich die »breite geistige Auseinandersetzung« dennoch mehr Zukunft hat als »die sowjetische Ideokratie«. Aber es ist unübersehbar, daß Aron im gegenwärtigen Europa eine »Hypertrophie des Individualismus in seiner utilitaristischen und egoistischen Gestalt«[14] wahrnimmt. Gerade daraus erwächst indessen eine dritte Möglichkeit zwischen Kapitulation und genuiner Selbstbehauptung, und ihr scheint Aron, wenngleich nicht ohne inneres Widerstreben, die größeren Chancen einzuräumen, nämlich ein Übergreifen der Dekadenz des Westens auf die Sowjetunion: »Andererseits überwindet der Westen allen Parolen zum Trotz mit Autos und Beatles, mit abstrakter Malerei und analytischer Philosophie, mit Drogen und Pornographie, mit permanenter geistiger Bewegung und fruchtbaren Krisen, mit sexueller Freiheit und Lebensfreude die geschlossenen Grenzen und erobert allmählich einen Platz im Innern jener Welt, welche die Kremlherren vor den schädlichen Einflüssen aus dem Westen bewahren wollten.«[15] Mithin könnte die Geschichte sich auf einen Zustand hinbewegen, der für alle dogmatischen Marxisten hassenwert wäre, der aber auch für die anti-totalitären Intellektuellen und nicht zuletzt für Aron selbst alles andere als attraktiv sein würde.

Wenn es einen Ausblick gibt, in dem sich Marxisten und Nichtmarxisten einigen könnten, so wäre es der, daß die Menschheit im anhebenden »thermonuklearen« oder »technetronischen« Zeitalter auf den Krieg als ein Mittel der Politik verzichtet, die bisherige Außenpolitik als planetarische Innenpolitik versteht und am Ende wohl gar zur Einheit eines »Weltstaates« gelangt. Wie sehr dieser Gedanke in Hegels »Phänomenologie des Geistes« angelegt war, hatte Aron ja schon als Hörer von Kojèves Vorlesungen sich bewußt gemacht, und ohne Zweifel lag hier auch für ihn jene Faszination, die andere Intellektuelle immer wieder die marxistische Version des Gedankens wählen ließ. Aber Raymond Aron wurde auch hier nicht zum Propheten, sondern er blieb der Skeptiker und Kritiker, der auch die »andere Seite« sehen wollte und sich gegen den enthusiastischen Überschwang zur Wehr setzte. Die »andere Seite« ist in der zweiten Hälfte des 20. Jahrhunderts der Blick auf die machtvolle Realität der Staatenwelt, wie sie in der Vergangenheit das Bild beherrschte und in der Gegenwart fortexistiert, wenngleich in sehr veränderter Gestalt.

Diese historische und gegenwärtige Realität hat Aron in seinem Hauptwerk zum Thema gemacht, das schon durch seinen Untertitel »Eine Theorie der Staatenwelt« erkennen läßt, daß die »Außenpolitik« zentral ist, weil in ihr sich jeweils die Frage von »Frieden und Krieg zwischen den Nationen« entscheidet.[16] Insofern ist das Buch eine politologische Untersuchung, die von der »Einheit«, von den »Mitteln« und von den »Zielen« der Außenpolitik handelt, die innerhalb der internationalen Systeme zwischen multipolaren und bipolaren Systemen unterscheidet, die im soziologischen Abschnitt »Determinanten und Regelmäßigkeiten«, etwa den Raum und die Hilfsquellen, erörtert und die dann unter der Überschrift »Geschichte« zur Gegenwart des planetarischen Systems im thermonuklearen Zeitalter gelangt, bevor im letzten Teil, der »Praxeologie«, die konkrete Situation des Konflikts der Supermächte analysiert und zukünftige Lösungen zur Erwägung gestellt werden.

Aus der ungeheuren Fülle der Gedankengänge und Analysen ist hier nur einiges Wenige herauszugreifen, was deutlich macht, wie sehr Aron die Vorstellung Kojèves vom universalen und homogenen Staat zu problematisieren sucht. So muß man die Kriege, wenn man sie »in den Verlauf der Geschichte einordnet« als »Triebfeder der ... fortschreitenden Erweiterung der Souveränitäts-, also der Friedensgebiete ansehen«.[17] Daraus würde sich ergeben, daß schließlich nur noch zwei vollsouveräne Staaten und mithin »Friedensgebiete« existieren, deren Konflikt der letzte sein und durch den größten aller Kriege beendet werden müßte, wenn nicht die Existenz der Atomwaffen die kriegerische Austragung des Konflikts selbstmörderisch machte. Eine Theorie dieses bipolaren Systems könnte also nur Teilbereiche der »Theorie der Staatenwelt« übernehmen, da der wichtigste aller Tatbestände, das Alternieren von Frieden und Krieg, ausgeschaltet wäre. Aber die Einheit einer Menschengruppe, vornehmlich einer Nation, formte sich immer im Hinblick auf »Andere«, auf »Feinde«. Wie soll dann »die Menschheit« eins werden, da sie doch keinen Feind haben würde? Und der Krieg hat vielleicht biologische Wurzeln, doch »die Schwierigkeit des Friedens liegt mehr an der Menschheit als an der Tierheit des Menschen ... Der Mensch ist das Wesen, das in der Lage ist, der Demütigung die Revolte und dem Leben die eigene Wahrheit vorzuziehen. Die Hierarchie von Herr und Knecht wird niemals endgültig sein.«[18]

Aber müßte Aron nicht mit Kojève sagen, daß gerade diese Hierarchie in der wechselseitigen Anerkennung aller Menschen als solcher für immer verschwinden soll? Tatsächlich ließe sich aus manchen der ausführlichen Erörterungen, die der bipolaren Situation gewidmet werden, die Folgerung ableiten, infolge der Asymmetrie der beiden Blöcke könne Kojèves »Stalinismus« das letzte Wort behalten, weil der Sowjetblock infolge seiner Entschlossenheit und Einheitlichkeit durch die Anstachelung von Bürgerkriegen im feindlichen Gebiet weit bessere Siegeschancen habe als die westliche Welt in ihrer einheitslosen Pluralität. Aber Arons Hoffnung geht natürlich in die Gegenrichtung: Wenn die Unmöglichkeit des großen Krieges zur wechselseitigen Anerkennung der Blöcke führt, hat der Westen seine liberale Zivilisation behauptet, der Marxismus-Leninismus aber wird nach dem unumgänglichen Verzicht auf die Vernichtung des Feindes »zu einer bescheideneren und wahreren Interpretation« seiner selbst geführt werden.[19]

Die stärkste Unterstützung erfährt diese Hoffnung jedoch durch die Beobachtung, daß auch die Einheit des Sowjetblocks keine absolute ist, und Aron verweist auf die Beharrlichkeit des polnischen Staates. Sein definitives Postulat, mit dem er zwischen Kojève und sich selbst eine scharfe Grenze zieht, besteht darin, daß die künftige Einheit gerade nicht die Einheit des universalen und homogenen Staates sein darf, denn »das Ideal einer ihrer Solidarität bewußten Menschheit widerspricht nicht der Tatsache einer Menschheit, die in mehrere, sich ihrer Besonderheit und des Wertes dieser Besonderheit bewußte Nationen geteilt ist«.

Wie sehr Aron gleichwohl mit großer Sorge in die Zukunft blickt, wird durch einen nicht besonders hervorgehobenen Satz deutlich: »Die Menschheit könnte befriedet werden, und kein Mensch würde mehr französisch sprechen.« Aber es könnten angesichts der Bevölkerungsexplosion in der Welt Kämpfe um die Hilfsquellen und die Rohstoffe ausbrechen, im Vergleich zu denen »die Kriege der Vergangenheit geradezu lächerlich erscheinen würden«.[20] So bleibt Raymond Aron sich selbst treu, indem er die Zukunftsgewißheit ablehnt, die in ihrer Verfestigung zu einer fanatischen Ideologie den schwierigen Frieden der Zukunft, welcher durch die *conditio humana* selbst auf die Bewahrung der Vielfalt verwiesen ist, am meisten in Gefahr bringt.

Aber es sollte nicht übersehen werden, daß das Problem des Verhältnisses von Einheit und Vielheit für Raymond Aron auch eine ganz persönliche Frage war, und diese Frage hing mit seinem Judentum zusammen. Er war zwar so »assimiliert« wie nur möglich, und er bezeichnete sich selbst wiederholt als einen »Juif déjudaisé«. Aber als 1967 Israel von dem Angriff übermächtiger Feinde bedroht zu sein schien und als de Gaulle in einer berühmten Pressekonferenz die Juden »ein Elitevolk, selbstgewiß und herrscherlich« nannte, da schrieb er leidenschaftliche Artikel zugunsten Israels, die er im Rückblick eine »bouffée de judéité« nennt, »ein Aufflakkern des Jüdischseins, ... das in mein französisches Bewußtsein einbrach«[21], und die Zurückweisung von de Gaulles Charakterisierung in den Memoiren ist auch aus dem jahrelangen Abstand heraus noch emotional genug.

Doch auch hier unterläßt er es nicht, sich selbst Fragen zu stellen: Hatte er etwa eine verdrängte Identität als die eigene entdeckt und ebenso wie viele andere jüdische Franzosen das legitime Erbe des jüdischen Humanismus zugunsten eines zionistischen Nationalismus aufgegeben, wenn auch nur temporär? Oder war gar in ihm selbst der »Fanatismus« zum Vorschein gekommen, den Frankreichs Neue Rechte für das verhängnisvolle Erbstück des jüdisch-christlichen Monotheismus erklärte, während sie dem völkischen Partikularismus der Zionisten gerade Legitimität zusprach? Aron glaubt, beide Fragen mit Nein beantworten zu dürfen, aber aus der Distanz heraus scheint er doch der Auffassung von Claude Lévi-Strauss zuzustimmen, daß de Gaulle nicht völlig im Unrecht gewesen sei, und jedenfalls hält er an der Überzeugung fest, daß »doppelte Loyalitäten« nicht zulässig seien.

Am Ende des Kapitels sieht er alle diese Schwierigkeiten in der für ihn ungelösten Antinomie zwischen dem »Einheitsgeschick der Menschengattung« und »der historischen Verschiedenartigkeit der Werte und der Seinsweisen«.[22] Zwischen den für sich unwahrhaftigen Polen des Kosmopolitismus und des Nationalismus bzw. Partikularismus galt es also einen Weg zu suchen, der nicht vorherbestimmt war, sondern der allen Menschen und Menschengruppen zur jeweils eigenen Entscheidung aufgegeben ist. In Ungewißheit einer nicht festgelegten Zukunft entgegenzublicken, ist also das Postulat, das der Geschichtsdenker Raymond Aron den Gewißheiten Kojèves und der dogmatischen Marxisten entgegenstellt. Daher gilt er mit Recht als einer der wegweisenden Geschichtsdenker des Europäischen Liberalen Systems.

Michel Foucault und Zbigniew Brzezinski

Michel Foucault, 1926 in Poitiers geboren, gehört einer anderen Generation an als Raymond Aron, und der Unterschied der Anschauungen könnte kaum schroffer sein, denn Foucault, der in »Europa« nicht viel mehr als eine »Disziplingesellschaft« sah, der sich für Gefängnisinsassen und andere Randgruppen engagierte, der seine »Genealogie« als »Anti-Wissenschaft« verstand[1], der eine Zeitlang wie Sartre auf den Boulevards Zeitungen der extremen Linken verteilte, mußte in Arons Augen ein Musterbild der »Dekadenz Europas« sein, und in den Memoiren kommt der Name nicht vor, obwohl Aron und Foucault für einige Jahre Kollegen am »Collège de France« waren, der angesehensten Bildungsanstalt des Landes. Dabei wiesen die Laufbahnen gewisse Ähnlichkeiten auf, denn auch Foucault war einige Zeit in Deutschland tätig, nämlich als Direktor des Institut de France in Hamburg, und man kann sogar eine innere Übereinstimmung in der Kritik an dem universalistischen und prophetischen Typ des Intellektuellen erblicken, wie ihn etwa Jean-Paul Sartre repräsentierte.

Aber ein abgründiger Gegensatz macht sich für jeden Leser der Bücher der beiden Autoren sofort bemerkbar: dort der Vertreter französisch-lateinischer »clarté«, der die einem jeden geläufigen großen Themen in direktem Zugriff anfaßt; hier zunächst das Mitglied einer Schule, nämlich des Strukturalismus, deren Sprache und Begrifflichkeit ein langes Einlesen erforderlich machen, und der sich dann mehr und mehr zu einem ganz unverwechselbaren Denker entwickelt, ja sich schließlich sogar für einen Antistrukturalisten erklärt. Dort ein Mann, der im Rückblick zwar manche Fehlurteile eingestand, der aber seine Überzeugungen und seine Verfahrensweisen nie zu ändern brauchte; hier ein Schriftsteller, der sich selbst des öfteren den Vorwurf machte, wesentliche Dinge nicht richtig gesehen zu haben, so daß seine intellektuelle Biographie manche Umbrüche zu konstatieren haben würde. Dort ein Autor, der zwar in erster Linie ein Analytiker der Gegenwart war, dem aber die Qualität des Geschichtsdenkers schlechterdings nicht abzusprechen war; hier der Verfasser von Büchern, die auf den ersten Blick als gewöhnliche, wenn auch sehr eigenartige und anspruchsvolle Geschichtsschreibung gelten können. Und doch wollte kaum jemand weniger ein unbefangener Erzähler sein als Foucault, und die Geschichte, die er schreibt, steht Heideggers »Seinsgeschichte« näher als dem »Permanenten Krieg« Raymond Arons.

Aber das heißt nicht, daß es in Foucaults Werken keine Anschaulichkeit gäbe. Folgendermaßen beginnt das Buch »Überwachen und Strafen. Die Geburt des Gefängnisses«: »Am 2. März 1757 war Damiens dazu verurteilt worden, ›vor dem Haupttor der Kirche von Paris öffentlich Abbitte zu tun‹ ... auf dem Grève-Platz sollte er dann im Stützkarren auf einem dort errichteten Gerüst an den Brustwarzen, Armen, Oberschenkeln und Waden mit glühenden Zangen gezwickt werden; seine rechte Hand sollte das Messer halten, mit dem er den Vatermord begangen hatte ... und auf die mit Zangen gezwickten Stellen sollte geschmolzenes Blei, siedendes Öl, brennendes Pechharz und mit Schwefel geschmolzenes Wachs gegossen werden ... ›Schließlich vierteilte man ihn‹, erzählt die Gazette d'Amsterdam. Diese letzte Operation war sehr langwierig, weil die verwendeten Pferde ans Ziehen nicht gewöhnt waren, so daß man an Stelle von vier deren sechs einsetzen mußte; und als auch das noch nicht genug war, mußte man, um die Schenkel des Unglücklichen abzutrennen, ihm die Sehnen durchschneiden und die Gelenke zerhacken ...«[2]

Man sollte meinen, so könne nur ein Werk der Geschichtsschreibung beginnen, das zeigen wolle, wie nach diesem Höhepunkt einer barbarischen Strafjustiz ein Prozeß der Humanisierung eingesetzt habe, welcher solche Grausamkeiten bald zu einer unglaubwürdigen Erinnerung habe werden lassen. Foucault stellt in der Tat fest, daß schon wenige Jahrzehnte später die Überreste dieser »mittelalterlichen« Justiz überall verschwunden seien, die Galgen, Pranger und Skelette, aber er ist weit davon entfernt, ein Loblied des humanitären Fortschritts anzustimmen: Das augenfällig Gräßliche verschwand, aber die Verbrecher wurden nun zu Objekten einer viel gründlicheren Überwachung, eines weit vollständigeren Eindringens in ihr Inneres: die Richter richteten nicht mehr bloß über Verbrechen, sondern über die »Seelen« der Verbrecher, indem sie sie ausforschten, examinierten und begutachteten.

Das Musterbild der neuen Strafjustiz ist für Foucault das »Panoptikum« des großen Reformers und Aufklärers Jeremy Bentham, jenes Gefängnis, wo jeder Gefangene in jeder seiner Lebensäußerungen zu jeder Zeit von dem allgegenwärtigen Wächter in der Mitte des Gebäudes überwacht wird. Am Ende werden nicht nur die Verbrecher, sondern auch die Schüler, die Arbeiter, die Kinder einem umfassenden Machtapparat unterworfen, in den »das Wissen« seine besten Kräfte hineingibt: jenem »›politischen Körper‹ als Gesamtheit der materiellen Elemente und Techniken, welche als Waffen,

Schaltstationen, Verbindungswege dienen, welche die menschlichen Körper besetzen und unterwerfen, indem sie aus ihnen Wissensobjekte machen«. Für die Justiz ergibt sich daraus, »daß vielleicht mit einer gemilderten Strenge, aber jedenfalls mit größerer Universalität und Notwendigkeit gestraft wird; daß die Strafgewalt tiefer im Gesellschaftskörper verankert wird«. Aber diese »Straf-Gesellschaft« zeigt sich im Schulraum als eine »Lernmaschine«, die zugleich eine »Überwachungs-, Hierarchisierungs- und Belohnungsmaschine« ist; wie Benthams Panoptikum ist die Prüfung »eine qualifizierende, klassifizierende und bestrafende Überwachung«.[3] Es versteht sich von selbst, daß die Fabriken den Gefängnissen gleichen und Hauptprodukte der »Disziplinargesellschaft« sind; offensichtlich ist Marx' Beschreibung der »Fabriksklaverei« einer der Ausgangspunkte für Foucault, der von ihm aber außerordentlich erweitert wird.

Letzten Endes ist die neuzeitliche »Objektivierung« Foucaults Thema, und diese Objektivierung ist mit »Aufklärung« eng verknüpft. Auch Foucault ist ein Gegner des okzidentalen Logozentrismus und der »Vergegenständlichung«, die das moderne Wissen sogar dann vornimmt, wenn es keineswegs schon mit der politischen Gewalt eines Totalitarismus verknüpft ist, aber die Möglichkeit einer solchen Verschmelzung trägt es durch seine eigene »globalisierende« und »totalisierende« Natur in sich. In dieser Hinsicht steht Foucault also Heidegger nahe, und auch er will von der Neuzeit nicht erzählen, sondern deren Wesen bestimmen.

Mit der neuzeitlichen »Vernunft« war Foucault schon in dem frühesten seiner bekannten Bücher ins Gericht gegangen, der »Geschichte des Wahnsinns im Zeitalter der Vernunft« von 1961. Auch hier finden sich sehr anschauliche Darstellungen der naiven Grausamkeit, mit der man in Einrichtungen wie »Bedlam«, »Salpetrière« und »Bicètre« Wahnsinnige ankettete und mit Verbrechern zusammensperrte, und die empörte Sozialkritik an der »abendländischen Geschichte« ist auch hier eines der Hauptmotive Foucaults. Über weite Strecken liest sich das Buch jedoch wie eine überaus gelehrte Monographie zur Medizingeschichte, aber in all dem artikuliert sich das Bemühen, nicht etwa den »Wahnsinn« und die Behandlung der Wahnsinnigen zu beschreiben, sondern herauszufinden, was zu verschiedenen Zeiten jeweils als »Wahnsinn« verstanden wurde, was ihm zugeordnet und was von ihm ferngehalten wurde.

Und da zeigt sich, daß im Spätmittelalter der Wahnsinn eine kosmische und symbolische Bedeutung hatte, die vom menschlichen Leben als solchem nicht abzutrennen war; daß später eine »tragische Erfahrung« damit verbunden blieb, weil die Drohung des Animalischen in ihm spürbar wurde, und daß erst die aufgeklärte Zivilisation ihm »die Vernunft« schroff entgegenstellt, eine Zivilisation, die paradoxerweise dem Menschen durch die Vervielfachung ihrer Vermittlungen und damit Frustrationen neue Gelegenheiten bietet, wahnsinnig zu werden. In all dem erlöschen aber »die letzten Erinnerungen an ein Geheiligtes«[4], und so versieht Foucault auch hier schon die humanitäre »Befreiung der Wahnsinnigen«, wie sie große Ärzte am Ende des 18. Jahrhunderts vollzogen hatten, mit einem negativen Akzent, ja er stellt Sigmund Freud in die Linie, die für ihn die Entfaltung von Machttechniken und von »Objektivierung« des Menschen ist.

Man könnte geneigt sein, Foucaults Angriff gegen »die Vernunft«, »das sinnstiftende Subjekt«, die »Wissens-Macht«, ja »den Menschen« als Erfindung der Aufklärung nicht so sehr mit Heidegger und einer Konzeption der »Wahrheitsgeschichte« in Verbindung zu bringen als vielmehr mit seiner Homosexualität, die ihn veranlaßt habe, sich mit allen anderen Randgruppen zu identifizieren und die »Repression« zu beklagen, die der moderne Staat mittels seines Überwachungsapparates ausübe. Manche der Gespräche, die er mit homosexuellen Zeitschriften wie »Gai pied« führte, könnten in diese Richtung weisen, wie etwa der Satz, man müsse »eine nichtdisziplinierte Erotik erfinden, eine Erotik des Körpers im fliegenden und verschwimmenden Zustand, mit seinen zufälligen Begegnungen und seinen unberechenbaren Lüsten«.[5]

Aber andererseits weigert er sich gerade entschieden, den populären Begriff der »Repression« ins Zentrum zu stellen, und er hebt mit großem Nachdruck die positiven Auswirkungen der Macht als eines »produktiven Netzes« hervor, ja er scheint geradezu die Gegenposition zu jener strukturalistischen Präferenz der »Texte« und der »Interpretationen« einzunehmen, wenn er sagt: »Auf was man sich meiner Meinung nach beziehen muß, ist nicht das große Modell der Sprache und der Zeichen, sondern das des Krieges und der Schlacht. Die Geschichtlichkeit, die uns mitreißt und determiniert, ist eine kriegerische; sie gehört nicht zur Ordnung der Sprache, Machtverhältnis, nicht Sinnverhältnis.«[6] Mithin konnte es doch so aussehen, als habe Foucault eine »Geschichte der Transzendenz« schreiben wollen, die eine Parallele zu Max Webers Konzept der abendländischen Rationalisierung hätte bilden können, eine Geschichte nicht so sehr der »Entzauberung« als der »Vermachtung«, die aber doch einen unbestimmten Ausblick in eine künftige Befreiung des gefangenen »Lebens« in sich schloß.

Wir würden vermutlich mit größerer Bestimmtheit sagen können, ob Foucaults Geschichtsdenken in größerer Nähe zu Max Weber oder zu Heidegger oder zu Nietzsche anzusiedeln ist, wenn die geplanten sechs Bände der »Geschichte der Sexualität« fertiggestellt worden wären. Aber

Foucault starb bereits 1984, vermutlich an AIDS.[7] Die drei Bände, die erschienen sind, haben nicht die Sexualität in ihren mannigfaltigen Formen und Möglichkeiten zum Thema, sondern das Nachdenken der Menschen über ihre eigene Geschlechtlichkeit, und der Bogen spannt sich von der klassischen griechischen Antike bis zu den Stoikern. Das Bild, das Foucault zeichnet, hat wenig Ähnlichkeit mit der verbreiteten Vorstellung von der heiteren Lebensfreude der Griechen, die jeder erotischen Neigung und insbesondere der Knabenliebe freie Bahn gaben, bis schließlich die düstere Sinnenfeindschaft des Christentums die Oberhand gewann.

Foucault zeigt vielmehr, daß schon in der Blütezeit der Antike das geschlechtliche Leben, nicht zuletzt die Päderastie, von ständiger Reflexion begleitet war und einer Fülle von Regelungen oder doch mindestens Präferenzen unterlag. Die Spätantike wiederum bildete insofern eine Vorbereitung des Christentums, als das Postulat der vollen Reziprozität mehr und mehr in den Vordergrund trat, so daß die Knabenliebe, aber auch die sexuelle Freizügigkeit der Männer immer häufiger verurteilt wurden. Freilich gelten auch hier »der Körper« und die »sexuelle Aktivität« nicht als »das Böse«, und insofern müßte das Christentum doch einen Bruch bedeuten. Aber es ist unwahrscheinlich, daß Foucault diese »Geschichte des sexuellen Seins«, die immer zugleich eine Geschichte der Reflexion über dieses Sein war, als bloße Verfallsgeschichte geschrieben hätte. Die Sexualität ist eine so große Macht im menschlichen Leben, daß sie nicht minder als die Kunst oder die Nationalökonomie einen legitimen Ausgangspunkt für das Geschichtsdenken darstellt.

Der Weg von Michel Foucault zu *Zbigniew Brzezinski* führt von Frankreich fort, aber sozusagen wieder auf Raymond Aron zu, denn Brzezinski faßte die großen Fragen der Zeit ebenso in »intentio recta«, wenngleich nicht ohne methodologische Selbstbesinnung, und in der Sprache des Alltags an wie Aron; vom Anspruch wie von den Dunkelheiten Foucaults ist man bei ihm weit entfernt. Große Teile seines Werks sind in der Tat politologische Monographien zu Fragen des Weltkommunismus und der Sowjetunion; so vor allem das Buch von 1960 über den Sowjetblock, seine Einheit und seine Konflikte. Fast durchweg ist sein Denken von »strategischer« Art; das heißt, es wird im Ausgang von einer eindringlichen Analyse der jeweiligen Situation nach den richtigen und erfolgversprechenden Wegen für die amerikanische Politik gefragt; es handelt sich also um eine Art von »Staatspapieren« der obersten Ebene.

Als Beispiel ist die »Alternative zur Teilung« anzuführen, die 1965 eine gesamteuropäische Politik zu umreißen suchte, und zwar auf der Basis der neuen Tatbestände der Entspannung und des sowjetisch-chinesischen Konflikts. Erstmals seit langer Zeit kann jetzt nach Brzezinski das Ziel ins Auge gefaßt werden, »Osteuropa und Rußland für Europa zurückzugewinnen«. Schon die Auseinandersetzung mit Peking drängt die Sowjetunion auf den Westen zu, und Brzezinski nimmt nicht ohne einige Befriedigung zur Kenntnis, daß sowjetische Politiker, Journalisten, Diplomaten und Wissenschaftler »in ihren privaten Unterhaltungen mit Leuten aus dem Westen den ›asiatischen Charakter‹ der Chinesen« betonen. Noch stärker ist eine Sogwirkung Westeuropas in den Staaten Osteuropas zu spüren, und Brzezinski neigt dazu, den nationalistischen Tendenzen in Polen, Rumänien und anderen Staaten schon jetzt ein Übergewicht zuzuschreiben.

So sieht er in der »Entspannung« nicht einen Erfolg der Sowjetunion, sondern im Gegenteil einen Vorteil für den Westen: »Nur in einer international entspannten Atmosphäre konnten die verborgenen Spannungen und Gegensätze, die den Osten plagen, zum Vorschein kommen und politisch relevant werden. Die kommunistischen Regimes brauchen, um ihre Einheit zu bewahren, in stärkerem Maße Feindschaft und Spannung als der pluralistische Westen.«[8] Nur in einem ersten Klima der Entspannung hätten sich der »polnische Oktober« und die ungarische Revolution von 1956 entfalten können und Vergleichbares sei in Zukunft zu erwarten. Daher empfiehlt Brzezinski eine »Politik der kleinen Schritte«, aber eine Anerkennung der Teilung Deutschlands lehnt er mit großer Entschiedenheit ab. Mit ebensoviel Nachdruck fordert er jedoch die Anerkennung der Oder-Neiße-Linie durch die Deutschen, da sonst der Nationalismus der Polen und Tschechen anstelle der an Kraft verlierenden kommunistischen Idee die Erhaltung der DDR verlangen werde.

Ebenfalls eine Art von strategischem »Staatspapier«, aber noch ehrgeiziger in der Zielsetzung ist die komparative Untersuchung »Politische Macht. USA/UdSSR. Ein Vergleich«, die Brzezinski um die gleiche Zeit zusammen mit Samuel P. Huntington unternahm und die zu dem Ergebnis gelangt, daß eine Konvergenz der beiden Systeme unwahrscheinlich sei. Aber auch dieses Buch läßt Brzezinski nicht als »Geschichtsdenker« erscheinen, so wenig wie das Standardwerk über den Totalitarismus, das er in Zusammenarbeit mit Carl J. Friedrich verfaßt hatte. Erst das 1970 erschienene Buch »Between Two Ages. America's Role in the Technetronic Era« überschreitet die Grenze der politologisch-strategischen Untersuchung.

Durch den Neologismus »Technetronics« soll der Grundcharakter der Geschichtsepoche im ganzen bestimmt werden: Technologie und insbesondere die Elektronik sind diejenigen Kräfte, welche die Gegenwart am stärksten verwandelt haben, indem sie die Sitten, die soziale Struktur, die Werte und den globalen Ausblick der Gesellschaft veränderten. Diese

Wandlung ist mindestens so tiefgreifend wie diejenige, die im 15. Jahrhundert durch die Erfindung des Kompaß und im 18. Jahrhundert durch die Industrielle Revolution hervorgerufen wurden. Aber sie hat sich keineswegs schon auf die ganze Welt ausgedehnt. Ihr Ursprungsort ist Nordamerika, und auf den ersten Blick scheint auch Brzezinski ein Verkünder des »American Century« zu sein, weil er zustimmend den Satz eines Vizepräsidenten von IBM anführt, die Vereinigten Staaten seien zum intellektuellen Zentrum der Welt geworden, und weil er ausdrücklich sagt: »Die Vereinigten Staaten sind der hauptsächliche globale Verbreiter der technetronischen Revolution. Die amerikanische Gesellschaft hat im Augenblick den größten Einfluß auf alle anderen Gesellschaften, indem sie diese zu einer weitreichenden kumulativen Transformation in ihrer Weltsicht und ihren Sitten bringt.«[9]

Aber Brzezinski will nicht ein Preislied auf die Führungsrolle Amerikas bei der Schaffung der »Einen Welt« singen, wie es siebzig Jahre zuvor T. W. Stead getan hatte. Selbst die Vereinigten Staaten sind ja von einer sozialen Einheit noch weit entfernt: Da gibt es das technokratische Amerika, das in den Laboratorien und Hochschulen rund um Boston, Los Angeles und San Francisco beheimatet ist; da ist das industrielle Amerika, das in den Fabriken und Stahlwerken von Detroit und Pittsburgh seinen Platz hat; und da sind die Reste des vorindustriellen Amerikas der Wanderarbeiter aus dem Mississippi-Delta und der Bergleute aus den Appalachen. Wenn dieses Nebeneinander schon große Probleme und Konflikte mit sich bringt, wie sollte es dann an Schwierigkeiten und Nöten in einer Welt fehlen, die zur gleichen Zeit einheitlicher und fragmentierter wird, die sich gegen die Annahme gewisser Normen gerade deshalb sträubt, weil sie dringend erforderlich wäre. Die globale Realität von heute ist »flüchtig« (volatile), und in gewisser Weise hatte die weithin getrennte Welt von einst »mehr innere Kohäsion und größere Harmonie«.[10]

So fehlt ein Anflug von allgemeiner Kulturkritik nicht, aber auch hier gilt Brzezinskis Hauptaufmerksamkeit doch zunächst dem Marxismus und dem Kommunismus. Wie aus Bells Begriff der »postindustriellen Gesellschaft« läßt sich auch aus dem der »technetronischen Gesellschaft« eine sehr einfache Folgerung ableiten: Der Marxismus war ein ideelles Resultat des Übergangs von der agrarischen zur industriellen Gesellschaft; daher ist er heute überholt und kann nur noch in zurückgebliebenen Weltgegenden eine relevante Kraft sein. Aber es fehlt Brzezinski nicht an Bewußtsein dafür, daß auch die technetronische Revolution eine Revolution der Produktivkräfte ist und damit eine gewisse Bestätigung der Marxschen Lehre darstellt, und im ganzen ist sein Urteil über den Marxismus überraschend positiv: »Deshalb stellt der Marxismus ein weiteres vitales und schöpferisches Stadium in dem Heranreifen der universalen Vision des Menschen dar. Der Marxismus ist . . . ein Sieg der Vernunft über den Glauben, . . . er postuliert die absolute Fähigkeit des Menschen, seine Realität richtig zu verstehen, und zwar als Ausgangspunkt für seine aktiven Bemühungen, sie zu gestalten.«

Aber eben deshalb ließ sich sein Einfluß nie auf eine einzelne Partei begrenzen, so wenig wie derjenige des Christentums und des Nationalismus; deshalb ist heute nahezu jedermann, oft genug unwissentlich, ein Christ, ein Nationalist und ein Marxist. Eben dadurch ist es ganz unwahrscheinlich geworden, daß eine marxistische Partei von außen eine Welt erobern kann, die schon so viel an Marxismus in sich aufgenommen hat. Brzezinski räumt sogar die Möglichkeit ein, daß der Kommunismus im Westen »die wahrhaft dominierende und vitale Kraft unserer Zeit« hätte werden können, wenn nicht Stalin die Anziehungskraft der Lehre so sehr geschwächt hätte.[11]

Aber im bürokratisch versteinerten Regime der heutigen Sowjetunion vermag Brzezinski weder eine Gefahr noch eine Hoffnung zu erkennen. Es ist vielmehr wahrscheinlich, daß die Unruhe unter den unterdrückten Nationalitäten und das wachsende Selbstbewußtsein von Technikern und Intellektuellen die Sowjetunion eines Tages in eine schwere Krise stürzen werden, innerhalb deren die versteinerte Ideologie keinen Halt mehr bieten werde. Schon jetzt könnte man einige der osteuropäischen Regime eher »sozialfaschistisch« als »kommunistisch« nennen. Aber die inneren Probleme, mit denen Amerika konfrontiert ist, sind trotz der Schwächung des außenpolitischen Gegners gewaltig, denn Amerika ist zwar das »intellektuelle Zentrum der Welt«, aber es ist auch eine schwierige und eigenartige Mischung aus »aristokratischer Tradition, konstitutionellem Legalismus und Massendemokratie«, eine »einzigartige Kombination von Ordnung und Chaos«.[12] Die moderne Atomisierung macht die Individuen rat- und hilflos, die gewinnorientierten Fernsehgesellschaften fördern die altüberlieferte Neigung zur Gewalt, dem technischen Erfolg entspricht ein sozialer Fehlschlag, und noch immer ist Amerika weit davon entfernt, eine »sozialegalitäre und politisch demokratische vielrassige Gesellschaft« zu sein.

Die Versuche der »Neuen Linken«, diesen Zustand zu ändern, sind in Brzezinskis Augen trotz ihres Idealismus weder adäquat noch aussichtsreich; falls diese Gruppierung zur Gewalttätigkeit übergehen sollte, »würde Unterdrückung ihr nahezu sicheres Geschick sein«. Brzezinskis Ziel ist eben doch nicht »ein anderes Schweden«, das heißt ein vollendeter und egalitärer Wohlfahrtsstaat, und das Syndrom von Unruhe, Konflikt und

Streit scheint ihm letzten Endes ein Ausfluß derjenigen Lebendigkeit und Zukünftigkeit zu sein, die der Sowjetunion nicht zuzuschreiben ist, weil diese eine »archaische religiöse Gemeinschaft« darstellt, die bloß äußerlich die Ebene der Modernität erreicht hat.[13] Gleichwohl bleibt es für Amerika ein Postulat, »Freiheit mit Gleichheit zu verknüpfen«. Aber zum Bild der Zukunft gehört auch die Außenpolitik, die ein Umdenken erforderlich macht, da der Kalte Krieg heute »mehr als eine Verirrung denn als eine Mission« betrachtet werden muß und Träume von einer »Pax americana« oder gar von »amerikanischer Allmacht« sich nicht verwirklicht haben. Trotzdem bleibt die Rolle der USA in der Welt und für die Welt zentral, und wenn Amerika nicht wie die Sowjetunion eine »Doktrin« hat, so sollte es doch Philosophie mit seiner Politik verknüpfen, um eine Richtungsbestimmung seines Handelns vorzunehmen, denn »in der technetronischen Ära werden Philosophie und Politik von grundlegender Wichtigkeit sein«.[14]

»Philosophie« hat hier natürlich nicht die Bedeutung von Ontologie oder Metaphysik. Aber auch aus dem pragmatischen Begriff mag man etwas von dem Anspruch europäischer Intellektueller auf maßgebende Mitwirkung und von der Offenheit der amerikanischen Gesellschaft dafür heraushören, die Raymond Aron bedauern ließen, daß in Frankreich nicht einmal Franzosen die Rolle des wegweisenden Präsidentenberaters spielen könnten, die in Amerika dem geborenen Deutschen Henry Kissinger und dann auch dem geborenen Polen Zbigniew Brzezinski zuteil wurde.

Brzezinski war ja 1928 in Warschau geboren, wie Kissinger 1923 in Fürth, und auch für den Diplomatensohn war es eine Art Emigration, als er 1938 mit seiner Familie nach Kanada ging. Wie Kissinger wurde er Professor in Harvard, und von dort ging er als Direktor des Instituts zum Studium des Kommunismus nach New York an die Columbia University. John F. Kennedy machte ihn zu seinem Berater in Fragen der Ostpolitik, und nach dessen Ermordung blieb er der Demokratischen Partei verbunden, so daß sein Einfluß auch unter Lyndon Johnson beträchtlich war. 1968 verlor er mit dem Präsidentschaftskandidaten Hubert Humphrey den Wahlkampf sehr knapp gegen Richard Nixon und damit gegen Henry Kissinger, aber nach dem Wahlsieg Jimmy Carters wurde er 1977 zum »Nationalen Sicherheitsberater« ernannt. Als solcher vertrat er einen härteren Kurs in der amerikanischen Ostpolitik, doch nach dem Triumph Ronald Reagans wurde auch er für die Mißerfolge verantwortlich gemacht, zumal für denjenigen im Iran, und er mußte seinen Hut nehmen. Aber noch in den achtziger Jahren blieb er sowohl in der amerikanischen »Politik« wie in der »Philosophie« präsent.

Ich werfe abschließend einen Blick auf einen Aufsatz Brzezinskis, der in besonderem Maße als »philosophisch« gelten kann, weil er einen historischen Vergleich vornimmt, der aus dem Bereich der Zeitgeschichte herausführt. Es handelt sich um den Artikel »Deviation Control: The Dynamics of Social Conflict«, der zuerst 1962 in der »American Political Science Review« erschien und dann in die Aufsatzsammlung »Ideology and Power in Soviet Politics« aufgenommen wurde.[15] Hier wirft Brzezinski unter dem Eindruck des sowjetisch-chinesischen Konflikts die Frage auf, wie sich in der Vergangenheit ideologische Großmächte gegenüber Abweichungen in ihren eigenen Reihen verhalten haben, und er wählt das Beispiel des Jansenismus.

Der Jansenismus war ja eine fundamentalistische Reaktion sowohl gegen den inneren Verfall der Kirche, der die Reformation verursacht hatte, wie gegen einige der kirchlichen Reformbewegungen, vor allem den Jesuitenorden, dem Laxheit vorgeworfen wurde. Aber nach dem Erscheinen des grundlegenden Buches von Cornelis Jansen im Jahre 1640 vermieden die Anti-Jansenisten die Anklage der Häresie, da sie die neue Bewegung, deren übermäßige Strenge sie tadelten, nicht aus der Kirche herausdrängen wollten. Selbst als Jansens Nachfolger Arnauld unklug genug war, die Unfehlbarkeit des Papstes öffentlich in Frage zu stellen, wurden zwar die betreffenden Schriften verurteilt, aber ein vollständiger Bruch wurde vermieden, und Pascal konnte die Jesuiten verantwortlich machen. Als Alexander VII. gestorben war, luden die Jansenisten den Tadel auf die Person dieses Papstes, und sie vermochten sich dabei in erheblichem Maße auf den »Gallikanismus« der französischen Kirche zu stützen. Erst als zu Anfang des 18. Jahrhunderts die nationalen Behörden ihre Hilfe einstellten, konnten zwei päpstliche Bullen den Jansenismus im Ganzen als Häresie verdammen.

In all diesen und einigen weiteren Vorgängen erblickt Brzezinski genaue Parallelen zu dem lange verzögerten Streit zwischen den marxistisch-fundamentalistischen Chinesen und Albanern mit dem Moskauer Zentrum der Weltbewegung, und er identifiziert im chinesischen Nationalismus eine Kraft, die keine geringere Bedeutung hatte als der Gallikanismus drei Jahrhunderte früher. Die Folgerung, die er daraus zieht, ist die, daß Abweichungen innerhalb ideologischer Mächte unausweichlich und Hilfskräfte (»handmaidens«) der Geschichte sind, welche »die unvermeidbare innere Entwicklung doktrinärer Bewegungen« voranbringen.[16] Auch der Kommunismus wird sich dem dynamischen Prozeß der »auseinanderstrebenden Einheit« (»divergent unity«) nicht entziehen können. Der Rückblick in die Geschichte bestätigt, was auch das Auge des zeitgenössischen Beobachters zu erkennen vermag, und damit wird aus einer Feststellung eine Regel. Aber die rechte Zuversicht ließ sich aus dieser Regel doch schwerlich ableiten, denn noch im Jahr 1962 stand die katholische Kirche anscheinend fest und einig da, nicht zuletzt in Polen, und die künftigen Auswirkungen des Zweiten Vatikanischen Konzils waren kaum vorauszusehen. Doch vielleicht war der staatlich etablierte Marxismus doch nur in sehr begrenztem Maße mit der größten der christlichen Kirchen zu vergleichen.

Jürgen Habermas und Hermann Lübbe

Als Jürgen Habermas in der zweiten Hälfte der fünfziger Jahre von seinem Freund Hans-Otto Apel zum erstenmal als »Neomarxist« bezeichnet wurde, war er nach seiner eigenen Aussage »erschrocken«; 1979, als er ein aufschlußreiches Interview mit Detlef Horster und Willem van Reijen führte, legte er allerdings »Wert darauf, als Marxist zu gelten«.[1] Daß er sich eines Tages mit Stolz einen Marxisten nennen würde, war Jürgen Habermas nicht an der Wiege gesungen worden.

1929 geboren, wuchs er in dem bergischen Städtchen Gummersbach auf, wo sein Vater als Leiter der Industrie- und Handelskammer amtierte und sein Großvater Seminardirektor und Pfarrer war; er stammte also aus jenem eher bürgerlichen als eigentlich kleinbürgerlichen Milieu, aus dem fast alle Marxisten und nahezu alle Antimarxisten herkamen und das so häufig angeklagt oder aber geringgeschätzt wurde. Habermas selbst nennt die politische Atmosphäre, in welcher er aufwuchs, »unauffällig«, aber er hebt sehr stark die Erschütterung hervor, welche die Berichte über den ersten Nürnberger Prozeß gegen die Hauptkriegsverbrecher 1945 in ihm auslöste. »Unsere eigene Geschichte wurde plötzlich in ein Licht getaucht, das alle wesentlichen Aspekte schlagartig anders erscheinen ließ. Ich sah plötzlich, daß das ein politisch kriminelles System war, in dem man gelebt hatte. Das hatte ich mir nie vorgestellt.«[2]

Die Aussage wäre sinnlos, wenn Habermas nicht zuvor ein ganz anderes Bild von der deutschen Geschichte gehabt hätte, und es kann schwerlich als genügende Ursache gelten, daß er erzählt, er sei noch Mitglied der Hitlerjugend gewesen und habe mit fünfzehn Jahren am Westwall gearbeitet. Ein Bericht seines Freundes, des Historikers Hans-Ulrich Wehler, spricht indessen unumwunden aus, daß »wir« als kleine Pimpfe die »Kriegsbücherei der deutschen Jugend« mit Begeisterung verschlangen; für Jürgen Habermas scheint also wie für Wehler das Kriegsende eine genuine Konversion, das heißt eine erschütternde Umwendung bedeutet zu haben, und man muß seiner Aussage großes Gewicht zuschreiben, er sei »ein Produkt der ›reeducation‹ und wohl kein allzu negatives«.[3]

Offenbar empfand er während seines Studiums in Bonn die »Restauration«, insbesondere die »Wiederbewaffnung« als unheilvoll, und er erzählt, daß er in einem »Gefühlssturm« hinausgelaufen sei, als er in eine Wahlveranstaltung des damaligen Bundesverkehrsministers Seebohm hineingeraten war, wo schwarzweißrote Fahnen geweht hätten und zum Abschluß das Deutschlandlied gesungen worden sei. Bestimmend war für ihn »die moralisch stark besetzte Reaktion auf die Nazizeit und zum anderen die Befürchtung, daß ein wirklicher Bruch nicht stattgefunden habe«. Damals dachte er mit tiefem Bedauern, daß ein »spontanes Aufräumen« versäumt worden sei. Dagegen war ihm die Frage, ob die Saar deutsch war oder nicht, »vollkommen egal«.[4]

Habermas war also ganz und gar ein Produkt jenes Pendelschwungs, der so viele junge Menschen seiner Generation vom nationalen Enthusiasmus der Kriegszeit zu dem antinationalen oder doch antinationalstaatlichen Engagement der Nachkriegszeit führte; er war nicht alt genug und seine Erziehung im Elternhaus war anscheinend nicht dazu angetan gewesen, daß er den Sieg der westlichen Alliierten als Wiedergewinn eines früheren Zustandes hätte empfinden können.

Sein erster öffentlicher Auftritt war gegen den Berühmtesten der »alten Generation« gerichtet, die nach verbreiteter Auffassung die Schuld am Aufstieg und Sieg der Nationalsozialisten trug und die jetzt die »Umkehr« nicht erkennen ließ, welche für ihn und seine Generation so selbstverständlich gewesen war, gegen Martin Heidegger. Der Artikel, den er unter dem Titel »Mit Heidegger gegen Heidegger denken« am 25. Juli 1953 in der Frankfurter Allgemeinen Zeitung veröffentlichte, machte bereits große Teile der Öffentlichkeit auf den vierundzwanzigjährigen Studenten aufmerksam, denn er sprach trotz des »restaurativen Klimas« keineswegs ins Leere, wenn er aus Anlaß jener scheinbaren Rühmung des Nationalsozialismus in der eben publizierten Vorlesung von 1935 schrieb: »Läßt sich auch der planmäßige Mord an Millionen Menschen, um den wir heute alle wissen, als schicksalhafte Irre seinsgeschichtlich verständlich machen? [. . .] Ist es nicht die vornehme Aufgabe der Besinnlichen, die verantwortlichen Taten der Vergangenheit zu klären und das Wissen darum wachzuhalten? – Statt dessen betreibt die Masse der Bevölkerung, voran die Verantwortlichen von einst und jetzt, die fortgesetzte Rehabilitation . . .«[5]

Dennoch hatte Habermas noch einen langen Weg zurückzulegen, bis er zum führenden Philosophen der jüngeren Generation der »Frankfurter Schule« wurde. Er promovierte 1954 über ein scheinbar abgelegenes Thema, nämlich Schellings Philosophie der Weltalter, bei Erich Rothakker, der während des Dritten Reiches nicht eben ein Widerstandskämpfer gewesen war, und als er von 1956 bis 1959 nach der ersten Berührung mit marxistischen Schriften wie Lukács' »Geschichte und Klassenbewußtsein« sowie Horkheimers und Adornos »Dialektik der Aufklärung« Assistent am Institut für Sozialforschung geworden war, wurde er von den beiden Gründervätern anscheinend nicht besonders geschätzt und jedenfalls nicht gefördert, so daß er sich 1961 als Externer in Marburg bei Wolfgang Abendroth habilitieren mußte, dem er dann die Habilitationsschrift über den Strukturwandel der Öffentlichkeit »in Dankbarkeit« widmete.

Eine Zwischenzeit von drei Jahren als Extraordinarius in Heidelberg war erforderlich, bevor er 1964 auf den Lehrstuhl Horkheimers berufen wurde. Damit trat er nun offiziell die Nachfolge an, aber ebenso wichtig wie der angesehene Lehrstuhl wurde für ihn die enge Verbindung mit der Zeitschrift »Merkur« und dem Suhrkamp-Verlag und in eins damit die maßgebende Mitwirkung an der zweiten nachholenden Rezeption jener radikalen Linksintellektuellen der Weimarer Zeit, die in der Emigration verstorben waren wie Kurt Tucholsky und Walter Benjamin oder nach Deutschland zurückgekehrt waren wie Horkheimer, Adorno, Bloch und daneben Lukács.

Diese zweite Rezeption war viel wirksamer als die erste der fünfziger Jahre, weil sie mit den Anfängen jener politischen Strömung zusammenfiel, welche eine neue, zum Verzicht auf die Ostgebiete und zur Anerkennung der DDR bereite »neue Ostpolitik« herbeizuführen suchte und dann in der »Studentenbewegung« ihren sichtbarsten Ausdruck fand. In diesem Zusammenhang wurde Jürgen Habermas, unermüdlich schreibend, das Werk angelsächsischer Soziologen erschließend, zu fast allen Kontroversen Stellung nehmend, zum weitaus bekanntesten Philosophen und Soziologen der jüngeren Generation in der Bundesrepublik, über dessen Werk im Ausund Inland vermutlich mehr Bücher erschienen als über alle anderen Philosophen und Soziologen seiner Generation zusammen.

Daß dieses Werk auch weiterhin von hautnahen Geschichtserfahrungen bestimmt blieb, unterliegt keinem Zweifel.

Eine seiner frühesten Publikationen war eine Rezension der Bücher von Reinhart Koselleck über »Kritik und Krise« und von Hanno Kesting über »Geschichtsphilosophie und Weltbürgerkrieg«. Hier beschreibt er deren Auffassung zustimmend als Interpretation des europäischen Bürgerkriegs als einer sich über den ganzen Erdball erstreckenden Weltkrise, und er macht Kesting den Vorwurf, den Faschismus als den »diabolischen Gegenspieler« ausgespart zu haben.[6] 1963 ließ er drucken, die Gefahren, »die aus der Spannungslage eines durch das atomare Patt nur brüchig versiegelten

Weltbürgerkrieges« täglich neu hervorgingen, seien so groß, daß kaum einer über die Vorfrage nach der friedlichen Koexistenz hinaus Erwägungen anzustellen wage.[7] 1971 fand er »an der philosophischen Entwicklung in Deutschland die Fixierung an das zeitgeschichtliche Phänomen des Faschismus« bemerkenswert[8], 1974 bestimmte er den Faschismus als »gefährliches Regressionsphänomen hochentwickelter Gesellschaften«, das keine »universalistischen Infrastrukturen« gehabt habe.

Ganz anders beurteilt er hier im ersten Zugriff die kommunistischen Parteien: »Die andere historisch bedeutsame Form der kollektiven Identität ist in der europäischen Arbeiterbewegung des 19. und des frühen 20. Jahrhunderts, weitgehend unter marxistischem Einfluß, ausgebildet worden. Sie wird von der revolutionären Partei getragen, deren Rolle durch das Bezugssystem des Weltbürgerkrieges, also des internationalen Klassenkampfes bestimmt ist. Die kommunistische Partei verkörpert zum erstenmal den Typus einer Parteilichkeit für das vernünftige Allgemeine, das noch nicht, wie Hegel annahm, in der sittlichen Totalität des Staates Wirklichkeit geworden ist, sondern der praktischen Verwirklichung erst bedarf.«[9] Freilich hängt diese universale Vernünftigkeit der Partei davon ab, daß sie ernsthaft daran arbeitet, sich selbst überflüssig zu machen. Das läßt sich von den »hochbürokratisierten Staatsparteien« Osteuropas indessen nicht sagen, und insofern hat die Vernunft heute doch noch keinen konkreten Platz gefunden.

Aber so unzweideutig Aussagen wie diese das starke geschichtliche Interesse von Habermas erkennen lassen, so wenig weisen sie ihn schon als »Geschichtsdenker« aus. Den Faschismus hat er nie ausdrücklich zum Thema gemacht, und das gleiche gilt für den Kalten Krieg. Der berechtigte Anspruch, den er gleichwohl erheben kann, beruht völlig auf seiner »Rekonstruktion« des Marxismus, die ein hohes Maß an Zustimmung, aber auch nicht wenig an Kritik in sich schließt.

Die Untersuchung über den »Strukturwandel der Öffentlichkeit« ist nicht weit von einer historischen Forschungsarbeit entfernt, die zunächst die Entwicklung der Kaffeehäuser, der Tagespresse und der Broschürenliteratur im 18. Jahrhundert und damit die Entstehung einer »Öffentlichkeit« verfolgt, welche sich schließlich als autonome Macht etabliert und damit das absolutistische Verständnis der Politik als *arcanum imperii* an ein Ende bringt. Aber Habermas betont von Anfang an, daß es sich um die »bürgerliche« Öffentlichkeit handelt, also um eine unvollkommene Öffentlichkeit, die des »lösenden Wortes« harrt und die in der kapitalistischen Gegenwart in eine Minderheit von nicht-öffentlich-räsonierenden Spezialisten und die große Masse von öffentlich rezipierenden Konsumenten gespalten ist, so daß von der spezifischen Kommunikationsform eines Publikums keine Rede mehr sein kann, und in diesem Zustand sieht er wohl eine Parallele zu Marx' Begriff des nicht weiter erträglichen Massenelends. Es wird nicht recht klar, ob Habermas in einer »sozialstaatlichen Öffentlichkeit« eine höhere und endgültige Phase erblickt, aber am Ende wirft er jedenfalls die Frage auf, »ob der Vollzug von Herrschaft und Gewalt als eine gleichsam negative Konstante der Geschichte beharrt oder aber – selbst eine historische Kategorie – der substanziellen Veränderung zugänglich ist«.[10]

Im Begriff der »Herrschaftsfreiheit« stimmt also schon der junge Habermas mit Marx überein und ebenso in der Herabsetzung des »Bürgerlichen« zu einem vorletzten Stadium.

Damit liegt auch die Verwendung des Begriffs »Spätkapitalismus« nahe, der ja voraussetzt, daß »Kapitalismus« eine klar vom »Feudalismus« abgegrenzte und auf ein »Jenseits« hinzielende Gesellschaftsformation ist. Von den »Legitimationsproblemen« dieses Spätkapitalismus handelt Habermas in einer eigenen Schrift, und er sieht die Schwäche des Systems vor allem in seiner Krisenhaftigkeit begründet. Aber selbst wenn der Staatsapparat imstande sein würde, ein krisenfreies Wirtschaftswachstum zu sichern, »vollzöge sich dieses Wachstum nach Prioritäten, die sich in Abhängigkeit nicht von verallgemeinerungsfähigen Interessen der Bevölkerung, sondern von privaten Zielen der Gewinnoptimierung herausbilden«.[11]

Habermas setzt also stillschweigend voraus, daß es *nur* private Gewinninteressen sind, die in dem notwendigerweise ungleichmäßigen Bemühen um effiziente Antwort auf Käuferwünsche zum Vorschein kommen und daß die Differenzierung von Funktionen und Einkommen *keinen* gesamtgesellschaftlichen Sinn besitzt. So gelangt er zu dem orthodox marxistischen Ergebnis, daß »die Klassenstruktur . . . in letzter Instanz Ursache des Legitimationsdefizits« ist.[12] Mit dem häufig verwendeten Begriff des »Naturwüchsigen« hat Habermas offenbar das zu unvorhersehbaren Resultaten führende Ineinanderwirken zahlloser individueller Entscheidungen im Blick, und dadurch wird klar, wie sehr er an der Vorstellung von Adorno und letztlich von Marx festhält, die Menschheit müsse als einheitliches Subjekt ihr Geschick in die eigenen Hände nehmen, so daß Krisen, Zufälligkeiten und »unvernünftige« Ungleichheiten ein Ende finden würden. Daher ist es nur konsequent, daß Habermas immer wieder das Adjektiv »privat« mit einem negativen Akzent versieht, wie es schon der junge Marx getan hatte.

Allerdings liegt Habermas kein Gedanke ferner als der, jenes handelnde und planende Subjekt »Menschheit« könne die Gestalt einer totalitären Diktatur oder auch nur einer autoritär verfahrenden Weltregierung annehmen. Für ihn ist die emanzipierte Gesellschaft, welche die Mündigkeit ihrer Glieder realisiert hätte, vielmehr gerade dadurch ausgezeichnet, daß sie »die Kommunikation zu dem herrschaftsfreien Dialog aller mit allen« entfaltet haben würde[13], und auch hier befindet er sich in voller Übereinstimmung mit Marx' Vorstellung vom anarchistischen Zustand im Sozialismus, wo »die freie Entwicklung eines jeden die Bedingung für die freie Entwicklung aller« ist.

Aber trotz dieser Übereinstimmungen war Habermas nie ein »orthodoxer« Marxist, sondern er hat wesentliche Bestandteile der Marxschen Konzeption von Anfang an in den Spuren von Horkheimer, Adorno und Marcuse aufgegeben: Die Vorstellung einer absoluten Trennung von »Gesellschaft« und »Staat«, von »Basis« und »Überbau« ist angesichts der modernen Entwicklung nicht mehr zu halten; infolge des steigenden Lebensstandards breiter Massen in den fortgeschrittenen Gesellschaften hat die »Entfremdung« die sinnfällige Gestalt des »Elends« eingebüßt; das Proletariat hat sein »Klassenbewußtsein« verloren und kann daher die weltgeschichtliche Rolle, die Marx ihm zuschrieb, nicht mehr spielen, und schließlich ist die russische Revolution *der* Tatbestand, der den Marxismus am meisten gelähmt hat.[14]

So scheint es schließlich doch bloß der Zentralbegriff der »herrschaftsfreien Diskussion« zu sein, der den Kern von Habermas' Marxismus bildet, gewissermaßen ein letzter, aber wesentlicher Rest des Marxschen Marxismus. Zur »Kritik« eignet sich der Begriff freilich nicht weniger gut als derjenige der egalitären Gesellschaft, denn ein solcher herrschaftsfreier Dialog, der zu Entscheidungen führen würde, läßt sich ebensowenig irgendwo vorfinden wie eine unstrukturierte oder auch bloß »klassenlose« Gesellschaft. In der Wissenschaft ist er ein unverzichtbarer und regulierender Grundbegriff, aber es hat Habermas zweifellos zu denken gegeben, daß sogar in der Universität nie weniger diskutiert und intensiver gebrüllt worden ist als in der Zeit des Höhepunkts seines Einflusses um 1968.

Man tut Habermas indessen Unrecht, wenn man ihm vorwirft, er wolle die Welt nach dem Vorbild eines idealen Oberseminars organisieren. Sein Hauptwerk, die »Theorie des kommunikativen Handelns« zeichnet ein wesentlich anderes Bild[15], und durch dieses Hauptwerk wird er weitaus mehr als Geschichtsdenker ausgewiesen als durch die zahlreichen Aufsätze und kleineren Schriften. Zwar besteht das umfangreiche zweibändige Werk über weite Strecken in höchst detaillierten und in der Fachsprache vorgetragenen[16] Darstellungen von Klassikern der Soziologie und zahlreichen Büchern der Sekundärliteratur bzw. der Auseinandersetzung damit. Aber im Kern ist der Gedankengang einfach. Habermas will im

Ausgang von Max Webers Theorie der okzidentalen Rationalisierung, in Verarbeitung der kritischen Ansätze von Lukács, Horkheimer und Adorno, unter Aufnahme des von George Herbert Mead und Emile Durkheim vorgenommenen Paradigmenwechsels hin zu einer Kommunikationstheorie und in eingehender Auseinandersetzung mit Talcott Parsons zu einer neuen »Theorie der Moderne« gelangen, die den bewußtseinstheoretischen Ansatz mit seinem instrumentellen Konzept des Handelns hinter sich gelassen und die Einsichten der Sprachphilosophie in sich aufgenommen hat.

So will er die kapitalistische Rationalisierung, die Max Weber beschrieben hat, als »vereinseitigte Rationalisierung« begreifen, die mit ihrem asketischen Leistungsethos die »Lebenswelt« zerstört, welche auf der sprachlichen Kommunikation der Menschen beruht. Diese Lebenswelt ist nach Habermas in ihren religiösen Anfängen eine »brüderliche« Welt, und Max Weber hat die »Brüderlichkeitsfeindschaft der kapitalistischen Wirtschaft«[17] auf überzeugende Weise herausgearbeitet. Aber wenn Marx einen »futurischen Zustand ins Auge faßte, in dem der objektive Schein des Kapitals zerronnen und die unter dem Diktat des Wertgesetzes gefangengehaltene Lebenswelt ihrer Spontaneität zurückgegeben worden ist«, dann hat Max Weber mit seiner These vom »stählernen Gehäuse« ihm gegenüber unzweifelhaft recht behalten.[18] Damit haben die Hoffnungen der Aufklärung einseitig im Gebiet des instrumentalen Handelns und der Technik Erfüllung gefunden, während die umgangssprachliche Kommunikationsgemeinschaft der Lebenswelt, ursprünglich in Ritual, Mythos und Religion begründet, geschwächt und zurückgedrängt wird, ja »kolonialisiert« werden könnte.

Das »Projekt der Moderne« läßt sich aber nicht auf die Rationalität des »Systems« beschränken, sondern es umfaßt auch die vernünftige Gestaltung der gesellschaftlichen Verhältnisse, die sich auf adäquate Weise nur in Gestalt herrschaftsfreier Kommunikation, das heißt der Demokratisierung vollziehen kann. Eine in diesem Sinne *rationalisierte Lebenswelt* würde also das System der Produktion und der erforderlichen Differenzierungen und Regelungen nicht etwa ersetzen und es würde sich sogar »keineswegs in konfliktfreien Formen reproduzieren, aber die Konflikte träten unter ihrem *eigenen* Namen auf, würden nicht länger durch Überzeugungen kaschiert, die einer diskursiven Nachprüfung nicht standhalten könnten«.[19]

Ob diese demokratisierte Gesellschaft als »Wohlstandsgesellschaft« oder als »Sozialismus« zu verstehen wäre, läßt Habermas im unklaren, aber der negative Akzent, den er Wörtern wie »Reformismus« oder »Pazifizierung« gibt, läßt vermuten, daß diese Theorie der Moderne, welche die »Entwicklungspfade« zur sozialstaatlichen Massendemokratie und zum bürokratischen Sozialismus gleichrangig nebeneinander stellt, auf einen Zustand von »Brüderlichkeit« hindenkt, der jenseits von beiden gelegen wäre. An konkreten historischen Phänomenen werden am Ende aber nur die neuen sozialen Bewegungen wie Feminismus, Bürgerrechtsbewegung, Ökologie- und Friedensbewegungen namhaft gemacht. Wenn hier manche Unklarheit bleibt, so charakterisiert Habermas doch sein eigenes Vorhaben unter einem Gesichtspunkt, der für das Geschichtsdenken wichtig ist, mit aller wünschenswerten Deutlichkeit und Bestimmtheit: »Die Theorie des kommunikativen Handelns soll eine Alternative für die unhaltbar gewordene Geschichtsphilosophie bieten, der die ältere Kritische Theorie noch verhaftet war; sie empfiehlt sich als Rahmen, innerhalb dessen die interdisziplinär angelegte Erforschung des selektiven Musters kapitalistischer Modernisierung wieder aufgenommen werden kann.«[20] Es läßt sich schwerlich behaupten, daß hier von dem ursprünglichen, kämpferischen, die Weltgeschichte souverän in den Griff nehmenden Marxismus mehr als ein dürftiger, wenngleich subtiler Rest übriggeblieben ist.

Man könnte aber auch sagen, der »Vollmarxismus« der DDR und kleiner Gruppen in der Bundesrepublik habe während der sechziger Jahre keinerlei Chance zu größerer Wirksamkeit gehabt und es habe einer »Vorbereitungsarbeit« bedurft, die objektiv der Verwandlung des SDS in den MSB Spartakus habe vorhergehen müssen, wie sehr auch immer das Bewußtsein der Protagonisten diesem Übergang widerstrebt habe.[21] Jedenfalls blieb Habermas nicht ohne entschiedene Gegner, die sich der Neuen Linken ebenso nachdrücklich entgegenstellten, wie Habermas sich nicht scheute, seine Freunde und sich selbst als »wir Linke« zu bezeichnen und zu gemeinsamem Handeln aufzurufen.[22] Es war vor allem Hermann Lübbe, der sich nicht minder als Habermas auf der politischen ebenso souverän wie auf der philosophischen Ebene bewegte.

Hermann Lübbe, am 31. Dezember 1926 in Aurich als Sohn eines beamteten Architekten geboren, entstammt derselben sozialen Schicht wie Habermas, aber der geringe Altersunterschied hatte die schwerwiegende Folge, daß er 1943 nach dem Abitur noch auf reguläre Weise Soldat wurde und beim Kriegsende der jüngste Fähnrich zur See der deutschen Marine war. Lübbe hat diesen soldatischen Beginn seines erwachsenen Lebens nie verleugnet, und nirgendwo findet sich in seinen späteren Schriften ein Analogon zu jener nur aus einer Konversion herleitbaren Aussage von Habermas: »*Wir* haben sie [die Fragestellung des Antisemitismus] erledigt, durch die physische Ausrottung.«[23]

Als Student gehörte er zu Beginn der fünfziger Jahre in Freiburg zusammen mit Karlfried Gründer und Odo Marquard zu der sogenannten »Münsterschen Invasion« von Schülern Joachim Ritters, die nicht nur durch Begabung und Aktivität, sondern vor allem dadurch großes Aufsehen erregten, daß sie Heidegger zu kritisieren wagten, und zwar im Hinblick auf den Kern seines Denkens. Nach längerer Dozententätigkeit an verschiedenen Universitäten wurde er 1963 Ordinarius für Philosophie an der neugegründeten Ruhr-Universität Bochum. In diesem Jahr publizierte er sein erstes Buch, das wie Habermas' »Strukturwandel« auch das Werk eines philosophisch gebildeten Historikers hätte sein können: »Politische Philosophie in Deutschland. Studien zu ihrer Geschichte«.[24] Hier machte er unter anderem die »Ideen von 1914« auf sehr kritische Weise zum Thema, und zeitgenössische Beobachter hätten vermutlich keinen schwerwiegenden Gegensatz zu dem »Strukturwandel der Öffentlichkeit« wahrgenommen.

Um die gleiche Zeit wie Habermas wurde Lübbe als einer der Vorkämpfer der Universitätsreform bekannt, und ab 1965 war er ein Mitglied des Gründungsausschusses der Universität Bielefeld. Als Reformer galt er auch noch, als er Ende 1966 in seiner Eigenschaft als Mitglied der Sozialdemokratischen Partei das Amt des Staatssekretärs für Hochschulwesen in Düsseldorf übernahm, aber sehr bald gewann er die Überzeugung, daß die längst begonnene Hochschulreform von einer »neuen Jugendbewegung« und deren Ideologen instrumentalisiert und in eine für Wissenschaft und Staat gefährliche Richtung vorangetrieben würde. So trat er 1970 zurück und übernahm den Vorsitz im kurz vorher gegründeten »Bund Freiheit der Wissenschaft«, der Organisation jener »Reformgegner«, welche nach der Meinung von Habermas ihre »Privilegien« verteidigten, während Lübbe feststellte: »Hochschullehrer sind nicht ›Privilegierte‹, sondern sie haben ein öffentliches Amt.«[25]

Ab 1971 Ordinarius in Zürich, blieb Lübbe in der Bundesrepublik durch eine Fülle von Publikationen und Vorträgen in außerordentlicher Weise präsent, und die meisten seiner Bücher sind Sammlungen von Artikeln und Aufsätzen, die aber durchweg durch ein leicht erkennbares »geistiges Band« zusammengehalten werden. Überall sind die großen Themen erkennbar, die vor allem in den drei Büchern »Geschichtsbegriff und Geschichtsinteresse« (1977), »Zeit-Verhältnisse« (1983) und »Religion nach der Aufklärung« (1986) entwickelt werden: Geschichte, Fortschritt und Aufklärung. Schon diese Thematik als solche weist ihn als Geschichtsdenker aus.

»Geschichte« ist nach Lübbe gerade dadurch gekennzeichnet, daß sie nicht durch eine »Geschichtsphilosophie« erfaßt werden kann. Eine Geschichtsphilosophie muß entweder im Sinne Hegels ein »absolutes Wissen«

besitzen und die »Ratschlüsse Gottes« kennen, oder sie muß mit Marx die These aufstellen, daß das »Referenzsubjekt der Geschichte«, also die Menschheit, eines nahen Tages zum »seiner selbst uneingeschränkt mächtigen Handlungssubjekt« werden würde[26], welches das gesamte gesellschaftliche Leben dann nicht anders lenken und steuern werde, wie ein Architekt den Bau eines Hauses plant und zur Ausführung bringt.

Aber »Geschichte« besteht bisher aus einer Fülle von »Geschichten«, innerhalb deren den einzelnen und den Gruppen vielerlei zustößt, was sie weder voraussehen noch planen konnten, so daß das Ergebnis unerwartet ist. Eben in diesen unerwarteten Ergebnissen, die aus den Interferenzen mit den Handlungen anderer oder auch aus zufälligen Umständen resultieren, bilden sich »Identitäten«, das heißt Eigenarten von einzelnen, von Religionen, von Staaten, die gerade *nicht* dadurch zu erfassen sind, daß man Erbanlagen konstatiert oder allgemeine Verlaufsregeln der Entwicklung von Nationen aufstellt, sondern allein dadurch, daß man erzählt, was diesem einzelnen, was diesem Staat, was dieser Religion begegnet und widerfahren ist. Wenn man von Systemen und Prozessen spricht, so kommt es nicht darauf an, was diesen Systemen und Prozessen gemeinsam ist, so gewiß die Gemeinsamkeiten wichtig und Themenbereiche von Wissenschaften sind, sondern auf die jeweilige Prozeß- bzw. Systemindividualisierung.

Insofern will Lübbe, wie er zu Beginn des Buches schreibt, »der altvertrauten Lehre aus der Tradition historistischer Historik, Historie vergegenwärtige und erkläre die Individualität von Individuen durch Darstellung ihrer Geschichten, lediglich eine festere konzeptuelle Basis« verschaffen[27], und sein Unternehmen wäre der Geschichtstheorie zuzurechnen. Aber die Theorie impliziert eine scharfe Polemik, die sich unmittelbar gegen Habermas richtet: Alle Auffassungen, die ein »ideales Subjekt der Geschichte« existieren lassen, und sei es bloß das Netz »zerbrechlichster Intersubjektivität« einer umfassenden Kommunikationsgemeinschaft, führen zu »totalitären Konsequenzen« und bedeuten die Selbsternennung einer Gruppe zur Menschheit der Zukunft.[28] Wenn diese Vorstellung, die ja auch nach Habermas im Begriff der kommunistischen Partei als der »Partei der Vernunft« gegeben ist[29], sich verwirklichen ließe, würde der Geschichtscharakter des gesellschaftlichen Lebens aufgehoben, indem sich die Geschichte in den »Handlungsvollzug eines seiner Lebensbedingungen uneingeschränkt mächtigen sozialen Wesens« wandeln würde.[30]

Das aber ist weder möglich noch wünschbar, da es die Aufhebung der Individualitäten, der kollektiven Identitäten und letzten Endes der menschlichen Endlichkeit in sich schließen würde. Wohl aber kann ein entsprechender Versuch erfolgen, und diesem Versuch muß Widerstand geleistet werden, da er eine Fülle von Unheil herbeiführen könnte, bevor er sich am Ende selbst sein Scheitern eingestehen müßte. Einander in den Grenzen ihrer geschichtlich gewordenen Identitäten anzuerkennen, ist die ständig neue Aufgabe für Individuen und Gesellschaften, denn »Identität ist mehr als realisierte Vernünftigkeit kommunizierender Subjekte – sie ist zugleich Resultat der disparaten und singulären Herkunftsgeschichten dieser Subjekte. Sie ist damit das, was die Grenzlinien unserer gerade nicht verallgemeinerungsfähigen Zugehörigkeit bestimmt, über die wir allein sagen können, wer ›wir‹, nämlich im Unterschied zu den jeweils ›anderen‹ sind.«[31]

Aber diese in der Geschichte durch »Geschichten« entstandenen Identitäten sind nichts Festes und Unwandelbares. Sie werden vielmehr in der Gegenwart wie nie zuvor durch den »Fortschritt« verändert, welcher die grundlegende Realität der Zeit ist. Ein Blick auf das Leben der Vorfahren stellt unter Beweis, in welchem Ausmaß das moderne Leben durch Veränderung bestimmt ist. Obwohl sie über unvergleichlich weniger an Informationen verfügten, kannten sie ihr Leben weitaus besser als wir das unsrige. Sie existierten in »lebenserfahrungsdurchherrschten Räumen«[32], wir dagegen sind von unseren Nächsten weit weniger abhängig, aber weitaus mehr von fernen Entscheidungen bestimmt, über die wir keinerlei Kontrolle haben. Unsere Entfernung von der Vergangenheit nimmt spiegelbildlich zu der kolossalen Evolutionsgeschwindigkeit unserer Kultur zu. Dem entspricht ein Traditionsschwund, aber auch ein Schwund an Zukunftsgewißheit, denn noch vor hundertfünfzig Jahren konnten die Zeitgenossen mit weit höherer Wahrscheinlichkeit als wir darauf zählen, daß nach einigen Jahrzehnten die Welt nicht allzusehr verändert sein würde.

Aber gerade weil der Fortschritt so unbestritten und unbestreitbar ist, werden seine Folgelasten immer größer, und es wird immer anschaulicher, daß es Grenzen unserer Kapazitäten gibt, die ständigen Innovationen produktiv zu verarbeiten. Eben dadurch werden aber »progressive Attitüden« obsolet, denn der Zivilisationsprozeß belastet uns ja nicht etwa durch Trägheit, die einer Stimulation bedürfte, sondern durch eine ganz außerordentliche Dynamik. Viel wichtiger als die Frage nach Mitteln der Beschleunigung ist daher die Frage der »Kompensationen«, und sie findet bereits in der Öffentlichkeit vielfältige Antworten.

Eine dieser Antworten ist die Musealisierung und Historisierung, eine andere besteht in dem überraschenden Hervortreten des Regionalismus[33], der aus dem Willen zum Widerstand gegen den strukturellen Homogenisierungsdruck hervorgeht, welchen die moderne Zivilisation ausübt. Negativ wird dieser Widerstand aber, wenn er die Gestalt von Ideologien annimmt, die in dem sogenannten Kulturbefehl des Alten Testaments »Machet euch die Erde untertan« den Anfang eines weltgeschichtlichen Unheils sehen wollen oder die der »Faszination der großen Weltvereinfachung« unterliegen.[34]

Auch hier läßt Lübbe keinen Zweifel daran, daß der Marxismus für ihn ebenfalls eine Gestalt dieser »Lebenskomplexitätsreduktionen« ist und im Grunde eine Regression darstellt. So verspottet er diejenigen, die unter Bezugnahme auf den Nationalsozialismus die sogenannten Sekundärtugenden wie Tapferkeit und Ordnungsliebe herabsetzen: habe denn etwa die Rote Armee ihre Siege ohne diese Tugenden erringen können? Die Notwendigkeit einer moralkonservativen Praxis nehme mit der emanzipativen Dynamik des kulturellen Wandels nicht ab, sondern zu, und das Buch endet mit der Formulierung des folgenden Handlungsgrundsatzes: »Soviel Erhaltung zukunftsfähiger Herkunftsbestände wie möglich. Das ist allerdings ein konservativer Grundsatz. Aber man kann ihn angesichts der Lage, in der wir uns befinden, genausogut auch einen vernünftigen Grundsatz nennen.«[35]

So scheint Lübbe die »konservative Vernunft« gegen Habermas' »kritische Vernunft« zu setzen. Woran Habermas in seiner Polemik gegen Lübbe jedoch am meisten Anstoß nahm, war die Tatsache, daß Lübbe von einer geschichtlichen Phase der »Nachaufklärung« sprach; denn dadurch sollte nach seiner Auffassung die Aufklärung und mit ihr das »Projekt der Moderne« überwunden und »verabschiedet« werden. Aber wenn Lübbe in seinem Buch »Religion nach der Aufklärung« von »aufklärungsresistenten« Tatbeständen spricht und sie vor allem in der Religion wahrnimmt, dann will er nicht etwa die Religionskritik der Aufklärung zurückweisen, soweit sie Kritik an der dogmatischen Fixierung eines religiösen Weltbildes oder an bestimmten sozialen Wirkungen der Religion war. All das akzeptiert er vielmehr als definitiv, und er verlangt lediglich den Verzicht auf ein Pathos, das Eulen nach Athen trägt und nicht mehr zeitgerecht ist. Aber es gibt Tatbestände, die von keiner Aufklärung »kritisiert« werden können, weil sie von keiner Kritik zu erreichen sind: die Tatbestände, die mit der Kontingenz unseres Daseins zusammenhängen – die einfachen, unvordenklichen und rätselvollen Tatsachen: »daß wir jetzt sind . . ., daß wir hier sind . . ., daß wir dieser und kein anderer sind, daß wir . . . diese und keine andere Identität haben, ja daß wir überhaupt sind und nicht vielmehr nicht sind«, mit anderen Worten: Die Unverfügbarkeit unseres Daseins ist es, woraus die Religionen ihre Kraft ziehen, der keine Aufklärung etwas anhaben kann.

Im Grunde bezeichnet also Lübbe mit »Unverfügbarkeit« dasjenige, was

Heidegger durch das Existenzial der »Geworfenheit« zu bestimmen suchte, und beide Begriffe wenden sich gegen eine Vorstellung von der »Selbstmächtigkeit des Subjekts«, die im Deutschen Idealismus noch unverkennbar theologische Wurzeln hatte, die aber von Marx festgehalten wurde, obwohl die »schlechthinnige Abhängigkeit« des endlichen Wesens Mensch auf keine Weise aus der Welt geschafft werden kann, auch nicht durch den hybrishaften Versuch der »Selbstermächtigung«, die freilich beiden das 20. Jahrhundert bestimmenden »Großideologien« gemeinsam ist.

So ergibt sich das nur scheinbar paradoxe Resultat, »daß die Religion, ohne deren Kritik der Aufklärungsprozeß nicht zu denken ist, nach der Aufklärung zu den Bedingungen ihrer Erhaltung gehört«. Auch hier ist die Auseinandersetzung mit Habermas unübersehbar, wenn etwa gesagt wird: »Niemand kann sich seine Existenz als Resultat einer Zustimmung zu ihr verständlich machen, die er am Ende eines herrschaftsfreien Diskurses erteilt hätte.«[36]

Die Auseinandersetzung mit Habermas und mit den »Großideologien« der Klasse und der Rasse, die Stellungnahmen zu Auschwitz, Stalin und den Killing Fields Kambodschas[37] ziehen sich auch durch die zahlreichen anderen Schriften Lübbes hindurch, und es geht dabei letzten Endes um die Deutung der Gegenwart im Rahmen des Prozesses der Zivilisation, der als Fortschritt und als Aufklärung verstanden, aber von den beiden Denkern auf unterschiedliche Weise in das Ganze der menschlichen Existenz eingeordnet wird. Ihre größte Schärfe erreicht die Kontroverse dort, wo Habermas Lübbe für einen »neokonservativen« Vorkämpfer des »Spätkapitalismus« erklärt und wo Lübbe Habermas als einen Protagonisten des »Spätmarxismus« angreift.

Auch Lübbe will seinen Antagonisten als »Gegenaufklärer«, nämlich als Förderer einer irrationalistischen Jugendbewegung sehen; Habermas wiederum sucht Aufklärung unlöslich mit »kritischer Theorie« zu verbinden. Aber der Gegensatz läßt sich nicht auf eine »rationalistische« und eine »irrationalistische« Denkweise zurückführen, denn der ganze Denk- und Sprachstil Lübbes gibt von einer ausgeprägten Rationalität Zeugnis, und am stärksten unterscheiden sich die beiden Repräsentanten der »jüngeren« Generation unter den Deutschen doch vermutlich durch ihre Stellungnahme zur deutschen Geschichte. Wenn Habermas sich selbst mit starker Betonung als Produkt der »Umerziehung« bezeichnete, so erregte Lübbe bei vielen Linksintellektuellen durch eine Rede großen Anstoß, die von den Spuren dieser »Umerziehung« ganz frei und dennoch in keiner Weise eine Apologie des Nationalsozialismus war.

In dieser Rede aus dem Jahre 1983 über den »Nationalsozialismus im deutschen Nachkriegsbewußtsein«[38] beurteilt Lübbe gerade jenen Tatbestand positiv, an dem Habermas und die ganze Linke ständig Anstoß nahmen, nämlich die angebliche »Verdrängung« der nationalsozialistischen Vergangenheit während der fünfziger Jahre. Lübbe sieht in der »Stille«, die während dieser Jahre herrschte, das unentbehrliche »Medium der Verwandlung unserer Nachkriegsbevölkerung in die Bürgerschaft der Bundesrepublik Deutschland«. Er wählt das Beispiel einer Universität, wo der »Ex-Nazi« und der zurückgekehrte Emigrant als Professoren darauf verzichteten, Streitgespräche über die Vergangenheit zu führen, weil sie wußten, daß die eine Hälfte des Volkes die andere wenn schon nicht physisch, so doch geistig zu vernichten versucht haben würde.

Eben dies wäre zweifellos die Folge der Bewältigungsforderungen von Adorno, Marcuse, Habermas und vielen anderen gewesen. Aber die von allen Seiten anerkannte Voraussetzung war nach Lübbe die, daß die nationalsozialistische Ideologie vollständig diskreditiert war und daß niemand auch nur versuchte, sie zu rehabilitieren oder erneut zum Leben zu erwekken. Bloß dadurch konnte der neue Staat sich etablieren, ohne auf die Bahn der DDR zu geraten, und erst eine neue Generation, der die existenziellen Erfahrungen der Älteren fehlten, konnte es unternehmen, der Vätergeneration den Prozeß zu machen. Erst jetzt konnten die marxistischen Faschismustheorien der Zwischenkriegszeit wiederaufgegriffen und zum Mittel »der Delegitimierung des politischen Systems der Bundesrepublik« gemacht werden.

Lübbe verurteilt die »Selbsternennung einer durch bessere politische Moral und größere emanzipatorische Bewußtheit privilegierten Intellektuellen-Elite« mit ebenso großer Entschiedenheit, wie Habermas und die Mitverfasser der »Stichworte zur geistigen Situation der Zeit« von 1979 die »Restauration der alten Kräfte« und die »Gegenaufklärung« der Neokonservativen verurteilt hatten.[39] Bis 1988 war nicht klar, ob – bildlich gesprochen – Habermas oder Lübbe das größere Recht zuzuschreiben war. Aber vielleicht war das eigentlich Positive darin zu sehen, *daß* in einem Teil Deutschlands eine so scharfe Auseinandersetzung um die deutsche Geschichte und um die Geschichte des 20. Jahrhunderts im ganzen geführt wurde.

Norbert Elias und Hans Jonas

Als letzte der »einzelnen Denker« sollen nicht Angehörige einer abermals jüngeren Generation vorgestellt werden, die nicht nur im Denken, sondern auch im Leben ganz in die zweite Hälfte des Jahrhunderts gehören würde, sondern es werden im Gegenteil zwei Männer gewählt, deren Leben sich von den Anfängen des 20. Jahrhunderts fast bis zu seinem Ende erstreckt, deren Erinnerungen bis weit in die Vorkriegszeit zurückreichen und die schon während der Weimarer Epoche am geistigen Leben Anteil hatten, die aber erst vergleichsweise spät zu bedeutender Wirkung und zu den verdienten Ehren gelangten. Norbert Elias und Hans Jonas waren jedoch nicht nur in diesem chronologisch-spirituellen Sinne genuine »Zeugen des Jahrhunderts«, sondern sie waren auch Juden, also Angehörige derjenigen Gruppe von Menschen, die im Zeitalter der Weltkriege und des Weltbürgerkrieges das außerordentlichste Schicksal hatte und die schon vor 1939 im Rahmen des »Geschichtsdenkens« größere Wichtigkeit besaß als jede andere. Aber Elias und Jonas waren auch in einem betonten Sinne *deutsche* Juden, die sich nur gezwungenermaßen von jener deutschen Kultur ablösten, in der so viele Juden ihre geistige Existenz hatten, und die in gewisser Weise trotz allem nach Deutschland zurückkehrten. So konzentriert sich in ihnen vieles von demjenigen, was bisher Thema war, und in ihrem Leben und Denken wird das ganze Zeitalter noch einmal gegenwärtig.

Norbert Elias wurde 1897 in Breslau als Sohn einer großbürgerlichen Familie geboren, deren Haupt, sein Vater, sich ganz und gar als Deutscher und als Preuße empfand. Zwar berichtet er in seinen 1990 erschienenen Erinnerungen von einzelnen antisemitischen Vorfällen während seiner Schulzeit, aber im ganzen fühlte er sich im deutschen Kaiserreich »vollkommen sicher«. Allerdings blieb ihm der »Patriotismus« fremd, und für den Kaiser hatte er bloß Geringschätzung, so daß er 1915 nur mit großem Widerstreben Soldat wurde und »in die Wurstmaschine« ging. Die Niederlage nahm er nicht mit Erschütterung, sondern eher mit Erleichterung auf, und im Rückblick sieht er darin eine Haltung, die nicht bloß individuell war: »Ein Jude der Mittelklassen mußte in dieser Hinsicht wohl anders empfinden als ein Nicht-Jude.« Aber diese Trennung machte ihn keineswegs zum Zionisten. Sein Studium in Heidelberg und Freiburg unterschied sich allenfalls dadurch von dem der meisten der nichtjüdischen Kommilitonen, daß er früh bestrebt war, »den Schleier der Ideologien zu durchbrechen« und daß er den Straßenkämpfen zwischen Kommunisten und Nationalsozialisten aus großer Distanz zusah. Allerdings nahm er einmal an einer Hitlerrede teil, und ebenso wie Ernst Fraenkel stellte er noch nach Jahrzehnten fest, daß es »faszinierend« gewesen sei, daß er Vergleichbares nie erlebt habe und daß ihm Hitler gerade deshalb »gefährlich, sehr gefährlich« erschienen sei.

Sein Studium vollzog sich ganz in jener Heidelberger Atmosphäre, die schon Georg Lukács so großen Eindruck gemacht hatte, in einem von der

Erinnerung an Max Weber bestimmten Milieu, wo der Bruder Alfred und die Witwe Marianne immer noch die Hauptrollen spielten. Elias schloß sich hier eng an Karl Mannheim an und ging mit ihm nach Frankfurt. Wie Mannheim emigrierte er nach England, aber noch mitten in der nationalsozialistischen Zeit besuchte er die Eltern ganz legal in Breslau, und auf die erstaunte Frage seines Interviewpartners antwortete er spontan: »Deutschland ist ein sehr ordentliches Land. Es herrschten auch damals geordnete Zustände. In der Zeit der Straßenschlachten hatte es nackte Gewalt gegeben; aber nachdem sie an der Macht waren, wurde Deutschland wieder ordentlich, wieder ein Rechtsstaat.« Noch 1938 besuchten seine Eltern ihn in London und kehrten ohne Bedenken nach Deutschland zurück. Selbst als 1939 das große Werk »Der Prozeß der Zivilisation« in der Schweiz erschien, konnte sein Vater mit Zustimmung der deutschen Behörden den Druck finanziell möglich machen. Aber gerade weil Elias nicht das Spätere in das Frühere hineinsieht, sind die schlichten Worte, die er über das Schicksal seiner Mutter findet, so überaus bewegend: »Meine Mutter schrieb mir 1940, daß mein Vater gestorben sei. Sie schrieb mir Briefe, ich habe sie immer noch. Dann verschwand sie, in Auschwitz . . .«[1]

In England gehörte Norbert Elias nicht zu den »großen« Emigranten. Er war so gut wie unbekannt, der »Prozeß der Zivilisation« blieb ungelesen, einige Monate lang war er wie viele andere Deutsche interniert. Er schlug sich in kleinen Positionen durch, war eine Zeitlang Professor in Ghana, und die Zeit der Wirkung und Anerkennung kam erst, als er die Siebzig bereits überschritten hatte. 1969 wurde der »Prozeß der Zivilisation« neu aufgelegt, und es war in der Hauptsache die Generation der »Achtundsechziger«, die ihn entdeckte und das Werk zu einer Art von »Kultbuch« machte. Elias hielt nun viele Gastvorlesungen in Deutschland und wirkte ab 1978 beim Zentrum für interdisziplinäre Forschung in Bielefeld. 1977 erhielt er den Adorno-Preis der Stadt Frankfurt für sein Gesamtwerk, aber die Dankesrede enthielt ebensoviel an Kritik wie an Zustimmung für den Gründervater der »Kritischen Theorie«. Als Norbert Elias 1990 in Amsterdam starb, war die Trauer im intellektuellen Deutschland fast allgemein.

Norbert Elias hat also das ungewöhnliche Schicksal gehabt, sein Hauptwerk mit dreißigjähriger Verspätung anerkannt zu sehen, und als er 1968 eine »Einleitung« zur zweiten Auflage der »Zivilisation« schrieb, konnte er nicht ohne Stolz feststellen, seine Untersuchung habe auch nach einer Generation immer noch den Charakter einer Pionierarbeit bewahrt, hauptsächlich deshalb, weil sie in den Spuren von Marx und Max Weber eine empirisch fundierte und undogmatische Theorie der sozialen Prozesse im allgemeinen zu begründen gesucht habe, während der Hauptteil der Soziologie unter dem Einfluß von Parsons sich »zustandssoziologischen Systemmodellen« zugewandt habe, welche weder der historischen Entwicklung noch den vormodernen Gesellschaften gerecht werden könnten.[2] Anders als der Parsons der strukturell-funktionalistischen Theorie will sich Elias also als Soziologe der Geschichte zuwenden und den vielhundertjährigen Prozeß verfolgen, innerhalb dessen die Menschen nicht etwa primär ihr Denken veränderten, sondern ihren »Affekthaushalt«, indem sie dasjenige mehr und mehr gesellschaftlichen Regeln unterwarfen, was »natürliche« Auswirkung von Körperempfindungen und emotionalen Regungen ist, so daß die »Peinlichkeitsschwelle« immer weiter vorgerückt und die »Kontrollapparaturen« verstärkt wurden.

Eben dies ist der »Prozeß der Zivilisation«, und es könnte so aussehen, als nehme Elias lediglich Marx' Begriff der »Entfremdung« und Freuds Konzept des »Über-Ich« wieder auf. Aber er verbietet sich alle chiliastischen Vorstellungen von einer »Befreiung« oder von einem »Ende der Repression«, sondern er bejaht den Prozeß, ohne die Einbußen und Verluste zu übersehen, die er mit sich bringt, und als Zukunftsbild taucht nur in Andeutungen ein Zustand auf, wo die Domestizierung der Affekte und die Pazifizierung der Menschen bis zu einem Punkt gelangt sind, der die gewaltsame Austragung von Konflikten in Kriegen und Revolutionen unmöglich macht. Ganz im Vordergrund steht, wie er schon 1936 formulierte, die »Entwicklungsmechanik der Geschichte«[3] und in eins damit der Begriff der »Figuration«, mit dem die wesentliche Gesellschaftlichkeit des Menschen als solchen gekennzeichnet werden soll, eine Gesellschaftlichkeit, die alle atomistischen Vorstellungen vom »homo clausus«, der erst nachträglich zur Gesellschaft gelangt, als absurd erscheinen läßt.

In zwei umfangreichen Bänden hat Elias also die Wandlungen der affektiven und emotionalen Strukturen beschrieben, und zwar für den Zeitraum vom Ausgang des Mittelalters bis zum Beginn der Neuzeit. Dabei verwendet er die Begriffe der historischen Soziologie: Aristokratie, Bürgertum, mittelständische Intelligenzschicht, bürgerliche Revolution, aber er unterscheidet sich dadurch von anderen Soziologen und Historikern, daß er die Eigentümlichkeit der Französischen Revolution nicht in Umbruch und Neuanfang sieht, sondern gerade in der Bewahrung und Ausdehnung jenes von der höfischen Aristokratie geschaffenen Sittenkodex, die in der kontinuierlichen Hochschätzung von »civilité« und »politesse« zum Ausdruck gelangen.

In Deutschland verlief die Entwicklung unharmonischer, obwohl oder weil es nie zu einer Revolution kam. Im Mittelalter aber waren überall bloß erste Anfänge jener Disziplinierung der Affekte zu verzeichnen, die sich in der höfischen Gesellschaft vollzog, und es genügt ein Zitat, um die Richtung der ausführlichen Beschreibungen anzudeuten, die Elias vornimmt: »Noch im 17. Jahrhundert war die Gabel im wesentlichen ein Luxusgegenstand der Oberschicht, meist aus Gold oder Silber. Die beschriebene Haltung zu dieser ›Neuerung‹ aber zeigt eines mit besonderer Deutlichkeit: Menschen, die so miteinander essen, wie es im Mittelalter Brauch ist, Fleisch mit den Fingern aus der gleichen Schüssel, Wein aus dem gleichen Becher, Suppen aus dem gleichen Topf oder dem gleichen Teller mit all den anderen Eigentümlichkeiten, von denen Proben gegeben wurden und noch andere zu geben sind, standen in einer anderen Beziehung zueinander als wir, und zwar nicht nur in der Schicht ihres klar und präzise begründeten Bewußtseins, sondern offenbar hatte ihr emotionales Leben eine andere Struktur und einen anderen Charakter.«[4]

So beschreibt Elias mit vielen Einzelheiten jene »Dämpfung der spontanen Wallungen« und die Zurückhaltung der Affekte, in denen zwar kein »Ziel der Geschichte«, wohl aber ein »Trend« erkennbar wird: »Immer drängt die Veränderung zu einer mehr oder weniger automatischen Selbstüberwachung, zur Unterordnung kurzfristiger Regungen unter das Gebot einer gewohnheitsmäßigen Langsicht, zur Ausbildung einer differenzierteren und festeren ›Über-Ich-Apparatur‹ . . . Überall werden zunächst kleinere Spitzenschichten, dann immer breitere Schichten der abendländischen Gesellschaft von ihr erfaßt.«[5] Insofern schreibt auch Elias eine »Geschichte von oben«, obwohl Affekte und Emotionen sein Hauptthema sind, und er verfolgt, wie man sagen könnte, in eins mit der Rationalisierung die fortschreitende »Vernetzung« des Lebens, welche die Menschen in immer größere wechselseitige Abhängigkeit bringt. Aber diese Entwicklung schließt Verluste ebensosehr wie Gewinne in sich: »Das Leben wird in gewissem Sinne gefahrloser, aber auch affekt- oder lustloser«[6]; ein geschichtsphilosophischer Enthusiasmus nach den Vorstellungen von Lukács liegt Elias so fern wie ein fundamentaler Pessimismus etwa im Sinne von Klages. Nüchternheit und Unparteilichkeit sind Hauptmerkmale des Geschichtsverständnisses von Norbert Elias.

In der Nachkriegszeit hat Elias seinen Ansatz vor allem in einem großen Essay »Über die Zeit« ins Gesamtgeschichtliche und Philosophische ausgeweitet, indem er eine Historisierung des Kantschen *a priori* der Form der sinnlichen Anschauung vornimmt, welche den Aufstieg zu der »Synthese-Ebene« der Gegenwart als einen vieltausendjährigen Prozeß erkennbar macht. Sehr konkreten historischen Analysen hat er sich in der 1989 erschienenen Schrift »Studien über die Deutschen« zugewandt. Das vierte Kapitel ist unter der Überschrift »Der Zusammenbruch der Zivilisation«

dem Nationalsozialismus gewidmet und wurde im Ausgang von dem Eichmann-Prozeß in den Jahren 1961 und 1962 verfaßt. Es ist sehr bemerkenswert, ein wie hohes Maß an Objektivität und historischem Verstehen Elias hier trotz des emotionalisierenden Gegenstandes an den Tag legt.

Wenige Interpreten haben die »Echtheit und zwingende Kraft« der Überzeugungen der Nationalsozialisten und die Rolle von »Angst« und »Erbitterung« in ihrer Weltanschauung so sehr hervorgehoben«[7], kaum ein anderer hat Hitler so sehr als Produkt eines »Demokratisierungsschubs« und die Geschichte des deutschen Nationalismus so sehr als Version einer allgemeinen Geschichtstendenz verstanden. Wohl aber waren in Deutschland die allgemeinen Tendenzen besonders ausgeprägt und zugespitzt, so daß der Rückfall in die Barbarei gravierender war, und auch hier unterstreicht Elias, wie schon im »Prozeß der Zivilisation«, die verhängnisvolle Rolle des »Kriegeradels«, der sich nicht so sehr von seinen »Interessen« als vielmehr von seiner überholten Weltauffassung leiten ließ. Aber als letzter Hintergrund auch noch der »Endlösung der Judenfrage« erscheint das Empfinden eines »Niedergangs Deutschlands« und der verzweifelte Versuch einer »alten«, aber ihre Auffassungen ins Volk hinein ausbreitenden Führungsschicht, diesen Niedergang aufzuhalten und in eine Herrschaft Deutschlands über Europa umzukehren. Von innenpolitischen Auseinandersetzungen und Bedrohungsgefühlen ist daher kaum die Rede; letzten Endes ist die Betrachtungsweise »deutsch« und »staatlich-außenpolitisch«. Aber in den »Gedanken über die Bundesrepublik« von 1977/78 legt Elias sehr viel Verständnis für die Studentenbewegung an den Tag, die sich gegen den Versuch einer »unreformierten Fortführung der Geschäfte des Landes in der Manier der alten Herrenschichten« erhoben habe.[8]

Abneigung gegen die »alten Herrenschichten« hatte der junge Elias nun nach dem Ausweis seiner Erinnerungen schon vor dem Ersten Weltkrieg empfunden, aber als Denker hatte er nach dem Ersten Weltkrieg konstatieren müssen, daß diese alte Herrenschicht die große Mehrzahl seiner nichtjüdischen Kommilitonen auf ihre Seite hatte ziehen können. Man fragt sich, weshalb jene Straßenkämpfe, die er in Heidelberg und anderswo beobachtete, in der Arbeit über den Zusammenbruch der Zivilisation ebensowenig Erwähnung finden wie die Namen KPD und Sowjetunion. Wer hatte überzeugender gezeigt als Elias, daß nicht nur einzelne Menschen, sondern auch Nationen keine Monaden oder Atome sind, sondern daß die »Figuration«, das heißt die Beziehung zu anderen, eine entscheidende Rolle spielt? Und in der Tat zeichnete Norbert Elias ein erheblich anderes Bild, als er 1980 in einem ausgearbeiteten Vortrag näher auf die Geschehnisse der Weimarer Republik einging.

Da zitiert er nicht nur aus den Schriften von Julius Gumbel über die Landsknechte und Rechtsterroristen, sondern er führt auch Stellen aus der 1933 erschienenen Schrift von Friedrich Wilhelm von Oertzen an, wo die grausame Bluttat einer linken Menge beschrieben wird, und er läßt hier keinen Zweifel daran, welches außerdeutsche Ereignis es war, das mindestens ebensoviel Haß und Erbitterung erzeugte wie der »Niedergang Deutschlands« und das für den deutschen Revisionismus erst die ausländischen Sympathien schuf, ohne die er sich nicht hätte entfalten können: »An solchen Beispielen kann man sehr deutlich den Gang eines Doppelbinderprozesses der Gewalt verfolgen. Die russische Revolution spielte dabei, als Vorbild und Schreckbild, eine große Rolle ... Auch der spätere Erfolg Hitlers, insbesondere das Stillhalten der Alliierten gegenüber der Wiederaufrüstung Deutschlands, ist nur als Folgeerscheinung der russischen Revolution, als Ausdruck der universalen Abneigung weiter bürgerlicher Kreise und selbst beträchtlicher Teile der Arbeiterschaft gegen das ›Gespenst des Bolschewismus‹, gegen die Übertragung des russischen Revolutionsmodells auf andere Länder, ganz zu verstehen.«[9]

Hans Jonas, 1903 in Mönchen-Gladbach geboren, hat aus seiner Jugend und von seiner Abkunft nicht so viel erzählt wie Norbert Elias; nur nebenbei erwähnt er, daß er, offenbar Sohn eines wohlhabenden bürgerlichen Hauses, während seiner Gymnasiastenzeit durch einen »gelehrten und weisen Onkel« von Felix Dahn zu Edward Gibbon geführt worden sei und daß sein »besonderes jüdisches Interesse« ihn dazu veranlaßt habe, sich mit den Propheten Israels zu beschäftigen. Aber wenn Elias' Berichte über seine Studienzeit ein anschauliches Bild von der Atmosphäre des soziologischen und historischen Heidelberg bzw. Frankfurt der Weimarer Zeit geben, so macht Jonas in seinem Vortrag »Wissenschaft als persönliches Erlebnis« die philosophische und theologische Welt der Universität Marburg der zwanziger Jahre lebendig, von der er geistig geprägt wurde. Da war vor allem, schon 1921 während des ersten Semesters in Freiburg, Heidegger als »Urerlebnis« und als »Denker in actu«, der ihm den unvergleichlichen Eindruck des »es denkt in ihm« vermittelte; da war aber auch Rudolf Bultmann, in dessen Seminar er mit der antiken Gnosis vertraut wurde, der er dann viele Jahre an Arbeit zuwendete und über die er ein Standardwerk »Gnosis und spätantiker Geist« schrieb, dessen erster Band 1934 noch in Deutschland veröffentlicht werden konnte.

Zu diesem Zeitpunkt hatte Jonas jedoch schon emigrieren müssen, aber nach einigen Jahren Dozententätigkeit in Jerusalem und dem Kriegsdienst in der britischen Armee kehrte er doch schon 1945 nicht bloß äußerlich und zu kurzem Aufenthalt nach Deutschland zurück, weil ihm das Verhalten Rudolf Bultmanns ein überwältigendes Gefühl innerer und katastrophenübergreifender Kontinuität vermittelt hatte.[10] Seine Lehrtätigkeit übte er allerdings in Kanada und in den USA aus, aber in den späten siebziger Jahren schrieb er sein Hauptwerk »Das Prinzip Verantwortung« in seiner »Muttersprache«, eben dem Deutschen, und 1987 nahm er den Friedenspreis des deutschen Buchhandels entgegen.

Hans Jonas hat seinen denkerischen Weg einmal folgendermaßen charakterisiert: vom Studium der Gnosis sei er unter dem Einfluß von Alfred North Whitehead zu einer philosophischen Biologie gelangt, der sein Buch »Organismus und Freiheit« gewidmet ist, und schließlich habe er sich der »Ethik« zugewandt, wie sie im »Prinzip Verantwortung« dargestellt sei.[11] Deshalb liegt die Frage nahe, ob und inwiefern Jonas als »Geschichtsdenker« anzusehen ist. Aber der Weg durch die verschiedenen »Fächer« war sehr konsequent, und er schloß eine Philosophie der Geschichte in sich, die gerade keine »Geschichtsphilosophie« im überlieferten Sinne sein wollte.

Das Studium der Gnosis lehrte ihn die schroffste Form des »Dualismus« kennen, welche den Körper und die Seele, die Welt und Gott radikal voneinander trennte, so daß sie den Körper einem Grab gleichsetzte (soma sema), aus dem die Seele in einem mühevollen Wege die Rückkehr zu der überweltlichen Gottheit erstreben müsse, der sie entstamme. Wie Jonas schreibt, hatte ihm gerade die Kenntnis der Heideggerschen Existenzanalyse den Weg zum Verständnis dieser bloß scheinbar fernen Welt des gnostischen Denkens gebahnt, und auf dem Rückweg wurden ihm die Kennzeichen des modernen Nihilismus deutlich, der den Menschen ebenfalls in absoluter Einsamkeit und Nicht-Zugehörigkeit existieren lasse. Das aber sei eine Konsequenz des Descartesschen Dualismus von »res extensa« und »res cogitans«, welcher die Tiere für Mechanismen erkläre und das Denken in die Weltlosigkeit stürze. Damit wird indessen gerade das Wesen des Lebens, das heißt des Organismus verfehlt, und deshalb wandte sich Jonas in seiner zweiten Phase der Biologie zu. Im Organismus sieht er den lebendigen Beweis, daß dasjenige von den einfachsten bis zu den komplexesten Formen eine Einheit ist, was die idealistische und die materialistische Philosophie auseinanderreißt.

»Freiheit« beginnt nicht erst mit der menschlichen Existenz; sie ist in einem ersten Aufdämmern schon in den primitivsten Lebewesen präsent, die sich allesamt von der Stabilität und In-sich-Geschlossenheit des bloß materiellen Seins abheben, indem sie »Stoffwechsel« vollziehen, das heißt eine »Form« sind, die ihr gefährdetes Sein behaupten muß: ein »vermessenes Sonderdasein in der Materie, paradox, labil, unsicher, gefährdet, endlich und tief verschwistert dem Tode«. Diese »ursprüngliche Fragwürdigkeit« des Lebens gewinnt im Menschen nach Jahrmillionen Sprache, und damit denkt sich das Leben selbst und entwirft Ontologien, darunter die dualistische, in der es sich selbst mißversteht.

So legt Jonas vieles von demjenigen, was Heidegger am »Dasein« aufgewiesen hatte, so die »Geworfenheit« und das »zu sein«, in das Leben und insbesondere in die tierische Existenz zurück, so daß der Mensch nicht mehr als isoliertes Vernunftpartikel in einer Welt des Todes erscheint, sondern als ein in den Urgründen verwurzeltes Geschehen des Seins selbst, als ein »Zu-sich-selbst-Kommen der ursprünglichen Substanz«, wie Jonas unter ausdrücklicher Berufung auf Hegel sagt.[12] Also ist das Leben selbst geschichtlich, und nur deshalb kann der Mensch Geschichte im Sinne einer Welt-Eröffnung haben, wo jene Distanz vom »Anderen«, die für alles Leben kennzeichnend ist, den Punkt erreicht, wo »Erkenntnis« möglich wird.

Jonas zögert nicht, den Grund des Seins, der sich als Leben darstellt, »Gottheit« zu nennen, und er findet Formulierungen, die dem uralten Konzept der Theogonie, wie es von Hegel, Scheler, Bergson, Berdjajew, Teilhard de Chardin und in kaum noch erkennbarer Weise vom Evolutionismus entwickelt worden war, eine neue Seite abgewinnen, eine existenzialistische Seite, wenn man will: »In unseren unsicheren Händen halten wir buchstäblich die Zukunft des göttlichen Abenteuers auf Erden, und wir dürfen Ihn nicht im Stiche lassen, selbst wenn wir uns im Stiche lassen wollten.« So sind »wir«, die wir uns zu Unrecht auf eng anthropozentrische Weise als eine Gattung unter anderen, wenngleich die höchste, auffassen, ein »Experiment der Ewigkeit«, »ein Wagnis des ewigen Grundes mit sich selber«. Mithin geht unsere höchste Möglichkeit weit über eine vernünftige Einrichtung der Welt zugunsten des Wohls aller Individuen hinaus: Wir können »die Gottheit nähren oder darben lassen«; wir vermögen es, »dem leidenden unsterblichen Gotte Helfer« zu sein.[13]

All das klingt, wie man sagt, »spekulativ«, aber es ist die Voraussetzung für die Eigenart des dritten Gebiets, dem Jonas sich zuwendet, für seine Ethik. Wenn er nämlich bloß sagen wollte, daß erstmals in der ganzen Geschichte die Existenz der Menschheit als solche keineswegs bloß durch die Atombombe, sondern durch die Übermacht der Technik insgesamt gefährdet sei und daß das oberste Gebot der Ethik darin bestehen müsse, dieser Gefährdung entgegenzuwirken, so würde er nur etwas sehr Triviales gesagt und Eulen nach Athen getragen haben. Aber er zeigt erstens auf, daß alle bisherige Ethik einschließlich der Kantschen eine »Gegenwartsethik« war und also die präzedenzlose geschichtliche Situation nicht zu erfassen vermag[14], und er will vor allem zeigen, daß diese »Existenz der Menschheit« eben nicht das Vorhandensein einer »Gattung« bedeutet, sondern ein »Absolutum«, ein Geschehen des Seins selbst, das schon in der Amöbe sein Sein bejahen und sein Nicht-Sein verneinen muß und das im Menschen seine höchste Möglichkeit verwirklicht.

Diese Verwirklichung trennt Jonas jedoch radikal von der Vorstellung eines endlich zu realisierenden »Gottesreiches«, worauf Theogonien so oft hinauslaufen. Ein angebliches »Gottesreich«, die verwirklichte Utopie, wie sie in der Gegenwart vor allem Ernst Bloch vorschwebte, wäre mit ihrer Reduzierung des Menschen auf ein »glückliches«, nicht mehr fragwürdiges, nicht mehr »zweideutiges« Wesen gerade ein Verhängnis, eine Verstümmelung des Menschen, welche kaum viel besser als ein Nicht-Dasein sein würde: »Eben diese Fragwürdigkeit, die keinem anderen Sein eignet, mit ihrer ständig innewohnenden Transzendenz, ihrem offenen Entweder-Oder, das doch nie dem Sowohl-Als-Auch entrinnt, ihrem unbeantworteten Worum? und Wozu? ist ein *Grenzphänomen* der Natur, das als solches – nach menschlichem Wissen – nicht zu überbieten ist. Sie ist ihr eigener, auszuhaltender Grund. Sie ist so wenig nach ›vorwärts‹ zu übersteigen in schattenlose Helle wie nach rückwärts in die Fraglosigkeit animalischer Natur.«[15]

So ist Hans Jonas' »Ethik der Verantwortung« eine der schärfsten Kritiken am utopischen Konzept des Marxismus und insbesondere Ernst Blochs, und Jonas schreckt nicht davor zurück, von einem »Intellektuellenwahn« zu sprechen, dessen »utopischer Mensch« nur »der schmählich zum Wohlverhalten und Wohlbefinden konditionierte, bis ins Innerste auf Regelrechtheit abgerichtete Homunculus sozialtechnischer Futurologie« sein könne.[16] Vielmehr kommt heute alles darauf an, die Einsicht zu gewinnen, daß die Zukunft eher ein Gegenstand der Furcht als der Hoffnung sein muß und daß es gilt, nach den »Jahrhunderten postbaconischer, prometheischer Euphorie (der auch der Marxismus entstammt), dem galoppierenden Vorwärts Zügel anzulegen«[17], das heißt, den geschichtlichen Fortschritt zu mäßigen, damit Geschichte als »Abenteuer des Seins«, als Selbstdarstellung des göttlichen Grundes bewahrt werden kann. Eine neue Art von »Konservativismus« macht sich zur Schutzwehr einer Fortschrittlichkeit, die *nicht* ins Verderben führt.

So ist Hans Jonas sehr wohl ein Geschichtsdenker, und in einem kleinen Aufsatz über »Wandel und Bestand« hat er sich über die Frage des »geschichtlichen Verstehens« ebenfalls auf eindringliche Weise geäußert, indem er die scheinbare Spezialfrage auch hier mit einer Ontologie des Menschen verknüpft, die sich nicht primär an der »Vernunft« orientiert, sondern an den elementareren Tatbeständen der Herstellung von Werkzeugen, der Schaffung von Bildern und der Bestattung der Toten, aus denen Physik, Kunst und Metaphysik erwachsen. Aber noch elementarer ist die Sprache als das »Vehikel der Geschichtlichkeit par excellence, das seinen eigenen, eben nicht allmenschlichen, sondern jeweils besonderen Grund erzeugt«. Die Sprache, allmenschliches Hauptkennzeichen und doch in jeweils eigenen Grenzen, bringt daher das Tiefste und Höchste hervor, das zu unendlichem Bemühen des Verstehens herausfordert und »das eigentlich Geschichtliche und schwer Zugängliche ist«: die »Urworte» wie »dike«, »moira« und »logos« im Griechischen einerseits, in denen sich »die primäre Erschlossenheit des Seins« eröffnet, und die Gipfel der Dichtkunst und Spekulation andererseits, in denen »dies Urverhältnis der Worte zur höchsten und doch auch wieder täuschenden Helle symbolischer und begrifflicher Ausprägung kommt«.[18]

Aber kann das »Verstehen«, das eine solche Auszeichnung des Menschen ist, sich auch auf das ungeheuerlichste Ereignis des Jahrhunderts erstrecken, das für Jonas wie für alle Juden und die große Mehrzahl der Nichtjuden »Auschwitz« ist? Hans Jonas hat eine der eigenartigsten und tiefsinnigsten Antworten gegeben, und zwar in seinem Vortrag »Der Gottesbegriff nach Auschwitz«, den er aus Anlaß der Verleihung des »Leopold-Lucas-Preises« hielt, welcher zum Gedächtnis eines nach Theresienstadt deportierten und dort verstorbenen jüdischen Gelehrten gestiftet worden war. Jonas beschreibt nichts, und er bringt keine Klage zu Wort, sondern er entwickelt erneut seine kosmohistorische (wie man sie nennen könnte) »spekulative Theologie« von dem göttlichen Grund, der »im Anfang, aus unerkennbarer Wahl, entschied, sich dem Zufall, dem Wagnis und der endlosen Mannigfaltigkeit des Werdens anheimzugeben«. Auschwitz aber stellte wie kein geschichtliches Ereignis zuvor unter Beweis, daß diese Gottheit nicht allmächtig ist und daher unserer fortwährenden Hilfe bedarf: »durch die Jahre des Auschwitz-Wütens schwieg Gott«.[19]

Weitaus bewegender als diese Theologie ist jedoch der ganz schlichte Satz, den Jonas am Anfang sagt: die Frau von Rabbi Leopold Lucas sei nach dem Tode ihres Gatten nach Auschwitz weitergeschickt worden, »wo sie das Schicksal meiner Mutter teilte«.[20] Er berichtet also dasselbe wie Norbert Elias. Es bedarf nicht des Nachweises von Millionenzahlen oder bestimmten Verfahrensweisen, um angesichts des Schicksals der Mütter dieser beiden Geschichtsdenker zu wissen, daß es nichts Schrecklicheres gegeben haben kann als »Auschwitz«, als die Deportationen und das Zugundegehen von ganz unschuldigen Greisinnen, Greisen und Kindern.

Und dennoch ist die Frage unumgänglich, ob der Versuch des Begreifens nicht weiter vorangetrieben werden muß als bis zur Klage des Hiob, die Jonas in die Einsicht abwandelt, daß in diesem und mithin in »uns« nichts Geringeres geschieht, als daß »Gott selbst leidet«.[21] Jonas selbst weist den Weg dazu, indem er im »Prinzip Verantwortung« schreibt, den Verfechtern der Utopie könne der Preis, der für ihr Vorhaben zu zahlen sei, prinzipiell gleichgültig sein und »selbst kolossalste Menschenvertilgung« werde »im Lichte einer eben nötigen, zwar schmerzhaften, aber wohltätigen Operation erscheinen«, wenn das endliche *regnum humanum* auf Erden anders nicht hergestellt werden könne.[22] Der Wille der Verfechter der Utopie, die »Feinde« beseitigen wollten, auch wenn sie oft genug Unbeteiligte trafen, war älter und gläubiger als der Wille derjenigen, die kein »regnum humanum« schaffen, sondern überlieferte Herrschaft und Identität bewahren, ausweiten und sichern wollten, aber er war eben damit ursprünglicher.

So ist auch in Jonas' Denken die Einsicht impliziert, die jeder Geschichtsdenker mindestens im Ansatz umriß, der den präzedenzlosesten Vorgängen des Jahrhunderts nicht ausweichen wollte: daß die Verfechter der Utopie die Feinde der Utopie auf den Plan riefen; daß die extreme Linke die extreme Rechte erzeugte, obwohl sie mit ihrer These, daß die ganze Geschichte Unterdrückung der Schwächeren durch die Stärkeren bedeutet habe, im Recht sein mochte; daß es der Gulag war, der Auschwitz nicht bloß zeitlich vorherging.

Aber am Beispiel von Hans Jonas bestätigt sich auch ein anderer Grundtatbestand, der wieder und wieder zu beobachten war: daß die nationale und religiöse Solidarität weitaus stärker war als das Empfinden klassenmäßiger Zusammengehörigkeit, und keineswegs nur bei Juden.

Vermutlich war das einer der wichtigsten Gründe dafür, daß eine Utopie, die wie nichts anderes das 20. Jahrhundert bestimmte und das neuartigste Konzept von Zusammengehörigkeit besaß, nämlich das rein gegenwartsgeschichtliche der proletarischen Klassenhaftigkeit, nicht zum Sieg gelangte. Aber ihre Niederlage bedeutete dennoch mehr als bloß ein Scheitern, so gewiß sie andererseits eine Uminterpretation der Geschichte dieses Jahrhunderts erforderlich macht. Die »einzelnen Denker« haben viele Handhaben dazu geboten, die Entscheidung aber brachte die Geschichte selbst, innerhalb deren alle Denkbemühungen bloß ein Teil sind.

ERSTER KREIS ABERMALS

Die »friedliche Revolution« in Ost- und Mitteleuropa 1989/90 und das Ende des Kalten Krieges

Wer zu Beginn des Jahres 1989 vorausgesagt hätte, welche umwälzenden Ereignisse sich während der nächsten zwölf Monate in den Staaten des sogenannten »Ostblocks« abspielen würden, wäre vermutlich für geisteskrank erklärt worden. Zwar befanden sich die regierenden kommunistischen Parteien Polens und Ungarns offensichtlich in Schwierigkeiten, aber man brauchte sich nur der Geschehnisse von 1980/81 in Polen zu erinnern, um zu wissen, daß diese Parteien schon mit weit größeren Schwierigkeiten fertig geworden waren, denn damals war die »Gewerkschaft Solidarität« eine überaus aktive Massenbewegung gewesen, mit der verglichen die »Polnische Vereinigte Arbeiterpartei« nur ein schwaches Häuflein zu sein schien, und dennoch hatte der General Jaruzelski sie in einem Staatsstreich von allerdings fast beispielloser Brutalität innerhalb kurzer Frist niedergeworfen. Jetzt aber hatte der Regierungssprecher erst eben gesagt, die »Solidarität« gehöre ganz und gar der Vergangenheit an und habe keinerlei Bedeutung mehr.[1]

Noch als am 4. Juni 1989 die ersten relativ freien Wahlen in Polen stattfanden, konnte man an ein geschicktes Strategem der Machthaber glauben, und Timothy Garton Ash traf Adam Michnik in einem Zustand der Depression an.[2] Kurz vorher war Vaclav Havel in der Tschechoslowakei erneut verhaftet worden. Als der Leiter der ständigen Vertretung der Bundesrepublik in der DDR, Hans-Otto Bräutigam, Anfang Januar nach Bonn zurückging, erklärte er, die DDR habe eine »relative Stabilität« erreicht; sie sei kein Land für dramatische Veränderungen und Wechsel.[3] Die Kommunalwahlen vom 7. Mai schienen in der Tat eine überwältigende Unterstützung des Regimes durch die Bevölkerung unter Beweis zu stellen, und die Reden von Oppositionsgruppen über »Wahlfälschungen« wuchsen sich keineswegs zu einem Chor des Protestes aus.

Am 17. Juni hielt der Abgeordnete Erhard Eppler im Deutschen Bundestag eine vielbeachtete Rede, in der er empfahl, vom Begriff »Wiedervereinigung« Abstand zu nehmen, da auch unter den Verbündeten starke Abneigung gegen das Ziel der deutschen Einheit herrsche; erst nach diesem Verzicht könne man den Bürgern der DDR guten Gewissens empfehlen, sich gegen die überalterte Führung der SED in die inneren Angelegenheiten ihres Staates »einzumischen«. Noch im Juli wiederholte ein Mitglied des Bundesvorstandes der »Jungsozialisten in der SPD« in einem Leserbrief an die Frankfurter Allgemeine Zeitung die in seiner Partei schon weitverbreitete Kennzeichnung der Wiedervereinigung als »Lebenslüge« und verlangte mit Nachdruck den Verzicht auf »unerfüllbare Träume«; es sei vielmehr ein Gebot von Einsicht und Vernunft, sich mit dem Ergebnis der von Deutschland zu verantwortenden Geschichte abzufinden.[4]

Tatsächlich waren nicht in Deutschland die Wurzeln des Wandels zu suchen. Im Jahre 1981 hatte die Sowjetunion Breschnews die einstige »Entstalinisierung« weitgehend rückgängig gemacht, und ihre Propaganda richtete sich in völliger Geschlossenheit gegen die »imperialistischen Bestrebungen der NATO«; deshalb durfte Jaruzelski glauben, er rette Polen vor einer Besetzung durch die Sowjetunion, wenn er die »Solidarität« zerschlage. Aber trotz aller Unterdrückung konnte weder in Polen noch in Ungarn noch auch nur in der ČSSR das geistige Leben der »Dissidenten« völlig unterbunden werden; zwischen Schikanen und Verhaftungen blieben die Michnik und Mazowiecki, die Konrád und Havel aktiv, veranstalteten Symposien in Klöstern und abgelegenen Hotels, blieben in Kontakt mit ausländischen Journalisten, rehabilitierten den Begriff »Mitteleuropa« und trugen dazu bei, daß nicht nur die herrschende Partei, sondern sogar der »Sozialismus« unter der Bevölkerung immer mehr in Mißkredit geriet, in einen Mißkredit, der freilich in erster Linie auf den frustrierenden Erfahrungen des Alltagslebens beruhte, welche ein Arbeiter in anschaulicher Kürze mit den Worten zusammenfaßte: »Vierzig Jahre Sozialismus, und noch immer gibt es kein Klopapier!«[5] Aber wenn die »Freundschaft mit der Sowjetunion« in allen Ländern Osteuropas ein Tabu blieb, an das nicht gerührt werden durfte, so machte gerade diese Sowjetunion jetzt entscheidende Entwicklungen durch, die eine neue Qualität darstellten.

Noch weit in das Jahr 1988 hinein stand der Enthusiasmus ob »Perestroika« und »Glasnost« im Vordergrund, und der Rückzug aus Afghanistan tat ihm keineswegs Abbruch. Die Kritik beschränkte sich im wesentlichen auf den »Stalinismus«, auch wenn sie manchmal schon sehr entschiedene Formen annahm. Es war ein überaus symptomatischer Vorgang, daß die sowjetische Zeitschrift »Sputnik« im November 1988 in der DDR mit der Begründung verboten wurde, die Geschichtsdarstellung der Zeitschrift und insbesondere deren Gleichsetzung von Stalin und Hitler sei unakzeptabel und stehe im Widerspruch zur deutsch-sowjetischen Freundschaft. Aber die Systemkritik in der Sowjetunion ließ sich nun weniger und weniger auf den »Stalinismus« beschränken, sondern sie dehnte sich auf

Lenin und die Oktoberrevolution aus, und sie entfaltete sich zu einer umfassenden Selbstkritik, wie sie zuvor nur in Deutschland stattgefunden hatte.

Wo wäre je ein negativeres Urteil zu lesen gewesen als in einem an die »Iswestija« gerichteten Leserbrief: »Halb Rußland in Lagern, halb Rußland als Henker – das ist die Geschichte der Sowjetzeit.«[6] Nicht mehr Stalin, sondern »die Partei« wurde in einem Artikel der Zeitschrift »Smena« für »den blutigsten Völkermord in der Geschichte der Menschheit« verantwortlich gemacht und ohne Umschweife mit der nationalsozialistischen Partei auf eine Stufe gestellt.[7] Fast über Nacht setzte sich der Begriff »totalitär« zur Kennzeichnung des Regimes in der Zeit von Lenin bis Tschernenko durch, der im Westen weithin als »entspannungsfeindlich« galt, und was Solschenizyn angedeutet hatte, fand in Berichten ehemaliger Wachsoldaten eine Bestätigung: »Diejenigen, die in Konzentrationslagern des faschistischen Deutschland waren, behaupteten später, daß die eigenen Lager schlimmer waren. Es gab weniger Überlebenschancen.«[8] Als letzte Ursache all des Elends wurde immer wieder die Erziehung zum Haß gegen »Klassenfeinde« bzw. »Volksfeinde« genannt[9], und einige Intellektuelle zogen die Linie des Unheils auf konsequente Weise über Lenin zurück bis zu Marx.

Aber immer wieder wurden auch »wir selbst« in die Kritik einbezogen, so wenn es in einem Leserbrief hieß: »Man kann nicht sagen, daß der Drang zur Gewalt ausschließlich das Resultat der Propaganda ist . . . Doch man braucht nur zu rufen: ›Schlagt sie!‹ (egal wen – die Armen oder die Reichen, die Juden oder die Armenier, die Vorgesetzten oder die Genossenschaftler, die Hippies oder die Prostituierten) – und dieser Aufruf findet ein lebhaftes Echo in den Herzen der Menschen . . . Hören wir endlich mit dem Gerede über Stalin auf, sprechen wir lieber über uns selbst. Lassen wir einen ›einfachen‹ Menschen in den Spiegel schauen, vielleicht wird er, wenn er dort ein wild gewordenes Weib mit einer Sense erblickt, nicht über Stalin, Hitler oder Pol Pot, sondern über sich selbst entsetzt sein.«[10]

Von 1989 an verschärften sich aber auch die Nationalitätenkonflikte und die Selbständigkeitsbestrebungen in dem Vielvölkerimperium. Zum fünfzigsten Jahrestag des Abschlusses des Stalin-Hitler-Paktes konnte nun auch von offizieller Seite die Faktizität des Geheimen Zusatzprotokolls nicht mehr in Abrede gestellt werden, und nichts war konsequenter, als daß eine lettische Zeitschrift schrieb: »Es stimmt, wir können aus der UdSSR nicht austreten, weil wir in diese Union niemals eingetreten sind«[11], und in allen drei baltischen Staaten setzten sich »Volksfronten« durch, die schließlich die Unabhängigkeit ihrer Länder proklamierten. Auch in Georgien gewann eine Unabhängigkeitsbewegung die Oberhand, und an nicht wenigen Stellen des Riesenreiches – so im Ferganatal, in Kirgisien und Moldawien – kam es zu blutigen Auseinandersetzungen zwischen ethnischen Gruppen.

Potentiell am wichtigsten war das Aufkommen der nationalen Bewegung »Ruch« in der Ukraine, auf deren Gründungskongreß heftige Kritik am herrschenden »sozialistischen staatsmonopolistischen Kapitalismus« geübt und schwere Zweifel an der Zweckmäßigkeit des sowjetischen Riesenstaates vorgebracht wurden.[12] Um die Mitte des Jahres 1990 standen »Separatisten« an der Spitze mehrerer Unionsrepubliken, und den Vorsitz im Parlament der Russischen Republik führte ein Mann, der aus der KPdSU ausgetreten war, Boris Jelzin.

Es war nur natürlich, daß diese Entwicklungen auch Gegenkritik auf den Plan riefen und daß die »Stalinisten« aufs äußerste beunruhigt waren. So wunderte sich die durch eine erste Stellungnahme gegen die »Perestroika« rasch bekannt gewordene Leningrader Dozentin Nina Andrejewa zu Anfang 1990 öffentlich darüber, »wie die Antikommunisten zur Macht im Lande kommen konnten«, aber sie glaubte mit Genugtuung feststellen zu dürfen, daß die »gesunden Kräfte im Lande immer selbstsicherer« würden.[13] Diese Selbstsicherheit war indessen keinesfalls mehr die alte der zuversichtlichen Erwartung revolutionärer Siege in aller Welt. Es klang weit eher skeptisch, wenn die »Komsomolskaja Prawda« Soldaten zu Wort kommen ließ, die in Äthiopien gekämpft hatten und die sich nur mit Abneigung daran erinnerten, daß man sie jeden Tag an neuen Haufen von Leichen vorbeigeführt und mit Stolz gesagt habe, »das seien Konterrevolutionäre und die Führung Äthiopiens bediene sich unserer Erfahrung, wie man auf weißen Terror mit rotem Terror antwortet«.[14]

Die »Selbstgewißheit« war jetzt viel defensiver und innenpolitischer geworden, wie sie etwa ein in Litauen stationierter hoher Offizier zum Ausdruck brachte, der sich offenbar zustimmend eine Frage zu eigen machte, die von vielen Mitarbeitern der öffentlichen Parteiorgane an ihn und seine Soldaten gerichtet werde: »Jungs, wann werdet ihr hier Ordnung schaffen, wann werdet ihr ihnen die Köpfe abdrehen?«[15] Und in der zur äußersten Vielfalt gelangten Presse konnte man auch mit voller Adressenangabe trotzige Zuschriften von ehemaligen »Tschekisten« finden, die sich ihrer todbringenden Taten gegen das »Gesindel« rühmten.[16] Die eigenartigste Entwicklung bestand aber in der Annäherung von »Stalinisten« und »Nationalradikalen«, und daraus ging ein neuer Antisemitismus hervor. »Antizionistisch« war Sowjetrußland ja immer gewesen, und 1967 hatte es die diplomatischen Beziehungen mit Israel abgebrochen; aber »Antisemitismus« war mit schweren Strafen bedroht. Eben der Sechstagekrieg, und nicht ein damals kaum schon wahrnehmbarer Antisemitismus, hatte einen Mann wie Anatolij Schtscharanski zum bewußten Juden und damit zum Zionisten gemacht, und die Verfolgungen, denen er unterworfen wurde, hatten in der Welt ein starkes Echo hervorgerufen und schließlich mit seiner Ausreise ein Ende gefunden.

Mit der Kritik am »Stalinismus« und unter dem Eindruck der von den USA geförderten, ja erzwungenen Auswanderung vieler Juden nach Israel konnte der orthodoxe Kampf gegen den Trotzkismus nun eine Wendung ins Antijüdische nehmen und in große Nähe zur Kritik derjenigen »Nationalradikalen« geraten, welche die Juden für die Revolution als solche verantwortlich machten und gegen eine »internationalistische Verschwörung« polemisierten. Zeitschriften wie »Nasch Sovremennik« und »Molodaja Guardija« veröffentlichten nun, ganz wie es die nationalsozialistische Presse in Deutschland und vorher schon die »Civiltà Cattolica« in Italien getan hatten, Aufstellungen über den weit überproportionalen Anteil der Juden an der Regierung Lenins, und sie konnten auf israelische Zeitschriften verweisen, wo derselbe Tatbestand mit großem Stolz konstatiert und der Niedergang Rußlands gerade auf die Zurückdrängung der Juden aus führenden Positionen durch Stalin zurückgeführt wurde.[17]

Kein Geringerer als Igor Schafarewitsch sprach vom Kampf des »kleinen Volkes« gegen das »große Volk« in Rußland, und einer der frühesten und bekanntesten Dissidenten, Andrej Sinjawski, klagte von Paris aus die Vorkämpfer der These von der »Russophobie« als »Antisemiten« an.[18] Der wichtigste Grund für die Umwandlung des stalinistischen Antizionismus in den nationalradikalen Antisemitismus dürfte aber die Tatsache gewesen sein, daß Juden bei der Entstalinisierung eine bedeutende Rolle spielten, und wieder trat jener »Mechanismus« in Kraft, der über die feststellbaren Tatsachen hinaus zu einer allgemeinen »Feind«-erklärung hindrängt, mochte es sich nun, wie Sinjawski feststellte, um den bürgerlichen »Klassenfeind« oder um den jüdischen »Volksfeind« handeln. Eines allerdings bewies die Tatsache, daß nun auch in der Sowjetunion Synagogen mit Hakenkreuzen beschmiert wurden, unwidersprechlich: Der Antisemitismus war wirklich, wie nahezu alle frühen Zionisten behauptet hatten, eine internationale und epochenübergreifende Tendenz; seine letzte Ursache konnte nur in dem einzigartigen Schicksal oder Charakter des jüdischen Volkes gesucht werden, das so offenkundig zugleich weniger und mehr als ein bloßes Volk war, »weniger« wegen seiner Zerstreuung und »mehr« wegen seiner religiösen Tradition. Es konnte kein Zufall sein, daß das interessierte Verlangen nach einem »Sündenbock« immer wieder auf das gleiche Objekt stieß.

Wie Rußland zwischen dem Februar und dem Oktober 1917 war die Sowjetunion der Jahre 1989 und 1990 ein intellektuell sehr freies und bewegtes Land, in dem die unterschiedlichsten Tendenzen zu Wort kamen. Anders als 1917 besaß sie aber eine machtvolle Armee und eine riesige Bürokratie, die zwar unsicher geworden war, die sich aber neben der Armee als den einzigen Schutz des Landes vor den »separatistischen« Bewegungen betrachten konnte. Noch befanden sich der Schwung und der Optimismus der »Perestroika« und die beängstigte Sorge ob des drohenden Zerfalls in einem ungefähren Gleichgewicht; dieses Gleichgewicht war die Hauptvoraussetzung jener Ereignisse, deren Ablauf allgemein bekannt ist.

Im Sommer 1989 konnte ein Mitglied des Politbüros der Ungarischen Kommunistischen Partei in der Sowjetunion erklären, die alte Vorstellung, daß Kollektiveigentum den Weg zum Wohlstand bedeute, habe keine Gültigkeit mehr, und ein anderes Mitglied zeichnete ein Zukunftsbild der Marktwirtschaft, das ihn eher als Anhänger Friedrich von Hayeks denn als Sozialdemokraten erscheinen ließ.[19] Aber der entscheidende Durchbruch vollzog sich in Polen, wo infolge der machtvollen Stellung der katholischen Kirche immer eine Art von Pluralismus bewahrt worden war und wo der Stolz auf den »polnischen Papst« das Nationalgefühl noch zusätzlich belebt hatte, nicht so sehr durch die bloß relativ freien Wahlen vom 4. und 18. Juni, die der PVAP allerdings eine katastrophale Niederlage bescherten, sondern durch den Beschluß der »Solidarität«, die bisher mit den Kommunisten verbundenen Blockparteien auf ihre Seite zu ziehen und also eine Regierung unter ihrer eigenen Führung zu bilden, freilich unter Einschluß der Kommunisten.

Und so gab es ab Ende August im bis dahin kommunistischen Osteuropa, dessen System zuvor fast jedermann trotz aller gelegentlichen »Tauwetter« durch »Kontinuität und Unveränderbarkeit« charakterisiert hatte[20], mit Tadeusz Mazowiecki einen nichtkommunistischen Regierungschef, wie man im Westen mit zunächst fast ungläubigem Staunen zur Kenntnis nahm. Kurz zuvor hatte die kommunistische Regierung Ungarns unter großer Anteilnahme der Bevölkerung die »Konterrevolution« von 1956 zum »Volksaufstand« umgewertet und den hingerichteten Ministerpräsidenten Nagy feierlich rehabilitiert; wenig später öffnete sie die Grenzen nach Österreich für die zahlreichen Deutschen aus der DDR, von denen einige Hunderte schon vorher die Sperren hatten überwinden können. Die Fernsehbilder von den Tausenden, die sich in die bundesdeutschen Botschaften in Prag, Budapest und Warschau flüchteten und dort gemäß dem Prinzip der »Obhutspflicht« Aufnahme fanden, gingen um die ganze Welt. Eine der größten Mächte der Weltgeschichte, der Zufall, kam den

Flüchtlingen zu Hilfe, denn für Anfang Oktober standen die großen Feierlichkeiten zum 40. Jahrestag der DDR bevor, und der siebenundsiebzigjährige Honecker, von langer Krankheit kaum genesen, wollte die als »Asoziale« beschimpften Flüchtlinge möglichst rasch aus den Schlagzeilen der Weltpresse und den Nachrichten der Fernsehstationen herausbringen.

So wurden viele Tausende in Sonderzügen der Reichsbahn über DDR-Gebiet in die Bundesrepublik »abgeschoben«, und während schon neue Flüchtlinge die Botschaften wieder zu Tausenden füllten und in der ganzen DDR Zehntausende von Menschen zu Demonstrationen auf die Straße gingen, erklangen in Festreden und Zeitungsartikeln noch einmal die Glaubenssätze des Marxismus-Leninismus, aber der Ton war hohl geworden, so gewiß sie nicht nur im Munde Erich Honeckers aufrichtig genug waren. In den vierzig Jahren DDR summiere sich zugleich »die vierzigjährige Niederlage des deutschen Imperialismus und Militarismus«, hier finde man keine Drogenmafia und keine Pornographie, sondern »soziale Sicherheit und Geborgenheit« für alle.[21] Noch gab es nicht ganz wenige Menschen in der DDR, die den Sozialismus mit allen Mitteln zu verteidigen bereit waren, und nur sie verfügten über Waffen.

Jeder der Teilnehmer der gewaltigen Montags-Demonstration in Leipzig am 9. Oktober war sich dessen bewußt, daß die chinesischen Kommunisten am 4. Juni die »Demokratiebewegung« auf dem Tienanmen-Platz in Blut ertränkt hatten, und niemand konnte ausschließen, daß Honecker denselben Entschluß fassen würde. Aber die Chinesen hatten keine sowjetischen Truppen im Land, und sie brauchten Gorbatschow nicht zu fragen. So wurde gerade dasjenige zur Rettung der »friedlichen deutschen Revolution«, was man bis dahin immer für das entscheidende Hindernis gehalten hatte, nämlich die Anwesenheit der Sowjettruppen. Allein gelassen und durch die bekannte Äußerung Gorbatschows vom »Leben« desavouiert, das diejenigen bestrafe, welche zu spät kämen, entschied sich die SED-Führung für den »Dialog« statt für den Bürgerkrieg, aber dadurch rief sie nur immer größere Demonstrationen hervor, die auch durch den Rücktritt Honeckers nicht angehalten werden konnten.

Nachdem Anfang November an die fünfhunderttausend Menschen in Berlin auf die Straße gegangen waren, sah die ratlose Führung unter dem neuen Parteisekretär Krenz keinen anderen Ausweg mehr, als die Mauer zu öffnen und damit ein Zusammenfließen der Volksmassen des östlichen und des westlichen Deutschlands einzuleiten, das einem Naturprozeß glich, aber von nationalem Überschwang fast ganz frei blieb.[22] Der Schriftsteller, der die DDR-Bürger heftig tadelte, weil sie sich von dem »glitzernden Tinnef« in den Einkaufsstraßen von West-Berlin, Hof und Lübeck hätten verlocken lassen, sah richtig, daß sich hier eine Wiedervereinigung unter den Zeichen der Wohlstandsgesellschaft vollzog, aber er bewegte sich auf schwankendem moralischen Boden, denn er selbst hatte zu den »Reisekadern« gehört, so daß ihm das »Kaufhaus des Westens« jederzeit zugänglich gewesen war.[23]

Wenn die »Solidarität« schwerlich ein Vorbild für die DDR-Bevölkerung gewesen war, die von jeher wenig Sympathie für die »polnische Unordnung« an den Tag gelegt hatte, so wurden die Ereignisse in der DDR zu einem wichtigen Anstoß für die Tschechoslowakei, und die Volksbewegung in Prag und Pressburg trug innerhalb weniger Wochen den Mann zur Präsidentschaft empor, der noch im Oktober seine Annahmerede für den Friedenspreis des deutschen Buchhandels mit ihrer schroffen Kritik am Sozialismus seines Heimatlandes durch einen Stellvertreter hatte verlesen lassen müssen: Vaclac Havel, den Intellektuellen und Moralisten, der wenig später den erstaunlichen Mut aufbrachte, sich und seine Nation aus eigenem Antrieb für das an den Sudetendeutschen begangene Unrecht zu entschuldigen. Der späte Dezember sah auch den Sturz des rumänischen »Conducator«, Nicolae Ceausescus, der eine überaus eigenartige Mischung von Sozialismus und Faschismus verkörperte, und nur an dieser Stelle Europas wurde die Umwälzung blutig, obwohl sie vermutlich gerade hier am meisten den Charakter eines von Teilen der Partei und der Armee geplanten Staatstreiches hatte.

Aber zu Anfang des Jahres 1990 war noch keineswegs klar, daß die Folge die Auflösung des Ostblocks und die Wiedervereinigung Deutschlands sein würde. Gorbatschow sprach nach dem Gipfeltreffen in Malta noch genauso von den durch den Krieg entstandenen »Realitäten«, die geachtet werden müßten, wie er es bis dahin immer getan hatte, und viele westliche Staatsmänner beeilten sich mit der Versicherung, die Frage der Einheit Deutschlands sei nicht aktuell, ja Frankreichs Präsident Mitterrand besuchte – demonstrativ, wie es schien – Gorbatschow in Kiew und den neuen DDR-Ministerpräsidenten Modrow in Ost-Berlin. Aber der Ruf »Wir sind EIN Volk« wurde in der DDR immer stärker, und der deutsche Bundeskanzler setzte in seiner Zehnpunkte-Erklärung vom 28. November die staatliche Einheit von sich aus und ohne die Alliierten vorher zu fragen auf die Tagesordnung. Schon im Februar mußte Modrow das Beharren auf einer Eigenstaatlichkeit der DDR aufgeben, und die Wahlen vom 18. März 1990 erbrachten einen klaren Sieg derjenigen Parteien in der DDR, welche die Wiedervereinigung verlangten. Kanzler und Außenminister trieben eine ebenso entschlossene wie umsichtige Politik, welche die Alliierten ans Portepee ihrer oft verkündeten Prinzipien faßte und dem »europäischen

Hause« Gorbatschows eine Auslegung gab, die naheliegend, aber von ihrem Erfinder zunächst sicherlich nicht gewollt war.

Vor allem vermochten sie den Verdacht zu zerstreuen, daß die deutsche Wiedervereinigung den europäischen Einigungsprozeß verzögern oder gar verhindern werde, und im Juli erreichte der Bundeskanzler vom russischen Präsidenten bei einem gemeinsamen Aufenthalt im Kaukasus die erstaunliche Zusage, daß das vereinigte Deutschland seine Bündniszugehörigkeit frei wählen, das heißt in der NATO bleiben bzw. ihr mit gewissen Einschränkungen beitreten könne. Inzwischen hatte sich ganz deutlich gezeigt, wie sehr die DDR aus der Substanz gelebt und ihr Realkapital verbraucht hatte; angesichts des Unterschieds der ökonomischen Potenz war nur der »Beitritt« der DDR realistisch, und damit geschah genau das, was Honekker noch vor kaum einem Jahr für eine geschichtswidrige Unmöglichkeit erklärt hatte: daß nicht der »Sozialismus« den »Kapitalismus« ablöste, sondern daß eine »soziale Marktwirtschaft« an die Stelle einer Planwirtschaft trat.

So wurde Deutschland am 3. Oktober 1990 wieder zu einem einheitlichen Staat, aber zu einem Staat, der vor der präzedenzlosen Aufgabe stand, in nicht allzu langer Frist ein »Notstandsgebiet« dem Wohlstand der »alten Bundesländer« anzugleichen. Trotzdem durfte man sagen, daß die Deutschen, die zu der großen Umwälzung unmittelbar weit weniger beigetragen hatten als die Polen, die Russen und die Ungarn, den größten Gewinn daraus gezogen hatten, nachdem sie freilich durch die Teilung von mehr als vier Jahrzehnten und dann 1990 durch den endgültigen Verzicht auf ein Viertel ihres Staatsgebietes von 1937 einen hohen Preis für den Krieg bezahlt hatten, welcher ein Hegemonialkrieg ihres Revisionismus, aber doch auch Bestandteil eines Weltbürgerkrieges gewesen war, den Deutschland als souveräne Macht 1945 endgültig verloren hatte und den es als Allianzpartner des »Westens« schließlich doch noch auf der Siegerseite beendete.

Eben dies, das »Ende des Kalten Krieges«, war das eigentliche Ergebnis der »Perestroika« und der amerikanisch-sowjetischen Verhandlungen, die mit ihr verknüpft waren; die Wiedervereinigung Deutschlands war nur eine der »weiteren Folgen«. Schon bei ihrer Begegnung in Malta im Dezember 1989 verkündeten die Präsidenten Bush und Gorbatschow das »Ende des Kalten Krieges«, und es stach ins Auge, daß es sich diesmal um etwas anderes handelte als um jene seit vier Jahrzehnten immer wieder auftauchenden Behauptungen über ein solches Ende, die regelmäßig durch altneue Spannungszustände dementiert wurden und die allenfalls ab 1972 so viel an Realitätsgehalt gewannen, daß man vom Eintritt des Kalten Krieges in eine Latenzphase sprechen durfte. Diesmal aber unterzeichneten die Staats- und Regierungschefs von vierunddreißig KSZE-Staaten, darunter der sowjetische und der amerikanische Präsident, Ende November 1990 auf ihrem Gipfeltreffen in Paris feierlich ein Dokument, das als der offizielle Friedensschluß nach mehr als vier Jahrzehnten einer erbitterten Auseinandersetzung gelten durfte.

Hier versprachen sie sich gegenseitig, daß nun in Europa »ein neues Zeitalter der Demokratie, des Friedens und der Einheit« anbreche. Dieses Zeitalter werde auf die Achtung der Menschenrechte und Grundfreiheiten gebaut sein, welche den Individuen »Schutz gegen staatliche Übermacht« garantiere. Demokratie aber sei ihrem Wesen nach »repräsentativ und pluralistisch«; sie sichere einem jeden nicht nur zahlreiche Freiheiten wie Glaubens- und Redefreiheit, sondern auch das Recht, »allein oder in Gemeinschaft mit anderen Eigentum innezuhaben und selbständige Unternehmen zu betreiben«, so daß die Marktwirtschaft ein wesentliches Moment der staatlichen Beziehungen sei. Die freundschaftlichen Beziehungen unter den Teilnehmern hätten eine erste Bekräftigung durch die Unterzeichnung des Vertrags über konventionelle Streitkräfte in Europa gefunden, man halte unerschütterlich an gemeinsamen Werten und »an unserem gemeinsamen Erbe« fest und verpflichte sich, »alle Formen von Haß zwischen Rassen und Volksgruppen, Antisemitismus und Fremdenfeindlichkeit zu unterbinden und den freien Fluß von Informationen und Gedanken sicherzustellen«. Von dem am 12. September 1990 in Moskau unterzeichneten Vertrag über die abschließende Regelung hinsichtlich Deutschlands nehme man mit großer Genugtuung Kenntnis und man blicke mit Zuversicht auf einen Neubeginn in dem »nun ungeteilten und freien Europa« voraus.[24]

Wenn man das Dokument im ganzen charakterisieren will, muß man es als eine sozial und zeitgeschichtlich angereicherte Version der amerikanischen Unabhängigkeitserklärung bezeichnen. Es ist, geistesgeschichtlich gesehen, ein ganz und gar »westliches« und »bürgerliches« Dokument. Nirgendwo findet sich auch nur ein Ansatz der marxistischen Sprache, wohl aber ist jener Grund artikuliert, aus dem und gegen den der Marxismus einst hervorging. Gewiß hatte der sowjetische Kommunismus große taktische Flexibilität an den Tag gelegt, und die Stalin-Verfassung von 1936 hatte viele schöne und ganz westlich klingende Wendungen enthalten. Aber es ist schlechterdings unvorstellbar, daß Lenin, Stalin, Chruschtschow oder Breschnew ein Dokument wie dieses unterzeichnet hätten. Unter dem Gesichtspunkt der Ideologie bedeutete es nichts Geringeres als die Kapitulation des ältesten und wichtigsten der marxistischen Staaten.

In der »realpolitischen« Perspektive aber war die Lage die, daß die Sowjetunion ihr westliches Vorfeld verloren hatte, während die USA nach wie vor die Vormacht eines sehr starken Bündnissystems war. Die Sowjetunion war trotz aller nuklearen Arsenale keine gleichwertige »Supermacht« mehr. Sie war zu einem Staat wie alle anderen Staaten geworden, und sie würde auch dann ein »normaler« Staat bleiben, wenn es ihr gelänge, den Zerfall in mehr oder weniger unabhängige Einzelstaaten aufzuhalten und die Rolle der Zentralgewalt wieder zu festigen. Der außerordentliche Anspruch, mit dem sie 1917 in die Welt getreten war, war nun von ihr selbst aufgegeben worden, und der machtvollste Ideologiestaat, den die Welt je gesehen hatte, existierte als solcher nicht mehr. Nur deshalb durfte man mit Emphase vom Ende des Kalten Krieges, vom Verschwinden des seit 1945 herrschenden Grundtatbestandes sprechen.

Aber auch Deutschland war nun ein normaler Staat geworden. Zwölf Jahre hindurch hatte es der entscheidende Gegenspieler der Sowjetunion sein wollen, aber weil es den Antibolschewismus mit seinem Revisionismus verknüpfte, hatte es eine katastrophale militärische Niederlage erlitten und war in der Folge des Zweiten Weltkriegs und im Rahmen des Kalten Krieges für mehr als vier Jahrzehnte geteilt gewesen. Jetzt hatte es weder ideologischen noch politischen Ehrgeiz mehr, und selbst wenn es in einem zusammenwachsenden Europa eine führende Rolle übernehmen würde, würde es seine Nachbarn vielleicht durch bedingungslosen Pazifismus und radikalen Moralismus überraschen, aber sicher nicht mehr durch ein militärisches Auftrumpfen.

Mithin schien nur der zweite Grundtatbestand der ersten Nachkriegszeit übriggeblieben zu sein: die führende Rolle der USA und ihrer repräsentativen Demokratie, wie es ein hoher Beamter des amerikanischen Außenministeriums, Francis Fukuyama, mit Nachdruck verkündete.[25] Daß eine »neue Weltordnung« im Entstehen sei, unterstrich Präsident Bush immer wieder, eine Weltordnung der Friedenssicherung durch die Vereinten Nationen, deren Durchführung – wie sich in der Sache, wenngleich nicht den Worten nach, von selbst verstand – die allein übriggebliebene Supermacht als einziger »Weltpolizist« garantieren würde. Dabei würde der vierte Grundtatbestand keine nennenswerte Bedeutung mehr haben, denn alle ehemaligen Kolonien waren unabhängig geworden, und der letzte und stärkste Überrest des europäischen Kolonialismus, das Apartheids-Regime in Südafrika, befand sich unter dem Druck vor allem der USA im Übergang zu einer demokratischen und multirassischen Gesellschaft.

Die Folgerung schien unausweichlich zu sein, daß das Ende des Kalten Krieges zugleich den Anfang der »Posthistoire« bedeuten würde, den

Anbruch des Zeitalters, in dem nicht nur der »große Krieg« unvorstellbar geworden wäre, sondern der Krieg überhaupt, da jeder Friedensbrecher durch die überwältigende Macht der Vereinten Nationen sehr rasch in seine Schranken verwiesen werden würde, wo also die »Weltzivilisation« den vollständigen Sieg errungen hätte, so daß es »Geschichte« im überlieferten Sinne nicht mehr geben würde.

Indessen konnte sich kein nachdenklicher Mensch verbergen, daß der »Sieg der Weltzivilisation« Probleme von einer solchen Größenordnung nach sich ziehen würde, daß die Kriege der Vergangenheit sich wie geringfügige Turbulenzen ausnehmen würden, Probleme, wie sie die »Grenzen des Wachstums« oder das »Prinzip Verantwortung« umrissen hatten. Aber die erste Bewährungsprobe für die »neue Weltordnung« kam weit früher und auf konkretere Weise als gedacht, und das letzte Jahrzehnt des 20. Jahrhunderts war kaum angebrochen, als die USA in großem Stil und vollem Ernst ihre Rolle als Schwertarm der »Weltgemeinschaft« übernehmen mußten und dennoch größere Feindschaft gegen sich hervorriefen als je seit dem Ende des Krieges in Vietnam.

Die Situation schien sehr einfach und durchsichtig zu sein. Der irakische Diktator Saddam Hussein ließ am 2. August 1990 das Scheichtum Kuweit, einen der bedeutendsten Ölproduzenten der Welt, durch seine Truppen besetzen, und kurze Zeit später gab er die Annexion bekannt. Er tat also dasselbe, was Mussolini 1935/36 gegenüber Äthiopien getan hatte: Ein Mitglied der Vereinten Nationen (bzw. des Völkerbundes) überzog ein anderes Mitglied der Vereinten Nationen mit Krieg und eroberte es. Einen gravierenderen Verstoß gegen die neue, ja sogar gegen die alte Weltordnung konnte es nicht geben; die geschichtlichen Erfahrungen, die man mit Mussolini und Hitler, aber 1950 auch mit Kim Il Sung gemacht hatte, waren ein Warnungszeichen; ein Eingreifen war unumgänglich. Die von Saddam Hussein angebotenen Verhandlungen mußten sich als Ablenkungsmanöver darstellen; die Forderung nach Räumung Kuweits mußte absoluten Vorrang haben, ein Ultimatum der Vereinten Nationen war zwingend geboten; wenn der Diktator die letzte Chance ausließ, mußte er mit Gewalt gezwungen werden, seine Beute herauszugeben.

Aber dieser einfache Gedankengang war unzureichend, und die Analogie zu Hitler und Mussolini führte in die Irre. Gewiß war Saddam Hussein ein Tyrann und ein Machtpolitiker, und er war nicht dadurch entschuldigt, daß der Westen selbst ihn mit einer Fülle von Rüstungsgütern beliefert hatte, damit er sich in dem von ihm selbst initiierten langen Krieg mit den fanatischen »Mullahs« Irans behaupten konnte. Aber Saddam hätte sicher nicht gewagt, sich durch den Überfall auf Kuweit nicht bloß den Westen und die praktisch dem Westen verbündete Sowjetunion, sondern auch alle Staaten der arabischen Welt zu Feinden zu machen, wenn es nicht eine »Sache« gegeben hätte, die ihm die Sympathien arabischer Massen, ja sogar der gesamten islamischen Welt sichern konnte. Diese Sache war nicht so sehr der alte Haß gegen den »räuberischen Zionistenstaat«, sondern vor allem der neue Tatbestand der Masseneinwanderung russischer Juden.

Auf einem arabischen Gipfeltreffen Ende Mai 1990 in Bagdad hatte Saddam Hussein verlangt, energische Maßnahmen gegen Israel und die USA zu treffen, etwa ein Ölembargo, um die schweren Gefahren abzuwenden, die aus dieser Einwanderung für die Palästinenser und alle Araber resultierten.[26] Seine Absicht, zum Führer der arabischen Welt aufzusteigen, war offenkundig, und eben deshalb setzte er sich gegen die anderen Staatsoberhäupter nicht durch. So war der Griff nach Kuweit ein Mittel im Kampf gegen Israel, wie umgekehrt die Vernichtungsdrohungen gegen Israel ein Mittel zur Festigung der Annexion Kuweits waren. Jedenfalls mußte ein Krieg der USA und ihrer Verbündeten gegen die Übergriffe des irakischen Diktators zugleich der sechste Nahostkrieg[27] um die Existenz und den Charakter Israels sein, auch dann, wenn Israel selbst sich zum erstenmal passiv verhielt und den Krieg nur durch die Amerikaner führen ließ. Daß seine Existenz ernsthaft gefährdet sein würde, war angesichts der überwältigenden Stärke der Koalition, die an seiner Seite stand, so gut wie ausgeschlossen. Aber nach dem Ende des Krieges mußte in jedem Fall die Frage nach dem Charakter Israels zur Entscheidung gelangen.

Neben der Sowjetunion und Deutschland war Israel der dritte außerordentliche Staat des 20. Jahrhunderts: ein Staat von Flüchtlingen, geboren aus einer Katastrophe ohnegleichen, und doch zugleich das letzte europäische Kolonialunternehmen auf asiatischem Boden, aus dem Drang entstanden, zu sein wie die anderen, und doch von dem Willen erfüllt, ein »Licht der Völker« darzustellen. Saddam Husseins Angebot, sich aus Kuweit zurückzuziehen, wenn eine Konferenz über die Regelung aller Nahostprobleme und insbesondere der Palästinenserfrage zusammentrete, mochte ein Strategem sein, aber es wies gleichwohl eine innere Vernünftigkeit auf, und ein Blick auf die vorhersehbaren Verwüstungen hätte eine Annahme empfehlenswert gemacht. Es war in erster Linie Israel, das diese Annahme verhinderte, und gerade deshalb mußte die »Polizeiaktion« der Vereinten Nationen ein Krieg um Israel sein.

Nach dem Ende des Krieges und der Sicherung des Existenzrechtes würde die Entscheidung fallen müssen, ob der dritte außerordentliche Staat des 20. Jahrhunderts, der mit den beiden anderen, mit der Sowjetunion und Deutschland, in seiner Entstehung, seiner Selbstbehauptung und jetzt mit dem jüngsten seiner inneren Probleme so eng verknüpft war, nun ebenfalls zu einem »normalen« Staat werden würde oder ob er mit Hilfe seiner Freunde in den USA die Erfüllung der UN-Beschlüsse weiterhin verweigern und sogar den oft erwogenen »Transfer« der Palästinenser realisieren würde. Noch ist eine Frage wie diese erst zum Gegenstand von Artikeln in Zeitungen und Zeitschriften geworden. Aber eines Tages wird sie auch zum Thema des Geschichtsdenkens werden müssen, weil sie mit der Frage der »Weltzivilisation« und zugleich mit dem Problem der geschichtlichen Identität von Staaten, Nationen und Religionen eng zusammenhängt. Wieso das so ist, soll im Rahmen einer »Schlußbetrachtung« nicht eigentlich erörtert, sondern auf tastende und vorläufige Weise erwogen werden.

SCHLUSSBETRACHTUNG: DAS GESCHICHTSDENKEN UND DIE INNERE EINHEIT DES 20. JAHRHUNDERTS

Zunächst aber ist im Rückblick auf die politische Geschichte des 20. Jahrhunderts, auf die »Ideologien, Richtungen, Schulen« und vor allem auf die »einzelnen Denker« zu fragen, welche Themen und Fragestellungen die hervorstechendsten waren, ob von einer vorwiegenden Bezogenheit des Geschichtsdenkens auf bestimmte Tatbestände die Rede sein kann und ob etwa in der differenten Einheit einer solchen Bezugnahme so etwas wie eine Einheit des Jahrhunderts selbst in den Blick kommt, ja vielleicht sogar ein Konsens darüber, was die bewegendsten Impulse, was die entscheidenden Realitäten des Jahrhunderts waren.[1]

Es liegt also nahe, den Gehalt dieses Denkens im knappen Umriß noch einmal gegenwärtig zu machen, und zwar unter Sachgesichtspunkten.

Geschichtsdenken, so sollte man meinen, muß allem zuvor aufzeigen, was unter »Geschichte« verstanden werden soll. Daß damit nicht eine Weltgeschichtsschreibung oder Universalhistorie gemeint ist, versteht sich von selbst, so gewiß im Werk einiger Denker wie Kurt Breysigs, Max Webers, Oswald Spenglers und Arnold Toynbees die Weltgeschichte im ganzen oder doch in großen Teilen gleichsam anwesend ist. Aber auch an die Historiographie von Ländern und Perioden grenzt das Geschichtsdenken nur ausnahmsweise an, etwa im Falle von Benedetto Croce. Die grundlegende Frage ist vielmehr fast immer: Was ist der beherrschende Grundzug im Prozeß der Geschichte, und wie stellt er sich in der Gegenwart dar? So ist für Georg Simmel der Mensch als solcher das wertende Wesen, und die Wertsetzungen, in denen schon primitive Stämme existieren, verselbständigen sich allmählich in der Gestalt des Geldes, das zwar noch in der regionalen Agrarwirtschaft des Mittelalters nur eine untergeordnete Rolle spielt, aber dann als Symbol des Quantitätsmoments mehr und mehr die sich ausweitenden Tauschbeziehungen bestimmt, so daß in der Moderne die Menschen und die Dinge voneinander weit mehr getrennt und doch untereinander auf vielfältigere Weise verknüpft sind als je zuvor. Aber Simmel faßt seine »Philosophie des Geldes«, die eine Philosophie der Geschichte ist, gerade nicht als »Geschichtsphilosophie« auf, die im Sinne von Comte die Weltgeschichte in logischer Entfaltung auf ein »definitives«

Endstadium der positivistischen Wissenschaftlichkeit zulaufen sieht oder sie, wie Marx es tut, unter dem Gesetz der sich steigernden Produktivkräfte verschiedene Gesellschaftsformationen bilden und in der weltweiten »klassenlosen Gesellschaft« enden läßt.

Eine innere Logik der Geschichte hatten am ehesten diejenigen Denker im Blick, die einen »theogonischen Prozeß« in ihr wahrzunehmen glaubten wie Max Scheler, Henri Bergson und Hans Jonas. Aber keiner von ihnen sieht ein »Gottesreich« vor der Tür stehen, und keiner ordnet ihm konkrete politische Phänomene zu, sondern es handelt sich durchweg mehr um Postulate oder Aufforderungen als um zuversichtliche und kurzfristige Vorhersagen. In diesem Sinne blieben nur die Marxisten Geschichtsphilosophen, und sie würden im ganzen wohl eine kleine Minderheit gewesen sein, wenn ihnen die politischen Ereignisse nicht eine Bedeutung von ganz besonderer Art gegeben hätten.

Die Kritik an der Geschichtsphilosophie ist also ein Hauptcharakter des Geschichtsdenkens im 20. Jahrhundert, in ihr stimmen Benedetto Croce und Karl Mannheim, Karl Popper und Hermann Lübbe, Norbert Elias und Jean-François Lyotard überein. Die radikale Umkehrung der theogonischen Konzeption sind die Vorhersagen eines Untergangs, des Untergangs der Kultur oder auch der Menschheit insgesamt, sei es auf spirituelle, sei es auf physische Weise: Von Ludwig Klages reicht die Reihe dieser Denker über Theodor Lessing und Oswald Spengler bis zu Arnold Gehlen und in gewisser Weise bis zu Max Horkheimer und Theodor Adorno. Ein unentschiedenes und unentscheidbares Ringen zwischen Weltprinzipien, zwischen Eros und Thanatos, ist die Geschichte bei Sigmund Freud, und im Ablauf ihrer Phasen ist sie eine Mordfolge als Mordsühne, Konsequenz des ursprünglichen Vatermordes der Söhne, die sich der verhaßten Herrschaft entledigten und dennoch von ihr abhängig blieben.

Bei den Freudomarxisten wie Herbert Marcuse ist die Geschichte als Welt der Triebunterdrückung und Herrschaft weit mehr ein Gegenstand der Anklage als ein Ausgangspunkt der Hoffnung auf ein »Ende der Herrschaft im Genuß«. Eine »eigentliche« Geschichte, die allen konkreten Geschehnissen vorausliegt, indem sie ihnen den jeweiligen Charakter aufprägt, erblickt Scheler im Wandel der Ideale und Normen, Spann in der Geschichte der Religion und der Philosophie, Foucault in der Vermachtung und Elias in der Zivilisierung der Triebe und Affekte, aber auch Heideggers »Seinsgeschichte« liegt als jeweilige Eröffnung der Zugänglichkeit des Seienden aller gewöhnlichen Geschichte voraus. Mithin handelte es sich bei dem späten Heidegger nicht mehr um eine Anthropologie der Geschichtlichkeit und letzten Endes auch nicht um ein Geheimwissen von urzeitlichen Offenbarungen des Seins, etwa bei den Vorsokratikern, sondern es geht vor allem um Fragen der Gegenwart, um die Technik als Ge-Stell und um die »Weltzivilisation«.

Bei keinem dieser Denker ist die Verknüpfung zwischen dem Nachdenken über ferne Perioden der Geschichte mit sehr konkreten Problemen der Gegenwart so einsichtig wie bei Max Weber. Mit einer Gelehrsamkeit, der wohl nur noch diejenige Toynbees an die Seite zu stellen ist, hat er Gesellschaftsformationen und Kulturen von größter zeitlicher und räumlicher Ferne analysiert, wie etwa den chinesischen Taoismus, aber die bewegende Mitte seines Denkens ist doch offensichtlich die Frage nach der Eigenart des »Okzidents«, nach jenem Prozeß der »Rationalisierung«, der mit dem Kampf der hebräischen Propheten gegen das magische und naturmythische Weltbild der Nachbarvölker beginnt, sich im christlichen Monotheismus fortsetzt und einen praktischen Höhepunkt in der Ethik jener englischen und amerikanischen Puritaner gewinnt, deren religiöser Enthusiasmus alle »Kreaturvergötterung«, das heißt die Reste der sakramentalen Magie im Katholizismus, beseitigt und die »Entzauberung« der Welt vollendet. Erst aus diesem ethisch- methodischen Geist und der daraus resultierenden innerweltlich-asketischen Lebensführung konnte der moderne Kapitalismus hervorgehen, der sich von dem genußsüchtigen oder bloß habgierigen Handelskapitalismus der Antike fundamental unterscheidet.

Weber ist indessen weit davon entfernt, sich wie Comte zum Lobredner dieser Rationalisierung zu machen: Ihre Konsequenz ist vielmehr die Ausbildung jenes »stahlharten Gehäuses« aus Bürokratie und arbeitsteiliger Industrieorganisation, in welchem der ursprüngliche religiöse Impuls erstarrt, so daß die Individuen ihrer Spontaneität und Ganzheit beraubt, ja geradezu denaturiert werden. Stolz und Verzweiflung vereinigen sich also bei Max Weber angesichts der Geschichte des Okzidents, die überhaupt zum ersten Mal so etwas wie »Weltgeschichte« erzeugt hat, auf eigenartige und dennoch keineswegs bloß individuelle Weise, auf eine Weise, die von der enthusiastischen Zukunftsgewißheit der Geschichtsphilosophie Abschied genommen hat, die aber keineswegs in der engen Sicherheit spezialistischer Einzeluntersuchungen ihre Zuflucht sucht.

Das Beispiel Max Webers ist um so beweiskräftiger, als sein Werk zur Hauptsache in die Zeit vor dem Ersten Weltkrieg gehört. Wenn schon für ihn die Rätselhaftigkeit der Gegenwart in so starkem Maße der Impuls seines Denkens war, wie hätte sie nach 1914 die Aufmerksamkeit der Denker nicht noch stärker fesseln und den Blick noch mehr auf konkrete und neuartige Phänomene lenken sollen? Zwar wurde das Geschichtsdenken auch jetzt nicht mit bloßer Gegenwartsanalyse identisch, aber auch für Spengler und Toynbee, die viele hundert Seiten ihrer Bücher längstvergangenen Kulturen widmeten, war letzten Endes die Frage entscheidend, in welchem Verhältnis die Geschichte des Okzidents und die Weltzivilisation bzw. Modernität ständen.

Darüber bestand so gut wie allgemeiner Konsens, daß es »der Westen« oder »der Kapitalismus« ist, der die Modernität hervorgebracht hat und dabei ist, die »Weltzivilisation« zu schaffen. Für Kurt Breysig ist längst vor 1914 der Prozeß der »Europäisierung der Welt« die fundamentale Wirklichkeit der Zeit. Oswald Spengler räumt bei aller Parallelisierung der Kulturen der »faustischen Kultur« des Abendlandes und ihrem Ausgriff in die Unendlichkeit einen exzeptionellen Platz ein: Wenn zwar jede Kultur in einer Zivilisation erstarrt, so ist die faustische Zivilisation nicht mehr räumlich begrenzt, sondern sie dehnt sich auf die ganze Welt aus, obwohl sie von anderen Kulturen nur äußerlich assimiliert werden kann. Aber der Ambivalenz, die bei Max Weber zum Ausdruck kam, entzieht sich fast keiner der Denker der Zwischenkriegszeit: Selbst Christopher Dawson erblickt in der »reinen Bürgerlichkeit« der USA einen defizienten und gefährlichen Modus der abendländischen Existenz, und bei Hans Sedlmayr erscheint manchmal nicht bloß die Neuzeit als ein Unheilsgeschehen, als ein »Verlust der Mitte«.

Wenn Max Scheler und Werner Sombart die »westliche Zivilisation« kritisierten, so mochte man die Kriegszeit für ursächlich halten, aber Horkheimer und Adorno ließen die falsche, nämlich bloß instrumentelle Vernunft der Aufklärung mit Baco, ja mit Odysseus beginnen, und der Angriff der postmodernen Denker gegen den »Logozentrismus« ist zugleich ein Angriff gegen die bisherige Geschichte des »Westens«. Karl Popper geriet fast schon in die Isolierung, weil er die westliche Kultur als die wissenschaftsermöglichende Kultur verteidigte, und schon vor dem Weltkrieg hatte Ludwig Klages einen Höhepunkt der Kritik an der Geschichte des Okzidents erreicht, als er den »Geist«, das heißt die Denkweise des jüdisch-christlichen Monotheismus, für die beispiellose Zerstörungskraft erklärte, welche die Welt der »Seele«, das heißt die Einbezogenheit der Menschheit in die Rhythmik des Kosmos, an ihr Ende bringe.

So ist »Modernität«, wenngleich bloß als »Projekt«, fast nur für Jürgen Habermas und die deutschen Lobredner »der« Aufklärung ein rundum positiver Begriff, denn selbst bei Georg Simmel ist ein Anflug von Distanzierung spürbar, wenn er das Geld, den Intellekt und den jüdischen Geist als die wesentlichen Ingredienzien der Moderne bezeichnet und im Sozialismus sowohl eine Erscheinungsform des modernen Rationalismus wie eine archaische Reaktion gegen diesen Rationalismus erblickt. In der Tat läßt sich sowohl bei Herbert Marcuse wie bei Paul Baran und Paul Sweezy beobachten, wie tief die Abneigung von Sozialisten gegen die charakteristische »Komplexität« der Moderne und wie mächtig die Sehnsucht nach einem Wiedergewinn des »archaischen Erbes der Menschheit« ist. Hannah Arendt steht Max Weber nahe und stellt sich der meist negativ gemeinten These von der »Säkularisierung« entgegen, wenn sie gerade die »Entweltlichung« für den Grundzug der Moderne hält. Für Martin Buber ist die Moderne »Gottesfinsternis« und für Martin Heidegger »Weltnacht«, und selbst Daniel Bell spricht von der »modernen Hybris der Jagd nach dem Hier-und-Jetzt-Paradies«.[2]

Die Entstehung der »Weltzivilisation« bedeutet den Sieg der Moderne auf dem ganzen Planeten; sie sticht als Mobilisierung der Menschen und als Verringerung der Distanzen, als Anähnlichung der Lebensverhältnisse, als Verschwinden lokaler und regionaler Eigentümlichkeiten, als technischer und wissenschaftlicher Fortschritt jedem Beobachter ins Auge. Ohne wesentliche Einschränkung wird sie aber nur von einigen amerikanischen Denkern bejaht; schon für die Marxisten ist die »kapitalistische« Weltzivilisation dagegen lediglich ein Vorletztes, dem eine essentielle Verwandlung bevorsteht, da sie in sich sehr unvollkommen ist und kein Ende der »Zerspaltung« der Menschheit in streitende Klassen und Nationen bedeutet. Unter europäischen Denkern gibt es allenfalls bei den Positivisten rückhaltlose Zustimmung, und es überwiegen Vorbehalte und Kritik.

Schon Walther Rathenau äußerte sich mit negativem Akzent über das Ähnlichwerden der Menschen und die Intellektualisierung, welche in der Neuzeit die Perioden der »Seele« abgelöst habe; für Oswald Spengler war die Ideologie des Humanitarismus eine »Waffe verrottender Weltstadtseelen«; Carl Schmitt stellte »Lenin und Unternehmer« auf die gleiche Ebene und ergriff mit Nachdruck die Partei Roms und der westeuropäischen Zivilisation, die für ihn sicherlich nicht mit der »Weltzivilisation« identisch war. Für Arnold Gehlen bedeutete diese Weltzivilisation den Abbau des staatlichen Ethos und damit ein Phänomen lebenzerstörender Entropie. Heidegger griff in seiner Spätzeit die »Weltzivilisation« immer wieder und ausdrücklich als den Weg in die Weltlosigkeit und die Seinsvergessenheit an. Aber diese Kritik beschränkte sich keineswegs auf »Reaktionäre«, und offenbar hat sie mindestens einen »rationalen Kern«.

Die Endperspektive Sigmund Freuds war manchmal eine Welt der Asexualität und mindestens im Ansatz eine Welt der Pansexualität; weder das eine noch das andere konnte er mit einem rein positiven Akzent versehen. Frantz Fanon wandte sich gegen Menschen »ohne Ufer, ohne Grenzen, ohne Farbe, Heimatlose, Nicht-Verwurzelte, Engel«, und Bernard-Henry Lévy lehnte mit ebensoviel Entschiedenheit wie die Postmodernisten den »totalitären Traum vom Anbrechen des Einen, des Homogenen, des Universalen« ab.[3] Zbigniew Brzezinski stellte nicht anders als Hans Freyer fest, die Welt werde zugleich immer einheitlicher und fragmentierter, ja zerrissener.

Wenn es den Weltkrieg und die ihm folgenden Umwälzungen nicht gegeben hätte, so hätte man die Entwicklung des Geschichtsdenkens etwa folgendermaßen charakterisieren können: Der Optimismus der Säkularbetrachtungen bewegte sich mehr und mehr auf die Ambivalenz Webers hin, in der ja nichts anderes zum Vorschein kam als die Erkenntnis, daß der weltgeschichtliche Fortschrittsprozeß nicht so harmlos und wohltätig war, wie man inmitten des viktorianischen Zeitalters ganz überwiegend angenommen hatte, daß vielmehr seine Folgen die Kapazität der Individuen zu sprengen drohten.

Aber es gab eine Geschichtsauffassung, die sich von allen anderen dadurch unterschied, daß sie zum enthusiastischen Glauben einer großen Anzahl von Menschen und zu einer politischen Bewegung wurde. Der Marxismus war diejenige Geschichtsphilosophie, die nicht nur lebendig blieb, sondern die eine überwältigende Aktivität auslöste, weil sie die Hoffnungen zahlloser Menschen auf sich zu ziehen wußte. Ihre beispiellose Anziehungskraft beruhte darauf, daß sie die beiden Möglichkeiten, den Fortschritt zu verstehen, »dialektisch« in eins zusammenfaßte: sein Versprechen, das ein Zeitalter der materiellen Fülle und damit des egalitären Wohlstandes heraufzuführen schien, und seine Bedrohlichkeit, welche sich wie ein »Pesthauch« ausnahm. Aber vom »Pesthauch« sprach Rosa Luxemburg in der Annahme, daß er nur von der »kapitalistischen« Zivilisation ausgehe und bloß darauf zurückzuführen sei, daß das besitzende Bürgertum, die »Kapitalisten«, sich an ihr Eigentum klammerten, das bereits zu einem Hindernis für die Entfaltung der Produktivkräfte geworden sei. Daher werde nach der Enteignung dieser Klasse der Mangel überwunden und der Friede für immer gesichert sein, der jetzt noch durch die Jagd der Imperialisten nach neuen Absatzmärkten ständig gefährdet werde. Der Zukunft der Fülle und des Friedens stehe also nur die innerlich bereits haltlos gewordene Gegenwart der Ausbeutung und des Krieges gegenüber; ein einziger Stoß der Weltrevolution werde genügen, um den Übergang zu vollziehen.

Noch nie hatte es bis dahin eine Lehre von so umfassendem und so umwälzendem Charakter gegeben, die den einfachsten Menschen einleuchtete und die anspruchsvollsten faszinierte, weil sie die schlichten Gedankengänge des frühen Sozialismus mit den eindringenden Analysen des ökonomischen Systems durch einen großen Intellektuellen verband. Kaum ein Geschichtsdenker konnte sich der Auseinandersetzung mit der marxistischen Doktrin entziehen, die sich auf Kant und Hegel berief und den idealistischen Drang nach einer großen Idee ebenso befriedigte wie den Wunsch der Armen nach Wohlstand und nach Bestrafung der Ausbeuter. Andererseits war das sozialreligiöse oder »messianische« Moment nicht zu übersehen und für wissenschaftliches Denken eine Herausforderung; denn daß wesentliche Realitäten falsch eingeschätzt wurden, stach ins Auge, und ebensowenig war die Tatsache zu übersehen, daß hier das älteste und einfachste aller sozialen Heilungsrezepte auf eine längst nicht mehr einfache Wirklichkeit angewandt werden sollte: im »Privateigentum«, das heißt in der Differenz von Individual- und Allgemeininteresse, mithin im Egoismus oder der »Gier« von Individuen, Klassen und Völkern, sei die »Wurzel des Übels« zu sehen, die durch eine radikale Operation beseitigt werden könne.

So machte sich vor 1914 schon ein beträchtliches Maß von theoretischer und praktischer Kritik unter den Marxisten selbst bemerkbar, wie etwa in den Schriften von Eduard Bernstein und Robert Michels, und bedeutende Köpfe nahmen mit mehr oder weniger großer Entschiedenheit eine »antimarxistische« Position ein, etwa Vilfredo Pareto, Benedetto Croce und Werner Sombart.

Aber erst als eine marxistische Partei im Jahre 1917 in einem großen Land die alleinige Macht ergriff und zum Kern einer Weltpartei wurde, die nicht nur in Deutschland und in Italien, sondern sogar in New York und Cambridge zahlreiche Anhänger und Sympathisanten besaß, wurde die Auseinandersetzung zwischen Marxismus und Antimarxismus zum zentralen Tatbestand des Zeitalters. Es gab nach 1917 so gut wie keinen Geschichtsdenker mehr, der nicht mindestens indirekt auf den Marxismus Bezug genommen hätte, und kaum irgendwo existierte ein Land, in dem nicht marxistische Intellektuelle den Anspruch erhoben hätten, die »Befreiung der Unterdrückten« und den »Sturz der Bourgeoisie« ins Werk setzen zu können. Mit dem Aufkommen der faschistischen Bewegungen organisierte sich eine Gegentendenz, die sich ebenfalls zu Massenparteien fortbildete und eine so schroff antimarxistische Geschichtsauffassung entwickelte, daß die Anhänger des Liberalen Systems auf zwei Fronten zu kämpfen hatten, bevor sich der geistig-politische Konflikt zum militärischen Zusammenstoß von Riesenheeren fortbildete und auf »westlicher« Seite nach 1945 die »Totalitarismustheorie« eine Zeitlang allein das Feld beherrschte. Daher blieb es selbst bei den subtilsten Denkern nicht bei den unterschiedlichen Einschätzungen von Okzident, Modernität und Weltzivilisation, sondern es wurden auch diejenigen Realitäten zu Gegenständen des Nachdenkens, die sich zu Protagonisten des Konflikts machten, nämlich die Ideologiestaaten.

Daß die USA ein Ideologiestaat und insofern ein »außerordentlicher« Staat sind, kann kein Kenner ihrer Frühgeschichte bezweifeln, aber eben deshalb sind sie kein Ideologiestaat des 20. Jahrhunderts. Schon als sie eine englische Kolonie waren, wollten sie ein Zufluchtsort für alle Unterdrückten und Benachteiligten Europas sein, und auf das Großsiegel des Staates wurde das Postulat einer Weltrevolution gesetzt: »Novus ordo saeclorum.« Zu Beginn des 20. Jahrhunderts zeichnete sich ab, daß sie die größte Weltmacht werden würden, aber sie schienen nun in Kuba und auf den Philippinen zu Nachahmern des europäischen Imperialismus geworden zu sein, und in der »Amerikanisierung«, die der Engländer T. W. Stead der Welt als ihr Schicksal vorhersagte, spielte das »linke« Moment nur noch eine untergeordnete Rolle. Es trat wieder stärker in dem Messianismus des »künftigen Tausendjährigen Friedensreiches« hervor, wie es George D. Herron als Vorkämpfer des Wilsonismus verkündete.

In Deutschland lehnten Spengler, Bloch und Max Weber mit ähnlicher Entschiedenheit den »seelenlosen Amerikanismus« und die »angelsächsische Konvention« ab, John Dewey fühlte sich dagegen durch den Ausgang des Krieges in der Überzeugung bestätigt, daß das amerikanische Prinzip der diskussionsbereiten Kooperation sich in der ganzen Welt durchsetzen werde, und er ließ sich auch durch die Tatsache nicht erschüttern, daß in der Sowjetunion ein Staat entstanden war, der in den USA die Vormacht des abgelebten und verfaulenden Kapitalismus erblickte. Nur ein Teil des »weißen, angelsächsischen, protestantischen« Establishments vollzog unter dem Eindruck der »großen Ausrottung der Bourgeoisie in Rußland« ein Umdenken, das aus dem bis dahin bloß selbstverständlichen Elitismus und Rassenstolz eine Ideologie zu machen suchte.

Aber den Zweiten Weltkrieg gewannen die linksliberalen Internationalisten im Bündnis mit Stalin, und nichts war für geraume Zeit einleuchtender als die Prophezeiung des »American Century« durch Henry Luce. Auch diesmal setzte sich die Gegenbewegung nicht durch, und als viel wirksamer erwies sich die Kritik am »Verrat der Revolution« durch die expansionistische Weltmacht, wie sie Arnold Toynbee in Europa und die meisten »Progressivisten« in Amerika übten. Der Gedanke, daß die künftige Konvergenz der Systeme mehr Ähnlichkeit mit dem sowjetischen als mit dem amerikanischen Muster haben werde, wurde von Burnham und Galbraith immerhin angedeutet, aber stärker im Vordergrund stand die Überzeugung Rostows und Brzezinskis, daß die Konvergenz »amerikanisch« sein werde und daß der Kalte Krieg von derjenigen Macht gewonnen werden müsse, die an der Spitze der »technetronischen« Revolution stehe und das intellektuelle Zentrum der Welt bilde. So war das Moment der Kontinuität in den USA sehr ausgeprägt, und der weltgeschichtliche Optimismus war am Ende des Jahrhunderts zwar zurückhaltender, aber im Grunde noch ebenso stark wie zu dessen Beginn.

Durch absolute Diskontinuität schien dagegen die Geschichte Rußlands bestimmt zu sein, denn mit der Oktoberrevolution der Bolschewiki vollzog es 1917 einen Bruch mit der Vergangenheit, wie er in solcher Vollständigkeit nie zuvor in einem europäischen Staat vollzogen worden war: Adel, Bürgertum, Intelligenz und schließlich auch das selbstwirtschaftende Bauerntum wurden ausgeschaltet, vertrieben und zu einem beträchtlichen Teil physisch liquidiert. Aber damit ging der Vorsatz Hand in Hand, das uneingelöste Versprechen der »bürgerlichen« Aufklärung zu erfüllen und die »eine Welt« des Friedens und der Gerechtigkeit zu schaffen. Daß dieser Anspruch nicht nur unter großen Massen und bei zahllosen Geistern geringeren Ranges in aller Welt Zustimmung fand, sondern auch bei bedeutenden Geschichtsdenkern, stellte das Beispiel Ernst Blochs unter Beweis, und auch Nikolaj Berdjajews Werk war trotz der praktischen Gegnerschaft eine Rechtfertigung des Bolschewismus als der logischen Endgestalt des russischen Messianismus.

Nach dem Zweiten Weltkrieg bestimmte der Philobolschewismus von Jean-Paul Sartre und Maurice Merleau-Ponty geraume Zeit das intellektuelle Klima in Frankreich, aber in Amerika und der Bundesrepublik Deutschland setzte sich die Totalitarismuskonzeption weitgehend durch, die großenteils von ehemaligen Marxisten geschaffen wurde und häufig gerade das Moment der Kontinuität zwischen dem russischen Zarismus und der Autokratie der kommunistischen Parteiführung hervorhob. Raymond Aron nannte den sowjetischen Kommunismus sogar »die Krebsgeschwulst des Jahrhunderts«[4], aber noch zu Beginn der siebziger Jahre klangen die Aussagen sowjetischer Staatsmänner und Schriftsteller ganz zuversichtlich, die jeden Widerstand gegen das Geschichtsgesetz des Endsieges des Sozialismus für illegitim erklärten, und um die gleiche Zeit war im Westen sehr häufig vom beängstigenden Anwachsen des sowjetischen Einflusses in der Welt die Rede. Andererseits wurden jedoch die Stimmen der »Dissidenten« und darunter als eindrucksvollste diejenige Solschenizyns im Westen immer vernehmbarer und schließlich gewannen sie sogar in der Sowjetunion selbst beträchtlichen Einfluß, wo nun erstmals nach mehr als siebzig Jahren Selbstzweifel auch in der Führung um sich griffen.

Deutschland konstituierte sich erst 1933 als Ideologiestaat, und zwölf

Jahre später war es ein zum zweitenmal geschlagenes Land. Aber es hatte den Zweiten Weltkrieg nur deshalb führen können, weil es Teil und Spitze einer internationalen Gegenbewegung gegen das bolschewistische Regime sein wollte und mit dieser Absicht nicht ohne Erfolg blieb. Diese innere Bezogenheit wurde von Marxisten ebenso wahrgenommen wie von Antimarxisten: Für Berdjajew war der Nationalsozialismus so gut eine Imitation des Bolschewismus, wie er für August Thalheimer das »konterrevolutionäre Gegenstück zur KPdSU« darstellte. Es war keine Gegenthese, wenn Carl Gustav Jung ihn als eine beispiellose Entfesselung urtümlicher und irrationaler Kräfte deutete. Ernst Bloch dagegen hatte schon das Deutschland der Vorkriegszeit mit so gnadenloser Schroffheit angegriffen, daß eine Verschärfung der Kritik dem nationalsozialistischen Deutschland gegenüber kaum noch möglich war.

Als das Deutschland Hitlers und die Sowjetunion Stalins auf den entgegengesetzten Fronten in den Spanischen Bürgerkrieg eingriffen, zweifelte kaum jemand daran, daß ein künftiger Weltkrieg zugleich ein »europäischer Bürgerkrieg« sein werde, der in jedem Staat eine feindliche Entgegensetzung von Faschisten und Antifaschisten sowie von Philofaschisten und Philobolschewisten herbeiführen werde. Aber so gewiß Hitler, außer von der Niederlage Deutschlands im Ersten Weltkrieg, von keinem Ereignis so stark bewegt wurde wie von der »Vernichtung der nationalen Intelligenz« in Rußland und so unzweifelhaft seine »Weltanschauung« im Kern ein radikaler Antimarxismus war, so wenig war er doch imstande, einen »reinen« Bürgerkrieg jenseits des Nationalismus zu führen, und seine Niederlage war mehr die Niederlage Deutschlands als diejenige des Antimarxismus.

Was für Heidegger 1935 ein Schreckbild gewesen war – Deutschland »in der großen Zange« zwischen den USA und der Sowjetunion –, das war nach 1945 eine zu Ende gebrachte Wirklichkeit, und wenn die Geschichtsdenker sich im Rückblick über den Nationalsozialismus äußerten, dann wurde er zwar gelegentlich auch jetzt, wie von Merleau-Ponty, als eine »mimique du bolchévisme« gekennzeichnet, aber die »Endlösung der Judenfrage« stand wie bei Karl Jaspers ganz im Vordergrund, und für Horkheimer und Adorno war der Faschismus insgesamt »das absolute Böse«. Das »absolute Böse« aber hat keinen anderen Ursprung als sich selbst, und es ist jedem Vergleich entzogen. Insofern konnte es nur Befremden erregen, wenn Solschenizyn das Hitlerregime »schülermäßig« nannte und wenn Norbert Elias die russische Revolution für Hitler zugleich »Vorbild und Schreckbild« sein ließ.

Es ist ein überaus bemerkenswerter Tatbestand, daß unter den Geschichtsdenkern auch vor 1945, ja sogar vor 1917, von den Juden häufiger und ernsthafter die Rede war als von den Deutschen. Nicht minder bemerkenswert ist der Umstand, daß sich unter diesen Geschichtsdenkern selbst auffallend viele Juden befanden. Und schließlich schufen sich die Juden einen Staat, den dritten der »außerordentlichen Staaten« des 20. Jahrhunderts, auch wenn er nicht im gleichen Sinne wie das bolschewistische Rußland und das nationalsozialistische Deutschland ein »Ideologiestaat« war.

Georg Simmel nannte neben dem Geld und der Intellektualität den »jüdischen Geist« als Hauptmerkmal der Modernität, aber der Sinn seiner Aussage geht eindeutig dahin, daß auch das Hervortreten der Geldwirtschaft und des Intellektualismus ohne die Mitwirkung der Juden als der paradigmatischen »Fremden« nicht möglich gewesen wäre. Für Kurt Breysig war die vom jüdischen Monotheismus vollzogene »Entirdischung« des Göttlichen eine Hauptvoraussetzung der Neuzeit. Eine ganz ähnliche und grundlegende Bedeutung für die Geschichte des Okzidents schrieb Max Weber dem Werk der hebräischen Propheten zu. Walther Rathenau sah in seinen Anfängen die Weltgeschichte vom Kampf zwischen den Klugen und den Starken bestimmt, und seine bewundernde Zuneigung zu den »Starken« hatte gegen Ende seines Lebens der Parteinahme für das jüdische Volk Platz gemacht, das die »größte Zahl weltbestimmender Genialitäten« hervorgebracht habe und trotzdem immer noch ohne die adäquate Anerkennung leben müsse. Wenn Spengler gegen die »Gehirnmenschen« der Großstadt zu Felde zog, meinte er offensichtlich nicht zuletzt die Juden, und Ernst Jünger zählte das liberale Judentum zu den Hilfskräften des Feindes auf deutschem Boden.

Daß der »jüdische Messianismus« bereits bei Karl Marx beherrschend gewesen sei, war keineswegs nur die Meinung Arnold Toynbees, und bei Ernst Bloch, der sich doch gleichwohl einen »rassebewußten Juden« nannte, war dieser Messianismus noch viel weniger zu übersehen als bei Lukács, Horkheimer und Adorno. Für Carl Gustav Jung waren die Juden die Vertreter der Zivilisation, der Geistigkeit, der Modernität und des Großstädtertums, während die Deutschen die Verkörperung der Barbarei und des Irrationalen, aber auch des Schöpferischen darstellten. Nach Theodor Lessing *wollen* die Juden Fremdlinge bleiben, und die These dürfte gutbegründet sein, daß der »Fremdheitsblick von innen«, mit dem die Juden mindestens während der Zeit der Assimilation ihre Umwelt betrachteten, die beste Voraussetzung für das Geschichtsdenken war. Es ist nicht erforderlich, auch Hannah Arendt, Karl Popper, Martin Buber, Hans Jonas und Norbert Elias anzuführen, um zu dem Urteil zu gelangen, daß ohne die in der Weltbevölkerung zahlenmäßig verschwindend kleine Gruppe der Juden das Geschichtsdenken einen großen Teil seines Gehalts und seiner Bedeutung verloren hätte.

Weitaus mehr als jeder andere Lebensbereich führt das Geschichtsdenken also zu einer sehr naheliegenden und einleuchtenden Erklärung für die Vernichtungswut, die sich zuerst verbal, dann ideologisch und schließlich praktisch gegen die Juden richtete: Die besonders begabte oder infolge ihrer eigenartigen Situation zu äußerster Anstrengung gezwungene und daher weit über jede quantitative Proportionalität hinaus hervortretende Gruppe wird zum Angriffsziel des dumpfen Zornes derjenigen, die sich minderwertig, überspielt, verspottet sehen.[5] In diesem Zusammenhang muß an das tiefsinnige Wort eines jüdischen Schriftstellers – Kurt Hillers – erinnert werden, der 1947 schrieb, die »Seele« habe sich gegen den »Geist« mit Hilfe von Gaskammern verteidigt.[6] Dadurch wird das »Defensive« hervorgehoben, das meist aus Gründen der vordergründig-handgreiflichen Offensivität von Deportation und Vernichtung übersehen wird, aber auch der Umstand, daß nicht nur dumpfes Ressentiment gegen überragende Fähigkeiten aufstand, sondern daß zwei verschiedenartige Traditionen, Welteinstellungen, Verhaltensweisen konfrontiert waren. So nähert sich sogar die Untat der Verstehbarkeit, obgleich Hillers Aussage sowohl in intellektueller wie in moralischer Hinsicht der Ergänzung bedarf; nicht »die Juden« und »die Deutschen« waren Repräsentanten des »Geistes« und der »Seele«, und deshalb wäre die »kollektivistische Schuldzuschreibung« selbst dann verwerflich, wenn man nicht wie Hiller den »Geist« weit über die »Seele« stellte, sondern in der »Seele« das Fortleben einer einfacheren Vergangenheit und im »Geist« die Vorwegnahme einer undurchschaubaren Zukunft sähe.

Aber nie hatte es in der Weltgeschichte einen erstaunlicheren und legitimeren Vorgang gegeben als die Staatsgründung durch die Wenigen, welche die Katastrophe vorhergesehen hatten, und durch diejenigen, die ihr entrannen. Und doch schloß sie eine Tragödie in sich, weil sie auf Kosten einer unschuldigen und unbeteiligten Bevölkerung erfolgte. Und Israel war nicht nur eine Fluchtstätte, wie es Uganda gewesen wäre, das 1903 von der englischen Regierung den Zionisten angeboten worden war. Es wurde auch als Wiederherstellung eines vor zweitausend Jahren untergegangenen Staates angesehen, und war schon insofern ein nicht minder außerordentlicher Staat des 20. Jahrhunderts, als es die Sowjetunion bis in die achtziger Jahre hinein mit ihrem transzendentalen Anspruch gewesen war und wie es das nationalsozialistische Deutschland als Vormacht der »Natur« hatte sein wollen. Wenn es der Likud-Regierung nach dem sechsten Nahost-Krieg um Israel gelänge, ein Groß-Israel zu gründen und den »Transfer« der Palästinenser ins Werk zu setzen, dann würde die größte vorstellbare Paradoxie der Weltgeschichte zur Wirklichkeit geworden sein: Israel wäre der einzige Staat nach dem Herzen Hitlers. Aber wenn eine vernünftige und menschliche Regelung zustandekommt, wird auch der dritte außerordentliche Staat des 20. Jahrhunderts zu einem »normalen«, bloß noch halbsouveränen Gebilde und zu einem vollberechtigten Glied der »Weltzivilisation« geworden sein.

Aber gerade an dieser Scheidelinie ist ein Rückblick und ist ein Vorblick möglich.[7]

Wenn man versucht, die größtmögliche Distanz zu allen politischen Auseinandersetzungen zu gewinnen und im Wirklichen Idealtypen wahrzunehmen, die natürlich nur unvollkommen realisiert waren, dann läßt sich über die beiden großen Ideologien des 20. Jahrhunderts folgendes sagen: Der Bolschewismus war insofern ein konsequenter Marxismus und zugleich ein Erbe alles Progressivismus, als er ganz auf eine zukünftige Welteinheit ausgerichtet war: auf die »Verschmelzung der Arbeiter und Bauern aller Länder«, wie Lenin sagte. Das brachte ihm die offenen oder geheimen Sympathien fast aller Universalisten ein. Der Enthusiasmus, der Schwung, die Opferwilligkeit seiner Vorkämpfer waren genuin; die Bewunderung, die ihnen an vielen Stellen zuteil wurde, war nicht unverdient. Aber der Bolschewismus war von Anfang an mit einer sehr ausgeprägten und sehr begrenzten Realität verknüpft, der russischen, und so wurde die Klassenausrottung, die er vornahm, zur Basis von Abgeschlossenheit und Ritualisierung. Die geplante Welterlösung erwies sich als Tragödie.[8]

Der Nationalsozialismus war als Reaktion auf den Bolschewismus zunächst nur die entschiedene Verteidigung nationaler und kultureller Vielfalt. Aber ein *militanter* Gegner konnte er nur sein, wenn er die nationale Vielheit auf einer Ebene verteidigte, die schon jenseits der Nationen lag und die auf ihre Weise international, wenngleich nicht universalistisch war. Eben dies ist der Sinn der Rassenlehre. »Rasse« war für Hitler jene übernationale Einheit, die geschlossen genug ist, um der Zersetzung durch die marxistische Lehre vom Klassenkampf nicht zugänglich zu sein, und die auch den Veränderungen der Geschichte entzogen, weil biologisch begründet ist. Eben damit mußte eine Selbstzerstörung des überlieferten Charakters gerade der deutschen Nation verknüpft sein. Kaum minder als der Bolschewismus war der Nationalsozialismus in seinen Anfängen von viel Enthusiasmus und Gläubigkeit getragen, und er endete als mörderisches Unternehmen. Aber auch in seiner Entwicklung steckte etwas Tragisches, weil die Verteidigung der Vielheit als solche nicht illegitim ist.

Außer in der Mystik gibt es Einheit nur als Einheit von Vielheit. Zu sprechen ist das vorzüglichste Kennzeichen aller Menschen, aber Sprachlichkeit ist nur im Plural der nationalen oder ethnischen Sprachen wirklich. Wer sich eine einheitliche und exklusive Weltsprache wünscht, sucht seine Mitmenschen auf das bloß Allgemeine zu reduzieren. Die Nationen sind die bleibenden Elemente des Internationalismus, und nur der Überschwang einer universalistischen Ideologie faßt eine »Verschmelzung« ins Auge. Daher ist es nicht zufällig, daß einige Grundüberzeugungen des Nationalsozialismus im »Postmodernismus« und insbesondere in der Kritik am jüdisch-christlichen Logozentrismus eine Auferstehung erleben. Aber auch Egalisierung setzt Differenzierung voraus, und jedem großen Akt von Egalisierung folgt neue Differenzierung auf dem Fuße. Jeder Fortschritt bringt Gewinn und Verlust zugleich. In den Gesellschaften des Liberalen Systems müssen die Momente in immer wiederholter Anstrengung stets von neuem austariert werden. Der Bolschewismus war noch weit mehr als der ursprüngliche Marxismus die Extrapolation und Fixierung des einen der entgegengesetzten Momente: der Vereinheitlichung als Zustands der Verschmelzung, der Egalisierung ohne Differenzierung, des Gewinns des Fortschritts ohne Verlust.

Umgekehrt wollte der Nationalsozialismus die Welteinheit ausschließen und die Vielheit der Rassen für immer fixieren, er wollte die Differenz als Hierarchie von Rassen und auch von Schichten stabilisieren; und er betrachtete jeden Fortschritt als reinen Verlust, der ein Fortschritt auf Einheit und Egalität jenseits der »Rassen« zu wäre. Es läßt sich nicht leugnen, daß Juden in großer Zahl, wenn auch keineswegs in ihrer Ganzheit, sich das universalistische Ideal zu eigen machten, und Deutsche in großer Zahl, wenn auch längst nicht alle, das partikularistische. Die Kommunistische Partei Deutschlands war bis 1933 die weitaus größte außerhalb der Sowjetunion, und jüdische Denker zählten zu den stärksten Kritikern des messianischen Utopismus. Rußland und Deutschland sind an der Schwelle des letzten Jahrzehnts des Jahrhunderts normale Staaten geworden, und es spricht wenig dafür, daß sie innerhalb der Weltzivilisation hervorstechende Rollen spielen werden. Aber wenn die Zionisten, die – wie schon Herzl wollte und wußte – einen erheblichen Anteil des revolutionären Impulses vom Bolschewismus weg und auf ihre Seite lenkten, der Normalisierung auch ihres Staates zustimmen, dann wird man sagen dürfen »Judaea docet«, denn nie war eine nationale Identität so gefährdet, und nie wurde sie so entschlossen behauptet wie die jüdische im 20. Jahrhundert.

Aber wäre die Weltzivilisation, die ein planetarisches »Liberales Systems« als ständiger, aber friedlicher Ausgleich von stets neuaufbrechenden

Spannungen wäre, und als ein Miteinander von Nationen und Völkern, die ihre Identitäten viel mehr auf individuelle Entschlüsse als auf faktische Gegebenheiten gründen würden, dann doch der Zustand der »Nachgeschichte«, von der Marx und Lenin sich ein allzu idyllisches Bild, aber doch immerhin ein Bild machten? Nur soviel ist sicher, daß der »große«, das heißt mit allen technischen Mitteln zwischen gleichrangigen Weltmächten geführte Krieg von dieser Zivilisation ausgeschlossen wird, weil sie daran zugrunde gehen würde. Überdies sind bloß die USA als genuine »Supermacht« übriggeblieben, und da der Krieg gegen den Irak mit ihrem Triumph endete, läßt sich mit Bestimmtheit sagen, daß es zwar noch an vielen Stellen der Erde Ressentiments gegen den Weltpolizisten geben wird, aber kein ernstzunehmendes Widerstandspotential mehr.

Wäre der Sieg weniger als ein Triumph gewesen, so hätte sich nicht ausschließen lassen, daß auch die USA zur bloßen Regionalmacht herabgesunken wären und daß Carl Schmitts Vorstellung von den »Großräumen« sich doch noch verwirklicht hätte, weil kein UN-Beschluß die regionalen Vormächte daran hätte hindern können, den schwächeren Staaten auch militärisch ihren Willen aufzuzwingen. Aber das eigenartige ist, daß der Krieg ein ähnliches Ergebnis gerade deshalb haben könnte, weil er *mehr* als ein Triumph war, denn die Proportion der Verluste war anscheinend nicht weit von 1 : 1000 entfernt. Dadurch aber wird die Frage unabweislich, ob nicht die USA, um eine solche massakerartige Vernichtung ins Werk setzen zu können, die Stärke des Iraks über die Maßen übertrieben und den Diktator womöglich sogar zu dem kuweitischen Abenteuer verlockt haben. Wenn solche Vermutungen sich als richtig erweisen sollten, könnten die Vereinigten Staaten den »Golfkrieg« noch nachträglich in der öffentlichen Meinung nicht bloß der »Dritten Welt« verlieren. Aber auch im günstigsten Fall wird der »dunkle Ernst des Bevölkerungsproblems«, von dem Max Weber sprach, sich innerhalb der Weltzivilisation als größte aller Fragen bemerkbar machen, und Malthus könnte recht behalten, nachdem die marxistische Alternative unglaubwürdig geworden ist. Das Ethos der westlichen Welt kann sich gegen die Forderung der »Herstellung gleichartiger Lebensverhältnisse in der ganzen Welt« nicht sperren, aber die Traditionen der »Dritten Welt« mögen die berechtigte Gegenforderung nicht zur Auswirkung gelangen lassen, daß der exorbitanten Vermehrung ein Ende gemacht wird. Max Schelers »Weltalter des Ausgleichs« wird zu keinem guten Fortgang gelangen, wenn die Vernunft, die auch als Geschichtsdenken wirklich war und ist, nicht ihre Grenzen erkennt und den ideologischen Überschwang des Anspruchs auf Alleinherrschaft hinter sich läßt, aber gerade deshalb um so nachdrücklicher Mitsprache und Mitwirkung verlangt.

ANMERKUNGEN

Einleitung

1 Wilhelm Dilthey: Einleitung in die Geisteswissenschaften, Erster Band. In: Gesammelte Schriften, Bd. I. Stuttgart–Göttingen 1959, S. XVIII.

2 Ebenda, S. 119 f.

3 Ders.: Der Aufbau der geschichtlichen Welt in den Geisteswissenschaften. In: Ebenda, Bd. VII, S. 141 ff.

4 Ebenda, S. 157.

5 Heinrich Rickert: Geschichtsphilosophie. In: Wilhelm Windelband: Die Philosophie im Beginn des 20. Jahrhunderts. Heidelberg 1967², S. 355.

6 Ebenda, S. 359 f.

7 Auguste Comte: Die Soziologie. Die positive Philosophie im Auszug. Hrsg. v. Fr. Blaschke. Leipzig 1933, S. 2.

8 Marx Engels Werke (MEW), Ergänzungsband, Erster Teil. Berlin 1968, S. 536.

9 Friedrich Nietzsche: Kritische Gesamtausgabe Werke, Bd. VI, 2. Berlin 1980, S. 300 f.

10 Ebenda, Bd. VI, 3, S. 96.

11 Literatur, das heißt Sekundärliteratur, zum Thema des Geschichtsdenkens im 20. Jahrhundert anzugeben, ist in gewisser Hinsicht sehr schwierig und in anderer Hinsicht sehr einfach. Wer alle Literatur anführen wollte, die zu den Themen »Geschichtsphilosophie«, »Geschichtstheorie«, »Kulturkritik« und »politisches Denken« erschienen ist, sofern sie Denker des 20. Jahrhunderts mit einbezieht, der würde sich in einem »embarras de richesse« befinden, und die Dinge würden völlig unübersehbar, falls auch Literatur zu den einzelnen Autoren berücksichtigt werden sollte, etwa zu Max Weber oder zu Martin Heidegger. Wenn das Thema dagegen so aufgefaßt wird, wie ich es tun will, gibt es meines Wissens überhaupt keine Literatur. Ich beschränke mich daher darauf, einige Titel zu nennen, deren Kenntnis nützlich sein kann und von denen ein Teil auch zur Originalliteratur gezählt werden kann.
Pietro Rossi: Lo storicismo tedesco contemporaneo. Turin 1956.
Pietro Rossi: Storia e storicismo nella filosofia contemporanea. Mailand 1960.

Karl-Dietrich Bracher: Zeit der Ideologien. Eine Geschichte des politischen Denkens im 20. Jahrhundert. Stuttgart 1982.
H. Stuart Hughes: Consciousness and Society. The Reorientation of European Social Thought 1890–1930. New York 1958.
I. S. Kon: Die Geschichtsphilosophie des 20. Jahrhunderts. Kritischer Abriß. Band I: Die Geschichtsphilosophie der Epoche des Imperialismus. Band II: Philosophie und Geschichtsschreibung. Geschichtsphilosophische Fragen der heutigen bürgerlichen Historiographie. Berlin 1964.
Benedetto Croce: Die Geschichte als Gedanke und als Tat. Einführung von Hans Barth. Bern 1944.
Ernst Troeltsch: Der Historismus und seine Probleme. Erstes Buch: Das logische Problem der Geschichtsphilosophie. Tübingen 1922 (Neudruck Aalen 1961).
Erich Rothacker: Geschichtsphilosophie. München/Berlin 1934.
Eugen Rosenstock-Huessy: Die europäischen Revolutionen und der Charakter der Nationen. Stuttgart 1951 (Erstausgabe 1931).
Theodor Schieder und Kurt Gräubig (Hrsg.): Theorieprobleme der Geschichtswissenschaft. Darmstadt 1977.
Reinhart Koselleck, Wolfgang Mommsen, Jörn Rüsen (Hrsg.): Theorie der Geschichte. Objektivität und Parteilichkeit. (Beiträge zur Historik, Bd. 1), München 1977.
Karl-Georg Faber / Christian Meier (Hrsg.): Theorie der Geschichte. Historische Prozesse. (Beiträge zur Historik Bd. 2), München 1978.
Jürgen Kocka / Thomas Nipperdey: Theorie und Erzählung in der Geschichte (Beiträge zur Historik Bd. 3), München 1979.
Jörn Rüsen: Begriffene Geschichte. Genesis und Begründung der Geschichtstheorie J. G. Droysens. Paderborn 1969.
Hans-Michael Baumgarten / Jörn Rüsen (Hrsg.): Umrisse einer Historik. Frankfurt 1976.
Heinz Gollwitzer: Geschichte des weltpolitischen Denkens. Bd. II: Zeitalter des Imperialismus und der Weltkriege. Göttingen 1982.

TEIL I: 1900 bis 1917/18

Deutschland und Europa 1900 bis 1914

1 Die Umschau, hrsg. v. J. H. Bechhold, IV. Jg., Nr. 7, 10. 2. 1900, S. 120–124.
2 Ebenda, S. 125–126.
3 Ebenda, S. 126–128.

4 Die Natur, hrsg. v. Prof. Dr. Willi Ule, 49. Jg. Nr. 1, 1. Januar 1900, S. 625–627.
5 Neue Deutsche Rundschau (Freie Bühne), XI. Jg. 1 u. 2. Quartal 1900, S. 1–17.
6 Die Umschau (Anm. 1), S. 124–125.

Marxisten und Antimarxisten

1 Karl Kautsky: Der Weg zur Macht. Politische Betrachtungen über das Hineinwachsen in die Revolution. Berlin 1909[2].
2 Ebenda, S. 52.
3 Ebenda, S. 104.
4 Ebenda.
5 Ebenda.
6 In: Ders.: Die soziale Revolution. Berlin 1918[3], S. 112.
7 Rudolf Hilferding: Das Finanzkapital. Mit einem Vorwort von Fred Oelßner. Berlin 1955, S. 458.
8 Ebenda, S. 466.
9 Ebenda, S. 476.
10 Ebenda, S. 497.
11 Ebenda, S. 504.
12 Ebenda, S. 557.
13 Ebenda, S. 561.
14 Rosa Luxemburg: Die Akkumulation des Kapitals. In: Gesammelte Werke, Bd. V. Berlin 1981, S. 12.
15 Ebenda, S. 307.
16 Ebenda, S. 320.
17 Ebenda, S. 364.
18 Ebenda, S. 411.
19 Georges Sorel: Réflexions sur la violence. Paris 1950, S. 353.
20 Georg Simmel: Philosophie des Geldes. Berlin 1958[6], S. 88.
21 Ebenda, S. 499.
22 Ebenda, S. 459.
23 Ebenda, S. 517.
24 Ebenda, S. 551.
25 Ebenda, S. 567, 583.
26 Vilfredo Pareto: Allgemeine Soziologie. Ausgewählt, eingeleitet u. übersetzt von Karl Brinkmann. Tübingen 1955, S. 101, (§ 1128).
27 Ders.: Les systèmes socialistes. Genève 1965. (Erstausgabe 1902/03) Bd. II, S. 357. Bd. I, S. 335.
28 Ebenda, Bd. II, S. 415.

29 Ebenda, S. 433.
30 Ebenda, S. 436.

Nationale Globalvisionen

1 MEW, Bd. 31, S. 424.
2 William T. Stead: The Americanization of the World or The Trend of the Twentieth Century. With a New Introduction for the Garland Edition by Sandi E. Cooper. New York und London 1972, Preface (vom Dezember 1901).
3 Ebenda, S. 147.
4 Ebenda, S. 83.
5 Brooks Adams: America's Economic Supremacy. With a New Evaluation by Marquis W. Childs. New York und London 1947, S. 70, 80.
6 Ebenda, S. 84 f.
7 Ebenda, S. 133.
8 Ders.: The New Empire. New York 1903, S. XXXIV.
9 Ebenda, S. 208 f.
10 Childs in der Einführung zu »America's Economic Supremacy«, a.a.O., S. 9.
11 Henry Adams: Die Erziehung des Henry Adams, von ihm selbst erzählt. Zürich 1953, S. 507.
12 Ebenda, S. 807 ff.
13 Childs, a.a.O., S. 27.
14 Europa und Rußland. Texte zum Problem des westeuropäischen und des russischen Selbstverständnisses. Hrsg. v. Dmitrij Tschižewski und Dieter Groh. Darmstadt 1959, S. 78.
15 Ebenda, S. 87.
16 Ebenda, S. 472.
17 Ebenda, S. 477, 488.
18 Emanuel Sarkisyanz: Rußland und der Messianismus des Orients. Tübingen 1955, S. 70.
19 Ebenda, S. 127.
20 Dietrich Geyer: Der russische Imperialismus. Göttingen 1977, S. 222.
21 Sarkisyanz, a.a.O., S. 99 f.
22 Wladimir Solowjow: Drei Gespräche. Hamburg und München 1961, S. 151.
23 Ebenda, S. 209.
24 Ebenda, S. 222 f.
25 Ebenda, S. 248 f.
26 Friedrich v. Bernhardi: Deutschland und der nächste Krieg. Stuttgart und Berlin 1913, S. 4, 7.

27 Ebenda, S. 79.
28 Ebenda, S. 114.
29 Ebenda, S. 2, 182.
30 Wenn der im Anhang enthaltene »Stärkevergleich der acht größten Seemächte« richtige Zahlen gibt, dann besaß Deutschland 1912 nur 16 U-Boote, während England über 68 und Frankreich über 69 verfügte.
31 Ebenda, S. 343, 304.
32 Daniel Frymann: Wenn ich der Kaiser wär'. Politische Wahrheiten und Notwendigkeiten. Leipzig 1913[4], S. 2, 22, 28.
33 Ebenda, S. 129.
34 Ebenda, S. 176, 175.
35 Ebenda, S. 177.
36 Ebenda, S. 31, 42 f., 38.
37 Ebenda, S. 34, 53.
38 Ebenda, S. 187 f.
39 Houston Stewart Chamberlain: Die Grundlagen des XIX. Jahrhunderts. München 1918, (Erstausgabe 1899), S. 457 f., 18.
40 Ebenda, S. 451.
41 Ebenda, S. 448.
42 Vgl. das Buch eines offenbar jüdischen Autors: Der freiheitliche Sozialismus im Gegensatz zum Staatsknechtstum des Marxismus. Mit besonderer Berücksichtigung der Werke und Schicksale Eugen Dührings. Berlin 1892. Von Benedict Friedlaender.
43 Eugen Dühring: Die Judenfrage als Frage des Rassencharakters und seiner Schädlichkeiten für Völkerexistenz, Sitte und Kultur. Mit einer denkerisch freiheitlichen und praktisch abschließenden Antwort. 5. umgearbeitete Auflage. Nowawes 1901, S. 45, 113.
44 Otto Weininger: Geschlecht und Charakter. Eine prinzipielle Untersuchung. Wien und Leipzig 1922, (Erstausgabe 1903), S. 440.
45 Theodor Herzl: Der Judenstaat. In: (Erstausgabe 1896), Zionistische Schriften, Bd. I. Tel Aviv 1934, S. 26.
46 Max Nordau: Zionistische Schriften. Berlin 1923[2], S. 93, 74.
47 Herzl, a.a.O., S. 29.
48 Moritz Güdemann: Nationaljudentum. 1897, S. 33 ff.
49 A. D. Gordon: Briefe aus Palästina. Berlin 1919, S. 19 f.
50 Ber Borochow: Sozialismus und Zionismus. Eine Synthese. Wien 1932, S. 29.
51 Martin Buber: Drei Reden über das Judentum. Frankfurt 1919, S. 14.
52 Herzl, a.a.O., S. 40 f., 37.
53 Ebenda, Bd. V (1935), S. 210 ff., 203.

54 Martin Buber: Völker, Staaten und Zion. Ein Brief an Hermann Cohen und Bemerkungen zu seiner Antwort. Berlin-Wien 1917, S. 39.

Anti-Imperialismus und Anti-Nationalismus

1 Heinz Gollwitzer: Geschichte des weltpolitischen Denkens. Bd. II. Zeitalter des Imperialismus und der Weltkriege. Göttingen 1982, S. 91.
2 Richard Koebner und Helmut Dan Schmidt: Imperialism. The Story and Significance of a Political Word, 1840–1960. Cambridge 1964, S. 231.
3 John A. Hobson: Der Imperialismus. Köln-Berlin 1968, S. 70.
4 Ebenda, S. 75
5 Ebenda, S. 127.
6 Ebenda, S. 305.
7 Ebenda, S. 307.
8 Ebenda, S. 162.
9 Ebenda, S. 280.
10 Ebenda, S. 273.
11 Rabindranath Tagore: Sadhana, Nationalismus. München 1921, S. 47.
12 Ebenda, S. 119.
13 Diese Schriften stammen aus der Zeit des Ersten Weltkrieges; doch bedurfte es des Krieges nicht, um Tagore zu diesen Auffassungen zu bringen, denn schon »am letzten Tage des letzten Jahrhunderts« hatte er in einem Gedicht die »nackte Selbstsucht der Völker« angeklagt und vom »schamlosen Fressen« des »hungrigen Leibes der Nation« gesprochen. (Ebenda, S. 384 ff.)
14 Ebenda, S. 228 ff.
15 Ebenda, S. 248.
16 Ebenda, S. 254.
17 Ebenda, S. 263 f.
18 Ebenda, S. 268 f.
19 Ebenda, S. 276 f.
20 Ebenda, S. 293.
21 Ebenda, S. 303 f.
22 Ebenda, S. 237.
23 Ebenda, S. 346.
24 Ebenda, S. 292.
25 Ludwig Klages: Mensch und Erde (1913). In: Mensch und Erde. Sieben Abhandlungen. Jena 1933[4], S. 13.
26 Ebenda, S. 15.
27 Ebenda, S. 23.

28 Ebenda, S. 28.
29 Ebenda, S. 27.
30 Ebenda, S. 28.
31 Ebenda, S. 36.
32 Ebenda, S. 38 f.
33 Alfred Schuler: Fragmente und Vorträge aus dem Nachlaß. Mit Einführung von Ludwig Klages. Leipzig 1940, S. 151.

Kurt Breysig

1 Bernhard vom Brocke: Kurt Breysig. Geschichtswissenschaft zwischen Historismus und Soziologie. Lübeck und Hamburg 1971, S. 49.
2 Ebenda, S. 101.
3 Das Buch wirkt auf heutige Leser befremdlich, da Breysig es sich zur Regel macht, alle zusammengesetzten Hauptwörter getrennt zu schreiben, auch wo (wie etwa im Falle von »Weltgeschichte«) die Zusammenschreibung längst üblich geworden war. In der zweiten »stark vermehrten« Auflage von 1927 ist diese Schreibweise wieder aufgegeben.
4 Kurt Breysig: Der Stufen-Bau und die Gesetze der Welt-Geschichte. Berlin 1905, S. 27, 19.
5 Ebenda, S. 8 f.
6 Vom Brocke, a.a.O., S. 143.
7 Breysig, a.a.O., S. 101.
8 Ebenda, S. 93.
9 Ebenda.
10 Ebenda, S. 107 ff.
11 Ders.: Die Entstehung des Gottesgedankens und der Heilbringer. Berlin 1905, S. 64.
12 Ebenda, S. 72.
13 Ebenda, S. 66.
14 Ebenda, S. 202.
15 Ebenda, S. 201.
16 Ders.: Aus meinen Tagen und Träumen. Memoiren, Aufzeichnungen, Briefe, Gespräche. Aus dem Nachlaß herausgegeben von Gertrud Breysig und Michael Landmann. Berlin 1962, S. 71.
17 Ders.: Von Gegenwart und von Zukunft des deutschen Menschen. Berlin 1912, S. 97.
18 Ebenda, S. 98.
19 Ebenda, S. 185–191.

20 Ebenda, S. 227.
21 vom Brocke, a.a.O., S. 128. Vgl. Kurt Breysig: Der Werdegang der Menschheit. Vom Naturgeschehen zum Geistgeschehen. Breslau 1935, S. 210–219.

Walther Rathenau

1 Walther Rathenau: Schriften. Hrsg. von Arnold Harttung. Berlin 1981[2], S. 89–93, (zuerst in: Die Zukunft, S. 89–93).
2 In: Ders.: Reflexionen und Aufsätze. Berlin 1925.
3 Ebenda, S. 12 f.
4 Ebenda, S. 13–23.
5 Ebenda, S. 24–26.
6 Ebenda, S. 32 f.
7 Alle in Ernst Schulin (Hrsg.): Walther Rathenau – Gesamtausgabe, Hauptwerke und Gespräche. München 1977.
8 Ebenda, S. 22 f.
9 Ebenda, S. 27.
10 Ebenda, S. 29.
11 Ebenda, S. 33 f.
12 Ebenda, S. 41.
13 Ebenda, S. 47 ff.
14 Ebenda, S. 60.
15 Ebenda, S. 66, 83, 72, 91.
16 Ebenda, S. 92.
17 Ebenda, S. 94.
18 Ebenda.
19 Ebenda, S. 71.
20 Ebenda, S. 122 f.
21 Ebenda, S. 125.
22 Ebenda, S. 133, 131.
23 Ebenda, S. 268.
24 Ebenda, S. 276, 279.
25 Ebenda, S. 247.
26 Ebenda, S. 295.
27 Ebenda, S. 285.
28 Ebenda, S. 287.
29 Ebenda, S. 447.
30 Ebenda, S. 404.
31 Ebenda, S. 345, 360, 398.

32 Ebenda, S. 341. Der erste Satz des Buches lautet sogar: »Dieses Buch trifft den dogmatischen Sozialismus ins Herz.« (S. 303).

33 Ebenda, S. 377 ff.

34 Der Kaiser. Eine Betrachtung. In: Ders.: Schriften aus Kriegs- und Nachkriegszeit. Berlin 1929, (Erstausgabe 1920), S. 305.

35 In: Ders.: Wirtschaft, Staat und Gesellschaft. Berlin 1929, S. 406.
Sein Verhältnis zum Bolschewismus war zwiespältig. Mit nicht geringerer Entschiedenheit als Friedrich Ebert betonte er, daß Rußlands Methoden für Deutschland unbrauchbar seien, und es kann nicht positiv gemeint sein, wenn er vom Tod von »zehn Millionen« (Kritik der dreifachen Revolution 1919, S. 13) und von dem bolschewistischen Mittel spricht, die führenden Schichten »physisch zu töten« (Wirtschaft, Staat und Gesellschaft, S. 375). Andererseits führte er bekanntlich mit dem in Moabit inhaftierten Radek lange Gespräche, ließ nach dem Zeugnis von Harry Graf Kessler »starke Hinneigung durchblicken« und schrieb selbst, die russische Revolution werde in Blut und Morast wie einst die Französische, die Erde umschreiten und dann restlos verwirklicht sein, »freilich nicht so, wie sie meint.« (Gesamtausgabe, a.a.O., S. 779; An Deutschlands Jugend 1918, S. 39.)
Es sollte aber nicht übersehen werden, daß er geraume Zeit zu Ludendorff in einem Verhältnis der Bewunderung stand und nach dem (in seinen Augen übereilten) Waffenstillstandsangebot in der »Vossischen Zeitung« am 7. Oktober 1918 unter der Überschrift »Ein dunkler Tag« einen Aufruf zum entschlossenen Widerstand publizierte, sofern die Alliierten eine unbefriedigende Antwort geben sollten, »die den Lebensraum uns kürzt«. (Nach der Flut, 1919, S. 49 ff.)
Auf der anderen Seite ist es sehr bemerkenswert, daß nicht nur die Deutschnationalen Rathenau das Recht absprachen, der Außenminister Deutschlands zu sein, sondern auch die Zionisten. Kurt Blumenfeld erzählt in seiner Autobiographie »Erlebte Judenfrage«, er habe im April 1922 zusammen mit Albert Einstein Rathenau aufgesucht, »um ihn zu beeinflussen, sein Amt als Außenminister aufzugeben«. Rathenau habe geantwortet, er durchbreche die Barrieren, mit denen die Antisemiten »uns« isolieren wollten, doch habe er sich dann den Satz entschlüpfen lassen: »Natürlich säße ich lieber in der Downingstreet als in der Wilhelmstraße.« Somit habe er selbst zugegeben, daß er nur sehr bedingt zu der deutschen Welt gehörte. Wenn dieser Bericht aus dem Jahre 1962 zutreffend ist, hätte Rathenau auch sein ganzes Geschichtsdenken in ein eigentümliches Licht gerückt. (Walther Rathenau, Gesamtausgabe, a.a.O., 872–874.)

36 In: Die Zukunft, 1. Juli 1922. Arnold Zweig in: Die Weltbühne 1922, Bd. 2, S. 109 f.

Max Weber

1 Max Weber: Gesammelte Politische Schriften. Zweite, erweiterte Auflage, neu herausgegeben von Johannes Winckelmann. Tübingen 1958, S. 1–25.
2 Ebenda, S. 89, 12, 23.
3 Auch in: Gesammelte Aufsätze zur Religionssoziologie I. Tübingen 1947[4], S. 17–206.
4 Ebenda, S. 29.
5 Ebenda, S. 35.
6 Ebenda, S. 95.
7 Ebenda, S. 114 f.
8 Ebenda, S. 163.
9 Ebenda, S. 203.
10 Ebenda, S. 204.
11 Ders.: Gesammelte Aufsätze zur Religionsphilosophie. Tübingen 1921, S. 6.
12 Ebenda, S. 249.
13 Ebenda, S. 207.
14 Ebenda, S. 300, 302.
15 Ebenda, S. 384.
16 Ebenda, S. 432, 437.
17 Ders.: Gesammelte Aufsätze zur Religionssoziologie, a.a.O., S. 305.
18 Ebenda, S. 521.
19 Ebenda, S. 431.
20 Ebenda, S. 521.
21 Marianne Weber: Max Weber. Ein Lebensbild. Heidelberg 1950, S. 571.
22 Max Weber, Gesammelte Politische Schriften, a.a.O. (Anm. 1), S. 171. Nach dem Ende des Krieges fand sich Weber allerdings relativ leicht mit der nun etablierten »angelsächsischen Weltherrschaft« ab, obwohl so etwas wie Geringschätzung in der Aussage erkennbar wird, Amerikas Weltherrschaft sei so unabwendbar gewesen, »wie in der Antike die Roms nach dem punischen Krieg«. Er sieht aber Deutschlands Verdienst darin, »viel Schlimmeres – die russische Knute!« abgewendet zu haben, wenn auch »die russische Gefahr« nicht für immer abgewendet sei. Unklar bleibt, ob es sich um eine bloß rhetorische Hyperbel handelte, als er Mitte Januar 1920 in einer Vorlesung sagte, »zur Wiederaufrichtung Deutschlands in seiner alten Herrlichkeit« würde er sich gewiß mit jeder Macht der Erde, und auch mit dem leibhaftigen Teufel verbünden, nur nicht mit der Macht der Dummheit. Mit Sicherheit war es allerdings keine rhetorische Hyperbel, als er am Vorabend des Friedensdiktats ein »ungeheures Erwachen des nationalen Empfindens« und das Aufkommen eines präzedenzlosen Chauvinismus für den Fall vorhersagte, daß der Friede so ausfallen

würde, wie er tatsächlich ausfiel.

Wie wenig Max Weber unter die üblichen Kategorien zu subsumieren ist, zeigt sich daran, daß er einerseits über den vormals hochgeschätzten Ludendorff sagte, er verstehe jetzt, »wenn die Welt sich dagegen wehrt, daß Menschen wie er ihr den Stiefel auf den Nacken setzen«, daß er es andererseits aber mißbilligte, als ein Drittel der Kommission zur Untersuchung der Ursachen des deutschen Zusammenbruchs, vor der Hindenburg und Ludendorff sich zu verantworten hatten, aus Politikern jüdischer Herkunft bestand. (Marianne Weber, a.a.O., S. 685, 724, 691, 703, 698.)

Der Krieg und die Kriegsliteratur

1 Henri Bergson: La signification de la guerre. Paris 1915, S. 7.
2 Ebenda, S. 8.
3 Ebenda, S. 9 ff.
4 Ebenda, S. 19.
5 Ebenda, S. 21 f.
6 Max Scheler: Der Genius des Krieges und der deutsche Krieg. Leipzig 1917[3], S. 32.
7 Ebenda, S. 47 f.
8 Ebenda, S. 247.
9 Ebenda, S. 248.
10 Ebenda, S. 335.
11 Werner Sombart: Händler und Helden. Patriotische Besinnungen. Leipzig und München 1915, S. 142 f.
12 Ebenda, S. 131 f. Angestrengt oder kurios wirkt es auch, wenn Sombart nach gewonnenem Krieg deutsche Flottenstationen nicht bloß in Suez, sondern auch in Dover anlegen will.
13 Ebenda, S. 124, 28, 108, 102, 111.
14 Ebenda, S. 106 f.
15 Ebenda, S. 108.
16 Ebenda, S. 145.

Wenn man in Sombarts Kampfschrift so etwas wie »Geschichtsdenken« wahrnehmen darf – und das geschieht natürlich nur mit Einschränkungen und unter Vorbehalten –, so sollten auch einige Worte über Thomas Manns »Betrachtungen eines Unpolitischen« gesagt werden, die zwar erst 1918 erschienen, aber 1916 und 1917 geschrieben wurden und die vermutlich das einzige Stück der Kriegsliteratur sind, welches auch heute noch von Nicht-Spezialisten gelegentlich gelesen wird. Nicht die schroffe Entgegensetzung von »Kultur« und »Zivilisation« oder die Polemik gegen die »Zivilisationsliteraten« sind das bemerkenswerteste an dieser ausschweifenden Selbstanalyse oder Selbstbespiegelung von mehr als 600 Seiten, sondern das Nebeneinander des Versuchs, in der deutschen Kultur als dem Gegensatz zum »Imperialismus der Zivilisation« den Gipfelpunkt des »germanischen Protestes» gegen den römischen Papst und die napoleonische Unterdrückung zu sehen (7.–10. Aufl., 1919, S. 12 f.) – also nach allen geläufigen Begriffen etwas sehr Modernes – und andererseits der tief pessimistischen Überzeugung vom bevorstehenden »Ende« eben dieser Kultur. So bringt Thomas Mann die Gewißheit zum Ausdruck, daß der Friede Europas nur »auf dem Siege und der Macht des übernationalen Volkes«, des Volkes mit der reichsten kosmopolitischen Begabung beruhen kann (186); und doch sagt er im apodiktischen Tone des Unheilspropheten: »Wir werden ihn haben, den zweifellosen und schönliterarischen Politizismus. Wir werden sie haben, die Demokratie – als welche Gleichheit ist und also Haß, unauslöschlicher und eifersüchtiger Republikanerhaß auf jede Überlegenheit, jede sachverständige Autorität.« (292). Und er setzt Nietzsches Rede von den »letzten Menschen« ins Artistisch-Spielerische um, wenn er das von den Alliierten erstrebte Europa beschreibt: »ein wenig drollig, ein wenig platt-human, trivial-verderbt, feminin-elegant, ein Europa, schon etwas allzu ›menschlich‹, etwas preßbanditenhaft und großmäulig-demokratisch, ein Europa der Tango- und Two-Step-Gesinnung, ein Geschäfts- und Lusteuropa à la Edward the Seventh, ein Monte-Carlo-Europa, literarisch wie eine Pariser Kokotte«. (28) Aber der eigentliche Kern ist der Glaube an die unaufhebbare Fremdheit zwischen der genuinen Erfahrung der ewigen Realitäten des menschlichen Lebens wie Liebe, Tod sowie auch Krieg und jenem Total-Politizismus, der all das durch unaufhörliche Bemühungen um Besserung der sozialen Verhältnisse verdeckt und bestenfalls verflacht. Das ganze spätere Lebenswerk Thomas Manns ist vermutlich als der Versuch einer Synthese zu sehen, nicht aber als simpler Übergang auf die andere Seite.

17 MEW, Bd. 14, S. 561.

18 Ernst Troeltsch: Deutscher Geist und Westeuropa. Gesammelte kulturphilosophische Aufsätze und Reden. Hrsg. v. Hans Baron. Tübingen 1925, S. 39.

19 Ebenda, S. 49.

20 Ebenda, S. 79.

21 Ebenda, S. 155.

22 Ebenda, S. 166.

23 Ebenda, S. 164 f.

24 Friedrich Naumann: Mitteleuropa. Berlin 1915, S. 1.

25 Ebenda, S. 84.

26 Ebenda, S. 104 f.

27 Ebenda, S. 114.

28 Ebenda, S. 165.

29 Ebenda, S. 197.

30 Sogar Hermann Lübbe ist 1963 dieser Gefahr in seiner Untersuchung der »Philosophischen Ideen von 1914« nicht ganz entgangen. (In: Politische Philosophie in Deutschland: Studien zu ihrer Geschichte. Basel/Stuttgart 1963.)

31 Paul Lensch: Die deutsche Sozialdemokratie und der Weltkrieg. Berlin 1915, S. 9.

32 Ebenda, S. 26 f., 16.

33 Ebenda, S. 46 ff.

34 Ders.: Die Sozialdemokratie. Ihr Ende und ihr Glück. Leipzig 1916, S. X.

35 Ebenda, S. 110.

36 Ebenda, S. 175.

37 Ders.: Drei Jahre Weltrevolution. Berlin 1917, S. 39 f.

38 Ebenda, S. 94.

39 Ebenda, S. 51.

40 Ebenda, S. 63.

41 Ebenda, S. 185, 193.

42 Ebenda, S. 146.

43 Vgl. Maurice Barrès: Les familles spirituelles de la France.

44 Vgl. Ernst Nolte: Der europäische Bürgerkrieg 1917–1945. Berlin 1989[4], S. 69–84.

45 Vgl. Teil II, Ernst Bloch.

46 George D. Herron: Woodrow Wilson und der Weltfrieden. Bern 1919, S. 68.

47 Ebenda, S. 73.

48 Ebenda, S. 81, 78, 85, 82.

49 Ebenda, S. 35 f., 22, 28 f., 96 f.

50 Ebenda, S. 97, 40. Die Erinnerung an Hobson liegt nahe, aber Herron hält sich von antisemitischen Äußerungen fern.

51 Ebenda, S. 80.

TEIL II: 1917/18 bis 1945

Europa und die Welt 1917 bis 1939

1 Zum ganzen Kapitel vgl. Ernst Nolte: Der europäische Bürgerkrieg 1917–1945. Berlin 1989[4].

2 Die Weltbühne 1919, II, S. 309 ff. (Heinrich Ströbel).

3 In Wahrheit war nur von der »Verantwortung« Deutschlands die Rede, und den Artikel 231 hätte man mit dem Artikel 232 zusammensehen müssen; aber um

solche Feinheiten kümmerte sich die öffentliche Meinung weder in Deutschland noch bei den Siegermächten.

4 Vgl. Ernst Nolte: Die Krise des liberalen Systems und die faschistischen Bewegungen. München 1968, passim.

5 Auf gut deutsch, Jg. 1920, S. 402.

Marxismus und Antimarxismus

1 Lenin: Ausgewählte Werke (AW), Bd. I. Berlin 1955, S. 63.

2 Ebenda, I, S. 582 f.

3 Ebenda, I, S. 753.

4 Ebenda, I, S. 853.

5 Ebenda, II, S. 250.

6 Ebenda, II, S. 896.

7 Ebenda, II, S. 926.

8 Vorwärts. 7. 12. 1918.

9 Georg Lukács: Geschichte und Klassenbewußtsein. Berlin 1923, S. 82.

10 Ebenda, S. 105.

11 Ebenda, S. 150.

12 Ebenda, S. 173.

13 Ebenda, S. 251.

14 Ebenda, S. 259.

15 Antonio Gramsci: Il materialismo storico e la filosofia di Benedetto Croce. Rom 1971, S. 104.

16 Ebenda, S. 268.

17 Lenin, AW, Bd. II. S. 795.

18 Max Horkheimer: Notizen 1950 bis 1969 und Dämmerung. Notizen in Deutschland. Frankfurt 1974, S. 336.

19 Ebenda, S. 287 f.

20 Ebenda, S. 296.

21 Sun Yat-sen: Die drei Volksprinzipien. (Taiwan) 1973.

22 Ebenda, S. 34.

23 Zitiert nach Adolf Böhm: Die zionistische Bewegung bis zum Ende des Weltkrieges. Tel Aviv 1935, S. 375 f.

24 Böhm, a.a.O., passim.

25 Walter Laqueur: Der Weg zum Staat Israel. Geschichte des Zionismus. Wien 1975, S. 93.

26 Ebenda, S. 251.

27 Martin Buber: Der Glaube der Propheten. Zürich 1950, S. 143.

28 Franz Oppenheimer: Wege zur Gemeinschaft. Gesammelte Reden und Aufsätze. 1. Bd.: München 1924, S. 297, 2. Bd.: München 1927, S. 228.

29 Lenni Brenner: Zionism in the Age of the Dictators. Westport 1983, S. 148 f. Im Vorwort nennt sich die Verfasserin »an anti-Zionist Jew« und erklärt sich »in mured to the charge« that anti-Zionism is equivalent to anti-Semitism and ›Jewish self-hatred‹!«

30 Hierzu vgl. Ernst Nolte: Der Faschismus in seiner Epoche. München 1963, bes. S. 229 ff., 239 f., 308 ff.

31 So Wilfried Daim: Der Mann, der Hitler die Ideen gab. München 1958.

32 Adolf Hitler: Mein Kampf. 73. Auflage, München 1933, S. 8.

33 Ebenda, S. 64.

34 Ebenda, S. 41.

35 Ebenda, S. 66.

36 Ebenda, S. 44 f.

37 Ebenda, S. 221.

38 Ebenda, S. 358.

39 Ebenda, S. 70.

Für und gegen »Weltzivilisation« und »Massenkultur«

1 John Dewey: German Philosophy and Politics. New York 1915, 1942, S. 80.

2 Ebenda, S. 57.

3 Ebenda, S. 140.

4 Ebenda, S. 145.

5 Ders.: Lectures in China 1919–1920. Honolulu 1973, S. 163.

6 H. G. Wells: Die Zeitmaschine und Von kommenden Tagen. Wien-Hamburg 1980, (Erstausgabe 1894), S. 122.

7 Ders.: The new and revised Outline of History. Being a History of Life and Mankind. Garden City 1931, S. 1169 f.

8 Ebenda, S. 1163.

9 Ders.: Die Rettung der Zivilisation. München 1922, S. 150 f.

10 Ebenda, S. 151 f.

11 H. G. Wells, Julian S. Huxley, G. R. Wells: The Science of Life. Garden City 1936, S. 1478.

12 Ebenda, S. 1479 f. (»Die Menschheit am Ende ihrer Möglichkeiten«).

13 Madison Grant: Der Untergang der großen Rasse. Die Rassen als Grundlage der Geschichte Europas. München 1925, S. 13.

14 Ebenda, S. 12.

15 Ebenda, S. 159.

16 Lothrop Stoddard: The Revolt Against Civilization. The Menace of the Under-Man. London 1922, S. 164.
17 Ebenda, S. 132 f.
18 Ebenda, S. 141.
19 Ebenda, S. 219.
20 Ebenda, S. 226, 231.
21 José Ortega y Gasset: Der Aufstand der Massen. Stuttgart 1949, S. 68 f.
22 Ebenda, S. 118 ff., 131.
23 Ebenda, S. 148.
24 Ebenda, S. 147.
25 Karl Jaspers: Die geistige Situation der Zeit. Berlin 1932[5]. (Sechster Abdruck Berlin 1965), S. 37.
26 Ebenda, S. 36.
27 Ebenda, S. 77.
28 Ebenda, S. 158.
29 Ebenda, S. 193.
30 Ebenda, S. 200.
31 Martin Heidegger: Sein und Zeit. Halle 1941[5], S. 188.
32 Ebenda, S. 127.
33 Ebenda, S. 266.
34 Alfred Delp: Tragische Existenz. In: Gesammelte Schriften, hrsg. v. Roman Bleistein, Bd. 2. Frankfurt 1983, S. 120.
35 Heidegger, a.a.O., S. 404.
36 Ebenda, S. 384 f.
37 Otto Pöggeler: Heidegger und die politische Philosophie. In: Ders. u. a. (Hrsg.): Zur philosophischen Aktualität Heideggers, Bd. 1. Frankfurt 1991, S. 341.
38 Martin Heidegger – Elisabeth Blochmann: Briefwechsel 1918–1969. Marbach 1989, S. 60.

Theorien über Bolschewismus, Faschismus und Totalitarismus

1 W. I. Lenin, Werke, Bd. 28. S. 180–189 (»Wertvolle Eingeständnisse Pitirim Sorokins«).
2 Pitirim A. Sorokin: Die Soziologie der Revolution. München 1928, S. 45.
3 Ebenda, S. 58, 71, 75.
4 Ebenda, S. 79.
5 Ebenda, S. 80.
6 Ebenda, S. 139.
7 Ebenda, S. 145.

8 Ebenda, S. 180.

9 Ebenda, S. 352.

10 Ebenda, S. 331, 342.

11 René Fülöp-Miller: Geist und Gesicht des Bolschewismus. Zürich-Leipzig-Wien 1926; S. 68.
Der Hervorhebung wert ist auch das Buch von Waldemar Gurian »Der Bolschewismus. Einführung in Geschichte und Lehre«, Freiburg 1931; nicht zuletzt deshalb, weil der Verfasser um dieselbe Zeit unter einem Pseudonym auch ein erhellendes Buch über den Nationalsozialismus veröffentlichte (Walter Gerhart: Um des Reiches Zukunft. Freiburg 1932.) Gurian gibt zugleich eine historische Darstellung und eine theoretische Analyse sowie eine Dokumentation, wobei er ganz besonders den sozialreligiösen Charakter des Bolschewismus betont, aus dem sowohl der Vernichtungswille gegenüber den »Feinden» wie der unbedingte Wahrheitsanspruch hervorgehen. Daher ist das bolschewistische Regime »das Regime der vollständigen Politisierung und Vergesellschaftung des Menschen«. (127) So stellt sich Gurian auf die andere Seite der wenig später von Marcuse vertretenen Tendenz: Er verbindet die Begriffe »totaler Staat« und »totale Mobilmachung« viel stärker mit dem Bolschewismus als mit dem Faschismus: »Der faschistische Staat ist lange nicht so total wie der bolschewistische.« (S. VII) Als Katholik jüdischer Abkunft vermag er auf die Frage des »jüdischen Anteils« an der bolschewistischen Revolution mit großer Objektivität und Distanz zu antworten: Von allen Fremdvölkern beteiligten sich die Juden »am lebhaftesten« an sämtlichen revolutionären Bestrebungen, und zu den »Revolutionstheoretikern und -literaten« »gehören zahlreiche Männer und Frauen jüdischer Abstammung, denen das alte Regime nicht genügend Gelegenheit zu geben schien, zur Geltung zu kommen«. (20, 137). Andererseits betrachtete Lenin diesen Typ als »Krebsschaden der Revolution«, und Stalin drängte ihn stark zurück; überdies befanden sich Juden als Mitglieder der sozialrevolutionären und der menschewistischen Partei in großer Zahl unter den Angeklagten der Schauprozesse von 1922 und 1931. »Man kann nicht sagen, daß sie nur bei den Bolschewisten wirken.« (20).

12 Ebenda, S. 105.

13 Ebenda, S. 289 f.

14 Leo D. Trotzki: Die russische Revolution (Voltaire-Flugschrift o. O., o. J.), S. 24, 21 f.

15 Ders.: Verratene Revolution. Zürich o. J., S. 232 ff., 242.

16 Ebenda, S. 241.

17 Walter Schubart: Europa und die Seele des Ostens. Luzern 1946[4-5] (Erstausgabe Luzern 1938), S. 33.

18 Ebenda, S. 71, 49.

19 MEW, Bd. 12. S. 681 ff. Zum folgenden vgl. Ernst Nolte (Hrsg.): Theorien über den Faschismus. Köln-Berlin 1967 (1984[6] Königstein, Ts.), bes. S. 15–75.
20 So G. De Falco: Il fascismo milizia di classe. In: Rudolfo Mondolfo: Il fascismo e i partiti politici italiani. Bologna 1922.
21 Gegen den Strom, 1930, Nr. 4, S. 66.
22 Hermann Heller: Europa und der Fascismus. Berlin und Leipzig 1931[2], S. 135.
23 Radek schrieb den faschistischen Intellektuellen sogar einen »neuen Glauben« zu und räumte ein, daß sie der sozialistischen und kommunistischen Bewegung die größte bisherige Niederlage beigebracht hätten (s. Nolte; a.a.O., S. 22).
24 In diesem Sinne äußerte sich Herbert Marcuse 1934 in seinem Aufsatz »Der Kampf gegen den Liberalismus in der totalitären Staatsauffassung. (Ztschr. f. Sozialforschung III, 2, S. 161–194) Für Marcuse bedeutete »totalitär« ausschließlich »faschistisch«!
25 Nolte, a.a.O., S. 55, 42. Das Selbstverständnis des Faschismus wird noch in der Gestalt Giovanni Gentiles zum Thema werden, Adolf Hitler (s. oben) wäre auf anspruchsvollerer Ebene durch die Bücher Alfred Baeumlers zu ergänzen, zum Beispiel »Männerbund und Wissenschaft«, 1934.
26 Schon 1922 finden sich in dem angeführten Sammelband (Anm. 20) die ersten entsprechenden Vergleiche zwischen faschistischen und sowjetrussischen Methoden.
27 Alfred Cobban: Dictatorship. Its History and Theory. London 1939, S. 284.
28 Francesco L. Nitti: Bolschewismus, Fascismus und Demokratie. München 1926, S. 36. Luigi Sturzo: Italien und der Fascismus. Köln 1926, S. 104.

Oswald Spengler

1 Oswald Spengler: Der Untergang des Abendlandes. Umrisse einer Morphologie der Weltgeschichte. Vollständige Ausgabe in einem Band. München 1963, S. 57.
2 Ebenda, S. 6.
3 Ebenda, S. 43.
4 Diese »Morphologie des Organischen, der Geschichte und des Lebens, alles dessen, was Richtung und Schicksal in sich trägt«, bezeichnet Spengler als »Physiognomik«. Ihr stellt er »die Morphologie des Mechanischen und Ausgedehnten, die Naturgesetze und Kausalbeziehungen entdeckt«, als »Systematik« entgegen. (Ebenda, S. 135.)
5 Ebenda, nach S. 70.
6 Zu Breysig vgl. Anton Mirko Koktanek: Oswald Spengler in seiner Zeit. München 1968, S. XX. Zu Rathenau s. Spenglers Brief an R. vom 11. 5. 1918, in

dem er seinen Dank für Rs. Schriften zum Ausdruck bringt: Oswald Spengler: Briefe 1913–1936. München 1963, S. 101.

7 Der Terminus »Höhle« war in diesem Zusammenhang allerdings schon von Leo Frobenius in »Paideuma« verwendet worden, aber längst nicht mit dem »Zugriff«, über den Spengler verfügte. (S. Koktanek, a.a.O., S. 348.)
8 Spengler, Untergang, a.a.O., S. 19 f.
9 Ebenda, S. 24.
10 Ebenda, S. 1186 f.
11 Ebenda, S. 1195. (»Das Schicksal führt den Wollenden, den Nicht-wollenden zieht es.«)
12 Ebenda, S. 180.
13 Ebenda, S. 457.
14 Ebenda, S. 792.
15 Ebenda, S. 958.
16 Ebenda, S. 984 f.
17 Ebenda, S. 1194.
18 Koktanek, a.a.O., S. 13.
19 Spengler, Briefe, a.a.O., S. 29.
20 Ebenda, S. 97.
21 Ebenda, S. 657.
22 Ebenda, S. 749.
23 Ders.: Politische Schriften. München 1973, S. 4.
24 Ebenda, S. 96.
25 Ebenda, S. 94.
26 Ebenda, S. 100 f. 1924 beziffert er die Zahl der Opfer des Bolschewismus auf dieselbe Zahl wie Hitler um die gleiche Zeit: auf 30 Millionen. (Ebenda, S. 203 f.)
27 München 1931, S. 14.
28 Ebenda, S. 23.
29 Ebenda, S. 49, 57, 54.
30 Ebenda, S. 62.
31 Ebenda, S. 75, 78 f.
32 Oswald Spengler: Reden und Aufsätze. München 1938, S. 293.

Ernst Bloch

1 Ernst Bloch: Briefe 1903–1975. Bd. I. Frankfurt 1987, S. 54 f.
2 Über das Problem Nietzsches. In: Das freie Wort VI, Nr. 14 (1906), S. 566–570.
3 Bloch, Briefe I, a.a.O., S. 36, 106.

4 Ebenda, S. 95.
5 Ebenda, S. 67.
6 Ebenda, S. 160.
7 Ebenda, S. 185.
8 Die Schrift wird nach der Originalausgabe zitiert. Sie ist heute leicht zugänglich in dem von Martin Korol 1985 herausgegebenen Sammelband: Ernst Bloch: Kampf, nicht Krieg. Politische Schriften 1917–1919, Frankfurt a. M. 1985.
9 Ebenda, S. 5 f.
10 Ebenda, S. 17.
11 Ebenda, S. 30.
12 Ebenda, S. 19 ff.
13 Ebenda, S. 34, 38.
14 Ebenda, S. 49, 42.
15 Ebenda, S. 58.
16 Ebenda, S. 77.
17 Ebenda, S. 65.
18 Ebenda, S. 70.
19 Ebenda, S. 49, 67.
20 Ebenda, S. 49.
21 Ebenda, S. 87.
22 Ebenda, S. 88.
23 Ebenda, S. 233.
24 Ders.: Briefe I, a.a.O., S. 236.
25 Ebenda, S. 232 f.
26 Ders.: Kampf, nicht Krieg, a.a.O., S. 235.
27 Ders.: Geist der Utopie, München und Leipzig 1918, (Faksimile-Ausgabe Frankfurt 1971), S. 13 ff., 20 f.
28 Ebenda, S. 214, 322.
29 Ebenda, S. 214 ff.
30 Ebenda, S. 231, 64.
31 Ebenda, S. 251, 278 f.
32 Ebenda, S. 298.
33 Ebenda.
34 Ebenda, S. 306, 382, 332.
35 Ebenda, S. 407.
36 Ebenda, S. 410 f.
37 Ebenda, S. 99.
38 Ders.: Durch die Wüste. Kritische Essays, Berlin 1923, S. 31.
39 Ders.: Thomas Münzer als Theologe der Revolution. München 1921, S. 151.

40 Ebenda, S. 19.
41 Ebenda, S. 128.
42 Ders.: Politische Messungen. Pestzeit, Vormärz. Frankfurt 1970, S. 88.
43 Ders.: Erbschaft dieser Zeit. Frankfurt a. M. 1962, (Erstausgabe Zürich 1935), S. 153.
44 Ebenda, S. 159. Hier heißt es »Lenins Russland«. In der Originalausgabe (S. 101) steht »Russland«, und nach ihr habe ich zitiert. Es handelt sich also um eine jener (nicht einmal subtilen) »Fälschungen«, von denen die westdeutschen Ausgaben der Werke Blochs voll sind.
45 Ders.: Briefe I, a.a.O., Anm. 1., Bd. II, a.a.O., S. 703.
46 Ders.: Vom Hasard zur Katastrophe. Politische Aufsätze 1934–1939, Frankfurt 1972, S. 354.

Nikolaj Berdjajew

1 Donald A. Lowrie: Rebellious Prophet. A Life of Nicolaj Berdjajew. New York 1960, S. 91.
2 Nikolaj Berdjajew: Selbsterkenntnis. Versuch einer philosophischen Autobiographie. Darmstadt und Genf 1953, S. 260 f.
3 Ebenda, S. 123.
4 Ders.: Das neue Mittelalter. Betrachtungen über das Schicksal Rußlands und Europas. Tübingen 1950, S. 25.
5 Ebenda, S. 28, 82.
6 Ebenda, S. 88.
7 Ebenda.
8 Ebenda, S. 124 f.
9 Ebenda, S. 139.
10 Ders.: Der Sinn der Geschichte. Versuch einer Philosophie des Menschengeschicks. Darmstadt 1925, S. 100 f.
11 Ebenda, S. 77.
12 Ebenda, S. 128, 143.
13 Ebenda, S. 141.
14 Ebenda, S. 132.
15 Ders.: Selbsterkenntnis, a.a.O., S. 298.
16 Ders.: Der Sinn . . ., a.a.O., S. 150 ff.
17 Ebenda, S. 299, 273.
18 Ebenda, S. 106 f.
19 Ebenda, S. 111, 277.
20 Ebenda, S. 290.

21 Ebenda, S. 280.
22 Ebenda, S. 283.
23 Ders.: Das Schicksal des Menschen in unserer Zeit. Luzern 1935, S. 29, 80, 84.
24 Ebenda, S. 47.
25 Ebenda, S. 48.
26 Ebenda, S. 49.
27 Ebenda, S. 66.
28 Ebenda, S. 54.
29 Ebenda, S. 100.
30 Ebenda.
31 Ders.: Wahrheit und Lüge des Kommunismus. Luzern 1934, S. 25.
32 Ebenda, S. 33.
33 Ders.: Die russische Idee. Grundprobleme des russischen Denkens im 19. Jahrhundert und zu Beginn des 20. Jahrhunderts. Sankt Augustin 1983, S. 230.
34 Ebenda, S. 88, 236.
35 Ebenda, S. 231.
36 Ders.: Selbsterkenntnis, a.a.O., S. 335.
37 Ders.: Das Schicksal . . ., a.a.O., S. 50.
38 Ders.: Selbsterkenntnis, a.a.O., S. 352.

Max Scheler und Henri Bergson

1 Wilhelm Mader: Max Scheler in Selbstzeugnissen und Bilddokumenten. Reinbek 1980, S. 144. S. auch: 2. Aufl., Frankfurt 1990. Martin Heidegger, Gesamtausgabe Bd. 26.
2 Max Scheler: Schriften aus dem Nachlaß, Bd. I. Bern 1957², S. 268 f.
3 Ebenda.
4 Ders.: Philosophische Weltanschauung. München o. J., S. 97.
5 Ebenda, S. 109 f.
6 Ebenda, S. 105, 108.
7 Ders.: Die Stellung des Menschen im Kosmos. München 1947, S. 84 f.
8 Ders.: Die Idee des Friedens und der Pazifismus. Berlin 1931, S. 22.
9 Ebenda, S. 25.
10 Ebenda, S. 26.
11 Ebenda, S. 29.
12 Ebenda, S. 43.
13 Ebenda, S. 52 ff.

14 Ebenda, S. 57 ff.
15 Ebenda, S. 62.
16 Henri Bergson: Les deux sources de la morale et de la religion. Paris 1932, S. 27.
17 Ebenda, S. 288.
18 Ebenda, S. 304, 332.
19 Ebenda, S. 343.

Carl Schmitt und Ernst Jünger

1 Carl Schmitt: Politische Romantik. München und Leipzig 1925[2], (Erstausgabe 1919), S. 26, 9.
2 Ebenda, S. 23.
3 Ebenda, S. 25.
4 Ebenda, S. 140 f.
5 Ebenda, S. 38.
6 Ebenda, S. 228.
7 Ders.: Römischer Katholizismus und politische Form. Hellerau 1923, S. 21 ff.
8 Ebenda, S. 33,31.
9 Ebenda, S. 28.
10 Ebenda, S. 78 f.
11 Ders.: Die geistesgeschichtliche Lage des heutigen Parlamentarismus. München und Leipzig 1923, S. 45, 62, 57.
12 Ebenda, S. 64 f.
13 Ders.: Verfassungslehre. Berlin 1928, S. 31.
14 Ders.: Die Diktatur. Von den Anfängen des modernen Souveränitätsgedankens bis zum proletarischen Klassenkampf. Berlin 1928, S. 165.
15 Ders.: Der Begriff des Politischen. München und Leipzig 1932[2], S. 60 f.
16 Hasso Hofmann: Legitimität gegen Legalität. Der Weg der politischen Philosophie Carl Schmitts. Neuwied 1964, S. 118.
17 Schmitt, Der Begriff des Politischen, a.a.O., S. 81.
18 Ders.: Staat, Bewegung, Volk. Hamburg 1933, S. 37.
19 Ders.: Staatsgefüge und Zusammenbruch des Zweiten Reiches. Der Sieg des Bürgers über den Soldaten. Hamburg 1934, S. 43.
20 In: Ders.: Positionen und Begriffe im Kampf mit Weimar, Genf, Versailles 1923–1939. Hamburg 1940, S. 199–203.
21 Joseph W. Bendersky: Carl Schmitt. Theorist for the Reich. Princeton 1983, S. 223 ff.
22 Ob die antisemitischen Wendungen in dem Buch über die Staatslehre des

Thomas Hobbes (»Leviathan ... Hamburg 1938) und anderswo rein opportunistischen Erwägungen entsprangen, bedürfte näherer Untersuchung. Die Herstellung einer Verbindung zwischen Liberalismus und Judentum, wie er sie hier vornimmt, indem er Spinoza den »ersten liberalen Juden« nennt (86), Friedrich Julius Stahl in eine »jüdische Front« einreiht (108) und die Vorstellungen von Leviathan und Behemoth als – staatsfeindliche – »jüdische Kampfmythen größten Stils« (18) bezeichnet, war als solche weit verbreitet. Um so auffallender ist, daß sie in Schmitts Schriften der Weimarer Periode nicht zu finden ist.

23 Ernst Jünger: Sämtliche Werke. Zweite Abteilung. Essays. Band 7, Essays I. Stuttgart 1980, S. 121 (zuerst 1930 im Sammelband »Krieg und Krieger«).

24 Ebenda, S. 126.

25 Ebenda, S. 127.

26 Ebenda.

27 Ebenda, S. 138.

28 Ebenda, Bd. 8, Essays II, S. 17.

29 Ebenda, S. 57.

30 Ebenda, S. 153.

31 Ebenda.

32 Ebenda, S. 165.

33 Ebenda, S. 229.

34 Ebenda, S. 214 f.

35 Ebenda, S. 264.

36 Ebenda, S. 231.

37 Ebenda, S. 168.

38 Ebenda, S. 242.

39 Ebenda, S. 252.

40 Ebenda, S. 271.

41 Ebenda, S. 276.

42 Ebenda, S. 205.

Benedetto Croce und Giovanni Gentile

1 Benedetto Croce: Contributo alla critica di me stesso. Bari 1926, S. 25.

2 Ders.: Die Geschichte als Gedanke und als Tat. Bern 1944, S. 221.

3 Ebenda, S. 279.

4 Ebenda, S. 382 f.

5 Ebenda, S. 383.

6 Ebenda, S. 477.

7 Ebenda, S. 473.

8 Ders.: Geschichte Europas im neunzehnten Jahrhundert. Zürich 1936, S. 13.
9 Ebenda, S. 30 f.
10 Ebenda, S. 151.
11 Ebenda, S. 214.
12 Ebenda, S. 242.
13 Ebenda, S. 285 ff.
14 Ebenda, S. 248.
15 Ebenda, S. 251.
16 Ebenda, S. 53.
17 Ebenda, S. 344 f.
18 Hier wäre auch seine Stellungnahme zur jüdischen Emanzipation bzw. zum Antisemitismus zu erwähnen: »Glücklicherweise jedoch zeigte sich [in Italien] nicht eine Spur jener Dummheit, die man Antisemitismus nennt, die zuerst durch Verfolgung die Juden vom übrigen Volk trennt und ihre Solidarität damit stärkt und dann die Wirkungen dieser Bedrängnisse durch neue Verfolgungen unterdrücken will; sie vervielfacht die Ursachen des Übels, statt auf das allmähliche und sichere assimilatorische Wirken von Bildung und Kultur zu vertrauen.« Das hindert Croce aber nicht, bei Marx »irrationale Elemente von jüdischem Haß und Zerstörungsgeist gegen die klassische und christliche Tradition der europäischen Kultur, von semitischem Chiliasmus und preußisch-feudaler Brutalität« wahrzunehmen (Geschichte Italiens 1871–1915. Berlin 1928, S. 92 f., 159 f.).
19 Giovanni Gentile: Der aktuale Idealismus. Zwei Vorträge. Tübingen 1931, S. 20 f.
20 Ders.: Teoria generale dello spirito come atto puo. Firenze 1944, (Erstausgabe 1916), S. 23.
21 Ders.: Genesi e struttura della società. Firenze 1945, S. 41.
22 (»attività spazialitrice dello spirito«) In: Ders.: Teoria . . ., a.a.O., S. 120.
23 Ebenda, S. 184.
24 Ders.: Grundlagen des Faschismus. Köln 1936, S. 30.
25 Ernst Nolte (Hrsg.): Theorien über den Faschismus. Königstein 1984^{6}, S. 112–117 (Gentile), 138–140 (Croce).
26 Manlio di Lalla: Vita di Giovanni Gentile. Firenze 1975, S. 456 f.

Theodor Lessing und Paul Tillich

1 Theodor Lessing: Einmal und nie wieder. Lebenserinnerungen. Prag 1935, S. 306.

2 Rainer Marwedel: Theodor Lessing 1872–1933. Eine Biographie. Darmstadt und Neuwied 1987, S. 113.
3 Theodor Lessing: Europa und Asien. Berlin 1918, S. 85 f.
4 Ders.: Ich warf eine Flaschenpost ins Eismeer der Geschichte. Essays und Feuilletons (1923–1933). Darmstadt und Neuwied 1986, S. 415–425 (424).
5 Ebenda, S. 65–69 (69).
6 Ders.: Geschichte als Sinngebung des Sinnlosen. München 1983 (Erstausgabe München 1919), S. 31.
7 Ebenda, S. 77.
8 Ebenda, S. 121.
9 Ebenda, S. 134.
10 Ebenda, S. 142.
11 Ebenda, S. 179.
12 Ebenda, S. 87, 68.
13 Ebenda, S. 216.
14 Ebenda, S. 174 f.
15 Ebenda, S. 245. Noch unzweideutiger als hier äußert sich Lessing in seiner Autobiographie (Anm. 1), S. 118.
16 Gerhard Wehr: Paul Tillich in Selbstzeugnissen und Bilddokumenten. Reinbek 1979, S. 31.
17 Ab 1930 folgten die Neuen Blätter für den Sozialismus.
18 Mancherlei Andeutungen in Lebensbeschreibungen und Briefen lassen vermuten, daß der junge Theologieprofessor ein recht freizügiges Liebesleben führte, und der Verzicht auf einen Gott, »den es gibt«, stellt ihn eher an die Seite des späten Max Scheler als an diejenige Luthers oder Karl Barths. (vgl. Wehr, a.a.O., S. 45, 110, 145.)
19 Paul Tillich: Das Dämonische. Ein Beitrag zur Sinndeutung der Geschichte. Tübingen 1926, S. 12.
20 Ebenda, S. 42.
21 Ders.: Die sozialistische Entscheidung. Potsdam 1933, S. 19 f.
22 Ebenda, S. 38.
23 Ebenda, S. 63.
24 Ebenda, S. 114.
25 Ebenda, S. 146.
26 Ebenda, S. 159.
27 Ebenda, S. 180 f.
28 Ebenda, S. 187, 197.
29 Ebenda, S. 201.
30 Ebenda, S. 198.

Karl Mannheim und Othmar Spann

1 Zoltan Horváth: Die Jahrhundertwende in Ungarn. Darmstadt und Neuwied 1966, S. 199.

2 Henk E. S. Woldring: Karl Mannheim. The Development of his Thought. Assen/Maastricht 1986, S. 67 (Biographie S. 5–67).

3 Die Abhandlung erschien zuerst in gekürzter Form unter dem Titel: Das konservative Denken im Archiv für Sozialwissenschaft und Sozialpolitik, Bd. LVII (1927); seit kurzem liegt sie vollständig vor (Konservatismus, Frankfurt 1984).

4 Karl Mannheim: Ideologie und Utopie. Frankfurt 1969^5 (zuerst Bonn 1929), S. 7.

5 Ebenda, S. 12.

6 Ebenda, S. 62.

7 Ebenda, S. 70.

8 Ebenda, S. 92 f.

9 Ebenda, S. 174.

10 Ebenda, S. 216.

11 Ebenda.

12 Ebenda, S. 237, 263.

13 Ebenda, S. 166, 218.

14 Ebenda, S. 257, 146.

15 Ebenda, S. 225.

16 Ders.: Mensch und Gesellschaft im Zeitalter des Umbaus. Leiden 1935, S. 152.

17 Ebenda, S. 34 (»Wirtsvölker« nicht bei Mannheim!)

18 Ebenda, S. 72.

19 Othmar Spann: Geschichtsphilosophie. Jena 1932, S. 101 f.

20 Alfred Diamant: Austrian Catholics and the First Republic. Princeton 1960, S. 91, zitiert nach Martin Schneller: Zwischen Romantik und Faschismus. Der Beitrag Othmar Spanns zum Konservativismus der Weimarer Republik. Stuttgart 1970, S. 106.

21 Spann, Geschichtsphilosophie, a.a.O., S. 412 f.

22 Ebenda, S. 421.

23 Ebenda, S. 431.

24 Ebenda, S. 185.

25 Ebenda, S. 333.

26 Ebenda, S. 439.

Sigmund Freud und Carl Gustav Jung

1 Sigmund Freud: Werkausgabe in zwei Bänden, 2 Bde. Frankfurt 1978, Bd. II., S. 313.
2 Ebenda, S. 340.
3 Ebenda, S. 364 ff.
4 Ebenda, S. 357.
5 Ebenda, S. 376.
6 Ebenda, S. 407.
7 Ebenda, S. 396 f., 387.
8 Ebenda, S. 395.
9 Max Schur: Freud: Living and Dying. London 1972, S. 566.
10 Sigmund Freud: Der Mann Moses und die monotheistische Religion. Drei Abhandlungen. Amsterdam 1939, S. 165.
11 Ders.: Werkausgabe, a.a.O., Bd. II, S. 203.
12 Ders.: Die Traumdeutung. In: Ges. Werke, Bd. 2 und 3, London 1942, S. 202 f.
13 John Murray Cuddihy: Ordeal of Civility. Freud, Marx, Lévi-Strauss, and the Jewish Struggle with Modernity. New York 1974, S. 62.
14 Freud, Werkausgabe, Bd. II, a.a.O., S. 494.
15 Ebenda, S. 403.
16 So Schur, a.a.O.
17 So in einem Brief an Karl Abraham vom 3. Mai 1908, zitiert nach Gerhard Wehr: Carl Gustav Jung. Leben, Werk, Wirkung. München 1985, S. 284.
18 Carl Gustav Jung: Zivilisation im Übergang. Olten und Freiburg i. Brsg. 1974, S. 204.
19 Ebenda, S. 214 f.
20 Ebenda, S. 204.
21 Ebenda.
22 Ebenda, S. 205 ff.
23 Ebenda, S. 209.
24 Ebenda, S. 211.
25 Wehr, Carl Gustav Jung, a.a.O., S. 282.
26 Ebenda, S. 285.
27 Ebenda.
28 Barbara Hannah: C. G. Jung. Sein Leben und Werk. Fellbach-Oeffingen 1982, S. 277.

Der Zweite Weltkrieg und der ambivalente Sieg des »jüdischen Messianismus«

1 Zeitschrift für Geopolitik. XV. Jg. 1938, Heft 10 (Oktober), S. 781–782.

2 Vgl. Lothar Gruchmann: Nationalsozialistische Großraumordnung. Die Konstruktion einer »deutschen Monroe-Doktrin«. Stuttgart 1962.

3 S. oben S. 146 ff.

4 Theodore N. Kaufman: Germany must perish! Newark. N. J. o. J. (1940), S. 12, 16, 36. In der Karte, welche die künftige Aufteilung des deutschen Raumes unter die Nachbarn zeigt, ist freilich Österreich ebenfalls beseitigt.

5 G.D.H. Cole: Europe, Russia, and the Future. New York 1942, S. 184, 23, 145, 192 ff.

6 Joseph Alois Schumpeter: Kapitalismus, Sozialismus und Demokratie, München 1975[4], (Erstausgabe 1942), S. 481.

7 Sigmund Neumann: Permanent Revolution. New York und London 1942, S. 265.

8 Ebenda, S. 310.

9 Zur Kriegskoalition vgl.: Notallianz der Feinde oder ideologisches Bündnis? In: Ernst Nolte: Deutschland und der Kalte Krieg. Stuttgart 1985[2], S. 109–116.

10 Leo Trotzki: Schriften über Deutschland. Bd. I, Frankfurt 1971, S. 158.

11 Generaloberst Halder: Kriegstagebuch Bd. II., Stuttgart 1963, S. 335 f.

12 Kurt Hiller: Köpfe und Tröpfe. Profile aus einem Vierteljahrhundert. Hamburg-Stuttgart 1950, S. 367.

TEIL III: 1945/47 bis 1963/73

Die Spannungsphase des Kalten Krieges 1945/47 bis 1963/73

1 The Ideas of Henry Luce, Ed. with an Introduction by John K. Jessup. New York 1969, S. 105–120 (108 f., 115, 117, 120).

2 Zitiert nach Ernst Nolte: Deutschland und der Kalte Krieg. München 1974, S. 200, 246.

3 So Luce, a.a.O., S. 119. Es ist interessant, mit welcher Unbefangenheit Luce das Wort »world revolution« im positiven, das heißt amerikanischen Sinn verwendet (S. 116); es ist bemerkenswert, daß er drei Jahre später im Rückblick sich selbst eine führende Rolle innerhalb der »warmongering groups« zuschreibt, denen Roosevelt trotz der »Quarantäne«-Rede von 1937 allzu zögernd Unterstützung gewährt habe (S. 352).

4 Nolte, a.a.O., S. 388, 288.
5 Zitiert nach Alfred M. Lilienthal: The Zionist Connection. What Price Peace? New York 1978, S. 352 f.

Rechenschaft über Deutschland

1 Alexander Abusch: Der Irrweg einer Nation. Berlin 1946, S. 246. Johannes Volker Wagner (Hrsg.): Deutschland nach dem Krieg. Bochum 1975, S. 178.
2 Ernst Niekisch: Deutsche Daseinsverfehlung. Berlin 1946, S. 84, 89.
3 Freda Utley: Kostspielige Rache. The High Cost of Vengeance. Hamburg 1952[7], S. 211, 347.
4 Karl Jaspers gab 1946 in der »Schuldfrage« die Aussage eines von ihm »menschlich hochgeschätzten Mannes« wieder, der sich »in Verwirrung trüber Gefühle« folgendermaßen geäußert habe: »Ein Philosoph spricht leichthin das Urteil aus: die deutsche Geschichte ist zu Ende, jetzt beginnt die Ära Washington-Moskau. Eine so groß und sehnsüchtig angelegte Geschichte wie die deutsche sagt nicht einfach Ja und Amen zu solchem akademischen Beschluß. Sie flammt auf, sie stürzt sich in tief erregtem Wehren und Angriff, in wildem Tumult von Glauben und Haß in ihr Ende.« (Karl Jaspers: Hoffnung und Sorge. Schriften zur deutschen Politik 1945–1965. München 1965, S. 136.) Man darf diese Äußerung zu der angeführten Aussage von Kurt Hiller in Parallele setzen (s. oben S. 328).
5 Gerhard Ritter: Geschichte als Bildungsmacht. Ein Beitrag zur historisch-politischen Neubesinnung. Stuttgart 1946, S. 25.
6 Ders.: Europa und die deutsche Frage. München 1948, S. 8, 111 ff., 191 f., 199.
7 Friedrich Meinecke: Die deutsche Katastrophe. Betrachtungen und Erinnerungen. Wiesbaden 1946, S. 138, 160, 164, 151 f., 174 ff.
8 Ebenda, S. 36, 26, 15, 18, 81, 11 f., 97.
9 Ebenda, S. 96, 29, 53.
10 Wilhelm Röpke: Die deutsche Frage. Erlenbach-Zürich 1945[2], S. 17, 22, 23 f., 42.
11 Ebenda, S. 43 f., 142, 161, 168 f., 204, 250, 234. Noch nachdrücklicher als Meinecke macht Röpke auf den »tragischen Umstand« aufmerksam, »daß der Anteil jüdischer Schriftsteller (angefangen mit Marx) an einer Entwicklung immens« sei, deren letzte Folgen »zu einer so schrecklichen Katastrophe des Judentums führten« (S. 195). Offenbar deshalb glaubt er, eine auffallende Ähnlichkeit zwischen den Deutschen und den Juden als »einem andern tragischen Volk der Weltgeschichte« konstatieren zu dürfen.
12 Wenn Röpke es, anders als Meinecke, vermeidet, von den »Schätzen der

deutschen Kultur« zu sprechen (Meinecke, a.a.O., S. 35), so ist doch auch für ihn der Begriff der »Kultur« zentral, deren Symbol für ihn weder der »Wald« noch die »Mietskaserne«, sondern »der Garten« ist. (S. 129).

13 Vgl. Ernst Nolte, Deutschland und der Kalte Krieg. München 1974, S. 296–329, 379.

Marxisten, Philomarxisten, Antimarxisten

1 Henri Lefèbvre: Der Marxismus. München 1975. (Orig. Ausg., 1948), S. 14, 42, 53, 70, 86, 50.

2 Georg Lukács: Die Zerstörung der Vernunft. (Werke Bd. 9), Neuwied 1962, S. 69, 159, 428, 472.

3 Ebenda, S. 459.

4 Jean-Paul Sartre: Materialismus und Revolution. In: Drei Essays. Frankfurt–Berlin 1966, S. 69. »Ich habe schon Bekehrungen zum Materialismus gesehen: man tritt in ihn ein wie in eine Religion.«

5 Hier wäre auf die große Wichtigkeit der Hegel-Vorlesungen Alexandre Kojèves hinzuweisen (vgl. Teil IV, Raymond Aron).

6 Bruno Schoch: Marxismus in Frankreich seit 1945. Frankfurt–New York 1980, S. 141.

7 Betrachtungen zur Judenfrage. In: Sartre, Drei Essays, a.a.O., S. 158, 187, 188.

8 Jean-Paul Sartre: Critique de la raison dialectique. Bd. 1 u. 2, Paris 1985, Bd. 1, S. 14 (»je considère le marxisme comme l'indépassable philosophie de notre temps«).

9 Maurice Merleau-Ponty: Humanisme et terreur. Paris 1947, S. XII f., 133, 165, 159 f.

10 Ders.: Les aventures de la dialectique. Paris 1955, S. 302 f.

11 Esprit, Bd. 16,1 (1948), S. 364.

12 Joseph Amato: Mounier and Maritain: A French Catholic Understanding of the Modern World. Alabama 1975, S. 71 ff.

13 Franz Borkenau: The Totalitarian Enemy. London 1939, S. 13.

14 James Burnham: Das Regime der Manager. Stuttgart 1949, S. 211.

15 Karl A. Wittfogel: Die orientalische Despotie. Eine vergleichende Untersuchung totaler Macht. Köln-Berlin 1962, S. 197.

16 Ebenda, S. 410.

17 Im zweiten Band seines Werkes hebt Talmon in einem eigenen Unterkapitel ausdrücklich hervor, daß Juden in extremen und revolutionären Bewegungen der neueren Zeit, wie zum Beispiel schon im Saint-Simonismus, eine hervorragende und auffallende Rolle gespielt hätten und daß dafür »die uralte jüdische

Tradition der Solidarität und des einfühlenden Mitleids mit dem Leiden anderer« bestimmend gewesen sei. Im Kontext des Buches kann das schwerlich anders denn als eine Art nationaler Selbstkritik verstanden werden, aber dadurch wird gerade deutlich, wie sehr wissenschaftliche Aussagen und emotionelle Polemiken u. U. nicht durch den Inhalt verschieden sind, sondern durch den »Ton«, der die Musik macht.

»Reaktionäre« und »progressive« Denktendenzen

1 Hans Sedlmayr: Verlust der Mitte. Die bildende Kunst des 19. und 20. Jahrhunderts als Symptom und Symbol der Zeit. Salzburg 1953⁶, (Orig. Ausg. 1948), S. 60, S. 160 (Bildbeilage), 193, 244 f.

2 Romano Guardini: Das Ende der Neuzeit. Ein Versuch zur Orientierung. Würzburg 1958, (Orig. Ausg., Basel 1950), S. 117.

3 Karl Löwith: Weltgeschichte und Heilsgeschehen. Zur Kritik der Geschichtsphilosophie. Stuttgart 1983, S. 71, 95, 53, 83, 345. Auf S. 53 läßt Löwith den Marxschen Messianismus »in seiner Rasse wurzeln«, und er nennt Marx einen »Juden von alttestamentlichem Format«. (Orig. Ausg., Meaning in History, Chicago 1949.)

4 Walt Whitman Rostow: Stadien wirtschaftlichen Wachstums. Eine Alternative zur marxistischen Entwicklungstheorie. Göttingen 1967 (Orig. Ausg., Cambridge 1960), S. 20, 92, 145, 194, 161.

5 Kavalam Madhava Panikkar: Asia and Western Dominance. A Survey of the Vasco Du Gama Epoch of Asian History 1498–1945. London 1959, S. 316, 116, 323, 332.

6 Frantz Fanon: Die Verdammten dieser Erde. Frankfurt 1966 (Orig. Ausg., Les damnés de la terre. Paris 1961), S. 53, 66, 75, 100, 69.

7 Ders.: Aspekte der algerischen Revolution. Frankfurt 1969 (Orig. Ausg., Sociologie d'une révolution, Paris 1968), S. 23.

8 Ders.: Die Verdammten . . ., a.a.O., S. 85, 167, 160, 132, 58 f.

9 Ebenda, S. 9, 17, 25.

10 Simone de Beauvoir: Le deuxième sexe. Bd. I: Les faits et les mythes. Bd. II: L'expérience vécue. Paris 1956 I^{105}, II^{93} (Orig. Ausg., 1949), Bd. I, S. 133.

11 Ebenda, Bd. II, S. 13; Bd. I, S. 58, 61, 70.

12 Ebenda, Bd. I, S. 128, 213, 228; Bd. II, 577.

13 Zitiert nach Wolf-Dieter Lange (Hrsg.): Französische Literatur der Gegenwart in Einzeldarstellungen. Stuttgart 1971, S. 206 (Gerda Schüler: Simone de Beauvoir).

14 de Beauvoir, a.a.O., Bd. I, S. 203.

15 Friedrich Wagner: Die Wissenschaft und die gefährdete Welt. München 1964, S. 293, 224 und passim. Es ist bemerkenswert, daß dieses Buch von Heidegger in seinem Briefwechsel mit Erhart Kästner mit einer sehr positiven Wendung erwähnt wird. (Martin Heidegger-Erhart Kästner Briefwechsel 1953–1974. Frankfurt 1986, S. 84.)

16 Robert Jungk: Die Zukunft hat schon begonnen. Amerikas Allmacht und Ohnmacht. Stuttgart 1954[11] (1952[1]), S. 13, 61, 69, 72, 75, 19.

17 Günther Anders: Die Antiquiertheit des Menschen. Bd. 1: Über die Seele im Zeitalter der zweiten industriellen Revolution. München 1980, (Erstausgabe München 1956), S. 7, 2, 7, 33, 52, 239 ff., 240 f.

18 In dem Vorwort zur Neuauflage von 1980 nimmt er seine frühere und sehr negative Beurteilung der Massenmedien mit der Begründung zurück, das amerikanische Fernsehen habe wesentlich zum Abbruch des amerikanischen »Krieges« in Vietnam beigetragen (S. VIII).

19 Pierre Teilhard de Chardin: Der Mensch im Kosmos. München 1959, (Orig. Ausg., Le phénomène humain. Paris 1955), S. 22, 28 f., 38, 125, 244, 275, 278, 201, 306 f., 244.

20 Weitere Einzelheiten zur Geschichte der Schule in: Traian Stoianovich: French Historical Method. The Annales Paradigm. With a Foreword by Fernand Braudel. Ithaca u. London 1976.
Überwiegend kritisch: Hervé Couteau- Bégarie: Le phénomène Nouvelle Histoire. Stratégie et idéologie des nouveaux historiens. Paris 1983.

21 Fernand Braudel: La méditerranée et le monde méditerranéen à l'époque de Philippe II. Bd. I, Paris 1966[2], S. 16.

22 Orig. Ausg.: Montaillou. Village occitan de 1294 a 1324. Paris 1975, (Deutsche Übersetzung: Frankfurt-Berlin-Wien 1980).

23 Orig. Ausg.: L'homme devant la mort. Paris 1978, (Deutsche Übersetzung München 1982).

Arnold Toynbee

1 Arnold Toynbee: A Study of History, 11 Bände, London-New York-Toronto 1934–1961; Bd. I, S. 17. Von dem Riesenwerk wurde im Einvernehmen mit dem Autor durch D. C. Somervell eine Kurzfassung hergestellt, die in der Übersetzung Jürgen von Kempskis in vier Bänden vom Deutschen Taschenbuch Verlag 1970 unter dem Titel »Der Gang der Weltgeschichte« herausgebracht wurde. Diese Kurzfassung nimmt sich erhebliche Freiheiten mit dem Text und gibt nicht im entferntesten ein adäquates Bild von dem staunenswerten Reichtum des Originalwerkes an Kenntnissen und Einsichten. Die deutsche Übersetzung

bedeutet eine zweite Verfremdung. Sie ist dennoch unentbehrlich, weil die Originalausgabe nur relativ wenigen deutschen Lesern zugänglich sein dürfte und weil in der Tat bloß ein Toynbee-Spezialist oder ein Mensch, der über viel Muße verfügt, die 9 (mit Kartenwerk und den »Reconsiderations« 11) Bände Zeile für Zeile lesen kann. Ich führe daher gleichzeitig die entsprechende Textstelle der deutschen Übersetzung an, hier I,1, S. 33.

2 Toynbee, Study, VII a.a.O., S. 508. Kempskis, Gang 2/1, a.a.O., S. 140.

3 Study, IX, a.a.O., S. 612, 620 ff., 629 f., 637 ff. Gang 2/2, a.a.O., S. 438 ff. (stark verkürzt).

4 Study, III, a.a.O., S. 200 f.; Gang 1/1, a.a.O., S. 283.

5 Study, V, a.a.O., S. 178 f.; Gang 1/2, a.a.O., S. 523 f.

6 Study, V, a.a.O., S. 186; Gang 1/2, a.a.O., S. 524.

7 Ders.: Die Welt und der Westen. Stuttgart 1953, S. 10.

8 Ebenda, S. 13.

9 Ebenda, S. 18, 21.

10 Ebenda, S. 22.

11 In: Ders.: Die Zukunft des Westens. München 1964, S. 91–176.

12 Ebenda, S. 103, 101.

13 Ebenda, S. 99 ff.

14 Ebenda, S. 109 f., 120, 175.

15 Ders.: Study, VIII, a.a.O., S. 288, 304, 289. Das ganze Unterkapitel: The Modern West and the Jews. S. 272–313 findet sich im Gang 2/1 in stark verkürzter und veränderter Fassung unter der Überschrift: Das Abendland der Neuzeit und die Juden. a.a.O., S. 222–231.

16 Ders.: Study, a.a.O., S. 272.

17 Ebenda, S. 289.

18 Ebenda, S. 291.

19 Ebenda, S. 311: »Within the thirty years A. D. 1918–1948 the Zionist pioneers in Palestine duly achieved this almost incredible *Tour de Force* of minting a fresh type of Jew in whom the child of the Diaspora was no longer recognizable. The image and superscription on this new human coinage was not Hillel's, but Caesar's. The Janus-figure – part American farmer-technician, part Nazi *Sicarius* – was of a characteristically Western stamp.« Arnold J. Toynbee: Erlebnisse und Erfahrungen. München 1970, S. 272: »Der Kolonalismus Israels seit der Errichtung des neuen Staates gehört zu den finstersten Seiten im Buch der Geschichte des modernen Kolonialismus überhaupt. Genau zu der Zeit, als die westeuropäischen Völker dabei waren, auf ihre Herrschaft über außereuropäische Völker zu verzichten, begannen die osteuropäischen Zionisten mit ihrem Kolonialismus in der extremen Form von Vertreibung und Beraubung. [. . .] Der Kolonialismus der Israelis, der, während ich diese Zeilen schreibe,

fortgesetzt wird, ist nicht allein ein Vergehen – er ist auch ein moralischer Anachronismus.« (Orig. Ausg., Experiences, London 1969.)

20 Ders.: Study, VIII, a.a.O., S. 307.

Karl R. Popper und Talcott Parsons

1 Karl R. Popper: Unended Quest. An Intellectual Autobiography. London 1976, (Orig. Ausg., 1974), S. 9.

2 Ebenda, S. 32.

3 Ebenda, S. 106 f.

4 Ders.: Das Elend des Historizismus. Tübingen 1965, S. 2.

5 Ebenda, S. 124 f.

6 Ebenda, S. 141.

7 Ders.: Die offene Gesellschaft und ihre Feinde. Bd. I: Der Zauber Platons. Bd. II: Falsche Propheten. München 1980, Bd. I, S. 59.

8 Ebenda, S. 146.

9 Ebenda, S. 233, 236.

10 Ebenda, S. 237.

11 Ebenda, S. 266 ff.

12 Ebenda, Bd. II, S. 31, 33.

13 Ebenda, S. 15, 70, 101, 40 f., 42. Noch mehr als Hegel erregt Heidegger bei Popper Anstoß, dessen Denken er als »Philosophie des Gangsters« bezeichnet. (Ebenda, S. 99.)

14 Ebenda, S. 147.

15 Ebenda, S. 102, 292.

16 Ebenda, S. 186, 197, 272 f.

17 Woran glaubt der Westen? In: Ders.: Auf der Suche nach einer besseren Welt. Vorträge und Aufsätze aus dreißig Jahren. München- Zürich 1984, S. 243.

18 Ders.: Die offene Gesellschaft, a.a.O., Bd. II, S. 281.

19 Ders.: Quest, a.a.O., (Anm. 1), S. 197 f.

20 Peter Hamilton: Talcott Parsons. Chichester und London 1983, S. 108, 112.

21 Zitiert nach Don Martindale: Prominent Sociologists Since World War II. Columbus, Ohio, S. 71 f. (aus: The Social System. Glencoe 1951, S. 12).

22 Hamilton, a.a.O., S. 38.

23 Talcott Parsons: The Evolution of Societies. Edited and with an Introduction by Jackson Toby. Englewood Cliffs 1977, S. 71.

24 Ebenda, S. 174, 212.

25 Ebenda, S. 194 f.

26 Ders.: Politics and Social Structure. New York-London 1969, S. 81.
27 Ebenda, S. 94.

John Kenneth Galbraith und George Kennan

1 John Kenneth Galbraith: The Affluent Society. London 1959, (Orig. Ausg., New York 1968), S. 22.
2 Wenn Galbraith sich darüber mokiert, daß für die »konventionelle Weisheit« der herrschenden Nationalökonomie die Errichtung von Schulen »unproduktiv«, aber »die Herstellung von Toilettendeckeln für diese Schulen« produktiv ist (Ebenda, S. 144), so scheint er nicht zu wissen, daß Friedrich List sich hundert Jahre zuvor auf ganz ähnliche Weise geäußert hatte.
3 1958 war es sicherlich noch keine Trivialität, wenn Galbraith die »poverty of our schools, the unloveliness and congestion of our cities . . . and the social disorder that is associated with imbalance« beklagt (S. 250).
4 Ebenda, S. 97.
5 Menschliche Wünsche sind ebensosehr durch die Kultur wie durch die Natur bedingt, aber dadurch wird eine Frage nicht illegitim, die Galbraith in anderem Zusammenhang stellt: ob nicht »menschliches Glück ebenso wirksam durch mangelnde Effizienz in der Wunscherzeugung wie durch Effizienz in der Produktion gefördert werden würde« (S. 223) – das Prinzip des »größten Glücks der größten Zahl« hat in der Tat längst nicht die Eindeutigkeit, die Bentham ihm zuschreibt.
6 Ebenda, S. 232.
7 George F. Kennan: Memoiren eines Diplomaten. 1925–1950. Stuttgart 1968, S. 511.
8 Ebenda, S. 75.
9 Ebenda, S. 30, 181. Auch Kennan gehört zu den nicht ganz wenigen Köpfen im alliierten Lager, welche die Möglichkeit eines deutschen Sieges im Zweiten Weltkrieg nicht ausschließen: der Angriff auf Jugoslawien kostete Hitler den Sieg im Osten und damit den Endsieg. (Ebenda, S. 138.)
10 Ebenda, S. 269.
11 Ebenda, S. 262 f.
12 The Sources of Soviet Conduct. By X. In: Foreign Affairs. Vol. 25, No. 4, July 1947, S. 566–582.
13 Ebenda, S. 572 ff., 575, 579 f., 582.
14 Ders.: Memoiren 1950–1963. Frankfurt 1973, S. 264.
15 Ders.: Russia, the Atom, and the West. London 1958, S. 16, 19.
16 Vor allem ders.: Russia and the West under Lenin and Stalin. Boston 1961.

17 Zum Beispiel »The Cloud of Danger«. Boston/Toronto 1977.

18 In dem Spätwerk »Bismarcks europäisches System in der Auflösung« (Frankfurt-Berlin-Wien 1981, Orig. Ausg., Princeton 1979) legt er, wie auch anderswo, den Akzent stark auf den Ersten Weltkrieg. Aber auch hier ist folgendes zu lesen:
»Viel später, nach Jahren im kommunistischen Rußland und nationalsozialistischen Deutschland und angesichts des Phänomens des Zweiten Weltkrieges, wurde mir klar, in welch überwältigendem Maß die entscheidenden Zeiterscheinungen der Spanne zwischen den beiden Kriegen – der russische Kommunismus und der deutsche Nationalsozialismus – wie auch der Zweite Weltkrieg selbst das Resultat jener ersten großen Vernichtungskatastrophe von 1914/1918 waren . . .« (S. 11). Aber das Werk selbst sucht den Ausbruch dieses Krieges gerade begreiflich zu machen, und es mißt in bemerkenswerter Vorurteilslosigkeit den späteren Gegnern Deutschlands, Frankreich und Rußland, einen sehr bedeutenden Anteil an Schuld zu.

19 S. unten S. 194 ff.

Hannah Arendt und Karl Jaspers

1 Friedrich Nietzsche KGW, Bd. VII, 2, S. 70. Berlin 1987.

2 Hannah Arendt: Elemente und Ursprünge totaler Herrschaft. Frankfurt 1955, (Orig. Ausg., The Origins of Totalitarianism. New York 1951), S. 550.

3 Ebenda, S. 602, 743.

4 Ebenda, S. 719.

5 Dies.: Eichmann in Jerusalem. Ein Bericht von der Banalität des Bösen. München 1964.

6 Dazu gehören auch die Feststellungen, daß Eichmann zu der Aussage, er sei bereit, sich in Israel vor ein zuständiges Gericht stellen zu lassen, gezwungen worden sei und daß das Gericht Entlastungszeugen nicht zugelassen habe. (Ebenda, S. 287, 324.) Eichmanns wiederholte Behauptung, daß Chaim Weizmann 1939 Deutschland den Krieg erklärt habe, nennt sie zwar ohne zureichende Begründung »Unsinn«, aber sie fährt fort: »Es war ja gerade das Unglück der Juden, wie Hausner richtig betonte, daß sie von den Nazis nicht als kriegführende Nation anerkannt wurden, denn dann hätte man sie in Kriegsgefangenenlager und in Internierungslager für Zivilisten gesteckt, wo die Chancen zum Überleben vergleichsweise groß waren.« (Ebenda, S. 158.)

7 Die Kontroverse. Hannah Arendt, Eichmann und die Juden. München 1964. Zu den wenigen Verteidigern Hannah Arendts in der ungemein emotional geführten Debatte zählte Bruno Bettelheim. Gershom Scholem warf ihr vor, daß ihr

»wie so manchen Intellektuellen, die aus der deutschen Linken hervorgegangen sind«, dasjenige fehle, was »Ahabath Israel« genannt werde, »Liebe zu den Juden«. (Ebenda, S. 91–113, 117–118; 208.)

8 Ebenda, S. 329.

9 Ernst Nolte: Der europäische Bürgerkrieg 1917–1945, S. 558 f. Allerdings hatte Sinowjew seine These durch die Behauptung begründet, die russische Bourgeoisie würde sie (die Bolschewiki) niedermetzeln, wenn sie ihre Armee nicht vergrößerten. Aber auch die Nationalsozialisten gaben als Grund für ihr Verhalten an, die Juden wollten Deutschland vernichten.

10 Daß es Hannah Arendt an »bürgerlichem Klassenbewußtsein« von freilich internationaler Art nicht fehlte, ließ sie in einem Brief an Karl Jaspers erkennen, in welchem sie die Atmosphäre in dem Gerichtssaal beschreibt: »Mein erster Eindruck: Oben die Richter, bestes deutsches Judentum. Darunter die Staatsanwaltschaft, Galizianer, aber immer noch Europäer. Alles organisiert von einer Polizei, die mir unheimlich ist, nur hebräisch spricht und arabisch aussieht; manche ausgesprochen brutale Typen darunter. Die gehorchen jedem Befehl. Und vor den Türen der orientalische Mob, als sei man in Istanbul oder einem anderen halbasiatischen Land. Dazwischen, sehr prominent in Jerusalem, die Peies- und Kaftanjuden, die allen vernünftigen Leuten hier das Leben unmöglich machen. Vor allem aber sehr große Armut«. (Hannah Arendt, Karl Jaspers: Briefwechsel 1926–1969. Hrsg. v. Lotte Köhler und Hans Saner, München–Zürich 1985, S. 472. Brief v. 13. April 1961.)

11 Hannah Arendt: Vita activa oder Vom tätigen Leben. München 1964, (Erstausgabe Stuttgart 1960), S. 171. Nur ganz am Rande wird von der »hebräischen Frömmigkeit« gesprochen, die »um eine potentielle Unsterblichkeit des Volkes« zentriert sei (S. 308).

12 Ebenda, S. 314 f.

13 Karl Jaspers: Schicksal und Wille. Autobiographische Schriften. Hrsg. v. Hans Saner. München 1967, S. 164.

14 Ders.: Werk und Wirkung. München 1963, S. 142.

15 Sehr charakteristisch für diejenige Einstellung von Jaspers, die man als »moralischen Totalitarismus« bezeichnen könnte, ist eine Äußerung über Heidegger in einem Brief an Hannah Arendt aus dem Jahre 1949: »Heidegger schreibt jetzt ›Seyn‹. . . . Kann man als unreine Seele – das heißt als Seele, die ihre Unreinheit nicht spürt und nicht ständig daraus herausdrängt, sondern gedankenlos im Schmutz fortlebt – kann man in Unaufrichtigkeit das Reinste sehen? Oder wird er noch eine Revolution erleben?« (Hannah Arendt – Karl Jaspers, a.a.O., S. 177.)

16 Jaspers, Schicksal und Wille, a.a.O., S. 41 f., 164.

17 Ders.: Vom Ursprung und Ziel der Geschichte. Frankfurt 1955, (Erstausgabe München 1949), S. 58.

18 Ebenda, S. 97.
19 Ebenda, S. 126, 219.
20 Ebenda, S. 263.
21 Ders.: Die Atombombe und die Zukunft des Menschen. Politisches Bewußtsein in unserer Zeit. München 1958, zum Beispiel S. 152.
22 Ebenda, S. 393.
23 Ebenda, S. 178.
24 Ders.: Wohin treibt die Bundesrepublik? München 1966. Vorwort.
25 Ders.: Antwort. Zur Kritik meiner Schrift ›Wohin treibt die Bundesrepublik?‹ München 1967, S. 17. Auch in: Wohin . . .?, S. 230.
26 Ders.: Wohin . . .?, a.a.O., S. 127.
27 Ders.: Antwort . . ., a.a.O., S. 5.

Max Horkheimer und Theodor W. Adorno

1 Max Horkheimer und Theodor W. Adorno: Dialektik der Aufklärung. Frankfurt a. Main, 1969, (Orig. Ausg., Amsterdam 1947), S. 3, 6, 9.
2 Ebenda, S. 14, 262, 199.
3 Ebenda, S. 157, 173, 176.
4 Ebenda, S. 36, 47, 52, 62, 97, 143, 159, 183.
5 Ebenda, S. 80 f., 117, 201.
6 Ebenda, S. 177, 194, 208 f., 195, 184.
7 Ebenda, S. 194, 202, 216, 181.
8 Ebenda, S. 73.
9 Ebenda, S. 209.
10 Alle vorhergehenden Zitate in: Max Horkheimer: Zur Kritik der instrumentellen Vernunft. Frankfurt 1985, (Orig. Ausg., 1967), S. 107 f.
11 Ders.: Kritische Theorie. Eine Dokumentation. Hrsg. v. Alfred Schmidt. Frankfurt 1977 (Einbändige Studienausgabe), S. 380 f.
12 Ders.: Verwaltete Welt. Zürich 1970, S. 27, 19, 22, 20. Allerdings hatte Horkheimer schon 1961 folgendes geschrieben: »Im Nationalsozialismus wurden die Juden, als angeblich rassische Minderheit, zur Ausrottung designiert, während in Rußland, wo der internationale Sozialismus in fanatischen Chauvinismus umschlug, die soziale Minderheit dem Massenmord verfiel.« (Ders.: Zur Kritik . . ., a.a.O., S. 303.)
13 Theodor Adorno: Ges. Schriften, Bd. 6. Frankfurt 1973, S. 32, 192 f.
14 Ebenda, S. 203.
Zum »Somatischen« und damit zu einem »Hedonismus«, der mit dem epikureischen nicht identisch wäre, vgl. in den »Minima Moralia« die folgende Aussage,

die in Auseinandersetzung mit Freuds »unaufgeklärter Aufklärung« erfolgt: »Nur wer es vermöchte, in der blinden somatischen Lust, die keine Intention hat und die letzte stillt, die Utopie zu bestimmen, wäre einer Idee von Wahrheit fähig, die standhielte. In Freuds Werk aber reproduziert sich wider Willen die Doppelfeindschaft gegen Geist und Lust, deren gemeinsame Wurzel zu erkennen, Psychoanalyse gerade das Mittel geliefert hat.« (Ders.: Gesammelte Schriften, Bd. 4, a.a.O., S. 66).

15 Ders.: Negative Dialektik, a.a.O., S. 282.
Ganz anders klingt, was Horkheimer 1960 »zur Ergreifung Eichmanns« schreibt: »Der Widerstand der guten gegen die destruktiven Kräfte in der Welt wird gelähmt, wenn er sich geistiger Waffen bedienen soll, die beim Gegner sich von selbst verstehen. Strafprozesse aus Berechnung gehören zum Arsenal des Antisemitismus, nicht des Judentums ... Die Hypothesen der israelischen Behörden über den Einfluß der Enthüllungen sind falsch. Verfolgung, Massenmord sind Grundthemen der Weltgeschichte ... Der Philosoph ist kein Praktiker, er plädiert auf Unzuständigkeit des Gerichts und Rückgabe Eichmanns an das Land, aus dem man ihn entwendet hat.« (Z. Kritik d. instrum. Vernunft, a.a.O., S. 317–320.)

16 Horkheimer, Ges. Schriften, Bd. 10.2, a.a.O., S. 566, 559.

17 Ebenda, S. 682, 680.

Martin Buber und Christopher Dawson

1 Martin Buber: Pfade in Utopia. Heidelberg 1950, S. 31, 32.

2 Ebenda, S. 96.

3 Ebenda, S. 99, 105, 86, 241, 233.

4 In: Ders.: Das dialogische Prinzip. Heidelberg 1973[3], S. 10.

5 Ders.: Gottesfinsternis. In: Betrachtungen zur Beziehung zwischen Religion und Philosophie. Zürich 1953, S. 29, 152.

6 Ders.: Ein Land und zwei Völker. Zur jüdisch-arabischen Frage. Hrsg. v. Paul R. Mendes-Flohr. Frankfurt 1983, S. 53, 156, 227.

7 Ebenda, S. 241, 253, 288, 293.

8 Ebenda, S. 308, 322.

9 Hans Kohn: Martin Buber. Sein Werk und seine Zeit. Köln 1961[2], S. 458 f.

10 Martin Buber: Das Problem des Menschen. Heidelberg 1954, (Erstausgabe 1948), S. 85.

11 Christopher Dawson: Gericht über die Völker. Einsiedeln/Zürich, S. 13.

12 Ebenda, S. 14.

13 Ebenda, S. 164.

14 Ebenda, S. 64.
15 Ebenda, S. 19, 64.
16 Ebenda, S. 128.
17 Ebenda, S. 138.
18 Ebenda, S. 184.
19 Ders.: Die Gestaltung des Abendlandes. Leipzig 1935, (Orig. Ausg., The Making of Europe. 1932), S. 232.
20 Ebenda, S. 265.
21 Ebenda, S. 16.
22 Ders.: Die Revolution der Weltgeschichte. München 1960, (Orig. Ausg., The Movement of World Revolution. 1959), S. 157.

Hans Freyer und Arnold Gehlen

1 Hans Freyer: Prometheus. Ideen zur Philosophie der Kultur. Jena 1923, S. 8.
2 Ebenda.
3 Ebenda, S. 129 f.
4 Ders.: Revolution von rechts. Jena 1931, S. 55, 71.
5 Ders.: Theorie des gegenwärtigen Zeitalters. Stuttgart 1955, S. 252, 167 f.
6 Ebenda, S. 196.
7 Ebenda, S. 90.
8 Ebenda, S. 103 f.
9 Ebenda, S. 217, 115.
10 Ebenda, S. 92, 193, 258.
11 Ders.: Schwelle der Zeiten. Beiträge zur Soziologie der Kultur. Stuttgart 1965, S. 309.
12 Ders.: Gedanken zur Industriegesellschaft. Mainz 1970, S. 208.
13 Ders.: Theorie . . ., a.a.O., S. 233 f.
14 Ebenda, S. 186.
15 Ders.: Weltgeschichte Europas. Stuttgart 1969^3, S. 67.
16 Ebenda, S. 538.
17 Ebenda, S. 539.
18 Ebenda, S. 602.
19 Ebenda, S. 610.
20 Ebenda, S. 612.
21 Arnold Gehlen: Der Mensch. Seine Natur und seine Stellung in der Welt. 1974^{10}, S. 9.
22 Ebenda, S. 23.

23 Ebenda, S. 57. Die »Änderung der Bewußtseinsstrukturen selber«, in: Ders.: Urmensch und Spätkultur. Frankfurt–Bonn 1964², (Anm. 26), S. 10.
24 Ebenda, S. 63.
25 Ebenda, 1941², S. 467, 421, zitiert nach Hansmartin Kuhn: Der lange Marsch in den Faschismus. Zur Theorie der Institutionen in der bürgerlichen Gesellschaft. Berlin 1974, S. 32.
26 Gehlen, Urmensch, a.a.O., S. 53.
27 Ebenda, S. 72.
28 Ebenda, S. 69, 67.
29 Ebenda, S. 121. Zur Berufung auf Kant vgl.: Ders.: Der Mensch, a.a.O., S. 363.
30 Ebenda, S. 135.
31 Ebenda, S. 206.
32 Ebenda, S. 216, 93.
33 Ebenda, S. 253, 256 f., 264.
34 Ders.: Moral und Hypermoral. Eine pluralistische Ethik. Frankfurt-Bonn 1969, S. 47.
35 Ebenda, S. 92. Gehlens Definition der »Aufklärung« lautet folgendermaßen: »Die Aufklärung ist, kurz gesagt, die Emanzipation des Geistes von den Institutionen. Sie löst die Treuepflicht zu außerrationalen Werten auf, hebt die Bindungen durch Kritik ins Bewußtsein, wo sie zerarbeitet und verdampft werden, und stellt Formeln bereit, die Angriffspotential, aber keine konstruktive Kraft haben, wie in der Rede vom ›neuen Menschen‹ oder von der Unmenschlichkeit der Herrschaft«. (Ebenda, S. 102.) Schon in »Der Mensch« hatte er das ebenfalls mit der Aufklärung zusammenhängende und in seinen Augen übermäßige Anwachsen »des empirischen oder versachlichten Bewußtseins der Menschen« eine »Wucherung« genannt, und zwar »parallel zur Wucherung des Besitz- und Konsumtriebs.« (a.a.O., S. 392 f.) In ähnlichem Zusammenhang verwendete Freyer den Terminus »Karzinom der Erde« (Theorie ... a.a.O., S. 246). Die innere Nähe zwischen den »rechten« und den »linken« Kulturkritikern ist hier wie an vielen anderen Stellen unübersehbar.
36 So argumentiert Jürgen Habermas in seinem Aufsatz: Nachgeahmte Substanzialität. Eine Auseinandersetzung mit Arnold Gehlens Ethik. In: Merkur XXIV Jg. 1970, S. 313–327.
37 Vgl. dazu unten S. 383.
38 Gehlen, Moral und Hypermoral, a.a.O., S. 84.
39 Ebenda, S. 185.
40 Ebenda, S. 154 f. positive Aussage zum sowjetischen Kommunismus, vgl. auch ebenda, S. 139.

Martin Heidegger

1 Martin Heidegger: Sein und Zeit. 1941[5], S. 382–387; vgl. auch unten S. 200–203.
2 Ders.: Hölderlin und das Wesen der Dichtung. In: Erläuterungen zu Hölderlins Dichtung. Frankfurt 1944, S. 39.
3 Ebenda, S. 43.
4 Ebenda, S. 49.
5 Ders.: Einführung in die Metaphysik. Tübingen 1976[4], (Erstausgabe 1953), S. 29.
6 Ebenda, S. 28.
7 Ebenda, S. 152. Es ist mir außerordentlich zweifelhaft, daß die in Klammern gesetzte Erläuterung »(nämlich mit der Begegnung der planetarisch bestimmten Technik und des neuzeitlichen Menschen)« tatsächlich aus dem Jahre 1935 stammt.
8 Ders.: Parmenides. Gesamtausgabe, Bd. 54. Frankfurt 1982, S. 63.
9 Ders.: Die Zeit des Weltbildes. In: Holzwege. Frankfurt 1957[3], (Erstausgabe 1949), S. 78.
10 Ebenda, S. 83.
11 Ebenda.
12 Ders.: Einführung, a.a.O., S. 20.
13 Ders.: Platons Lehre von der Wahrheit. Mit einem Brief über den Humanismus. Bern 1947, S. 53.
14 Ebenda, S. 65.
15 Ebenda, S. 67.
16 Ebenda, S. 81.
17 Ebenda.
18 Ebenda, S. 87.
19 Ebenda, S. 89.
20 Ders.: Vorträge und Aufsätze. Pfullingen 1954, S. 27.
21 Ebenda, S. 29.
22 Ebenda, S. 34.
23 Ebenda, S. 43.
24 Ebenda, S. 161.
25 Ebenda, S. 146, 150 f., 176.
Die Wendung vom »zügellosen und zugleich gewandten Reden, Schreiben und Senden« findet sich merkwürdigerweise sowohl in: Bauen Wohnen Denken, S. 146 wie in: Dichterisch wohnet der Mensch. S. 190.
26 Ders.: Holzwege, a.a.O., S. 343 (Der Spruch des Anaximander, geschrieben 1946).

27 Ders.: Vom Wesen der Sprache. In: Unterwegs zur Sprache. Pfullingen 1975[5], S. 179 f.

28 Mit größerer Ausführlichkeit habe ich mich dem Thema in einer Vorlesung des Sommersemesters 1989 zugewandt, die demnächst unter dem Titel: Martin Heidegger. Geschichte und Politik in seinem Leben und Denken, als Buch im Propyläen-Verlag erscheinen wird.

29 Ders.: Denkerfahrungen. Frankfurt 1983, S. 3.

30 S. unten S. 388 f.

31 Zu all dem vgl. meinen Vortrag bei dem Marburger Heidegger-Symposium im Oktober 1989 (Philosophisches im politischem Irrtum. Heideggers Rektorat im Umfeld der Zeitgeschichte. Gekürzt in: FAZ v. 6. Dezember 1990, ungekürzt in: Martin Heidegger. Faszination und Erschrecken. Die politische Dimension seiner Philosophie. Hrsg. v. Peter Kemper. Frankfurt/New York 1990, S. 30–50.

32 Victor Farias: Heidegger und der Nationalsozialismus. Frankfurt 1989, S. 374. Martin Heidegger - Karl Jaspers Briefwechsel 1920–1963. Frankfurt 1930, S. 202.

TEIL IV: 1963/73 BIS 1990

Die fragile Etablierung der »Koexistenz«

1 S. unten S. 404.

2 Es ist in hohem Grade verwunderlich, wie sehr Deutschland in den Memoiren Kissingers und Nixons hinter Vietnam, die Sowjetunion und China zurücktritt, auch dies ist wohl auf die Abhängigkeit der amerikanischen Politiker von den in der Öffentlichkeit jeweils vorherrschenden und überwiegend innenpolitisch orientierten Diskussionen zurückzuführen.

3 Hermann Axen in: Deutschland-Archiv 1973, S. 414–416, Albert Norden, ebenda, S. 416 f.
Erich Honecker in: Einheit, Nr. 4/1975.

4 S. unten S. 351.

5 Alfred M. Lilienthal: The Zionist connection. What Price Peace? New York 1978, S. 436.

6 S. unten S. 75.

7 Lilienthal, a.a.O., S. 204.

8 Zum Folgenden vgl. durchweg die Zeittafeln des Europa-Archivs sowie die ausführlichen Berichte im Archiv der Gegenwart.

Koexistenztheorien und »Studentenbewegung«

1 W. I. Lenin: Ausgewählte Werke. Berlin 1955, Bd. I., S. 753.

2 Richard V. Allen: Peace or Peaceful Coexistence. In: Détente. Cold War Strategies in Transition. Ed. by Eleanor Lansing Dulles und Robert Dirkson Crane. New York 1965, S. 27 f., 30, 52.

3 S. unten S. 378.

4 S. unten S. 204 ff.

5 Pitirim A. Sorokin: Russia and the United States. New York 1944, S. 14 f.

6 Ders.: The Basic Trends of Our Times. New Haven 1974, S. 122.

7 Ebenda, S. 110, 89, 91.

8 Ebenda, S. 79.

9 Ebenda, S. 9, 15 f., 114, 58, 185.

10 Zum Folgenden vgl. Ernst Nolte: Deutschland und der Kalte Krieg. Stuttgart 1985^2, S. 498 ff.

11 Friedrich Mager - Ulrich Spinnarke: Was wollen die Studenten? Frankfurt/Hamburg 1967, S. 23.

12 Herbert Marcuse: Triebstruktur und Gesellschaft. Ein philosophischer Beitrag zu Sigmund Freud. Frankfurt 1969 (Orig. Ausg., Boston 1955, deutsche Erstausgabe 1957), S. 156, 151, 157.

13 Ders.: Der eindimensionale Mensch. Neuwied und Berlin 1968^3 (Orig. Ausg., Boston 1964, deutsche Erstausgabe 1967), S. 14, 21, 118 (Adorno-Zitat!), 29, 77, 79, 256, 267.

14 Ders.: Versuch über die Befreiung. Frankfurt 1969, S. 21, 60, 88, 103, 116, 71, 91, 35.
Besonders häufig wurde die Wendung angeführt, nicht das Bild einer nackten Frau, die ihre Schamhaare entblöße, sei obszön, sondern das eines Generals in vollem Wichs, der seine in einem Aggressionskrieg verdienten Orden zur Schau stelle (ebenda, S. 22). Die Schwierigkeit lag natürlich in der Bestimmung des Begriffs »Aggressionskrieg«, aber eindrucksvoller hätte das Postulat des »Endes der Herrschaft im Genuß« kaum veranschaulicht werden können. (Marcuse, Der eindimensionale Mensch, a.a.O., S. 181.) Wie sehr auch Marcuse unter den Begriff der »Vernichtungsideologie« subsumiert werden kann, zeigt besonders deutlich der folgende Satz aus: Versuch über die Befreiung: »Die ästhetische Moral . . . beharrt auf der Reinigung der Erde von dem sehr materiellen Unrat, der durch den Geist des Kapitalismus produziert wurde, und von diesem Geist selbst.« (S. 49).

15 Helmut Schelsky: Die Arbeit tun die anderen. Klassenkampf und Priesterherrschaft der Intellektuellen. Opladen 1975^2, S. 114.

Marxisten und Antimarxisten

1 Ernest Mandel: Der Spätkapitalismus. Versuch einer marxistischen Erklärung. Frankfurt 1972, S. 461.

2 Ders.: Marxistische Wirtschaftstheorie. Frankfurt 1968, (Orig.- Ausg., Paris 1962), S. 736 ff.

3 Ders.: Die chinesische Kulturrevolution. Versuch einer Deutung. In: Ernest Mandel: Revolutionäre Strategien im 20. Jahrhundert. Politische Essays. Wien 1978, S. 155–188.

4 Paul A. Baran und Paul M. Sweezy: Monopolkapital. Ein Essay über die amerikanische Wirtschafts- und Gesellschaftsordnung. Frankfurt 1967, (Orig.-Ausg., New York–London 1966), S. 13 ff., 173, 270, 324, 181.

5 Louis Althusser: Für Marx. Frankfurt 1968, S. 152, 163, 203, 179. Wenn Bruno Schoch (Marxismus in Frankreich seit 1945. Frankfurt/New York 1980, S. 229) behauptet, Althusser habe infolge seines restriktiven Wissenschaftsbegriffs immer größere Teile des Marxschen Oeuvres als ›ideologisch‹ verwerfen müssen, so übersieht er, daß Althusser keinen pejorativen Begriff der Ideologie hat und auch in der klassenlosen Gesellschaft eine spezifische Ideologie für unabdingbar hält, denn Ideologie artikuliert Emotionen wie Hoffnung und Sehnsucht, die auch unter dem Kommunismus nicht mit der Wirklichkeit identisch werden können. (Für Marx, a.a.O., S. 184.) Wenn eine geistesgeschichtliche Darstellung beabsichtigt wäre, so müßte natürlich auch von Ex-Marxisten, heterodoxen Marxisten und Halbmarxisten, sowie von der »Theologie der Befreiung«, der »Paulus-Gesellschaft« und der »Praxis«-Gruppe die Rede sein, also etwa von Leszek Kolakowski, Roger Garaudy, Ernst Fischer, Agnes Heller, Robert Havemann, Adam Schaff, Leonardo Boff und anderen. Eine solche Darstellung bzw. Erzählung wird indessen *nicht* angestrebt, schon deshalb nicht, weil dann nicht mehr das 20. Jahrhundert als Ganzes das Thema sein könnte, sei es auch nur in einer bestimmten Perspektive.

6 In seinem frühesten und am unmittelbarsten autobiographischen Buch zeichnet Wiesel von seinen ersten Erfahrungen bei der Ankunft in Auschwitz ein Bild von solcher Grauenhaftigkeit, daß die oft beschriebene Tötung in Gaskammern sich wie ein »humanes« und »zivilisiertes« Verfahren ausnehmen mag; nach der Selektion sieht der Junge, wie zahlreiche Kleinkinder lebend in das Feuer einer großen Grube geworfen werden, und die Kolonne der Erwachsenen und Jugendlichen wird auf eine noch größere Feuergrube zugeführt, in welche die Vorhergehenden hineingestürzt werden: Elie und die Folgenden erhalten jedoch, nur noch zwei Schritte von der Grube entfernt, den Befehl, in das Lager zu gehen, wo mindestens Elie dann überlebt. (Elie Wiesel: La Nuit. Paris 1958, S. 57 ff.) In seiner Aufsatzsammlung (Paroles d'étranger, Paris 1982) setzt sich

Wiesel direkt mit Solschenizyn auseinander, dem er fast unverhüllt Antisemitismus zum Vorwurf macht, weil dieser fast nur die Leiden der Russen im Auge habe und von den Verfolgungen der Juden durch Stalin kaum etwas berichtet. Den größten Anstoß nimmt er aber daran, daß Solschenizyn Stalin mit Hitler verglichen habe (S. 76–81).

7 Alexander Solschenizyn: Der Archipel Gulag. Band 1–3. Band 1 wird nach der Ausgabe Bern 1974 zitiert, für Band 2 und 3 wurde die Taschenbuchausgabe, Reinbek 1990, zugrunde gelegt. Bd. 3, S. 526.

8 Ebenda, Bd. 2, S. 204; Bd. 3, S. 332; Bd. 2, S. 350; Bd. 2, S. 269; Bd. 2, S. 50.

9 Ebenda, Bd. 2, S. 11; Bd. 1, S. 43; Bd. 1, S. 316.

10 Ebenda, Bd. 2, S. 60; Bd. 2, S. 588; Bd. 3, S. 368.

11 Ebenda, Bd. 1, S. 543; Bd. 3, S. 29. Nicht ganz selten kommt sogar Erstaunen ob der relativen Milde des NS-Regimes – jedenfalls in der Zeit vor dem Kriegsausbruch 1939 – zum Vorschein. So führt Solschenizyn einen Artikel der »Iswestija« an, welcher einem deutschen Kommunisten galt, der 1934 wegen seiner Zugehörigkeit zur KPD verhaftet worden war, und er gibt dazu folgenden Kommentar: »Wurde er vernichtet? Keineswegs. Er bekam *zwei* Jahre. Danach natürlich abermals verurteilt? Wieder falsch. Freigelassen. Das verstehe unsereins, wie er will. Er lebte im weiteren still dahin, baute eine Untergrundgruppe auf, daher auch besagter, seiner Tapferkeit gewidmeter Artikel (Bd. 1, S. 46).

12 Igor R. Schafarewitsch: Der Todestrieb in der Geschichte. Erscheinungsformen des Sozialismus. Frankfurt–Berlin–Wien 1980 (Orig.- Ausg., Paris 1977).

13 Bernard-Henri Lévy: Die Barbarei mit menschlichem Gesicht. Reinbek 1978, (Orig.-Ausg., Paris 1977), S. 7, 16, 64, 80, 113.

14 André Glucksmann: Die Meisterdenker. Reinbek 1978, S. 45, 107.

15 Lévy, a.a.O., S. 104. Sehr viel mehr an konkreter Differenzierung als bei Lévy und Glucksmann ist in den Werken von Manès Sperber zu finden, der vom Kommunismus zum Antimarxismus gelangte. So trifft er eine Unterscheidung zwischen den Moskauer Prozessen und denjenigen vor dem nationalsozialistischen Volksgerichtshof, die auf den ersten Blick zugunsten der Deutschen spricht, die aber bei genauerem Hinsehen doch nur den »Glauben« der angeklagten Kommunisten herausstellt, der sich unter den vorliegenden Umständen wie »kollektiver Wahnsinn« ausnehmen mochte. (Manès Sperber: Leben in dieser Zeit. Sieben Fragen zur Gewalt. München 1978, S. 28 f.) Den »weltlichen Messianismus« aller Kommunisten verurteilt er mit Entschiedenheit als den »größten religiösen und nichtreligiösen Betrug, der zum Kehrreim der Geschichte geworden ist«, nämlich als das Versprechen, mit unbegrenzter Gewalt in der Gegenwart für alle Zukunft Frieden, Freiheit und Gleichheit zu erringen (Ebenda, S. 49, 63). Sehr erhellend ist die folgende Aussage, die viel Ähnlichkeit mit entsprechenden Äußerungen von Karl R. Popper hat (s. unten S. 412): »Der

Zeitgeist des stürmischen Jahres 1919 war überall in Europa, besonders aber in den besiegten Ländern revolutionär und konterrevolutionär. Nur politische Dummköpfe können glauben, daß auf Vernichtung abzielende Angriffe gegen die bestehenden gesellschaftlichen Verhältnisse und gegen die an diesen vital interessierten Schichten lange fortgesetzt werden können, ohne bei den Angegriffenen den entschiedenen Willen zur Abwehr und zum vernichtenden Gegenangriff auszulösen . . . dieses furchtbare Wechselspiel von Revolution und Konterrevolution haben wir zwischen 1919 und 1924 in Südost- und Mitteleuropa erleben müssen.« (Ebenda, S. 101.)

Die Postmoderne und die »Grenzen des Wachstums«

1 »Code« müßte im Deutschen natürlich mit »Kodex« oder »Regelsystem« wiedergegeben werden, bleibt aber in den meisten Übersetzungen unverändert, und Termini wie »dekodieren« versetzen den Leser noch mehr in die Welt der Geheimdienste.

2 Alfred Weber: Abschied von der bisherigen Geschichte. Frankfurt a. M. 1946.

3 Leslie A. Fiedler in: Wege aus der Moderne. Schlüsseltexte der Postmoderne-Diskussion. Hrsg. v. Wolfgang Welsch. Weinheim 1988, S. 63 f.

4 Die Gegensätze, die Seidenberg am Anfang seines Buches darlegt, vor allem derjenige von »Instinkt und Intelligenz«, von »Religion und Wissenschaft«, von »vorbewußt und bewußt« lassen auf den ersten Blick einen Progressivismus im Sinne von Comte erwarten. Aber es paßt nicht recht dazu, wenn auch »Kultur« der »Zivilisation« entgegengesetzt wird, und am Ende wird endgültig klar, daß von einer Überwältigung des organischen Lebens durch die Organisation und vom Versacken der Geschichte in der »Nachgeschichte« die Rede ist. Unter ausdrücklicher Bezugnahme auf Henry Adams stellt Seidenberg die These auf, »that the trend of events must ultimately approach a condition of stable equilibrium in which the individual will be a rigidly fixed component of the mass in an objective continuum of society and its environment. [. . .] He will have passed through the transitional historic phase of his evolution, and attained at length a posthistoric stage.« (S. 236 f.) Wie Adams setzt auch Seidenberg ein Zeitalter der Harmonie der Kräfte und der Freiheit der Individuen in die Mitte der Geschichte statt, wie Schiller und Marx, an ihr Ende. (Roderick Seidenberg: Posthistoric Man. An Inquiry. Chapel Hill 1950.)

5 Gianni Vattimo: Das Ende der Moderne. Stuttgart 1990, (Orig.- Ausg., Mailand 1985), S. 50, 126, 54.

6 Jacques Derrida: Randgänge der Philosophie. Wien 1988, (Orig.- Ausg., Paris 1972), S. 38, 51, 43.

7 Ders.: Vom Geist. Heidegger und die Frage. Frankfurt 1988, (Orig.- Ausg., Paris 1987).

8 Eine Entsprechung dazu bildet: »l'évolution des interactions sociales, où le contrat temporaire supplante de fait l'institution permanente dans les matières professionelles, affectives, sexuelles, culturelles, familiales, internationales comme dans les affaires politiques.« (Jean-François Lyotard: La Condition postmoderne. Rapport sur le savoir. Paris 1979, S. 107.)

9 Job L. Dittberner: The End of Ideology and American Social Thought: 1930–1960. UMI Research Press 1976, S. 167 ff. (»an eternal stranger in a foreign country«).

10 Daniel Bell: Die nachindustrielle Gesellschaft. Frankfurt/New York 1975, (Orig.-Ausg., New York 1973), S. 117 – hier das ganze Schema.

11 Ebenda, S. 84.

12 Ebenda, S. 341.

13 Ebenda, S. 375 f.

14 Ebenda, S. 376.

15 Dennis Meadows u. a.: Die Grenzen des Wachstums. Bericht des Club of Rome zur Lage der Menschheit. Stuttgart 1990[15] (1972 Erstausgabe, Orig.-Ausg., New York 1972).

16 Ebenda, S. 136 f.

17 Ebenda, S. 116.

Raymond Aron

1 Raymond Aron: Mémoires. Paris 1983, S. 54 ff.

2 Ebenda, S. 290.

3 Ebenda, S. 247.

4 Ebenda, S. 489.

5 Ebenda, S. 287 f.

6 Ders.: La Philosophie critique de l'Histoire. Essai sur une théorie allemande de l'Histoire. Paris 1969[2], S. 207, 213.

7 Ders.: Les guerres en chaîne. Paris 1951, S. 209 f., 220.

8 Ebenda, (deutsche Ausgabe: Der permanente Krieg. Frankfurt 1953). S. 181, 261, 433.

9 Ders.: Opium für Intellektuelle oder Die Sucht nach Weltanschauung. Köln–Berlin 1957, (Orig.-Ausg., Paris 1955) S. 88, 384.

10 Ders.: Dix-huit leçons sur la société industrielle. Paris 1962, S. 40, 69, 211, 161, 265, 361, 355.

11 Ders.: Die imperiale Republik. Die Vereinigten Staaten von Amerika und die

übrige Welt seit 1945. Stuttgart–Zürich 1975 (Orig.- Ausg., Paris 1973), S. 383, 442.

12 Ders.: Plädoyer für das dekadente Europa. Frankfurt–Berlin 1978, (Orig.-Ausg., Paris 1977), S. 15, 12.

13 Ebenda, S. 107.

14 Ebenda, S. 256, 350, 373.

15 Ebenda, S. 386.

16 Ders.: Frieden und Krieg. Eine Theorie der Staatenwelt. Frankfurt 1963. (Orig.-Ausg., Paris 1962). Vom Umfang her gleichgewichtig, in der Fragestellung ähnlich, wenngleich eingeschränkter, ist Arons Spätwerk von 1976 »Penser la guerre. Clausewitz« in weitaus stärkerem Maße zugleich eine detaillierte historische Untersuchung. (Deutsche Ausgabe: Clausewitz. Den Krieg denken. Frankfurt–Berlin–Wien 1980.) Für die Zeitgeschichte ist insbesondere das zweite Kapitel der zweiten Buches von Interesse, das vom »Aufeinandertreffen zweier Revolutionen« handelt. Hier sieht Aron in bestimmten Auffassungen von Clausewitz »die Keime der Philosophie von Ludendorff und Hitler einerseits, von Lenin und den Bolschewiken andererseits«. (S. 386) Hitlers langjährige Überlegenheit beruhte nach Aron darauf, daß er eine »Bürgerkriegsdiplomatie« führte, und Churchill sowie Roosevelt sind neben ihm »traditionelle Führer«, während Stalin als ebenfalls »revolutionärer Führer« an seine Seite zu stellen ist. Aron scheut nicht vor der Feststellung zurück, bis Juli 1941 habe Hitler »glänzende Siege fast ohnegleichen« davongetragen, und die besonders in der Bundesrepublik Deutschland beliebte Legende, Hitler sei vor allem ein Feind des Westens gewesen, nimmt er nicht ernst: »Er respektierte das britische Empire, und er haßte den Marxismus und den Kommunismus.« (S. 403, 406.)

17 Ebenda, S. 275.

18 Ebenda, S. 428.

19 Ebenda, S. 785.

20 Ebenda, S. 869, 909, 907.

21 Aron, Mémoires, a.a.O., (Anm. 1), S. 500.

22 Ebenda, S. 520, 526.

Michel Foucault und Zbigniew Brzezinski

1 Michel Foucault: Dispositive der Macht. Über Sexualität, Wissen und Wahrheit. Berlin 1978, S. 62.

2 Ders.: Überwachen und Strafen. Die Geburt des Gefängnisses. Frankfurt 1976, (Orig.-Ausg., Paris 1976), S. 9.

3 Ebenda, S. 40, 104, 189, 283.

4 Ders.: Wahnsinn und Gesellschaft. Eine Geschichte des Wahns im Zeitalter der Vernunft. 1989[8], (Orig.-Ausg., Paris 1961), S. 516.
5 Von der Freundschaft als Lebensweise. Michel Foucault im Gespräch. Berlin o. J., S. 67.
6 Ders.: Dispositive der Macht, a.a.O., S. 29.
7 So Jürg Altwegg: Die Republik des Geistes. Frankreichs Intellektuelle zwischen Revolution und Reaktion. München–Zürich 1986, S. 213.
8 Zbigniew Brzezinski: Alternative zur Teilung. Neue Möglichkeiten für eine gesamteuropäische Politik. Köln/Berlin 1966, S. 15, 67, 154 (Orig.-Ausg., 1965).
9 Ders.: Between Two Ages. America's Role in the Technetronic Era. New York 1970, S. 31, 24.
10 Ebenda, S. 200 f., 3, 62.
11 Ebenda, S. 72, 75, 138.
12 Ebenda, S. 181, 197, 196.
13 Ebenda, S. 208, 249, 247, 284.
14 Ebenda, S. 273, 302, 307 f., 309.
15 Ders.: Ideology and Power in Soviet Politics. New York 1967[2], S. 175–216.
16 Ebenda, S. 216.

Jürgen Habermas und Hermann Lübbe

1 In: Detlef Horster: Habermas zur Einführung. Hannover 1980, S. 70–94, S. 76.
2 Ebenda, S. 71.
3 Ebenda, S. 73. Hans-Ulrich Wehler: Entsorgung der deutschen Vergangenheit? Ein polemischer Essay zum »Historikerstreit«. München 1988, S. 59.
4 Ebenda, S. 72 ff.
5 Jürgen Habermas: Philosophisch-politische Profile. Frankfurt 1981[3], S. 72.
6 Ebenda, S. 435 ff.
7 Ders.: Theorie und Praxis. Sozialphilosophische Studien. Neuwied und Berlin 1963, S. 165 f.
8 Ders.: Philos.-polit. Profile, a.a.O., (Anm. 5), S. 19.
9 Ders.: Zur Rekonstruktion des Historischen Materialismus. Frankfurt 1982[3], S. 111.
10 Ders.: Strukturwandel der Öffentlichkeit. Untersuchungen zu einer Kategorie der bürgerlichen Gesellschaft. Neuwied 1962, S. 143, 193, 270.
11 Ders.: Legitimationsprobleme im Spätkapitalismus. Frankfurt 1975[3], S. 103.
12 Ebenda.
13 Ders.: Technik und Wissenschaft als ›Ideologie‹. Frankfurt 1969[2], S. 164.

14 So in knapper Zusammenfassung in: Ders.: Theorie und Praxis, a.a.O. (Anm. 7), S. 163.

15 Wenn Habermas in seinen politischen Schriften den Begriff des »Universalismus« häufig auf undifferenziert-positive Weise verwendet, so legt er in der »Theorie des kommunikativen Handelns« auch in diesem Punkt sehr viel mehr Verständnis für reziproke oder dialektische Verhältnisse an den Tag: »Lebensformen kristallisieren sich ebensosehr wie Lebensgeschichten um partikulare Identitäten. Diese dürfen, wenn das Leben gelingen soll, moralischen Forderungen nicht widersprechen, aber ihre Substanz läßt sich nicht selbst unter universalistischen Gesichtspunkten rechtfertigen.« (Jürgen Habermas: Theorie des kommunikativen Handelns. 2 Bde., Frankfurt 1981, Bd. 2, S. 168.) Vermutlich ist es kein Zufall, daß Habermas immer von »Kommunikationsgemeinschaft« und nicht von »Kommunikationsgesellschaft« spricht. Aber schon im Marxismus von Marx und Engels lassen sich »konservative Züge« feststellen. (Ernst Nolte: Die konservativen Züge im Marxismus. In: Politische Ideologien und nationalstaatliche Ordnung. Festschrift für Theodor Schieder. München und Wien 1968, S. 189–198.)

16 Beispiel: »Der Machtcode schematisiert mögliche Stellungnahmen von Alter binär, daß sich dieser Egos Aufforderung unterwerfen oder widersetzen kann; mit der von Ego für den Fall der Nichtausführung in Aussicht gestellten Sanktion für Alter ist in den Code eine Gehorsamspräferenz eingebaut.« Ebenda, Bd. 2, S. 401. In der Alltagssprache könnte der Satz lauten: »Macht verfährt allgemein in der Weise der Steuerbehörde, die dem Steuerpflichtigen nur die Wahl zwischen Erfüllung und Nichterfüllung läßt und mit der Nichterfüllung eine Strafandrohung verbindet.« Man könnte fragen, ob die Schematisierungen der Fachsprache nicht auch etwas Behördenhaftes oder Machtmäßiges an sich haben.

17 Ebenda, Bd. 1, S. 313 f.

18 Ebenda, Bd. 2, S. 500.

19 Ebenda, Bd. 2, S. 219. Faktisch dürfte dieses Postulat darauf hinauslaufen, daß die Vertreter der nach Ansicht von Habermas »nicht verallgemeinerungsfähigen Interessen« (s. o.) nicht mehr behaupten dürfen, diese Interessen seien sehr wohl, wenn auch nicht auf unmittelbar anschauliche Weise, für alle vorteilhaft, sondern daß sie sich zu ihrer (angeblichen) Partikularität bekennen müssen. Eine festere Sicherung der Herrschaft der Ideologie des »Allgemeininteresses« in seiner postulatorischen Identität mit dem Individualinteresse ist kaum noch vorstellbar.

20 Ebenda, Bd. 2, S. 583.

21 Man könnte als Parallelfall eine Episode aus dem Leben Herbert Marcuses heranziehen, der 1945 als Mitglied des OSS zahlreiche »ökonomische Kriegsverbrecher« auf die amerikanischen Fahndungslisten zu setzen vermochte, der sich

aber ohne Zweifel sorgfältig gehütet haben würde, seine marxistischen Motive offenzulegen. 1977 beklagte er sich im Gespräch mit Habermas bitter darüber, daß die betreffenden Personen »sehr bald wieder in den entscheidenden verantwortlichen Positionen der deutschen Wirtschaft wiederzufinden« gewesen seien. Habermas, Philosophisch-politische Profile, a.a.O., (Anm. 5), S. 277.

22 Ders. (Hrsg.): Stichworte zur ›Geistigen Situation der Zeit‹. Frankfurt 1979, S. 7–35.

23 Ders.: Philos.-polit. Profile, a.a.O., S. 63.

24 Basel/Stuttgart 1963.

25 Hermann Lübbe: Endstation Terror. Rückblick auf lange Märsche. Stuttgart 1978, S. 63.

26 Ders.: Geschichtsbegriff und Geschichtsinteresse. Analytik und Pragmatik der Historie. Basel/Stuttgart 1977, S. 88.

27 Ebenda, S. 11.

28 Ebenda, S. 86. Bezugnahme auf Habermas, Protestbewegung und Hochschulreform. Frankfurt 1969, S. 129.

29 S. oben, S. 55.

30 Lübbe, Geschichtsbegriff, a.a.O., S. 287 f.

31 Ebenda, S. 17.

32 Eine der kennzeichnendsten stilistischen Eigentümlichkeiten Lübbes ist die Vorliebe für zusammengesetzte Adjektive und Substantive wie »wirklichkeitskontrollfrei«, »zivilisationsdynamikbedingt«, »Zielreflexionsinkompetenz«, »anerkennungsprämienträchtig«, »änderungstempobedingt«, eine Vorliebe, die hin und wieder sehr kuriose Blüten treibt wie etwa »selbstverwirklichungsambitionierte Interessen« oder »sollerfüllungsmeldefähige Kosten«. (So in: Politischer Moralismus. Der Triumph der Gesinnung über die Urteilskraft. Berlin 1987, S. 87, 105.)

33 In der positiven Einstellung zum Regionalismus kommt sicher auch das »Friesische« an Lübbe zum Vorschein, das er mit Karl Jaspers teilt. Hin und wieder dient es der Auflockerung stringent argumentierender Texte: »Wer als Friese gewohnt war, seinen Tee aus dem Wasser von Brunnen zu bereiten, die in die unberührte Tiefe pliozäner Kiese reichen, kann die Größe des Verlustes ermessen, den wir in dieser Hinsicht erlitten haben, wenn er in Düsseldorf seinen Amtsstubenkaffee aus Rheinwasser- Uferfiltraten zu trinken hat.« (Fortschritt als Orientierungsproblem. Aufklärung in der Gegenwart. Freiburg 1975, S. 67.)

34 Ders.: Zeit-Verhältnisse. Zur Kulturphilosophie des Fortschritts. Graz–Wien–Köln 1983, S. 113.

35 Ebenda, S. 145, 149.

36 Ders.: Religion nach der Aufklärung. Graz–Wien–Köln 1986, S. 15, 18, 158.

Man sollte aber nicht übersehen, daß sich bei Habermas Parallelen finden lassen. So stellt dieser 1978 in seiner Ansprache an Gershom Scholem nicht nur die Frage »Wie kann, unter Bedingungen der Moderne, ein Volk seine Identität wahren?«, sondern er äußert sich zum Problem der Religion folgendermaßen: »Unter den modernen Gesellschaften wird nur diejenige, die wesentliche Gehalte ihrer religiösen, über das bloß Humane hinausweisenden Überlieferung in die Bezirke der Profanität einbringen kann, auch die Substanz des Humanen retten können.« (Habermas, Profile, a.a.O., S. 390.)

37 Ebenda, S. 201.

38 Historische Zeitschrift Bd. 236, 1983, S. 579–599.

39 Ebenda, S. 596, 589.

Norbert Elias und Hans Jonas

1 Norbert Elias über sich selbst. Frankfurt 1990, S. 21, 29, 39, 49, 62, 68 f.

2 Ders.: Über den Prozeß der Zivilisation. 1. Bd.: Wandlungen des Verhaltens in den weltlichen Oberschichten des Abendlandes. 2. Band: Wandlungen der Gesellschaft. Entwurf zu einer Theorie der Zivilisation. Bern und München 1969², Bd. 1, S. XLI.

3 Ebenda, S. LXXXI.

4 Ebenda, S. 88.

5 Ebenda, Bd. 2, S. 338.

6 Ebenda, S. 330.

7 Ders.: Studien über die Deutschen. Machtkämpfe und Habitusentwicklung im 19. und 20. Jahrhundert. Frankfurt 1989, S. 428. Das Streben nach Objektivität stellt Elias auch dadurch unter Beweis, daß er hier an keiner Stelle das Schimpfwort »Nazis« benutzt, sondern immer von »Nationalsozialisten« spricht.

8 Ebenda, S. 536.

9 Ebenda, S. 251.

10 Hans Jonas: Wissenschaft als persönliches Erlebnis. Göttingen 1987, S. 11, 14, 52. Jonas erzählt, er habe auf Wunsch des Verlegers Ruprecht aus Göttingen ein Buch mitgenommen, um es Bultmann zu übergeben, und dieser habe inmitten der Erschütterung des unerwarteten Wiedersehens gefragt, ob er hoffen dürfe, daß dies der zweite Band von Jonas' Gnosis-Buch sei. »Unzählige Male habe ich diese Szene neu durchlebt, sie wurde die Brücke über den Abgrund, sie verband das Nachher mit dem Vorher, das Gram und Zorn und Bitterkeit auszulöschen drohten, und vielleicht mehr als alles andere half es, mit der einzigartigen Verbindung von Treue und Nüchternheit, mein Leben wieder heil zu machen.« (Ebenda, S. 52.)

11 Ebenda, S. 11. »Muttersprache« in: Ders.: Das Prinzip Verantwortung. Versuch einer Ethik für die technologische Zivilisation. Frankfurt 1984, (Erstausgabe 1979), S. 11.

12 Ders.: Organismus und Freiheit. Ansätze zu einer philosophischen Biologie. Göttingen 1973, S. 17, 341 f. Es unterliegt schwerlich einem Zweifel, daß Heidegger dieser Zurückverlegung aus guten Gründen nicht zugestimmt haben würde.

13 Ebenda, S. 338, 328, 336, 339. Im Zusammenhang der Kritik am Anthropozentrismus bringt Jonas auch Zweifel an der »herkömmlichen und besonders der hellenisch-jüdisch-christlichen Ethik des Abendlandes« zum Ausdruck (Jonas, Prinzip Verantwortung a.a.O., S. 145). In eine ähnliche selbstkritische Richtung weist der Satz »Wir vom sogenannten ›Westen‹ haben den technologischen Koloß geschaffen und auf die Welt losgelassen; wir sind weiterhin die Hauptverzehrer seiner Früchte und darin Hauptsünder an der Erde.« (Jonas, Wissenschaft . . ., a.a.O., S. 41.)

14 Wenn er Lenin und dem Marxismus einen Vorrang an »Zukünftigkeitsethik« zuschreibt, welche auf eine Zeit vorausblickt, »die weder Täter noch Opfer noch Mitlebende genießen werden« (Jonas, Prinzip Verantwortung, a.a.O., S. 206, 45), so übersieht er, daß sowohl von Marx wie von Lenin der Beginn der klassenlosen Gesellschaft für die nächste Zukunft erwartet wurde. Insofern müßte eher Hitler als Beispiel angeführt werden, der bereit war, die gegenwärtige Generation zu opfern, um das Leben des Volkes für alle Zukunft zu sichern. Aber vermutlich würde Jonas diesen Partikularismus überhaupt nicht als »Ethik« bezeichnen.

15 Ebenda, S. 383.

16 Ebenda, S. 410, 382.

17 Ebenda, S. 388.

18 Ders.: Wandel und Bestand. Vom Grunde der Verstehbarkeit des Geschichtlichen. Frankfurt 1970, S. 27 f.

19 Ders.: Der Gottesbegriff nach Auschwitz. In: Reflexionen in finsterer Zeit. Zwei Vorträge von Fritz Stern und Hans Jonas. Hrsg. v. Otfried Hofius. Tübingen 1984, S. 63–86, S. 67, 81.

20 Ebenda, S. 63.

21 Ebenda, S. 85 f.

22 Ders.: Das Prinzip Verantwortung, a.a.O., S. 324.

Die »friedliche Revolution« in Ost- und Mitteleuropa 1989/90 und das Ende des Kalten Krieges

1 Zum ganzen Kapitel sind durchweg die Jahrgänge 1989 und 1990 des »Archivs der Gegenwart« (AdG) und des »Europa-Archivs« (E.-A.) zu vergleichen; nur längere wörtliche Zitate, die diesen Publikationen entnommen sind, werden eigens belegt.

2 Timothy Garton Ash: Ein Jahrhundert wird abgewählt. Aus den Zentren Mitteleuropas 1980–1990. München–Wien 1990, (Orig.-Ausg., New York 1989), S. 350.

3 AdG 59. Jg. 1989, 12. März, S. 33140.

4 FAZ v. 3. Juli 1989.

5 Timothy Garton Ash, a.a.O., S. 341.

6 Izvestija v. 6. 10. 1990, zitiert nach: Ost-Blick. Analysen – Dokumente – Informationen, hrsg. vom Forschungsinstitut für sowjetische Gegenwart, München, 6. Jg., November 1990, S. 11 ff.

7 Smena v. 23. 5. 1990, ebenda, Juli–August 1990, S. 7–11.

8 Zvesda Wostoka, Nr. 4/1989, ebenda, Juli–August 1989, S. 51 f.

9 So schrieb der stellvertretende Direktor des Instituts für Osteuropa und internationale Forschungen A. S. Zipko folgendes: »[Die Leninisten] logen, als sie dem unterentwickelten und gequälten Rußland das baldige kommunistische Reich und leichte Lösung all ihrer wirtschaftlichen Probleme versprachen. Denn von Anfang an strebten sie nicht nach Frieden, sondern nach Umwandlung des imperialistischen Krieges in einen Bürgerkrieg, sie strebten nach der gewalttätigen Zerstörung des früheren Staates, der Kirche, der ganzen Sozial- und Klassenstruktur der Gesellschaft, sie strebten nach dem Weltbrand, nach einer ganzen Kette der proletarischen Revolutionen.« (Sobesednik 20/1990, ebenda, Juli–August 1990, S. 13.

10 Vek XX i mir, 5/89; ebenda, September 1989, S. 14 f.

11 Atmoda Nr. 24, ebenda, Juli–August 1989, S. 14 f. Auch die Verantwortung für Katyn wurde nun offiziell zugegeben.

12 Atmoda v. 16. 10. 1989, ebenda, Dezember 1989, S. 28 ff.

13 Sovetskaja molodez v. 29. 12. 1989, ebenda, Februar 1990, S. 6 ff.

14 Komsomolskaja Pravda v. 14. 8. 1990, ebenda, Oktober 1990, S. 30.

15 Ogonek 34/1990, ebenda, Oktober 1990, S. 27 f.

16 Semja 13/1989, ebenda, September 1989, S. 3 ff.

17 Nasch sovremennik 11/1990, ebenda, S. 148 ff.

18 Andrej Sinjawski: Kampf den Russophoben. Der neue russische Antisemitismus. FAZ v. 23. Dezember 1989.

19 Nyers in der Sowjetunion (AdG v. 25. 7. 1989, S. 33607); Poszgay in einem Vortrag von der Europäischen Akademie in Berlin um die gleiche Zeit.

20 Ash, a.a.O., S. 152.

21 Vielleicht hätte Honecker viele Menschen überzeugen können, wenn er gesagt hätte, daß diese »Geborgenheit« notwendigerweise relative Armut impliziere. Aber das marxistische Dogma von der »Entfesselung der Produktivkräfte« versperrte den Weg zur Einsicht.

22 Fast überall in der Welt wurden die Fernsehbilder vom Fall der Mauer mit Begeisterung aufgenommen, auch wo man es vorzog, an eine etwaige Wiedervereinigung nicht zu denken. Nur in Israel sahen viele (nicht alle) auch das Ende der Mauer mit Widerstreben und Abneigung. Vgl. Amnon Neustadt: Israelische Reaktionen auf die Entwicklung in Deutschland. (E.-A. 1990, Heft 11): »Für breite Kreise des Judentums fungierte sie gleichzeitig als ein unverkennbares Mahnmal einer nicht zu vergessenden Epoche, deren Unwiederholbarkeit durch den Bestand der Mauer wenigstens symbolisch garantiert wurde. Gerade ihre Häßlichkeit und ihr inhumaner Charakter sollten die psychologische Hemmschwelle vor einen zeitbedingten Vergessen stärken.« (S. 354) Der Ministerpräsident Jitzchak Shamir sprach sogar davon, die Deutschen könnten »wenn sie das stärkste Volk in Europa und vielleicht der Welt sind, versuchen, es wieder zu tun.« (S. 351).

23 Stefan Heym »Aschermittwoch in der DDR«. In: Der Spiegel vom 4. Dezember 1989. Günter Grass' tiefe Abneigung gegen die Wiedervereinigung konnte berechtigt erscheinen, wenn man gewisse Publikationen der radikalen Rechten las. Aber er unterschätzte vermutlich bei weitem das Ausmaß, in dem er selbst auf freilich besonders prononcierte Weise eine viel weiter verbreitete Strömung repräsentierte.

24 FAZ v. 22. November 1990.

25 Francis Fukuyama: Das Ende der Geschichte? In: Europäische Rundschau, 17. Jg. Nr. 4/89, S. 3–25 (Erstausgabe in: The National Interest, Sommer 1989). Fukuyama überfrachtet seinen Artikel freilich bei weitem, indem er nicht nur Hegel, sondern auch Kojève zu Zeugen aufruft. Weshalb Kojève sich einen »Stalinisten« genannt hatte, wird nicht erklärt, ja es wird nicht einmal die Tatsache erwähnt.

26 Vgl. Arnold Hottinger: Machtverschiebungen in der arabischen Welt. (E.-A. 1990, Heft 13/14, S. 415–420) und ders.: Der Auftakt zur Golfkrise (ebenda, S. 507–514).

27 Unter Einrechnung des Libanon-Krieges von 1981.

Schlußbetrachtung

1 S. auch unten Anm. 7.
2 S. unten S. 528.
3 S. unten S. 520.
4 S. unten S. 533.
5 Vgl. hierzu den Brief von Theodor Fontane an seine Tochter Martha vom 30. August 1895 über sein Zusammensein mit Berliner Juden bei einem Kuraufenthalt in Karlsbad: »Sie kümmern sich um alles, nehmen an allem teil, erwägen alles, berechnen alles, sind voll Leben und bringen dadurch Leben in die Bude. Wie stumpf, wie arm, auch geistig arm, wirkt daneben der Durchschnittschrist!« (Theodor Fontane: Briefe in zwei Bänden, München 1981, 2. Band, S. 372.)
6 S. unten S. 328.
7 Ein Seitenblick auf »gleichzeitige« Literatur kann nur solche Bücher im Auge haben, die während der achtziger Jahre erschienen sind und auf diese oder jene Weise das Ganze des Jahrhunderts zu thematisieren suchen. Ich nenne deren vier.

Paul Johnson hat es als Geschichtsschreiber unternommen, die Welt »von 1917 bis in die achtziger Jahre« zu schildern (A History of the Modern World: From 1917 to the 1980s, London 1983). Weder China noch die Dritte Welt sind in dem überaus detailreichen Gemälde fortgelassen, aber der »rote Faden« beginnt, wie schon der Titel zeigt, mit dem Jahre 1917, das heißt mit der Machtergreifung Lenins, der nach Johnson »der erste Repräsentant einer neuen Spezies war: der professionelle Organisator von totalitärer Politik« (S. 51). Die neue Qualität der Weltgeschichte ergab sich in dem Augenblick, als der Bolschewismus damit begann, »ganze Klassen auszutilgen« (S. 71). Es dauerte nicht lange, bis »der Totalitarismus der Linken den Totalitarismus der Rechten erzeugte« (S. 277). Hitler ließ sich von dem sowjetischen Modell leiten, und Johnson schreckt vor der These nicht zurück, Hitlers Endlösung der Judenfrage habe ihre Ursprünge nicht allein in seinem erhitzten Sinn (»fevered mind«) gehabt, sondern in der Kollektivierung der sowjetischen Bauernschaft (S. 305). Freilich ging Hitlers Verständnis des Bolschewismus in die Irre, denn er begriff nicht, daß bereits 1928 der »alte jüdische Bolschewismus« nicht mehr existierte (S. 343). Aber Johnson erklärt Hitler mit Nachdruck für einen »Easterner«, und er stellt ihm die jüdischen Literaten der Weimarer Republik als Verkörperung der »Verwestlichung« gegenüber. Da er in Lenin überdies einen Nachahmer der Ludendorffschen Kriegswirtschaft sieht, erscheint doch Deutschland als ebenso wichtige Hauptursache der Geschichte des 20. Jahrhunderts. Sehr instruktiv sind die England und Amerika gewidmeten Kapitel, die zu zeigen suchen, wie wenig »der Westen« eine solide Einheit war und wie stark in seiner Mitte die philokommunistischen Einflüsse waren. Einen Untergang des sowjetischen Kommunismus als der bestimmendsten Kraft des Jahrhunderts sieht Johnson nicht voraus; er konstatiert vielmehr Fortschritte des verhängnisvollen Prinzips des »social engineering« auch in der westlichen Gegenwart, und er beklagt die »Demoralisierung Amerikas und die ständige Expansion der Macht und des Einflusses der Sowjetunion« (S. 696).

Weniger narrativ und in stärkerem Maße analysierend ist *Theodore H. von Laue*s »The World Revolution of Westernization. The Twentieth Century in Global Perspective, New York–Oxford 1987«, die Fortsetzung und Vollendung des Ansatzes, den von Laue schon in früheren Büchern wie »Why Lenin? Why Stalin?« und »The Global City« dargelegt hatte. Für ihn ist die Frage nach der historischen Initiativkraft des Jahrhunderts, in dem die Erde erstmals zu einer globalen Einheit gelangte, ganz eindeutig »der Westen«, jene historisch und geographisch bevorzugten Teile der Welt, die von den Angelsachsen bewohnt werden. Sie haben den Prozeß der Vereinheitlichung in Gang gesetzt, der unaufhaltsam ist, sie haben aber auch eine Fülle von Gegenbewegungen hervorgerufen, mit denen sich benachteiligte und zurückgebliebene Länder zu behaupten versuchten, indem sie mit antiwestlicher Stoßrichtung selbst »verwestlichende Revolutionen« durchführten, die aber von den meist vorindustriellen Zuständen und Mentalitäten mitgeprägt wurden, so daß sie einen totalitären Charakter annahmen. Von Laue reiht schon Marx in diese Reihe ein, und dann Hitler ebenso wie Lenin und Stalin, Mussolini kaum anders als Mao und Nkrumah. Zwar vernachlässigt er die Unterschiede nicht völlig, aber wichtiger als die Unterschiede sind ihm die Übereinstimmungen in dem »konterrevolutionären« Charakter, der sowohl dem Kommunismus wie dem Faschismus, wie den »Entwicklungsdiktaturen« der Dritten Welt zukommt. Die Hauptursache ist die westliche Überlegenheit, aber diese Überlegenheit veranlaßt von Laue nicht zur Identifizierung, sondern sein emotionales Hauptmotiv ist das Mitleid mit all jenen, die durch den Westen auf die Bahnen der Gewalt und des Terrors gezwungen wurden. So bringt er auch für Hitler mehr Verständnis auf, als es in den USA und zumal bei deutschen Emigranten die Regel ist. Im ganzen gehört das Buch also in den Bereich der westlichen Selbstkritik und in denjenigen des »Third Worldism« (wenngleich auf ungewöhnliche Weise ohne jeden offenen oder versteckten Fanatismus); aber die Frage nach der inneren Einheit des Jahrhunderts könnte kaum eine klarere, der »Totalitarismustheorie« nicht so sehr in der Sache wie in der Beurteilung entgegengesetzte Antwort finden.

Zbigniew Brzezinski gehörte zu den ersten, die einen künftigen Untergang des Kommunismus vorhersagten, und er sah sich bereits im August 1988 bestätigt, als er sein Buch: Das gescheiterte Experiment. Der Untergang des kommunistischen Systems, (Wien 1989 – Orig.-Ausg., New York 1989) abschloß. Aber das

Auftreten des Kommunismus war in seinen Augen »die größte politische Manifestation des 20. Jahrhunderts«, und er will es von dem Aufstieg des Faschismus und des Nationalsozialismus nicht trennen, denn die beiden Phänomene waren »genetisch verwandt, standen historisch miteinander in Zusammenhang und waren einander politisch sehr ähnlich.« (S. 17) Aber der Kommunismus war offensichtlich das frühere und stärkere Phänomen, das sogar in England und Amerika große Sympathien fand. Die Opfer, die dieser Versuch der Welterlösung forderte, betrugen nach Brzezinskis Schätzung indessen an die 50 Millionen, und die innenpolitischen Opfer des Faschismus und sogar des Nationalsozialismus kommen damit (ohne daß Brzezinski das ausdrücklich sagte) nicht in Vergleich. Am Ende der achtziger Jahre ist dieses düstere Jahrhundertgestirn aber im Verlöschen begriffen, und Brzezinski glaubt, eine »schmerzliche, aber lehrreiche Lektion« aus der gravierendsten Erfahrung des Jahrhunderts ableiten zu können: »Die Utopien der Sozialtechnologie stehen in fundamentalem Gegensatz zu der Komplexität der conditio humana, und die soziale Kreativität kommt am besten zum Blühen, wenn die politische Macht möglichst verteilt ist. Vielleicht trägt diese Grundweisheit dazu bei, daß die Demokratie und nicht der Kommunismus das 21. Jahrhundert regiert.« (S. 294).
Aber Brzezinski zählt auch den Nationalismus zu den Siegern. Im »Mythos der Nation« hatte *Jacob Talmon* 1980 den gleichgewichtigen Gegenspieler der »Vision der (Welt-)Revolution« gesehen, als er den dritten Band seines großen Werkes über die »Ursprünge der totalitären Demokratie« herausbrachte, der den Titel trägt: »The Myth of the Nation and the Vision of Revolution. The Origins of Ideological Polarization in the Twentieth Century«, London 1980. Die Bedeutung dieses Bandes liegt nicht nur darin, daß er das erste Unternehmen einer historisch-genetischen Modifikation der Totalitarismustheorie zum Abschluß bringt, wenn auch beschränkt auf die »Ursprünge« bis etwa 1922, sie ist vielmehr nicht zuletzt darin zu sehen, daß er demjenigen Thema ein umfangreiches Kapitel widmet, das bei Johnson, Brzezinski und von Laue allenfalls ganz am Rande Erwähnung findet: der Rolle der Juden im Prozeß der revolutionären Bewegungen des 20. Jahrhunderts. Talmon ist sich der Bedenken wohl bewußt, die diese Thematik hervorrufen muß, weil Hitler »den internationalen jüdisch-marxistischen Revolutionär als sein Hauptangriffsziel auswählte« (S. 169), so daß der Anschein entstehen könnte, Hitler werde entweder recht gegeben oder es werde umgekehrt eine Identifizierung mit diesen Revolutionären vorgenommen. Aber Talmon ist offenbar der Auffassung, daß das Thema viel zu wichtig ist, als daß es weiterhin einem Bann unterliegen sollte, der ein angemessenes Verständnis des 20. Jahrhunderts unmöglich macht. In der Tat kann die Aufzählung, die Talmon vornimmt, den Eindruck erwecken, nahezu die ganze linksrevolutionäre Bewegung sei bis in die Gegenwart hinein von Juden bestimmt

gewesen: Marx, Lassalle, Rosa Luxemburg, Trotzki, Radek, Kamenjew, Sinowjew, Swerdlow, Uritzki, Litwinow, Kaganowitsch, Anna Pauker, Slansky, Jacob Berman, Hilary Minc, Rakosi, Léon Blum, Harold Laski, Cohn-Bendit (S. 169). Aber Talmon verurteilt diese Männer und Frauen gerade nicht, sondern er spricht mit Bewunderung, vornehmlich im Blick auf Rosa Luxemburg, von der Gläubigkeit, dem Enthusiasmus, der Energie, von denen sie erfüllt waren, und er ergreift sicherlich nicht Hitlers Partei, wenn er dessen Ideologie als »mirror-image of socialist Marxism« (S. 211) und nicht etwa als Ausfluß einer irrationalen Abneigung gegen Nasen und Kaftane bezeichnet. Aber er sieht in der Radikalität des Internationalismus und in dem »terrible reductionism of the Messianic Jews from Eastern Europe« (S. 221) doch einen defizienten Modus, ein geradezu krampfhaftes Hinwegsehen über die eigene Herkunft. Und daher ist es für Talmon offenbar nicht zufällig, daß der »Mythos der Nation« der Gegner sich als nicht minder stark erwies und daß die Intensität der Ideologie eine ähnliche Intensität der Gegen-Ideologie erzeugte. Damit hat Jacob Talmon wie kaum ein zweiter den Weg zu einem Verstehen der geschichtlichen Tragödie des 20. Jahrhunderts gebahnt, der so lange unbetretbar ist, wie man dem eigenartigsten und vermutlich begabtesten, jedenfalls aktivsten der Völker lediglich eine Opferrolle zuschreibt. Dahinter steht nicht nur die Unaufrichtigkeit eines deutschen Dranges nach Bußfertigkeit, der vorgibt, an die eigene Brust zu schlagen, und doch in Wahrheit immer nur die »anderen Deutschen« meint, sondern auch die »Ausnützung unserer Katastrophe« von jüdischer Seite, die Martin Buber 1944 »das Entsetzliche« nannte, nachdem er festgestellt hatte, daß die jüdische Gemeinschaft in Palästina keine »echte Identifizierung« an den Tag gelegt habe, obwohl bereits klar sei, daß es sich um die größte Katastrophe in der ganzen Geschichte des Judentums handle. (Martin Buber: Der Jude und sein Judentum. Gesammelte Aufsätze und Reden. Köln 1963, S. 655 ff.)

8 Auf die Frage, ob sich der Sozialismus weltweit und ohne »Deformationen« durchgesetzt hätte, wenn sich 1918/19 Lenins Hoffnungen auf den Sieg »der Revolution« in Deutschland erfüllt hätten, läßt sich natürlich keine zwingende Antwort geben, da nicht klar ist, was unter »Deformationen« zu verstehen ist. Aller Vermutung nach würde sich das »Realitätsprinzip« auch dann durchgesetzt haben, so daß es zu einer Konfrontation zwischen einem deutsch-russischen und einem englisch-amerikanischen Machtblock gekommen wäre.

SACHREGISTER[1]

1 Das Stichwort »Geschichte« und seine Zusammensetzungen wie »Geschichtsdenken«, »Geschichtsphilosophie« wurden mit Ausnahme von »Nachgeschichte, Posthistoire« nicht aufgenommen. Die »Sache« und das denkerische Urteil darüber werden nicht getrennt. Das gleiche gilt für positive und negative Aussagen.

PERSONENREGISTER

Von Ernst Nolte im Ullstein Verlag erschienen:
- Der europäische Bürgerkrieg 1917–1945, Propyläen Verlag 1987
- Das Vergehen der Vergangenheit, 1987
- Nietzsche und der Nietzscheanismus, Propyläen 1989